Michael Homberg
Digitale Unabhängigkeit

GESCHICHTE DER GEGENWART

Herausgegeben von
Frank Bösch und Martin Sabrow

Band 32

Michael Homberg

Digitale Unabhängigkeit

Indiens Weg ins Computerzeitalter –
eine internationale Geschichte

WALLSTEIN VERLAG

Gedruckt mit freundlicher Unterstützung
der Alexander von Humboldt-Stiftung

Bibliografische Information der Deutschen Nationalbibliothek
Die Deutsche Nationalbibliothek verzeichnet diese Publikation in der
Deutschen Nationalbibliografie; detaillierte bibliografische Daten
sind im Internet über http://dnb.d-nb.de abrufbar.

© Wallstein Verlag, Göttingen 2022
www.wallstein-verlag.de
Umschlaggestaltung: Susanne Gerhards, Düsseldorf
© Umschlagfoto SG-Image, unter Verwendung einer Fotografie:
Premierminister Jawaharlal Nehru, 15.1.1962, bei der Besichtigung der Computeranlage »TIFRAC« im Tata Institute of Fundamental Research in Bombay an der Seite von Homi J. Bhabha und D.Y. Phadke. © TIFR Archives.
Das Tata Institute of Fundamental Research TIFR/TIFR Archives hat nur das genannte Bild zur Verfügung gestellt. Die in diesem Buch geäußerte Meinung ist ausschließlich die des Autors und spiegelt nicht die Meinung des TIFR bzw. der TIFR Archives wider.
Druck und Verarbeitung: Hubert & Co., Göttingen
Lithographie: SchwabScantechnik, Göttingen
ISBN 978-3-8353-5267-4

Inhalt

1. Einleitung 11
»Digitale Unabhängigkeit« – Methoden, Zugänge, Quellen einer »Nord-Süd-Geschichte« des digitalen Zeitalters – Forschungsstand – Gliederung

2. Indiens Quellcode 47
 2.1 Freiheitssuche: die Nation, das Empire
 und das Erbe des Kolonialismus 47
Technikutopien und -dystopien – Indiens (Un-)Abhängigkeiten: (post-)koloniale Regierungstechnologien – die Regierungsmaschine und die Suche nach »Daten« – ein technologischer Imperativ – die Ideologie der Planung – Politik, Ökonomie, Kultur vor und nach 1947 – der lange Schatten des Empires – Nation und Nationalismus in der Ära der Globalisierung

 2.2 »Tempel des Wissens« 64
Nation Building: die britische Krone und die koloniale Tradition des Wissens – eine andere Moderne? – Big Science und der Computer – weder kapitalistische Physik noch kommunistische Chemie: Nehrus Universalismus – das Ideal der »Wissensgesellschaft«

 2.3 Indische Planungseuphorie –
 und die Jagd nach dem ersten Computer 77
Indiens Fortschrittskalkül: Prognostik, Statistik und Planung – das technokratische Dispositiv: Akteure, Institutionen und Rahmenbedingungen des Wissens – Computer und Planung – die Akquise erster Rechner

 2.4 Der Anbruch des digitalen Zeitalters 88
»Tatas Empire« – Netzwerke – das Credo des Internationalismus – Zivile Nutzung und militärische Technik – Homi J. Bhabha und die atomare Frage – Kooperationen und Konkurrenzen: ISI vs. TIFR – digitale Computer made in India: TIFRAC/ISIJU-1 – ein nationales Computerzentrum

 2.5 Große Politik und kleine Schritte 109
Computer-Politik und Kompetenzgerangel – geopolitische Interessen: der Indo-Chinesische Krieg als Katalysator der Computer-Förderung – die Politik des Elektronikkomitees – die »National Electronics Conference« 1970 und ihre Folgen – die Vision der »Informationsgesellschaft«

3. Programme und Programmierer:
Forschung und Entwicklung 115
   3.1 Kalter Krieg an der Peripherie 115
   Indien und die Geopolitik der Expertise – Kalter Krieg in Asien – das Werben der Supermächte – Indiens »Rendezvous mit dem Schicksal« – regionale Konflikte, globale Konkurrenzen – »on the edge of a New Frontier« – Indiens Spielräume

   3.2 Die Stunde der Planer: Entwicklungspolitik
in der technokratischen Hochmoderne 124
   Modernisierungsversprechen – das Modell technokratischer Planung – Blockkonkurrenz: geopolitische Interessen und ökonomische Ziele – der Colombo-Plan – Nehrus »Schaukelpolitik« und das Ziel der »Blockfreiheit« – die »Entwicklungsdekade«

   3.3 Technologien der Entwicklung: die Vereinten Nationen,
das Modell der »Technischen Hilfe«
und die Förderung der Computertechnik 135
   Die »Mission« der UN und das Modell der »Technischen Hilfe« – »Entwicklungswelten« am Lake Success: die Vereinten Nationen und die »Dritte Welt« – die Verwissenschaftlichung der »Hilfe« – die Rolle der Experten – Entwicklungspolitik zwischen »Ost« und »West« und »Nord« und »Süd« – neue, alte Abhängigkeiten: der Diskurs der »technologischen Lücke« – die Computer-Förderpolitik der UN – die soziale Frage: die ILO und die Automation – ein Forum der Experten: IFIP – globale Computer-Bildungspolitik

   3.4 Die UNESCO und das politische Kalkül
des digitalen Zeitalters 150
   Der Traum vom Internationalen Computerzentrum – Computerpolitik im International Bureau of Informatics – UN: Computer-Entwicklungspolitik 1970 – Quo Vadis? SPIN 1978 – »When it comes to informatics, all countries are developing countries« – »New International Informatics Order«

   3.5 Die »Entwicklungsmaschine«
und ihr Programm der Modernisierung 165
   Der Wettbewerb der Modernisierer – die »Erfindung« der »Dritten Welt« – Großvorhaben, Elitenaustausch und »höhere technische Bildung« – der Computer als Symbol der technokratischen Hochmoderne – das Ende der Globalsteuerung – Revisionskurs: »Bildung für alle« – die Ordnung »globalen Regierens«

4. (Post-)Koloniale Begegnungen 171
   4.1 Die Gründung der IITs als Feld globaler Interessenpolitik . . 171
   Ein symbolischer Neubeginn – Kharagpur 1950: internationale Expertenkooperation und die Rolle der UNESCO – »Institute von nationalem Interesse« – Konzerninteressen in Indien – Meritokratie? Eliten-Bildung und Bildungseliten: der Mikrokosmos der IITs

4.2 Zwischen »Solidarität« und imperialer Agenda:
die Rolle der UdSSR in Bombay 189
Russisches *Empire Building* – »Völkerfreundschaft« – Computerkonkurrenz:
Moskau vs. Peking – Kybernetik in Indien – die Kooperation zur UNESCO
am IIT Bombay – amerikanisch-russische Begegnungen – Jugaad in den
Computer Sciences

4.3 Die USA und der Beginn der Computer Sciences
in Kanpur 203
Der politische Rahmen: das Indo-American-Program – die Planung der
Hochschule – das Vorbild des MIT – von Boston nach Kanpur: Experten-
migration – staatliche Hilfen, private Stiftungen und globale Konzerne – die
Ford Foundation, Kanpur und die CIA – Netzwerke zwischen USA und
Indien

4.4 Ein Handelsimperium in Übersee:
die britischen Pläne der Ingenieursausbildung und die
Gründung des Delhi College of Engineering and Technology .. 217
Ein »royales« IIT – Großbritanniens (post-)imperiales »social engineering« –
Industriepolitik: das Commonwealth und der Handel – Ingenieure, Manager
und ... Computerspezialisten? – neue Ziele und alte Hierarchien

4.5 »The Jungle IIT«: Die Bundesrepublik und die
Auseinandersetzung um Ziele und Modelle der Bildungspolitik
am IIT Madras......................... 232
Im Schatten der Systemkonkurrenz: die bundesdeutsche Indienpolitik –
»Technische Hilfe« zwischen Handels-, Außen- und Entwicklungspolitik –
die Rolle der Entwicklungsexperten – »Deutsche Arbeit« – Kritik und Krise
des Engagements – Strukturwandel der »Entwicklungszusammenarbeit« –
ein »deutsches« Rechenzentrum – Modernisierungskonkurrenz: die Ausbildungskonzepte der IITs im Vergleich

5. Autonomie 267

5.1 Von Menschen und Maschinen:
die Computerisierung und ihre Gegner 267
Big Science vs. People's Science – Maschinenträume und Automationsängste: die Installation von Computern in Hochschulen, Banken und Verwaltungen – die Grenzen der Computerisierung – »Maschinensturm«
1967/68 – Streiks und Proteste in Indien

5.2 Angepasste und autoritäre Technologien 280
Zwischen Euphorie und Kritik: die digitale »Revolution« und die »Gegen-
kultur« zwischen San Francisco und New Delhi – »angepasste Technologien«
– Kritik und Kontrolle der Technologiepolitik – »Small is beautiful?« das
Ende der großen Pläne? – »autoritäre Technologien« im Ausnahmezustand
– Lizenz zum Senden: Presse, Radio & TV – der Staat, der Bürger und die
Maschine: die Politik der Digitalisierung

INHALT

5.3 Elektronischer Kolonialismus 296
»Grenzen des Wachstums« – das Ende der Ungleichheit? Unbegrenzter Datenverkehr und eine neue »Weltinformationsordnung« – Neokolonialismus vs. Neoliberalismus – Computer-, Satelliten- und Netzwerktechnik – (Bildungs-)Fernsehen: Megacities und ländliche Regionen – Kheda, ein »globales Dorf« – die Rolle multinationaler Konzerne und der Nord-Süd-Gegensatz

5.4 »Buy Indian!«
Nationale Champions und globale Konkurrenzen 318
Globalisierung der Konkurrenz – das IBM-Empire – »Scramble for India«: IBM vs. ICL 1968 – Miniaturrechner- und Halbleiterproduktion – »Buy Indian!« – Indianisierung des Marktes – ein Staatsbetrieb als nationaler Champion? Das Beispiel ECILs – »Machtprobe« 1978: der Ausstieg IBMs und die Grenzen multinationaler Konzerne – globales Kapital: Sonderhandelszonen und Nationalisierungsgesetze – Garagen-Startups in Indien – Nische oder Massenmarkt? »Minicomputer-Policy« – Krise & Ernüchterung 1973-1980

5.5 Know-How: der Boom der Programmierer 335
Manpower – Amerikanisierungsängste in Europa und Asien in den langen siebziger Jahren – Indiens Lehren aus der »Software-Krise« – »Brain-Drain«: der Boom der Programmierer – »gebrochene« Professionalisierung – Computer-Boys und IT-Girls – Agenten des sozialen Wandels

6. Neue Wege, neue Märkte 355

6.1 Indiens »New Computer Policy« 355
Computer im Kalten Krieg – »War Games«: die Supermächte im indischen Ozean – Rajiv Gandhi und die »computer boys« – die Computerpolitik der achtziger Jahre – Computer und Arbeitswelten – Computereuphorie im Orwell-Jahr

6.2 Computer und Neue Medien in Indien 368
Medien der Glokalisierung – Netzwerke und Netzwerktechnik – (Un-)Gleichzeitigkeiten: Computer in der Provinz – Agrarpolitik und Mikrochips – grüne, weiße und digitale »Revolutionen« – die Vision eines »People's PC« – die Hierarchie des Netzwerks – eine verzögerte Nation

6.3 Supercomputer 381
Der Kalte Krieg und der Supercomputer – eine Frage des Prestiges: Think Tanks in Indien – Indiens Supercomputer-Programm – C-DAC und der PARAM 8000 – das Ende des Kalten Krieges und die Mauern des globalen Kapitalismus

6.4 »Electronic City«: der akademisch-militärisch-industrielle
Komplex in Indien 393
Das Vorbild des Silicon Valley – »Go digital!«: C-DOT – eine Telekommunikationsrevolution – das Netzwerk der NRIs – das Modell der STPIs und das High-Tech-Hub Bangalore – die Rückkehr amerikanischer Konzerne – Risikokapital in Indien – die neuen Eliten: Programmierer – Manager – Unternehmer

6.5 High-Tech-Coolies: Outsourcing, Bodyshopping
und das Regime globaler Arbeitsteilung 410
Die Liberalisierung und der »Take-off« der IT-Services – die Utopie der
»Servicegesellschaft« – »globale Ungleichheit« – Global Players – Mensch |
Mikrochip: die koloniale Tradition der Service-Industrie

7. Zwischen den Welten 423
7.1 Globale Arbeitsmigration in der IT-Industrie 423
Digitalisierung und Globalisierung der Arbeitswelten – Migrationspolitik
zwischen »Brain Drain« und »Brain Gain« (1965-2000) – Unternehmer, Angestellte & Arbeiter – »mobiles« Wissen – an der Schwelle der New Economy

7.2 Fallbeispiel I: Silicon Valley 431
Nomaden des digitalen Zeitalters – »For Here or to Go«? Visa-Regularien –
das Versprechen der Meritokratie – Netzwerke: The Indus Entrepreneurs
und der »Spirit« der Startups – der lange Schatten der IITs – Model Minorities – die gläserne Decke – Migration managen: eine neue Unternehmenskultur – die »Zwei-Klassen-Gesellschaft« des Silicon Valley – das Ende der
Illusionen

7.3 Indien und die Wurzeln der Computerkultur 447
Migration der Bilder: Indien und die »Computer-Revolution« – Hippie-
Trails – »One World« und »Whole Earth« – New Age: Cyber- als Gegenkultur – der neue »Geist« der New Economy

7.4 Fallbeispiel II: Berlin 452
»Can there be a German Dream?« oder »Sind Sie Inder?« – Arbeitsmigration
zwischen Bangalore, Silicon Valley und Berlin – Green Cards – Willkommenskultur: »Kinder statt Inder« – Akkulturation, Xenophobie und
Globalisierungskritik – Hybride Identitäten und virtuelle Netzwerke – IT-
Startups in Berlin

7.5 Eine, zwei oder drei Welten? Die »Rückkehr« nach Indien . . 466
»Brain Gain« – die »Auslandsinder« im Fokus – die »Macht« der Diaspora –
Netzwerke, Enklaven und Parallelwelten – die Rolle der Rückkehrer in
Hochschulen, Konzernen, Parlamenten – eine Frage der Kultur – zwischen
den Welten

8. Schluss 475
Das digitale Indien – Digitale Regierungen: Computer, Planung und (post-)
koloniale Nationsbildung – Wege in die digitale Gesellschaft? Die Grenzen
der Nationsbildung und die digitalen Gräben in Indien – Indien, der Kalte
Krieg und der Computer – Ist die Welt »flach«? Die digitale Ökonomie und
das System globaler Arbeitsteilung – Digitale (Un-)Abhängigkeit?

INHALT

Danksagung 497

Anhang 499
    Tabellen- und Abbildungsverzeichnis 499
    Abkürzungsverzeichnis 500
    Historische Wechselkurse 1947-2020 503

Quellen- und Literaturverzeichnis 507
    Archivquellen 507
    Zeitungsquellen 508
    Parlamentsprotokolle 509
    Gedruckte Quellen und Forschungsliteratur 509

Personenverzeichnis 577

»How far technology has taken mankind forward
will ultimately be measuredby its impact on the developing world.«[1]

(C. Chanana, 1973)

1. Einleitung

Datenverarbeitung in Madras, menschenunwürdige, fast tierische Existenzen zu Millionen in Kalkutta – was ist das für ein Land? Ist Indien überhaupt ein Entwicklungsland? Zweifellos. Aber es ist auch schon moderner Industriestaat. Weit spannt sich der Bogen von der finstersten Rückständigkeit bis zu den supermodernen Wunderwerken der industriellen Technik, Vergangenheit und Zukunft in einem.[2]

Im Dezember 1973 berichtete die *Frankfurter Allgemeine Zeitung* über die Indienreise des bundesdeutschen Entwicklungsministers Erhard Eppler. Für FAZ-Redakteur Klaus Natorp, der zur Pressedelegation Epplers gehörte, war das Land, das den größten Teil des westdeutschen Entwicklungsbudgets erhielt, ein Land radikaler Gegensätze: ein Land von »Computern und Kühen«. Wie Natorp berichtete, war die deutsche Delegation quer durch die Slums der Metropolen und die agrarisch geprägten, ländlichen Regionen des Subkontinents gereist, um die wichtigsten High-Tech-Vorhaben im Bereich der Agrar-, Industrie- und Bildungspolitik, die im Rahmen der deutsch-indischen Kooperation begonnen worden waren, in Augenschein zu nehmen. Das »größte deutsche Projekt«[3] im Feld der Forschungs- und Bildungskooperation und der krönende Abschluss der Reise war die Technische Hochschule in Madras gewesen, wo Eppler »einen der modernsten Computer der Welt« – einen IBM/370 – einweihte. Als der Minister Madras verließ, hatte die Hochschule den damals schnellsten Rechner des Landes und die Führung in der Riege der indischen Computer-Institute übernommen.

Der Computer in Madras war ein Symbol des neuen, digitalen Indiens. Die Förderung der Computertechnologie an der südindischen Hochschule hatte bereits ab den 1950er Jahren als Teil eines konzertierten bundesdeutschen Programms im Bereich der »Technischen Bildung« begonnen. Die Bundesrepublik,

1 Charanjit Chanana: Computers in Asia, Neu Delhi 1973, o. S.
2 Klaus Natorp: Computer und Kühe. Mit Eppler in Indien, in: FAZ, 1.12.1973, S. BuZ3.
3 Rainer Jerosch: Voraussetzungen, historischer Ablauf, Ergebnisse und Kritik der Entwicklung der TH Madras aus der Sicht eines deutschen Projektmitarbeiters, in: Deutsche Gesellschaft für Technische Zusammenarbeit (GTZ) GmbH (Hrsg.): Technische Hochschule Madras, Eschborn 1978, S. 13-112, hier: S. 40 f.

die zugleich politische, ökonomische und akademische Ziele in Indien durchzusetzen suchte, war dabei nur eine unter vielen Nationen gewesen, die nach der Gründung der Republik – im Rahmen groß angelegter Modernisierungsprogramme – in die indische Technologienation investierten. Neben ihr waren die USA und die UdSSR, die ehemaligen Kolonialherren der britischen Krone, aber auch diverse europäische Länder in Indien engagiert; die Förderung der Computertechnologie war so zugleich Ausdruck eines wachsenden globalen entwicklungspolitischen Interesses an Indien und das Ergebnis einer sich steigernden Entwicklungskonkurrenz im Zuge des Kalten Krieges. Indien rang in dieser Konkurrenz um Autonomie, wie Bildungsminister M. C. Chagla in einer Ansprache vor der Vollversammlung des IIT Madras im April 1965 erklärte:

> I am very impatient, almost indignant, with people who do not trust our own scientists and our own technologists, who always turn to western countries or other countries in order to borrow their know-how. [...] We are politically independent. We want to be economically independent; but it is equally important that we should be technologically independent. Our dependence on foreign countries is like the fate of a man, who always wants to walk on crutches. The time has come when we should throw away these crutches and stand on our own feet.[4]

In der Vision eines sich – durch Maschinen, Experten[5] und Know-How – vom Ausland emanzipierenden Indiens, wie Chagla und viele andere sie entwickelten, schien nichts weniger als die »Souveränität« der Nation versprochen. Der Computer spielte in dieser Vision eine zentrale Rolle. So wies der Anbruch des digitalen Zeitalters, auch lange nach der politischen Unabhängigkeit des Landes 1947, noch einer weiteren Auseinandersetzung in Indien den Weg: der um die technologische, die digitale Unabhängigkeit des Landes. Ihre Geschichte will dieses Buch erzählen.

»Digitale Unabhängigkeit«

Die Wurzeln der indischen Technologienation reichen bis in die Jahre vor der britischen Kolonialregierung zurück. Die Vision einer »Wissens- und Informationsgesellschaft« war indes ein Kind der Selbst(er)findungsphase der Repu-

---

4 M. C. Chagla, Union Minister of Education, Convocation Address IIT Madras, 3.4.1965, Appendix IA, in: IIT Madras: Annual Report 1964-65, Madras 1965, S. 23-29, hier: S. 25 f.
5 In diesem Buch wird das generische Maskulinum verwendet, wobei Formulierungen prinzipiell geschlechtsunabhängig zu verstehen sind. In der Rede von (Computer-)Experten sei an dieser Stelle allerdings zugleich die absolute Dominanz männlicher Akteure in der Erzählung hervorgehoben. In allen Fällen, in denen (un)gleiche Geschlechterverhältnisse zum Gegenstand der Argumentation werden, wird dies auch sprachlich ausgewiesen.

blik. Als Premierminister Jawaharlal Nehru in seiner politischen Gründungserzählung des neuen Indien »The Discovery of India« mit dem »scientific temper« eine »wissenschaftliche« Geisteshaltung beschwor, die er ab 1947 zum Grundprinzip der neuen Nation erhob, rückte die Förderung der Spitzentechnologien zusehends in den Fokus der Politik. Der Versuch, den Rückstand zu Europa und den USA zu verringern, stand dabei von Beginn an im Zeichen des Strebens nach Autonomie. Nur langsam emanzipierte sich derweil die indische Nation von ihrem kolonialen Erbe. Doch prägte, so die These, gerade das Ringen um die »digitale Unabhängigkeit« von Beginn an die Technologiepolitik der Republik. Der Computer war ein Sinnbild dieses Ringens. Er war eine »Swadeshi«-Maschine.

Mit der Swadeshi-Bewegung[6] hatte zwischen 1905 und 1908 in Bengalen die indische Suche nach ökonomischer (und politischer) Autonomie Form gewonnen. Vorausgegangen waren Jahrzehnte spannungsreicher, gewaltsamer Auseinandersetzungen gegen die britische Kolonialmacht, die bereits im Sepoy-Aufstand 1857 wurzelten. Die große Erzählung von der »Suche nach Freiheit« rekurrierte auch nach der Loslösung Indiens vom britischen Empire und der »Unabhängigkeit« der Republik 1947 immer wieder auf diese mythische Urszene der Bewegung. Anlässlich der Feier des Unabhängigkeitstages erinnerte Premierminister Rajiv Gandhi noch 1985 in seiner Ansprache vor den Toren des Roten Forts in Neu Delhi:

> Gandhi talked of Swadeshi. [...] [Nehru] opened the vistas of science and technology for us and India moved ahead. Today, when we talk of Swadeshi [...] we mean indigenous industry, indigenous computers, and power from indigenous atomic energy sources. The meaning of Swadeshi has undergone a sea-change in the last 38 years and it goes to prove how much progress India has made.[7]

Der Computer war indes mehr als nur ein symbolischer Gradmesser der Unabhängigkeitsbestrebungen: er verwandelte das Land – ökonomisch, sozial und kulturell. Die Swadeshi-Maschine bestimmte das technologische Imaginativ[8] der Nation, sie war ein Movens des nation building, ein Werkzeug staatlicher, technokratischer Planung und zugleich das Ergebnis politischer

---

6 Die Swadeshi-Bewegung – deren Namen sich, im Sanskrit, aus dem Kompositum »swa-deshi« (»eigenes Land«) ableitete – war Teil der Unabhängigkeitsbewegung und ein Wegbereiter des Nationalismus in Indien. Sie lancierte Boykotte gegen britische Erzeugnisse und Konsumgüter, um die kolonialen Besatzer ökonomisch, politisch und moralisch zu schwächen. Mohandas K. Gandhi popularisierte den Gedanken des Swadeshi in der Folge über Bengalen hinaus.
7 Rajiv Gandhi: Let us Strengthen India, Independence Day Speech, 15.8.1985, in: Rajiv Gandhi. Selected Speeches and Writings, Vol. 1: 31.10.1984-31.12.1985, Neu Delhi 1987, S. 43-48, hier: S. 45.
8 Charles Taylor: A Secular Age, Cambridge, Mass. 2007, S. 145 f. Zu den Konzepten des »social imaginary« vgl. Annette Knaut: Politische Imaginative, in: Frank Gadinger et al. (Hrsg.): Politische Narrative, Wiesbaden 2014, S. 93-117.

Ökonomien; überdies war sie Kern des globalen entwicklungspolitischen Engagements in Indien und seiner Programme zur Modernisierung des Landes. Dabei produzierte die Förderung der Computer Sciences eine neue, akademische Elite der Programmierer, wies der technologiebegeisterten, globalisierten Mittelklasse den Weg und löste eine Welle globaler Arbeitsmigration aus. Vor allem aber verbanden sich in der zeitgenössischen Perzeption des Computers als Swadeshi-Maschine die Computereuphorie und die Entwicklungsideologie dieser Jahre. »Computers for Development« lautete so das Versprechen.[9]

In diesem Buch soll es um den langen Weg Indiens zur »Technologienation« und die Vision einer indischen »Wissensgesellschaft« nach 1947 gehen. Dieser Weg war kein Sonderweg in die Moderne, aber er war in besonderer Weise global »verflochten«: Er führte entlang der Grenzen des Empires und der Bruchlinien des Kalten Krieges – und er zeichnete sich durch eine Vielzahl (post-)kolonialer Begegnungen aus.

Die Jahre nach dem Zweiten Weltkrieg waren in globaler Perspektive eine Zeit der Experimente, in der der Computer ins Zentrum der Versuchsanordnung rückte. Sowohl als Instrument technokratischer Planung als auch als Vehikel der Nationsbildung kam der neuen Technologie in Indien eine zentrale Bedeutung zu. Zugleich avancierte sie rasch zu einer entscheidenden »Waffe« im Kalten Krieg, der sich als »Global Cold War« an der Peripherie der ehemaligen Empires abspielte. Dabei wurde der Handel von High-Tech-Produkten sowohl zu einem ertragreichen Feld ökonomischer Außenhandelsbeziehungen als auch zu einem Fixpunkt entwicklungspolitischer Kontroversen im Feld der »Technischen Hilfe« ab den 1950er Jahren.

So lassen sich die indischen Entwicklungspfade ins digitale Zeitalter als eine Geschichte der komplexen »Nord-Süd-Ost-West-Beziehungen«[10] nach 1945 lesen, die nicht nur im Zeichen der ideologischen Blockkonkurrenz des Kalten Krieges, sondern auch der Dekolonisierung und des sich Ende der 1960er Jahre intensivierenden Nord-Süd-Gegensatzes standen. Die Geschichte dieses Buches, wie der Computer nach Indien kam, warum er blieb und was er bewirkte, erzählt so zugleich eine Politik- und Gesellschaftsgeschichte des digitalen Zeitalters.

---

9   Zu diesem Grundsatz vgl. allg. Ithiel de Sola Pool/Philip J. Stone/Alexander Szalai: Communications, Computers and Automation for Development, New York 1971, S. 35 f.; UN (Hrsg.): The Application of Computer Technology for Development, New York 1970. Zum indischen Fall vgl. zudem Jahnavi Phalkey/Zuoyue Wang: Planning for Science and Technology in China and India, in: British Journal for the History of Science 1 (2016), S. 83-113, hier: S. 92-101.
10 Arno Sonderegger: Aspekte einer Globalgeschichte der Neuzeit, in: ders./Margarete Grandner (Hrsg.): Nord-Süd-Ost-West-Beziehungen, Wien 2015, S. 6-37, hier: S. 7; Sebastian Conrad: Globalgeschichte. Eine Einführung, München 2013, S. 7-28; vgl. allg. Martin Deuerlein: Das Zeitalter der Interdependenz, Göttingen 2020.

EINLEITUNG

Indiens Wege in die »digitale Unabhängigkeit« waren verschlungen.[11] Mit den Programmierern des indischen Kurses in die »digitale Moderne«[12] wechselten auch die Programme. Der Quellcode dieser Programme speiste sich aus einem mehrsprachigen technopolitischen Diskurs, der keineswegs national abgeschlossen, sondern von einem vielstimmigen Chor an Akteuren »aus aller Welt« getragen war. Dabei wurde über Updates hitzig debattiert; so wandelte sich das indische Betriebssystem im Zuge der letzten sieben Dekaden grundlegend. Sein Code aber war bis an die Schwelle des 21. Jahrhunderts zu erkennen.

Exemplarisch zeigt der indische Fall, wie »verflochten« die Wege ins digitale Zeitalter in Nord und Süd waren. Den Gang der Untersuchung werden daher zwei einander eng verbundene Fragen leiten: Welche Rolle nahm der Computer im Nationsbildungsprozess ein, und wie wurde er zum Vehikel eines globalen entwicklungspolitischen Engagements im globalen Süden, das die Ausbildung einer wachsenden, transnationalen Elite der Programmierer und Computerexperten ab den 1950er Jahren beförderte und so zusehends in den globalen Norden zurückwirkte?

Die Frage nach dem »Ort« von Nation und Nationalismus in einer sich »globalisierenden Welt« grundierte von der ersten Stunde der Republik an die Auseinandersetzung um Freiheit, Unabhängigkeit, Autarkie – im »War over Self-Reliance« – in Indien.[13] Die Programmierer des Kurses in die »digitale Moderne« nahmen in diesem »Unabhängigkeitskampf« eine besondere Rolle ein. Welche Konzepte zur Modernisierung der Nation sie in Politik, Industrie und Bürokratie propagierten und wie und warum sich ihr Denken über die Jahre wandelte, wird hier ebenso zu erörtern sein wie die Frage nach den Rahmenbedingungen des Kurses. In Indien, das zwischen den Blöcken des Kalten Krieges und so zugleich zwischen den Systemen – zwischen Sozialismus und Kapitalismus, Plan und Markt, Kontrolle und Laissez-Faire – lag,

---

11 Lange bevor die Rede von der »digitalen Unabhängigkeit« hier eingangs des 21. Jahrhunderts zu einem stehenden Topos der Debatte um die globale Ordnung des digitalen Zeitalters avancierte, war die Idee *avant la lettre* bereits zum Gegenstand kontroverser, historisch wandelbarer Aushandlungsprozesse und Bedeutungszuschreibungen geworden.

12 Jürgen Danyel/Annette Schuhmann: Wege in die digitale Moderne. Computerisierung als gesellschaftlicher Wandel, in: Frank Bösch (Hrsg.): Geteilte Geschichte. Ost- und Westdeutschland 1970-2000, Göttingen 2015, S. 283-320.

13 Die Rede von der »Unabhängigkeit« der Nation oszillierte so zwischen einer Semantik der »Autarkie« – wie sie vor allem in den 1950er bis 1970er Jahren als Gegenposition zu dem schon damals verbreiteten Internationalismus wirkmächtig war – und dem Wunsch nach »Gleichrangigkeit« und »Anerkennung« des Landes, wie er in den Jahren nach 1990 zusehends zum Ausdruck kam. Zur Konstruktion von »Nation« und »Nationalismus« im 19. und 20. Jahrhundert vgl. grundlegend: Benedict Anderson: Imagined Communities, London/New York [1983] 2006; ders.: The Spectre of Comparisons, London/New York 1998. Zur (Um-)Deutung Indiens als Nation im Prozess der Globalisierung vgl. überdies: Anandita Bajpai: Speaking the Nation. The Oratorical Making of Secular, Neoliberal India, Neu Delhi 2018.

changierte auch der technopolitische Diskurs zwischen Technikgläubigkeit und -skepsis. Die Dynamik dieses Diskurses im Spiegel postkolonialer Nationsbildung soll daher vor der Folie des Kalten Krieges nachvollzogen werden, wobei sich die Zuordnungen im Koordinatensystem der »Nord-Süd-Ost-West-Beziehungen« ab den 1970er Jahren, angesichts neuer Allianzen und Gräben zwischen Nord und Süd, sowie ab den 1990er Jahren, im Zeichen eines sich rapide beschleunigenden Globalisierungsdiskurses, erkennbar verschoben.[14]

14 In historischer Perspektive erscheinen die realpolitischen Dynamiken innerhalb dieses Koordinatensystems ebenso wandelbar wie die sprachlichen Ordnungsversuche der komplexen Beziehungen, die einem Arsenal zeitgenössischer politischer und ideologischer Rhetorik entspringen. So überlagerte die modernistische Vorstellung »entwickelter« und »unterentwickelter« Nationen ab den 1940er Jahren – im System der bipolaren Nachkriegsordnung – ein primär politisch konzipiertes Ordnungsdenken, das im Terminus der »Dritten Welt« zum Ausdruck kam. Ab den 1970er Jahren bildete sich alsdann im Zeichen politischer, sozialer und ökonomischer Gegensätze zwischen »Nord« und »Süd« ein neues, schablonenartiges Modell globaler Hemisphären heraus, das im politischen und akademischen Globalisierungsdiskurs der 1990er Jahre schlussendlich die Kategorien des »globalen Nordens« und »Südens« hervorbrachte. Dahinter verbargen sich indes auch weiter durchaus heterogene Ensembles von Akteuren und Allianzen. Zudem durchkreuzte der Antagonismus zwischen »West« und »Ost« auch nach dem Ende des Kalten Krieges die Linien zwischen »Nord« und Süd«. Die Historizität der Ordnungsvorstellungen und der mit ihnen verbundenen »Wahrnehmungsweisen« und »Weltdeutungen« ist daher stets kritisch zu bedenken. Als quellensprachliche Fossilien werden hier – vor allem in den Kapiteln zu den ersten Nachkriegsdekaden – die Termini »Entwicklungsländer« und »Dritte Welt« verwendet, wobei letzterer Ausdruck die vorrangig politische Logik der (Nachkriegs-)Ordnung bezeichnen soll. Wird in der Folge vom »globalen Süden« gesprochen, sind gleichwohl auch hier die sich wandelnden Zuordnungen zu bedenken, um anachronistische Zuschreibungen zu vermeiden. So spielte Indien als Land der »Dritten Welt« ab den 1950er Jahren und später als zentraler Akteur des »Nord-Süd-Konflikts« der 1970er Jahre eine zentrale Rolle im skizzierten Koordinatensystem der globalen Beziehungen. Im Ringen um seine Position in einer sich »globalisierenden Welt« erwies es sich zudem ab den 1990er Jahren als Musterbeispiel eines Landes im globalen Süden, den der sich radikal zuspitzende Gegensatz zwischen Arm und Reich – auch im Prozess des digitalen Wandels – auszeichnete. Zur Geschichte, Theorie und Semantik der globalen Beziehungen vgl. Jürgen Dinkel/Steffen Fiebrig/Frank Reichherzer: Zur Historisierung globaler Beziehungen in der zweiten Hälfte des 20. Jahrhunderts. Eine Einleitung, in: dies. (Hrsg.): Nord | Süd. Perspektiven auf eine globale Konstellation, Berlin/Boston 2020, S. 1-20, hier: S. 3, Fn. 10; S. 8, 16-18; Jacqueline Anne Braveboy-Wagner: Institutions of the Global South, New York 2009, S. XIII; Chris Alden/Sally Morphet/Marco Antonia Vieira (Hrsg.): The South in World Politics, New York 2010, S. 91-125; Christoph Kalter: Die Entdeckung der Dritten Welt, Frankfurt a. M./New York 2011; Daniel Speich Chassé: Die »Dritte Welt« als Theorieeffekt. Ökonomisches Wissen und globale Differenz, in: Geschichte und Gesellschaft 41,4 (2015), S. 580-612; Vijay Prashad: The Darker Nations. A People's History of the Third World, New York 2008; ders.: The Poorer Nations. A Possible History of the Global South, London/New York 2012; Sinah Theres Kloß: The Global South as Subversive Practice. Challenges and Potentials of a Heuristic Concept, in: The Global South 11,2 (2017), S. 1-17.

Zugleich soll aus dieser Perspektive erstmals auch die Frage nach der Rolle, die die »Technische Hilfe« im Prozess der Computerisierung der »Dritten Welt« spielte, in den Fokus rücken. Indien war ein Labor der »Entwicklungshilfe« und zählte zu den am stärksten geförderten Nationen des globalen Südens. Dabei spielte die Förderung neuer Technologien von Beginn an eine Schlüsselrolle. Wie der Kalte Krieg als globaler Bezugsrahmen akademische Netzwerke, ökonomische Allianzen und (geo-)politische Handlungsspielräume prägte, welche Konzepte der »Entwicklung« und »Modernisierung« der Nation dem Wirken zugrunde lagen, welche Akteure sich warum engagierten und wo es zu Wissensaustausch und -konkurrenzen kam, wird daher ebenso zu diskutieren sein wie die Frage, wie sich der globale Diskurs um die Computertechnologie in eine lokale Praxis übersetzte. Dabei rücken aus der Perspektive einer Zeitgeschichte der Digitalisierung gerade die verschiedenen Bewegungsrichtungen und Geschwindigkeiten globaler gesellschaftlicher Wandlungsprozesse in den Fokus.

Schließlich will dieses Buch zeigen, wie die Investitionen des globalen Nordens ab den 1950er Jahren den indischen Weg ins digitale Zeitalter ebneten und wie vice versa die »Entwicklung« Indiens zur Technologienation ab den ausgehenden 1970er Jahren die Dynamiken der globalen Arbeitsmärkte und so auch das Leben und Arbeiten im globalen Norden veränderte. Hier stellte sich auch die Frage nach der Wirkung des kolonialen Erbes. Digitalisierung und Globalisierung der Arbeitswelten brachten eine neue Form der Dienstleistungsökonomie hervor, die zugleich ein neues Regime globaler Arbeitsteilung (und neue globale Ungleichheiten) zeitigte. Der indische Siegeszug der IT-Services muss daher im Lichte des zu Beginn der 1990er Jahre einsetzenden Trends zur Flexibilisierung und Prekarisierung der Arbeitsverhältnisse in der IT-Branche gesehen werden, zumal den wenigen Pioniergeschichten im Silicon Valley die namenlosen Gesichter der digitalen Massen in den Fabriken des globalen Südens gegenüber stehen.[15] So soll es am Ende auch um die Frage gehen, wie der indische Weg in die »digitale Unabhängigkeit« zu bewerten ist; ob die Wissensarbeiter in der Ära des Outsourcings und Bodyshoppings als neue »Cyber-Coolies«[16]

---

15 So will das Vorhaben zugleich in neuere Debatten um Krise und Wandel der »Arbeitsgesellschaft« eingreifen. Vgl. dazu programmatisch: Winfried Süß/Dietmar Süß: Zeitgeschichte der Arbeit. Beobachtungen und Perspektiven, in: Knud Andresen/Ursula Bitzegeio/Jürgen Mittag (Hrsg.): Nach dem Strukturbruch? Kontinuität und Wandel von Arbeitsbeziehungen und Arbeitswelt(en) seit den 1970er-Jahren, Bonn 2011, S. 345-365; Martina Heßler/Holger Bonin: Historische Perspektiven auf die Arbeitsgesellschaft in Zeiten des digitalen Wandels, in: Roman Herzog Institut (Hrsg.): Aufbruch oder Abbruch? Trends und Perspektiven der Arbeitsgesellschaft, München 2019, S. 19-27.

16 Vgl. Anna Greenspan: India and the IT Revolution. Networks of Global Culture, Basingstoke 2004, S. 24-38; Biao Xiang: Global Body Shopping, Princeton 2007; Shehzad Nadeem: Dead Ringers: How Outsourcing Is Changing the Way Indians Understand Themselves, Princeton 2011, S. 58; Sanjoy Chakravorty et al.: The Other One Percent. Indians in America, Oxford 2017, S. 27-70.

bzw. als »Cognitariat«[17] gesehen werden können oder doch eher als Figuration eines ungebrochenen »Liberalisierungsdogmas«[18] erscheinen, wird hier zu klären sein.

Die zentralen Protagonisten dieser Geschichte sind die Computerspezialisten – die Programmierer, Maschinenbauer und Ingenieure. Doch gab es eine Vielzahl weiterer Akteure: von Diplomaten und Politikern in Regierungen, Parlamenten und IGOs, welche die Rahmenbedingungen der neuen Technik durch gezielte Förderprogramme absteckten, über Entwicklungsexperten und Aktivisten in NGOs, die das Für und Wider besprachen und die Theorie »vor Ort« ins Werk setzten, bis hin zu Journalisten, die diesen Prozess publizistisch begleiteten, und Lobbyisten und Unternehmensvertretern, die ihr ökonomisches Kalkül zusehends global durchzusetzen verstanden. So zeitigte der Computer ein komplexes internationales Netzwerk. Dieses Buch will die Dynamik der Wissenszirkulation innerhalb des Netzwerks und die vielgestaltigen Interessenlagen der darin involvierten Akteure exemplarisch in Diskurs und Praxis als eine Geschichte der komplexen »Nord-Süd-Ost-West-Beziehungen« nach 1945 untersuchen.

*Methoden, Zugänge, Quellen
einer »Nord-Süd-Geschichte« des digitalen Zeitalters*

Die Geschichte des indischen Wegs ins digitale Zeitalter ist eine »entangled history«.[19] Die Austauschbeziehungen und Interdependenzen zwischen Indien und der britischen Krone, den USA, der UdSSR, aber auch (West-)Europa zeigen sich in der globalen Zirkulation von Ideen, Menschen und Maschinen. Vorstellungen von einer Einbahnstraße des »Fortschritts« aus den Metropolen des Nordens in die Peripherie des globalen Südens leiten daher fehl und verstellen zudem den Blick für die Eigenlogik der Entwicklungen außerhalb des engen (west-)europäischen und (nord-)amerikanischen Bezugsrahmens. Vor

---

17 Franco Berardi: The Soul at Work. From Alienation to Autonomy, Cambridge, Mass. 2009, S. 90. Vgl. dazu auch Ursula Huws: The Making of a Cybertariat. Virtual Work in a Real World, New York/London 2003, sowie allg. Luc Boltanski/Ève Chiapello: Der neue Geist des Kapitalismus, Köln [1999] 2018.
18 Vgl. dazu: Rohit Chopra: Neoliberalism as Doxa: Bourdieu's Theory of the State and the Contemporary Indian Discourse on Globalization and Liberalization, in: Cultural Studies 17,3/4 (2003), S. 419-444, hier: S. 420.
19 Sebastian Conrad/Shalini Randeria: Einleitung. Geteilte Geschichten – Europa in einer postkolonialen Welt, in: dies. (Hrsg.): Jenseits des Eurozentrismus. Postkoloniale Perspektiven in den Geschichts- und Kulturwissenschaften, Frankfurt a.M. 2002, S. 9-48, hier: S. 17. Vgl. kritisch dazu Michael Werner/Bénédicte Zimmermann: Vergleich, Transfer, Verflechtung. Der Ansatz der »Histoire croisée« und die Herausforderung des Transnationalen, in: Geschichte und Gesellschaft 28,4 (2002), S. 607-636, und Marcel van der Linden: The Promise and Challenges of Global Labor History, in: Andreas Eckert (Hrsg.): Global Histories of Work, Berlin/Boston 2016, S. 25-48, hier: S. 32.

allem der asiatische Raum, in dem sich ab den 1970er Jahren in sehr unterschiedlichen Geschwindigkeiten und Ausmaßen mit Japan und Südkorea, Taiwan und Singapur, China und Indien sukzessive neue Global Player im Bereich der Informations- und Kommunikationstechnologien etablierten, war hier ausgesprochen dynamisch.

Versteht man im Anschluss an Sebastian Conrad und Shalini Randeria diese Prozesse der Globalisierung als Ergebnis verflochtener, »geteilte[r] Geschichten«[20] im Sinne einer doppelten Semantik, die im Englischen als *shared* und *divided* wiedergegeben werden kann, so lassen sich die Fallstricke eines »methodologischen Nationalismus« überwinden[21] und zugleich die überkommene Meistererzählung einer linearen »Diffusion« westlicher Technologien revidieren, die in der Rede von *dem* »Westen« und *dem* »Rest der Welt« aufscheint.[22] Anstelle bipolarer Erklärungsmodelle und statischer Dichotomien von Zentrum und Peripherie, Kolonisatoren und Kolonisierten bzw. Herrschern und Subalternen sowie davon ausgehender Antagonismen wie Tradition und Moderne rücken aus dieser Perspektive die Zirkulationen und Verschmelzungen von Wissen in den Fokus.[23] An den »Kontaktzonen« glichen sich asymmetrische Beziehungen (wenigstens vorübergehend) an und wichen lokalen Dependenz- und Interessenökonomien.[24]

In Anlehnung an Shmuel N. Eisenstadts Konzept der »multiple modernities« soll hier einer essentialistisch-hegemonialen Deutung der »westlichen Moderne« die endogene Dynamik der Modernisierung »nichtwestlicher« Staaten entgegengehalten und die »Komplexität« und »Eigengesetzlichkeit« globaler Austauschprozesse hervorgehoben werden.[25] So rücken vor allem die lokalen

---

20 So Conrad/Randeria: Einleitung, S. 17.
21 Andreas Wimmer/Nina Glick Schiller: Methodological Nationalism and Beyond. Nation-State Building, Migration and the Social Sciences, in: Global Networks 2,4 (2002), S. 301-334; Sugata Bose: Post-Colonial Histories of South Asia: Some Reflections, in: Journal of Contemporary History 38,1 (2003), S. 133-146, hier: S. 135, 138.
22 Zu diesem Modell vgl. George Basalla: The Spread of Western Science, in: Science 156,3775 (1967), S. 611-622; vgl. dazu überdies allg. kritisch Niall Ferguson: Civilization. The West and the Rest, London 2011, S. 5-8.
23 Roland Robertson: Glokalisierung. Homogenität und Heterogenität in Raum und Zeit, in: Ulrich Beck (Hrsg.): Perspektiven der Weltgesellschaft, Frankfurt a. M. 1998, S. 192-220; Angelika Epple: Lokalität und die Dimension des Globalen. Eine Frage der Relationen, in: Historische Anthropologie 21,1 (2013), S. 4-25; Homi K. Bhabha: Die Verortung der Kultur, Tübingen 2000; ders.: Über kulturelle Hybridität. Tradition und Übersetzung, Wien/Berlin 2012.
24 Mary Louise Pratt: Arts of the Contact Zone, in: Profession (MLA) 91 (1991), S. 33-40; Lissa Roberts: Situating Science in Global History. Local Exchanges and Networks of Circulation, in: Itinerario 33,1 (2009), S. 9-30, hier: S. 21.
25 Shmuel N. Eisenstadt: Multiple Modernities, in: Daedalus 129,1 (2000), S. 1-29, hier: S. 15. Zur Adaption des Konzepts in den Geschichtswissenschaften vgl. Sebastian Conrad/Andreas Eckert: Globalgeschichte, Globalisierung, Multiple Modernen. Zur Geschichtsschreibung der modernen Welt, in: dies./Ulrike Freitag (Hrsg.): Globalgeschichte. Theorien, Ansätze, Themen, Frankfurt a. M. 2007, S. 7-52, hier: S. 18-20.

Aushandlungen und Anverwandlungen des Wissens in den Blick. Die exportierte Entwicklungstechnologie der Industrienationen war ein »Produkt« des Wissensaustauschs zwischen Nord und Süd, das sich in den lokalen Verwendungskontexten sowie den Aneignungs- und Umdeutungsprozessen »vor Ort« wandelte. Die »Entwicklungsprojekte« können so als »Mikro-Räume globaler Vergesellschaftung« gelesen werden.[26] Aus postkolonialer Perspektive rücken sowohl die Modi der Teilhabe als auch die Medien der Artikulation und die Techniken der Übersetzung von Wissen in den Fokus. Eine *postcolonial history of computing* muss hier ansetzen und versuchen, die Quellen da »gegen den Strich« zu lesen, wo sie vom Bias der »Macht« durchdrungen sind.[27]

Hier wird eine »Dezentrierung« der Computergeschichte vorgeschlagen. Dabei soll es darum gehen, den Blickwinkel zu verändern:

> The decentering historian does not tell the story of the past only from the vantage point of a single part of the world or of powerful elites, but rather widens his or her scope, socially and geographically, and introduces plural voices into the account.[28]

Hierzu erweisen sich Ansätze der transnationalen Geschichte[29] als produktiv, die in ihren Erzählungen das lineare Narrativ einer Zentralinstanz des Nationalstaates durch den Fokus auf die komplexen grenzüberschreitenden Zirkulationen von Menschen, Dingen und Ideen problematisieren und zugleich die analytische Kategorie der Nation neu zu begründen und historisch zu (re-)kontextualisieren versuchen.[30] Zum anderen will ein solcher Ansatz auch und

---

26 Hubertus Büschel/Daniel Speich Chassé: Einleitung, in: dies. (Hrsg.): Entwicklungswelten. Globalgeschichte der Entwicklungszusammenarbeit, Frankfurt a. M. 2009, S. 7-29, hier: S. 22.
27 Kavita Philip/Lilly Irani/Paul Dourish: Postcolonial Computing. A Tactical Survey, in: Science, Technology & Human Values 37,1 (2012), S. 3-29, hier: S. 5-7. Vgl. überdies programmatisch: Kavita Philip: The Internet Will be Decolonized, in: dies./Thomas S. Mullaney/Benjamin Peters/Mar Hicks (Hrsg.): Your Computer Is On Fire, Cambridge, Mass./London 2021, S. 91-115; Rodrigo Ochigame: Informatics of the Oppressed, in: Logic Magazine, Summer 2020, S. 53-74; Fabian Prieto Nanez: Postcolonial Histories of Computing, in: IEEE Annals of the History of Computing 38,2 (2016), S. 2-4; Lilly Irani et al.: Postcolonial Computing. A Lens on Design and Development, in: CHI '10: Proceedings of the SIGCHI Conference on Human Factors in Computing Systems, New York 2010, S. 1311-1320. URL: https://dl.acm.org/doi/10.1145/1753326.1753522 [abgerufen am 15.8.2022]; Warwick Anderson: Introduction. Postcolonial Technoscience, in: Social Studies of Science 32,5/6 (2002), S. 643-658.
28 Natalie Zemon Davis: Decentering History. Local Stories and Cultural Crossings in a Global World, in: History and Theory 50,2 (2011), S. 188-202, hier: S. 190.
29 Akira Iriye: Transnational History, in: Contemporary European History 13,2 (2004), S. 211-222; Josep Simon/Néstor Herran (Hrsg.): Beyond Borders: Fresh Perspectives in History of Science, Newcastle 2008.
30 Erik van der Vleuten: Toward a Transnational History of Technology. Meaning, Promises, Pitfalls, in: Technology and Culture 49,4 (2008), S. 974-994, hier: S. 983;

gerade die Ambivalenzen und Ungleichzeitigkeiten, die Grenzen, Nebeneffekte und Randerscheinungen der Durchsetzung der Computertechnologie in den Blick rücken: »Writing a computer history that deprioritizes the computer provides space for contextualizing this technology while also making space for a wider set of practices, actors, and priorities.«³¹

So will das Buch einen Beitrag zur Vorgeschichte des »digitalen Zeitalters« als einer Geschichte globaler »Verflechtungen« zwischen Nord und Süd leisten. Es will weder eine Globalgeschichte im Sinne der »World History« noch eine isolierte Betrachtung einer Region nach dem Modell der »Area Studies« werden.³² Zugleich soll es weniger um eine von sozialen Praktiken losgelöste Technikgeschichte als vielmehr um eine durch Ansätze der Wissensgeschichte »informierte« Politik- und Gesellschaftsgeschichte des »digitalen Wandels« in Indien gehen.

Wissen kann im Anschluss an Philipp Sarasin und Peter Burke als »Konglomerat aus semiotischen Strukturen, Prozessen und Diskursen« und als »organisierendes Zentrum« des Zusammenhangs zwischen »Menschen, ihren Handlungen und ihren Artefakten« verstanden werden.³³ In seiner Zirkulation zeigen sich exemplarisch die Prozesse der »sozialen Gestaltung« von Wissen.³⁴

Carla Nappi: The Global and Beyond. Adventures in Local Historiographies of Science, in: Isis 104,1 (2013), S. 102-110; Doreen Massey/Ash Amin/Nigel Thrift: Decentering the Nation. A Radical Approach to Regional Inequality, London 2003, S. 3 f.

31 Eden Medina: Forensic Identification in the Aftermath of Human Rights Crimes in Chile. A Decentered Computer History, in: Technology and Culture 59,4 Suppl. (2018), S. S100-S133, hier: S. S105.

32 Zur Diskussion um die – bisweilen verschwimmenden – Grenzen von Globalisierungs- und Globalgeschichte vgl. kontrovers: Boris Barth/Stefanie Gänger/Niels P. Petersson (Hrsg.): Globalgeschichten. Bestandsaufnahme und Perspektiven, Frankfurt a. M./New York 2014; Sven Beckert/Dominic Sachsenmeier (Hrsg.): Global History, Globally, London 2018. Zu den Ansätzen einer New International History vgl. zudem Hubertus Büschel: Internationale Geschichte als Globalgeschichte – Prämissen, Potenziale und Probleme, in: Zeithistorische Forschungen 8,3 (2011), S. 439-445; Jost Dülffer/Wilfried Loth: Einleitung, in: dies. (Hrsg.): Dimensionen internationaler Geschichte, München 2012, S. 1-8, hier: S. 5; Alanna O'Malley: Everything the Light Touches. The Expanding Frontiers of International History, in: H-Soz-Kult, 2. 12. 2021. URL: www.hsozkult.de/literaturereview/id/forschungsberichte-4565 [abgerufen am 15. 8. 2022]; Akira Iriye/Petra Goedde: International History. A Cultural Approach, London/New York 2022, S. 3 f.

33 Philipp Sarasin: Was ist Wissensgeschichte?, in: Internationales Archiv für Sozialgeschichte der deutschen Literatur 36 (2011), S. 159-172, hier: S. 163; Peter Burke: What is the History of Knowledge?, Cambridge 2017, S. 1-13. Zu neueren Ansätzen der Wissensgeschichte vgl. überdies allg. Marian Füssel: Wissen. Konzepte – Praktiken – Prozesse, Frankfurt a. M./New York 2021.

34 Der entwicklungspolitische Universalitätsanspruch der Experten der Vereinten Nationen gab davon ein beredtes Beispiel. Vgl. Corinna R. Unger: Entwicklungspfade in Indien. Eine internationale Geschichte 1947-1980, Göttingen 2015, S. 13-18. Zu diesem Ansatz vgl. auch: David Mosse: Cultivating Development. An Ethnography of Aid Policy and Practice, London 2005; Frederick Cooper/Randall M. Packard

Was Wissen war, musste immer wieder neu »ausgehandelt« werden. In einer solchen »Wissenspolitik« hatten Experten eine zentrale Rolle inne. Ihre Expertise legitimierte sich, so Bruno Latour, weniger aus der »Breite des Wahrheitsanspruchs« als vielmehr aus den politischen, wirtschaftlichen und gesellschaftlichen Bedingungen, denen sie entsprang.[35] Wissen bezeichnete demnach sowohl Handlungen von Individuen und Kollektiven, Instrumente und Technologien der Wissensproduktion als auch normative Handlungsempfehlungen und Geltungsansprüche.[36] Mit Corinna Unger lassen sich die Praktiken, Diskurse, Normen und Institutionen des »Wissens« daher letztlich als »integrale[r] und interaktive[r] Teil des politischen und gesellschaftlichen Handelns« begreifen.[37]

Auch das Wissen der Computerexperten, das sich aus diversen Disziplinen – von Nachrichten- und Elektrotechnik über Kybernetik bis zum Feld der Operations Research – speiste, war von Beginn an Ergebnis von Austausch und Übersetzung zwischen Theorie und Praxis und zwischen Technikern und Nichttechnikern im lokalen wie im globalen Bezugsrahmen. Eine kleine, transnationale Elite an Computerexperten versetzte, wie sich im Anschluss an Simone Lässig und Swen Steinberg argumentieren ließe, überdies auch physisch »Wissen in Bewegung«.[38]

Um den Wandel der indischen »Wissenspolitik« und die Geschichte des Traums von der »Technologienation« in Diskurs und sozialer Praxis nachzuzeichnen, wird das Buch den indischen Fall *räumlich* in seinen internationalen Bezügen, Verbindungen und Verwobenheiten analysieren und zugleich *zeitlich* eine längere Perspektive einnehmen. Im Fokus stehen sollen hier die Wechselwirkungen zwischen digitalen Techniken und gesellschaftlichen Wandlungsprozessen sowie die Wahrnehmungen, Praktiken und sozialen Folgen der Computernutzung *vor* dem massenweisen Einsatz des PCs und der kommerziellen Nutzung des World Wide Web zur Mitte der 1990er Jahre. Der lange Untersuchungszeitraum von den 1950er Jahren bis in die 2000er Jahre vermag dabei gerade der wachsenden Zahl an Gegenwartsdiagnosen »historische Tiefenschärfe« zu verleihen. So erscheint es sinnvoll, einen »Zeitbogen« aufzuspannen, der ganz ausdrücklich politische Zäsuren »überwölbt« und die tiefgreifenden sozioökonomischen Veränderungen fassbar macht, die in den

(Hrsg.): International Development and the Social Sciences. Essays on the History and Politics of Knowledge, Berkeley 1997.
35 Bruno Latour: Science in Action. How to Follow Scientists and Engineers Through Society, Cambridge, Mass. 1987.
36 Vgl. Charles Camic/Neil Gross/Michel Lamont: Introduction. The Study of Social Knowledge Making, in: dies. (Hrsg.): Social Knowledge in the Making, Chicago 2011, S. 1-40, hier: S. 3.
37 Unger: Entwicklungspfade, S. 15 f.
38 Simone Lässig/Swen Steinberg: Knowledge on the Move. New Approaches Toward a History of Migrant Knowledge, in: Geschichte und Gesellschaft 43,3 (2017), S. 313-346; Dittmar Dahlmann/Reinhold Reith (Hrsg.): Elitenwanderung und Wissenstransfer im 19. und 20. Jahrhundert, Essen 2008.

Debatten um die viel beschworene »digitale Revolution« zur Sprache kommen.[39] Das bedeutet, im indischen Fall zum einen auch die (Vor-)Bedingungen der Computerpolitik nach 1947 und der Wahrnehmung neuer Technologien in Indien anzudeuten, die bis in die Jahre des britischen Indien zurückreichen, und zum anderen den Blick auch über die Jahre der Liberalisierung hinaus bis in die Ära der digitalen Online-Ökonomien zu richten, in der Wissen zur ubiquitären, virtuellen Ressource der »Cloud« avancierte.[40]

Schon in den ausgehenden 1950er Jahren war »Wissen« zu einer Vokabel der Gegenwartsdiagnostik geworden. Die Rede von der »Wissensgesellschaft«[41] – wie sie der Ökonom Peter F. Drucker in seinen Publikationen zur »Wissens- und Kopfarbeit« und zum Wechselverhältnis von »Technologien und Gesellschaft« prägte – inspirierte den Soziologen Daniel Bell im Jahr 1973 zu seiner Studie *The Coming of Post-Industrial Society. A Venture in Social Forecasting*. Ausgehend vom Beispiel der USA prognostizierte Bell, dass sich die moderne Industriegesellschaft »in den nächsten dreißig bis fünfzig Jahren« sowohl in ihrer ökonomischen Basis als auch in ihrer Sozialstruktur grundlegend wandeln würde. Mit der »postindustriellen Gesellschaft« breche die Stunde einer neuen »Klasse« technisch-akademischer Experten – Computerspezialisten, Ingenieure und Ökonomen – an.[42] Diese propagierten indes, wie die neuere

---

39 Anselm Doering-Manteuffel: Die deutsche Geschichte in den Zeitbögen des 20. Jahrhunderts, in: Vierteljahrshefte für Zeitgeschichte 62,3 (2014), S. 321-348. Vgl. dazu kritisch Ariane Leendertz: Zeitbögen, Neoliberalismus und das Ende des Westens, oder: Wie kann man die deutsche Geschichte des 20. Jahrhunderts schreiben?, in: Vierteljahrshefte für Zeitgeschichte 65,2 (2017), S. 191-217. Zur Geschichte der Gegenwartsdiagnostik vgl. Thomas Alkemeyer/Nikolaus Buschmann/Thomas Etzemüller: Einleitung, in: dies. (Hrsg.): Gegenwartsdiagnosen, Bielefeld 2019, S. 9-20.

40 Vgl. dazu: Tung-Hui Hu: A Prehistory of the Cloud, Cambridge, Mass. 2015. Aus der Gegenwartsperspektive ergeben sich so Zäsuren und Wegmarken einer Geschichte der Digitalisierung und Globalisierung der Lebens- und Arbeitswelten in Indien. Die – aus der Geschichte der Industrienationen abgeleiteten – Modelle zur Periodisierung des 20. Jahrhunderts harren derweil der globalhistorischen Anpassung, Korrektur und Erweiterung. Zur These des gesellschaftlichen »Epochenbruchs« nach dem »Boom« sowie zur Genese einer digitalen Ökonomie aus dem Geiste der Krise in Europa und in den USA vgl. kürzlich Sebastian Voigt (Hrsg.): Since the Boom. Continuity and Change in the Western Industrialized World After 1970, Toronto 2021; Anselm Doering-Manteuffel/Lutz Raphael: Der Epochenbruch in den 1970er-Jahren. Thesen zur Phänomenologie und den Wirkungen des Strukturwandels »nach dem Boom«, in: Andresen/Bitzegeio/Mittag (Hrsg.): Nach dem Strukturbruch?, S. 25-40; Lutz Raphael: Arbeit im Kapitalismus, in: Arbeit, Bewegung, Geschichte 19,1 (2020), S. 7-25.

41 Zur Genese des Begriffs vgl. Peter F. Drucker: The New Society. The Anatomy of Industrial Order, New York 1950; ders.: Landmarks of Tomorrow, New York 1957; ders.: Technology, Management, and Society. Essays, New York 1958; ders.: The Age of Discontinuity. Guidelines to Our Changing Society, New York 1968. Zur Geschichte des Konzepts vgl. überdies: Nico Stehr: The Fragility of Modern Societies. Knowledge and Risk in the Information Age, London 2001.

42 Daniel Bell: The Coming of Post-Industrial Society. A Venture in Social Forecasting, New York 1973, S. 165-265.

historische Forschung zeigen konnte, im Geiste technokratischer Planungseuphorie ein Modell der »scientific rationality«, das politische Fragen in technisch lösbare Probleme zu verwandeln suchte und von einem radikalen Modernisierungsglauben getragen war, welcher der Trias der technologischen, ökonomischen und sozialen Modernisierung das Wort redete.[43] Zu den Glaubensgrundsätzen dieser Jahre gehörte derweil auch die Überzeugung, die Prinzipien der »Ingenieurskunst« auf gesellschaftliche Kollektive übertragen zu können: »Social engineering« lautete so das Heilsversprechen der Experten.

Der Computer war ein Symbol des Glaubens an den »Technological Fix«.[44] Die neue »Elite« der »systems men« und »computer professionals«[45] verkörperte ein Denken, das, so David Gugerli, die »Welt« als vollständig computerisier- und berechenbar annahm und zugleich das Teilen und Beherrschen, Verbinden und Synchronisieren, Speichern und Löschen von »Daten« zu den elementaren Kulturtechniken des neuen »Informationszeitalters« erhob.[46] Indem sich der Computer vom Gegenstand der »Experten« zum »Konsumgut« der Massen verwandelte, setzte sich auch der Glauben an eine neue Form der »digitalen Wirklichkeit« durch.[47]

So avancierte gerade der Elektronenrechner zum Symbol einer neuen sozialen Ordnung, die bereits ab den 1960er Jahren als »Informationsgesellschaft« beschrieben wurde.[48] Der Begriff der »Informationsgesellschaft« soll hier im Anschluss an Jürgen Danyel als »Klammer [...] für die verschiedenen, miteinander verwobenen technologischen und gesellschaftlichen Entwicklungen« ab

---

43 Vgl. David C. Engerman et al. (Hrsg.): Staging Growth. Modernization, Development, and the Global Cold War, Cambridge, Mass. 2003; Nick Cullather: Miracles of Modernization. The Green Revolution and the Apotheosis of Technology, in: Diplomatic History 28,2 (2004), S. 227-254; Michael Adas: Dominance by Design. Technological Imperatives and America's Civilizing Mission, Cambridge, Mass. 2006; David Ekbladh: The Great American Mission. Modernization and the Construction of an American World Order, Princeton 2010.

44 Lisa Rosner (Hrsg.): The Technological Fix, New York 2004; vgl. dazu David Edgerton: The Shock of The Old. Technology and Global History since 1900, London 2008, S. XVI; Sean F. Johnston: Alvin Weinberg and the Promotion of the Technological Fix, in: Technology and Culture 59,3 (2018), S. 620-651, hier: S. 620.

45 Thomas Haigh: Inventing Information Systems. The Systems Men and the Computer, 1950-1968, in: Business History Review 75,1 (2001), S. 15-61; Nathan L. Ensmenger: The Computer Boys Take Over. Computers, Programmers and the Politics of Technical Expertise, Cambridge, Mass. 2010; ders.: Environmental History of Computing, in: Technology and Culture 59,4 Suppl. (2018), S. S7-S33.

46 David Gugerli: Der Programmierer, in: Alban Frei/Hannes Mangold (Hrsg.): Das Personal der Postmoderne. Inventur einer Epoche, Bielefeld 2015, S. 17-32; ders./Patrick Kupper/Daniel Speich Chassé: Rechne mit deinen Beständen. Dispositive des Wissens in der Informationsgesellschaft, in: Gérard Berthoud et al. (Hrsg.): Informationsgesellschaft. Geschichten und Wirklichkeit, Fribourg 2005, S. 79-108.

47 David Gugerli: Wie die Welt in den Computer kam. Zur Entstehung digitaler Wirklichkeit, Frankfurt a. M. 2018.

48 Vgl. Jochen Steinbicker: Zur Theorie der Informationsgesellschaft, Wiesbaden ²2011; Armand Mattelart: Kleine Geschichte der Informationsgesellschaft, Berlin 2003.

den 1950er Jahren verstanden werden.⁴⁹ Ursprünglich bezeichnete er die wachsende Bedeutung datenverarbeitender Systeme und Kommunikationsprozesse im Prozess des »Strukturwandels«⁵⁰ der Wirtschaft, hin zu einer Dienstleistungsökonomie. Die bestimmende Rolle der »Informationsindustrie« und der computergestützten Produktion betonte in diesem Zusammenhang der japanische Anthropologe Tadao Umesao 1963 als einer der Ersten.⁵¹ In Deutschland prägte der Kybernetiker Karl Steinbuch 1968 die Rede von der »informierten Gesellschaft« und schied, anknüpfend an die Theorien Wieners und von Weizsäckers, »Information« gar ontologisch als dritten »Grundstoff« von Energie und Materie.⁵² Ab den 1970er Jahren charakterisierte der Terminus dann, viel grundsätzlicher, eine Gesellschaft, die in allen Bereichen durch »Informations- und Kommunikationstechnologien« (IuK) durchdrungen sei.⁵³

Vor diesem Hintergrund sind in den letzten Jahren auch Versuche unternommen worden, die Epochensignatur eines »digitalen Zeitalters« bzw. einer »digitalen Moderne« zu bestimmen.⁵⁴ Dabei erscheinen die ab den 1950er Jahren einsetzenden »technologischen und kulturellen Wandlungsprozesse« – die »Computerisierung der Gesellschaft, die digitale Fertigung von Gütern und Verarbeitung von Dienstleistungen, die Verlagerung von wirtschaftlichen, politischen und sozialen Kommunikations- und Entscheidungsprozessen in die virtuellen Räume des Internet, die Digitalisierung und elektronische Verfügbarkeit von Wissensbeständen und eines wachsenden Teils der kulturellen Überlieferung sowie die mit der Vernetzung einhergehenden Globalisierungseffekte« – als »epochemachender Umbruch«.⁵⁵ Dieser ebenso vielschichtige,

---

49 Jürgen Danyel: Zeitgeschichte der Informationsgesellschaft, in: Zeithistorische Forschungen 9,2 (2012), S. 186-211, hier: S. 187. Der Begriff der »Computerisierung« soll hier in gleicher Weise die schrittweise gesellschaftliche Durchdringung durch Technologien der elektronischen Datenverarbeitung ab den 1950er Jahren und im Besonderen die Verbreitung der IuK-Techniken durch PCs und Mikroelektronik ab den 1970er Jahren bezeichnen.
50 Zu dieser Dimension vgl. Fried Scharpenack: Strukturwandel der Wirtschaft im Gefolge der Computer, Tübingen 1966; Peter Otto: Voraussetzungen der Automatisierung von Hand- und Kopfarbeit, in: Philipp Sonntag (Hrsg.): Die Zukunft der Informationsgesellschaft, Frankfurt a. M. 1983, S. 142-165, hier: S. 147f.
51 Shunya Yoshimi: Information, in: Theory, Culture and Society 23,2-3 (2006), S. 271-288, hier: S. 275; Tessa Morris-Suzuki: Beyond Computopia. Information, Automation and Democracy in Japan, London/New York 1988, S. 7f.
52 Vgl. Karl Steinbuch: Falsch programmiert, Stuttgart 1968, S. 99-117.
53 Der Soziologe Manuel Castells sprach in diesem Zusammenhang ausgangs der 1990er Jahre von einer Ära der durch neue Technologien zusehends global verschalteten »Netzwerkgesellschaft«. Vgl. Manuel Castells: Das Informationszeitalter. Wirtschaft, Gesellschaft, Kultur, Bd. 1: Der Aufstieg der Netzwerkgesellschaft, Wiesbaden [2003] ²2017.
54 Frank Bösch (Hrsg.): Wege in die digitale Gesellschaft. Computernutzung in der Bundesrepublik 1955-1990, Göttingen 2018; Ricky Wichum/Daniela Zetti (Hrsg.): Zur Geschichte des digitalen Zeitalters, Wiesbaden 2022.
55 Danyel/Schuhmann: Wege in die digitale Moderne, S. 288; vgl. Nathan L. Ensmenger: The Digital Construction of Technology. Rethinking the History of Com-

widersprüchliche wie pluritemporale Umwälzungsprozess muss eher als offene, langfristige Entwicklung – als »digitale Evolution« bzw. »digitale Transformation« – denn als rasante »Revolution« gelesen werden. In diesem Sinne soll auch hier von Wegen in die »digitale Gesellschaft« die Rede sein. »Digitalität« mag dazu als eine Formel der »Selbstbeschreibung« von Gesellschaften verstanden werden, die »ihre kommunikativen Interaktionen an rechnergestützte Netzwerke delegieren« und sich so in Funktionen und Leistungen zusehends über Netzwerke und Computer beschreiben.[56]

Zu den Gründungsmythen dieser »digitalen Gesellschaft« zählen die Konzepte der Benutzerfreundlichkeit, des universellen Zugangs und der Interaktivität, die sich als Abwandlungen der klassischen revolutionären Ideale von Freiheit, Gleichheit und Brüderlichkeit lesen lassen. Gegen alle Utopien der »Computer-Revolution«[57] bildete indes auch die »digitale Gesellschaft« eigene Hierarchien aus. Das IT-Wissen trennte computer-alphabetisierte Menschen[58] von solchen ohne EDV-Kenntnisse; es schied »Entwickler« und »Anwender« und reichte von Deutungs- und Orientierungswissen über Know-How und (Handlungs-)Wissen bis hin zu komplexer Planungs- und Steuerungsexpertise.[59] Hier muss auch die Gender-Dimension des Arbeitens an Computern angesprochen werden. So wandelte sich das Geschlechterverhältnis in der Computer-

puters in Society, in: Technology and Culture 53,4 (2012), S. 753-776; Martin Schmitt et al.: Digitalgeschichte Deutschlands. Ein Forschungsbericht, in: Technikgeschichte 83,1 (2016), S. 33-70.

56 David Gugerli/Daniela Zetti: Computergeschichte als Irritationsquelle, in: Martina Heßler/Heike Weber (Hrsg.): Provokationen der Technikgeschichte, Paderborn 2019, S. 193-228, hier: S. 193. Hier sind die Übergänge und Unterschiede zwischen (proto-)digitalen und nicht-digitalen Techniken zu beachten: Ravi Sundaram: Analogue and Digital, in: BioScope 12,1-2 (2021), S. 14-17; Thomas Haigh (Hrsg.): Exploring the Early Digital, Cham 2019; ders.: We Have Never Been Digital, in: Communications of the ACM 57,9 (2014), S. 24-28. Zur Kritik der Revolutionsmetaphorik vgl. überdies Martina Heßler/Nora Thorade: Die Vierteilung der Vergangenheit. Eine Kritik des Begriffs Industrie 4.0, in: Technikgeschichte 86,2 (2019), S. 153-170, hier: S. 161-170. Zur Historisierung der Netzwerkidee vgl. zudem Massimo Rospocher/Gabriele Balbi: Networks, in: Gabriele Balbi et al. (Hrsg.): Digital Roots. Historicizing Media and Communication Concepts of the Digital Age, Berlin/Boston 2021, S. 19-40.

57 Vgl. Michael Friedewald: Computer Power to the People! Die Versprechungen der Computer-Revolution, 1968-1973, in: kommunikation@gesellschaft 8 (2007), S. 1-18; Fred Turner: From Counterculture to Cyberculture. Stewart Brand, the Whole Earth Network, and the Rise of Digital Utopianism, Chicago/London 2006, S. 255-262.

58 Im anglophonen Sprachraum wird von »computer literacy« bzw. »digital literates« und »illiterates« gesprochen. Im Deutschen haben diese Terminologien keine Entsprechung; zur Mitte der 1980er Jahre wurde »Alphabits« vorgeschlagen. Vgl. Peter Otto/Philipp Sonntag: Wege in die Informationsgesellschaft, München 1985, S. 279 f.

59 In diesem Sinne prägte die Computertechnik ab den 1950er Jahren unsere »Epistemologien« und die Normen und Standards der Herstellung, Verbreitung und Anwendung von Wissen. Vgl. Hans Ulrich Gumbrecht: Eigensinn der elektronischen Welt. Was die Tradition des Denkens der Gegenwart schuldet, in: Zeitschrift für Ästhetik und Allgemeine Kunstwissenschaft 59,2 (2014), S. 253-259, hier: S. 253; Gugerli: Welt, S. 15-17.

branche nach 1945 dramatisch. Heute mag die Sphäre vorwiegend männlich konnotiert sein; in den ersten Jahrzehnten nach dem Krieg übernahmen dagegen in Europa und in den USA noch vor allem Frauen die Dateneingabe, auch Programmierer waren in der Mehrzahl weiblich.[60] Die Akademisierung des Feldes in den 1960er und 1970er Jahren bedeutete alsdann einen Bruch. Während die stark mathematisch-theoretisch geprägte universitäre Disziplin der Computer Sciences und der boomende Zweig der – als Manager und Vertriebler in Industrie und Administration reüssierenden – Programmierer zu einer überwiegend männlichen Domäne wurden, blieb der Bereich der Datenverarbeitung weiblich. In Indien war das Metier hingegen von Beginn an stark männlich geprägt; ob der Erwerb von Computerexpertise ab den 1970er Jahren, als langsam mehr Frauen in den Bereich der IT vordrangen, als »Empowerment« gelesen werden kann oder ob die neuen Technologien gerade zur Konsolidierung sozialer, ethnischer und kultureller Hierarchien beitrugen, muss kritisch besehen werden.[61]

Neben den *Akteuren* und den *Diskursen* sollen auch die *Infrastrukturen* der »digitalen Gesellschaft« in den Blick rücken. Die analogen und digitalen Systeme der Ver- und Entsorgung, der Kommunikation, des Verkehrs und der Energie erkennen, steuern und regulieren, wie der Soziologe Armin Nassehi kürzlich konstatierte, bis heute wie von unsichtbarer Hand die »Muster« unseres Zusammenlebens.[62] Was in Zeiten technokratischer Planungseuphorie bis in die 1960er Jahre Straßen und Brücken, Kanäle und Staudämme, Stahl-, Chemie- und Elektrizitätswerke gewesen waren, wurden ab den 1970er Jahren »Satellitennetze« und »Datenautobahnen«. Ohne diese »Lebensadern unserer Zivilisation« seien, so Dirk van Laak, weder Kolonialismus noch Globalisierung möglich gewesen.[63]

60 Vgl. dazu allg. Thomas Misa (Hrsg.): Gender Codes. Why Women are Leaving Computing, Hoboken 2010; Janet Abbate: Recording Gender. Women's Changing Participating on Computing, Cambridge 2012; Mar Hicks: Programmed Inequality. How Britain Discarded Women Technologists and Lost Its Edge in Computing, Cambridge, Mass./London 2017; Michael Homberg: »Gebrochene Professionalisierung«. Die Beschäftigten in der bundesdeutschen EDV-Branche, in: Bösch (Hrsg.): Wege in die digitale Gesellschaft, S. 103-125.
61 Janet Abbate: Code Switch. Alternative Visions of Computer Expertise as Empowerment from the 1960s to the 2010s, in: Technology and Culture 59,4 Suppl. (2018), S. S134-S159, hier: S. S135 f., sowie dies.: Coding is not Empowerment, in: Mullaney/Peters/Hicks/Philip (Hrsg.): Computer, S. 253-271. Vgl. zu Indien: Sreela Sarkar: Beyond the »Digital Divide«. The »Computer Girls« of Seelampur, in: Feminist Media Studies 16,6 (2016), S. 968-983; dies.: Skills Will Not Set You Free, in: Mullaney/Peters/Hicks/Philip (Hrsg.): Computer, S. 297-312.
62 Armin Nassehi: Muster. Theorie der digitalen Gesellschaft, München 2019; vgl. dazu auch allg. Keller Easterling: Extrastatecraft. The Power of Infrastructure Space, London/New York 2014, S. 12-18; Nikhil Anand/Akhil Gupta/Hannah Appel (Hrsg.): The Promise of Infrastructure, Durham/London 2018.
63 Dirk van Laak: Alles im Fluss. Die Lebensadern unserer Gesellschaft, Frankfurt a. M. 2018; ders.: Infra-Strukturgeschichte, in: Geschichte und Gesellschaft 27,3 (2001),

EINLEITUNG

Welche Rolle diese digitalen Infrastrukturen und die Durchsetzung von Standards[64] zur Erzeugung, Verarbeitung und Übertragung von Daten im Bereich der Nachrichten- und Netzwerktechnik aber im globalen Süden spielte, wie sich die »digitale Kluft« zwischen Industrie- und Entwicklungsländern politisch, sozial und ökonomisch auswirkte und wie der ungleiche Zugang zu den digitalen Ressourcen der globalen »Netzwerkgesellschaft«[65] von einer technischen und sozioökonomischen Kenngröße zu einer menschenrechtspolitischen Frage avancierte, soll hier angesprochen werden.

Im Hinblick auf die Geschichte der »digitalen Moderne« in Asien bliebe zu betonen, dass neben Indien auch China und die Tigerstaaten ab den 1970er Jahren eine wachsende Bedeutung im Bereich der Computertechnologien erlangten.[66] Daher sollen hier immer wieder auch vergleichende (Seiten-)Blicke auf die Geschehnisse in der Region vorgenommen werden. Ein Panorama der vielgestaltigen Wege Asiens ins digitale Zeitalter würde den Rahmen der Erzählung indes sprengen; schon durch das Kaleidoskop Indiens zu blicken, schiene angesichts der verschiedenen Sprachen, Kulturen und Bräuche vermessen. Den *einen* indischen Weg in die Moderne gab es nicht; vielmehr zeichnen sich vielgestaltige Spuren ab. So will dieses Buch exemplarisch Schneisen ins »Dickicht« einer indischen Gesellschaftsgeschichte des digitalen Wandels schlagen – von der großen Politik in der Lok Sabha bis in die kleinen Diskussionszirkel in den Provinzen der Republik, von den Träumen einer Computerelite an den Hochschulen und Forschungsinstituten bis hin zur Kritik der Massen an Angestellten und Arbeitern an der Automation durch Computer in den Fabriken, Banken und Verwaltungen – und so immer auch die Ambivalenzen und Ungleichzeitigkeiten im Blick behalten.

S. 367-393. Heute stehe, so van Laak, scheinbar »alles unter dem Diktat des Digitalen«. So durchdringen, untergraben und überwölben die Datennetze inzwischen vielerorts die Sphäre des Staates und kreieren so Zonen eigener »Macht« und »Größe«. Van Laak: Fluss, S. 265 f.

64 Vgl. dazu eingehend: JoAnne Yates/Craig N. Murphy: Engineering Rules. Global Standard Setting since 1880, Baltimore 2019, S. 241-268.

65 Zu dieser Debatte vgl. in extenso Daniel Stauffacher/Wolfgang Kleinwächter (Hrsg.): The World Summit on the Information Society. Moving from the Past into the Future, New York 2005. Zum Konnex von Medien, Technologien und Menschenrechten vgl. zudem allg. Michael Homberg/Benjamin Möckel (Hrsg.): Human Rights and Technological Change. Conflicts and Convergences after 1945, Göttingen 2022.

66 »Modern Asian history provides rich and useful context to analyze important social transformation such as imperialism, postcolonialism, and globalization«, so Chigusa Kita/Hyungsub Choi: History of Computing in East Asia, in: IEEE Annals of the History of Computing 38,2 (2016), S. 8-10, hier: S. 10. Vgl. dazu allg. Kuan-Hsing Chen: Asia as Method. Toward Deimperialization, Durham 2010. Aus dieser Perspektive wäre gerade ein eurozentrische Masternarrativ von der »great divergence« – vgl. Kenneth Pomeranz: The Great Divergence, Princeton 2000 – zu relativieren. Vgl. Francesca Bray: Only Connect. Comparative, National, and Global History as Frameworks for the History of Science and Technology in Asia, in: East Asian Science, Technology and Society 6,2 (2012), S. 233-241, hier: S. 233 f.

EINLEITUNG

Während aus der Perspektive einer Globalgeschichte der Technik vor allem die Netzwerke der Produktion, Verbreitung und Nutzung der Computertechnik in den Fokus rücken,[67] interessieren aus der Perspektive der Internationalen Geschichte gerade die Akteure der Technologiepolitik. Marc Frey, Sönke Kunkel und Corinna Unger haben überzeugend argumentiert, dass die Neuordnung der internationalen Beziehungen in einem System der »global governance« ab den 1960er Jahren neue Macht- und Interaktionsräume hervorbrachte und dabei wesentlich mit dem Siegeszug transnational agierender Akteursnetzwerke und Expertenzirkel einherging, die auf der Bühne der »Weltöffentlichkeit« agierten.[68]

Mit der Emergenz dieser »wirkmächtigen globalen Regulierer« veränderte sich auch die Form der Normaushandlung, »die sich immer stärker multilateral und massenmedial vollzog«.[69] Ein zentrales Forum der Auseinandersetzung bildeten die Vereinten Nationen und deren Sonderorganisationen im Bereich der Bildung (UNESCO), der industriellen Entwicklung (UNIDO) und der Arbeitspolitik (ILO). Das System der »global governance« brachte hier Theoretiker und Praktiker, Politiker, Industrielle und Wissenschaftler zusammen.

In der Arena der internationalen Beziehungen war der Computer derweil mehr als nur ein »Werkzeug imperialer Politik«.[70] Für die sich dekolonisierenden Staaten des globalen Südens war er – gerade in der liminalen Phase der Nationswerdung – ein Sinnbild der Autonomie und der Abgrenzung gegen das Empire.[71]

---

67 Der Computer war ein »Taktgeber« der Globalisierung. Vgl. Ute Hasenöhrl: Globalgeschichten der Technik, in: Heßler/Weber (Hrsg.): Provokationen, S. 151-192; Dagmar Schäfer/Marcus Popplow: Einleitung. Technik und Globalgeschichte. Globalisierung, Kulturvergleich und transnationaler Techniktransfer als Herausforderung für die Technikgeschichte, in: Technikgeschichte 80,1 (2013), S. 3-12.
68 Vgl. Marc Frey/Sönke Kunkel/Corinna R. Unger: Introduction, in: dies. (Hrsg.): International Organizations and Development, 1945-1990, Basingstoke 2014, S. 1-22, hier: S. 3-5; Peter Lyth/Helmuth Trischler (Hrsg.): Prometheus Wired. Globalisation, History and Technology, Aarhus 2004; John Krige/Kai-Henrik Barth (Hrsg.): Global Power Knowledge. Science and Technology in International Affairs, Chicago 2006; David Arnold: Europe, Technology and Colonialism in the 20th Century, in: History and Technology 21,1 (2005), S. 85-106.
69 Sönke Kunkel: Zwischen Globalisierung, internationalen Organisationen und »global governance«. Eine kurze Geschichte des Nord-Süd-Konflikts, in: Vierteljahrshefte für Zeitgeschichte 60,4 (2012), S. 555-577, hier: S. 558 f.
70 Daniel R. Headrick: The Tools of Empire. Technology and European Imperialism in the Nineteenth Century, New York 1981; ders.: The Tentacles of Progress. Technology Transfer in the Age of Imperialism, New York 1988; ders.: Power over Peoples. Technology, Environments, and Western Imperialism to the Present, Princeton 2010.
71 Vgl. dazu allg. Jonas von der Straeten/Ute Hasenöhrl: Connecting the Empire: New Research Perspectives on Infrastructures and the Environment in the (Post-)Colonial World, in: NTM. Zeitschrift für Geschichte der Wissenschaften, Technik und Medizin 24,4 (2016), S. 355-391, hier: S. 355 f.

So avancierte die Ideologie der (technologischen) Entwicklung auch zur »Staatsräson« des unabhängigen Indien.[72]

Der Computer war das ideale Mittel der Planer und Sozialingenieure. Dabei erwies sich die Idee der »Technopolitik« nach 1945 in Nord und Süd als allgegenwärtig.[73] Während technische Expertise so zur Währung des politischen Diskurses wurde, leistete die Modernisierungstheorie einer Wahrnehmung der »Welt« Vorschub, die sich nach dem Maßstab der »Entwicklung« berechnete, und bereitete zugleich einer »Entwicklungspolitik« den Boden, die im Geiste kolonialer Zivilisierungsmissionen die Länder und Regionen des globalen Südens – ganz im Sinne von James Fergusons »Entwicklungsmaschine«[74] – »durchpflügte« und wie brach liegende Felder neu zu bestellen plante. Als dieser Ansatz in den 1970er Jahren in die Kritik geriet, forderten bereits neue, gleichsam modernistische Konzepte aus dem globalen Süden die überkommene Entwicklungsideologie heraus.[75]

Aus der Perspektive einer Kulturgeschichte der Politik soll hier gerade die kommunikative »Ausdrucksmacht« der Experten bemessen werden, die – im Versuch, »das Soziale« zu ordnen[76] – die Frage der »Entwicklung« zu einer Frage sprachlicher und symbolischer »Ver-Handlungen« und »sich wandelnder Problemwahrnehmung[en]« erhoben.[77] In diesem Zusammenhang verdienen

---

72 Akhil Gupta: Postcolonial Developments. Agriculture in the Making of Modern India, Durham 1998, S. 107.
73 Vgl. Paul N. Edwards/Gabrielle Hecht: The Technopolitics of Cold War. Toward a Transregional Perspective, in: Michael Adas (Hrsg.): Essays on 20th Century History, Philadelphia 2010, S. 271-314; Donna C. Mehos/Suzanne M. Moon: The Uses of Portability. Circulating Experts in the Technopolitics of Cold War and Decolonization, in: Gabrielle Hecht (Hrsg.): Entangled Geographies. Empire and Technopolitics in the Global Cold War, Cambridge, Mass. 2011, S. 43-74; Nick Cullather: Development and Technopolitics, in: Frank Costigliola/Michael J. Hogan (Hrsg.): Explaining the History of American Foreign Relations, New York ³2016, S. 102-118.
74 Zur Rolle der »Experten« im Bereich der Entwicklungspolitik vgl. ebenso kritisch wie polemisch James Ferguson: The Anti-Politics Machine. Development, Depoliticization, and Bureaucratic Power, Cambridge 1990; William Easterly: The Tyranny of Experts. Economists, Dictators, and the Forgotten Rights of the Poor, New York 2015.
75 Frederick Cooper: Writing the History of Development, in: Journal of Modern European History 8,1 (2010), S. 5-23; Corinna R. Unger: International Development. A Postwar History, London 2018; Stephen J. Macekura/Erez Manela: Introduction, in: dies. (Hrsg.): The Development Century. A Global History, Cambridge, Mass. 2018, S. 1-20; Sara Lorenzini: Global Development. A Cold War History, Princeton 2019, S. 9-67; Corinna R. Unger/Iris Borowy/Corinne A. Pernet: The History of Development. A Critical Overview, in: dies. (Hrsg.): The Routledge Handbook on the History of Development, Abingdon, Oxon/New York 2022, S. 3-17.
76 Christiane Reinecke/Thomas Mergel (Hrsg.): Das Soziale ordnen, Frankfurt a. M./New York 2012.
77 So bspw. Thomas Mergel: Überlegungen zu einer Kulturgeschichte der Politik, in: Geschichte und Gesellschaft 28,4 (2002), S. 574-606, hier: S. 593; einen Forschungsüberblick leisten Frank Bösch/Norman Domeier: Cultural History of Politics. Concepts and Debates, in: European Review of History 15,6 (2008), S. 577-586, hier: S. 577.

EINLEITUNG

sowohl die britische Kolonialvergangenheit als auch die Versuche neokolonialer Interventionen in Indien aus der Perspektive der vergleichenden Imperiengeschichte ein besonderes Augenmerk.[78]

Dieses Buch stützt sich auf eine breite Basis an gedruckten, edierten wie archivalischen Quellen aus diversen Ländern, unter anderem aus Deutschland, Frankreich, Großbritannien, der Schweiz, den USA und vor allem Indien. Im indischen Fall vermitteln besonders staatliche Überlieferungen, allen voran aus den National Archives of India in Neu Delhi, Einblicke in die zentralen politischen Aushandlungsprozesse und Weichenstellungen sowie einzelne Vorhaben in der Technologiepolitik nach 1947. Zentrale Bestände bilden hier die Akten des »Prime Minister's Office«, des »Ministry of Communication and Information Technology« und die Protokolle der »Electronics Commission« im »Department of Electronics«. Hinzu kommen Nachlässe von Wissenschaftlern, Industriellen und Politikern wie Homi J. Bhabha, P.C. Mahalanobis, G.D. Birla, J.R.D. Tata oder Jawaharlal Nehru. Einen Überblick über die politischen Debatten dieser Jahre bieten die Parlamentsprotokolle der Lok Sabha, die systematisch über den gesamten Untersuchungszeitraum durchgesehen wurden. Gedrucktes Schriftgut, Memoiren, aber auch Jahresberichte, Memoranda und Publikationen der einzelnen Ministerien ergänzen diese Bestände. Des Weiteren geben Quellen im Universitätsarchiv des »Indian Statistical Institute« in Kalkutta und im Archiv des »Tata Institute of Fundamental Research« in Mumbai Auskünfte über Bau und Akquise der ersten analogen und digitalen Rechner in Indien, über Anspruch und Ethos der indischen Forscher, die Konkurrenz der einzelnen Forschungsinstitute sowie den Zusammenhang von Planung und Computertechnik. Eine unternehmenshistorische Perspektive bieten die Quellen des »Tata Corporate Archive« in Pune – unter anderem zur Genese der IT-Service-Sparte »Tata Consultancy Services« und der Geschichte des globalen Outsourcings.

Einen Einblick in die globalen entwicklungspolitischen Engagements im Bereich der »Computer-Entwicklung« in Indien vermitteln darüber hinaus die »Sekundärüberlieferungen« in den Archiven der Vereinten Nationen in New York und der UNESCO in Paris, der ILO in Genf sowie in den Nationalarchiven in Deutschland, Großbritannien und den USA. Allen voran die Programme im Bereich der »Technischen Bildung« sind hier in Planung und Praxis ausgiebig dokumentiert; diese Akten spiegeln wider, wo es zu Kooperation, Reibungen und Konkurrenz zwischen lokalen und internationalen Experten kam. Ergänzend hinzu kommen hier die Bestände ausgewählter Universitätsarchive – der TU Berlin, der RWTH Aachen und der TU Stuttgart, aber auch der Cambridge University, der Harvard University, des MIT oder des California

---

78 Angelika Epple: Die Größe zählt! Aber wie? Globalgeschichte zwischen großen Synthesen, Skeptizismus und neuem Empirismus, in: Neue Politische Literatur 59,3 (2014), S. 409-436; Benedikt Stuchtey: Zeitgeschichte und vergleichende Imperiengeschichte, in: Vierteljahrshefte für Zeitgeschichte 65,3 (2017), S. 301-337, hier: S. 322-325.

Institute of Technology. Broschüren und Ratgeber für ausländische Experten zum Einsatz in Indien, aber auch Erinnerungen von Entwicklungsplanern und -experten bieten ebenso Einsichten in die Wahrnehmung ausgewählter Schlüsselakteure »vor Ort« wie die Erinnerungsinterviews des Computer History Museum in Mountain View. Quellen zur Globalisierung der Arbeitsbeziehungen in der Computerindustrie entstammen der Sammlung des Charles Babbage Institute in Minnesota. Im Archiv der NASA in Washington D. C. lagern zudem Quellen zur amerikanisch-indischen Kooperation im Bereich der Satellitentechnik ab den 1950er Jahren. In den Silicon Valley Archives der Stanford University vermitteln schließlich Druckschriften, Fotos und Akten, aber auch Geschäftsberichte und Strategiepapiere Einblicke in die Dynamik der Migrationsprozesse in der Bay Area und die Wahrnehmungen der Globalisierung der Arbeitswelten aus der Perspektive der IT-Konzerne und der Industrievereinigungen. Publizistische Quellen – allen voran Tages- und Wochenzeitungen, aber auch Fachzeitschriften im Bereich der EDV – und Oral-History-Interviews runden den Korpus ab.

Forschungsstand

Lange eine Domäne der Sozial- und Politikwissenschaften, ist die Geschichte der »Informationsgesellschaft« in den letzten Jahren zusehends in den Fokus der zeithistorischen Forschung gerückt. Die Frage, inwiefern es – zumal vor dem Hintergrund beschleunigter Veränderungsdynamiken ab den 1970er Jahren – zu einer »epochalen« Veränderung der Lebenswelten im Zuge des digitalen Wandels kam, wird unter Historikern, Soziologen und Philosophen kontrovers diskutiert. Nicht zuletzt aus der Perspektive einer »Vorgeschichte der Gegenwart«, wie sie Lutz Raphael und Anselm Doering-Manteuffel vorgeschlagen haben, erscheint diese Diskussion geboten.[79] So hat sich auch die deutschsprachige historische Forschung der letzten zehn Jahre mit erheblicher Verve dem Thema der »Digitalisierung« zugewandt.

Zu den Gemeinplätzen der neueren Forschung zählt die Erkenntnis, dass Digitalisierung und Globalisierung die Welt in den vergangenen sieben Jahrzehnten ebenso rasch wie nachhaltig verändert und vor neue »Herausforderungen« gestellt haben.[80] Die grenzüberschreitende »Wanderung von Menschen, Zirkulation von Waren und Mobilität von Ideen« war eine direkte Folge der Durchsetzung und Verbreitung neuer Informations- und Kommunikations-

---

79 Anselm Doering-Manteuffel/Lutz Raphael: Nach dem Boom. Perspektiven auf die Zeitgeschichte seit 1970, Göttingen ³2012; dies./Thomas Schlemmer (Hrsg.): Vorgeschichte der Gegenwart. Dimensionen des Strukturbruchs nach dem Boom, Göttingen 2016; Morten Reitmayer/Thomas Schlemmer (Hrsg.): Die Anfänge der Gegenwart. Umbrüche in Westeuropa nach dem Boom, München 2013.
80 Als Überblick vgl. Michael Homberg: Mensch | Mikrochip. Die Globalisierung der Arbeitswelten in der Computerindustrie 1960 bis 2000 – Fragen, Perspektiven, Thesen, in: Vierteljahrshefte für Zeitgeschichte 66,2 (2018), S. 267-293.

technologien.[81] Zugleich ermöglichte die Computerisierung der Lebens- und Arbeitswelten eine neue Form der globalen Steuerung und Vernetzung von Arbeits- und Produktionsprozessen. Für den Publizisten Thomas L. Friedman war die IT-Industrie daher der Impulsgeber einer Globalisierung, die auf der digitalen Vernetzung politischer und ökonomischer Prozesse beruhe und neue, nicht-westliche Akteure wie Indien und China als treibende Kräfte hervorbringe.[82] Der US-amerikanische CNN-Redakteur Fareed Zakaria postulierte angesichts der tektonischen weltpolitischen Verschiebungen am Ende des 20. Jahrhunderts gar den Anbruch eines »postamerikanischen Zeitalters«[83] und auch der Mainzer Zeithistoriker Andreas Rödder konstatierte den »Aufstieg der Anderen« – allen voran der (ehemaligen) Schwellenländer des globalen Südens. »Macht« sei »vielgestaltiger« geworden. Zugleich seien Leben und Denken in der »Welt 3.0« immer stärker von neuen Technologien durchdrungen und so »Konnektivität« zum Symbol der neuen digital »vernetzten Wirklichkeit« geworden.[84] Für die Gegenwartsdiagnostiker bedeutete die dritte, gewissermaßen

81 Jürgen Osterhammel: Weltgeschichte und Gegenwartsdiagnose, Münster 2013, S. 37.
82 Thomas L. Friedman: The World is Flat. A Brief History of the 21st Century, New York 2005. Vgl. dazu kritisch: Joseph Stiglitz: Die Chancen der Globalisierung, München 2006, S. 84-87. Viele Fäden dieses sich verdichtenden globalen digitalen Netzes liefen, wie neuere anthropologische Studien zeigen, in Indien zusammen – in Softwareschmieden und Hardware-Produktionshallen, aber auch in unzähligen Call-Centern und IT-Beratungen in Bangalore, Mumbai und Delhi. Vgl. A. Aneesh: Virtual Migration: The Programming of Globalization, Durham/London 2006; Reena Patel: Working the Night Shift. Women in India's Call Center Industry, Stanford 2010; Lilly Irani: Chasing Innovation. Making Entrepreneurial Citizens in Modern India, Princeton 2019.
83 Fareed Zakaria: Der Aufstieg der Anderen. Das Postamerikanische Zeitalter, München 2008.
84 Vgl. Andreas Rödder: 21.0. Eine kurze Geschichte der Gegenwart, München 2017, S. 18-39, 364-367, 378-380, 383 f. und 389-392. Vgl. dazu auch Ashutosh Sheshabalaya: Rising Elephant. The Growing Clash with India Over White-Collar Jobs and Its Meaning for America and the World, Monroe, ME 2005, S. 77-133, 266-274. Schon der amerikanische Politologe Joseph Nye beobachtete ausgangs des 20. Jahrhunderts zwei grundlegende Verschiebungen der internationalen Beziehungen: eine *vertikale* Verschiebung der »Macht« innerhalb von Staaten – von staatlichen zu nichtstaatlichen Akteuren im Zuge eines neuen Regimes der »global governance« – und eine *horizontale* Verschiebung der Gewichte zwischen den Staaten durch den »Aufstieg« der nichtwestlichen Welt. Vgl. Joseph Nye: Macht im 21. Jahrhundert. Politische Strategien für ein neues Zeitalter, Berlin 2011, S. 16-21; vgl. auch ders.: Soft Power. The Means to Success in World Politics, New York 2004. Allerdings veränderte sich nach 1990 auch die Vorstellung davon, was »Aufstieg« und »Macht« eigentlich bedeuteten: So dominierte die These von einer Verwandlung alter, archaischer Formen der »Macht« hin zu neuen »digitalen« Formen: »Macht kommt nicht mehr aus den Kanonenrohren, sondern aus dem Computer.« Ernst-Otto Czempiel: Kluge Macht. Außenpolitik für das 21. Jahrhundert, München 1999, S. 244. Bei näherem Hinsehen aber löste die eine die andere Form keineswegs ab. So existieren verschiedene Ressourcen von »Macht« – Technologie, Ökonomie und Handel, politische Herrschaft, militärische Kapazitäten, Kultur und Ideen – oder in Nyes Terminologie: von *soft*

»digitale« Welle der Globalisierung daher wahlweise einen Zuwachs an individuellen »Risiken«, einen Anstieg von Ungleichheit, respektive einen »Abbau des Sozialstaats«, oder auch einen Wandel des »Lebensstils«.[85]

Vor diesem Hintergrund hat die Arbeitsgruppe »Wege in die digitale Gesellschaft« am Leibniz-Zentrum für Zeithistorische Forschung Potsdam in den letzten Jahren verschiedene vergleichend angelegte, gesellschaftshistorische Zugänge zur Geschichte der »Digitalisierung« erprobt, aus denen eine Reihe deutsch-deutscher Studien zur »Computerisierung« der Gesellschaft, zum Computereinsatz in Industrie, Polizei und Militär, Bankenwesen und Verwaltung, hervorgegangen ist.[86] In diesen wird – ganz im Sinne einer »People's History of Computing« – auch und gerade die Perspektive der Nutzer einbezo-

---

power und *hard power* – nebeneinander. Auch bedeutete der »Aufstieg« der einen (Indien und China) keineswegs zwingend den »Abstieg« der anderen (USA, Russland oder Europa). Vielmehr wurde die Welt nach dem Ende des Kalten Krieges (und in Ansätzen bereits ab den ausgehenden 1970er Jahren) eine multipolare, während sich die Beziehungen des globalen Nordens und des globalen Südens als zusehends heterogener erwiesen und der Eindruck einer Fragmentierung der »Welt« das zeitgenössische Erleben zu prägen begann. Heute existieren Formen *vernetzten* Denkens, Kommunizierens und Arbeitens, Konsumierens, Handelns und Lebens sowie – von der Digitalisierung vorangetrieben – »Elemente von globaler Konvergenz und Kosmopolitismus« und eine Euphorie der »Weltgesellschaft« bei *gleichzeitiger* Tendenz zur Exklusion, zur Abschottung und zu einem Revival des Nationalismus. Ein Forschungsprogramm zur Geschichte des »digitalen Zeitalters« muss diese komplexen Wandlungsprozesse berücksichtigen, zumal sich in der Erzählung des Durchbruchs des Computers die Themenkomplexe *Utopien, Gewalt, Wohlstand* und *Technologien* verdichten, die der Historiker Ian Kershaw kürzlich als Schlüssel dazu sah, »alle bedeutenden Fragen der Macht – der politischen, militärischen, wirtschaftlichen und ideologischen – im 20. Jahrhundert« zu adressieren. Ian Kershaw: Vier Begriffe für ein Jahrhundert. Was nützt uns eine »Neue Politikgeschichte«?, in: Norbert Frei (Hrsg.): Was heißt und zu welchem Ende studiert man Geschichte des 20. Jahrhunderts?, Göttingen 2006, S. 148-152, hier: S. 152 f.

85 Vgl. Ulrich Beck: Was ist Globalisierung? Irrtümer des Globalismus. Antworten auf Globalisierung, Frankfurt a. M. 1997; Ulrich Menzel: Jenseits des Westfälischen Staatensystems. Global Governance als Antwort auf Globalisierung, in: ders.: Jenseits des Staates oder Renaissance des Staates? Zwei kleine politische Schriften, Braunschweig 1999, S. 1-27, und Richard Sennett: Der flexible Mensch. Die Kultur des neuen Kapitalismus, Berlin 1998.

86 Vgl. Bösch (Hrsg.): Wege; Martin Schmitt: Die Digitalisierung der Kreditwirtschaft. Computereinsatz in den Sparkassen der Bundesrepublik und der DDR, 1957-1991, Göttingen 2021; Thomas Kasper: Wie der Sozialstaat digital wurde. Die Computerisierung der Rentenversicherung im geteilten Deutschland, Göttingen 2020; Julia Erdogan: Computerkids, Freaks, Hacker. Deutsche Hackerkulturen in internationaler Perspektive, in: Clemens Zimmermann/Aline Maldener (Hrsg.): Let's historize it! Jugendmedien im 19. und 20. Jahrhundert, Köln 2018, S. 61-94; Rüdiger Bergien: Programmieren mit dem Klassenfeind. Die Stasi, Siemens und der Transfer von EDV-Wissen im Kalten Krieg, in: Vierteljahrshefte für Zeitgeschichte 67,1 (2019), S. 1-30; ders.: »Big Data« als Vision. Computereinführung und Organisationswandel in BKA und Staatssicherheit (1967-1989), in: Zeithistorische Forschungen 14,2 (2017), S. 258-285.

gen.[87] Aus diesem Geiste sind kürzlich auch erste sozial- und kulturhistorisch angelegte Arbeiten zum Wandel des Mensch-Maschine-Verhältnisses im 20. Jahrhundert, zur Geschichte von Automationsdiskursen sowie zur Praxis industrieller Produktion im Zeichen der Robotik ab den 1970er Jahren entstanden.[88] Insbesondere die Veränderung der Menschen- und Maschinenbilder wurde hier thematisiert.[89] Derweil haben diskurshistorische Untersuchungen das »Computerzeitalter« als Ära der »großen Utopien« und als »Periode der Krise« vermessen. Frank Bösch hat dazu den Wahrnehmungswandel des Computers – vom technokratischen »Planungsgehilfen« zum »Jobkiller« und Vehikel von Kontrolle und Überwachung – in den Jahren vor und »nach dem Boom« beschrieben.[90] Doch hat sich die deutschsprachige Historiographie bislang eben nahezu ausschließlich der deutsch-deutschen Computergeschichte gewidmet, und auch hier fehlen, wie Jürgen Danyel und Annette Schumann 2015 hervorgehoben haben, noch immer empirische Untersuchungen, die die »Phasen des digitalen Wandels in einer Langzeitperspektive [...] beschreiben und hinsichtlich ihrer gesellschaftlichen Bedeutung [...] gewichten«[91]

87 Joy Lisi Rankin: A People's History of Computing in the United States, Cambridge, Mass. 2018. Vgl. zu diesem Anspruch bereits programmatisch: Nathan Ensmenger: Power to the People. Toward a Social History of Computing, in: IEEE Annals of the History of Computing 26,1 (2004), S. 96, 94-95.

88 So verschrieben sich etwa am Hans-Böckler-Graduiertenkolleg »Soziale Folgen des Wandels der Arbeitswelten in der zweiten Hälfte des 20. Jahrhunderts« in Potsdam, München und Bochum einzelne Arbeiten diesen Thematiken. Vgl. exempl. Moritz Müller: Von Job-Killern, Roboterkollegen und feuchten Augen. Die Mikroelektronik und die IG Metall als emotional community, in: Martina Heßler (Hrsg.): Technikemotionen, Paderborn 2020, S. 108-127.

89 Vgl. dazu Martina Heßler (Hrsg.): Die Ersetzung des Menschen? Die Debatte um das Mensch-Maschinen-Verhältnis im Automatisierungsdiskurs, in: Technikgeschichte 82,2 (2015), S. 109-136; dies.: Menschen – Maschinen – MenschMaschinen in Zeit und Raum. Perspektiven einer Historischen Technikanthropologie, in: Heßler/Weber (Hrsg.): Provokationen, S. 35-68; dies./Bonin: Historische Perspektiven; Nina Kleinöder/Stefan Müller/Karsten Uhl (Hrsg.): »Humanisierung der Arbeit«. Aufbrüche und Konflikte in der rationalisierten Arbeitswelt des 20. Jahrhunderts, Bielefeld 2020; Franziska Rehlinghaus/Ulf Teichmann (Hrsg.): Vergangene Zukünfte von Arbeit, Bonn 2020.

90 Frank Bösch: Euphorie und Ängste. Westliche Vorstellungen einer computerisierten Welt, 1945-1990, in: Lucian Hölscher (Hrsg.): Die Zukunft des 20. Jahrhunderts, Frankfurt a. M. 2017, S. 221-252; vgl. dazu Julia Fleischhack: Eine Welt im Datenrausch. Computer und Datenmengen als gesellschaftliche Herausforderung (1965-1975), Zürich 2016; Marcel Berlinghoff: »Totalerfassung« im »Computerstaat« – Computer und Privatheit in den 1970er und 1980er Jahren, in: Ulrike Ackermann (Hrsg.): Im Sog des Internets. Öffentlichkeit und Privatheit im digitalen Zeitalter, Frankfurt a. M. 2013, S. 93-110; Margret Schwarte-Amedick: Von papierlosen Büros und menschenleeren Fabriken, in: Claus Pias (Hrsg.): Zukünfte des Computers, Zürich 2005, S. 67-86, hier: S. 77. Zu den Zukunftsvisionen eines digitalen Zeitalters in globalhistorischer Perspektive vgl. allg. Dick van Lente (Hrsg.): Prophets of Computing. Visions of Society Transformed by Computing, New York 2022.

91 Danyel/Schuhmann: Wege in die digitale Moderne, S. 288.

Die *Technikgeschichte* und insbesondere die US-amerikanische *history of computing* haben überdies lange eine Geschichte der Pioniere, ihrer Firmen und Produkte geschrieben. So mangelte es hier – auch im angloamerikanischen Raum – gerade an der »Rückbindung technikhistorischer Erkenntnisse an die breitere historische Forschung«. Die »Vorstellung von technologischer Entwicklung als Werk genialer Erfinder«,[92] wie sie emblematisch in Titeln wie *Hackers. Heroes of the Computer Revolution* oder *The Innovators. How a Group of Hackers, Geniuses, and Geeks Created the Digital Revolution* anklingt,[93] inspirierte daher kürzlich die Historiker Andrew L. Russell und Lee Vinsel zu dem pointierten Vorschlag, ein Buch über die Protagonisten des digitalen Zeitalters müsse – angesichts der gerade drängenden Fragen in der Forschung zur Kultur- und Geschlechtergeschichte des Computerzeitalters, zur Geschichte der Arbeit, zur Rolle der Nutzer sowie zur Auseinandersetzung um Risiken und Regulation von Technik in Diskurs und Praxis – viel eher »The Maintainers« heißen: »How a Group of Bureaucrats, Standards Engineers, and Introverts Made Digital Infrastructures That Kind of Work Most of the Time«.[94]

Während viele Technikhistoriker stark aus »westlicher« Perspektive argumentieren, in ihren »Erfolgs- und Fortschrittsgeschichten« gerade die Rolle der USA überakzentuieren und so beispielsweise das Silicon Valley als Symbol des »Informationskapitalismus« (Marshall T. Poe) in den Fokus ihrer Beobachtungen rücken, existieren kaum globalhistorische und/oder verflechtungsgeschichtliche Untersuchungen zur Geschichte des digitalen Zeitalters. Fragen einer Geschichte der Menschenrechte, der Entwicklungspolitik oder der »Technischen Hilfe« zwischen Nord und Süd nach 1945 spielen hier nahezu keine Rolle.

Auch die Geschichte der Techniken globaler (digitaler) Vernetzung nach 1945 wurde bislang vor allem aus eurozentrischer respektive US-amerikanischer Perspektive beschrieben. Ein Forschungsbericht zur deutschsprachigen *Digitalgeschichte* konstatierte daher unlängst, es sei »an der Zeit, die Räume der historischen technologischen Entwicklung jenseits der USA und jenseits einer westlichen Perspektive in den Blick zu nehmen«. Insbesondere der globale Süden sei hier »allzu lange ignoriert« worden.[95] In gleicher Weise monieren

92 Schmitt et al.: Digitalgeschichte Deutschlands, S. 38f. Vgl. dazu überdies allg. Martina Heßler/Heike Weber: Provokationen der Technikgeschichte. Eine Einleitung, in: dies. (Hrsg.): Provokationen, S. 1-34, hier: S. 19-21.
93 Steven Levy: Hackers. Heroes of the Computer Revolution, New York [1984] 2001; Walter Isaacson: The Innovators. How a Group of Hackers, Geniuses, and Geeks Created the Digital Revolution, New York 2015; Clive Thompson: Coders. Who They Are, What They Think and How They Are Changing Our World, London 2020; Dinesh C. Sharma: Indian Innovation, Not Jugaad. 100 Ideas that Transformed India, New Delhi 2022.
94 Andrew L. Russell/Lee Vinsel: After Innovation, Turn to Maintenance, in: Technology and Culture 59,1 (2018), S. 1-25, hier: S. 1f.
95 Schmitt et al.: Digitalgeschichte Deutschlands, S. 41, Fn. 35.

EINLEITUNG

Dagmar Schäfer und Marcus Popplow die Konzentration der Technikgeschichte auf »west- und mitteleuropäische Regionen bei gleichzeitiger Vernachlässigung der Peripherie«.[96] In einschlägigen Gesamtdarstellungen zur Computergeschichte wird die Geschichte des indischen Wegs in das digitale Zeitalter wie auch des indischen Beitrags *zum* digitalen Zeitalter mit keiner Zeile erwähnt.[97]

Der amerikanische Technikhistoriker James Cortada hat daher mit seiner globalhistorisch angelegten Studie *The Digital Flood* aus dem Jahr 2012 durchaus neue Wege beschritten, indem er den Prozess der weltweiten Ausbreitung digitaler Technologien vom Zweiten Weltkrieg bis zur Schwelle des 21. Jahrhunderts untersuchte. Obschon seine Studie zentrale Einsichten in die globale Verbreitung der Informationstechnik liefert, bleiben Cortadas Beobachtungen, insbesondere zum globalen Süden, jedoch an vielen Stellen kursorisch und an der Oberfläche. Zudem bemühen auch sie das holzschnittartige Narrativ einer linearen »Diffusion« westlicher Technologien, das die Ungleichzeitigkeiten als »Entwicklungsdifferenzen« und als Sinnbilder des »Scheiterns« ausweist. Für die Verzögerung der »digitalen Revolution« in Indien seien, so Cortada, neben ungünstigen ökonomischen Rahmenbedingungen im System des Staatssozialismus und einem eklatanten Mangel an Personal, Know-How und neuer Technik vor allem das »Missmanagement« und die politischen Fehlentscheidungen einer vermeintlich ineffektiven, ignoranten Staatsverwaltung verantwortlich gewesen.[98]

Dass die Geschichte der Regionen des globalen Südens in der Forschung zur Geschichte des digitalen Zeitalters nach wie vor nur eine Randnotiz darstellt, mag eine Studie zur amerikanischen Computer Service-Industrie exemplarisch belegen, die Jeffrey R. Yost, der Direktor des Charles Babbage Institute for the History of Computing, im Jahr 2017 unter dem Titel *Making IT Work* vorlegte. Yosts Buch tritt an, die Geschichte der Branche von ihren Ursprüngen bis in die jüngste Gegenwart zu erzählen. In seiner Erzählung aber wird die »globale Konkurrenz« der amerikanischen Industrie dann lediglich im zehnten (Schluss-) Kapitel des Buches grob umrissen.[99]

Dagegen hat die Geschichte der Förderung von Spitzentechnologien, allen voran der Computer- und Netzwerktechnik, wiederum in der *Internationalen Geschichte* und insbesondere in der Forschung zur internationalen *Entwicklungspolitik* nach 1945 bislang keine prominente Rolle eingenommen. Hier konzentrierte sich die Forschung bis dato vor allem auf die klassischen Felder

---

96 Schäfer/Popplow: Einleitung, S. 7.
97 Paul E. Ceruzzi: Computing. A Concise History, Cambridge, Mass. 2012; Martin Campbell-Kelly/William Aspray/Nathan L. Ensmenger/Jeffrey R. Yost: Computer: A History of the Information Machine, New York ³2014.
98 James W. Cortada: The Digital Flood. The Diffusion of Information Technology Across the U.S., Europe and Asia, New York 2012, S. 491-493.
99 Jeffrey R. Yost: Making IT Work. A History of the Computer Services Industry, Cambridge, Mass./London 2017.

der Handels- und Industrie-Förderpolitik, die Durchsetzung technokratischer Großvorhaben wie Staudämme, Stahl- oder Umspannwerke, den Bereich der Gesundheitsversorgung oder auch das weite Feld der »Nothilfe« und des »Humanitarismus«.[100] Auch die Forschung zur Geschichte der Globalisierung der Lebens- und Arbeitswelten nach 1945 hat die Durchsetzung digitaler Computer- und Netzwerktechnik bislang, wenn überhaupt, vorrangig im globalen Norden in den Blick genommen, wie erste Arbeiten zur Geschichte des Internets und der langen Vorgeschichte globaler Kommunikationsnetze ab den 1960er Jahren zeigen.[101] Nur zögerlich untersuchen einzelne Pionierstudien die Regionen des globalen Südens.[102]

Dieses Buch geht somit von einer »doppelten Leerstelle« – einem »blinden Fleck« in der Forschung zum »digitalen Zeitalter« – aus. Denn während die Forschung zur Zeitgeschichte der »Informationsgesellschaft« bislang nur ganz

100 Corinna R. Unger: Histories of Development and Modernization: Findings, Reflections, Future Research, in: H-Soz-Kult, 9.12.2010. URL: https://www.hsozkult.de/hsk/forum/2010-12-001 [abgerufen am 15.8.2022]; Marc Frey/Sönke Kunkel: Writing the History of Development, in: Contemporary European History 20,2 (2011), S. 215-232; Philipp Kandler: Neue Trends in der »neuen Menschenrechtsgeschichte«, in: Geschichte und Gesellschaft 45,2 (2019), S. 297-319; Benjamin Möckel: Endtimes of Human Rights?, in: Neue Politische Literatur 65,3 (2020), S. 473-502.
101 Zur Vorgeschichte des Internets vgl. Paul N. Edwards: The Closed World. Computers and the Politics of Discourse in Cold War America, Cambridge, Mass. 1996; Janet Abbate: Inventing the Internet, Cambridge, Mass. 1999; Martin Schmitt: Internet im Kalten Krieg. Eine Vorgeschichte des globalen Kommunikationsnetzes, Bielefeld 2016; Benjamin Peters: How Not to Network a Nation. The Uneasy History of the Soviet Internet, Cambridge, Mass. 2016; Julien Mailland/Kevin Driscoll: Minitel. Welcome to the Internet, Cambridge, Mass. 2017.
102 Vgl. Kilnam Chon: An Asia Internet History: First Decade (1980-1990), Seoul 2013; Paolo Bory/Gianluigi Negro/Gabriele Balbi (Hrsg.): Computer Network Histories. Hidden Streams from the Internet Past, Zürich 2019; Ignacio Siles: A Transnational History of the Internet in Central America, 1985-2000. Networks, Integration, and Development, Cham 2020. Aus dem weiteren Feld der Digitalgeschichte sind zudem vor allem zu nennen: Thomas S. Mullaney: The Chinese Typewriter. A History, Cambridge, Mass. 2017; Paul N. Edwards/Gabrielle Hecht: History and the Technopolitics of Identity. The Case of Apartheid South Africa, in: Journal of Southern African Studies 36,3 (2010), S. 619-640; Eden Medina: Cybernetic Revolutionaries. Technology and Politics in Allende's Chile, Cambridge, Mass. 2011; Steven R. Beck: Computer Bargaining in México and Brazil 1970-1990, Diss. LSE London 2012; Honghong Tinn: Working with Computers, Constructing a Developing Country. Introducing, Using, Building and Tinkering with Computers in Cold War Taiwan, 1959-1984, Diss. Cornell University 2012; Ivan da Costa Marques: History of Computing in Latin America, in: IEEE Annals of the History of Computing 37,4 (2015), S. 10-12; Debora Gerstenberger: Challenging Martial Masculinity. The Intrusion of Digital Computers into the Argentinian Armed Forces in the 1960s, in: History of Technology 34 (2019), S. 165-186; aus gegenwärtiger Perspektive vgl. überdies: Payal Arora: The Next Billion Users. Digital Life Beyond the West, Cambridge, Mass. 2020.

EINLEITUNG

am Rande die Regionen des globalen Südens in ihre Erzählungen einbezogen hat, haben Studien zu den globalen Regimen der Politik nach 1945, zu Dekolonisation und Kaltem Krieg und insbesondere zur Geschichte des Nord-Süd-Gegensatzes, umgekehrt, kaum die zentrale Rolle der (Computer-)Technologien und ihre Relevanz im Bereich der »Technischen Hilfe« zum Thema erkoren. Ein Buch zur Geschichte der »Digitalisierung« in Indien will daher sowohl einen Beitrag zur Wissens- und Technikgeschichte des digitalen Wandels, zur Internationalen Politikgeschichte und der Geschichte der Entwicklungspolitik als auch zur Gesellschaftsgeschichte des modernen Indien nach 1947 leisten.

So muss das Buch einerseits Neuland begehen und kann sich doch andererseits auch auf eine Reihe an Vorarbeiten stützen. Im Bereich der Wissensgeschichte sind hier insbesondere die bahnbrechenden Arbeiten von David Arnold und Gyan Prakash zum kolonialen Erbe des indischen »Wissenschaftssystems« und zu den Plänen zur »Modernisierung« des Landes nach 1947 zu nennen.[103] In gleicher Weise verweisen Robert S. Anderson und Jahnavi Phalkey auf die Wissensnetzwerke in der indischen Atom- und Rüstungspolitik in den 1960er und 1970er Jahren, die bis in die koloniale Ära zurückreichen.[104] Nikhil Menon hat überdies eine pointierte Analyse der Ideologie der Planung in Indien vorgelegt, die, en passant, auch die zentrale Bedeutung der Computertechnologie diskutiert; technologische Modernisierung erschien hier als »Drahtseilakt« zwischen »Ost« und »West«.[105] Neuere anthropologische und soziologische Studien beleuchten zudem das Regime des digitalen Kapitalismus,[106] die Dynamiken einer Globalisierung der Arbeitswelten und die Diaspora indischer IT-Arbeiter in den USA und Europa.[107]

---

103 Vgl. Arnold: Everyday Technology; ders.: Science, Technology and Medicine in Colonial India, Cambridge 2000; Gyan Prakash: Another Reason. Science and the Imagination of Modern India, Princeton 1999.

104 Robert S. Anderson: Nucleus and Nation. Scientists, International Networks, and Power in India, Chicago/London 2010; Jahnavi Phalkey: The Atomic State. Big Science in Twentieth-Century India, Ranikhet 2013. Zur Rolle von Technologien im Prozess der Nationsbildung vgl. allg. Michael Thad Allen/Gabrielle Hecht: Authority, Political Machines and Technology's History, in: dies. (Hrsg.): Technologies of Power, Cambridge, Mass./London 2001, S. 1-23.

105 Nikhil Menon: Fancy Calculating Machine. Computers and Planning in Independent India, in: Modern Asian Studies 52,2 (2018), S. 421-457; ders.: Help the Plan – Help Yourself: Making Indians Plan-Conscious, in: ders./Gyan Prakash/Michael Laffan (Hrsg.): The Postcolonial Moment in South and Southeast Asia, London 2018, S. 221-242.

106 Philipp Staab: Digitaler Kapitalismus, Berlin 2019; Mary L. Gray/Siddharth Suri: Ghost Work, Boston/New York 2019; Carl Benedikt Frey: Technology Trap. Capital, Labor, and Power in the Age of Automation, Princeton 2019; Margaret O'Mara: The Code: Silicon Valley and the Remaking of America, New York 2020.

107 AnnaLee Saxenian: The New Argonauts. Regional Advantage in a Global Economy, Cambridge, Mass. 1994; dies./Yasuyuki Motoyama/Xiaohong Quan: Local and Global Networks of Immigrant Professionals in Silicon Valley, San Francisco 2002;

Im Bereich der Forschung zur internationalen Geschichte sind vor allem Corinna Ungers Arbeiten zur Nachkriegsgeschichte der globalen Entwicklungspolitik hervorzuheben.[108] Zentrale Anknüpfungspunkte bieten darüber hinaus die Studien von Hubertus Büschel zum Paradigma der »Hilfe zur Selbsthilfe«[109] sowie von Daniel Speich Chassé, Eva-Maria Muschik und Casper Andersen zum »Entwicklungsdenken« der UNO.[110] Eine Leerstelle markieren indes Forschungen zu den »Technical Assistance Missions« der Vereinten Nationen und allen voran der ILO.[111] Breite und grundlegende Orientierung verdankt dieses Buch den Arbeiten von Dietmar Rothermund zur Industrialisierung Indiens[112] sowie den Studien von Michael Mann und Pradip Ninan Thomas zur Technik- und Kommunikationsgeschichte im südasiatischen Raum des 19. bis 21. Jahr-

Smitha Radhakrishnan: Appropriately Indian. Gender and Culture in a New Transnational Class, Durham/London 2011; Patrick Feuerstein: Viele Wege führen nach Indien. Reorganisation von Arbeit im Zuge der Internationalisierung der IT-Industrie, Göttingen 2012; Nicole Mayer-Ahuja: Grenzen der Homogenisierung. IT-Arbeit zwischen ortsgebundener Regulierung und transnationaler Unternehmensstrategie, Frankfurt a. M./New York 2011 (engl. Übers. »Everywhere is Becoming the Same?« Regulating IT-Work between India and Germany, Neu Delhi 2014); Poonam Bala: Diaspora, Culture and Identity. Asian Indians in America, Neu Delhi 2015; Sareeta Amrute: Encoding Race, Encoding Class. Indian IT Workers in Berlin, Durham/London 2016; Carol Upadhya: Reengineering India: Work, Capital and Class in an Offshore Economy, Neu Delhi 2017. Aus historischer Perspektive vgl. van der Linden: Promise, S. 25-48.

108 Unger: Entwicklungspfade; dies.: International Development; Andreas Hilger/Corinna R. Unger (Hrsg.): India in the World since 1947. National and Transnational Perspectives, Frankfurt a. M. 2012.

109 Hubertus Büschel: Hilfe zur Selbsthilfe. Deutsche Entwicklungsarbeit in Afrika 1960-1975, Frankfurt a. M./New York 2014; ders.: In Afrika helfen. Akteure westdeutscher »Entwicklungshilfe« und ostdeutscher »Solidarität« 1955-1975, in: Archiv für Sozialgeschichte 48 (2008), S. 333-365.

110 Daniel Speich Chassé: Der Blick vom Lake Success. Das Entwicklungsdenken der frühen UNO als »lokales Wissen«, in: Büschel/ders. (Hrsg.): Entwicklungswelten, S. 143-174; Eva-Maria Muschik: Managing the World. The United Nations, Decolonization, and the Strange Triumph of State Sovereignty in the 1950s and 1960s, in: Journal of Global History 13,1 (2018), S. 121-144; Casper Andersen: Internationalism and Engineering in UNESCO during the Ende Game of Empire, 1943-1968, in: Technology and Culture 58,3 (2017), S. 650-677.

111 »There is no comprehensive study of the ILO's post-1945 technical assistance programmes, […] the ILO's treatment of automation and technological change and […] ILO's efforts in the field of labour migration since its beginnings.« Daniel Maul: The International Labour Organization. 100 Years of Global Social Policy, Berlin 2019, S. 11; zur Geschichte der Vereinten Nationen vgl. überdies ganz allg. Chloé Maurel: Histoire L'Unesco. Les Trente Premières Années 1945-1974, Paris 2010 und Amy L. Sayward: The United Nations in International History, London 2017.

112 Dietmar Rothermund: The Industrialization of India, Baden-Baden 2019; vgl. allg. ders./Hermann Kulke: Geschichte Indiens, München ³2018.

hunderts.¹¹³ Wertvolle Impulse entspringen den Forschungen von Marc Frey und Sönke Kunkel zur Zeitgeschichte Südasiens, zur Genese eines Systems der »global governance« und zur Rolle von internationalen Organisationen in der Entwicklungspolitik nach 1945.¹¹⁴ Zudem sind kürzlich diverse vergleichende global- und regionalhistorische Studien zur Geschichte der indisch-chinesischen Beziehungen entstanden.¹¹⁵ Im Bereich der allgemeinen Politikgeschichte sind vor allem die Arbeiten von Amit Das Gupta zur bundesdeutschen Südasienpolitik und den deutsch-deutschen Beziehungen in Indien,¹¹⁶ von Marc Frey und Paul McGarr zu den amerikanisch-indischen und von Andreas Hilger zu den sowjetisch-indischen Beziehungen nach 1947¹¹⁷ sowie von Jürgen Dinkel zur Genese der »Bewegung Bündnisfreier Staaten« hervorzuheben.¹¹⁸ Den globalen Rahmen stecken die Arbeiten von Odd Arne Westad zum »Global Cold War« ab.¹¹⁹

Einen Überblick über die lange Geschichte der indischen IT-Industrie aus der Perspektive der »Gegenwart« geben Biswarup Sens *Digital Politics and*

113 Michael Mann: Wiring the Nation. Telecommunication, Newspaper-Reportage, and Nation Building in British India, 1850-1930, Neu Delhi 2017; ders.: South Asia's Modern History, London/New York 2015; ders.: Geschichte Indiens, Paderborn 2005; Pradip N. Thomas: Empire and Post-Empire Telecommunications in India. A History, Oxford 2019; ders.: The Political Economy of Communications in India, Neu Delhi 2010.

114 Marc Frey: The Transformation of Southeast Asia, Armonk, NY/London 2003; ders./Sönke Kunkel/Corinna R. Unger (Hrsg.): International Organizations and Development, 1945-1990, Basingstoke 2014; Kunkel: Globalisierung.

115 Prasenjit Duara/Elizabeth J. Perry: Beyond Regimes: China and India Compared, Cambridge, Mass. 2018; Sheldon Pollock/Benjamin Elman: What China and India Once Were. The Pasts That May Shape the Global Future, New York 2018; Tansen Sen: India, China, and the World: A Connected History, Lanham 2017.

116 Amit Das Gupta: Handel, Hilfe, Hallstein-Doktrin. Die deutsche Südasienpolitik unter Adenauer und Erhard 1949-1966, Husum 2004; ders.: Ulbricht am Nil. Die deutsch-deutsche Rivalität in der Dritten Welt, in: Udo Wengst/Hermann Wentker (Hrsg.): Das doppelte Deutschland. 40 Jahre Systemkonkurrenz, Berlin 2008, S. 235-258.

117 Marc Frey: Dekolonisierung in Südostasien. Die Vereinigten Staaten und die Auflösung der europäischen Kolonialreiche 1930-1961, München 2006; Paul M. McGarr: The Cold War in South Asia. Britain, the United States and the Indian Subcontinent 1945-1965, Cambridge 2013; Andreas Hilger (Hrsg.): Die Sowjetunion und die Dritte Welt, München 2009; ders.: Sowjetisch-indische Beziehungen 1941-1966. Imperiale Agenda und nationale Identität in der Ära von Dekolonisierung und Kaltem Krieg, Köln 2018.

118 Jürgen Dinkel: Die Bewegung Bündnisfreier Staaten. Genese, Organisation und Politik, Berlin 2015.

119 Odd Arne Westad: The Global Cold War. Third World Interventions and the Making of Our Times, Cambridge 2007; ders.: The Cold War. A World History, New York 2017; vgl. überdies: Mark T. Berger: The Battle for Asia. From Decolonization to Globalization, London/New York 2004; Leslie James/Elisabeth Leake (Hrsg.): Decolonization and the Cold War. Negotiating Independence, London 2015.

Culture in Contemporary India und Pradip N. Thomas *Digital India*.[120] Im Bereich der zeithistorischen Forschung versammeln die Monographien von Arun Mohan Sukumar,[121] Dinesh C. Sharma[122] sowie Ross Bassett[123] erste Erkenntnisse über die indischen Wege ins digitale Zeitalter. Sukumar rekonstruiert in *Midnight's Machines* – einer diskurshistorisch angelegten Studie zur Genese der indischen Technologiepolitik – die großen Linien der Debatte um eine indische »Wissensgesellschaft« und verweist darin ebenso eindrücklich wie überzeugend auf die Ambivalenzen der indischen »romance with modern technology«.[124] Sukumar deutet das dialektische Wechselverhältnis von Politik und Technologien im postkolonialen Indien als eine Geschichte politischer Machinationen, einer anhaltenden Distanzierung von Staat, Bürger und Technik und einer Persistenz der Kontrolle der Technologien durch die verschiedenen politischen Regime nach 1947. Als Quellengrundlage dienen hier edierte, vorrangig publizistische Quellen. In Dinesh Sharmas Buch, das sich an der Schnittstelle von Technik-, Sozial- und Wirtschaftsgeschichte ansiedelt, geht es in erster Linie um eine Vorgeschichte des globalen Outsourcings, in dessen Zuge sich Indien zu einem zentralen Faktor der globalisierten Weltwirtschaft entwickelte, wobei Sharma die Genese der indischen Computerindustrie vor allem als amerikanisch-indische Beziehungsgeschichte analysiert. Ross Bassetts Buch *The Technological Indian* untersucht die Bedeutung des US-amerikanischen Vorbilds für den Aufbau der indischen Universitätslandschaft; er beschreibt das Modell des Massachusetts Institute of Technology emphatisch als eine Blaupause der Indian Institutes of Technology. Dass die Implementierung dieser Institute indes ein globales entwicklungspolitisches Vorhaben war, in dem sich – im Zeichen des Kalten Kriegs – auch die Bundesrepublik Deutschland, Großbritannien und die UdSSR engagierten, kam hier lediglich am Rande zur Sprache. Ansätze vergleichender oder gar »verflochtener« Geschichten, wie sie Sebastian Conrad und Shalini Randeria vorgeschlagen haben, bieten die Bücher zudem kaum.

Gliederung

Im Folgenden erzählen sechs Kapitel die Geschichte des indischen Wegs ins digitale Zeitalter. Anstelle einer streng chronologischen Ordnung wird in den einzelnen Kapiteln eine systematische Gliederung der Erzählung vorgenom-

120 Biswarup Sen: Digital Politics and Culture in Contemporary India, New York/London 2016; Pradip N. Thomas: Digital India. Understanding Information, Communication and Social Change, Neu Delhi 2012.
121 Arun Mohan Sukumar: Midnight's Machines. A Political History of Technology in India, Neu Delhi 2019.
122 Dinesh C. Sharma: The Outsourcer. The Story of India's IT Revolution, Cambridge, Mass. 2015.
123 Ross Bassett: The Technological Indian, Harvard 2016.
124 So Gyan Prakash in seiner Widmung »Advance Praise for the Book«. Vgl. Sukumar: Midnight's Machines, o. S.

EINLEITUNG

men. Immer wieder kommen so die Sprünge, Brüche und Zäsuren in den Blick, die Indiens Weg zur IT-Nation auszeichnen. Dieses Buch erzählt, wie gebrochen dieser Weg war, voller Widersprüche und Bedenken, wechselvoller Begebenheiten und eklatanter Ungleichzeitigkeiten.

Das *erste Kapitel* »entschlüsselt« Indiens Quellcode des digitalen Zeitalters und beleuchtet die nationalen Anstrengungen, Programme und Debatten des Aufbruchs in die »digitale Moderne« zwischen 1947 und 1970. Dazu werden – nach einem kurzen Abriss der politischen, sozialen und ökonomischen Rahmenbedingungen des Strebens nach »Unabhängigkeit« – die Auseinandersetzung um eine neue Wissen(schaft)skultur vor dem Hintergrund von Nationsbildung und Dekolonisierung erörtert und sowohl die zentrale Rolle des Computers als Werkzeug staatlicher Planung als auch die enge Verbindung von Computereuphorie und Entwicklungsideologie in den ersten Jahren der Republik in den Blick genommen. In diesem Zusammenhang kommen auch die Netzwerke, Ziele und Konkurrenzen der Akteure zur Sprache, die den Bau der ersten analogen und digitalen Computer *made in India* ermöglichten, während in Regierung, Verwaltung und Industrie bereits hitzig über die Ausgestaltung eines nationalen Forschungsprogramms zur Förderung der Computer- und Elektronikindustrie debattiert wurde.

Das *zweite Kapitel* widmet sich den Programmen und Programmierern des indischen Kurses ab 1947. Es beleuchtet dazu aus internationaler Perspektive die Geschehnisse der Nachkriegsdekaden, mithin die Ursprünge der »Technischen Hilfe« und das Modell der Computer-Förderpolitik im Kontext des globalen entwicklungspolitischen Engagements in Indien. Dabei werden sowohl die ideologischen Hintergründe und die geopolitischen und ökonomischen Interessen dieses Engagements in Zeiten des Kalten Krieges analysiert als auch die divergierenden Konzepte, Institutionen und Programme der internationalen Entwicklungspolitik, allen voran die Rolle der Entwicklungsexperten und Planer in der technokratischen Hochmoderne. Ein besonderes Augenmerk gilt der Politik der Vereinten Nationen und ihren Missionen auf dem Gebiet der »Technischen Hilfe« wie auch der – in Diskurs und Praxis alsbald wirkmächtigen – Förderung der Computertechnologie in den Ländern des globalen Südens. So rückt der Computer als Symbol und Vehikel der Modernisierungsvorstellungen dieser Jahre ins Zentrum.

Das *dritte Kapitel* verbindet die Perspektiven der ersten beiden Kapitel. Es erzählt, exemplarisch und in Form von Mikrostudien (post-)kolonialer Begegnungen, von der Praxis konkreter Entwicklungsvorhaben: der Gründung der Indian Institutes of Technology (IIT). Diese avancierten zwischen 1950 und 1980 zu Showpieces internationaler Entwicklungspolitik, an denen sich die großen Pläne in konkrete Praxis übersetzten. Binnen weniger Jahre entstanden unter der »Schirmherrschaft« der UNESCO, der UdSSR und der USA, aber auch der Bundesrepublik und Großbritanniens Hochschulen in Kharagpur, Bombay, Kanpur, Madras und Delhi. Diese Länder spielten in der Folge eine zentrale Rolle in der Förderung des indischen Hochschulwesens, insbesondere

43

EINLEITUNG

im Bereich der Technischen Bildung. Die Mikrostudien rücken die Phasen der Entwicklungszusammenarbeit, die Wege der Planung und die Modi der Kooperation an den IITs ebenso in den Fokus wie die Motive, Ziele und Erfahrungen der zentralen Protagonisten und die Auseinandersetzungen zwischen indischen und ausländischen Experten – über die Frage des Anwendungsbezugs der Forschung, die Förderung der lokalen Industrien, die Ausgestaltung des Curriculums, die Akquise von Maschinen und die Besetzung der Dozenturen. In diesem Zusammenhang wird der Frage nachgegangen, ob die IITs – wie von Nehru vorgesehen – als Motor des sozialen Wandels oder vielmehr als Vehikel der Elitenreproduktion gelesen werden müssen.

Das *vierte Kapitel* diskutiert das Ringen um die »digitale Unabhängigkeit« in den 1960er und 1970er Jahren als Ausdruck eines grundlegenden Richtungsstreits um den Kurs in der Technologiepolitik des Landes. Dabei ging es vor allem um den Zugang zu und den Einsatz von Computer- und Nachrichtentechnik. Wie adressierte das Modernisierungsprogramm der Regierung die Bürger des Landes – abseits der exklusiven Zirkel an den Hochschulen –, und warum provozierte es welche Ängste vor dem Computer? Die langen 1970er Jahre in Indien belegen, wie stark sich die Idee der Implementierung der Computer- und Nachrichtentechnik als Medium der Demokratisierung von ihrer Durchsetzung als »autoritäre Technologien« in einer Republik im Ausnahmezustand unterschied. Zugleich muss die Auseinandersetzung um die »Autonomie« des Landes im digitalen Zeitalter aber auch vor dem Hintergrund des sich zuspitzenden Nord-Süd-Gegensatzes gesehen werden. Dabei avancierte die Forderung nach einer neuen »Weltinformations- und Kommunikationsordnung« und dem Ende des »elektronischen Kolonialismus« rasch zum Slogan einer erregten Debatte, die sich zusehends auch in die politische Praxis übersetzte. Aus der »Machtprobe« gegen die globale Dominanz der großen, amerikanischen Computerkonzerne entstand so in der Folge in Indien eine eigenständige Computerindustrie. Die 1970er Jahre markieren demnach eine Epochenschwelle in der Geschichte der »IT-Nation«. Auch deshalb werden neben den Hintergründen der Autonomiebestrebungen im Bereich der Hardwareproduktion, der Ausbildung einer Unternehmerkultur und dem Beginn indischer Startups vor allem die Bedingungslagen des sich in diesen Jahren abzeichnenden Booms an Programmierern in den Blick genommen.

Das *fünfte Kapitel* untersucht die Evolution der Computerindustrie, die Emergenz neuer Regime globaler Arbeitsteilung und den langsamen Durchbruch digitaler Technologien in Indien in den 1980er Jahren. Hier kommen die Visionen einer Computerisierung der Gesellschaft, eines Einsatzes von PCs und Mikrocomputern in Agrar- und Industriebetrieben, aber auch der Computerisierung der Verwaltung zur Sprache. Damit rückt die Frage nach den Dimensionen digitaler »Ungleichheiten« in Indien wieder in den Fokus. Freilich war und blieb Indien auch in diesen Jahren ein Land der Gegensätze. So stand der Verbreitung elementarer Computertechnik in Schulen, Verwaltung und Betrieben, zumal in der Provinz, ausgangs der Dekade der prestigeträchtige Bau und Betrieb von Supercomputern gegenüber. Die 1980er Jahre sahen derweil den »Take-off« der indischen Computerindustrie und, vor allem, den Beginn eines ökonomischen Liberalisierungskurses, dem die Computergesetze Rajiv Gandhis den Weg wiesen. Der Siegeszug der IT-Services, der in der Folge die globalen Trends zu Outsourcing und Bodyshopping anschob, wird hier im Lichte der kolonialen Tradition der Service-Industrien betrachtet. In Indien entwickelten sich zudem in den 1980er und 1990er Jahren Technologieparks – wie die »Electronics City« in Bangalore – nach dem Vorbild des Silicon Valley zu neuen akademisch-militärisch-industriellen Komplexen. Vor ihrer Folie treten einmal mehr die Ambivalenzen, Antagonismen und Ungleichzeitigkeiten des indischen Wegs ins digitale Zeitalter hervor.

Das *sechste und letzte Kapitel* geht schließlich der Frage nach, wie die Ausbildung der indischen Technologienation in die Industrienationen zurückwirkte. Vor dem Hintergrund der bis in die 1960er Jahre zurückreichenden Debatte um den »Brain Drain« Indiens handelt es von der Arbeitsmigration indischer IT-Ingenieure in den 1990er Jahren. Dabei erwies sich das Silicon Valley an der Schwelle zur New Economy als »gelobtes Land« der Computerspezialisten. Doch verbarg sich hinter der Geschichte ausgewählter exponierter Pioniere und Unternehmer eine Vielzahl komplizierter Akkulturations- und prekärer Arbeitsbiographien; so mehrte sich eingangs der 1990er Jahre die Kritik an den Arbeitsbedingungen in der Bay Area. Als im Zuge des Dotcom-Hypes und der New Economy auch die Bundesrepublik Deutschland um die Jahrtausendwende die Anwerbung indischer IT-Spezialisten forcierte, begann, wenngleich die deutschen Zahlen nie annähernd das Niveau der USA erreichten, auch hier eine erregte Debatte um die Auswirkungen der Globalisierung. Ein vergleichender Blick auf die Entanglements zwischen Indien, den USA und der Bundesrepublik erlaubt daher zum Abschluss eine Diskussion der vielgestaltigen globalen Spuren auf dem indischen Weg ins digitale Zeitalter.

Am Ende des Buches steht ein kurzer Ausblick auf die Entwicklungen nach der Jahrtausendwende, um die Perspektiven, Kontinuitäten und Brüche des indischen Wegs einzuordnen und der Frage nach der Rolle digitaler Technologien im Prozess der Nationsbildung – der Ausbildung lokaler Experten, der Vernetzung globaler Wissensbestände und der Förderung digitaler Infrastrukturen – nachzugehen. Dazu wird der Computer als (post-)koloniale Regierungstechnologie und als Werkzeug einer politischen und ökonomischen »Vernetzung« der Nation ebenso im Fokus stehen wie die Frage nach den digital divides, die Indiens Weg in die »digitale Moderne« bis heute prägen.

2. Indiens Quellcode

2.1 Freiheitssuche: die Nation, das Empire und das Erbe des Kolonialismus

Ausgangs des 19. Jahrhunderts lagen Maschinenträume und -ängste nah beieinander. Lange vor Beginn des digitalen Zeitalters hatte sich im kolonialen Indien unter den Technikeuphorikern der Glaube an die zivilisierende Wirkung einer technologischen Erneuerung des Landes Bahn gebrochen. Rund ein halbes Jahrhundert, nachdem der britische Historiker Thomas Carlyle das »Mechanical Age« ausgerufen hatte, erklärte M. M. Kunte, der Leiter der Poona High School, Mitte der 1880er Jahre die Künste moderner Mechanik zu einer geradezu mythischen Verheißung. Technologie, so Kunte, bündle die Sehnsüchte der Zeitgenossen wie der sagenumwobene Wunschbaum der Hindus: der Kalpavriksha.[1] Dabei spiegelte Kuntes Analyse, wie ein Blick in die populäre Literatur dieser Jahre zeigte, durchaus den Zeitgeist wider.[2]

In das Gewand technischer Visionen kleideten sich bereits um die Jahrhundertwende soziale Utopien von ungeheurer Sprengkraft.[3] Im Jahr 1905 schrieb die damals noch wenig bekannte Autorin Rokeya Sakhawat Hossain ihre Kurzgeschichte »Sultana's Dream«. Darin stahl sich die Erzählerin aus der Enge ihres heimischen Zimmers ins weite Land der Träume. In der imaginären Welt, die sie in der Folge an der Seite ihrer Freundin Sara bereiste, waren Maschinen zum Motor des »Fortschritts« geworden: Apparate, die an der Grenze des Königreiches Sonnenstrahlen gegen heranahende Feinde lenkten, dienten als Schutz gegen kriegerische Eindringlinge; neue Technologien revolutionierten das Gemeinwesen, die industrielle Produktion und den Ackerbau. Der Mensch steuerte das Wetter, kontrollierte den Gang der Wolken, kana-

---

1 Vgl. Ross Bassett: The Technological Indian, Cambridge, Mass. 2016, S. 1.
2 So avancierte die Vision einer »automatisierten Welt« in diesen Jahren zu einem beliebten Motiv der Science-Fiction. Im Jahre 1882 veröffentlichte der bengalische Autor Hemlal Dutta in der populären Illustrierten *Bigyan Darpan* eine Erzählung unter dem Titel »Rahashya« (»Das Geheimnis«), in der er seine Vision einer »automatisierten Welt« beschrieb. Er berichtete darin von einem Haus in London, das von der Türklingel über die Alarmanlage bis hin zur Reinigung der Möbel vollständig »maschinisiert« war. Vgl. Debjani Sengupta: Explorers of Subversive Knowledge, in: Vodhisattva Chattopadhay/Aakriti Mandhwani/Anwesha Maity (Hrsg.): Indian Genre Fiction. Pasts and Future Histories, London/New York 2018, S. 73-85, hier: S. 77 und 84-85, Fn. 10.
3 Vgl. Debjani Sengupta: Sadhanbabu's Friends. Science Fiction in Bengal from 1882 to 1974, in: Ericka Hoagland/Reema Sarwal (Hrsg.): Science Fiction, Imperialism and the Third World. Essays on Postcolonial Literature and Film, Jefferson 2010, S. 115-126, hier: S. 115-117; Mary Ellis Gibson: Introduction, in: dies. (Hrsg.): Science Fiction in Colonial India, 1835-1905. Five Tales of Speculation, Resistance and Rebellion, London 2019, S. 1-28, hier: S. 18-22.

lisierte den Regen und nutzte zugleich Solartechnik zur Energiegewinnung. Elektrisch betriebene »Lufttaxis« ersetzten den hektischen Verkehr am Boden. Das Leben war angenehmer. Die Grundlage dieser neuen Technologienation aber war ein tiefgreifender Wandel sozialer und geschlechterbasierter Hierarchien. Denn in der neuen »maschinisierten« Welt, in der physische Stärke zusehends an Relevanz verlor, war das patriarchale Regime an sein Ende gekommen: Männer beherrschten weder den Staat, noch regierten sie zuhause. Stattdessen hatten Frauen die Universitäten erobert, leiteten Fabriken, Labore und Observatorien. Ihr Siegeszug, der unter der Regierung der Königin von Ladyland vor über drei Dekaden begonnen hatte, machte die Männer nutzlos und zwang sie in sogenannte *mardanas*, sozial abgeschlossene Quartiere, wie sie zuvor den Frauen zugewiesen waren. Mit der Verbannung der Männer endete in Hossains Utopie auch die Ära der Kriege und Verbrechen. Nun wehte ein Geist der Vereinbarung, der Wissenschaft, Technologie und Tugendhaftigkeit, mithin eine Religion der Liebe und Wahrheit, verbreitete. So verbanden sich technische und politische Utopien im Geiste der Hochmoderne.[4]

Zu den Ambivalenzen dieses Wegs in das Maschinenzeitalter allerdings zählte, dass nur kurz nach dem Erscheinen von Hossains Erzählung, unter dem Eindruck der Unruhen im Zuge der Teilung Bengalens 1905, ein gewisser Mohandas Karamchand Gandhi sein berühmtes Werk *Indian Home Rule* (»Indiens Selbstregierung«) herausgab. Für Gandhi waren Maschinen weniger die Motoren einer Liberalisierung als vielmehr Ausdruck einer modernen Zivilisierung, die das indische Volk, das unter dem Joch der britischen Kolonialregierung litt, nur noch weiter von seinen Ursprüngen entferne. Gandhis Utopie eines neuen Indiens war des technologischen Wandels »unschuldig«:[5]

> Machinery is the chief symbol of modern civilization: it represents a great sin. [...] It's necessary to realize that machinery is bad. If, instead of welcoming machinery as a boon, we would look upon it as an evil, it would ultimately go.[6]

Während Maschinen im Europa der Jahrhundertwende zum »Maßstab« imperialer Überlegenheitsphantasien und Werkzeugen der Zivilisierungsmission wurden,[7] oszillierte ihre Wahrnehmung in Indien – vor der Folie der Kolonial-

---

4 Rokeya Sakhawat Hossain: Sultana's Dream and Padmarag. Hrsg. v. Barnita Bagchi, Neu Delhi 2005. Zum erzählerischen Arsenal der Technovisionen vgl. allg. Uwe Fraunholz/Thomas Hänseroth/Anke Woschech: Hochmoderne Visionen und Utopien, in: dies. (Hrsg.): Technology Fiction, Bielefeld 2012, S. 11-24, hier: S. 15 f.
5 David Arnold: Everyday Technology. Machines and the Making of India's Modernity, Chicago 2013, S. 15-20.
6 M. K. Gandhi: Hind Swaraj and other Writings. Hrsg. v. Anthony J. Parel, Cambridge 1997, S. 36, 107, 111.
7 Vgl. Michael Adas: Machines as the Measure of Men, Ithaca, NY/London 2015; Eric Hobsbawm: Industry and Empire. From 1750 to the Present, London 1999. Freilich begleitete den Anbruch des Maschinenzeitalters in Europa gleichsam ein reger Diskurs, der sich durch die Ambivalenz von Technikeuphorie und -ängsten auszeichnete.

geschichte des Landes – so von Beginn an zwischen dem Traum der Emanzipation und dem Albdruck der Sklaverei.

In Britisch-Indien war der Einsatz der Technologien zu einer wichtigen Stellschraube im System kolonialer Kontrolle geworden. Der Sicherung der britischen Machtstellung diente die Ausbildung einer Kolonialbürokratie, zu deren elementarer Grundlage ab der Mitte des 19. Jahrhunderts der Ausbau der Verkehrs- und Kommunikationswege avancierte. Vor allem die Telegraphie war ein »Werkzeug imperialer Politik«. Bereits im Zuge der gescheiterten Rebellion der Sepoys gegen die britische Kolonialmacht am 10. Mai 1857, in deren Folge Indien zur britischen Kronkolonie wurde,[8] hatte der Telegraph eine entscheidende Rolle gespielt; so ermöglichte der landesweite Austausch von Nachrichten es den britischen Truppen, den lokalen Revolten rascher und gezielter zu begegnen. Den britischen Justizkommissar im Punjab, Robert Montgomery, riss dies im Anschluss zur berühmten Aussage hin: »the electric telegraph has saved India«.[9]

Die lückenlose Kontrolle, von der die britischen Kolonialbeamten wie Montgomery sprachen und die in der Folge den Mythos eines »empire grounded in science and technology« begründete, blieb derweil – angesichts zahlreicher technischer und logistischer Probleme – ein Mythos.[10] Zudem durchtrennten die Rebellen, die kein Personal zum Betrieb der Telegraphenverbindungen hatten, aber um deren strategische Bedeutung wussten, über 1.000 Meilen an Kabeln, zerteilten diese zu Ladestöcken und Geschossen

---

8 Ab 1877 regierte Königin Victoria von Großbritannien zugleich als Kaiserin von Indien. Trotz wachsender innerer Spannungen und anschwellenden Widerstands gegen die britische Kolonialregierung überdauerte das indische Kaiserreich beide Weltkriege. Zur Geschichte des antikolonialen Widerstands vgl. Priyamvada Gopal: Insurgent Empire. Anticolonial Resistance and British Dissent, London 2019; Niall Ferguson: Empire. The Rise and Demise of the British World Order and the Lessons for Global Power, London 2002. Zur Kritik des Imperialismus in Europa vgl. Gregory Claeys: Imperial Sceptics. British Critics of Empire, 1850-1920, New York 2010; Benedikt Stuchtey: Die europäische Expansion und ihre Feinde. Kolonialismuskritik vom 18. bis in das 20. Jahrhundert, München 2010.

9 Für die Londoner Tagespresse, die – wie die *Daily News* – Montgomerys Diktum im September 1897 abdruckte, war klar, »that the telegraph ›has saved India‹ […] rather *for* than *from* the British«. Roland Wenzlhuemer: Connecting the Nineteenth-Century World. The Telegraph and Globalization, New York 2013, S. 211-220. Zur Rolle des Telegraphen als »Werkzeug imperialer Politik« vgl. Headrick: Tools; ders.: The Invisible Weapon. Telecommunications and International Politics, 1851-1945, New York/Oxford 1991, S. 50-53; ders.: A Double-Edged Sword. Communications and Imperial Control in British India, in: Historical Social Research 35,1 (2010), S. 51-65, hier: S. 53.

10 Vgl. dazu: B. L. Groover: The Post Office During the Revolt of 1857-58: Summary, in: Proceedings of the Indian History Congress 34,2 (1973), S. 151-153; Deep Kanta Lahiri Choudhury: Telegraphic Imperialism. Crisis and Panic in the Indian Empire, c. 1830-1920, Basingstoke 2010, S. 31-78; dies.: 1857 and the Communication Crisis, in: Sabyasachi Bhattacharya (Hrsg.): Rethinking 1857, Neu Delhi 2007, S. 261-282.

und machten aus den Masten Brennholz.¹¹ So zeigte die Rebellion, dass die »Suche nach Freiheit«¹² und die politische Auseinandersetzung um ein souveränes Indien, die ab 1857 zum Fixstern nationalistischer Strömungen wurde, von Beginn an (auch) eine technologische Auseinandersetzung waren.

Die Rebellion markierte zugleich eine wichtige Zäsur in der Auseinandersetzung um die Ausbildung einer all-indischen »Öffentlichkeit«. So plante man im Herzen des Empire im Anschluss an die gewaltsame Niederschlagung der Unruhen eine direkte telegraphische Verbindung zwischen London und Kalkutta. Experten wie der Elektrotechniker Charles T. Bright, der zu den wichtigsten Förderern des Telegraphennetzwerkes in Indien und zu den prägenden Figuren des Telegraphenwesens dieser Jahre zählte, hatten der Krone eine solche Verbindung zur Sicherung der Kolonie gegen neuerliche Revolten angeraten. Im Jahr 1865 verlegte Siemens & Halske das erste Unterwasserkabel im Persischen Golf, ab 1870 war Indien über die »Indo-European Telegraph Line« an das weltweite Telegraphennetz angeschlossen. Für die britische Politik war der Ausbau der Netze ein Vehikel der Kontrolle. Doch ebnete der Ausbau der Telegraphie zugleich auch der Politisierung und Mobilisierung der indischen Nation den Boden. So erwies sich die britische Dominanz im Pressewesen zwar bis zum Ende des 19. Jahrhunderts als prägend, indes etablierte sich mit der Gründung neuer Zeitungen und Nachrichtenagenturen in indischer Hand, die sich der »nationalen Sache« Indiens zusehends kritisch annahmen, auch eine neue Form der Nachrichtenkonkurrenz.¹³

Derweil exekutierte die britische Kolonialadministration ihre »technologische Macht« noch in anderer Weise. Im Spätsommer 1858 unternahm William Herschel, ein britischer Civil Servant, der bereits über eine halbe Dekade im Einsatz der »East India Company« in Bengalen gewesen war, erste Versuche zur Registrierung der einheimischen Bevölkerung vermittels biometrischer Kennzeichen. Für Francis Galton, der Herschels Ergebnisse in London rezipierte, war der Fingerabdruck – zumal in den Kolonien – eine sinnvolle Ergänzung zum Passsystem, wie er der Londoner *Times* im Juli 1893 schrieb, um solche Teile der Bevölkerung zu registrieren, die bislang durch das Raster der Behörden gefallen seien:

partly due to the large proportion of their illiterate populations, who make marks but cannot write, partly on the account of the difficulty felt by most

11 Unter den gegebenen politischen und klimatischen Rahmenbedingungen war dieser Einsatz der Technologien durch die lokale Bevölkerung hoch kreativ. Zu dieser Kultur kreativer, improvisierter Lösungen und Workarounds, die im Hindi als »Jugaad« beschrieben werden kann, vgl. Mann: Wiring the Nation, S. 40.
12 Vgl. David Arnold: Südasien, Frankfurt a. M. 2012, S. 360.
13 Vgl. Mann: Wiring the Nation, S. 40-50; ders.: Telekommunikation in Britisch-Indien (ca. 1850-1930). Ein globalgeschichtliches Paradigma, in: Comparativ. Zeitschrift für Globalgeschichte und vergleichende Gesellschaftsforschung 19,6 (2009), S. 86-112; Volker Barth: Wa(h)re Fakten, Göttingen 2020, S. 44-53.

Europeans in accurately distinguishing the features of men of the darker races, and partly on account of the false witness among them.¹⁴

Im Anschluss an Herschels Experimente entwickelte Edward Henry sodann 1897 als Generalinspektor der bengalischen Polizei im Dienste des Indian Civil Service ein elaboriertes System zur Ordnung von Fingerabdrücken, das die anthropometrischen Methoden Alphonse Bertillons ergänzen und die (als zu ungenau gescholtenen) photographischen Bildbeweise ablösen sollte.¹⁵ Noch im selben Jahr dekretierte Lord Bruce, Generalgouverneur und Vizekönig Indiens, die Implementierung der neuen Technik.

Hier erwies sich die Kolonie als ein »Laboratorium der Moderne«.¹⁶ Als Henry, der im Juli 1900 kurzzeitig das Land verlassen hatte, um an einer anderen Stelle des brüchigen Empires die Ordnung zu sichern und im Burenkrieg die Zivilpolizei in Pretoria und Johannesburg zu modernisieren, ein Jahr später aus Indien zu Scotland Yard zurückkehrte, brachte er in seiner Funktion als »Commissioner of Police of the Metropolis« ab 1903 die »biometrische Revolution« in das Herz des Empires, um hier vorrangig die Randexistenzen der Metropole zu kontrollieren. Der Fingerabdruck als Vehikel kolonialer Kontrolle – »to enable the British to classify, categorize, and bound the vast social world that was India so it could be controlled«¹⁷ – garantierte so auch im

---

14 Francis Galton: Identification, in: The Times, 7.7.1893, S. 4e/f. In der Folge explizierte Galton: »While the natives of India [...] have beautiful traits of character and some virtues in an exceptional degree, their warmest admirers would not rank veracity among them. [...] If a map of the world were tinted with gradations of colour to show the percentage of false testimony in courts of law, England would be tinted rather lightly, and [...] Bengal ... very darkly.« Francis Galton: Identification Offices in India and Egypt, in: The Nineteenth Century 48 (1900), S. 118-126, hier: S. 118 f.

15 Vgl. Edward R. Henry: Classification and Use of Finger Prints, London 1900; William Herschel: The Origin of Finger-Printing, Oxford 1916, S. 7-31. Zur Geschichte des Fingerabdrucks in Indien und im globalen Süden vgl. allg. Chandak Sengoopta: Imprint of the Raj. How Fingerprinting was Born in Colonial India, London 2003.

16 Zur These der Kolonien als »Laboratorien der Moderne« vgl. grundlegend Frederick Cooper/Ann Laura Stoler: Between Metropole and Colony. Rethinking a Research Agenda, in: dies. (Hrsg.): Tensions of Empire. Colonial Cultures in a Bourgeois World, Berkeley 1997, S. 1-56, hier: S. 5. Zur Kritik universalistischer Modernisierungsnarrative vgl. dagegen kürzlich Harald Fischer-Tiné: Kolonialismus zwischen Modernisierung und Traditionalisierung. Die britische Herrschaft in Indien, in: Aus Politik und Zeitgeschichte 72,30-31 (2022), S. 4-10. Zum Beginn der »biometrischen Revolution« in den europäischen Kolonien vgl. indes Keith Breckenridge: The Biometric State. The Global Politics of Identification and Surveillance in South Africa, 1850 to the Present, Cambridge 2014, S. 63-115; Massimo Leone: From Fingers to Faces: Visual Semiotics and Digital Forensics, in: International Journal for the Semiotics of Law, 8.9.2020. URL: https://doi.org/10.1007/s11196-020-09766-x [abgerufen am 15.8.2022].

17 Bernard S. Cohn: Colonialism and Its Forms of Knowledge. Princeton, NJ 1996, S. 4-5.

Mutterland des Empires die Akquise von Daten, die die Regierungsmaschine in London benötigte.[18]

Der »Datenrausch« der Regierungen in Europa und in den USA, die ausgangs des 19. Jahrhunderts immer mehr und immer schneller Angaben über die Bürger zu sammeln und zu speichern begannen, ging mit der Verbreitung eines neuen Systems der Datenverarbeitung einher: der Lochkartentechnik. In lokalen Behörden, im Kriegsministerium und bei der Volkszählung 1890 in den USA waren erstmals Hollerithmaschinen zur Verarbeitung und Auswertung der Zensusdaten zum Einsatz gekommen.[19] Auch im russischen Zarenreich sowie in der Schweiz, Frankreich und Norwegen eroberte die Technik bis zur Jahrhundertwende die Verwaltungen. Noch vor dem Ersten Weltkrieg nutzten auch deutsche Landesämter die als »Statistiker-Klavier« bezeichneten elektrischen Zähl- und Sortiermaschinen – wie bei der Volkszählung 1910; die britische Regierung setzte sie zudem im Rahmen des Zensus nur ein Jahr später ein.[20]

In Indien berichtete der britische Ethnograph und Kolonialbeamte H. H. Risley ebenso bereits zur Jahrhundertwende von der neuen Möglichkeit, elektrische Tabelliermaschinen zur Auswertung von Zensusdaten einzusetzen. Indes zeigte er sich, zumal ob der Größe des britischen Empires und der komplexen Anwendung der Maschinen skeptisch, ob das Modell gleichsam nach Indien zu übertragen sei.[21] Nach dem Ersten Weltkrieg, vor allem ab den 1930er Jahren, kamen dann aber auch hier Hollerith-Maschinen und Lochkartengeräte der »British Tabulating Machine Company« – wie zum Beispiel in der Kolonialadministration des »Military Accountants General« – zum Einsatz. Freilich war die Zahl der Maschinen ausgesprochen gering. Als die britische

---

18 Jon Agar: The Government Machine. A Revolutionary History of the Computer, Cambridge, Mass. 2003, S. 140.
19 Vgl. Felix Stalder: Kultur der Digitalität, Frankfurt a. M. 2016, S. 68-70; Lars Heide: Punched-Card Systems and the Early Information Explosion, 1880-1945, Baltimore 2009, S. 15-37; James W. Cortada: Before the Computer. IBM, NCR, Burroughs, and Remington Rand and the Industry they Created 1865-1956, Princeton, NJ 1993, S. 44-63.
20 Vgl. Heide: Punched-Card Systems, S. 39-41; Rudolf Lindner/Bertram Wohak/Holger Zeltwanger: Planen, Entscheiden, Herrschen. Vom Rechnen zur elektronischen Datenverarbeitung, Reinbek bei Hamburg 1984, S. 60-64; Reinhard Güll: Die Hollerithmaschinen, in: Statistisches Monatsheft, Baden-Württemberg 2,6 (2004), S. 51-54; Martin Campbell-Kelly: Information Technology and Organizational Change in the British Census, 1801-1911, in: Information Systems Research 7,1 (1996), S. 22-36; Kerstin Brückweh: Menschen zählen. Wissensproduktion durch britische Volkszählungen und Umfragen vom 19. Jahrhundert bis ins digitale Zeitalter, Berlin/Boston 2015, S. 40-42; Kerstin Goos et al.: The Co-Evolution of Surveillance Technologies and Surveillance Practices, in: David Wright/Reinhard Kreissl (Hrsg.): Surveillance in Europe, Abingdon, Oxon 2015, S. 51-100, hier: S. 55-57.
21 Census of India, 1901. – India. Administrative Volume with Appendices, Kalkutta 1903, Appx. VII, S. 365-370. Risley blieb vor allem als Vertreter eines »scientific racism« in Erinnerung, da er das Kastensystem im Rahmen des Zensus zur Ordnung der gesamten Hindu-Bevölkerung in Britisch-Indien etablierte.

Regierung im Februar 1940 die Erhebung eines neuerlichen Zensus plante, wurden die Daten so noch immer mehrheitlich manuell sortiert; allerdings gelang die Auswertung in einigen Metropolen, wo die Technik der Finanzbehörden es erlaubte, bereits per Maschine.²²

Lange bevor der erste digitale Computer 1955 nach Indien kam, waren »computers« Menschen gewesen. In seinen Erinnerungen an die Zensusvorbereitungen und die Stichprobenerhebungen der 1930er und 1940er Jahre beschrieb der Gründer des Indian Statistical Institute und eine der zentralen Figuren in Indiens Computerplänen nach 1947, Prasanta Chandra Mahalanobis, daher eindringlich den Mangel an Personal:

> In 1937 there was not a single trained field worker, and only about half a dozen computers [...] The whole of the field staff was recruited for only three of four months, and continuity of employment could not be guaranteed. [...] On the statistical side, however, it became possible to train up and give more or less continuous employment to a good proportion of computers by employing them on other projects.²³

Die Unabhängigkeitsbewegung stellte das technologische Versprechen datengestützter Planung rasch wieder in einen politischen Bezugsrahmen.²⁴ Als in Indien zum Jahreswechsel 1947/48 – nach dem Fall des britischen Empires, dem Ende der »Fremdherrschaft« und der Teilung des Landes sowie den Vorbereitungen zu einer republikanischen Konstitution – die lang erträumte Zeitrechnung eines unabhängigen Indien anbrach, avancierte der Einsatz der Regierungstechnologien wie schon in Britisch-Indien zu einem der Kernpunkte der politischen Auseinandersetzung.

Zur Verwirklichung der »(Selbst-)Herrschaft« (»Swa-Raj«) benötige der Staat, wie Premierminister Jawaharlal Nehru am 28. Januar 1948 im *National Herald* stolz und zugleich mahnend prognostizierte, so viel mehr als nur eine politische Revolution. Das Land müsse sich sozial, ökonomisch und technologisch verändern und so rasch wie möglich unabhängig werden: »We fought the battle of freedom and achieved it. But ›swaraj‹ cannot be completed unless the difficulties of the people are removed and there is proper arrangement for food, clothing, houses and education.«²⁵ Drei Jahre später – rund 12 Monate nach Begründung der Republik – bekräftigte er, die wahre Bedeutung der »Independence« sei »not just a change-over of government, important though

---

22 Census of India, 1941. – Vol. I: India, Part I: Tables, Delhi 1943, S. 1-15.
23 Prasanta Chandra Mahalanobis: On Large-Scale Sample Surveys, in: Royal Society of London Philosophical Transactions, Series B, Vol. 231, Cambridge 1944, S. 329-451, hier: S. 409.
24 Sandeep Mertia: Did Mahalanobis Dream of Androids?, in: ders. (Hrsg.): Lives of Data, Amsterdam 2020, S. 26-33.
25 Jawaharlal Nehru: Increase Production in the Battle Against Poverty, Message in National Herald, 28.1.1948, in: Selected Works of Jawaharlal Nehru, 2nd Series, Bd. 5, Neu Delhi 1987, S. 357.

it is. The people must feel the effects of the change-over for their good in their daily lives.«²⁶ Es brauche demnach eine Mentalität des Aufbruchs, die an das reiche kulturelle und akademische Erbe des Landes erinnere und zugleich die errungene Freiheit nutze, um eine Ära des wissenschaftlichen Fortschritts einzuläuten. Erst dann, so Nehru, sei Indien wirklich souverän.²⁷

Bis heute widerstreiten die Meinungen, wie die Jahre der britischen Regierung im Prozess der Nationsbildung einzuschätzen sind.²⁸ Eindeutig war

26 Ders.: Need for the Temper of Science. Speech, 10.2.1951, printed in Hindustan Times, 11.2.1951, in: Selected Works of Jawaharlal Nehru, 2nd Series, Bd. 15 II, Neu Delhi 1993, S. 85-86, hier: S. 86. Im Januar 1950 war Indien mit dem Inkrafttreten der Verfassung zu einer parlamentarisch-demokratischen Republik geworden.
27 Über die ideengeschichtlichen Wurzeln des Konzepts der »Souveränität« gehen die Meinungen in der Forschung bis heute stark auseinander. Einige Forscher erinnern in diesem Zusammenhang an den Geist der Swadeshi-Bewegung. Vgl. exempl. Jahnavi Phalkey: How May We Study Science and the State in Postcolonial India?, in: Bernard Lightman/Larry Stewart/Gordon McOuat (Hrsg.): The Circulation of Knowledge Between Britain, India and China. The Early-Modern World to the Twentieth Century, Leiden 2013, S. 263-284, hier: S. 280. Indes verschmolzen Politik und Ökonomie hier bereits um die Jahrhundertwende, als die Swadeshi-Bewegung in Bengalen zusehends Boykotte gegen britische Erzeugnisse und Konsumgüter lancierte. Die Hymne der Swadeshi-Proteste »Vande Mataram« begleitete die Gründungsakte der Nation und wurde neben der Nationalhymne Jana Gana Mana 1950 zum Nationallied der Republik. Vgl. Sabyasachi Bhattacharya: Bande Mataram, the Biography of a Song, Neu Delhi 2013, S. 17-40. Das Credo einer politischen und wirtschaftlichen Autarkie (»self-reliance«) Indiens erinnerte in den 1970er Jahren an dieses Erbe der Idee eines ökonomischen Nationalismus. Dagegen sehen andere Forscher gerade im Erstarken kommunalistischer und marxistischer Strömungen wie auch in Mohandas K. Gandhis Idee des passiven Widerstands die entscheidende Orientierungsgröße der im Werden begriffenen indischen Nation. Vor dem Ersten Weltkrieg war Gandhis Doktrin der »Indian Home Rule« hier zu einer wichtigen diskursiven Referenz geworden. Vgl. dazu Ananya Vajpeyi: Righteous Republic. The Political Foundations of Modern India, Cambridge, Mass. 2012, S. 1-48, sowie allg. Nikhil Menon: Gandhi's Spinning Wheel, in: Journal of the History of Ideas 81,4 (2020), S. 643-662.
28 Historiker haben darum gerungen, den Kolonialismus in Britisch-Indien als ein gewalttätiges Regime zu erinnern, in dem Ausbeutung und Unterdrückung an der Tagesordnung waren. Vgl. Dipesh Chakrabarty: Provincializing Europe. Postal Thought and Historical Difference, Princeton 2000; ders.: Foreword, in: The Bernard Cohn Omnibus, Neu Delhi 2004, IX-XIX, hier: S. XV; Bernard S. Cohn: The Command of Language and the Languages of Command, in: Ranajit Guha (Hrsg.): Subaltern Studies IV, Neu Delhi 1985, S. 288-290; Nicholas B. Dierks: Casts of Mind. Colonialism and the Making of Modern India, Princeton 2001. Gleichzeitig betonen neuere postkoloniale Forschungen zu Recht die Handlungsspielräume der indischen Akteure, der Beamten und Bürokraten, ländlichen Magnaten, urbanen Industriellen und Adeligen. Vgl. Anand A. Yang: The Limited Raj. Agrarian Relations in Colonial India 1793-1920, Berkeley 1989; Christopher A. Bayly: Empire and Information. Intelligence Gathering and Social Communication in India 1780-1870, Cambridge 1996. Auch wenn die kolonialen Begegnungen asymmetrisch blieben, sehen diese Forscher das Empire vor allem als Vehikel indischer Ambitionen und betonen die durchdringende soziale, kulturelle und politische Präsenz der einheimischen Bevölke-

indes, dass der Reichtum der – von kulturellen, sprachlichen und religiösen Unterschieden geprägten – Nation zugleich eine eminente politische Herausforderung im Dekolonisierungsprozess bedeutete. Die Suche nach einer nationalen »Identität« war daher ein elementarer Teil der indischen Staatsbildung. Nationalismus allein allerdings schuf, wie Nehru in *The Discovery of India* 1946 schrieb, noch keine kohärente politische Größe:

> The discovery of India – what have I discovered? [...] Today she is four hundred million separate individual men and women, each differing from the other, each living in a private universe of thought and feeling. [...] Yet something has bound them together and binds them still. India is a geographical and economic entity, a cultural unity amidst diversity, a bundle of contradictions held together by invisible threads. Overwhelmed again and again, her spirit was never conquered, and to-day when she appears to be the plaything of a proud conqueror, she remains unsubdued and unconquered. About her there is the exclusive quality of a legend long ago; some enchantment seems to have held her mind. She is a myth and an idea, a dream and a vision, and yet very real and present and pervasive.[29]

Im Versuch, die Traditionen des Mogul-Reiches wiederzuentdecken, schöpfte Nehru seine Vision eines neuen Indien aus der Abgrenzung gegen die koloniale Macht; das Gros der republikanischen, demokratischen und säkularen Werte basierte auf dieser Relation. Die Idee der »Differenz« und »Einzigartigkeit« des Landes war ein gewichtiger Teil dieser Identitätsbildung, die als die »spirituelle Dimension« des Nationalismus beschrieben werden kann.[30]

Die Rhetorik, Imagination und Ideologie der Veränderung muss indes prinzipiell von der »materielle[n] Dimension« dieses Nationalismus unterschieden werden, der sich auf der Ebene staatlicher Politik und Bürokratie, Planung und

---

rung in Zeiten der kolonialen Besetzung. Sie postulieren, die statische Grenze von Kolonisatoren und Kolonisierten, Machteliten und Subalternen zugunsten eines dynamischeren Modells der Wissenszirkulation zu überwinden, das zugleich die überkommenen Antagonismen von Tradition und Moderne, Orient und Okzident, aber auch Religion und (Natur-)Wissenschaften hinter sich lasse. Vgl. Chakrabarty: Provincializing Europe; Christopher A. Bayly: Origins of Nationality in South Asia, Oxford 1998. Vgl. dazu allg. Bose: Post-Colonial Histories, S. 135; S. 138; Frederick Cooper: Colonialism in Question. Theory, Knowledge, History, Berkeley 2005, S. 140.

29 Jawaharlal Nehru: The Discovery of India, Kalkutta 1946, S. 686 f.
30 Partha Chatterjee: The Nation and its Fragments. Colonial and Postcolonial Histories, Princeton 1993, S. 9; vgl. Sugata Bose: Nation as Mother, in: ders./Ayesha Jalal (Hrsg.): Nationalism, Democracy and Development. State and Politics in India, Neu Delhi 1996, S. 76-103. Bis in die Jahre der Republik waren Religion und Sprache wichtige Faktoren der politischen und sozialen Mobilisierung der Massen. Für die Hindu-Intellektuellen war der Hinduismus die kulturelle Textur der Nation, eine nationale Religion. Dabei teilten bis in die 1930er Jahre viele Gandhis Einschätzung, eine einige Nation sei unter dem britischen Imperialismus zerbrochen. Als die Unabhängigkeit näher rückte, reklamierte man, die Gegensätze zwischen Hindus und Muslimen seien ebenso »alt« wie »unüberbrückbar«.

industrieller Entwicklung, aber auch alltäglicher Lebens- und Arbeitspraxis der Bevölkerung abspielte. Nehru, der »Träumer« und »Visionär«, zeigte sich hier erstaunlich pragmatisch, indem er den »Apparat« des Kolonialregimes reaktivierte und zugleich auf die Stärke des amorphen Indischen Nationalkongresses setzte, um seine Ziele in den Monaten des Umbruchs 1947/48 durchzusetzen. So nutzte er das Erbe Britisch-Indiens, um demokratische Institutionen einzusetzen, das Rechtssystem zu erneuern und neue Wege zivilgesellschaftlichen Engagements zu erproben.

Im Prozess der Staatsbildung spielte das Modell der Planung eine zentrale Rolle. Das von Subhas Chandra Bose, dem Präsidenten des Nationalkongresses, gegründete Nationale Planungskomitee etablierte 1938 Planung als »Entwicklungsideologie«.[31] Unter der Leitung von Mokshagundam Visvesvaraya, eines Ingenieurs, Industriellen und Politikers aus Mysore, bildete sich ein Kreis bengalischer Intellektueller rund um den Physiker Meghnad Saha heraus. Zu diesem Kreis gehörte auch der Statistiker und Computerpionier P. C. Mahalanobis.[32]

Mahalanobis, Saha und Bose waren von dem Versuch, ein verarmtes, agrarisch geprägtes Land in ein ökonomisches Wunderland zu verwandeln, wie er in Russland nach der Revolution 1917 unternommen worden war, gleichermaßen fasziniert; so avancierte der »russische Plan« in den 1930er Jahren zum Vorbild der indischen Planer. Noch 1938 kennzeichnete das Planungskomitee »scientific and technical research as integral part of planned economy« und betonte nachdrücklich die überragende Bedeutung von Hochschulen und Forschungsinstituten für die industrielle Entwicklung des Landes.[33]

Mit einigem Recht ist die technokratische Regulierung des Staates nach 1947 in der Tradition der kolonialen Disziplinierung der Bevölkerung verortet worden. Der »technologische Imperativ« zählte zur Gründungsakte des postkolonialen Staats. Indiens nationale Identität, die sich hinter den Planungen

31 Vgl. Chatterjee: Nation, S. 200-219, hier: S. 202f. Vgl. dazu auch allg. Terence J. Byres (Hrsg.): The State, Development Planning and Liberalisation in India, New Ed. Neu Delhi 1997. Zu Subhas C. Bose vgl. Sugata Bose: His Majesty's Opponent, Cambridge, Mass. 2012. Zur Ideologie der Planung vgl. allg. Dirk van Laak: Planung. Geschichte und Gegenwart des Vorgriffs auf die Zukunft, in: Geschichte und Gesellschaft 34,3 (2008), S. 305-326; James C. Scott: Seeing like a State, New Haven 1998; Robert Fishman (Hrsg.): The American Planning Tradition. Culture and Policy, Baltimore 2000; Peter Rutland: The Myth of the Plan. Lessons from Soviet Planning Experience, London 1985.
32 Der Kreis war Teil einer dynamischen »scientific community«. Saha begegnete so z. B. Einstein 1927 in Berlin. Er und Bose lernten gemeinsam Deutsch, um die Allgemeine Relativitätstheorie ins Englische zu übersetzen. Mahalanobis schrieb zu der 1920 in der Calcutta University Press erschienenen Ausgabe die Einleitung. Vgl. Rajinder Sing: M. N. Saha and Albert Einstein. An Interaction, in: Science as Culture 84,9/10 (2018), S. 293-301; Kris Manjapra: Age of Entanglement. German and Indian Intellectuals Across Empire, Cambridge, Mass./London 2014, S. 111-135.
33 K. T. Shah: Appendix III – Note for the Guidance of Sub-Committee's of the National Planning Committee, in: Report of the National Planning Committee, Neu Delhi 1938, S. 65. Vgl. Phalkey: Study Science, S. 277f.

des Komitees verbarg, wurde in der Arena der modernen Technologie ausgehandelt, auch die Funktionsweise des Staates sollte diesem Modell gehorchen. Um die Industrialisierung voranzutreiben und hohe ökonomische Wachstums- und Beschäftigungsraten, ein steigendes Versorgungsniveau an Waren und Dienstleistungen sowie einen sich rapide verbessernden Lebensstandard zu erreichen, musste der Staat selbst, in den Augen der Planer, als eine technische Institution angesehen werden – als Ausdruck des nationalen Anspruchs und Vermögens, die eigenen technologischen Fähigkeiten auszureizen. Er konstituierte sich primär durch moderne Technik.[34]

Die Planung und Verwaltung des Staates basierte auf einer Vorstellung der rationalen Kontrolle der Regierungsgeschäfte, die Michel Foucault als die »Gouvernementalität« des modernen Staates beschrieben hat.[35] Der Diskurs der Planung und Bildung von Institutionen und personellen (elitären) Netzwerken bestimmte die hegemoniale Dynamik, die sich in der »pastoralen Macht« des Staates, in Bevölkerungspolitik und *social engineering*, einer neuen politischen Ökonomie, neuen Techniken und Sicherheitsdispositiven niederschlug. Diese Überblendung von »Science« und »Politics« als einer Hybridisierung von epistemologischer und sozialer Ordnung war ein Kennzeichen moderner Staatlichkeit.[36]

Auch in Indien avancierte das Konzept der nationalen »Entwicklung« zum Leitmotiv des politischen Diskurses. Akhil Gupta bezeichnete das Entwicklungsthema gar als die »Staatsräson« des unabhängigen Indien.[37] Als ein Instrument der Nationsbildung blieb es zugleich ein »Substitut« für strukturelle Reformen und Veränderungen, die im demokratischen System nur schwer durchsetzbar waren,[38] und erwies sich hier als verbindendes Band über politische Gräben hinweg, wenngleich sich Rhetorik, Vorstellung und Konzepte von »Entwicklung« über die Dekaden grundlegend wandelten.

34 Vgl. Prakash: Another Reason, S. 11; Itty Abraham: How India Became Territorial. Foreign Policy, Diaspora, Geopolitics, Stanford 2015. Vgl. Jawaharlal Nehru: Letters to Chief Ministers 1947-1964, Bd. 5, Oxford/Neu Delhi 1989, S. 248: »We all talk about science today and realize that the world of today is one of science and technology [...] so our planning has to be scientific.«
35 Michel Foucault: Geschichte der Gouvernementalität, Frankfurt a. M. 2004; vgl. dazu allg. Ulrich Bröckling/Susanne Krasmann/Thomas Lemke (Hrsg.): Gouvernementalität der Gegenwart, Frankfurt a. M. 2000. Zu den Grenzen dieser Rationalisierung von Verwaltung und Politik in der kolonialen Praxis vgl. auch Fischer-Tiné: Kolonialismus, S. 9 f.
36 So Bruno Latour: We Have Never Been Modern, Cambridge, Mass. 1993, S. 97.
37 Gupta: Postcolonial Developments, S. 107; vgl. Partha Chatterjee: Development Planning and the Indian State, in: Byres (Hrsg.): State, S. 82-103; Subrata K. Mitra: Power, Protest, Participation. Local Elites and Development in India, London 1992, S. 15.
38 So z. B. Unger: Entwicklungspfade, S. 9, 54-157; vgl. Benjamin Zachariah: Developing India. An Intellectual and Social History, c. 1930-1950, Neu Delhi 2005; Amit S. Ray: The Enigma of the ›Indian Model‹ of Development, in: United Nations (Hrsg.): Rethinking Development Strategies after the Financial Crisis, New York 2016, S. 31-40.

Freilich war das Paradigma der Planung mehr als der Ausdruck einer Entwicklungsideologie. Es war, wie zu zeigen sein wird, zugleich die Basis einer neuen »Informationsordnung« in Indien.[39] Nachdem die britische Kolonialregierung Daten in ihren Provinzen vor allem zur Kontrolle der Bevölkerung und zur Regulierung von Handel und Verwaltung erhoben hatte, hob Nehru – als Vorsitzender des Nationalen Planungskomitees des Kongresses – die *nationale* Bedeutung ihrer Akquise hervor. Bereits 1938, so erinnerte er sich in der Rückschau, habe er den »fact of the absence of accurate data and statistics« moniert.[40] Eine Dekade später, im Sommer 1948, wiederholte er die Klage: »we have no data« – und folgerte, »that we function largely in the dark.«[41] In der Praxis standen die Planer mit ihren Big Data-Träumen so vor riesigen Problemen. Eine zentrale Voraussetzung der Datenakquise war die Förderung der Computertechnik, die wiederum die Wiederherstellung und den Ausbau der (technischen) Infrastrukturen voraussetzte – als der Lebensadern eines Landes, das unter den materiellen, physischen wie psychischen Belastungen des Krieges und der Ablösung der kolonialen Besatzung ebenso litt wie unter den sozialen und religiösen Gegensätzen, die sich mit der Teilung des Landes Bahn gebrochen hatten. Der Wunsch nach einer Technik der Eigenverwaltung, die die Regierungsmaschine in Indien in Gang setzte, war so von Beginn an Ausdruck des politischen Unabhängigkeitsbestrebens.

Indes wiesen Diskurs und Praxis der Technologienation lange auseinander. Dichter, Politiker und Ökonomen hatten bereits viele Jahre vor der Gründung der Republik über den Einsatz der Technologien debattiert; so waren Technologien zu einer »Obsession« der Eliten und der wachsenden Ober- und Mittelschichten geworden.[42] Die populäre Presse hatte zudem die Imagination der Massen angeheizt, indem sie ihrer Leserschaft, wie in den 1920er und 1930er Jahren, in langen, bebilderten Kolumnen Innovationen aus Deutschland, Japan oder den USA im Bereich der Medizin, der Nachrichten- und Elektrotechnik oder auch des Flugverkehrs anpries. Der Status quo der Republik erschien dagegen weniger ermutigend.

Die Wunderwerke der »Big Science« vor Augen, blieben in Indien – auch nach 1947 – Schreib- und Nähmaschinen, Fahrräder und Telefone (viel eher als

---

39 Vgl. Biswarup Sen: Information and the Indian State. A Genealogy, in: South Asia Multidisciplinary Academic Journal [Online] 23 (2020), 20.3.2020. DOI: https://doi.org/10.4000/samaj.6377 [abgerufen am 15.8.2022], S. 1-19, hier: S. 8f. Vgl. überdies: ders.: Digital Politics, S. 24-56, hier: insbes. S. 30-35.

40 Jawaharlal Nehru: The Human Aspect and Statistics in Planning, Inauguration Speech, 27th Conference of the Indian Statistical Institute, New Delhi, 5.12.1951, in: Selected Works of Jawaharlal Nehru, 2nd Series, Bd. 17, Neu Delhi 1995, S. 287-292, hier: S. 287.

41 Ders.: A Central Statistical Organization, Note to all Ministries, 20.8.1948, in: Selected Works of Jawaharlal Nehru, 2nd Series, Bd. 7, Neu Delhi 1988, S. 476f.

42 Markus Daechsel: The Politics of Self-Expression. The Urdu Middle-Class Milieu in Mid-Twentieth Century India and Pakistan, London/New York 2006, S. 133-135; Ramachandra Guha: India after Gandhi, London 2017, S. 198-222.

Radios, Fernseher oder Computer) die bestimmenden Technologien des Alltags. Zwischen medienwirksam inszenierten Prestigevorhaben wie dem Bau der Atombombe, den Starts von Satelliten oder der Entwicklung digitaler Computer einerseits und dem Alltag der breiten Massen, zumal in ländlichen Regionen, ihrer Kultur der kleinen Innovationen, des »Jugaad« (umgangssprachlich Hindi zur Beschreibung einer Praxis der *lifehacks und workarounds*) und der Idee des »Thinking Small« andererseits lagen Welten.[43] (Inter-)Nationale Programme zur Modernisierung, Urbanisierung und Industrialisierung des Landes, zur Gründung von Hochschulen oder zum Bau von Eisenbahn- und Telegraphenverbindungen, Staudämmen, Stahl- und Elektrizitätswerken erzählen daher nur einen kleinen Teil der Geschichte des indischen Wegs zur Technologienation; den anderen Teil beschreiben Prozesse der lokalen Aneignung und Konversion von Technologien, die sich, wie David Edgerton schrieb, als »kreolische« Technologien in Form und Funktion an die Gegebenheiten und Gebräuche einer Kultur anpassten.[44]

Zu den drängendsten Problemen des Landes zählten die Verbesserung der Verkehrs- und Kommunikationswege und die Lösung des Versorgungs- und Energieproblems. Indien war immer noch zu großen Teilen ein agrarisches Land: 70% der Bevölkerung arbeiteten in der Landwirtschaft, nur 10% in Klein- und Handwerksbetrieben bzw. Industrien und 14% im Handel- und Dienstleistungsbereich. Diese Zahlen hatten sich seit der Jahrhundertwende kaum verändert.[45] Am Vorabend der Unabhängigkeit war Indien größtenteils nicht industrialisiert und eine der ärmsten Regionen der Welt. Rund 85% der Menschen lebten in ländlichen, agrarisch geprägten Regionen.[46] Der Ausbau des Telegraphennetzes und des Eisenbahnwesens hingegen war in Britisch-Indien außergewöhnlich vorangeschritten. Durch die Teilung des Landes aber waren viele zentrale Verbindungen unterbrochen. Hinzu kam, dass in Indien, das ein Schienennetz von 70.000 Kilometer Länge besaß, noch zu Beginn der 1960er Jahre die meisten Lokomotiven und Waggons aus der Kolonialzeit

---

43 Zur Genese und Adaption des Konzepts des »Jugaad« in Nord und Süd vgl. Navi Radjou/Jaideep Prabhu/Simone Ahuja: Jugaad Innovation. A Frugal and Flexible Approach to Innovation for the 21st Century, Noida 2012.

44 David Edgerton: Creole Technologies and Global Histories. Rethinking How Things Travel in Time and Space, in: Journal of History of Science and Technology 1,1 (2007), S. 75-112; vgl. Frank Dikötter: Things Modern. Material Culture and Everyday Life in China, London 2007, S. 8; Nandan Nilekani: Imagining India, Neu Delhi 2009, S. 450 f.

45 Vgl. J. Krishnamurty: The Occupational Structure, in: Dharma Kumar/Meghnad Desai (Hrsg.): Cambridge Economic History of India, Bd. 2: 1757-1970, Cambridge [1983] 2008, S. 533-550, hier: S. 535.

46 A. Vaidyanathan: The Indian Economy since Independence (1947-70), in: Kumar/Desai (Hrsg.): Cambridge Economic History of India, Bd. 2, S. 945-994, hier: S. 947; zur kolonialen Neuordnung ländlicher Regionen vgl. Neeladri Bhattacharya: The Great Agrarian Conquest. The Colonial Reshaping of a Rural World, Neu Delhi 2018.

stammten. Die Gründung der Flotte von Air India 1953 war daher der ganze Stolz des Landes. 1952 gab es in der Indischen Union weniger als 200.000 Telefonanschlüsse, davon das Gros in den Metropolen – in Bombay 46.200, in Kalkutta 36.000 und in Delhi 15.000.[47] Vor 1940 lagen die Kapazitäten der Stromversorgung in ganz Britisch-Indien lediglich bei einer Million Kilowatt, nur 17% aller Gemeinden mit mehr als 5.000 Einwohnern waren elektrifiziert, Holz und Kuhdünger waren die bis dato wichtigste Energiequelle.[48] Die Industrialisierung des Landes zählte daher gleichsam zu den vorrangigen Zielen.[49]

Erschwerend kam die demographische Lage hinzu: Hatte Indiens Bevölkerung zu Beginn des 19. Jahrhunderts noch bei rund 200 Millionen gelegen, wuchs sie bis 1947 auf rund 417 Millionen an.[50] Die »Bevölkerungsexplosion« überstieg das Wachstum der Industrie rasch um Längen. So waren am Vorabend der Republikgründung nur drei von 140 Millionen Arbeitern in der Industrie beschäftigt, obschon die günstigen Arbeits- und Produktionskosten eine stärkere Mechanisierung der Produktion lange verhinderten. Angesichts hoher Kosten gehörten Importe von Maschinen so bis 1947 eher zur Ausnahme. Die Seiden- und Baumwollspinnerei zählte daher auch noch Mitte des 20. Jahrhunderts zu den Schlüsselindustrien.[51]

47 Vgl. Mann: Geschichte Indiens, S. 398-405; ders.: Wiring the Nation. Zur Rolle der Eisenbahnen in Britisch-Indien vgl. Aparajita Mukhopadhyay: Imperial Technology and ›Native‹ Agency, London 2018. Zu den Folgen der Teilung vgl. allg. Sucheta Mahajan: Independence & Partition, Neu Delhi 2000; Ian Talbot/Gurharpal Singh: The Partition of India, Cambridge 2009; Yasmin Khan: The Great Partition, Neu Haven 2017; Gyanesh Kudaisya: A Republic in the Making. India in the 1950s, Neu Delhi 2017; Pallavi Raghavan: Animosity at Bay, London 2020.
48 Government of India: Planning Commission. The 1st Five-Year-Plan, New Delhi 1952, S. 342.
49 Mit der Etablierung einer *mixed economy* entwickelte sich Indien unter Nehru nach 1947 zu einem wichtigen globalen Spieler. Zuvor hatte die Ökonomie größtenteils in den Händen privater Unternehmen gelegen. Dabei war der staatliche Produktionsanteil am Bruttonationaleinkommen in keiner Dekade zwischen 1872 und 1947 über 10% gestiegen. Zwar war das durchschnittliche Pro-Kopf-Einkommen ausgesprochen gering (circa ein Zwanzigstel des durchschnittlichen Einkommens in Industrienationen), doch profitierte der Handel von den Auswirkungen des rapiden Bevölkerungswachstums und der gestiegenen Nachfrage, zumal in den urbanen Zentren wie Bombay, Kalkutta oder Madras.
50 Vgl. Morris D. Morris: The Growth of Large-Scale Industry to 1947, in: Kumar/Desai (Hrsg.): Cambridge Economic History of India, Bd. 2, S. 551-676, hier: S. 553 f. Freilich bemaßen sich die Entscheidungen der Unternehmer an diesen Rahmenbedingungen der staatlichen Politik.
51 Vgl. Mike Mason: Global Shift: Asia, Africa, and Latin America, 1945-2007, Montreal/Kingston 2013, S. 135-157, hier: S. 143 f. sowie Vibha Tripati: Iron Technology and its Legacy in India, Neu Delhi 2008. Vgl. zudem: Sven Beckert: King Cotton. Eine Globalgeschichte des Kapitalismus, München 2015; Giorgio Riello/Tirthankar Roy: How India Clothed the World, Leiden 2009; Manu Goswami: Producing India. From Colonial Economy to National Space, Chicago 2004; Bipan Chandra: The Rise and Growth of Economic Nationalism in India, Neu Delhi 2010.

Gemessen an der Produktion von Textilien, Kohle, Eisen und Stahl zählte Indien 1947 zur Weltspitze, in anderen Bereichen war es indes extrem rückständig. Zum einen ließen sich viele der in Indien produzierten Investitionsgüter angesichts qualitativer Probleme kaum im Ausland absetzen und so schlitterte das Land, das sich als wachsender Absatzmarkt europäischer und amerikanischer Konzerne etabliert hatte, rasch in eine Exportkrise. Zum anderen brauchte Indien zum Überleben der eigenen Industrien die Importe industrieller Grunderzeugnisse und Konsumgüter. Jahrzehnte nach der Swadeshi-Bewegung blieb die einheimische Industrie hinter der Konkurrenz des Weltmarkts zurück.[52]

Schon vor Kriegsende war daher um den ökonomischen Kurs eines neuen, unabhängigen Indien gerungen worden. Der von Vertretern der Industrie erarbeitete »Bombay Plan« (1944/45) schlug in diesem Zusammenhang einen Ausgleich zwischen staatlichem Interventionismus, dem Ideal der Planung und den Interessen privater Konzerne vor. Bereits die britische Kolonialregierung in Delhi hatte angesichts der unverkennbaren ökonomischen Schwäche des Landes eine versöhnliche Haltung zu den Vorschlägen eingenommen.[53] Dem Plan lag indes ein nationalistischer Konsens zugrunde, der sich nach 1947, oberhalb aller Auseinandersetzungen um ein demokratisches, sozialistisches oder kommunistisches System, respektive um eine kapitalistisch-marktwirtschaftliche oder planwirtschaftliche Ausrichtung der Wirtschaft, als ausgesprochen stabil erwies. So ebnete das Memorandum Nehrus ökonomischen Planspielen nach dem Krieg den Weg.[54]

Angesichts knapper Ressourcen und einer von Nepotismus und Korruption geschüttelten Kontrolle der Zentralregierung blieben die Ergebnisse gleichwohl

52 Obwohl Fahrräder zum Beispiel in den 1970er Jahren als Freizeitvehikel und Arbeitstransportmittel in Indien allgegenwärtig waren, wurden sie bis in die späten 1940er Jahre kaum in Indien produziert, rund 1,5 Millionen der schätzungsweise 70 Millionen produzierten Fahrräder kamen aus Indien, nicht einmal vier von tausend Indern besaßen ein Fahrrad. Ein ähnliches Bild zeigte sich bei Näh- oder auch Schreibmaschinen. So griff man in der Industrie, in der Verwaltung wie auch in privaten Haushalten in vielen Fällen auf ausländische Importe zurück. Vgl. Arnold: Südasien, S. 535-543; ders.: Everyday Technology, S. 40-68; S. 95-120; vgl. dazu überdies allg. Dietmar Rothermund: Indien. Aufstieg einer asiatischen Weltmacht, München 2008.
53 Das von acht führenden indischen Unternehmern, darunter den Großindustriellen J. R. D. Tata und G. D. Birla, herausgegebene Memorandum verteidigte die Rolle privater Konzerne und privaten Kapitals im zukünftigen ökonomischen System Indiens, solange diese von einer autonomen Regierung geführt werde. Vgl. Sanjoy Bhattacharya/Benjamin Zachariah: A Great Destiny. The British Colonial State and the Advertisement of Post-War Reconstruction in India 1942-45, in: South Asia Research 19,1 (1999), S. 71-100, hier: S. 77, 81-83.
54 Purshottamdas Thakurdas (Hrsg.): A Brief Memorandum Outlining a Plan of Economic Development for India, 2 Bde., London 1945. Zur Geschichte des Bombay Plans vgl. Rothermund: Industrialization, S. 55-74; Medha Kudaisya: The Promise of Partnership. Indian Business, the State, and the Bombay Plan of 1944, in: Business History Review 88,1 (2014), S. 97-131, hier: S. 100 f.

hinter der Planung zurück.[55] Am ehesten zeitigten so noch die »staatlich regulierte[n] Bemühungen um eine ökonomische Entkolonisierung«[56] Ergebnisse: Die Politik der Begrenzung ausländischer Unternehmensanteile wie die Regel, ausländisches Kapitel nur mehr über in Indien registrierte Firmen einzubringen, stärkten rasch die einheimischen Industrien.

Derweil stand die Zentralregierung – auch abseits ökonomischer Fragen – vor schwerwiegenden Problemen. Diese reichten von Auseinandersetzungen um die Grundrechte über Diskussionen um die Verteilung des Landbesitzes bis hin zu Debatten um soziale und religiöse Gegensätze.[57] Dabei war auch die politische Landschaft, trotz des bis 1977 anhaltenden Siegeszugs der Kongress-Partei, ausgesprochen zersplittert.[58] So erwies sich der Versuch, die Nation – über die Fülle divergierender Interessen, Werte und Glaubenssätze und das ausgeprägte regionale Sonderbewusstsein hinweg – zusammenzubringen, als kolossales Werk.

Nach der Ära der kolonialen Unterdrückung und den Jahren des Freiheitsstrebens allerdings eignete sich die Nation zusehends als einigendes Band. Indiens Nationalismus muss in diesem Zusammenhang als ein politisches, soziales und kulturelles Phänomen gelesen werden. Die Kritik an den Praktiken

---

55 So zeichneten die ersten drei Fünf-Jahres-Pläne eher bescheidene Wachstumsraten von 8-10 % pro Jahr in Bezug auf die Industrieproduktion und rund 1,75 % pro Jahr im Hinblick auf das Pro-Kopf-Einkommen. Die ersten Pläne konzentrieren sich auf die Förderung der Schwerindustrie. Mit der Unterstützung des Auslands, allen voran Großbritanniens, der UdSSR sowie Ost- und Westdeutschlands ließ die Regierung ab 1947 Stahlwerke und Kraftwerke sowie Staudämme zur Stromerzeugung und Erweiterung der Bewässerungssysteme bauen. Vgl. Arnold: Südasien, S. 535-537.
56 Arnold: Südasien, S. 538.
57 Vgl. dazu allg. Kulke/Rothermund: Geschichte Indiens, S. 392-399; Arnold: Südasien, S. 552-558. Obwohl speziell die wachsenden Mittelschichten von den Programmen der Regierung – der Subventionierung von Bildungsangeboten, der Sicherung von Arbeitsplätzen und der Verbesserung der Nahrungs- und Energieversorgung – stark profitierten, erwies sich die geringe soziale Durchlässigkeit der Schichten lange als ein Hemmschuh der Entwicklung. Angesichts fundamentaler Widerstände der alten Eliten dauerte es bis zum Ende der 1970er Jahre, bis die Shastri-Kommission (»National Commission for Scheduled Castes«) und die Mandal-Kommission (»Socially and Educationally Backward Classes Commission«) die Debatte um die Diskriminierung »registrierter« Kasten und benachteiligter sozialer Gruppen auf die politische Agenda rückten und eine Quotenregelung durchsetzten, die die Zahl der Plätze an Hochschulen, der Stellen im Staatsdienst oder der Sitze in Parlamenten vorgab. Politische Rhetorik und sozialer Wandel wiesen allerdings auch hier noch länger auseinander.
58 Zwar etablierte sich unter der Ägide der Partei, die Indiens Politik nach 1947 über Jahrzehnte bestimmte, ein Herrschaftsprinzip, das auf »politischem Ausgleich und sozialem Konsens« – so Unger: Entwicklungspfade, S. 20 – fußte, doch blieben Demokraten, Sozialisten und Kommunisten in vielen Fragen auch in der Folge uneins. Vgl. Mitra: Power, S. 217; John Keay: India. A History, New York 2000, S. 518-535; Nasir Tyabji: Forging Capitalism in Nehru's India, Oxford 2015; Itty Abraham: From the Commission to the Mission Model. Technology Czars and the Indian Middle Class, in: The Journal of Asian Studies 76,3 (2017), S. 675-696, hier: S. 677.

der Kolonialherrschaft, an der Staatsverwaltung, der sozialen wie ethnischen Segregation der Bevölkerung, zumal in den Städten, der Vielzahl verbaler und körperlicher Diskriminierung, aber auch der Verweigerung und Beschneidung der Grundrechte ging quer durch alle Schichten.[59] Sie erreichte Grundbesitzer, Kaufleute und Bauern, florierte in den Regionalkulturen und über die Vielzahl einheimischer Sprachen hinweg, in Presse, Literatur und Theaterstücken. Dabei erwiesen sich die Medien – Presse, Radio, aber auch das Kino – als Vehikel der Nationsbildung.[60] Sie inszenierten Indiens Suche nach »Freiheit« und wiesen der Gründung der Republik den Weg.

Von der Idee der Planung und dem Glauben an Technologien beseelt, sah Premierminister Nehru in dieser Lage vor allem in der Förderung einer nationalen Forschungs- und Bildungspolitik den Schlüssel zur Stärkung einer neuen nationalen Identität; sie sollte Indiens Weg in die »Wissensgesellschaft« ebnen. Mangelnde Bildung, bittere Armut und eine unzureichende gesundheitliche Grundversorgung beschrieben einen gravierenden Problemkomplex.[61] Noch vor der »Unabhängigkeit« begannen so neben den Plänen zur Industrialisierung und der Stärkung der Agrarproduktion die Vorbereitungen zur Neuausrichtung des Bildungssystems. Diese erstreckten sich von den Einrichtungen elementarer Bildung über die höheren Handelsschulen bis hin zu den Universitäten. Hier nahm die Ausbildung an und mit neuen (Computer-)Technologien eine zunehmend wichtige Rolle ein.[62] Symbolisch war Nehrus

59 Während die Forschung lange vor allem die Bedeutung der westlichen Bildung, die Errichtung eines Bildungswesens nach britischem Vorbild und die Durchsetzung der englischen *lingua franca* für die Genese des Nationalismus und der »kongenialen Ideen des Liberalismus, der Demokratie und des Nationalismus« in Indien betonte, zeigen neuere Studien, dass nationalistische Bestrebungen deutlich über die 250.000 Inder hinausreichten, die in den 1890er Jahren die englisch erzogenen Mittelschichten ausmachten. Vgl. Arnold: Südasien, S. 448-488, 497-507.
60 Vgl. dazu Coonoor Kripalani: Building Nationhood through Broadcast Media in Postcolonial India, in: Education About Asia 22,1 (2017), S. 40-44; Preeti Raghunath: Community Radio Policies in South Asia, Singapur 2020, S. 87-143; Brigitte Schulze: The Cinematic ›Discovery of India‹, in: Social Scientist 30,9/10 (2002), S. 72-87.
61 Die Quote des Analphabetismus lag um 1947 bei 84 %, und die Mehrzahl (rund 60 %) aller Kinder unter 12 Jahren besuchte noch eingangs der 1950er Jahre keine Schule. Epidemien (Malaria, Pocken oder Cholera) zeitigten verheerende Wirkung, und in Ermangelung eines guten staatlichen Gesundheitssystems lag die Mortalitätsrate bei astronomisch hohen 27 von 1.000 Personen. Missernten und Dürren brachten das Land zudem bis in die 1970er Jahre regelmäßig an den Rand der Katastrophe. Vgl. dazu Michael E. Latham: The Right Kind of Revolution. Modernization, Development, and U. S. Foreign Policy from the Cold War to the Present, Ithaca, NY 2011, S. 68-70; Ashish Bose/Vir Narain: Population, in: J. N. Mongia (Hrsg.): India's Economic Development Strategies, 1951-2000 A. D., Neu Delhi 1985, S. 1-24, hier: S. 8; Yugui Guo: Asia's Educational Edge. Current Achievements in Japan, Korea, Taiwan, China and India, Lanham, MD 2005, S. 189-228, hier: S. 197-202.
62 Die Förderung der Bildung und die Industrialisierung des Landes gingen Hand in Hand. Vgl. Bhattacharya/Benjamin Zachariah: Destiny, S. 88-92; Medha Kudaisya: Mighty Adventure. Institutionalising the Idea of Planning in India, 1947-1960, in:

»Suche nach Indien« 1947 so zwar an ihr Ziel gekommen. Der Weg in die »Unabhängigkeit« aber blieb auch in der Folge steinig.

2.2 »Tempel des Wissens«

In Nehrus Plänen verband sich das Ziel der Entwicklung der indischen Nation von Beginn an mit einem Programm soziokulturellen Wandels, in dem Wissen eine zentrale Bedeutung zugeschrieben wurde. Schon in den 1930er Jahren trug Nehru als Präsident des Nationalkongresses seine Überzeugungen in die politische Arena. In einer Erklärung an den Indian Science Congress konstatierte er 1937: »science is the spirit of the age and the dominating factor of the modern world [...] the future belongs to science and to those who make friends with science and seek its help for the advancement of humanity.«[63]

Für Nehru lag der Schlüssel zu gesellschaftlicher Veränderung in der Förderung von Forschung und Technologie. Dies bedeutete zuvorderst, die Industrialisierung des Landes voranzutreiben. Perspektivisch aber ging es um mehr als »nur« die Erneuerung des Wirtschafts- und Wissenschaftssystems: Es ging um die Ausbildung einer neuen Mentalität, eines Zeitgeists der Innovation. Industrielle und Manager, wie A. H. Pandya, nach 1947 der erste indische Geschäftsführer der Hindustan Airlines, begrüßten Nehrus Kurs euphorisch: »Speed, great speed should be the ›Mantra‹ of our land.«[64]

Nehrus Wissenspolitik kann aus einer postkolonialen Perspektive als ein Motor nationaler »Identitätsfindung« gelesen werden.[65] Dabei rücken die politischen Rahmenbedingungen und organisatorischen Strukturen, die die Handlungsspielräume einzelner Akteure begrenzten, ebenso in den Fokus wie die Übersetzungsprozesse des kolonialen Wissens und die Modalitäten der Übernahme, Aneignung und Umwandlung der Vorstellungen von Modernität, wie sie das britische Kolonialregime etablierte.[66]

Modern Asian Studies 43,4 (2009), S. 939-978; Sunil Khilnani: The Idea of India, New York 1999.

63 Jawaharlal Nehru: Science and Planning, Allahabad, 26.12.1937, Message on the Occasion of the Silver Jubilee of the Indian Science Congress, The Hindustan Times, 8.1.1938, in: Selected Works of Jawaharlal Nehru, 1st Series, Bd. 8, Neu Delhi 1976, S. 806-808, hier: S. 806.

64 Dr. Anant Pandya. Commemoration Volume, [s.l.] 1955, S. 23. Vgl. Bassett: Technological Indian, S. 201.

65 Vgl. dazu Anderson: Postcolonial Technoscience. Eine Analyse dieser »Wissenspolitik« muss sich sowohl der Fallstricke einer vorschnellen Universalisierung westlicher Geltungsansprüche von Wissen als auch einer Homogenisierung des postkolonialen Wissensvielfalt, die aus der Periode der kolonialen Besatzung resultierte, gewahr werden. In welcher Weise »koloniales Wissen« überdauerte, wie es sich transformierte und neu arrangierte, wird so stets kontextuell einzuordnen und zu klären sein.

66 Ausgehend von Michel Foucaults Überlegungen zum Komplex von Wissen (savoir) und Macht(-politik) (pouvoir) haben Historiker in den vergangenen Jahren verschie-

»TEMPEL DES WISSENS«

Im Zuge der Staatsgründung setzte sich eine Strömung innerhalb der nationalistischen Elite Indiens durch, die die verschiedenen Dimensionen der (europäischen) Moderne – Urbanisierung, Individualisierung, Säkularisierung, ebenso wie die Durchsetzung einer neuen Wissensordnung und die radikalen Veränderungen in Kunst, Literatur und Kultur – in einem einzigen Wirkungszusammenhang betrachtete. Für diese Elite koppelte sich die Perspektive einer demokratischen Ordnung der Republik an das Versprechen ökonomischer Prosperität, sozialer Gerechtigkeit und wissenschaftlicher Erkenntnis. Dabei hatte die britische Krone, zumal sie in den Wirren der Teilung in aller Härte im Namen der »Zivilisation« gegen die »Barbarei« der nationalistischen Bestrebungen vorging, zwar bereits am Vorabend der Staatsgründung massiv an Ansehen verloren, doch war sich ein großer Teil der indischen Bürger noch 1947 über die Bedeutung der eigenen republikanischen, demokratischen und säkularen Identität erheblich im Unklaren.[67] So erschien die Vorstellung eines »scientific industrialism« – der Förderung wissens- und technologiebasierter Industrien – als das universale Heilsversprechen des neuen Staates.[68]

Die Wurzeln dieser Technologiepolitik reichen indes bis in das letzte Drittel des 19. Jahrhunderts zurück. Bereits 1857 waren die ersten Universitäten in Bombay, Madras und Kalkutta entstanden. Aus der Fülle an britischen Universitätsgründungen und Societies, deren Ursprünge als Instrumente der Kontrolle des britischen Empires sogar bis in die 1780er Jahre und bis zur Gründung der Asiatic Society durch Sir William Jones zurück verweisen, ragten die Bihar Scientific Society 1868 und die Indian Association for the Cultivation of Science acht Jahre später heraus.[69] Nach dem Vorbild des Royal Institute of London in Kalkutta erdacht, ebneten sie der Idee einer »scientized technology« den Weg. Mahendra Lal Sircar, der Gründer und Förderer des Forschungsinstituts, proklamierte in diesem Geiste »technische Bildung« als ein Vehikel sozialer Veränderung im Dienste der indischen Nation, und noch in der

---

dene Ansätze zur Untersuchung der Stellung des Wissens im (post-)kolonialen Indien erprobt. Während die ältere Forschung dabei den Einsatz »kolonialen Wissens« noch vorrangig als »tool of empire« beschrieben und vor dem Hintergrund des Kalten Krieges die strukturellen Abhängigkeiten zwischen Metropole und Peripherie untersucht hat, richtete sich die neuere Forschung gegen die implizite modernisierungstheoretische Schlagseite dieser strikten Gegenüberstellung und bemühte sich im Anschluss an die Theorien Foucaults, Edward Saids und Bruno Latours um eine Dynamisierung der allzu statischen Begriffe »Metropole« und »Peripherie«. Vgl. dazu Mark Harrison: Science and the British Empire, in: Isis 96,1 (2005), S. 56-63.
67 Sudipta Kaviraj: Politics in India, New Delhi 1997; ders.: The Modern State in India, in: ders./Martin Doornbos (Hrsg.): Dynamics of State Formation. India and Europe Compared, NeuDelhi 1997, S. 225-250; ders.: An Outline of a Revisionist Theory of Modernity, in: Archives of European Sociology 46,3 (2005), S. 497-526, hier: S. 508.
68 Pratik Chakrabarti: Western Science in Modern India, Neu Delhi 2004, S. 298-300.
69 Shiv Visvanathan: Organising for Science, Neu Delhi 1985; Phalkey: Science, S. 281; Bassett: Technological Indian, S. 140ff. Zur Geschichte der Wissenspolitik in Indien vgl. auch allg. Shruti Kapila: The Enchantment of Science in India, in: Isis 101,1 (2010), S. 120-132, und Mann: Geschichte Indiens, S. 345-420.

Hochphase des Empire forderte der Indische Nationalkongress in seiner dritten Sitzung 1887 die Regierung auf, to »elaborate a system of technical education [...] encourage indigenous manufacturers [...] and to employ more extensively than at present the skill and talents of the people of the country«.[70] Die Förderung angewandter Technologie, die sich in erster Linie an ihrem ökonomischen und sozialen Nutzen messen lassen müsse, avancierte im Zuge der Swadeshi-Bewegung (1905) und nach der Einsetzung der Indian Industrial Commission (1918) endgültig zur Richtschnur indischer Technologiepolitik.

Ein Symbol der neuen Technologiepolitik waren die Indian Institutes of Science, deren erstes in Bangalore noch vor dem Ersten Weltkrieg entstand, sowie die 1907 von Anhängern der Swadeshi-Bewegung gegründete Ingenieursschule in Jadavpur, Kalkutta, die Banaras Hindu University in Varanasi sowie die ab den 1950er Jahren in rascher Folge gegründeten Indian Institutes of Technology. Deren Fokus lag – anders als in »Oxbridge« – in der Vermittlung von (technischem) Anwendungswissen, und so etablierte sich an vielen Lehr- und Forschungseinrichtungen, die zusehends die Vorbilder US-amerikanischer und deutscher Technischer Hochschulen nachzuahmen begannen, eine neue, eigene Hochschulkultur, die sich vom britischen System abgrenzte. Freilich wirkte auch hier das koloniale Erbe nach, zumal das 1942 gegründete Council of Scientific and Industrial Research (CSIR) auch in der Republik der Organisation des Wissenschaftssystems die Richtung wies. Doch pluralisierten sich nach 1947 die Wege der Ausbildung und die Gestaltung disziplinärer Curricula an den Hochschulen und Instituten, an denen ausländische Experten und Berater – aus »Ost« und »West« – zum Einsatz kamen. Auch die Ausstattung der Einrichtungen hing in der Folge zunehmend vom Grad dieser Unterstützung ab.

Indiens (Hoch-)Schulwesen verzeichnete derweil – über die Eliteuniversitäten hinaus – in den ersten Dekaden nach Gründung der Republik außergewöhnlich hohe Wachstumsraten. So wuchs etwa die Zahl der Studenten – 1950 waren es rund 173.500 an 28 Universitäten und 695 Colleges – um jährlich mehr als 10%. Bis 1977 waren es so knapp 2,5 Millionen. Die Investitionen in den Bildungssektor stiegen in demselben Tempo an. Zwischen 1950 und 1970 verfünfzehnfachten sich die Ausgaben von 171,5 Millionen Rupien auf circa 2.800 Millionen Rupien pro Jahr. Der Anteil des Bildungsetats am Bruttonationaleinkommen stieg so von 1% (1950) auf rund 3% (1983), während der Anteil der Ausgaben für den höheren Bildungssektor ab dem Ende der 1950er Jahre ein stabiles Niveau von einem Viertel des Bildungsetats erreichte.[71]

70 Mahendra Lal Sircar: Technical Education, Indian National Congress, Third Session, Madras 1887. Zit. n. Jagdish Sinha: Science and the Indian National Congress, in: Deepak Kumar (Hrsg.): Science and Empire. Essays in Indian Context, 1700-1947, Neu Delhi 1991, S. 161-181, hier: S. 162. Vgl. dazu auch: Sen: Digital Politics, S. 28.
71 Vgl. Philip G. Altbach: The Dilemma of Change in Indian Higher Education, in: ders./Suma Chitnis (Hrsg.): Higher Education Reform in India, Neu Delhi 1993,

Die viel zitierte indische »Wissensrevolution« ab dem Ende des 19. Jahrhunderts war – von der Ära des kolonialen bis in die Jahre des postkolonialen Indiens – ein Ergebnis (struktur-)politischer Förderung. David Arnold zufolge bestimmte sie, »how science was constituted, disciplined and institutionalised, *even what science was*«.[72] Kulturhistoriker wie Gyan Prakash kennzeichnen das sich wandelnde Wissen dagegen viel breiter als einen kulturellen Diskurs, der mit dem Dreiklang von »Freiheit, Fortschritt und universaler Vernunft« die großen Versprechen des britischen Empire transportierte und darüber Strukturen und Institutionen des Wissens hervorbrachte, die bis in die Jahre der Republik wirkmächtig blieben. Sie brandmarken die Akzentuierung der sozialen und ökonomischen Rahmenbedingungen der indischen Forschungspolitik als »autoritative« Interpretation des (post-)kolonialen Indien.[73] Neuere Arbeiten teilen in aller Regel drei grundsätzliche Annahmen: erstens die Vorstellung des Überdauerns verschiedener Traditionen indischer Wissenschaftsprovenienz, deren Vermächtnis in die Jahre des imperialen Indien zurück verwies; zweitens die Betonung der sozialen und intellektuellen Wirkungen der kolonialen Wissensregime in Indien und in Europa; und drittens die Bestimmung der Bedeutung von Technologien als zentrales Merkmal der indischen Moderne, die sich sowohl aus indischen als auch aus europäischen Ressourcen speiste.

In diesem Diskurs hatte Nehru eine besonders starke Stimme. Sein philosophischer Ansatz etablierte die Idee »wissenschaftlicher Rationalität« als Legitimationsgrundlage der Politik. Nehru attackierte zugleich die Vorstellung eines westlichen Wissenschaftsmonopols und bemühte sich, die intellektuellen Traditionslinien der akademischen Anstrengungen Indiens herauszustellen. Diese Anstrengungen verstand er ausdrücklich als einen Beitrag zur Menschheitsgeschichte. Wissenschaften standen im Dienste der Bevölkerung und dienten, so Nehrus Credo, der Beseitigung der vielen praktischen Probleme, die Nehru in der schlechten Gesundheitsversorgung und Hygiene, in Armut,

---

S. 13-40, sowie allg. Veena Naregal: Historicizing Development Discourse & Higher Education Policy in India, in: Vinod B. Annigeri et al. (Hrsg.): Issues in Indian Public Policies, Singapur 2018, S. 153-166. Berechnungen nach: Government of India: Education in India. Yearbooks. Vgl. dazu: Shaloo Sharma: History and Development of Higher Education in India, 5 Bde., Bd. 4, Neu Delhi 2002, S. 215.

72 David Arnold: Review of Gyan Prakashs *Another Reason. Science and the Imagination of Modern India*, in: The Journal of Imperial and Commonwealth History 28,2 (2000), S. 163. Hervorhebung durch den Verfasser. Zu Arnolds Ansatz vgl. ders.: Science, Technology and Medicine.

73 Gyan Prakash: Review of David Arnolds *Science, Technology and Medicine*, in: Victorian Studies 45,1 (2002), S. 149-151. Neuere Forschungen betonen zugleich überzeugend den »pragmatischen, situativen und zweckorientierten Charakter« des wechselseitigen Austauschs von westlichen und indigenen Wissensbeständen, aus dessen Dynamik, wie in Britisch-Indien, so Harald Fischer-Tiné, gerade ein neues »Kontakt-Wissen« hervorgegangen sei. Vgl. Harald Fischer-Tiné: Pidgin-Knowledge. Wissen und Kolonialismus, Zürich 2013, S. 12 f.

Elend und Verteilungsproblemen sah.[74] In seiner Erklärung vor dem Indian Science Congress 1937 stellte er heraus:

> It was science alone that could solve these problems of hunger and poverty, of insanitation and illiteracy, of superstition and the deadening custom and tradition, of vast resources running to waste, of a rich country inhabited by starving people.

1962 setzte er emphatisch hinzu: »Poverty has ceased to be inevitable now because of science.« Dieser radikale Gesellschaftswandel solle sich indes ohne revolutionäre Gewalt, wie sie Russland nach 1917 überzogen hatte, vollziehen. In einer Radioansprache des All India Radio votierte Nehru 1952 entschieden gegen einen staatlichen Autoritarismus: »We hear and read of revolutions but the greatest revolutionary force in the past 150 years has been science, which has transformed human life and has changed political, social and economic organizations.« So erschien Planung als das technokratische Äquivalent der »friedlichen Revolution«, die Gandhi proklamierte. Sie sollte die imperiale Ideologie ersetzen und eine Epoche der Selbstbestimmung einläuten.[75]

Freilich war Nehrus Moderne eine »andere« Moderne, die sich sowohl vom Westen als auch von der UdSSR inspirieren ließ, und zugleich in älteren, indischen Traditionen wurzelte.[76] So waren die Wissenschaften unter Nehru staatlich geplante und gesteuerte Wissenschaften – im Dienste der Bevölkerung, aber eben unter der Ägide des Staates. Während in den Verfassungsplänen vor 1952 viele Regierungsgeschäfte grundsätzlich den Provinzen (und späteren Staaten der indischen Union) zugesprochen werden sollten, schien Nehru der Bereich der Technologien zu elementar und zugleich von zu hoher strategischer Relevanz für das übergeordnete Ziel der nationalen Selbstbestimmung und speziell der Landesverteidigung, um darüber in den Einzelstaaten oder gar in den Präsidien der lokalen Universitäten entscheiden zu lassen. Bereits im August 1947 hatte er die zentralstaatlichen Voraussetzungen für eine Forschungspolitik unter seiner Direktive geschaffen. Als Premierminister nutzte er seine Regierungsgewalt, die Budgets für Forschung und Bildung zu erhöhen und die Gründung von Forschungseinrichtungen massiv voranzutreiben. Ein Beobachter bemerkte 1977, Nehru habe »more than any other Indian of his time« realisiert, dass die Tage von »scientists working for their own intellectual satisfaction in relative isolation« gezählt seien.[77]

74 Vgl. David Arnold: Nehruvian Science and Postcolonial India, in: Isis 104,2 (2013), S. 360-370, hier: S. 360 f.
75 Nehru: Science and Planning [1937], S. 807; Laying the Foundations [1952], in: Jawaharlal Nehru's Speeches, Vol. II: 1949-1953, NeuDelhi 1954, S. 92-96; Towards Socialist Democracy [1962], in: Jawaharlal Nehru's Speeches, Vol. IV: 1957-1963, Neu Delhi 1964, S. 150-152.
76 Zu Nehrus Konzeption einer »different modernity« vgl. Prakash: Another Reason, S. 201-226.
77 Vgl. J. Mahanty: Science in the Universities since 1947, in: B. R. Nanda (Hrsg.): Science and Technology in India, Neu Delhi 1977, S. 112-124, hier: S. 113.

Nehrus Kritik an der »Isolation der Wissenschaft« hatte indes lange vor 1947 begonnen. Hier war Nehru inspiriert von den Ideen Meghnad Sahas. Dieser prägte ab 1935 mit seiner Zeitschrift *Science and Culture* den publizistischen Diskurs maßgeblich. Saha konstatierte etwa, es sei kaum zu übersehen, welch große und geradezu unvermeidliche Rolle »the new age of technic will play in India's destiny«.[78] Zugleich wandte er sich kritisch gegen jede Forschung im »Elfenbeinturm«: »›science for science's sake‹ like the sister adage ›art for art's sake‹ is fast passing out of the vocabulary of those who have looked out into the genesis, history and future of both science and art.«[79] Um der nationalen Ziele willen benötige es eine enge Kooperation von Politik und Forschung. In gleicher Weise gab alsdann auch Nehru, der die Forscher gerne als »miracle-workers of today«[80] bezeichnete, in einer Rede vor der National Academy of Science am 5. März 1938 schließlich zu bedenken:

> We have vast problems to face and to solve. They will not be solved by the politicians alone, for they may not have the vision or the expert knowledge; they will not be solved by scientists alone, for they will not have the power to do so, or the larger outlook which takes everything into its ken. They can and will be solved by the cooperation of the two for a well-defined and definite social objective.[81]

Nehru überführte diese Agenda nach 1947 in konkrete bildungspolitische Maßnahmen. Für ihn waren Indiens nationale Laboratorien – wie die Staudämme, Stahlwerke und Verkehrssysteme und all die »Wunderwerke« der Ingenieurskünste – »temples of science built for the service of our motherland«.[82] Die Gründung des Tata Institute of Fundamental Research (TIFR), der Forschungsabteilungen des Department of Atomic Energy (DAE), des Bhabha Atomic Research Centre (BARC), des Physical Research Laboratory (PRL) oder der Indian Space Research Organization (ISRO) war Ausdruck dieses »scientific approach«. In Nehrus Vision besaßen sie eine zentrale Rolle für den Wiederaufbau des Landes. In *The Discovery of India* schrieb er dazu:

78 Prologue: Science and Culture, in: Science and Culture 1,1 (1935), S. 3.
79 Problems of Industrial Development in India, in: Science and Culture 2,11 (1937), S. 528 f.
80 Jawaharlal Nehru: Glimpses of World History, Bombay 1965, S. 539.
81 Ders.: The Progress of Science, Allahabad, 5.3.1938, in: Baldev Singh (Hrsg.): Jawaharlal Nehru on Science and Society. A Collection of Writings and Speeches, Neu Delhi 1988, S. 22-25, hier: S. 23 f.
82 Ders.: Relevance of Salt Research to Life of the People, Address Opening Ceremony, Central Salt Research Institute, Bhavnagar, 10.4.1954, in: Singh (Hrsg.): Nehru on Science and Society, S. 119-120, hier: S. 120. Vgl. dazu allg. Baldev R. Nayar: India's Quest for Technological Independence, Vol. I-II, Neu Delhi 1983. Mit dieser Bezeichnung der Laboratorien, *(natur-)*wissenschaftlichen Forschungszentren und Hochschulen nahm Nehru seine viel zitierte Huldigung nationaler Entwicklungsvorhaben – Dämme, Fabriken und Eisenbahnen – als »temples of the New Age« im Juli desselben Jahres vorweg.

The applications of science are inevitable and unavoidable for all countries and peoples today. But something more than its application is necessary. It is the scientific approach, the adventurous and yet critical temper of science, the search for truth and new knowledge, the refusal to accept anything without testing and trial, the capacity to change previous conclusions in the face of new evidence, the reliance on observed fact and not on pre-conceived theory, the hard discipline of the mind – all this is necessary, not merely for the applications of science but for life itself and the solution of its many problems. [...] The scientific approach and temper are, or should be, a way of life, a process of thinking, a method of acting and associating with our fellow men.[83]

Das Modell des »scientific temper« avancierte in der Folge zu einem Leitbild der Politik Nehrus. Über die engen Grenzen der Akademie hinaus barg diese »wissenschaftliche« Geisteshaltung, die sich eher an empirischen Fragestellungen und Beobachtungen, Experimenten und einer Form der Hypothesenbildung denn an traditionalen Glaubenssätzen oder religiösen Dogmen ausrichtete, ein geradezu revolutionäres gesellschaftliches Veränderungspotential:

It is only through the scientific approach and method and the use of scientific knowledge that reasonable material and cultural amenities and services can be provided for every member of the community, and it is out of recognition of this possibility that the idea of a welfare state has grown. It is characteristic of the present world that the progress towards the practical realization of a welfare state differs widely from country to country in direct relation to the extent of industrialization and the effort and resources applied in the pursuit of science.[84]

Nehrus besonderes Augenmerk lag auf der Förderung der »Big Science«. In erster Instanz dienten die »Tempel des Wissens« dazu, den Nationalstolz des indischen Staates zu nähren. Darüber hinaus aber waren sie ein Weg zur Neuverhandlung der Abhängigkeiten von Großbritannien und – in der Ära des sich intensivierenden Kalten Krieges – ein Mittel zur Verständigung mit anderen (Wissenschafts-)Mächten wie den Vereinigten Staaten, der UdSSR, Frankreich

---

83 Nehru: Discovery of India, S. 623f. Bereits Bertrand Russell, J. D. Bernal und P. M. S. Blackett, die Nehrus Politik als Berater leiteten, betonten die herausragende Bedeutung der Forschung für die sozioökonomische Entwicklung des Landes. Nehrus Ideen entspringen diesem (westlichen) Diskurs. Zur Übersetzung des Diskurses in die konkrete Praxis der Forschungs- und Bildungspolitik – am Beispiel der Geschichte des Indian Institute of Science – vgl. Srirupa Roy: Beyond Belief. India and the Politics of Postcolonial Nationalism, Durham/London 2007, S. 117-128.

84 Scientific Policy Resolution, 4.3.1958, No. 131/CF/57. Lok Sabha Debates, Vol. 13, No. 23, 13.3.1958, Neu Delhi 1958, S. 4736-4740. Zur Resolution vgl. Jawaharlal Nehru: Nation's Declaration of Faith in Science. The Scientific Policy Resolution. Statement in Lok Sabha, 13.3.1958, in: Singh (Hrsg.): Nehru on Science and Society, S. 157f.

oder der Bundesrepublik. Sie gaben der ehemaligen Kolonie Indien, die sich alsbald zum Führer der Bewegung der Bündnisfreien Staaten aufschwingen sollte, eine neue Autorität. Nehru war sich dieser historischen Dimension seines Wirkens durchaus bewusst, mehr noch: Er begann bereits in den ersten Jahren seiner Präsidentschaft, die eigene Politik zu historisieren und sein ruhmreiches Bild zeichnen zu lassen. Unter seiner Patronage entstanden verschiedene Forschungen, die sich – wie an der Indian National Science Academy – seiner Verdienste um die Förderung von Technologie und Forschung verschrieben und so den Mythos des modernen Visionärs begründeten.[85]

Der Mythos der Modernisierung, den Nehru verkörperte, bedurfte indes eines Antipoden. In der Forschung ist daher lange das Bild Gandhis als eines anti-modernen, technik- wie fortschrittsfeindlichen Denkers gezeichnet worden. Dabei richtete sich Gandhis Kritik an Nehrus unbestrittenem Fortschrittsoptimismus primär gegen den Versuch, eine nationalistische Version der britischen Zivilisierungsmission zu begründen. Das Ziel der Nationsbildung hingegen verband die beiden.

Trotz Gandhis vehementer Maschinenkritik und seines Kampfes gegen die Auswüchse industrieller Automation hat die neuere Forschung daher zuletzt ein deutlich differenzierteres Bild seiner Person zu skizzieren begonnen:[86] Als Fürsprecher der technologischen Entwicklung betonte Gandhi so zugleich die Bedeutung des Arbeitsethos und eines neuen indischen Unternehmergeists. Seine Sorge galt vor allem den ländlichen Regionen, der Förderung elementarer Bildung, der Stärkung des Handwerks und der Agrarindustrie als Schlüssel zur Selbstversorgung.[87] Als Sozialingenieur aber war er letztlich eine integrative Figur. Er genoss sowohl unter Geschäftsleuten als auch bei Angestellten, Beamten und Bauern großes Ansehen.

Gandhi deutete die Industrielle Revolution in ein indisches Modell der Produktion und so in ein sozio-technisches System um, in dem gerade der Mensch die Maschine ersetze. Dessen »disziplinierte« Arbeit, die sich, wie im Fall des Handspinnens oder der Weberei, in die Dienste der Entwicklung des Landes, zumal der ländlichen protoindustrialisierten Regionen, stellte, wies trotz aller Kritik am Maschinenzeitalter der Industrialisierung den Weg. In einem Interview mit dem Ingenieur und Politiker A. N. Khosla, Gründervater gigantischer Infrastrukturvorhaben und späterer Vorsitzender der zentralen Regierungskommission zur Planung der Wasser- und Stromversorgung, begegnete Gandhi

---

85 Vgl. dazu: Arnold: Nehruvian Science, S. 365-368.
86 Zur Geschichte des indischen Entwicklungsdiskurses vgl. Deepak Kumar: Reconstructing India. Disunity in the Science and Technology for Development Discourse, 1900-1947, in: Osiris 15 Spec. Iss. (2000), S. 241-257; exempl. Hanna Werner: Politics of Dams. Developmental Perspectives and Social Critique in Modern India, Neu Delhi 2015.
87 Vgl. Pratik Chakrabarti: Science in India in the Twentieth Century, in: Jyoti Bhusan Das Gupta (Hrsg.): Science, Technology, Imperialism and War, Neu Delhi 2007, S. 121-173, hier: S. 158-163; Bassett: Technological Indian, S. 79-105.

in den späten 1940er Jahren denn auch entschieden dem Vorwurf der Maschinenstürmerei:

> I am opposed to machinery only in the sense that it tends to make the machine the master of man, and man slave of machinery. But if machinery is used in the service of man, to give him higher standard of living, higher status, dignity of manhood, then I shall have certainly no objection.[88]

Sofern sich die Technik in die Dienste des Menschen stelle, glaube er an eine glückliche Verbindung von Mensch und Maschine, die auch im Interesse der Nation sei. Nehru selbst attestierte Gandhi bereits 1933 eine große »Aufgeschlossenheit« gegenüber Technik: »His attitude to science is very far from being hostile.« Dessen Kritik richte sich vor allem gegen »large-scale machine production«. Diese benötige es, so Nehru, zwar gerade in der Agrarindustrie zur Humanisierung der Arbeitsbedingungen dringend, doch wiesen ihrer beider Anstrengungen trotz dieses (ideologischen) Dissenses letztlich in erstaunlicher Weise in dieselbe Richtung.[89]

In Nehrus staatlichen Planungen nahm die Förderung der Computertechnologie ab den 1950er Jahren eine herausragende Position ein. Astronautik, Nukleartechnik und Elektronik bildeten die Schwerpunkte der indischen Forschungs- und Technologiepolitik. Dabei sah er die Wissenschaften gerade in unsicheren Zeiten als Schlüssel zum Schutz nationaler Interessen. Im Januar 1942, rund ein halbes Jahr bevor die britische Krone ihn neuerlich wegen »zivilen Ungehorsams« und seines Engagements in der Unabhängigkeitsbewegung verhaftete, um ihn bis zum 15. Juni 1945 einzusperren, schrieb er:

> The World is in the grip of war and vast revolutionary changes hover in the air. No one can say with assurance what the future will unfold. Yet one thing is certain. We have to build the structure of our state and our society anew, and we have to build this on scientific, planned lines if it is to endure.[90]

1953 sekundierte er, als Technologienation müsse Indien sich auf seine eigene Stärke konzentrieren: »If we depend on outside powers they will be able to throttle us.«[91]

---

88 Dr. A. N. Khosla, Oral History Interview. Transkript, 22.3.1973. NMML Oral History Collection Nr. 143, S. 12, Nehru Memorial Museum & Library (NMML), Neu Delhi.
89 Jawaharlal Nehru: Letter to Aldous Huxley, Allahabad, 1.9.1933, Science & Gandhi, in: Singh (Hrsg.): Nehru on Science and Society, S. 15-18, hier: S. 16.
90 Ders.: The Task of Engineers, Message, Souvenir Volume of the Engineering College, Banaras Hindu University, 31.1.1942, in: Singh (Hrsg.): Nehru on Science and Society, S. 28.
91 Ders.: Electronics in National Development and Defence, Speech, Foundation Laying Ceremony, Central Electronics Engineering Research Institute, Pilani, 21.9.1953, abgedr. in: The National Herald, 22.9.1953, in: Singh (Hrsg.): Nehru on Science and Society, S. 108f.

Technologie war so zugleich ein Vehikel zur Verteidigung nationaler (militärischer) Interessen und zur Sicherung ökonomischen Wohlstands. Die Scientific Policy Resolution, die Nehru im März 1958 vor der Lok Sabha vorstellte, spiegelte diese Vorstellung wider:

> The key to national prosperity, apart from the spirit of the people, lies, in the modern age, in the effective combination of three factors, technology, raw materials and capital, of which the first is perhaps the most important, since the creation and adoption of new scientific techniques can, in fact, make up for the deficiency in natural resources, and reduce the demands on capital. But technology can only grow out of the study of science and its application.[92]

Für den Physiker, Computerspezialisten und späteren Leiter des indischen Atomprogramms Homi Jehangir Bhabha, der hinter der Ausarbeitung der Resolution stand, war die Ausbildung einer Ingenieurselite zugleich eine zentrale Säule der nationalen Autarkie und der neuen republikanischen Ordnung.[93] Die Umsetzung des Wachstumsprogramms duldete keine Kompromisse:

> The wealth and prosperity of a nation depend[s] on the effective utilisation of its human and material resources through industrialisation. The use of human material for industrialisation demands its education in science and training in technical skills. Industry opens up possibilities of greater fulfillment for the individual. India's enormous resources of manpower can only become an asset in the modern world when trained and educated.[94]

Hinter dem Pragmatismus des Resolutionstextes schienen die abstrakten Gedankenspiele um die demokratisierende Wirkung von Bildung und Technologie und die zentrale Rolle des Individuums im Prozess der Wissensakquise zu verschwinden. Das »Empowerment« breiter Bevölkerungsschichten blieb indes das erklärte Vorhaben:

---

92 Ders.: Nation's Declaration of Faith in Science. The Scientific Policy Resolution. Statement in Lok Sabha, 13. 3. 1958, in: Singh (Hrsg.): Nehru on Science and Society, S. 157-158, hier: S. 157.
93 Dabei offenbarte die Resolution einen geradezu dehumanisierenden, instrumentalistischen Blick auf die individuellen Schicksale hinter der viel beschworenen technologischen Revolution, die dem Modell des Taylorismus den Weg wies. Vor 1947 besaß dieser in Indien keine große Bedeutung. Vgl. Arup Kumar Sen: Mode of Labour Control in Colonial India, in: Economic and Political Weekly 37,38 (2002), S. 3956-3966. Zwar waren arbeitsrechtliche Auseinandersetzungen an der Tagesordnung. Ein gesetzliches Recht, das Lohnverhandlungen regelte, oder eine gewerkschaftliche Durchsetzung der Arbeitnehmerinteressen fehlten indes auch nach 1947. So trat in der Regel der Staat als »Vermittler« in Erscheinung, der einen Ausgleich zwischen Arbeitgebern und Arbeitnehmern verhandeln sollte.
94 Nehru: Nation's Declaration of Faith in Science, S. 157.

> The dominating feature of the contemporary world is the intense cultivation of science on a large scale, and its application to meet a country's requirements. It is this, which, for the first time in man's history, has given to the common man in countries advanced in science, a standard of living and social and cultural amenities, which were once confined to a very small privileged minority of the population [...] Science has led to the growth and diffusion of culture to an extent never possible before. It has not only radically altered man's material environment, but, what is of still deeper significance, it has provided new tools of thought and has extended man's mental horizon. It has thus influenced even the basic values of life, and given to civilization a new vitality and a new dynamism.[95]

Speziell in der Debatte um die Industrialisierung des Landes drohte dieses Ziel alsbald aber unterzugehen. Hinzu kam, dass die Organisation der Wissenschaften hierarchisch blieb und der Imperativ eines starken Staates es bisweilen verhinderte, dass die Forschung die ihr ursprünglich zugedachte gesellschaftspolitisch »befreiende« Wirkung entfalten konnte.

Für Nehru aber blieb der »scientific temper« Teil eines Wertekanons: Er setzte dessen Säkularismus und seine Vorstellung eines »wissenschaftlich« begründeten Sozialismus – »I am a socialist because I feel that socialism is a scientific approach to the world's problems«[96] – als Waffe gegen die Konkurrenz hinduistischer und muslimischer Kommunalisten ein. Trotz des überbordenden Pathos, mit dem er zeitlebens seinen Ansatz bewarb, bemühte er sich in der Lok Sabha Mitte der 1950er Jahre um eine nüchterne Beschreibung seiner Philosophie:

> My science, if I may say so, is essentially based on social statistics; not wishful thinking [...]; how we can gain something and how we can have a balanced economy, heavy industry, medium industry, light industry, cottage industry; how we can provide employment within a short space of time, and how we can generally raise the level of human happiness in the country and national strength. It is quite possible [...] that there has been lopsided development. There has been. And, if I may say so, there has been lopsided development in most other countries too, even in trying to plan.[97]

Die propagierte »Wissensrevolution« war dazu vorgesehen, die gespaltene Gesellschaft, nach den Wirren des Unabhängigkeitskampfes, zu versöhnen und ein verbindendes Band zu schmieden. Dabei dachte Nehru zugleich über den engen nationalen Rahmen hinaus. Für ihn waren wissenschaftliche Erkenntnisse und technologische Errungenschaften universale Güter:

---

95 Ebd.
96 Jawaharlal Nehru: The Cultivation of a Scientific Outlook, Conference Address, Scottish Church College, Calcutta, 3.1.1939, in: Singh (Hrsg.): Nehru on Science and Society, S. 25-28, hier: S. 27.
97 Motion re: Economic Situation, in: Lok Sabha Debates, Vol. 7, No. 29, 21.12.1954, Neu Delhi 1955, S. 3583-3693, hier: S. 3597.

Science and technology know no frontiers. Nobody talks or ought to talk about English Science, French Science, American Science, Chinese Science. Science is something bigger than the countries. There ought to be no such thing as Indian science; so also with technology.[98]

In einem Memorandum an seine Minister vom 23. Oktober 1960 folgerte er: »Science, technology and the machine are not covered by ideologies. There is no capitalist physics or communist chemistry, and the rules of mechanics or those governing the machine are the same all over the world.«[99] Für Nehru bedeutete dieser Kurs, eine geographisch verengte Vorstellung »nationaler« Wissenstraditionen, die sich aus den Fesseln der kolonialen Historie zu lösen versuchte, zugunsten einer selbstbewussten Vorstellung von Vernetzung und internationaler Kooperation zu verabschieden – auch und gerade im Wissen darum, dass ausländische Expertise auf dem Weg zur ersehnten »Unabhängigkeit« von strategischem Nutzen sein werde.

Dass Nehru indes ein ungebrochener Technikoptimismus beseelte, wäre irrig anzunehmen. Schon im National Planning Committee, dem er zwischen 1938 und 1946 vorsaß, hatte Nehru zu den gemäßigten Vertretern gehört, die einen Ausgleich zwischen dem dezentralen Verlagssystem der Heimindustrie und der zentral geplanten, maschinengetriebenen Industrialisierung, wie sie der »Bombay Plan« vorsah, anstrebten. Anders als Meghnad Saha, der in der Förderung der Großindustrien den Königsweg zur Industrialisierung sah und sich in den 1930er Jahren am Beispiel Deutschlands und Japans orientierte, votierte Nehru gegen ein Modell ungezügelter kapitalistischer Konkurrenz und für die Perspektive zentralisierter Planung und Kontrolle.[100] Gleichwohl erregte sein Kurs von Beginn an Widerstand. So verwahrte sich Nehru ausgangs der 1930er Jahre gegen die Kritik, dass sein Appell, die Produktion und den Einsatz von Maschinen in Indien voranzubringen, gegen das Prinzip der Gewaltlosigkeit (अहिंसा, Ahimsa) verstoße. Zwar konzedierte er »certain inherent dangers in big industry and the big machine« – das Grundübel aber lag für ihn in der kapitalistischen Ausbeutung der Arbeiter durch eben diese Maschinen. Eindringlich setzte er hinzu, dass sein Plan eher von der Erkenntnis der Notwendigkeit denn von einer unkritischen Maschinenbegeisterung getragen sei. Gegenüber Technikoptimisten wie Saha beeilte er sich dagegen zu bemerken, dass der Kongress niemals *gegen* Technologien gestimmt, vielmehr lediglich einen Ausgleich der Interessen vorgeschlagen habe.[101] Auch nach 1947 bemühte sich Nehru, unter den Technokraten in dieser Weise eine vermittelnde Position einzunehmen.

---

98 Jawaharlal Nehru: Working with Faith, Address, Annual Meeting, Central Board of Irrigation, New Delhi, 5.12.1948, in: Selected Works of Jawaharlal Nehru, 1st Series, Bd. 8, Neu Delhi 1976, S. 18-24, hier: S. 23 f.
99 Nehru: Letters to Chief Ministers 1947-1964, Bd. 5, S. 414.
100 Vgl. Sukumar: Midnight's Machines, S. 3-10.
101 Jawaharlal Nehru: Letter to Krishna Kripalani, 29.9.1939, in: Selected Works of Jawaharlal Nehru, 1st Series, Bd. 10, Neu Delhi 1972, S. 539-543, hier: S. 540.

In einem Land bitterer Armut, geringer Alphabetisierung und rudimentärer Koordination der Forschungsaktivitäten war Nehrus Versuch, den Einsatz der Technologie im Alltag und der Maschinen in der Industrie an die indischen Kapazitäten und Bedürfnisse anzupassen, ein ambitioniertes Unternehmen. Dabei gehörte zu den Ambivalenzen seines Kurses, dass auch Nehru immer wieder zwischen Maschinenkritik und -optimismus schwankte. So berichtete er 1956 dem National Development Council: »I am not anxious that everybody in India should have a motor car or, say, a washing machine or a refrigerator.«[102] Technologien bargen in seinen Augen immerhin das Potential, die individuelle Freiheit, die Rechte des Bürgers, durch die Rationalisierung von Jobs und die Einschränkung ökonomischer Mobilität, zu riskieren. In einer Rede vor dem Indian Institute of Public Administration im April 1957 ergänzte er: »Too much stress on technology [...] has led to too great power being placed in the hands of human beings without the moral capacity to use it rightly.«[103] Zugleich wandte er sich gegen die Vorstellung einer simplen Adaption von Technologien, wie sie in anderen Ländern zum Einsatz kam.[104] Auch Nehrus Verhältnis zu den Technologien war demnach gebrochen. So nahm es kaum wunder, dass der Graben zwischen Bürgern und Technologien in den Nachkriegsdekaden noch lange bestehen blieb.

Während Nehru das destruktive Potential der neuen Technologien in Memoranden und privater Korrespondenz durchaus sorgenvoll beobachtete,[105] blickte er in der Öffentlichkeit, im März 1960 in einer Rede vor der Aeronautical Society, gleichwohl optimistisch in die Zukunft. Der Weg sei zwar lang, Fortschritte aber bereits sichtbar. »Kreativität« laute derweil das Credo nationaler »Selbstbestimmung«:

> We have to be in the front rank of thinking, working and generally discovering – in front rank so far our resources permit. We cannot be second-rate there. Even though our activities may be backward, we have to be in the front rank in newer fields of scientific endeavour [...] I think the pace of change now is greater because certain fields, new avenues have opened out. All these fields of electronics, jet travel, atomic energy are entirely new avenues. [...] So, [...] one has to be intellectually in the forefront and to be creative to produce things. A man who copies may be an excellent person to live with, but he is not the person who makes changes in the world.[106]

102 Ders.: Towards a Socialist Structure of Society, New Delhi, 7.1.1956, in: Selected Works of Jawaharlal Nehru, 2nd Series, Bd. 31, Neu Delhi 2002, S. 71-78, hier: S. 73.
103 Ders.: Concept of Good Administration, New Delhi, 6.4.1957, in: Selected Works of Jawaharlal Nehru, 2nd Series, Bd. 37, Neu Delhi 2006, S. 299-305, hier: S. 303f.
104 Vgl. ders.: Science and Technology in Defence Production, Neu Delhi, 6.9.1958, in: Selected Works of Jawaharlal Nehru, 2nd Series, Bd. 44, Neu Delhi 2012, S. 649-653, hier: S. 650f.
105 Vgl. Nehru: Letters to Chief Ministers, Bd. 5, S. 72; S. 412; S. 452-453; S. 516; S. 580.
106 Jawaharlal Nehru: Creativity and not Imitation ensures National Advancement, Inaugural Address, 12th Annual Meeting, Aeronautical Society of India, New Delhi, 24.3.1960, in: Singh (Hrsg.): Nehru on Science and Society, S. 221f.

INDISCHE PLANUNGSEUPHORIE

Obgleich Indien unter Nehru nur zögernd den Übergang von der Agrar- in die Industriegesellschaft vollzog, zielten die Pläne bereits darüber hinaus. Die Förderung von Technikern, Ingenieuren und Computerspezialisten zählte zum Programm eines Umbruchs, der den Zeitgeist der Debatten in den 1960er und 1970er Jahren in den USA und Europa widerspiegelte. So hatte der US-amerikanische Ökonom Peter F. Drucker schon ausgangs der 1960er Jahre die »Wissens- und Kopfarbeiter«[107] zu Schlüsselakteuren der heranbrechenden »Wissensgesellschaft« erhoben.[108] Zwar blieb Indien in dieser Beziehung bis an die Schwelle des 21. Jahrhunderts eine verzögerte Nation. Doch indem Nehru »Informationen« als elementaren »Rohstoff« des neuen Zeitalters adressierte, ebnete er in den 1950er Jahren Indiens Weg zu einer »Info-Nation«.[109] Das Zeitalter der großen Pläne hatte begonnen.

2.3 Indische Planungseuphorie – und die Jagd nach dem ersten Computer

Das Ziel staatlicher »Entwicklung« bemaß sich am Ideal ökonomischer Planung. Dabei gründete das Dogma der »Planbarkeit« des Fortschritts und der »Planrationalität« in Indiens langen 1950er Jahren auf dem Vertrauen in das Wissen statistischer Methoden und einer Form von Prognostik und Modellentwicklung, wie es sich in Europa und den USA bereits um die Jahrhundertwende als Richtschnur staatlicher Regulierung etabliert hatte. Taylorisierung, Rationalisierung und »scientific management« inspirierten dabei die interventionistischen und technokratischen Ansätze bis in die 1920er und 1930er Jahre, die sich als Antworten auf die Krisenstimmung der Zwischenkriegsepoche lesen lassen. Der reale Sozialismus hatte indes in den 1920er Jahren verschiedene Ansätze in ein Modell staatlicher Planung integriert, das zugleich das geschichtsphilosophische Versprechen einer gesellschaftlichen Integration transportierte. In diesem Geiste wurde Planung – verstanden als ein »systematischer Entwurf einer rationalen Ordnung auf der Grundlage alles verfügbaren einschlägigen Wissens«[110] – auch in Indien rasch zur zentralen Normgröße von Politik, Wirtschaft, Gesellschaft und Kultur. Dabei war die Planungseuphorie,

---

107 Peter F. Drucker: Age of Discontinuity. Zur Vorgeschichte des Konzepts vgl. zudem: ders.: Landmarks of Tomorrow, S. 10-16; S. 114-125; ders.: The Rise of the Knowledge Society, in: The Wilson Quarterly 17,2 (1993), S. 52-73.
108 Der Harvard-Soziologe Daniel Bell sah 1973 in der »Wissensgesellschaft« zugleich eine »postindustrielle Gesellschaft« anbrechen. Vgl. Bell: Post-Industrial Society.
109 Sen: Digital Politics, S. 3.
110 Joseph H. Kaiser: Vorwort, Exposé einer pragmatischen Theorie der Planung, in: ders. (Hrsg.): Planung I: Recht und Politik der Planung in Wirtschaft und Gesellschaft, Baden-Baden 1965, S. 7-9, hier: S. 7. Vgl. dazu auch allg. Ulrich Bröckling: Alle planen, auch die, die nicht planen. Niemand plant, auch die nicht, die planen. Konturen einer Debatte, in: Mittelweg 36 17,6 (2008), S. 61-79, hier: S. 64-73; van Laak: Planung.

die Indien in diesen Jahren erfasste und sich – nach dem Muster der UdSSR – als Richtschnur der Politik etablierte, von der Utopie des sozialistischen Gleichheits- und Gerechtigkeitsversprechens ebenso beseelt wie vom »aufklärerischen« Gedanken, die Geschichte durch konkrete Planungsinstrumentarien vermessen und steuern zu können. Zugleich wirkten New Deal und Marshallplan hier als historische Vorbilder der Planung; so prägte ein stark US-amerikanisch imprägnierter Technozentrismus diesbezügliche Vorstellungen über den Dekolonisationsprozess hinweg.

Der Politologe James C. Scott hat die Idee der Planung vor diesem Hintergrund als Ausdruck einer »autoritären Hochmoderne« beschrieben: Für ihn war sie der Beleg einer technokratischen Grundhaltung, die mit der administrativen Bemächtigung und bürokratischen Kontrolle von Gesellschaft, Natur und Geschichte einherging. Diese Ideologie der »Hochmoderne« prägte den Glauben an die globale Steuerung und »Programmierbarkeit« der Zukunft, wie er die interventionistische Sozial- und Wirtschaftspolitik und das keynesianische Modell der »konzertierten Aktion« als Reaktion auf die ökonomischen Krisen nach dem Krieg in Europa und den Vereinigten Staaten grundierte. Dabei stärkte gerade das mangelnde Vertrauen in das »freie Spiel der Kräfte« die Position der Planungsexperten. Systemübergreifend avancierte Planung so zu einem Imperativ staatlicher Ordnungspolitik.[111] Im Zuge des globalen Kalten Krieges strahlte der Mythos des Plans daher auch auf diverse Länder Südasiens aus, die durch das spätimperiale »colonial development« ohnehin schon lange zuvor zu Laboratorien der Planung geworden waren.

Als Signalvokabel richtete sich »Planung« zugleich gegen die Bedrohungsszenarien einer zusehends als komplex wahrgenommenen Welt, in der »sachgerechte« politische Entscheidungen externer Expertise und hier einer Validierung durch die Natur- und Technikwissenschaften bedurften. Die neuen Möglichkeiten der Datenerhebung, -aufbereitung und -verarbeitung leisteten dieser Haltung Vorschub. Im Zeitalter der Kybernetik wurden Konzepte des »social engineering« und der Globalsteuerung des Wirtschafts- und Verwaltungshandelns rasch populärer. Auch in Indien, das den Anschluss an die Industrienationen suchte, knüpften sich große Hoffnungen an den Beginn des Computerzeitalters. Planung war in diesen Jahren nicht nur zur Direktive der Eliten, sondern auch zur »common obsession of the common man« geworden, wie die *Economic Weekly* bemerkte: »Planning has a touch of magic about it, and an element of weird ritual, too; and what can appeal more to the average Indian mind than magic and ritual?«[112] Zur Popularisierung der Idee der Planung

---

[111] Zum Konzept der »autoritären Hochmoderne« vgl. Scott: Seeing like a State; zur Epoche der »Hochmoderne« im Allgemeinen vgl. überdies: Ulrich Herbert: Europe in High Modernity, in: Journal of Modern European History 5,1 (2007), S. 5-21; Rutland: Myth; Fishman (Hrsg.): American Planning Tradition.

[112] »It sounds like an open sesame that will ensure access to a thousand and one things that the common man has been longing for.« Vgl. City Clerk: The Common Man and the Plan, in: The Economic Weekly 8,3-5 (1956), S. 75.

setzte das Ministry of Information and Broadcasting auf eine breite Werbekampagne, die sich von Zeitungskolumnen und Comics über Ausstellungen, Gesangs- und Theaterdarbietungen bis hin zu politischen Diskussionsforen erstreckte. Die Verbreitung des »Planungsbewusstseins« war das erklärte Ziel der Regierung. Dabei bildeten Computertechnik, Prognostik und Planung zu Beginn der staatlichen Bemühungen einen unauflöslichen Zusammenhang. Die Vorstellung »kalkulierten Fortschritts« war ein maßgeblicher Faktor der Planungseuphorie dieser Jahre.

Zu den zentralen Architekten staatlicher Planungen in Indien zählte Prasanta Chandra Mahalanobis, der Gründer des Indian Statistical Institute (ISI) in Kalkutta. Unter der Leitung von Mahalanobis avancierte das ISI in den 1950er Jahren zu einem national wie international anerkannten akademischen Zentrum. Der berühmte britische Statistiker Ronald A. Fisher attestierte dem ISI 1962, es habe dank Mahalanobis einen Rang eingenommen, »which was putting India not far from the centre of the statistical map [of the world]«.[113] Dabei war das ISI eine Arena des globalen Wissensaustauschs und eine Ausbildungsstätte von Statistikern, auch und gerade aus anderen Entwicklungsländern, geworden. Neben den USA und der UdSSR etablierte Mahalanobis enge Kontakte nach China. Als Mitglied und späterer Vorsitzender der United Nations Statistical Commission genoss er zudem in den 1950er Jahren über die Blockgrenzen des Kalten Krieges hinaus ein hohes Ansehen.[114]

Als Berater des Premierministers nahm Mahalanobis, der 1943 erste Konzepte zur Doktrin der Planung nach dem Krieg vorlegte,[115] unmittelbar Einfluss auf die ökonomische Planung des Landes.[116] Wesentlich gestaltete er den zweiten Fünf-Jahres-Plan. Von 1955 bis 1967 saß er in der Planungskommission. Für Mahalanobis war Statistik als »angewandte Wissenschaft« ein ideales Mittel der Planung im Dienste staatlicher Entwicklung.[117] Angesichts der

113 Ronald A. Fisher: Convocation Address, ISI 1st Convocation, 12.2.1962, in: Indian Statistical Institute. 30th Annual Report, April 1961-March 1962, Kalkutta 1962, S. 83-85, hier: S. 83.
114 Vgl. Arunabh Ghosh: Making It Count. Statistics and Statecraft in the Early People's Republic of China, Princeton, NJ/Oxford 2020, S. 213-248. Zur Rolle von P.C. Mahalanobis und des ISI vgl. Nikhil Menon: A Short History of Data, in: The Hindu, 21.3.2019, S. 8; ders.: Machine, S. 435; vgl. überdies kürzlich Nikhil Menon: Planning Democracy. Modern India's Quest for Development, Cambridge 2022.
115 »Statistics is something like an orchard or even a forest; we have to plant well in advance.« Prasanta Chandra Mahalanobis: Organisation of Statistics in the Post-War Period (Read at Symposium, September 27-28, 1943), in: Proceedings of the National Academy of Sciences, India 10,1 (1944), S. 69-78.
116 Vgl. Prof. Dr. Karl Gunnar Myrdal, Oral History Interview. Transkript, 20.1.1974. NMML Oral History Collection Nr. 184, S. 13. Vgl. allg. Ashok Rudra: Prasanta Chandra Mahalanobis. A Biography, Oxford 1997, sowie Guha: India, S. 201-207.
117 Für Mahalanobis war sein Fach »essentially an applied science [...]. Its aim is to reach a decision, on a probabilistic basis, on available evidence.« Prasanta Chandra Mahalanobis: Why Statistics?, in: Sankhyā. The Indian Journal of Statistics 10,3 (1950), S. 195-228, hier: S. 210. Mahalanobis Werdegang veranschaulichte so zugleich

großen Probleme des Landes – von Armut, Hunger und Arbeitslosigkeit, wie sie bereits Meghnad Saha in den 1930er Jahren beklagte – sei das Modell der Planung die einzige Lösung. Am 8. Januar 1958 verlieh er dieser Überzeugung in einer Rede vor dem National Institute of Sciences in Madras Ausdruck: »The only way out is through rapid industrial development based on science and planning.« Zur Planung sei der Statistiker prädestiniert, denn: »This is the task of the scientists, to formulate the shape of things to come, not as wishful thinking but based on the knowledge of Nature and worked out in accordance with the methods of science.«[118] Kühl kalkulierend, exakt, die »Zukunft« vorausberechnend: Mahalanobis zeichnete das heroische Bild des modernen Wissenschaftlers – und verband so zugleich paradigmatisch die Sphären von Akademie und Politik in Nehrus Indien.

Eine wichtige Voraussetzung der Planung war die Akquise von Daten.[119] Folglich bemühte sich Mahalanobis bereits während des Zweiten Weltkrieges um Instrumente der Datenverarbeitung. Am 28. September 1943 gründete er die Indian Calculating Machine and Scientific Instrument Research Society, die sich der Reparatur und Entwicklung von Rechenmaschinen widmete. Ein Workshop brachte dazu noch 1943 erstmals Experten auf dem Feld der Rechentechnik zusammen. Nach dem Ende des Krieges ergab sich die Möglichkeit, Maschinen zu importieren.[120]

Im Jahr 1950 vereinigte Mahalanobis die Arbeiten an Rechenmaschinen in der »Electonic Computer Divison«, die anfangs lediglich aus zwei Hochschulabsolventen, dem Mathematiker und Ingenieur Samarendra Kumar Mitra und dem Techniker Soumyendra Mohan Bose, bestand. Mitra war ein Jahr zuvor dank eines Stipendiums der UNESCO in den USA gewesen, um die Theorie und Praxis elektronischer Rechner zu studieren, und zählte so zu den wenigen Indern, die Erfahrungen mit der Konstruktion und dem Betrieb von Rechnern besaßen. In einem Workshop des Instituts baute sein Team 1953 einen ersten analogen Computer, dessen Funktionsweise Mitra im Mai 1955 voller Stolz in

---

den Weg vom abstrakten, mathematischen zum praktischen, rechnergestützten Zugang zur Datenverarbeitung dieser Jahre.

118 Prasanta Chandra Mahalanobis: Science and National Planning, in: Sankhyā. The Indian Journal of Statistics 20,1/2 (1958), S. 69-106, hier: S. 69f.

119 Zu den Überzeugungen der Planer um Mahalanobis gehörte, dass die Akquise von »Daten« eine ebenso elementare Ressource des Landes darstelle wie die Förderung von Kohle und Elektrizität, Chemie, Eisen und Stahl in der Schwerindustrie. Die Relevanz dieser Datenakquise lag, wie sich Mahalanobis erinnerte, in ihrer ursprünglichen Funktion – ihrem gouvernementalen Nutzen: »It had its origin in the counting of men or of cattle or in the measurement of land, foodgrains etc. [...] The very word statistics shows the connection with ›statecraft‹. [...] It is essential, in underdeveloped countries, to make statistics purposive.« Prasanta Chandra Mahalanobis: Statistics as a Key Technology, in: The American Statistician 19,2 (1965), S. 43-46, hier: S. 45f.

120 Vgl. Indian Statistical Institute: History and Activities 1931-1957, Kalkutta 1958, S. 18.

der *American Review of Scientific Instruments* beschrieb. Der Rechner, der bis Ende der 1960er Jahre in Betrieb bleiben sollte, hatte indes so seine Schwierigkeiten: Für die Lösung eines Gleichungssystems mit zehn Unbekannten benötigte er rund 90 Minuten, einen Großteil der Kapazitäten verschlang allein das Einstellen der 110 Potentiometer.[121] Mahalanobis bekannte dennoch 1955 unverhohlen: »We are proud that we have built it ourselves.«[122]

Als Nehru im Dezember das ISI besuchte und die Ergebnisse des Elektroniklabors besichtigte, reichten Mahalanobis' Maschinenträume bereits knapp eine Dekade zurück.[123] 1947 besichtigte letzterer im Rahmen einer Forschungsreise das erste Mal einen Computer – den Mark II in Harvard. Es folgten Besuche an der Columbia University und am Watson Computer Laboratory. Ein Jahr zuvor hatte Mahalanobis am Rande einer Konferenzreise an die Ostküste einen Vortrag des Mathematikers John von Neumann gehört, der von den Plänen eines digitalen Computers am Institute of Advanced Study in Princeton berichtete. In der Folge versuchte er von Neumann für ein gemeinsames Unternehmen zu gewinnen. Die Gespräche, die er an der Ostküste führte, gaben ihm Anlass zu vorsichtiger Hoffnung. Um Statistik zu einer tragenden Säule staatlicher Planung zu machen, sei es »essential to build up at least one first rate computation and calculating laboratory«.[124] Doch die Pläne einer Kooperation des ISI zur Princeton University zerschlugen sich.[125]

Derweil hatte Mahalanobis noch 1947 Kontakt zu John Mauchly von der Eckert-Mauchly Corporation aufgenommen, um einen Rechner zu erwerben. Mauchly und J. Presper Eckert, die 1943 an der University of Pennsylvania den

121 Vgl. Samarendra Kumar Mitra: Electrical Analog Computing Machine for Solving Linear Equations and Related Problems, in: Review of Scientific Instruments 26,5 (1955), S. 453-457, hier: S. 457.
122 ISI. 22nd Annual Report 1953-54, in: Sankhyā. The Indian Journal of Statistics 14,4 (1955), S. 393-456, hier: S. 406.
123 Zu Mahalanobis' Traum von der Computerisierung Indiens, der Jagd nach dem ersten Computer und der Rolle des ISI als Forschungszentrum im Kalten Krieg vgl. im Folgenden: Menon: Machine, S. 421-457.
124 Vgl. P.C. Mahalanobis an Maurice F. Ronanyne, 12.2.1960. Record No. 74, Prasanta Chandra Mahalanobis Memorial Museum and Archives (PCMMMA), Kolkata.
125 Das Vertrauen in den Computer als Medium staatlicher Planung blieb Mahalanobis indes keineswegs exklusiv. Kybernetiker wie Oskar Lange setzten sich in der Folge gerade in der hitzigen Debatte um die Methoden sozialistischer Wirtschaftsrechnung für den Einsatz von Rechenmaschinen zur Lösung der Komplexitätsprobleme ökonomischer Planung ein. Die Bedenken, entgegnete Lange 1967 dabei seinen Kritikern Friedrich A. von Hayek und Lionel Robbins apodiktisch, ließen sich dank der neuen Maschinen »in less than a second« ausräumen. Oskar Lange: The Computer and the Market, in: C.H. Feinstein (Hrsg.): Socialism, Capitalism and Economic Growth, Cambridge 1967, S. 158-161, hier: S. 158. Zur Debatte vgl. allg. Paul Erickson et al. (Hrsg.): How Reason Almost Lost Its Mind, Chicago, 2013, S. 70; Slava Gerovitch: »Mathematical Machines« of the Cold War. Soviet Computing, American Cybernetics and Ideological Disputes in the Early 1950s, in: Social Studies of Science 31,2 (2001), S. 253-287.

weltweit ersten digitalen Computer (ENIAC) gebaut hatten, zählten, wie Howard H. Aiken in Harvard, zu den Pionieren der Großrechnerherstellung. 1950 wurde ihre Firma von Remington Rand übernommen. Mauchly listete Mahalanobis in einem Memorandum an seine Mitarbeiter vom Januar 1948 als potentiellen Kunden des Universal Automatic Computer (UNIVAC), doch gab es auch hier letztlich keinen Deal. Mahalanobis sei »anxious to contract for UNIVAC as soon as we were in a position to make definite terms«, so Mauchly.[126] Ein Anreiz zur Akquise des Rechners mag die Werbebroschüre gewesen sein, die den Nutzen des Computers im Feld der ökonomischen Planung andeutete. Freilich ging es hier weniger um Staatsplanung denn vielmehr um den Einsatz in Industrie und Verwaltung.

Obwohl Mahalanobis in den 1950er Jahren zu verschiedenen Gesprächen in Washington war, um bei der amerikanischen Regierung für eine Unterstützung bei der Ausstattung seines Instituts und die Anschaffung eines Großrechners zu werben, stand er 1953 nahezu ohne Ergebnis da. Seine Frustration angesichts der mangelnden Unterstützung durch die US-amerikanische »Technical Cooperation Administration« konnte er nur mühsam verbergen. Seinem Kollegen Pitambar Pant schrieb er: »It is so difficult to explain that this is [...] closely integrated with a general plan of development of statistics – which, in its turn, is an essential step in national planning.«[127] Es sei dringlich, einen Rechner wie den UNIVAC zu erlangen. Dass gerade dieser das Ziel der Begierde in Indien blieb, dürfte auch an der gestiegenen Medienpräsenz dieses Computers gelegen haben, der – in Superman-Comics und Bugs Bunny-Cartoons – rasch zu einer Ikone der Popkultur avancierte. In Diensten des US Bureau of Census erlangte der UNIVAC durch die ebenso überraschende wie präzise Vorhersage des bevorstehenden Siegs des republikanischen Präsidentschaftskandidaten Dwight D. Eisenhower bei den Wahlen in den USA im November 1952 live im Fernsehen spektakuläre Berühmtheit.[128]

Der Hochleistungsrechner war zugleich Fixpunkt zentralstaatlicher Planungsphantasien. Dringlich schien die Anschaffung schon deshalb, weil das ISI 1950 begonnen hatte, den National Sample Survey (NSS), eine statistische Großerhebung landesweiter Strukturdaten zu Konsumverhalten, Arbeitslosigkeit, Landbesitz, Viehbestand und den Kapazitäten der indischen Getreideproduktion, im Namen der indischen Regierung auszuwerten. Für Mahalanobis ließ die Auswertung solch riesiger Datenmengen nur einen Schluss zu: »we must proceed with electronic computers with all possible speed. Otherwise we will never be able to cope with the tremendous volume of primary information

---

126 John Mauchly: Memorandum, 31.3.1948, Hagley Museum, Sperry Univac Company Records, Series I, Box 3, Folder: Eckert-Mauchly Computer Corporation. Zit. n. Paul E. Ceruzzi: History of Modern Computing, Cambridge, Mass. ²2003, S. 26 f.
127 P.C. Mahalanobis an P. Pant, London, 23.6.1954, Pitambar Pant Papers, 190 L(II), Correspondence, Bl. 6, NMML.
128 Vgl. Gugerli: Welt, S. 14 f.

which is accumulating through the NSS every month. Secondly, for planning [...] the help of high speed electronic computers would be simply indispensable.«[129] Dabei entsprach es durchaus seinem Ansinnen, die Möglichkeiten der neuen Technik in den Dienste bevölkerungspolitischer Ziele zu stellen. Zu den zentralen Forschungseinheiten des Instituts zählten so neben Soziologie und Demographie, Geographie und Regionalstudien sowie Operations Research und statistischer Prozesslenkung auch Anthropometrie, Psychometrie und Biometrie.[130] Der »Informationsdurst« der Regierung zeitigte eine exzessive Erhebung an Daten, die sich – in der Tradition einer kolonialen Disziplinierung der Bevölkerung – auch als Wissensspeicher biopolitischer Programme eignete. Das ISI sammelte Zensus-, Pass- und Steuerdaten. Das technokratische Credo der Planung erstickte allerdings eine breitere politische Debatte über die Kehrseite dieser bürokratischen Praxis bis in die 1960er Jahre.[131] Das Vertrauen in die Stärke des »Regierungscomputers« war in Indien lange allgegenwärtig.

Der Bau eines indischen Großrechners erwies sich als zu komplex, der Erwerb eines UNIVAC aber, der mit einem Preis von rund einer Million Dollar zuzüglich 200.000 Dollar pro Jahr an Betriebskosten deutlich teurer war als die Rechner europäischer Hersteller, war ohne weitere Unterstützung aus dem Ausland ebenso wenig finanzierbar. So startete Mahalanobis 1954/55 einen neuerlichen Anlauf, einen Großrechner zu erwerben. Im April 1955 konkretisierten sich die Pläne, einen Computer (HEC-2M) der British Tabulating Machine Company für einen Preis von rund 18.500 Pfund zu erwerben. Der Hollerith-Rechner war zwar deutlich günstiger als der UNIVAC. Dennoch blieben der Preis, die Logistik des Transports und das Training der Nutzer große Hürden. Bis sich das ISI dazu durchrang, den Digitalrechner aus Großbritannien zu importieren, der sowohl am ISI als auch in der Planungs-

---

129 P.C. Mahalanobis an P. Pant, London, 23.6.1954, P. Pant Papers, 190 L(II), Correspondence, Bl. 4, NMML. Im ersten »General Report« des NSS beschrieb Mahalanobis den Prozess: »To make suitable arrangements for the work of tabulation and analysis of the primary data, *more than 100 additional computing clerks* were appointed and given training in the Indian Statistical Institute. As much of the work was to be done by tabulating machines, training was also given to a large number of punchers and verifiers in the Institute both in Calcutta and its branch at Giridih in Bihar. Arrangements were made to hire the latest types of tabulating machines from the International Business Machine Corporation (IBM) of New York; and by the latter part of 1951 the Institute had two new models of IBM tabulators, a new multiplier and several sorters, reproducers, etc. in addition to some of the machines of the British Tabulating Machine Co. which the Institute had been using for some considerable time. An Electronic Statistical Machine (a high-powered combined sorter-tabulator) was also rented from the IBM.« The National Sample Survey General Report, No. 1. The First Round, October 1950-March 1951, in: Sankhyā. The Indian Journal of Statistics 13,1/2 (1953), S. 51-87, hier: S. 58f.
130 Vgl. Indian Statistical Institute: History and Activities 1931-1959, Kalkutta 1959, S. 23f.
131 Vgl. Sen: Digital Politics, S. 25.

kommission zum Einsatz kommen sollte, vergingen noch einige Monate. Im Dezember reisten zwei Techniker zu einem Workshop der British Tabulating Machine Inc. in Letchwork, um die Produktion zu besichtigen. Es folgten Stippvisiten in verschiedenen europäischen Computerlaboren. Als der Rechner ein weiteres halbes Jahr später eintraf, zeigte sich rasch, dass auch die Installation der Maschine durchaus heikel war.[132] So bedurfte die Einrichtung des Rechners großer Improvisationskünste. Nicht nur, dass der Versand der Technik einen globalen Expertenaustausch nach sich zog, der eindrücklich bewies, wie schwierig sich bisweilen einheimische und ausländische Expertise ineinander übersetzen ließen; auch die praktische Inbetriebnahme der Rechner gestaltete sich hochgradig problematisch.

Die Maschine kam ohne Handbücher und Dokumentationen in Kalkutta an. Die Techniker des ISI benötigten rund zwei Monate zur Installation des Geräts, die sie ohne Anleitung vornehmen mussten. Auch danach waren Trial-and-Error an der Tagesordnung. Immerhin wuchs die kleine Computergruppe des Instituts. Anfangs bildeten lediglich Amaresh Roy und Mohi Mukherjee das Team, im März 1956 zählte das »Electronics Computer Laboratory« dann bereits ein Dutzend Angestellte.

Der Rechner zog rasch das Interesse aller großen Forschungseinrichtungen des Landes auf sich: Sowohl das Indian Institute of Science als auch das IIT Kharagpur und das Tata Institute of Fundamental Research bemühten sich um Rechenzeiten. Zudem war der digitale Computer eine Touristenattraktion für »Minister und andere Würdenträger«.[133] Zur Auswertung des National Sample Survey aber reichte die Rechenleistung kaum aus.

So ging die Suche nach einem Hochleistungsrechner weiter. Nach mehreren Vortragsreisen in die USA – nach New York, Washington, Berkeley und Palo Alto – besuchte Mahalanobis 1954/55 erstmals die UdSSR. In Moskau versuchte er herauszufinden, »what help we can get in economic planning or in constructing electronic computers«.[134] Erste Kontakte hatte er bereits im Februar 1954 bei einem informellen Dinner Nehrus am Rande des indischen Wissenschaftskongresses geknüpft, in dessen Verlauf sich der sowjetische Botschafter Mikhail

---

132 P.C. Mahalanobis: Electronic Processing Facilities for the ISI, 19.4.1957; Morris H. Hansen an P.C. Mahalanobis, 13.1.1960, Record No. 72; Donald E. McClelland an P.C. Mahalanobis, 10.6.1957; A Note on the Need of Data Processing Equipment for the ISI, 21.8.1961, Record No. 73; S.K. Mitra: A Plan of Development of the Computer Machines Laboratory, 3.12.1955; The Indian Statistical Institute. The Electronics Computer Division, 29.1.1960, Record No. 74, PCMMMA. Vgl. dazu auch allg. Sharma: Outsourcer, S. 10-17.

133 So erinnerte sich Mohi Mukherjee: The First Computer in India, in: Utpal K. Banerjee (Hrsg.): Computer Education in India. Past, Present and Future, Neu Delhi 1996, S.13-16, hier: S. 15. Vgl. dazu überdies: J. Roy: Early Computers, in: Banerjee (Hrsg.): Computer Education, S. 11-12, sowie Electronic Computer Laboratory, in: Samvadadhvam 1,2 (1956), S. 32.

134 P.C. Mahalanobis an P. Pant, Prag, 27.6.1954, P. Pant Papers, 190 L(II), Correspondence, Bl. 21, NMML.

A. Menshikov gegenüber der Idee einer Kooperation durchaus aufgeschlossen zeigte.[135] Nach einer offiziellen Anfrage reiste eine Delegation um S. K. Mitra im Sommer 1954 für fünf Wochen nach Russland. Am 7. Juli erhielt sie eine Führung durch das Moskauer »Institute of Precision Mechanics and Computer Engineering«, wo man gerade am Großrechnersystem BESM arbeitete. Das sowjetische Computerprogramm war geheimnisumwoben. Bis zu Stalins Tod 1953 machte die UdSSR aus ihrer Forschung an digitalen Rechnern ein Enigma. Sowohl die Sicherheits- und Geheimhaltungsdirektiven des Kalten Krieges als auch die Konkurrenz zwischen den einzelnen Forschungsinstituten, die – wie das Team des BESM und des gleichsam in Moskau gebauten Röhrencomputers STRELA – im Wettbewerb um staatliche Förderprogramme zur Serienproduktion standen, verhinderten in vielen Fällen die Kooperation durch den Eisernen Vorhang hindurch.[136] Mahalanobis gehörte zu den ersten auswärtigen Gästen des Moskauer Instituts, die den sowjetischen Rechner besichtigen durften. Dem *Hindustan Standard* sagte er später, das Institut sei »well staffed and equipped as any in the United States«.[137] Die Atmosphäre schien günstig. Als die UdSSR Gelder zum Erwerb eines Rechners versprach, regte Mahalanobis sogleich an, diese aus den (unmittelbar verfügbaren) sowjetischen Einlagen bei der United Nations Technical Assistance Administration (UNTAA) zu beziehen. Der Rechner solle in den Besitz der Regierung übergehen, das ISI werde indes das Zentrum der nationalen Computerproduktion.

Im Oktober schrieb Mahalanobis euphorisch: »a long cherished idea would be on the way to realization, namely, the building of high speed electronic computers and other calculating machines in India«. Statistik sei »as essential and as important in relation to planning as vitamin is in relation to health«.[138] Die bittere Erfahrung der Zurückweisung klang hier deutlich zwischen den Zeilen durch. Der in Moskau gefertigte URAL-Rechner, der nach einiger Verzögerung am 20. Dezember 1958 in Kalkutta eintreffen und beeindruckende 100 Rechenoperationen pro Sekunde durchführen sollte, verlieh dem ISI das

135 P.C. Mahalanobis: Soviet Electronic Computer and Equipment in the Indian Statistical Institute. Note handed over to the Prime Minister for his Information, 4.3.1959, Record No. 73, PCMMMA. Mahalanobis berichtete, er habe Menshikov mangels besseren Wissens um das – geheime – sowjetische Computerprogramm zu reizen versucht: »Surely, U.S.S.R. can have no objection to giving or teaching us things which are known to the Americans.« Lachend habe dieser erwidert: »Why don't you ask us?«
136 Vgl. Georg Trogemann/Alexander Y. Nitussov/Wolfgang Ernst: Computing in Russia. The History of Computer Devices and Information Technology Revealed, Braunschweig/Wiesbaden 2001, S. 76-103, 163-188.
137 Soviet Experts to Visit India, in: Hindustan Standard, 19.7.1954, Nachdruck des Artikels in Desp. No. 536, RG 59, Central Decimal Files (CDF), India 1950-54, Box 5561, File 891.00/11-1254, National Archives and Records Administration (NARA), College Park, MD. Zu den Computerplänen des ISI vgl. zudem allg. Menon: Machine, S. 438f.
138 P.C. Mahalanobis an P. Pant, 2.10.1954, Record No. 90, PCMMMA.

Abb. 1: Sowjetisch-amerikanische Computer-Kooperation am Indian Statistical Institute in Kalkutta. Quelle: Samvadadhvam. House Magazine of the Indian Statistical Institute (1957).

erhoffte Prestige. Die *Times of India* berichtete enthusiastisch, der Computer rechne »600 times faster than a single man«.[139]

Die Akquise dieses Computers war, wie Mahalanobis bezeugte, zugleich ein Symbol postkolonialer Befreiung: »I shall not be happy until we become independent of other countries in the matter of calculating machines.«[140] Vor diesem Hintergrund ist die strategische Flexibilität, mit der sich Computerpioniere wie Mahalanobis, Homi J. Bhabha und Vikram A. Sarabhai zwischen den Fronten des Kalten Krieges zu bewegen wussten, zu verstehen. Ihre Schaukelpolitik war ein Mittel nationaler Selbstermächtigung. Mit der Strategie des »dritten Wegs« positionierte sich das »bündnisfreie« Indien wenig später zwischen den Blöcken. Das Gros der Computer und Präzisionsmessgeräte, die in den 1950er Jahren aus der UdSSR nach Indien kamen, wurde derweil von der UN/TAA getragen. Praktisch bedeutete dies, dass unter den Supervisoren des Programms auch Amerikaner waren, die den sowjetischen Rechner in Betrieb nahmen. Die Hauszeitung des ISI dokumentierte diese sowjetisch-amerikanische Kooperation im März 1957 (Abb. 1).[141]

Während Mahalanobis am ISI in der Folge seine guten Kontakte in die UdSSR ausbaute, setzte Bhabha am TIFR auf die Unterstützung westlicher Expertise. Norbert Wiener (MIT), Maurice V. Wilkes (Cambridge) und John von Neumann (Princeton) zählten zu seinen engsten Kontakten.[142] So bedeutete

---

139   Quality Control Talks begin in Calcutta, in: Times of India, 21. 12. 1958, S. 7. Vgl. Soviet Electronic Computer – URAL, in: Samvadadhvam 2,4 (1958), S. 22 f.
140   P. C. Mahalanobis an P. Pant, 2. 10. 1954, Record No. 90, PCMMMA.
141   Soviet-American Cooperation at the Institute, in: Samvadadhvam 1,3 (1957), S. 48. Hier stellte symbolträchtig das Kind eines amerikanischen Experten im Bereich der Qualitätskontrolle den sowjetischen Tabulator an.
142   M. G. K. Menon: Homi Bhabha and Self-Reliance, in: R. K. Shyamasundar/M. A. Pai (Hrsg.): Homi Bhabha and the Computer Revolution, Oxford 2011, S. 107-117,

gerade Mahalanobis' Verbindung in die UdSSR ein massives Hindernis, einen Digitalrechner aus den Vereinigten Staaten zu importieren. Ein Telegramm der amerikanischen Botschaft in Delhi, klassifiziert als geheime Sicherheitsinformation, zeichnete ein zwielichtiges Bild des Direktors. Mahalanobis war in den Augen der Botschafter »[a] notorious fellow traveller and sympathizer of the Soviet Union, [...] his Indian Statistical Institute functions in part as a Communist apparatus«.[143] Mahalanobis' Bewunderung für das sowjetische Modell der Planung, die rasche Industrialisierung und die Expansion des staatlichen Sektors in der UdSSR machte ihn verdächtig: »It will be noted that the present position of the Embassy and TCM/India is not to give any assistance to the Indian Statistical Institute because of Professor Mahalanobis' reputation of being at least a fellow traveller.«[144] Zwar schien sich bis 1957 die Stimmung nochmals zu seinen Gunsten zu drehen, und die Technical Cooperation Mission in Delhi schlug Washington sogar die 1,5 Millionen Dollar schwere Anschaffung eines UNIVAC für das ISI vor. Doch zerschlug sich auch diese Chance letztlich wieder.

Der URAL-Rechner hingegen erwies sich als Stütze des Instituts. Nachdem Spezialisten der UdSSR – unter anderem Vitalii Ditkin, der Direktor des Institute of Precision Mechanics and Computer Engineering, und seine leitenden Ingenieure – ans ISI gekommen waren und die sowjetischen Ingenieure nur wenig später den Rechner über drei Monate installierten, hatte sich die Computergruppe des ISI rasch in die Funktionsweise des neuen Computers einarbeiten können. Die Erfahrung, die sie bei der Einrichtung der HEC sammeln konnten, kam ihnen hier zugute, da auch die lediglich russischen Anleitungen praktisch unbrauchbar waren. Die Expertise aber wuchs und ausgangs der 1950er Jahre zählte die Computer Division bereits 30 Personen, die für den in zwei Schichten laufenden Betrieb des Rechners verantwortlich zeichnete. So kam auch die »Computer Society of India« im Dezember 1965 zu ihrer ersten Generalversammlung in Kalkutta am ISI zusammen. De facto war dieses an der Schwelle zu den 1960er Jahren das nationale Computerzentrum Indiens.[145] Der Traum eines Computers *made in India* lebte weiter. Doch setzte die Konkurrenz bereits zum Sprung an.

    hier: S. 108; Andreas Hilger: Revolutionsideologie, Systemkonkurrenz oder Entwicklungspolitik? Sowjetisch-indische Wirtschaftsbeziehungen in Chruschtschows Kaltem Krieg, in: Archiv für Sozialgeschichte 48 (2008), S. 389-410, hier: S. 399 f.
143 Professor P.C. Mahalanobis, 30.7.1953 [Desp. No. 192], RG 59, CDF, India 1950-54, Box 5569, File 891.00/7-3053, NARA. Vgl. dazu Menon: Machine, S. 447.
144 United States and USSR Economic Interests in India, 12.11.1954 [Desp. No. 536], RG 59, CDF, India 1950-54, Box 5561, File 891.00/11-1254, NARA. Vgl. auch: Political Considerations in Connection with the Proposed Electronic Computer Project for the Indian Statistical Institute, 11.4.1957, RG 469, Entry No. (P) 279, Box 1, NARA. Trotz der Ablehnung aus den USA blieb Mahalanobis lange unverdrossen. Noch eingangs der 1960er Jahre suchte er die Chance, einen UNIVAC ans ISI zu holen. Vgl. John K. Galbraith: An Ambassador's Journal, Boston 1969, S. 83.
145 Vgl. Dutta Majumder: Thoughts on Emergence of IT Activities in India, in: Banerjee (Hrsg.): Computer Education, S. 3-8, hier: S. 3 f.

2.4 Der Anbruch des digitalen Zeitalters

Zu den wichtigsten Institutionen im indischen Wissenschaftssystem zählte das Tata Institute of Fundamental Research in Bombay. Zum 1. Juni 1945 nahm das TIFR seine Arbeiten am Campus des Indian Institute of Science in Bangalore auf, ein Jahr später zog es nach Bombay um. Für die Finanzierung des Instituts zeichneten zu gleichen Teilen die Regierung von Maharashtra und die philanthropische Stiftung des großindustriellen Tata-Imperiums, der Sir Dorabji Tata Trust, verantwortlich.[146] Mit dem »Tripartite Agreement« vom 1. April 1956 übernahm auch die Zentralregierung in Delhi einen Teil der Finanzierung. Das Atomenergieministerium (DAE), das die versorgungs- und sicherheitspolitische Relevanz dieser Investition erkannte, sicherte schließlich seine besondere Unterstützung zu. So verschmolzen binnen einer Dekade akademische, privatwirtschaftliche und politische Interessen unter dem Dach des TIFR.

Die zentrale Figur des neuen Forschungsinstituts war Homi J. Bhabha, der als erster Direktor auch den Gründungsprozess maßgeblich vorangetrieben hatte. In einem Brief an Jehangir R. D. Tata, den Vorstandsvorsitzenden der Tata-Unternehmensgruppe, hatte er bereits im August 1943 Alarm geschlagen: »the lack of proper conditions and intelligent financial support hampers the development of science in India at the pace which the talent in the country would warrant.«[147] Als Tata im September positive Signale sendete und Bhabha ermutigte, konkrete Vorschläge zur Ausgestaltung eines Instituts vorzulegen, begannen die Planungen. Die Unterstützung des Familienkonzerns, der seit der Gründung 1870 in der Metall- und Rohstoffverarbeitung, der Energieversorgung und ab 1945 auch der Automobilproduktion zu den wichtigsten Spielern des indischen Marktes zählte, war von unschätzbarer Bedeutung.

J. R. D. Tata zählte neben G. D. Birla und Walchand Hirachand zu den herausragenden indischen Unternehmerpersönlichkeiten dieser Jahre. Da das Imperium der Tatas rasch expandierte, suchte dieser nach strategischen Handelspartnern. In einem Interview mit der *New York Times* brachte er sich am 8. Februar 1943 bereits in Stellung:

> We have all the important material resources except oil […] and we have inexhaustible manpower, which has proved that with training it is as good as any. […] Enormous returns would follow investment of revenues in roads, sanitation, education and agricultural improvement […] The British need not go, but they have antagonized us by their die-hard tactics and done so much to retard Indian independence that I am afraid they will find it difficult to carry on. If they had made friends with us they would have Indian

---

146 N. R. Puthran: Tata Institute of Fundamental Research 1945-1970, Bombay 1977, S. 5.
147 Vgl. Tata Institute of Fundamental Research: Inauguration of New Buildings, Bombay, 15.1.1962, Bombay 1962, S. 25 f. Im Archiv des TIFR gibt es indes keine Spuren dieses Briefwechsels. Vgl. Indira Chowdhury: Growing the Tree of Science. Homi J. Bhabha and the Tata Institute of Fundamental Research, Oxford 2016, S. 15 f.

good-will, but they are deluding themselves in counting on it now. In the future India's links will be with the United States rather than Britain.¹⁴⁸

Der Appell Tatas, die »Zukunft« Indiens liege in den Vereinigten Staaten, war mehr als nur ein Ausdruck politischer Überzeugungen, es war zugleich und in erster Linie ein Ergebnis ökonomischer Rationalität, die sich am raschen Wachstum der amerikanischen Industriezweige schulte. Im Mai 1945 brachen Tata, Birla und eine kleine Delegation indischer Unternehmer zu einer Reise nach Großbritannien und in die USA auf, zu der die indische Regierung im Oktober 1944 eingeladen hatte. Unter dem Eindruck des Krieges und angesichts der heiklen politischen Lage bemühte sich die Delegation, den »inoffiziellen« Charakter ihrer Mission herauszustellen.¹⁴⁹ Über das Ergebnis ihrer Beobachtungen informierte die indische Fachzeitschrift *Current Science* im September 1945: Hinsichtlich ihrer industriellen Entwicklung seien die Amerikaner, so die einhellige Meinung der Delegation, den Europäern zwar klar voraus, im Bereich der Forschung aber sei Großbritannien auf der Höhe. Die indische Industrie bedürfe vor allem des Imports von Spitzentechnologien:

> We have come back more than ever convinced that only by means of large-scale industrialisation backed by massive scientific research and education, can India hope to emerge from her poverty and distress and rapidly build up the high standard of living to which her people are entitled.¹⁵⁰

Zur Unterstützung dieses Vorhabens hatte sich bereits kurz zuvor eine Mission indischer Wissenschaftler, darunter M. Saha, S. S. Bhatnagar und S. K. Mitra, gebildet, die zwischen Oktober 1944 und Februar 1945 verschiedene Labore und Forschungseinrichtungen in Großbritannien, den USA und Kanada besuchte und dabei zugleich neue Kontakte zu Forschern und Beratern im Westen knüpfte. Der Report, den die »Scientific Mission« im Anschluss über den Status des indischen Wirtschaftssystems vorlegte, glich einer einzigen Mängelliste. In puncto Industrialisierung, Energie- und Produktionskapazitäten lag Indien deutlich hinter den eigenen Zielen und noch viel weiter hinter Großbritannien und den USA zurück, auch die gesamtwirtschaftliche Analyse war wenig ermutigend. Im Hinblick auf die Einschätzungen ausländischer Experten konstatierten die Verfasser bitter:

> These foreign experts – ignorant of conditions which obtain in the country – pay flying visits to a number of important cities, contact high officials, go through official records and then submit a report offering broad and vague generalisations on which no constructive work can be undertaken.¹⁵¹

148 Indians Control Bombay Industry, in: New York Times, 8. 2. 1943, S. 7.
149 Russi M. Lala: Beyond the Last Blue Mountain. A Life of J. R. D. Tata, Neu Delhi 1992, S. 225-232.
150 Indian Industrialists Delegation Abroad, in: Current Science 14,9 (1945), S. 218 f.
151 Indian Scientific Mission. Report of the Indian Scientific Mission on Their Visit to UK, USA and Canada during 1944-1945, S. 160 f. R/5: 6 (079/Ind), Saha Institute of

Auch deshalb sei eine rasche Nationswerdung umso dringlicher. Homi J. Bhabha nutzte derweil J. R. D. Tatas persönliche Unterstützung und die Netzwerke des Konzerns zur Gründung seines Forschungsinstituts. Dass Bhabha väterlicherseits ein Teil der Tata-Familie war, erleichterte freilich dieses Vorhaben. Gegenüber Sohrab Saklatvala, dem Vorsitzenden des Tata Trusts, konnte er so bereits am 12. März 1944 voller Überzeugung reklamieren: »It is absolutely in the interest of India to have a vigorous school of research [...] also in problems of immediate practical application in industry.«[152] Bombay sei dazu der ideale Ort, »one of the first and most progressive cities in India«. Hier begegneten sich akademische und industrielle Ambitionen. Der Bombay-Plan sei ein Sinnbild dessen. Seine Ideen hatte Bhabha in Bombay und Delhi zuvor schon dem Generalsekretär der Royal Society, dem britischen Biophysiker Archibald V. Hill, vorgetragen, der ab 1943 entscheidend in die Pläne zur Erneuerung des indischen Wissenschafts- und Industriestandorts involviert war und noch im Januar 1945 die prinzipielle Unterstützung der britischen Krone bekräftigte. J. R. D. Tata sei gleichwohl, so Hill, nochmals klar auszurichten: »people here really do want to help – but don't like being regarded as tricksters«.[153] Zur Durchsetzung seiner Ziele suchte Bhabha derweil allerorts Unterstützung: »first pick up an outstanding man, and then build an institute for him.«[154] Noch bevor sich ein endgültiges Ergebnis abzeichnete, erläuterte er dem Astrophysiker Subrahmanyan Chandrasekhar am 20. April daher seine Ambitionen:

> I have recently come to view that, provided proper appreciation and financial support are forthcoming, it is the duty of people like us to stay in our own country and build up outstanding schools of research such as some other countries are fortunate enough to possess. [...] It is our intention to bring together as many outstanding scientists as possible [...] so as to build up in time an intellectual atmosphere approaching what we knew in places like Cambridge and Paris.[155]

Bombay, Cambridge, Paris – die hochgesteckten Ziele waren der merkliche Ausdruck neuen indischen Selbstbewusstseins. Auf die Vermittlung des Treuhänders Rustum D. Choksi erklärte der Vorstand des Tata Trusts im April 1945 schließlich seine Zustimmung zur Gründung und Finanzierung des Instituts. Bereits im ersten Jahr lag das Budget des Instituts bei 80.000 Rupien (circa 25.000

    Nuclear Physics Archives. Zit. n. Chowdhury: Tree of Science, S. 6f. Vgl. Pramod Naik: Meghnad Saha. His Life in Science and Politics, Cham 2017, S. 97-103.
152 H. J. Bhabha an Sir Sohrab D. Saklatvala, 12. 3. 1944, S. 2, D-2004-2026, Tata Institute of Fundamental Research Archives (TIFR), Mumbai, Indien.
153 A. V. Hill an H. J. Bhabha, 6. 1. 1945, S. 6, D-2004-00345-9, TIFR-Archives.
154 H. J. Bhabha an S. D. Saklatvala, 12. 3. 1944, S. 5, D-2004-2026, TIFR Archives.
155 H. J. Bhabha an S. Chandrasekhar, 20. 4. 1944, S. 1-2, D-2004-00227-1, TIFR Archives. Zur Gründung des Instituts vgl. H. J. Bhabha an S. Chandrasekhar, 21. 5. 1945, S. 1, D-2004-00227-5, TIFR Archives.

US-Dollar). Das CSIR offerierte 75.000 Rupien sowie zur Ausbildung von Forschergruppen bis 1948 weitere 50.000 Rupien per anno. So verfügte das TIFR rasch über beträchtliche Finanzmittel, zumal auch das Volumen der Regierungsbeteiligung während der kommenden Jahre ebenfalls kontinuierlich stieg.[156] Im Rahmen der Einweihungszeremonie im Dezember 1945 würdigte Bhabha die großzügige finanzielle und zugleich administrative Unterstützung seines Instituts. Während Forschung ausgangs des 19. Jahrhunderts lediglich eine »curiosity pursued by men with a deep interest in nature« gewesen sei, zeige sich nun: »The pursuit of science and its practical application are no longer subsidiary social activities today.«[157] Akademische Anstrengungen seien derweil ohne Kooperation und Netzwerkbildung kaum mehr zu denken. Zu Bhabhas persönlichem Netzwerk zählte neben J. R. D. Tata und Meghnad Saha vor allem Shanti Swarup Bhatnagar, der Direktor des neu eingesetzten CSIR.

Am 17. Oktober 1945, wenige Tage vor der Gründung der Vereinten Nationen und etwas mehr als zwei Monate nach der Zerstörung Hiroshimas, sprach Bhatnagar im *All India Radio* in Neu Delhi. Er präsentierte, was er »My Utopia« nannte: »The true scientist«, sagte Bhatnagar, »who is as much a visionary as a realist, should accept the invitation not as a challenge but as a triumph of the cause he stands for.«[158] So proklamierte er – wie viele liberale Stimmen dieser Jahre – das Ideal einer Forschung im Dienste humanitärer Ziele. In einer in Unordnung geratenen Welt, die von politischen und religiösen Konflikten bestimmt werde, sei die Wissenschaft, so Bhatnagar, eine verbindende Kraft, die das Wohl der Menschen im Visier haben müsse. Seine Utopie zeichnete das Bild einer akademischen Welt, die sich den Machtspielen und der Geheimpolitik des Kalten Krieges verschloss. Einige Jahre später betonte auch Nehru in gleichem Geiste:

> We are now entering an age when scientists begin to function like the high priests of old, who looked after the sacred mysteries; we all bow down to them in reverence and awe. [...] Perhaps the scientist might [...] make a better job of it, if he has a chance in the future, than the politician.[159]

Im Beratungsgremium des Instituts saß Bhatnagar ab April 1947. Im gleichen Jahr übernahm er die Leitung des CSIR. Am 1. Januar 1954, im Rahmen der Feier anlässlich der Grundsteinlegung am TIFR, bekräftigte Bhatnagar sein Vertrauen in Bhabha, indem er ihm die zentrale Rolle im Prozess der Neuordnung des Wissenschaftssystems zuwies: »I am the conductor and

---

156 Vgl. Chowdhury: Tree of Science, S. 47; Robert S. Anderson: Building Scientific Institutions, Montreal 1975.
157 Homi J. Bhabha, Rede, TIFR Inauguration Ceremony, 19.12.1954, Transkript, S. 4, TIFR Archives.
158 Shanti S. Bhatnagar: My Utopia – A Scientist Speaks. Rede im All India Radio, New Delhi, 17.10.1945, S. 1, D-2004-00001-32, TIFR Archives.
159 Tata Institute of Fundamental Research: Inauguration, S. 47.

Dr Bhabha is my driver.«[160] So zählte er bis zu seinem Tod 1955 zu den großen Förderern Bhabhas. Bereits 1947 hatte er etwa zugunsten eines nationalen Instituts für atomare Forschung interveniert, das ein elementarer Baustein des neuen TIFR werden sollte.[161] In seiner berühmten Rede verglich er die Wissenschaften mit dem sagenumwobenen Mangobaum indischer Mythologie. Die Früchte dieses Baums seien nie für die bestimmt, die ihn pflanzen, doch erwarte spätere Generationen, so Bhatnagar, auch hier umso reichere Ernte:

> I am like an old gardener planting a mango tree. You ask me whether I expect to eat mangoes from this tree. At my age I know I perhaps go [sic!] but all my life I have enjoyed mangoes not from a tree planted by myself. I would not have had mangoes if other men had not done what I am doing now.[162]

Das Gleichnis schlug so eine Brücke zwischen der Tradition indischer Forschung und den internationalen Ambitionen des TIFR, die J. R. D. Tata und Bhabha als Sinnbild ihrer »philosophy of excellence« sahen.[163] Als Bhabha im Oktober 1963 vor dem Jahreskongress des National Institute of Sciences of India seine Konzepte zur Institutionenbildung vorstellte, erinnerte er sich schließlich an die Worte seines Freundes:

> I feel that we in India are apt to believe that good scientific institutions can be established by Government decree or order. *A scientific institution, be it a laboratory or an academy, has to be grown with great care, like a tree.* Its growth in terms of quality and achievement can only be accelerated to a very limited extent. This is a field in which a large number of mediocre or second-rate workers cannot make up for a few outstanding ones, and the few outstanding ones always take at least 10 to 15 years to grow.[164]

---

160 S. S. Bhatnagar, Rede, TIFR Foundation Stone-laying Ceremony, 1.1.1954, Transkript, S. 1-2, TIFR Archives. Die privaten Briefwechsel belegen das enge, freundschaftliche Verhältnis. Vgl. exempl. S. S. Bhatnagar an H. J. Bhabha, 9. 2. 1950, S. 1, D-2004-00192-6, TIFR Archives; H. J. Bhabha an S. S. Bhatnagar, 31. 8. 1953, S. 1, D-2004-00227-20, TIFR Archives.

161 Vgl. H. J. Bhabha an S. S. Bhatnagar, Telegramm, 25. 7. 1947, S. 1; S. S. Bhatnagar an H. J. Bhabha, 26. 7. 1947, S. 1; S. S. Bhatnagar an R. Choksi, 26. 7. 1947, File No. 6 (No. G/71): TIFR, Bombay, Doc. No. 15-17, S. S. Bhatnagar Papers, National Archives of India (NAI), Neu Delhi.

162 S. S. Bhatnagar, Rede, TIFR Foundation Stone-laying Ceremony, 1.1.1954, Transkript, S. 1-2, TIFR Archives.

163 J. V. Kotwal, Oral History Interview. Transkript, 31. 10. 2003/15. 1. 2004, S. 77, TIFR Archives.

164 Homi J. Bhabha: Presidential Address. National Institute of Science [1963]. Zit. n. R. K. Shyamasundar/M. A. Pai: Homi Bhabha, Big Science and the IT Revolution in India, in: dies. (Hrsg.): Homi Bhabha, S. XIX-XXXIII, hier: S. XXIII. Vgl. Chowdhury: Tree of Science, S. 48-50. Hervorhebung durch den Verfasser.

So blieben Forscher, die nach Indien kämen, »Pioniere« in einem rückständigen Land.¹⁶⁵ Einzelne Forschungszentren seien zwar in der Lage, in die Weltspitze vorzustoßen, doch gelte es zugleich die langfristigen Auswirkungen einer solchen Förderung zu bedenken, wie Bhabha 1950 bemerkte: »all the best people have migrated to research institutes [...]. The standard of teaching in universities is even worse than it was 10 years ago.«¹⁶⁶ Auch deshalb müsse die Stärkung des internationalen Wissensaustauschs ein zentrales Anliegen werden.

Bhabhas Ideal des Internationalismus war auch das Ergebnis seines eigenen biographischen Werdegangs. Nach dem Studium in Cambridge pflegte er in den 1930er Jahren ebenso intensive Kontakte zu britischen wie zu amerikanischen und europäischen Koryphäen im Bereich der theoretischen Physik und der Mathematik, darunter Niels Bohr, Enrico Fermi, Wolfgang Pauli oder auch John von Neumann. Nachdem ihm der Ausbruch des Zweiten Weltkriegs während seines Heimaturlaubs in Indien die Rückkehr nach England verwehrte, wurde er Lektor und später Professor am Indian Institute of Science in Bangalore, wo er schon bald die Abteilung zur kosmischen Strahlenforschung leitete. Seine Vorstellung von Staatsbürgerschaft schulte sich am Kosmopolitanismus in Bombay. Doch blieb die Gründung des TIFR eine dezidiert »nationale« Aufgabe. Indira Chowdhury hat diese Ambivalenz von Nationalismus und Internationalismus eindrücklich beschrieben: »The architecture of the institute was international in style but the process of building was one in which Bhabha took immense nationalist pride.«¹⁶⁷

Trotz dieser Anstrengungen lag das indische Wissenschaftssystem in den Augen der Kritiker noch Anfang der 1960er Jahre am Boden. Ein Artikel aus dem Jahr 1963 führte die Strukturprobleme auf das Erbe des Kolonialismus zurück:

> The universities were primarily literary and abstract in their orientation, the civil services were modelled on the metropolitan services which stressed humanistic, legal and administrative studies (occasionally mathematics) as preparation for entry, and politics naturally had no place for science – even radical and socialist politics which spoke of planning and of ›scientific socialism‹. This was approximately the cultural situation of science on the accession of independence and it has not changed greatly since then.¹⁶⁸

Mehr noch als die Bereitstellung adäquater Forschungseinrichtungen und -ausstattungen sei die Unterstützung einer dynamischen Forschungskultur und einer lebendigen »scientific community« von zentraler Bedeutung:

---

165 So bereits H. J. Bhabha an S. Chandrasekhar, 28. 9. 1945, S. 7, D-2004-00227-10, TIFR Archives.
166 H. J. Bhabha an Harish-Chandra, 20. 11. 1950, S. 1, D-2004-00226-36, TIFR Archives.
167 Chowdhury: Tree of Science, S. 58.
168 Stevan Dedijer: Underdeveloped Science in Underdeveloped Countries, in: Minerva 2,1 (1963), S. 61-81, hier: S. 68 f. Alle folgenden Zitate finden sich a. a. O.

> Not only is equipment and financial provision incomparably poorer than it is in advanced countries, but scientific administration is usually far more bureaucratic and antipathetic to the needs of scientists for freedom from petty controls.

Auch Bhabha kritisierte die bürokratischen Mühlen der indischen Wissensadministration. Bereits 1950 schlug er der Planungskommission vor, ein eigenständiges Forschungsministerium zu errichten, da bis dato Forschung und Ausbildung unter den Auspizien des Bildungsministeriums standen.[169] Nehru gegenüber propagierte er verschiedene Maßnahmen zur Neuordnung der Forschungsadministration:

> In any case, the fact that the national laboratories, which are the best equipped and most up to date scientific laboratories in India, are under the Ministry of Natural Resources and Scientific Research while a number of other scientific institutions doing advanced teaching and research such as the Indian Institute of Science at Bangalore are under the Ministry of Education is the cause of a considerable lack of coordination, unnecessary duplication, and waste.[170]

Obwohl Nehru den Plänen grundsätzlich zustimmte, kam es letztlich zu keiner der Maßnahmen. Dies lag auch daran, dass auch im TIFR administrative Probleme allgegenwärtig waren. Allein die Bearbeitung von Sach- und Reisezuschüssen dauerte Monate. Bhabha nominierte so Anfang der 1960er Jahre E. C. Allardice, einen ehemaligen Indian Civil Service Officer, als Deputy Director of Administration.[171] Dies erwies sich als umso wichtiger, als das TIFR in den ersten Jahrzehnten rasch wuchs. Im Jahr 1948 zählte es 13 wissenschaftliche Mitarbeiter, sechs Techniker, fünf Doktoranden und acht Verwaltungsangestellte. Binnen eines Jahres hatten sich die Zahlen bereits annähernd verdoppelt. Zu Beginn der 1960er Jahre gab es rund 150 wissenschaftliche und technische Mitarbeiter, deren Zahl bis 1965 – dank der Einrichtung des Nationalen Computerzentrums – sogar auf circa 550 kletterte.[172] 1970 beschäftigte das TIFR über 1400 Personen, darunter 350 Wissenschaft-ler und Ingenieure im Bereich Forschung und Entwicklung. In einem Interview 1963 deutete Bhabha indes die Schattenseiten des schnellen Wachstums an:

---

169 Auszüge aus Bhabhas Notiz über »Scientific Education and the Utilisation of Scientific Manpower« an die Planungskommission im September 1950, Appendix, S. 1, D-2004-00474-1, TIFR Archives.
170 H. J. Bhabha an J. Nehru, 28. 2. 1952, S. 2, D-2004-00474-1, TIFR Archives.
171 H. J. Bhabha an E. C. Allardice, 10. 4. 1962, S. 1, D-2004-00140, TIFR Archives.
172 Tata Institute of Fundamental Research Annual Report 1945-1970, Bombay [um 1970], S. 53-55. History and Public Policy Program Digital Archive, Institute for Defence Studies and Analyses (IDSA), Tata Institute of Fundamental Research, IDSA-TIFR-1945-1970, Wilson Center Digital Archives. URL: http://digitalarchive.wilsoncenter.org/document/114197 [abgerufen am 15. 8. 2022]. Vgl. dazu auch Puthran: TIFR 1945-1970, S. 38 f.

> Interviewer: What is your most serious problem? – Bhabha: [Long pause] An answer which may surprise many people – the right administrative setup. Our administration is not adapted to the requirements of the technological age. We have inherited from the past a very high grade of administrators. In their own line they are first-class [...] but their whole background is [...] not adapted to the administration of laboratories, plants, factories etc. The administrator with a technical background is something we have yet to develop in adequate numbers.[173]

Am 7. Januar 1966, knapp drei Wochen bevor er bei einem Flugzeugabsturz tödlich verunglückte, setzte er in einer Rede vor dem International Council of Scientific Unions in Bombay eindrücklich hinzu:

> It is thought by many that we are reasonably advanced in administration but backward in science and technology. This statement is misleading. We have fortunately inherited extremely competent administrative services capable of dealing with all the types of administration which had to be dealt with before independence, in what was intended to be a static and underdeveloped economy. Consequently, experience of the type of administration needed for industry and for science and technology has been lacking. [...] the general absence of the proper administrative setup for science is a bigger obstacle to the rapid growth of science and technology than the paucity of scientists and technologists [...] It must necessarily be done, as in technologically advanced countries, by scientists and technologists themselves.[174]

Bhabhas Kritik an den Rahmenbedingungen der Forschung passte ins Bild. Am TIFR wich die Euphorie in den 1960er Jahren allmählich der Ernüchterung ob der politischen Widerstände und bürokratischen Hemmnisse. Es mehrte sich die Rede von verpassten Chancen. Obschon das TIFR zahlreiche Forschungsergebnisse publizierte, die den Abteilungen internationale Beachtung bescherten, dominierte die Wahrnehmung, in Bombay an der Peripherie des Geschehens zu sein. Ein Mitarbeiter erinnerte sich:

> At TIFR [it] was a very peculiar exercise every year where we would discuss who got the Nobel prize – somebody would give a talk and we would all sit there and listen. The fact of the matter was that TIFR was probably the best place at that time. Even in TIFR we were all peripheral players. It was like a football match where we were sitting and cheering.[175]

173 Homi J. Bhabha: Thinking Ahead with ... Homi Bhabha. Indian Development Strategy. Interview, in: International Science and Technology 22 (October 1963), S. 93-98, hier: S. 98.
174 Ders.: Science and the Problems of Development, in: Science 151,3710 (1966), S. 548.
175 Prof. Dr. P. Babu, Oral History Interview. Transkript, 26. 4. 2003, S. 17, TIFR Archives.

Die Problematik der Persistenz kolonialer Denkmuster und Abhängigkeitskomplexe klang auch in Homi Bhabhas Adresse vor den Vereinten Nationen im August 1955 durch. Darin erinnerte er an die bestimmende Rolle Europas als Taktgeber globalen Fortschritts nach der Industriellen Revolution.[176] Gegen die Tendenz einer europäischen Vereinnahmung Indiens durch Europa und die USA setzte er indes das Modell einer universalen Sprache der Wissenschaft, die »der ganzen Welt« gehöre und so schon deshalb ihrem Wesen nach global sei. Bildungs- und Forschungsinstitutionen hätten, so Bhabha, die Aufgabe, über nationale und kulturelle Grenzen hinweg zu vermitteln. Die Forschungsanstrengungen in den Jahren des Kolonialismus seien hingegen »gefesselt« gewesen durch eine Bürokratie, die keinen Wissensaustausch erlaubte. Im Geiste dieses Universalismus plädierte er deshalb dafür, einen Raum zu etablieren, der nationale Grenzen, alte Hierarchien und neue ideologische Gräben überwinde. Bhabha, dessen Andenken sich ironischerweise gleich nach seinem Tod nationalisierte, verkörperte so einen Internationalismus, der dem Siegeszug der indischen Technologienation und ihrer High-Tech-Industrie den Weg bereitete.[177]

Bhabha zählte zu den starken Figuren um Nehru. Wie S. S. Bhatnagar, der Direktor des CSIR, stand auch er im Rang eines Staatssekretärs und war in nahezu alle richtungsweisenden Entscheidungen im Bereich der Technologiepolitik involviert.[178] Von Nehrus Investitionsprogramm, das ab der Mitte der 1950er Jahre anschlug, profitierten sowohl er als auch Bhatnagar und Mahalanobis. In der Frage, ob sich die Forschung in den Diensten militärischer Erwägungen zu stellen habe, gingen ihre Meinungen allerdings stark auseinander. Ihr Dissens zeigte sich insbesondere, als die »atomare« Frage in den Vordergrund der Beratungen zu rücken begann.

Nehrus Ziel, so lautete stets die Meistererzählung, war ein »wissenschaftlicher« Staat, kein militärisch hochgerüsteter. Über die Pläne des ersten Oberbefehlshabers der indischen Armee, Sir Robert Lockhart, das Militär aufzurüsten, soll er denn auch 1947 gesagt haben: »We don't need a defence plan. Our policy is nonviolence. We foresee no military threats. Scrap the Army. The police are good enough to meet our security needs.«[179] Im Bereich der Forschungs- und Technologiepolitik aber bewies Nehru vor allem gewaltigen Pragmatismus. So unterstützte er die Atomic Energy Committee (AEC) aktiv, die ausgangs der 1950er Jahre zusehends auch die Frage atomarer Rüstung in den Blick nahm. In einer Rede zur Grundsteinlegung des TIFR bemerkte er:

176 Bhabha leitete die »International Conference on the Peaceful Uses of Atomic Energy«. Hierzu kamen 1.428 Delegierte aus 73 Nationen und 1.334 Beobachter nach Genf. Über die Konferenz berichteten über 900 Korrespondenten. Vgl. Ganesan Venkataraman: Bhabha & His Magnificent Obsessions, Hyderabad 1994, S. 152.
177 Vgl. Chowdhury: Tree of Science, S. 235 f.
178 Vgl. Dinesh C. Sharma: The Long Revolution. The Birth and Growth of India's IT Industry, Noida 2009, S. 45 f.
179 So überlieferte es D. K. Palit: Major General A. A. Rudra, Delhi 1997, S. 67. Vgl. kritisch Anderson: Nucleus, S. 207.

> How have other countries progressed and become more powerful? Because they have paid attention to science [...] Our army needs weapons. If we buy weapons from other countries we are submitting to them. We must make our own. If we have to create something like a factory we would have to learn by doing. We have to understand the fundamentals of nature. [...] Whether we make a bomb or not – Nuclear Energy can be useful.[180]

In der Rede von der »Bombe« zeigte sich, wie zerrissen Nehru bezüglich der Forschung in diesem Feld war. Einerseits betonte er entschieden den Nutzen zur Entwicklung der Nation und zur Sicherung eigener Ansprüche, andererseits schien ihm die militärische Verzweckung unheimlich. Meghnad Saha wandte sich angesichts dieser Ambivalenz sehr klar gegen eine Politik atomarer Rüstung. Als er im Juli 1955 aus der indischen Delegation zur Genfer Konferenz über den Einsatz von Atomenergie ausgeschlossen wurde, kritisierte er Nehru:

> Our failure in atomic energy work is due to the fact that our Government has committed all the blunders which the German Government committed during the war in its nuclear reactor and bomb project and something more [...] the analogy is too transparent to be missed by anybody. But I cannot help remarking that the latest administrative measures taken apparently to improve administration have made Dr. H.J. Bhabha a Fuhrer in atomic energy development in this country as Heisenberg was made [...]. The analogy is almost complete and I have no doubt that it will lead to the same disastrous results.[181]

Ebenso entschieden zeigte sich Mahalanobis, der über die mögliche Anwendung der Computertechnik, wie er sie aus der UdSSR zu importieren plante, schrieb: »Such developments are not of any interest to us especially those connected with guided missiles, or defence generally.«[182] Diese Aussagen aus den 1950er Jahren verleihen der These einige Evidenz, dass der indischen Technologiepolitik und insbesondere der Akquise von Computern – wenigstens zu Beginn – keine primär militärischen Absichten zugrunde lagen: »Unlike in the United States, England, or the Soviet Union, the Indian quest for computers was not militarily motivated – despite its proven utility and wide use in the field of defence from the Second World War.«[183] Die Annahme, dass die Forschung allerdings – gerade im Bereich der Computer Sciences – auch in der Folge lediglich zivilen Zielen diente, schien wenig überzeugend.

180 J. Nehru, Rede, TIFR Foundation Stone-laying Ceremony, TIFR Sound Recordings, 1.1.1954, TIFR Archives. Nehru begann seine Rede in Hindi, wechselte dann ins Englische. Vgl. Chowdhury: Tree of Science, S. 45.
181 M.N. Saha an J. Nehru, Brief, Entwurf, Juli 1955, M.N. Saha Papers, Saha Institute of Nuclear Physics Archives. Zit. n. Anderson: Nucleus, S. 243f.
182 P.C. Mahalanobis an P. Pant, Moskau, 7.7.1954, P. Pant Papers, 190 L(II), Correspondence, Bl. 58, NMML.
183 Menon: Machine, S. 440.

Im Forschungsprogramm des »Atomic State« verband sich das Interesse an Atomenergie eingangs der 1960er Jahre zusehends mit dem Paradigma der atomaren Rüstung. Der Bau der »Bombe« wurde hier als Zeichen neu gewonnener Autonomie und zugleich als Frage nationaler Sicherheit, angesichts der wachsenden Spannungen zu Pakistan und zum chinesischen Nachbarn, gesehen.[184] In diesem Feld bewegte sich auch die Computer-Forschung am TIFR. Das TIFR war sowohl personell wie auch institutionell eng mit der Atomenergiekommission verbunden. Der erste Rechner, den ein Team indischer Konstrukteure am TIFR eigenständig entwickelte, diente der Anwendung im Bereich der Atomenergie. So war das erste im TIFR designte Programm eigens dafür geschrieben, auf den Anlagen des ersten Reaktors Indiens (Apsara) zu laufen. Die Elektronikgruppe des TIFR war der Kern der späteren »Electronics Division« des Atomic Energy Establishment in Trombay, das über 560 Personen zählte. Zeitweilig wurden bis zu 175 Beschäftigte nach Trombay abgestellt;[185] die Verbindung von Nuklearphysik und Computerwissenschaften kennzeichnete so von Beginn an die Zusammenarbeit.

Der indisch-chinesische Grenzkrieg 1962 wirkte als Katalysator der Forschung zur Computertechnik und beförderte zugleich deren Indienstnahme durch das Militär. Rasch stellte sich die Forschung in die Dienste nationaler Verteidigung, wie sich M. G. K. Menon, der spätere Direktor des TIFR, erinnerte.[186] In der Eröffnungsrede zur zweiten Konferenz über Nuklearelektronik

---

184 Vgl. Srinath Raghavan: India in the Early Nuclear Age, in: Michael D. Gordin/G. John Ikenberry (Hrsg.): The Age of Hieroshima, Princeton/Oxford 2020, S. 129-143; Phalkey: Atomic State; Anderson: Nucleus, S. 264-267.
185 Vgl. P.V.S. Rao: Homi Bhabha and Information Technology in India. TIFRAC – India's First Computer, in: Shyamasundar/Pai (Hrsg.): Homi Bhabha, S. 3-16, hier: S. 3-5; Puthran: TIFR 1945-1970, S. 7, 18; Apsara Betters its Records, in: Times of India, 25.3.1965, S. 8. Ein Ergebnis dieser engen Verbindungen war die Gründung der »Electronics Corporation of India Limited« (ECIL) im Jahr 1967. Der Staatskonzern, der später zum »National Champion« der Computerindustrie auserkoren wurde, ging als Ableger des Atomenergieprogramms aus der »Electronics Division« des AEE hervor. So verschmolzen in der Folge Computer- und Atomprogramm, wobei zusehends auch Dual Use-Anwendungen erwogen wurden. Ausgangs der 1960er Jahre entwickelte die Elektronikgruppe in Trombay einen Digitalcomputer (Trombay Digital Computer, TDC-12) nach dem Vorbild US-amerikanischer Modelle (CDC PDP-8). Ab 1968 übernahm ECIL die (Weiter-)Entwicklung der Rechner, um die akademischen Grundlagenarbeiten in eine kommerzielle Produktion zu verwandeln. Vgl. Captain K. R. Ramnath an M. G. K. Menon, 26.10.1964, D-2004-01350-26; Technical Proposal for a Real Time Digital Computer for Space Science and Technology Centre Thumba, prepared by Computer Division, ECIL, Feb. 1969, Appendix: The Computer Group in Retrospect, o. S., D-2004-01050, TIFR Archives; Sharma: Outsourcer, S. 18-20, 43-45.
186 Vgl. Menon: Homi Bhabha, S. 108, 114-117; Ramesh Subramanian: Technology Policy and National Identity. The Microcomputer Comes to India, in: IEEE Annals of the History of Computing 36,3 (2014), S. 19-29, hier: S. 20f. So begannen in diesen Jahren auch die Bemühungen, computergestützte Raketensysteme zu ent-

der Internationalen Atomenergiebehörde (IAEA) 1965 in Bombay wurde Bhabha deutlich:

> It is now well recognized that without a full-fledged programme for the design and development of nuclear electronic equipment, no country can embark on any meaningful atomic energy programme. Thus, in any developing country, which does not already have an organized electronics industry, a self-reliant atomic energy programme will necessitate not only the indigenous development of nuclear electronic instruments, but also organized work on other aspects of electronics such as computers, process instruments, and control systems. [...] the electronics industry is still in infancy today, and except for radio receiver industry, which has taken root, and a couple of plants producing some electronic equipment for communication and defence, there is hardly any production of professional equipment in the country.[187]

Ein Jahr später konstatierte ein – von Bhabha ab 1963 geleitetes – Komitee zur Evaluierung der Elektronikindustrie:

> By the very nature of the technical situation in electronics, it is not possible to separate civilian production from military production, or production in the public sector from production in the private sector, and it is necessary to plan the development of the industry on an integrated basis.[188]

Um Bhabhas ambitionierte Ziele zu verwirklichen, brauchte es Computer.[189] 1955 begannen dazu die Anstrengungen am TIFR. Unter der Leitung von Rangaswamy Narasimhan entwickelte die »electronics production unit« des Instituts bis zum Februar 1960 den ersten vollständig in Indien hergestellten digitalen Rechner, den TIFR Automated Calculator, kurz TIFRAC.[190] Neben

wickeln und das Militär in der Nutzung der neuen Technik auszubilden. Vgl. dazu Sharma: Outsourcer, S. 28.

[187] Badanaval V. Sreekantan et al. (Hrsg.): Homi Jehangir Bhabha. Collected Scientific Papers, Bombay 1985, S. LXXI.

[188] Vgl. Electronics in India. Report of the Electronics Committee, Bombay 1966, S. 3, 80. Das TIFR leistete in der Folge einen zentralen Beitrag zur militärischen Forschung – unter anderem in Form eines computerisierten Luftabwehrsystems (Air Defense Ground Environment Systems – ADGES), eines Radarsystems (im Rahmen des Electronics and Radar Development Establishments – LRDE) und eines Kommunikationsnetzwerks (Army Radio Engineering Network – AREN). Vgl. Sen: Digital Politics, S. 69-73, sowie TIFR Collaborations, Sugata Sanyal. URL: https://web.archive.org/web/20190913113840/https://www.tifr.res.in/~sanyal/national.html [abgerufen am 15.8.2022].

[189] S. Chandrasekhar an H.J. Bhabha, 9.8.1945, S. 1-2, D-2004-00227-8, TIFR Archives.

[190] Nachdem der Computer bereits ab dem 22. Februar 1960 in Betrieb gewesen war, wurde er am 15. Januar 1962 von Premierminister Nehru, am Rande seines Besuchs zur Einweihung des neuen Institutsgebäudes, auf den Namen »TIFRAC« getauft. Vgl. Rangaswamy Narasimhan: Men, Machines, and Ideas. An Autobiographical

Narasimhan, der nach dem Bachelor am Guindy College of Engineering in Madras einen Master in Elektrotechnik am California Institute of Technology sowie einen Doktor der Mathematik an der Indiana University in den USA erworben hatte, zeichneten vor allem D.Y. Phadke, der Leiter der Instrumentensektion am TIFR, und der Physiker P.V.S. Rao für die Entwicklung des Rechners verantwortlich. Zur weiteren Entwicklergruppe gehörten fünf Ingenieure und Mathematiker. Der britische Nobelpreisgewinner Sir John Cockcroft, der Bhabha noch aus Studientagen sehr verbunden war, unterstützte die Planungen ebenso wie Maurice Wilkes, dessen »Mathematical Laboratory« in Cambridge Bhabha ausgangs der 1950er Jahre besuchte, um Expertise einzuholen.

Nachdem 1953 der erste (analoge) Computer Indiens am ISI entstanden und 1955 auch der erste digitale Rechner aus Großbritannien in Kalkutta angekommen war,[191] zog das TIFR nun nach. Der TIFRAC, der eine eigene Maschinensprache besaß, war ein Großrechner der ersten Generation. Er bestand aus 2.700 Elektronenröhren, 1.700 Kristalldioden und 12.500 Widerständen, und der Magnetkernspeicher verarbeitete eine Datenmenge von 2.048 Wörtern à 40 Bits. Die Maschine basierte auf dem Modell des Illinois Automatic Computer (ILLIAC). Narasimhan hatte dessen Funktionsweise in den USA bereits einige Monate studieren können, bevor er nach Bombay kam. Doch blieb es ein steiniger Weg. In seinen Erinnerungen gab er zu Protokoll, dass die Atmosphäre am TIFR zwar inspirierend gewesen sei, die Begegnungen der einzelnen Forschergruppen aber – abseits von Workshops und Vorträgen – eher rar waren:

> There was hardly any interaction with the other academic people while the machine was being built. It is not as if the other departments would come and talk to us. [...] I suppose it was probably a lack of curiosity. Till the computer was completed, people took the view that it was not their business. [...] By that time unfortunately personally I had become rather disillusioned because of the amount of time it had taken and the lack of interest and things like that. So I was desperately trying to go away for a short time.[192]

Der Bau des TIFRAC war ein Symbol nationaler Stärke. Die Strukturprobleme der Forschung aber blieben. Noch um die Mitte der 1960er Jahre gab es mit dem ISI und dem TIFR lediglich zwei Forschungseinrichtungen, die in der Lage waren, digitale Rechner zu konstruieren. Auch deshalb verließen viele Nachwuchswissenschaftler, so Narasimhan, in der Folge das Land.[193]

Essay, in: Current Science 76,3 (1999), S. 447-454, hier: S. 448f. Zur Rolle Narasimhans vgl. überdies: URL: https://www.tifr.res.in/~endowment/prof-r-narasimhan.htm [abgerufen am 15.8.2022].

191 Vgl. Sharma: Outsourcer, S. 12-15.
192 Prof. Dr. Rangaswamy Narasimhan, Oral History Interview. Transkript, 4./7.5.2005, S. 17, TIFR Archives.
193 Ebd., S. 25. »There wasn't anything at all going on elsewhere, except for Calcutta [...] When they found that we were building a full-scale machine and so on, ISI and

Der TIFRAC war von 1960 bis 1964 in Betrieb. Über 50 Organisationen zählten zu den ständigen Nutzern.[194] Ab 1962 diskutierte man am TIFR daher bereits die Akquise eines zusätzlichen Rechners. Nach zähen Verhandlungen, die sich über 20 Monate erstreckten, gelang es, einen CDC-Rechner zu importieren, auf dem ein erstes Time-Sharing-System (TOPS) zur Steuerung der Nutzerauslastung implementiert wurde. Der CDC 3600, dessen Akquise Harry D. Huskey, ein Mathematiker der UC Berkeley, beratend unterstützte, war einer der »Supercomputer« der 1960er Jahre.[195] Zugleich entwickelte das TIFR ein System der Echtzeitdatenerfassung (OLDAP), das vor allem der Kontrolle nuklearphysikalischer Experimente dienen sollte.[196] Mit der Unterstützung des United Nations Development Programme (UNDP) entwickelte sich das TIFR allmählich zum Computerzentrum Indiens.

In seiner Rede zur Eröffnung des neuen TIFR-Gebäudes 1962 würdigte Premierminister Nehru die Leistungen des Instituts. Zugleich aber mischte er in seine Worte eine Warnung:

> Now in these years much has happened and many big laboratories have been put up in India, and I believe they are doing great work. But there is one aspect which is sometimes not as good, perhaps as it might be […] we really have a very fine lot of young scientists in India, but I am not quite sure that in many places in India they get all the opportunities that they might have to do their work and to develop. Now this does not apply either to this Institute or to the Atomic Energy Establishment at Trombay, because among the many virtues and qualities that Dr. Bhabha possesses, of which we have heard praises a little while ago, one is that he not only encourages people to do their best work, but he builds up young people.[197]

> Jadavpur University joined together and they built the ISIJU machine […] But the interesting thing is that so far as the national picture is concerned, the ISIJU didn't have any impact whatsoever.«

194 Vgl. Shyamasundar/Pai: Homi Bhabha, Big Science and the IT Revolution, S. XXV-XXVIII; Narasimhan: Men, Machines, and Ideas.

195 Als der »Supercomputer« das Land nach langen Verhandlungen erreichte, hatten ihn indes bereits neue Modelle der Spitzenklasse abgelöst, die die Control Data Corporation (CDC 6600) nun neuerlich vorrangig in den USA und Europa vertrieb. Vgl. Sharma: Long Revolution, S. 31-35; ders.: Outsourcer, S. 25-27; P. V. S. Rao: TIFRAC, India's First Computer – A Retrospective, in: Resonance 13,5 (2008), S. 420-429, hier: S. 428. Zum Bau des »TIFRAC« vgl. derweil Rangaswamy Narasimhan: On the System and Engineering Design of the General Purpose Electronic Digital Computer at T. I. F. R., in: Proceedings of the Indian Academy of Science – Section A, 52,2 (1960), S. 47-57, sowie die Oral-History-Interviews von P. V. S. Rao im Online-Archiv »Itihaasa Research and Digital«. URL: https://itihaasa.com/describe/artefact/001_001_1037 [abgerufen am 15.8.2022].

196 Zur Rolle der Computer Sciences am TIFR vgl. allg. Puthran: TIFR 1945-1970, S. 412-435.

197 Tata Institute of Fundamental Research: Inauguration, S. 43 f.

Während die Ausbildung des wissenschaftlichen Nachwuchses nur langsam Früchte zeigte, gestaltete sich auch die Arbeitsmarktsituation der Ingenieure, Mathematiker und Physiker zu Beginn der 1960er Jahre schwierig. So besaßen nur wenige Forschungseinrichtungen Expertise im Bereich der angewandten Datenverarbeitung. Allein das ISI, das knapp ein Jahr nach dem TIFR begann, einen Großrechner zu bauen, erwies sich hier als gleichwertige Konkurrenz. Das Indian Statistical Institute suchte nach eigenen Lösungen zur Förderung der neuen Technik. In Kooperation mit der Jadavpur University konstruierte ein Team unter Mahalanobis' Führung ab 1961 den Computer ISIJU-1.[198] Dabei bemühte sich das Team um den leitenden Ingenieur S. K. Mitra um hochrangige Unterstützung aus dem Ausland: So verbrachte Nicholas Metropolis, Leiter des Los Alamos National Laboratory in den USA, vier Wochen bei den indischen Entwicklern, während der Kybernetiker Norbert Wiener Vorlesungen am ISI hielt, in denen er der kleinen Arbeitsgruppe seine Forschungen am MIT präsentierte. 1965 wurde der ISIJU fertiggestellt, bis Mitte der 1970er Jahre war er im Betrieb. Doch blieb der Rechner letztlich hinter den hoch gesteckten Zielen zurück. Eine substantielle Konkurrenz zu den europäischen und US-amerikanischen Herstellern bildete er nie, und auch die Pläne eines ersten Computernetzwerks zerschlugen sich in der Folge rasch wieder.[199]

Weder TIFRAC noch ISIJU waren technologische Meilensteine, doch trug ihre Entwicklung entscheidend dazu bei, das rare Wissen über Computer über den engen Zirkel der Institute hinaus zu verbreiten. So rückte auch die Anwendung der Computertechnik alsbald auf die Agenda der Politik. Zugleich waren die ersten Computer gute Beispiele für die »zwei Richtungen« der postkolonialen Zeitrechnung: Ihre Wurzeln wiesen zurück bis in die Jahre des Kolonialismus, sie waren, wie Anspruch, Ausstattung und Netzwerke der Planung belegen, durchaus das Ergebnis vorgezeichneter Wege und über Jahre und Jahrzehnte etablierter Ordnungen der indischen Wissenschafts- und Technologiepolitik. Gleichzeitig aber wiesen sie, getragen von der Begeisterung um die Computer Sciences, der Idee der Programmierung und so letztlich der indischen »Info-

---

198 Project of Digital Computer, 20.10.1960, Record No. 75, PCMMMA. Vgl. Sharma: Outsourcer, S. 16-18. Experten der Vereinten Nationen berieten das Team beim Bau des Rechners, erhoben den Stand der Computerentwicklung im Land und wiesen Austauschprogrammen zur Ausbildung lokaler Spezialisten im Bereich der Computer Sciences den Weg. Vgl. R. A. Aschenbrenner: Final Project Report on ISIJU Computer Project, 1965; Report on Activities Appropriate to Digital Equipment Development, 1965, S-0175-0629-11, [UN Technical Assistance Mission in India], Adviser on Solid State Circuitry for Electronic Computers, TE 322/1 India (300-9); N. Metropolis/S.Y. Wong an C.Y. Wue, TAO, UN, New York, 16.10.1961; N. Metropolis/S.Y. Wong: Contribution to the Study of the Development of an Electronic Computer Project in India, 21.5.1962, S-0175-0629-08, [UN Technical Assistance Mission in India], Data Processing, TE 322/1 India (300-4) A, United Nations Archives (UNA), New York City.

199 Vgl. Jogabrata Roy: Computers and the Future of I.S.I., in: Samvadahvam 8,1-4 (1968), S. 101-104, hier: S. 101.

DER ANBRUCH DES DIGITALEN ZEITALTERS

Abb. 2: Samarendra Kumar Mitra demonstriert Premierminister Jawaharlal Nehru Indiens ersten elektronischen Analogrechner in Kalkutta (ca. 1953).
Quelle: ISI Archives.

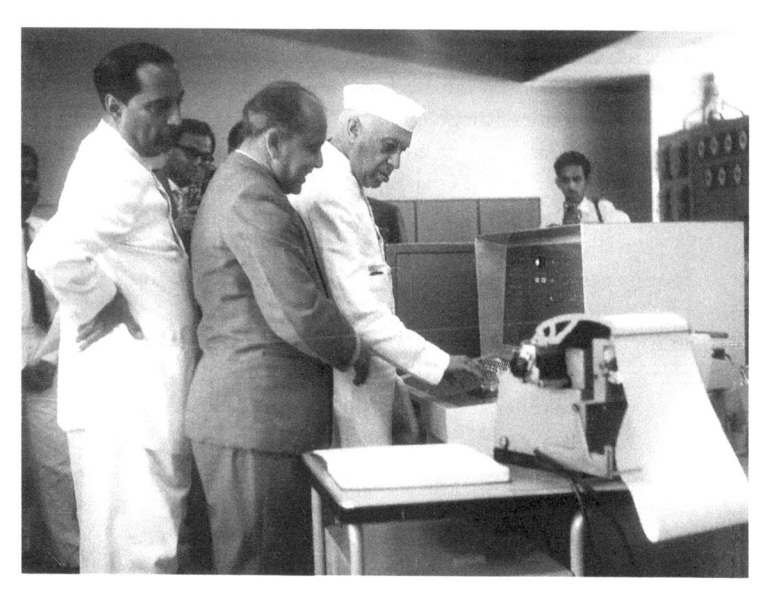

Abb. 3: Feierliche Zeremonie: Jawaharlal Nehru an der Seite von Homi J. Bhabha und D. Y. Phadke bei der »Taufe« des TIFRAC in Bombay am 15.1.1962.
Quelle: TIFR Archives.

Nation« und ihren IT-Beratungs- und Serviceindustrien den Weg. »Information« – verstanden als Technologie und sozialer Prozess – umspannte so die koloniale und postkoloniale Periode.[200]

Die 1950er und 1960er Jahre prägten die Konkurrenz zwischen Kalkutta und Bombay. Nachdem sich Mahalanobis Pläne zerschlagen hatten, eroberte das TIFR den Status als nationales Computerzentrum. Obwohl das ISI so noch 1958 die einzige Institution Indiens gewesen war, die zwei Rechner besaß, war der Digitalrechner TIFRAC durch Nehrus Segen 1962 rasch zu einer Ikone der indischen Computeranstrengungen geworden. Sowohl Bhabha als auch Mahalanobis hegten derweil in der Folge die Idee, leistungsstärkere, standardisierte und demnach vor allem kommerziell erwerbliche Rechner einzusetzen, um die technologische Lücke zur Weltspitze zu schließen. So waren bereits die ersten britischen und sowjetischen Rechner nach Indien gelangt, doch wuchsen – angesichts der praktischen Schwierigkeiten, denen die Forscher im alltäglichen Gebrauch dieser Maschinen begegneten, und der überschaubaren Leistungsgrenzen der Rechner – rasch neue Ambitionen. Hier standen Mahalanobis und Bhabha in direkter Konkurrenz.

In der Frage des geeigneten Standorts des nächsten Großrechners zeigte sich Bhabha salomonisch: »In a big country like India, I think there would be a legitimate case for having two computing centers, and getting two computers ...«[201] Er bekräftigte: »We should jointly press for both computers and I have a feeling that we will succeed in getting two from the Americans under TCM or under some other agency.«[202] Zugleich aber rüsteten sich bereits beide Institute für den Fall, dass nur ein Rechner angeschafft werde. Mahalanobis unterstützte die Pläne einer Kooperation im Bereich der Computertechnik, machte indes deutlich, dass der Vorrang einem Rechner gelten müsse, der für die avisierte Auswertung des National Sample Survey – am ISI – einzusetzen wäre.[203] D. Y. Phadke hingegen schrieb im Namen Bhabhas apodiktisch an den Direktor der zentralen Statistikorganisation: »if only one high-speed electronic digital computing centre is to be set up in India, it should be set up at the Tata Institute of Fundamental Research.«[204]

Die Konkurrenz zwischen Mahalanobis und Bhabha währte da bereits Dekaden. Noch vor der Gründung des TIFR hatte Bhabha an Archibald V. Hill geschrieben, er hoffe, er könne das TIFR zum »centre of theoretical research in

---

200 Vgl. dazu Sen: Digital Politics, S. 24-55. Zur Perzeption der Relevanz der Technik vgl. Computers, in: Times of India, 10.9.1962, S. 6. »The computer is no longer an esoteric device but a highly gifted and essential tool for progress.«
201 H.J. Bhabha an A.N. Khosla, 22.8.1961, Record No. 72, PCMMMA. Sammlung der Korrespondenz auch in D-2004-01344-4, TIFR Archives.
202 H.J. Bhabha an P.C. Mahalanobis, 22.8.1961, Record No. 72, PCMMMA.
203 P.C. Mahalanobis an H.J. Bhabha, 25.8.1961, S.1, D-2004-01344-6, TIFR Archives.
204 D.Y. Phadke an den Direktor der CSO, Neu Delhi, 2.7.1962, S.1-2, D-2004-01340-5, TIFR Archives.

India« machen.²⁰⁵ Als sich dann 1946/47 etwa die Pläne eines mathematischen Instituts – einer »School of Mathematics« – konkretisierten, stellte Bhabha sogleich die Vorzüge des TIFR heraus. Julian Huxley, Generaldirektor der UNESCO, hatte die Überlegung an ihn herangetragen, eine Schule in China und in Indien zu eröffnen und dazu ein Fördervolumen von 100.000 Pfund in Aussicht gestellt; der Mathematiker Damodar Dharmanand Kosambi, der ab 1945 zu den leitenden Figuren am TIFR zählte, bekräftigte denn auch gleich, Bombay sei »the best place suited to handle it«. Gegenüber der Konkurrenz in Kalkutta äußerte er sich kritisch: »All they really need is an IBM machine for doing complicated arithmetic tabulations and calculations; perhaps a Hollerith punched-card machine for fast tabulation work. The differential analyser and such instruments are not for them.«²⁰⁶ Ein solches Institut, das unter der Förderung der Vereinten Nationen stand, kam zwar letztlich nie zustande, die Konkurrenz aber blieb und die mathematische Schule begann ihre Arbeiten unter der Leitung von Kosambi und Chandrasekhar noch vor dem Jahreswechsel 1950.²⁰⁷ Als Bhabha derweil 1948 in Princeton erste Gespräche über die Akquise eines Großrechners führte, versicherte er sich gegenüber John von Neumann der Qualitäten seines Instituts:

> I think you also expressed the view that it might be a mistake to put a machine of this sort in an institute where it could be run all the time on routine calculations, as would be the case if it were put in a statistical institute. It would be preferable to put it in an institute where it would be used only part of the time on the problems of the institute so that other institutions might also have a chance of using it.²⁰⁸

Von Neumann erwies sich als starker Fürsprecher: »I think that it would be very desirable to have the machine run under a system of organization which makes it accessible to many scientific groups and guarantees a wide and varied use.«²⁰⁹ Ausgangs der 1950er Jahre nutzte Bhabha die Chance, die Gründung eines National Computing Center mit IBM-Forschungsdirektor E.R. Piore zu diskutieren.²¹⁰ IBM entsandte daraufhin Richard L. Garwin, leitender Angestellter und zugleich Physikprofessor an der Columbia University, um das Leistungsvermögen des TIFRAC zu evaluieren. Im Juli 1960 übersandte Garwin Bhabha einen

205 H.J. Bhabha an A.V. Hill, 5.6.1944, S. 1, D-2004-00345-3, TIFR Archives.
206 D.D. Kosambi an H.J. Bhabha, 14.8.1946, S. 1-3, hier: S. 1, D-2004-00002-18, TIFR Archives.
207 Vgl. Puthran: TIFR 1945-1970, S. 70-75. Zur Zentralisierung der Ressourcen in der School of Mathematics vgl. School of Mathematics, Draft, Background, S. 1, D-2004-00906-4, TIFR Archives. Ausgangs der 1950er Jahre zählte die Abteilung 32 Mitglieder, darunter auch R. Narasimhan. Vgl. School of Mathematics. List of Members, 26.3.1959, S. 1, D-2004-00911-3, TIFR Archives.
208 H.J. Bhabha an J.v. Neumann, 9.1.1948, S. 1, D-2004-00475, TIFR Archives.
209 J.v. Neumann an H.J. Bhabha, 3.2.1948, S. 1, D-2004-00475, TIFR Archives.
210 Vgl. H.J. Bhabha: Electronic Computers, 2.7.1959, S. 1-2, D-2004-01340-2, TIFR Archives.

detaillierten Bericht, in dem er die Akquise einer IBM-Maschine nahelegte, wenn es darum gehe, Planung und Design eines nuklearen Reaktors voranzubringen. Zwar seien die Möglichkeiten des TIFRAC durchaus beachtlich, wenn man sich vergegenwärtige, dass der Rechner entstanden sei »in the complete absence of anyone with much experience in the use of computers« – doch reiche er kaum an die Leistungsstärke vergleichbarer Computer heran, die, wie etwa der 1958 am CERN installierte Mercury Computer, im Dienste europäischer oder amerikanischer Atomprogramme stünden.[211]

Der Leiter der Elektronikabteilung des TIFR, M. G. K. Menon, reiste rund ein Jahr später in die USA, um das IBM-Forschungslabor zu besuchen und die Möglichkeiten eines Kaufs zu besprechen. Auch ein Besuch der UNIVAC-Division von Sperry Rand stand auf dem Plan. Nachdem im Sommer 1962 schließlich nochmals eine Delegation um Narasimhan und Rao Vertreter von IBM, UNIVAC, CDC und Philco Computers besuchte, erhielt die Control Data Corporation den Zuschlag.[212]

Im Rennen um die Akquise des Großrechners setzte sich Bhabha 1962 wohl auch wegen der geplanten Verwendung der neuen Technik im Rahmen des indischen Atomprogramms gegen Mahalanobis durch.[213] John Kenneth Galbraith, der US-Botschafter in Delhi, sicherte dem TIFR die Unterstützung des USAID-Funds zu.[214] Der mit circa 1,5 Millionen US-Dollar subventionierte CDC-3600 brachte das TIFR 1963 in eine neue Position. Rund 150 Nutzer machten es binnen eines Jahres zum National Computer Center. Ab 1965 fanden hier zudem Trainingskurse statt, in der die Ausbildung in FORTRAN rasch zum Kerngegenstand avancierte. Auch das IIT Bombay, das IIT Madras oder das Atomic Research Center in Trombay boten vergleichbare Kurse an. In dem Maße, in dem sich das TIFR zum nationalen Computerzentrum entwickelte, verlor das ISI seine Sonderstellung und alsbald auch die exklusive Zuständigkeit, die es als verantwortliche Organisation der staatlichen Planung erworben hatte.

211 R. L. Garwin an H. J. Bhabha, 2.7.1960, S. 1-16, hier: S. 1, D-2004-01341-1, TIFR Archives.
212 Vgl. Recommendations for the Organization of a Computer Centre and the Installation of a Large-Scale Digital Computing System at the Tata Institute of Fundamental Research, Bombay, submitted by Computer Committee, headed by Dr. R. Narasimhan, Aug. 1962, S. 23-25, D-2004-01340-8, TIFR Archives. Zu den Leistungsdaten des CDC vgl. Work in Computer Sciences and Technology. A Summary and a Projection 1954-1972, March 1968, S. 22-28, D-2004-01355-2, TIFR Archives. Zum Auswahlentscheid vgl. Sharma: Revolution, S. 23-27. Drei Jahre später besuchte Bhabha persönlich das CDC-Headquarter in den USA. H. J. Bhabha an M. G. K. Menon, 12.3.1965, S. 1-3, D-2004-01352-2, TIFR Archives.
213 Vgl. Sharma: Outsourcer, S. 23.
214 Mahalanobis Versuch, einen UNIVAC von MIT und Ford Foundation zu erlangen, scheiterte indes krachend. Vgl. David C. Engerman: The Political Power of Economic Ideas? Foreign Economic Advisors and Indian Planning in the 1950s and 1960s, in: Hilger/Unger (Hrsg.): India, S. 120-135, hier: S. 130-133.

Das Votum für ein Computerzentrum in Bombay stellte die Weichen für das indische Computerprogramm. Als die Planungskommission in Yojana Bhavan 1962 über die Frage eines nationalen Computerzentrums diskutierte, versuchte Mahalanobis die Mitglieder ein letztes Mal auf seine Seite zu ziehen. Er erinnerte sie eindrücklich an die Kabinettsentscheidung vom Juli 1962, die das ISI als Nationales Statistik- und Computer-Labor stützte. Doch, obschon die Kommission eine Arbeitsgruppe aus Vertretern von ISI und TIFR, der zentralen Statistikorganisation, der Atomenergiebehörde und der Planungskommission eingesetzt hatte, bekam das ISI letztlich keinen Zuschlag mehr.[215] Auch die Ford Foundation, die ab 1963 Pläne zur Förderung eines Computerzentrums in Indien schmiedete, entschied sich 1965 gegen das ISI und für die Gründung eines Zentrums in Delhi.[216] Die Installation eines zusätzlichen Rechners im Hauptquartier der Planungskommission, marginalisierte das ISI, das über Jahre die Idee computerisierter Planung vorangetrieben hatte, am 23. September 1965 vollends.

Trotz aller Anstrengungen um ein nationales Computer*zentrum* dezentrierte der Siegeszug der Technik das Computerprogramm. So wurden bis zum Jahreswechsel 1965 wenigstens 15 Computer in Indien installiert; 1970 waren es knapp 120 Maschinen. Führende Forscher dieser Jahre schätzten, dass das Land bis 1980 drei bis fünf Großrechner zur Einrichtung regionaler Computerzentren sowie rund 500 (Klein-)Computer benötigen werde.[217] Neben Forschungsinstituten und Hochschulen erwarben vor allem Behörden und Ministerien,

215   Vgl. Minutes of the Meeting held on 7 June 1962, Yojana Bhavan, New Delhi, Record No. 73, PCMMMA.
216   Vgl. IBM 1620 Computer Installations for New Delhi Area [1966], Report No. 17762, FA739G, Box 936, Ford Foundation Records, Rockefeller Archive Center (RAC), Sleepy Hollow, NY; Computer Centre is Opened, in: Times of India, 24.9.1965, S.5; zu den Rahmendaten der Förderung vgl. zudem rückblickend: Computer Centre Programme Evaluation Organization (Planning Commission) – Computational Needs, 14.9.1971; Proposal for Replacing the Existing Computer, 12.8.1971; Planning Commission (Scientific Research Section), 20.7.1971, [File No.] 9/51/71-RSR. Vol. 1: Computer Needs of the Planning Commission. Proposal for UNDP Assistance, NAI. Die Ford Foundation unterstützte neben der Planungs-Kommission drei weitere Institutionen: die Delhi School of Economics, die University of Bombay und das Institute of Agricultural Research Statistics.
217   Vgl. Vaidyeswaran Rajaraman: History of Computing in India, 1955-2010, Bangalore 2012, S. 18, 21; Rangaswamy Narasimhan: Relevance of Computers to India, in: IEE IERE Proceedings India 9,3 (1971), S. 84-92; Marketing and Economic Research Bureau (Hrsg.): Economic Impact of Computers in India. A Survey, Neu Delhi 1971, S. 8; A. Balasubramanian: For Greater Flow of Information, in: The Hindu, 8.1.1970, S. 1. IBM besaß zwischen 1960 und 1973 einen Marktanteil von knapp 75%. Vgl. Joseph M. Grieco: Between Dependency and Autonomy: India's Experience with the International Computer Industry, Berkeley/London 1984, S. 25-27; Chanana: Computers, S. 68-82. Zur Entwicklung der Computerisierung in Indien in den 1970er Jahren vgl. Om Vikas/L. Ravichandran: Computerisation in India. A Statistical Review, in: Electronics. Information & Planning 6,3 (1978), S. 309-357, hier: S. 310.

darunter 1962 das Verteidigungsministerium, die ersten Computer. Ein Jahr zuvor hatte die Esso Standard Eastern of Bombay als erstes privatwirtschaftliches Unternehmen einen Computer in Betrieb genommen. So wurde das Feld der Datenverarbeitung zugleich sukzessive Teil alltäglicher Arbeitspraxis. Indes waren die Zahlen im Vergleich zu den USA, wo eingangs der 1970er Jahre bereits rund 70.000 Computer im Einsatz waren, aber auch in Großbritannien oder Westdeutschland, wo die Zahl in diesen Tagen zwischen 5.000 und 7.000 Rechnern lag, verschwindend gering. In Japan lag die Zahl der Computer bei circa 12.800. Davon abgesehen, zählte Indien in Asien gleichwohl zu den weiter entwickelten Computernationen. So gab es auch im Iran und in Israel 1973 lediglich knapp 200 installierte Rechner; in Hongkong waren es sogar nur 63, in Singapur 38 und in Indonesien 30.[218] Daran gemessen, verzeichnete die Computer-Förderpolitik Neu Delhis in diesen Jahren also durchaus positive Ergebnisse.

Um die Mitte der 1970er Jahre waren die Advokaten eines nationalen Computerzentrums am Ziel. Im März 1975 konstituierte sich das »National Informatics Centre« (NIC) in Delhi. Als Ableger der »Electronics Information and Planning Group« der Elektronikkommission löste es die verschiedenen, bis dato eingesetzten Einrichtungen als zentrales Rechenzentrum der Regierung, ihrer Ministerien sowie der Sekretariate aller 35 Bundesstaaten und Union Territories und über 600 Distrikte in Indien ab.[219] Es ergänzte die Bemühungen der Forschungszentren und Hochschulen im Bereich der Computer Sciences. 1977 begann das NIC, ein zentrales Datenbanksystem einzurichten und ein landesweites satellitenbasiertes Kommunikationsnetzwerk (NICNET) zu implementieren. Ab 1985 avancierte es zugleich zur Servicestelle staatlicher und regionaler Verwaltungen.

Zudem hatte ab 1975 das »National Centre for Software Development and Computing Techniques« (NCSDCT) seine Arbeiten begonnen. Erste Überlegungen zur Gründung eines IT-Servicezentrums hatte es bereits drei Jahre zuvor am TIFR gegeben. Die Kosten teilten sich in diesem Fall die Vereinten Nationen, die über das UNDP rund 2 Millionen US-Dollar bereitstellten, und die indische Regierung, die 2,85 Millionen Rupien einsetzte. Bis in die 1990er Jahre übernahmen beide Zentren eine wichtige Rolle in der Organisation der Computerpolitik.

---

218 Vgl. Chanana: Computers, S. 4-7; Marketing and Economic Research Bureau (Hrsg.): Economic Impact, S. 9; Rudolf Stöber: Neue Medien. Geschichte. Von Gutenberg bis Apple und Google – Medieninnovation und Evolution, Bremen 2013, S. 123 f.
219 Vgl. Narasimhiah Seshagiri: National Informatics Centre, in: Shyamasundar/Pai (Hrsg.): Homi Bhabha, S. 64-92. Zur Genese des NIC vgl. überdies Puthran: TIFR 1945-1970, S. 30; S. 425-435.

2.5 Große Politik und kleine Schritte

Zwischen 1947 und 1970 erlebte Indien sowohl den Bau der ersten einheimischen Computer und die Errichtung von Forschungszentren und Hochschulen zur Ausbildung von Computerspezialisten als auch die Anfänge der kommerziellen Nutzung einer Datenverarbeitung in Industrie, Banken und Verwaltung. Zum Leitmotiv dieser Jahre avancierte die Autonomie des indischen Staates, zu deren Zweck auch um die Ersetzung von Importen durch heimische Produkte gerungen wurde. Nach dem Tode Nehrus und im Zuge der sozialistischen Wende der indischen (Wirtschafts-)Politik optierten Politiker und Experten gegen das Modell der »mixed economy« und für eine stärker staatlich gelenkte und kontrollierte Computerpolitik. So nahm die Zahl der Institutionen, die sich in der Forschungspolitik engagierten, stark zu.

Zu Beginn der 1960er Jahre hatte der Bereich der Forschungs- und Entwicklungspolitik noch unter der nahezu exklusiven Kontrolle der Atomenergiebehörde bzw. des Bhabha Atomic Research Centre und des Verteidigungsministeriums gestanden. Das Computerzentrum der Statistikabteilung der Planungskommission entschied über die Akquise neuer Rechner in Verwaltung und Behörden.[220] Ab der Mitte der Dekade gab es plötzlich eine Vielzahl an Kommissionen und Ministerien, die um Verantwortung und Kompetenzen rangen. Dabei mangelte es vielen Entscheidungsträgern erkennbar an Fachwissen. Der parlamentarische Finanzausschuss bemerkte so noch in den 1970er Jahren ketzerisch: »In every case where a computer is installed, advice has been taken from the experts.« Doch seien die zu Rate gezogenen Experten der Ministerien keineswegs kundiger gewesen: »they did not have enough knowledge on computer technology [...] and [so] they allowed themselves to be spoon-fed by IBM salesman [sic!].«[221] Zumal angesichts langwieriger bürokratischer Prozesse schienen die staatlichen Stellen so zusehends ungeeignet, die dynamischen globalen Märkte der neuen Technologien im Blick zu behalten. Auch deshalb kritisierte Shantanu L. Kirloskar, ab 1965 Vorsitzender der indischen Industrie- und Handelskammern und ein vehementer Gegner der staatlich gelenkten Ökonomie, die Idee der Regulierung. Die exzessive Kontrolle ersticke, so Kirloskar, das Wachstum.[222]

Den Beginn der Regulierung in der Elektronikindustrie markierte die Gründung des »Electronics Committee« am 12. August 1963. Zwischen Februar 1964

---

220 Vgl. Grieco: Dependency, S. 103-150.
221 Lok Sabha, Public Accounts Committee (1975-76). 221st Report: Computerisation in Government Departments, Lok Sabha Secretariat, Neu Delhi 1976, S. 67; vgl. ebd., S. 43. Zum Mangel an Expertise vgl. auch Lok Sabha, Estimates Committee. 66th Report: Department of Electronics, Lok Sabha Secretariat, Neu Delhi 1974, S. 32-35.
222 Vgl. Andreas Scherf: Technologische Eigenständigkeit und wirtschaftliche Entwicklung. Das Beispiel der indischen Elektronikindustrie, Frankfurt a. M. 1989, S. 68; Sharma: Outsourcer, S. 3-5; Bassett: Technological Indian, S. 222-230.

und September 1965 erarbeitete das Komitee unter dem Vorsitz Bhabhas 21 Berichte. Der Schlussreport, den Bhabha maßgeblich verfasst hatte, erschien ein Jahr später.[223] Das Komitee wurde eingesetzt, um geeignete Maßnahmen zur Förderung des durchaus breiten Felds der Elektrotechnik zu ergreifen, »so that the country as a whole can become self-sufficient in this field in the shortest possible time and in the most economical manner«.[224] Um das Ziel der Autarkie binnen zehn Jahren zu erreichen und die kriselnde einheimische Elektroindustrie zu stützen, schätzte das »Bhabha-Komitee« die vorhandenen Ressourcen und Produktionskapazitäten ab und überschlug erste Möglichkeiten zur Gründung indischer Firmen, deren Produktion bis dato zu drei Vierteln aus Konsumelektronik bestand.[225]

Bereits 1962/63, im Zuge des indo-chinesischen Grenzkrieges, hatte Nehru eine Stärkung der Investitionen in Elektro- und Computertechnik vorgeschlagen. Während des Kashmir-Konflikts 1964/65 wurde der indischen Regierung die strategische Relevanz dieser Industrien dann aber nochmals drastisch vor Augen geführt: Die USA als Alliierter Pakistans verhängten ein Embargo gegen Indien, das die Importe elektronischer Geräte, wie auch Computer, untersagte, von denen es hieß, dass sie ein der UdSSR zuneigendes Indien zur nuklearen Rüstung nutzen könne.

Das Komitee gab vor diesem Hintergrund die einheimische Entwicklung kleiner und mittlerer Computer sowie ihrer Komponenten und Subsysteme als Ziel aus. Nach dem Vorschlag des Komitees votierte auch Premier Lal Bahadur Shastri für die Förderung einer indischen Elektronikindustrie, die der wachsenden kommerziellen Nachfrage, nicht zuletzt im Bereich der Computertechnik, standhalten und den sicherheitspolitischen Ansprüchen des Landes genügen könne. Mit der »Resolution on Indianization« wurde die Subvention der Computertechnologie zum nationalen Imperativ. Hatten bis dato multinationale Konzerne den Bedarf an Computern im privaten Sektor, in Regierung und Verwaltung sowie in Forschungs- und Bildungseinrichtungen gedeckt, so sollte die indische Computerindustrie von nun an in Händen des Staates liegen.[226] Am 1. Juni 1967 unternahm die Regierung dazu erste Schritte und gründete die »Electronics Corporation of India Limited« (ECIL) in Hyderabad.

Zur »Entwicklungsideologie« des neuen Wegs ins Computerzeitalter gehörte das Konzept des »leapfrogging«. Wie der »Bhabha-Report« betonte, sei es in einem Land wie Indien weder angemessen noch machbar, die einzelnen Etappen der Technologieentwicklung nachzuholen, die die Industrienationen

223 Vgl. Scherf: Eigenständigkeit, S. 67-70.
224 Electronics in India. Report of the Electronics Committee, S. 1.
225 Die »electronics industry« war bis 1963 in Indien klein und unterwickelt; in die – vorrangig der Konsumelektronik (Radios und Telefonen) gewidmete – Produktion flossen lediglich rund 55 Millionen US-Dollar. Auch mangelte es der Regierung an einer klaren Linie zur Förderung der neuen Technik. Vgl. Grieco: Dependency, S. 20.
226 Vgl. Subramanian: Technology Policy, S. 19-21.

bereits gegangen waren. Vielmehr müsse die Strategie lauten, diese zu überspringen und die Ergebnisse der neuesten Forschung zum eigenen Vorteil zu nutzen:

The very backwardness of the country and the smallness of the size of the present electronics industry could be turned into an asset, if early stages in the development of the industry in other countries are bypassed and the industry planned on the basis of the latest ideas and techniques. In no circumstances should India follow step by step the development of the electronics industry in the more advanced countries, entailing, as this would inevitably, the production of obsolete components and equipment and the use of obsolete and obsolescent techniques and production processes.[227]

Bliebe Indien von der Produktion ausländischer Staaten abhängig, so sei dies, wie das Komitee folgerte, »the source of its greatest weakness«.[228] Insbesondere der Herstellung von Computern kam so eine Schlüsselrolle zu. Firmen wie IBM nutzten hier ihre Vormachtstellung, um Systeme an die indischen Kunden zu vermieten, die in anderen Ländern bereits lange im Einsatz waren und kurz vor der Obsoleszenz standen. So vergrößerte sich der Rückstand der indischen High-Tech-Industrie zusehends und betrug – gemessen an den Spitzenmodellen ausländischer Computerhersteller – Mitte der 1960er Jahre bereits knapp 4,5 Jahre. ECIL besaß derweil noch eingangs der 1970er Jahre lediglich einen Marktanteil von rund 8,5 %. Auch deshalb zielte die Regierung schließlich auf die Durchsetzung einer Industriepolitik, die einen mindestens 50-prozentigen Anteilskapitalerwerb an ausländischen Unternehmen wie IBM, ICL oder Burroughs vorschrieb.[229]

227 Electronics in India. Report of the Electronics Committee, S. 385.
228 Ebd., S. 66. Das Komitee monierte mangelnde Investitionen zugleich umso dringlicher, als Indien im globalen Vergleich bereits absehbar den Anschluss verloren hatte. Obschon die Kapitalrendite in diesem Bereich deutlich höher war als in der Stahl-, Chemie- oder Düngemittelindustrie, lag der Anteil der Elektronikproduktion am Bruttonationaleinkommen in Indien 1965 bei 0,15 % – in Japan dagegen bereits bei 3,5 %. Vgl. ebd., S. 12.
229 Vgl. ebd., S. 235-240; Grieco: Dependency, S. 27-35; G. L. Sheth: Foreign Financial Participation and Technical Collaboration in Electronics, in: Electronics Commission (Hrsg.): Electronics. Proceedings of National Conference on Electronics organised by the Electronics Committee, March 24-28 1970, Bombay 1971, S. 123-129, hier: S. 125; Sharma: Outsourcer, S. 48-52, 64-68. Zum Kurs der Regierung vgl. Lok Sabha, Public Accounts Committee (1975-76). 221st Report: Computerisation in Government Departments, Lok Sabha Secretariat, Neu Delhi 1976, S. 178-198; Lok Sabha, Public Accounts Committee (1977-78): 26th Report. Computerisation in Government Departments, Lok Sabha Secretariat, Neu Delhi 1977, S. 7-13, 42-48, 91-95, 101-107. Die Regelungen, nach denen die Regierung einen bis zu 60-prozentigen Anteilskapitalerwerb an ausländischen Unternehmen bzw. max. 40-prozentigen Auslandskapitalanteil (Foreign Equity Shares) avisierte, wurden sukzessive in den 1970er Jahren wirksam. Daneben gab es aber auch 50/50-»Joint Ventures« – wie Tata-Burroughs.

Das Elektronikkomitee schätzte indes, dass vor allem die Akquise von Großrechnern aus dem Ausland, die zwischen zwei und fünf Millionen US-Dollar kosteten, auch weiterhin notwendig bleiben werde. Die Kosten, die es für die Jahre 1966 bis 1975 prognostizierte, erreichten so allein die Marke von knapp 210 Millionen US-Dollar. Kleinere und mittlere Systeme, deren Preis zwischen 100.000 und 300.000 US-Dollar lag, sollten dafür vollständig durch die indische Produktion getragen werden.[230]

Im Anschluss an die Überlegungen des »Bhabha-Komitees« zur Förderung der Computertechnik etablierte die indische Regierung 1967 eine Arbeitsgruppe, der Rangaswamy Narasimhan in seiner Funktion als Leiter des Computerzentrums am TIFR vorstand.[231] Im Dezember 1968 nahm sie die Vorschläge der »Working Group on Computers« entgegen. Auf der »National Conference on Electronics« präsentierte Narasimhan im März 1970 als Vorsitzender der Arbeitsgruppe den Status quo.

Die erste nationale Elektronik-Konferenz, zu der A. S. Rao, der Direktor der »Electronics Group« im Bhabha Atomic Reserch Centre, eingeladen hatte, stand vom 24. bis 28. März 1970 unter der Leitung von Vikram Sarabhai, dem Vorsitzenden des Elektronikkomitees. Zu der Tagung am TIFR in Bombay kamen über 500 Teilnehmer aus Industrie, Handel, Bankwesen, Forschung und Politik zusammen. Als der Vorsitzende die großen Verdienste des »Bhabha-Komitees« betonte, waren die Probleme der zusehends komplexen organisationalen Zuständigkeiten bereits spürbar. Vor allem die Konflikte zwischen dem Atomenergie- und dem Verteidigungsministerium traten im Laufe der Konferenz offen zu Tage. Rao hatte das Ziel vorgegeben, »to identify and eliminate the factors contributing to this retarded growth of the professional electronics sector in particular, and to discuss and focus attention on the problems facing the electronics industry in general«.[232] Die Probleme reichten von »design and development, to production, information processing, and standardization« – was umso bedauerlicher sei, als in der Elektronikindustrie die höchsten Wachstums- und Kapitalertragsraten zu erwarten seien.[233]

In der Folge mehrten sich kritische Stimmen, die daran erinnerten, dass die Forschungs- und Entwicklungsausgaben in den letzten Jahren zwar stetig gestiegen, die Gewinne im Computer-Sektor aber beharrlich gesunken seien. Eine besonders aggressive Attacke ritt ein Vertreter der Planungskommission gleich zu Beginn: »During the last four years«, konstatierte er,

---

230 Vgl. Grieco: Dependency, S. 22; Electronics in India. Report of the Electronics Committee, S. 236-238.
231 Vgl. Anderson: Nucleus and Nation, S. 412.
232 A. S. Rao: Preface, in: Electronics Commission (Hrsg.): Electronics, S. V.
233 So Raos pointierte Bilanz im gleichen Jahr im Fachmagazin des Elektro-Ingenieursverbands. Vgl. A. S. Rao/Ashok Parthasarathi: Electronics in India, in: IEE IERE Proceedings India 8,1 (1970), S. 2-9, hier: S. 5. Rao hatte ab 1967 zugleich den Posten des ersten Managing Directors im Computerkonzern ECIL übernommen.

we have had many talks, discussions, criticisms, newspaper articles, and editorials, giving various pieces of advice on matters of electronics. The Electronics Committee, undoubtedly impressed by this large volume of advice to ride off in all directions, decided not to move very much.[234]

Die Presse kommentierte derweil lapidar: »it became very clear that the Electronics Committee, which was supposed to direct and coordinate the development of electronics, had failed miserably [...]. The problems are both structural and inter-personal.«[235] Freilich war dies zugleich eine kaum verhohlene Kritik am System der Forschungs- und Industrieplanung und den spürbaren Reibungsverlusten, die aus der Vielzahl an Planungsstellen, Behörden und Komitees und deren wachsenden Kompetenzansprüchen resultierten. Besonders die Rivalitäten zwischen Atomenergie- und Verteidigungsministerium, die um die Einsetzung einer Elektronikkommission rangen, erwiesen sich hier als Hemmnis der Beratungen.

Veränderungen aber waren dringend geboten. Narasimhans Vortrag gab einen Überblick über den Stand der Computerisierung Indiens. Im Jahr 1968 waren 111 Computersysteme im Einsatz, davon 42 in Regierungsabteilungen, Verwaltung und staatlichen Betrieben, ebenso viele im privaten Sektor, 14 in Bildungseinrichtungen sowie 13 in Forschungs- und Entwicklungsorganisationen. Die Lage, beeilte sich Narasimhan zu betonen, sei »far from ideal«. Zum einen brauche es deutlich mehr Computer, zum anderen mangele es an einer positiven Außendarstellung. Der elitäre Zirkel der Computerspezialisten müsse verstärkt um eine gesellschaftliche Akzeptanz der neuen Technik werben:

The high proportion of investment in a rather narrow class of commercial data processing systems, and the concentration of these agencies that limit their accessibility to outside users, both have a tendency to affect adversely the spreading of computer consciousness in the country.[236]

Die Investitionen in den Forschungs- und Bildungssektor sowie in Service- und Ausbildungszentren seien »very poor«. Auch deshalb bräuchte es mindestens drei bis fünf größere Rechner zur Einrichtung nationaler und regionaler Computerzentren.

Im Kräftemessen um die Einsetzung einer Behörde – eines »Departments of Electronics« (DoE) –, die für die Neuordnung der Computerpolitik verantwortlich zeichnete, setzte sich die Atomenergiebehörde gegen das Verteidigungs-

---

234 B.D. Nag Chaudhuri: Inaugural Address, in: Electronics Commission (Hrsg.): Electronics, S. 7-13, hier: S. 7.
235 The Electronics Game. From a Special Correspondent, in: Economic and Political Weekly 5,23 (1970), S. 900-902, hier: S. 901; Dipak B.R. Chaudhuri: Empire Building in Electronics, in: Economic and Political Weekly 6,19 (1971), S. 953. Vgl. dazu auch allg. Anderson: Nucleus and Nation, S. 415 f.
236 Rangaswamy Narasimhan: Meaningful National Goals in Computer Development, Production and Use, in: Electronics Commission (Hrsg.): Electronics, S. 371-378, hier: S. 372. Vgl. Grieco: Dependency, S. 70.

ministerium durch. So gingen 80 % der Förderung, d. h. rund acht Millionen US-Dollar, an ECIL und das TIFR unter den Auspizien der Atombehörde. Das im Juni 1970 gegründete und der direkten Kontrolle von Premierministerin Indira Gandhi unterstellte DoE bestand so – ebenso wie die ein Jahr später eingesetzte »Electronics Commission« – zu großen Teilen aus Mitgliedern des Netzwerks der Atomenergiebehörden, darunter M. G. K. Menon, A. S. Rao und B. D. Nag Chaudhuri. Die wichtigste der zehn DoE-Abteilungen war die »computer division«. Die Gründung des DoE bedeutete, dass sich die Förderung der Elektronik (und so auch der Computertechnik) zusehends aus der Verzweckung verteidigungspolitischer Planspiele löste und als ein Werkzeug gesehen wurde, das über zivile und militärische Forschungseinrichtungen hinaus auch in Industrie, Verwaltung und Politik zum Einsatz kommen sollte.[237]

Am Ende der planungseuphorischen Dekaden stand den Pionieren der Wissens- und Technologiepolitik das Ziel einer Autarkie der indischen (Computer-)Industrie klar vor Augen. Doch sah sich Indira Gandhi, die zwischen 1966 und 1977 Nehrus Erbe als Premierministerin antrat, einem Gewirr an Ansprüchen und Kompetenzen und einer Vielzahl interorganisationaler Spannungen in ihrer Regierung gegenüber, die dem Wachstum der indischen Industrie im Weg standen. Der nationale Ansatz ihrer Technologiepolitik war indes dazu angetan, die innenpolitischen Gräben zwischen dem konservativen und dem radikalen Flügel der Partei zu überbrücken. Dies war umso wichtiger, als Indien zu Beginn der 1970er Jahre vor gravierenden gesellschaftlichen Umbrüchen stand.[238] Allerdings war der Weg in die digitale »Unabhängigkeit« gleichzeitig ohne die wiederholte Versicherung des eigenen Status in der internationalen Gemeinschaft, die sich unter dem Eindruck des Kalten Krieges in zwei einander unversöhnlich gegenüberstehende Blöcke gespalten hatte, kaum möglich. So avancierten »Forschung« und »Entwicklung« schließlich rasch zu Themen von globalem Interesse.

---

237 In der Folge goss das National Committee on Science and Technology (NCST) diesen Kurs in die Form eines »Science-and-Technology«-Plans. Vgl. A New Indian Programme – Science and Technology for Development. An Approach to the Science and Technology Plan, in: Minerva 11,4 (1973), S. 537-570. Als kritische Replik: M. P. Parameswaran: Approach to Science and Technology Plan: A Critique, in: Social Scientist 2,5 (1973), S. 68-82. Zur Einsetzung der »Electronics Commission« vgl. Ashok Parthasarathi: Electronics Commission, 7. 8. 1970, Prime Minister's Office, 17/947/70-PMS: D/O Electronics. Electronics Commission. Misc. Correspondence, NAI. Zu den Beratungen der Kommission vgl. überdies Prime Minister's Office, 17/947/71-PMS, 17/947/74-PMS und 17/947/ 77-PMS: D/O Electronics. Electronics Commission. Misc. Correspondence, NAI.

238 Vgl. Abdur Rahman: Philosophy of Science and its Application to the Science and Technology Development in India, Neu Delhi 1988, S. 39-63.

3. Programme und Programmierer: Forschung und Entwicklung

3.1 Kalter Krieg an der Peripherie

Im Winter 1958 war der 37 Jahre alte US-amerikanische Computeringenieur Morton Nadler in einer schier ausweglosen Lage. Zwischen den Fronten des Kalten Krieges, von beiden Supermächten der Spionage verdächtigt, hatte er in den Fluren des Innenministeriums in Prag einen Hungerstreik angekündigt,[1] um seine Ausreise aus der ČSSR, um die er sich bereits wochenlang bemühte, zu erzwingen.

Nadler zählte zu den Grenzgängern des Kalten Krieges. Er war, noch als Jugendlicher, um die Mitte der 1930er Jahre in den USA in die kommunistische Partei eingetreten. Nach dem Krieg, in der McCarthy-Ära, war er sodann als »fellow traveller« in den Fokus der amerikanischen Nachrichtendienste geraten. Nachdem er kurz nach dem Krieg auf das Betreiben der US Army hin seine Anstellung als Ingenieur bei der Chicagoer »Belmont Radio Corporation« verloren hatte, hatte er sich im März 1948 entschlossen, das Land zu verlassen, »[to] help ›build socialism‹«. Seinen Eltern hatte er erzählt, er gehe nach Paris, um ein Promotionsstudium zu beginnen, hatte sich dann aber Richtung Prag abgesetzt, um über eine Dekade lang in der UdSSR zu bleiben. Nach der ungarischen Oktoberrevolution zeigte er sich jedoch zusehends desillusioniert, was den Kommunismus anging. Allerdings schien auch die Rückkehr in die USA keine realistische Option mehr.[2]

Das FBI hatte Nadler gleich nach seiner Ausreise verdächtigt, im Rahmen seiner Anstellung als Elektroingenieur bei Tesla, Národní Podnik, einem Prager Elektro- und Telekommunikationskonzern, geheime Kenntnisse im Bereich der Radartechnik zu verraten – »[by] inventing weapons for a potential enemy«. Überdies vermutete man in Nadler einen Spion.[3] So hatte die amerikanische Botschaft, als Nadler 1950 seinen Pass verlängern wollte, dessen Papiere kurzerhand eingezogen und ihm einen One-Way-Trip in die Vereinigten Staaten angeboten. Nadler wiederum hatte in der Folge seinen amerikanischen Pass

---

1 Vgl. US Exiles Merge into Prague Life, in: New York Times, 30. 8. 1959, S. 20.
2 Zur Darstellung von Nadlers Werdegang vgl. seine autobiographischen Skizzen »No Regrets« aus dem Jahr 2008 unter URL: https://web.archive.org/web/20141224015752/http://filebox.vt.edu/users/tampsa/pdf.files/ [abgerufen am 15. 8. 2022]. Vgl. hier: Morton Nadler: No Regrets, Kap. 18, 20, 22, 25.
3 Tatsächlich stand Nadler in brieflicher Verbindung mit Joel Barr und Alfred Sarant, Mitgliedern des Rosenberg-Spionagerings, denen er in Prag 1955 auch begegnete. Er schloss sich ihnen aber wohl nie an. Vgl. Nadler: No Regrets, Kap. 21; Steven T. Usdin: Engineering Communism. How Two Americans Spied for Stalin and Founded The Soviet Silicon Valley, New Haven 2005, S. 174-188.

zurückgegeben und einen tschechoslowakischen angenommen.[4] Nun aber, da er im Zuge seiner Ausreisepläne ab 1957 auch in den Fokus der tschechoslowakischen Behörden geriet, gingen ihm die Optionen aus.

Dass Nadlers persönlicher Ausweg Indien lautete, war zwar letztlich Zufall, doch ergab er sich auch aus der Logik des Kalten Krieges. In Prag war der Elektroingenieur dem Gründer des Indian Statistical Institute, Prasanta Chandra Mahalanobis, begegnet und hatte dessen Einladung, als Gastwissenschaftler nach Kalkutta zu kommen, gleich zu deuten verstanden: Indien, das sich im globalen Kalten Krieg zwischen den Linien verortete, war aus seiner Perspektive der ideale Ort, um der Systemkonkurrenz zu entkommen und, nach einiger Zeit, wieder nach Amerika zurückzukehren. So bestieg Nadler im Februar des nächsten Jahres, nach längerem Bangen, letztlich den Flieger nach Kalkutta, wo er, in bester Gesellschaft, die nächsten 15 Monate an Indiens ersten digitalen Computern arbeiten sollte.[5]

Der Campus des Indian Statistical Institute, im Norden Kalkuttas, war ein zentraler Knotenpunkt des internationalen Austauschs in einem Netzwerk von Computerspezialisten, Ökonomen und Planern geworden. Mahalanobis hatte dazu bereits in den 1950er Jahren Hunderte Gäste aus aller Welt, durch den Eisernen Vorhang hindurch, eingeladen. Der schwedische Ökonom Gunnar Myrdal kommentierte später, »every seventh-rate scholar from Europe or America« sei in diesen Tagen nach Indien gekommen. Dabei hatten auch Dutzende Ökonomen ersten Ranges, darunter drei der ersten Nobelpreisträger in diesem Fach, das Land bereist.[6]

Dass Experten aus allen Regionen und über Block- und Systemgrenzen hinweg – wie am ISI – in Indien zusammenkamen, bedeutete indes keineswegs, dass deren Besuche gänzlich apolitisch waren. Vielmehr spiegelte sich in den gegensätzlichen amerikanischen und russischen Modellen von »Planung« und »Entwicklung« eine neue Dimension des globalen Konflikts wider, der in der »Dritten Welt« (und zugleich um deren »Gunst«) ausgetragen wurde. So verschränkten sich politisch-ideologische und ökonomische Visionen.

In dieser globalen Entwicklungskonkurrenz nahm die Geopolitik der Expertise – die Zirkulation von Experten – eine zentrale Rolle ein. In Indien setzten die Planer um Mahalanobis die Expertise ebenso situativ wie strategisch zu ihrem Nutzen ein und verbanden so in der Praxis das Modell westlicher Demo-

---

4 Vgl. dazu überdies: Citizenship Renounced. American in Prague Says He Seeks Czech Nationality, in: New York Times, 4.11.1950, S. 34; Chicago Man Renounces U.S. Citizenship, in: The Washington Post, 4.11.1950, S. B13.
5 Nadler: No Regrets, Kap. 26; zu dieser Episode vgl. überdies allg. Menon: Machine, S. 422 f. und 426-430.
6 Prof. Dr. Karl Gunnar Myrdal, Oral History Interview. Transkript, 20.1.1974. NMML Oral History Collection Nr. 184, S. 2. Im Modell des globalen Expertenaustauschs kam der Ausbildung neuer »Eliten« eine wichtige Funktion zu. Vgl. dazu Sunandan Roy Chowdhury: Politics, Policy and Higher Education in India, Singapur 2017, S. 51-83.

kratie und sozialistischer Planung.⁷ Abseits des Ringens um Geld (und materielle Güter) ging es hier in erster Linie um (technisches) Wissen, wie Mahalanobis am Rande einer Reise nach Moskau zur Mitte der 1950er Jahre einmal mehr gen Indien schrieb: »it is not money, *not money*, *NOT MONEY* I am worrying about, but *technical knowledge*.«⁸ Zur Verarbeitung dieses Wissens waren Computer das geeignete Werkzeug.⁹

Nun waren Computer allerdings – zumal unter den Bedingungen des Kalten Krieges – ungleich schwerer zu erlangen als die zur Stippvisite nach Indien reisenden Experten. Zudem tangierte auch das High-Tech-Embargo des Coordinating Committee for East West Trade Policy, das die Exporte westlicher Technologien in den Ostblock regulierte, das »neutrale« Indien, wenngleich die CoCom-Bestimmungen das Land – anders als die UdSSR oder die VR China – nie systematisch vom globalen Freihandel in bestimmten Bereichen ausschlossen.¹⁰ Dennoch erschwerte Indiens Hinwendung zu Moskau in den 1970er Jahren die Importe von Hardware: Der Nutzen und mögliche Weitervertrieb westlicher Produkte wurden streng kontrolliert; bisweilen wurden US-Exporte, wie im Fall des Supercomputer-Programms ausgangs der 1980er Jahre, auch erheblich verzögert und blockiert.¹¹ Doch war und blieb Indien über die Dekaden hinweg ein wichtiger Schauplatz der Zirkulation von Mensch und Mikrochip in der Ära des Kalten Krieges. Nachdem im vorangegangenen Kapitel die *nationale* Dimension einer Förderung der Computerentwicklung und -anwendung in Indien im Fokus gestanden war, wird dieses Kapitel daher verdeutlichen, wie stark Diskurs und Praxis in die *internationalen* Kontexte der Systemkonkurrenz des Kalten Krieges eingebunden waren.

Dieser Kalte Krieg »was fought in multiple theatres«. Entsprechend waren die Entwicklungen in der »Dritten Welt« »not simply a sideshow to the main event, but central to the Cold War itself«.¹² Zudem erschien diese Ära als eine

7 Vgl. David C. Engerman: The Price of Aid. The Economic Cold War in India, Cambridge, Mass. 2018, S. 89-116, hier: S. 90 f., sowie Lorenzini: Global Development, S. 35-43.
8 P. C. Mahalanobis an P. Pant, Moskau, 17.7.1954, P. Pant Papers, 190 L(II), Correspondence, Bl. 83-85, NMML. Hervorhebungen im Original. Ähnlich schrieb Mahalanobis bereits kurz zuvor: »I want to explore to what extent USSR can help us not merely in planning but in implementing a programme of industrialization by supplying capital goods and technical ›know-how‹«. P. C. Mahalanobis an P. Pant, Prag, 27.6.1954, P. Pant Papers, 190 L(II), Correspondence, Bl. 21, NMML.
9 Zu Mahalanobis Ringen um den Computer vgl. Kap. 2.3. Vgl. zudem: Engerman: Price, S. 95-100; ders.: Learning from the East, in: Comparative Studies of South Asia, Africa and the Middle East 33,2 (2013), S. 227-238, hier: S. 230.
10 Vgl. Frank Cain: Computers and the Cold War, in: Journal of Contemporary History 40,1 (2005), S. 131-147.
11 Vgl. Kap. 6.3. Zum CoCom-Embargo vgl. Richard Heeks: India's Software Industry, New Delhi 1996, S. 168.
12 Michael Szonyi/Hong Liu: Introduction. New Approaches to the Study of the Cold War in Asia, in: dies./Zheng Yangwen (Hrsg.): The Cold War in Asia. The Battle for Hearts and Minds, Leiden 2010, S. 1-11, hier: S. 1. Die Forschungsgeschichte des Kalten Krieges war ebenso wechselvoll wie ihr Gegenstand. Während die englisch-

weitere, wechselvolle Epoche des Nord-Süd-Gegensatzes. Speziell das indische Beispiel zeigt, dass der »Kalte Krieg« im Süden auch und gerade als Fortsetzung des europäischen Kolonialismus verstanden werden kann. Der Interventionismus der Supermächte erinnerte so an den Imperialismus der kolonialen Ära: Auch die Mission der neuen Mächte in der »Dritten Welt« gründete auf dem Anspruch, den eigenen ideologischen Wertekanon als universal und überlegen geltend zu machen. Indes ersetzte das Ziel der geostrategischen Kontrolle die vormals dominante Ausprägung der direkten Herrschaft, der Unterdrückung

sprachige Historiographie bis in die 1960er Jahre nahezu durchgängig am Narrativ der UdSSR als alleinigem Aggressor festhielt, wandte sich eine revisionistische Strömung unter dem Eindruck des Vietnamkrieges zu Beginn der 1970er Jahre gegen diese orthodoxe Lesart; sie identifizierte den US-amerikanischen Imperialismus als Ursache des Ausbruchs und der Eskalation des Kalten Krieges. In den 1990er Jahren schließlich etablierte sich mit der »New Cold War History« eine postrevisionistische Forschung, die – vor dem Hintergrund des Kollapses der UdSSR – den sich überlebenden Expansionismus Moskaus ins Zentrum der Kritik rückte. Auch hier kam den Staaten Asiens indes keine (herausgehobene) Rolle zu. Zum Paradigma der »New Cold War History« vgl. John Lewis Gaddis: We Now Know. Rethinking the Cold War, New York 1997. Für einen Abriss der Kritik dieser »neuen« Geschichtsschreibung und ihrer Verbindungen zum postrevisionistischen Paradigma vgl. Odd Arne Westad: Introduction: Reviewing the Cold War, in: ders. (Hrsg.): Reviewing the Cold War: Approaches, Interpretations, Theory, London 2000, S. 1-23. Vgl. überdies Frank Reichherzer/Emmanuel Droit/Jan Hansen (Hrsg.): Den Kalten Krieg vermessen. Über Reichweite und Alternativen einer binären Ordnungsvorstellung, Berlin 2018. Gegen die Vorstellung eines »bipolaren« Blicks, der den Kalten Krieg nur mehr durch die Brille des »Ost-West-Konflikts« betrachtete, argumentierte Odd Arne Westad, »the most important aspects of the Cold War were neither military nor strategic, nor Europecentered, but connected to political and social development in the Third World«. Westad: Global Cold War, S. 396 f. Vgl. dazu auch allg. ders.: The Cold War. A World History. Mit dieser Einsicht, die sich in der Forschung erst allmählich in der letzten Dekade Bahn gebrochen hat, sind auch die vermeintlichen Nebenkriegsschauplätze des globalen Ringens in Afrika, Asien und Lateinamerika jüngst verstärkt in den Fokus gerückt. Insbesondere China und Indien als den regionalen Mächten und ihren Rivalitäten wurde hier zuletzt eine besondere Aufmerksamkeit zuteil. So war der Kalte Krieg in Asien durchaus heiß. Vgl. McGarr: Cold War; Chi-Kwan Mark: The Everyday Cold War. Britain and China, 1950-1972, London 2017; Tuong Vu/Wasana Wongsurawat (Hrsg.): Dynamics of the Cold War in Asia. Ideology, Identity and Culture, New York 2009; Christopher E. Goscha/Christian F. Ostermann (Hrsg.): Connecting Histories. Decolonization and the Cold War in Southeast Asia, 1945-1962, Stanford 2009; Anthony Day/Maya H.T. Liem (Hrsg.): Cultures at War. The Cold War and Cultural Expression in Southeast Asia, Ithaca, NY 2010; Lorenz M. Lüthi: Cold Wars. Asia, the Middle East, Europe, Cambridge 2020, sowie allg. Melvyn P. Leffler/Odd Arne Westad (Hrsg.): The Cambridge History of the Cold War, 3 Bde., Cambridge 2010. Bereits früh betonte dies: Marc S. Gallicchio: The Cold War Begins in Asia, New York 1988. Die Überwindung eines »methodologischen Nationalismus« und die Dezentrierung der historischen Analyse im Sinne Westads erlaubten es, die Peripherie, wie Immanuel Wallerstein kürzlich bemerkte, ihrerseits zum Zentrum zu machen. Immanuel Wallerstein: What Cold War in Asia? An Interpretative Essay, in: Szonyi/Liu/Yangwen (Hrsg.): Cold War in Asia, S. 15-24, hier: S. 18 f.

und Ausbeutung der imperialen Einflussgebiete, wie sie die erste Hälfte des 20. Jahrhunderts kennzeichnete. Derweil avancierte die Dekolonisierung zum Imperativ des Kalten Krieges. Der Verlauf der »dritten Welle«[13] der Dekolonisation nach 1945 war so mehr als das Ergebnis der Auseinandersetzungen in den ehemaligen Kolonien und den Metropolen; er war das Resultat anhaltender, tiefgreifender Umbrüche und Machtverschiebungen in den internationalen Beziehungen.[14] In Asien bildete sich im Schatten der Rivalität der Supermächte eine neue Geometrie der Macht, die rasch wechselnde Allianzen produzierte, zugleich aber auch – gegen die äußere Bedrohungslage – die Vorstellung einer »Asian Solidarity« hervorbrachte.

Als sich Indien unter Nehru auf die Idee des »Neutralismus« und die Strategie der »Bündnisfreiheit« zurückzog, streckten sowohl die UdSSR als auch die USA ihre Fühler nach Südasien aus. Dem sowjetischen Kalkül bilateraler »Freundschaftsverträge« und Sicherheitsabkommen setzten die Vereinigten Staaten ein Modell des Multilateralismus entgegen.[15] So läutete die Neuordnung des Staatensystems letztlich auch in Südostasien binnen weniger Dekaden das Ende der alten Kolonialreiche ein und ebnete Indien zwischen 1945 und 1975 den Weg in eine Unabhängigkeit, die in gleichem Maße die schrittweise Auflösung des kolonialen Einflusses Großbritanniens wie die Durchsetzung der amerikanischen und russischen Entwicklungspolitik bedeutete.[16]

Während sich die Auseinandersetzung der Supermächte an die globale Peripherie verlagerte,[17] suchte sich Indien zu Beginn vor allem von den Vereinnah-

13 Wolfgang Reinhard: Die Unterwerfung der Welt, 1415-2015, München 2016, S. 1121-1153. Vgl. überdies: Nicholas Tarling: Imperialism in Southeast Asia: A Fleeting Passing Phase, London 2001. Zur Geschichte der vielgestaltigen Prozesse der Dekolonisierung, die sich in den einzelnen Ländern ganz unterschiedlich vollzogen und deren Dynamiken sich über die Jahre stark veränderten, vgl. zudem James/Leake (Hrsg.): Decolonization and the Cold War.
14 Vgl. John Springhall: Decolonization since 1945. The Collapse of European Overseas Empires, Basingstoke 2001. Hatte der Erste Weltkrieg erste antikoloniale Bewegungen hervorgebracht, so unterminierte der Zweite Weltkrieg endgültig die Vorstellung von Europa als eines zivilisierten Kontinents. Die Barbarei des industriellen Tötens und die genozidale Gewalt, die der Krieg zeitigte, erschütterten die Propaganda der Zivilisierungsmission.
15 Vgl. Alice Lyman Miller/Richard Wich: Becoming Asia. Change and Continuity in Asian International Relations since World War II, Stanford 2011, S. 82-193; Edward H. Judge/John W. Langdon (Hrsg.): The Cold War through Documents. A Global History, Lanham ³2018.
16 Vgl. dazu: Marc Frey: Drei Wege zur Unabhängigkeit. Die Dekolonisierung in Indochina, Indonesien und Malaya nach 1945, in: Vierteljahrshefte für Zeitgeschichte 50,3 (2002), S. 399-433; ders.: Dekolonisierung in Südostasien; Martin Shipway: Decolonization and Its Impact, Malden, Mass. 2008.
17 Mit der Truman-Doktrin vom 12. März 1947 hatten die USA den Kurs ihrer Eindämmungspolitik gesetzt; nur wenig später zementierte Andrei Schdanows »Zwei Lager«-Theorie im September 1947 den Gegensatz der Supermächte. Die USA sahen Mao Zedongs Siegeszug in China voller Sorge und im Ausbruch des Koreakriegs am 25. Juni 1950 den Beleg einer aggressiv-imperialistischen Politik der UdSSR. Zudem

mungen des Westens zu emanzipieren. Bereits in Nehrus berühmter Rede »Tryst with Destiny« vom 15. August 1947 – nur wenige Wochen nach der Rede George C. Marshalls an der Harvard University am 5. Juni 1947, die den Marshall-Plan und die Teilung Europas in Blöcke vollzog – war dies angeklungen. Bei seinem ersten Besuch in den USA zwei Jahre später lobte Nehru den »path of nonalignment« als indischen Beitrag zu einer »peaceful coexistence« aller Völker aus.[18] Außenminister K. P. S. Menon sekundierte 1950:

> We do not want to be a supplicant at the door of the United States [...] If you depend on someone else's help, you will depend more and more on this help and you will lose your self-confidence and your self-reliance. [...] If we have to fight communism, we would like to do so out of our own free choice and not at the dictation of the United States.[19]

In der Folge kühlten die indo-amerikanischen Beziehungen ab: Politische Meinungsverschiedenheiten und kulturelle Missverständnisse erwiesen sich als Hürden konstruktiver bilateraler Beziehungen.[20] Die *New York Times* berich-

beunruhigte Washington der Eintritt der UdSSR und später Indiens ins Atomzeitalter. Vgl. Hans-Joachim Bieber: The First Stages of India's Nuclear Policy, in: Hilger/Unger (Hrsg.): India, S. 183-204, hier: S. 203. Paul Nitze, der Director of Policy Planning im Außenministerium, umriss daher in einem streng geheimen Programmpapier des Nationalen Sicherheitsrats (NSC-68) im April 1950 den neuen außenpolitischen Kurs. Das Papier globalisierte, militarisierte und ideologisierte die Eindämmungsdoktrin und verlieh – in apokalyptischem Ton – dem Ziel eines »Kampfes« gegen den Kommunismus Ausdruck: »The Soviet Union, unlike previous aspirants to hegemony, is animated by a new fanatic faith, antithetical to our own, and seeks to impose its absolute authority over the rest of the world. [...] What is new, what makes the continuing crisis, is the polarization of power which now inescapably con-fronts the slave society with the free. The assault on free institutions is world-wide now, and in the context of the present polarization of power a defeat of free institutions anywhere is a defeat everywhere.« National Security Council, Document NSC-68, 7.4.1950, in: US Department of State. Foreign Relations of the United States, 1950, Vol. 1, Washington, D.C. 1977, S. 234-292, hier: S. 240.

18 Jawaharlal Nehru Speech, San Francisco, October 1949, XX640, Hoover Institution Archives. Audio-File, Typoskripte. Vgl. Dedication for Pandit Jawaharlal Nehru, 31.10.1949, Reception of the Indian Community of the West Coast, Scottish Rite Auditorium, San Francisco. South Asian American Digital Archive. URL: https://www.saada.org/item/20160905-4637 [abgerufen am 15.8.2022]. Nehru instruierte seine Minister kurz vor der Reise: »It is better to starve than to beg and become dependent on others.« Jawaharlal Nehru: Letters to Chief Ministers 1947-1964, Bd. 1, Oxford/Neu Delhi 1985, S. 471.

19 K. P. S. Menon: India's Foreign Policy. Speech by the Foreign Secretary to the Government of India at the Defence Services Staff College Wellington, 1950, S. 13, K. P. S. Menon Papers, Speeches/Writings, File No. 35, NMML. Zur Rezeption dieses Kurses in den USA vgl. Robert J. McMahon: On the Periphery of a Global Conflict. India and the Cold War, 1947-1991, in: Hilger/Unger (Hrsg.): India, S. 276-299, hier: S. 278 f.

20 Mit dem Rückzug der britischen Regierungsvertreter wandte sich, so die amerikanischen Diplomaten, der antikoloniale Zorn der indischen Elite gegen die Vereinigten Staaten, deren Imperialismus zur Zielscheibe der Kritik wurde. So bemerkte Larry

tete kritisch über wachsende Ressentiments gegenüber den USA.[21] Auch deshalb bemühte sich die Eisenhower-Administration ab 1957 wieder stärker um die Verbesserung der diplomatischen Beziehungen zu Indien,[22] zumal die UdSSR zusehends aus der Schwäche des Westens Kapital zu schlagen versuchte, indem sie Delhi materielle Unterstützung, Handelskooperationen und Kredite offeriere.[23]

21 Wilson, der Kulturattaché des US-Konsulates in Bombay zu Beginn der 1950er Jahre, es sei »a funny thing, we try and try and have been trying, and yet we're not liked out here. The British are far better liked than the Americans!« Saunders Redding: An American in India, New York 1954, S. 41. Vgl. McGarr: Cold War, S. 13-14; Robert J. McMahon: Cold War on the Periphery, New York 1994, S. 80-122. Eleanor Roosevelt sinnierte nach ihrem Besuch in Indien 1952 gar: »In India, after the departure of the British, the resentment previously felt towards them was in a large measure transferred to us. Never convinced that the British really intended to keep their promise to leave, the Indians were deeply impressed when they actually did, and the disappearance of their hostility was almost an overnight phenomenon.« Vgl. Eleanor Roosevelt: India and the Awakening East, London 1954, S. 90.

22 Nehru bemühte sich in den persönlichen Gesprächen mit US-Diplomaten, diesen Eindruck zu zerstreuen. Regierung und Bevölkerung seien entgegen aller Meldungen alles andere als »hostile« gestimmt, doch fühle man in Indien, »that American Policies had been wrong and encouraged the very [aggressive and anti-democratic] tendencies which they had sought to put an end to.« Jawaharlal Nehru: Meeting between Nehru and John Sherman Cooper, 5.5.1955, in: Selected Works of Jawaharlal Nehru, 2nd Series, Bd. 28, Neu Delhi 2001, S. 283 f. In den 1950er Jahren waren die indo-amerikanischen Beziehungen von massiven Spannungen geprägt; eine Umfrage des Indien Institute of Public Opinion bestätigte dies: Indian Attitudes Towards US and USSR, 25.5.1956, RG 306, Entry No. (P) 160, Special Reports 1953-1997, Box 11, Report, S-25, NARA. Für US-Botschafter Loy Henderson lag ein Grund der Kritik im missionarischen Gestus der USA, ihren »American way of life« zu exportieren. Zwar gebe es in Indien große Bewunderung für die amerikanischen Leistungen in Forschung und Technologie. Indes herrsche »a general feeling that the United States, as the most prosperous and technically most advanced nation, is just a little too smug and that a bit of criticism is good for its soul«. Certain Aspects of the Foreign Policy of India, Draft, Address to Conference of US Foreign Service Officers, 1951, S. 7, Loy W. Henderson Papers, Box 8, Folder: India Misc., Manuscripts Division, Library of Congress.

23 Ein Memorandum des Nationalen Sicherheitsrats vom 10. Januar 1957 gab Eisenhowers »New Look on India« Ausdruck. Es konstatierte, dies sei »an intensive campaign to roll back the free world position in South Asia«. Nehrus Strategie der »Bündnisfreiheit« könne Indien womöglich in Opposition zu den amerikanischen Programmen bringen. So gelte die Devise: »a weak India might well lead to the loss of South and South East Asia to Communism [whereas] a strong India would be an example of an alternative to Communism in an Asian context.« National Security Council Report, NSC 5701, Statement of Policy on US Policy Toward South Asia, 10.1.1957, RG 59, Entry No. (A1) 1586E, Lot 63D351, S/S-NSC Files, NARA.

24 Hier standen Großbritannien und die USA in gemeinsamer Opposition zur UdSSR. Lord Douglas-Home, Berater im Commonwealth Relations Office und späterer Außenminister und Premier, betonte so im Jahr 1957 emphatisch die gleichlautenden Interessen: »India's permanent interest lies in keeping her foot firmly in the Western camp. Russia and China are too dangerous for her to do otherwise.« Anglo-Indian

Der sich abzeichnende indisch-chinesische Gegensatz im Westen Tibets[24] hatte Asien in den Augen des amtierenden Senators in Massachusetts, John F. Kennedy, derweil zu dem entscheidenden Schauplatz des Kalten Krieges erhoben. Kennedy zeigte sich so bereits in den ausgehenden 1950er Jahren entschlossen, die »bündnisfreien Staaten« für den Westen (zurück) zu gewinnen. Der Regierung Eisenhowers gab er zu bedenken:

> no struggle in the world deserves more time and attention from this Administration – and the next – than that which now grips the attention of all of Asia [...] that is the struggle between India and China for the economic and political leadership of the East [...] We want India to win that race with Red China. We want India to be a free and thriving leader of a free and thriving Asia.[25]

Indien indes tendierte ab den 1960er Jahren in Richtung der UdSSR, die unter Chruschtschow begonnen hatten, aktiv um das Land zu werben.[26] Dieser Kurs

    Relations, 26.6.1957, C(57)149, CAB 129/87, The National Archives (TNA), Kew/London. Auch der britische Premier Harold Macmillan 1960 zeigte sich angesichts der zurückliegenden Kapriolen durchaus glücklich und der Hohe Kommissar in Südasien, der ehemalige Kolonialminister Malcolm MacDonald, stellte fest, die Beziehung zu Indien sei wieder »remarkably good«. India: Shifts in Indian Foreign Policy, MacDonald to Douglas-Home, 13.7.1960, DO 196/125, TNA.

24 Vgl. Amit Das Gupta/Lorenz M. Lüthi (Hrsg.): The Sino-Indian War, Neu Delhi 2017; McGarr: Cold War, S. 36-55; 149-182; Bhabani Sen Gupta: The Fulcrum of Asia. Relations among China, India, Pakistan and the USSR, Delhi [1970] 1988; Anton Harder: Promoting Development with Struggle. Sino-Indian Relations in the 1950s, in: Manu Bhagavan (Hrsg.): India and the Cold War, Chapel Hill 2019, S. 153-177.

25 John F. Kennedy: The Bases of US Interest in Asia – Its New Dimensions, Papers of John F. Kennedy, Pre-Presidential Papers, Senate Files, Series 12: Speeches and the Press, Box 903, Folder: Conference on India and the United States, Washington D.C., 4.5.1959, JFKSEN-0903-003; ders.: The Choice in Asia – Democratic Development in India, Box 900, Folder: Speech to the United States Senate, 25.3.1958, JFK-SEN-0900-015, John F. Kennedy Presidential Library and Museum (JFKLM), Boston, Mass. Noch vor dem Hintergrund der »Berlin-Krise« hatte Kennedys Konkurrent, Richard Nixon, befunden: »what happens to India could be even more important in the long run.« Anlässlich seiner Nominierung als demokratischer Präsidentschaftsbewerber erklärte Kennedy im Juli 1960 vor dem Hintergrund der Auseinandersetzungen in Asien, sein Land stehe »on the edge of a New Frontier [...] of unknown opportunities and perils«. John F. Kennedy: The New Frontier, Papers of John F. Kennedy, Pre-Presidential Papers, Senate Files, Series 12: Speeches and the Press, Box 910, Folder: Acceptance Speech of Senator John F. Kennedy, Democratic National Convention, Los Angeles, 15.7.1960, JFKSEN-0910-015 [Video: TNC-191-E5], JFKLM.

26 »So far as Indo-Soviet friendship was concerned«, bemerkte Chruschtschow gegenüber einem indischen Diplomaten 1960, »there was not a single cloud on the sky.« K.P.S. Menon: Annual Political Report for the Year 1960, No. 12/60(A), 5.1.1961, S.38, K.P.S. Menon Papers, Subject Files, File No. 5, NMML; Indian Embassy Moscow an Ministry of External Affairs, 6.11.1960, Ministry of External Affairs, Europe East, Progs. Nos. 8(14), 1960: Important Political Report from Moscow, NAI. Die USA zeigten sich durch Indiens Nähe zum Sozialismus zusehends abgeschreckt; die indo-amerikanische Annäherung der späten 1950er Jahre blieb so nur eine kurze

mündete zu Beginn der 1970er Jahre in einem Kooperations- und Sicherheitsabkommen (»Vertrag über Frieden, Freundschaft und Zusammenarbeit«) mit der UdSSR.[27]

Dass sich Indiens Verständnis des »Non-Alignment« eingangs der 1960er Jahre von einer Politik des Neutralismus und der Äquidistanz zu den Supermächten hin zu einer »Politik der Partnerschaft« mit der UdSSR wandelte, in der Moskau zum Fixstern indischer Außenpolitik wurde, veränderte auch die Dynamik des Technologie- und Expertenaustauschs in den 1970er Jahren. So verschob sich der Fokus des US-amerikanischen Engagements in Indien, zumal vor der Folie sich wandelnder entwicklungspolitischer Konzepte, von einer Form der strategischen Entwicklungskooperation, die bis in das Feld neuer Technologien hineinwirkte, hin zu vorrangig humanitären Engagements, etwa im Bereich der Agrarproduktion und der Lebensmittelversorgung. Überdies zogen die USA, wie im Fall der Förderung des IIT Kanpur, ihre Experten aus dem Land zurück und kürzten die Finanzierung von Förderprogrammen massiv. Hier erwies sich die »Entwicklungshilfe« als Lock- und Druckmittel zugleich. Dass die UdSSR die sich daraus ergebende Lücke an Kapital und Knowhow quantitativ wie qualitativ nie ansatzweise schließen konnten, verstärkte die Probleme Indiens.[28] Doch war Delhi keineswegs nur »Opfer der Supermachtpolitik«. Vielmehr erwies sich die Politik der Regierung lange als ausgesprochen pragmatisch. Indem Indien seinen Status der »Blockfreiheit« strategisch einsetzte, sicherte es sich die Unterstützung beider Blöcke. So bot der Kalte Krieg im Ringen um entwicklungspolitische Gelder durchaus die Möglichkeit, die eine gegen die andere Seite auszuspielen. Indien wusste hier seine regionale Schlüsselrolle in der globalen Mächtekonkurrenz zu nutzen, um eigene Interessen durchzusetzen und neue Spielräume auszuloten.[29]

> Episode. Nach einigen Verwicklungen wies Indiens Weg spätestens nach dem indisch-chinesischen Krieg 1962 und der Kaschmirkrise 1965 in Richtung der UdSSR.

27 Vgl. Westad: The Cold War. A World History, S. 443-447. Unter den Regierungen Desais und Gandhis verstärkte sich Indiens Opposition zu den USA. Vgl. Jeremy Friedman: Shadow Cold War, Chapel Hill 2015. Zur indisch-sowjetischen Beziehung vgl. Hari Vasudevan: New Delhi, 1971. Der indisch-sowjetische Vertrag und seine Bedeutung, in: Andreas Hilger (Hrsg.): Die Sowjetunion und die Dritte Welt. UdSSR, Staatssozialismus und Antikolonialismus im Kalten Krieg 1945-1991, München 2009, S. 181-200; Srinath Raghavan: Between Regional and Global Interests: The Indo-Soviet Treaty of 1971, in: Hilger/Unger (Hrsg.), India, S. 326-345; Max Trecker: Red Money for the Global South. East-South Economic Relations in the Cold War, Abingdon, Oxon/New York 2020.
28 Zur »Rupee Diplomacy« vgl. Engerman: Price of Aid, insbes. S. 347-358. Zur Entwicklungskooperation und -konkurrenz der Supermächte in Indien vgl. überdies allg. ebd., S. 227-302. Vgl. überdies allg. ebd., S. 227-272. Zugleich kam es in den 1970er Jahren zur »Machtprobe« zwischen Indiens Regierung und westlichen, allen voran US-amerikanischen Konzernen, die den Rückzug einzelner »Global Player« wie IBM 1978 zur Folge hatte. In diesen Auseinandersetzungen spiegelte sich auch die Konkurrenz des globalen Kalten Krieges wider.
29 Vgl. Corinna R. Unger: Export und Entwicklung: Westliche Wirtschaftsinteressen in Indien im Kontext der Dekolonisation und des Kalten Krieges, in: Jahrbuch für

3.2 Die Stunde der Planer: Entwicklungspolitik in der technokratischen Hochmoderne

Freilich war die Geschichte des Kalten Krieges mehr als die Geschichte konkurrierender Mächte, ideologischer Gegensätze und Systemauseinandersetzungen. Sie war vielmehr zugleich ein »Wettbewerb unterschiedlicher Modernisierungsentwürfe« für die »Dritte Welt«. Die divergenten Vorstellungen von Modernisierung gründeten dabei ganz wesentlich auf dem Konzept der »Entwicklung«.[30] Hier kam technokratischen Modellen der Planung eine herausgehobene Bedeutung zu.[31]

Für die Supermächte war Entwicklungspolitik unter den Bedingungen des Kalten Krieges eine politische »Waffe«.[32] Zur politischen Klaviatur der »Entwicklungshilfe« gehörten so auch verdeckte Formen der Wirtschafts- und Militärhilfe, welche die USA und die UdSSR sowie ab den 1960er Jahren auch China – im Rahmen der Süd-Süd-Kooperation – einsetzten. Dagegen standen die Interessen der Länder der »Dritten Welt«, die sich ihrerseits durch eigenständige Entwicklungsagenden und regional spezifische Rahmenbedingungen auszeichneten. Der indische Fall, der rasch zum Muster globaler Modernisierungsszenarien wurde, bildete dies besonders eindrücklich ab.[33]

Wirtschaftsgeschichte 1 (2012), S. 69-86, hier: S. 82. Vgl. auch Robert J. McMahon: Die Macht der Schwachen, in: Bernd Greiner/Christian Müller/Claudia Weber (Hrsg.): Ökonomie im Kalten Krieg, Hamburg 2010, S. 30-44, und Cooper: Writing the History of Development, S. 15.

30 Marc Frey: Entwicklungspolitik, in: Dülffer/Loth (Hrsg.): Dimensionen, S. 293-312, hier: S. 293-295. Vgl. David C. Engerman/Corinna R. Unger (Hrsg.): Towards a Global History of Modernization, in: Diplomatic History 33,3 (2009), S. 375-385.

31 Die Hochzeit der Modernisierungstheorie, die von den späten vierziger Jahren bis in die späten sechziger Jahre reichte, war zugleich eine Blütephase technokratischer Vorstellungen. Staatliche Planung erschien dabei nicht nur in den Entwicklungsländern als Voraussetzung für sozio-ökonomische Entwicklung. Für die politische Ökonomie der »Entwicklungshilfe« war eine »Koalition unternehmerischer und außenpolitischer Interessen« charakteristisch, die »über zwei Jahrzehnte hinweg stabil« blieb. Eingangs der 1970er Jahre änderte sich dies: »Unter den Bedingungen der Öl- und Finanzkrisen, der zeitweiligen Détente, der sich intensivierenden wirtschaftlichen Globalisierung und dem wachsenden Selbstbewusstsein der Entwicklungsländer wandelten sich die Strukturbedingungen sowohl der westlichen Entwicklungshilfe als auch der Außenhandelswirtschaft.« Unger: Export, S. 85.

32 Einerseits bedeutete die »Entwicklungshilfe« humanitäre Hilfe, andererseits war sie ein unleugbarer Teil des globalen Systemkonflikts, in dem die Mächte und ihre Blöcke um politische, wirtschaftliche oder militärisch-geostrategische Vorteile rangen: »Ihre Gewährung hatte immer auch den Charakter von Belohnung für politisches Wohlverhalten, ihre Entziehung den von politischer Bestrafung.« Bernd Stöver: Der Kalte Krieg, München 2007, S. 315.

33 Die 1950er Jahre markieren eine erste Phase entwicklungspolitischen Engagements, in der die Instrumentalisierung der »Hilfe« im Rahmen der Blockbildung zum zentralen Ziel avancierte. Bis in die 1970er Jahre zählte die Eindämmung des Kommunismus so zu den grundlegenden ideologischen Prämissen staatlich gestützter Entwicklungs-

Mit dem Siegeszug des Entwicklungsparadigmas schlug in den 1960er Jahren die Stunde der Planer. Technokratischer Paternalismus und »humanitärer Imperialismus« gingen Hand in Hand. Die postkolonialen Eliten ersetzten die imperialen »men on the spot«: Staatsmänner, Experten und Finanziers gaben die Handlungskorridore der Planungen vor.[34] Die technokratischen Versprechen der Hochmoderne wurzelten dabei bereits in der Zwischenkriegsära.[35] In den 1960er Jahren, einer Phase globaler ökonomischer Modernisierungsbestrebun-

vorhaben im Westen. Vgl. Thomas Borstelmann: The Cold War and the Color Line. American Foreign Policy in the Era of Globalization, Cambridge 2002; Christopher Andrew/Vasili Mitrokhin: The World Was Going Our Way. The KGB and the Battle for the Third World, New York 2005. En gros war Entwicklungspolitik im Kalten Krieg demnach – vor allem in den ersten Dekaden – ein Mittel, um »außenpolitische Interessen in Regionen durchzusetzen, denen geopolitische oder sonstige strategische Relevanz beigemessen wurde«. Unger: Entwicklungspfade, S. 9. Vgl. dazu bereits allg. Günther Lanier: Die Entwicklungspolitik Indiens von 1947 bis 1967. Die Zeit der Illusionen, Frankfurt a. M. 1991; Carol Lancaster: Foreign Aid. Diplomacy, Development, Domestic Politics, Chicago 2007; Jeffrey F. Taffet: Foreign Aid as Foreign Policy. The Alliance for Progress in Latin America, New York 2007; Latham: Revolution. In der historischen Forschung besteht derweil Konsens, dass die globalen »Entwicklungsunternehmen [...] durch die Konkurrenz der Blöcke der industrialisierten Welt untereinander« sowie »durch nationale Interessenlagen geleitet« waren. So Hubertus Büschel/Daniel Speich Chassé: Einleitung, in: dies. (Hrsg.): Entwicklungswelten, S. 17. Vgl. Herward Sieberg: Colonial Development. Die Grundlegung moderner Entwicklungspolitik durch Großbritannien, Stuttgart 1985; Michael McWilliam: The Development Business. A History of the Commonwealth Development Corporation, New York 2001; Marc Frey: Die Vereinigten Staaten und die Dritte Welt im Kalten Krieg, in: Bernd Greiner/Christian Müller/Dierk Walter (Hrsg.): Heiße Kriege im Kalten Krieg, Hamburg 2006, S. 35-60; Giuliano Garavini: After Empires. European Integration, Decolonization and the Challenge of the Global South 1957-1985, Oxford 2012. Zu Indiens Technologiepolitik »zwischen den Blöcken« vgl. kürzlich: William A. T. Logan: A Technological History of Cold-War India, 1947-1969. Autarky and Foreign Aid, Cham 2022, S. 1-14, 43-72.

34 In Bezug auf die Akteure der neuen Entwicklungspolitik konstatierte Priya S. Gupta: »in addition to the vision of egalitarian economic participation on the international plane, each of these figures is associated with a top-down developmental modernism, an orientation that would have lasting effects in perpetuating inequality.« Priya S. Gupta: From Statesmen to Technocrats to Financiers: Development Agents in the Third World, in: Luis Eslava/Michael Fakhri/Vasuki Nesiah (Hrsg.): Bandung, Global History, and International Law, Cambridge 2017, S. 481-497. Vgl. dazu: Dipesh Chakrabarty: The Legacies of Bandung: Decolonization and the Politics of Culture, in: Christopher J. Lee (Hrsg.): Making a World after Empire: The Bandung Moment and Its Political Afterlives, Athens 2010, S. 45-68.

35 Vgl. Herbert: High Modernity; Lutz Raphael: Ordnungsmuster der »Hochmoderne«?, in: ders./Ute Schneider (Hrsg.): Dimensionen der Moderne, Frankfurt a. M. 2008, S. 73-91, hier: S. 85 f. Zur Geschichte technokratischer Konzepte vgl. überdies Howard P. Segal: Technological Utopianism in American Culture, New York 2005; Frank Fischer: Technocracy and the Politics of Expertise, London 1990; Daniel Speich Chassé: Technokratie und Geschichtlichkeit, ETH Zürich. Working Papers 2008, S. 10 f.

gen, allerdings ebneten sie der Utopie eines »Entwicklungsautomatismus« den Weg.[36] In den Jahren des »Fortschrittsoptimismus« und der »Planungseuphorie« konzentrierten sich die Anstrengungen im Bereich der »Technischen Hilfe« auf die Förderung einzelner Großvorhaben und die Intensivierung eines globalen Expertenaustauschs. In diesem Rahmen kam in den 1950er und 1960er Jahren vor allem der »Elitenwanderung« eine besondere Bedeutung zu. Die Ingenieure changierten hier als Experten »zwischen Altruismus und Eigensinn«.[37] Sie verhießen als »Technische Intelligenz« den Aufbruch in eine »postindustrielle Gesellschaft«. Das Vorbild dieser technisch-akademischen Expertenberufe, zu denen alsbald auch die *computer professionals* des digitalen Zeitalters zählten,[38] wirkte bis in die Politik der Entwicklungsländer hinein.[39] Auf die modernistischen Planungsutopien der Dekolonisationsperiode folgte in den langen 1970er Jahren gleichwohl eine Phase der Desillusionierung, die mit einer wachsenden Sensibilisierung für die Verantwortung und die Schuld der Industrienationen an den Problemen der »Dritten Welt« und so mit einem »Wertewandel« in der Praxis der »Entwicklungshilfe« einherging.[40]

36 In erster Instanz bürgte in diesem Modell der Zuschuss von Kapital für Wachstum und Wohlstand. Der trickle-down-Effekt, das »Durchsickern« eingeflossener Mittel »von oben nach unten«, garantierte demnach, dass auch die Belange des Einzelnen der Theorie nach im Fokus blieben. Die Einbindung der Entwicklungsländer in den Weltmarkt, so lautete das Credo, wirke sich günstig auf das lokale Wirtschaftswachstum aus. Vgl. Engerman (Hrsg.): Staging Growth. Freilich zeichnete die Geschichte, bei näherem Hinsehen, ein durchaus komplexeres Bild: Bereits in den 1960er Jahren erprobten Jugenddienste und kirchliche Missionen »Grass Roots«-Initiativen und neue Modelle einer »Hilfe zur Selbsthilfe« als dezidierte Alternative zu dieser von oben gesteuerten, ökonomischen und an Modernisierungstheorien orientierten Form staatlicher Entwicklung.
37 Zur langen Geschichte der »Elitenwanderungen« vgl. allg. Reinhold Reith: Einleitung. Elitenwanderung und Wissenstransfer, in: Dahlmann/ders. (Hrsg.): Elitenwanderung, S. 7-14; vgl. überdies zur Rolle der Ingenieure: Uwe Fraunholz/Sylvia Wölfel: Hochmoderne Ingenieure zwischen Altruismus und Eigensinn, in: dies. (Hrsg.): Ingenieure in der technokratischen Hochmoderne, Münster 2012, S. 17-28.
38 Vgl. Bell: Post-Industrial Society.
39 Am Ende der 1960er Jahre zeigte sich gleichwohl, dass sich die großen Hoffnungen der von den Vereinten Nationen im Jahre 1960 ausgerufenen ersten »Entwicklungsdekade« weder im Hinblick auf die ökonomischen Zielvorgaben noch im Hinblick auf die ungleich diffizilere soziale und kulturelle »Entwicklung« der »Dritten Welt« hatten erfüllen lassen. Während das Bruttonationaleinkommen pro Kopf im Jahr 1950 in Westeuropa »lediglich« fünfmal höher lag als in Afrika oder Asien, vergrößerte sich die Lücke bis 1970 – zum Ende des Dekolonisierungsprozesses – auf rund 8:1 im Fall Afrikas und 8,5:1 im Fall Asiens. So bekam auch die Ideologie der Entwicklung erste Risse. Vgl. David B. Abernethy: The Dynamics of Global Dominance, New Haven 2000, S. 167.
40 Vgl. Benjamin Möckel: »Entwicklungshilfe« als Beruf. Wandlungsprozesse der Arbeit im »Humanitären Feld« in den 1960er und 1970er Jahren, in: Bernhard Dietz/Jörg Neuheiser (Hrsg.): »Wertewandel« in der Wirtschaft und Arbeitswelt. Arbeit, Leis-

Von einer Kritik der Technologien der Entwicklung, wie sie die Phase der »Revision« entwicklungspolitischer Konzepte prägte,[41] war in den ersten Jahren nach dem Krieg indes noch wenig zu spüren.[42] Im Anschluss an Harry S. Trumans Entwicklungsprogramm – in dem das »technische Wissen« eine zentrale Rolle zur Entwicklung der »Dritten Welt« einnahm[43] – hatten US-Diplomaten wie Chester Bowles, der neue US-Botschafter in Delhi, eingangs der 1950er Jahre um die Unterstützung Indiens geworben.[44] Bowles machte in Reden und Korrespondenz zur Lage Indiens[45] deutlich: »India is the key point in the entire

tung und Führung in den 1970er und 1980er Jahren in der BRD, Berlin/Boston 2017, S. 263-282.

41 Vgl. Büschel: Entwicklungspolitik; Franz Nuscheler: Entwicklungspolitik, Bonn 2005.

42 Das »System der Entwicklungshilfe« war »ein Produkt der versuchten Neuordnung der Welt am Ende des Zweiten Weltkrieges«. Vgl. Stöver: Kalte Krieg, S. 315f. Mit der Einrichtung des Internationalen Währungsfonds (IWF) und der Weltbank (1945) sowie der Verabschiedung des Welthandelsabkommens GATT (1947) rückte das Thema der »Entwicklungshilfe« auf die Agenda der ökonomischen Planer.

43 Trumans berühmtes »Point-IV«-Programm leitete eine Phase staatlicher Investitionspolitik ein, die sich vor allem auf die Teile der Welt konzentrierte, deren Positionierung im Rahmen der Blockkonkurrenz noch unklar schien. »We must embark on a bold new program for making the benefits of our scientific advances and industrial progress available for the improvement and growth of underdeveloped areas. More than half the people of the world are living in conditions approaching misery. Their food is inadequate. They are victims of disease. Their economic life is primitive and stagnant. *Their poverty is a handicap and a threat both to them and to more prosperous areas.* For the first time in history, humanity possesses the knowledge and skill to relieve suffering of these people. The United States is pre-eminent among nations in the development of industrial and scientific techniques. *The material resources which we can afford to use for assistance of other peoples are limited. But our imponderable resources in technical knowledge are constantly growing and are inexhaustible.*« Harry S. Truman: Inaugural Address, in: Department of State Bulletin, Bd. 20, Nr. 500, 30.1.1949, S. 123-126, hier: S. 125. Hervorhebung durch den Verfasser.

44 Bowles brachte so einen versöhnlicheren Ton in die diplomatischen Beziehungen. Chester Bowles. Memorandum: The Crucial Problem of India. A Personal Report, 4.2.1952, Box 93, Folder 224, Chester Bowles Papers, Yale University Archives. Vgl. FA735, General Correspondence, 1952, Reel C-1152, Ford Foundation Records, RAC.

45 In einem Memorandum vom 5. März 1952 äußerte Bowles seine Hoffnung, dass die USA eine entscheidende Rolle in der Entwicklung Indiens übernähmen: »There must be a driving sense of urgency«, bemerkte er. »The determination to carry this program through must be what has been referred to as ›the moral equivalent of war‹ in terms of its galvanizing effect upon the energies of the people.« Die regionalen Entwicklungsprogramme sollten binnen einen Jahres die Gesundheitsversorgung verbessern, die Alphabetisierungsrate erhöhen, zur Sicherung des Lebensstandards beitragen und so letztlich auch eine Dynamisierung der wachsenden indischen Demokratie bewirken. Vorauseilend begegnete Bowles möglicher Kritik: »Let this not be regarded as visionary. It can be done. It has been done. It has been done in India. But it has been done in little pockets of India that account for only a fraction of one percent of India's population. [...] This is an heroic task. We have confidence that democratic India can measure up to this enormous task and carry it through successful completion. We

East. [...] If we lose India, as we lost China, we shall certainly lose Southeast Asia with the repercussions running all the way through Africa.«[46] Mit Blick auf die amerikanische »Technical Assistance Mission« konstatierte er daher ebenso klar wie apodiktisch: »This program must not fail.«[47]

In den 1950er Jahren beteiligten sich die USA an verschiedenen Konsortien zur Steuerung der internationalen Entwicklungshilfe, eingangs der 1960er Jahre übernahmen sie hier eine herausragende Rolle.[48] Dabei bildete – neben der Hilfe für Lateinamerika – die Unterstützung Südostasiens ein Hauptinteressengebiet. Im Jahr 1970 zählten Indien, Indonesien und Pakistan so zu den am stärksten geförderten Staaten der »Dritten Welt«.[49]

Auch die UdSSR etablierte ab 1953 Programme zur politischen und ökonomischen Unterstützung der »Dritten Welt«.[50] Dabei konzentrierten sich die

hope the American people can be of some help.« Chester Bowles: The Indo-American Development Program. The Problems and Opportunities. Mimeograph, New Delhi, 5.3.1952, S. 15f., TS India B787, Hoover Institution Archives. Hervorhebung durch den Verfasser.

46 Chester Bowles an Paul G. Hoffman, 14.9.1951; Chester Bowles an Robert Hutchins, 24.2.1951. FA-735. General Correspondence, 1951, Reel C-1139, Ford Foundation Records, RAC.

47 Bowles: Indo-American Development, Appendix A, S. 3f. Zu den geopolitischen Rahmenbedingungen dieser Diskussion vgl. Chester Bowles: Ambassador's Report, New York 1954, S. 215-260, 322-347. Noch in den 1960er Jahren bemühte sich Bowles um einen Ausgleich der Interessen. Vgl. Chester Bowles: Let Us Keep the Cold War Out of India, in: ders.: A View from India. Selected Speeches and Writings, New Haven 1969, S. 187-195.

48 Unter Kennedy wurde im November 1961 eine eigene »Agentur für Internationale Entwicklung« (USAID) eingerichtet; im selben Jahr verabschiedete die Regierung auch ein neues Auslandshilfegesetz. Walt W. Rostow, der Guru der Entwicklungs- und Modernisierungstheorien am Massachusetts Institute of Technology, hatte zu Beginn der 1960er Jahre die Leitung einer Task Force der Regierung übernommen. Indien nahm eine herausgehobene Stellung im System der »Hilfe« ein. So ordnete Kennedy 1962 ein Budget von 500 Millionen US-Dollar für die Hilfen nach Delhi an und organisierte unter den großen Gebernationen der Internationalen Entwicklungsbank (IBRD) – allen voran Großbritannien, der Bundesrepublik Deutschland und Japan – eine Summe von einer Milliarde US-Dollar zur Entwicklung des Landes in den ersten Jahren des dritten 5-Jahres-Plans. Vgl. Dennis Merrill: Bread and the Ballot: The United States and India's Economic Development, 1947-1963, Chapel Hill 1990, S. 175. Vgl. dazu allg. McGarr: Cold War, S. 93-97; Danial Latifi: India & U.S. Aid, Bombay 1960, S. 75-97; Praveen K. Chaudhry (Hrsg.): The United States and India. A History Through Archives, Bd. 1: The Later Years, Neu Delhi 2011, S. 126-128.

49 Vgl. W.P. Adams (Hrsg.): Länderbericht USA, Bd. II: Außenpolitik, Gesellschaft, Kultur – Religion – Erziehung, Bonn 1992, S. 69; Nuscheler: Entwicklungspolitik, S. 28-30. Vgl. Stöver: Kalte Krieg, S. 323.

50 Mit dem »Institut für Weltwirtschaft und internationale Beziehungen« in Moskau 1956/57 gründete sich ein wirkmächtiges Organ zur Steuerung und publizistischen Vermarktung der Entwicklungspolitik. Sukzessive erhöhte die UdSSR so bis zum Ende der 1950er Jahre ihre militärischen und finanziellen Hilfen. Britische Diploma-

Hilfen vor allem auf die sozialistischen »Bruderstaaten« (Kuba, Nordvietnam, Mongolei). Doch auch hier dominierte Indien als »nichtsozialistisches« Land bis zum Ende des Kalten Krieges die Statistik.[51] Die Unterstützung aus dem Ostblock war allerdings im internationalen Vergleich verschwindend gering: im Jahr 1980 lagen die Ausgaben in der gesamten Entwicklungshilfe lediglich bei 1,58 Milliarden US-Dollar (das waren weniger als 0,15 % des BSP). Alle RGW-Staaten leisteten in diesem Jahr Hilfen in Höhe von rund 1,8 Milliarden USD. Die BRD gab 3,5 Milliarden (0,43 % des BSP) aus, die USA im gleichen Zeitraum gar 7 Milliarden.[52]

Über die Blockgrenzen hinweg war Indien ein Laboratorium der Entwicklungspolitik.[53] Dabei war die Gründung der Internationalen Entwicklungs-

ten bemerkten voller Sorge, dass die Sowjets die größtmögliche »Propaganda« aus dieser Hilfe herausschlugen, »and also established themselves at a series of key points in India's plans from which they will gain substantial commercial, and perhaps political, advantage in future years«. Die USA leisteten über 750 Millionen US-Dollar Hilfe während des ersten und zweiten Fünf-Jahres-Plans (1951-1961); die Ausgaben der UdSSR waren im Vergleich dazu mit »nur« 109 Millionen US-Dollar relativ gering. Vgl. India: Effects of American and Soviet Economic Assistance, MacDonald to Sandys, 21.10.1960, DO 196/125, TNA. Zum Handel in Zeiten der Systemkonkurrenz vgl. Hilger: Revolutionsideologie, S. 390 f. Beide Seiten ließen sich, so Hilger, »aus wohlverstandenen Eigeninteressen« auf die Zusammenarbeit ein, die sich vom technischen über das wirtschaftliche bis hin zum militärischen Feld erstreckte. Im November 1955 erörterte so etwa ein diplomatischer Notenwechsel die Möglichkeiten »technischer Kooperation« zu Indien. Diplomatic Notes on Technical Cooperation Exchanged Between India and the Soviet Union, 22.11.1955, Ministry of External Affairs, Europe, Progs. Nos. 1(121)-Eur, 1955: Proposed Offer of Economic and Technical Aid to India by Soviet Union, NAI.

51 Bis 1990 erreichten Neu Delhi so etwa 2.1 Milliarden US-Dollar aus Moskau. Vgl. Stöver: Kalte Krieg, S. 321. Zwischen 1950 und 1965 hatte die Gesamtsumme bei rund einer Milliarde gelegen. Im gleichen Zeitraum überwiesen die USA knapp 6,5 Milliarden nach Indien (und rund 2 Milliarden nach Pakistan). Mehr als die Hälfte aller Hilfen an Indien (und in der Region) kam so aus den Vereinigten Staaten. Großbritanniens bescheidener Beitrag (780 Millionen) machte indes weniger als sieben Prozent der Unterstützung aus; die übrigen westeuropäischen Staaten investierten zusammengenommen rund 1,4 Milliarden, die diversen UN-Organisationen rund 1,5 Milliarden. Vgl. Joseph E. Schwartzberg (Hrsg.): A Historical Atlas of South Asia, New York [1978] 1992, S. 129-130.

52 Vgl. Nuscheler: Entwicklungspolitik, S. 28-30, sowie allg. Stöver: Kalte Krieg, S. 320.

53 Zur Entwicklung Indiens schlossen sich in den 1950er Jahren diverse internationale Konsortien zusammen. Die USA hatten bereits im Dezember 1950 ein »Indo-American-Program« begonnen, das von der »International Cooperation Mission« (ICA) im Rahmen der »Technical Cooperation Mission« (TCM) getragen wurde und durch den »Mutual Security Act« desselben Jahres abgesichert war. In diesem Zusammenhang übernahmen auch private Träger – wie die Ford Foundation – eine gewichtige Rolle. Vgl. Nicole Sackley: Foundation in the Field, in: Ulrich Herbert/Jörn Leonhard (Hrsg.): American Foundations and the Coproduction of World Order in the Twentieth Century, Göttingen 2012, S. 232-260. Im Zuge einer Revision des Entwicklungshilfeprogramms wurde 1957 der »Development Loan Fund« eingerichtet, der bis zur Gründung der USAID-Mission in Indien zu Beginn der 1960er Jahre die Aktivitäten

organisation (IDA) unter dem Dach der Weltbank im Jahr 1960 dazu angetan, die verschiedenen Motivlagen der Entwicklungskooperation in der Folge stärker zu koordinieren. Derweil hatte die britische Krone, um ihre Ansprüche in der Region gegenüber der ökonomischen Hegemonie der Vereinigten Staaten zu sichern, mit dem »Colombo-Plan« im Oktober 1950 eine eigene Vereinbarung zur Entwicklung Asiens geschlossen.[54] Der Traum von einem asiatischen

koordinierte. Eine weitere wichtige Initiative zur Förderung der ökonomischen Entwicklung Indiens stellte das im August 1958 gegründete »Aid India-Consortium« unter der Führung der Weltbank dar. Vgl. Amit Das Gupta: Development by Consortia. International Donors and the Development of India, Pakistan, Indonesia and Turkey in the 1960s, in: Zeitschrift für Globalgeschichte und vergleichende Gesellschaftsforschung 19,4 (2009), S. 96-111, hier: S. 100 f. Die Internationale Finanz-Korporation und die OECD gaben hier gleichsam Impulse. Zur Entwicklung multilateraler Programme vgl. Shigeru Akita: The Aid-India Consortium, the World Bank and the International Order of Asia, 1958-1968, in: Asian Review of World Histories 2,2 (2014), S. 217-248, hier: S. 221, sowie Manmohan Agarwal: Aid in India's Economic Development Cooperation, in: Sachin Chaturvedi/Anthea Mulakala (Hrsg.): India's Approach to Development Cooperation, London/New York 2016, S. 15-28, hier: S. 18 f.

54 Das Programm (»The Colombo-Plan for Co-Operative Economic Development in South and South-East Asia«) richtete sich an alle Länder, deren Politik mit der des Commonwealth in Einklang stand; es sah ein Investitionsvolumen von 1,8 Milliarden Pfund (circa 5 Milliarden Dollar) vor. Das Kapital war für Projekte in den Bereichen Bewässerung, Stromerzeugung, Kommunikation, Wohnungsbau, Gesundheit, Bildung und Infrastruktur bestimmt. Im November 1950 erkannten auch die USA den Colombo-Plan an. Ein Jahr später traten sie dem Zusammenschluss bei. Vgl. Charles S. Blackton: The Colombo-Plan, in: Far Eastern Survey 20,3 (1951), S. 27-31, hier: S. 27. Im Prolog des Plans wurde die politische Schlagrichtung deutlich: »The peoples of Asia have long felt the pressure of poverty and hunger. While the realisation of the self-government could not of itself relieve this situation, it has made possible a new approach to the problem of raising living standards through the vigorous development of national resources.« The Colombo Plan for Co-Operative Economic Development in South and South-East Asia, Karachi 1950, S. 1. Für Washington war der Plan in erster Linie ein geeignetes Mittel zur Kanalisierung südostasiatischer Nationalismen, zur Eindämmung der kommunistischen Bedrohung und zur Wiederherstellung von Absatzmärkten für die vom Krieg gezeichnete Ökonomie Japans. Westminster diente der Plan dagegen auch zur Durchsetzung unilateraler politischer Ziele. Indien galt als integrativer Faktor in der Region. So betonte man emphatisch die britischen Interessen im Prozess der Neuordnung politischer Beziehungen und zugleich auf die *soft power*, die Expertise und das Prestige des ehemaligen Kolonialreiches. Die Politik der ehemaligen Kolonialmächte setzte dem amerikanischen Multilateralismus so durchaus enge Grenzen. Nach Marc Frey war der Colombo-Plan die »Krönung britischer Bemühungen um eine regionale Kooperation in Asien und Südostasien.« Frey: Dekolonisierung in Südostasien, S. 138. Im Spiel der Mächte rang Großbritannien derweil um seinen Platz. In einer Fernsehansprache im Januar 1957 verlieh Premier Macmillan dem gekränkten Stolz und ungebrochenen Anspruch des britischen Königreichs ob dieser Tatsache Ausdruck: »Every now and again since the war I have heard people say: ›Isn't Britain only a second- or third-class power now? Isn't she on the way out?‹ What nonsense! This is a great country, and do not let us

Marshall-Plan erfüllte sich indes nie. Die Euphorie unter den Colombo-Mächten wich angesichts ausbleibender Erfolge alsbald der Ernüchterung.

Trotz aller Hemmnisse bedeutete die Einsetzung eines »Council for Technical Cooperation« allerdings eine wichtige Wegmarke in der Geschichte der ökonomischen Planung und Entwicklung des Kontinents.[55] In den ersten 25 Jahren des Colombo-Plans investierten die Geberstaaten in rund 27 Nationen 44,875 Milliarden US-Dollar, davon allein rund 2,3 Milliarden US-Dollar im Bereich der technischen Hilfe in die Ausbildung von über 100.000 Studenten und Trainees, den Austausch von rund 27.000 Experten und die materielle Ausstattung der diversen Forschungs- und Bildungsinstitutionen in Asien.[56]

In diesem Zusammenhang spielte die Gründung der Indian Institutes of Technology eine zentrale Rolle. Mit der Förderung der höheren technischen Bildungsanstalten in Indien unter dem Colombo-Plan avancierten speziell die indischen Universitäten zu Anziehungspunkten der asiatischen Expertenmigration. 1962/63 kamen 242 Trainees aus ganz Asien an indische Hoch-

be ashamed to say so. [...] We've been in the lead of industrial and scientific progress at least since James Watt invented the steam engine and we are still in the lead in these days of atoms and aeroplanes [...] Twice in my lifetime I have heard the same old tale about Britain being a second rate power, and I have lived to see the answer [...] Britain has been great, is great, and will stay great, provided we close our ranks and get on with the job.« Vgl. Macmillan's Speech From 10 Downing Street, 21.1.1957. URL: https://www.britishpathe.com/video/macmillans-speech-from-10-downing-street [abgerufen am 15.8.2022] sowie allg. Macmillan Cabinet Papers, 1957-1963, TNA. Adam Matthew Digital Archives.

55 Im Dezember 1950 kam das Gremium erstmals zusammen. Vgl. The Colombo Plan. Report of the Council for Technical Co-Operation in South and South-East Asia for 1952, Colombo 1953, S. 3; Shoichi Watanabe: The 1950 Commonwealth Foreign Ministers' Meeting and the International Aid Programme for Asia, in: ders./Shigeru Akita/Gerold Krozewski (Hrsg.): The Transformation of the International Order of Asia, London 2015, S. 15-33; Philip Joseph Charrier: Britain, India and the Genesis of the Colombo Plan, 1945-1951, Diss. Univ. of Cambridge 1995.

56 Vgl. The Colombo Plan. Vision into Reality. 1951-1976, Colombo 1977, S. 3 f. In einem CIA-Memorandum des Jahres 1957 hieß es, die Förderung von »Spitzenkräften« (»high level human resources«) sei einer der kritischen Punkte in der ökonomischen Entwicklung der zu industrialisierenden Nationen. Central Intelligence Agency, Memorandum, 18.10.1957, Human Resources for Economic Development, S. 1, File No. CIA-RDP80B01676R00420015 0014-7, General CIA Records, CIA Digital Archives. Vgl. dazu allg. Katsuhiko Yokoi: The Colombo Plan and Industrialization in India. Technical Cooperation for the Indian Institutes of Technology, in: Akita/Krozewski/Watanabe (Hrsg.): Transformation, S. 50-71, hier: S. 50. Ceylons Senator E. J. Cooray betonte daher 1960 rückblickend: »Although a great deal had been done on an international basis in the field of technical aid, particularly under the Colombo Plan and the technical assistance programmes of the United Nations and some of its special agencies, there was a general need for more experts of all kinds.« Eleventh Meeting of Commonwealth Prime Ministers, 12.5.1960, in: Jawaharlal Nehru: Selected Works, 2nd Series, Bd. 60, Neu Delhi 2015, S. 572-578, hier: S. 573. Vgl. überdies M.S. Thacker: Letter to S. Dutt, 16./17.12.1960, in: ebd., Bd. 65, Neu Delhi 2016, S. 752 f.

schulen.[57] Im Rahmen des globalen Austauschprogramms berichtete das Gremium zwischen 1963 und 1965 über Besuche von britischen und amerikanischen Spezialisten im Bereich der Nuklear- und der Luft- und Weltraumforschung wie auch der Computer Sciences an die IITs.[58] Neben dem Expertenaustausch zählte die Unterstützung in Form von Ressourcen und Arbeitsgeräten – insbesondere auf dem Feld der Computertechnik – zu den zentralen Zielen des Plans. Sowohl am IIT in Kanpur als auch am IIT in Delhi waren im Rahmen des Programms amerikanische und britische Ingenieure, Mathematiker und Computerexperten zur Installation und Wartung der Rechner sowie zur Ausbildung geeigneten Personals im Einsatz.[59]

Über die engen Grenzen des Plans hinaus leisteten ausländische Experten und Berater einen elementaren Beitrag zur internationalen Vernetzung der »scientific communities« in Indien, darunter der britische Physiker und Nobelpreisträger Patrick Blackett, der 1947 nach Indien kam, um in der Folge unter Nehru die Bildungspolitik zu prägen,[60] oder der amerikanische Ökonom und Direktor des MIT Center for International Studies (CENIS), Max F. Millikan, der – an der Seite seiner Kollegen Malenbaum und Eckhaus – die Idee der ökonomischen Planung propagierte und die Förderung der Computer Sciences über das Büro des MIT und der Ford Foundation ab 1952 in Delhi vorantrieb.[61]

57 Vgl. Technical Co-Operation under the Colombo Plan. Report by the Colombo Plan Council for Technical Co-Operation in South and South-East Asia for the year 1 July 1962 to 30 June 1963, Colombo 1963, S. 57 f.
58 Vgl. ebd., 1 July 1964 to 30 June 1965, Colombo 1965, S. 15-17; S. 47-52. Ein Kolloquium im April 1965 in Delhi diskutierte die Optionen zur Verbesserung des Austauschs in der Region.
59 Vgl. ebd., 1 July 1966 to 30 June 1967, Colombo 1967, S. 30.
60 Im Mai 1962 skizzierte P. M. S. Blackett, als Berater Nehrus, die Probleme der akademischen Ausbildung in Großbritannien im Magazin *Nature*. Nehru nahm sich die Skizze bei der Planung des TIFR zum Vorbild. Vgl. P. M. S. Blackett: Organizational Problems of Scientific Research in the Universities. Vorlage zur Diskussion im TIFR, 20. 3. 1963, S. 1, D-2004-00200-143, TIFR Archives. Zu Blacketts Rolle als Berater Nehrus vgl. Robert S. Anderson: Patrick Blackett in India. Military Consultant and Scientific Intervenor, 1947-72. Part One/Two, in: Notes and Records of the Royal Society of London 53,2/3 (1999), S. 253-273, 345-360; Peter Hore: Patrick Blackett. Sailor, Scientist, Socialist, London 2003, sowie die P. M. S. Blackett Papers, CSAC 63.1.79/G.1-G.55, Royal Society Archives, London.
61 Zur Rolle Max F. Millikans und der Ford Foundation vgl. Engerman: Political Power, S. 120-135, sowie den Bestand der Center for International Studies Records, MIT University Archives. Zur Förderung der Computertechnik in Indien vgl. Proposal to Open Negotiations with Four Indian Universities and Institutions for Providing them with High-Speed Computing Equipment [1963], Report No. 383, FA739A, Box 936; IBM 1620 Computer Installations for New Delhi Area [1966], Report No. 17762, FA739G, Box 936; Harry D. Huskey: The Delhi University Computer Center [1969], Report No. 17814, FA739G, Box 936; Harry D. Huskey: A Development Plan for the University of Delhi Computer Center and Computer Science Program [1971/72], Report No. 2036, FA739A, Box 81, RAC.

Für Nehrus Regierung in Delhi, die zwischen 1947 und 1955 die Weichen ihres Kurses in Richtung des »Non-Alignment« gestellt hatte,[62] lag in der »Schaukelpolitik« zwischen den USA und der UdSSR und der »Konferenzdiplomatie« der 1950er Jahre die Chance, die Pläne der Supermächte zu durchkreuzen. Indien stand – spätestens nach der Konferenz von Bandung 1955[63] – neben China an der Spitze einer Bewegung, die sich gegen den Status quo kolonialer Unterdrückung in aller Welt, vor dem Hintergrund der imperialen Durchdringung Asiens, wehrte.[64] Mit dem Grundsatz der »friendly coexis-

---

62 Schon vor der Unabhängigkeit, am 23. März 1947, arbeitete Nehru an der Idee einer Konföderation asiatischer Staaten. Die Organisation der »Asian Relations Conference« in Delhi stand im Zeichen dieser Vision. Vgl. Asian Relations. Being Report of the Proceedings and Documentation of the First Asian Relations Conference New Delhi, March-April 1947, Neu Delhi 1948. Zur Einordnung vgl. Vineet Thakur: An Asian Drama: The Asian Relations Conference, 1947, in: The International History Review 41,3 (2019), S. 673-695; ders.: Postscripts on Independence. Foreign Policy Ideas, Identity and Institutions in India and South Africa, Oxford 2018.

63 Die Konferenz von Bandung, zu der 30 Staats- und Regierungschefs aus Asien und Afrika eingeladen waren, avancierte 1955 zur Geburtsstunde der Idee der »Dritten Welt« auf der diplomatischen Bühne. Bis heute umranken zahlreiche Mythen die »Asian-African Conference«. Vgl. Brian R. Roberts/Keith Foulcher: Introduction, in: dies. (Hrsg.): Indonesian Notebook. A Sourcebook on Richard Wright and the Bandung Conference, Durham 2016, S. 1-31; Quynh N. Pham/Robbie Shilliam (Hrsg.): Meanings of Bandung. Postcolonial Orders and Decolonial Visions, London 2016; Julian Go: Modeling States and Sovereignty: Postcolonial Constitutions in Asia and Africa, in: Lee (Hrsg.): World, S. 107-139. Forscher wie Walter Mignolo haben Bandung daher als »Gründungsakte« und »epistemische Rekonfiguration« der »Dritten Welt« beschrieben. Walter Mignolo: Geopolitics of Sensing and Knowing. On (De)Coloniality, Border Thinking, and Epistemic Disobedience, in: Confero 1,1 (2013), S. 129-150. Das indische Protokoll würdigte Bandung als »landmark in the growth of cooperation«. A. Appadorai: The Bandung Conference, Neu Delhi 1955, S. 1.

64 Im Fall der asiatischen Konferenzteilnehmer war Bandung indes nicht nur Gegenwartsbeschreibung und Zukunftsvision, sondern zugleich auch Vergangenheitsbewältigung. Es war »a pivotal moment placed in the mid-century between colonial and post-colonial periods, between the era of modern European imperialism and the era of the Cold War [...] The meeting therefore captured and represented a complex global present, one that signaled political achievement but also future uncertainty.« Christopher J. Lee: Introduction, in: ders. (Hrsg.): World, S. 1-42, hier: S. 9 f.; Bandung war ein riesiges Medienereignis und bereits die Inszenierung verdeutlichte, dass aus den Führern antikolonialer Bewegungen souveräne Regierungen geworden waren. Sie alle einte das Bekenntnis, »that colonialism in all its manifestations is an evil which should speedily be brought to an end«. Final Communiqué of the Asian-African Conference of Bandung, 24. 4. 1955, Art. D(1)(A), in: The Ministry of Foreign Affairs. Republic of Indonesia (Hrsg.): Asia-Africa Speak from Bandung, Djakarta 1955, S. 161-169, hier: S. 165 f. Vgl. Frank Gerits: Bandung as the Call for a Better Development Project, in: Cold War History 16,3 (2016), S. 255-272. Zu Nehrus Prämissen eines anti-imperialen Internationalismus vor 1947 vgl. überdies Michele L. Louro: Comrades Against Imperialism. Nehru, India, and Interwar Internationalism, Cambridge 2018.

tence«[65] wies Bandung der Bewegung der »bündnisfreien Staaten« und dem Ausbau der Süd-Süd-Kooperation so bezeichnenderweise im gleichen Jahr den Weg, in dem die Gründung der NATO und des Warschauer Pakts die globale Blockkonkurrenz zementierte.[66]

Die neue öffentliche Aufmerksamkeit, die das Phänomen der »Entwicklung« weltweit erregte, spiegelte sich derweil in der Gründung diverser nationaler Ministerien und internationaler Organisationen der Entwicklungspolitik am Beginn der ersten UN-Entwicklungsdekade,[67] wie auch in der rapide steigenden Zahl privater Initiativen und NGOs wider. Zugleich zeitigten die 1950er und 1960er Jahre die Formierung neuer, internationaler Allianzen. Hier spielten die Vereinten Nationen sowohl als Forum des sich rasch dynamisierenden entwicklungspolitischen Diskurses als auch als zentrale Instanz der Finanzierung, Koordination und Realisierung entwicklungspolitischer Programme in der »Dritten Welt« eine kaum zu überschätzende Rolle.

65 Jawaharlal Nehru: World Peace and Cooperation. Speech in Closed Sessions. Asian-African Conference, Bandung, 22.4.1955, in: Selected Works of Jawaharlal Nehru, 2nd Series, Bd. 28, Neu Delhi 2001, S. 106-113, hier: S. 108; The Policy of Friendly Coexistence, 23.4.1955, in: ebd., S. 114-124, hier: S. 124. Vgl. allg. Bandung 1955, Colombo o. J., S. 30. Nehru und der Premierminister der VR China, Zhou Enlai, beschworen so unisono den »Geist der Vereinbarung«. Nehru umriss dabei zugleich das Credo des »Non-Aligned Movements« in Zeiten der Blockkonkurrenz: »If I join any of these big groups I lose my identity; [...] If all the world were to be divided up between these two big blocs what would be the result? The inevitable result would be war. Therefore every step that takes place in reducing that area in the world which may be called the ›unaligned area‹ is a dangerous step and leads to war. It reduces that objectivity, that balance, that outlook which other countries without military might can perhaps exercise.«
66 Vgl. Itty Abraham: From Bandung to NAM, in: Commonwealth & Comparative Politics 46,2 (2008), S. 195-219; Natasa Miskovic et al. (Hrsg.): The Non-Aligned Movement and the Cold War. Delhi – Bandung – Belgrade, London/New York 2014; Westad: The Cold War. A World History, S. 423-447, hier: S. 428; Dinkel: Bewegung, S. 95-98.
67 Nach der Gründung der EG in den Römischen Verträgen 1957 verschoben sich die Gewichte in Europa. Vormals Nutznießer amerikanischer Entwicklungsunterstützung, rückten die allmählich wiedergenesenen europäischen Nationen nun sukzessive als Geberländer in die Verantwortung. Dabei besaß die Konstruktion Europas zunächst unübersehbar eine koloniale Komponente, doch ebneten die Kooperationsabkommen zwischen Nord und Süd 1957-1963 zugleich einer Annäherung der Industrie- und Entwicklungsländer den Weg. Vgl. Georg Kreis: Die römischen Verträge von 1957, in: Arnd Bauerkämper/Hartmut Kaelble (Hrsg.): Gesellschaft in der europäischen Integration seit den 1950er Jahren, Stuttgart 2012, S. 93-105; Ulrich Krotz et al. (Hrsg.): Europe's Cold War Relations, London 2020. Mit dem Ende des Marshall-Plans beschlossen die Mitglieder der OEEC zudem im Januar 1960, die Organisation europäischer »Wirtschaftshilfe« in ein Forum des globalen Austauschs zu überführen und mit der »Organisation für wirtschaftliche Zusammenarbeit und Entwicklung« (OECD) einen neuen Kreis entwicklungspolitischen Engagements zu gründen. Ein Jahr später hatten sich zudem in den USA und in der Bundesrepublik, in Frankreich, in Schweden und in Japan nationale Entwicklungshilfeministerien gebildet, die in der Folge entscheidend zur Institutionalisierung des (zwischen-)staatlichen entwicklungspolitischen Engagements beitragen sollten.

3.3 Technologien der Entwicklung: die Vereinten Nationen, das Modell der »Technischen Hilfe« und die Förderung der Computertechnik

Schon kurz nach dem Krieg waren die Vereinten Nationen zum Motor einer konzertierten, globalen Technologie-Förderpolitik und zu einem Forum globaler Expertenzirkulation geworden.[68] Im März 1947 – wenige Monate, bevor es in Indien zur Gründung der Republik kam – kreuzten sich die Wege des Landes und zahlreicher Förderer im Feld der Forschungs- und Technologiepolitik ein erstes Mal im Kosmos der UN. Eine kleine, indische UN-Delegation hatte, an der Seite weiterer Entwicklungsländer, der Verabschiedung einer Resolution zur Förderung der »Technischen Hilfe« und so einer neuen Ära technischer Entwicklungspolitik den Weg gewiesen. Dazu hatten die Delegierten eine Eingabe des Wirtschafts- und Sozialrats vorbereitet, »to instruct the Secretary-General to establish machinery [...] in providing technical assistance to Member Governments [...] which seek expert advice«.[69] Noch vor Ende des Jahres entsandte die UN eine erste Mission.

---

68 Organisational gesehen waren die Vereinten Nationen der Ausdruck des Modernisierungsparadigmas: Sie waren hermetisch, hierarchisch und verstanden sich als Rationalisierungsmaschinen, die »Fortschritt durch Wachstum« versprachen und die Länder der »Dritten Welt« zu modernisieren gelobten; doch hatten sie zugleich erheblichen Anteil an der Neuordnung der internationalen Beziehungen und der Entstehung und globalen Neuausrichtung normativer Steuerungssysteme, die im Anschluss an neuere politologische Konzepte als ein Regime der »global governance« beschrieben werden kann. Vgl. Klaus Dingwerth/Philipp Pattberg: Was ist Global Governance?, in: Leviathan 34,3 (2006), S. 377-399; David Held/Anthony McGrew: Introduction, in: dies. (Hrsg.): Governing Globalization. Power, Authority and Global Governance, Cambridge 2006, S. 1-21. Für diese »reconfiguration of authority« war die Vernetzungs- und Regulierungsleistung internationaler Organisationen von entscheidender Bedeutung. So bildeten sich in den 1960er und 1970er Jahren neue Macht- und Interaktionsräume zwischen Nationalstaaten, internationalen Organisationen und transnationalen Akteuren heraus. Dabei ging die Verschiebung der Gewichte mit dem Siegeszug neuer nichtstaatlicher Akteure sowie globaler Netzwerke und Expertengemeinschaften einher, die neue Wissensbestände generierten und popularisierten, neue Kommunikationsweisen erprobten, *agenda setting* betrieben und so neue politische Themen, Konzepte und Ziele durchsetzten. Neben der Emergenz dieser »wirkmächtigen globalen Regulierer« veränderte sich auch die Form der Normaushandlung, »die sich immer stärker multilateral und massenmedial vollzog«. Kunkel: Globalisierung, S. 558f. Vgl. Frey/Kunkel/Unger: Introduction, S. 3-5. Die Entwicklungspolitik prägte dieses System globalen Regierens ganz wesentlich; seine Parameter ergaben sich, wie Frey, Kunkel und Unger überzeugend argumentieren, aus den Antagonismen, Reibungen und Lösungsansätzen der Politik gegenüber der »Dritten Welt«.
69 Expert Assistance to Member Governments, in: Yearbook of the United Nations 1946-47, New York 1947, S. 540. Vgl. David Owen: The United Nations Program of Technical Assistance, in: Annals of the American Academy of Political and Social Science 270 (1950), S. 109-117, hier: S. 111; Marian Neal: United Nations Technical Assistance Programs in Haiti, in: International Conciliation 468 (1951), S. 81-118, hier:

Im Dezember 1948 beschloss die UN-Generalversammlung alsdann in Form der Resolutionen 198 (III) und 200 (III) ein ausgedehntes, technisches Hilfsprogramm zur Beseitigung der weltweiten ökonomischen Ungleichheit, das, obschon zu Beginn nur bescheiden (in Höhe von 288.000 US-Dollar) budgetiert, perspektivisch internationale Expertenteams der Vereinten Nationen zu bilden vorsah, die mit dem Ziel der technischen und ökonomischen Entwicklung der »Dritten Welt« in die Entwicklungsländer reisen würden. Zur Stärkung des Wissensaustauschs sollten zusätzlich Stipendien an Experten aus »unterentwickelten« Ländern vergeben werden, die ihre Erkenntnisse dann aus den Industrienationen zurück in die Entwicklungsländer tragen sollten. Die Übermittlung von Ressourcen, Know-How und Maschinen zur Ausbildung des technischen Personals ergänzte diesen Ansatz.[70] Das ein Jahr später ins Werk gesetzte »Expanded Program of Technical Assistance« (EPTA) ergänzte die Wirkung klassischer »Kapitalhilfen« so ganz dezidiert durch den Austausch von Expertise.

Die Zirkulation von Experten war Ausdruck eines »technischen Internationalismus« nach dem Krieg, für den die Verbindung aus humanitären Erwägungen und technokratischen Überzeugungen kennzeichnend wurde.[71] David Owen, der erste Vorsitzende des Technical Assistance Board, skizzierte 1950 die Motive hinter der »Technischen Hilfe«:

> The overriding duty of the United Nations is to promote peace and security throughout the world. Clearly it would be a shortsighted attitude to assume that all that this requires is for the United Nations to act as a kind of world policeman. If we are to have real and stable peace, genuine security, we must attempt to eradicate the conditions which lead to international unrest and friction.[72]

Die Sicherung des Friedens und die Beseitigung der ökonomischen »Ungleichheit« waren aus Owens Perspektive zwei Seiten ein und derselben Medaille. Indem er sich in der Praxis aber zugleich gegen die politische Verzweckung und nationale Instrumentalisierung der »Hilfe« aussprach, erinnerte er an den »Geist« der Resolution der Generalversammlung: »technical assistance [...]

S. 86; UNESCO: Technical Assistance. The Role of Unesco, Paris 1956, S. 10. Zur Verbindung von Entwicklungs- und Technologiepolitik vgl. überdies allg. Gisela Mateos/Edna Suárez-Díaz: Development Interventions. Science, Technology and Technical Assistance, in: History and Technology 36,3/4 (2020), S. 293-309, hier: S. 297f.

70 United Nations General Assembly Resolution 198(III): Economic Development of Underdeveloped Countries, in: Official Records of the General Assembly, Third Session, Part I, Paris 1949, S. 37; Resolution 200(III): Technical Assistance for Economic Development, in: ebd., S. 38-40, hier: S. 38.

71 Vgl. Daniel Speich Chassé: Technical Internationalism and the Economic Development at the Founding Moment of the UN System, in: Frey/Kunkel/Unger (Hrsg.): International Organizations, S. 23-45; Sackley: Ford Foundation, S. 233 f.

72 Owen: United Nations Program, S. 109 f.

shall not be accompanied by any considerations of a political nature.«[73] Mit dieser Trennung von Politik und Ökonomie in zwei distinkte Handlungssphären, die ein ganz wesentliches Merkmal technokratischer Überzeugungen war und sich noch in der institutionellen Struktur der UN – und der Einsetzung eines Wirtschafts- und Sozialrats als »politikfreie Sphäre« und Antipode des Sicherheitsrats – widerspiegelte, verband sich eine kategorische Absage an die Idee der Einmischung in die inneren Angelegenheiten der Länder des Südens. Vielmehr setzte die UN das Credo der »Technischen Hilfe« und des Multilateralismus in Zeiten der Blockbildung gegen die Machtspiele, Manipulationen und Eskalationen des Kalten Kriegs ein. Die Vereinten Nationen erschienen so als ein »clearinghouse for the technical knowledge of all member states. No nation has a monopoly of the best techniques.«[74]

Abseits dieses technokratischen Versprechens basierte das »Weltwissen« der UNO auf der Vorstellung eines Universalismus, die, wie Daniel Speich Chassé zeigt, aus der rechtlichen Gleichstellung der Mitgliedsländer die Fiktion einer »Vergleichbarkeit« der ökonomischen Verhältnisse innerhalb der »internationalen Staatenfamilie« ableitete. Für Imperien und koloniale Dominanzverhältnisse war in dieser Ordnung, die universelle Lösungsstrategien verbürgte, kein Platz.[75] So war auch die Geberkonferenz des UN-Entwicklungsprogramms am 12. Juni 1950 in Lake Success von einem allgegenwärtigen Zukunfts- und Machbarkeitsglauben getragen.[76] Aus der Perspektive der Ingenieur-Ökonomen

---

73 UNGA Resolution 200(III), S. 39. Vgl. überdies UNGA Resolution 198(III), S. 37.
74 Owen: United Nations Program, S. 111. Vgl. dazu ders.: The United Nations Expanded Programme of Technical Assistance. A Multilateral Approach, in: Annals of the American Academy of Political and Social Science 323 (1959), S. 25-32, hier: S. 27; Tryvge Lie: In the Cause of Peace. Seven Years with the United Nations, New York 1954, S. 145-147; Walter R. Sharp: The Institutional Framework for Technical Assistance, in: International Organization 7,3 (1953), S. 342-379, hier: S. 343-347.
75 Freilich traten die UN als diplomatischer Akteur in vielen Regionen in Konkurrenz zu ehemaligen Kolonialmächten. Der kanadische Ökonom Ben Higgins konstatierte so bereits 1955 eine ausgemachte Entwicklungskonkurrenz: »The job done by the colonial powers in the past can now be done by the United Nations and other foreign aid programs.« Benjamin Howard Higgins: Nationalism and Colonialism. Radio Address – Canadian Institute on Public Affairs Annual Conference, 17.8.1955, MIT Center for International Studies, Cambridge, Mass. 1955, S. 3f. John H.E. Fried, leitender Justiziar der UN Technical Assistance Administration, verkündete denn auch in einem Memorandum an den Generaldirektor des Programms, Hugh Keenleyside, voller Stolz, die Technische Hilfe sei »a new form of diplomacy«. John H.E. Fried an Hugh Keenleyside, 15.1.1952, S. 4, S-0441-1416-01, 330/01 Part A: Technical Assistance – Policy, 5.12.1950-08.8.1956, UNA. In diesem Geiste waren die Entwicklungsexperten der Vereinten Nationen daher bereits in den 1950er Jahren zu Schlüsselakteuren der »global governance« geworden.
76 Speich Chassé: Blick vom Lake Success, S. 145. Vgl. Muschik: Managing the World, S. 125; Stephen J. Macekura: Whither Growth? International Development, Social Indicators, and the Politics of Measurement 1920s-1970s, in: Journal of Global History 14,2 (2019), S. 261-279, hier: S. 261-263. Mit der Übertragung makroökonomischer Modelle auf die Länder der »Dritten Welt« zementierten die UN ihren hegemo-

erschienen moderne Technologien als die privilegierten Instrumente ökonomischer Produktivitätssteigerung.[77]

An der Normierung des »Entwicklungs-Wissens« dieser Jahre hatten internationale Organisationen wie die UN entscheidenden Anteil. Auch die OECD leistete hier einen großen Beitrag zur Verwissenschaftlichung der »Hilfe«.[78] Nach der Gründung der eigenständigen »Development Assistance Group« (DAG) im Januar 1960 in Paris avancierte das Thema der Entwicklungspolitik in Nord und Süd noch in der Geburtsstunde der OECD zu einem Interessenschwerpunkt.[79] Im Geiste der Modernisierungs- und Wachstumstheorie Walt W. Rostows sollte die DAG das ökonomische Wachstum der Entwicklungsländer anregen und deren »Take-off« ermöglichen.[80] Flankierend gründete die OECD 1963 das »Development Centre« – »to bring together the knowledge and experience available in participating countries of both economic development and of the formulation and execution of general economic policies«.[81]

nialen Wissensanspruch; das Statistikbüro nutzte seine Expertise so auch in der Folge zusehends zur Anlage eines standardisierten Systems ökonomischer Kennzahlen.

77 Das »Entwicklungswissen« der Vereinten Nationen und allen voran ihrer Technischen Missionen war so zugleich Ausdruck einer neuen Wahrnehmung von »Globalität«. Hier wurde das »Gefüge wahrgenommener weltumspannender Probleme [...] zunehmend als eine mathematisch-ingenieurwissenschaftliche Herausforderung begriffen«. Vgl. dazu Iris Schröder/Sabine Höhler: Für eine Geschichte der Räume und Orte im globalen Zeitalter, in: dies. (Hrsg.): Welt-Räume. Geschichte, Geographie und Globalisierung seit 1900, Frankfurt a. M./New York 2005, S. 303-313, hier: S. 306.

78 Vgl. dazu Matthias Schmelzer: A Club of the Rich to help the Poor? The OECD, »Development« and the Hegemony of Donor Countries, in: Frey/Kunkel/Unger (Hrsg.): International Organizations, S. 171-195; Patricia Hongler: Den Süden erzählen. Berichte aus dem kolonialen Archiv der OECD 1948-1975, Zürich 2019, S. 223-228.

79 Die DAG, erläuterte US-Vertreter George W. Ball im März des nächsten Jahres, stand vornehmlich im Dienste der Westbindung: »Without substantial outside help there is small chance that most less-developed countries (LDCs) will achieve rapid economic growth in freedom. Only by the hope and reality of achieving an adequate level of growth will they be able to turn their energies toward constructive purposes. If they are frustrated in this – if progress proves a delusion – then their energies will be diverted to purposes which are not only self-destructive, but destructive of our whole Free Society.« Circular Telegram From the Department of State to Certain Diplomatic Missions, 17.3.1961, in: Foreign Relations of the United States (FRUS) 1961-1963, Vol. IX, Washington 1995, Dok. 98, S. 214-217. URL: https://history.state.gov/historicaldocuments/frus1961-63v09/d98 [abgerufen am 15.8.2022].

80 Vgl. OECD Archives, DAG/WP(61)9. Relative Effectiveness and Terms and Conditions of the Different Types of Financial Assistance, 1.3.1961, o. S. Generalsekretär Thorkil Kristensen bekräftigte, das Ziel der OECD sei zu entwickeln, woran es den Entwicklungsländern mangele: »a well-defined integrated policy on the part of the Western world«. OECD Archives, C/M(61)2, Thorkil Kristensen: Work and Policies of the O. E. C. D. Confidential Annex: Statement by Mr. Kristensen at the Council Meeting, 13.10.1961, o. S. Vgl. allg. Matthias Schmelzer: The Hegemony of Growth: The OECD and the Making of the Economic Growth Paradigm, Cambridge 2016, S. 336-358.

81 The OECD Development Centre, in: The OECD Observer 6 (1963), S. 12.

Über Jahrzehnte brachte das Zentrum in Paris Entwicklungsökonominnen und -ökonomen aus Nord und Süd zusammen, darunter W. Arthur Lewis, Jagdish Bhagwati oder auch Padma Desai, und avancierte so zu einer zentralen Instanz des entwicklungspolitischen Diskurses. So etablierte sich auch die OECD zusehends als Ideengenerator und Stichwortgeber dieses Diskurses.[82]

Im Gegensatz dazu setzten die Vereinten Nationen auf ein Modell des Expertenaustauschs, das die praktische Expertise der Ingenieure und Ökonomen unmittelbar in die Entwicklungsländer bringen sollte. Dazu hoben die Ernährungs- und Landwirtschaftsorganisation (FAO), die Weltgesundheitsorganisation (WHO), die Internationale Arbeitsorganisation (ILO) und die Organisation der Vereinten Nationen für industrielle Entwicklung (UNIDO) ein gemeinsames Expertenkomitee aus der Taufe, das die Expertise der einzelnen Organisationen bündelte.

Bis zum Ende der 1950er Jahre rekrutierte die Technische Mission der UN mehr als 8.000 Experten aus über 70 Ländern. Die meisten davon kamen aus Westeuropa und den USA.[83] Viele dieser Experten nahmen nur an einer Mission teil; wer aber mehrmals auf Reisen ging, überbrückte in kurzer Zeit oft große geographische Distanzen. Dabei erschien die Bedeutung ortsgebundenen Wissens und landeskundlicher – kultureller, ökonomischer und sprachlicher – Expertise, wie sie noch dem Typus des kolonialen Verwaltungsbeamten zu eigen gewesen war, zu vernachlässigen gegenüber der »Mobilität« der Experten und ihres (über-)tragbaren Wissens (»portable knowledge«).[84] Viel eher schienen den UN-Funktionären lokale Experten eines übermäßigen politischen Aktivismus verdächtig. Ihre mangelnde Distanz schien der Ratio des Unternehmens im Wege zu stehen. Gleichwohl bemerkte man schnell, dass eine gewisse Form der Ortskenntnis und des »lokalen« Wissens unverzichtbar sei. Besäßen internationale Experten nur wenig Gespür für die Sorgen und Nöte der Bevölkerung, so entstehe der Eindruck, die »Entwicklungsmaschine« pflüge gleichsam über die Länder der »Dritten Welt« hinweg.[85] Schlügen UN-Experten in Indien etwa vor, arbeitsintensive Produktionsverhältnisse zu rationalisieren, sei dies angesichts der geringen Arbeitskosten und der drohenden Arbeitslosigkeit, die diese voranschreitende Automatisierung der Prozesse

---

82 Die OECD produzierte und standardisierte das Wissen über Entwicklung, indem sie nicht nur für die extensive Datenerhebung und Analyse der verschiedenen volkswirtschaftlichen Kennzahlen der Einzelstaaten verantwortlich zeichnete, diese normierte und schließlich verglich, sondern zugleich auch die politischen Maßnahmen der Mitgliedsländer evaluierte und so alsbald als »orchestrator of global knowledge networks« wahrgenommen wurde. Vgl. Tony Porter/Michael Webb: The Role of the OECD in the Orchestration of Global Knowledge Networks, in: Rianne Mahon/ Stephen McBride (Hrsg.): OECD & Transnational Governance, Vancouver 2008, S. 43-59, hier: S. 43.
83 Owen: United Nations Expanded Programme, S. 30.
84 Vgl. Mehos/Moon: Uses, S. 63-67.
85 Zur Vorstellung der »Entwicklungsmaschine« vgl. Ferguson: Anti-Politics Machine.

bedeute, mitunter durchaus »no sign of inefficiency, but only of prudent economy [...] that an office or a Bank has its records kept and its calculations done by ranks of clerks rather than by IBMs or Fridens«.[86]

Indem leitende Beamte des UN-Programms die »Entwicklungsdifferenz« zwischen Nord und Süd essentialisierten und zu einer universalen »Erfahrung« des globalen Südens (v)erklärten, wiesen sie der Zirkulation von Experten aus Entwicklungsländern große Bedeutung zu.[87] Der Anstoß zum Austausch aber blieb den Experten aus dem Norden vorbehalten. Zusätzlich vermittelten örtliche Vertreter (»resident representatives«) zwischen dem Technical Assistance Board in Paris, den lokalen Regierungen vor Ort und den rasch wechselnden Fachleuten. Das Ziel war eine »cross-fertilization of ideas and cultures, which is not following rigid cultural, political, or regional patterns«.[88]

Dieses hehre Ziel erhöhte die Ansprüche an Experten, die als Mediatoren der »Technopolitik« des Kalten Krieges in Erscheinung treten sollten. In den 1950er und 1960er Jahren entspann sich daraus eine breite Debatte über die Persönlichkeits- und Charaktermerkmale der Experten.[89] Die Technische Mission der UN und ihr Modell der Expertenzirkulation ernteten hier rasch Kritik. Die UN, bemerkte man in den USA, habe von Beginn an den Eindruck vermittelt, die Mission in Übersee

> could be done by pushing the business of exporting »know-how« and assuming that, once the bearer of this magic phrase was on his way to the country of operations, he would miraculously catalyze the poor, benighted, unknow-

---

86 Theodore Morgan: The Underdeveloped Area Expert: South Asia Model, in: Economic Development and Cultural Change 2,1 (1953), S. 27-31, hier: S. 28 f.

87 »Rubbing shoulders with such poverty«, titelte so eine Broschüre über die vermeintlich ortskundigen Experten aus dem Süden, »has taught some men the answer to a problem affecting peoples in some other part of the world.« UN (Hrsg.): World Against Want. An Account of the U.N. Technical Assistance Programme for Economic Development, New York 1953, S. 11 f. Vgl. Technical Assistance for International Development: Program of the United Nations and the Specialized Agencies, in: International Conciliation 457 (1950), S. 11-13.

88 UN (Hrsg.): World Against Want, S. 15. Zu diesem Modell vgl. überdies allg. Technical Assistance for International Development, S. 12 f.

89 Die Forschungen dieser Jahre betonen indes weniger das Know-How der Experten als vielmehr ihren Abenteurergeist, ihre Ausdauer und ihr kreatives Geschick. Ein Autor sah im Experten »a new type of man – one who is not only competent in a particular skill useful to the country concerned, but also sensitive to the customs and character of the people.« Neal: United Nations, S. 116 f. Darüber hinaus zählte zum Kriterienkatalog: »sensitivity to local circumstances; adaptability with regard to working conditions, local habits, and cultural practices; open-mindedness; humility; a sense of humor; patience; and diplomatic skill.« Mehos/Moon: Uses, S. 64; vgl. dazu Yonah Alexander: International Technical Assistance Experts. A Case Study of the U.N. Experience, New York 1966, S. 90-96, Advisors and Counterparts. Relationships between Foreign Technical Assistance Experts and Host Country Colleagues, US AID, Washington D.C. 1972, sowie zum Programm allg. UN (Hrsg.): 15 Years and 150.000 Skills, New York 1965.

ing, indigenous population. [...] In a sense, technical assistance is a new kind of pioneering, of special importance to our own time. Those who elect to face the challenge [...] will have to acquire new academic and social learnings. They will have to gird their personalities for the problems [...] and face up the task that tradition poses to innovation. They will have to serve as cultural ambassadors. [...] If technical assistance is accepted not as a »white man's burden«, not as a missionary's zeal [...], not as an aspect of economic or cultural imperialism, but as a sharing of skills, of goods and human resources so as to deepen the democratic values of a free and expanding society, then technical assistance is an assignment worth the acceptance.[90]

Diese Kritik begleitete auch die UNESCO, die innerhalb der UN den Bereich der Bildungskooperation abdeckte. Auch sie setzte vorrangig auf eine Elite kosmopolitaner Experten, welche ihre Forschung in den Dienst sozialer und politischer Reformen zu stellen hatten. 1950 umriss die UNESCO in der ersten Ausgabe ihres Journals *Impact of Science on Society* die Bedeutung der modernen »Wissenschaft«. Diese wirke sich »in zweierlei Weise auf die Gesellschaft aus: technisch, indem sie die materiellen Bedingungen von Leben, Arbeit und Produktion verändert; und geistig, indem sie die Denkweise der Menschen verändert.«[91] Die »Technical Assistance Mission« der UNESCO, die ab 1950 unter der Direktion des Inders Malcolm Adiseshiah stand, war von diesem Fortschrittsoptimismus getragen. Ausgangs der 1960er Jahre konstatierte Adiseshiah:

The computer revolution, the nuclear power resources, the break-through in space research, are merely the obvious expression of the place which science occupies in society and of the conviction that there is no material obstacle to man's forward march that science cannot overcome.[92]

---

90 Frank N. Trager/Helen G. Trager: Exporting and Training Experts, in: Review of Politics 24, 1 (1962), S. 88-108, hier: S. 93, 107.
91 Vgl. The Impact of Science on Society, Editorial, in: Impact of Science on Society 1,1 (1950), S. 1 f. Zur Idee und Konstruktion kosmopolitaner »Wissensgemeinschaften« in der UNESCO vgl. Perrin Selcer: UNESCO, Weltbürgerschaft und Kalter Krieg, in: Bernd Greiner/Tim B. Müller/Claudia Weber (Hrsg.): Macht und Geist im Kalten Krieg, Hamburg 2011, S. 476-497; Michael Howson: Technical Assistance, a United Nations Experiment in Pooling World Skill and Knowledge, in: The UNESCO Courier 5,10 (1952), S. 4 f., sowie UN (Hrsg.): 15 Years and 150,000 Skills, New York 1965.
92 Daher sei »the pursuit of fundamental research« die Losung der nächsten Dekade, so Malcolm S. Adiseshiah: Let my Country Awake. The Human Role in Development. Thoughts on the Next Ten Years, Paris 1970, S. 127, 201. Zu Adiseshiahs Rolle vgl. überdies Christopher T. Kurien/Eric R. Prabhakar/Sarvepalli Gopal (Hrsg.): Economy, Society and Development. Essays and Reflections in Honour of Malcolm S. Adiseshiah, New Delhi 1991, S. 28 f. Bis zu seinem Abschied aus der UN im Jahr 1970 bereiste Adiseshiah die 127 UN-Mitgliedsstaaten.

Neben Programmen zur Stärkung der Elementarbildung in Entwicklungsländern[93] förderte die UNESCO in Zusammenarbeit mit der Weltbank, allen voran der Internationalen Entwicklungsbank, daher auch und vor allem »Big Science« in Form verschiedener Großvorhaben. In den 1960er Jahren diskutierten drei Regionalkonferenzen die Stärkung von Forschung und Technologie in den Entwicklungsländern.[94] Die Mittel des EPTA und des UN-Sonderfonds »Technische Hilfe« wurden 1966 im »United Nations Development Programme« (UNDP) zusammengeführt; gleichzeitig stiegen die Investitionen der Mitgliedsstaaten rapide an. 1950 lagen die gemeinsamen Ausgaben aller Staaten 1950 noch bei 3 Millionen US-Dollar pro Jahr, bis 1970 erreichten sie bereits rund 300 Millionen US-Dollar.

Die Förderung der IITs in Kharagpur und Bombay zählte zu den großen Prestigeprojekten der »Technischen Hilfe«. In Indien assistierte die UNESCO darüber hinaus unter anderem bei der Entwicklung eines Instituts für Weltraumforschung am IIT Madras und beim Ausbau des Alagappa Chettiar College of Engineering and Technology in Karaikudi, bei der Einrichtung eines Nationalen Rats für Bildung, Forschung und Ausbildung (NCERT) in Delhi oder auch bei der Errichtung erster Fernsehstationen und der Neuorganisation eines indischen Filmproduktionshauses. Die Förderung der höheren technischen Bildung und die Stärkung der Industrialisierung des Landes wurden hier als Schlüssel zur »Entwicklung« des Landes angesehen.[95]

Die politische Auseinandersetzung um die Wege und Ziele der »Entwicklung« und die Förderung der »Dritten Welt« im Bereich der »Technischen Hilfe« war derweil sowohl ein Ergebnis der Dynamiken des »Ost-West-Konflikts« als auch des »Nord-Süd-Konflikts«.[96] Im Fahrwasser der sich be-

---

93 Zu Beginn der 1960er Jahre entwickelte die UNESCO aus diesem Anspruch »Bildungspläne« für Asien, Afrika und Lateinamerika (Karachi, 1960; Addis Abeba, 1961; Santiago de Chile, 1962) und bemühte sich um eine Stärkung der elementaren Bildung in diesen Regionen. Adiseshiah unterstützte dabei in besonderem Maß das indische »People's Science Movement«, das sich in den 1950er Jahren der Alphabetisierung der ländlichen Regionen verschrieb. So popularisierte er früh das Credo »Bildung für alle«. Die Bildungsanstrengungen waren Teil breiter angelegter Strukturförderprogramme (»community development programs«).

94 Die »United Nations Conference on the Application of Science and Technology for the Benefit of the Less-Developed Areas« (UNCSAT) kam 1963 in der Schweiz zusammen. Sodann folgten Konferenzen in Lagos (1964), in Santiago de Chile (1965) und in Neu Delhi (CASTASIA 1968).

95 Zum Programm der UNESCO-Mission vgl. Technical Assistance for Economic Development. A Human Approach, Paris 1950, hier: insbes. S. 24-27. Zur Förderung Indiens bis 1960 vgl. Unesco Relations with Member States. BMS/PROFILE/Asia&Oceania/7.WS/0761.100. UNESCO Archives; UNESCO: In the Minds of Men. Unesco 1946-1971, Paris 1972, S. 77 f.

96 Zu den Wurzeln des Nord-Süd-Gegensatzes vgl. Edgar Wolfrum/Cord Arendes: Globale Geschichte des 20. Jahrhunderts, Stuttgart 2007, S. 17; Gerald Braun: Nord-Süd-Konflikt und Entwicklungspolitik. Eine Einführung, Opladen 1985, S. 47-57; Franz Nuscheler: »Recht auf Entwicklung«, in: Sabine von Schorlemer (Hrsg.): Praxis-

schleunigenden Globalisierung wurde der »Nord-Süd-Konflikt« an der Schwelle zu den 1970er Jahren zu einem dominanten Ordnungsmuster der internationalen Beziehungen. In der Debatte um die Neuordnung des Binnenverhältnisses zwischen Nord und Süd übernahmen die Vereinten Nationen ebenso rasch eine Schlüsselrolle. Dabei sensibilisierten die UN als Forum des politischen Austauschs ihre Mitgliedsstaaten für die Notwendigkeit, den zunehmend transnationalen, grenzüberschreitenden Herausforderungen des globalen Zeitalters mit gemeinsamen Lösungen zu begegnen.

Die »Welthandelskonferenzen« der UN[97] mobilisierten in diesem Zusammenhang eine globale Öffentlichkeit, setzten die Regierungen unter Handlungsdruck und wirkten so auf die Politik von NGOs und Organisationen wie der OECD, GATT oder Weltbank zurück.[98] Dabei rückten vor allem die Schattenseiten der Globalisierung in den Fokus der Debatte.[99] Die Sphären von Tech-

handbuch UNO, Berlin 2003, S. 305-317. In den 1970er Jahren spitzte sich der Gegensatz unter dem Eindruck der Dynamik des Kalten Krieges und der Dekolonisation sowie globaler ökonomischer Krisen zu. Dabei kam es zu einer Zersplitterung der Entwicklungsländer, die sich in »Schwellenländer« (wie die asiatischen Tigerstaaten) und weniger entwickelte Länder, die rasch als Modernisierungsverlierer galten, schieden. Zugleich rückten die Fragen eines »Rechts auf Entwicklung« und einer gerechteren »Welt(wirtschafts)ordnung« in den Fokus – im Versuch, die Interessen der Industrie- und Entwicklungsländer zusehends auch abseits entwicklungspolitischer Programme in Einklang zu bringen.

97 Die »Welthandelskonferenzen« (United Nations Conference on Trade and Development, kurz: UNCTAD) prägten ab der Mitte der 1960er Jahre nicht nur einen neuen Diskurs über Globalisierung, sondern sie setzten auch einen Prozess in Gang, »der die Transformation des internationalen Systems beschleunigte, neue Akteure begünstigte und damit das Spielfeld der globalen Politik nachhaltig veränderte«. Kunkel: Globalisierung, S. 555. Mit über 2.300 Teilnehmern war die erste UNCTAD, die sich der Erarbeitung globaler Handelsregeln zur Förderung der Entwicklung der »Dritten Welt« verschrieb, zugleich eine der größten UN-Versammlungen. Sie brachte Experten, Sondergesandte, Finanz-, Wirtschafts- und Außenminister aus insgesamt 122 Ländern zusammen. Hier fand der Nord-Süd-Diskurs eine institutionelle Entsprechung. Am Rande der Tagung kam es zum Zusammenschluss zahlreicher Schwellen- und Entwicklungsländer zur Gruppe 77. Zudem gründeten sich diverse regelmäßige Komitees, die den Diskurs um eine »Neue Welt(wirtschafts)ordnung« über die Grenzen des Südens hinaus in eine breitere Öffentlichkeit trugen. Auch die Folgekonferenzen in Delhi (1968), Santiago de Chile (1972), Nairobi (1976), Manila (1979), Belgrad (1983) und Genf (1987) avancierten dabei zu globalen Medienereignissen.
98 Zur Geschichte der UNCTAD vgl. allg. Ian Taylor/Karen Smith: Global Institutions. The United Nations Conference on Trade and Development, New York 2007.
99 Für die postkolonialen Staaten war das Problem der Globalisierung in den 1960er Jahren immer wichtiger geworden. Zu Beginn des Jahrzehnts betrug der Anteil des Handels zwischen Industrie- und Entwicklungsländern knapp 45 %. Vgl. Ankie Hoogvelt: Globalisation and the Postcolonial World. The New Political Economy of Development, Basingstoke 1997, S. 722 ff. Dabei machte der hohe Grad weltwirtschaftlicher Integration die strukturellen Probleme des chaotischen und unregulierten, von Preisschwankungen geprägten Weltmarkts allzu deutlich. Tansanias Premier Julius Nyerere stellte 1963 fest, »that the world gets smaller every day. [...] [T]he

nologie, Ökonomie und Politik waren hier eng verwoben. Zu den Top-Themen eines UNCTAD-Meetings in Neu Delhi 1968 zählte so – neben der Lösung der internationalen Hungerkrise – »the transfer of technology to speed up economic progress«. Bali Ram Bhagat, Staatsminister im indischen Außenministerium, erinnerte im Rahmen des Meetings an die Worte Jawaharlal Nehrus, der bereits am 18. Januar 1948 in einer Radioansprache an die Bevölkerung die »ökonomische Freiheit« als Grundlage für die »politische Freiheit« hervorgehoben hatte: »Indeed, there is no such thing as freedom for a man who is starving or for a country which is poor.« Ein Mangel an »Freiheit« und »Unabhängigkeit« – politisch, ökonomisch, aber auch technologisch – erwies sich aus dieser Perspektive als ein Ergebnis der Asymmetrien der globalen Ordnung. Doch schien zugleich die einzige Lösung, diese »Abhängigkeiten« zu überwinden, in der Neuausrichtung und Ausweitung globaler Kooperationen zu liegen. Auch deshalb mahnte Indira Gandhi – angesichts wachsender sozialer und ökonomischer »Ungleichheiten« und der sich vergrößernden »technologischen Lücke« zwischen Nord und Süd – am 1. Februar 1968 zu einem stärkeren »Geist der Vereinbarung«.[100]

ramifications of international trade mean that goods produced in London, New York, or Tokyo have affected the lives of people in the bush hinterland of Tanganyika; and truly too the same company names are to be seen operating in Germany, America, India and Africa.« Julius Nyerere: McDougall Memorial Lecture – F. A. O., 18.11.1963, in: ders,: Freedom and Unity, Dar es Salaam 1966, S. 231-251, hier: S. 232f.

100 »What we need is a global strategy of development, an integrated programme of international co-operation, which outlines convergent measures to be undertaken by every Member State of the United Nations. The elimination of poverty and the development of impoverished regions are now widely accepted as international obligations. In order to discharge them, it is imperative that the international community finds ways and means to intervene effectively in defining the responsibility of economic power, in matching resources to needs, and in guiding economic forces towards progress and peace.« Proceedings of the United Nations Conference on Trade and Development, Second Session, New Delhi, February 1 – March 29, 1968, Vol. I: Report and Annexes, New York 1968, S. 121, 410f. Viele Regierungen in Nord und Süd sahen die UNCTAD gleichwohl vor allem als Mittel zur Durchsetzung nationaler Entwicklungsinteressen. Die »Asymmetrien« der Globalisierung blieben so auch in der Folge zentrales Thema. So avancierte, im Geiste der Dependenztheorie, unter UNCTAD-Generalsekretär Raúl Prebisch die Durchsetzung von Handelsvereinbarungen, die Erarbeitung von Bestimmungen zur Preisstabilisierung, die Forcierung von Ressourcen- und Technologietransfers sowie die Einhegung multinationaler Firmen durch die Verabschiedung eines Verhaltenskodexes und einer »Charta der wirtschaftlichen Rechte und Pflichten« zu den entwicklungspolitischen Kernzielen der Vereinten Nationen. Obwohl die UNCTAD letztlich hinter ihren gigantischen Regulierungsansprüchen zurückblieb, erzielte sie doch beträchtliche Wirkung. Diese zeigte sich vor allem in der atmosphärischen Zuspitzung und rhetorischen Radikalisierung der Nord-Süd-Beziehungen zu Beginn der 1970er Jahre, die neue Aufmerksamkeitsregime für die Probleme der »Dritten Welt« begünstigten und den moralpolitischen Diskurs zu deren Gunsten wendeten. Gegen

Die Rede von der »technologischen Lücke« und einer »technologischen Abhängigkeit« war derweil kein Alleinstellungsmerkmal der Debatte um einen schwelenden Nord-Süd-Gegensatz. So sorgte man sich auch in Europa – wie in den Ländern des sich sprachgewaltig (neu) organisierenden »globalen Südens« – zusehends um den technologischen Rückstand der heimischen Industrien gegenüber den USA. Zu den Grundüberzeugungen der Modernisierungstheoretiker gehörte hier die These eines direkten Zusammenhangs zwischen Forschungsausgaben und ökonomischem Wachstum.[101] So rückte der »Produktionsfaktor« Forschung in den 1960er und 1970er Jahren als »Steuerungsinstrument« der in Europa und den USA zusehends kriselnden Ökonomien in den Fokus der Diskussion. Mit der Intensivierung globaler Konkurrenz wurde vor allem der Förderung der Computertechnik als »Zukunftstechnologie« ausgangs der 1960er Jahre eine wachsende Bedeutung beigemessen.[102]

Angestoßen hatte die Debatte um die »technologische Lücke« eine Expertengruppe der OECD 1965 mit einer viel besprochenen vergleichenden Studie, aus der hervorging, dass die Forschungs- und Entwicklungsausgaben in den USA bedeutend höher lagen als in Westeuropa. Allein IBM hatte in den 1950er Jahren knapp 400 Millionen US-Dollar und so rund 70 % seiner Forschungs- und Entwicklungsausgaben aus staatlichen Mitteln erhalten.[103] Im März 1968 konstatierte die Pariser Behörde so eine eklatante »Lücke« im Bereich der Hochtechnologien zwischen den USA und verschiedenen (west-)europäischen

Ende der 1970er Jahre rückten die Einrichtung multilateraler Foren wie der Welthandelskonferenz der Vereinten Nationen, die Gründung der Gruppe der 77 sowie die ab Mitte der 1960er Jahre intensiv diskutierte »New International Economic Order« (1973) die Probleme der »Dritten Welt« in den Fokus – zusehends transnational – politisierter Gesellschaften. Vgl. dazu eingehend: Akira Iriye: The Global Community. The Role of International Organizations in the Making of the Contemporary World, Berkeley 2002.

101 Der amerikanische Keynesianer Alvin H. Hansen hatte in diesem Geiste 1955 vor einem Kongressausschuss in Washington postuliert, technologische Innovationen seien für das langfristige Wirtschaftswachstum weitaus bedeutender als bloße Kapitalbildung. Vgl. Don K. Price: The Scientific Estate, Cambridge, Mass. 1965, S. 33-35. Zur Rezeption in der Bundesrepublik vgl. Wolfgang Krieger: Zur Geschichte von Technologiepolitik und Forschungsförderung in der BRD. Eine Problemskizze, in: Vierteljahrshefte für Zeitgeschichte 35,2 (1987), S. 247-271, hier: S. 253.

102 Vgl. exempl. Gerhard Mensch: Das technologische Patt, Frankfurt a. M. 1975. Vgl. dazu hingegen kritisch: Christopher Freeman: Die Computerrevolution in den langen Zyklen der ökonomischen Entwicklung, München 1985.

103 Vgl. Christopher Freeman/Alison Young: The R&D-Effort in Western Europe, North America and the Soviet Union, Paris 1965; OECD: The Overall Level and Structure of R&D-Efforts in OECD Member Countries, Paris 1967. Die Diskussion um die »technologische Lücke« resultierte indes vor allem aus der Überbewertung des amerikanischen Vorsprungs in einigen wenigen Hochtechnologiebereichen wie Flugzeugbau, Raumfahrt und Mikroelektronik. Freeman wies später nach, dass sich hier keine lineare Beziehung zwischen F&E- und Wachstumsentwicklung herstellen ließ. Vgl. Christopher Freeman: Technology Policy and Economic Performance, London 1987.

Ländern, die die globale Entwicklungskonkurrenz im Bereich der Computertechnologie anheizte.[104] Für einige Kommentatoren dieser globalen Konkurrenz wie den Pariser Publizisten Jean-Jacques Servan-Schreiber war das Wettrüsten im Bereich der »elektronischen Datenverarbeitungsanlagen« gar von existentieller Bedeutung: »An den Computern wird man erkennen, ob Europa noch lebt!«[105] Die Hysterie um die »amerikanische Herausforderung«, die Servan-Schreiber 1967 antrieb, gab in der Folge der Idee einer nationalen Computerpolitik quer durch Europa den entscheidenden Anstoß.[106]

Abseits nationaler EDV-Förderprogramme zur Stärkung der Computerindustrie im eigenen Land rückte in Europa, Japan, den USA und der UdSSR ausgangs der 1960er Jahre auch die Förderung der Computerisierung der »Dritten Welt« in den Fokus. Die Hochphase staatlicher wie nicht-staatlicher Initiativen lag in den 1970er und beginnenden 1980er Jahren. Mit dem Arbeitskreis »Informatik und Dritte Welt« der bundesdeutschen »Gesellschaft für Informatik« und der »Specialist Group for Developing Countries« der »British Computer Society« entstanden neue Foren des akademischen Expertenaustauschs. Darüber hinaus gab es in Westeuropa, wie das Beispiel der zu Beginn der 1970er Jahre in Marseille gegründeten »Data for Development« zeigt, auch NGOs, die sich dem Einsatz und der Verbreitung von Datenverarbeitungssystemen in Entwicklungsländern verschrieben. Hinzu kamen universitäre Gründungen, die, wie das »Zentrum für technologische Zusammenarbeit« an der TU Berlin, die Chancen und Risiken des Technologietransfers in die »Dritte Welt« eruierten. Die Pläne zur Ausgestaltung einer (inter-)nationalen Förderpolitik waren indes ausgesprochen divers. Während sich das »UK Council for Computing Development« in Großbritannien der Ausarbeitung einer globalen Technologieentwicklungspolitik widmete, setzte sich das »Centre Mondial Informatique et Ressource Humaine« in Frankreich die Verbesserung der Computerkenntnisse zum Ziel. In Japan stand die Gründung des Tokioter »Center of the International Cooperation for Computerization« durch das Ministerium für Internationalen Handel und Industrie (MITI) in erster Linie im Zeichen handelspolitischer Interessen.[107] Vielen dieser Initiativen war über-

---

104 Vgl. OECD: General Report. Gaps in Technology, Paris 1968; Electronic Computers. Gaps in Technology, Paris 1969; Computers and Telecommunications, Paris 1973. Vgl. überdies Thorkil Kristensen: L'Ecart Technique entre l'Europe et les Etats-Unis, Mailand, 10.11.1967, E.14198, Secretary-General Speeches, OECD Archives.
105 Jean-Jacques Servan-Schreiber: Die amerikanische Herausforderung, Hamburg 1968, S. 147f.
106 Zur Computerpolitik in der Bundesrepublik und der DDR vgl. exempl. Michael Homberg: Who is Leading Innovation?, in: Media in Action 1,1 (2017), S. 93-114, hier: S. 95-97.
107 Vgl. Günther Cyranek/Heidrun Kaiser: Institutionen und Projekte zur Ausbildung und zum Transfer von Informationstechnologie in Entwicklungsländer, in: dies./Asha Purna Kachru (Hrsg.): Informatik und »Dritte Welt«. Berichte und Analysen, Berlin 1988, S. 195-220.

dies der Anspruch gemein, eine Führungsrolle in der Anleitung und Ausbildung der »Dritten Welt« zu übernehmen.

Unter dem Dach der Vereinten Nationen, die im Rahmen ihrer Förderprogramme (EPTA/UNDP) in den sechziger und siebziger Jahren die Errichtung großer Rechenzentren in der »Dritten Welt« unterstützten und in Indien bis 1977 die Akquise diverser Großrechner zur Ausstattung von Forschungseinrichtungen und Rechenzentren in Kalkutta, Kanpur, Chandigarh und Puna ermöglichten, nahm auch die International Labour Organization (ILO) eine herausgehobene Rolle im Bereich der »Technischen Hilfe« ein. Die ILO, die in ihrem trilateralen Ansatz Regierungs-, Arbeitgeber- und Arbeitnehmer-Vertreter verband, war kurz nach ihrer Gründung als Teil der 1919 geschlossenen Versailler Verträge zu einer zentralen Instanz sozialpolitischen Ordnungsdenkens in der Zwischenkriegsära geworden. Zudem hatte sie sich – auch angesichts der Dominanz der Kolonialmächte gegenüber den Kolonien – in den ersten Jahrzehnten vor allem im globalen Norden als Instanz der Formulierung und Verabschiedung von Arbeitsstandards etabliert. In den 1940er Jahren begann die ILO dann ihren Einsatz für universelle Normen, in deren Zuge die Arbeitspolitik zu einem elementaren Baustein der Menschenrechtspolitik nach 1945 wurde. Unter Generaldirektor David A. Morse (1948-1970) intensivierte sie ihre Anstrengungen im Bereich der »Technischen Hilfe«, um die sozialen Bedingungen auch im globalen Süden durch Ausbildungsinitiativen und Programme zur Produktivitätssteigerung zu verbessern. Ihr integrierter Entwicklungsansatz sah vor, ökonomische und gesellschaftspolitische Maßnahmen zu verbinden, um demokratische Strukturen zu etablieren.[108] Asien avancierte dabei, so Daniel Maul, zum »Laboratorium« der »Technischen Hilfe«.[109] Vor diesem Hintergrund startete die ILO am Ende der ersten UN-Entwicklungsdekade ein globales Beschäftigungsprogramm, das im Geiste der Modernisierungstheorie das Ziel einer Beendigung der »Unterentwicklung« in der »Dritten Welt« zusehends an den Einsatz neuer Technologien koppelte.[110]

Der Computer avancierte hier eingangs der 1970er Jahre zum Heilsbringer.[111] Für die Experten des Ausbildungs- und Forschungsinstituts der Vereinten

[108] Daniel Maul: Menschenrechte, Sozialpolitik und Dekolonisation. Die Internationale Arbeitsorganisation (IAO) 1940-1970, Essen 2007, S. 155-210. Zur Bedeutung der »Technischen Hilfe« vgl. überdies ders.: International Labour Organization, S. 159-182; ders.: Die ILO und die Globalisierung der Menschenrechte, in: Stefan-Ludwig Hoffmann (Hrsg.): Moralpolitik: Geschichte der Menschenrechte im 20. Jahrhundert, Göttingen 2010, S. 285-311, hier: S. 293 f.
[109] Vgl. Daniel Maul: The ILO, Asia and the Beginnings of Technical Assistance, 1945-60, in: Jill Jensen/Nelson Lichtenstein (Hrsg.): The ILO from Geneva to the Pacific Rim. West Meets East, Basingstoke 2015, S. 110-134, hier: S. 115-118. Zur Rolle der ILO vgl. allg. Owen: United Nations Expanded Programme, S. 26-28.
[110] David A. Morse: A World Employment Programme, in: UNESCO Courier 22,7 (1969), S. 8-12.
[111] Zum Programm der UN vgl. allg. Towards Accelerated Development. Proposals for the Second United Nations Development Decade (»Tinbergen-Report«), New York

Nationen war die Förderung der Verbreitung von Computern zu Beginn der zweiten Entwicklungsdekade mehr als nur eine Frage von »Prestige«. Vielmehr gaben sie sich überzeugt,

> that computers will necessarily play an increasingly important role in developing countries which intend to participate in the world economy in ways other than supplying other than raw materials. As international computer networks and computer reporting become established during the next decade, developing countries will find computers necessary as a ticket of admission.[112]

Die ILO aber, in der vor allem über Computer geredet, dagegen kaum praktische Unterstützung im Prozess der Computerisierung geleistet wurde, konzentrierte ihr Engagement, gerade in den Jahren des grenzenlosen Optimismus, vorrangig auf die Frage nach den ökonomischen, sozialen und kulturellen Folgen der Computertechnik. Dazu kritisierte sie entschieden die bloße Übertragung »westlicher« Vorstellungen von »Effizienz« und »Rationalisierung« und wies auf die Schattenseiten der computerisierten Automation in den Lebens- und Arbeitswelten in Nord und Süd hin. Zugleich sei die Form der Ausbildung zu überdenken, »providing high-level education of a theoretical kind [...] and [spending] too little in creating a cadre of qualified managers, engineers and technicians«.[113] Angesichts neuerer Tendenzen zur globalen Auslagerung der Produktion und der Mobilisierung der Arbeitskräfte des globalen Südens setzte sich der »Weltarbeitsbericht« der ILO 1984/85 überdies für einen Einsatz der Technik ein, der es den Arbeitskräften weiter ermögliche, in der Konkurrenz des Weltmarkts zu bestehen.[114] In diesem Sinne monierte auch ein Bericht zur Mikroelektronik an den Club of Rome die Vereinnahmung moderner Technologien durch die Industrienationen. Die Technik zerstöre, so der chilenische Soziologe und Ökonom Juan F. Rada, den relativen Produktions-

---

1970, S. 20-21, 37-40; International Development Strategy for the Second United Nations Development Decade, 24.10.1970, Doc. A/RES/2626 (XXV), in: United Nations General Assembly Official Records. Resolutions adopted by the General Assembly on its 25th Session, New York 1971, S. 39-49; vgl. Glenn T. Seaborg: Science, Technology, and Development. A New World Outlook, in: Science [N. S.] 181,4094 (1973), S. 13-19, hier: S. 13 f. Im sog. »Jackson-Report« der UN, der die Rahmenbedingungen des UNDP absteckte, zählte ausgangs der 1960er Jahre überdies die Computerisierung der UN-Administration zu den Zielen der neuen Dekade.

112 Pool/Stone/Szalai: Communications, S. 35 f. Vgl. dazu überdies UN (Hrsg.): Application; UN (Hrsg.): Microelectronics-Based Automation Technologies and Development, New York 1985, sowie allg. Chanaja: Computers, S. 3.

113 Nicholas Kaldor: Advanced Technology in a Strategy of Development, in: ILO (Hrsg.): Automation in Developing Countries. Roundtable Discussion on the Manpower Problems associated with the Introduction of Automation and Advanced Technology in Developing Countries, Genf 1972, S. 3-16, hier: S. 15 f.

114 Vgl. ILO (Hrsg.): World Labour Report, Vol. I-II, Genf 1984/85.

Kostenvorteil der Drittweltländer, vernichte Arbeitsplätze und betreibe zugleich – durch den Abbau von Stellen und die Senkung der Lohnstückkosten in den Industrienationen – Lohndumping. Derweil leide die Computerisierung der Industrien in der »Dritten Welt« unter einer Restriktion des Zugangs zu Datenbanken und Rechenzentren. Die Lizenzierung der Mikroelektronik-Produkte verstärke nur deren Abhängigkeiten; hinzu komme noch das Problem der »Intelligenzabwerbung« (»Brain-Drain«).[115] In den Augen der Kritiker gehorchte die »Technische Hilfe« so vor allem den Dynamiken des globalen Kapitalismus. Dabei blieb die soziale Frage des technologischen Wandels – auch im digitalen Zeitalter – wie schon Jahrzehnte und Jahrhunderte zuvor ein Kernthema sozial- und arbeitspolitischer Debatten in (inter-)nationalen Organisationen und nationalen Parteien, Gewerkschaften und Interessenverbänden.

Mit der Gründung der Internationalen Informatikorganisation (IFIP) im Jahr 1960 etablierte sich überdies eine NGO als Dachorganisation der nationalen Computergesellschaften unter Schirmherrschaft der UNESCO. Nachdem Isaac Auerbach im Namen des »National Joint Computer Committee« der Vereinigten Staaten im Januar 1957 der UNESCO erstmals die Idee einer internationalen Computerkonferenz angesprochen und auf einer Planungskonferenz im Sommer in Neu Delhi die Gründung der IFIP vorgeschlagen hatte, dauerte es bis Juni 1959, bis eine erste »Internationale Konferenz für Informationsverarbeitung« (ICIP) in Paris stattfinden und die Bildung der IFIP beschlossen werden sollte. An der Konferenz nahmen 1.800 Gäste aus 38 Ländern und Vertreter von 13 internationalen Organisationen teil; die meisten Teilnehmer kamen aus Frankreich und den USA, gefolgt von der Bundesrepublik, Großbritannien, Schweden und Italien. Auch Indien war hier vertreten.[116] Auf der angeschlossenen Messe »Automath« zeigten Hardwarehersteller wie IBM, Bull, Zuse, SEL und Olivetti ihre Produkte. Im Juni 1960 trafen sich 15 Staaten zur ersten Ratssitzung in Rom, zwei Jahre später in München waren es bereits 20. Bis 1985 wuchs die IFIP auf bis zu 45 Mitgliedsstaaten.[117] Dabei expandierte der Zusammenschluss auch in Asien. 1973 stieß Indien zur IFIP. Der indische Delegierte Rangaswamy Narasimhan brachte dabei Mitte der 1970er Jahre die Idee einer regionalen Vertretung ins Gespräch. Im Jahr 1975 schließlich initiierte F. C. Kohli, der Präsident der indischen Computer Society, gemeinsam mit den Präsidenten der Gesellschaften in Singapur, Robert

---

[115] Vgl. Juan F. Rada: Aussichten für die dritte Welt, in: Günter Friedrichs/Adam Schaff (Hrsg.): Auf Gedeih und Verderb. Mikroelektronik und Gesellschaft. Bericht an den Club of Rome, Wien/München/Zürich 1982, S. 225-255, hier: S. 247-250. Zur Kritik an der »Mystifizierung« des Konzepts des »Technological Fix« vgl. allg. K. R. Bhattacharya: Technology is a Social Product. Lessons from India, in: Instant Research on Peace and Violence 6,3 (1976), S. 130-138.

[116] Vgl. Isaac L. Auerbach: Personal Recollections on the Origin of IFIP, in: Heinz Zemanek (Hrsg.): A Quarter Century of IFIP. The IFIP Silver Summary, Amsterdam 1986, S. 41-70, hier: S. 48.

[117] Vgl. IFIP at a Glance, in: Zemanek (Hrsg.): Quarter Century, S. S3.

Iau, und Australien, John M. Bennett, die »South East Asian Computer Confederation«. Im September des darauffolgenden Jahres fand in Singapur die erste Regionalkonferenz – SEARCC – statt.[118] Nachdem sich die IFIP 1978 erstmals auch zu einer Ratssitzung in Bombay getroffen hatte, gründete sie ein Jahr später ein Komitee »Informatics for Development«, zu dessen Vorsitzenden die IFIP 1983 Narasimhan ernannte.

Das 1963 gegründete »Technical Committee for Education« der IFIP organisierte ab 1965 Seminare in London, Paris und Santiago und bildete Arbeitsgruppen zur Unterstützung der Entwicklungsländer im Bereich der Computer-Ausbildung. 1970 folgte die erste weltweite Konferenz zur Computer-Bildungspolitik in Amsterdam.[119] Bis 1973 schlossen sich 23 IFIP-Mitgliedsländer dem Komitee an. Ausgangs der 1970er Jahre veranstaltete die IFIP mehrere »Weltkonferenzen« zur Rolle der »Informatik in Entwicklungsländern« – 1977 in Bangkok, 1980 in Melbourne, 1981 in Delhi und 1982 in Madras –, um unter anderem ein modulares Curriculum der Computerausbildung zu verabschieden.[120] Ab 1985 widmete sich ein eigenes Komitee dem Ausbau der Kooperation zu den Organisationen der Vereinten Nationen – und hier vor allem der UNESCO, die im Rahmen ihrer Bildungs- und Forschungspolitik die Förderung der Computertechnik von Beginn an besonders vorangetrieben hatte.

3.4 Die UNESCO und das politische Kalkül des digitalen Zeitalters

Im Rahmen der »Technischen Mission« der Vereinten Nationen spielte die Ausbildung von Computerexperten und die Förderung des Einsatzes von Computertechnik lange eine marginale Rolle, doch begannen verschiedene Organisationen unter dem Dach der UN, rasch eigene (Sonder-)Programme zur Förderung neuer Technologien zu lancieren. Dabei spielte vor allem die UNESCO eine gewichtige Rolle im Versuch, die Computerträume dieser Jahre zum Leben zu erwecken. Binnen weniger Jahre war die Pariser Behörde

[118] Vgl. Rangaswamy Narasimhan: IFIP and the Developing Countries, in: Zemanek (Hrsg.): Quarter Century, S. 245-251; John M. Bennett: IFIP – Some Australian Reflections, in: ebd., S. 275-282. Zu SEARCC vgl. überdies M. Joseph/F.C. Kohli (Hrsg.): SEARCC 76, IFIP Regional Conference – Singapore, Amsterdam 1977; vgl. F.C. Kohli: SEARCC. Its Present and Future, in: ders. (Hrsg.): The IT Revolution in India. Selected Speeches and Writings, Delhi 2005, S. 99-111.

[119] Vgl. Richard A. Buckingham: TC3. The First Ten Years, in: Zemanek (Hrsg.): Quarter Century, S. 363-372, hier: S. 365; vgl. IFIP (Hrsg.): World Conference on Computer Education 1970, Vol. I-II, Amsterdam 1970. Vgl. dazu allg. Klaus Brunnstein: IFIP Development 1960-2010, in: ders./Heinz Zemanek (Hrsg.): 50 Years of IFIP. Developments and Visisons, Wien 2011, S. 1-7.

[120] Zu den Ergebnissen der Symposien vgl. exempl. John M. Bennett/Robert E. Kalman (Hrsg.): Computers in Developing Nations. A One-Day International Seminar, Melbourne, Australia, 13. October 1980, Amsterdam 1980.

zu einem zentralen Forum des internationalen Expertenaustauschs über die »Technische Hilfe« im Bereich der Computertechnik geworden. Früh war hier die Idee eines »Internationalen Rechenzentrums« beraten worden, das der Koordination der gemeinsamen Anstrengungen auf dem Feld wissenschaftlichen Rechnens dienen sollte. Die ersten Pläne eines internationalen »Forschungslabors« datierten so bereits aus der Zeit der Gründung der UNESCO im November 1945. Als im Rahmen einer Sitzung des vorbereitenden Komitees der UNESCO in London im Juli 1946 erstmals die Einrichtung eines internationalen Instituts im Bereich digitalen Rechnens durch die französische Delegation zur Sprache kam, war die Reaktion rasch sehr positiv.[121] Als Zielorte für die Errichtung der »Computing and Calculation Laboratories« waren Indien und China vorgesehen. Der Physiker Charles Sadron wandte sich daher gleich im August 1946 in seiner Funktion als Direktor der Sektion Naturwissenschaften in der UNESCO an Mahalanobis, Bhabha und Darashaw Nosherwan Wadia, den Präsidenten des indischen National Institute of Sciences, um Vorschläge zur Umsetzung eines solchen Vorhabens einzuholen.

Im Oktober traf sich Mahalanobis, der die Konkurrenz Bhabhas fürchtete, mit zwei seiner Kollegen vom ISI zu einem geheimen Treffen in Delhi. Dabei machte Mahalanobis aus seiner Ambition, ein Computerzentrum nach Kalkutta zu holen, keinen Hehl. Immerhin leisteten Institute wie das ISI in Kalkutta, so Mahalanobis, bereits gegenwärtig »on ad-hoc, but extensive basis« Vergleichbares wie die großen mathematische Laboren in Cambridge, London oder New York. Die Akquise von Rechnern sei daher besonders wichtig: »in a country like India it is of the utmost importance that the calculating laboratory should have arrangements for giving training in computational and calculating work.« So könne das Zentrum über die Grenzen Indiens hinaus in ganz Asien wirken, »to expand their theoretical and practical sciences«. Seine Überlegungen übersandte er inklusive einer ausführlichen Kalkulation über die personelle und materielle Ausstattung des Instituts, die Anwendungspotentiale der Rechenmaschinen auf dem Feld der Statistik und die Voraussetzungen eines nationalen Computerlabors in Indien an Sadron nach Paris.

Letztlich aber zerschlugen sich die Pläne. Mahalanobis Verständnis von angewandter Mathematik stand im Dienste der Statistik. Sein Blick auf die Einsatzgebiete der Rechentechnik war den Verantwortlichen in der UNESCO bedeutend zu eng. Handschriftlich vermerkte man daher unter dem Schreiben: »This is all a misunderstanding, as the calculating machines under consideration are for differential analysis, fluid mechanics, quantum physics etc. and NOT for statistics.«[122] Hinzu kam, dass wenig später bereits die Gründung

---

121 Vgl. Committee of Experts on the Establishment of an International Computation Centre, UNESCO/NS/ ICC/8, 21.5.1951; Convention for the Establishment of the International Computation Centre, UNESCO/NS/90, 7.1.1952. UNESCO Archives.
122 National Institute of Sciences of India. Appendix C. Agenda for Meeting DLH-1946/7. International Computation Centre – General. 681.3 A01 ICC »-66«, Part I.

eines Nationalen Forschungszentrums in Indien und einer Technischen Hochschule im Kharagpur durch die UNESCO im Raum stand. Als sich die Gründung des IIT in Bengalen konkretisierte, war der Vorschlag vom Tisch.

Viel gewichtiger als alle Vorbehalte, die in Paris gegen den Einsatz der Rechentechnik in Indien zur Sprache kamen, war allerdings, dass die Auswahl des Standortes des Zentrums im Frühsommer 1948, kurz nach Ausbruch des Kalten Krieges, bereits zu einem Politikum geworden war. Die USA, der wichtigste Geldgeber der UNESCO, suchten so – unter dem Eindruck wachsender Spannungen zur UdSSR in Osteuropa und der Expansion Chinas – ihr Prinzip antikommunistischer Eindämmungspolitik in die Behörde zu tragen. Sollte das Vorhaben der Gründung eines Rechenzentrums voranschreiten, schien es aus Washingtoner Perspektive elementar, dass dieses in *West*europa stünde. So gingen die Beratungen weiter. Im August 1948 rückte der Gründungsvorschlag im Zuge der Beratungen des UN-Wirtschafts- und Sozialrats neuerlich auf die Agenda; dabei erhielt die Frage nach einer Bündelung der Bildungs- und Forschungsanstrengungen in gemeinsamen Forschungslaboren besonderen Nachdruck.[123] Im Dezember verabschiedete die Generalversammlung der UNESCO auf die Empfehlung der amerikanischen Delegation hin eine Resolution zur Einsetzung eines Expertenkomitees, welches die Idee des »International Computing Centre« (ICC) vorbereiten sollte. Die Erwartungen der Europäer richteten sich derweil über den Atlantik, versprach das gesteigerte Interesse der Amerikaner doch in ihren Augen nichts weniger als eine Initiative aus dem Geiste des Marshall-Plans.[124] Früh bewarben sich die Niederlande und Dänemark, die Schweiz und Italien. In dieser Konkurrenz setzten die niederländischen Bewerber auf den Faktor »Erfahrung« und verwiesen auf das bereits kurz nach dem Krieg in Amsterdam gegründete »Mathematisch Centrum«. Dies spanne den Bogen von der Grundlagen- zur angewandten Forschung:

> A présent, dans tous les pays civilisées, les sciences appliquées se trouvent placées devant des problèmes difficiles qu'on ne peut entamer avec succès

UNESCO Archives. Vgl. ebd., C. Sadron, UNESCO, an P. C. Mahalanobis, ISI, 12. 8. 1946; P. C. Mahalanobis, ISI, an C. Sadron, UNESCO, 2. 10. 1946, S. 1-3.

123 Zu diesen Überlegungen vgl. United Nations Research Laboratories, E/1065, Resolution 160 (VII), 10. 8. 1948, in: UN (Hrsg.): Resolutions adopted by the Economic and Social Council, 7th Session, Genf 1948, S. 50 f.; United Nations Research Laboratories, E/1849, Resolution 318 (XI), 14. 8. 1950, in: UN (Hrsg.): Resolutions adopted by the Economic and Social Council, 11th Session, Genf 1950, S. 50 f.

124 Schon die ersten Einschätzungen der US-Experten um den Harvard-Astronomen Harlow Shapley im UNESCO-Expertenkomitee gaben gleichwohl der Zurückhaltung gegenüber der europäischen Euphorie in den USA Ausdruck. So begegnete auch Shapley der Idee einer Akquise von »high-speed computing machines« skeptisch. Zur Rolle der USA im Prozess der Gründung des Computerzentrums vgl. eingehend David Nofre: Managing the Technological Edge. The UNESCO International Computation Centre and the Limits to the Transfer of Computer Technology, in: Annals of Science 71,3 (2014), S. 410-431, hier: S. 420-422.

qu'en précédent à une coopération très large. Dans la plupart des ces problèmes ce sont les mathématiques appliquées qui y jouent le rôle décisif.[125]

Dagegen erinnerten die ETH in Zürich wie auch die École Polytechnique Fédérale de Lausanne die Auswahlkommission 1950 nicht nur an die Qualitäten des Computerlabors in Zürich, sondern auch an den amerikanischen Vorstoß, das Zentrum in einem kleineren europäischen Staat, in Universitätsnähe und im Herzen eines dichten Bibliotheks- und Forschungsnetzwerks anzusiedeln.[126] Noch stärker hob die italienische Bewerbung des »Istituto nazionale per le applicazioni del calcolo« (INAC) die im Kalten Krieg geostrategisch günstige Lage eines Zentrums in Rom in diplomatischen Gesprächen hervor.

Nach einer längeren Phase ergebnisloser Beratungen setzte der Generaldirektor der UNESCO, Jaime Torres Bodet, den Amerikaner Herman H. Goldstine, Mathematik-Professor und Kollege von John von Neumann in Princeton,[127] ein, um die Bewerber zu evaluieren. Als Goldstine seine Berichts im Herbst 1951 vorbereitete, war der Zuspruch der Amerikaner allerdings bereits breiter Skepsis gewichen. Die Förderung eines High-Tech-Forschungszentrums, das den Europäern vorschwebte, schien ihnen eingedenk der erheblichen Kosten und des raschen technologischen Fortschritts, zumal als ein Feld der europäischen Entwicklungskooperation, wenig sinnvoll. Bis 1952 zogen sich die USA so aus den Planungen zurück.[128] In seinem Gutachten wandte sich Goldstine entschieden gegen eine mögliche Kommerzialisierung des Unternehmens. Sollte das ICC wirklich, wie es etwa der niederländische Plan vorsah, Gebühren für die Rechenzeiten externer Nutzer erheben, werde es, so Goldstine, rasch »solely a computation laboratory for European industry«: »If fees are to be charged to men in the academic world for carrying out computations, the importance and ultimate success of the International Computation Center

125 Nederlands Commissie voor Internationale Samenwerking op het Gebied van Onderwijs, Wetenschap en Culture, H. R. Kruyt; C. A. van Peursen an J. Torres Bodet, Generaldirektor, UNESCO, 3.12.1949. International Computation Centre – General. 681.3 A01 ICC »-66«, Part I. UNESCO Archives.
126 L'Université de Zurich et École Polytechnique Fédérale, P. Karrer; H. Pallmann an J. Torres Bodet, Generaldirektor, UNESCO, 9.12.1950. International Computation Centre – General. 681.3 A01 ICC »-66«, Part I. UNESCO Archives.
127 Herman H. Goldstine hatte ab 1943 gemeinsam mit J. Presper Eckert und John W. Mauchly an der University of Pennsylvania den Electronical Numerical Integrator and Computer (ENIAC), eine der ersten vollelektronischen Rechenanlagen, entwickelt; am Institute for Advanced Study in Princeton arbeitete er in der Computergruppe von Neumanns. Nach dessen Tod ging er 1958 zu IBM, wo er Gründungsdirektor des »Mathematical Sciences Department« in IBM's Watson Research Center wurde und ab 1965 als wissenschaftlicher Berater und später als IBM Fellow arbeitete.
128 Indes hatte IBM noch ausgangs der 1940er Jahre seine Zusage zur Ausstattung des Zentrums gegenüber dem US-Innenministerium und dem ständigen Vertreter der Vereinigten Staaten bei den Vereinten Nationen gegeben. Vgl. Nofre: Managing the Technological Edge, S. 425-428.

will be seriously compromised.«[129] Abseits des Finanzierungsmodells lag die Begründung der Ablehnung allerdings vor allem im avisierten Forschungscharakter des Rechenzentrums. Denn ein Forschungszentrum im Bereich des digitalen Rechnens, das anstelle von »punch-card equipment« und »early small digital calculators« vorzugsweise »high-speed computing machines« einsetzte, war kostspielig und bedeutete überdies eine Konkurrenz zu bestehenden Einrichtungen und Firmen in Europa und in den USA, an der der amerikanischen Regierung kaum gelegen sein konnte. Wohl auch deshalb sollte das ICC eher den Charakter eines »Service-Centers« denn das Gepräge eines »Forschungszentrums« in Europa erhalten.[130]

Am Ende kontroverser Beratungen bekam die italienische Bewerbung den Zuschlag:[131] Das internationale Rechenzentrum wurde in Rom errichtet, wo das INAC bereits knapp zwei Jahrzehnte angewandte Mathematik betrieb. Dabei übernahm Claude Berge, der Leiter des Nationalen Zentrums für Wissenschaftliche Forschung in Paris, die Leitung des ICC in Rom. Aldo Ghizzetti, der Direktor des INAC, wurde sein Stellvertreter.[132] Nach weiteren Beratungen im Mai und Juni kamen Ende November 1951 Delegierte aus zwanzig Nationen in Paris zusammen, um die Gründung des ICC zu beschließen. Am 7. Januar 1952 übersandte die UNESCO ihr Abkommen an ihre 63 Mitgliedsstaaten.[133]

Das Unternehmen stand von Beginn an unter keinem glücklichen Stern. Der Versuch des Generalsekretariats, eine intergouvernementale Institution einzurichten, zu der die Mitgliedsstaaten eigens beitreten und einen Beitrag entrichten mussten, sobald sie Leistungen in Anspruch zu nehmen beabsichtigten, schreckte viele Nationen ab. Zudem sahen gerade die Industrienationen, allen voran die Vereinigten Staaten, Großbritannien und die Bundesrepublik, die an der Entwicklung eigener nationaler Recheninstitute arbeiteten, den Nutzen des internationalen Instituts, nach dem Rückzug der Amerikaner, inzwischen skeptisch. Der Auswahlprozess hatte das ICC ohnehin zu einem

129 Herman H. Goldstine: Report to the Director General on the Technical Aspects of the Problem of the Italian and Netherlands Offers with Respect to the International Computation Centre, 26.11.1951, S. 5. UNESCO/NS/ICC/ 14. UNESCO Archives.
130 Vgl. Nofre: Managing the Technological Edge, S. 421; S. 427f., sowie allg. Herman H. Goldstine: The Computer from Pascal to von Neumann, Princeton [1972] 1993, S. 321-324, hier: S. 323f.
131 Die schweizerische Bewerbung war zuvor bereits zurückgezogen worden, womöglich um die Chancen in der Standortkonkurrenz um die Ansiedlung des »Conseil Européen pour la Recherche Nucléaire« (CERN) zu maximieren.
132 Goldstine, der die Expertise der ETH hochschätzte, hatte zuvor insistiert, es sei die beste Lösung, dass Eduard L. Stiefel, der Leiter des Züricher Rechenzentrums, das ICC in Rom leite. Sein Vorschlag aber drang zu den UNESCO-Delegierten kaum mehr vor.
133 Vgl. Conference for the Establishment of the International Computation Centre, UNESCO/NS/92, 8.4.1952; Convention for the Establishment of the International Computation Centre, UNESCO/NS/90, 7.1.1952. UNESCO Archives. Auch Computerhersteller – wie IBM, Bull, Ferranti – und Hochschulvertreter waren eingeladen.

europäischen Zentrum degradiert, das hinter dem globalen Anspruch der ersten Beratungen zurückblieb. Zwar zählten die Staaten der »Dritten Welt« von Beginn an zu den Stützen des ICC, doch agierte ein Teil der Entwicklungsländer ob des geforderten Mitgliedsbeitrags zur Unterstützung von Stipendien, Material- und Personalkosten zurückhaltend. Ursprünglich war man in Paris unter dem neuen, kommissarischen Generaldirektor der UNESCO, John W. Taylor, davon ausgegangen, dass rund zwanzig Staaten das Abkommen unterzeichnen würden. Bei zehn Mitgliedsstaaten träte die Konvention in Kraft, doch hatten zunächst nur acht Nationen ihre Absicht erklärt, das Abkommen zu ratifizieren. Noch bis 1955 hatten lediglich Belgien, Ceylon, Italien, Japan und Mexiko die Konvention ratifiziert; sieben weitere Staaten hatten ihr Interesse bekundet, doch waren viele Delegierte ob der sich abzeichnenden Lösung ernüchtert; auch die indische Regierung entschied sich letztlich gegen die Ratifikation. So zeigte sich der schwedische Elektrotechniker Edy Velander bereits Mitte der 1950er Jahre gegenüber der UNESCO resigniert: »Whether you will get the necessary ten ratifications will be, I am afraid, more a matter of persuasion than enthusiasm.«[134]

Als sich mit der Einrichtung eines provisorischen Rechenzentrums 1957 und im Kielwasser der ersten »Weltkonferenz« der IFIP endlich doch im Jahr 1960 zehn Nationen zusammenschlossen, gingen die Probleme weiter. Zwar wurde das ICC nur ein Jahr später errichtet, doch, obwohl Olivetti dem Zentrum zu diesem Anlass einen Computer stiftete, dauerte es angesichts komplizierter administrativer Fragen und unsicherer Finanzierungsverhältnisse noch viele Monate, bis das ICC vollständig in Betrieb gehen konnte. Auch danach verhinderte das knappe Budget, das die UNESCO nur bescheiden subventionierte, größere Sprünge. So stand das ICC bereits 1965 wieder auf dem Prüfstand.[135]

Zu den großen Finanziers des Computerzentrums zählte Frankreich, das sich neben Spanien und Italien als eine der wenigen europäischen Nationen im ICC engagierte. Das Gros der Akteure kam indes aus dem Kreis der Entwicklungs-

---

134 E. Velander an J.A. Mussard, UNESCO, 11.9.1954, S. 1. International Computation Centre – General. 681.3 A01 ICC »-66«, Part III. UNESCO Archives.

135 Unesco-IBI-Relations. [SC/SER/D.93] 518.5 A01 ICC »67-«. UNESCO Archives. Vgl. auch Report of the Meeting of the International Committee of Experts in the International Computation Centre, Rome, 20.-23.10.1965. UNESCO/AVS/ICC/IC.1. UNESCO Archives. Zur Geschichte des ICC vgl. auch Julia Pohle: »Going Digital«. A Historical Perspective on Early International Cooperation in Informatics, in: Divina Frau-Meigs et al. (Hrsg.): From NWICO to WSIS. 30 Years of Communication Geopolitics. Actors and Flows, Structures and Divides, Chicago 2012, S. 109-121; Corrado Bonfanti: Information Technology in Italy. The Origins and the Early Years (1954-1965), in: Arthur Tatnall (Hrsg.): Reflections on the History of Computing. Preserving Memories and Sharing Stories, Heidelberg 2012, S. 320-347, hier: S. 327; Eileen Marie Mahoney: Negotiating New Information Technology and National Development. The Role of the Intergovernmental Bureau of Informatics, Diss. Univ. of Philadelphia 1986/87, S. 135-165.

länder. Die Absenz der großen Industrienationen Europas schwächte das ICC ebenso wie das Fehlen Kanadas, der Vereinigten Staaten oder Japans entscheidend. Japan, das noch 1952 zu den ersten Fürsprechern des Zentrums gehört hatte, zog sich – auch angesichts der langwierigen Verhandlungen – noch vor der Gründung zurück. Die UdSSR und die Staaten Asiens (Indien, Pakistan, China) wurden nie Teil des Zusammenschlusses. So verlor das Computerzentrum seine Zukunft, bevor es in der Gegenwart angekommen war.

Die Episode um das ICC zeigte zudem, wie schwer – im Schatten der amerikanischen Interessen – bisweilen die Interessenorganisation im Bereich der Forschungs- und Technologiepolitik auf der internationalen Ebene, zumal in der Hochphase des Kalten Krieges, war und welche Fallstricke hier gerade die Gründung einer intergouvernementalen Organisation bot, deren Programmatik hinter der Rasanz der technischen Innovationszyklen zurückzubleiben drohte. Hinzu kam, dass es auch in der UNESCO ausgangs der 1950er Jahre an Expertise im Bereich der »elektrischen Nachrichtentechnik« und »automatischen Informationsverarbeitung« fehlte, für die Karl Steinbuch 1957 den Begriff der »Informatik« gefunden hatte.[136] Zusehends aber verstärkte sich hier das Interesse an Medien als Schlüssel zur Bildung und insbesondere zur Reduktion des Analphabetismus in der »Dritten Welt«.

Schon in den 1950er Jahren hatte die Pariser Behörde erste Programme zur Stärkung der mathematischen und technischen Bildung in Asien auf den Weg gebracht; eine internationale Tagung am TIFR in Bombay diskutierte so im Februar 1956 die Stärkung der mathematischen Bildung in Schule und Hochschule oder auch die Unterstützung von Forschungszentren wie dem Indian Institute of Science in Bangalore zwischen 1955 und 1957.[137] Auch evaluierte die UNESCO die gesellschaftlichen Auswirkungen des technologischen Wandels in Südasien.[138] Die Bedeutung der Massenmedien und der Verbreitung von Presse, Radio und Film waren hier von Beginn an ein zentrales Ziel. Gerade im Fall Indiens als der »größten Demokratie der Welt« rückten die Vergrößerung der Reichweite von (Bildungs-)Funk und Fernsehen sowie Fragen der »Informationsfreiheit« in den Fokus des Interesses.[139]

---

136 Karl Steinbuch: Informatik. Automatische Informationsverarbeitung, in: SEG-Nachrichten 4 (1957), S. 171-176. 1962 prägte Philippe Dreyfus auf europäischer Ebene das Kunstwort »Informatique«.
137 Vgl. Nat. Cttee. For Mathematics – India. 51 (540) A01 NCMI. Box 396. UNESCO Archives. Vgl. allg. auch die Aktivitäten des International Bureau for Technical Education. 373.6 A01 IBTE. Box 183. UNESCO Archives. Zur Unterstützung von Hochschulen und Forschungszentren vgl. exempl. TA. India – Indian Institute of Science, Bangalore. 5 (540) A01 TA. Box 1341. UNESCO Archives.
138 Vgl. Reports on Social Impact of Technological Change in South Asian Countries. 338.924:3 (5-13) A187. Box 172. UNESCO Archives.
139 Vgl. Mass Communication – Technical Needs Commission. 307 A20/02. Box 115. UNESCO Archives; vgl. Mass. Comm. – Technical Needs – Questionnaires. 307 A20/55. Box 116. UNESCO Archives.

Die Rolle der Massenmedien im Prozess der Entwicklung der »Dritten Welt« wurde Ende der 1950er Jahre zum Gegenstand eines vielstimmigen Diskurses. Hier erklang die Stimme der US-amerikanischen Modernisierungstheoretiker besonders laut. Daniel Lerners *The Passing of Traditional Society* (1958), David McClellands *The Achieving Society* (1961), Lucian W. Pyes *Communication and Political Development* (1963), Wilbur Schramms *Mass Media and National Development* (1964) oder auch das von Schramm und Lerner gemeinsam publizierte Kompendium *Communication and Change in Developing Countries. Ten Years and After* (1967) bezeugen einen entwicklungspolitischen Optimismus, der auf der Trias von technologischem Fortschritt, ökonomischem Wachstum und sozialer Anpassung basierte. Mit ihren Konzepten zur »Entwicklungskommunikation« politisierten sie die Debatte um die Konflikte und Konvergenzen des technologischen Wandels in der »Dritten Welt«. Schramm, der 1965 das Indian Institute of Mass Communications in Delhi gründete, umriss seine Ziele als Vertreter der UNESCO bereits 1963 auf einer Konferenz der Vereinten Nationen zur Anwendung von Technologie im Dienste der Entwicklungsländer (UNCSAT): Neben der Modernisierung des Presse- und Druckereiwesens maß er vor allem der Durchsetzung der Satelliten- und Transistortechnik zur Verbreitung von Nachrichten über miniaturisierte elektronische Gebrauchsgeräte eine herausragende Bedeutung bei.[140] Dabei waren seine Überlegungen von einem Technikdeterminismus und einer Fortschrittsgläubigkeit getragen, die den Diskurs der »Informatisierung« der »Dritten Welt« in der UNESCO bis in die 1970er Jahre maßgeblich prägten. »Technologie« erschien hier synonym zu »Modernisierung« und »Entwicklung«.[141]

Trotz des schleichenden Niedergangs des ICC in der ersten Dekade seines Bestehens begann mit der Restrukturierung des Rechenzentrums in den späten 1960er Jahren und der Umbenennung als »Intergovernmental Bureau of Informatics« (IBI) ab 1972 nochmals eine Phase, in der auch die UNESCO dem Zusammenschluss größere Beachtung schenkte. Als Rechenzentrum in einer Ära der Großrechner gegründet, hatte das ICC sein Hauptaugenmerk stets auf die internationale Kooperation im Bereich des akademischen Rechnens gelegt; als der Computer indes bereits breitere Märkte eroberte, schien dieser Ansatz überholt. Der Beschluss der Generalversammlung vom 31. Mai 1967 steckte daher neue Ziele ab: Neben der Förderung der Computertechnologie widmete

140 Vgl. Wilbur Schramm: New Uses of Mass Communication for the Promotion of Economic and Social Development, 15.12.1963. WS/1163.109/MC. UNESCO Archives.
141 Vgl. dazu allg. Abdel Benchenna: Réduire la Fracture Numérique Nord/Sud, une Croyance Récurrente des Organisations Internationales, in: Terminal 95/96 (2006), S. 33-45; ders.: L'Unesco. Des Origines de la Coopération Internationale en Informatique au Contexte Conflictuel de la Création du Programme Intergouvernemental d'Informatique, in: Communication 25,1 (2006), S. 221-239, hier: S. 223 f. Vgl. ähnlich: Pohle: Going Digital, S. 111.

sich das IBI nun auch und vor allem der Untersuchung der Auswirkungen neuer Technologien der Informationsverarbeitung auf die Gesellschaft, das hieß der kognitiven und sozialen Aspekte der »digitalen Revolution«. So etablierte es sich an der Seite der IFIP als Sprachrohr einer Disziplin der Informatik, die sich – in Abgrenzung zu den amerikanischen Computer Sciences – gerade über die Berücksichtigung der sozialen Dimension der Technik definierte. Diese Politisierung brachte dem IBI neuen Schwung. So kehrten 1973 einzelne Länder, darunter auch Frankreich, die zwischenzeitlich bereits aus der Organisation ausgeschieden waren, wieder in die Organisation zurück.[142] Auch die Generalversammlung der UNESCO unterstützte den Kurswechsel und ermutigte zugleich alle Mitgliedsstaaten, dem IBI beizutreten, »so that it may be able to arrange for the developing countries to have wider access to computer techniques and to offer them the necessary assistance for the training of highly qualified specialists.«[143]

Das Interesse an der Computerisierung und ihren Folgen prägte die entwicklungspolitische Debatte in den Vereinten Nationen an der Schwelle zu den 1970er Jahren. Im Jahr 1970 organisierte die UN erste Seminare zu diesem Thema. Ein Ad-Hoc-Panel von Computerexperten, darunter Pitambar Pant, als Mitglied der indischen Planungskommission, kam vom 24. bis 27. Februar in New York zusammen, um im Dialog mit den Vertretern der Entwicklungs- und Schwellenländer die Wege der Förderung einer Computerisierung der Lebens- und Arbeitswelten in der »Dritten Welt« zu eruieren. Die Ergebnisse der Beratungen des Panels wie auch des Wirtschafts- und Sozialrats der Vereinten Nationen publizierte die UN in einem Bericht, der die Bedingungen und Zielrichtungen des Expertenaustauschs neu verhandelte und eine stärkere Beteiligung der »sich entwickelnden« Länder an der Produktion, Steuerung und Nutzung der Computersysteme anmahnte. Ein internationales Kuratorium sollte dazu den Prozess überwachen. Auch dem IBI wurde in diesem Zusammenhang als Forum einer »international computing fraternity« eine steigende Bedeutung beigemessen. So diskutierte die UN ein breites Spektrum an Fragen – von der sozialverträglichen Form der Rationalisierung administrativer Prozesse über den Konnex von Automation und Arbeitslosigkeit, die Ausbildung eines Computernachwuchses bis hin zur Frage von Lizenzrechten und Copyrights in der industriellen Produktion. Schließlich proklamierte sie – ganz im Geiste der Modernisierungstheorie – den Ausbau von

---

142 Vgl. ICC-IBI: Adoption of the Sub-Title Intergovernmental Bureau of Information Technology, 4th General Assembly, GA/54, Decision 3 adopted on 31 May 1967, Rome. Collection IBI Archives. o. Sign. UNESCO Archives. Zur Programmatik vgl. exempl. Claudia Bussell (Hrsg.): Computer Education for Development, Guanabara 1972; G. Russell Pipe/A.A.M. Veenhuis (Hrsg.): National Planning for Informatics in Developing Countries, Amsterdam 1976.

143 UNESCO: Scientific Research and Higher Education, 17 C/Resolutions, Resolution 2.212 adopted on November 15/16, 1972, in: Records of the General Conference, 17th Session, Vol. I, Paris 1973, S. 43. UNESCO Archives.

Computern im privaten Sektor zum Zwecke einer Stärkung ökonomischen Wachstums.[144]

Erschien die »Informatisierung der Gesellschaft« als *das* Modernisierungs- und Rationalisierungsversprechen dieser Jahre,[145] so war die »Informatisierung« der Prozesse der Entwicklungskooperation nur die logische Konsequenz. Die Einrichtung eines eigenen internationalen Rechenzentrums der Vereinten Nationen, das ab 1970 als Servicezentrum von UN, NGOs und Mitgliedsstaaten im Gespräch war, belegte dies.[146] Zudem sollte ein neues Kommunikationsmodell – UNISIST (»United Nations International Scientific Information System«) – die transnationale Wissenszirkulation erleichtern.[147] Das »Intergovernmental Bureau of Informatics« profitierte in der Folge von der neuen Aufmerksamkeit, die der Computerpolitik in der Entwicklungskooperation zukam.

Vor dem Hintergrund des gestiegenen Interesses an Fragen der »Technischen Hilfe« in der »Dritten Welt« veranstaltete das IBI in Kooperation mit der UNESCO im September 1978 die erste »International Conference on Strategies and Policies for Informatics« (SPIN). Im spanischen Torremolinos

---

144 UN (Hrsg.): The Application of Computer Technology for Development. Report of the Secretary-General, UN ECOSOC, E/4800, New York, 20.5.1970, S. 45f. URL: http://files.eric.ed.gov/fulltext/ED046461.pdf [abgerufen am 15.8.2022]. Vgl. UN (Hrsg.): The Application of Computer Technology for Development. 2nd Report of the Secretary-General, New York 1973, sowie exempl. aus indischer Perspektive: Ashok Parthasarathi: Electronics in Developing Countries, UNCTAD-Study, Genf 1978. In denselben Jahren nahm sich auch die OECD des Themas an. Vgl. OECD: Report; OECD: Electronic Computers; OECD: Computers and Telecommunications; OECD: Applications of Computer/Telecommunications Systems, Paris 1975.

145 IBI: Considerations on the Social Effects of Informatics. Documents on Policies for Informatics, Spin 205, July 1978, S. 13ff. Collection IBI Archives. o. Sign. UNESCO Archives.

146 Bereits im November 1965 hatte die UN in ihrem Statistikbüro in New York ein Rechenzentrum eingerichtet, das seine Dienste auswärtigen Kunden, Regierungen, Firmen und NGOs anbot; im Winter 1970 wurde die Reorganisation des Rechenzentrums beschlossen und ein »International Computer Centre« in Genf gegründet, das ein Jahr später in Betrieb ging. Vgl. UN (Hrsg.): Everyman's United Nations. A Complete Handbook of the Activities and Evolution of the United Nations During Its First Twenty Years 1945-1965, New York 1968, S. 267; Electronic Data Processing and Computer Questions (EDP & CQ) – Co-operation and Consultation with United Nations Organs and Offices, 1969-1971, S-0446-0062-02; UNDP. International Computing Centre | Inter-Organization Board, 1970-1971, S-0290-0013-03; EDP & CQ – International Computing Centre in Geneva, 1971, S-0446-0063-05; EDP & CQ – International Computing Centre, OR 311/654/1 (1), ICC, Part I, 1972-1978, S-0446-0185-0005; EDP & CQ – Co-operation and Consultation with United Nations Organs and Offices, 1978-1980, S-0446-0606-0007, UNA.

147 Vgl. United Nations Representation and Participation in the Joint UNESCO – International Development Research Centre – UNISIST Meeting on the Planning and Implementing of National Information Activities in Science and Technology, S-0446-0511-0008, UNA.

kamen 267 Delegierte und 23 Beobachter aus 76 Nationen, von denen 25 im IBI waren, zusammen, um über die Wirkung der Computerisierung von Industrie, Verwaltung und Politik in Nord und Süd und die ökonomischen, sozialen und bildungspolitischen Konsequenzen der neuen Technik zu diskutieren. Bereits im Vorfeld der Konferenz war es zwischen dem IBI und der UNESCO zu Kompetenzstreitigkeiten gekommen, als beide Organisationen um die Expertise auf dem Feld der Computer-Bildungspolitik im Allgemeinen und in der Vorbereitung der Tagung um die Ausgestaltung der Arbeitsgruppen im Speziellen rangen.[148]

Einig waren sich UNESCO-Generaldirektor Amadou-Mahtar M'Bow und IBI-Direktor Fermín A. Bernasconi indes in der Einordnung der »digitalen Revolution«. In seiner Begrüßungsansprache betonte M'Bow, die Miniaturisierung der Technik verwandle den Computer gegenwärtig bereits in einen Alltagsgegenstand: »Thus a technique of an élitist nature will give way to an activity that will benefit people at large.« Der Computer sei ein »phenomenon [...] synonymous with freedom«. Die entscheidende Frage sei deshalb – auch angesichts der wachsenden »technologischen Lücke« zwischen Industrie- und Entwicklungsländern – jene nach der Ordnung und Verteilung des Wissens: »monopolization or socialization of information?« In den Händen einiger weniger sei die neue Technik

> a redoubtable instrument of power, which could render many of the attributes of a State's genuine independence or of individual and group initiatives null and void. [...] Informatics thus opens such tremendous vistas for modern societies that any failure to master it would, in the shorter or longer term, mean a life of permanent subordination.

Eine »independence in informatics« sei die elementare Voraussetzung nationaler »sovereignty« und zugleich »a crucial factor in the establishment of a more equitable international order«.[149] In seiner Schlussrede bekräftigte er, es bedürfe gerade in Zeiten der Globalisierung einer neuen Solidarität, die den nationalen Egoismen ein Ende bereite: »When it comes to informatics, all countries are developing countries.«[150]

In den Augen des IBI-Direktors Bernasconi war das Problem eines »Free Flow of Information« und der sozio-kulturellen Auswirkungen der Computertechnik nur die Spitze des Eisbergs. Er verortete die Frage nach der Ausprägung einer »humanized informatics« im Kontext der ab Mitte der 1970er Jahre –

148 Quelques problèmes posés par la collaboration avec l'IBI dans la préparation de la conférence SPIN. Memo, 8.10.1976. [DADG/SC/OPS/6] 518.5 A01 ICC »67-«. UNESCO Archives.
149 Opening Address by Mr. Amadou-Mahtar M'Bow, in: Intergovernmental Conference on Strategies and Policies for Informatics (SPIN). Final Report, Paris 30.3.1979, S. 56-59, hier: S. 57f. SC/MD/63. UNESCO Archives.
150 Concluding Address by Mr. Amadou-Mahtar M'Bow, in: SPIN. Final Report, S. 66-69, hier: S. 68.

auch über die Grenzen der UNESCO hinaus – zusehends hitzig geführten Debatte um die Rolle der »Dritten Welt« in den globalen politischen, ökonomischen und kulturellen Beziehungen und hier in der Auseinandersetzung um eine neue »Weltwirtschaftsordnung« (NIEC) einerseits und eine »Weltinformations- und Kommunikationsordnung« (NWICO) andererseits.[151]

Bernasconi drang auf eine »New International Information Order«.[152] Nur wenige Wochen später wurde er am Rande einer Konferenz in New York zum internationalen Datenverkehr und den »Informationsungleichgewichten« zwischen Nord und Süd bereits deutlicher. Vor den Vertretern verschiedener nationaler Technologie- und Handelsministerien, Datenschutzbehörden und NGOs, Europaparlamentariern und OECD-Delegierten sowie Computer-Herstellern wie IBM und CDC und Unternehmensberatungen wie Arthur D. Little propagierte er die Umrisse seiner Idee einer neuen »Informationsordnung«, die im Kern auf eine Umverteilung der digitalen Ressourcen zielte. Rund 95% des globalen Wissens, das in den Computer-Datenbanken lagere, erreiche lediglich 10% der Weltbevölkerung. Dieses Wissen müsse den weniger industrialisierten Länder zugänglich werden.[153] Für das Zeitalter der »Informationsgesellschaften« gelte mehr als zuvor: »information is power«: »Today's developed countries are those which capitalized on the industrial revolution. Tomorrow, developed countries will be those which exploit the information revolution.«[154] Im Oktober 1982 prägte er daher auf einer Konferenz des Club of Rome in Tokio die neue Losung der »New *Informatics* Order«. Dazu sollte eine Vielzahl an regionalen (Ausbildungs-)Zentren entstehen, die die Anstrengungen des 1985 gegründeten »International Institute for Development of Informatics« (IBIDI) in Bari (Italien) ergänzten und so zur Lösung der Anwendungsprobleme der Computertechnik in der »Dritten Welt« beitrugen.[155]

---

151   Zur Debatte um die NWICO vgl. Michael Homberg: Die Mass Media Declaration (1978), Mai 2018. URL: https://www.geschichte-menschenrechte.de/schluesseltexte/die-mass-media-declaration-1978 [abgerufen am 15.8.2022]; Jonas Brendebach: Towards a New International Communication Order? UNESCO, Development and »National Communication Policies« in the 1960s and 1970s, in: ders./Martin Herzer/Heidi Tworek (Hrsg.): International Organizations and the Media in Nineteenth and Twentieth Centuries. Exorbitant Expectations, London/New York 2018, S. 158-181.
152   Opening Address by Mr. Fermín A. Bernasconi, in: SPIN. Final Report, S. 60-62, hier: S. 60.
153   Vgl. Fermín A. Bernasconi: Informatics Integral to a New International Economic and Information Order, in: Online (Hrsg.): Data Regulation. European and Third World Realities, London 1978, S. 113-122, hier: S. 118 f.
154   Fermín A. Bernasconi: Emerging Information Societies in an Interdependent World. Paper presented at the Annual Meeting of the International Institute of Communications, London, 9.-13.9.1979, S. 3-5 [ERIC ED180017]. URL: https://eric.ed.gov/ [abgerufen am 15.8.2022].
155   Fermín A. Bernasconi: Automation and the Information Society, in: Agora. Informatics in a Changing World, July/Dec. (1982), S. 64-69, hier: S. 69; Automation

Für das IBI als Organisation war die Ausrichtung der Tagung in Torremolinos ein voller Erfolg. Zählte der Zusammenschluss vor SPIN noch lediglich 25 Mitgliedsstaaten – genauer: drei europäische, zehn afrikanische, acht lateinamerikanische sowie vier Länder aus dem Nahen Osten –, stieg die Zahl in der Folge auf über 40 Nationen. Die drei europäischen Nationen, Frankreich, Spanien und Italien, trugen dabei ausgangs der siebziger Jahre rund 90 % des Budgets, das auf bis zu 30-40 Millionen US-Dollar pro Biennium anstieg.[156]

Das Gros der in Torremolinos geschlossenen Vereinbarungen aber blieb hinter den hoch gesteckten Erwartungen zurück. Zwar wurde kurz nach der Tagung ein neues Expertenkomitee einberufen, das sich der praktischen Umsetzung der Entwicklungsziele widmen sollte.[157] Doch waren die 1978 verabschiedeten Vorschläge und Vereinbarungen in weiten Teilen ausgesprochen vage geblieben. Erschwerend kam hinzu, dass sich die Generalversammlung der UNESCO – angesichts des schwelenden Konflikts mit den Vereinigten Staaten und Großbritannien über die Idee der NWICO – über Bernasconis Vorstoß, eine dritte »Weltordnung« zu propagieren, nur wenig begeistert zeigte. Die USA, die darin einen neuerlichen Angriff auf ihre hegemoniale Marktstellung sahen, standen dem Versuch, die Produktion der Computerhardware zu entmonopolisieren, extrem kritisch gegenüber und lehnten in der Folge jede Zusammenarbeit mit dem IBI ab.[158]

Während IBM-Mitarbeiter angeblich bereits während der SPIN-Tagung angewiesen worden waren, gegen die Schlagrichtung des IBI zu opponieren, suchte Sydney Passman, der Direktor der Division of Scientific Research and Higher Education in der UNESCO, den Schulterschluss mit dem amerikanischen Hersteller. So wandte sich die UNESCO neuerlich vom IBI

and the Information Society: Informatics for Development, in: World Futures 19,3/4 (1984), S. 305-315. Zu IBIDI vgl. Cyranek/Kaiser: Institutionen, S. 215.

156 Vgl. UNESCO: Executive Board Sessions. Invitation to the Intergovernmental Conference on Strategies and Policies for Informatics, 23.3.1977, S. 3. 102 EX/11. UNESCO Archives; North-South Co-operation in the Field of Informatics, 5.4.1989, S. 3 f. 131 EX/22. UNESCO Archives. Im Jahr 1983 war die Zahl bereits wieder gesunken: Zu den Mitgliedsstaaten zählten neben Frankreich, Spanien und Italien, die noch immer rund 70% des Budgets übernahmen, 15 afrikanische Länder (5% des Budgets), zehn lateinamerikanische (20%) sowie acht arabische Länder (5%). Vgl. IBI: Geographical Distribution of Countries and their Participation to IBI Budget for 1983-1984, Rome 1984. Collection IBI Archives. o. Sign. UNESCO Archives.

157 Zu den Zielsetzungen und Aktivitäten der »Advisory Group of Experts in Informatics« (AGI) vgl. UNESCO: Informatics. A Vital Factor in Development, Paris 1980, S. 27 ff.

158 Mission Report, Washington DC and New York. Memo, 6.3.1978. [SC/SER/D.111] 518.5 A01 ICC »67-«. UNESCO Archives. Zur Geschichte des IBI vgl. überdies allg. Eileen Mahoney: The Intergovernmental Bureau For Informatics: An International Organization within the Changing World of Political Economy, in: Vincent Mosco/Janet Wasko (Hrsg.): The Political Economy of Information, Wisconsin 1988, S. 297-315.

ab. Ein Memorandum of Understanding zwischen UNESCO und IBM markierte den Beginn einer engeren Kooperation mit Hard- und Softwarebetrieben.[159]

So währte die revolutionäre Stimmung nur einen kurzen Sommer. Das IBI war zu Beginn der 1980er Jahre auf dem Höhepunkt seines Einflusses angekommen. Die *Computerworld* begleitete die Auseinandersetzung und titelte von »Machtprobe« und »Kampf« der »Dritten Welt« gegen die multinationalen Konzerne.[160] Der Stern des IBI aber sank, als sich die UNESCO zurückzog und eigene Programme zu lancieren begann. Die SPIN-Konferenz 1978 und die Deklaration von Mexiko vom 22./23. Juni 1981 zum Konnex von Informatik, Entwicklung und Frieden (die – abgesehen von den IBI-Mitgliedsstaaten – auch von den USA und Großbritannien [!] unterschrieben wurde)[161] zeitigten zwar ein weltweites mediales Echo. Die Pläne für eine SPIN-II-Konferenz in Havanna aber zerschlugen sich. Anstelle der groß angekündigten »Weltinformatikordnung« begnügte sich das IBI 1983 damit, ein »Special Programme of Informatics for Development« (SPINDE) ins Leben zu rufen, das sich schon bald gegen ein »Intergovernmental Informatics Programme« der UNESCO bewähren musste.[162] Als sich die europäischen Staaten in den neuen Programmen zu engagieren begannen, zogen sie sich sukzessive aus dem IBI zurück. Ohne deren Gelder war es am Ende. Im April 1988 stellte es seine Arbeiten ein.

Das Programm einer »World Informatics Order« scheiterte sowohl an der Überlagerung der Computer-Förderpolitik durch (macht-)politische Motive im Zeichen des globalen Kalten Krieges als auch an der voranschreitenden

159 Vgl. French Pondering Offer to LDCs, in: Computerworld, 31.7.1978, S. 1, 6; Editorial: Outclassed at Spin, in: Computerworld, 18.9.1978, S. 24. Vgl. Sidney Passman: The Way It Was. UNESCO and Informatics. A Memoir, in: UNESCO: Sixty Years of Science at UNESCO 1945-2005, Paris 2006, S. 131-133. Gleichwohl kam es 1985 zum Rückzug der Vereinigten Staaten und Großbritanniens aus der UNESCO.
160 Vgl. exempl. Multinational Interests at Stake. Spin Meeting Taking on Strong Political Tone, in: Computerworld, 31.7.1978, S. 7; Spin Conference Gets Under Way, in: Computerworld, 4.9.1978, S. 1, 4, 8; Third World Countries see Information Technology as Instrument for Peace, in: Computerworld, 20.7.1981, S. 16; Commonality of Interests. IBI Chief: Third World, Europe Share Interests, in: Computerworld, 6.6.1983, S. 15f.
161 Vgl. Informatics, Development and Peace – A Strategy bearing Hope, in: Agora. Informatics in a Changing World, Oct./Dec. (1981), S. 33, 38. Vgl. Jörg Becker: Informationstechnologie in der Dritten Welt. Eine kritische Analyse theoretischer und empirischer Studien, Frankfurt a. M. 1984, S. 143-146, sowie allg. S. 78-85 sowie 101-111.
162 Zum Richtungswechsel der UNESCO vgl. SPIN II. Memorandum, 9.8.1984. [SC/SER/IS/3100] 518.5 A01 ICC »67-«. UNESCO Archives; General Conference, 23rd Session, Sofia. Setting Up of the Intergovernmental Informatics Programme. Report by the Director-General, 28.6.1985. 23 C/14. UNESCO Archives. Zum IIP vgl. Informatics and Third World Development, March 1985. SC-85/WS.35. UNESCO Archives.

Kommerzialisierung und Privatisierung der »Transborder Data Flows« ab den ausgehenden 1970er Jahren. Hier setzte die Doktrin des »Freien Handels« der Idee einer gleichberechtigten Verteilung der Ressourcen des digitalen Zeitalters zwischen Nord und Süd enge Grenzen.[163] Die Debatte um eine globale Neuordnung des Zugangs zu und der Verbreitung von »Informationen« aber wirkte lange über das IBI hinaus.

Knapp 25 Jahre, nachdem sich in Paris die erste »Weltcomputerkonferenz« zusammengefunden hatte, begrüßte UNESCO-Generaldirektor M'Bow im September 1983 die Teilnehmer des neunten Kongresses wieder in der Seinemetropole. Dabei erinnerte er an den langen Weg der Computerpolitik, der hinter der UNESCO lag. Damals habe der technologische Wandel gelegen »in the hands of scientists, industrialists or political leaders« – heute sei die »computer revolution [...] a worldwide social phenomenon«. Dies berge indes neue Risiken, allen voran »the danger of dividing the world into computerized and under-computerized areas [...]. The powers inherent in computer knowledge and know-how thus contain both the promise of freedom and the danger of restrictions on that freedom.«[164] Der »digital divide« mache die Computerisierung der »Dritten Welt« so zu einem vorrangigen Ziel der anbrechenden Dekaden.

In diesem Zusammenhang entwickelte sich gerade die »Technische Hilfe« unter dem Dach der Vereinten Nationen von den 1950er bis in die 1970er Jahre von einem Programm der europäischen Forschungskooperation zu einem Forum des Expertenaustauschs und einem Motor der Computerpolitik für die »Dritte Welt«. Dabei rückten mit der Verknüpfung von »Informatik« und »Souveränität« auch und gerade die – sich dekolonisierenden – Länder des globalen Südens in den Fokus. Deren »technologische«[165] und im engeren

163 Vgl. Mahoney: Intergovernmental Bureau For Informatics, S. 305-313.
164 World Computer Congress. Address by Amadou-Mahtar M'Bow, Director-General of UNESCO, at the opening meeting, Paris, 19.9.1983, S. 2. DG 83/33. UNESCO Archives.
165 Vgl. Johan Galtung: Development, Environment and Technology. A Technology for Self-Reliance, UNCTAD, 22.6.1978, TD/B/C.6/23-EN, UN Digital Archives; Strengthening the Technological Capacity of Developing Countries. Res. 87(IV) Adopted at the 145th Plenary Meeting, 30.5.1976, in: Proceedings of the United Nations Conference on Trade and Development, Fourth Session, Nairobi, 5-31 May 1976, New York 1977, Vol. I, S. 17-21; UN (Hrsg.): Technological Self-Reliance of the Developing Countries. Towards Operational Strategies, UNIDO, Wien 1981; Anouar Abdel-Malek et al. (Hrsg.): Science and Technology in the Transformation of the World, Tokio 1982. Ab der Mitte der 1980er Jahre wich diese Rede von der »Unabhängigkeit« – in der UN – zusehends der Rhetorik globaler »Vernetzung«. Bezeichnenderweise proklamierte das »High-Level Panel on Digital Cooperation« des UN-Generalsekretärs zum Jahreswechsel 2020 ein »Age of Digital Interdependence«. Die Idee der »digitalen Unabhängigkeit« blieb in Indien gleichwohl wirkmächtig. Vgl. Mauro Santaniello/Francesco Amoretti: Electronic Regimes. Democracy and Geopolitical Strategies in Digital Networks, in: Policy & Internet 5,4 (2013), S. 370-386, hier: S. 372-377.

Sinne »digitale Unabhängigkeit« wurde rasch zu einem entwicklungspolitischen Grundsatz der UN.[166]

3.5 Die »Entwicklungsmaschine« und ihr Programm der Modernisierung

Mit der Entdeckung der »Dritten Welt« wurde der globale Süden ab der Mitte der 1950er Jahre neuerlich zum Imaginationsraum westlicher Entwicklungsplaner und -ökonomen. In der Tradition kolonialer Expansion standen die Analysen zu Beginn unter dem Vorzeichen eines essentialistischen Modernisierungsversprechens.[167] Wie das Feld der »Technischen Hilfe« zeigte, wurde die »Dritte Welt« zum Objekt der Theorien und der Praxis der Modernisierung, die der Westen exportierte. Die globale Nachkriegsordnung sortierte sich entlang der Leitunterscheidung »entwickelter« und »unterentwickelter« Nationen, wobei auch und vor allem die bipolare Ordnung des Kalten Krieges als Bezugsrahmen wirkmächtig wurde. Zugleich aber erwies sich auch das koloniale Erbe als wichtiger Baustein der Wahrnehmung der »Dritten Welt«. Wurde die »Tiers Monde« zu Beginn in erster Linie in Abgrenzung zu und als Gegenbild von Europa imaginiert, so wandelte sich das Konzept der »Dritten Welt« in den 1970er Jahren allmählich von einer Fremdbeschreibung des globalen Südens durch einen kleinen Zirkel an Wissenschaftlern in Europa und den USA zu einer Kategorie der Selbstbeschreibung in Afrika, Asien und dem Nahen Osten. Die 1950er und 1960er Jahre waren dabei die Hochphase der Modernisierung. Innerhalb der Planungsstäbe kam es alsbald zu einer Konkurrenz unterschiedlicher Modernisierungsmodelle. Die Schwerpunktsetzungen im Bereich der »Technischen Hilfe« reflektierten die sich verschiebenden ideologischen Horizonte und die Auseinandersetzung zwischen Wachstums- und Dependenztheoretikern.

166 Die Überwindung der »technologischen Lücke« war hier ein zentraler Anreiz ab der Mitte der 1960er Jahre. Die Vereinten Nationen koordinierten über ihr technisches Hilfsprogramm (EPTA/UNDP) die Entwicklungsanstrengungen, die von der Förderung einzelner Großvorhaben im Bereich akademischer Forschung bis hin zu Programmen von Elementarbildung zur Stärkung des Computereinsatzes in Schulen und ländlichen Gemeinden reichten. Bereits die »Technical Assistance Mission« der UN unter der Leitung von Malcolm Adiseshiah war in diesem Geiste dazu angetreten, Indiens Weg der »digitale Moderne« zu ebnen. Freilich nutzte sich der *internationale* »Geist« der Vereinbarungen in der Praxis an nationalen Interessenlagen ab. So ergänzte denn auch eine Vielzahl bilateraler Programme die multilateralen Bemühungen. In diesem Zusammenhang war zum Beispiel auch Indien, obgleich es nie zu den Mitgliedern des IBI zählte, eine starke Stimme im Diskurs der Computer-Förderpolitik – auch über die Vereinten Nationen hinaus.
167 Vgl. Christoph Kalter: A Shared Space of Imagination, Communication, and Action, in: Samantha Christiansen/Zachary A. Scarlett (Hrsg.): The Third World in the Global 1960s, New York/Oxford 2012, S. 23-38, hier: S. 27; ders.: Entdeckung, S. 44-80.

In vielen Fällen besaßen diese Entwicklungsunternehmen ein imperiales Gepräge. Für die Technokraten in den Regierungen und Ministerien der Industrienationen wie auch in den Hauptquartieren der internationalen Organisationen – allen voran der UN und ihren Behörden – war der Glaube an eine Durchherrschung der »Dritten Welt« durch die Mittel der Technik ubiquitär. Ihre Deutungsangebote, Gewissheiten und Mechanismen der Evidenzstiftung stellten sich in die Dienste dieser Überzeugung. Sie boten der Meistererzählung von der »Entwicklungsmaschine«, die die Länder der »Dritten Welt« durchwirke, um sie nach den sozialen, ökonomischen und kulturellen Prämissen und Vorstellungen der »Ersten« und »Zweiten Welt« zu gestalten, neuen Stoff.[168]

Der Computer war die Verheißung der technokratischen Hochmoderne. Er wurde zum Vehikel der Globalsteuerung und zugleich zum größten Versprechen der Modernisierung. In der ersten UN-Entwicklungsdekade korrespondierte die technokratische Planungseuphorie mit der Förderung von Großvorhaben, der Intensivierung des Elitenaustauschs und der Implementierung von Programmen zur Stärkung »höherer technischer Bildung«. Dabei waren sich die Entwicklungsländer, wie gerade der indische Fall zeigt, der Spielräume ihrer Politik zwischen den Blöcken sehr bewusst, und sie verstanden es, die außen(handels)politischen Zielsetzungen der Gebernationen gegeneinander auszuspielen. Gegen die globalen Pläne und Missionen des Westens etablierten die Länder der »Dritten Welt« um Indien, aber auch China unter Premierminister Zhou Enlai, Tansania unter Premier Julius Nyerere und andere sozialistische Staaten, allen voran die UdSSR, ausgangs der 1960er Jahre zudem eigene Konzepte von »Entwicklung«.[169]

Derweil gestaltete sich die Übersetzung zwischen den abstrakten Zielen der Programmierer und den konkreten Programmen in der Praxis keineswegs reibungslos. In Indien hatte Nehru, der Säulenheilige der Modernisierungstheoretiker, im September 1958 vor einem naiven Technikoptimismus und dem Glauben an einen »deus ex machina« gewarnt; gegenüber einer vorschnellen Adaption der Vorschläge anderer Nationen zeigte er sich skeptisch: »technology does not mean an imitation of how it has been used elsewhere, in other countries.«[170] Die Entwicklungsexperten aus Europa, der UdSSR und den USA rieben sich angesichts der spürbaren Skepsis der indischen Politik die Augen. Noch im Jahr der Gründung der Republik, als Henry F. Grady, der erste US-Botschafter der Truman-Administration in Indien, Nehru den Bau eines gigantischen Staudamms vorgeschlagen hatte, hatte dieser – zur Irritation Gradys und der US-amerikanischen Delegation – vorgeschlagen, den Einsatz der Maschinen zu regulieren und ein Quorum gering qualifizierter Arbeiter einzusetzen. Zudem sollten Arbeiter in Ingenieurlehrgängen geschult und

---

168 Vgl. Ferguson: Anti-Politics Machine. Vgl. dazu kritisch: Büschel: Entwicklungspolitik.
169 Vgl. dazu Adom Getachew: Worldmaking after Empire. The Rise and Fall of Self-Determination, Princeton 2019; Lorenzini: Global Development, S. 107-123.
170 Nehru: Science and Technology in Defence Production, S. 650f.

sukzessive in die Planung einbezogen werden. In seinen Memoiren notierte Grady:

> The Indians have a great desire to acquire the American ›know-how‹, but do not seem to realize that this cannot be done overnight. I sometimes felt that my Indian friends thought that they could have »know-how« shipped to them in sealed cases laid down at Indian ports.[171]

Der Industrielle Stephen Bechtel, der an den Verhandlungen über den Bau des Damms in Indien durch den US-amerikanischen Ingenieurbaukonzern Morrison-Knudson teilnahm, welcher bereits in den 1930er Jahren zum Konsortium der Bauherren des Hoover-Damms gezählt hatte, bemerkte im Anschluss zynisch: »They seem to prefer building dams with workers carrying dirt in baskets on their heads, and to take ten years to do it.«[172] Exemplarisch zeigte der Fall, wie kontrovers bereits in den Tagen der Gründung der Republik über den Kurs der »Entwicklung« des Landes und den Einsatz der Werkzeuge zur Modernisierung Indiens beraten wurde. Die Technologien der Entwicklung, die von den Experten (inter-)nationaler Technischer Missionen vorgeschlagen wurden, blieben auch in der Folge ein Gegenstand kontroverser Auseinandersetzungen. Noch zwanzig Jahre später lagen Euphorie und Ängste nah beieinander, als – unter den Regierungen von Lal Shastri und Indira Gandhi – eine Welle landesweiter Proteste gegen den Einsatz von Computern in Delhi, Kalkutta und Bombay losbrach. So erhitzte die Frage nach dem Weg in die »technologische Unabhängigkeit« auch am Ende der Nehru-Ära die Gemüter.[173]

Nehrus Anspruch, die Philosophie des »scientific temper« in skalierbare, an die Kapazitäten des Landes angepasste Technologien zu übersetzen, erregte – in den Jahren technokratischer Planungseuphorie, zumal vor dem Hintergrund seiner Rede von einer Ära der »Tempel des Wissens« – durchaus Skepsis. Nehrus enger Vertrauter, Patrick Blackett, erinnerte sich 1967:

> He believed in science in a rather naive way. We all did at the time. [...] It was enormously valuable that he should put science first in making Indians

---

171 Henry Francis Grady: The Memoirs of Ambassador Henry F. Grady. From the Great War to the Cold War, Columbia/London 2009, S. 131. Vgl. dazu auch allg. Sukumar: Midnight's Machines, S. 10.

172 Merrill: Bread, S. 27.

173 Im Jahr 1967 wurde das Credo der »technologischen Unabhängigkeit« – als »technological independence« bzw. »self-reliance« – sowohl im Programm der Kongresspartei (INC) verankert als auch zum Ende des Jahrzehnts in der »Science and Technology Resolution« niedergeschrieben. Vgl. Phalkey/Wang: Planning for Science and Technology, S. 85-101. Zur Diskussion um die »technologische Unabhängigkeit« vgl. überdies allg. Nayar: India's Quest for Technological Independence, Vol. I, S. 133-238; Jason Dedrick/Kenneth L. Kraemer: Information Technology in India. The Quest for Self-Reliance, in: Asian Survey 33,5 (1993), S. 463-492, hier: S. 466-468; Prabhat Patnaik: Jawaharlal Nehru and the Formation of the Post-Colonial State, in: Contemporary Perspectives 1,1 (2007), S. 17-32, hier: S. 20; Ray: Enigma, S. 32-35.

scientifically minded. But science is only part of the game and the real effect of science comes from producing wealth.[174]

Neben Programmen im Bereich der »Big Science« lancierte Nehru verschiedene bi- und multilaterale Förderabkommen zur Grundversorgung und zur ländlichen Entwicklung, allen voran im Bereich des »Community Development« ab den 1950er Jahren.

Derweil erzeugte die Schaukelpolitik in der Entwicklungskonkurrenz des Kalten Krieges von Washington bis Moskau erhebliche Spannungen. Hier erkannte Indiens Regierung rasch die wachsenden Spielräume, die sich aus der bestimmenden Rolle der neuen Technologien im Feld der internationalen Beziehungen ergaben: »Science as a Factor in International Relations«. Nehru hatte den gleichnamigen Essay des britischen Geheimdienstlers und Directors of Scientific Intelligence, B. K. Blount, im April 1957 unter seinen »Chief Ministers« zirkulieren lassen.[175] Darin notierte dieser, »that most nations are well aware of the need for the struggle for technical mastery, but that few have realized that hand-in-hand with it goes the need to adapt their institutions«. In der Tendenz, konstatierte Blount, seien viele Nationen »too rigid in their clans and hierarchies, their exclusions and prohibitions, and too jealous of carefully guarded tradition, to adapt themselves easily to the rapidly changing conditions of the scientific age«.[176] In einem Vortrag vor angehenden Verwaltungsbeamten in Neu Delhi schloss sich Nehru 1957 dieser Diagnose an und warb um die Anerkennung von Technologen als Schlüssel zur Modernisierung des Landes.[177] Die Ausbildung eigener Manpower und die Verhinderung des zusehends durchschlagenden »Brain Drain« waren in seinen Augen ein elementarer Teil des Modernisierungsprogramms.

An der Ausgestaltung des »Programms« der Modernisierung in Indien war eine Vielzahl an Akteuren beteiligt; dabei ließ sich der Prozess der so viel beschworenen Modernisierung nur in wenigen Fällen gegen den Willen und die Wünsche der lokalen Bevölkerung und ihrer Repräsentanz, der Regierung, gestalten. Vielmehr wirkten lokale Experten zusehends in die Gremien zwischenstaatlicher Organisationen hinein und rangen in der Folge um ihre Rolle im Diskurs. So erwies sich der Prozess der Modernisierung letztlich als ein Wechselspiel in- und exogener Vorstellungen, Motive und Ziele. Auch deshalb schien es unabdingbar, in der Praxis zwischen stärker kooperativen, partizipatorischen, darunter solchen als »Hilfe zur Selbsthilfe« adressierten Vorhaben, und rigide durchgesetzten, von ausländischen Gebern im Top-Down-Modus geplanten Programmen zu unterscheiden, die das Bild einer nach strikten Zielen programmierten »Entwicklungsmaschine« evozieren.[178]

174 Anderson: Patrick Blackett in India, Part One, S. 257.
175 Jawaharlal Nehru: Letter to Chief Ministers, 4.4.1957, in: Selected Works of Jawaharlal Nehru, 2nd Series, Bd. 37, Neu Delhi 2006, S. 270.
176 B. K. Blount: Science as a Factor in International Relations, in: International Affairs 33,1 (1957), S. 71-78, hier: S. 75.
177 Nehru: Concept of Good Administration, S. 303-305.
178 Vgl. dazu: Büschel: Hilfe zu Selbsthilfe, S. 23-30.

Im Zuge der Neuordnung der Nord-Süd-Beziehungen veränderten sich auch die Entwicklungswege und -beziehungen über die Dekaden grundlegend. Dabei markierten die ausgehenden 1960er und beginnenden 1970er Jahre eine markante Zäsur. In den 1970er Jahren, als sich das Ende der Globalsteuerung und eine Revision des entwicklungspolitischen Kurses – weg von einzelnen »Leuchtturmprojekten« der akademischen Spitzenforschung hin zu einer Strategie der »Grundbedürfnissicherung« und »Elementarbildung« (»Bildung für alle«) – andeuteten,[179] veränderten sich auch die Spielregeln der Kooperation. Einerseits wurde ein Modell unidirektionaler »Hilfe« durch die Vorstellung reziproker »Kooperation« ersetzt, an dem auch die sich in wachsender Zahl engagierenden zivilgesellschaftlichen Akteure entscheidenden Anteil hatten. Andererseits aber richtete sich die Entwicklungspolitik Europas und Nordamerikas angesichts rapide durchschlagender sozialer und ökonomischer Krisen der ersten Hälfte der 1970er Jahre neu aus. So betonten die USA beispielgebend in Bezug auf ihr Wirken in Südasien 1973, das Kernziel der neuen Politik sei abseits US-amerikanischer Handelsinteressen »a satisfactory rate of economic development in South Asia«.[180] Nur ein Jahr später hieß es programmatisch: »We are seeking a new economic relationship with India, one which is divorced from the era of massive U.S. public assistance in the 1960's and which will increasingly emphasize private trade and investment.«[181] Dieses liberalistische Credo wies bereits auf die zentralen Prämissen des Washington Consensus voraus, der die internationale Entwicklungskooperation des Westens in den 1980er und 1990er Jahren bestimmen sollte.[182] Zugleich betraten ab den 1970er Jahren neue Spieler die Bühne der Entwicklungspolitik. Den internationalen Organisationen kam in den neuen Regimen »globalen Regierens« eine herausgehobene Bedeutung zu. Im Kosmos der Vereinten Nationen blieb der Einsatz neuer Technologien auch in der Folge ein zentrales Versprechen internationaler Entwicklungspolitik. Die Förderung digitaler Technologien bildete hier den Grundstein einer neuen globalen »Informationspolitik«.[183]

179 Zu diesem Wandel in der Entwicklungspolitik von einer Strategie »nachholender Entwicklung« durch kapitalintensive Investitionen zur Modernisierung von Agrarwirtschaft, Industrie und Verwaltung in den 1950er und 1960er Jahren über eine Strategie der »Grundbedürfnissicherung« und der »Hilfe zur Selbsthilfe« in den 1970er und 1980er Jahren bis hin zur Idee »nachhaltiger Entwicklung« ab den 1990er Jahren vgl. Büschel: Entwicklungspolitik.
180 Department of State, Bureau of Near Eastern and South Asian Affairs, US Policy Toward South Asia, 31.8.1973, RG 59, Entry No. (A1) 5640, Box 24, Folder »POL 1-2: Briefing Papers«, NARA.
181 Department of State, Bureau of Near Eastern and South Asian Affairs, Aid to India, Fiscal Year 1975, RG 59, Entry No. (A1) 5640, Box 21, Folder »AID 1-6, India 1974«, NARA.
182 Zum Wandel entwicklungspolitischer Konzepte – insbes. im Bereich der »Technischen Hilfe« – und der Emergenz neuer Akteure vgl. Unger: International Development, S. 115-142; Sayward: United Nations, S. 83-120.
183 Vgl. dazu Julia Pohle: Information for All? The Emergence of UNESCO's Policy Discourse on the Information Society (1990-2003), Diss. Univ. Brüssel 2016, S. 100.

Im Wandel der Dekaden und vor dem Hintergrund verschiedener entwicklungspolitischer Konzepte nahmen – angesichts der sich verändernden globalen Konkurrenz des Kalten Krieges und der Interessenlagen der gebenden Metropolen – auch die Diskurse, Ideologien und Praktiken der »Nehmer« an der Peripherie eine zentrale Rolle in der Ausgestaltung der Entwicklungsvorhaben ein. Der Aufbau der Indian Institutes of Technology belegte dies exemplarisch. Die IITs wurden zu Mikroräumen globaler Vergesellschaftung. Hier begegneten sich Theoretiker und Praktiker, ausländische Planer und lokale Macher, Politiker, Akademiker und Industrielle, Experten und Laien. Ihre (post-)kolonialen Begegnungen, die im Folgenden im Fokus stehen sollen, geben Einblick in die Dynamik der Auseinandersetzung um Indiens »digitale Unabhängigkeit«.

Zur Rolle des Computers in der Kommunikations- und Bildungspolitik vgl. exempl. UNESCO: Consultation on Computer Assisted Instruction, Paris 1970 [ERIC ED083798]. URL: https://eric.ed.gov/ [abgerufen am 15. 8. 2022].

4. (Post-)Koloniale Begegnungen

4.1 Die Gründung der IITs als Feld globaler Interessenpolitik

Der Weg Indiens in die »digitale Moderne« war das Ergebnis *nationaler* Planspiele und *internationaler* Programme, wie sie bislang im Vordergrund der Kapitel zu »Indiens Quellcode« und seinen »Programmierern« standen. Die Gründung der Indian Institutes of Technology, die rasch zu privilegierten Räumen in der Geopolitik der Expertise avancierten, in denen Experten aus Indien und aus dem Ausland zusammenkamen, übersetzte diese Planungen und Diskurse in exemplarischer Weise in die Praxis. Die Errichtung der Institute soll daher als Feld globaler Interessenpolitik im Fokus des Kapitels stehen.

Die Pläne zur Errichtung der Indian Institutes of Technology reichen bis in die letzten Jahre des britischen Empires zurück. Unter dem Eindruck des Krieges sammelte die indische Regierung 1942 die Expertise verschiedener Ministerien, um neue Pläne zur Entwicklung des Landes nach dem Krieg zu schmieden. John Sargent, Berater der Regierung in der Bildungspolitik, präsentierte im Januar 1943 seine Überlegungen zu Stand und Perspektiven der indischen Bildung im eigens dazu einberufenen »Central Advisory Board on Education«. Dabei verbreitete er Optimismus: »[T]here is no reason why India should not be able before long to produce all the skilled artisans, technicians and research workers necessary for her full industrial development.«[1] Indem Sargent so die Frage von »post-war industrial reconstruction«, »technical education« und »development« verband, wies er zugleich der weiteren Diskussion den Weg. Das – kurz nach Annahme des »Sargent-Plans« – im November 1945 konstituierte »India Council of Technical Education« brachte in der Folge immer wieder verschiedene, internationale Experten zusammen.

Als der britische Nobelpreisträger Archibald V. Hill im November 1943 im Dienste der Krone von einer viermonatigen Mission in Indien zurückkehrte, um die Regierung in Delhi bei der Modernisierung des indischen Wissenschaftssystems zu beraten, schwärmte er vom Vorbild angloamerikanischer Lehranstalten. In seiner Stellungnahme, die er kurz vor seiner Abreise der indischen Regierung überreichte und im April 1945 in London publizierte, regte er eine Zentralisierung des Bildungs- und Forschungswesens nach britischem Beispiel an und klagte doch zugleich eindrücklich über den Status quo der technischen Bildung im britischen Empire. So empfahl Hill wortgewaltig, sich bei der Gründung Technischer Hochschulen in Indien am Modell amerikanischer Eliteuniversitäten zu orientieren: »there ought to be founded in India a few Colleges of Technology on a really great scale, like the MIT at Cambridge,

---

1 Vgl. Report of the Technical Education Committee of the Central Advisory Board of Education, Neu Delhi 1943. Repr. together with the Decisions of the Board thereon, Pamphlet, No. 23, Lahore 1946, S. 1f.

Mass.«² Auch er sah im Versprechen technischer Expertise den Schlüssel zur Lösung der Entwicklungsprobleme: »The future of Indian industrial and agricultural development must depend upon the supply of first-class technical brains, trained in an atmosphere both of original research and of practical experience.«³

So avancierte das Massachusetts Institute of Technology zur Blaupause indischer Pläne im Bereich der technischen Bildung.⁴ Die USA waren kurz nach dem Krieg zur bevorzugten Destination indischer Studierender geworden.⁵ Im Januar 1945 besuchte eine Delegation aus sieben indischen Forschern auf das Ersuchen von Ardeshir Dalal, des Direktors der Tata Iron and Steel Company und Beraters des britischen Vizekönigs im Bereich Planung und Entwicklung, mehrere Forschungseinrichtungen und Industriebetriebe in Großbritannien und in den USA.⁶

Freilich hatte es, lange bevor die Gründung eines »nationalen« Technologieinstituts im Raum stand, eine Vielzahl (außer-)universitärer Forschungseinrichtungen und Ingenieurscolleges im Land gegeben, von denen ein großer Teil ausgangs des 19. und eingangs des 20. Jahrhunderts entstanden war. So war die koloniale Macht in Britisch-Indien an die wissenschaftliche und technologische Rekonfiguration der Kolonien geknüpft.⁷ Doch hatte sich die Vermittlung des Wissens auch in diesen Jahren keineswegs als Einbahnstraße erwiesen. Inder »beantworteten« die Deutungsansprüche der britischen Metropole und stellten deren Grenzen aus; sie übersetzten Wissen und brachten so eine eigenständige Ingenieurskultur hervor.⁸ Derweil war auch vor 1945 immer wieder

---

2 A. V. Hill: A Report to the Government of India on Scientific Research in India, London 1945, S. 29-30; vgl. dazu Chakrabarti: Western Science, S. 278-292; Deepak Kumar: Science and the Raj. A Study of British India, Neu Delhi ²2006, S. 253-260.
3 Scientific Research in India, in: Nature, 5. 5. 1945, S. 532-535, hier: S. 533 f.
4 Das MIT hatte bereits Ende des 19. Jahrhunderts die Träume der indischen Oberschichten angeregt; so war eine kleine Elite vor 1945 in die USA gekommen. Vgl. dazu allg. Bassett: Technological Indian, insbes. S. 174-177.
5 Vgl. Ross Bassett: Aligning India in the Cold War Era. Indian Technical Elites, the Indian Institute of Technology at Kanpur and Computing in India and the United States, in: Technology and Culture 50,4 (2009), S. 783-810, hier: S. 788 f. Bis 1960 studierten so pro Jahr bereits mehr als dreimal so viele Inder in den USA wie in Großbritannien.
6 Indian Scientists on Their Visit to the UK and the USA, in: Science and Culture 10,9 (1945), S. 377. Vgl. Kim Patrick Sebaly: The Assistance of Four Nations in the Establishment of the IITs, Diss. Univ. of Michigan 1972, S. 12-18.
7 Vgl. dazu: David Gilmartin: Scientific Empire and Imperial Science. Colonialism and Irrigation Technology in the Indus Basin, in: Journal of Asian Studies 53,4 (1994), S. 1127-1149; S. Ambirajan: Science and Technology Education in South India, in: Roy MacLeod/Deepak Kumar (Hrsg.): Technology and the Raj. Western Technology and Technical Transfers to India, 1700-1947, Neu Delhi 1995, S. 112-133; Daniel Klingensmith: One Valley and a Thousand. Dams, Nationalism and Development, Neu Delhi 2007; Prakash: Another Reason, S. 178.
8 Vgl. Aparajith Ramnath: The Birth of an Indian Profession. Engineers, Industry and the State 1900-1947, Oxford 2017, S. 1-8; S. Irfan Habib/Dhruv Raina (Hrsg.): Social History of Science in Colonial India, Neu Delhi 2007.

Kritik an dem engen Zuschnitt, den antiquierten Methoden und den rigiden Kontrollmechanismen der indischen Ingenieursausbildung laut geworden.[9] Fern der Heimat, hatte sich so eine kleine männliche, brahmanische Elite aus angesehenen Familien in Übersee – allen voran am MIT – ausbilden lassen. Sie erwies sich nach der »Unabhängigkeit« als Stütze eines neuen »technologischen Nationalismus« und diente als Vorbild in den Plänen eines »indischen MITs«.[10]

Die Förderung von Ingenieursschulen und Technologieinstituten war Teil einer konzertierten Industrialisierungsstrategie, deren Wurzeln bis in die Kolonialzeit zurückreichten. Mit dem »Bombay-Plan« hatte die ökonomische Planung alsdann das Feld der Industrie eingenommen, während das CSIR ab 1942 zur zentralen Behörde der Wissenschaftsorganisation aufgestiegen war.[11] Doch sollte die Ausarbeitung der Pläne im Bereich technischer Bildung einen eigenen Rahmen erhalten. Ein Komitee unter Vorsitz des Industriellen und Ökonomen Nalini R. Sarkar erörterte so ab 1945 die Gründung technischer Lehranstalten in Indien.

Neben Ardeshir Dalal hatte vor allem Jogendra Singh, Berater der britischen Exekutive in der Bildungspolitik, auf die Errichtung eines Komitees gedrungen, das sich der Frage, in welcher Weise die technische Bildung in Indien voranzubringen sei, annehmen sollte. Außer Sarkar und seinem Sekretär S. R. Sen Gupta zählte das Komitee 22 Mitglieder, die von den Direktoren des CSIR und ausgewählten Forschungseinrichtungen über höhere indische und britische Regierungsbeamte bis hin zu Vertretern der Industrie und des Militärs reichten. Das Programm zur Gründung von »Higher Technical Institutions« war Ausdruck des indischen Unabhängigkeitsstrebens, zugleich aber auch der Erkenntnis, dass die veränderten Hierarchien und Allianzen der globalen Nachkriegsordnung das Land zwingen könnten, eigene Wege zu gehen. Es sei illusorisch, kommentierte der Sarkar-Bericht, davon auszugehen, in ausreichender Zahl Experten aus dem Ausland zu gewinnen. Im Hinblick auf die Neuordnung des Bildungswesens rezitierte das Komitee derweil einmal mehr die Formel von einer »central institution possibly on the lines of the Massachusetts Institute of Technology«.[12] Letztlich aber schlug es, auch angesichts der Größe des Subkontinents, ein anderes Modell vor: die Gründung mehrerer, regional

---

9 Zur Kritik vgl. exempl. Anant H. Pandya: Education for the Engineering Industry, in: Proceedings of the Indian Science Congress, Baroda 1942, S. 347-374; C. E. Preston: The Post-War Education and Training of Educational Personnel – a Plan for India, in: The Journal of the Institution of Engineers (India) (JIEI) 25,1 (1944), S. 3-38; P. R. Agarwal: Development of Engineering Research in India and the Institution, in: JIEI 28,2 (1947), S. 1-30.

10 Ross Bassett: MIT-Trained Swadeshis. MIT and Indian Nationalism, 1880-1947, in: Osiris 24,1 (2009), S. 212-230.

11 Rothermund: Industrialization, S. 55-74; zur Rolle der Industrialisierung in der indischen Entwicklungsplanung vgl. überdies Unger: Entwicklungspfade, S. 154-158.

12 Development of Higher Technical Institutions in India (Interim Report of the Sarker Committee), Simla 1946, S. 1. Ein Wiederabdruck des Berichts erfolgte 1948 – ohne inhaltliche Änderungen – anstelle eines Abschlussberichts.

verteilter Institute in allen vier Himmelsrichtungen des Landes.[13] Den Beginn markierte 1950 die Gründung eines Instituts in Kharagpur im Nordosten des Landes. Bis 1963 kamen vier weitere Institute in Bombay, Kanpur, Madras und Delhi hinzu, die im Einklang mit der »Scientific Policy Resolution« des Jahres 1958 als »institutes of national importance« zu Leuchttürmen der indischen Wissenschaftslandschaft aufgebaut werden sollten. Diese Pläne begünstigte der Umstand, dass in den 1950er Jahren eine Hochphase internationaler Förderprogramme im Bereich technischer Bildung – sowohl durch die UN als auch im Rahmen des Colombo-Plans und bilateraler Vereinbarungen – anbrach.[14]

Die Gründung der IITs war ein globales entwicklungspolitisches Vorhaben. Schon die Förderung der ersten Technischen Hochschule in Kharagpur im Jahr 1950 diente den handels- und geopolitischen Interessen ihrer Sponsoren. Neben den Vereinigten Staaten zählten hier auch Großbritannien und die UdSSR im Rahmen des UNESCO-Bildungsprogramms zu den Förderern. Dabei umfasste die technische Hilfe den Austausch von Experten, Know-How und High-Tech-Produkten. Ein Jahr nach ihrer Gründung wurde die zuvor als »Eastern Higher Technical Institute« errichtete Hochschule in Kharagpur in »Indian Institute of Technology« umbenannt; die Gründung der übrigen IITs geschah ausgangs der 1950er Jahre in rascher Folge. Für diese übernahmen einzelne Nationen die »Schirmherrschaft«. Dem IIT Kharagpur folgte 1958 das IIT Bombay, dessen Förderung durch die Sowjetunion – ein Jahr nach dem »Sputnik-Schock« – ein Fanal des technopolitischen Wettrüstens setzte. Nun intensivierten auch die Amerikaner ihre Bemühungen in der Förderung höherer technischer Bildungsinstitute in Indien. Ziel und Ergebnis dieser Bemühungen war die Gründung eines »eigenen« IIT in Kanpur im Jahr 1959, wobei das amerikanische Förderprogramm rund zweieinhalb Jahre später einsetzte. Ebenfalls 1959 öffnete das von der Bundesrepublik unterstützte IIT in Madras seine Tore, bevor 1961 das Delhi Engineering College gegründet wurde, das ab 1963 als IIT Delhi unter britischer Förderung stand. Die Gründung der Hochschulen war gleichermaßen Ausdruck eines technokratischen Planungs- und Modernisierungsstrebens, welches die Entwicklungspolitik der 1950er und 1960er Jahre prägte, wie auch der Dynamiken und Konkurrenzen des globalen Kalten Krieges.[15]

13   Ebd., S. 3 f. Dabei sollte die Ansiedlung der Institute in »large industrial areas« die Verzahnung von universitärer Ausbildung und industrieller Anwendung – von »public, industry and education« – erleichtern. Angesichts der allgemeinen Bildungslage konstatierte das Komitee »the extreme urgency of the situation«. Vgl. Bassett: Technological Indian, S. 173-180; Ajantha Subramanian: The Caste of Merit. Engineering Education in India, Cambridge, Mass. 2019, S. 58-80.
14   In Indien war die Zahl der Universitäten so zwischen 1951 und 1963 von 27 auf 54 gestiegen; auch die Zahl der Technologieinstitute steigerte sich im gleichen Zeitraum von 53 auf 118. Die Zahl der Studierenden an Colleges und Universitäten im Bereich der Sciences wuchs von circa 127.000 auf knapp 435.000. Vgl. Yokoi: Colombo Plan, S. 50 f.
15   Zur Vorstellung von »Entwicklung« als »global mission« vgl. allg. Lorenzini: Global Development, S. 89-105.

Die Auszeichnung der IITs zu Forschungsstätten »von nationaler Bedeutung« wurde ab Mitte der 1950er Jahre in beiden Kammern des indischen Parlaments umfänglich diskutiert.[16] Dabei sinnierte der indische Schriftsteller, Hochschullehrer und Politiker der Kongresspartei Humayun Kabir als amtierender Minister für wissenschaftliche Forschung und kulturelle Angelegenheiten in der Rajya Sabha über die Implikationen der internationalen Förderung: Die IITs böten zwar »education of the highest standard«, seien aber in ihrer Philosophie grundverschieden: »these four institutions […] have four different traditions even though their ideals are the same.«[17] Wenngleich Kharagpur in der Tradition bengalischer Gelehrtenkultur stehe, seien hier – wie auch in den übrigen Instituten – die unterschiedlichen Philosophien der Fördernationen letztlich unverkennbar. Gleichwohl bemühte sich Kabir, wie sein Parlamentskollege Bhupesh Gupta von der Communist Party of India, in diesem Zusammenhang um eine Entpolitisierung der Debatte. In der Frage nach der Auswahl und den Motiven der Förderung sei die politische Weltanschauung der in den technischen Missionen eigesetzten Experten, so Gupta, von ihrer wissenschaftlichen Exzellenz klar zu trennen: »I am for all countries; […] decide as to what type of technical education you want, what orientation should be made and then go in for it, get it from whichever country you like.«[18] So war Ende der 1950er Jahre, über die Parteigrenzen hinweg, das Vertrauen in die Wirkung von Technologien als Werkzeug der Nationsbildung spürbar.

Der Technikoptimismus, der in der Debatte um die IITs anklang und sogar Gandhianer wie T.S. Avinashilingam Chettiar zur apodiktischen Aussage verleitete: »This is an age of technology. We cannot progress without technology«,[19] – spiegelte zugleich die Ideologie der ersten Fünf-Jahres-Pläne wider, in denen gerade in diesen Jahren der »Entwicklungsstand« der Nation in der Währung des technologischen Fortschritts gemessen wurde:

Underdevelopment is essentially a consequence of insufficient technological progress […]. Countries which start late on their industrial career have some advantage in that they have, in the main, to take over and apply techniques that have been worked [sic!] successfully in more advanced countries. But,

---

16 Zur Diskussion um die Ernennung der IITs in »institutes of national importance« vgl. The Indian Institute of Technology (Kharagpur) Bill, in: Lok Sabha Debates, Vol. 6, No. 1, 25.8.1956, Sp. 4442-4536; The Institutes of Technology Bill, in: Lok Sabha Debates, Vol. 59, No. 2, 21.11.1961; No. 4, 24.11.1961; No. 5, 25.11.1961, Sp. 1325-1365; The Institutes of Technology Bill, in: Rajya Sabha Debates, 30.11.1961, Sp. 717-748; 4.12.1961, Sp. 941-1015; Institutes of Technology (Amendment) Act, in: Lok Sabha Debates, Vol. 19, No. 1, 13.8.1963, Sp. 220-268.
17 The Institutes of Technology Bill, in: Rajya Sabha Debates, 30.11.1961, Sp. 717-748, hier: Sp. 721.
18 Ebd., Sp. 733 f.
19 Ebd., Sp. 723-725. Doch müsse die neue Elite der Ingenieure gerade natur- und geisteswissenschaftliche Erkenntnisse verbinden, um ihr kritisches Denken zu schulen: »We shall not convert our engineers into machines.«

there is need simultaneously for keeping abreast of the latest developments in science and technology, if the time lag in economic advance is to be progressively narrowed.[20]

Das IIT in Kharagpur eignete sich dabei in besonderer Weise als Sinnbild des revolutionären Neubeginns. Die Gründung der Hochschule erfolgte an symbolträchtigem Ort: Eine Kommission um den ehemaligen Freiheitskämpfer und amtierenden Chief Minister von Westbengalen, Bidhan Chandra Roy, schlug vor, das IIT vor den Toren der Stadt, in den Gebäuden eines inzwischen verlassenen Areals zu errichten, auf dem sich bis 1942 ein britisches Internierungslager für politische Dissidenten befunden hatte. Bei der Feier zur Einweihung des Instituts erinnerten Erziehungsminister Maulana A. K. Azad und Kailash Nath Katju, der Gouverneur Westbengalens, unisono an die Zeugen des politischen Ringens um die »Unabhängigkeit«: »This site has played an immortal part in our national struggle for Independence [...] [while] this institute is in itself one of the great fruits of Independence.« Anstelle des Gedankens der Teilung solle daher, so der erste Direktor des IIT, Jnan Chandra Ghosh, jener der Vereinbarung stehen: »students and teachers drawn from all parts of India, from all her classes and communities.«[21] Für Premier Nehru, der bereits den Grundstein des Instituts im März 1952 gelegt hatte, repräsentiere das IIT »India's urges, India's future in the making«.[22] Die Gründung des IIT und die Ausbildung neuer Funktions- und Leistungseliten waren daher auch in den Augen des parlamentarischen Sekretärs im Bildungsministerium, M. M. Das, dazu angetan, das dunkle Kapitel der britischen Jahre zuzuschlagen und eine neue, glanzvolle Geschichte zu schreiben: »The Kharagpur Institute is the embodiment of the resurgent spirit of India from slavery to independence, from darkness to light and from ignorance to knowledge.«[23] Das IIT war ein Symbol der indischen Renaissance. So schrieb sich die Geschichte der Hochschule von Beginn an in die politische Geschichte des Landes ein.

Zugleich gelang es den IITs, sich durch ihren Status als »Forschungseinrichtungen von nationaler Bedeutung« – wie er in den »IIT Acts« zwischen 1956

20 Government of India: Second Five Year Plan. Approach to the Second Five Year Plan, New Delhi 1957, S. 6. Vgl. Planning Commission, Education Section, Statements I-III, Revised Provisions and New Schemes, 19.6.1954, Ministry of Education, 45-76/54-A1: Five Year Plan Programme of Development of University Education, Bl. 105-108, NAI.
21 J. C. Ghosh: Address. Foundation Day Ceremony IIT Kharagpur [1952]. Zit. n. Dharam Vir et al.: Sixty Years in the Service of the Nation. An Illustrated History of IIT Kharagpur, Kharagpur 2011, S. 43. Zur Gründung des IIT vgl. überdies ebd., S. 1-37; Ministry of Education, 1950, 20-III/50-T-6: Site for Eastern Higher Technical Institution, 1950, NAI.
22 Jawaharlal Nehru: Engineers and New India. Convocation Address, 1st Annual Convocation, IIT Kharagpur, 21.4.1956, in: Selected Works of Jawaharlal Nehru, 2nd Series, Bd. 32, Neu Delhi 2003, S. 32-38, hier: S. 33.
23 IIT (Kharagpur) Bill, in: Lok Sabha Debates, Vol. 6, No. 1, 25.8.1956, Neu Delhi 1956, Sp. 4442-4536, hier: Sp. 4445.

und 1963 festgeschrieben wurde – den an vielen Hochschulen üblichen bürokratischen und politischen Kontrollen der Regierung in der Folge systematisch zu entziehen. Die Autonomie der IITs reichte von der Auswahl des Personals über die Festsetzung von Zulassungsbedingungen und die Ausgestaltung des akademischen Programms bis hin zur Planung des Budgets und des Einsatzes von Finanzmitteln.[24] Auch diskursiv bewies sich die Sonderstellung der Institute, die ihren Exzellenzstatus zu bewerben und zur Markenbildung einzusetzen verstanden. Für viele Alumni, die sich als Teil einer »Leistungselite« sahen und ab den 1960er Jahren in wachsender Zahl das Bild der Hochschulen rund um den Globus prägten, galten die IITs als »islands of excellence in a sea of mediocrity«.[25]

Zur Verankerung des »Exzellenzstatus« hatten die IITs bereits im Winter 1960 über landesweite Auswahltests – sogenannte Common Entrance Examinations – beraten, die im Mai des nächsten Jahres einsetzten und in der Folge als »gemeinsame Aufnahmeprüfungen« (»Joint Entrance Examinations« – kurz: JEE) aller IITs – in den Fächern Mathematik, Physik, Chemie und Englisch – in über 150 Zentren in ganz Indien abgenommen wurden. Die Zahl der Bewerber schwankte hier in den Jahren von 1963 bis 1970 zwischen knapp 13.000 und über 35.000. Die Zulassungsquote dagegen war und blieb von Beginn an ausgesprochen gering: Rund 1.000 glücklichen Anwärtern standen so in den Jahren 1962/63 über 22.000 Bewerber gegenüber; in der Regel pendelte die Quote der Zulassungen stets um 5 % – noch um die Jahrtausendwende lag sie bei 2-3 % der Bewerber. Die JEEs produzierten aus diesem Pool eine Rangliste der besten Bewerber: das All-India Ranking. Wer in dieser Konkurrenz das beste Ergebnis erzielte, konnte ein beliebiges Fach an einem beliebigen IIT wählen; den übrigen Bewerbern oblag es – nach der Rangliste der Einzelergebnisse –, ihre Wahl zu treffen; in den Auswahlentscheiden spiegelten sich so sowohl die Konkurrenz der Institute als auch die Hierarchie der Fächer wider. In den 1960er Jahren zählte das Elektroingenieurwesen vor Maschinenbau und Chemieingenieurwesen zu den Wunschdisziplinen, wenngleich gerade zu Beginn in vielen Fällen der Wunschort, die Nähe zum Heimatort, den Ausschlag gab. Als in den 1970er Jahren Abschlüsse im Bereich der Computer Sciences angeboten wurden, übernahm das Fach rasch die Spitzenposition.[26]

24 Vgl. Sandipan Deb: The IITians, Neu Delhi 2004, S. 38-42; Sabil Francis: The IITs in India. Symbols of an Emerging Nation, in: Südasien-Chronik 1 (2011), S. 293-326, hier: S. 313. Gleiches galt auch für die Vishva Bharati University und das Indian Statistical Institute, die in den 1950er Jahren zu »institutes of national importance« erhoben wurden. Zuvor hatte es Bestrebungen gegeben, die IITs der Weisung des Bildungsministeriums zu unterstellen. Vgl. IIT Kharagpur, Status of the Office, c. 1950, Ministry of Education, Progs. Nos. 20-87, 1950: IIT Kharagpur. Question of Declaring Institute as of National Importance; Ministry of Education, Progs. Nos. 20-114, 1950: Indian Institute of Technology. Powers of the Director, NAI.
25 Subramanian: Caste of Merit, S. 77.
26 Vgl. King: Elite Education, S. 1463f. und 1467; IIT Bombay: Annual Report 1961-62, Bombay 1962, S. IV; Rohit Manchanda: Monastery, Sanctuary, Laboratory. 50 Years

Der Prozess der Auswahl schien derweil in seiner kühlen Logik der Zahlen eine Ordnung des »Verdiensts« und der »Leistung« zu versprechen. In der Praxis zeigte sich allerdings, dass die Auswahl der IITs vorrangig sozio-ökonomische Hierarchien reproduzierte. So bedeutete der Mythos der »Meritokratie«[27] denn auch keineswegs das Ende bestehender Ungleichheiten. Vielmehr blieb der Zugang zu den IITs das Privileg einer kleinen, sozial und kulturell homogenen, transnational mobilen und kosmopolitanen Elite.

Die Hochschüler der Institute in Kharagpur, Bombay, Kanpur, Madras und Delhi bildeten von Beginn an eine ausgesprochen homogene Gruppe. Eine Erhebung des sozialen und ökonomischen Hintergrundes der Studierenden an den IITs aus dem Jahr 1970 zeigte, dass das Gros der Lernenden aus den urbanen, hochgebildeten, wohlhabenden Mittel- und Oberschichten stammte. Insbesondere im Fall der prestigeträchtigen Ingenieursstudiengänge wie der Elektrotechnik war der Bildungshintergrund ein Indikator der geringen, zumal zwischen 1965 und 1970 weiter abnehmenden sozialen Mobilität, die sich an den IITs zeigte. So hatten 1968 nur mehr rund 20 % aller Studierenden staatliche Schulen besucht; auch kamen viele aus besserem Hause: Während das monatliche Durchschnittseinkommen in Indien im Jahr 1970 bei 45 Rupien (bzw. in den urbanen Zentren bei rund 180 Rupien) lag, steigerte sich die Quote derer, die aus einem Elternhaus mit einem monatlichen Einkommen über 500 Rupien kamen, von 58,7 % im Jahr 1965 auf bis zu 80 % im Jahr 1970. In mehr als 5 % der Fälle lag das Familieneinkommen gar bei über 3.000 Rupien, in nur 2 % näherte es sich dagegen den regionalen Durchschnittswerten an (150-200 Rupien).[28] Einer weiteren Untersuchung nach zu urteilen, erwies sich die Elite der IITs noch in anderer Beziehung als homogen: So war die überwiegende Mehrzahl Hindu, wobei rund ein Viertel aus der Kaste der Brahmanen und weitere 50 % aus der Kaste der Vaishya, der Händler und Großgrundbesitzer, stammten, indes weniger als 1 % aus der Kaste der

of IIT Bombay, Mumbai 2008, S. 93-97; Hans A. Havemann: Strukturanalyse des Indian Institute of Technology Madras, Bonn 1969, S. 112-115; Bassett: Technological Indian, S. 276-278; S. P. Mehrotra/P. P. Shah: The Fourth IIT, Neu Delhi 2015, S. 88-90; Monica R. Biradavolu: Indian Entrepreneurs in Silicon Valley, Amherst/New York 2008, S. 53-55. Hier zählte vor allem das IIT Kanpur lange Jahre zu den Wunschzielen der Bewerber. So entschieden sich 1978 knapp 50 % der Top-45-Bewerber für ein Bachelorstudium der Computer Sciences am IIT Kanpur; noch in den 1980er Jahren war es zuweilen jede/r Dritte im JEE. Vgl. Bassett: Aligning India, S. 805 f. In der Folge, als die übrigen IITs zwischen 1978 und 1983 eigene grundständige Computer Science-Programme einzurichten begannen, aber nahm auch hier die Konkurrenz zu.

27 Vgl. dazu: Ajantha Subramanian: Making Merit. The IITs and the Social Life of Caste, in: Comparative Studies in Society and History 57,2 (2015), S. 291-322, hier: S. 297; dies.: The Meritocrats, in: Surinder S. Jodhka/Jules Naudet (Hrsg.): Mapping the Elite. Power, Privilege, and Inequality, Oxford 2019, S. 37-69, hier: S. 37 f.

28 A. D. King: Elite Education and the Economy. IIT Entrance: 1965-70, in: Economic and Political Weekly 5,35 (1970), S. 1463-1472, hier: S. 1463-1465.

Shudras.²⁹ Dabei bewirkte gerade das an den IITs emphatisch propagierte Credo der Meritokratie, dass die Hochschulen lange Jahre von gängigen Quoten- und Ausgleichsregelungen zur Verhinderung der Diskriminierung einzelner Kasten und sozialer Schichten ausgenommen waren. Erst ab 1973 wurden 22,5 % der Plätze für Bewerber gelisteter Kasten und registrierter Volksgruppen reserviert.³⁰ Hinzu kam der privilegierte Bildungshintergrund vieler Studieren- der: Knapp 40 % aller Väter hatten ein College besucht, rund 10 % sogar einen Hochschulabschluss als Mediziner oder Ingenieure erworben; viele waren Staatsbeamte, Manager, Buchhalter, Ärzte oder Anwälte.³¹ So brachte das Gros der Bewerber ein hohes soziales, kulturelles und ökonomisches Kapital ein.

So rigide die Auswahlkriterien waren, so privilegiert waren die Bedingungen an den IITs. An den kleinen Instituten waren in der Regel lediglich zwischen 1.200 und 1.700 Bachelorstudierende (Undergraduates) im Rahmen des sich über fünf Jahrgänge erstreckenden Curriculums eingeschrieben; hinzu kamen rund 500 Masterstudierende (Graduates). Die Begrenzung der Zulassungs- zahlen galt dabei als oberste Devise: »the most relevant question for a consid- eration of standards in a university is the quality of those admitted.«³² Zugleich waren die Investitionen in die Ausbildung mit beinahe 16.500 Rupien pro

---

29 C. Rajagopalan/Jaspal Singh: The Indian Institutes of Technology: Do They Con- tribute to Social Mobility?, in: Economic and Political Weekly 3,14 (1968), S. 565-570, hier: S. 565-567.
30 In Kharagpur gingen 1953 nur 5,5 % aller Plätze an Mitglieder solcher »scheduled castes, tribes and other backward classes«. Letter P. N. Sengupta, Registrar IITK, an den Ministry of Education, 24.8.1953, Ministry of Education, Progs. Nos. 20-68, 1954: IIT Kharagpur. Reservation of Seats for Scheduled Castes and Scheduled Tribes, NAI. Zu dieser Praxis vgl. Subramanian: Making Merit, S. 292; S. 298-302; dies.: Caste of Merit, S. 153-203. Die Regelung hatte bis zu Beginn des 21. Jahrhun- derts Bestand. Im Jahr 2006 kündigte die regierende Kongresspartei an, neben der Quote von 22.5% für »Scheduled Castes« (SC) und »Scheduled Tribes« (ST) weitere 27% für »Other Backward Castes/Classes« (OBCs) zu reservieren, was landesweite Proteste auslöste. Ein Beschluss des Supreme Courts bestätigte indes 2008 diese Pra- xis. Seitdem sind 49.5% der Plätze »reserviert«. Advokaten der Quotierungen sehen darin die Chance, überkommene Ungleichheitsstrukturen zu überwinden, Kritiker derweil einen Versuch zur Aushebelung der Meritokratie. Zu dieser bis heute hitzig ausgetragenen Debatte vgl. Odile Henry/Mathieu Ferry: When Cracking the JEE is not Enough. Processes of Elimination and Differentiation, from Entry to Placement, in the Indian Institutes of Technology (IITs), in: South Asia Multidisciplinary Aca- demic Journal [Online] 15 | 2017, 22.3.2017. DOI: https://doi.org/10.4000/sa- maj.4291 [abgerufen am 15.8.2022]; Marilyn Fernandez: The New Frontier. Merit vs. Caste in the Indian IT Sector, Neu Delhi 2018, S. 282-307.
31 Vgl. Rajagopalan/Singh: Indian Institutes of Technology, S. 567. Viele hagiographi- sche Studien verhehlen diese ungleichen Rahmenbedingungen. Vgl. Deb: IITians; Yuvnesh Modi/Rahul Kumar/Alok Kothari (Hrsg.): The Game Changers, Noida 2012; Ranjan Pant/Suvarna Rajguru: IIT. India's Intellectual Treasures, Silver Spring 2003.
32 University Grants Commission (Hrsg.): Report on Standards of University Educa- tion, Neu Delhi 1965, S. 18.

Person, gemessen an etwa 3.000 Rupien, die die Kommilitonen an staatlichen Ingenieurhochschulen erhielten, extrem hoch. Noch größer war die Diskrepanz im Hinblick auf die staatlichen Investitionen in der Schulbildung: Hier entfielen weniger als 25 Rupien auf eine/n Schüler/in in Grundschulen, 65 Rupien in Mittelschulen und 230 Rupien in Sekundarschulen. Auch der Betreuungsschlüssel von Fakultätsmitgliedern zu Studierenden war außergewöhnlich. Die IITs markierten so die Spitze der Bildungspyramide.[33]

Die Studiengebühren waren dagegen extrem niedrig – am IIT Kharagpur lagen sie von 1950 bis in die 1960er Jahre bei lediglich 200 Rupien pro Jahr; in Kanpur, Bombay und Madras changierten sie bis 1973 zwischen 200 und 300 Rupien. Auch die Unterbringung am Campus kostete nur 100 Rupien pro Jahr. Am IIT Bombay machten die Studiengebühren in den 1960er Jahren so nur einen Bruchteil der Institutseinnahmen aus.[34] Anders sah die Lage an den größeren Hochschulen des Landes aus, wo die Gebühren zwar in aller Regel noch niedriger waren, aber mehr als 90% des Budgets ausmachten.[35] Man kann die vergleichsweise moderaten Studiengebühren der IITs als eine staatliche »Subvention« der wohlhabenden Schichten bezeichnen – als Vertrauensvorschuss in ihren Einsatz für die Nation.[36] In einer Zeit, in der in Indien das nationale Pro-Kopf-Einkommen bei 425 Rupien lag, überstiegen sie gleichwohl bei Weitem die Kapazitäten der breiten Bevölkerung. Für vermögende Familien blieb der Weg ihrer Sprösslinge ans IIT freilich eine rentable Investition. Immerhin machten die en gros staatlich getragenen Ausbildungskosten an den IITs etwa das Vierzigfache des durchschnittlichen nationalen Pro-Kopf-Einkommens aus.[37] Die Kehrseite dieser Förderung des Bildungswesens in Indien, die sich gerade im Bereich des Hochschulwesens durch den wiederholten Rekurs auf eine »meritokratische« Grundordnung auszeichnete, war so, wie das Beispiel der IITs zeigte, eine neuerliche Stratifikation der Gesellschaft, die sich

33 George Tobias/Robert S. Queener: India's Manpower Strategy Revisited 1947-1967, Bombay 1968, S. 60, 120f., sowie King: Elite Education, S. 1463.
34 Government of India: Facilities for Technical Education in India, Neu Delhi 1962, S. 330, 382, 428f. und S. 455f.; IIT Madras: Information Bulletin. Academic Session 1973-74, Madras 1973, S. 24-28; UNESCO: Indian Institute of Technology Bombay, Final Report, Paris 1968, S. 13f. Ursprünglich waren am IIT Kharagpur höhere Gebühren von 265 Rs. pro Semester vorgesehen. IIT Kharagpur, Prospectus, 1953, S. 3; Ministry of Education, T-1, 1953, NA, F5-114/53: Delhi Polytechnic – Un-Starred Question No. 28 in the Council of States for Nov. 25th 1953, NAI.
35 K. P. Chattopadhay/P. K. Bose/Sri A. Chatterji: Undergraduate Students in Calcutta. How They Life and Work, Kalkutta 1955, S. 3-5, 12-14; Ministry of Education, D7, NA, F6-1/56: Survey of the Living Conditions of Students in Colleges and Universities, NAI. Grundsätzlich waren an Colleges die Mittel- und Oberschichten stark überrepräsentiert; obwohl rund 57% der Bevölkerung Westbengalens im Agrarsektor arbeitete, stammten rund 88% der Studierenden im Raum Kalkutta aus der circa 27% abbildenden »Middle Class« der Lehrer, Mediziner und Juristen.
36 So z. B. Bassett: Technological Indian, S. 275f.
37 Government of India: Basic Statistics Relating to the Indian Economy, 1950-51-1972-73, New Delhi 1976, S. 10.

nach sozialem und ökonomischem Kapital gliederte und über das Kastensystem legitimierte, überdies Frauen ausschloss,[38] sich zugleich aber zusehends hinter der Rhetorik des Verdienstes verbarg und so die Wissensökonomie Indiens ab den 1950er Jahren prägte.

Die IITs waren als »Institute von nationaler Bedeutung« zugleich ein Symbol der Stärke und des Stolzes der werdenden Nation. In ihrer Geschichte spiegelten sich die Auseinandersetzungen um die Wege der Entwicklung der Nation exemplarisch wider[39] – von den Grundsatzdebatten um den Kurs des Landes in der Technologiepolitik über die Kontroversen um die Autonomie der Bildungseinrichtungen zwischen zentral- und bundesstaatlichen Kontrollansprüchen bis hin zur skizzierten Aushandlung der Zugangsregeln und der Ausbildungsziele der Hochschulen. Ihr Ansatz der »Eliten-Bildung« setzte der Technologienation enge Grenzen.

Obgleich die IITs als Motor der Nationsbildung vorgesehen waren, erwiesen sich die Biographien ihrer Alumni indes als zusehends »global«. Nachdem aus der ersten Riege der Studierenden in Kharagpur nur ein Bruchteil ins Ausland gegangen war, änderte sich dieses Muster in den nächsten Dekaden. So zielte eine steigende Zahl an Absolventen sowohl in Kharagpur und Madras als auch in Bombay und vor allem in Kanpur, wo die US-Amerikaner die Förderung übernommen hatten, auf den Erwerb ausländischer, allen voran amerikanischer Abschlüsse.[40] Ein bis heute populäres Diktum lautete daher: »When a student enters the IIT, his soul ascends to America. When he graduates, his body follows.«[41]

Als das IIT Kharagpur, nachdem es 1950 kurzzeitig ein Büro in Kalkutta bezogen hatte, am 18. August des darauffolgenden Jahres als erstes IIT die Tore seines Campus öffnete, zählte die Hochschule 210 Studierende. Bis zum Ende des Jahrzehnts stieg die Zahl hier auf 1.478 im Bachelor- und 152 im Master-

---

38 Die erste Studentin des IIT Kharagpur schloss 1965 ihr Studium als Ingenieurin ab; sie war 1960 an die Hochschule gekommen. Vgl. Vir et al. (Hrsg.): Sixty Years, S. 127. Auch am IIT Bombay gab es in den 1960er Jahren nur eine Handvoll weibliche Studierende. Die Quote lag 1962/63 bei 1:190. Vgl. Manchanda: Monastery, S. 103 f. Ähnlich gering war die Quote an den übrigen IITs. Insgesamt waren in Indien noch 1975 weniger als 1 % aller graduierten Ingenieure, darunter auch Elektroingenieure und Computer Scientists, weiblich; die Quote stieg bis Ende der 1980er Jahre auf circa 8 %. Vgl. P. P. Parikh/S. P. Sukhatme: Women Engineers in India, in: Economic and Political Weekly 39,2 (2004), S. 193-201, hier: S. 193 f.

39 Zur Geschichte der Technologie- und Bildungspolitik ab den 1950er Jahren vgl. allg. Chowdhury: Politics, Policy and Higher Education. Zur Genese der Idee der Dekolonisierung der Bildungspolitik aus dem Geiste des Nationalismus vgl. überdies: Safoora Razeq: Decolonization of Indian Education System, Kalkutta 2017.

40 Zur Auswertung der Migrationsbewegungen in die USA vgl. Bassett: Technological Indian, S. 278. Mit dem Studium am IIT verband sich ein Standesbewusstsein, zur »Elite« zu gehören. Vgl. A. D. King: The IIT Graduate 1970: Aspirations, Expectations and Ambitions, in: Economic and Political Weekly 5,36 (1970), S. 1497-1510.

41 So Stuart W. Leslie/Robert Kargon: Exporting MIT. Science, Technology, and Nation-Building in India and Iran, in: Osiris 21,1 (2006), S. 110-130, hier: S. 118.

studium. Hinzu kamen rund 50 Postdoktoranden und akademische Fellows. Kurz nach der Gründung zählte die Hochschule sieben Fakultäten: Mathematik, Physik und Chemie, Bauingenieurwesen und Maschinenbau sowie Elektrotechnik und Elektronik.[42]

Das Team der Experten in Kharagpur war schon in den ersten Tagen des Instituts ausgesprochen international. Neben amerikanischen, britischen, schwedischen, norwegischen und sowjetischen Spezialisten zählten auch deutsche Professoren, darunter der Inhaber des Lehrstuhls für Elektrotechnik, Horst Tischner, zur Fakultät. Einige davon, wie der Ire Sean Mackey, berieten in der Folge die UNESCO, etwa im Zuge der Planung des IIT in Bombay. Der Maschinenbauer Robert A. Kraus war, nach seiner Dozentur an der TH Aachen, sogar zunächst geschäftsführender Direktor des IIT und Leiter des Departments »Mechanical Engineering« in Kharagpur gewesen, bevor er einige Jahre danach zu einem der zentralen Architekten des IIT Madras avancierte, wo er die Organisation und Personalauswahl der Experten in Deutschland übernahm.[43] So kreuzten sich in den IITs bis zur Ebene des Direktorats immer wieder individuelle und institutionelle Karrierewege. Schon der Sekretär des Sarkar-Komitees und Direktor des Bengali Engineering College, S. R. Sen Gupta, war von 1954 bis 1967 als Direktor an das IIT Kharagpur zurückgekehrt, und im Zuge einer Personalrochade in der Führung der Hochschulen übernahm der Gründungsdirektor des IIT Bombay, Brigadier S. K. Bose, ab 1970 das IIT Kharagpur, während der leitende Direktor des IIT Kanpur, P. K. Kelkar, seinerseits in der Folge das IIT in Bombay übernahm.

In der Forschung setzten die einzelnen Institute von Beginn an eigene Schwerpunkte. Das erklärte Ziel aber war eine breite Ingenieursausbildung. Ausgangs der 1950er Jahre begannen in Kharagpur die Forschungen im Bereich der Computertechnik. So hatte die Abteilung für Mathematik 1958 einen »Differentialanalysator« – einen kleinen elektromechanischen Analog-rechner (EASE) – aus den Mitteln der amerikanischen Technical Co-Operation Mission (TCM) erhalten, der, nach Modellen Vannevar Bushs am MIT in den ausgehenden 1920er Jahren gebaut, die gleichzeitige Lösung mehrerer komplexer Gleichungssysteme erlaubte. Neben diesem Computer zum Zweck wissenschaftlicher Berechnungen besaß das IIT lediglich eine IBM-Buchungs-

---

42   Anlässlich des bevorstehenden zehnten Jubiläums inspizierte ein Komitee um Forschungs- und Bildungsminister M. S. Thacker das IIT. Vgl. Report of the Reviewing Committee on the Indian Institute of Technology Kharagpur [1959], Neu Delhi 1961, Appendix 5, Table 3, S. 87.

43   Vgl. Yokoi: Colombo Plan, S. 57-63; Sabine Preuß (Hrsg.): »Ohne Toleranz funktioniert nichts.« Indisch-deutsche Technische Zusammenarbeit. Berufsbildung, Hochschule, ländliche Entwicklung (1958-2010). Reportagen, Interviews, Porträts, Frankfurt a. M. 2013, S. 110. Zur Biographie von R. A. Kraus vgl. den Nekrolog in den Mitteilungen der TU Carolo-Wilhelmina Braunschweig 5,3 (1970), S. 63, sowie dessen Personalakte, B7/340, im Universitätsarchiv TU Braunschweig (UABS).

maschine. Doch benötigte man rasch weitere Rechenkapazitäten. So setzte die Abteilung für Elektronik und Nachrichtentechnik, unter Leitung des Physikers Hrishikesh Rakshit, die Pläne für ein Computerlabor ins Werk.[44] Einmal mehr kam hier der Rechner aus den USA. Die University of Illinois, die bereits den Bau des ersten digitalen Rechners *made in India* am TIFR ab 1955 unterstützt hatte, war nach ersten Beratungen zur Mitte der 1950er Jahre im Rahmen der TCM ab Juni 1960 in den Kreis der Förderer des IIT eingetreten. Die Förderung, die das IIT Kharagpur in der Folge im Rahmen des Colombo-Plans über die UNESCO und bilaterale Abkommen, wie auch das USAID-Programm, erhielt, ging indes über bloßen Kapitaleinsatz hinaus. International renommierte Experten, wie der Elektroingenieur Donald L. Bitzer aus Illinois, brachten die Forschung – insbesondere im Bereich der noch brachliegenden Computer Sciences – voran.[45]

Von Beginn an engagierte sich das Team aus Illinois im Bereich der Dozentenausbildung.[46] Ab 1963 drang der Leiter des Kharagpur-Förderprogramms, Gilbert H. Fett, auf die Akquise eines digitalen Rechners. Die neue Rechentechnik werde der Forschung in Indien, so notierte er euphorisch, buchstäblich ungeahnte Möglichkeiten eröffnen: »computers, both analog and digital, open up possibilities for the students to solve problems which are impossible to consider without these computational aids.« Ihr Einsatz werde sowohl das Curriculum und die Methoden der Lehre verändern als auch das logische Denken der Klassen verbessern. Zugleich bereite der Rechner, obschon hohe Investitions- und Wartungskosten im Zuge der Akquise eines IBM-1620 zu bedenken seien, letztlich einer Optimierung der Prozesse am IIT den Weg, die »on the long run« die steigenden Kosten im universitären Betrieb zu reduzieren verspreche. So sehr die Experten in Illinois aus naheliegenden politischen Gründen darum warben, die Förderung der Computertechnologie zu lancieren – »Is IIT Kharagpur ready for a Digital Computer? The answer to this question is a qualified ›yes‹« –, so deutlich klang zwischen den Zeilen an, dass dies ein Wagnis sei. Immerhin hatten Forscher des IIT bislang lediglich die Rechner anderer Institute in Bombay oder Kalkutta genutzt; auch der dortige Analogrechner wurde bis 1963 – mangels einer anleitenden Broschüre – nur überaus selten, zumal von wenigen Personen eingesetzt; lediglich ein Fakultätsmitglied hatte einmal über drei Jahre hinweg an einem IBM-650 in

---

44 Indian Institute of Technology Kharagpur: A Decennial Report, 1950-60. Issued on the Occasion of the 6th Convocation, Kharagpur 1961, S. 22; Report of the Reviewing Committee on the Indian Institute of Technology Kharagpur, S. 58; IIT Kharagpur: Annual Report, 1963-1964, Kharagpur 1965, S. 199.
45 Final Report on University of Illinois Program in India (June, 1960-June, 1964), prep. by Dr. Gilbert H. Fett, S. 1-5, Collection 24/2/12: Indian Institute of Technology Project File, 1953-1966, Box 5; Reports on India 1958-1963, Coll. 24/2/12, Box 6, University of Illinois Archives.
46 Ralph C. Hay, Jan./Feb. 1961, S. 1-5. Folder: Executive Inspection Visits, 1962-64, Coll. 24/2/12, Box 5, University of Illinois Archives.

Westdeutschland programmieren gelernt, das Team der Elektroingenieure aber musste bei Null beginnen.[47]

Auch in der Folge gestaltete sich der Einsatz der neuen Technik keineswegs reibungslos. So dauerte es bis zum Sommer 1964, bis der Rechner nach längerer Odyssee über den Seeweg in Kharagpur ankam. Noch bevor die letzten Komponenten eingetroffen waren, unterrichtete Bitzer zwar bereits 150 Studierende und Dozenten in der Programmiersprache FORTRAN. Ab 1965 aber war der Rechner dann erst regulär im Einsatz. Als das Programm der University of Illinois 1964/65 endete, wurden unter Direktor S.R. Sen Gupta andere Schwerpunkte gesetzt; im Bereich der Computertechnik übernahmen so in der Folge andere Institute, allen voran das amerikanische IIT in Kanpur, das Ruder.[48] 1968 monierte ein Experte der Ford Foundation bei einer Campus-Tour, die Ausstattung an Maschinen sei »hopelessly inadequate for the type of problems we now solve routinely on faster and larger computers«. Zudem seien Rechenkapazitäten so rar, dass eine Nutzung über Wochen im Voraus anzumelden sei: »another serious frustration to the faculty member who is interested in new techniques.«[49] Im November 1978 schloss ein britischer Besucher, die Rechentechnik des IIT Kharagpur sei heillos veraltet; neben einer ebenso störungs- wie fehleranfälligen sowjetischen Riyadh EC-1030 war hier noch immer der IBM-1620 im Einsatz.[50]

So vielzählig die Akteure, so unterschiedlich waren die Ansätze und Motive des internationalen Engagements an den IITs. Der Aufbau der technischen Lehranstalten in Indien zählte zu den längsten und kostenintensivsten entwicklungspolitischen Vorhaben im Bereich der technischen Bildung. Am IIT Kharagpur waren in den 1950er und 1960er Jahren im Rahmen der UNESCO-Förderung die UdSSR (bis 1966) beteiligt, aber auch Großbritannien (im Rahmen des Colombo-Plans bis Ende der 1950er Jahre), die USA (über die

---

47 Gilbert H. Fett: A Digital Computer for IIT, Kharagpur. A Detailed Analysis and Study Report, 8.4.1963, S. 1-10. Folder: Digital Computer, 1963-64, Problems in obtaining an IBM 1620 Computer for Kharagpur, Coll. 24/2/12, Box 2; Brief von Gilbert H. Fett an Don L. Bitzer, 15.10.1963. Coll. 24/2/12, Box 2, University of Illinois Archives.

48 Memorandum, Computer Laboratory, IBM, 25.3.1964; Don L. Bitzer an Philipp P. Haney, AID, 9.5.1965. Folder: Bitzer, Donald L. 1963-65 – Correspondence, Coll. 24/2/12, Box 2; Final Report, S. 6-7, Coll. 24/2/12, Box 5, University of Illinois Archives.

49 E.H. Wiser: Report on the Trip to the IIT Kharagpur [1968/69], S. 11, Report No. 6760, FA739C, Box 303, Ford Foundation Records, RAC.

50 Technical Education and Training Organisation for Overseas Countries (TETOC). Gordon Hunting (ODM) IIT Kharagpur, Report, 16./17.11.1978 (Draft), S. 5-7; Appx. 1: Proposals Seeking British Assistance for Modernisation of Laboratories and Workshops, S. 3, IIT Kharagpur, BW 91/579, TNA. Im selben Jahr startete der erste BA-Kurs in Computer Sciences. Vgl. Vir et al. (Hrsg.): Sixty Years, S. 117. Zum Einsatz der Computer-Technologien vgl. allg. Ashok Parthasarathi: Technology at the Core. Science and Technology with Indira Gandhi, Neu Delhi 2007, S. 85-87.

Fonds der TCM und über die Ford Foundation bis Ende der 1960er Jahre)[51] und die Bundesrepublik (über die Alexander von Humboldt-Stiftung)[52]; einzelne Rahmenabkommen – z. B. zwischen Indien und den USA von 1970 bis 1972 – schlossen an diese Förderung an. Am IIT in Bombay lief das UNESCO-Programm von 1958 bis 1966; danach schlossen Indien und die UdSSR ein bis 1970 gültiges bilaterales Abkommen. Die amerikanische Förderung der Aktivitäten am IIT Kanpur begann 1962 und erstreckte sich über genau eine Dekade. Während die britische Förderung des IIT Delhi derweil bis 1981 dauerte, vollzog sich die deutsche Förderung am IIT in Madras in drei Phasen von 1958 bis 1974, ab 1975 erfolgte sie »auf partnerschaftlichem Niveau« über »gemeinsame Forschungsvorhaben«. Die Kooperation im Rahmen der »technischen Zusammenarbeit« endete im Jahr 2000.

Mindestens so groß wie die Träume der indischen Politiker waren auch die Erwartungen der internationalen Entwicklungsexperten. Für den norwegischen Ingenieur Inge Lyse, Leiter der Abteilung für Bauingenieurwesen in Kharagpur und Direktor der Technischen Mission in Kharagpur, war das IIT, wie er zum Jahreswechsel 1951/52 im Ton modernistischer Entwicklungsrhetorik an die UNESCO in Paris schrieb, ein bahnbrechendes Pioniervorhaben:

> Looking at the present situation from an Indian point of view, I must fully agree that the Indian Institute of Technology, which is in its making here, must be given priority far ahead of any research institution. This Institute, supposedly being molded in the pattern of the Massachusetts Institute of Technology is in my opinion, the most important undertaking for the advancement of technical knowledge in this country, and consequently the most important factor in the industrial and economic development of India.[53]

Dabei war aus der Perspektive der Experten gerade das Reservoir an Talenten in der Region – die Manpower Indiens – von entscheidender Bedeutung: Kharagpur sollte eine Fabrik der Ingenieure werden. Lyses Nachfolger, der irische Ingenieur Sean Mackey, berichtete in diesem Sinne 1955 an die Leiter der UNESCO-Missionen in Süd- und Südostasien:

> The value of the project at Kharagpur must not be measured in terms of the size of its buildings, the number of its workshops and laboratories, or the amount and complexity of its equipment. Its ›raw materials‹ come from all

---

51 Zum Einsatz der Ford Foundation im Bereich der Agrar- und Industrietechnik vgl. Grants – Indian Institute of Technology [1958-1960], FA732D, Reel 3824; W. H. Johnson: Report on Short-Term Consultant Activities at the IIT Kharagpur [1967], Report No. 6769, FA739C, Box 303, Ford Foundation Records, RAC.
52 Vgl. Report of the Review Committee on Foreign Technical Assistance Received by the Indian Institutes of Technology, Neu Delhi 1980, S. 21.
53 Inge Lyse: Report for the Month of December 1951, S. 4. Folder: India, IITK, I. Lyse, 1951-1953, Teaching of Technology (Civil Engineering), Box No. CPX/REP.3/228, UNESCO Archives.

Tabelle 1: Entwicklungskonkurrenz: Internationale Förderung der IITs (1950-1980)[54]

Institute	Internationale Investitionen: Fördervolumen – Ausstattung Angaben in Indischen Rupien* (& in US-Dollar [Kurs 1980])**	Indischer Kapitaleinsatz (Land, Gebäude, Ausstattung, Infrastruktur)	Ausländische Experten (Dozenten)/ Guest Faculty		Im Ausland ausgebildete indische Fakultätsmitglieder		Absolventen
			Zahl	Mann-Monate	Zahl	Mann-Jahre	
IIT Delhi	623 Lakhs Rs. (= 7,9 Mio. USD)	900 Lakhs Rs. (= 11,4 Mio. USD)	214	1.114	175	2.038	4.859
IIT Kanpur	373 Lakhs Rs. (= 4,7 Mio. USD)	1.345 Lakhs Rs. (= 17,1 Mio. USD)	120	2.226	49	500	4.993
IIT Madras	1.046 Lakhs Rs. (= 13,3 Mio. USD)	1.400 Lakhs Rs. (= 17,8 Mio. USD)	75	2.254	123	1.300	4.698
IIT Bombay	231 Lakhs Rs. (= 2,9 Mio. USD)	907 Lakhs Rs. (= 11,5 Mio. USD)	136	2.352	27	810	7.378
IIT Kharagpur	107 Lakhs Rs. (= 1,4 Mio. USD)	1.258 Lakhs Rs. (= 16,0 Mio. USD)	–	220	–	560	12.491
Summe	2.380 Lakhs Rs. (= 30,2 Mio. USD)	5.810 Lakhs Rs. (= 73,7 Mio. USD)		8.166		5.208	34.417

54 Vgl. Report of the Review Committee on Foreign Technical Assistance Received by the Indian Institutes of Technology, Neu Delhi 1980, S. 4-5, 20 f.

* Der Wechselkurs USD | INR stieg von 1 : 4.7 (1960) auf rund 7.5 (1967). In den 1970er Jahren blieb er relativ konstant; im Jahr 1980 lag er im Jahresmittel bei circa 1:8. Hier wird der Kurs von 1980 zur Umrechnung der Fördervolumina in USD angenommen. Zur Entwicklung des Wechselkurses 1947-2020 vgl. den Tabellenanhang.

** Die Angaben der nationalen Entwicklungsbehörden wichen ab: Dem amerikanischen »Education Development Center« zufolge flossen im Rahmen des »Kanpur Indo-American Program« aus den USA rund 13,5 Mio. USD an das IIT, auf die materielle Ausstattung, Dienstleistungen und Ausbildung entfielen dabei rund 7,5 Mio. USD. Zudem war hier von 122 Experten und 188 Mann-Jahren die Rede. Vgl. Kanpur Indo-American Program (KIAP). Final Report, 1962-1972, Newton, Mass. 1972, Appx. B1. Nach Angaben der UNESCO betrug der Kapitaleinsatz der Pariser Behörde in Bombay rund 6,5 Mio. USD. Dabei erzielte die indische Regierung 1954/55 eine Einigung über die Zahlung von rund 10 Mio. Rubel bzw. 2,5 Mio. USD. Hinzu kamen bilaterale Vereinbarungen mit der UdSSR über mehr als 3,5 Mio. Rupien (750.000 USD). Vgl. UNESCO: IIT Bombay, Final Report, S. 7-10; nach Angaben des Direktors, S. K. Bose, lag die internationale Förderung des IIT bis 1965 bei 4,5 Mio. USD. Vgl. S. K. Bose: Technological Institutes. A New Dimension in Education in India, in: Impact of Science on Society 15,3 (1965), S. 187-194, hier: S. 187 f. Die Förderung des IIT Madras lag nach überschlägigen Kalkulationen der GTZ 1975 bei knapp 33 Mio. DM (12.7 Mio. USD). Vgl. GTZ (Hrsg.): Technische Hochschule Madras, S. 188 f.

parts of India, are moulded into shape at Kharagpur, and return to take an important and active part in the major engineering developments of the several states. Since there is a pressing need for skilled technologists throughout India and since any expansion of engineering development on a major scale is dependent on the availability of such men, it is evident that Kharagpur must play a major part in planning at country level.«[55]

Im Hinblick auf die Ausbildung des Nachwuchses an den IITs und den Einsatz von Experten in Industrie und Hochschule übte Mackey indes unverhohlen Kritik. Noch in seinem »Abschlussbericht« des Jahres 1957 reklamierte er einen stärkeren Fokus auf die Anwendung der Forschung: »since in the technological sciences the under-developed countries primarily require practical men than theoretical scientists.« Der elitäre Geist, der in Kharagpur wehe,[56] passte zudem nur bedingt, wie er erläuterte, zu dem eklatanten Mangel an geeignetem Lehrpersonal. Immer wieder berichtete er über die Probleme im »recruitment and training of teachers of sufficiently good calibre« und klagte über »the extreme scarcity of staff« und »the lack of skilled laboratory technicians«. So seien die Dozenten bisweilen derartig stark mit den grundlegenden Fragen der Materialakquise und Personalausstattung befasst, dass bei allen Beteiligten durchaus der Eindruck entstehen könne, die UNESCO habe »the wrong type of expert« geschickt.[57] Für den Produktionstechniker Jerzy Malanowski war daher klar: »No one can learn how to drive a car from an instruction book and no good production engineer can be trained without laboratory and workshop facilities.«[58]

Noch in anderer Weise gestaltete sich die Vermittlung des Wissens schwierig. So erwiesen sich sowohl die Konzepte des Wissens als auch die Ansätze in der Lehre bisweilen als stark verschieden. Otto Walch, Professor für Hydraulik und Damm-Konstruktionen, bemerkte – im paternalistischen Gestus der Entwicklungsexperten dieser Jahre –, dem Gros der Studierenden mangele es an kreativem Geist, vor allem aber an kritischer Haltung:

---

55 Sean Mackey: Report on Kharagpur Project, Conference of Chiefs of Missions in South and South East Asia, 16.8.1955. Folder: India, IITK, S. Mackey, 1954-1957, Teaching of Technology (Civil Engineering), Box No. CPX/REP.3/226 [vgl. Box No. 62 A01 (540) IITK/TA 187], UNESCO Archives.

56 Die Korrespondenzen belegen die Sorge um die Quote der Zulassungen und das Prestige des Instituts. Schon 1955 bewarben sich in Kharagpur rund 3.000 Studierende um die knapp 300 Plätze. Vgl. Pierre Auger, Comments on Annual Report, 22.10.1956, Folder: India, IITK, S. Mackey, Box No. CPX/REP.3/226, UNESCO Archives.

57 Sean Mackey: Final Report on Technical Assistance Mission at Kharagpur [1957]. Folder: India, IITK/TA, Part I, Box No. 62 A01 (540)IITK/TA 187, UNESCO Archives.

58 Engineers for an Expanding Economy. The Indian Institute of Technology, in: UN (Hrsg.): Assignment to Everywhere. The United Nations Programme of Technical Assistance, Genf 1954, S. 16-20, hier: S. 20.

> In India, like in many other countries of the Near and Far East, the students are accustomed to learn by memory. They like this system and it is difficult to convince them that learning by heart means nothing especially for engineering.

Mackey sekundierte, es werde Jahre benötigen, »to develop an ›engineering sense‹ in the students' mind«.[59] Die harsche Kritik verriet, wie schwer es den im deutschen und angloamerikanischen System ausgebildeten Experten fiel, die abstrakten Zielvereinbarungen der Mission in situationsadäquate Methoden und neue Curricula zu übersetzen. Die Übertragung des zu Hause erprobten Bildungsprogramms erwies sich im indischen Rahmen als sehr problematisch.

In den ersten Jahren des Instituts mangelte es überdies vor allem an grundlegender Infrastruktur: Lyse hatte Kharagpur, bereits unmittelbar nach seiner Ankunft, als »very primitive town with no modern stores, not a single hotel, not one taxi, no high school etc.« beschrieben. Rund 72 Meilen außerhalb von Kalkutta gelegen, noch dazu ohne adäquate Zugverbindung, sei das IIT ein geradezu unwirkliches Phänomen:

> The institute campus is being created in a wilderness and here a modern technical university is in its making. [...] The houses are small and very sparsely equipped, no warm water, no electric cooking range, no bath-tub, no refrigerator. [...] No comfort in the way we are used to in Western countries.

Die Akklimatisierung der Experten blieb auch danach im buchstäblichen wie übertragenen Sinn ein Problem. Noch 1955 notierte Mackey in einer Korrespondenz aus den heißen Sommermonaten, das Fehlen einer verlässlichen Stromversorgung sei gerade, wenn es wieder einmal Klimaanlagen benötige, besonders bedauerlich.[60] Freilich muss die Kritik vor allem vor dem Hintergrund der hohen Erwartungen der ausländischen Experten gesehen werden. Der Campus der IITs, der ab den späten 1950er Jahren sogar über Swimmingpools und Gartenanlagen verfügte, war im Vergleich zu anderen Hochschulen in Indien luxuriös ausgestattet; auch die materiellen und personellen Ressourcen waren ungleich größer.

So wie in Kharagpur begleitete indes auch die Implementierung der anderen IITs »Startschwierigkeiten«. Die Hochschulen waren auf dem Reißbrett geplant und binnen weniger Jahre aus dem Boden »gestampft« worden. In der Praxis kam es so immer wieder zu Konflikten. Die kurze Verweildauer der

---

59 Otto Walch: Annual Report [1953], S. 3. Folder: India, IITK, O. Walch, 1952-1956, Teaching of Technology (Hydraulics & Dams), Box No. CPX/REP.3/226; Sean Mackey: Progress Report, 22.09.1954, S. 6. Folder: India, IITK, S. Mackey, Box No. CPX/REP.3/226, UNESCO Archives.

60 Lyse: Report, S. 10-12. Vgl. überdies Sean Mackey: Bi-Monthly Report, August-September 1955, S. 1, Folder: India, IITK, S. Mackey, Box No. CPX/REP.3/226 [vgl. Box No. 62 A01 (540) IITK/TA 187], UNESCO Archives.

eingesetzten Experten und die vielen, raschen Wechsel im Fakultätspersonal waren Ausdruck dieser Reibungsverluste und der Ermüdung, die sich während der Förderung bis zum Beginn der 1970er Jahre auf beiden Seiten einstellten. Im Jahr 1973 rekapitulierte ein »Review Committee« den steinigen Weg des IIT Kharagpur und mahnte zugleich eine Modernisierung des in die Jahre gekommenen Equipments an. Grosso modo aber lobte der Bericht, die Hochschule »has grown into a full-fledged higher institute of technology«. Im Zuge der Reorganisation des Instituts im Anschluss an den »Science and Technology Plan« 1973 erweiterte das IIT sein Forschungsspektrum: Von Lebensmittel- und Verkehrstechnik über Energie- und Umwelttechnik, Stadtplanung und Wasserwirtschaft bis zum Feld der Technischen Informatik versammelte es so in den 1970er Jahren einheimische und internationale Experten.[61] Überdies zog ein Unternehmerzentrum (»Science and Technology Entrepreneur's Park«), in dem die Entwicklung elektronischer Systeme in der Folge in den Fokus rückte, das Interesse europäischer und US-amerikanischer Firmen auf sich. Die IITs waren derweil dank ihres rigiden Auswahlprozesses und der luxuriösen Studienbedingungen zu einer »Marke« geworden.[62] Bis Mitte der 1970er Jahre etablierten sie sich als Zukunftsversprechen der indischen Technologienation.

4.2 Zwischen »Solidarität« und imperialer Agenda: die Rolle der UdSSR in Bombay

In der Ära des Kalten Krieges war die Förderung der IITs auch auf internationaler Ebene ein hochgradig politisiertes Unternehmen. So verband sich mit der Investition in die Ausbildung einer technischen Elite auf beiden Seiten des Eisernen Vorhangs die Hoffnung, Indiens Kurs der »Blockfreiheit« zu beenden und über die bildungspolitische Kooperation die diplomatischen Beziehungen zu verbessern. Die Absolventen der Hochschulen bildeten so als Humankapital der indischen Wissensökonomie zugleich das Ziel blockpolitischer »Kämpfe« und Ambitionen.

Indien war als »Anführer« der »Bewegung bündnisfreier Staaten« ein wichtiges Ziel. Für die Sowjetunion war die Beziehung zu den nicht-sozialistischen Staaten der »Dritten Welt« der Prüfstein für die Attraktivität, Anwendbarkeit und Übertragbarkeit des real existierenden sozialistischen Modells »mit friedlichen Mitteln«, die Nikita Chruschtschow zur Direktive seiner Außenpolitik erhoben hatte. Ein erstes Handelsabkommen aus dem Dezember 1953 verbreitete »Aufbruchsstimmung« in Moskau und Delhi. Nehrus triumphale Tour durch die UdSSR 1955 und der Gegenbesuch von Chruschtschow und Nikolai

---

61 Vgl. Vir et al. (Hrsg.): Sixty Years, S. 99-127.
62 Die Popularität, die die »Marke« IIT genießt, mag man auch daran bemessen, dass ab den 1990er Jahren eine Vielzahl weiterer Hochschulen im ganzen Land in den Rang der IITs gehoben wurde. Aktuell sind es 23 Institute.

Bulganin im selben Jahr wurden dann allenthalben als Zeichen intensiver Bemühungen gelesen, ein Verhältnis von »höhere[r] Qualität« zu etablieren. Die Intensivierung von Handelsbeziehungen und technischer Hilfe, insbesondere im Bereich der höheren Bildung, stellte den Kern des entwicklungspolitischen Engagements dar, der sich alsbald, so Andreas Hilger, in einem »Geflecht von Realpolitik und Ideologie« als »Hilfe zur Selbsthilfe« annoncieren ließ.[63] Bereits 1955 lief so ein groß angelegtes, industrielles Förderprogramm für ein Hüttenwerk in Bhilai an. Kritisch blickte Moskau indes auf die Technischen Missionen der UN, die als verlängerter Arm der USA und als Ausdruck neuerlich verstetigter globaler Dependenzverhältnisse verstanden wurden.

In der Logik der ideologischen Konkurrenz und der machtpolitischen Nullsummenspiele des Kalten Krieges bedeutete der Einsatz in Indien aus der Perspektive des Kremls zugleich die Abwehr dessen, was in Moskau als amerikanischer Imperialismus und Ausweis neokolonialer Bestrebungen gelesen wurde. In seiner berühmten Rede vor der 15. Generalversammlung der Vereinten Nationen hatte sich Chruschtschow im Werben um die Länder der »Dritten Welt« in Position gebracht. Während er gleich zu Beginn seiner Rede an die dunkle Geschichte des Kolonialismus und seiner »Zivilisierungsmissionen« erinnerte, um die Doppelmoral der »westlichen« Entwicklungsdoktrin zu kritisieren, knüpfte er sein Bekenntnis zur »Solidarität« mit dem »Befreiungskampf« der Völker der »Dritten Welt« in der Folge eng an den Einsatz für die Verbreitung von Technologien und (technischer) Bildung:

> The countries which have cast off the burden of colonialism are an immense and active force for peace. [...] [T]he abolition of the colonial system [...] [will] bring to the peoples who are backward after so many centuries of oppression the benefits of modern science, technology, culture and social progress. [...] The Soviet Power has made education and culture widely accessible to all peoples. [...] The colonizers kept the enslaved peoples in ignorance and darkness. [...] If, instead of plundering and exploiting, the metropolitan states had really been guided by the interests of the colonial peoples, if they had really given them the assistance of which they like to talk, the peoples of the colonies and the metropolitan countries would have developed uniformly instead of presenting such striking differences in the development of their national economy, culture and prosperity. How can one speak of co-operation, when the level of living in the Western countries is not even comparable to that in the colonies? That is no co-operation, but the domination of one group by the other [...] The colonial peoples have but one road of escape from want and arbitrary rule – the liquidation of the colonial system of government.[64]

---

63 Hilger: Sowjetisch-indische Beziehungen, S. 23-25; ders.: Revolutionsideologie, S. 393-395.
64 Speech by Mr. Khrushchev, Chairman of the Council of Ministers of the Union of Soviet Socialist Republics. 15th Session of the United Nations General Assembly,

Chruschtschows harsche Kritik verfehlte, vor dem Hintergrund des »wind of change« in Afrika und Asien, ihre Wirkung nicht.[65] So gelang es der UdSSR in der Folge, eine Reihe bilateraler Kooperationsabkommen mit den sich dekolonisierenden Staaten der »Dritten Welt« zu schließen. Dabei sollten vor allem Ausbildungsinitiativen und technische Missionen die Wirkung materieller Leistungen in den Zielregionen verstärken. Freilich verbargen sich auch hier hinter dem Einsatz für humanitäre Ziele geopolitische und ökonomische Interessen. Eine Schlüsselrolle spielte in diesem Zusammenhang die Ausbildung nationaler Eliten und »Kader für die Entwicklungsländer«.[66]

Nachdem im Sommer 1957 beim »Weltfestival der Jugend« bereits rund 37.000 Ausländer, viele davon aus Süd- und Ostasien, Lateinamerika, arabischen, aber auch aus afrikanischen Staaten, nach Moskau gekommen waren, intensivierte die Regierung ihre Bemühungen, über studentische Austausch- und akademische Expertenprogramme weitere Begegnungen zu ermöglichen. Im Jahr 1960 war mit der Gründung der »Universität der Völkerfreundschaft« ein symbolisches Band zwischen der Sowjetunion und der »Dritten Welt« geschmiedet worden; zugleich begann Moskau in den 1960er Jahren verstärkt, Berater, Ingenieure und Wissenschaftler in die »Dritte Welt« zu entsenden.[67]

23.9.1960, S. 65-84, hier: S. 69, 75-77. History and Public Policy Program Digital Archive, United Nations Document A/PV.869, Wilson Center Digital Archives.

65 Vgl. Heinrich August Winkler: Geschichte des Westens: Vom Kalten Krieg zum Mauerfall, München ³2016, S. 297-335; Martin Thomas et al. (Hrsg.): Crises of Empire, London ²2015, S. 84-110; Jan C. Jansen/Jürgen Osterhammel: Dekolonisation, München 2013. Zur Rede vgl. Il'ja V. Gajduk: New York, 1960. Die Sowjetunion und die dekolonisierte Welt auf der Fünfzehnten Sitzung der UN-Vollversammlung, in: Hilger (Hrsg.): Sowjetunion, S. 107-120.

66 Delegation der DDR in der Ständigen Kommission des RGW für die Koordinierung der Technischen Unterstützung, Bericht an die 10. Sitzung des Exekutivkomitees des RGW (Moskau, Oktober 1963), S. 1 f., DL 2/16770; RGW, Sekretariat, Operative Angaben über die Erweisung von wirtschaftlicher und technischer Unterstützung an die Entwicklungsländer, Moskau, Mai 1965, DL 2/16770; Bericht über die Arbeit der Ständigen Kommission des RGW für die Koordinierung der Technischen Unterstützung im Jahre 1965, DL 2/16773; Protokoll über die Beratungen der Stellvertreter der Minister für das Hoch- und Fachschulwesen in den Mitgliedsländern des RGW in Sofia vom 9. bis 13.4.1963, DL 2/16765; Bericht über die seitens der ML des RGW geleistete ökonomische Hilfe und technische Unterstützung für Indien, 1962, DE 1/61922, Bundesarchiv Berlin (BAB). Trotz großer Ankündigungen und Bemühungen blieben die Resultate hinter den Erwartungen zurück. Zudem gab es innerhalb des RGW erhebliche Meinungsunterschiede über Ausgestaltung und Zweck des politischen Engagements. Von einer gemeinsamen Idee der Formation einer »sozialistischen« Elite in Indien kann daher keine Rede sein. Vgl. Hilger: Sowjetisch-indische Beziehungen, S. 255-259, 514-522; ders.: Building a Socialist Elite? Khrushchev's Soviet Union and Elite Formation in India, in: Jost Dülffer/Marc Frey (Hrsg.): Elites and Decolonization in the Twentieth Century, Basingstoke 2011, S. 262-285, hier: S. 265.

67 Auch hier blieben die Zahlen indes relativ überschaubar. Aus Indien kam noch 1955 nur eine Handvoll Personen zum Studium in die UdSSR; 1965 waren es 248 Personen.

Den eindrücklichsten Versuch, eine indische Elite im Geiste sowjetischer Ideale auszubilden, markierte die Beteiligung der UdSSR an der Gründung des IIT in Bombay. Am Rande einer UNESCO-Tagung in Montevideo war Humayun Kabir an die Moskauer Delegation herangetreten, um über seine Pläne eines »Western Institute of Technology« zu sprechen. Schon im Januar 1955 kamen positive Signale aus der UdSSR.[68] Im Sommer 1955 begannen dann intensive Planungen, nach denen eine Delegation aus 15 Professoren und drei Übersetzern/Lektoren an das IIT kommen sollte, »to popularize the achievements of Soviet science and technology«.[69] Doch gab es, wie sich rasch zeigte, nur eine kleine Zahl an Kandidaten, die sowohl über die notwendigen Sprachkenntnisse als auch wenigstens ansatzweise über eine Vorstellung verfügten, wo Indien lag und welche Rolle es in der imperialen Agenda der UdSSR zu spielen hatte. Letztlich bestand die Delegation kaum mehr aus einer Handvoll russischer Spezialisten; die Mehrzahl der indischen Fakultätsmitglieder blickte so auch in Bombay sehnsuchtsvoll gen Westen, zumal ein gehöriger Teil seine Abschlüsse an deutschen, amerikanischen und britischen Universitäten erworben hatte.[70] Dass sich die Akquise neuester Maschinen, vor allem im Bereich der Computertechnik, ohne Importe aus dem Westen als schwierig erwies, erschwerte da nur noch den Stand der Experten.

Für die UdSSR unterlagen die Importe von Computern aus den USA einem High-Tech-Embargo.[71] Die Förderung der Rechentechnik, vor allem zum Zweck militärischer Verwendung, war ein elementarer Teil der Systemkonkurrenz.[72] Die UdSSR hatte daher ab der Mitte der 1950er Jahre den Handel von High-Tech-Produkten, insbesondere von Computern, als neuen Zweig der

Vgl. Hilger: Elite, S. 266; S. 273 f. Zur »Universität der Völkerfreundschaft« vgl. Rossen Djagalov/Christine Evans: Moskau, 1960, in: Hilger (Hrsg.): Sowjetunion, S. 83-105.
68 Vgl. Humayun Kabir, Education Secretary, India, an Luther H. Evans, Director General, Unesco, 2.12.1954, S. 3; Malcolm Adiseshiah, Assist. Director General, Unesco, an Humayun Kabir, 10.2.1955, S. 1. Folder: India, IITB/TA, Part I, Box No. 62 A01 (540) IITB/TA »-66«, UNESCO Archives. Vgl. allg. Sebaly: Assistance, S. 49-67.
69 Deputy Head Gosplan, N. Strokin, to Council of Ministers, 20.6.1958, Russian State Archive of the Economy (RGAE), Folder 4372, Op. 57, D. 385, S. 104-105; A. Paniushkin to Central Committee, 4.3.1959, Russian State Archive of Contemporary History (RGANI), Folder 5, Op. 12, D. 19, S. 12 ff. Zit. n. Hilger: Elite, S. 278. Vgl. hier überdies: Report about the Activities of Soviet Group in the Institute for Technology, January 1-June 30, 1962, 10.7.1962, RGANI, Folder 5, Op. 35, D. 187, S. 121 ff. Eine Delegation unter Leitung von V.S. Martinovsky, Direktor des Odessa Technological Institute of the Food and Refrigeration Industry, kam zum Jahreswechsel 1956/57 in Indien an.
70 Vgl. IIT Bombay: Annual Report 1960-61, Bombay 1961, S. 4-7; Annual Report 1961-62, Bombay 1962, S. 3-7.
71 Vgl. Cain: Computers. Zur Sicherung der Absatzmärkte gab es indes – abseits ideologischer Konkurrenz und über die Blockgrenzen hinweg – schon ab den 1950er Jahren diverse Ausnahmeregelungen vom CoCom-Embargo.
72 Als kybernetisches Steuerungsinstrument, zumal im Dienste staatlicher Planung, erlangte der Computer im Kalten Krieg zentrale Bedeutung. Vgl. Gerovitch: Mathematical Machines, S. 262-275. Zur Kybernetik-Rezeption in Indien vgl. exempl. P. N.

Entwicklungskooperation entdeckt;[73] neben Indien zählte auch China zu den Zielländern des neuen Engagements. Im Rahmen eines konzertierten Austauschprogramms wechselten über zehntausend Techniker zwischen Moskau und Peking. So gelang es der chinesischen Seite über verschiedene Expertendelegationen zwischen 1953 und 1957 einen Einblick in das geheimnisumwobene Computerprogramm der UdSSR zu erlangen. Die Entwicklung eines ersten analogen (»August 1« aka Modell 103) und digitalen Rechners bis 1960 war Ausdruck dieser Kooperation. Als sich allerdings in Moskau abzeichnete, dass der Versuch misslingen würde, China im Zuge der Kooperation stärker an den Ostblock zu binden, und die russisch-chinesischen Spannungen mit dem »großen Sprung nach vorn« unter Mao eingangs der 1960er Jahre immer weiter zunahmen, wandte sich die UdSSR vor allem der Förderung Indiens zu.[74]

In Forschung und Lehre war indes die Sprachbarriere ein zentrales Problem. Die sowjetische Delegation am IIT Bombay setzte daher eine Abteilung für russische Sprache und Kultur ein, die 1963 eine nationale Konferenz zur »Lehre in russischer Sprache« veranstaltete und – neben Handbüchern, Lexika und Vorlesungsskripten – auch einen zweimonatlich erscheinenden Newsletter publizierte,[75] der über den Kreis der Ingenieursausbildung hinauswirken sollte

---

Rastogi: Cybernetic Analysis of Indian Societal System, Neu Delhi 1978; A. Ghosal: Applied Cybernetics and Planning, Neu Delhi 1980.

73 Der Handel in Indien bot der UdSSR die Möglichkeit, die Restriktionen des CoCom-Embargos zu umgehen. Dennoch blieb der Bereich der EDV in Indien bis 1977 vergleichsweise schwach entwickelt; lediglich ein knappes Dutzend Computer arbeitete hier, so Klaus-Dieter Müller: Die sowjetische Entwicklungspolitik gegenüber der Dritten Welt unter besonderer Berücksichtigung Indiens, Wiesbaden 1988, S. 353. Vgl. Sadhan Mukherjee: India's Economic Relations with USA and USSR. A Comparative Study, Neu Delhi 1978, S. 287 f. In den Jahren 1976 und 1984/85 regelten weitere Abkommen die Kooperation im Feld der Kybernetik und den Handel von Computern und Elektronik. Dabei entwickelte sich in den 1960er und 1970er Jahren ein zusehends reger Handel zwischen Indien und den sozialistischen Staaten des Ostblocks, allen voran der Volksrepublik Bulgarien, das in der Spitze, um die Mitte der 1980er Jahre, rund 47% der gesamten Computer-Hardware des Ostblocks produzierte. Als sich der Austausch zwischen Indien und den RGW-Ländern ausgangs der 1970er Jahre verstärkte, zählten sowohl Personal- als auch Supercomputer zu den Zielen des Exports. Vgl. Victor Petrov: The Rose and the Lotus: Bulgarian Electronic Entanglements in India, 1967-89, in: Journal of Contemporary History 54,3 (2019), S. 666-687; ders.: Socialist Cyborgs, in: Logic Magazine, Herbst 2021, S. 121-134; ders.: Balkan Cyberia. Cold War Computing, Bulgarian Modernization, and the Information Age behind the Iron Curtain, Cambridge, Mass. 2023.

74 Vgl. Cortada: Digital Flood, S. 447-460; Shannon R. Brown: China's Program of Technology Acquisition, in: Richard Baum (Hrsg.): China's Four Modernizations. The New Technological Revolution, Boulder 1980, S 153-177, hier: S. 158; Zhang Jiuchun/Zhang Baichun: Founding of the Chinese Academy of Sciences' Institute of Computing Technology, in: IEEE Annals of the History of Computing 29,1 (2007), S. 16-33, hier: S. 18-28.

75 Vgl. Soviet Aid For Science Centres, in: Times of India, 27.6.1963, S. 9; Soviet Gift to Powai Institute – 3.300 Technical Books, in: Times of India, 2.10.1963, S. 8.

und der Devise gehorchte, die das Zentralkomitee der KPdSU am 3. November 1960 für die Bildungsprogramme im Inland ausgegeben hatte: Die Ausbildung ausländischer Studierender müsse das Ziel haben, »that they leave the higher Soviet educational institutions not only as highly qualified specialists, but as people with progressive views, as sincere friends of the Soviet Union«.[76]

Im Alltag vieler Studierender blieb die Präsenz der sowjetischen Schirmherren dennoch relativ gering.[77] Anders als ursprünglich von Moskau vorgesehen, beschränkte sich der Einsatz der Experten lediglich auf den Bereich des postgradualen Studiums und einzelne spezialistische Forschungskooperationen; in der grundständigen Lehre blieben sie hingegen außen vor.

Die »Sowjetisierung« des Instituts stieß indes noch in anderer Hinsicht an ihre Grenzen: Wie ein Blick in die Campuszeitung *Pragati* verriet, war auch in Bombay die westliche Popkultur allgegenwärtig. Zu den beliebtesten Lektüren der Studierenden zählten so neben lokalen Wissens- und (Boulevard-)Magazinen vor allem britische und amerikanische Journale: *Readers Digest*, *Time Magazine* und *National Geographic*, aber auch *Punch*, *Tit-Bits*, *Playboy* und *Vogue*. Ein Student, so hieß es, habe gar einen Coca-Cola-Automaten in seinem Zimmer gebaut, um seinen Kommiliton(inn)en zu imponieren.[78] Auch das Curriculum war an die Usancen der anderen Institute angepasst; mit dem Wechsel im Direktorium 1970 vollzog sich unter Leitung von P. K. Kelkar, der nach Jahren am Victoria Jubilee Technical Institute und in leitender Funktion am IIT Bombay aus Kanpur in seine »Heimat« zurückkehrte, endgültig die »Amerikanisierung« des IIT. Unter seiner Regie setzte sich auch in Bombay das Modell eines »indischen MIT« durch.[79]

> Emphatisch betonen die UNESCO-Experten die gelungene Kooperation: Oleg V. Malugin: The Fruit of Eleven Year Cooperation, in: JIEI 16,4 (1966), S. 32-37, hier: S. 35. Aus indischer Perspektive war die Kommunikation indes »very poor«. In der Praxis wurden zudem russische und amerikanische Lehrbücher eklektisch kombiniert, so der spätere Direktor des IIT Bombay Suhas P. Sukhatme. Er war 1965 nach seinem Ph.D. am MIT zurück nach Bombay gekommen. Vgl. Interview, S. P. Sukhatme, 16. 4. 2020, Berlin.
> 76 Resolution des Zentralkomitees der KPdSU, 3. 11. 1960, in: Appolon B. Davidson/Sergey V. Mazov (Hrsg.): Rossiya i Afrika. Dokumenty i Materialy, XVIII v. – 1960, Bd. 2: 1918-1960, Moskau 1999, S. 324-327, hier: S. 326. Zit. n. Hilger: Elite, S. 270. Zur Rolle der UdSSR im globalen Kalten Krieg vgl. allg. Oscar Sanchez-Sibony: The Cold War in the Margins of Capital, in: James Mark/Artemy N. Kalinovsky/Steffi Marung (Hrsg.): Alternative Globalizations, Bloomington 2020, S. 59-78.
> 77 So berichtete auch S. P. Sukhatme aus diesen Jahren: »It was a pleasent surprise that though we had a Soviet influence, the autonomy given to the faculty was complete.« Vgl. Manchanda: Monastery, S. 107, 111. In der Lehre war vor allem die Praxis einer »offenen« Verteidigung der Abschlussarbeiten Ausdruck der Kooperation.
> 78 Vgl. A Reader's Survey, in: Pragati, Vol. 5 (1963/64), S. 21-23, Box No. B/18: IIT Bombay, 1965, Karton 1, UNESCO Archives; Manchanda: Monastery, S. 113 f.
> 79 Final Report of the Curriculum Committee, IIT Bombay, Teil I: General, Bombay 1972, S. 5-10. Vgl. Bassett: Aligning India, S. 795-798. Der MIT-Verweis war ab 1955 von der UdSSR aus den Planungspapieren gestrichen worden. Ab Mitte der 1970er

Das IIT Bombay war von Beginn an eine Einrichtung »zwischen den Welten«. Das lag auch daran, dass die UdSSR – anders als die USA, die Bundesrepublik und Großbritannien später – die Finanzierung des Instituts nicht über ein eigenes »Hilfsprogramm« abwickelte, sondern über die UNESCO. In den ersten Jahren rangen die Verantwortlichen so mit der Pariser Behörde, ihren Experten und der Konkurrenz aus dem Westen, die das Engagement, das die UdSSR zeigte, argwöhnisch beäugten. Während sich die Moskauer Diplomaten über die wiederholte Ablehnung ihrer Experten und den Investitionsrückstau an Rubeln in der UNESCO mokierten, hebelte die Förderung des IIT in Bombay in den Augen vieler westlicher Beobachter das Credo des Multilateralismus aus.[80] Freilich versuchte die UdSSR, die das IIT durch die Zahlung von 10 Millionen Rubeln aus UNESCO-Mitteln unterstützte, unter dem Dach der UNESCO immer wieder bilaterale Vereinbarungen zu erzielen. Ein Vertrag im Dezember 1958 regelte so den Austausch von Experten und Know-How, die Finanzierung des IIT, die Übersetzung von russischen Lehrbüchern und die Vergabe von Stipendien an indische Fellows in der UdSSR.[81]

Das »Technical Assistance Board« der UNESCO diskutierte die Rahmenbedingungen des Engagements daher kontrovers: In Erinnerung an die programmatischen Wurzeln des Engagements der Vereinten Nationen im Bereich der »Technischen Hilfe« und die grundlegende Resolution 222 (IX) des Wirtschafts- und Sozialrates, nach der ein Beitrag im Rahmen des EPTA ausdrücklich zu leisten sei »without limitation as to use by a specific agency or a specific country or for a specific project«, drang das Direktorium um Luther Evans und Malcolm Adiseshiah auf die Einhaltung der Regeln und appellierte an die Verhandlungspartner, von bilateralen Absprachen abzusehen. Der von indischer Seite eingebrachte Vorschlag, das gesamte Finanzvolumen der Mission vorab zu bewilligen, wurde zugunsten der üblichen Praxis einer regelmäßigen Begutachtung abgewiesen. Auch sei wenigstens ein kleiner Teil des Geldes und der

---

Jahre versuchten die Verantwortlichen des IIT Bombay zudem, die indisch-britische Kooperation zu stärken. Vgl. IIT Bombay, BW 91/576; BW 91/577, TNA.

80 H. Dawes, Chairman of the Staff Association of UNESCO, an B.S. Hollinshead, Director Technical Assistance Department, 25.07.1955, S. 1-5; H. Dawes an B.S. Hollinshead, 22.11.1956, S. 1. Folder: India, IITB/TA, Part I, Box No. 62 A01 (540) IITB/TA »-66«, UNESCO Archives. Vgl. überdies Robert L. Allen: United Nations Technical Assistance. Soviet and East European Participation, in: International Organisation 11,4 (1957), S. 615-634, hier: S. 632f.

81 Agreement between the Government of India and the Government of the Union of Soviet Socialist Republics on Delivery as a Gift to India From the Soviet Union of Equipment for the IIT Bombay and on Rendering of Assistance by the Soviet Union to India in the Training of Engineers, INTSer15, 12.12.1958, in: India. Bilateral Treaties and Agreements 1958-1960, Neu Delhi 1994, S. 102-111. Vgl. J. Kean, Resident Representative, Neu Delhi, an R. Galinde, Chief, Bureau of Relations with Member States, 13.12.1958, Folder: India, IITB/TA, Part III, Box No. 62 A01 (540) IIITB/TA »-66«, UNESCO Archives. Am Ende gingen knapp 30 Fellows in die UdSSR.

Experten aus anderen Mitgliedsstaaten zu akquirieren, um den internationalen Charakter der Mission zu wahren.[82]

Nicht zuletzt angesichts dieser komplizierten Verhandlungen hatte sich die Gründung des IIT über drei Jahre hingezogen. Nach ersten Gesprächen 1955, dem Besuch einer UNESCO-Delegation in Indien im April 1956 und einem Gegenbesuch indischer Regierungsvertreter in Moskau im Mai 1958 begann im Sommer 1958 die erste Kohorte von rund 100 Kommilitonen ihr Studium in Bombay. Bis zum Ende der UNESCO-Mission kamen knapp sechzig Experten an das IIT, die überwältigende Mehrzahl davon aus der UdSSR.[83]

Auch die Errichtung des IIT erwies sich derweil als Geduldsprobe. Zwar hatte Leonid Breschnew 1960 bereits kurz nach der Grundsteinlegung durch Nehru einen Besuch in Bombay genutzt, um einen Setzling als Symbol der gedeihenden indo-russischen »Freundschaft« zu pflanzen.[84] Bis die Gebäude des Campus am See Powai im Norden Bombays bezogen werden konnten, hatte es allerdings ein ganzes Jahr gedauert; die ersten Zeugnisse wurden sogar noch später verliehen. Erst die Verabschiedung der »IIT Acts« erlaubte es der Hochschule, eigenständig Abschlüsse zu vergeben. So erhielten 70 Studierende des ersten Bachelor-Jahrgangs und 101 Studierende der ersten drei Master-Jahrgänge am 22. Dezember 1962 – mangels repräsentativer Gebäude noch unter »freiem Himmel« – ihre Urkunden. Zwischen nationalistischer Indienstnahme und ausländischer Vereinnahmung der IITs beschwor der erste Präsident der Republik, Sarvepalli Radhakrishnan, in seiner Ansprache zur Convocation in bemerkenswerter Weise einen Internationalismus, der die

---

82 M. Adiseshiah an K.G. Saiyidain, Education Secretary, India, 11.4.1956; K.G. Saiyidain an L. Evans, 5.5.1956; B.S. Hollinshead an N.B. Cacciapucti, Acting Resident, Neu Delhi, 15.5.1956. Folder: India, IITB/TA, Part I; J. Kean an R. Galinde, 12.6.1958. Folder: India, IITB/TA, Part II, Box No. 62 A01 (540) IITB/TA »-66«, UNESCO Archives. Vgl. dazu auch Louis H. Porter: Cold War Internationalisms. The USSR in UNESCO 1945-1967, Diss. Univ. of North Carolina, Chapel Hill 2018, S. 478-485.

83 Neben 55 Experten aus der UdSSR kamen lediglich einzelne Teilnehmer der Mission aus den USA und der Bundesrepublik sowie aus Jugoslawien und der ČSSR. Überdies waren rund zwanzig russische Techniker und Übersetzer in Bombay im Einsatz. Vgl. UNESCO: IIT Bombay, Final Report, S. 31-33; Indian Institute of Technology Bombay. Souvenir Album – Foundation-Stone Ceremony, 10.03.1959, S. 5, Box No. B/18, Karton 1; UNESCO Team to Aid India in Establishing IIT Bombay, 27.4.1956; Protocol of the Meeting, Appx. 2: Report of the Meetings Held in Moscow, 26.-30.4.1958. Folder: India, IITB/TA, Part II, Box No. 62 A01 (540) IITB/TA »-66«, UNESCO Archives. Obschon das IIT ein Aushängeschild des Technischen Programms war, blieb die Zahl der sowjetischen Experten in Bombay – verglichen mit den etwa 800 sowjetischen Technikern im Hüttenwerk Bhilai in Indien – ausgesprochen gering. Vgl. Alvin Z. Rubinstein: Soviets in International Organizations, Princeton 1964, S. 41-45.

84 Die Saat, die sich Breschnew, der designierte Erbe Chruschtschows, hier vorstellte, ging indes nie auf; auch am IIT Bombay verschlug es das Gros der ins Ausland abwandernden Absolventen ab den 1960er Jahren in die USA.

Ambivalenzen des elitären Diskurses um die Technologienation deutlich macht: Nur wenige Wochen nach der Kuba-Krise setzte er der Polarisierung des Kalten Krieges entschieden das Modell einer völkerverbindenden »republic of science« entgegen.[85] Trotz dieses Appells blieben die IITs gleichwohl auch in der Folge ein zentraler Gegenstand (entwicklungs-)politischer Auseinandersetzungen.

Die Bedeutung der IITs ergab sich auch aus dem wachsenden Zuspruch an Bewerbern. So war die Zahl der Studierenden an der Hochschule in Bombay in den ersten Jahren ihres Bestehens von rund 140 auf knapp 1.200 gewachsen; am Ende des Förderprogramms, zur Mitte der 1960er Jahre, waren es circa 2.000 Studierende. Um diesen Zahlen Rechnung zu tragen, wurde auch der Lehrkörper vergrößert; daher gehörten bereits Ende des Jahres 1962 148 Lehrende (Professoren, Assistenten und Lecturer) und 670 weitere Forscher und Techniker zur Fakultät.[86]

Angesichts des rapiden Wachstums kreisten auch in Bombay viele Sorgen um die Einrichtung der »Infrastrukturen« des Arbeitens. Neben der Ausstattung der Bibliothek, die über 60.000 Bände versammelte und mit allein über 5.000 Werken in russischer Sprache zu den größten Bibliotheken des Landes zählte, und der Einrichtung der Labore nahm vor allem die Förderung der Computerarchitektur am Campus eine zentrale Rolle ein. Das IIT war noch vor Beginn des amerikanischen Engagements in Kanpur zur zentralen Stelle angehender Computeringenieure geworden. Freilich lag dies nur zum Teil an der Förderung der Forschung im Bereich der Computer Sciences am IIT als vielmehr an der Dichte zahlreicher Industrie- und Forschungseinrichtungen in der Metropolregion Bombay, die eine Ausbildung am Computer möglich machten. Allen voran die Nähe zum TIFR war hier von entscheidender Bedeutung.

Schon bei der Grundsteinlegung des Instituts hatte Premierminister Nehru davon gesprochen, dass es perspektivisch kaum angeraten sei, »to hire people to run hired machines«.[87] Bombay müsse zu einem Zentrum der »Ingenieure des neuen Indiens« werden. Hier erwies sich gerade das Studium der Computer Sciences als attraktiv. Ein Student berichtete 1965, dass er sich am IIT drei Jahre zuvor vor allem wegen der in Indien damals einzigartigen Möglichkeit, einen Kurs in Computertechnologien zu belegen, beworben habe. »Research

---

85 S. P. Sukhatme: The Growth of an Institute for Higher Technological Education. URL: https://web.archive.org/web/20080201085803/http://www.iitmumbai.org/misc/press/iitb_sukhatme.htm [abgerufen am 15.8.2022].

86 Unesco's Experience in Assisting the Indian Institute of Technology at Bombay, o. D. [1962], S. 3-5. Folder: India, IITB/TA, Part IV, Box No. 62 A01 (540) IITB/TA »-66«, UNESCO Archives. Viel stärker als die Zahl der Studierenden aber war auch in Bombay die Zahl der Bewerber gestiegen. So lag die Quote der glücklichen Anwärter in den »Joint Entrance Examinations« aller IITs in den 1960er Jahren in aller Regel bei unter 5%. Vgl. IIT Bombay: Annual Report 1961-62, Bombay 1962, S. III-V, sowie allg. Manchanda: Monastery, S. 93-97.

87 World-Cooperation in Science Hailed, in: Times of India, 11.3.1959, S. 1; vgl. dazu auch schon die Rede von Bildungsminister Humayun Kabir aus dem Juli 1958: Technological Institute Opened in Bombay, in: Times of India, 26.7.1958, S. 1.

appeals to me. I don't want to do work that is meaningless. I don't want to be a slave to a machine.« Aus über 200 Bewerbern waren lediglich drei weitere graduierte Kandidaten im Bereich Computer Sciences zugelassen worden. Jeden Tag fuhr er ans TIFR, nahm dazu drei Busse und benötigte so über zwei Stunden pro Weg, um am Rechner des Tata Institutes programmieren zu können. Am Abend und an den Wochenenden nutzte er die Bibliothek des IIT-Campus.[88]

Die Kooperation zwischen IIT und TIFR im Bereich der Hochschulbildung erwies sich als einzigartiges Surplus des Campus in Bombay. Dabei war der erste Direktor des Instituts, Brigadier S. K. Bose, der zuvor als Leiter eines Colleges of Military Engineering das Ingenieurskorps der indischen Armee ausgebildet hatte, zu Beginn durchaus zurückhaltend gewesen ob der neuen Computertechnik. Gegenüber M. G. K. Menon bekannte er zu Beginn der 1960er Jahre, er habe ein Angebot, einen URAL-I-Computer zu akquirieren, angesichts der hohen Kosten zugunsten anderer Instrumente ausgeschlagen. Umgehend suchte er indes die Chance, seine Fakultätsmitglieder und Studierenden an den Maschinen des TIFR ausbilden zu lassen, könne doch in einer Region wie Bombay, so Bose, ein Computer den Forschungsdrang mehrerer Institutionen abdecken. Der General war ein geschickter Netzwerker. Ein Jahr bevor am amerikanischen IIT in Kanpur der erste Rechner eintraf, begann in Bombay bereits die Computerausbildung.[89]

Für den Direktor war eine arbeitsteilige Herangehensweise die einzige Lösung, den Rückstand gegenüber den Industrienationen zu verringern.[90] Es sei, bekannte er, unmöglich, eine Institution wie die ETH in Zürich, die École Polytechnique oder das MIT in Indien zu kopieren: »The best form of foreign aid is education [...], but we cannot squeeze in too much. An evolution of a hundred years cannot be carried out in five ... but perhaps in twenty-five.«[91] Im Rahmen der UNESCO-Förderung bemühte sich Bose daher um auswärtige Expertise. Besonders dringlich schien diese im Bereich von Maschinenbau, Elektro- und Computertechnik.

---

88 Daniel Behrman: Conversations on an Indian Campus, in: UNESCO Courier 18,5 (1965), S. 34-36, hier: S. 35 f. Vgl. zudem Vadim A. Javoronkow: Engineers in the New India, in: UNESCO Courier 18,5 (1965), S. 14-17, 33.
89 Vgl. Bassett: Aligning India, S. 795 f. Vgl. S. K. Bose: The Early Years. IIT Bombay, Pune 1988, S. III-IV; S. K. Bose an M. G. K. Menon, 7.8.1961, S. 1, D-2004-01343-10, TIFR Archives. Anders als noch am ISI gab es am IIT Bombay keine sowjetischamerikanische Kooperation.
90 Der Fokus lag hier – wie auch an den anderen IITs – im Bereich der Forschung: Bis 1985 produzierten die IITs nur rund 8% aller B.Tech. Graduates des Landes, aber rund 80% aller Postgraduates (M.Tech./Ph.D.). Vgl. dazu J. T. Panikar/S. Banerjee: Development of IITs – A Perspective, in: J. T. Panikar (Hrsg.): International Cooperation in Higher Education in Science and Technology. Perspectives for the 90s, Neu Delhi 1985, S. 146-152, hier: S. 148.
91 Behrman: Conversations, S. 36.

DIE ROLLE DER UDSSR IN BOMBAY

Eingangs der 1960er Jahre begann die Planung eines Computerzentrums. So war 1960 ein Postdoktorand des Mathematik-Departments in die UdSSR gereist, um das Programmieren digitaler Computer zu erlernen. In Bombay veranstaltete derweil der sowjetische Mathematiker Ivan E. Tarapov im Rahmen seiner Delegation von Oktober 1961 bis Juni 1963 eine sechzigstündige Vorlesungsreihe zu den theoretischen Grundlagen des Programmierens und des Designs digitaler Computer, an der zwanzig Dozenten, Masterabsolventen und Doktoranden teilnahmen. Alsdann reiste ein Team aus acht Programmierern unter Tarapovs Leitung in regelmäßigen Abständen an das TIFR, um sich in der Praxis zu üben. Im Jahr 1962 hatte die Gruppe einen Elektrointegrator (EI-12) gefertigt, wie er im Moskauer Institut für Radioelektronik und Bergbau-Elektromechanik im Einsatz war. Für den Bau des avisierten Rechenzentrums reiste Tarapov nach Kanpur, um sich über den Einsatz digitaler Rechner und die Ausgestaltung der Computerarchitektur auszutauschen. Doch waren der Führung um Brigadier Bose schon allein durch die Tatsache, dass die UNESCO ihre Gelder in Form der – in den 1950er und 1960er Jahren inkonvertiblen – Rubel überwies, die Hände gebunden: Wie in anderen Fällen, so musste auch hier die technische Ausrüstung aus der UdSSR bezogen werden. Noch 1963 wurde die Akquise eines Rechners der URAL-Baureihe vorgeschlagen.[92] Jedoch verhinderte der bürokratische Prozess der Mittelzuweisung in der UNESCO ein schnelles Ergebnis. Der UNESCO schrieb Bose ein Jahr später: »Regarding the computer, I am aware of the sympathy of your organization and I am very hopeful that something would ultimately materialize.«[93] Das Förderprogramm der Vereinten Nationen in Bombay war gegenüber bilateralen Programmen, wie sie die Amerikaner in Kanpur, die Deutschen in Madras und die Briten in Delhi in der Folge einsetzten, erkennbar im Nachteil.

Als schließlich im Sommer 1965 ein – von der UdSSR bezahlter – digitaler, transistorisierter Computer den Campus erreichte, war das TIFR schon vorbeigezogen. Der hier installierte CDC-3600 zählte zu den schnellsten Rechnern des Landes.[94] Während die Sowjetunion in den 1960er Jahren immer wieder Computerexperten über die UNESCO nach Indien entsandte, um Universitäten und Forschungseinrichtungen in der Einrichtung und Programmierung digitaler Computer zu unterstützen und anzulernen,[95] traf der

---

92 I. E. Tarapov, Final Report, 1963, S. 1-5. Folder India, IITB, I. E. Tarapov, Computer Design, Box No. CPX/REP.3/228, UNESCO Archives. Vgl. zudem IIT Bombay: Annual Report 1960-61, Bombay 1961, S. 18 f.
93 S. K. Bose an V. Ounksov, Acting Chief, Division of Technological Training, Unesco, 1.4.1964, S. 2; T. N. Loladze, Head Unesco TA/IITB, an G. Flores, Chief Asia and Oceania Unit, Unesco, 3.1.1963, S. 1 f. Folder: India, TA/IITB, Part IV, Box No. 62 A01 (540) TA/IITB »-66«, UNESCO Archives.
94 Bombay's Versatile Computer, in: Times of India, 7.2.1965, S. 6.
95 A. N. Baluev: India. Applied Mathematics (Computers), Paris 1965. Serial Code: WS/0765.90-AVS; V. V. Sokolovsky: India. Applied Mathematics, Paris 1965, Serial Code: WS/0665.110-AVS, UNESCO Archives.

Rechner der russischen Minsk-Baureihe in Bombay indes ein, ohne dass sich Experten der Installation annehmen konnten. Da Personalmittel im Rahmen der UNESCO-Mission eigens einzuwerben waren und zudem das Ende der Mission bereits bevorstand,[96] lagerte der Rechner in der Folge knapp zwei Jahre lang bei Hitze und hoher Luftfeuchtigkeit, noch in einzelnen Teilen verpackt, am IIT, bevor Techniker der UdSSR über separate Beraterverträge ab 1967 die Einrichtung des Computers (inklusive einiger durch die Lagerung bereits bedingter dringender Reparaturen) vornehmen konnten. Im Januar 1968 ging der Rechner dann in Betrieb.[97]

In der Praxis der Ausbildung wog das Problem der Übersetzung der Computersprachen schwer. Da der Minsk-Rechner in der sowjetischen ACE-Sprache und nicht in der amerikanischen FORTRAN-Sprache, die mit der globalen Verbreitung der IBM-Rechner in diesen Jahren rasch zum Standard geworden war, eingerichtet war, mussten Programme stets umgeschrieben werden, wenn sie auf dem Minsk »laufen« sollten. Zudem lagen Handbücher und Beschreibungen lediglich in russischer Sprache vor. So war die universelle Ausbildung der Computerspezialisten am IIT stark eingeschränkt; das Training am TIFR blieb auch in der Folge unverzichtbar. Die Experten der UNESCO kritisierten bereits 1973 eindringlich die eingeschränkten Kapazitäten des Computerzentrums und schlugen, angesichts des rapide steigenden Anwendungsdrucks, die Akquise eines neuen, schnelleren Rechners vor.[98] Doch zeigte sich hier die »Pfadabhängigkeit« der indisch-russischen Kooperation in Bombay: Als nur ein Jahr später ein Computer der dritten Generation an den Campus kam, war es wieder ein sowjetischer – ein EC-1030, vergleichbar mit den da bereits lange in die Jahre gekommenen IBM/360-Systemen.

Direktor A. K. De rekapitulierte, »most of the Soviet equipment was unsophisticated [...] and lost its currency soon«. Erschwerend kam hinzu, dass die Ausstattung, die aus der UdSSR eintraf, in vielen Fällen schlicht überdimensioniert war und, im Versuch, den USA Paroli zu bieten, eher den Zwecken eines Industriebetriebes denn denen einer Hochschule entsprach. Ein Professor pointierte: »It was like somebody gifted you an elephant when you did not have money to feed yourself.«[99] Ohne Ersatzteile aus dem Ausland aber waren

---

96 Vgl. D.A. Butaev, Head Unesco TA/IITB, an G. Friedmann, Chief, Field Equipment Division, 15.6.1965; Y. Rusko, Asia Division, Unesco, an D.A. Butaev, 5.7.1965; Consultant Contracts. Folder: India, TA/IITB, Part IV, Box No. 62 A01 (540) IITB/TA »-66«, UNESCO Archives.

97 I.L. Bratchikov/I.M. Souchtchinski: Computer Technology IIT Bombay, Paris 1969, S. 1-3. Serial Code: 1326/BMS.RD/SCT, Unesco Archives. Zu Vorschlägen und Kritik vgl. auch G.V. Dobrolubov: Computer Software Systems. India (Mission) 1971/72, Paris 1972. Serial Code: 2637/RMO.RD/SCT, FR/TA/BOMBAY 45, UNESCO Archives.

98 I. Belov: Aplication of Computers to Aeronautical Problems, Paris 1973, S. 5. Serial Code: 2874/RMO.RD/SCT; G.V. Dobrolubov: Computer Software Systems, Paris 1972. Serial Code: 2637/RMO.RD/SCT, UNESCO Archives.

99 Interviews in Manchanda: Monastery, S. 148, 213-216, 229-235; A.K. De: Building an Institute for Excellence in Sciences and Technology, in: Panikar (Hrsg.): International

DIE ROLLE DER UDSSR IN BOMBAY

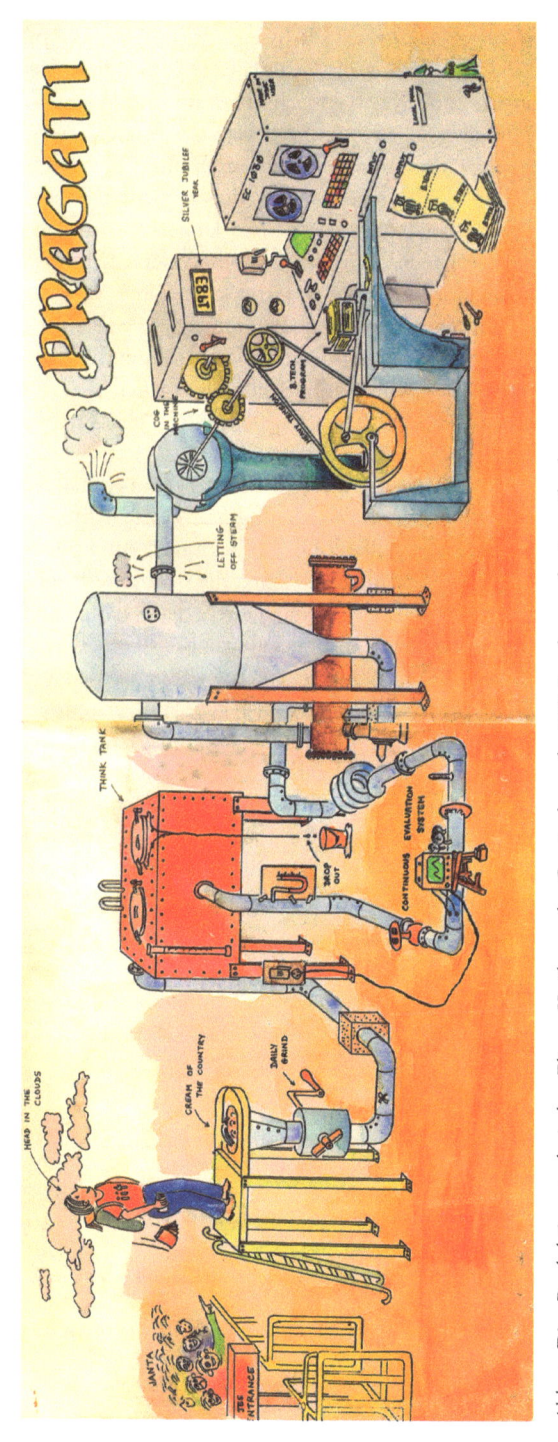

Abb. 4: Die »Produktion« technischer Eliten. Karikatur des Curriculums des IIT Bombay und seiner Absolventen. Jährliches Studierendenmagazin *Pragati* (1983). Quelle: IIT Bombay Digital Archive.

diese Maschinen umso schwerer zu reparieren, geschweige denn zu verbessern. Ironisch hatte ein Lecturer im Campusmagazin 1962 dieses Dilemma beschrieben: »Mechanicals full of experts / and very big machines / can handle all jobs / but repairs and routine.«[100] Eingangs der 1970er Jahre waren viele Geräte, wie ein Evaluationskomitee am Haus konstatierte, bereits »museum piece[s]« geworden: »attracting visitors, but no researcher.«[101] Die Richtungsentscheidung zugunsten der UdSSR in den 1950er Jahren hatte einen langen Schatten geworfen. Die Förderung von Großvorhaben, wie sie dem Ansatz der ersten Entwicklungsdekade entsprach, war bereits lange Geschichte. Doch weigerte sich die indische Regierung – unter Verweis auf die großzügige Ausstattung durch die UdSSR – bis 1977, die Modernisierung des Maschinenparks im IIT zu subventionieren. So dauerte es letztlich bis zum Beginn der 1980er Jahre, bis ein Rechner der amerikanischen Control Data Corporation (Cyber-80) die sowjetischen Computer am IIT beerbte.[102]

Anders als im amerikanischen IIT in Kanpur, wo niemand, kaum einmal die IBM-Techniker, an den Maschinen herumbasteln konnte, ermöglichte die Akquise des Minsk-Rechners in Bombay allerdings von Beginn an ein produktives Klima des Ausprobierens. J. R. Isaac, der erste Leiter des Computerlabors, berichtete von den kreativen Versuchen in den 1960er Jahren, den Rechner und seine Peripheriegeräte – ganz im Sinne der Kultur des »Jugaad« – zu reparieren: »I doubt if any computer has ever had its hardware and software modified and enhanced as much as these two [Minsk II/EC-1030, M. H.]. Soviet engineers used to be shocked at the developmental work that had been carried out, and at the numerous wires and circuits added! A challenge was to find substitute parts. Prof. Menon was once amused to see our high-speed printer, working with part of my garden hose as its printer drum!«[103] Ob solch kreativer Lösungen genossen die Absolventen des IIT Bombay eine hohe Reputation im In- und Ausland. Ein Diplomstudiengang »Computer Sciences« startete hier 1973, es folgte ein interdisziplinäres Master- (1978) und Bachelorprogramm

    Cooperation, S. 88-101, hier: S. 95 f. Freilich war dieser Ansatz auch einem Modell der sowjetischen Planung geschuldet, das die Absolventen der IITs eher in der Fabrikhalle denn in Büros und Hochschulräumen vorsah.

100 B.S. Khadilkar: Our Departments, in: Pragati, Vol. 3 (1962), S. 16, Box No. B/18, Karton 1, UNESCO Archives.

101 IIT Bombay. Status Papers. Submitted to the 1972 Review Committee, DRR, IIT Bombay Archives.

102 Vgl. Sharma: Outsourcer, S. 33; Utpal K. Banerjee: Computer Education in Indian Institutes of Technology, in: ders. (Hrsg.): Computer Education, S. 111-136, hier: S. 111.

103 J. R. Isaac: A Chair Proposed in My Name. Autobiographical Sketch, Bombay 2002. URL: https://web.archive.org/web/20080225110918/http://www.alumni.iitb.ac.in:80/profiles/profIsaac.htm [abgerufen am 15.8.2022]. Isaac war nach seiner Ausbildung in Madras und Bangalore bereits in den 1950er Jahren in die USA gegangen und hatte einen Masterabschluss von der Carnegie Mellon University erworben. Vor seiner Rückkehr nach Indien und der Anstellung 1961/62 am IIT Bombay war er drei Jahre als Entwicklungsingenieur bei IBM in New York tätig gewesen.

(1980), bevor ab 1982 ein eigenes »Computer Science and Engineering Department« ins Leben gerufen wurde, das binnen weniger Jahre zu einem der größten Departments des Landes heranwuchs.[104]

In ebenso großer Zahl gelang es zudem den Absolventen, trotz (oder, wie einige annahmen, vielmehr wegen) ihres unorthodoxen Trainings an den sowjetischen Rechnern, an amerikanischen Universitäten zugelassen zu werden. Bis zum Ende der 1980er Jahre war das IIT Bombay so zu einer zentralen Ausbildungsstätte von Computerspezialisten – auch und gerade in den USA – geworden.[105]

4.3 Die USA und der Beginn der Computer Sciences in Kanpur

Im Mai 1968, als in Berkeley die Studentenproteste tobten, sprach P. K. Kelkar, der erste Direktor des IIT Kanpur, auf dem Campus der UC im Namen der Völkerverständigung. Im Rahmen einer Tagung zur »Rolle des Entwicklungsexperten als Agent des politischen, ökonomischen und sozialen Wandels in einkommensschwachen Ländern« berichtete er über die Erlebnisse des indisch-amerikanischen Experiments, eine Hochschule in Kanpur zu errichten.[106] Das Streben danach, eine moderne Technologienation zu werden, sei, so Kelkar, ein verbindendes Band aller Nationen in einer Epoche der Gegensätze. Technologie sei die neue »Religion« des 20. Jahrhunderts. Ihre Durchsetzung, ihre massenweise Produktion und ihr Konsum ließen sich als Vehikel der Demokratisierung lesen; sie zeitige aber zugleich auch eine »Uniformität« der Welt, die Unterschiede und Abhängigkeiten verdecke: »If political slavery is the characteristic of the nineteenth century, technological slavery is tending to be a characteristic of the mid-twentieth century.«

Bezogen auf die Lage in Indien zeichnete Kelkar ein ambivalentes Bild: Eine traditionelle, religiös geprägte Gesellschaft, die von der Idee eines vorherbestimmten Schicksals getragen und zudem von Ritualen und Dogmen besessen sei, erläuterte er in einem philosophischen Exkurs, könne sich nur

---

104 Vgl. IIT Bombay: Annual Report 1973-74, Bombay 1974, S. 110-114; Annual Report 1981-82, Bombay 1982, S. 39-43; Annual Report 2017-18, Mumbai 2018, S. 63. Die Elektronik-Abteilung hatte eingangs der 1980er Jahre begonnen, Computer Aided Design-Zentren in ganz Indien zu gründen, um neue Wege in der Industriekooperation zu erproben. Vgl. Manchanda: Monastery, S. 133 f.

105 Vgl. Manchanda: Monastery, S. 112; Interview, S. P. Sukhatme, 16. 4. 2020, Berlin; P. V. Indiresan/N. C. Nigam: The Indian Institutes of Technology. Excellence in Peril, in: Suma Chitnis/Philip G. Altbach (Hrsg.): Higher Education Reform in India. Experience and Perspectives, Neu Delhi 1993, S. 334-364, hier: S. 353-357.

106 P. K. Kelkar: Establishing a Technological Institute. A Joint Indo-American Experiment in Kanpur. Talk Presented at the UC Berkeley Conference on »The Role of the Professional as an Agent of Political, Economic and Social Change in Low-Income Countries«. 19. 5./24.-26. 5. 1968. Kanpur Indo-American Program (KIAP) Collection, New Series: Box 1, California Institute of Technology (Caltech) Archives. Alle folgenden Zitate finden sich a. a. O.

schwerlich an die Vorstellung eines rapiden soziotechnischen Wandels gewöhnen. Eine internationale Mission, wie sie die Amerikaner am IIT Kanpur leiteten, müsse diesen Kulturunterschieden Rechnung tragen: »Giving and receiving of aid is a two-way traffic.« Zwischen den Zeilen klang so durchaus auch grundsätzliche Kritik an: Einzelne Experten treibe »a certain amount of adventure and romance« an, andere reisten »in the spirit of a missionary«. In einem Vorhaben wie der Implementierung einer Hochschule aber gebe es keine »ready-made solutions« – das »climate« und die Bereitschaft, »to establish a good human relationship with his colleagues«, seien vielmehr Ausweis eines gelungenen Entwicklungsexperiments. Für das IIT in Kanpur zog Kelkar indes eine ausgesprochen positive Bilanz. Das Förderprogramm habe sich en gros durch einen einzigartigen Gestus der Vereinbarung ausgezeichnet, der Inder und Amerikaner – über den Austausch in administrativen, technischen Fragen hinweg – auch zukünftig verbinden werde.

Im Hinblick auf die Relevanz des Entwicklungsvorhabens war Kelkar kaum weniger euphorisch. Der Gebrauch neuer Technologien, resümierte er – vor der Folie Marx'scher Maschinenkritik –, sei eine Nagelprobe der Demokratie und so müsse gerade die Verbreitung der Technik ein Grundsatz der Eliten werden, die in Indien allzu lange von der Vorstellung zehrten, »that scholarship and academic excellence flourish best in isolation«. Der Computer aber sei das ideale Werkzeug moderner Bildungspolitik und zugleich Symbol des modernen Lebens:

> There is no better instrument for generating a scientific and quantitative attitude of mind [...] – a device where the rate of obsolesence is very high as also the rate of growth of its use as a facility. It demonstrates as nothing else perhaps the accelerated manner in which changes occur in modern life.

Am Campus habe die digitale Rechentechnik »a unique fascination over the minds of not only post-doctorals, but also freshmen and [...] the faculty« ausgeübt; das Computerzentrum sei binnen kurzer Zeit zum Sinnbild des gemeinsamen Anspruchs geworden, Wissen zu erzeugen, zu verbreiten und anzuwenden. Dabei verschwieg Kelkar in diplomatischer Manier, dass sich die indo-amerikanische Kooperation in Kanpur von Beginn an alles andere als reibungslos gestaltete.

Schon der Gründung des IIT waren lange, komplizierte Verhandlungen vorausgegangen. Nachdem im Juli 1960 der erste Kursbetrieb in den Räumen des Harcourt Butler Technological Institute startete,[107] dauerte es bis in den Frühling 1962, bis die US-Bildungsmission in Kanpur begann. Die Planung dieser Mission war ab 1958, mit der finanziellen Unterstützung der amerikani-

---

107 KIAP Program [1965]; Harcourt Butler Technological Institute, Director's Report 1966, S. 7, Box 21, INSTEP Collection, Carnegie Mellon University (CMU) Archives; On Campus, in: Carnegie Alumnus 47,5 (1962), S. 22. Zum Anspruch der Mission vgl. allg. U. S. Congress. Rec. 24. 5. 1965, Washington, D. C. 1965, S. 11225-11320, hier: S. 11255.

schen »Technical Assistance Mission to India« (ab 1962 als Teil der Entwicklungsagentur US AID), in Washington vorangetrieben worden. Hier waren auch Vertreter einzelner Universitäten, allen voran des MIT, und der Ford Foundation beteiligt; ab Mai 1961 zeichnete ein Konsortium aus neun amerikanischen Universitäten für die Durchführung des Programms verantwortlich.[108]

Bereits 1958 hatte die International Co-operative Alliance (ICA) das MIT eingeladen, eine Delegation nach Indien zu entsenden, um einen Plan für die Ausrichtung des IIT Kanpur zu entwickeln. Als das MIT ablehnte, schickte die Regierung Vertreter der American Society for Engineering Education (ASEE). Für Gordon S. Brown, Dekan der Engineering School am MIT, schienen die Vorschläge der ASEE-Kommission allerdings eher einer »engineering school« angemessen, »[which] one would find in a good, middle-western state university«. Doch müsse der Anspruch, wolle sich das MIT engagieren, nichts weniger sein, als »*the* graduate and research technological institute« in Indien zu produzieren. Im Lenkungsausschuss des Konsortiums avancierte Brown daher zu einer der zentralen Figuren, die begannen, die »MIT-Idee« zu exportieren: »we think we can identify the major characteristic of MIT which has made it different from other institutions of technology, and we believe that this characteristic is an exportable quantity.«[109]

Die Förderung des IIT Kanpur war das Aushängeschild des neuen Kurses globaler entwicklungspolitischer Interventionen der USA.[110] Für Douglas Ensminger, den Vertreter der Ford Foundation in Indien, bemaß sich die Wirkung der amerikanischen Mission in der »Dritten Welt« ganz wesentlich an den »benefits of modern science and technology«.[111] Amerikanische Universitäten spielten hier ab den 1950er Jahren eine zentrale Rolle. Indem sie ihre Experten als Dozenten in diplomatischer Mission entsandten, erhoben sie »Bildung« zu einer tragenden Säule der auswärtigen Politik der Vereinigten Staaten.[112] Dabei

---

108 Neben dem MIT waren dies das California Institute of Technology (Caltech), die Carnegie-Mellon University, das Case Institute, die UC Berkeley, die Purdue University, die Ohio State University, die University of Michigan und die Princeton University. Vgl. Sebaly: Assistance, S. 86-119; Mehrotra/Shah: IIT.
109 G. Brown/N. Dahl/C. H. Norris/L. D. Smullin an J. A. Stratton, 27. 10. 1960, S. 1-3, S. 5-8, Gordon S. Brown Papers (MC 024), Box 5, Folder 218, Institute Archives and Special Collections, Massachusetts Insitute of Technology (MIT), Cambridge, Mass. Henry T. Heald, Präsident der Ford Foundation, sekundierte: »MIT has such a splendid reputation throughout the world that it would be an excellent thing for it to sponsor an institution which could hope to have something like equal significance in the Asian area.« H. T. Heald an J. A. Stratton, 19. 8. 1960, S. 1, AC 134, Box 74 [darin beschr. als Box 23, Folder 8, Teil IV], MIT Archives.
110 Vgl. Leslie/Kargon: Exporting MIT, S. 110-112, S. 128-130.
111 Vgl. Douglas Ensminger: Frontiers of Change, Dag Hammarskjold Memorial Lecture, Columbia University, New York, 6. 5. 1963, S. 12-15, Coll. IIM/A, Box 17, Harvard University Archives.
112 Isaac A. Kamola: Making the World Global: U. S. Universities and the Production of the Global Imaginery, Durham 2019, S. 62-82; Corinna R. Unger: The United States, Decolonization and the Education of Third World Elites, in: Dülffer/Frey

reichte das Spektrum des Engagements von der Förderung der Elementarbildung bis zur Elitenausbildung.[113] In diesem Kontext engagierte sich auch das MIT in Indien. Das MIT Center for International Studies (CENIS) war in den 1950er Jahren als Thinktank unter der Leitung von Gordon S. Brown und dem Ökonomen Max F. Millikan gegründet worden, um – im Geiste der Modernisierungstheorie – amerikanische außen(handels)- und entwicklungspolitische Interessen zu verbinden und Bildungsvorhaben in Entwicklungsländern zu lancieren.[114] Ab 1952 besaß CENIS auch ein Büro in Delhi.[115] Für Millikan war der Fall klar: »[W]e are unlikely to find any opportunity for institutional assistance to science and engineering in the underdeveloped world more promising and more practicable than this one.«[116]

Die Forcierung des amerikanischen Engagements in Indien war zugleich Ergebnis der politischen Großwetterlage. Indien war zum »Prüfstein« der amerikanischen Blockpolitik geworden. »If India fails«, bemerkte Kennedy ausgangs der 1950er Jahre in einem Interview, »I would say that the decisive

(Hrsg.): Elites, S. 241-260; John Krige/Helke Rausch (Hrsg.): American Foundations and the Coproduction of World Order in the Twentieth Century, Göttingen 2012; Valeska Huber: Global Histories of Social Planning, in: Journal of Contemporary History 52.1 (2017), S. 3-15. Die Untersuchung der Geschichte der Bildungspolitik, ihrer Akteure und Diskurse zählt, so Huber, zu den zentralen Desideraten der Forschung zu Entwicklungspolitik und Modernisierungstheorien; dabei gehörten Planung und Entwicklung auch in Indien stets eng zusammen.

113 Vgl. Alexander Rich: Cooperative Education in Developing Countries. Two Programs, in: Bulletin of the Atomic Scientists 23,9 (1967), S. 43-45. Im Februar 1950 hatten die USA und Indien ein erstes Bildungsaustauschprogramm geschlossen. Vgl. United States Treaties and Other International Agreements, Washington 1964, S. 918. Im Zuge solcher Ausbildungsprogramme absolvierten bis 1960 mehr als 21.500 der schätzungsweise rund 50.000 Teilnehmer aus Entwicklungsländern eine Ausbildung in den USA – so z.B. auch im »Indian Steel Training and Educational Program« (INSTEP). Vgl. J.P. Arnold: Aid for Developing Countries. A Comparative Study, London 1962, S. 50f.

114 Vgl. The Center for International Studies. A Description, Cambridge, Mass. 1955; Donald L.M. Blackmer: The MIT Center for International Studies. The Founding Years, 1951-1969, Cambridge, Mass. 2002, S. 95-135; Kimber C. Pearce: Narrative Reason and Cold War Economic Diplomacy in W.W. Rostow's »Stages of Economic Growth«, in: Rhetoric and Public Affairs 2,3 (1999), S. 395-414, hier: S. 395f. Die Harvard University engagierte sich in Indien in der Managementausbildung. Vgl. Harry L. Hansen: Background Concerning the Harvard Business School and India: Memorandum Concerning the IIM, submitted to the Ford Foundation, 7.2.1962, Coll. Indian Institute of Management, Ahmedabad, Box 1, Folder 12, Harvard University Archives. Asien war ein Zentrum des Engagements. So gründete ein internationales Konsortium 1958 zudem das Asian Institute of Technology der SEATO in Bangkok.

115 Vgl. Engerman: Political Power, S. 130.

116 M. Millikan an J.A. Stratton, 26.8.1960, S. 2, Office of the President, Records of Julias A. Stratton (AC 134), Box 74 [Box 23, Folder 8, Teil IV], MIT Archives; zu den Beratungen vgl. KIAP Summary Reports, 1st / 2nd Joint Conference, MIT, 5.-6.9./4.-5.10.1961; Steering Committee 1961/62, KIAP, Box III, Caltech Archives.

struggle in the Cold War in the next 10 years will have been lost.«[117] Die USA beobachteten die Verschiebungen der öffentlichen Meinung in Indien in diesen Jahren ganz genau. Chester Bowles berichtete so aus Delhi im September 1963 geradezu euphorisch über die Ergebnisse einer Erhebung unter den Mittel- und Oberschichten Bombays an das Weiße Haus: Rund 43 % hätten die USA zum »most admired country in the world« erklärt, und beinahe ebenso viele würden die Vereinigten Staaten gerne besuchen; nur 8 % wünschten dagegen eine Reise in die UdSSR. »By and large«, kommentierte Bowles die Zahlen, »the survey is remarkably reassuring. It reflects [...] the long effort we have made here through our AID programs and through a succession of American representatives [...] who have understood this country and its attitudes.«[118]

Freilich zeigte sich vielerorts rasch, dass der »Export« amerikanischer Ideen unter den politischen und sozialen Rahmenbedingungen, zumal im Rahmen der asymmetrischen Kooperation von Geber- und Nehmerländern, bisweilen unberechenbare Ergebnisse erzielte; so zerbrach der technokratische Ansatz der Modernisierungsexperten gerade an den lokalen Unwägbarkeiten.

Noch zu Beginn der Kanpur-Mission hatte ein Mitglied des MIT-Komitees voller Optimismus die »Wissenschaft« als *lingua franca* beschworen: »They pray to the same gods we do!«[119] Doch kam es in der Folge immer wieder zu Auseinandersetzungen um die Ausrichtung des Instituts, den Einsatz der Finanzmittel oder auch die soziale Reichweite und Relevanz der Forschung. Diese schien umso gravierender, als die »Schirmherren« der einzelnen IITs zueinander in starker Konkurrenz standen. Die Aussage des Nuklearphysikers John G. Fox, der das indo-amerikanische Programm in den 1970er Jahren leitete, verdeutlichte exemplarisch den kompetitiven Gestus: »IIT/K [...] is by general off-campus agreement the best of the five IIT's.«[120] Auch Peter W. Fay, Historiker am California Institute of Technology und zwischen 1964 und 1966 am IIT in Kanpur, deutete den amerikanischen Weg der »Entwicklungshilfe« als goldenen Mittelweg: Während einerseits die sowjetischen und deutschen

---

117 John F. Kennedy: Discussion with J. Fischer, in: ders.: Strategy of Peace, New York 1960, S. 205-228, hier: S. 222.
118 Chester Bowles an J. F. Kennedy, 9.9.1963, S. 1 f., Papers of John F. Kennedy, Presidential Papers, President's Office Files, Series 9: Countries, Box 118a, Folder: Bombay Opinion Poll, Sep. 1963, JFKPOF-118a-012, JFKLM.
119 Norman C. Dahl: The Collaborative Program at the IIT/Kanpur, in: Kanpur Indo-American Program (KIAP), Final Report, 1962-1972, S. 1-32, hier: S. 4, Kanpur Indo-American Program (AC 334), Box 1, MIT Archives.
120 John G. Fox: IIT/Kanpur at the End of the Indo-American Program, in: Kanpur Indo-American Program (KIAP), Final Report, 1962-1972, S. 99-125, hier: S. 123, AC 334, Box 1, MIT Archives. Im Januar 1963 hatte das Konsortium dem IIT Bombay indes noch große Anerkennung gezollt; Bombay sei das »San Francisco of India«, die Fakultät exzellent und Bose der richtige Mann. Auch die Kontakte des IIT zur lokalen Industrie seien vorbildlich. Vgl. KIAP. Minutes of the 9th Meeting of the Steering Committee, 16.2.1963, S. 5 f. KIAP, Box III, Caltech Archives.

Entwicklungsexperten in Bombay und Madras, so Fay, ihren indischen Kollegen gleich- und dem Direktor und Abteilungsleitern unterstellt und so in die Rolle der »Dienstleister« geraten seien und sich andererseits die britischen Experten in Delhi durch die kompromisslose Übernahme zentraler Lehrstühle in kolonialer Manier als Autoritätspersonen gerierten, seien die USA in Kanpur »neither servants nor masters, but associates«. Trotz »professional ability, experience and dollars« sei das IIT gleichwohl noch lange kein »amerikanisches Institut«: Von Sprachproblemen über einen Mangel an Motivation und Kompetenz bei den Technikern bis hin zum gering ausgeprägten Arbeitsethos der Studierenden und dem Fehlen von Sauberkeit, Ordnung und Disziplin reichte die Kritik.[121]

In Kanpur wiesen Anspruch und gelebte Praxis von Beginn an auseinander. Der amerikanische Botschafter in Indien, John K. Galbraith, hatte schon im Oktober 1962 nach seinem Besuch in Kanpur eine gemischte Bilanz gezogen:

> The institute is, I think, a fairly promising one. Some of the faculty are far from impressive, but the students seem keen and interested. [...] These overseas enterprises look very romantic and attractive in the abstract. But getting good faculty members to go to India is difficult.[122]

Neben der Krise der Personalrekrutierung schilderte er anekdotisch die Probleme, die aus der prekären Ausstattung des Instituts erwuchsen. Dabei verrieten seine Zeilen den Schock, der aus dem Nebeneinander von modernster Technik und alltäglicher Tradition, von technokratischem Planungswillen und einer Kultur des »Jugaad« resultierte, in der indische und amerikanische Kultur verschmolzen:[123] Da es am Campus keine Telefone gab, installierten die amerikanischen Elektroingenieure ein System der Radiokommunikation zwischen den Häusern der Neuankömmlinge. Ein Teammitglied der Kanpur-Mission engagierte derweil einen Jungen, der mit dem Fahrrad alle dreißig Minuten eine Runde um den Campus drehte, um Nachrichten und Pakete auszutragen. Die Kosten waren verschwindend gering: »The electronic system could not

---

121   Fays kritisches Resümee lautete: »The first thing the Indian faculty members – and I am tempted to say Indians in general – need is advice. This they rarely ask for and as rarely accept. Equipment they need less, and we deluge them with it.« Peter W. Fay: Report from Kanpur, in: Engineering and Science 29,9 (1966), S. 11-17, hier: S. 12, S. 17. Zur Kritik vgl. auch M. A. Nicolet an S. Brooks, 28.11.1967, KIAP, Box I, Caltech Archives. Fay hatte Porzellan zerschlagen. Als er vorschlug, ein Buch über die Geschichte des Programms zu schreiben, regte sich Widerstand am IIT. P. Fay an S. Brooks, 17.2.1970, S. 1; P. Fay an G. Oakley, 23.2.1971, S. 3, KIAP, New Series, Box I, Caltech Archives.

122   Galbraith: Ambassador's Journal, S. 412.

123   Die Anekdote bewies als Sinnbild der Ambivalenzen und Ungleichzeitigkeiten der »indischen« Moderne das Diktum: »Our technologies mirror our societies.« Wiebke E. Bijker/John Law: General Introduction, in: dies. (Hrsg.): Shaping Technology/Building Societies. Studies in Sociotechnical Change, Cambridge, Mass. 1992, S. 1-14, hier: S. 3.

compete.«¹²⁴ Wie hier, so gehörte es in vielen Momenten zum Lernprozess, dass sich die amerikanischen Vorhaben an den indischen Rahmenbedingungen messen lassen mussten.

Die Debatte um die Grenzen der »Amerikanisierung« bezeugte, dass – ähnlich wie in der UdSSR – auch in Kanpur der Versuch dominierte, über den Einsatz von Technologie und Bildung zugleich die »Herzen und Köpfe« der indischen Bevölkerung im Kalten Krieg zu erobern.¹²⁵ Dabei etablierte sich das IIT Kanpur durchaus als Ort der indo-amerikanischen Begegnung: eine Ausschreibung der Fakultätsposten zeitigte über tausend Bewerbungen – 20 % davon aus den USA und Westeuropa. Rund zwei Drittel derer, die am Ende in Kanpur arbeiteten, hatten einen Abschluss an amerikanischen Universitäten erworben.¹²⁶ Doch berichteten die Programmdirektoren, auch untereinander, immer wieder von Anpassungsproblemen. Indien sei noch lange kein »Land der Ingenieure« – so der Luft- und Raumfahrttechniker und spätere Missionsleiter Robert L. Halfman an seinen Kollegen, den Maschinenbauer und ersten Programmdirektor Norman C. Dahl, nach einem Besuch im Dezember 1963:

> I have come to realize that the Indian culture is straining through a transition period and is in many ways only superficially receptive to the objective techniques of science and engineering. The capable, modern, imaginative engineer with initiative is a misfit, a man a little ahead of his time who must have courage, perseverance and patience in the face of endless frustration.¹²⁷

Zudem verursachte gerade die enge Orientierung am MIT-Modell ganz eigene Probleme. Dahl bemerkte so etwa, das IIT sei zwar genau nach den Vorgaben gebildet, »along which American technological institutions are developing«. Doch blieben die besonderen Voraussetzungen und Probleme eines Entwicklungslandes in solchen Planspielen eher unberücksichtigt: »The primary engineering need there is for ›problem recognizing‹ and ›problem solving‹ graduates who will have the confidence, inclination, and training to do something about India's problems.«¹²⁸ Das IIT sei »an irrelevant factor in the industrial and social progress of India [...] a kind of isolated island of academic excellence,

---

124 John K. Galbraith: Innovation, in: The New Yorker, 5.1.1963, S. 28; ders.: Ambassador's Journal, S. 411 f. Die Mitglieder des Kanpur-Programms pflegten ihren »Pioniergeist«. So zitierte die Premierensendung in Kanpur die Zeilen des ersten von Samuel Morse übersandten Telegramms: »What hath God wrought.«
125 Vgl. zu dieser Strategie allg. David C. Engerman: Die USA und die Ökonomie des Kalten Krieges, in: Greiner/Müller/Weber (Hrsg.): Ökonomie im Kalten Krieg, S. 194-212, hier: S. 199.
126 N. Dahl an KIAP Steering Committee, 12.9.1962, S. 1, AC 134, Box 73 [Box 23, Folder 8, Teil I], MIT Archives.
127 R. L. Halfman an N. Dahl, 1.12.1963, S. 1, AC 134, Box 73 [Box 23, Folder 8, Teil I], MIT Archives.
128 Norman C. Dahl: The Kanpur Indo-American Program, in: Technology Review 67,8 (1965), S. 22-24, hier: S. 22. Zugleich war das »MIT-Modell« der Exzellenz nur in Ausnahmen praxisnah. Vgl. exempl. die Diskussion um den Praxisbezug: M. A.

but not part of the mainstream of India's development.«[129] Der Kritik der geringen sozialen Relevanz der Forschungen an den IITs mussten sich dabei auch und vor allem die – von den Sorgen und Nöten der Menschen abgekoppelten, kostspieligen – Experimente im Bereich der Computer Sciences erwehren.[130]

In Kanpur spielte die Ausbildung am Computer vom ersten Tag an eine bedeutende Rolle. Kurz nach Beginn des indo-amerikanischen Programms 1962 begann der Bau des IIT Campus, ein rund 5 Hektar großes Areal, knapp 10 Kilometer außerhalb der Stadt; noch bevor alle Gebäude standen, plante der Lenkungsausschuss bereits die Akquise eines Computers. Im Juli 1963 landete eine gecharterte Douglas-DC-7 aus den USA auf dem Militärflugplatz der rund eine Million Einwohner zählenden Metropole am Ganges, circa 400 km südöstlich von Delhi. An Bord der Propellermaschine waren indes weder Lebensmittel noch Medikamente oder Konsumgüter, sondern ein IBM 1620-Computer.[131]

Die amerikanischen Informatiker Forman S. Acton und Irving Rabinowitz aus Princeton sowie Harry D. Huskey von der UC Berkeley installierten den Rechner, gleich nachdem er in Kanpur ankam.[132] Der IBM 1620 war ein kleiner, wenig leistungsstarker Computer. Schon 1965 sollte daher ein weiterer Transistorrechner der 7000er-Serie hinzukommen. Für die nächsten Jahre besaß das IIT Kanpur alsdann den schnellsten Rechner im ganzen Land: eine »Revolution am Ganges«, wie Norman Dahl vom MIT als Leiter des indisch-amerikanischen Austauschprogramms in den *Tech-Engineering News* 1967 zu Protokoll gab.[133]

Obschon die Akquise des Rechners außerordentlich kostspielig war, profitierte das IIT von der amerikanischen Patronage. So hatte das IIT nicht nur den regulären sechzigprozentigen »Bildungsrabatt« erhalten, den IBM seinen Kunden in den USA gewährte, sondern auch angesichts notorisch knapper Devisen die Kosten in Rupien begleichen können. Gleichzeitig zeigte sich

     Nicolet: Some Thoughts on IIT Kanpur, 1.4.1965, S. 5, KIAP, Box VI, Caltech Archives.
129 Dahl: The Collaborative Program at the IIT Kanpur, S. 28 f.
130 Ironisch pointierte diese Kritik der Artikel: Ivory Tower still, in: Times of India, 21.8.1970, S. 10. Zur Debatte vgl. allg. M. G. K. Menon: Use of Science in Service of Society, in: Times of India, 15.8.1972, S. XI. Noch 1987 kritisierte die Presse die IITs als »ivory tower institutions«. Vgl. Path of Deviation, in: India Today, 31.3.1987, S. 160.
131 Minutes of the Steering Committee, 6.-7.4.1962, S. 8-10; Exhib. I-II, KIAP, Box III, Caltech Archives. Zur Geschichte der Computer Sciences am IIT Kanpur vgl. in extenso: Bassett: Aligning India, S. 783. Bis 1965 war der IBM-Rechner alsdann »24/7« in Betrieb und kam in Forschung und Lehre zum Einsatz. Vgl. E-Mail-Korrespondenz des Verfassers, V. Rajaraman, IIT Kanpur, 22.7.2022. Zur Computerkultur des Instituts in Kanpur vgl. überdies die Interviews ehemaliger Dozenten und Absolventen unter der URL: https://itihaasa.com/listing/people [abgerufen am 15.8.2022].
132 Harry D. Huskey: His Story, Charleston, S. C. 2004, S. 77-84, hier: S. 80 f. Harry D. Huskey Papers, Box 1, Computer History Museum, Menlo Park, USA; IIT Kanpur: Annual Report 1963-64, Kanpur 1964, S. 88 f.
133 Norman C. Dahl: Revolution on the Ganges, in: Tech-Engineering News 49,4 (1967), S. 13-18.

Abb. 5: Installation eines IBM 1620-Computers am IIT Kanpur im Jahr 1963. Quelle: Tech Engineering News (1967).

Abb. 6: Norman C. Dahl in einer Vorlesung am IIT Kanpur. Quelle: Tech Engineering News (1967).

indes in Kanpur, dass IBM im globalen Süden vor allem solche Produkte vertrieb, die in Europa und den USA bereits als Auslaufmodelle galten. Nur drei Jahre, nachdem der Rechner in Kanpur angekommen war, war er bereits überholt; mit der Förderung der neuen IBM/360-Serie stellte IBM ausgangs der 1960er Jahre seinen Service ein. Um weiter aktuelle Software für die inzwischen überholte Hardware programmieren zu können, bedurfte es neuer, kreativer Lösungen. So erwuchsen auch am IIT Kanpur, das gegenüber der Konkurrenz in Bombay lange in einer luxuriösen Position gewesen war, am Ende des amerikanischen Engagements aus Krise und Mangel an Ressourcen neue Chancen, um im Bereich des Programmierens unabhängiger zu werden.[134]

---

134 Vgl. KIAP, Monthly Report to USAID, October 1965, S. 3 f., KIAP, New Series, Box 2, Caltech Archives; Larger Computer for the Institute, in: Spark, 15. 2. 1965,

Unter der Leitung dreier in Nordamerika ausgebildeter Elektroningenieure etablierte sich das Computerzentrum als Ausbildungsstätte im Bereich der Datenbank- und Anwendungsprogrammierung.[135] Im Vordergrund stand in Kanpur die Unterrichtung in verschiedenen Programmiersprachen, die in der Praxis sowohl zur Entwicklung von Programmumgebungen für die Forschungsvorhaben der einzelnen Departments als auch zur Einrichtung von Personal- und Abrechnungssystemen in der Verwaltung dienten. Dabei schulten die Programmierer auch gleich die Administration des Instituts im Einsatz der neuen Rechner. Zur Ausbildung der Studierenden diente der kleinere IBM-Rechner.

Das Computer-Zentrum war der ganze Stolz des Instituts und wurde in Werbebroschüren an die Studierenden besonders in Szene gesetzt; auch anlässlich der Abschlusszeremonie des ersten Jahrgangs 1965 wurde es als Qualitätssiegel der Ausbildung hervorgehoben: »All undergraduate students learn programming on the IBM 1620 computer.«[136] Im Bereich der Forschung zum »Advanced Computing« versammelte sich am IIT zudem in den 1960er Jahren eine Vielzahl internationaler Experten aus den USA, Mexiko, Australien, Japan, der Bundesrepublik oder auch England. Der schnellere 7700er-Rechner diente neben der Forschung am Computer Science-Department, die im Sommer 1967 vor allem Rechenzeiten zur Systementwicklung nutzte, auch »off-campus users«. Während das Zentrum seine Kapazitäten zur Disposition stellte, trugen die Computerspezialisten in Kanpur ihr Know-How nach außen. Im Jahr 1964/65 veranstaltete das IIT sieben Intensivkurse im Programmieren, die sich an über 600 Personen aus 50 verschiedenen Institutionen, darunter das Who is Who der indischen Industriebetriebe, Forschungs- und Regierungseinrichtungen, wendeten. Neben den Firmen der Tata-Gruppe zählten diverse Hochschulen, die IITs in Delhi und Bombay, das IISc in Bangalore, das ISI in Kalkutta, die Planungskommission und Thinktanks des Verteidigungsministeriums in Delhi, der Energiebehörden und Verkehrsdienste, aber auch

S. 4, INSTEP, Box 12, CMU Archives; IBM 7044 for IIT/K, in: Spark, 31.10.1965, S. 10, AC 334, Box 4, Folder: Programs and Projects, N. C. Dahl, MIT Archives. Die Studierenden schrieben so bspw. ein Compiler-Programm, das die Quellcodes der FORTRAN-Programmiersprache anpasste, aktualisierte und in eine Form übersetzte, die zugleich die Bedienung neuerer Hardware möglich machte.

135 Zum Wirken der Computerspezialisten, allen voran H. N. Mahalaba, H. K. Kesavan und V. Rajaraman, in Kanpur vgl. allg. E. C. Subbarao: An Eye for Excellence. Fifty Innovative Years of IIT Kanpur, Neu Delhi 2008. Im Bereich der Netzwerkprogrammierung avancierte zudem Abhay K. Bhushan aus dem ersten Jahrgang des IIT/K kurz nach seinem Wechsel ans MIT zu einem der Gründerväter der TCP/IP-Architektur und des »File Transfer Protocols« (FTP), an dessen Einsatz er eingangs der 1970er Jahre im Rahmen der Entwicklung des ARPANETS überdies weiter arbeitete. Vgl. Abhay K. Bhushan/Robert H. Stotz: Procedures and Standards for Inter-Computer Communications, in: AFIPS Conference Proceedings, Spring Joint Computer Conference, Atlantic City, NJ, New York 1968, S. 95-105.

136 Indian Institute of Technology Kanpur. Convocation 1965, Brochure, S. 18-20; Bulletin – Information for Students, Juni 1966, S. 14-16; Courses of Study, 1966-67, S. 11, 177, KIAP, Box IV, Caltech Archives.

die Regionalbüros des MIT Centers for International Studies oder der Ford Foundation zu den Kunden.¹³⁷ Ein externer Workshop, der im Januar 1968 in Kooperation mit dem Indian Institute of Management, Kalkutta, angeboten wurde, setzte sich überdies dezidiert zum Ziel, Industriemanager in der Anwendung der Computertechnik zu schulen. So entfaltete das IIT Kanpur über den Campus hinaus eine erhebliche Breitenwirkung (unter den Eliten des Landes) und hatte erheblichen Anteil an der Computerisierung der indischen Gesellschaft.¹³⁸ Trotz der Millionen, die aus den Quellen der indischen Regierung und dem amerikanischen AID-Programm in die Mission von Experten, die Fellowships indischer Fakultätsmitglieder und vor allem die Ausstattung des Instituts flossen, war um die Mitte der 1960er Jahre deutlich geworden, dass sich die »MIT-Idee« kaum bruchlos übertragen ließ.

Ab der Mitte der 1960er Jahre geriet auch der »American style« der Förderung in die Kritik. Zum einen war das IIT, wie ein Programmleiter 1968 notierte, zum Symbol eines »Brain Drain« geworden, da die besten Absolventen zusehends in die Vereinigten Staaten abwanderten; zum anderen aber gab es auch Spannungen zwischen indischen und amerikanischen Verantwortlichen um die Ausgestaltung von Forschungs- und Lehraktivitäten. So kam es etwa zu Auseinandersetzungen um das Prinzip der englischen Unterrichtssprache, die einzelne Lehrende durch lokale Sprachen ersetzen wollten; auch mehrten sich Beschwerden über verlorengegangenes und beschädigtes Labormaterial.¹³⁹ Überdies hatte die Atmosphäre am Campus gelitten. Die harsche Kritik der amerikanischen Experten an der Arbeitsmoral der indischen Kollegen beantworteten diese in einem »Brandbrief« an die Programmleitung mit einem ganzen Bataillon an Beschwerden: Obwohl man wie die amerikanischen Experten »tirelessly, efficiently and faithfully« am Gelingen des Vorhabens arbeite und ein Maximum an »flexibility« zeige, dränge sich der Eindruck auf, dass die indische Belegschaft eine Belegschaft zweiter Klasse sei. Dabei berichteten die Angestellten von »humiliating rules« am Campus, zum Beispiel dass Privilegien – wie die Nutzung repräsentativer Fahrzeuge, die Vergütung von Überstunden oder die Nutzung der Restaurants am Campus an Wochenenden oder während des Urlaubs – stets Amerikanern vorbehalten blieben. Hinzu kam, dass sich die Anstellung der indischen KIAP-Teilnehmer sowohl in Sachen Lohn als auch in puncto sozialer Sicherung von der ihrer amerikanischen (über das AID-Programm angestellten) Kollegen unterschied. Die Vehemenz der Forderung

---

137 Vgl. IIT Kanpur: Annual Report 1964-65, Kanpur 1965, S. 108-112. Überlegungen eines »electronics park« in Kanpur, der die Industriekooperation voranbringen sollte, wie sie am MIT und in Stanford, Palo Alto, gelungen war, endeten gleichwohl im Nichts. Zu den Planungen vgl. allg. KIAP Progress Reports, AC 334, Box 1, MIT Archives.

138 Computer Centre, Quarterly Bulletin, September 1967, S. 1-5; H. K. Kesavan, Announcement, Course on Operations Research and Computer Methods, 26.9.1967, KIAP, New Series, Box 2, Caltech Archives.

139 R. L. Halfman an KIAP Steering Committee, 12.1.1968, S. 1-8; AC 334, Box 1, MIT Archives.

»to recognize the merit of our work and the sorrow of our plight« bezeugte die Gräben in der Fakultät, die zugleich die Kehrseite der asymmetrischen Kooperation und des bisweilen rigorosen Modernisierungskurses der Amerikaner in Indien herausstellten und die es mit sich brachten, dass zu Beginn des Engagements »interest and enthusiasm« rasch »dissatisfaction and disillusionment« wichen.[140]

Überdies kam es in der Folge an den IITs – in Kanpur, aber auch in Bombay und Delhi – immer wieder zu Auseinandersetzungen zwischen Studierenden, Arbeitern und Dozenten, in denen sowohl um Fragen des Lohns und der Arbeitnehmerrechte der Belegschaft als auch um die Privilegien der Fakultätsmitglieder oder die Diskriminierung registrierter Kasten und Klassen im Prozess der Zulassung zu den IITs gerungen wurde.[141] Zudem wurde ab 1963 Kritik an der Rolle der amerikanischer Experten im CENIS und der Ford Foundation laut, deren Wirken in Indien zusehends als Symbol imperialistischer Ansprüche und sogar als verlängerter Arm der CIA wahrgenommen wurde.[142] So kreisten in der Presse immer wieder (letztlich unbestätigte) Ge-

140 »Grievances.« Employees of the Kanpur Indo-American Program an G. J. Battaglia, KIAP [Aug. 1964], S. 1-3, KIAP, Box I, Caltech Archives.
141 Vgl. exempl. das Presseecho der Times of India: Crisis in Kanpur. IIT Following Staff Strike, 28.3.1972, S. 9; Trouble is Brewing at Kanpur IIT, 17.12.1972, S. A12; Directors of IITs gheraoed, 19.4.1977, S. 9; IIT closed, Student unrest, 9.3.1980, S. 1; IIT Authorities Deny Caste Discrimination, 11.3.1980, S. 4; IIT, 15.3.1980, S. 8. Vgl. zu den Streiks in Kanpur auch: IIT Students on Strike, 1969/70, KIAP, New Series, Box 1, Caltech Archives; »Notes from Kanpur.« S. Brooks an Consortium Committee, 19.4.1972, AC 334, Box 3, MIT Archives. Zuvor galten die Hochschulen lange als überaus unpolitisch: Edward Shils: Indian Students: Rather Sadhus than Philistines, in: Philip G. Altbach (Hrsg.): Turmoil and Transition. Higher Education and Student Politics in India, Bombay 1968, S. 74-92.
142 Neben dem CENIS rückte auch die Ford Foundation in den Fokus der Kritik. Obschon die CIA in engem Austausch zu den Auslandsexperten stand und deren Forschungen zur Auswertung der Lage in Indien nutzte, blieben die Gerüchte um eine Finanzierung des amerikanischen Engagements am IIT Kanpur ebenso vage wie unbewiesen. Am MIT bemerkte die Führungsriege: »The CIA issue has put a cloud over our operation.« L. Lefeber an M. F. Millikan, 18.11.1964; S. A. Marglin an M. F. Millikan, 23.11.1964; P. N. Rosenstein-Rodan an S. Chakravarty, 2.12.1964, MIT Center for International Studies (AC 236), Box 10, Folder 7; L. Lefeber an R. L. Bishop, 3.1.1965; AC 236, Box 10, Folder 8, MIT Archives. In Indien war schon zuvor ein Klima des Verdachts entstanden: D. P. Shukla: CIA over Asia, Kanpur 1962, S. 7-18. Das MIT beendete in der Folge seine Kooperation mit der CIA. Vgl. MIT cuts Agency Ties, Zfg., 27.4.1966, S. 1; AID by CIA, in: New York Times, 19.2.1967, S. 1. Die CIA sah in den Gerüchten indes das Werk sowjetischer Propaganda. Vgl. U. S. Congress. Rec. 28.9.1965, File No. CIA-RDP88-01315R000400 420010-4, General CIA Records, CIA Digital Archives. Zur CIA-Debatte in Indien: Sackley: Foundation, S. 258; Berger: Battle, S. 71-73; Paul M. McGarr: Quiet Americans in India. The CIA and the Politics of Intelligence in Cold War South Asia, in: Diplomatic History 38,5 (2014), S. 1046-1082; David C. Engerman: West Meets East. The Center for International Studies and Indian Economic Context, in: ders. et al. (Hrsg.): Staging Growth, S. 199-223, hier: S. 214-217.

rüchte um die Finanzierung der Forschungsvorhaben am IIT Kanpur durch die CIA,[143] die eine allgemeinere Debatte um den »akademischen Kolonialismus« der amerikanischen Mission in Indien anstießen.[144] Ungläubig registrierten die Amerikaner wiederum die Streiks und ganz besonders die Bewunderung einzelner Kollegen für die Programme der »Konkurrenz« im Bereich der technischen Bildung, allen voran der UdSSR in Bombay. Die Beobachtung eines Programmleiters, dass viele Fakultätsmitglieder trotz größter Anstrengungen auch nach fünf Jahren noch immer zwischen den Kulturen stünden – »simultaneously influenced by both the western and eastern cultural backgrounds« –, verriet, wie groß beiderseits die Vorbehalte waren und wie problematisch sich letztlich die wechselseitige Annäherung gestaltete.[145] Gordon Brown zog vor diesem Hintergrund eingangs der 1970er Jahre eine kritische Bilanz der amerikanischen Missionen in der »Dritten Welt«:

> My experiences in India, Singapore, and last week in Tehran convince me that the problem is extremely complex, different in every country, and not one that will be solved by sending boys on a man's errand. In the past, I believe the U.S. has fragmented its attack on the problem, failed to plan for a five- to ten-year involvement, failed to understand the infrastructure or the ›software‹ side of the society in which we were working, provided too little help for too short a time, and often of the wrong kind.[146]

Die Obsoleszenz der »Hardware« – des personellen und materiellen Austauschs von Mensch und Maschine – war abhängig von den politischen, sozialen und kulturellen Rahmenbedingungen des Programms; die Mission richtig zu programmieren bedeutete so, auch die Programmumgebung des Engagements genau zu berechnen. Dazu zählte auch die weltpolitische Lage, die den Rahmen der Mission in den 1960er und 1970er Jahren absteckte. Fiel der Beginn des amerikanischen Engagements in Kanpur in eine Phase der Annäherung unter Kennedy, so wischten die wachsenden indisch-amerikanischen Spannungen, die im Zuge des Bangladesch-Krieges 1972 ihre Spitze erreichten, alle Pläne einer Verlängerung des Programms nach einer Dekade vom Tisch.

Am Ende der amerikanischen Mission schienen kurzzeitig sogar die Ergebnisse des ganzen Engagements zur Disposition zu stehen. Im Januar 1972 hatte Außenminister William P. Rogers im Rahmen eines Fernsehinterviews eine Aussetzung der Entwicklungshilfegelder an Indien angedroht, »[as] nations are going to get involved in warfare so that it all goes down the drain«, und

---

143   R.L. Halfman an KIAP Steering Committee, 12.1.1968, S. 3-4; AC 334, Box 1, MIT Archives. Vgl. Leslie/Kargon: Exporting MIT, S. 115-117.
144   Zur Kritik des »akademischen Kolonialismus« vgl. Indian Plan, U.S. Model?, in: Now, 24.12.1964, S. 3-4; Gerald D. Berreman: Not So Innocent Abroad. Academic Colonialism, in: The Nation, 10.11.1969, S. 505-508; Dorothy Nelkin: The University and Military Research. Moral Politics at MIT, Ithaca 1972.
145   R.L. Halfman: End of Tour-Report, 1967/68, S. 17, AC 334, Box 1, MIT Archives.
146   G. Brown an C.E. Goshen, 26.1.1972, S. 1, MC 024, Box 5, Folder 175, MIT Archives.

angekündigt, »to take a good hard look before we renew it«.[147] Auch am IIT waren in der Folge zunehmend anti-amerikanische Ressentiments atmosphärisch spürbar.[148] Zudem drohte angesichts der politischen Belastungen ein Bruch zwischen der Leitung des Programms in Washington und der Delegation in Kanpur. Die amerikanischen Experten zeigten sich zunehmend ungehalten ob der harschen Kritik Washingtons am Kurs der Regierung in Delhi.

Dass die Pläne zur Fortsetzung des Kanpur-Programms zur Verschiebemasse diplomatischer Aushandlungen geworden waren, erzürnte besonders den Leiter der Kanpur-Mission, John G. Fox. In einem offenen (wenngleich nie gedruckten) Brief an die *New York Times* kritisierte er die Haltung der US-Regierung scharf. Washingtons desaströse Politik sei nicht nur blind gegenüber der pakistanischen Aggression und der humanitären Katastrophe des wütenden Krieges, sie zerstöre auch die Ergebnisse der indo-amerikanischen Kooperation in Kanpur, die »with care, goodwill and much effort« in den letzten zehn Jahren eine Hochschule hervorgebracht habe, »which is the finest Institute of Technology in all of South Asia. To have the warm and productive relations between this institute and its sister institutions in the USA poisoned by the Administration's incomprehensible attitude in the Bangla Desh problem can only be described as tragic.«[149]

Freilich war die Basis des amerikanischen Engagements in Kanpur stabiler, als Fox' Kritik es erahnen ließ. Dies lag zum einen daran, dass große Teile der indischen Eliten bereits lange vor 1947 im Zuge ihrer eigenen Ausbildung bzw. der ihrer Söhne und Töchter den Hochschulen in den USA verbunden waren. Familienunternehmer wie J. N. Tata oder auch G. D. Birla, der 1963 gar eine Hochschule (»The Birla Institute of Technology and Science«) in Pilani, rund 150 Meilen westlich von Delhi, nach dem Modell des MIT errichten ließ, hatten so über Generationen hinweg Verbindungen in die USA gehalten.[150] Auch

147 An Interview of Secretary of State, William P. Rogers, by Howard K. Smith and Ted Koppel, ABC Network Broadcast, 7.30pm, January 5, 1972, Press Releases, Department of State, No. 2, 5.1.1972, S. 9, Washington 1972.
148 J.G. Fox an Shepherd Brooks, EDC/US AID, 24.1.1972, S. 1-3, KIAP, New Series, Box 1, Caltech Archives.
149 J.G. Fox an Editors of the Times, 10.12.1971, KIAP, New Series, Box 1, Caltech Archives.
150 Vgl. Bassett: Technological Indian, S. 220-246; ders.: MIT-Trained Swadeshis, S. 226-230; Aligning India, S. 797f. Gegenüber Jawaharlal Nehru drang G.D. Birla im Mai 1963 am Rande eines Besuchs in den USA auf die Intensivierung der indo-amerikanischen Verbindungen sowie auf die Förderung der Investitionen in Technologien. Vgl. G.D. Birla an J. Nehru, 25.5.1963, G.D. Birla Papers, File No. 5, Correspondence with Jawaharlal Nehru, Bl. 16-22, NMML. In diversen Ansprachen an die Föderation der IHKs und die Absolventen seines Instituts wiederholte er diesen Appell. Vgl. dazu exempl. G.D. Birla: Why not Follow the U.S.? 58th General Meeting of the Indian Merchant's Chamber, 25.2.1966, S. 13, AC 134, Box 19 [Box 6, Folder 18: Birla, G.D. and Family], sowie ders.: Convocation Address, 6.2.1965, S. 7-10, AC 134, Box 19 [Box 6, Folder 19: Birla Institute of Technology], MIT Archives.

deshalb zeitigte der ab Mitte der 1960er Jahre allmählich eingeschlagene prosowjetische Kurs der Regierung in Delhi gerade unter den indischen Wirtschaftseliten erheblichen Widerspruch. Zu den Advokaten eines pro-amerikanischen Kurses zählte auch Shantanu L. Kirloskar. Kirloskar hatte als einer der ersten indischen Absolventen am MIT nach 1947 ein Industrieimperium aufgebaut; als Vorsitzender der Vereinigung der indischen Industrie- und Handelskammern kritisierte er zur Mitte der 1960er Jahre die sozialistische Manie der Planung harsch. Der *Fortune* diktierte er: »We have made money in spite of the planners, not because of them.« Dem Magazin gegenüber zeigte er sich als »an outspoken critic of India's experiment with socialism, which he feels is doomed to failure«.[151] Auch große Teile der Funktionseliten an den IITs in Kanpur, Madras und sogar Bombay blieben den USA weiter verbunden.

So wirkte das Beispiel der USA auch in der Folge als ein leuchtendes Vorbild vieler IIT-Absolventen – und wies insbesondere den angehenden IT-Ingenieuren ab 1965 den Weg ins Silicon Valley. Die Pläne des USAID-Konsortiums zur Förderung des Instituts über das Ende der Mission hinaus verblieben indes in der Schublade.[152] So büßte das IIT Kanpur mit der Zerrüttung der diplomatischen Beziehungen zwischen Indien und den USA alsbald auch seine Spitzenposition im Bereich der Hochtechnologien ein. Ab 1973 avancierte das IIT Madras zum neuen Computerzentrum Indiens.

4.4 Ein Handelsimperium in Übersee: die britischen Pläne der Ingenieursausbildung und die Gründung des Delhi College of Engineering and Technology

Während das strahlende Vorbild amerikanischer Elite-Universitäten die Zukunftspläne technischer Lehranstalten nach 1947 bestimmte, stand die Gegenwart der Schul- und Hochschulausbildung auch im unabhängigen Indien noch lange im Zeichen britischer Traditionen. Nicht nur entstammte eine Vielzahl der Schulen, Colleges und Universitäten der Ära des britischen Raj, in der ab 1857 mit der Modernisierung des Hochschulwesens verstärkt auch (poly-)technische Anstalten gegründet worden waren; auch die monumentalen Bibliotheken aus den Jahren des Empire sowie die Fülle britischer Sprach- und

---

151 An MIT Man in Poona, in: Fortune 73,3 (1966), S. 75. Vgl. überdies: India. Ancient Gods and Modern Methods, in: Time, 13.11.1964, S. 119 f., und Shantanu L. Kirloskar: Cactus and Roses. An Autobiography, Pune 2003, S. 223.

152 A Continuing Academic Relationship, Faculty Exchange and so on after 30th June, 1972 [Juni 1971]; Symposium: IIT Kanpur – 10 Years [März 1972], KIAP, New Series, Box 2, Caltech Archives. Angesichts der angespannten Beziehungen zwischen der UdSSR und den USA wurde die Akquise von weiterem Equipment aus US-Geldern unmöglich. So wurde auch der Kauf eines neuen Computers, der in den 1970er Jahren den IBM-Rechner ersetzen sollte, bis zum Ende des Jahrzehnts verschoben. Sodann kam ein DEC-10 aus den USA. Vgl. auch Bassett: Aligning India, S. 797.

Kulturinstitute prägten den Bildungssektor zwischen Delhi und Bangalore. Hinzu kam die Dominanz britischer Händler auf dem englischsprachigen Buchmarkt, die bis in die 1950er und 1960er Jahre ein wichtiger Baustein der britischen Kulturpolitik in Indien blieb. Dabei standen die britischen Modernisierungs- und Entwicklungsstrategien in den 1950er Jahren noch erkennbar in Verbindung zu kolonialen Entwicklungsbemühungen.[153]

Im Bereich der Hochschulbildung war die Konkurrenz der Nationen, die in Indien über Sprachprogramme und die Übersetzung von Schul- und Fachbüchern die Curricula zu prägen versuchten, indes bereits in den ersten Jahren nach dem Krieg rapide gestiegen. Diese neue Konkurrenz setzte auch die Bildungsplaner im Londoner »Foreign and Commonwealth Office« zusehends unter Druck. Die Beamten des »Departments of Technical Cooperation« (aus dem zur Mitte der 1960er Jahre das »Ministry of Overseas Development« hervorging) und die Experten des »British Council« sahen das wachsende internationale Engagement vieler Nationen im Bereich der »Technischen Bildung« mit großer Sorge. Zwar blieb die Reichweite der UdSSR, die ab November 1965 eigens das Institute of Russian Studies in Neu Delhi gegründet, Austauschprogramme im Bereich neuer Technologien an der »Universität der Völkerfreundschaft« in Moskau eingerichtet und bis 1970 die Übersetzung von (Lehr-)Büchern und Forschungsberichten beschlossen hatte, angesichts der Sprachbarriere vergleichsweise gering, doch setzten sich US-amerikanische Lehrbücher und darüber auch die Methoden und Konzepte aus den USA im Bereich der Hochschulen binnen weniger Jahre durch.[154]

In dieser Lage beobachtete die Regierung in London die Gründung der IITs in Bombay, Madras und Kanpur ganz genau. Die entwicklungspolitischen Engagements der UdSSR, der USA und der Bundesrepublik schienen die britischen Stellung in Indien zu bedrohen. Zum einen garantierte der Weg der bilateralen Kooperation den genannten Staaten eine direkte (kultur-)politische Intervention, die im Bereich der Forschungs- und Bildungspolitik über Jahrzehnte nachhallen würde, wie man erwartete. Zum anderen drohte Großbritannien im Rennen um Humanressourcen und neue Absatzmärkte zurückzufallen. Auch wenn in der Folge immer wieder über die Kosten des Unternehmens gestritten wurde, die die Kapazitäten der britischen Regierung, so die Kritiker – angesichts des massiven Einsatzes im Rahmen des Colombo-Plans – überstiegen, so blieb doch die Anspruchshaltung ungebrochen, »[to] give British

---

153 Zu den personellen und programmatischen Kontinuitäten der britischen Entwicklungspolitik – insbesondere im Bereich der »Technischen Hilfe« – in den 1940er und 1950er Jahren sowie zum lange Erbe des kolonialen Entwicklungsdiskurses in der Ära der Dekolonisierung vgl. Joseph M. Hodge: British Colonial Expertise. Post-Colonial Careering and the Early History of International Development, in: Journal of Modern European History 8,1 (2010), S. 24-45.
154 Vgl. Kumar: Science, S. 113-150, 262-282; A. Lingajammanni: An Enquiry into the Impact of Foreign Countries on the System of Education in India since 1947, Mysore 1979, S. 26-51, 66-73, 80-82, 94-105.

technical education in India the same power and status as the American, the German and the Russian«.[155]

Im Rahmen des Colombo-Plans hatte Großbritannien ab 1950 sowohl Kapitalhilfen bereitgestellt als auch technische Hilfsprogramme im Bereich der höheren Bildung lanciert, die in der Regel in Form bilateraler Abkommen geschlossen wurden. Aus dem Commonwealth-Vorhaben war dabei ein internationales Kooperationsprogramm geworden, das in den 1950er und 1960er Jahren bis zu 22 Mitgliedsstaaten zählte. Wenngleich hier Kapitalhilfen dominierten, kamen dem Transfer von Experten und der Förderung von akademischen Austauschprogrammen (etwa des »Long-Term Scholarships Programme«) eine große Bedeutungzu ein. In den ersten sieben Jahren des Bestehens (1951-1957) investierten die teilnehmenden Regierungen, allen voran Großbritannien und Australien, rund 7 Millionen Pfund in die »Technische Hilfe«. Indien, Pakistan und Indonesien waren die Hauptrezipienten dieser »Hilfe«. Bis Juni 1960 waren zudem rund 380 britische Experten nach Süd- und Südostasien (knapp ein Drittel davon nach Indien) gereist, während 3.272 Studenten aus Asien den umgekehrten Weg angetreten waren, davon 1.110 aus Indien. Nach dem Beitritt der USA, die bis 1958 lediglich als Beobachter zur Gruppe der Colombo-Staaten gestoßen waren, wurden diese zum wichtigsten Geldgeber. 1963 betrugen die Ausgaben der USA rund 82 % aller Mittel des Programms und waren rund 15 Mal höher als die Großbritanniens.[156]

Um dem Fachkräftemangel in den Zielregionen entgegenzuwirken, schien es der britischen Regierung am besten, in Ausstattung und Manpower von Ausbildungsstätten zu investieren. Neben einem medizinischen College in Delhi, einem Bergbau-Seminar in Dhanbad und der Traktor-Ausbildungs- und Teststation in Budni zählten auch und vor allem die IITs in Kharagpur und Delhi zu den geförderten Einrichtungen. So kamen zehn Dozenten des neu gegründeten »Delhi Engineering College« zur Aus- und Weiterbildung nach Großbritannien. Der größte Teil der Ausbildungsplätze (377) ging indes an Ingenieure des Stahlwerks in Durgapur. Das Stahlwerk und die Ingenieursschule in Delhi, aus der ab 1963 das IIT hervorgehen sollte, avancierten zu den zentralen Projekten unter dem Schirm des Colombo-Plans.[157] Für Großbritannien

---

155 [A. H. Humphrey, Dep. of Technical Cooperation/W. G. Wormal, Secretary Delhi Engineering College Trust:] Delhi College of Engineering and Technology, 18. 4. 1962, OD 13/2; vgl. auch R. P. Linstead, Rector Imperial College London: Proposed Indian Institute of Technology at New Delhi, Mai 1963, OD 13/1, TNA.

156 Agreement on Technical Cooperation between the UK and the USA. Technical Experts, FO 371/91916; Technical Cooperation in South-East Asia, Report of Colombo-Plan Council, 1. 10. 1957, BW 1/254; Expenditure on Technical Cooperation 1963-1964, T 317/838, TNA. Technical Assistance from the United Kingdom for Overseas Development, Cmnd. 1308, 1961, S. 14-15; Overseas Development. The Work of the New Ministry, Cmnd. 1308, 1965, S. 29-30, House of Commons Parliamentary Papers. Vgl. dazu auch das White Paper, 1965, OD 13/83, TNA.

157 Vgl. Director's General Tour. Technical Assistance to India under the Colombo Plan, 1963, OD 13/4, sowie allg. UK Contribution to Colombo Plan, 1955-1957,

bedeutete diese Form der Förderung zugleich die Möglichkeit, seine politischen Interessen in der Region zu wahren und den Handel anzukurbeln.[158]

Anders als in Bombay, Kanpur oder Madras spielten neben Vertretern der Regierung und der Hochschulen auch die Interessenvereinigungen der britischen Industrie im Prozess der Gründung der Ingenieurshochschule in Delhi von Beginn an eine zentrale Rolle. Im Jahr 1957 erreichte Willis Jackson, Professor am Imperial College London und Direktor der Elektrotechnik-Firma Metropolitan-Vickers, am Rande eines Besuchs am IIT Kharagpur die Frage, ob Großbritannien es den anderen Nationen gleichtun und die Einrichtung einer Hochschule in Delhi unterstützen werde. Willis berichtete von seinen Eindrücken gegenüber dem Parliamentary Secretary und später dem Commonwealth Relations Office. Dass das Gros der in Indien angestellten Techniker nach amerikanischen, sowjetischen oder deutschen Methoden ausgebildet werden, und sich an andere als britische Maschinen und Materialien gewöhnen könnte, gab Anlass zur Besorgnis. Die britische Industrie fürchtete, ihren Anteil an indischen Importen von Equipments zu verlieren. Und nicht zuletzt drohte Großbritannien durch ein Zögern sein Ansehen im Bereich der technischen Bildung aufs Spiel zu setzen, so Jackson.[159]

Die Sogwirkung der internationalen Entwicklungskonkurrenz in der Bildungspolitik erreichte die britische Politik ausgangs der 1950er Jahre. Dabei bemühte sich der britische Parlamentssekretär im Februar 1958 erkennbar um Zurückhaltung. Zwar sei es wahr,

> that the UK no longer had the dominant position in this field that it had enjoyed prewar, but conditions were changed since then and it would, in any case, be impossible to keep out the Russians, Americans and Germans. It was, perhaps, no bad thing that these countries should show what they could do and see how they compared with British efforts.

T 236/5978; Technical Assistance to India under the Colombo Plan. Technical Co-operation Scheme, 1962-1963, OD 20/6, TNA.
158 Zu Großbritanniens Förderpolitik in Asien vgl. Yokoi: Colombo Plan, S. 55.
159 »These experiments might well lead to an elimination of the traditional British influence in Indian education, and with it serious consequences for Britain's commercial possibilities in India.« Willis Jackson: Notes on the Plans for the Development of Engineering Education in India, 30.12.1958, DO 35/8752, TNA. Vgl. überdies: R. W. D Fowler, UK High Commission Karachi, an H.A.F. Rumbold, Commonwealth Relations Office, London, 27.12.1957; H.A.F. Rumbold an R.L.D. Jasper, H.W. Hart, H.A. Twist, 31.1.1958 [Record of Mr. Rumbold's meeting with Dr. Willis Jackson]; Technical Education for India. The United Kingdom's Problem, 1958, DO 35/8752, TNA. Zur Rolle der Industrie vgl. High Commissioner's Speech At the Opening of the Delhi College, 17.8.1961, Federation of British Industries Papers, MSS. 200/F/3/P7/13; UK Technical Assistance, Note of the Meeting held at the Overseas Development Institute, 24.6.1963, MSS. 200/F/3/E3/35/3, Modern Records Centre, University of Warwick (UoW).

Zudem seien die Ressourcen des Vereinigten Königreichs begrenzt: »Indeed, the U. K.'s interests might best be served by not spreading our limited resources too thinly and by keeping the top-class men in this country.«[160] Im Commonwealth Relations Office aber war man hellhörig geworden: Die Berichte aus Indien bezeugten, so ein Beamter eindrücklich, »the danger of falling behind [...] in the field of higher technical education [...]. It is not only our general prestige in this field which is at stake, [but also] our export trade prospects.«[161] Ein Memorandum des Hohen Kommissariats in Indien schlug in dieselbe Kerbe: »India's crying need is for technicians; [...] for men who can use maintain, and adapt all the modern industrial equipment which India is importing or planning to produce indigenously. [...] The Indian Institutes of Technology will be the showpieces, standing *primus inter pares*.«[162]

Die Pläne sahen zu Beginn sowohl eine Beteiligung an der amerikanischen Förderung in Kanpur als auch die Gründung eines eigenen Instituts, in Bangalore oder auch Hyderabad, vor. Letztlich aber bot die Gelegenheit, sich an der Planung einer Ingenieursschule in Delhi zu beteiligen, die idealen Voraussetzungen, um die eigenen knappen finanziellen Ressourcen gewinnbringend einzusetzen. In seiner Rolle als Secretary of State for Commonwealth Relations warb der spätere Außen- und Premierminister, Lord Alec Douglas-Home, in einem Rundschreiben an knapp dreißig Industrievertreter im September 1958 um Unterstützung: »I have for some time been concerned at the way in which higher technical education in India seems likely to develop under the influence of our competitors.«[163] Für Home schien es ausgeschlossen

that we can do things on the same scale as the Americans or the Russians or even in this case the Germans, [but] [...] we might indeed be able to make it a show-piece and, situated strategically at the capital, its influence might grow disproportionately to its size.[164]

Bereits im Juli 1958 deuteten Vertreter britischer Industrievereinigungen in Gesprächen ein Übereinkommen an, die Ausstattung des Colleges, insbesondere im Bereich Elektrik und Elektronik, zu übernehmen. Am 8. Oktober einigten sich Vertreter aus Regierung und Industrie, die indische Regierung bei der Gründung des Colleges im Rahmen des Colombo-Plans zu unterstützen.[165]

160 L. J. Joyce: Note of Meeting, 24. 2. 1958, DO 35/8752, TNA.
161 H. A. Twist, Commonwealth Relations Office, an W. A. W. Clark, Deputy High Commissioner, Neu Delhi, 13. 3. 1958, S. 1, DO 35/8752, TNA.
162 Technological Education in India, 1958, S. 1-3, DO 35/8752, TNA. Hervorhebung im Original.
163 A. F. Douglas-Home: Higher Technical Education, 11. 9. 1958, DO 35/8752, TNA.
164 Ebd.
165 Vgl. Lord Chancellor Earl of Kilmuir. Aide Memoire. Delhi Engineering College, Meeting with Industrialists and Representatives of Professional Associations, 8. 7. 1958; Note of a Meeting Held at the Commonwealth Relations Office, 8. 10. 1958, DO 35/8753; S. A. Dakin: Technological Training in India, 11. 8. 1958; Indian Technical Institute, 13. 8. 1958, DO 35/8752, TNA. Vgl. überdies Sebaly: Assistance, S. 120 f.

Die »Federation of British Industries« sponserte zusammen mit vier weiteren Industrieverbänden die Ausstattung des Instituts in Höhe von 250.000 Pfund; unter den Sponsoren waren industrielle Schwergewichte wie die General Electric Company, Rolls Royce, Shell Petroleum, Unilever oder die United Steel Company. Dieselbe Summe garantierte die britische Regierung, um die Gehälter von acht bis zehn Fakultätsmitgliedern des neuen Colleges zu übernehmen.[166] Als sich indes zeigte, dass das Vorhaben größere Dimensionen annehmen könnte, warnte man im »Department of Technical Cooperation« rasch vor überzogenen Erwartungen: »unless someone puts up the money, industrial firms cannot in general be expected to provide practical industrial training [...] as a philanthropic activity.«[167] Die Industrieverbände sahen in der Aussendung von Experten und der Ausbildung lokaler Fachleute, der Akquise von Schulungsmaterial, Maschinen und Werkzeugen wie auch der Erstellung von Machbarkeitsstudien zur Förderung lokaler, privatwirtschaftlicher Kooperationen wichtige Instrumente, um Wachstum – »rapid and balanced economic growth in developing countries« – zu erreichen. Für sie entsprang die Förderung des Instituts einem rein ökonomischen Kalkül.[168]

Der ursprüngliche Plan hatte vorgesehen, ein regionales College zu gründen, dass, wie zuvor schon ein lokales polytechnisches Institut, integraler Teil der University of Delhi werden und so Abschlüsse in den Fächern Bauingenieurwesen, Chemie und Elektrotechnik vergeben sollte. Das College war dabei, wie Maneklal S. Thacker, Sekretär im indischen Ministry of Scientific Research and Cultural Affairs, zu Beginn ausdrücklich betonte, als Ergänzung der polytechnischen Einrichtung projektiert. Doch kam es – mit der Grundsteinlegung im Januar 1959 durch Prinz Philip und dem Beginn des regulären Kursbetriebs

---

166 Note of Meeting Held at the Federation of British Industries on 30th October 1958 to consider the proposed New Delhi Engineering College, 10.11.1958, DO 35/8753; The Delhi Engineering College Trust. The Need for a Further British Contribution, Meeting, 8.10.1958; Note of Meeting of the Sponsors of the Delhi Engineering College Trust at the Department of Technical Cooperation on 16th October 1958, 25.10.1958, OD 13/4; The Indian Institute of Technology Delhi. The Industrial Trust for Its Equipment. A Progress Report by Sir Eric Coates, Oktober 1963, OD 13/5, TNA. Zur Liste der Sponsoren eingangs der 1960er Jahre vgl. auch die Akten der Federation of British Industries Papers, MSS. 200/F/3/E3/35/1; MSS. 200/F/3/E3/35/2; MSS. 200/F/3/P7/13, UoW.
167 A.H.F. Humphrey, Note, WS. 210/232/01, 18.7.1962, S. 1, OD 13/9, TNA.
168 Federation of British Industries. Committee on Policy Towards Underdeveloped Countries, 1962, S. 1, OD 13/9, TNA. Das Interesse der britischen Industrie »in the raising of living standards and purchasing power in hitherto backward countries« stehe, so ein Memorandum der F.B.I. unter Vorsitz C.E. Harrisons, der zugleich Sprecher des Delhi-Sponsorenkomitees war, »on economic grounds alone, and apart from any humanitarian or political considerations (very relevant though these may be)«. Ebd., Appendix I: The Provision of UK Governmental Technical Assistance to Locally Owned Private Industry Overseas, S. 1. Vgl. dazu überdies: MSS. 200/F/3/E3/35/1, UoW.

im August 1961 – gerade ob dieses Zustands unter dem Dach der Hochschule in Delhi immer wieder zu Kompetenzrangeleien.[169]

Zwar sprachen die Kosten gegen eine Ausweitung des britischen Engagements, doch als ein Jahr nach der Gründung des Colleges eine Ergänzung des »IIT Acts« im Raum stand, wuchs auch in London der Wille, das Delhi Engineering College aus dem Status eines Regional College in die exklusive Vereinigung der IIT zu heben. Für die britische Regierung war die Förderung eines IITs zum einen eine Frage des Prestiges, zum anderen aber bot sie auch die Chance, die eigenen Vorstellungen und Ziele ohne das Risiko politischen Einwirkens seitens der indischen Regierung durchzusetzen. Im Jahr 1963 wurde das Delhi College so in den Rang eines IIT erhoben. In der Folge stockte das britische Konsortium die Fördersumme für die Jahre 1963-1967 nochmals auf bis zu 650.000 Pfund auf, wobei die britische Regierung zugleich aus Mitteln des Colombo-Plans die Gehälter von 15 zusätzlichen Professoren und Technikern am IIT übernahm und im Gegenzug zehn indische Dozenten in Großbritannien auszubilden garantierte. Zudem beteiligten sich mehrere Hochschulen – aus Manchester, Dartmouth, Birmingham und London – am »Delhi Engineering College Trust«. Das Imperial College London unterstützte darüber hinaus als Partnerinstitution ab 1963 in besonderer Weise das Programm der technischen Ausbildung, indem es Experten abordnete und studentische Austauschprogramme am IIT Delhi organisierte sowie die Ausstattung des Instituts durch Sachspenden zu verbessern begann. Das Imperial College erwies sich hier als verlängerter Arm der britischen Kulturpolitik in Indien.[170]

Eingangs der 1960er Jahre wurde in Großbritannien hitzig über die Rolle britischer Universitäten in der Entwicklungspolitik debattiert. Physik-Nobelpreisträger Patrick Blackett, der sich nach 1947 als Berater Nehrus in verschiedenen zivilen und militärischen Fragen der Forschungspolitik hervorgetan hatte, verwies dabei auf die anhaltende Bedeutung der überseeischen Hochschulen, von denen es 1960 rund ein Dutzend gab. Hier waren über die

169 Note of a Discussion between Professor Thacker and Mr. Rumbold on 16th December 1958, 17.12.1958, DO 35/8753; Delhi Engineering College Trust. Technical Sub-Committee, 6.12.1961; Herbert E. Dance and W. Jackson, 14.2.1962, OD 13/2; Delhi College of Engineering and Technology, Press Clipping, 1963, OD 13/5, TNA.
170 The Indian Institute of Technology Delhi. The Industrial Trust for Its Equipment. A Progress Report by Sir Eric Coates, October 1963; Lok Sabha, The Institute of Technology (Amendment) Bill, 1963, OD 13/5; Imperial College of Science and Technology. Possible Special Relationship with the Delhi College of Engineering and Technology, December 1960; Press Release – Imperial College for Science and Technology and the IIT Delhi, 8.11.1963, OD 13/7; Note on Professor M.S. Thacker, 4.5.1962, OD 13/2; M.J. Davies an A. Cohen, Appendix: [R.P. Linstead:] Proposed Indian Institute of Technology at New Delhi. Note by the Rector, 21.5.1963, OD 13/1, TNA. British-Indian Co-Operation, in: Daily Telegraph, 2.5.1963, S. 21; £400.000 Aid For Technology in Delhi, in: The Times, 2.5.1963, S. 12. Zur Rolle des Imperial College London vgl. überdies India. Delhi Institute of Technology. Correspondence, 1957-1970, JAC D 23, Imperial College Archives.

Grenzen des Commonwealth hinaus etwa 10.000 Studierende eingeschrieben. Knapp die Hälfte der über 1.500 Angestellten an diesen britischen »Oversea Universities« war in Großbritannien geboren, auch die Rekrutierung der übrigen Mitarbeiter erfolgte in den meisten Fällen über die Organe der britischen Administration. So vermittelte der »Inter-University Council for Higher Education Overseas« seinen Bewerbern regelmäßig Anstellungen in Afrika, Lateinamerika und Asien. Auch der »British Council« engagierte sich hier in beratender Funktion. Diese starke Stellung des britischen Königreichs in der »Dritten Welt« gelte es, so Blackett, zu bewahren, zumal daran zu erinnern sei, »that these newly independent countries have no obligation to look to Britain rather than to other countries for their expatriot staff. They can and do shop elsewhere.«[171]

Die hier angesprochene Konkurrenz der Bildungsangebote prägte die kommenden Jahre und spiegelte sich so noch 1977 in der Evaluation der Modelle, Trends und Muster höherer technischer Bildung durch die indischen Soziologen Mahesh und Vipula Chaturvedi wider. Sie verglichen die Ansätze der USA und der UdSSR, Großbritanniens und Deutschlands (und so, bezeichnenderweise, der Fördernationen der IITs). Wie schwierig es war, Blacketts Anspruch einzulösen, zeigte sich an der Einschätzung der Autoren, dass das Vereinigte Königreich gerade in puncto Technologien gegenüber den Amerikanern massiv im Rückstand (»modernization, self-enquiry or experimentation is sadly lacking«) war. Angesichts der wachsenden Zahl an Modellen votierten sie, »in the interest of the developing nations to evolve their own systems and strategies that may combine advanced technologies of the West, yet have moorings in the indigeneous soil«.[172] Für die imperialen Träume britischer Politiker blieb hier kein Raum mehr.

Unter Direktor R. N. Dogra, der selbst während seines Ingenieurstudiums am Imperial College und an der University of London gewesen war, wuchs das IIT derweil rasch, sodass, nachdem 1960 nur knapp 150 Studenten eingeschrieben waren, die Planungen 1963 bereits 1.250 Bachelor und 300 Masterstudierende vorsahen.[173]

---

171 P. M. S. Blackett: An Opportunity for British Universities, in: The Scientist, 23. 11. 1961, S. 473-475, hier: S. 474. Vgl. auch: Education and Research in Under-Developed Territories, in: Nature, 13. 1. 1962, S. 101-103; Overseas Jobs for Staff, in: The Times, 9. 11. 1961, S. 14; University News, in: The Times, 8. 11. 1963, S. 14. Zur Debatte um die Rolle britischer Bildungspolitik in »Übersee« vgl. überdies allg. die Berichte des Overseas Development Institute: Educational Assistance, London 1963; Aid to Education. An Anglo-American Appraisal, London 1965.

172 V./M. C. Chaturvedi: Higher Technical Education. Patterns, Trends and Implications for Developing Countries, University Grants Commission, Neu Delhi 1977, S. 5; T. Wallace an G. Hunting, 18. 7. 1980, BW 91/578, TNA.

173 British Investments in the Future, in: Daily Telegraph, 5. 7. 1965, S. 17; Prince Philip Admires India's Recent Progress, in: Illustrated London News, 20. 3. 1965, S. 33. Die Zahl der Undergraduates erreichte das IIT bis 1967, die Zahl der Postgraduates und Research Students lag derweil bei knapp 200.

Das IIT war gleichsam der »Eliten-Bildung« verpflichtet. Anlässlich der Modernisierung des Campus und der Einweihung neuer Gebäude im März 1968 gab Dogra der *Times of India* ein Interview. Darin betonte er emphatisch den Anspruch, »to train the intellectual elite for leadership«.[174] An der Feier des ersten Abschlussjahrgangs 1966 nahmen über 3.000 Personen teil; die meisten der 111 Absolventen erwarben einen Bachelor of Technology in Ingenieursstudiengängen. Der erste Ständige Staatssekretär im Ministry of Overseas Development, Andrew Cohen, der als Vertreter der britischen Delegation der Feier beiwohnte, zog in einer vertraulichen Korrespondenz gegenüber dem Commonwealth Office eine positive Zwischenbilanz. Zwar seien die Kosten durchaus hoch, die Investitionen aber lohnten sich. So könne die Hochschule in Delhi in der Konkurrenz der IITs bestehen: »the Institute thoroughly deserves our support. The general impression is that Kanpur is the best of the Institutes, but that Delhi is better than the others.«[175]

Im Jahr 1968 verlängerte die britische Regierung die bestehende Kooperation bis 1976; alsdann wurde noch einmal ein Fünf-Jahres-Plan beschlossen, bevor die Förderung zu Beginn der 1980er Jahre auslief. Dabei sollte, wenngleich die grundsätzliche Beurteilung des IIT über die Jahre stets ausgesprochen positiv blieb, mit der letzten Förderphase die Kooperation ausklingen – »recognising that all collaborative projects must eventually end and that IIT Delhi is now a mature institution which no longer needs massive assistance of the type previously provided«.[176] Im Zuge dessen war zudem eine Anpassung der Curricula und der Forschungsaktivitäten im Bereich des Managements, neuer Technologien und insbesondere in puncto Modernisierung der Computerausstattung vorgesehen, in der das IIT Delhi hinter den anderen Instituten zurücklag.[177]

174 Inauguration of Buildings of Indian Institute of Technology, Special Supplement, in: Times of India, 2.3.1968, S. 1, B 213/2924, BAK. Zur Evaluierung der verschiedenen Ausbildungskonzepte in Indien, Europa und den USA entsandte das IIT Delhi den Soziologen A. D. King, der so im Mai 1967 auch in Westdeutschland zu Besuch war.

175 Andrew Cohen: Notes on the Delhi Institute of Technology, 9.11.1966, S. 1, OD 13/53, TNA. Vgl. Indian Institute of Technology Delhi. Director's Report, 1966, S. 1-7; IIT Delhi. 1st Convocation, Brochure, OD 13/53, TNA. Das »Ministry of Overseas Development« war unter Premier Harold Wilson 1964 als Entwicklungshilfeministerium gegründet worden. Ab 1970 wurde es als »Overseas Development Administration« (ODA) wieder in die Abteilungsstruktur des »Foreign and Commonwealth Office« eingegliedert; obschon es in der Folge der Kontrolle des Außenministeriums unterstand, blieb dieser Teil des Ministeriums indes relativ eigenständig.

176 Projects Committee Submission. Indian Institute of Technology, 1976, Appendix: Proposal for Further Collaboration between IIT Delhi and British Universities, S. 1; M. G. Kaul, Ministry of Finance, India, an M. Walker, British High Commissioner, New Delhi, 5.4.1976, S. 1-3; Teleletter. Technical Education, 21.11.1980, BW 91/578, TNA.

177 Der Versuch, einen Masterstudiengang im Bereich Managementtheorie und -praxis anzubieten, erwies sich indes angesichts der bis dato stark an der Praxis der

Computer hatten an der neuen Hochschule in Delhi von Beginn an nur eine nachgeordnete Rolle gespielt; dies lag auch daran, dass die Computerindustrie im Industriekonsortium des »Delhi Trusts« – anders als diverse Elektronikkonzerne und Hochindustriebetriebe – nicht vertreten war. Über den Erwerb des ersten Computers, eines Rechners (der dem IBM/360 vergleichbaren 1900-Serie) des britischen Herstellers International Computers Limited (ICL),[178] war in Delhi bereits 1965 gesprochen worden. Ein Jahr später kam der Rechner am IIT an; die Installation dauerte auch hier einige Monate.[179]

Immer wieder war es in der Folge zu Problemen in der Wartung der Hardware und bei der Programmierung von Anwendungen gekommen, die angesichts mangelnder lokaler Ressourcen nur durch die Services des britischen Herstellers behoben werden konnten, sodass eingangs der 1970er Jahre die Pläne eines Computerzentrums zur Diskussion standen. Die Akquise eines neuen Rechners aber besaß augenscheinlich bei den britischen Geldgebern, denen es in erster Instanz um die Anbahnung neuer Industriekooperationen ging, keine Priorität; die Förderung der Computertechnik wurde daher lediglich als Möglichkeitsbedingung des Ingenieurtrainings zur Anwendung im industriellen Einsatz erwogen – noch zur Mitte der 1970er Jahre wurde dazu der Vorschlag unterbreitet, anstelle eines kostspieligen Neuerwerbs in die moderate Erneuerung des inzwischen von ICL ausrangierten Modells zu investieren.

Obschon man sich in London grundsätzlich skeptisch zeigte, ob es den von Institutsseite gewünschten Leistungssprung im Bereich der Computertechnologie wirklich benötige, stimmte die britische Regierung letztlich dem Vorschlag, einen Rechner zu akquirieren, zu. Allein, es musste, so die Vorgabe, ein britisches Modell sein. Die Bitte des Instituts um einen IBM-Computer wurde so von der britischen Regierung abgewiesen.[180] Im Oktober 1978 wies sie dem IIT dafür knapp 2 Millionen Pfund zur Akquise und Installation eines ICL 2960 zu, der der Unterstützung angewandter Forschungen und der Anbahnung neuer Industriekooperationen dienen sollte.[181] Vor allem aber ebnete dieser

---

Ingenieursstudiengänge ausgerichteten Curricula als hochgradig problematisch. Vgl. T. Evans: Report on a Visit to IIT Delhi, 27. 4. 1977, BW 91/578.

178 Der Konzern war 1968 aus einer Fusion der »International Computers and Tabulators Ltd.« (ICT) und der »English Electric Computers« hervorgegangen: ICL Origins and Background, 1973, GB 133 NAHC/ICL/A1, Historical Papers, International Computers Ltd. (ICL) Collection, National Archives for the History of Computing, University of Manchester. Vgl. dazu überdies allg. Martin Campbell-Kelly: ICL. A Business and Technical History, Oxford 1990.

179 J. G. Ball: Report on a Visit to India, 17. 2.-7. 4. 1977, Mai 1977, S. 1-3, BW 91/573, TNA.

180 Brief for British High Commissioner. IIT Delhi, 1966, OD 13/52; W. G. Wormal, Imperial College Delhi Committee, Future Aid to the Institute, 20. 8. 1971, S. 3; Note on Visit of Chairman and Secretary to the O.D.A, 15. 11. 1971, OD 27/295, TNA.

181 British Aid for Indian Institute of Technology. ICL Computer to Help Engineer Training, 12. 10. 1978, BW 91/578, TNA.

Rechner dem IIT Delhi an der Schwelle der 1980er Jahre den Weg zur Einsetzung erster Studien- und Forschungsprogramme im Bereich der Computer Sciences.

Die Errichtung eines Computerlabors am IIT zeitigte indes hohe Kosten. Aus der Perspektive der britischen Regierung war die Investition in die Maschinen – zumal sich die administrativen Kosten der Förderung im Rahmen verschiedener Abkommen und Kooperationsvereinbarungen immer weiter auszuwachsen schienen[182] – sehr hoch. Ein erheblicher Anteil des 1980 ausstehenden britischen Einsatzes an Personal und Kapital bezog sich auf die Computer-Ausstattung des Instituts. Umso skeptischer zeigte sich die Regierung in London, die – nach dem Rückzug der USA und der UdSSR – ab der Mitte der 1970er Jahre die Fühler nach weiteren Kooperationsmöglichkeiten zu den IITs ausstreckte, als Vertreter des IIT Kharagpur und des IIT Bombay 1977 eine indisch-britische Kooperation in Spiel brachten, die vor allem auf »high technology areas« abzielte und Forschungsexpertise im Bereich Mikroelektronik und Computerhardware erbat.[183] In London hatte man eher den Einsatz kleiner, angewandter Technologien ins Auge gefasst, um dem Modell der »appropriate technology« zu entsprechen. Eine Millioneninvestition in Computer sei, so ein Beamter der Overseas Development Administration, insbesondere »in the light of some of the difficulties that we had with the IIT/D machine«[184] ein großes Wagnis.

Die Ausweitung des britischen Engagements an den IITs war eine Reaktion auf den schrittweisen Rückzug der übrigen Nationen aus Indien. Während im Bereich der Geotechnik eingangs der 1980er Jahre und in der Folge auch auf dem Feld der Verkehrs- und Städteplanung eine Kooperation am IIT Bombay zustande kam,[185] zerschlugen sich die Pläne einer Förderung im Bereich der Computerindustrie sowohl in Kharagpur als auch in Bombay. Zwar registrierte der British Council durchaus nicht ganz ohne Häme: »Kharagpur's computer needs arise we gather from the failure of computing equipment already provided by the Soviet Union.« Doch zeigte sich einmal mehr, dass aus britischer Sicht

---

182 Ein Vertreter des British Council in Indien konstatierte 1980: »collaboration with IIT/D has not proved very cost effective«. T. Buchanan, British Council Division, British High Commission, Neu Delhi, an R. O. Kiernan, ODA, 1.10.1980, S. 1-3, BW 91/578, TNA.

183 Proposal for British Assistance, Indian Institute of Technology, Kharagpur 1980, S. 1-5; Technical Education Discussions with Professor C. S. Jha, Education Adviser, Ministry of Education, India, 9.7.1980, S. 1-3; IIT Bombay. Memorandum, B. Holt, ODA, an J. A. Lawrence, British Council, 8.2.1977, BW 91/578, TNA. In gleicher Weise war das ODA in Gesprächen, das Computerzentrum der University of Poona zu stärken. A. J. Davidson, ODA, an P. Dean, ODA, 26.10.1978, BW 91/578, TNA.

184 P. Dean, ODA, an T. Buchanan, British Council, 29.8.1980, BW 91/578, TNA.

185 Vgl. Note of Meeting to Discuss Assistance to Technical Education in India Held at O.D.M. on 27th June 1977, 6.7.1977, BW 91/576; Technical Education, IIT Bombay – Offshore-Engineering, 1980-1982, BW 91/577, TNA.

die Förderung der Computertechnik keine besondere Dringlichkeit genoss. Die vorherrschende Haltung war vielmehr: »one IIT's ›shop window‹ for ICL equipment in India is sufficient.«[186] In den Plänen eines Handelsimperiums in Übersee spielten Computer lediglich eine Nebenrolle.

Freilich ging es der Regierung in London darum, der schier übermächtigen Konkurrenz durch IBM zu begegnen und die Produkte britischer Hersteller wie ICL in Indien – auch als Vehikel eigener Machtansprüche – zu vertreiben. Allerdings liefen die Vorstellungen der Inder und ihrer ehemaligen Kolonialherren über Form und Einsatz der Technik in vielen Fällen erkennbar auseinander. So war auch am 1956/57 in Hyderabad gegründeten Administrative Staff College of India, das nach dem Vorbild des Colleges in Henley-on-Thames der Ausbildung eines Kaders von Technokraten und Managern nach britischem Modell diente, in den 1970er Jahren lange um die Modernisierung der Rechenanlagen gerungen worden. Dabei hatten die Leiter des Colleges in Hyderabad gleich zu Beginn der Verhandlungen betont, die bis dato eingesetzte sowjetische Computertechnik (Riyadh EC-1030) durch britische ersetzen zu wollen, doch – auch wenn solche Argumente aus der Logik des Kalten Krieges in London durchaus schwer wogen – wurde die Bitte, einen Spitzenrechner (ICL 2978), wie er in der Verwaltung des Vereinigten Königreichs zum Einsatz kam, aus den Mitteln des britischen Entwicklungsprogramms zu erhalten, letztlich barsch abgelehnt.[187] Das lag vor allem an der paternalistischen, (post-)kolonialen Überzeugung der britischen Verhandlungspartner, in Indien keinen gleichberechtigten Partner vor Augen zu haben, der eine ebenso avancierte Technik wie das ehemalige Mutterland bedienen könne. So wurde sogar das indische Angebot, die horrenden Kosten einer Akquise des Rechners dadurch zu reduzieren, dass die Angestellten und Studierenden des Colleges in Hyderabad ihre Expertise im Programmieren in die Dienste der britischen Regierung und der Verwaltung stellten und Programme schrieben, um den Rechner abzubezahlen, abschlägig beschieden, obwohl es der britischen Industrie durchaus an Computerspezialisten mangelte. Nur wenige Jahre später wies das Modell der

---

186 So die prägnante Einschätzung der generellen Haltung der ODA von T. Buchanan, British Council, an R. O. Kiernan, ODA, 5. 8. 1980, S. 1-3, BW 91/578, TNA.

187 Vgl. N. P. Sen, ASCI, an G. Thomas, British High Commission, 5. 8. 1978, Proposal for Acquisition for Data Entry System for Administrative Staff College of India (ASCI), Hyderabad; Utpal K. Banerjee, ASCI, an David Firnberg, National Computing Centre, UK, 22. 9. 1978; P. Dean, ODA, an R. A. Alford, British Council, December 1978; Note on Meetings with Dr. Utpal Benerjee, ASCI, Januar 1979; P. Dean, ODA, an R. A. Alford, British Council, 14. 8. 1979, BW 91/497, TNA. Nachdem es bereits in den 1960er Jahren in Indien eine breite Debatte um den Einsatz der Computertechnik und die Frage gegeben hatte: »Can India afford to go in for automation in a big way? Can it afford not to?« – vgl. Automation in India, 1. 12. 1967, in: Times of India, S. 8 –, zeigte man sich am ASCI in Hyderabad – im Anschluss an die Thesen Jean-Jacques Servan-Schreibers – im Jahr 1975 überzeugt, dass der nächste »industrielle Krieg« über die »Auseinandersetzung um Computer« entschieden werde. Vgl. Gopalakrishnan/Narayanan: Computers, S. 95.

Ausgliederung von IT-Services der Computerindustrie in Indien zwar den Weg. Das College in Hyderabad aber blieb – zumal ein weniger leistungsstarker Rechner des indischen Elektronikkonzerns ECIL die Lücke zur britischen Konkurrenz kaum zu schließen vermochte – vor allem ein regionales Computerzentrum zur Schulung von Verwaltungsspezialisten im globalen Süden. Derweil zeigte die Episode die ganze Ambivalenz des Imports der Technik von ausländischen Mächten, die in Indien – vor dem Hintergrund von Dekolonisation und Kaltem Krieg – zugleich ein Symbol der Begierde und postkolonialer Bürde und Belastungen war.[188] Überdies spiegelte sie die Persistenz von »Machtrelationen« wider, die auch in der Folge die Ausbildung der Eliten des Landes an den Hochschulen und Forschungszentren ausmachten.[189]

Indes hatten – angestoßen durch die Aktivitäten der Vereinten Nationen und deren Berichte zum Einsatz von Computern in Entwicklungsländern[190] – im »Ministry of Overseas Development« in London ab 1968 erste Diskussionen über die Rolle von Computern im globalen Süden und hier insbesondere den Vertrieb von Hardware und die Ausbildung von Computerspezialisten begonnen. Dabei war neben der Akquise eines ICL-Rechners am University College in Nairobi und einem lokalen Ausbildungsprogramm in Kenia auch ein Trainingsprogramm im Bereich Datenverarbeitung in Indien vorgesehen, das vom Institute of Computer Sciences der University of London abgehalten werden sollte.[191] In gleicher Weise verhandelte die britische Regierung auch mit der pakistanischen und der ceylonesischen Regierung über Technologieprogramme, die über Hardwareexporte hinaus auch und gerade auf den

---

188 Zur Praxis der Auseinandersetzungen um digitale »Unabhängigkeit« im globalen Süden vgl. das aktuelle Forschungsvorhaben von Mar Hicks unter dem Titel »Digital Resistance. Hidden Histories of the Electronic Age«.

189 Von Hardware und Expertise der ehemaligen Kolonialherren lange abhängig, blieben die Entwickler und Nutzer der Computertechnologien in Indien gleichwohl ihrerseits eine privilegierte Elite: »New Delhi itself is far removed from the realities of India. […] The training program in Hyderabad includes what is called the NASA game. In this, ›the participants are supposed to be in a space capsule, which crashed on the moon, 200 miles away from the mother ship‹. Now the question is: what would they do? I think the answer is simple. […] If you are blessed with the oxygen of power, you will flourish in any remote region.« Educating our Masters, in: Times of India, 14. 9. 1986, S. IV; 3rd Workshop for Bureaucrats ends, in: Times of India, 18. 1. 1987, S. 3.

190 International Co-Operation with a View to the Use of Computers and Computation Techniques for Development, 20. 12. 1968, Res. 2458 (XXIII), in: United Nations General Assembly Official Records (GAOR). Resolutions Adopted by the General Assembly during its 23rd Session, New York 1969, S. 34-35, UN Digital Library UNA(01)/R3.

191 Vgl. Computers in Developing Countries, Economic Planning, Ministry of Overseas Development, 22. 11. 1968; Press Clipping: G. P. Tottle: A Role for Computing in Under-Developed Countries, in: Computer Bulletin 13,1 (1969), S. 6-9; H. B. Wenban Smith: Computers for Developing Countries, Juni 1969; Training in the Field of Computers, OD 32/49, TNA. Ein ICL-Computer wurde ausgangs der 1970er Jahre in Nairobi übergeben. Vgl. OD 12/81, TNA.

Austausch von Experten abzielten.¹⁹² Die Konkurrenz zwischen Indien und Pakistan tangierte die britischen Absichten, sich auch in diesem Teil des ehemaligen britischen Empires einzubringen, kaum.¹⁹³ So bemühte man sich auch hier, Trainingszentren einzurichten und im Zuge dessen den britischen Hersteller ICL gegenüber IBM auf den neuen Märkten des globalen Südens in Stellung bringen.¹⁹⁴ Die meisten dieser großen Pläne aber blieben nach zähen Verhandlungen eher Papiertiger und verschwanden bis 1970 wieder in den Schubladen ministerialer Schreibtische.

Dabei waren die Pläne einer britisch-indischen Kooperation im Bereich Elektronik und (Nachrichten-)Technik bereits eingangs der 1960er Jahre bis zum Premierminister gedrungen. Im Dezember 1963 schrieb Lord Kilmuir, der als ehemaliger Lordkanzler die Gründung des Delhi Engineering College vorangetrieben hatte, in seiner Funktion als Vorstand des britischen Elektronikkonzerns Plessey Company an Premierminister Alec Douglas-Home über die Möglichkeit, ein »Joint Venture« mit der Tata Company im Bereich der Nachrichten- und Kommunikationstechnik einzugehen. Hier waren die Bande zwischen der britischen Telegraphenindustrie und der indischen Regierung, die noch aus den Jahren des Empires stammten, besonders eng.¹⁹⁵ Dabei brachte Kilmuir das indische Interesse an einer Kooperation im Bereich der elektronischen Verteidigungstechnik in Spiel, das durch den indo-chinesischen Grenzkrieg an Substanz gewonnen habe. Obschon sich Douglas-Home optimistisch gab, blieb die Kooperation auch hier aus.¹⁹⁶

Abseits der Bemühungen um konzertierte Programme im Bereich der »Technischen Bildung« gab es gleichwohl durchaus einzelne gelungene Verbindungen. Ausgangs der 1960er Jahre schlossen so etwa die britische ICL und die indische Bharat Electronics Ltd. (BEL) eine Vereinbarung über den Bau britischer Kleincomputer in Indien. In den 1980er Jahren unterstützten staatliche Programme den Handel mit der indischen Industrie im Bereich Elektro-

---

192 Im Jahr 1968 war der Sekretär des pakistanischen Komitees zur Förderung der Computertechnologie, M. Habibur Rahman, zu Verhandlungen nach London gereist; die Computerisierung der Verwaltung war eines der erklärten Ziele seines Besuchs. Vgl. Visit of Mr. K. Habibur Rahman, 13.-28.10.1968, OD 27/147, TNA.
193 C. S. Pickard, British High Commission, Rawalpindi, an G. S. Whitehead, FCO, 15.5.1967, FCO 11/30, TNA.
194 Memorandum. P. F. Walker: Computers, 22.10.1968; 18.2.1969; Ministry of Technology. Computer Advisory Service. Proposals for the Setting Up of an Overseas Computer Bureau Installation and Training Centre, London 1969, FCO 37/496, TNA. ICL goutierte die Unterstützung gegen die Konkurrenz »and particularly IBM which is more powerful than many national governments«. D. Gracie, ICL, an A. T. Baillie, FCO, 26.9.1969, FCO 37/496, TNA.
195 Zur Bedeutung der Telekommunikationsindustrie in Britisch-Indien vgl. Mann: Wiring the Nation.
196 Vgl. John A. Clark, Managing Director, Plessey Group, an S. Bhoothalingam, Secretary, Finance Ministry, India, 11.10.1963; D. Kilmuir an A. Douglas-Home, 5.12.1963; A. Douglas-Home an D. Kilmuir, 17.12.1963, PREM 11/4303, TNA.

nik und Telekommunikation.[197] Auch der Export von Computertechnologie rückte nun immer stärker in den Fokus.[198] Dabei wurden sowohl der Handel als auch die Auslagerung der Produktion in Niedriglohnländer, wie im Fall der Halbleiter-Fabrikation und der Konstruktion von Computer-Peripheriegeräten und Unterhaltungselektronik, von NGOs und Thinktanks wie dem Londoner »Overseas Development Institute« durchaus kritisch beäugt.[199]

Das IIT Delhi war derweil – wie seine Schwesterinstitute – zu einer Hochschule von internationaler Reichweite gereift; abseits der Kooperationen ins Vereinigte Königreich besaßen die einzelnen Departments auch Verbindungen in die USA und zahlreiche europäische Länder. Das britische Erbe blieb so auch am »royalen IIT« relativ überschaubar.[200] Doch zeigte sich – im Versuch, Ingenieure und Techniker auszubilden – gerade am britischen IIT der Wandel bildungspolitischer Paradigmen in der Ausbildung indischer Eliten nach 1947 am deutlichsten. Hatte an den britischen Colleges und Universitäten der kolonialen Ära vor allem die Ausbildung von Staatsdienern, Beamten (Civil Servants) und kolonialen Administratoren im Fokus gestanden, so dominierte nun an den boomenden (poly-)technischen Hochschulen und allen voran an den IITs das Modell einer höheren technischen Bildung, das an das Gründungsvermächtnis der Nehru-Jahre erinnerte. Das IIT Delhi war zum Prototyp des neuen Hochschulsystems geworden.

---

197 Vgl. India and Telecommunications. A £50m Financing Offer. J. H. Chapman, Department of Trade and Industry, an J. Vereker, ODA, 1. 10. 1985; R. G. Reynolds, Managing Director, GEC Telecommunications Ltd., an T. C. Wood, Foreign and Commonwealth Office, 5. 7. 1985, FO 37/4137, TNA. Konzerne wie BEL, die Indian Telephone Industries oder der Computerhersteller ECIL zählten zu den größeren Nutznießern dieser Programme.

198 Sharing the Wealth of Computer Technology. The U.K. Council for Computing Development, Broschüre, 1981; British Computer Society. Developing Countries Project, 1. 12. 1980, OD 12/81, TNA. Ein Gegenstand kontroverser Auseinandersetzungen und wachsender zivilgesellschaftlicher Proteste war hier der Handel der Computerhäuser ICL und IBM mit dem südafrikanischen Apartheidsregime ab den 1970er Jahren. Zur Rolle ICLs vgl. FV 90/9; FV 90/10; FV 49/29; FCO 105/1034; FCO 105/1443, TNA. Vgl. überdies allg. Edwards/Hecht: History, S. 630-635.

199 Vincent Cable/Jeremy Clarke: British Electronics and Competition with Newly Industrialising Countries, London 1981, S. 108-113; vgl. überdies allg. Vincent Cable: British Interests and Third World Development, London 1980.

200 So Pant/Rajguru: IIT, S. 89-98.

4.5 »The Jungle IIT«:[201]
Die Bundesrepublik und die Auseinandersetzung um Ziele und Modelle der Bildungspolitik am IIT Madras

Als der westdeutsche Bundesminister für wirtschaftliche Zusammenarbeit, Erhard Eppler, im November 1973 nach Indien aufbrach, um das Land zu besuchen, das den größten Teil des deutschen Entwicklungsbudgets verschlang, erlebte er das Land, »das eigentlich ein Subkontinent« ist, als ein Land der Gegensätze. Eppler besuchte die Slums von Kalkutta, die politisch unruhigen Regionen Westbengalens, die Orte der deutschen Kooperationsvorhaben im Bereich Viehzucht, Ackerbau und Bewässerung in Mandi und Kangra im nördlichen Bundesstaat Himachal Pradesh, das – von »deutscher Hand« errichtete – »Stahlwerk im Dschungel«[202] von Rourkela sowie zum krönenden Abschluss die mit deutscher Beteiligung gegründete Technische Hochschule in Madras – das »größte deutsche Projekt auf dem Gebiet der Bildungsförderung«.[203] Hier weihte er »einen der modernsten Computer der Welt« ein. Klaus Natorp, FAZ-Redakteur und Teilnehmer der deutschen Reisedelegation, zeichnete im Anschluss ein ambivalentes Bild von den Verhältnissen: Indien sei »Entwicklungsland« und »moderner Industriestaat« zugleich. So spanne sich im Land der »Computer und Kühe« letztlich »der Bogen von der finstersten Rückständigkeit bis zu den supermodernen Wunderwerken der industriellen Technik«.[204]

Dass die deutsche Delegation um Eppler »zwischen den Polen der indischen Wirklichkeit« und so zwischen den »Elendsvierteln von Kalkutta, der teilweise archaischen Landwirtschaft in manchen Provinzgegenden und dem Indien von morgen in der Elite-Universität von Madras [...] hin- und hergerissen«[205] wurde, demonstrierte die ganze Ambivalenz des deutschen Indienbildes in diesen Jahren, das zwischen der Wahrnehmung »extreme[r] Armut« und der Exotik eines »kulturell interessante[n] Reiseland[s]« und der einer »aufstrebende[n] Wissens- und Wirtschaftsnation« changierte.[206]

Die Technische Hochschule in Madras eignete sich in der Bundesrepublik ganz vorzüglich als Symbol des modernen Indiens. Ab 1958 war sie mit einer bis

---

201 Zum Image des »Jungle IIT« ab den 1960er Jahren vgl. Sebaly: Assistance, S. 70-72; Pant/Rajguru: IIT, S. 63f.
202 Corinna R. Unger: Rourkela, ein ›Stahlwerk im Dschungel‹. Industrialisierung, Modernisierung und Entwicklungshilfe im Kontext von Dekolonisation und Kaltem Krieg (1950-1970), in: Archiv für Sozialgeschichte 48 (2008), S. 367-388.
203 So Jerosch: Voraussetzungen, S. 40f.
204 Klaus Natorp: Computer und Kühe. Mit Eppler in Indien, in: FAZ, 1.12.1973, S. BuZ3.
205 Ders.: Epplers Indienreise, in: Indo-Asia 16,1 (1974), S. 11-14, hier: S. 13.
206 Zur bundesdeutschen Wahrnehmung Indiens vgl. allg. Martina Franke: Hoffnungsträger und Sorgenkind Südasien. Westdeutsche Betrachtungen und Begegnungen 1947-1973, Heidelberg 2017, S. 392-418, hier: S. 411. Eine kritische Artikelserie im *Spiegel* zu Indien – »dem kranken Riesen« – war kurz vor Epplers Reise erschienen.

dato beispiellosen personellen und finanziellen Unterstützung aus Bonn aufgebaut worden; vier Regierungsabkommen regelten bis 1980 den Austausch zwischen den beiden Ländern.[207] Bereits ab 1965 nahm sich eine Arbeitsgruppe in Bonn der Planung des Instituts an;[208] zudem gründete das BMZ mit dem »Madras-Ausschuss« ein Gremium, in dem – nach dem Vorbild des amerikanischen Universitätskonsortiums in Kanpur – zwischen 1966 und 1977 regelmäßig Vertreter aus Politik und Wissenschaft, darunter Vertreter des Auswärtigen Amts, des BMZ und des BMWi sowie der GAWI und des DAAD, des IIT Madras und verschiedener technischer Hochschulen in der Bundesrepublik zusammenkamen, um die Planungen in Madras zu koordinieren.[209]

207 Die Regierungsabkommen spiegeln die Dynamik der deutsch-indischen Verhandlungen über die Ziele und Modi der Kooperation und die Höhe der deutschen Investitionen in Personal und Ausrüstung in den ersten drei Förderphasen (1958 bis 1963, 1966 bis 1971 und 1971 bis 1974) eindrücklich wider. Im Dezember 1974 läutete das vierte Abkommen alsdann eine Phase der »partnerschaftliche[n] Kooperation« zwischen beiden Ländern ein, die bis 1978 das bis dato vorherrschende Modell des Mentorings ablöste. Eine Übergangsregelung bis 1980 diente der Ausarbeitung einer Grundsatzvereinbarung, die die Kooperation, nach längeren Verhandlungen, ein Jahr später weiterschrieb. Obwohl das konzertierte Förderprogramm der Regierungsabkommen in dieser Phase endete, setzte die Bundesregierung ihre Anstrengungen indes auch in der Folge in Form verschiedener Vereinbarungen fort; zu den Kooperationsvorhaben späterer Jahre zählten so sowohl der inter-universitäre Expertenaustausch als auch die Modernisierung der Materialausstattung und hier insbesondere die Erneuerung des Maschinenparks der Hochschule. Vgl. Jerosch: Voraussetzungen, S. 43-45; Ministry of Finance, Progs. Nos. 19/39/73-IA: Assistance from FRG for IIT Madras, NAI; Indian Institute of Technology. Vereinbarungen; Working Paper on Proposals for the Fifth Indo-German Agreement for Assistance to IIT Madras, 1978; V.C. Venkatesh: The IIT Madras – A Fruitful Example of Indo-German Cooperation. Key-Note Paper IITM [1980], AV Neues Amt (AV NA) 15954, Politisches Archiv des Auswärtigen Amts (PA AA), Berlin; Preuß (Hrsg.): Toleranz, S. 110f.
208 In diesem Zusammenhang reiste eine Delegation der RWTH Aachen unter Führung von Hans A. Havemann, der hier ab 1963 als Professor für »Internationale Technische Zusammenarbeit« ein Forschungszentrum zur Entwicklungskooperation (FIZ) leitete, nach Madras, um den Stand der Hochschulentwicklung zu evaluieren. Vgl. Reisebericht, Delegation der TH Aachen, 1967, B 213/2909, Bundesarchiv Koblenz (BAK). Hans A. Havemann: Besuchsbericht, IIT Madras 1967, Aachen 1968; ders.: Besuchsbericht, IIT Madras 1968, Aachen 1968; ders.: Die Entwicklungsuniversität als Instrument internationaler Zusammenarbeit in Wissenschaft und Technik, Baden-Baden 1973; FIZ, Akten Nr. 319-321; Nr. 1036; Nr. 1328, Hochschularchiv RWTH Aachen.
209 Im Madras-Ausschuss saßen Vertreter der TH Braunschweig, der RWTH Aachen, der TU Stuttgart und der TU Berlin. Vgl. B 213/2918, BAK; Ergebnisschrift über die letzte Sitzung des Madras-Ausschusses vom 25.2.1977 im BMZ in Bonn, 42/58, Universitätsarchiv TU Stuttgart (UAST). Die einzelnen Hochschulen etablierten im Rahmen disziplinärer Programme eigene »Universitätspartnerschaften« zum IIT Madras. Vgl. exempl.: Unsere akademische Partnerschaft mit der südindischen Technischen Hochschule Madras, in: Alma Mater 5 (1967), S. 77-85; Entwicklungshilfe im Bereich der wiss. Einrichtungen, Akte Nr. 1327, Hochschularchiv RWTH

Obwohl die Bundesrepublik so – kaum ein Jahr nachdem die indisch-sowjetischen Verhandlungen über die Errichtung eines Instituts begonnen hatten und lange vor den amerikanischen Bemühungen um ein eigenes IIT – die Idee einer Förderung besprochen und in konkrete Pläne überführt hatte, war sie bei der Computerisierung des Instituts allerdings unbesehen aller Modernisierungseuphorie der große Nachzügler gewesen. Als alle anderen IITs bereits elektronische Rechenanlagen besaßen, wartete man in Madras auch an der Schwelle der 1970er Jahre noch immer auf die Akquise eines digitalen Rechners.

Begonnen hatten die ersten Gespräche über eine deutsch-indische Kooperation im Bereich der technischen Bildung am Rande des ersten Staatsbesuchs von Premierminister Nehru in der Bundesrepublik. Nachdem Vizekanzler Franz Blücher im Dezember 1955 anlässlich eines ersten »Freundschaftsbesuchs« in Indien in einem Interview im Norddeutschen Rundfunk die Bedeutung des kulturellen wie ökonomischen Austauschs zwischen beiden Ländern herausgestrichen hatte, bekundete Bundeskanzler Konrad Adenauer im Juli 1956 gegenüber Nehru seine ausdrückliche Bereitschaft, den allgemeinen Kooperationswillen in die Form eines konkreten Vorhabens zu bringen und sich am Aufbau einer »technischen Lehranstalt« in Indien zu beteiligen.[210]

Im Oktober sandte die Bundesregierung eine Delegation unter der Leitung des bayerischen Staatsministers für Unterricht und Kultus, August Rucker, nach Indien, um Ausmaß und Zielrichtung der deutschen Hilfe zu eruieren. Dabei waren von indischer Seite neben Madras sowohl Kanpur im Norden als auch Bangalore im Süden als mögliche Orte zur Gründung eines Bildungsinstituts ins Spiel gebracht worden. Neben Rucker, der zuvor als Ordinarius für städtisches Ingenieurwesen und Städtebau zugleich Rektor der TH München gewesen war, gehörten der Rektor der TU Berlin, Johannes Lorenz, der Direktor der Polytechnischen Hochschule Hamburg, Heinrich Duensing, und der Leiter der Forschungsabteilung von AEG, Reiner Thedieck, zur deutschen Reisegruppe. Die deutsche Delegation besuchte 35 Hochschulen und Forschungseinrichtungen in knapp einem Dutzend Städten. Dabei ergab sich gerade aus den Gesprächen mit der indischen Planungskommission der Eindruck, dass der Mangel an Ingenieuren und Technikern zu den vordringlichsten Proble-

---

Aachen; Gründung und Ausbau des IIT Madras, 42/66-82, UAST; Autobiographische Aufzeichnungen Prof. Rudolf Quacks zur Gründung des IIT Madras, 1966-1977, 42/65, UAST; Akademisches Auslandsamt, BIII, B-3-1 und B-3-2, Nr. 160-180, Universitätsarchiv TU Berlin (UATUB); Kultusministerium: Kontakte zu Hochschulen und Instituten in Entwicklungsländern – IIT Madras, 20.6.1963, A2/34; Senatsbeschluss, Patenschaft, TUB-IIT Madras, Notiz, 8.12.1964, A2/220; B. Sengupta, Direktor IIT Madras, an K. Gerke, Direktor TUB, 25.5.1967, A2/150; R.A. Kraus, Korrespondenzen, B7/340, UABS.

210 Deutscher Freundschaftsbesuch in Indien. Interview, 14.12.1955, Bulletin des Presse- und Informationsamtes der Bundesregierung, Nr. 234, S. 2001; Gleichartigkeit der grundsätzlichen Ziele. Kommuniqué, 17.7.1956, Bulletin, Nr. 130, S. 1284; West Germany to set up Technical College in India, in: The Mail, 15.7.1956, AV NA 3661, PA AA.

men des Landes zählte. Den Nutzen des Praxisbezugs vor Augen, schien es den Deutschen von elementarer Bedeutung, eine »Lehranstalt« zu errichten, die es erlaubte, die Absolventen auf den Einsatz in Industrie und Agrarwesen vorzubereiten. So schlug die Delegation um Rucker nach ihrer Rückkehr ein Modell praxisnaher Ausbildung vor, das – abseits optionaler Praktika in der lokalen Industrie – mindestens sechsmonatige Workshops in den Zentralwerkstätten und Laboratorien des Campus im Rahmen des Bachelorstudiums vorsah.[211]

Noch vor der Abreise der Delegation war das deutsche Konsulat in Madras bereits in die Konkurrenz um die Wahl des Standorts zur Ansiedlung des geplanten Instituts eingestiegen. Madras sei als »eine der 3 größten Städte Indiens« nicht nur als »Universitätsstadt Kanpur überlegen«, sondern auch »verkehrsmäßig besser erschlossen« und »für den Süden in wirtschaftlicher Hinsicht« von elementarer Bedeutung.[212] Dazu wurde auch die Expertise der wenigen deutschen Hochschullehrer in Indien herangezogen. So zählten sowohl Oskar Scholze, ein in Madras ansässiger deutscher Ingenieur, der ab 1952 als Professor am Madras Institute of Technology, einer kurz nach der Republikgründung errichteten privaten Ingenieursschule, tätig war, als auch der Maschinenbauer Hans A. Havemann, der als Professor am Indian Institute of Science in Bangalore lehrte und Jahre später als Ordinarius an der RWTH Aachen den Status quo der Hochschule in Madras evaluieren sollte, zu den Fürsprechern der Gründung in den Kreisen des Auswärtigen Amtes.

Der Ingenieur Scholze, der die Ziele der Bundesrepublik präzise erkannte, wies bereits hier auf das zentrale Problem einer möglichen Diskrepanz der Erwartungen in Bonn und Delhi hin: Während sich die Bundesregierung eine »Hilfe« in Form »einer deutschen höheren Technischen Lehranstalt« bzw. einer praktisch ausgerichteten »Ingenieursschule« vorstellte, seien die Inder »in erster Linie« an einer stark theoretisch ausgerichteten Eliteeinrichtung – einer »Technischen Hochschule und zwar nach dem Vorbild ›Kharagpur‹ interessiert.«[213] Die Rucker-Kommission relativierte gleichwohl, auch ein mögliches »Höhere[s] Technologische[s] Institut«, von dem die indischen Verhandlungspartner aus Politik und Forschung sprächen, sei keineswegs der

---

211 Programme of the German Technical Mission in India, 23rd Oct. to 24th Nov. 1956, AV NA 3661, PA AA. Technical Aid to India, in: The Hindu, 27.10.1956; W. German Technical Mission, in: Indian Express, 6.11.1956, AV NA 3661, PA AA. Zur »Rucker-Mission« vgl. August Rucker: Deutsche Mission für die Begründung einer Technischen Hochschule (Technical Institute) in Indien, 23.11.1956, S. 1-5; Deutsche Beratende Kommission für die Errichtung eines Technischen Instituts in Indien, 20.12.1956, B 58/35, PA AA, sowie Sebaly: Assistance, S. 67-70.

212 A. Vogt, Konsulat, Madras, an das AA, 11.8.1956, S. 1-2, AV NA 3661, PA AA.

213 Oskar Scholze, MIT, an A. Vogt, Konsulat, Madras, 20.9.1956, S. 1-2, AV NA 3661, PA AA. Vgl. Oskar Scholze: Errichtung einer Technischen Hochschule in Indien, 11.8.1956, S. 1-7; E.W. Meyer, Deutsche Botschaft, Neu Delhi, an das AA, 29.10.1956, S. 1-4, AV NA 3661, PA AA. Vgl. Status-Reports IIT Madras, 1963, B 213/2910, BAK.

Leistung nach einer deutschen technischen Hochschule gleichzustellen [...] sondern nach der Lehrweise sowie nach dem Bildungsstand der aufzunehmenden Kandidaten und auch nach den Examensanforderungen in ihrem Hauptzweck als gehobene Ingenieursschule zu bezeichnen.

Zudem, gab der deutsche Botschafter in Delhi, Ernst Wilhelm Meyer, zu bedenken, sei die Gründung eines solchen »Technikums« sowohl personell als auch pekuniär ein geringes Wagnis angesichts der Perspektive, »in Asien ein Institut von wahrhaft geschichtlich bedeutsamen und für unsere eigenen Interessen äußerst nützlichem Charakter zu errichten, ausgestattet mit deutschen Lehrkräften, ausgestattet mit deutschen Instrumenten von Werbekraft, [...] ein einzigartiges Zentrum für deutschen technischen Geist und deutsches technisches Können«.²¹⁴

So hoch die Erwartungen an eine Gründung der Hochschule »im Dschungel« waren, so divers blieben indes die Vorstellungen, wie diese auszusehen habe, in der Folge. Am 7. August 1958 vereinbarte ein Regierungsabkommen zwischen Bonn und Delhi die Errichtung einer Lehranstalt, in dessen Zuge die Bundesrepublik sowohl Lehrkräfte (20 Professoren und 5 Vorarbeiter) als auch Laboratoriums- und Werkstattausrüstungen sowie eine Bücherei stellte, während die indische Regierung die Kosten für das indische Personal, das Grundstück, Gebäude und Wohnquartiere am Campus übernahm.²¹⁵ Darüber hinaus allerdings blieben die Zielvereinbarungen des ersten Abkommens ausgesprochen vage. So hieß es lediglich, die »Aufgabe des Instituts« sei es, »die Lehre und Forschung auf den von ihm für geeignet erachteten Gebieten des Ingenieurwesens und der Technik, der angewandten Wissenschaften und Künste sowie die Förderung des Unterrichts und die Verbreitung des Wissens auf diesen Gebieten« voranzubringen.²¹⁶ Während es schon hier über die Ausdeutung des Engagements der Bundesrepublik kontroverse Auseinandersetzungen gab – die Bonner Unterhändler bestanden auf der Formulierung einer »gemeinsamen Gründung« des Instituts, die indische Delegation aber setzte durch, dass die »Gesamtleitung in den Händen des [indischen] Direktors«

---

214   E. W. Meyer, Deutsche Botschaft, Neu Delhi, an das AA, 30.11.1956, S. 1-4, AV NA 3661, PA AA.
215   Errichtung einer technischen Lehranstalt in Indien, 9.8.1958, Bulletin, Nr. 144, S. 1498; IIT Madras. An Introductory Note, in: INDSEARCH. Journal of the Industrial and Scientific Research Association, Madras, Special Number: IITM, 2,6-7 (1967), S. 9-13, B 213/19630, BAK. Im Rahmen des Abkommens investierte die Bundesrepublik rund 15 Mio. DM in die Ausrüstung. Zudem erklärte sie sich bereit, 20 indische Dozenten zur Vorbereitung auf die Lehre am IIT Madras in Deutschland auszubilden. Die experimentelle Struktur der »Workshops« war da bereits näher beschrieben: So gab es neben einer Tischlerei und einer Schlosserei auch einzelne Werkstätten für Eisen- und Metallguss, Schweißen, Schmieden, Elektrotechnik und Feinmechanik sowie für den Bau von (Werkzeug-)Maschinen.
216   Abkommen zwischen der Regierung der BRD und der Regierung von Indien über die Errichtung einer Technischen Lehranstalt in Indien, 7.8.1958, in: GTZ (Hrsg.): Technische Hochschule Madras, S. 199-211, hier: S. 199f.

liege²¹⁷ –, blieben die Ziele im Dunkeln. So war es ein Geburtsfehler des Instituts, dass – wie eine Strukturanalyse des IIT Madras Ende der 1960er Jahre konstatierte – die Gründung der Hochschule »ohne wesentliche Diskussion über die Zielvorstellung und die für ihre Realisierung notwendige ›Struktur‹ abgelaufen« sei.²¹⁸

Als die genauen Eckdaten des Engagements noch in den Sternen standen, hatte die Bonner Regierung bereits begonnen, die Werbetrommel zu rühren. Um die deutsch-indische Kooperation publik zu machen, ließ die konsularische Vertretung der Bundesrepublik in Madras der lokalen Presse erste Berichte über Trainee- und Fellowship-Programme der deutschen Industrie zukommen und einen detaillierten Pressebogen zur bevorstehenden Eröffnung des Instituts erstellen. Ab Sommer 1958 bildete die Bundesrepublik dann eine erste Kohorte indischer Ingenieure in Deutschland aus, die nach zwei Jahren eine Dozentur an der Hochschule in Madras übernehmen sollten. Dabei bezeugten gleich mehrere deutsche Hochschulen, darunter die TU Berlin, die TU Stuttgart, die RWTH Aachen und die TU Braunschweig, die Absicht, sich an der Ausgestaltung der Kooperation aktiv zu beteiligen.²¹⁹ Zwanzig Dozenten waren aus Deutschland angeworben worden; die ersten deutschen Experten erreichten Madras im April des nächsten Jahres.²²⁰ Im Juli startete der Lehrbetrieb mit zunächst 120 (männlichen) Studierenden. Bei der Zahl der Studierenden erreichte Madras binnen weniger Jahre die Dimension der übrigen IITs.

Anlässlich der Grundsteinlegung des IIT Madras reiste Bundespräsident Heinrich Lübke, wie schon sein Amtsvorgänger Theodor Heuss, im November 1962 nach Indien. Dabei beeilte er sich, wie Adenauer zuvor, den bundesdeutschen Einstieg in die »Entwicklungshilfe« für die »im Kampf um ihre Freiheit stehenden Völker Asiens und Afrikas« als selbstloses, humanitären Zielen verpflichtetes »Projekt« herauszustellen. Die »mit deutscher Hilfe er-

217 W. Melchers, Deutsche Botschaft, Neu Delhi, an das AA, 23.4.1958, S. 1, AV NA 3661, PA AA.
218 Havemann: Strukturanalyse, S. 5.
219 Die Zusage zur Ausbildung von zwanzig Ingenieuren war Teil des deutsch-indischen Regierungsabkommens gewesen. 1960 hatten 13 Ingenieure das Programm begonnen. Neben diesen Ausbildungsprogrammen bemühten sich die deutschen Kooperationspartner auch um eine Förderung der Ausstattung der Forschungseinrichtungen. Hier diente bspw. die Institutsarchitektur der TU Braunschweig bei der Planung der Labore in Madras als Vorbild. Vgl. Discussions on I.I.T. Madras, 22.3.1960, AV NA 3663, PA AA.
220 Gemessen an den ehrgeizigen Plänen des Regierungsabkommens war die Bilanz der Personalrekrutierung allerdings durchaus ernüchternd. Noch im Sommer 1962 zählte der deutsche Stab in Madras kaum eine Handvoll an Experten. Dabei erschwerte der Umstand, dass sich der Einsatz in Madras gegenüber einer Dozentur im Inland in aller Regel weder pekuniär auszahlte noch als Karrierevorteil erwies, die Gewinnung qualifizierter Bewerber. Vgl. R.A. Kraus, Aufzeichnung. Technische Lehranstalt, Indien, deutsche Lehr- und Fachkräfte, 3.8.1962, AV NA 3665, PA AA. Zu den Zahlen des ersten Jahrganges vgl. IIT Madras: Annual Report 1959-60, Madras 1960, S. 3-5.

stellten und entwickelten wirtschaftlichen Unternehmen, wissenschaftlichen Institute sowie agrar-ökonomische, industrielle und pädagogische Anstalten« seien denn auch »nicht der Ausdruck irgendwelcher politischer Machtinteressen« als vielmehr des Versuchs, die »Not« dieser Völker zu lindern.[221] Während Lübke dabei en passant die von der DDR geprägte Rede der »Solidarität« und »Völkerfreundschaft« zur »Dritten Welt« okkupierte, verriet doch schon allein die Tatsache, dass er gleich zu Beginn des Staatsbanketts in Neu Delhi eindringlich an das gemeinsame deutsch-indische Schicksal der Teilung erinnerte, wie sehr auch das Wirken der Bundesrepublik von handfesten politischen und ökonomischen Erwägungen geprägt war.[222]

Unter westdeutschen Ökonomen und Unternehmern hatte Indien schon in den 1950er Jahren als »Markt der Zukunft« gegolten. Für die exportorientierte westdeutsche Industrie, allen voran Elektro-, Chemie- und Stahlkonzerne, bot die Belebung der deutsch-indischen Wirtschaftsbeziehungen die Gelegenheit, neue Absatzmärkte zu »entdecken« und nach dem Zweiten Weltkrieg wieder auf die Bühne der internationalen (Handels-)Beziehungen zurückzukehren. Mit der Förderung des Handels verbanden sich so zugleich entwicklungspolitische und außenwirtschaftliche Ziele. Schon 1957 konstatierte die *Zeit*, der Siegeszug der »›Technical Assistance‹ in Entwicklungsländern« mache die »Auslandsingenieure« zu den Vorposten der neuen Handelsregime: Der »technische Export folgt dem Ingenieur des Landes, das seine Investitionsgüter anzubieten versteht«.[223] Um die Entwicklung der neuen Nationen über Know-How und Maschinen voranzutreiben, bedürfe es der Investitionen aus den Industriestaaten. In der entwicklungspolitischen Erweiterung der berühmten These vom »Handel«, der »der Flagge« folge, hieß es nun, wie deutsche Diplomaten in Neu Delhi bemerkten: »Der Handel folgt der technischen Hilfe«.[224]

Der westdeutsche Einsatz in Madras war Teil eines konzertierten Programms, eine »industrielle Wissensordnung« in Indien zu errichten. Dabei ging es im Rahmen der deutschen technischen Hilfe auch um die Erziehung zur »richtigen« Arbeitseinstellung. Wie Corinna Unger gezeigt hat, flossen hier tradierte Annahmen über den Wert von Arbeit und ein angemessenes (an die protestantische Arbeitsethik angelehntes) Arbeitsverhalten in die Entwicklungspolitik

---

221 Der Bundespräsident besucht Asien, 15.11.1962, Bulletin, Nr. 212, S. 1803.
222 Der Bundespräsident in Indien, 28.11.1962, Bulletin, Nr. 219, S. 1861; zu Lübkes Besuch am IIT Madras vgl. überdies: Souvenir Volume To Commemorate the Visit of His Excellency Dr. Heinrich Lübke. Foundation Stone-Laying Ceremony, IIT Madras, 3.2.1962, IIT Madras Heritage Centre (MHC). Ein Wochenschau-Film zelebrierte Lübkes Besuch als Dokument der »Freundschaft« und »Partnerschaft«, Deutsche Wochenschau GmbH, 1962. URL: https://www.filmothek.bundesarchiv.de/video/590212?set<?_>lang=de [abgerufen am 15.8.2022].
223 O.F. Stripp: Der Weg zu besseren Orientkontakten, in: Die Zeit, 12.9.1957, S. 18. Vgl. auch A. Schiefer: Der Handel folgt nicht mehr der Flagge, er folgt dem Ingenieur, in: Die Zeit, 13.3.1958, S. 14.
224 W.G. von Heyden, Deutsche Botschaft, New Delhi, an das AA, 25.5.1959, B 61-411/142, PA AA.

ein. Neben Fleiß, Eigenantrieb und Disziplin propagierten die deutschen Vertreter ein Fortschrittsethos, das keinen Widerspruch erlaubte.[225] Eine westdeutsche Delegation, die 1955 nach Indien aufgebrochen war, um die Probleme des »Auf- und Ausbau[s] der sogenannten indischen Kleinindustrie« und der Maßnahmen zur »Überwindung der latenten Unterbeschäftigung breiter Volksschichten auf dem flachen Lande« zu studieren, konstatierte gegen alle Vorbehalte der Modernisierungskritiker apodiktisch: »Der Kampf gegen die moderne Technik ist hoffnungslos.«[226]

Der Anspruch einer Technisierung der Arbeitswelten war von der Überzeugung geleitet, dass die Fabrik ein privilegierter »Lernort« und – gleich dem Militär – eine »Schule der Nation« sei.[227] »Deutsche Ingenieurskunst« und »deutsche Arbeit« galten hier sowohl unter deutschen als auch unter indischen Verantwortlichen als Qualitätssiegel. In diesem Zusammenhang war die Ausbildung an der »Lehranstalt« in Madras dazu angetan, die Ingenieure des neuen Indiens zu Agenten der Industrialisierungsbestrebungen zu machen. Als Heinrich Lübke im November 1962 anlässlich der offiziellen Einweihung der Hochschule nach Indien reiste, gab er seiner Hoffnung Ausdruck, dass »mit diesem Institut [...] für Indien eine weitere Quelle erschlossen« sei, »aus der immerwährend Wissen in geistiger Freiheit sprudeln« werde. »Das ist das lebendige Wasser, das Indien braucht, um seine Nöte zu überwinden und aufzublühen.« In der ersten Vorlage zu seiner Ansprache notierte er zugleich eine Mahnung an die Absolventen: »Denkt immer daran, daß Ihr in einer Zeit lebt, die für Euer Volk entscheidend ist, und zwar ebenso für seine materielle Existenz als auch für seine Stellung als freie Nation der Welt. Nachdem es seine Freiheit politisch gewonnen hat, muß es sie nun durch seine Arbeit behaupten.«[228] In der Verbindung von akademischer und politischer Freiheit, von Disziplin und

---

225 Vgl. dazu Unger: Entwicklungspfade, S. 158-211, hier: S. 158.
226 BMWi, VC1, an das AA, Bericht der Sachverständigen für Small Scale Industries, 26.5.1956, BAK, 102/55858.
227 »Die Projektionsfläche dieses Denkens war die Fabrik: ein Ort, an dem eine gesellschaftliche Ordnung hergestellt wurde, die auf moderner Technik und rationalen Arbeitsabläufen, auf individueller Leistung ebenso wie auf arbeitsteiliger Zusammenarbeit beruhte.« So Unger: Entwicklungspfade, S. 181f.
228 Ansprache des Herrn Bundespräsidenten, Redeentwurf, Auswärtiges Amt, Abteilung 8 [Entwicklungshilfe, Technische Hilfe, Kapitalhilfe], an Referat 709 [Indien], 4.8.1962; H. Klatt, Dienststelle des Regierungsbeauftragten R.A. Kraus, an das AA, Bericht über die Entstehung der technischen Lehranstalt Madras und Gedanken zur bevorstehenden Einweihung der Lehranstalt durch den Herrn Bundespräsidenten, 13.7.1962, B 61-411/263, PA AA. In der Rede wurden diese Passagen letztlich zugunsten längerer Bemerkungen über die »symbolische Bedeutung« des Engagements und die gewachsene »Völkerfreundschaft« zwischen Indien und der Bundesrepublik wieder gestrichen. Vgl. Address by Dr. Heinrich Lübke, in: Souvenir Volume. Foundation Stone-Laying Ceremony, IIT Madras, 3.2.1962, S. 23f., MHC; R. Krishnamurthi: 3rd December 1962. A Red-Letter Day, in: Indian Institute of Technology Madras, Magazine, 4th Annual Number, 1962-63, Madras 1963, S. 94-102, hier: S. 99-101, MHC.

eigenständigem Denken spiegelten sich die ideologischen Prämissen und Ziele des deutschen Engagements in Madras wider.

In der Praxis hinkte die deutsch-indische Kooperation indes den hehren Ansprüchen, Praxis und Theorie bzw. Industrie und Akademie zu verzahnen, hinterher. Dies lag auch daran, dass in Madras – anders als im Fall des »britischen« IIT in Delhi – Industrievertreter keine substantielle Rolle bei der Gründung des IIT gespielt hatten. Hinzu kam, dass sich die Gründung eines Industrieberatungszentrums, das die Vermittlung von Absolventen in (vorzugsweise deutsche) Konzerne in Indien und im Ausland koordinieren sollte, bis 1973 verzögerte. Dabei war es schon zuvor immer wieder zwischen Indern und Deutschen zu grundsätzlichen Missverständnissen über die Motive des Einsatzes deutscher Unternehmen in Indien gekommen. Der indischen Erwartung, dass sich die deutschen Konzerne im Zuge der entwicklungspolitischen Missionen aus wohltätigen Erwägungen engagierten, stand die Erkenntnis diametral entgegen, dass auch für Krupp, Siemens, Bosch, AEG oder Daimler-Benz die indischen Märkte – nach dem Modell US-amerikanischer »Multis« wie IBM – allein aus kommerziellen Gründen attraktiv waren.

Freilich sollte der westdeutsche Einsatz in Madras abseits aller ökonomischen Erwägungen auch politische Zwecke erfüllen. Die Gründung der Hochschule in Madras war ein symbolpolitischer Akt, dessen Brisanz sich gerade aus der wachsenden Dynamik des Kalten Krieges und des sich verschärfenden deutsch-deutschen Gegensatzes ergab. Deutschlandpolitisch war die Entwicklungshilfe ein Instrument, den Alleinvertretungsanspruch der Bundesrepublik zu sichern. Schon die Staatsbesuche von Vizekanzler Blücher und Kanzler Adenauer in Indien waren hier zur »Feuertaufe« der Hallstein-Doktrin geworden. So propagierten die Bonner Diplomaten in Delhi das Prinzip gegenseitiger Nichteinmischung in innere Angelegenheiten und versuchten zugleich – über das Vehikel der Entwicklungspolitik – die Anerkennung der DDR in Indien zu verhindern. Immer wieder band die Bundesrepublik dazu in der Folge ökonomische Unterstützung an politische Auflagen.[229] Im Gegenzug vermied die indische Regierung aus Rücksichtnahme auf die Bonner Politik lange eine klare

---

229 Vgl. dazu in extenso: Das Gupta: Handel, S. 125-158; Stefan Tetzlaff: ›A New Passage to India?‹. Westdeutsche Außenwirtschaftspolitik und Wirtschaftsbeziehungen mit Indien, ca. 1950-72, in: Christian Kleinschmidt/Dieter Ziegler (Hrsg.): Dekolonisierungsgewinner. Deutsche Außenpolitik und Außenwirtschaftsbeziehungen im Zeitalter des Kalten Krieges, Berlin/Boston 2018, S. 191-209; Julian Faust: Spannungsfelder der Internationalisierung. Deutsche Unternehmen und Außenwirtschaftspolitik in Indien von 1947 bis zum Ende der 1970er Jahre, Baden-Baden 2021, S. 71-78, 218-236, 265-268. Zur Entwicklung des IIT Madras vgl. Roland Wittje: Education in Cold War Diplomacy. India, Germany, and the Establishment of IIT Madras, in: Berichte zur Wissenschaftsgeschichte 43,4 (2020), S. 560-580; ders.: The Establishment of IIT Madras. German Cold War Development Assistance and Engineering Education in India, in: Technikgeschichte 87,4 (2020), S. 335-358; Michael Homberg: »Eliten-Bildung«. Die Rolle westdeutscher Experten am Indian Institute of Technology Madras, in: Archiv für Sozialgeschichte 61 (2021), S. 399-424.

Positionierung zur Zwei-Staaten-Theorie, als diese bereits zu einem realpolitischen Faktum geworden war. Wenngleich Indiens Schaukelpolitik zwischen Ost und West gerade in den 1960er Jahren einige diplomatische Krisen heraufbeschwor und man in Bonn die Staatsbesuche ostdeutscher Diplomaten in Indien und die Versuche, Handels- und diplomatische Beziehungen zu Delhi zu stärken, überaus argwöhnisch betrachtete, ging das westdeutsche Kalkül auf. Bis zur Annäherung der beiden deutschen Staaten und der Neuordnung des deutsch-deutschen Verhältnisses im Rahmen des »Grundlagenvertrags« 1972 gelang es der Bundesrepublik, eine offizielle Anerkennung des ungeliebten ostdeutschen Bruderstaats durch Indien abzuwenden. Dafür setzte die indische Regierung, deren Zustimmung sich Bonn über Jahre erkaufte, in der Frage entwicklungspolitischer Kooperationen umso bestimmter ihren Kurs der »Blockfreiheit« fort und widersetzte sich so dem polaren Ordnungsraster des Kalten Krieges.[230]

Die Bundesregierung hatte Indien als Bollwerk gegen den Kommunismus in Asien auserkoren. Aus der Perspektive der Bonner Ministerien galt es, eine Hinwendung Delhis nach Moskau, Peking oder Ost-Berlin zu verhindern. Im September 1953 verabschiedete die Bundesrepublik einen »Marshall-Plan« für die »unterentwickelten« Regionen der »Dritten Welt«, in dem Indien eine zentrale Rolle zugewiesen war. »Entwicklungshilfe« erschien als »eine Form der Verteidigung« gegen die Politik des Ostblocks in der Region.[231] So stieg auch die Summe der Aufwendungen in diesem Feld stetig. Hatte die Bundesrepublik zwischen 1950 und 1960 noch eine Summe von wenigstens 3,7 Milliarden DM (aus öffentlicher Hand) in Entwicklungsvorhaben investiert, waren es zwischen 1960 und 1970 bereits über 20 Milliarden DM.[232]

230 Zur deutsch-deutschen Entwicklungskonkurrenz vgl. Bastian Hein: Die Westdeutschen und die Dritte Welt, Berlin 2006; Alexander Troche: Ulbricht und die Dritte Welt, Erlangen 1996; Christian Jetzlsperger: Die Emanzipation der Entwicklungspolitik von der Hallstein-Doktrin, in: Historisches Jahrbuch 121 (2001), S. 320-366; Johannes H. Voigt: Die Indienpolitik der DDR, Köln 2008; Alexander Benatar: Kalter Krieg auf dem indischen Subkontinent, Berlin 2020.
231 Vgl. Kabinettsvorlage BMWi, Gestaltung der deutschen Entwicklungshilfe, 16.9.1960, B 102/138283, BAK. Zur Programmatik der »Gestaltung der deutschen Entwicklungshilfe« vgl. auch allg. B 102/67069; B 136/2915, BAK. So war es kein Wunder, dass das IIT Madras im Rahmen auswärtiger Kulturpolitik rasch deutsche Sprach- und Landeskurse im Lehrplan verankerte. Vgl. Gerhard Fischer, Konsulat, Madras, an das AA, 30.1.1962; Karl Atzenroth, Bericht über die Indienreise einer Delegation des Bundestagsausschusses für Entwicklungshilfe, 23.7.1965, S. 97-101, AV NA 3665, PA AA.
232 Vgl. Karl-Heinz Sohn: Entwicklungspolitik: Theorie und Praxis der deutschen Entwicklungshilfe, München 1972, S. 12. Für die 1950er Jahre werden bereits höhere Zahlen angenommen von: Heide-Irene Schmidt: Pushed to the Front. The Foreign Assistance Policy of the Federal Republic of Germany 1958-1971, in: Contemporary European History 12,4 (2003), S. 473-507, hier: S. 480f. Neben bilateralen Abkommen beteiligte sich die Bundesrepublik auch im Rahmen des Aid-India-Konsortiums an der Finanzierung von Entwicklungsvorhaben und steuerte – noch auf dem

Der Ausbau institutioneller Zuständigkeiten hatte mit der rasch steigenden Relevanz der »Entwicklungshilfe« indes kaum schritthalten können. Angesichts divergenter Interessenlagen kam es zwischen den einzelnen Ministerien – dem BMWi und dem Auswärtigen Amt sowie dem im Jahr des Mauerbaus gegründeten BMZ – in der Folge immer wieder zu Kompetenzstreitigkeiten. Während der erste Entwicklungshilfeminister Walter Scheel so emphatisch die Autonomie seines Ressorts proklamierte, stellte Wirtschaftsminister Ludwig Erhard deutlich heraus, dass »Entwicklungspolitik nichts anderes als Außenpolitik und Wirtschaftspolitik, bezogen auf die äußeren Verhältnisse der Entwicklungsländer« und damit ein »unlösbarer Bestandteil« der diplomatischen und ökonomischen Planungen in eben diesen Ressorts sei.[233]

Einigkeit herrschte dagegen in Bonn darüber, den Bereich der Entwicklungshilfe zu professionalisieren. Das hatte nicht zuletzt damit zu tun, dass die einzelnen Ministerien zusehends Klagen über den Einsatz der entsandten »Helfer« aus dem Aus- und Inland erreichten. Dabei gerieten einzelne, besonders exponierte Vorhaben, wie die Errichtung des Stahlwerks in Rourkela, angesichts organisatorischer Fehlplanungen, ökonomischer Bilanzprobleme und interkultureller Missverständnisse in den Fokus der Kritik. So konstatierte das Büro des Leiters der Abteilung Ausland des Bundespresseamtes lapidar: »Rourkela hat dem deutschen Ansehen geschadet.« Eine Erhebung des Meinungsforschungsinstituts EMNID zur Wahrnehmung der »Entwicklungshilfe aus indischer Sicht« zeige:

> Der Deutsche wird als ›autoritäre Persönlichkeit‹ angesehen. Man hält ihn in der Reihenfolge für »hart arbeitend, tüchtig und diszipliniert, sehr praktisch und mutig« und – mit Abstand – für »ehrlich und offen«. Negativ schreibt man ihm »Herrschernatur, Rassenüberlegenheit und diktatorische Gesinnung« zu. Nur ein ganz geringer Prozentsatz meint, er sei »geistig« oder »philosophisch«.

Da war es, so das Resümee des Presseamts, nur ein schwacher Trost, dass die DDR kaum besser abschnitt: »Die SBZ spielt in der indischen öffentlichen Meinung eine untergeordnete Rolle. Ihre Hilfe wird politisch viel kritischer angesehen als die der UdSSR. Außerdem hält man ihre Möglichkeiten zu

---

Höhepunkt des deutsch-deutschen Gegensatzes 1962 – rund 470 Mio. DM zum Kapitalstock von 1,07 Milliarden US-Dollar bei. Vgl. dazu allg. Das Gupta: Handel, S. 258 f.

233 So Ludwig Erhard, BMWi, an Walter Scheel, BMZ, 27.6.1962; Scheel an Erhard, 9.7.1962; Erhard an Scheel, 4.10.1962, B 213/2089, BAK. Zu Grundsätzen der bundesdeutschen Entwicklungspolitik in den 1960er Jahren vgl. überdies allg. Horst Dumke (BMWi): Das entwicklungspolitische Konzept der Bundesrepublik Deutschland, in: Hans Besters et al. (Hrsg.): Kooperative Entwicklungshilfe. Deutsche und amerikanische Bemühungen beim Aufbau der Entwicklungsländer, Bochumer Symposion 16./19.1.1968, Bielefeld 1969, S. 59-72. Zum Problem des »Ressortegoismus« vgl. zudem eindrücklich: Walther Leisler Kiep: Unterentwickeltes Ministerium, in: Die Zeit, 23.1.1970, S. 5.

helfen für beschränkt.« So schien der Einsatz interkulturell geschulter Experten, zumal in den Bereichen der Kulturpolitik und der Technischen Kooperation, die sich, wie die EMNID-Studie zeigte, wesentlich besser vermarkten ließen als bloße Kapitalgaben, dringend geboten.[234]

Zu einem zentralen Bereich des kultur- und entwicklungspolitischen Engagements avancierte vor diesem Hintergrund eingangs der 1960er Jahre die »Bildungshilfe«. Das »Bildungshilfe-Gutachten« des wissenschaftlichen Beirats des BMZ aus dem Jahr 1965 steckte dabei ein breites Feld des Engagements ab – von der Förderung der Elementarbildung und der Alphabetisierung in Entwicklungsländern über den Ausbau des gewerblichen Ausbildungswesens, der Volksschulbildung und der Erwachsenenbildung durch Massenmedien bis hin zur Unterstützung von Forschungseinrichtungen. So avancierte die Förderung des höheren und allgemeinbildenden Erziehungswesens zu einem wesentlichen Teil des Technischen Hilfsprogramms.[235]

Die TH Madras war das Leuchtturmvorhaben der deutschen »Bildungshilfe«. Umso mehr schmerzte es die Bonner Planungsexperten, dass strukturelle Probleme unübersehbar waren. Sowohl der geringe Anteil indischer Ordinarien als auch die Meinungsunterschiede bezüglich der Lehrinhalte, der schleppende Beginn des Masterprogramms und vor allem die Verteilung der Kompetenzen zwischen Labor- und Werkstättenleitern einerseits und Lehrstuhlinhabern andererseits gaben immer wieder Anlass zur Diskussion. Nach dem Ende der ersten Förderphase 1963 hatte es drei Jahre gedauert, bis ein neues indisch-deutsches Regierungsabkommen vorgelegen hatte, das den Ausbau der Kooperation in puncto Materialausstattung und bilateraler Austauschprogramme regelte. In Anerkennung der Schwierigkeiten verdoppelte die Bundesrepublik die Zahl der deutschen Experten und erhöhte zugleich das Investitionsvolumen. Zur Erleichterung der Personalauswahl der Experten und der Übersendung von Ausrüstung nach Madras hatte überdies zum Jahreswechsel 1966/67 der »Madras-Ausschuss« begonnen, das deutsche Entwicklungsvorhaben als beratendes Gremium zu begleiten. Die Rahmenbedingungen der Förderung, in deren Zuge alsdann auch die Frage nach der Ausbildung von Computerspezialisten und der Errichtung eines Rechenzentrums zusehends in den Fokus rückte, wurden hier über eine Dekade hinweg intensiv diskutiert.[236]

---

234   Leiter der Abteilung Ausland des Presse- und Informationsamts der Bundesregierung, Günter Diehl, an das AA, Staatssekretär Karl Karstens, 6.5.1961, Anlage: Analyse des von der Studienstelle für Entwicklungsländer ausgearbeiteten Kommentars zur Untersuchung des EMNID-Instituts, B 61-411/258, PA AA. Vgl. dazu auch: Resonanz der staatlichen Entwicklungshilfen bei der indischen Bevölkerung, in: EMNID-Informationen 12,14 (1960), S. 10 f.; Indien. Westdeutschland im Urteil der indischen Bevölkerung, in: EMNID-Informationen 14,21 (1962), S. 10 f.

235   Vgl. Gebhard Kerckhoff (BMZ): Die Bildungshilfe der Bundesrepublik Deutschland, in: Besters et al. (Hrsg.): Kooperative Entwicklungshilfe, S. 75-85.

236   Vgl. Madras-Ausschuss, BIII, B-1-2, Nr. 19-20; B-3-2, Nr. 172-173, UATUB; B 213/2947, BAK; B94/717, PA AA.

Nahm der »Madras-Ausschuss« eine Sonderrolle ein, so zählten neben den Organen des BMZ die »Deutsche Stiftung für Entwicklungsländer« (DSE, ab 1973: Deutsche Stiftung für internationale Entwicklung) und die »Gesellschaft für Technische Zusammenarbeit« (GTZ) ganz regulär zu zentralen Einrichtungen der deutschen Entwicklungspolitik. Die DSE richtete sich in Seminaren und Exkursionen an Führungskräfte aus Verwaltung und Industrie aus den Entwicklungsländern und war mit ihren Dependancen in Berlin, Bonn, München und Mannheim zugleich ein Forum des internationalen Wissensaustauschs und der Begegnung zwischen Nord und Süd. Mit der Begeisterung weiter Teile der postkolonialen Eliten für die neuen (westlichen) Technologien fiel gerade der Ansatz, technologisches Wissen zu exportieren, auf fruchtbaren Boden.[237]

Die GTZ war 1975 unter Federführung von Entwicklungshilfeminister Egon Bahr als gemeinnütziges Unternehmen aus dem Zusammenschluss der »Bundesstelle für Entwicklungshilfe« und der »Deutschen Fördergesellschaft für Entwicklungsländer« (GAWI) hervorgegangen. Zu Jahresbeginn 1977 beschäftigte sie rund 1.100 Fachkräfte in Entwicklungsländern.[238] In über 70 Ländern vertreten, sah sich die GTZ dabei als »Wirtschaftsunternehmen mit entwicklungspolitischem Auftrag«, das über die Suche und Ausbildung von Experten, die Planung von Sachausrüstungen und en gros die Steuerung der Programme der Bundesregierung hinaus immer wieder auch unternehmerisch und beratend tätig wurde. Rund ein Drittel der Projekte fiel in den Bereich »Bildungshilfe und Infrastruktur«.[239] Hier rieben sich insbesondere privatwirtschaftliche Unternehmen an der Konkurrenz der GTZ, die unter der Devise »Hilfe zur Selbsthilfe« ihrerseits die Märkte der Entwicklungsländer zu erobern gedachte. Die Ausgestaltung der Rolle der GTZ und die Grundsätze der Kooperation zwischen GTZ und Ministerien waren so über viele Jahre Gegenstand kontroverser Verhandlungen.

Mit dem Wandel entwicklungspolitischer Konzepte und der Entstehung bundesweiter »Freiwilligendienste« nach dem Vorbild der amerikanischen Peace Corps (z.B. der 1963 gegründete Deutschen Entwicklungsdienst, DED)[240] differenzierte sich das Feld des Entwicklungsengagements in den 1960er und 1970er Jahren zusehends aus. Der Antagonismus von »Freiwilligen«

237 Zur Geschichte der DSE vgl. allg. B 136/2913, BAK; Ordner »DSE-Geschichte« aus Anlass der 25-Jahr-Feier 1985, DSE Archiv. Vgl. dazu auch Unger: Entwicklungspfade, S. 175-180.
238 GTZ TIP, Presseinformation, Nr. 4/77, 21.2.1977, B 102/178507, BAK. Das Gros der eingesetzten Experten waren Ingenieure verschiedener Spezialisierung, vor allem aber im Agrarbereich. Die Zahl der Elektrotechniker ließ sich hingegen an einer Hand abzählen.
239 Memorandum, Selbstverständnis der GTZ, 25.3.1976; Schreiben BMWi, V C1, an den Bundeswirtschaftsminister, Otto Graf Lambsdorf, und die Staatssekretäre, BMWi, 15.3.1978, S. 1-3, B102/178507, BAK.
240 Zur Rolle der USA als Motor der westdeutschen Entwicklungspolitik der 1950er und 1960er Jahre vgl. allg. Hans-Joachim Spanger/Lothar Brock: Die beiden deutschen Staaten in der Dritten Welt, Opladen 1987, S. 280f.

und »Experten« – Agrarökonomen, Maschinenbauern und Computerspezialisten – bezeugte, wie stark sich die Inszenierung des Felds der »Entwicklungszusammenarbeit« in diesen Jahren polarisierte. Der Diskurs um den Wandel vom »Entwicklungshelfer« zum »Entwicklungsexperten« spiegelte die Implementierung neuer Wertvorstellungen und Deutungsdominanzen wider, die als »Wertewandel« der Arbeit im »humanitären Feld« beschrieben werden kann.[241]

Zur Mitte der 1960er Jahre spottete der *Spiegel*, dass »alle Bonner Hilfsbeflissenen [...] bis zum Überdruß den Slogan ›Hilfe zur Selbsthilfe‹«[242] wiederholen würden. Dabei prägte die diskursive Grenzziehung zu den überkommenen Formen modernisierender »Hilfe« die Selbststilisierung der neuen »Freiwilligen« als postmateriell-idealistisch motivierte »Helfer«. »Experten« schienen aus dieser Perspektive kaum mehr in der Lage, die neuen Ideale von Kooperation, Nähe und gleichberechtigter Partnerschaft, wie die *Zeit* im Sommer 1973 suggerierte, vorzuleben:

> Vielen gelingt es nicht, den sprunghaften Zuwachs an Konsumkraft und Sozialprestige zu verarbeiten. Im eigenen Land kleiner, kaum bemerkter Untergebener, wird der GAWI-Experte draußen oft unvermittelt und unbeaufsichtigt zum Vorgesetzten. Ohne genügende fachliche und menschliche Vorbereitung fällt er plötzlich, nicht selten an den Schalthebeln der Macht, Entscheidungen, die sich im Gastland auf Jahrzehnte auswirken können. Viele Experten erwerben ein Elitebewusstsein, das sie zur Kooperation und zum bescheidenen Lernen im Gastland unfähig macht.[243]

Freilich waren die hier postulierten Charakteristika von »Experten« und »Freiwilligen« in der Praxis weitaus weniger eindeutig, als die dichotomen Gegenüberstellungen glauben ließen. Sie belegen indes umso eindrücklicher den Wandel der Darstellungsweisen und Legitimationsstrategien, in denen sich die Vorhaben der neuen »Entwicklungszusammenarbeit« verorten mussten.

Gegen die Kritik aus der Heimat, die von vielen Experten im Ausland zusehends als Ausdruck geringer Wertschätzung gelesen wurde, regte sich auch am IIT Madras der Widerstand. Hier eskalierte der Konflikt zwischen den delegierten Experten und den Bonner Ministerialbeamten, als die GAWI ankündigte, zum 1. Januar 1970 den Kaufkraftausgleich der Gehälter der in Indien lebenden Angestellten, Bundesbediensteten und Diplomaten von bisher 20 % auf 5 % zu senken. Diese Kürzung, die – wie Hans Wagner, der Leiter

---

241 Vgl. dazu Möckel: »Entwicklungshilfe«.
242 Entwicklungshilfe. Afrika. Mit der Gießkanne, in: Der Spiegel, 2.12.1964, S. 47-65, hier: S. 48.
243 Werner Dolph: Die ungeliebten Experten, in: Die Zeit, 15.6.1973, S. 54; vgl. auch allg. Hermann J. Wald: Der häßliche Entwicklungsexperte, in: Die Zeit, 9.8.1974, S. 8; Manfred Lohmann: Personelle Entwicklungshilfe, in: Entwicklung und Zusammenarbeit 7 (1978), S. 18. Zur Kritik und Auswahl des Personals in den »Tropen« von Madras vgl. überdies B 213/2920, BAK.

des deutschen Stabs am IIT Madras, in einem offenen Brief an den Bundesinnenminister, den Bundestagsausschuss zur Entwicklungspolitik, den Präsidenten des DAAD und den Geschäftsführer des GAWI sowie Gewerkschaftsvertreter und die Deutsche Presseagentur formulierte – nur mehr als Akt der »Willkür« zu interpretieren sei, beantworteten die Techniker mit der Androhung eines Streiks, der ein Novum in der Geschichte deutscher Entwicklungspolitik darstellte und binnen Kürze große Wellen in der deutschen Presse schlug. Dabei war es auch vor dem westdeutschen Generalkonsulat in Madras zu Demonstrationen und sogar einem eintägigen Proteststreik gekommen, sodass sich das BMI und das BMZ gezwungen sahen, eine Delegation zur Vermittlung nach Madras zu schicken.

Nur zwei Wochen nach der Ankündigung zog das Bundesinnenministerium die Kürzung wieder zurück. Der Dissens zwischen Bonn und Madras aber blieb. An der Hochschule verteilte der deutsche Stab weiter Flugblätter, in denen die Klage über die monetäre Ausstattung nun einer Grundsatzkritik an der »Konzeptlosigkeit« der deutschen Entwicklungspolitik gewichen war, der sich, wie die FAZ berichtete, in der Folge zahlreiche Experten aus verschiedenen Ländern anschlossen. In Bonn säßen, so das Aktionskomitee in Madras, in knapp einem Dutzend Ämter, die sich inzwischen um das IIT bemühten, »Weisungsbefugte ohne Sachkenntnis und Fachkundige ohne Weisungsbefugnis«. Von »Betrug« und »arglistige[r] Täuschung« war die Rede. In einer internen Bestandsaufnahme sprach Gebhard Kerckhoff, der als Regierungsdirektor im BMZ und Vorsitzender des »Madras-Ausschuss« eigens nach Indien geflogen war, um das Problem zu lösen, anschließend von »völlige[m] Vertrauensschwund« und einem beispiellosen »Kompetenz-Wirrwar«: »Es besteht die Möglichkeit, daß die deutsche Entwicklungs- und Kulturarbeit in Indien erheblichen Schaden erleidet.« In der Krise wurde schließlich gar die Sorge laut, dass der Bundesrepublik ihre Experten gänzlich abhanden kämen.[244] Im Dezember musste sich Minister Eppler im Bundestag erklären.[245] Doch erst, als sich dieser im Januar 1970 nochmals en détail der Frage weiterer

---

244 Flugblätter: Ist das IIT Madras ein Trappistenkloster? [Sep. 1969]; Was ist faul an GAWI-Dienstverträgen? [Sep. 1969]; Ministerial-Tourismus [Sep. 1969]; Protestversammlung. Informationsblatt, Nr. 5/6 [Okt. 1969]; Abschlussbericht [Nov. 1969]; Deutscher Stab am IIT Madras an E. Eppler, BMZ, 14.9.1969; G. Kerckhoff, BMZ, an E. Eppler, BMZ, 21.10.1969, B 213/2919, BAK; Ergebnisniederschrift, 15. Sitzung, Madras-Auschuss, 24.10.1969, S. 9, BIII, B-3-2, Nr. 173, UATUB. Zum Presseecho der Kritik vgl. exempl. Entwicklungshilfe. Indien. Unter Druck, in: Der Spiegel, 3.11.1969, S. 153 f.; Unruhe unter deutschen Experten in Indien, in: FAZ, 8.10.1969, S. 6; Kaufkraftausgleich für Entwicklungshelfer bleibt, in: FAZ, 28.10.1969, S. 5; Klaus Natorp: Technische Hilfe mit Hemmungen, in: FAZ, 6.11.1969, S. 1; Walther Leisler Kiep: Unterentwickeltes Ministerium, in: Die Zeit, 23.1.1970, S. 5.

245 Vgl. Arbeitskonflikt in Madras, Fragestunde. Deutscher Bundestag, 6. Wahlperiode, 19. Sitzung, 10.12.1969, in: Verhandlungen des Deutschen Bundestages. Stenographische Berichte, Bd. 71, Bonn 1969/70, S. 653-730, hier: S. 654-656.

Zugeständnisse in Bezug auf die Vertragsbestimmungen und die Unterbringung der Experten annahm, beruhigte sich die Lage allmählich wieder.[246]

Nicht nur zwischen den Experten in Madras und der Bonner Bürokratie, sondern auch innerhalb des deutschen Stabs und ganz besonders zwischen Indern und Deutschen kam es in Madras immer wieder zu atmosphärischen Spannungen. Doch verbargen sich diese in aller Regel genauso hinter der Fassade euphorischer Verlautbarungen und diplomatischer Reden wie die von indischer Seite unausgesprochenen Einsichten in die politischen und ökonomischen Motive des deutschen Engagements.[247] Brach sich doch einmal Kritik an der deutschen Mission Bahn, blieb sie eher grundsätzlich.[248]

Auch über den Wirkungsgrad der – immerhin 280 Mannjahre zählenden – personellen Unterstützung aus der Bundesrepublik gingen hinter vorgehaltener Hand die Meinungen auseinander. Hieß es offiziell, die Hochschule »schreite voran, indem sie einige der besten Aspekte der Philosophie, Weltanschauung und der Taten, die zu Deutschlands phänomenalem Fortschritt in Wissenschaft und Technologie geführt haben, den indischen Verhältnissen« anpasse, so kritisierten deutsche Gäste, Professoren und Stipendiaten, die deutschen Experten hätten nur geringe bis

> keine geistige oder wissenschaftliche Nachwirkung auf die Arbeits-, Forschungs- und Lehrmethoden hinterlassen. Gäbe es nicht die deutsche Ausrüstung, würde ein kritischer Beobachter kaum einen eindeutigen deutschen Einfluss bemerken.

Vielmehr sei die »absolute Vorherrschaft amerikanischer und englischer Wissenschaft [...] niederschmetternd«.[249] Obgleich ab 1963 zu Ehren der deutschen

---

246 Sitzung des Bundestagsauschusses für wirtschaftliche Zusammenarbeit, 9.1.1970, B 213/2919, BAK.
247 So konstatierte der indische Autor, Staatsmann und erste Generalgouverneur Indiens nach der Unabhängigkeit, C. Rajagopalachari, in einer Ansprache am IIT Madras am 22. Juli 1967 anlässlich der Abschlusszeremonie, der deutsche Einsatz sei – im Unterschied zu dem der anderen Nationen an den IITs – gänzlich uneigennützig gewesen: »Nothing but the natural instinct of helping others [...] has induced Germany to help building up this institute.« Dynamism at IIT Madras, in: German News Weekly, New Delhi, 5.8.1967, S. 3, B 213/19622, BAK.
248 Bildungsminister M.C. Chagla 1965 bemerkte etwa in einer Ansprache an die Vollversammlung des IIT Madras, er glaube keineswegs, dass man »in diesem Lande nur dann Fortschritte erzielen [könne], wenn wir Unterstützung aus dem Ausland erhalten«. Ein ehemaliger leitender Angestellter des IIT Madras vermittelte indes 1978, es gelte »den eingeschlagenen Weg [zu] optimieren«, doch könne das gewählte Vorgehen kaum »darin bestehen, dass von all dem Gebrauch gemacht wird, was in entwickelten Ländern modern und in Mode ist«. S. Sampath: Erlebnisbericht, Wie ein indischer Projektmitarbeiter die Entwicklung des Aufbaus der Technischen Hochschule Madras beurteilt und die erreichten Ergebnisse bewertet, in: GTZ (Hrsg.): Technische Hochschule Madras, S. 113-187, hier: S. 153, 156-158.
249 Jerosch: Voraussetzungen, S. 57 f. Einmal mehr zeigte sich hier, wie sehr die »Konkurrenz [der] amerikanischen, sowjetischen und englischen IIT's« die Praxis am

(POST-)KOLONIALE BEGEGNUNGEN

Abb. 7: Der westdeutsche Entwicklungsminister Walter Scheel am Hobel, IIT Madras 1963. Quelle: IIT Madras Heritage Centre, Digital Archives.

Abb. 8: Der westdeutsche Entwicklungsminister Erhard Eppler bei der Einweihung des Computerzentrums, IIT Madras 1973.
Quelle: IIT Madras Heritage Centre, Digital Archives.

Förderer neben der »Delhi Avenue« auch die »Bonn Avenue« symbolträchtig den Campus zierte und Direktor B. Sengupto und Entwicklungsminister Walter Scheel vor den Augen der Presse nahe zusammenrückten,[250] erwiesen sich die Beziehungen zwischen deutschen und indischen Fakultätsmitgliedern als weniger herzlich denn »distanziert«.[251]

Zu den Generalproblemen des deutschen Engagements gehörte, dass die Bundesrepublik – im Versuch, eine praktisch ausgerichtete Ausbildungsstätte nach dem Vorbild polytechnischer Ingenieurscolleges zu gründen, an der der indische Nachwuchs in Laboren und Werkstätten arbeiten und zwecks Vorbereitung eines Einsatzes in Handwerks- und Industriebetrieben Metallbau, Glasbläserei und Holzarbeiten erlernen konnte[252] – den indischen Anspruch, eine stärker theoretisch ausgerichtete Hochschule zu errichten, radikal verkannte. So wurde in den ersten Jahren am IIT Madras mehr gewerkt als programmiert.

Eingangs der 1970er Jahre, als die deutsch-indische Kooperation in eine dritte Förderphase ging, verschoben sich indes die Gewichte in Forschung und Lehre zugunsten neuer Technologien. Der Kurs, den die Bundesrepublik mit der Förderung der Fernsehlabore in Neu Delhi und Bombay ab 1965 in Indien eingeschlagen hatte, erreichte so auch das IIT Madras.[253]

Den Wandel vom Handwerks- zum Rechenzentrum bezeugen Fotos, die am Rande des Besuchs deutscher Politiker in Madras geschossen wurden. Während Entwicklungshilfeminister Scheel hier 1963 noch an die Werkbank trat,

    »deutsche[n]‹ IIT Madras« prägte. Vgl. Gründung und Ausbau des IITM, Juni 1967, H. Zürn an R. Quack, S. 3 f., 42/66, UAST. Zugleich ging die deutsche Mission, sehr zum Ärger der Bonner Diplomaten, durchaus eigene Wege. So zählte in der Bundesrepublik zwar das Zurückdrängen der UdSSR und der DDR in Indien zu den vorrangigen Zielen des Engagements, in der Praxis aber nutzte der Lehrkörper des IIT Madras – aus logistischen wie auch aus Kostengründen – eine Vielzahl ostdeutscher oder gar russischer Lehrbücher in englischer Sprache. Vgl. Edgar Reichel, Konsulat, Madras, an das AA, 25.5.1965, B 58/878, PA AA.

250 I.I.T. Madras. Technical Assistance, in: German News Weekly, New Delhi, 5.11.1966, S. 4-5, B 213/19622, BAK.
251 Jerosch: Voraussetzungen, S. 58. Zur Kritik des IIT Madras vgl. überdies allg. B 213/2910, BAK.
252 So lag der Fokus des IIT in der »acquisition of manual skills and the development of design consciousness«. Vgl. IIT Madras, 5th Convocation, 1st August 1968, BIII, B-3-2, Nr. 176, UATUB. Der Anspruch der deutschen Planer spiegelte sich bereits exemplarisch in den Ansprachen der ersten Absolventenfeiern in Madras wider. Vgl. IIT Madras: Annual Report 1964-65, Madras 1965, Appendix, S. 6-30.
253 Vgl. allg. Ministry of Finance, Progs. Nos. 19/15/65-IA: Donation of a Complete Set of Television Studio to the Gov. of India by the Gov. of the FRG, NAI; S. Sampath: Electronics in India, in: Altech. Journal of the A.C. College of Technology Madras 1967, S. 55; Fernsehprojekte, 1968-1973, B 213/19636; B 213/2960; Fernsehstudio New Delhi, 1965, B 213/19615; Fernsehstudio Bombay, 1968, B 213/19634; Ausbildung von Fernsehingenieuren am IIT Madras, 1972-1975, B 213/36882, BAK. Zur Entwicklungskooperation dieser Jahre vgl. überdies allg. J.K. Tandon: Indo-German Economic Relations, Neu Delhi 1978, S. 122-142.

um persönlich den Hobel anzusetzen, sprach sein Nachfolger Eppler genau eine Dekade später – in gehörigem Abstand zur neuen Technik – bei der Feier zur Inauguration des Computerzentrums am IIT und läutete so das digitale Zeitalter in Madras ein.

Zwischen Werkbank und Computer lag ein ganzer Kosmos an Problemen. Die Ablehnung der Hand(werks)arbeit, die in der deutsch-indischen Kooperation in Madras zur Sprache kam, wurde von den deutschen Experten als Ausdruck eines »Kulturkonflikt[s]« gelesen.[254] Dabei ließ sich kaum von der Hand weisen, dass es mit dem Selbstverständnis der höheren Kasten in der Regel unvereinbar war, körperliche Arbeit zu verrichten, und auch das National Committee on Science and Technology erinnerte in diesem Zusammenhang 1973 eindringlich: »the religious and social impediments in our society to the development of science and technology are longstanding and deeprooted.«[255] Zugleich verwies die Ablehnung der »Handarbeit« aber auch auf die sozialen und Klassengegensätze, die in der Praxis der Bildungsarbeit, zumal an einer Elitehochschule wie den IITs, sichtbar wurden. Während die deutschen Forscher ihre indischen Kollegen als moderne »Richies« (Weise) ansahen, denen die Praxis niederer alltäglicher Arbeiten widerstrebte,[256] wirkte ihr Versuch, die indischen Kollegen im Geiste einer neuen Arbeits- und Wissensordnung zu erziehen, in vielen Fällen ebenso autoritär wie doppelzüngig, da das Gros der delegierten deutschen Akademiker und allen voran der Ingenieure – gegen das politische Programm der Bonner Regierung – seiner Geringschätzung solcher Arbeiten immer wieder in gleicher Weise Ausdruck verlieh und so durchaus seinen Teil dazu beitrug, »eine elitäre Klasse [der Techniker] heranzuzüchten«.[257]

Die Ausbildung von Computerspezialisten eignete sich als Sinnbild des Elitismus. Dass Indiens Stärken viel eher im Bereich der abstrakten Mathema-

254 Jerosch: Voraussetzungen, S. 18 f.
255 National Committee on Science and Technology: An Approach to the Science and Technology Plan, Neu Delhi 1973, S. 3. Vgl. zudem Parameswaran: Approach, S. 68-82, und John Pulparampil: Science and Society. A Perspective on the Frontiers of Science Policy, Neu Delhi 1978, S. 84-130.
256 Vgl. Jerosch: Voraussetzungen, S. 55 f. In gleicher Weise notierte ein Angestellter des Auswärtigen Amts im Anschluss an eine Indien-Reise 1963: »Religiöse Überzeugung und geistiges Bewusstsein vermitteln dem Inder eine Hierarchie der Lebenswerte, in der die Verwirklichung der geistig-seelischen Persönlichkeit vielleicht überbewertet, die korrekte und disziplinierte Ausführung technisch-wirtschaftlicher Aufgaben jedenfalls allgemein unterbewertet wird. Hinzu tritt noch die sich aus der Sozialstruktur (Kastenwesen) ergebende Geringschätzung körperlicher Arbeit.« AA, Dienstreise nach Indien vom 8.-28. 2. 1963, 13. 3. 1963, B 61-IIIB7/91, PA AA.
257 So der indische Nuklearphysiker Homi N. Sethna in einer Rede am IIT Madras im Januar 1975. Zu dieser Kritik vgl. die Chronik des ehemaligen stellv. Direktors des IIT: Sampath: Erlebnisbericht, S. 166-168. Eine Werbebroschüre des IIT Madras bemühte sich um das Image, eine »Elite« auszubilden, die weniger dem »ivory tower« als vielmehr den »realities of everyday life« diene. Vgl. We Build the World of Tomorrow, Madras [1968], S. 20 f., B 213/2924, BAK.

tik, der Logik und der Programmierung als im Bereich der bereits ab den 1950er Jahren hochgradig arbeitsteilig organisierten, industriellen Hardwareproduktion lagen, war indes keineswegs nur aus der kulturell tradierten Geringschätzung manueller Arbeiten zu erklären. Zum einen konnten Entwicklungsländer wie Indien, in denen es kaum an Manpower, wohl aber an materiellen Ressourcen mangelte, im Bereich personalintensiver IT-Dienstleistungen den Vorzug ihrer Bevölkerungsstärke ausspielen. Zum anderen verhinderten das Fehlen von Know-How in der Produktion hochspezialisierter Elektronik (von basalen Halbleiterbauelementen bis hin zu komplexen Mikrochips) ebenso wie der notorische Mangel an Devisen angesichts der hohen Kosten des Imports westlicher Technik eine bessere Ausstattung im Bereich der Nachrichten- und Rechentechnik.[258] Hier waren Global Player wie IBM, ICL oder auch Siemens nahezu unschlagbar. Während amerikanische und britische Firmen bereits in den 1960er und 1970er Jahren im Bereich der Computertechnik um die indischen Absatzmärkte konkurrierten, war Siemens über seine Tochter »Siemens India« vor allem im Bereich der Nachrichtentechnik engagiert; erst ab der Mitte der 1980er Jahre entdeckte der Konzern den indischen Computermarkt.[259] Als sich Siemens im Jahr 1987 um die »Computer-Elite« des IIT in Madras zu bemühen begann, war die Hochschule so bereits zu einer der wichtigsten Ausbildungsstätten des Landes im Bereich der Computer Sciences geworden.

Die ersten Schritte ins digitale Zeitalter waren in Madras besonders zögerlich gewesen. Wie die bundesdeutsche Computerindustrie im europäischen (ganz zu schweigen vom US-amerikanischen) Vergleich, war das IIT Madras unter den IITs der große Nachzügler. So dauerte es vergleichsweise lange, bis ein erster digitaler Computer das IIT erreichte. Ein erster kleiner analoger Transistorrechner der AEG-Telefunken war dagegen bereits zu Beginn des Jahres 1963 aus den Mittel der deutschen Förderung erworben worden. Noch im Dezember kam ein weiterer Rechner aus den USA hinzu. Der Leiter des Bereichs Nachrichtentechnik, Srinivasa Sampath, war dazu eigens in die USA gereist, um den Rechner persönlich in Augenschein zu nehmen und zum

---

258 So kennzeichnete die Computerbemühungen – auch in Madras – bis in die 1990er Jahre eine Kultur des Bastelns. Die Montage von Hardwarekits und -versatzstücken (»Hardware-Assembling«), die in aller Regel aus verschiedenen, zusehends auch asiatischen Ländern (Singapur, Südkorea, Taiwan) kamen, war hier – zumal während des CoCom-Embargos – an der Tagesordnung. Die Montage per Schraubenzieher (»screwdriver technology«) prägte Indiens Weg in die digitale »Moderne«. Vgl. Interview, R. Kalyana Krishnan, IIT Madras, 11.7.2022, Berlin.

259 Vgl. Siemens India. Annual Reports, 12526.1; Siemens India, Announcement, History and Development of the Company/Present Activities, c. 1970; Für Siemens ist Indien ein reizvoller Markt, in: Finanz und Wirtschaft, 13.4.1988, S. 2-3, Aktien und Anleihen von Siemens India, 12526.2; Indien (III) Siemens Ltd. 1957, 1971-1987, 21470, Siemens Corporate Archives. Die Aktivitäten des Konzerns in Indien dokumentieren die Fotosammlung »Siemens in Indien« (1979-1985), A 752, und der Film »Siemens in India« (1988), V 687, in den Siemens Corporate Archives.

Versand vorzubereiten.²⁶⁰ Während amerikanische Experten, wie Harry D. Huskey im Dezember 1963, vom IIT Kanpur nach Madras kamen, um Vorlesungen über das Feld der Computer Sciences zu halten, gingen Assistenten über Jahre den umgekehrten Weg, um sich an den Maschinen des amerikanischen Instituts ausbilden zu lassen. Daran änderte auch die Akquise eines weiteren Analogrechners im Jahr 1965 aus den USA nichts. Der Elektronenröhrenrechner der Bell Labs war 1952 (!) gefertigt und keineswegs mehr *state-of-the-art*. So nutzte man am IIT bisweilen gar die Ressourcen des benachbarten Guindy Colleges, das einen kleinen IBM-Rechner besaß.

Im November 1967 hatten in Madras erste Diskussionen um die Akquise eines digitalen Rechners begonnen. Dass dies so lange dauerte, lag sowohl an den hohen Investitionskosten als auch an abweichenden Zielvorstellungen in Delhi und Bonn. Der indischen Euphorie und den wachsenden indischen Begehrlichkeiten begegneten die deutschen Verhandlungspartner mit einer gehörigen Portion Skepsis. So hatte Direktor Sengupto bereits kurz nach der Gründung des IIT von einer Ausweitung des Förderprogramms zur Verbesserung der Ausstattung in Forschung und Lehre gesprochen. Im Rahmen seines Deutschlandbesuchs im März 1960 überraschte er seine Gastgeber dann mit der Vehemenz des Vorschlags, den ursprünglichen Bonner Plan eines reinen Bachelor-Studienprogramms zu verabschieden und weitere Ressourcen in ein Master- und Doktoranden-Programm zu investieren, um den Forschungszweig der Hochschule zu stärken. Obschon die deutschen Diplomaten Sengupto zu verstehen gaben, dass der derzeitige »Status bereits unser ursprüngliches Angebot übersteigt«,²⁶¹ setzte dieser sich durch. Doch brüskierte der indische Direktor durch seine bisweilen herrische Ansprache zugleich hin und wieder die deutschen Gesprächspartner. So gab es auch bei den Verhandlungen um die Ausrüstung der Hochschule immer wieder atmosphärische Spannungen.

Im November 1967 regte Sengupto vor dem Hintergrund der Konkurrenz zu den anderen IITs den Ausbau der »service-amenities« zur Förderung der Anstrengungen im Bereich der Hochtechnologien, insbesondere im »high-speed computing«, an. Für die wachsende Zahl an Forschern in den einzelnen Departments – von Mathematik über Physik, Chemie und Elektrotechnik bis zum Bauingenieurwesen oder der Technischen Mechanik – sei der Weg zum Indian Institute of Science in Bangalore, zum TIFR in Bombay oder zum IIT Kanpur unersetzlich geworden. Auch in vielen Masterstudiengängen gebe es großen Bedarf, den Computer sowohl in der Theorie als auch in der Praxis als Werkzeug akademischer Forschung kennenzulernen. Das IIT sei durch den

---

260 Annual Reports, in: Indian Institute of Technology Madras, 5th Annual Number, 1963-64, Madras 1964, S. 86-88; 6th Annual Number, 1964-65, Madras 1965, o. S. [S. 85 f.]; Prof. S. Sampath, in: Campastimes, 15.8.1964, S. 14, MHC.

261 W. Melchers, Deutsche Botschaft, Neu Delhi, an das AA, 17.2.1960, AV NA 3663, PA AA.

Mangel an Computern »greatly handicapped« – die Zukunft des Instituts »will be jeopardized«.[262]

Knapp ein Jahr später legte Senguptos Nachfolger, A. Ramachandran (1967-1973), ein »Proposal for a Digital Computing Centre« vor. Darin bemühte sich Ramachandran, den praktischen Nutzen digitaler Computer im Zuge der Ingenieursausbildung herauszustellen: »The digital computer enables [the engineer] to get sufficient data to solve the problem in an engineering way.« Doch auch darüber hinaus müsse der Computer in Forschung und Lehre ein »essential part« der Universitätsausbildung in Indien werden. Im Curriculum seien bereits Computerkurse verankert, darunter auch ein Kurs im postgraduierten Bereich zu »digital computing«. Da den Studierenden aber der Zugang zu digitalen Rechnern fehle, sei »this course [...] not as effective as it should be. It is needless to say that offering computation courses without a computer in this institute [...] is no better than imparting scientific and engineering education without laboratories.«[263] Im nahe gelegenen Guindy College of Engineering nutzte das IIT Madras die Rechenkapazitäten eines kleineren IBM-Rechners; doch Ramachandran hatte sich bereits prophylaktisch bestätigen lassen, dass es perspektivisch, abgesehen vom beschränkten Nutzen des Time-Sharing-Modells bei einem so langsamen Modell, kaum mehr möglich sein werde, die knappen Ressourcen in Madras zu teilen.[264] Neben einem Nutzungsplan der einzelnen Abteilungen, in denen ein »Computation Lab« vorgesehen war, um die Maschine zu warten und zu programmieren, lag dem Vorschlag bereits der Lageplan eines möglichen neuen Rechenzentrums bei. Der Kritik einer kostspieligen Spezialisierung der Forschung vorauseilend, versuchte die Führung um Ramachandran und Sampath das »Computer Centre« als Querschnittsabteilung des IIT zu bewerben. Die Broschüre übersandte das IIT Madras in zehn Exemplaren nach Deutschland. Auch der »Madras-Ausschuss« diskutierte das Papier ausführlich und stellte zusammenfassend fest, dass »die Lieferung eines Computers [...] unausweichlich« sei. Mit den Vorschlägen des IIT stimmten die Experten »im Wesentlichen überein«.[265]

Für die Bundesrepublik, die den »entwicklungspolitische[n] Nutzen« eines Rechners zur »Entwicklung des südindischen Raums« als Bedingung einer

262 B. Sengupto, IIT Madras, an G. Kerckhoff, BMZ, 17.11.1967; Proposal for the Setting Up of Centralised Service Facilities at the IIT Madras, S. 4-5, B 213/2921, BAK.
263 Proposal for a Digital Computing Centre [1968], Ministry of Finance, Progs. Nos. 19/51/69-IA: Procurement of Digital Computer from FRG for Use in the IIT Madras for Research and Learning Purposes, NAI.
264 Vgl. Proposal. Annex III: T. Muthian, Director of Technical Education, Guindy College of Engineering, an A. Ramachandran, Director, IIT Madras, 26.6.1968, Ministry of Finance, Progs. Nos. 19/51/69-IA, NAI.
265 Computer für IIT Madras, P.W. Besslich, IIT Madras, an den Madras-Ausschuss, 7.10.1968, S. 1, B 213/2921, BAK; Ergebnisniederschrift, 11. Sitzung, Madras-Ausschuss, 14.10.1968, S. 8-10, BIII, B-1-2, Nr. 20, UATUB.

Akquise ansah,²⁶⁶ bedeutete der Einstieg in die Förderung der Computertechnik die Abkehr vom Kurs des Pragmatismus und der kleinen Lösungen. Noch im Januar 1968 hatte die GAWI versucht, dem indischen Wunsch nach einer Verbesserung der Rechentechnik in Form einer Übergangslösung zu begegnen. Das Angebot, den heillos veralteten, kostenlosen Transistorrechner der Firma Bull (Gama 172) nach Madras zu verbringen, wurde indes von Ramachandran dankend abgelehnt.²⁶⁷ Nun schickte das BMZ ein Team aus Elektroingenieuren, DV-Spezialisten und Entwicklungsökonomen der RWTH Aachen nach Madras, um den Vorschlag zu evaluieren und ein Gutachten zur Computernutzung am IIT und einer möglichen Einbindung kommerzieller Nutzer in Industrie und Verwaltung zu erstellen. Da »von einer Ausnahme abgesehen« die Anlagen aller IITs »veraltet« seien, böte die Investition, so der Tenor, der Bundesrepublik die Chance, hier eine Führungsrolle einzunehmen.²⁶⁸

In dem Gutachten zu »Fragen der Installation einer Datenverarbeitungsanlage« am IIT Madras kam die deutsche Delegation zu drei wesentlichen Ergebnissen: Erstens waren die Ressourcen in der Region Madras im Allgemeinen und am IIT im Besonderen ausgesprochen knapp. Im gesamten Raum Madras sei so »praktisch keine Maschinenkapazität verfügbar«. Neben dem besagten Rechner im Guindy College gebe es noch einen IBM-Rechner in der Madras State University und einen sowjetischen Minsk-Rechner im Raketenzentrum Trivandrum. Beide aber schlössen externe Nutzer aus. Da das Gros der bisher installierten (rund 80) Rechner zudem in Industrie- und Handelszentren stehe und sich – in ganz Indien – zu 57 % in Industrie- und Dienstleistungsbetrieben, jedoch nur zu knapp über 30 % in Forschungseinrichtungen finde, liege in der Akquise eines Computers in Madras großes Potential, die Computerisierung Südindiens voranzutreiben. Zweitens stand der wachsenden Nachfrage, die die verschiedenen Abteilungen des IIT, aber auch diverse Firmen in der Region an der Nutzung eines Digitalrechners anmeldeten, ein eklatanter Mangel an Erfahrung gegenüber. So war die Verbreitung von Datenverarbeitungsanlagen »wegen des im Mittel noch relativ geringen Entwicklungsstandes der Wirtschaft, des chronischen Kapitalmangels und [...] des bisher noch weitgehend fehlenden ›Computer-Bewusstseins‹ äußerst gering«. Wenn man die am IIT Madras zwischen 1962 und 1968 genutzte

---

266 Zu diesem Ansatz vgl. BMZ an Zentralarchiv für empirische Sozialforschung, Univ. Köln, 5.12.1968; Elektronische Datenverarbeitung am IIT Madras, J.D. Haupt, RWTH Aachen, an BMZ, 24.1.1969, S. 3, B 213/2921, BAK.
267 Vgl. GAWI an BMZ, 18.1.1968; BMZ an GAWI, 28.3.1968, B 213/2921, BAK.
268 BMZ an W. Ameling/F. Diederich/J.D. Haupt/G. Schäfer, RWTH Aachen, 15.2.1969, S. 1-3; G. Kerckhoff, BMZ, an BMWi, 5.2.1969, S. 1-3, B 213/2921, BAK. Zum Team zählten Walter Ameling, Ordinarius für Elektrotechnik und Datenverarbeitungssysteme, der Mathematiker Josef D. Haupt, Mitarbeiter und späterer Leiter des Rechenzentrums, sowie zwei Mitarbeiter des »Instituts für Internationale Technische Zusammenarbeit« an der RWTH Aachen.

»Maschinenzeit« in den Maßstab der Rechenleistung eines schnellen Großrechners (CDC 3600) umrechnete, wie er zum Beispiel im TIFR in Bombay stand, hatte diese summa summarum lediglich bei 820 Stunden gelegen. »Diese Gesamtzeit«, so folgerte der Bericht, sei »ein Spiegelbild für die augenblickliche ›Computererfahrung‹ des Mitarbeiterstabes des IITM.« Drittens sei bei der Auswahl des Rechners ein amerikanisches (oder ersatzweise britisches) Modell aus verschiedenen Erwägungen zu bevorzugen: Zum einen zeige sich der indische »Markt weitestgehend von IBM beherrscht«. So exportiere der Konzern nicht nur bereits damals einen Teil seiner Produktion, sondern werde ab 1970 auch Maschinen und Zubehör der IBM/360er-Serie in Indien produzieren, wobei es sogar gelungen sei, das Geschäft, anders als ansonsten üblich, gänzlich ohne indische Beteiligung aufzuziehen. Folglich stünden ein gut ausgebautes Service-Netz und ein großer (indischer) Mitarbeiterstab für die Wartung, Reparatur und Programmierung der Rechner »vor Ort« zur Verfügung. In Ansätzen gelte dies auch für die britische ICL. Dass überdies die Wartungsgebühren in Rupien beglichen werden könnten, sei angesichts knapper Devisen ein weiterer Vorzug gegenüber der Akquise eines deutschen Fabrikats. Denn der Wartung komme eine vorrangige Bedeutung zu; bliebe sie – wie im Fall deutscher Maschinen zu erwarten – einmal aus, so könnte ein »Nichtfunktionieren dieser Maschine [...] – zumindest unausgesprochen – auf die Tatsache zurückgeführt werden, dass sie aus einem Land kommt, welches im Bau von Großcomputern gegenüber den USA noch vieles nachzuholen und zu lernen hat.« Zur Absicherung des Betriebs brauche es hohe Personalkosten. Kurzum: Dass auch die Bundesrepublik in Computerdingen noch ein Entwicklungsland war, erschwerte in den Augen der Gutachter die Wahl eines deutschen Computermodells. So schlossen sie sich dem indischen Vorschlag an, einen IBM-Rechner der dritten Generation zu erwerben.[269]

Der deutsche Plan hatte vorgesehen, neben einer deutschen Leitung des Rechenzentrums und einer Gruppe deutscher Programmierer und Operatoren auch einen deutschen Rechner – entweder von Siemens oder von AEG-Telefunken – nach Madras zu bringen. Doch erwies sich die mangelnde Internationalisierung der Computersparte der Konzerne als Problem. Deutsche Firmen waren im Ausland, anders als die amerikanische oder britische Konkurrenz, kaum in vergleichbarer Weise durch ein »Vertriebs- und Service-Netz« vertreten und zeigten sich, wie ein Beamter des Forschungsministeriums an die Kollegen des Wirtschaftsministeriums nach Rücksprache mit Vertretern von Siemens und AEG schrieb, in ernüchternder Weise »an der Lieferung einer

---

269 W. Ameling/F. Diederich/J. D. Haupt/G. Schäfer: Bericht zu Fragen der Installation einer DVA am IIT Madras, Aachen 1969, S. 8-11, 14, 17, 20, 30-32, B 213/2921, BAK. Dem Vorschlag, bereits im Voraus einzelne Firmen über die geplante Ausschreibung ins Bild zu setzen, wurde von Seiten des BMWi »vorerst nicht entsprochen. Es ist zu vermeiden, daß die Entscheidg. unter Druck der Firmen getroffen wird.« Handschr. Notiz, BMZ, J. D. Haupt, RWTH Aachen, an BMZ, 24.1.1969, S. 5f., B 213/2921, BAK.

Rechenanlage nach Indien nicht interessiert«.²⁷⁰ So betonte zwar das BMWi, man würde es »begrüßen, wenn eine Anlage einer deutschen Herstellerfirma vorgesehen würde«, und brachte die Möglichkeit, eine lokale »Service-Station zu errichten, die dann möglicherweise weitere Einzelgeschäfte in diesem Raum anbahnen könnte«, ins Spiel.²⁷¹ Jedoch kamen die Bonner Ministerien letztlich überein, dass »exportpolitische[n] Überlegungen« in diesem Fall keine vorrangige Rolle einzuräumen und eine »Türöffnerfunktion« des Exports eines deutschen Computers angesichts des vertriebslogistischen Rückstands gegenüber IBM ohnehin sehr skeptisch zu beurteilen sei.²⁷²

So überging man neben dem Angebot der ICL, das sich noch im April 1970 um die Ausstattung des Computerzentrums in Madras bewarb,²⁷³ letztlich auch das der AEG, die, anders als Siemens,²⁷⁴ im Zuge der Ankündigung des geplanten Besuchs von IIT-Direktor Ramachandran in Deutschland den Kurs wechselte und überraschend erklärte, das »Projekt« als »Demonstration der Deutschen Elektronischen Industrie auf dem indischen Subkontinent« übernehmen zu wollen.²⁷⁵ Am Ende ging die Kommission sogar noch über den Vorschlag der Gutachter (und die Erwartungen der indischen Partner), ein Modell der IBM/360er-Reihe zu wählen, hinaus und akquirierte einen brandneuen IBM/370-155,²⁷⁶ zu dessen Betrieb IBM, das ein »Headquarter for Software« zur Programmierung der Rechner im Süden des Landes zu errichten plante, seine Mitarbeiter eigens in den USA schulen lassen musste.

270 BMwF an BMZ/BMWi, 30.1.1969, B 213/2921, BAK. Indes, so registrierte man in Bonn vorsichtig, sei »AEG, falls es zu einer Lieferung kommen sollte, interessiert und bereit, in Madras einen Stützpunkt zu errichten«. Die Chance eines Exports deutscher Produkte sei demnach perspektivisch weiter gegeben.
271 BMWi an BMZ/BMwF, 10.2.1969, S. 1-2, B 213/2921, BAK.
272 Memorandum, G. Kerckhoff, BMZ, 29.10.1969, S. 1, B 213/2921, BAK.
273 D. Datta, ICL, an S. Sampath, IIT Madras, 28.4.1970, B 213/2921, BAK.
274 Für Siemens schien es angesichts bekannter »Wartungsprobleme« von Siemens-Maschinen im Ausland und der Tatsache, dass im Fall einer deutsch-indischen Kooperation eine voraussichtlich noch größere Zahl an Spezialisten anzustellen bzw. auszubilden (oder gar zu entbehren) sei, klar, »dass Siemens im Moment den DVA-Markt in Indien nicht bearbeiten will.« J.D. Haupt, Notiz über eine Besprechung bei Firma Siemens, München, 23.9.1969; J.D. Haupt, RWTH Aachen, an G. Kerckhoff, BMZ, 9.10.1969, B 213/2921, BAK.
275 AEG, Fachbereich: Anlagen Informationstechnik, an J.D. Haupt, RWTH Aachen, 24.7.1969, B 213/2921, BAK. Die Installation und Wartung des avisierten Rechners (TR-88) könne über lokale Tochtergesellschaften in Delhi und Bangalore vorgenommen und ein Teil der Kosten in indischer Währung beglichen werden. Doch sei es – obschon es eine kostenlose Grundausbildung in Indien geben werde – kein Geheimnis, dass es viele deutsche Experten benötigen werde, um das »Projekt« auch »im Interesse der deutschen Industrie mit demonstrativer Präzision abzuwickeln«. Zum Expansionskurs des Konzerns im Bereich der Computertechnik in den 1970er Jahren vgl. allg. Firmenarchiv AEG-Tel. – Telefunken Computer GmbH, Korrespondenz, Ordner 278-280, Historisches Archiv des DTMB.
276 Vgl. Ergebnisniederschrift, 22. Sitzung, Madras-Ausschuss, 12.1.1973, S. 8, BIII, B-3-2, Nr. 173, UATUB.

Sowohl der Bau als auch die Finanzierung des Rechners gestalteten sich komplizierter als vorhergesehen. Teile der Maschine und des Zubehörs, die durch IBM India nicht »lokal« gefertigt werden konnten, sollten von IBM Deutschland produziert und dann nach Indien exportiert werden.[277] Die Finanzierung des Computerzentrums, das rund 12 Millionen Rupien kostete, sollte, vom CSIR bezuschusst, nur zu einem Viertel aus Devisen und zu 75% in indischer Währung bezahlt, indes auch hier aus den Mitteln der deutschen »Technischen Hilfe« getragen werden. Dazu wurden rund 10 Millionen Rupien, die ursprünglich im Rahmen des Food-Aid-Programms an Indien gingen, für die Akquise des Rechners und den Bau des Computerzentrums umgewidmet.[278] Zudem unterstützte die Bundesregierung die Akquise in Millionenhöhe.[279]

Mit dem neuen Computerzentrum sollte das IIT Madras, wie ein Memorandum aus dem September 1970 vermerkte, eine »führende Rolle innerhalb der Datenverarbeitung in Indien übernehmen« und sowohl deutsche als auch indische Fachleute anwerben.[280] Darüber hinaus war das Rechenzentrum als »Exporteur von ›soft-ware‹« vorgesehen; in Kooperation mit dem Industrieberatungszentrum arbeitete man in den 1970er Jahren daran, einzelne Abteilungen »als ›Subunternehmer‹ für deutsche Firmen, Behörden oder Institute« einzusetzen und zugleich das IIT – als »Anlaufstelle« für »technische[s] Personal« aus anderen (Entwicklungs-)Ländern in der Region – zum »Vehikel trilateraler Entwicklungshilfe« zu machen.[281]

Im Sommer 1973 wurde der IBM-Rechner installiert; am 17. November 1973 weihte Direktor Ramachandran das Rechenzentrum in einer großen Zeremonie ein.[282] Als Zeichen der Anerkennung um die deutschen Verdienste am IIT

277 Memorandum, K.C. Sodhia. Meeting with H. Kahle, German Embassy, and L.S. Chandrakant, Joint Educational Adviser, Ministry of Education, 9.2.1970, Ministry of Finance, Progs. Nos. 19/51/69-IA, NAI.
278 Die Vereinbarung zur Verwendung von »Gegenwertmitteln«, die ursprünglich zur Finanzierung von »Verarbeitungsbetrieben für Obst, Gemüse und Mais« sowie einer »Landmaschinenfabrik in Mandi und Kangra« vorgesehen waren, bezeugte die pragmatische Anpassung des Kurses in der deutsch-indischen Kooperation. Vgl. Deutsche Botschaft, New Delhi, an das AA, 11.3.1970, B213/2921, BAK; H.D. Bansal, Under Secretary, an B. Sen, Educational Adviser, Ministry of Education, 28.2.1970, Ministry of Finance, Progs. Nos. 19/51/69-IA; Indo-FRG Scientific and Technical Cooperation Agreement, Regarding the Peaceful Uses of Atomic Energy and Space Research, 1973, Ministry of Finance, Progs. Nos. 19/51/73-IA: Indo-FRG Scientific and Technical Cooperation, NAI.
279 Das IIT Madras war lange zu einem Prestigevorhaben geworden. So bemerkte ein Besucher 1973: »[D]er endgültige Erfolg in Madras dient dem Renommée mehr als fünfzig neu angefangene, halbherzige Entwicklungsprojekte«. H. Lippmann, Univ. Karlsruhe, Bericht, Reise an das IIT Madras, 13.4.1973, BIII, B-1-2, Nr. 20, UATUB.
280 Dienstreisebericht, Besprechung im Rechenzentrum der TH Aachen, 30.9.1970, B213/2921, BAK.
281 Deutsches Generalkonsulat, Madras, an das AA, 4.2.1977, AV NA 15954, PA AA.
282 Vgl. IIT Madras: Annual Report 1972-73, Madras 1973, S. IX; IIT Madras: Annual Report 1974-75, Madras 1975, S. 7-11; IIT Madras: Information Bulletin. Academic

Madras erhielt der deutsche Entwicklungshilfeminister Eppler dabei am Rande seiner Reise durch Indien die Ehrendoktorwürde der Hochschule.[283] Daran, dass im April 1977 Außenminister Hans-Dietrich Genscher dieselbe Ehre zuteil wurde, zeigte sich, wie stark die deutsch-indischen Bande bereits waren. Sie blieben auch über das Ende der Regierungsabkommen hinaus erhalten.

Mit der Akquise des IBM/370, des zu dieser Zeit schnellsten Rechner des Landes, übernahm das IIT Madras die Führung in der Riege der indischen Computer-Institute. Als sich die USA als Förderer des IIT Kanpur 1972 zurückzogen, erwies sich das IIT Madras als legitimer Nachfolger. Neben der Ausstattung »erbte« es auch die Expertise des Personals. 1973 ging so die Leitung des Rechenzentrums aus den Händen des Nachrichtentechnikers Sampath in die dreier Computerexperten des IIT Kanpur um H.N. Mahabala über.[284] Auch im Electrical Engineering Department, dem die drei Spezialisten wie auch Sampath angehörten, war das Gros der Angestellten, obschon ein in Dresden ausgebildeter indischer Ingenieur die Leitung besaß, in den USA ausgebildet.[285] So verbanden sich in Madras in der Praxis deutsche, amerikanische und indische Ressourcen, Ansätze und Philosophien.

Die Modernisierung des Computerzentrums in den 1970er Jahren erwies sich als nachhaltige Investition. Noch mehr als zehn Jahre später konstatierte die GTZ in einem Gutachten, die Computer arbeiteten »zuverlässig« und seien in »gutem Wartungszustand«: »Die Anlage läuft im 24-Stundenbetrieb an sieben Tagen in der Woche und ist voll ausgelastet.«[286] Forschung und Ausbildung im Bereich der Computer Sciences prägten so alsbald das Campusleben. Im Fokus stand von Beginn an die »Eliten-Bildung« an der Hochschule. Doch schon zur Mitte der 1970er Jahre – lange bevor Computer vielerorts in die Schulen kamen – hatten Hochschullehrer begonnen, auch einigen Mädchen und Jungen an der lokalen »Central School« (Kendriya Vidyalaya) erste Kenntnisse in der Programmierung von Rechenmaschinen und im Einsatz der

---

Session 1974-75, Madras 1975, S. 39, 94-99; Farewell Dr. A. Ramachandran, in: Campastines II,4 (1973), S. 1, MHC.

283 Personalien, in: Der Spiegel, 26.11.1973, S. 198; Special Convocation, IIT Madras, 17.11.1973, BIII, B-3-2, Nr. 176, UATUB. Zur Inszenierung der Feier vgl. das Fotoarchiv des MHC.

284 »IBM 370/155 at IIT Madras is considered to be the largest and most modern computer system in the country.« P. Gopalakrishnan/K. S. Narayanan: Computers in India, Bombay 1975, S. 25. Vgl. Bassett: Aligning India, S. 797f. Zur Akquise des IBM/370 vgl. überdies das Interview von H.N. Mahabala: »IBM 370 Come to IIT Madras«. URL: https://itihaasa.com/describe/dartefact/001_001_0225 [abgerufen am 15.8.2022].

285 IIT Madras: Information Bulletin. Academic Session 1974-75, Madras 1974, S. 73. Zu Sampaths Biographie vgl. DAAD Fragebogen/Biograph. Skizze, S. Sampath, 1967, A2/215, UABS.

286 Angebot über die Prüfung der Unterstützungsmöglichkeiten des Rechenzentrums am IIT Madras, 4.10.1984, IIT Madras, Rechenzentrum, B 37/156234, PA AA.

BILDUNGSPOLITIK AM IIT MADRAS

Abb. 9-10: Computer-Zentrum (um 1973) (oben); Computer-
Ausbildung von Mädchen und Jungen, Central School,
am IIT-Campus (nach 1975) (unten).
Quelle: IIT Madras Heritage Centre, Digital Archives.

IBM/370 zu vermitteln.²⁸⁷ So existierten Ansätze hoher und elementarer Computer-Schulbildung früh nebeneinander.

Zum Jahreswechsel 1982/83 war alsdann in Madras ein eigenständiges, vollwertiges »Department of Computer Science and Engineering« entstanden, an dem neben Ph.D.- und Master- erstmals auch Bachelorabschlüsse erworben werden konnten.²⁸⁸ In Bonn sah man die Entwicklung des Computerzentrums daher – eingedenk aller zwischenzeitlichen Schwierigkeiten – als exemplarischen Ausweis der gelungenen Kooperation am IIT Madras. Zur Mitte der 1980er Jahre waren von indischer Seite gleichwohl Pläne zur Erneuerung des Maschinenparks an das BMZ herangetragen worden. Nach eingangs zögerlicher Reaktion wurde 1985 im Rahmen der »Technischen Hilfe« die Erneuerung der DV-Anlagen beschlossen.²⁸⁹ Im Jahr 1987 lieferte Siemens so einen Großrechner (7.580-E) an das IIT Madras, der rund 100 Terminals verband, inklusive Peripheriegeräten und zugehöriger Programme, einen graphischen Arbeitsplatz im Bereich der Fertigungstechnik zur Ausbildung in Computer Aided Design sowie einen Sinix-Rechner MX500. 1990 eröffnete der Konzern zudem, nachdem die Schwerpunkte der Hardwareproduktion zuvor vor allem in Westeuropa und den USA gelegen hatten, in Neu Delhi eine erste »Software-Fabrik«, in der 50 indische Fachleute »Software aller Art« für die Bundesrepublik entwickeln und im Anschluss auch anwendungsbezogen für den indischen und die globalen Märkte produzieren sollten.²⁹⁰

---

287 Die koedukative »Central School« diente vor allem dem Nachwuchs der Hochschulangestellten am Campus sowie den Kindern höherer Regierungsbeamter zur Ausbildung. In den letzten beiden High-School-Jahren hatte, wer eine Hochschulbildung im Feld der Computer Sciences avisierte, hier die Möglichkeit, im Rahmen von Abendkursen, an der Seite weiterer Interessierter aus dem Lehrkörper wie auch aus der Gruppe der Studierenden, Programme wie FORTRAN, JCL oder PL/1 kennenzulernen. Die Einblicke in den Einsatz des IBM/370, aber auch anderer Rechner, die das Ergebnis kreativer Anstrengungen in einem Land der »screwdriver technology« waren, schulten zugleich die Hardwarekenntnisse, erinnerte sich ein ehemaliger Hochschullehrer und Förderer der Ausbildung im Bereich der Computer Sciences. Vgl. E-Mail-Korrespondenz und Interview, R. Kalyana Krishnan, IIT Madras, 13.2./11.7.2022.
288 Vgl. IIT Madras: Annual Report 1982-83, Madras 1983, S. 61-63.
289 Zuvor waren immer wieder Experten aus der BRD nach Indien gereist, um das Zentrum zu modernisieren. Vgl. Deutsche Botschaft, Neu Delhi, an das AA, 2.6.1982; Report on a Visit to Federal Republic of Germany by Prof. H.N. Mahabala, an R. Jerosch, Deutsche Botschaft, Neu Delhi, 7.3.1984; Proposal for Modernizing the Computing Facility, 1984; P. Devan, Under Secretary, Ministry of Finance, an R. Jerosch, 4.2.1985, B 37/156234, PA AA.
290 Siemens-Computer für Indien und Pakistan, in: Siemens-Mitteilungen 10/87, S. 20; Software aus Indien, in: Siemens-Mitteilungen 9/89, S. 23; Siemens-Mitteilungen über Indien, 1990, 68.Li 156; Text- und Datennetz von Siemens für Indien, in: Fachpresseinformation 60 (Nov. 1985), 35.Ls 403, Siemens Corporate Archives. Die Übergabe des Siemens-Rechners in Madras erfolgte zum Jahreswechsel 1987/88. Vgl. Fernschreiben der Deutschen Botschaft, Neu Delhi, an das AA, 17.12.1987, B 37/156234, PA AA.

Der Ausbau der Kooperation in den ausgehenden 1980er und beginnenden 1990er Jahren war zum einen Ausdruck eines verstärkten politischen Interesses an den Ursachen des wachsenden »Nord-Süd-Gefälle[s]« und der Rolle der »Informationstechnik« im Kontext des entwicklungspolitischen Engagements.[291] So erklärte der bundesdeutsche Entwicklungshilfeminister Hans Klein, der im März 1988 nach Madras kam, um den Computer symbolisch zu übergeben, den »Aufbau eines leistungsfähigen Hochschulwesens in Entwicklungsländern« zur Förderung »entwicklungsrelevante[r] Sektoren« als »kompetente Partner für den Technologietransfer« zu einem wesentlichen Ziel der deutschen Entwicklungspolitik.[292] Zum anderen aber bezeugte die Kooperation auch die zunehmende Verflechtung indisch-deutscher Wirtschaftsbeziehungen im Prozess der Globalisierung.[293] Das Interesse deutscher Computerkonzerne am indischen Markt, das im Zuge der Liberalisierung unter Rajiv Gandhi weiter gewachsen war, begleitete so Indiens Weg zur IT-Nation in den 1990er Jahren.

Die Geschichte der Indian Institutes of Technology war das Ergebnis politischer Auseinandersetzungen und ökonomischer Konkurrenz in der Ära des Kalten Krieges und zugleich symbolischer Ausdruck der indischen Unabhängigkeitsbestrebungen nach 1947. Programmatisch wie personell spiegeln die Hochschulen so die Dynamik der Wissenszirkulation zwischen einheimischer und

---

[291] Wolfgang von Fumetti: Die Rolle der Informationstechnologie in der deutschen Entwicklungspolitik, in: gtz 2 (1982), S. 24-27. Nachdr. in: epd-Entwicklungspolitik 3/4 (1983), S. D-F. Vgl. zudem: Paul Kevenhörster: Politik im elektronischen Zeitalter. Politische Wirkungen der Informationstechnik, Baden-Baden 1984, S. 329-362; Ausbildungskonzepte für den Bereich IT und »Dritte Welt«. Dokumentation eines Round-Table-Gesprächs an der TU Berlin, in: Cyranek/Kaiser/Kachru (Hrsg.): Informatik, S. 257-283; TU Berlin: Forschungsbezogene Partnerschaft als Grundlage für wissenschaftlich-technologische Zusammenarbeit. Symposium, 10.-12.10.1983, BIII, B-3-2, Nr. 176, UATUB.

[292] Hans Klein: Rede vor dem Plenum der westdeutschen Rektorenkonferenz, Berlin, 8.2.1988, S. 11. Zit. n. Michael Bohnet: Geschichte der deutschen Entwicklungspolitik, München ²2019, S. 148 f. Vgl. zudem Hans Klein: Wege und Ziele der deutschen Entwicklungszusammenarbeit, in: Bulletin, Nr. 88, 16.9.1987, S. 758 f.

[293] Sowohl Bundeskanzler Kohl als auch Forschungsminister Heinz Riesenhuber konstatierten bei ihren Besuchen in Neu Delhi 1986/87 die Bedeutung indisch-deutscher Kooperation. Riesenhuber stellte heraus: »Technological knowledge, both in the form of technical hardware and in its intangible form, has become a product with an international market and with importance for international policy. […] India holds a leading position in the Third World. […] Together we will use science and technology to further the friendship between our two countries for the benefit of our citizens.« Research and Technology in the FRG, New Delhi 10.8.1987, B 213/2907, BAK. Zur Vielzahl deutsch-indischer Kooperationen, die in der »Technogerma 88« in Delhi zum Ausdruck kamen, vgl. exempl. die Korrespondenz zwischen Bonn und Neu Delhi am Rande des deutschen Ministerbesuchs 1987: Asienreise Min. Riesenhuber 8.-18.8.1987, B 196/122389, BAK. In den 1980er Jahren war Indien zentrales Partnerland der Hannover Messe CeBIT geworden. Die Bundesrepublik nahm 1993 die gleiche Rolle bei der Engineering Trade Fair in Neu Delhi ein.

ausländischer Expertise wider. Dabei erlauben sie einen Blick in die konkrete Praxis der Entwicklungskooperation und bezeugen zugleich den Wandel internationaler entwicklungspolitischer Konzepte in Indien nach 1945. So diente die »Eliten-Bildung« – aus der Perspektive der Fördernationen – wahlweise der Förderung der Demokratie oder der Erziehung zum Sozialismus, stets aber der Anbahnung und Intensivierung ökonomischer Beziehungen, während sie in Indien eine prominente Rolle als Vehikel der Nationsbildung einnahm.

Das Leben an den IITs war – wie an den übrigen herausragenden Forschungseinrichtungen des Landes – weithin von der Umgebung abgeschottet, ein sozialer Mikrokosmos, in dem um die Verbindung zu den alltäglichen Problemen der Massen gerungen und geworben werden musste. Die »scientific community« der IITs bildete eine kosmopolitane Elite, die sich über den Habitus der Akademiker, die Kompetenz der englischen Sprache und das Know-How der disziplinären Ausbildung vom Gros der Bevölkerung abhob. Der Campus zählte eine Kantine, ein Postamt, bisweilen auch Restaurants, Swimmingpools und Parks. Es gab sogar ein eigenes Sport- und Kulturprogramm.[294] Da nahm es kaum wunder, dass die Hochschulen und Forschungseinrichtungen zur Heiratsbörse wurden.

Im politischen Diskurs der werdenden Nation spielten die neuen »Eliten« in Madras, aber auch in Kharagpur und Bombay, Kanpur und Delhi von Beginn an eine zentrale Rolle. Der Physiker M. G. K. Menon, der als Mitglied der Planungskommission und Berater der Premierminister in den 1980er und 1990er Jahren den Kurs der indischen Forschungs- und Bildungspolitik wegweisend bestimmte, adressierte so eingangs der 1970er Jahre am Rande seines Besuchs am IIT Madras den Nachwuchs im Geiste John F. Kennedys: »ask not what your country can do for you, ask what you can do for your country.« Das Ziel müsse es sein, die Forschung in Theorie und Praxis zum Nutzen der gesamten Nation voranzubringen: »We must have in this country a broad base of scientific endeavour covering pure and applied research and developmental activities.«[295]

Computer spielten in diesem »scientific endeavour« eine wachsende Rolle. Allerdings war ihr Einsatz an den einzelnen IITs durchaus ungleichgewichtig und ungleichzeitig gewesen. Während den Computer Sciences in Kanpur bereits kurz nach der Gründung zentrale Bedeutung zukam, dauerte es an anderen IITs deutlich länger, bis es auch hier – eingangs der 1970er Jahre – zum

---

294 Zum Tagesplan der Forschungseinrichtungen des Tata Institute of Fundamental Research und des Saha Institute of Nuclear Physics vgl. Anderson: Nucleus, S. 292-310. Zu den Sport- und Kulturprogrammen der IITs vgl. Inter IIT Meet, Box No. B/18, Karton 1, UNESCO Archives; Spectator. Inter IIT Meet, Kharagpur, 17.12.1982, MHC.

295 IIT Madras, 8th Convocation, 31.7.1971, Address by M.G.K. Menon, BIII, B-3-2, Nr. 176, UATUB. In diesem Sinne zitierte Menon auch Albert Einsteins Diktum: »the concern for man and his destiny must always be the chief interest of all technical effort. Never forget it among your diagrams and equations.«

(Aus-)Bau von Rechenzentren und – zu Beginn der 1980er Jahre – zur Einrichtung von Bachelor- und Masterprogrammen kam. Wo die Technik zum Einsatz kam, diente sie zudem lange der Anwendung – als Werkzeug der Berechnungen und Experimente in den einzelnen Fachbereichen der Ingenieure, Physiker und Chemiker. Im gleichen Zuge aber bildeten die Institute alsbald eigene Computerexpertise aus, begannen Rechner zu warten, auseinander- und zusammenzubauen sowie zu programmieren und wiesen so der Ausbildung von Computerspezialisten in Indiens Technologienation den Weg. Die wichtige Rolle der IITs als Wiege des Humankapitals in diesem Prozess war schon allein daran abzulesen, dass ab der Mitte der 1960er Jahre eine wachsende Zahl ihrer Alumni Führungspositionen in Indien eroberte. Gleichzeitig exportierten die IITs indes auch einen gewichtigen Teil ihrer Expertise ins Ausland. Computerspezialisten erwiesen sich in dieser globalen Konkurrenz als besonders begehrt; bis zum Beginn der 1990er Jahre wuchs so die Zahl derer, die aus Indien in alle Welt, allen voran aber, wie sich zeigen sollte, ins Silicon Valley gingen, rapide an.

Als Idealtypus der neuen »Elite« der IITs erschienen daher auch Menon die Computerexperten. Wie viele Beobachter dieser Jahre, verglich auch er die Auswirkungen der Computertechnologie mit denen der Industriellen Revolution – »a revolution of similar magnitude in the field of electronics«.[296] Angesichts der Veränderungen von Planung und Prognostik in Forschung, Ökonomie und Politik im Zeichen digitaler Datenbanken deklarierte er das Ungleichgewicht personeller und materieller Ressourcen zwischen Nord und Süd zum entscheidenden Problem der kommenden Dekaden. Solange der globale Norden Indien als »convenient dumping ground« für Technologien sehe, »which [are] on the way to becoming obsolete elsewhere«, liege das Ziel der Autonomie in weiter Ferne: »a purchase – or gift, as the case may be – does little to encourage a country's self-generating capacity for growth.« Indiens zentraler Vorsatz müsse es daher sein, die Lücke zwischen Nord und Süd zu verringern.[297]

---

296 Ebd. Im Januar 1975 sekundierte F. C. Kohli, der Präsident der Computer Society of India in Ahmedabad: »Many years ago, there was an industrial revolution. [...] Today there is a new revolution – a revolution in information technology [...] If we miss the opportunity, those who will follow us will not forgive us for our tardiness and negligence.« F. C. Kohli: The Future Role of the Government in the IT Industry, in: ders.i: The IT Revolution in India. Selected Speeches and Writings, Neu Delhi 2005, S. 179-182, hier: S. 182. Vgl. ders.: Evolution of Information Technology in India. A Personal Experience, in: Shyamasundar/Pai (Hrsg.): Homi Bhabha, S. 185-193, hier: S. 187.

297 IIT Madras, 8th Convocation, 31.7.1971, Address by M. G. K. Menon, BIII, B-3-2, Nr. 176, UATUB. »The computers we have must be the most modern. This is not for hand-waving or prestige, but because it represents the best investment. And this would be true for most areas of electronics where progress has indeed been so revolutionary that this country, whether for defence, for communications, for exports, or otherwise, must adopt and accept nothing less than the most modern

In den Reden der Abschlussfeiern an den IITs in den 1970er und 1980er Jahren spiegelte sich Menons Anspruchsdenken, das die Ausbildung neuer Eliten zur Voraussetzung der »Unabhängigkeit« erhob, eindrücklich wider. Hier ging es zum einen darum, die ausgangs der 1960er Jahre einsetzende Abwanderung der Eliten ins Ausland einzudämmen, die auch Premierministerin Indira Gandhi in der politischen Auseinandersetzung um den sogenannten »Brain Drain« immer wieder thematisierte.[298] Zum anderen bezeugten die Reden einen wachsenden Konsens, dass Indien eigene Wege gehen müsse, um über die Nachahmung des Vorbilds der Industrienationen hinauszukommen: »Innovate, don't imitate!«, schrieb Gandhi den Absolventen des IIT Bombay daher eingangs der 1970er Jahre ins Stammbuch.[299] Eine Dekade später erinnerte sie im gleichen Geiste, am Rande einer Auslandsreise, dazu an die Worte des britischen Physikers Cecil Powell, der im Europa der 1950er Jahre[300] die Dependenz von den USA anprangerte:

> In the long run, it is most painful, and very expensive, to have only a derivative culture and not one's own, with all that it implies in independence in thought, self-confidence and technical mastery. If we left the development of science in the world to the free play of economic factors alone there would inevitably result a most undesirable concentration of science and scientists and too few centres, those rich in science becoming even richer, and those poor, relatively poorer.

techniques.« Zur Suggestion der These computergestützter Planungen sowie einer globalen Computerpolitik in den 1970er Jahren vgl. allg. Elke Seefried: Zukünfte. Aufstieg und Krise der Zukunftsforschung, Berlin/Boston 2015, S. 235-254; Patrick Kupper: »Weltuntergangs-Vision aus dem Computer«. Zur Geschichte der Studie »Die Grenzen des Wachstums« von 1972, in: Frank Uekötter (Hrsg.): Wird Kassandra heiser?, Stuttgart 2004, S. 98-111; Bösch: Euphorie, S. 240-243.

298 Einen Überblick geben die Korrespondenzen, Presseartikel und Memoranden dieser Jahre. Vgl. Cabinet Affairs, Science and Technology, 85/68/CF-66; 85/68/CF-69: Brain Drain, Vol. I; Vol. III, 1966-1969; Cost/Doc/23/70-Cost: Meeting of Cost on Brain Drain and Unemployment among Engineers, 1970, NAI. Vgl. dazu allg. Kap. 7.

299 Indira Tells Scientists: Innovate, don't imitate, in: Indian Express, 8.9.1972, BIII, B-1-2, Nr. 19, UATUB. Vgl. Be Innovators, Not Imitators. P. M. Tells Scientists, in: Times of India, 8.9.1972, S. 3. Zur Innovationskritik dieser Jahre vgl. überdies allg. The Innovator. A Useful Rare Bird, in: Times of India, 4.5.1967, S. 8. Der kleinen Elite der Techniker an den IITs obliege es, so der ehemalige Direktor des IIT Madras, A. Ramachandran, »[to create] a new style of leadership, [...] that encourages the spirit of innovation and entrepreneurship, a leadership that can ride the galloping horses of change and improve the quality of life of the poor millions on this only spaceship of ours, the earth.« IIT Madras, 17th Convocation, 1980, Address by A. Ramachandran, BIII, B-3-2, Nr. 176, UATUB.

300 Die Debatte um eine »Kolonisierung« Europas durch die High-Tech-Konzerne der USA geisterte in den 1950er und 1960er Jahren durch die europäischen Gazetten. Vgl. zur Bundesrepublik: Wird Europa kolonisiert?, in: Die Zeit, 21.10.1966, S. 38; Warum Europa hinterherhinkt, in: Die Zeit, 26.7.1968, S. 26.

Für Gandhi war der Konnex von technologischer und politischer Freiheit, der hier zum Ausdruck kam, ein Grundprinzip indischer Politik nach 1947: »When we became free it was clear to us that we needed heavy industry and advanced science-based technology to safeguard our independence and to make us self-reliant.«[301] Dabei kam in der Kritik an der »technologischen Lücke« zwischen Nord und Süd und am »elektronischen Kolonialismus« der Industrienationen zugleich die Sorge vor einem wachsenden Graben zwischen den »High-Tech-Eliten« und den in Zugang und Nutzung abgeschlagenen Massen in Indien zum Ausdruck, die den Diskurs der Autonomiebestrebungen an der Schwelle zu den 1970er Jahren zu prägen begann. Die Geschichte dieser Auseinandersetzung um die Computerisierung der Lebens- und Arbeitswelten in Indien bewies einmal mehr, wie eng Maschinenträume und Automationsängste beieinander lagen.

---

301 Indira Gandhi: Scientific Endeavor in India, in: Science 217,4564 (1982), S. 1008f. Zu den Versprechen des neuen Indien zähle die Anwendung und Durchsetzung von »microelectronics, biotechnology and satellite imagery.«

5. Autonomie

5.1 Von Menschen und Maschinen: die Computerisierung und ihre Gegner

»A vital question which comes before any organization, before planning a computer installation is – why go in for a computer?«[1]
(C. Chanana, 1973)

Abseits der »Islands of Excellence« – der Forschungseinrichtungen und Hochschulen – evozierte der Anbruch des digitalen Zeitalters weniger Euphorie als vielmehr Ängste. Diese kreisten, wie vielerorts, in erster Linie um den Einsatz des Computers in Industrie, Banken und Verwaltung. In Indien, wo die sozialen und ökonomischen Gräben derweil viel eklatanter waren als in Europa oder in den USA, »Manpower« günstig und Technologieimporte problematisch, schien der Computer als Werkzeug der Eliten ausgangs der 1960er Jahre als Rationalisierungsmaschine und »Job-Killer« indes besonders bedrohlich. Dies lag auch daran, dass die Perspektive, die neue Technik zu beherrschen (anstatt von ihr »beherrscht« zu werden), für das Gros der Menschen binnen einer Lebensspanne außer Reichweite lag. Zwar hatte das »People's Science Movement« zu Beginn der 1960er Jahre – ausgehend von Einzelinitiativen an Forschungsinstituten in Delhi, Bombay und Bangalore – begonnen, sich dafür einzusetzen, elementare und höhere Bildung in breitere Bevölkerungsschichten zu tragen, doch war der Anspruch der Praxis lange vorausgeeilt.[2] Als der Ökonom Ashok Mehta 1968 bereits den Weg aus einer agrarisch geprägten in eine »High-Tech«-Ökonomie diskutierte, war Indien noch immer ein Land chronischen Nahrungsmangels, schlechter Gesundheitsversorgung, niedriger Lebenserwartung und weitverbreiteter Armut.[3] Der Einsatz von Computern schien so in den Augen der Kritiker mehr als an den Problemen des Landes vorbeizugehen, er schien sie sogar noch zu verstärken. Dabei provozierte auch der Umstand, dass die Computer aus dem Ausland kamen. So richtete sich der

---

[1] Chanana: Computers, S. 34.
[2] Vgl. Subhasis Sahoo/Binay K. Pattnaik: Understanding People's Science Movement in India, in: Sociology of Science and Technology 3,4 (2012), S. 8-72, hier: S. 12; Roli Varma: People's Science Movements and Science Wars?, in: Economic and Political Weekly 36,52 (2001), S. 4796-4802.
[3] Ashok Mehta: Science for a Transitional Society, in: Ward Morehouse (Hrsg.): Science and the Human Condition in India and Pakistan, New York 1968, S. 3-11. Zur Geschichte des »high-tech«-Diskurses vgl. Anderson: Nucleus, S. 395-397.

Zorn rasch gegen die multinationalen Konzerne, die, wie IBM, durch die Exporte ihrer Technik, so die Kritiker, die Lage nur verschlimmerten.

Dieses Kapitel wird die Kritik der Computer- und Nachrichtentechnik in den ausgehenden 1960er und beginnenden 1970er Jahren als ein Ringen um Autonomie – sowohl im nationalen als auch im globalen Bezugsrahmen – vorstellen, in dem sich Maschinenskeptiker und -euphoriker gegenüberstanden. Jenes Ringen erwies sich als die diskursive Folie der Ausbildung einer Computerindustrie und des Booms der Programmierer in Indien ab den 1970er Jahren. Vor dieser Folie sollen hier zugleich die zentralen Wegmarken der Evolution der Industrie bis in die Ära der Liberalisierung beschrieben werden, um dazu weiters den Fragen nachzugehen, wie diese Evolution technisch ermöglicht, sozial vorbereitet und diskursiv ausgehandelt wurde.

Den Durchbruch der Computertechnik in Indien begleitete ein vielstimmiger Chor der Kritik. Schon in den 1950er Jahren waren erste Vorbehalte gegen die neue Technologie hörbar geworden. Kurz vor dem Jahreswechsel 1961/62 erschien dann in der *Times of India* ein Artikel unter dem Titel »King Computer«, der der wachsenden Aversion einen rebellischen Ausdruck verlieh: »There is something radically wrong with mankind«, begann der Autor seine Fundamentalkritik am Anbruch eines Zeitalters, in dem sich der Elektronenrechner anschicke, den Menschen in Büros und Werkhallen zu ersetzen. Der Computer berechne auch in Indien bereits den Bau von Fabriken und Staudämmen, er regele die Erledigungen, womöglich werde er in Bälde gar den Ehepartner aussuchen. Der Computer degradiere den Menschen zu seinem Diener. Dies sei umso schmerzlicher als die Freiheit, wie der Redakteur der indischen *Times* – ohne die Geschichte des Kolonialismus in Indien nochmals eigens zu erwähnen – konstatierte, die nach Jahren des Feudalismus und der Monarchie vielerorts doch gerade kaum angebrochen sei:

> the species is setting up new masters and kings with the alacrity of a colony of bees changing their queen. [...] We protest. Automation and the like are all right for say, cigarette-making and bottling milk, but to make a computer king is an affront to human dignity [...] we set great store by dignity that ultimate in human virtues without which a man is no better than a cabbage; and so we suggest a revolution against computers. Any volunteers?[4]

Die Kunde von der »Revolution gegen die Computer« reichte bis in die Vereinigten Staaten. Im Januar 1962 sah sich Frederick E. James, Physiker der Yale University, gezwungen, eine Lanze für die neue Technik zu brechen, die in Indien als »amerikanische« Technik wahrgenommen wurde: »We need to make real progress to attain real dignity. Giant computers which can perform complicated – although not as yet creative – tasks mark real progress. We should not be afraid of them; we should use them.«[5] Viele Ängste aber blieben und

---

4 King Computer, in: Times of India, 13. 12. 1961, S. 6.
5 Computer Kings. Letter to the Editor, in: Times of India, 15. 1. 1962, S. 6.

wuchsen noch, als die kommerzielle Nutzung der Computer in Firmen und Administrationen begann. Im Jahr 1967 konstatierte der kommunistische Politiker K. Anirudhan in der Lok Sabha:

> The automation equipment that is being imported into this country on a very wide scale include that frighteningly monstrous man-eating machines called electronic computers. [...] An IBM 7093 computer can do one day's desk work of a lakh of clerks in less than an hour.[6]

Freilich war die Zahl der Rechner – 1967 war es kaum eine dreistellige Zahl an Installationen in ganz Indien – noch sehr überschaubar.

Im Rahmen der »National Conference on Electronics« hatte Rangaswamy Narasimhan, der Vorsitzende der Arbeitsgruppe zum Einsatz von Computern in Indien, noch 1970 versucht, die Risiken der Automation kleinzureden. Um »100 % self-sufficiency« im Bereich neuer Technologien zu erreichen, sei eine Investition in den Bildungssektor zur Förderung der Computer Sciences unausweichlich. Alle Bachelor-Studierenden an den IITs und wenigstens alle Master-Studierenden im Bereich der Sciences an den großen Universitäten des Landes »should be mandatorily required to be proficient in computer programming«. Das Problem der Automation, wie es in Europa oder in den USA beschrieben werde, stelle sich in Indien dagegen kaum: Im Bereich Management, Planung und Prozesskontrolle werde der Rechner, so Narasimhan, den Menschen eher unterstützen denn ersetzen, und in Fabriken und Büros verspreche der Einsatz von Computern, wo er denn vorkomme, zudem eher Wachstumsmotor als »Job-Killer« zu werden, da viele Jobs in den Bereichen, die der Computer zu optimieren verspreche, in Indien noch kaum existierten. Apodiktisch schloss er: »Thus the problem of displacing white-collar workers does not arise. The problem to be faced is much more one of recruiting and training fresh workers or retraining existing workers.«[7] Zwar barg der Computer – anders als Narasimhans apologetische Beschreibung suggerierte – auch in Indien durchaus das Potential einer Rationalisierungsmaschine, doch erwiesen sich die im Vergleich zu Europa oder den USA geringen Lohnkosten in vielen Fällen auch als Schutz der Arbeiter vor der Kapitalrendite eines Rechners. Bis sich ein Computer rentierte, dauerte es viele Jahre; so vollzog sich die Computerisierung, zumal angesichts knapper Kapitalressourcen und bürokratischer Hemmnisse, in Indien eher langsam und graduell. Die Panik, die der Computer als »Job-Killer« hier in den 1960er und 1970er Jahren auslöste, war stärker noch als in den USA oder Europa Ausdruck einer Skepsis weiter Teile der Bevölkerung gegenüber den neuen Technologien, die – wie die Technikeuphorie der Mittel- und Oberschichten ab dem Ende des 19. Jahrhunderts – zur Geschichte der indischen Technologienation gehörte.

---

6   Resolution re: Ban on Automation, in: Lok Sabha Debates, Vol. 2, No. 11, 31.3.1967, Neu Delhi 1967, Sp. 2154-2222, hier: Sp. 2156.
7   Narasimhan: Meaningful National Goals, S. 372-375.

Für die Konzerne versprach der Computer eine Rationalisierung der Prozesse, deren Ertrag die meisten schon aus vorherigen Wellen der Automation zu schätzen wussten. Im Einklang mit dem – von Regierungsseite eingangs der 1960er Jahre propagierten – Modell kapitalintensiver Importe zur Industrialisierung des Landes, das zugleich eine Absage an die Strategie arbeitsintensiver Exporte bedeutete, hatten Fabriken, Banken und Versicherungen so den Weg der Computerisierung eingeschlagen, nachdem sie bereits Jahre zuvor ihre Buchungs- und Rechnungssysteme über Lochkarten- und Tabelliermaschinen zu automatisieren begonnen hatten. Dabei diente die Anwendung des Computers in der Regel weniger komplexen Problemlösungs- und Entscheidungsprozessen im Bereich des Managements als vielmehr repetitiven Arbeiten im Bereich der Datenverarbeitung.[8]

In der Folge diskutierten Politiker des linken und des liberal-konservativen Spektrums, Arbeitgeber- und Arbeitnehmervertreter, Gewerkschaftsführer und Hochschullehrer hitzig über die Auswirkungen der Computertechnologie auf die Arbeitsmärkte.[9] Während die Ängste vor der »Computer-Automation« wuchsen, ließ sich die Zahl der Jobs, die der Computer vernichtete, indes nur schwer bestimmen. Ausgangs der 1960er Jahre erschienen erste Untersuchungen zu den sozialen Konsequenzen der Computerisierung in Indien, die den Eindruck erweckten, dass die »Freisetzungseffekte« weniger schlimm seien, als es die Kassandrarufe der Kritiker glauben machten. Die Zahl der datenverarbeitenden Sacharbeiter in den Büros stieg demnach sogar weiter an, wenn auch etwas schwächer als die Zahl der Büroangestellten im Allgemeinen. Dagegen versprach die Einrichtung neuer Abteilungen im Bereich der Daten-

---

8 Vgl. Report of the Committee on Automation, Neu Delhi 1972, S. 30.
9 Exemplarisch zeigte sich der Dissens am Rande einer Veranstaltung des »Forum of Free Enterprise« – eines Interessenverbands privater Unternehmer in Bombay. Hier diskutierten der Ökonom und Industrielle Murarji Vaidya, der Generalsekretär des Gewerkschaftsverbands Hind Mazdoor Sabha, Bagaram Tulpule, und der Direktor des National Institute for Training in Industrial Engineering, N. S. Ramaswamy, im Sommer 1968 über die Rolle neuer Technologien. Während Vaidya diese als »parcel of the modern way of life« umarmte und sich zu bemerken beeilte, dass gerade der Computer viele neue, sehr gut bezahlte Arbeitsplätze bringen werde, weshalb »temporary upsets, statistical, physical or even material« eher vernachlässigenswerte Kollateralschäden seien, verwies Tulpule eindringlich auf die Zahl von über 15 Millionen Arbeitslosen in Indien, die die Frage nach den Wachstumspotentialen der Computerindustrie umso dringlicher stelle. Zudem seien gerade die individuellen »human hardships« einer Ersetzung von Arbeitern, so Tulpule, ohne das Klagelied der »Maschinenstürmer« anzustimmen, kaum zu leugnen. Auch der Ingenieur und Bildungstheoretiker Ramaswamy zeigte sich kritisch: Die Produktivitätssteigerung durch Maschinen werde die kolossalen Investitionen in die zudem vorwiegend aus dem Ausland kommende Technik, die Arbeitsplätze in Indien vernichte, gegenwärtig nur schwerlich begründen. In der Mehrzahl der Fälle seien Computer – obzwar »manual methods will be absurdly uneconomic and inefficient« – nur langsam und modellweise einzusetzen. Denn es mangele in Indien noch immer an Kapital und Know-How zum Einsatz von Computern. Vgl. Murarji J. Vaidya/Bagaram Tulpule/N. S. Ramaswamy: Automation in India, Bombay 1968, S. 3,5, 10, 23.

verarbeitung bis zu 25 % mehr Jobs in Industrie und Verwaltung. Zu den Motiven der Unternehmer, einen Rechner zu akquirieren, zählten denn auch weniger die Verringerung von Arbeitskosten als vielmehr die Produktivitätssteigerung und Verbesserung von Arbeitsprozessen.[10] Eine Umfrage unter den rund 125 Computernutzern des Landes ergab 1970 ein ähnliches Bild: Mehr als 40 % der Teilnehmer gaben auf die Frage »Why Computers?« die »höhere Effizienz« und »Verbesserung der Services« durch die Technik als vorrangige Gründe an. 13 % nannten zudem eine »höhere Produktivität« als Ziel.[11]

Zu den Nutzern der Computertechnik zählten Maschinenbau- und Elektrokonzerne wie die Bombay Suburban Electric Supply, die Tata Engineering and Locomotive Co. oder Hindustan Machine Tools, Konzerne der Öl- und Chemieindustrie wie Kirloskar Oil Engines oder Glaxco, der Textilbranche (Delhi Cloth and General Mills Company), des Transportwesens (Indian Railways) und der Versicherungsbranche (Life Insurance Corporation of India). Die Mehrzahl der Teilnehmer an der Studie nutzte die Rechner, Tabellier- und Registriermaschinen, auch hier vorwiegend zur Rechnungsstellung sowie zur Lohn- und Finanzbuchhaltung, sodann im Bereich der »Management-Informations-Systeme« zur Produktionsplanung, Bestandskontrolle und Optimierung der Logistik, in Ausnahmen auch zur Berechnung komplexer statistischer Probleme. 70 % der 1970 installierten Computer waren IBM-Rechner.[12]

Angesichts dieser Zahlen gab sich der US-amerikanische Harvard-Ökonom John Dearden am Rande seiner Reise durch Indien 1967 sicher: »the increasing use of computers in business and government is both necessary and inevitable in India.« Die Auswirkungen der Computerisierung seien »insignificant because computerization will take place so gradually in India«. Zwar warnte er, Indien solle den Fehler vieler amerikanischer Firmen vermeiden, Computer als reine

---

10 Computers without Plan, in: Economic and Political Weekly 8,47 (1973), S. M119-M122, hier: S. M120 f. Eine Regionalstudie aus Maharashtra konstatierte: »while taking certain jobs to the computer, cost considerations received considerably low priority as compared to management's desire to introduce modern management control system.« Report of the Work Study Team on Automation (Office Automation) in Maharashtra State, Maharashtra 1970, S. 37.
11 Marketing and Economic Research Bureau (Hrsg.): Economic Impact, S. 12. Auch hier gab das Gros der Unternehmen an, die Zahl der Angestellten sei durch die Installation der Rechner gestiegen. Vgl. ebd., S. 43. Wie viele Erhebungen dieser Jahre, ist allerdings auch diese Studie kritisch zu lesen. Dass hier vor allem positive Stimmen zur Sprache kamen, mag daran liegen, dass von den angeschriebenen Computernutzern des Landes nur 53 antworteten; abweichende Erfahrungen verbergen sich womöglich in den 73 Einrichtungen, die keine Antwort abgaben. Eine Untersuchung des Jahres 1975 bestätigte die Angaben zu den Gründen. Vgl. Gopalakrishnan/Narayanan: Computers, S. 12.
12 Vgl. Marketing and Economic Research Bureau (Hrsg.): Economic Impact, S. 22-27. Zur Einordnung der Ergebnisse vgl. Book Review Economic Impact of Computers in India, in: Development Digest 9,3 (1971), S. 63 f. sowie allg. Marvin M. Wofsey/Paul M. Dickie: Computers in Less Developed Countries, in: Development Digest 9,3 (1971), S. 57-62.

»status symbols« zu akquirieren, doch würde ein Verzicht, die Technik einzusetzen, auch nur das Problem verschieben.¹³ Indes pointierte ein indischer Soziologe 1968 im Anschluss an eine eingehende Erörterung der Literatur zur Geschichte der Automation in aller Welt, es liege, wie ein amerikanischer Unternehmer einmal sagte, wenig Gutes darin, »to convince an individual worker that over a 25 years' span there is no such thing as technological unemployment. He doesn't care whether there is or not. All he is worried about is that he lost a job.«¹⁴

Die 1970er Jahre sahen eine Vielzahl weiterer Erhebungen zu den sozialen Folgen der Computerisierung. Allerdings litten diese stets darunter, dass in der Regel weder valide Daten zur Wachstumsentwicklung der Branchen *vor* Einführung von Computern noch – angesichts der langsam voranschreitenden Computerisierung – ein repräsentative Schlüsse erlaubendes Sample an Fällen vorlagen. Noch 1977 rekapitulierte eine Studie aus der Feder zweier Ökonomen die Ergebnisse der Erhebungen und erhob zugleich neue Daten. Doch verblieb die Evidenz der Aussagen auch hier in den engen Grenzen einer Auswertung von Stichproben: Der Computer, so das Fazit, habe »along with the creation of new jobs« zwar einen »displacement effect«. Dieser aber sei in Indien eher moderat.¹⁵ Angesichts mangelnder empirischer Grundlagen blieb die Ausdeutung des Phänomens indes auch in der Folge kontrovers. So konstatierte eine Regierungskommission zur Evaluierung des Computereinsatzes im Bankgewerbe in den 1980er Jahren, es sei viel eher von einer Umschichtung denn von einem Abbau von Stellen zu sprechen,¹⁶ während Soziologen und Ökonomen das Beispiel der USA und Japans heranzogen und in Indien vor einer zunehmenden Vernichtung von Arbeitsplätzen warnten.¹⁷ Für die Gewerkschaften blieb der Computer ohnehin der »Job-Eliminator«.¹⁸

13 John Dearden: Computers and Employment [1967], S. 1; S. 10, Report No. 6853, FA739C, Box 307, Ford Foundation Records, RAC.
14 Raja Kulkarni: International Experience in Automation Computer Problems, Bombay 1968, S. 178 f.
15 Kamta Prasad/Pramod Verma: Impact of Computers on Employment, Neu Delhi 1977, S. 48-85, hier: S. 78 f.
16 M. Narsimham: Report of the Committee on Financial System, Neu Delhi 1992, S. 62-65. Vgl. dazu auch allg. Mohammad I. Haque: Computerisation in Personnel Functions in Banking Industry in India, Diss. Aligarh Univ. 1994, S. 40-43; A. Krishnajee: Impact of Automation on Human Resource Management. A Study of Public Sector Banks, Diss. JNU Univ. New Delhi 2002, S. 1-22, 96-117, 192-222.
17 Jitendra Dholakia: Unemployment and Employment Policy in India, Neu Delhi, 1977; ders.: Computers and Growth without Jobs, in: Commerce 154,3954 (1987), S. 16-21. In den 1980er Jahren begann die Automatisierung der Elektronikproduktion, die die Computerindustrie in den Fokus der Rationalisierung rückte. Vgl. dazu im globalen Süden: Dieter Ernst: Automation, Employment and Third World. Case of Electronics Industry, in: Economic and Political Weekly 21,28 (1986), S. 1213-1223, sowie ganz allg. Homberg: Professionalisierung, S. 116-125.
18 Bharatiya Labour Research Centre (Hrsg.): Computer. The Job Eliminator, Pune [1983]. Vgl. dazu auch kritisch Parthasarathi Banerjee: Induction of Computers in India, Kalkutta 1983.

Im Fall des von der Nationalregierung eingesetzten »Committee on Automation« unter Vorsitz des Ökonomen Vinayak Mahadev Dandekar klangen die politischen Obertöne der Diskussion bereits eingangs der 1970er Jahre an.[19] Dabei war eine politische Agenda spürbar. Das Dandekar-Komitee, dem neben Politikern der Lok Sabha und Arbeitnehmerorganisationen auch der Leiter des Computerzentrums in Neu Delhi, V. R. Rao, sowie mehrere Vertreter der Industrie und der Arbeitgeberverbände angehörten, bemühte sich erkennbar, der wachsenden Opposition der Gewerkschafter den Wind aus den Segeln zu nehmen. Naval H. Tata, Präsident des indischen Arbeitgeberverbands und Mitglied des Komitees, hatte im Mai 1968 noch von »panic-stricken workers« und einem »emotional outburst against automation« gesprochen.[20]

So votierte das Komitee zwar, Computer lediglich in ausgewählten Fällen und nach gründlicher Überlegung sowie vorheriger Zustimmung durch die Arbeiter einzusetzen; das Spektrum des Einsatzes der Rechner erstreckte sich dann aber über nahezu alle gesellschaftlichen Felder – von Bildung und Forschung über Militär und Verwaltung bis hin zur Industrie. Den Einwand der Arbeitsplatzverluste konterte die Kommission durch eine vergleichende Studie der ILO aus dem Jahr 1965, in der die These eines substantiellen Rückgangs der Anstellungszahlen als irrig abgewiesen wurde.[21] Nach dem Willen des Komitees waren allerdings auch in der Folge stets Experten dazu vorgesehen, den Nutzen einzelner Automationsvorhaben zu beurteilen. Verhandlungen über die Akquise von Computern, so der Tenor des Komitees, das hier klar gegen ein Modell des korporatistischen Tripartismus optierte, seien idealiter zwischen Konzern und Gewerkschaft, das hieß ohne Einbezug des Staates, zu führen. Hier gehe es, schloss der Bericht, viel weniger um Zwang als vielmehr darum, die Arbeiter zu überzeugen.[22]

So versöhnlich diese Worte schienen, so deutlich klangen in den Begleiterklärungen des Berichts die Dissonanzen der Mitglieder des Komitees an.

---

19 Neben dieser Erhebung der »Dandekar-Kommission« des indischen Arbeitsministeriums (Report of the Committee on Automation) zählten die Publikation der Ergebnisse einer Arbeitsgruppe in Maharashtra (Report of the Work Study Team on Automation [Office Automation] in Maharashtra State, Maharashtra 1970) und die Untersuchung des National Institute for Training in Industrial Engineering unter Förderung der UNIDO (Computer Utilisation in Manufacturing Industry in India, Bombay 1972) zu den in Indien am weitesten diskutierten Studien.
20 Naval H. Tata: Foreword, in: The Employers' Federation of India (Hrsg.): Automation. Blessing or Curse?, Bombay 1968, o. S. Vgl. The Inevitability of Automation, in: Commerce, 20.7.1968, S. 140 f. Dabei unterstellte er der Gegenseite letztlich einen »biased and bigoted appraisal of automation«: »It is the intention of our trade union leaders to deprive our country from its legitimate share in such progress and be stigmatized as backward and underdeveloped.«
21 ILO (Hrsg.): Labor & Automation, Bulletin No. 5: Automation and Non-Manual Workers, Genf 1967. Vgl. Report of the Committee on Automation, S. 45.
22 Zur Analyse der Auswirkungen der Computerisierung vgl. Report of the Committee on Automation, S. 42-65.

Während Satish Loomba, Generalsekretär im All India Trade Union Congress, die Frage der Automation emphatisch zu einer Frage des politischen Systems deklarierte,[23] sahen Industrievertreter wie Naval H. Tata Technologie viel eher als neutrale Größe (»neutral agent«), deren Vorzüge »evident« seien »in all economic structures, whether developed or developing, whether centrally controlled or mixed«. So machten sie denn auch keinen Hehl daraus, dass sie der Computertechnologie – »a vital tool [...] for our economic survival« – durchweg positiv gegenüberstanden.[24]

Der Widerstreit politischer Positionen bezeugte ein zentrales Dilemma des Computerisierungsdiskurses: Die Suche nach den Zielen und Wegen einer Förderung neuer Technologien und die Frage nach den sozialen und ökonomischen Folgen der Automation waren, zumal in einem Land, das sich noch am Beginn des Industrialisierungsprozesses wähnte, stets zwei Seiten einer Medaille. Dabei zeigte sich eingangs der 1970er Jahre, dass Indien, was die Umsetzung des Plans von der »self-reliance« anging, auch noch in anderer Hinsicht am Scheideweg stand. »Freie Entwicklung der Märkte« oder (staatliche) »Regulierung« lautete so die Richtungsentscheidung, die die indische Politik in der Folge umtrieb und den Prozess der Computerisierung in den kommenden Jahren zum einem politischen »Projekt«[25] machte.

Über das »Projekt« der Computerisierung wurde indes keineswegs nur in Komitees und Parlamenten verhandelt; auch die Politik der Straße prägte den Diskurs nachdrücklich. Der Furor gegen die Computer-Automation hatte im Dezember 1963 begonnen, als Angestellte der Versicherungsgruppe »Life Insurance Corporation« (LIC) am Rande einer Betriebsversammlung in Nagpur die Kunde eines Artikels aus der Tageszeitung *The Hindu* erreichte, dass eine Reorganisation der Firmenstruktur bevorstünde. Unter dem Eindruck vermeintlich allgegenwärtiger Automationsbemühungen lasen sie die Meldung, als ob die Abwicklung von über 20 Filialen der Versicherung und so der Abbau tausender Stellen bereits bevorstünden. Als zudem weitere Recherchen ergaben, dass der Plan einer Restrukturierung zugleich ein Plan zur Computerisierung des Unternehmens war, agitierte die All-India Insurance Employee's Association (AIIEA) entschieden gegen den Vorschlag. Ein Jahr später formierte sich ein landesweiter Zusammenschluss, der, im Zuge eines

---

23 »In a socialist system automation is wholly beneficial to the people and an instrument of progress. [...] But in a capitalist society [...] automation is used to increase exploitation of workers. [...] India is not yet a socialist society.« Satish Loomba: Explanatory Note, in: Report of the Committee on Automation, S. 78-80.
24 Naval H. Tata/Babubhai M. Chinai/B. D. Somani: Explanatory Note. Our Approach, in: Report of the Committee on Automation, S. 83-85. Zu den Spannungen in der Debatte um Automation vgl. überdies allg. C. R. Subramanian: India and the Computer. A Study of Planned Development, Oxford 1992, S. 13-17.
25 Zur Methodik des Ansatzes, die Politik der Computerisierung in Indien als Prozess kollektiver Problemwahrnehmung und kommunikativer »Produktion von Sinn« zu lesen, vgl. programmatisch: Mergel: Überlegungen, S. 593 f.

Marsches zum Parlament, das Ende aller Automations- und Computerpläne verlangte.²⁶

Im Symbol des Computers verbanden sich Ängste vor sozialem Abstieg und einer Rationalisierung der Arbeitsplätze. Zugleich verstärkte der Computer die Sorge vor dem Druck globaler Konkurrenz. US-Versicherungen seien, so die linksgerichtete Zeitung *New Age*, dank der neuen Technik bereits heute in der Lage, das 120-Fache des Betriebs indischer Firmen zu leisten; ein Angestellter erledige hier, von Maschinen unterstützt, dasselbe wie 30 indische Angestellte:

> It is evident, therefore, that industrial relations [in India] would be considerably affected by the prospects of automation in offices – the magnetic tapes eating away actual or potential jobs as fast as they gobble up host of vital data.²⁷

In ganz Indien schlossen sich in der Folge Arbeiter zu Streiks im Rahmen der Anti-Automationsbewegung zusammen und demonstrierten gegen die Technik.

Am 5. Dezember 1965 veranstaltete die AIIEA in Neu Delhi die »National Conference against Automation«. Nach der Ankündigung der Installation zweier Rechner von IBM und ICL in Filialen in Bombay und Kalkutta kam es ab Februar 1966 zu landesweiten Protesten, die rasch auch in den Kammern des Parlaments Advokaten und Gegner der neuen Technik in die Kontroverse zwangen.²⁸ So diskutierte auch die Lok Sabha den Vorschlag, die Installation von Computern zu verbieten.²⁹ Im Sommer kam es dann zu einem 50-minütigen

---

26 Vgl. The Struggle against Automation, in: People's Democracy, 3.3.1968, S. 9-10.
27 Vgl. Fear in a Machine Age. Men-Eaters on Rampage, in: New Age, 15.11.1964, S. 15. Zur Debatte vgl. kontrovers die Artikel in der Times of India: LIC & Automation, 23.6.1966, S. 8; Protest Against Automation, 26.11.1966, S. 5; Job-Eaters, 21.5.1967, S. 6; Automation in India, 1./2.12.1967, S. 8; Computers & Unemployment, 20.5.1973, S. 8; 3.6.1973, S. 8. Computer und Lochkartensysteme waren zudem zur Überwachung der Arbeitszeiten in Gebrauch. Vgl. Heavy Electricals, Bhopal, in: Lok Sabha Debates, Vol. 19, No. 12, 6.8.1968, Sp. 564-567. Die Automationsgegner gaben indes zu bedenken, dass gerade der Einsatz von Computern in vielen Branchen sorgsam zu begründen und an die Zahlen der zu automatisierenen Vorgänge in Indien anzupassen sei. Vgl. Automation. LICs Case X-Rayed, Kalkutta 1966, S. 10 f. Tatsächlich zeigte sich, dass viele Computer im globalen Süden mangels Manpower und Expertise kaum zum Einsatz kamen. Vgl. Svein Erik Nielsen: Use of Computer Technology in Developing Countries, in: Economic and Political Weekly 12,48 (1977), S. M110-M114, hier: S. M110 f.
28 Installation of Electronic Computers by LIC, in: Rajya Sabha Debates, 9.12.1964, Sp. 3050-3052; Electronic Computers in LIC, in: Rajya Sabha Debates, 23.3.1966, Sp. 4147-4150; Electronic Computers for LIC, in: Rajya Sabha Debates, 10.8.1966, Sp. 2099; Proposed Strike by LIC Employees on November 25th 1966, in: Lok Sabha Debates, Vol. 61, No. 17, 24.11.1966, Sp. 5284-5312; Committee on Petitions, in: Lok Sabha Debates, Vol. 62, No. 2, 2.12.1966, Sp. 6985 f. Re: Strike by LIC Employees, in: Lok Sabha Debates, Vol. 7, No. 48, 25.7.1967, Sp. 14477 f.
29 Ban Job Eaters. MPs Demand in Lok Sabha, in: New Age, 9.5.1967, S. 4; Automation. Will Morarji Now Eat his Own Words?, in: New Age, 9.5.1967, S. 1. Die Zeitung druckte 1967 eine Postkarte des Premierministers Morarji Desai ab, in der

Proteststreik der LIC im ganzen Land. Zudem lancierten die Angestellten eine Petition an das Parlament, in deren Zuge über eine Million Unterschriften für einen »Ban on Automation« zusammenkamen.³⁰ Im Dezember 1967 wiederholten die großen Gewerkschaftsverbände AITUC, UTUC und HMS ihre Forderungen im Rahmen einer gemeinsamen Konvention, bevor im Mai 1968 die »Tripartite Indian Labour Conference« ein ständiges Komitee zur Evaluierung der sozialen Folgen der Automation einsetzte. Im Juli 1970 drang ihr Anliegen bis zur ILO vor.³¹

Dass sich mit den Ängsten vor der Computerisierung bisweilen auch andere Ängste vermischten, zeigte ein Artikel des *New Age* aus dem Jahr 1968, der das Bild einer heimlichen Übernahme des Landes durch die Advokaten der neuen Technik zeichnete. Angesichts der Proteste, die von der Versicherungs- und Bankenbranche inzwischen auf die Eisenbahn- und Ölkonzerne, Fabriken und Pharmaziebetriebe übergesprungen waren, gingen indische Konzerne, wie es hieß, bereits dazu über, Computer in Nacht- und Nebelaktionen, von Polizeieskorten geschützt, zu installieren. Die »technologische Revolution« in Indien komme so im Gewand von »police batons and teargas shells« daher – »in the land of Nehru and Gandhi, the apostles of peace and non-violence.« So verbreitete die Zeitung die Kunde vom Aufruf, den 23. Februar 1968 zum »National Day Against Automation« zu erklären. Zugleich kolportierte sie Gerüchte, Computer seien ein Werkzeug ausländischer Spionage. Dass der amerikanische Konzern Honeywell der indischen Regierung zehn Computer günstig zukommen lassen oder gar schenken könnte, veranlasste das Blatt, in den Raum zu stellen, ob diese von der CIA »verkabelt« worden seien. Zudem zitierte der Autor des Artikels, ein AITUC-Sekretär, die Aussage eines IBM-Sprechers, dass Pläne existierten, Computer an General Mobuto in den Kongo zu schicken, und deutete dies als Beweis für den Versuch, das Volk zu drangsalieren und repressive Regime zu stützen.³²

Tatsächlich war kaum von der Hand zu weisen, dass Firmen wie IBM oder auch ICL im globalen Süden durchaus lange eine wenigstens dubiose Rolle spielten und – in den 1970er und 1980er Jahren – das technische Inventar zur Überwachung der lokalen Bevölkerungen ins Ausland exportierten.³³ In der

    sich dieser sehr skeptisch ob der neuen Computertechnik zeigte und vor den Folgen der Automation warnte. Die Karte hatte der kommunistische Abgeordnete I. Gupta in der Debatte in der Lok Sabha verlesen.
30 The Struggle against Automation, in: People's Democracy, 3.3.1968, S. 9-10; Stop Electronic Computers. Million Sign Petition, in: Times of India, 1.9.1966, S. 7. Zur Kritik vgl. auch Bassett: Technological Indian, S. 254-257.
31 Ishwar Dayal: Preconditions for Effective Use of Automated Technology in India. ILO. Round Table Discussion on the Manpower Problems Associated with the Introduction of Automation and Advanced Technology in Developing Countries (July 1st-3rd 1970), Genf 1970, S. 20, RT/AUT/1970/3, ILO Digital Library & Archives.
32 Ram Raj or Computer Raj?, in: New Age, 11.2.1968, S. 3.
33 So exportierten die Konzerne ihre Technik im Zuge des Ausbaus der Handelsbeziehungen, gegen alle Proteste in Europa und den USA, auch in solche Staaten des

Kritik des *New Age* spiegelte sich indes vor allem exemplarisch ein wachsender Anti-Amerikanismus wider, der sich im Indien dieser Jahre an der steigenden Präsenz multinationaler Konzerne wie auch an der Paranoia einer Überwachung durch die CIA entzündete.

Der Siegeszug IBMs im globalen Süden – und so auch in Indien – war das Ergebnis aggressiven Marketings gewesen. So startete der Konzern 1967 eine Kampagne gegen die Computerproteste und engagierte, als Arbeiter in Bombay neuerlich gegen die Installation der eigenen Rechner zu agitieren begannen, K. R. Singh, einen Journalisten der *Hindustan Times*, als PR-Manager. Neben der Organisation von Fachseminaren, die sich sowohl an Computerspezialisten als auch an Regierungsvertreter richteten, der Ausrichtung von Foto- und Kunstaustellungen, Vorträgen und Workshops bemühte sich IBM in der Folge um eine positive Presseberichterstattung, die die Vorstellung des Computers als »Jobkiller« zerstreuen sollte, und sponserte sogar den Trip einer Ikone US-amerikanischer Trade Unions, Joe Glazer, nach Indien, der hier als geläuterter Computerkritiker in Vorträgen für den Einsatz der neuen Technik warb.[34]

In der Praxis vieler Unternehmen erschwerte die nachhaltige Computerskepsis gleichwohl in den 1960er und 1970er Jahren die Installation der Rechner. Immer wieder waren die Konzernleitungen gehalten, in langen Gesprächen gegenüber Arbeitnehmerverbänden darum zu werben, Computer zur Büroautomation einsetzen zu können. Die Stärke der indischen Gewerkschaften[35] verhinderte so eine raschere Computerisierung.[36] Im Fall der briti-

>globalen Südens, in denen die Computer, wie unter dem südafrikanischen Apartheidsregime, zur Registrierung der Bevölkerung und Segregation der Rassen zum Einsatz kamen. Vgl. dazu: Edwards/Hecht: History, S. 630-635; Nicolas Péjout: »Big Brother« in South Africa?, IFAS Working Paper Series Nr. 8 (2006), S. 39-56; Breckenridge: Biometric State, S. 164-187. Zum Widerstand des Nationalkongresses (ANC) vgl. Sophie Toupin: Hacking Apartheid. Revolutionary Communication and the South African National Liberation Movement, in: Bory/Negro/Balbi (Hrsg.): Computer Network Histories, S. 49-64. Zur Kritik vgl. überdies exempl. Richard Leonard: Computers in South Africa. A Survey of US Companies, New York 1978, African Activists Digital Archives; Computerizing Apartheid. ICL in South Africa, London 1978, AAM Digital Archives; NARMIC (Hrsg.): Automating Apartheid, Philadelphia 1982; Gert Slob: Computerizing Apartheid, Amsterdam 1990.

34 Vgl. dazu Sharma: Revolution, S. 87-91; ders.: Outsourcer, S. 58-62. So erinnerte sich auch der Sekretär des indischen Departments of Electronics M. G. K. Menon gegenüber Sharma 2007 an die Rolle IBMs: »they had tremendous influence on a lot of our senior people in educational institutions, defense, banks, airlines.« Auch Honeywell Inc. und ICL/ICT India warben in der Presse um Akzeptanz gegenüber der neuen Technik. Vgl. Company Meeting. ICT Indian Manufacturing Company Limited, Chairman's Statement, in: Times of India, 18.1.1968, S. 4; Computers for Progress, in: Times of India, 8.11.1967, S. 7.

35 Zur Geschichte und Bedeutung der Gewerkschaften in Indien vgl. allg. Dietmar Rothermund: Employment and Unemployment in a Global Economy, in: Hilger/Unger (Hrsg.): India, S. 222-235, hier: S. 227.

36 Vgl. dazu die anonymisierten Fallstudien zu den Konzepten, Problemen und Auseinandersetzungen um die Akquise von Computern in Industrie und Bankenwesen in:

schen Calcutta Electric Supply Corporation eskalierte der Streik sogar so weit, dass Mitarbeiter der Firma in der Tradition des »Maschinensturms« des 19. Jahrhunderts das Rechenzentrum nach Installation des ICL-Computers einnahmen und außer Betrieb setzten.[37]

Auch in der Schwerindustrie (wie im Stahlwerk Durpapur 1967),[38] bei den Postangestellten[39] und im Eisenbahnwesen (wie in Delhi 1970)[40] kam es in diesen Jahren zu Auseinandersetzungen. Das Indian Railways Board in Neu Delhi, das mehr als ein Dutzend Rechner kontrollierte, war, so die Arbeitsgruppe zur Automation der Regierung in Maharashtra 1970, »on All India Level, the most impressive use of computers (in private and public sector) in all India«.[41] Wenngleich der Einsatz neuer Technik der Auslöser vieler Streiks war, blieb er doch nur ein Puzzlestück der viel breiteren Kritik an den Arbeitsbedingungen in Indien, wie bereits zeitgenössische Untersuchungen zeigen.[42]

    Dayal: Preconditions, S. 4-18. Zur Rolle von Computern im Bankwesen vgl. überdies allg. Hemavathi Sekar: Computerisation of Indian Banking Industry, in: Indian Economic Journal 45,1 (1997), S. 146-151; Sujata Gothoskar: Computerization and Women's Employment in India's Banking Sector, in: Swasti Mitter/Sheila Rowbotham (Hrsg.): Women Encounter Technology. Changing Patterns of Employment in the Third World, London/New York 1995, S. 150-176, hier: S. 153.
37 Vgl. The Struggle against Automation, in: People's Democracy, 3.3.1968, S. 9-10; Officials Confined in Head Office, in: Times of India, 26.4.1967, S. 5; The Calcutta Electric Supply Corporation Limited, in: Times of India, 1.11.1968, S. 4. Der Rechner ging auch in der Folge wegen der andauernden Proteste und Streiks nie in Betrieb.
38 Resolution re: Ban on Automation, in: Lok Sabha Debates, Vol. 2, No. 11, 31.3.1967, Neu Delhi 1967, Sp. 2220.
39 Stir Against Automation in Post Offices Urged, in: Times of India, 10.5.1968, S. 10.
40 Reorganisation of Railways. Employee's Plea, in: Times of India, 31.12.1969, S. 4; Railway Technical Staff May Launch Agitation, in: Times of India, 10.2.1970, S. 4. Zur Debatte um die Automation des Eisenbahnwesens ab 1967 vgl. in extenso: Ministry of Railways, E[NG]67/PO2-53-1-10: Introduction of Automation on Indian Rlys, 1967; Memorandum, Policy on Automation, drafted for the Cabinet, by the Ministry of Labour and Employment, 30.7.1968, Ministry of Railways, E(LWA)68 COI/1: Automation, NAI.
41 Vgl. Lok Sabha, Public Accounts Committee (1974-75). 165th Report: Action taken by Government [...] relating to Installation of Computers on Railways, Lok Sabha Secretariat, Neu Delhi 1975, S. 5-8. Zur Computerisierung der Indian Railways vgl. Sharma: Outsourcer, S. 58-62. So kamen Computer neben der Industrie vor allem im Service-Sektor – in Bibliotheken, Banken und Versicherungen sowie im Verkehrswesen – zum Einsatz. Ab den ausgehenden 1970er Jahren nahmen sie zudem auch in Agrarbetrieben eine wichtige Rolle ein. Vgl. Rupak Chakravarty: IT at Milk Collection Centers in Cooperative Dairies, in: Subhash Bhatnagar/Robert Schware (Hrsg.): ICTs in Rural Development, Washington D.C. 2000, S. 37-47. Vgl. allg. Bruce A. Scholten: India's White Revolution. Operation Flood, Food Aid and Development, London 2010.
42 Vgl. dazu allg. Ishwar Dayal/Baldev R. Sharma: Strike of Supervisory Staff in the State Bank of India, Bombay 1971; Ishwar Dayal/Suresh Srivastva/Theodore M. Alfred: Anatomy of a Strike, Bombay 1972, S. 21-24, 83-98. Zur Ambivalenz der Com-

Für das enge Nebeneinander von Euphorie und Ängsten war es bezeichnend, dass es noch an den Hochschulen und Forschungseinrichtungen im Zuge der Akquise von Computern zu Protesten kam. Als etwa die Physiker des Saha Institute of Nuclear Physics 1968 – in der Kooperation mit dem »Science College« der nahen University of Calcutta – die Chance erblickten, einen kleinen digitalen Rechner zu erwerben und so die Konkurrenz um Rechenzeiten an den wenigen Computerzentren des Landes zu umgehen, lange Reisen zu vermeiden und Kosten zu sparen, schien es so, dass aus der Warte des Direktoriums kein großer Gegenwind zu erwarten sei. Doch als ein Jahr später die Akquise des IBM-Rechners bevorstand, regte sich in der »Calcutta University Employees Union« mit der Sorge, der Computer könne – neben dem Bereich des akademischen Rechnens – der Automation der Büroarbeiten an der Hochschule dienen, der Widerstand.[43] Auch die Forscher schienen zwischen Ängsten und Euphorie zu schwanken. Denn obgleich keine Mitglieder des SINP in den Protesten am »Science College« eine prominente Rolle übernahmen, so äußerten sich doch einige von ihnen in der Folge durchaus kritisch gegenüber dem kommerziellen Einsatz der neuen Technik. Zudem beschwerten sie sich in einem offenen Brief im *Journal Frontier* darüber, dass die Forschungs- und Bildungsinstitutionen gegenüber privaten Firmen und Regierungseinrichtungen stets das Nachsehen hätten. Der Rechner wurde schließlich unter Polizeischutz installiert; die Proteste begleiteten die Hochschule bis in die 1970er Jahre.[44]

Die ganze Ambivalenz des indischen Wegs in die »digitale Moderne« zeigte sich darin, dass, während die einen zusehends um die Autonomie von Maschinen rangen, die anderen gerade an die Autonomie durch Maschinen glaubten. Sie erhoben den Computer – die »Swadeshi«-Maschine – als neue, digitale Technologie zum Symbol dieses Anspruchs. So war der indische Weg zur IT-Nation, anders als es die gängigen Meistererzählungen suggerieren, letztlich weniger geradlinig als vielmehr voller Widersprüche und Bedenken, wechselvoller Begebenheiten und eklatanter Ungleichzeitigkeiten. Schon der Ansatz der Technologisierung erwies sich hier von Beginn an als kontrovers.

---

puterkritik – im Zeichen von Bevölkerungswachstum und sozio-ökonomischem Wandel – vgl. überdies: Electronic Computers, c. 1970, Prime Minister's Office, 17/855/70-PMS; 17/855/72-PMS; 17/855/74-PMS: Computer Industry, NAI, sowie Prime Minister's Office, 17(635)/74-PMS: Economic Situation in India, NAI.

43 Die monatliche Rechenzeit, die die SINP-Forscher veranschlagten, lag bei über 200 Stunden, wobei die Abteilung Theoretische Physik allein 150 Stunden benötigte. Die zwei nächstgelegenen Rechenstandorte waren an der Jadavpur University und am Indian Statistical Institute. Der Computer in Jadavpur hatte indes Betriebsprobleme; zudem erlaubte er keine FORTRAN-Programmierung. Die Betriebsstunde des ISI-Computers dagegen war erheblich kostspieliger (500 Rs.) als andernorts. Überdies hatte der Rechner einen extrem kleinen Speicher, sodass man bisweilen drei Programme benötigte, um ein bloßes Integral zu errechnen. Da auch der Computer am IIT Kharagpur zu klein und zu langsam war, reisten die Forscher so bis an das IIT Kanpur bzw. an das TIFR Bombay, um Rechnungen anzustellen.

44 Zu dieser Epsiode vgl. Anderson: Nucleus, S. 339-342.

5.2 Angepasste und autoritäre Technologien

Die Kritik an Computern war Ausdrucks eines Mentalitätswandels und eines Kurswechsels in der indischen Technologiepolitik in den 1960er und 1970er Jahren. Nehrus Indien war das Indien der »Temples of Science« – der Staudämme, Stahl- und Elektrizitätswerke und Eisenbahnen – gewesen. Wie kaum ein zweiter verkörperte er den Glauben an eine »schwere Moderne« und ein »Zeitalter der Hardware« – arbeitsintensiver, physischer Produktionsprozesse und der Existenz von Maschinen. Als eingangs der 1970er Jahre das »Zeitalter der Software« heranbrach, in dem sich digitale Computer sukzessive durchsetzten und elektronische Datennetze in »Lichtgeschwindigkeit« verbanden, ergaben sich neue, ungeahnte Perspektiven.[45] Indien war inzwischen ein anderes Land geworden, der Glaube an große Anlagen und Big Technology aber war geblieben. Dieser Ansatz geriet, ausgehend von den USA und (West-) Europa, ab 1967/68 nun zusehends unter Beschuss.

Die Kritik der Anti-Technokraten zeigte sich erstmals an der amerikanischen Westküste in der Anklage gegen den Computer als Werkzeug militärischer Aggression, sozialer Kontrolle und Überwachung sowie Ausbeutung von Arbeitern und Angestellten. Am Campus der UC Berkeley ging die Kritik am Computer als einer neuen Technik der »Alienation«[46] sogar so weit, dass die Lochkarte, die zur Registrierung der Studierenden bei der Einschreibung an der Uni beschrieben wurde, zum Symbol des Widerstands avancierte. Die Mitglieder des »Free Speech Movements« sprachen in der Campuszeitung und in Pamphleten von der Hochschule als »bureaucratic machine« und »knowledge factory« und scherzten in Anlehnung an die Anweisungen IBMs: »The incoming freshman has much to learn – perhaps lesson number one is *not to fold, spindle, or mutilate* his IBM card.«[47] So wies die liberale, staats- und autoritätskritische Haltung der 68er-Bewegung der radikalen Computerkritik in den USA den Weg.

Doch zeichnete sich die amerikanische Gegenkultur von Beginn an durch eine ausgesprochen ambivalente Wahrnehmung der Computertechnologien aus. So brachte die Kritik großer, teurer Maschinen zugleich eine Bewegung der »Cyberculture«[48] im Silicon Valley hervor, die in den neuen Technologien gerade ein Werkzeug zur Emanzipation des Bürgers gegenüber den Zielen großer Konzerne und der Politik erblickte. Sie rückte – auch dank der Miniatu-

---

45   Zygmunt Bauman: Flüchtige Moderne, Frankfurt a. M. 2003, S. 140 f.
46   Steven Lubar: Do Not Fold, Spindle or Mutilate. A Cultural History of the Punch Card, in: Journal of American Culture 15,4 (1992), S. 43-55, hier: S. 43 f.
47   You're here!, in: Daily Californian, 15. 9. 1965, S. 8. Andere erstellten »Fake-Profile«, um die Einschreibung ad absurdum zu führen: IBM Enrolls Phonies, in: Daily Californian, 20. 10. 1964, S. 1; Why FSM? Impersonality, in: Daily Californian, 16. 2. 1965, S. 9. Ein Teilnehmer der Free Speech Movements sprach in seinen Erinnerungen an die »Revolte« vom »IBM-Syndrom« der »modernen Massenuniversität«. Vgl. Hal Draper: Berkeley. The New Student Revolt, New York 1965, S. 40, 153.
48   Vgl. dazu Turner: Counterculture, S. 103-140.

risierung der Rechentechnik – das Individuum in der Folge ins Zentrum der Technologien. Dabei waren viele Protagonisten dieser Jahre, die an der Entwicklung des Personal Computers und den Experimenten im Bereich der Mailbox- und Netzwerktechnik Anteil hatten, von den Ideen der »Hippies« inspiriert;[49] einige standen in enger Verbindung zu Aktivisten der Drop-Out- und Hippie-Szene San Franciscos, wie dem Journalisten und Unternehmer Stewart Brand, der mit dem *Whole Earth Catalogue* die Bibel der technikbegeisterten Aussteiger geschrieben hatte. Ihnen lag wenig daran, die Technik als solches zu verbannen, als vielmehr ein neues – angemesseneres – Verhältnis von Menschen und Maschinen zu erreichen.

Über die Frage angemessener bzw. angepasster Technologien entspann sich ausgangs der 1960er Jahre eine breite Debatte. Dabei war die Appropriate Technology-Bewegung ein bunter Flickenteppich. In ihr verbanden sich Elemente einer Jugendkultur, die zwischen Leistungsüberdruss, Konsumkritik und Atomkriegsängsten oszillierte, und der Ökologiebewegung, die nach der Stockholmer UN-Umweltkonferenz 1972 und im Zuge der Ölkrise 1973 boomte, aber auch der Friedensbewegung im Zuge der Anti-Vietnam-Proteste, des Civil-Rights-Movements und der Globalisierungskritik an wachsender sozialer Ungleichheit.[50]

Vor allem unter Revolutionären, Aussteigern und Hippies erzeugte die Perspektive, von Maschinen abhängig werden zu können, gewaltiges Misstrauen. Hier beherrschte die Überzeugung, die Jahre des ungebrochenen Technikoptimismus seien gezählt, bereits lange bevor die Futurologen des Club of Rome 1972 ihre berühmte apokalyptische – ironischerweise aus Computer-Berechnungen gewonnene – Prognose der *Limits to Growth* publizierten, die Debatte.[51] Der amerikanische Philosoph William Irwin Thompson verlieh der wachsenden Skepsis gegenüber technokratischen Planungs- und Machbarkeitsphantasien im »Age of Uncertainty«[52] eingangs der 1970er Jahre in

49 Das »Community Memory« war ein 1973 an der UC Berkeley eingesetztes computerisiertes Mailbox-System, das es Nutzern verschiedener Terminals erlaubte, einander digitale Mitteilungen und Notizen zu schreiben. Vgl. Community Memory Project, Box 3, Folder 10, Computer History Museum, Mountain View. Einige der CM-Entwickler, wie Lee Felsenstein, aber auch IT-Pioniere wie Steve Jobs und Steve Wozniak gründeten später den »Homebrew Computer Club«, der ab Mitte der 1970er Jahre eine zentrale Rolle bei der Implementierung des Personal Computer spielte.
50 Vgl. Carroll Pursell: The Rise and Fall of the Appropriate Technology Movement in the United States, 1965-1985, in: Technology and Culture 34,3 (1993), S. 629-637; Macekura: Limits, S. 143-150; Immerwahr: Small, S. 150-163.
51 Zur Kritik vgl. Kenneth Kenniston: Young Radicals. Notes on Committed Youth, New York 1968, S. 38-48. Zur ersten Studie des Club of Rome vgl. Dennis L. Meadows: The Limits to Growth, New York 1972.
52 John K. Galbraith: The Age of Uncertainty, Boston 1977. Vgl. dazu allg. Martin Geyer: Die neue Wirklichkeit von Sicherheit und Risiken, in: Ariane Leendertz/ Wencke Meteling (Hrsg.): Die neue Wirklichkeit. Semantische Neuvermessungen und Politik seit den 1970er Jahren, Frankfurt a.M./New York 2016, S. 281-315; Ariane Leendertz: Das Komplexitätssyndrom. Gesellschaftliche Komplexität als intellektu-

seinem Buch *At the Edge of History* Ausdruck: »In straining our industrial technology to the limit, we have, in fact, reached the limit of that very technology.«[53]

Indiens Premierministerin Indira Gandhi war von der Lektüre von Thompsons Buch stark beeindruckt.[54] In Thompsons Absage an den Gigantismus des *Space Race* und der Kolonisierung des Weltalls – »space colonies [only] excite the Faustian imagination of the managers and the technocrats« – und der programmatischen Alternative einer Ansiedlung kleiner, sozial, ökonomisch und technologisch autarker »meta-industrial village[s] on the surface [...] of the earth«[55] lag nicht zuletzt für die Entwicklungsländer des globalen Südens eine Chance, den Mangel an Kapital auszugleichen und wie im Fall Indiens neue, »angepasste« Konzepte zum Einsatz von Technologien in ländlichen Regionen zu erproben.

Thompsons Kritik an den schier grenzenlosen Plan- und Machbarkeitsphantasien[56] hatte der amerikanische Architekt, Städteplaner und Soziologe Lewis Mumford bereits 1964/65 in einem Essay im Magazin *Technology and Culture* vorweggenommen, in dem er von »demokratischen« und »autoritären« Technologien schrieb. Während erstere in kleinerem Maßstab partizipativ wirkten, die Ressourcen der Natur und das menschliche Können und Handwerksgeschick nutzten und so den Einzelnen zur Autonomie ertüchtigten, waren letztere Werkzeuge kybernetischer Totalsteuerungs- und Automationsbestrebungen, die ein »mechanisches Kollektiv« an Maschinen in Werk setzten, das den Einzelnen in ein kleines Rädchen im System zentralisierter Kontrolle verwandle. Für den Anspruch solcher Technologien – »absolute command of physical energies of cosmic dimensions« – stand in seinen Augen der Gigantismus der Planungseuphoriker:

> elle und politische Herausforderung in den 1970er Jahren, MPIfG Discussion Paper 15/7, Köln 2015.
> 53 William I. Thompson: At the Edge of History, New York/Evanston 1971, S. IX.
> 54 Der amerikanischen Foto-Journalistin Dorothy Norman schrieb sie am 3. Juni 1973, »it has opened quite a new train of thought«. Dorothy Norman: Indira Gandhi. Letters to an American Friend, 1950-1984, San Diego 1985, S. 145. Zur Rezeption des Diskurses in Indien vgl. Sukumar: Midnight's Machines, S. 62-65.
> 55 Stewart Brand: Space Colonies, New York 1977, S. 44. Vgl. dazu auch allg. Jordan B. Kleiman: The Appropriate Technology Movement in American Political Culture, Diss. Univ. of Rochester, New York 2000, S. 197f.
> 56 Zur Hochphase und Kritik von Prognostik, Kybernetik und Planungseuphorie in den 1960er und 1970er Jahren vgl. allg. Gabriele Metzler: »Geborgenheit im gesicherten Fortschritt.« Das Jahrzehnt von Planbarkeit und Machbarkeit, in: Matthias Frese et al. (Hrsg.): Demokratisierung und gesellschaftlicher Aufstieg. Die sechziger Jahre als Wendezeit in der Bundesrepublik, Paderborn 2003, S. 777-797; Alexander Schmidt-Gernig: Das kybernetische Zeitalter, in: Stefan Fisch/Wilfried Rudloff (Hrsg.): Experten und Politik. Wissenschaftliche Politikberatung in geschichtlicher Perspektive, Berlin 2004, S. 349-368; Heinrich Hartmann: Zukunftswissen. Prognosen in Wirtschaft, Politik und Gesellschaft, Frankfurt a. M. 2010; Seefried: Zukünfte, S. 159-178, 293-312.

> The inventors of nuclear bombs, space rockets, and computers are the pyramid builders of our own age: psychologically inflated by a similar myth of unqualified power, boasting through their science of their increasing omnipotence, if not omniscience, moved by obsessions and compulsions no less irrational than those of earlier absolute systems.[57]

Diese Kritik wirkte auch in Indien in der Rede von »angepassten Technologien« in den 1970er Jahren nach.

Eine andere zentrale Figur, deren Spuren bis nach Indien reichen, war der US-amerikanische Architekt, Designer und Philosoph Richard Buckminster Fuller. Fuller war ein Träumer, dessen holistischer Ansatz der »Einen Welt« und dessen Technikoptimismus auch die Community um Stewart Brand im Silicon Valley ansteckten. Er sprach am »Hippie-Hill« in San Francisco und im Jahr 1973 über 120 Mal vor einem größeren Publikum über seine Ideen und Ansätze des *Do-It-Yourself*, der Ökologie und der Selbstversorgung. Fuller war ein Held der amerikanischen Gegenkultur. Seine Publikationen waren Bestseller, seine Lesungen Medienereignisse und seine Kuppelbauten bevorzugte Wohnungen der ländlichen Kommunarden. Der *Whole Earth Catalogue* widmete ihm 1968 eine ganze Seite: »The insights of Buckminster Fuller are what initiated this catalogue.«[58] Gandhi hatte Fuller 1958 kennengelernt;[59] ausgangs der 1960er Jahre lud sie ihn nach Neu Delhi ein, um die Nehru Memorial Lecture zu geben. In seiner Rede sprach Fuller über das Verhältnis von Mensch und Maschine. Indem er die Gedanken von Leonardo da Vinci und Henry Ford verschmolz, präsentierte er, was seinen Zuhörern allzu phantastisch vorkommen musste. Zur Erläuterung des Prinzips des Dymaxion, des größten Nutzens durch geringste Energie- und Materialverwendung, sprach er von Häusern, die sich demontieren und andernorts wieder errichten ließen, von in der Höhe schwebenden Fabriken und von globalen Computer-Services:

> The 1970s will see air deliveries all around the world of semiautonomous dwelling machines belonging to the world around, computerized, universal credit card managed rental service systems which will air-install, maintain and air-remove the dwelling machines within hours.[60]

---

57 Lewis Mumford: Authoritarian and Democratic Technics, in: Technology and Culture 5,1 (1964), S. 1-8, hier: S. 5. Der argentinische Philosoph und Physiker Mario Bunge proklamierte im Anschluss an diese Kritik den Anspruch einer »Technoethik«. Mario Bunge: Towards a Technoethics, in Philosophical Exchange 6,1 (1975), S. 69-79, hier: S. 78.
58 Buckminster Fuller, in: Whole Earth Catalogue. Access to Tools, Herbst 1968, S. 3. Zu Fuller vgl. zudem allg. David Kuchenbuch: Welt-Bildner. Arno Peters, Richard Buckminster Fuller und die Medien des Globalismus, 1940-2000, Wien/Köln/Weimar 2021.
59 Vgl. Norman: Indira Gandhi, S. 47-49, 120 f.
60 R. Buckminster Fuller: Planetary Planning (Part I), in: The American Scholar 40,1 (1970/71), S. 29-63; Part II. The Historical Philosophic Background, in: The American Scholar 40,2 (1971), S. 285-304, hier: S. 299.

Fullers Rede war vom Anspruch durchdrungen, den Ängsten vor der »Revolution« der Technologien im Bild des Menschen als *homo faber* zu begegnen.[61]

Eine dritte Spur, die zeigte, dass der anglo-amerikanische Diskurs um »angepasste Technologien« seine Ursprünge in Indien hatte, führte zum deutschbritischen Ökonomen Ernst Friedrich Schumacher. Dieser war 1955 als Berater der Regierung nach Burma gereist, um an Konzepten zur ökonomischen Planung zu arbeiten. Schumacher inspirierte der Trip nach Asien zu seinem Konzept der »Buddhist Economics«, in deren Folge er die Idee des Gewaltverzichts und den Ansatz der »Hilfe zur Selbsthilfe« zum Kern seiner Entwicklungsökonomie erhob.[62]

Ausgangs der 1950er Jahre lernte Schumacher Jayaprakash Narayan, einen Anhänger Gandhis und Berater Nehrus, in London kennen, der seine entwicklungsökonomischen Theorien in der Regierung popularisierte. Ab 1960 reiste er immer wieder zu Tagungen nach Indien, um seinen »people-centered approach to economics«[63] vorzustellen; so wichtig die Investition von Finanzkapital und der Einsatz von High-Tech auch seien, konstatierte er, so blieben doch Indiens Menschen die größte Ressource, die es zu entwickeln gelte.[64] In diesem Geiste war Schumacher auch als Experte der indischen Planungskommission 1961 nach Neu Delhi angereist, um eine Studie über die Verwertung des indischen Arbeitskräfteüberschusses zu schreiben.[65] Seine Ideen stießen unter den Technokraten der Planungskommission allerdings auf wenig Gegenliebe. Dies lag auch daran, dass Schumacher in durchaus provozierender Weise keinen Hehl aus seiner Überzeugung gemacht hatte, dass die klassischen Fünf-Jahres-Pläne im Bereich der Industrialisierung weit weniger ertragreich seien als das, was er »intermediate [...] democratic technology« nannte – Techno-

---

61 Zu dieser Deutung Fullers vgl. Witold Rybczynski: Paper Heroes. A Review of Appropriate Technology, Garden City 1980, S. 108 f. Die Entwicklungsökonomin Barbara Ward popularisierte Fullers Ideen und die These der »Einen Welt« in den 1970er Jahren: Barbara Ward: Spaceship Earth, New York 1966; Barbara Ward/René Dubois: Only One Earth, London 1972; David Kuchenbuch: »Eine Welt«. Globales Interdependenzbewusstsein und die Moralisierung des Alltags in den 1970er und 1980er Jahren, in: Geschichte und Gesellschaft 38,1 (2012), S. 158-184, hier: S. 168.
62 So erschien bereits 1960 im *Observer* ein Artikel zu »Non-Violent Economics« und 1965 ein weiterer »How to Help Them Help Themselves.« Vgl. dazu die Publikationen des Schumacher Center for a New Economics. URL: https://centerforneweconomics.org/people/e-f-schumacher/ [abgerufen am 15.8.2022].
63 Kelvin W. Willoughby: Technology Choice, London 1990, S. 66; vgl. hierzu auch allg. ebd., S. 62-72. Nehru hatte schon ab den 1950er Jahren – abseits prestigeträchtiger, groß angelegter Planungsvorhaben – erste Experimente in der Entwicklung kleinerer, angepasster Technologien angeregt, die weite Teile der Bevölkerung zu erreichen versprachen. Viele dieser skalierbaren Experimente blieben indes, wie der Versuch des National Physical Laboratory, einen Solarkocher zu konstruieren, hinter den Erwartungen zurück. Vgl. Sukumar: Midnight's Machines, S. 18-30.
64 Vgl. dazu allg. E. F. Schumacher: Roots of Economic Growth, Varanasi 1962, S. 1-48.
65 E. F. Schumacher: Reflections on the Problem of Bringing Industry to Rural Areas, New Delhi 1962.

logien, die nahe an der Natur und dazu arbeits- aber wenig kostenintensiv waren:

> I know I didn't make myself very popular with the planning commission in India when I proved to them [...] if they would have a five-year plan where every Indian – child, woman, man, everybody up to grandma – who could handle a seedling, would just establish one tree a year for five years running, the economic effect on the Indian economy would be greater than ever promised by any five-year plan. Without using a single penny of foreign aid.[66]

Die Planungskommission lehnte den Vorschlag zwar 1962 ab, doch veränderten sich, während Schumacher noch an seinen konzeptionellen Überlegungen arbeitete, bereits die Zeiten.

In den 1970er Jahren prägte der Ansatz der Appropriate Technologies den Kurs der internationalen Entwicklungspolitik. Die Idee, dass Entwicklungsländer Technologien nutzen sollten, die ihren sozialen und ökonomischen Voraussetzungen angemessen waren, war indes keineswegs neu. Schon ausgangs der 1950er Jahre hatte Amartya Sen, damals Doktorand der Ökonomie an der University of Calcutta, vor einem blinden Vertrauen in »cutting edge«-Technologien gewarnt.[67] Doch hatten die Planungseuphorie der 1960er Jahre, die globale Konkurrenz um Entwicklungsgelder und vor allem die Sorge vor einem erstarkenden China im Zuge des Grenzkriegs 1962/63 die technologische Rüstung in allen gesellschaftlichen Bereichen zum Paradigma indischer Politik werden lassen. Seine Popularität verdankte das Revival des Konzepts der »angepassten Technologien« im globalen Bezugsrahmen derweil der zunehmenden Kritik an missglückten Entwicklungsvorhaben im globalen Süden, wie sie sich in Indien an den zum Teil verheerenden sozialen und ökonomischen Konsequenzen der Green Revolution entzündete, aber auch der wachsenden Erkenntnis, dass alle Anstrengungen im Bereich der Hochtechnologien die Krisen humanitärer (Natur-)Katastrophen kaum zu lindern, geschweige denn zu verhindern in der Lage waren.[68]

Im Mai 1965 gründete Schumacher zusammen mit zwei seiner engsten Kollegen und Entwicklungsexperten George McRobie und Julia Porter die »Intermediate Technology Development Group« in London.[69] Sein Buch *Small is Beautiful* wurde 1973 zu einer Schlüsselquelle der neuen Bewegung. Darin

---

66 E. F. Schumacher: Technology in Human Perspective, in: Nebraska Journal of Economics and Business 17,1 (1978), S. 7-21, hier: S. 21. Vgl. allg. M. Hoda (Hrsg.): E. F. Future is Manageable, New Delhi 1978.
67 Amartya K. Sen: The Choice of Agricultural Techniques in Underdeveloped Countries, in: Economic Development and Cultural Change 7,3, Teil 1 (1959), S. 279-285; ders.: Choice of Techniques, Oxford 1960.
68 Vgl. Unger: Development, S. 115.
69 Vgl. Stephen J. Macekura: Of Limits and Growth, New York 2015, S. 137-171, hier: insbes. S. 148f.

reklamierte Schumacher ein neues Denken »for aid and development [to] take poverty seriously. It will not go on mechanically saying: ›What is good for the rich must be good for the poor‹.« Der Praxis der »self-styled experts and high-handed planners« setzte er vielmehr einen kooperativen Gestus gegenüber, der in der Folge dem »Basic-Needs«-Ansatz den Weg wies.[70] Dabei erwies sich Schumacher als harscher Kritiker eines ungebrochenen Technikoptimismus. Die Ideologie des »bigger is better« mache Menschen zu Sklaven von Maschinen: »If technology is felt to be becoming more and more inhuman, we might do well to consider whether it is possible to have something better – a technology with a human face.«[71] Auch deshalb stellte Schumacher heraus: »the biggest single collective decision that any country in the position of India has to take is the choice of technology.«[72] Aus seiner Idee der »Zwischentechnologien« (»intermediate technology«), die zwar kleiner und weniger avanciert, dafür aber viel günstiger und zudem ohne größere Reibungsverluste in Entwicklungsländern einzusetzen waren als die Hochtechnologien der Industrienationen, ging eingangs der 1970er Jahre im Zuge weiterer Debatten in den Vereinten Nationen das Konzept der »angepassten Technologien« hervor.

So vielgestaltig die Bewegung war, so volatil und eklektizistisch blieb die Rezeption Indira Gandhis. In den ausgehenden 1960er und beginnenden 1970er Jahren hatte sie Fuller, dessen Ansatz der Ressourcenoptimierung sie bewunderte, um den Bau von Flughäfen in Delhi, Bombay und Madras ersucht, im Zuge des globalen Krisen-Jahres 1973 schwenkte ihr Kurs dann aber zugunsten kleinerer, ökologischer Bauvorhaben um.[73] Im Zuge dessen nutzte Gandhi die Bewegung auch zu eigenen Zwecken. In ihrer berühmten Rede vor der UN hatte sie davon gesprochen, dass es eines neuen Kurses in der Technologiepolitik bedürfe, und einen Zusammenhang von Armut, Umweltverschmutzung und dem Einsatz moderner Technik evoziert.[74]

Anders als Fuller, der als Kritiker der großen Konzerne und hohen Regierungen galt,[75] und die Advokaten der »Computer-Revolution« im Silicon Valley,

---

70 E. F. Schumacher: Small is Beautiful. Economics As If People Mattered [1973], Vancouver 1999, S. 140.
71 Ebd., S. 120. Vgl. dazu auch Michael Franczak: Human Rights and Basic Needs. Jimmy Carter's North-South-Dialogue, in: Cold War History 18,4 (2018), S. 447-464, hier: S. 457-460.
72 Schumacher: Small is Beautiful, S. 175.
73 Vgl. dazu allg. Jairam Ramesh: Indira Gandhi. A Life in Nature, London 2017, S. 38-40, 85 f.
74 Vgl. Indira Gandhi: Address to the Plenary Session of the United Nations Conference on Human Environment at Stockholm, 14. 6. 1972, in: Indira Gandhi: Speeches and Writings, New York 1975, S. 191-199, hier: S. 198.
75 Fullers kühl kalkulierender Blick der Systemanalyse evozierte gleichwohl bisweilen Kritik. So schrieb er zum Thema erneuerbarer Energien, es sei durchaus vorstellbar, daraus ein Business-Modell zu machen – »producing and renting world-around wind-harnessing apparatus – following the models of the computers, telephone, car rental and hoteling service industries«. Vgl. R. Buckminster Fuller: Wind Power, in:

die sich an der sozialen Utopie einer Emanzipation des Users, individueller Kommunikation und dezentraler Netze berauschten, suchte Gandhi indes nach einem Ansatz zur Legitimation zentral(staatlich)er Kontrolle. So zeitigte die Computerkritik in Indien letztlich ein gänzlich anderes Ergebnis als in den USA: Gandhis Kurs einer Förderung neuer, angepasster Technologien löste zwar vorgeblich den Gigantismus der Nachkriegsdekaden ab, blieb aber dem elitären Modell der Top-Down-Planung treu und erwies sich zudem als ebenso schwankend wie kurzlebig. So vergrößerte sich eingangs der 1970er Jahre die Distanz zwischen den Bürgern und den Technologien.[76]

Die Förderung und Verbreitung des Konzepts angepasster Technologien in Indien war Ausdruck politischen Kalküls. So setzte sich die Regierung sowohl gegen politische Widersacher, die Gandhis Kurs von rechts wie von links attackierten, als auch gegen Forschungspolitiker wie Vikram Sarabhai durch, der die Förderung großer Technologien propagierte.[77] Bereits im Sommer 1967, als in Berkeley der Slogan der »Freiheit« von der Sklaverei der Maschinen erklang, versprach Vize-Premier Morarji Desai den Kritikern in der Krise um die »Life Insurance Corporation« daher eindrücklich, dass der Computer keine sozialen Härten mit sich bringen werde.[78] Gandhi, die sich bei den Wahlen 1967 dem Druck der erstarkenden Opposition gegenüber sah, erkannte im Zeitgeist der Computerkritik überdies die politische Opportunität, die Kontrolle über Einsatz und Anwendung der Technologien aus den Händen privater Firmen und elitärer akademischer Zirkel zurückzugewinnen.

Energybook I, Philadelphia 1975, S. 10; zur Kritik Godfrey Boyle/Peter Harper: Radical Technology, New York 1976, S. 58; Johan Galtung: Development, Environment and Technology. A Technology for Self-Reliance, UNCTAD, 22.6.1978, TD/B/C.6/23-EN, UN Digital Archives. In der Vorstellung vom Individuum als »Comprehensive Designer« – der die »Welt« als Ganzes sehen und managen könne – setzte Fuller dem Typus des spezialisierten Bürokraten sein Ideal eines Technokraten gegenüber, der sich der Methoden des militärisch-industriell-akademischen Komplexes bediente und doch außerhalb der Institutionen verblieb. Dieser Traum stand in der Folge auch für den Siegeszug des Personal Computers und des Internets ab den 1970er Jahren Pate. Vgl. Fred Turner: R. Buckminster Fuller. A Technocrat for the Counterculture, in: Hsiao-Yun Chu/Roberto G. Trujillo (Hrsg.): New Views on R. Buckminster Fuller, Stanford 2009, S. 146-159, hier: S. 150.

76 So die überzeugende These Arun M. Sukumars, dessen Analyse dieses Kapitel zahlreiche Anregungen verdankt; vgl. Sukumar: Midnight's Machines, S. 62-99. In gleicher Weise löste sich die High-Tech-Kultur des Silicon Valley vom Mythos der Gründerdekade und avancierte in der Folge zu einer Insel sozialer Ungleichheit, die alle Romantik hinter sich ließ.

77 Sarabhai hatte bis zu seinem Tod eingangs der 1970er Jahre für die Akzeptanz der Spitzenforschung geworben. »The pursuit of cosmic rays and space research in a developing nation does not require any apology.« Vgl. Vikram Sarabhai: Science Policy and National Development, hrsg. von Kamla Chowdhry, Neu Delhi 1974, S. 23; Atomic Energy Commission (Hrsg.): Atomic Energy and Space Research. A Profile for the Decade, Neu Delhi 1970.

78 I Shall Act if LIC Breaks Pledge – Desai, in: Times of India, 26.7.1967, S. 5.

Indien steckte zwischen 1965 und 1967, als Gandhi die Regierung von ihrem Vater übernahm, in verschiedenen Krisen. Zum einen war da die Auseinandersetzung mit Pakistan, die ab 1965 zusehends schwelte und in deren Zuge die USA ihre militärischen und ökonomischen Unterstützungen zurückzogen, was die Möglichkeiten Indiens, in kostspielige Technologien zu investieren, massiv verringerte. Zum anderen erschütterten Hungerkrisen das Land, die das Gros der indischen Devisen, die zu Getreideimporten herhalten mussten, verschlangen. Und schließlich scheiterte das Experiment, die indische Rupie abzuwerten, um sich höhere Kapitalgaben aus dem Ausland zu sichern, krachend; der Versuch, aus der Abwertung der Rupie Kapital zu schlagen, materialisierte sich nie.

So standen durchaus pragmatische Überlegungen hinter dem Credo »Small is Beautiful« in Indien, als Gandhi im November 1970 in der Lok Sabha die Förderung von Kleinindustrien und Wohnungsbauvorhaben in urbanen und ruralen Räumen als Schlüssel zur Überwindung des Problems wachsender Arbeitslosigkeit, das Indien bedrückte, in die Debatte brachte. Emphatisch betonte sie »the adoption of appropriate labour-intensive technology with due regard to efficiency and economy«.[79] In der Folge hob sie die Bedeutung angepasster Technologien immer wieder hervor – mal im Bereich der Forschung, mal in der Gesundheitsversorgung, der agrarischen Entwicklung oder der Industrialisierung des Landes –, wobei sie in der Regel ein zweigleisiges Vorgehen propagierte, das hohe und angepasste Technologien verband.[80]

Mit der Einrichtung einer Arbeitsgruppe zu angepassten Technologien im Ministry of Industrial Development, der Neuausrichtung der Vergabe von Industrielizenzen nach 1973, die sich am Prinzip der »Angemessenheit« kleiner, lokaler und nutzerzentrierter Vorhaben orientierte, und der Förderung verschiedener Forschungscluster an den großen Hochschulen des Landes, an den IITs und IIMs, aber auch dem Indian Institute of Science, Bangalore, wurde der politische Kurswechsel vor allem auch rhetorisch weiter vorangetrieben.[81]

79 Indira Gandhi: Job Opportunities, Statement, Lok Sabha, 11.11.1970, in: Ministry of Information and Broadcasting (Hrsg.): The Years of Endeavour. Selected Speeches of Indira Gandhi, August 1969-August 1972, Neu Delhi 1975, S. 353 f. dies.: Statement, in: Lok Sabha Debates, Vol. 45, No. 3, 11.11.1970, Neu Delhi 1970, Sp. 179-182.
80 Vgl. dies.: Science for the Common Man. Diamond Jubilee Celebrations, Indian Science Congress, Chandigarh, 3.1.1973, in: Ministry of Information & Broadcasting (Hrsg.): Selected Speeches and Writings of Indira Gandhi, Vol. III, Neu Delhi 1984, S. 403-406, hier: S. 403; The Nation's Health. Inaugural Speech, Association of Physicians of India, New Delhi, 22.1.1976, in: ebd., S. 564-567, hier: S. 565; Partners in Development. Address to the First Indian Agriculture Congress, New Delhi, 10.4.1976, in: ebd., S. 374-376, hier: S. 374; Productivity for Progress. Inaugural Address, National Convention on Productivity, New Delhi, 10.11.1976, in: ebd., S. 392-395, hier: S. 395; Implementing Economic Programme, Inaugural Speech, Chief Ministers' Conference, New Delhi, 18.1.1977, in: ebd., S. 396-401.
81 Vgl. Sushila Gosalia: Economic Growth with Adaptive Technology in Less Developed Countries, München 1977, S. 52; Hans Singer: Technologies for Basic Needs, Neu Delhi 1982, S. 147. In der Praxis aber zeigte sich, dass der Ansatz angepasster Technologien dem elitären Anspruch der IITs durchaus widersprach. So hatte ein

Über konkrete Vorschläge zum Einsatz einzelner Technologien (Biogas-Dünger, Solarpumpen, Bambushäuser) hinaus philosophierten die Eliten dieser Jahre über eine neue soziale Ordnung.[82] Die Reihe der Fürsprecher reichte von P. N. Haksar, dem stellvertretenden Vorsitzenden der Planungskommission, über B. D. Nag Chaudhuri, dem Spiritus Rector des indischen Raketen- und Nuklearprogramms, bis hin zu Samarendra Kundu, Staatsminister im Außenministerium, und K. C. Pant, der als Energieminister das Atom-, Weltraum- und Elektronikprogramm des Landes überblickte.[83] Dass sogar Forschungspolitiker wie Homi N. Sethna, der Nachfolger Homi J. Bhabhas in der Atomenergiekommission, gegen den Kurs der ressourcenintensiven Förderung der Hochtechnologien votierten, und plötzlich den Bau von Bambushäusern als Beispiel angepasster Technologien propagierten, bezeugte eindrücklich, wie stark sich der Diskurs verschoben hatte.[84]

Auf der Bühne der internationalen Beziehungen spiegelte die Forderung nach einem neuen Kurs in der Technologiepolitik das wachsende Selbstbewusstsein der Entwicklungsländer wider. Im Zuge einer kritischen Revision und Bilanz entwicklungspolitischer Konzepte erklärten sie die technologische Autonomie zum Imperativ des Handelns. Schon am Rande der UN-Welthandels-

---

deutsches Fernsehteam um den Hamburger Dokumentarregisseur Carsten Diercks, das 1973 einen Film (»Willen zum Wandel«) über das IIT Madras drehte, Schwierigkeiten, Studierende zu finden, die sich der »dringlichen Entwicklungsprobleme des Landes« annahmen und so zum Beispiel im Bereich der »ländlichen Sanierung« der Region engagierten. Vgl. Sampath: Erlebnisbericht, S. 166-168; F. W. Hellmann, DAAD, an K. Praller, AA, 14. 6. 1974, B 94/647, PA AA. Die Koproduktion von NDR und All India Radio gewann 1975 den ersten Preis der Asian Broadcasting Union.

82 So hieß es am IIM in Bangalore bspw.: »the elite urban bias of the intellectuals must be overcome; [...] the viewpoint of the oppressed [has to] be understood and articulated.« Vgl. Vinod Vyasulu: Technological Choice in the Indian Environment, in: Social Scientist 6,4 (1977), S. 65-72, hier: S. 68.

83 Vgl. P. N. Haksar: Inaugural Address, in: Alternative Technology. Proceedings of the Seminar Held in September 1975 under the Joint Auspices of the IIAS, Simla and CSIR, Neu Delhi 1979, S. 28-32, hier: S. 30; B. D. Nag Chaudhuri: Technology and Society. An Indian View, Simla 1979, S. 87-105; Emphasis on Appropriate Technology, says Kundu, in: Times of India, 25. 10. 1978, S. 4; Pant Lays Stress to Appropriate Technology, in: Times of India, 14. 3. 1976, S. 4; Appropriate Technology For Development, in: Times of India, 8. 5. 1977, S. 8. Haksar gab der Desillusionierung Ausdruck: »in the last 27 years [...] the total impact of Indian intelligentsia on Indian reality remains marginal.« Hellsichtig bemerkte derweil Chaudhuri, dass eine Ausrichtung der Technologien an sozialen, ökonomischen und ökologischen Ressourcen zwar dringend geboten, dieses Modell allerdings kaum weniger technokratisch sei: »The various prescriptions of alternate technologies or appropriate technologies do not lead towards saving society from technocentricity. Unfortunately, these are trends to reinforce the technocratic directions while postponing our facing the fact tha technological evolution may lead to disaster.« Vgl. Chaudhuri: Technology and Society, S. 101.

84 Vgl. Sethna Criticises Know-How-Import, in: Times of India, 19. 1. 1975, S. 4; das indische Atomprogramm hatte ausgangs der 1960er Jahre noch kein »megawatt of electricity« generiert, so Anderson: Nucleus, S. 385.

und Entwicklungskonferenz in Neu Delhi im März 1968 hatten Indien, Pakistan, Brasilien und Chile dazu erste Überlegungen zu einer Resolution angestellt, die den Anspruch der Länder des globalen Südens in die Generalversammlung einbrachte, »[to] secur[e] effective access to appropriate technology«. Nachdem sich in der Folge eine Arbeitsgruppe der UN des Themas angenommen und die Gruppe der 77 im Rahmen ihrer Ministerkonferenz von Lima bereits ein Aktionsprogramm beschlossen hatte, verabschiedete die Generalversammlung der UNCTAD im Mai 1972 in Santiago de Chile alsdann eine Resolution zur Verbesserung des Technologieaustauschs zwischen Nord und Süd.[85] Vor dem Hintergrund des sich zuspitzenden Nord-Süd-Gegensatzes und der Auseinandersetzung um eine neue »Weltwirtschaftsordnung« drang die Gipfelkonferenz der blockfreien Staaten 1973 in Algier gleichermaßen auf die Berücksichtigung der technologischen Bedürfnisse und Kapazitäten des globalen Südens.[86] Am Rande des Meetings 1977 in Neu Delhi setzte die Arbeitsgruppe des Büros der »Blockfreien« einen Ausschuss zur Diskussion der Anwendungspotentiale angepasster Technologien ein. So zeitigte auch hier die politische Debatte um Form und Funktion angepasster Technologien erhebliche Dynamik.[87]

In Indien blieben viele der hehren Pläne im Bereich angepasster Technologien indes eher vage Absichtsbekundungen und Ausdruck von Wunschdenken als konkrete Vorhaben.[88] Sowohl im Rahmen des (Atom-)Energieprogramms und der Rüstungspolitik, deren erklärtes Ziel der Bau der »Bombe« blieb, als

85 Vgl. Proceedings of the UNCTAD, New Delhi, 1.02.-29.3.1968, Vol. I, New York 1968, Annex VIII, S. 388 f.; Proceedings of the UNCTAD, Santiago de Chile, 13.4.-21.5.1972, Vol. I, New York 1973, Annex I, S. 68-77. Die OECD diskutierte das Thema in einem Seminar 1975. Vgl. Intermediate Technology. A New Approach to Development Problems, in: OECD Observer 75 (1975), S. 26-28.
86 Action Programme For Economic Co-Operation, Algiers, 05.-09.9.1973, Documents of the 4th Conference of Heads of State or Government of the Non-Aligned Countries, Algiers 1973, S. 85-100, hier: S. 97.
87 Vgl. A. S. Bhalla: Technologies Appropriate For A Basic Needs Strategy, in: ders. (Hrsg.): Towards Global Action For Appropriate Technology, Oxford 1979, S. 23-61, hier: S. 45; Ministerial Meeting of the Coordinating Bureau of Non-Aligned Countries, New Delhi, April 7-11, 1977, in: 35 Years of Non-Aligned Movement, Documents 1961-1996, Vol. 1, Neu Delhi 1997, S. 271-291, hier: S. 288. Zur Einordnung und Kritik der Debatte vgl. allg. Daniel Immerwahr: Thinking Small. The United States and the Lure of Community Development, Cambridge, Mass. 2015; Prakash Kumar: A Big Machine Not Working Properly, in: Technology and Culture 60,4 (2019), S. 1027-1058.
88 Vor allem bezüglich des Einsatzes der Computertechnologien wiesen Anspruch und Praxis diametral auseinander: »The Third World blindly follows the developed nations and lives in a dream world of electronic mail, lightpens and laser beam devices.« Dabei produziere die Förderpolitik noch immer vorrangig »islands which are cut off from reality and from the majority of the population«. Der Computer sei indes vielmehr in kleineren Industrie- und Agrarbetrieben denn in Forschungseinrichtungen und Hochschulen einzusetzen, so P. D. Jain: Appropriate Informatics for Developing Countries, in: F. G. Forster (Hrsg.): Informatics and Industrial Development.

auch im Bereich der Weltraumforschung, in dem – unter den Auspizien der Indian Space Research Organization (ISRO) – in den 1970er Jahren erste Experimente begannen, eigene Kommunikations- und Wettersatelliten ins All zu bringen, blieb die Dominanz großer Entwicklungsvorhaben spürbar, wie Arun Sukumar zeigen konnte.[89] Symbolisch bezeugte die Akquise des Digitalrechners am IIT Madras 1973 aus Mitteln des Food Aid-Programms, wie geduldig die Versprechen des neuen Kurses waren.

Zudem bedeutete das angespannte Verhältnis zu diversen großen, multinationalen Konzernen, das im Falle IBMs 1977 eskalierte, keineswegs das – ideologisch propagierte – Ende einer Kooperation (und ebenso wenig der Abhängigkeit, die Indien in Hochtechnologien vom Ausland auch in der Folge zu beklagen hatte). Vielmehr bemühte sich die Regierung unter Gandhi – ganz im Gegensatz zum ursprünglich propagierten Vorhaben einer dezentralen Förderung kleiner Betriebe und lokaler Technologien – durch die Förderung einzelner Monopolisten – wie des Elektronikkonzerns ECIL im Bereich der Computertechnik –, eigene »nationale Champions« hervorzubringen. So zerbrach die Romantik des »appropriate technology movement [...] [as] a practical and creative revolt against the hypertrophied industrial state which leads to a joyous human-sized society-economy« in Indien an der Praxis.[90]

In den ausgehenden 1960er und beginnenden 1970er Jahren zeichnete sich die Auseinandersetzung um Indiens Technologiepolitik durch den radikalen Gegensatz von Theoretikern und Praktikern aus. Der kanadische Medientheoretiker Marshall McLuhan hatte mit der Utopie des »globalen Dorfes« den Ton der Debatte gesetzt;[91] der britische Physiker und Science-Fiction-Autor Arthur C. Clarke zeigte sich überzeugt, dass mit den Satelliten- und Computer-

---

Proceedings of the International Conference on Policies for Information Processing for Developing Countries, Dublin 1982, S. 130-133, hier: S. 133.

89 Paradigmatisch veranschaulichte Gandhis Vorhaben, vermittels riesiger Investitionen in Personal, Kapital und ökologischen Ressourcen, 1973 eine Erdölraffinerie in Mathura, Utter Pradesh, zu bauen, dass das Werben um »angepasste« Technologien in der Praxis bisweilen ein Lippenbekenntnis blieb. Vgl. Sukumar: Midnight's Machines, S. 68-85. So kritisierte bereits der Schriftsteller V. S. Naipaul nach einer Reise durch Indien 1975: »Intermediate technology should mean a leap ahead, a leap beyond accepted solutions, new ways of perceiving coincident needs and resources. In India it has circled back to something very like the old sentimentality about poverty and the old ways, and has stalled with the bullock cart: a fascinating adventure for the people concerned, but sterile, divorced from reality and usefulness.« Vgl. V. S. Naipaul: India. A Wounded Civilization, New York 1977, S. 128 f.

90 Peter Harper: In Search of Allies for the Soft Technologies, in: Impact of Science on Society 23,4 (1973), Special Issue: Appropriate Technology, S. 287-305, hier: S. 302. Zur Bewegung vgl. allg. D. Dhal/B. K. Pattnaik: Appropriate Technology Movement in India. An Emphatic Drift, in: Sociology of Science and Technology 3,4 (2012), S. 73-115.

91 Marshall McLuhan: Die Gutenberg Galaxis. Das Ende des Buchzeitalters, Bonn [1962] 1995; ders.: Die magischen Kanäle. Understanding Media, Düsseldorf [1964] 1992, S. 113.

netzwerken eine neue Ära anbreche, in der die nächste Generation »the naive and simple-minded nationalism of their parents which has brought so much misery to the world« beenden werde. »What we are now doing – whether we like it or not«, so folgerte er, »is laying the foundation of the first global society.«[92] Ähnlich apodiktisch hatte der serbische Futurologe und Computerspezialist Mihajlo Mesarović, der 1958 seine Karriere am MIT begonnen und später an der Ohio University als Ingenieur und Systemtheoretiker gearbeitet hatte, die Interdependenz der »Netzwerkgesellschaft« beschworen, als er 1977 am Rande einer Vorlesungsreise nach Neu Delhi kam, um die Technik globaler Kommunikationswege und Datenverbindungen vorzustellen: Im Hinblick auf die Lösung der drängenden Probleme dieser Tage – »food, land use, energy, economy, population« – gelte: »Real solutions are apparently inter-dependent.«[93] Als Mitglied des Club of Rome hatte Mesarović im Kielwasser der Studie *Limits to Growth* per Computer den planetarischen Ressourcenmangel, der sich in Bevölkerungskrisen und Hungerkatastrophen ausdrücke,[94] modelliert; in Delhi demonstrierte er, was ihm als Technik der »Interdependenz« zugleich als Weg aus der Sackgasse partikularer Lösungen erschien: eine Computer-Direktverbindung zwischen Indien und den USA. Doch während Theoretiker, Analysten und Planer wie Mesarović, Clarke und McLuhan, aber auch Bucky Fuller, Herman Kahn oder Rachel Carson den Diskurs dieser Jahre prägten, nahm sich die Praxis in Indien bescheidener aus.

Nur langsam kam die Bevölkerung in den Genuss der neuen Technologien. Dabei war das Radio die Schlüsseltechnologie. Lag die Zahl der privaten Radiogeräte in Indien 1970 schätzungsweise zwischen 2 und 5 Millionen, erreichte sie bis 1977 – auch dank (inter-)nationaler Programme zur Förderung angepasster Technologien – rund 20 Millionen.[95] Das ehrgeizige Ziel, bis zum Ende der Dekade einen Receiver in jeden Haushalt zu bringen, blieb indes,

---

92 Arthur C. Clarke: Beyond Babel. The Century of the Communication Satellite, in: UNESCO: Broadcasting from Space, Paris 1970, S. 52. Zur Geschichte des »digital divide« und der Euphorie um die Medien globaler Vernetzung vgl. Michael Homberg: Elektronischer Kolonialismus. Perspektiven einer Nord-Süd-Geschichte des digitalen Zeitalters, in: Ricky Wichum/Daniela Zetti (Hrsg.): Zur Geschichte des digitalen Zeitalters, Wiesbaden 2022, S. 77-103.
93 ›Computer Pundit‹ Comes to Land of Astrologers, in: Times of India, 16. 4. 1977, S. 10.
94 Mihajlo D. Mesarović/Eduard C. Pestel (Hrsg.): Mankind at the Turning Point. The Second Report to the Club of Rome, New York 1974; vgl. auch ders./Yasuhiko Takahara: General Systems Theory. Mathematical Foundations, New York 1975. Zur Rolle Mesarovićs im Diskurs dieser Jahre vgl. zudem allg. Sukumar: Midnight's Machines, S. 85-90.
95 Vgl. P. N. Deobhakta: The Present Status of Entertainment Electronics and Components Industry, in: Electronics Commission (Hrsg.): Electronics, S. 31-36; Kota G. Kamath: Problems and Scope for Development of Small-Scale Industries in Electronics, in: ebd., S. 269-274; V. K. Narayana: Space Communication for Developing Countries. India as an Example, in: UNESCO: Communication in the Space Age, Paris 1968, S. 123-128, hier: S. 123f., und J. V. Vilanilam: Mass Communication in India. A Sociological Perspective, Neu Delhi 2005, S. 140.

nicht zuletzt wegen der relativ hohen Kosten von 150 Rupien pro Gerät, in weiter Ferne. Fernsehen war zudem noch ausgangs der 1970er Jahre – abgesehen von einigen Metropolregionen um Delhi, Bombay, Kalkutta, Lucknow und Madras – kaum verbreitet;[96] so blieben vor allem die ländlichen Teile der Bevölkerung von den viel beschworenen Vorzügen des »globalen Dorfes« ausgeschlossen.

Die zögerliche Verbreitung der Konsumelektronik erklärt sich auch daraus, dass die Regierung im Zuge der politischen Wirren der 1970er Jahre und allen voran in den Jahren des Ausnahmezustands 1975 bis 1977 die politische Kraft der neuen Technologien zu fürchten begann. Mit den Mitteln eines repressiven Systems suchte die Regierung durch rigide politische Zensur, die Unterdrückung von Streiks und Demonstrationen und die Ausbreitung polizeilicher Überwachung die Kommunikation der Bevölkerung zu lenken und abweichende Meinungen zu ersticken. Wenngleich einzelne medienwirksame Experimente wie das »Satellite Instructional Television Experiment« 1975 den Nutzen der Medien als Investition in Schulen, Krankenhäuser und Gemeindezentren gerade in ländlichen Regionen inszenierten, konnte die Ankündigung, das Fernsehen als »Tor zur Welt« und im Dienste der Demokratiebildung zu etablieren, letztlich doch kaum darüber hinwegtäuschen, dass die Regierung der unberechenbaren sozialen Dynamik der neuen Technologien zusehends feindlich gegenüberstand.[97] Eine Kommission, die »Indiens Zukunft« im Jahr 2000 untersuchen sollte, berichtete der Premierministerin zwischen 1973 und 1980 in diesem Zusammenhang über die Frage der sozialen und ökonomischen Auswirkungen der Technologien. In einem Zwischenbericht, der unter dem Eindruck des 21-monatigen Ausnahmezustands zu lesen ist, gab die Kommission der Skepsis dieser Jahre gegenüber der Nachrichtentechnik beredten Ausdruck: Die Massenmedien seien ein Vehikel »to mobilize public opinion behind national programmes« und stünden, zumal angesichts der exorbitanten Kosten, wie man schloss, dem Modell einer »participatory society« entgegen.[98]

---

[96] Der TV-Boom kam in Indien in den 1980er Jahren. Während bis 1983 lediglich 28 % der indischen Bevölkerung Zugang zum Fernsehen besaßen, waren es 1990 bereits rund 90 %. Vgl. Arvind Singhal / Everett M. Rogers: India's Information Revolution, Neu Delhi 1989, S. 60-87, und Jörg Becker: Massenmedien im Nord-Süd-Konflikt, Frankfurt a. M. 1985, S. 88-92.

[97] Vgl. dazu Gyan Prakash: Emergency Chronicles, Princeton/Oxford 2019, S. 162-184, hier: S. 180 f. Zum Siegeszug des Populismus und den »Medienkriegen« des Ausnahmezustands vgl. zudem allg. Guha: India, S. 489-517, sowie S. K. Aggarwal: Press at the Crossroads in India, New Delhi 1988, S. V-VIII; S. 220-235. Das unheilvolle Erbe demagogischer Medienpolitik in Indien beschreiben überdies in engagierter Form und aus aktueller Perspektive Debasish Roy Chowdhury / John Keane: To Kill a Democracy. India's Passage to Despotism, Oxford 2021, S. 240-260.

[98] J. G. Krishnayya: An Outlook for India's Future (2000 A. D.). Communications, Dep. of Science and Technology, Sep. 1976, in: National Committee on Science and Technology (Hrsg.): Interim Reports on Futurology, Neu Delhi 1978, S. 55-70, hier: S. 68. Abseits der Skepsis gegenüber der Technik des Status quo spann die Kommis-

AUTONOMIE

Dass die Regierung dieselben Medien, von der Presse über All India Radio bis hin zur Fernsehstation Doordarshan, zur Propaganda nutzte und sie, wie auch die unter dem Dach der staatlichen Samachar gleichgeschalteten unabhängigen Nachrichtenagenturen, in autoritäre Technologien im Dienste von Repression und Überwachung verwandelte, war die bittere Pointe der doppelbödigen Technologiepolitik Indiens in den 1970er Jahren.

Ein Kind des Ausnahmezustands war der Beschluss der Regierung, die Bürger des Landes durch den Einsatz neuer digitaler Datenbank- und Kommunikationssysteme ins Visier zu nehmen und die Polizei des gesamten Landes mit digitalen Computern und elektronischen Kommunikationswerkzeugen zu einem »Überwachungsapparat« auszubauen. Im Oktober 1975 erging der Erlass, Computer und drahtlose Funkgeräte im Polizeiwesen einzusetzen; noch im Dezember desselben Jahres begann ein erstes Polizeirevier in Bombay, seine Angestellten im Bereich Programmierung und Datenbankverwaltung auszubilden.[99] Der Computer war als Werkzeug zur Archivierung biometrischer Daten und zur Erstellung eines Fingerabdruckregisters wie auch zur statistischen Auswertung und Mustererkennung von Verbrechen und Delinquenzen vorgesehen. Nur ein halbes Jahr später akquirierte die Polizei der Provinz Maharashtra den ersten – vom Elektronikkonzern ECIL eigens zu diesem Zweck gebauten und als »Super-Cop« beworbenen – Rechner. Dieser sammelte die Polizeidaten von über 700 lokalen Revieren. Der so eingerichtete computergestützte Verbrechensindex, der eine Dekade später dann in ein nationales Register einging, erlaubte der Polizei eine nach regionalen, sozialen und politischen Merkmalen gerasterte Suche und Fahndung nach Verbrechern. Auch in Delhi und im Süden des Landes, in den Provinzen Kerala und Tamil Nadu, begann 1976/77 die Computerisierung der Polizeireviere. Ab 1978 waren die Dienststellen in einzelnen Regionen bereits durch Datennetze verbunden.[100] Derweil zentra-

sion von mobilen Telefonen, digitalen Datenverbindungen und Minicomputer-Netzwerken zwischen urbanen und ruralen Räumen. Die Digitalisierung der Gesellschaft, so der Tenor, sei das Kernziel der kommenden Dekaden.

99 Vgl. Move to Provide Police with Electronic Devices, in: Times of India, 20.10.1975, S. 4; Crime Detection Computer for State Police, in: Times of India, 10.12.1975, S. 5; Government by Computer, in: Times of India, 1.12.1975, S. 8. Überlegungen zur Computerisierung der Polizei waren bereits ausgangs der 1960er Jahre publik geworden.

100 Police Enter Computer Age / CM to Open Police Computer Wing, in: Times of India, 19.11.1976, S. 1, 4; More Effective War on Crime Now, says Chavan, in: Times of India, 20.11.1976, S. 4; Delhi Cops Pulled Up for Ignoring Computer, 30.12.1978, S. 9; Wireless Link for All Police Stations in State, in: Times of India, 8.6.1978, S. 9; Maharashtra State Gazetteers, Greater Bombay District, Vol. III, Bombay 1986, S. 47. Zur Werbung vgl. exempl. ›Super-Cop‹ Goes into Action. Congratulations Maharashtra Police, in: Times of India, 19.11.1976, S. 6. Zum Einsatz des Computers vgl. auch Parthasarathi: Technology, S. 92-95. Das Gros der Angestellten war indes kaum in der Lage, die Maschinen zu bedienen. Noch zu Beginn des 21. Jahrhunderts lag die Zahl der »computer literates« in vielen Polizeirevieren bei lediglich 25%. Vgl. K. Alexander: Police Reforms in India. An Analytical Study, Neu Delhi 2006, S. 190.

lisierte die Regierung die Kompetenzen im Bereich der Computer Sciences im »National Informatics Centre« und begann die neue Technik der e-governance zur Erhebung und Speicherung von Sozialdaten einzusetzen, die im zentralen Register der Sozialversicherungsnummern aller Bürger vorhanden waren. So wies die Computerisierung zugleich dem »biometrischen Staat« den Weg.[101]

Für die Gandhi-Regierung war der Einsatz des Computers – unbesehen der wachsenden Kritik an Polizei und Regierung sowie an der Emergenz eines »Orwell-Staats« – politisch opportun.[102] Doch war dies kein indisches Alleinstellungsmerkmal. Regierungen, Polizeibehörden und Geheimdienste nutzten rund um den Globus in den 1970er Jahren die neue Technik.[103] Computer versprachen zugleich Kontrolle und Überblick in einer Ära der anbrechenden neuen globalen »Unübersichtlichkeit«.[104] Indes zeigte sich ihr Potential als Überwachungstechnik im Ausnahmezustand besonders deutlich. Hier korrespondierte die »Gouvernementalisierung« des Staates mit dem Einsatz des Rechners als »Government Machine«.[105]

Im Zuge der Auseinandersetzung um den Kurs der indischen Politik verschmolzen innen- und außenpolitische Argumente. Während sich die wachsende Maschinenkritik dazu eignete, aus der Forderung nach einer Autonomie von den »monstrous machines« politisches Kapital zu schlagen, schien die Forderung nach einer gerechteren Ordnung des globalen politischen und

---

[101] Zur langen Geschichte des »biometrischen Staates« vgl. allg. Joseph Pugliese: Biometrics. Bodies, Technologies, Biopolitics, New York/London 2010; zur Geschichte der Biometrie im globalen Süden vgl. zudem Breckenridge: Biometric State, S. 90-114, 164-195; Ravindran Gopinath: Identity Registration in India During and After the Raj, in: Keith Breckenridge/Simon Szreter (Hrsg): Registration and Recognition, Oxford 2012, S. 299-322. Zur Logik des Ausschlusses vgl. allg. Geoffrey C. Bowker/Susan Leigh Star: Sorting Things Out, Cambridge, Mass./London 1999. Zur gegenwärtigen Zentralisierung biometrischer ID-Daten von knapp 1,3 Milliarden Menschen in der Staatsdatenbank »Aadhaar« vgl. Nandan Nilekani/Viral Shah: Rebooting India, Neu Delhi 2015; Kim Arora: Privacy and Data Protection in India and Germany. A Comparative Analysis, WZB Discussion Paper, SP III 2020-501, Berlin 2020.

[102] Vgl. What's Wrong With Our Police?, in: Times of India, 19.3.1978, S. 8; 1984 is here, in: Times of India, 2.4.1979, S. 8; D.R. Mankekar: Horrendous, in: Times of India, 11.4.1979, S. 8; Thank God For Our Inefficiency, in: Times of India, 7.8.1983, S. A4; U.P. Police to Rely on Men, not Machines, in: Times of India, 6.5.1985, S. 16.

[103] Vgl. David Gugerli/Hannes Mangold: Betriebssysteme und Computerfahndung. Zur Genese einer digitalen Überwachungskultur, in: Geschichte und Gesellschaft 42,1 (2016), S. 144-174; Berlinghoff: Totalerfassung, S. 103-110.

[104] Zur Gegenwartsdiagnostik der »Komplexität« und »Unübersichtlichkeit« vgl. Leendertz: Komplexitätssyndrom; Jürgen Habermas: Die neue Unübersichtlichkeit, Frankfurt a. M. 1985. Zur Überwachung im digitalen Zeitalter und der Metaphorik des »Großen Bruders« vgl. kritisch Kevin D. Haggerty: Tear Down the Walls. On Demolishing the Panopticon, in: David Lyon (Hrsg.): Theorizing Surveillance. The Panopticon and Beyond, London 2006, S. 23-45.

[105] Agar: Government Machine. Zur Theorie der »Gouvernementalität« vgl. überdies allg. Michel Foucault: Die Gouvernementalität, in: ders.: Analytik der Macht, Frankfurt a. M. 2005, S. 148-174, hier: S. 172.

ökonomischen Systems gleichzeitig der ideale Rahmen, um auf der Bühne der internationalen Politik dieselben Technologien als Vehikel neuer Autonomie zu propagieren.

5.3 Elektronischer Kolonialismus

Die Planungsexperten der indischen Regierung gerieten an der Schwelle zu den 1970er Jahren in eine schwere Krise. Mit der Kritik an der Computerisierung der Arbeitswelten in Hochschulen und Fabriken, Banken, Versicherungen und Agrarbetrieben war die Frage nach den sozialen Folgen des viel beschworenen technologischen Wandels in den Fokus gerückt; der Wachstumskurs der Nehru-Jahre, der die technologische Modernisierung des Landes zum Schlüssel einer gerechteren Gesellschaftsordnung erhob, stand plötzlich zur Disposition. Ein Kurswechsel schien hier aus einem innenpolitischen Kalkül heraus geboten; so reizvoll die Rede von kleinen Technologien aber auch war – eine mögliche Abkehr vom Kurs der nuklearen Rüstung und der Forschung im Bereich der Computer- und Satellitentechnik barg zugleich unübersehbare politische, diplomatische und geostrategische Risiken.

Trotz aller Anstrengungen im Bereich der »Big Science« und der Ausbildung von High-Tech-Spezialisten an den Elitehochschulen hatte sich – wie Kritiker in Nord und Süd ausgangs der 1960er Jahre bemerkten – die Lücke zwischen den Industrie- und den Entwicklungsländern immer weiter vergrößert. Der Bericht des Club of Rome zu den *Limits to Growth* aus der Feder der MIT-Technologen um den Ökonomen Dennis Meadows hatte in diesem Kontext eine Debatte um die »Grenzen des Wachstums« angestoßen, die das Ende der Planungseuphorie der vorangegangenen Dekaden und der Konzepte der Globalsteuerung einläutete. Die computergestützten Prognosen des Berichts ließen in ihrer apokalyptischen Sprache keine Zweifel an der Ambivalenz des technischen Fortschritts. Die »Zunahme der Weltbevölkerung, der Industrialisierung, der Umweltverschmutzung, der Nahrungsmittelproduktion und der Ausbeutung von natürlichen Rohstoffen« werde die Erde »im Laufe der nächsten hundert Jahre« an ihre »absoluten Wachstumsgrenzen« bringen.[106] So gelte es, die »soziale[n] Nebenwirkungen« der Technik in den Blick zu rücken[107] und

---

106 Dennis Meadows et al. (Hrsg.): Die Grenzen des Wachstums. Bericht des Club of Rome zur Lage der Menschheit. Übersetzung von Hans-Dieter Heck, Stuttgart 1972, S. 17.
107 Ebd., S. 117. Zur Kritik gegenüber der Ambivalenz der Technologien vgl. zudem allg. ebd., S. 116-140. So habe, wie die Gruppe um Meadows schrieb, die Grüne Revolution in Indien eine Ungleichverteilung von Landbesitz und ein Auseinandergehen der Einkommensschere im Pandschab nach sich gezogen. Die Rolle der Technologien nahm in den Folgeberichten eine wachsende Bedeutung ein. Die Skepsis gegenüber »Big Technology« aber blieb. So fragte gleich die zweite Studie: »Does holding up the panacea of technology and asking people to have faith in its

den Übergang vom Paradigma dynamischen Wachstums zu dem eines globalen Gleichgewichts zu organisieren.[108] In dieser Lage setzte die Forderung der Entwicklungsländer nach einer »new global economic order«[109] am Rande der UNCTAD 1973 den Ton einer Debatte, in deren Folge es rasch zu einer ganzen Reihe programmatischer Forderungen kam, die zusehends auch das Feld der Nachrichten- und Computertechnik ins Visier nahmen.

Die Frage des Zugangs zu und der Teilhabe an den – ökologischen, ökonomischen und technologischen – Ressourcen, die in *Limits to Growth* in den Fokus rückte, bildete so den Kern einer Auseinandersetzung um die Auswirkungen der Globalisierung, die die Jahre nach 1945 in verschiedenen Spielarten begleitete. Mit der Emanzipation der »Dritten Welt« geriet hier die Diskussion um eine »technologischen Lücke« zwischen Nord und Süd in den Blick.[110] In diesem Zusammenhang kam der Nachrichten- und Computertechnik eine Schüsselrolle zu.

In Europa, Asien und Lateinamerika wurde die Dominanz der USA im Bereich der Computertechnik zusehends skeptisch betrachtet; rund um den Globus geisterte das Schreckgespenst der »technologischen Lücke« durch die Gazetten. Ein zentraler Stichwortgeber der Debatte war das Komitee für Wissenschafts- und Technologiepolitik der OECD gewesen. Eine Expertengruppe um den britischen Ökonomen Christopher Freeman hatte hier 1965 begonnen, den Zusammenhang zwischen den Forschungs- und Entwicklungsausgaben und dem Wirtschaftswachstum eines Landes zu untersuchen.[111] Der postulierte Konnex wirkte im März 1968 wie ein Fanal.[112] So verließ die Diskussion um die »technologische Lücke« rasch den elitären Zirkel der Experten

    magical powers nourish the poor in India and in Africa?« Vgl. Mesarović/Pestel (Hrsg): Mankind, S. 136. Eine weitere Studie wurde noch deutlicher: »While modern large-scale production facilities turning out computers and TV sets have prestige value, they do little to satisfy the most urgent human needs.« Ervin Laszlo (Hrsg.): Goals for Mankind. A Report to the Club of Rome on the New Horizons of Global Community, New York 1977, S. 315.

108 Meadows et al. (Hrsg.): Grenzen, S. 160 f.
109 Mesarović/Pestel (Hrsg): Mankind, S. 127. Zur Rolle der Technologien vgl. auch Jan Tinbergen et al. (Hrsg.): Reshaping the International Order. A Report to the Club of Rome, New York 1976, S. 19-23, 39-40, 260-273.
110 Zum Wandel der Technologiepolitik unter dem »Schock der Globalisierung« vgl. Niall Ferguson et al. (Hrsg.): The Shock of the Global. The 1970s in Perspective, Cambridge, Mass. 2010.
111 Vgl. Freeman/Young: R&D-Effort; Christopher Freeman: Research Comparisons, in: Science 158,3800 (1967), S. 463-468. Freemans Thesen adaptierte in Indien P.M.S. Blackett, enger Vertrauter und vormaliger Berater von Premierminister Nehru, im Rahmen der ersten Jawaharlal Nehru Memorial Lecture in Neu Delhi 1967. Vgl. P.M.S. Blackett: Science and Technology in an Unequal World, 1967, in: Proceedings of the Indian Division of the Institution of Electronic and Radio Engineers 5,1 (1968), S. 1-12.
112 Zu den Reports vgl. OECD: Report; OECD: Electronic Computers; OECD: Computers and Telecommunications.

und rückte auf die Agenda der Massenpresse. In Europa deklarierte Jean-Jacques Servan-Schreiber, Leitartikler der *Le Monde* und Herausgeber des Nachrichtenmagazins *Express* sowie des Wirtschaftsmagazins *Expansion*, 1968 pathetisch die »amerikanische Herausforderung« zur existentiellen Frage des digitalen Zeitalters: »Die entscheidende Schlacht im Rahmen des industriellen Krieges wird um die elektronischen Datenverarbeitungsanlagen, die Computer, geschlagen. Der Ausgang ist zweifelhaft, aber noch ist sie nicht verloren.«[113] Wie hier, so avancierte die Semantik der »Lücke« in den Jahren »nach dem Boom« zu einem Sinnbild des Krisenbewusstseins im »Age of Uncertainty«.[114]

Die Dominanz der Industrienationen des globalen Nordens – und allen voran der USA – im Bereich der Computer- und Nachrichtentechnik spiegelte sich eindrücklich in der Ordnung des globalen Nachrichtenverkehrs wider. Hier begann der Nord-Süd-Gegensatz in den 1960er und 1970er Jahren die Auseinandersetzung zu überlagern. So war die Kontroverse um eine globale Kommunikationsordnung mehr als nur das Begleitrauschen des Kalten Krieges. Vielmehr prägte sie die komplexen »Nord-Süd-Ost-West-Beziehungen« nach 1945.[115] Dabei brachte die ideologische Blockkonkurrenz eine Polarisierung des Diskurses hervor, die in der wechselseitigen Anklage endete, die Medien zu manipulieren und zu zensieren. Gleichzeitig überlagerten die Dekolonisierung und der sich intensivierende Nord-Süd-Gegensatz die Konkurrenz der Supermächte. So rangen alsbald Regierungen und supranationale Zusammenschlüsse, NGOs, Lobbygruppen und multinationale Konzerne um die Diskurshoheit, während die Nachrichtentechnik zum Vehikel kommerzieller, geostrategischer sowie kultur- und machtpolitischer Interessen avancierte.

Dass die Ordnung des globalen Nachrichtenverkehrs um 1970 ins Zentrum stürmischer Debatten rückte, erklärte sich allerdings auch aus der langen Vorgeschichte der Auseinandersetzung, die hier zum besseren Verständnis entlang ihrer zentralen Wegmarken beschrieben werden soll. Denn die Regulierung und Kontrolle des weltweiten Nachrichtenverkehrs war schon viele Jahre vor ihrer Instrumentalisierung im Rahmen der Nord-Süd-Beziehungen ein Politikum gewesen. Bereits kurz nach dem Krieg, im November 1945, hatte die UNESCO das Prinzip eines »free flow of ideas by word and image« als Prämisse wechselseitiger Verständigung und Friedenssicherung in ihrer Charta verankert.[116] Drei Jahre später inspirierte das Konzept der »Informationsfreiheit« die Allgemeine Erklärung der Menschenrechte, in der sowohl das Recht, »Informationen« zu vermitteln und zu verbreiten, als auch die Freiheit, diese einzuholen und zu rezipieren, festgeschrieben waren.[117] Vor diesem

---

113 Servan-Schreiber: Herausforderung, S. 147f.
114 Zu dieser Diagnose vgl. Geyer: Wirklichkeit, S. 283-287.
115 Vgl. Sonderegger: Aspekte, S. 7.
116 UNESCO: Constitution of the United Nations Educational, Scientific and Cultural Organization, Paris 1945.
117 Freedom of Information. Geneva Conference Seeks Common Ground. UN Bulletin, 15.4.1948, New York 1948, S. 338f.; Universal Declaration of Human Rights,

Hintergrund zählte auch der Ausbau der globalen Kommunikationsnetze und Informationsinfrastrukturen in der »Dritten Welt« zu den erklärten entwicklungspolitischen Zielen der Vereinten Nationen. Vor allem die UNESCO engagierte sich hier von Beginn an, die globalen Ungleichgewichte zwischen Nord und Süd zu beheben.[118]

Die Koordinaten der Auseinandersetzung steckte auch hier die Blockkonkurrenz ab; während die USA zu den Advokaten eines ungehinderten Flusses von Nachrichten zählten, regte sich in der UdSSR, die sich an der Seite der nachkolonialen Nationen sah, der Widerstand gegen den »Free Flow« als Vehikel eines neuen Imperialismus. Das von der UdSSR und vielen Nationen des globalen Südens reklamierte Prinzip der »Staatsverantwortlichkeit« war allerdings – wie sein Pendant, die neoliberale US-Rhetorik eines ungebremsten Flusses der »Meinungs- und Informationsfreiheit« – von durchaus ambivalentem Charakter.[119]

Im Zuge des Kalten Krieges rückte die geostrategische Relevanz der neuen Kommunikationstechnologien zusehends in den Fokus der Kontroverse. Während die Modernisierungstheoretiker einen direkten Zusammenhang von Technologien, Medien und Entwicklung postulierten, erkannten die Entwicklungsplaner im Zugang zu den Herzen und Hirnen, den Augen und Ohren der Menschen in der »Dritten Welt« ein wirkungsvolles Werkzeug im Ringen um neue Allianzen.[120] So etablierte sich die Computer- und Satellitentechnik im Kontext des »technologischen Wettrüstens« rasch als Heilsversprechen einer neuen Entwicklungspolitik.[121]

10.12.1948, Doc. A/RES/217(III) A. UNGAOR. Resolutions adopted by the General Assembly during its 3rd Session, New York 1948, S. 71-78, hier: S. 75.

118 Die UNESCO hatte im Rahmen der »Technical Needs Commission« 1947 eine Sektion zur Entwicklung der Massenmedien eingerichtet, die sich der praktischen Ausbildung von Journalisten und der Förderung von Medienanstalten in Europa, Lateinamerika und Asien widmete. Vgl. Mass Communication – Technical Needs Commission (I), 307 A 20/02, UNESCO Archives. Zu den ersten Aktionsprogrammen zählten der (Wieder-)Aufbau des Pressewesens im Nachkriegseuropa und in den Mitgliedsstaaten, die zur Gruppe der »Entwicklungsländer« zählten.

119 So verbarg sich in vielen repressiven Regimen des globalen Südens der Versuch einer dirigistischen (Zensur-)Politik im Dienste der Lenkung politischer Meinungsbildung, der Unterdrückung der Opposition und einer nationalistischen Abschottung vor der Globalisierung.

120 Die UN-Generalversammlung konstatierte so, dass »70 Prozent der Weltbevölkerung keine ausreichende Informationsinfrastruktur besitzen und daher von der Inanspruchnahme eines ›Rechts auf Information‹ ausgeschlossen« seien. UN General Assembly Resolution 1778, 7.12.1962, in: UN (Hrsg.): Resolutions Adopted on the Reports of the Third Committee, New York 1963, S. 31-32.

121 Der Zusammenhangs von Kommunikation und Entwicklung wurde eingangs der 1960er Jahre auch in der UNESCO im Rahmen dreier Symposien – in Bangkok (im Januar 1960 für Südostasien), in Santiago de Chile (im Februar 1961 für Lateinamerika) und in Paris (im Januar 1962 für Afrika) – diskutiert; zu den zentralen Stichwortgebern der Debatte in der UNESCO zählte der US-amerikanische Soziologe Wilbur Schramm.

Die Träume einer Überwindung der Distanzen zwischen erster, zweiter und dritter Welt, denen die Kommunikationstechniken Vorschub leisteten, brachte der kanadische Medientheoretiker Marshall McLuhan eingangs der 1960er Jahre in das Bild des »global village«.[122] Für McLuhan und die Theoretiker des »globalen Dorfes« avancierte die All-Bringung des ersten zivilen Nachrichtensatelliten »Telstar« am 10. Juli 1962 zum Symbol eines neuen Zeitalters.[123] Für 50 Millionen US-Dollar hatten die Bell Laboratories Telstar im Auftrag des Nachrichtenkonzerns AT&T gebaut; nur wenige Tage später kam es zur ersten Fernsehdirektübertragung zwischen Europa und den USA.[124]

Mit der Gründung der multinationalen Konsortien INTELSAT und INTERSPUTNIK verstetigte sich indes auch hier die Systemkonkurrenz des Kalten Krieges. Eine Expertentagung der Vereinten Nationen sah sich vor diesem Hintergrund im Dezember 1965 in Paris genötigt, UNESCO-Generaldirektor René Maheu an das gemeinsame Ziel zu erinnern, die »Weltraumkommunikation im Interesse aller Völker« zu nutzen. Kritisch erinnerte ein indischer Delegierter an die Vielzahl der Staaten, die von dieser Kommunikation ausgeschlossen seien bzw. in denen die Instrumentalisierung der Freiheitsdoktrin zur Verbreitung von Propaganda zu erwarten stehe.[125] Noch pointierter gelang es Tansanias Premier Julius Nyerere, die Euphorie zu bremsen. Mit der Globalisierung der Märkte sei eine Welt entstanden, »that [...] gets smaller every day« – doch die Profite innerhalb dieses »globalen Dorfs« seien auch weiter ausgesprochen ungleich verteilt.[126] Vielmehr bringe der chaotische und unregulierte Markt, wie Nyerere 1963 – Jahre vor der Debatte um eine neue »Weltwirtschaftsordnung« – im Geiste der Dependenztheorie argumentierte, die »Unterentwicklung« einzelner Regionen hervor. Mit Blick auf den Gigantismus der Kosmovision und die gleichzeitige Abkopplung ländlicher Gebiete, insbesondere des globalen Südens, von den globalen Nachrichtennetzwerken

122 Vgl. dazu McLuhan: Gutenberg Galaxis. Zur »Politik der Illusionen« der UN vgl. Rosemary Righter: Utopia Lost. The United Nations and World Order, New York 1995.
123 Unter dem Eindruck des Starts von Telstar priesen auch die Delegierten der 12. Generalkonferenz der UNESCO im November 1962 euphorisch die Perspektiven der neuen Technik. Vgl. Christian Breunig: Kommunikationspolitik der Unesco. Dokumentation und Analyse der Jahre 1946-1987, Konstanz 1987, S. 66-67.
124 So verlieh Telstar der wachsenden Kommerzialisierung globaler Kommunikation Ausdruck. Vgl. Gilbert Oakley: Project Telstar, New York 1963; Walter Kaiser: Die Weiterentwicklung der Telekommunikation seit 1950, in: Hans-Jürgen Teuteberg/Cornelius Neutsch (Hrsg.): Vom Flügeltelegraphen zum Internet, Stuttgart 1998, S. 205-226, hier: S. 214f. Auch die Ouvertüre der digitalen »Netzwerkgesellschaft« spielte dank Telstar im Himmel: Im Oktober 1962 gelang die erste orbitale Daten-Fernübertragung zwischen zwei Computern. Zum Versprechen eines »World Data Networks« vgl. Computer Communication via Telstar; The Telstar-Computer Data Honeymoon, in: Computers and Automation 11,11 (1962), S. 43; 11,12 (1962), S. 47; A Computer ›Talks‹ to Telstar, in: Computer Design 1,1 (1962), S. 7.
125 Narayana: Space Communication, S. 127f.
126 Vgl. Nyerere: McDougall Memorial Lecture – F.A.O., 18.11.1963, S. 232f.

konstatierte er 1967 lapidar: »Others try to reach the moon. We try to reach the villages!«[127] Eine gleichberechtigte Partizipation der neuen Nationen an der »Weltgemeinschaft« sei daher, so Vertreter des Südens auf der Weltfunkkonferenz zu Beginn der 1970er Jahre – angesichts des technologischen Rückstandes –, illusorisch.[128] Doch zelebrierte die »Weltgemeinschaft« des Nordens, unbesehen der wachsenden Kritik, den globalen Schulterschluss.

Ausgangs der 1960er Jahre spitzte sich die Lage weiter zu. Die von den Vereinten Nationen propagierte Doktrin des »freien Informationsflusses«[129] erhitzte nun zusehends die Gemüter. Die Kritiker der »Free Flow«-Doktrin zielten auf eine Regulierung des Nachrichtenverkehrs, die den Zugang zu den globalen Nachrichtennetzwerken gerechter und ausgewogener gestalten und den bestehenden Kartellen der großen – vor allem westlichen – Agenturen ein Ende bereiten sollte. Im Rahmen eines Symposiums des International Broadcast Institute war hier im November 1970 massive Kritik an der zusehends als rücksichtslos beschriebenen Kommunikationspolitik der Industrieländer vernehmbar geworden.[130] Der globale Nachrichtenverkehr erschien vielen Teilnehmern als »Einbahnstraße«. Im Mai 1973 kritisierte auch der finnische Premier, Urho Kekkonen, in seiner Rede zum »International Flow of Television Programmes«:

---

127 Zit. n. Henry Bienen: Tanzania. Party Transformation and Economic Development, Princeton 1967, S. 347; UNESCO: ... to Reach the Village ... Unesco and Rural Newspapers in Africa, Paris 1974, S. 10; D. R. Mankekar: Whose Freedom. Whose Order, Neu Delhi 1981, S. 1 f.

128 Ein Delegierter aus Äquatorialguinea bemerkte hier: »We in the new countries need to improve our telecommunication systems to achieve political, territorial and ideological unity. We need integration, primarily amongst ourselves and then in the community of nations. But how can we do this when it takes 2, 3 or 4 days to receive an official report about what is happening 100, 200 or 300 km from the capital? On the other hand, we are paradoxically able to see, hear and almost feel the first footfall of man on the moon.« Documents of the World Administrative Radio Conference for Space Telecommunications, Genf 1971, Doc. No. 175-E, Annex 1, S. 7, Doc. 4.95.51.en.102, ITU Digital Collections, ITU Library & Archives (ITU). Sollte auch noch die Verteilung der Funkfrequenzen nach dem Windhundprinzip erfolgen, sekundierte ein Vertreter Ecuadors 1977, »then, the international community would be backsliding into the era of colonialism«. Vgl. Documents of the World Administrative Radio Conference for the Planning of the Broadcasting-Satellite Service, Genf 1977, Doc. No. 229-E, S. 1-2, Doc. 4.99.51.en.103, ITU. Zur Rolle der ITU vgl. zudem allg. Christiane Berth: ITU, the Development Debate and Technical Cooperation in the Global South 1950-1992, in: Gabriele Balbi/Andreas Fickers (Hrsg.): History of the ITU, Berlin/Boston 2020, S. 77-106.

129 Schon 1945 war in der Charta der UNESCO das Leitbild eines »free flow of ideas by word and image« als Prämisse wechselseitiger Verständigung und Friedenssicherung fest verankert worden. Vgl. UNESCO: Constitution.

130 Vgl. Roger P. Morgan: The New Communications Technology and its Social Implications. Report of a Symposium of the International Broadcast Institute at Ditchley Park 1970, Oxfordshire 1971, S. 30-33, 44-47.

Globally the flow of information between the states – not least the material pumped out by television – is to a very great extent a one-way, unbalanced traffic, and in no way possesses the depth and range which the principles of freedom of speech require. [...] The developing countries are at the mercy of informational export by the industrialized Western countries [...] on the international arena there is a state of affairs called communication imperialism.[131]

Die Debatte um den globalen Fluss der (Bild-)Nachrichten wies so der Forderung nach einer Neuordnung und Regulierung des Nachrichtenverkehrs den Weg.

Die »Declaration of Guiding Principles for the Free Flow of Information, the Spread of Education and Greater Cultural Exchange« vom 15. November 1972 markierte in diesem Zusammenhang einen Meilenstein der Auseinandersetzung. In Artikel 5 der sogenannten »Satelliten-Deklaration« hatte die UNESCO einmal mehr die Losung des »Free Flow« ausgegeben – »to ensure the widest possible dissemination, among the peoples of the world, of news of all countries, developed and developing alike.«[132] In den Augen zahlreicher Delegierter des globalen Südens, die einen »free and balanced flow« einklagten, leisteten solche Pläne indes nur der Asymmetrie der globalen Kommunikationsordnung weiter Vorschub. So mündete die Aversion gegen die Vorschläge der UNESCO in einer Fundamentalkritik am Medien- und Kulturimperialismus der (westlichen) Industrienationen.[133]

Die Ausgestaltung der globalen Informations- und Kommunikationsordnung prägte auch die Debatten der Gipfelkonferenz der blockfreien Staaten in Algier 1973. Der Imperialismus des Westens erstrecke sich, so klagte man hier an, keineswegs »auf die politischen und ökonomischen Felder«, sondern durchdringe »vielmehr auch die kulturelle und soziale Sphäre«. Eine »konzertierte Aktion im Bereich der Massenmedien« sei daher dringend erforderlich.[134] Ein Symposium zur Informationspolitik im März 1976 in Tunis verabschiedete so schließlich eine Resolution, die erstmals konkrete Pläne zur Errichtung einer »New International Information Order« vorlegte.[135]

---

131 Kaarle Nordenstreng/Tapio Varis: Television Traffic – a One-Way Street?, Paris 1974, S. 43-45. Vor dem Hintergrund des »Outer Space Treaty« von 1967 ging es Kekkonen zugleich um die völkerrechtliche Bestimmung der Rolle der Massenmedien. Vgl. dazu auch: D. R. Mankekar: One-Way Free Flow, Neu Delhi 1978, S. 66-93.

132 Vgl. Gunnar Naesselund: International Problems of Television via Satellite, in: UNESCO Courier 26,2 (1973). S. 21-23; Colin Legum/John Cornwell: A Free and Balanced Flow, Lexington 1978; Hans Bohrmann et al.: Informationsfreiheit, München 1979, S. 104-107. Vgl. kritisch: Rosemary Righter: Whose News?, New York 1978.

133 Vgl. dazu allg. Homberg: Elektronischer Kolonialismus; ders.: Mass Media Declaration.

134 Documents of the 4th Conference of Heads of Government of Non-Aligned Countries. Algier 1973, S. 73, 88.

135 Vgl. Information in the Non-Aligned Countries, Vol. 1: Final Resolutions, Speeches and Messages, Working Papers, Tunis 1976, S. 30.

In den 1970er Jahren kontrollierten die großen Agenturen – Associated Press, United Press, Tass, Reuters und Agence France-Press – verschiedenen Angaben zufolge zwischen 75% und 97% des Nachrichtenmarktes. Die Nachrichtenexporte des globalen Nordens bestimmten 93% aller Presseinhalte und 92% aller Fernsehnachrichten. Der Süden indes, der rund 75% der Weltbevölkerung stellte, zeichnete nur für rund 20% der Buchproduktion und der audiovisuellen Programme verantwortlich; nur ein Viertel aller weltweit verkauften Zeitungen wurde hier abgesetzt. Auch die Verbreitung von Radio- und Fernsehgeräten war ausgesprochen gering.[136]

Die Resolution des Symposiums zielte so *expressis verbis* auf eine »Dekolonisierung der Informationen«. Nur wenige Monate später rief eine Konferenz der Informations- und Kommunikationsminister der blockfreien Staaten sowie ausgewählter Nachrichtenagentur-Vertreter in Neu Delhi daher, mit formellem Beschluss, einen Pool an Agenturen ins Leben, der in Konkurrenz zu den globalen Spielern des Nachrichtenbusiness treten sollte.[137] »Self-Reliance in Information«, schrieb Indira Gandhi den Delegierten in ihrer Ansprache ins Stammbuch, sei ebenso wichtig wie die politische und technologische Autarkie.[138]

---

[136] Vgl. Dinkel: Bewegung, S. 213; Ulla Carlsson: From NWICO to Global Governance of the Information Society, in: Oscar Hemer/Thomas Tufte (Hrsg.): Media and Glocal Change. Rethinking Communication for Development, Buenos Aires 2005, S. 193-214, hier: S. 208-210; Vidya Charan Shukla: Need for News Flow Code. Conference of Non-Aligned Countries in Press Agencies Pool, in: Communicator 11,2-3 (1976), S. 23-27; International Commission for the Study of Communication Problems (ICSIP) Interim-Report, Paris 1978, S. 37-42.

[137] Bereits im Januar 1975, noch vor Verabschiedung der Resolution zur Gründung des Pools, zur Festlegung seiner Statuten und zur Einsetzung eines Koordinierungsgremiums in New Delhi, hatte der Zusammenschluss indes Form angenommen und erste Aktivitäten begonnen. Nach der Bestätigung der Beschlüsse im Rahmen der fünften Gipfelkonferenz der blockfreien Staaten in Colombo, Sri Lanka, trat das Koordinierungsgremium erstmals im Januar 1977 zusammen. Zur zentralen Agentur innerhalb des Pools avancierte in der Folge TANJUG als Sprachrohr des sozialistischen Jugoslawiens. Pero Ivačić, der Direktor der Agentur und vormaliger Präsident der Allianz europäischer Nachrichtenagenturen, löste hier ausgangs der 1970er Jahre den indischen Journalisten D. R. Mankekar als Vorsitzenden des Gremiums ab. Vgl. Pero Ivačić: The Non-Aligned Countries and their News, in: UNESCO Courier 30,4 (1977), S. 18-20; Sašo Slaček Brlek: The Creation of the Non-Aligned News Agencies Pool, in: Prispevki za Novejšo Zgodovino/Contributions to Contemporary History 62,1 (2022), S. 37-63. Zum Wirken des Pressepools vgl. Indian Institute of Mass Communication (New Delhi) (Hrsg.): News Agencies Pool of Non-Aligned Countries. A Perspective, Neu Delhi 1983, S. 18-20; S. 25-35.

[138] Indira Gandhi: Self-Reliance in Information, in: Communicator 11, 2-3 (1976), S. 15 f. Über die Medienpolitik hinaus prägte das Narrativ der »technologischen Unabhängigkeit« so einmal mehr die politische Debatte dieser Jahre. Vgl. Oral Answers to Questions, in: Lok Sabha Debates, Vol. 44, No. 26, 1.9.1970, Neu Delhi 1970, Sp. 13-15; Finance Bill 1973, in: Lok Sabha Debates, Vol. 27, No. 47, 30.4.1973, Neu Delhi 1973, Sp. 357-367; Demands for Grants, 1975-76, in: Lok Sabha Debates,

Zu Beginn der 1980er Jahre bildete der Pool ein weltweites Netz aus über achtzig Agenturen, das täglich rund 40.000 Wörter verschickte. Im Vergleich zu Reuters oder der Associated Press, die über eine Million Wörter zirkulierten, war diese Menge gleichwohl verschwindend gering.[139] Dies lag zum einen an der technischen Ausstattung: wWährend die AP ab 1975 ein computergestütztes, datenbankbasiertes System (»DataStream«) zur Nachrichtenübertragung an ihre Kunden im In- und Ausland nutzte und bereits neue Wege der Satellitenkommunikation erprobte, tippten die Korrespondenten der »bündnisfreien« Agenturen noch ausgangs der 1980er Jahre ihre Berichte auf der Schreibmaschine, die sie per Radiotelex oder gleich höchstpersönlich mit dem Motorrad in die Agenturzentrale übermittelten. Zum anderen blockierte der Dissens der Mitglieder – auch und gerade in den regionalen Zusammenschlüssen ASIN, OANA und PANA – eine Vereinbarung einheitlicher Qualitätsstandards und gemeinsamer Grundsätze bezüglich der Berichterstattung sowie der Formate und Inhalte der produzierten Nachrichten. Auch an der Aus- und Weiterbildung der Journalisten mangelte es. Zensur und Propaganda verhinderten zudem eine stärkere Rezeption der Poolnachrichten und torpedierten überdies deren Glaubwürdigkeit.[140] Ungleich wirkmächtiger war daher der Inter Press Service, der sich als internationale Kooperative von Journalisten

Vol. 52, No. 41, 28. 4. 1975, Neu Delhi 1975, Sp. 319-324; Self-Suficiency in the Field of Technology, in: Lok Sabha Debates, Vol. 56, No. 11, 21. 1. 1976, Neu Delhi 1976, Sp. 117 f. Statement by Prime Minister M. Desai on his Participation in Commonwealth Prime Ministers' Conference in London; General Budget, in: Lok Sabha Debates, Vol. 2, No. 6, 17. 6. 1977, Sp. 284-291, hier: Sp. 290, und Sp. 375-414, hier: Sp. 399.

139 Vgl. Indian Institute of Mass Communication (New Delhi) (Hrsg.): News Agencies Pool; NAMEDIA. Media Conference of the Non-Aligned. Final Report and Documents, Neu Delhi 1983; Thomas Siebold: Zur Geschichte und Struktur der Weltnachrichtenordnung, in: Reiner Steinweg/Jörg Becker (Hrsg.): Medienmacht im Nord-Süd-Konflikt, Frankfurt a. M. 1984, S. 45-92, hier: S. 72 f.; und Verena Metze-Mangold: Die alternativen Nachrichtenagenturen. Nachrichtenpool der blockfreien Staaten und Inter Press Service, in: Steinweg/Becker (Hrsg.): Medienmacht, S. 202-228, hier: S. 210. Die Vereinten Nationen unterstützten das Vorhaben im »Development Information Network«.

140 Vgl. Associated Press. 75th Annual Volume. New York 1975, S. 3-5; 77th Annual Volume, New York 1977, S. 8 f. 78th Annual Volume, New York 1978, S. 8-10. AP Corporate Archives, New York City; Mohammed Musa: News Agencies, Transnationalization and the New Order, in: Media, Culture & Society 12,3 (1990), S. 325-342. Zur Debatte vgl. allg. Michael Homberg: Von Sendern und Empfängern. Der Nord-Süd-Dialog und die Debatte um eine Neue Weltinformations- und Kommunikationsordnung, in: Jürgen Dinkel/Steffen Fiebrig/Frank Reichherzer (Hrsg.): Nord | Süd. Perspektiven auf eine globale Konstellation, Berlin/Boston 2020, S. 263-298, hier: S. 293-297; Jürgen Dinkel: Dekolonisierung und Weltnachrichtenordnung. Der Nachrichtenpool bündnisfreier Staaten (1976-1992), in: Frank Bösch/Peter Hoeres (Hrsg.): Außenpolitik im Medienzeitalter. Vom späten 19. Jahrhundert bis zur Gegenwart, Göttingen 2013, S. 211-231; Brendebach: New International Communication Order.

dem Modell einer horizontalen Süd-Süd-Kommunikation verschrieb und sich als »Informationsbrücke« zwischen Nord und Süd verstand.

Mit der »Massenmedien-Deklaration« des Jahres 1978 und dem Bericht der »MacBride-Kommission« 1980 unter Vorsitz des irischen Journalisten, Rechtsanwalts und Politikers Sean MacBride erreichte die Kontroverse um eine »New World Information and Communication Order« (NWICO) zu Beginn der 1980er Jahre ihren Höhepunkt.[141] Die Vertreter der MacBride-Kommission traten emphatisch für eine Regulierung des Nachrichtenwesens sowie ein kollektives (Menschen-)»Recht auf Kommunikation« ein.[142] Dagegen erkannten deren Kritiker in den Vorstößen der Kommission nichts als die Versuche einer dirigistischen (Zensur-)Politik und das Werk sozialistischer Propaganda. Jede Regulierung des »Informationsflusses« erschien ihnen als Weg in die Sackgasse eines neuen Nationalismus, der sich unter dem Vorwand, die eigene nationale »kulturelle Identität« zu wahren, der Globalisierung verschließe. Die USA vertraten hier eine (neo-)liberale Position, die die Rede von der »Informationsfreiheit« dazu nutzte, nationale (Konzern-)Interessen zu schützen. Vertreter der großen – vor allem europäischen und US-amerikanischen – Nachrichtenagenturen sowie amerikanischer Global Player wie American Express, IBM und AT&T beteiligten sich an der Debatte und kritisierten die Versuche der Regulierung und die Klage gegen Monopole.[143] Trotz der eingangs positiven Rezeption der »Weltinformationsordnung« drängte so gerade die US-Kritik in der Folge die Idee entschieden zurück.[144]

141 Vgl. UNESCO: Historical Background of the Mass Media Declaration, Paris 1980; UNESCO: Many Voices, One World, Paris 1980. Zur Global Media-Debatte vgl. Brendebach: New International Communication Order, S. 171-173.

142 Dies hatte Jean d'Arcy, der Direktor der United Nations Radio and Visual Services Division bereits ausgangs der 1960er Jahre vorgeschlagen. Vgl. Jean d'Arcy: Direct Broadcast Satellites and the Right to Communicate, in: European Broadcasting Union Review 118 (1969), S. 14-18, sowie ders.: The Right to Communicate, Paris 1978, und ders.: An Ascending Progression, in: Desmond Fisher/L. S. Harms (Hrsg.): The Right to Communicate. A New Human Right, Dublin 1983, S. XXI–XXVI.

143 Zur »Diskursmacht« einzelner Konzerne wie IBM, American Express oder auch ITTC vgl. The New Information Age. Emerging Legal and Policy Issues, Washington D. C. 1982. Gerald Long, der geschäftsführende Direktor bei Reuters, attackierte die Idee einer neuen »Weltinformations- und Kommunikationsordnung« am Rande eines Kongresses im International Press Institute. Für Long waren die Ziele der NWICO »verworren« und die Methoden ihrer Apologeten »zwielichtig«. Michael Palmer: NWICO. Reuters' Gerald Long versus UNESCO's Seán MacBride, in: Frau-Meigs et al. (Hrsg.): NWICO, S. 43-55, hier: S. 47. Die Forderung nach Autonomie erschien in Longs Augen als Ausdruck autokratischer Machtansprüche. Vgl. G. Long an H. E. Baron Rüdiger von Wechmar, New York, 3. 11. 1980, Box LN852, 1/990405; G. Long an L. J. Theberge, Chicago, 31. 10. 1980, Box LN851, 1/990404, Gerald Long Papers, Reuters Corporate Archives (RCA), London. Zur Auseinandersetzung um die NWICO vgl. zudem allg. Box LN867-870, RCA.

144 Vgl. George Gerbner: UNESCO in the U. S. Press, in: ders./Hawid Mowlana/Kaarle Nordenstreng (Hrsg.): The Global Media Debate. Its Rise, Fall and Renewal, Norwood, NJ 1993, S. 111-121. Zur Debatte um den »Free Flow« vgl. überdies allg. Jens

Die Idee der Implementierung einer globalen Informationsinfrastruktur war ein politisches Vorhaben – ein Vehikel zur Sicherung (inter-)nationaler Herrschaftsansprüche und zur Durchsetzung politischer Forderungen.[145] Im Zusammenhang des Nord-Süd-Dialogs erwies sie sich zudem als Ausdruck des Versuchs der neuen Nationen des globalen Südens, eine umfassende politische, ökonomische und kulturelle Neuordnung der internationalen Beziehungen in den 1970er Jahren zu erwirken.[146] Während die Satelliten- und Computertechnik den Advokaten der neuen Ordnung als »technologies of freedom« erschienen, sahen ihre Gegner in ihnen eine westliche »Einbahnstraße«.[147] Der Medientheoretiker Thomas McPhail, ein Schüler McLuhans, prognostizierte in diesem Sinne zu Beginn der 1980er Jahre das Anbrechen einer Ära des neuen – elektronischen – Kolonialismus, der die militärische und ökonomische Durchdringung des globalen Südens ablösen und zur zentralen Ausprägung des *informal empire* im digitalen Zeitalter avancieren werde. Dieser Kolonialismus basiere auf der Zirkulation von Mensch und Mikrochip, von Experten, Ingenieuren und Technikern, von Hard- und Software und einem Wissen in Form von »Informationsprotokollen« »that vicariously establish a set of foreign norms, values, and expectations which [...] may alter the domestic cultures and socialization processes«.[148]

McPhail war mit seiner Kritik des westlichen Kulturimperialismus keineswegs alleine. Bereits 1975 hatte der US-amerikanische Soziologe Herbert I. Schiller die kulturelle Dominanz der Vereinigten Staaten ins Visier genommen. Für Schiller zementierte der unregulierte »Weltmarkt« der neuen (Kultur-)

Ruchatz: Kanalisierung des freien Informationsflusses. Semantiken transnationaler Kommunikation, in: Irmela Schneider/Christina Bartz/Isabell Otto (Hrsg.): Medienkultur der 70er Jahre, Wiesbaden 2004, S. 99-124, hier: S. 120. Als die USA, Großbritannien und Singapur 1984/85 im Zuge der Kontroverse aus der UNESCO austraten, verloren die Forderungen an Boden. Die 25. Generalkonferenz der UNESCO erklärte ausgangs des Jahrzehnts, zur ursprünglichen Konzeption des »Free Flow« zurückzukehren.

145 Da war es Wasser auf die Mühlen der Kritiker, dass einzelne repressive Regime – unter Mubarak in Ägypten, Hussein im Irak oder Mugabe in Zimbabwe – die Errichtung einer neuen Ordnung dazu instrumentalisierten, die Standards der Meinungs- und Pressefreiheit, wie sie in Europa oder den USA bestanden, zu umgehen. Vgl. dazu Paul Roth: Cuius regio, eius informatio. Moskaus Modell für die Weltinformationsordnung, Köln 1984; zur Einordnung der Debatte vgl. überdies allg. Norman Weiß: Neue Weltinformationsordnung reloaded? Eine globale Informationsordnung als Herausforderung für das Völkerrecht, in: Isabella Löhr/Andrea Rehling (Hrsg.): Global Commons im 20. Jahrhundert. Entwürfe für eine globale Welt, München 2014, S. 167-198, hier S. 187-190.

146 Vgl. dazu Breda Pavlic/Cees Hamelink: The New International Economic Order. Links between Economics and Communications, Paris 1985; Anthony Smith: The Geopolitics of Information, London/Boston 1980.

147 Vgl. Leonard Sussman: Power, the Press and the Technology of Freedom, New York 1989; Mankekar: One-Way, S. 8; Dileep Padgaonkar: New Information Order. No End to Western Dominance, in: Times of India, 22.4.1978, S. 8.

148 Thomas L. McPhail: Electronic Colonialism, Beverly Hills 1981/1987, S. 20.

Technologien die »Unterentwicklung« der »Dritten Welt« und der niederländische Kommunikationswissenschaftler Cees Hamelink sekundierte, die viel zitierte »kulturelle Synchronisation« im »globalen Dorf« erweise sich als asymmetrisch und unidirektional.

Die Medienkritiker um Hamelink, Schiller und McPhail einte indes ein ideologisch verengter Blick auf die Rolle der westlichen Medien und ihrer Kulturindustrie.[149] So rückten vor allem die ideologischen Apparate, Foren und Konzerne »des« Westens – darunter Nachrichten- und Werbeagenturen, Verlagshäuser und Reisebüros, aber auch Hochschulen, Banken und Elektronikkonzerne – in den Fokus der Debatte.[150] Eine besondere Bedeutung kam der Datenbankarchitektur staatlicher und kommerzieller Anwendungen als Wissensreservoir und Kontrollinstanz des digitalen Zeitalters zu. In der Vereinbarung eines uneingeschränkten und autonomen Zugangs aller Länder zu Datenbanken und Rechenzentren beweise sich der Anspruch einer gerechteren Verteilung der digitalen Ressourcen.[151]

Im Geiste einer »New Informatics Order« kritisierte auch der chilenische Soziologe und Ökonom Juan F. Rada, später in leitender Position bei den

---

149 Herbert I. Schiller: Genesis of the Free Flow of Information Principles, in: Instant Research on Peace and Violence 5,2 (1975), S. 75-86; ders.: Communication and Cultural Domination, New York 1976; Dieter Glatzer: Was ist elektronischer Imperialismus?, in: Theorie und Praxis. Beilage der Neuen Deutschen Presse 8 (1976), S. 1-8; Cees J. Hamelink: Cultural Autonomy in Global Communications, New York/London 1983, S. 5. Schon um die Mitte der 1970er Jahre war im sozialistischen Lager von »elektronischem Imperialismus« die Rede. Zur Ideologie des Diskurses vgl. Oliver Boyd-Barrett: Media Imperialism. Towards an International Framework for an Analysis of Media Systems, in: James Curran et al. (Hrsg.): Mass Communication and Society, London 1977, S. 116-135.

150 Vgl. Cees J. Hamelink: The Corporate Village, Rom 1977; Armand Mattelart: Multinational Corporations and the Control of Culture. The Ideological Apparatuses of Imperialism, Brighton/Atlantic Highlands, NJ 1979; Noreene Janus: Werbung, Massenmedien und die Formierung einer Dritte-Welt-Kultur, in: Steinweg/Becker (Hrsg.): Medienmacht, S. 166-185, sowie Stuart Hall: The West and the Rest. Discourse and Power, in: ders./Bram Gieben: Formations of Modernity, Cambridge 1992, S. 275-330. Zur Debatte um einen Medien- und Kulturimperialismus vgl. Annabelle Sreberny-Mohammadi: The Many Cultural Faces of Imperialism, in: Peter Golding/Phil Harris (Hrsg.): Beyond Cultural Imperialism. Globalization, Communication and the New International Order, London 1997, S. 49-68.

151 Zur Kritik an den »New Dark Ages« des »Informationszeitalters« vgl. Edward M. Roche: Communications. Missing Element in the New World Information Order, in: Journal of International Affairs 35,2 (1981/82), S. 272-277; Jörg Becker/Susanne Bickel: Datenbanken und Macht. Konfliktfelder und Handlungsräume, Opladen 1992. Hier wies die Kritik des »elektronischen Kolonialismus« in den 1970er und 1980er Jahren der gegenwärtigen Diskussion um die Auswirkungen einer »Global Algorithmic Governance« den Weg. Vgl. dazu Danny Butt: New International Information Order (NIIO) Revisited. Global Algorithmic Governance and Neocolonialism, in: Fibreculture Journal. FCJ-198, Nr. 27. URL: http://twentyseven.fibreculturejournal.org [abgerufen am 15.8.2022].

amerikanischen Computer- und Datenbankkonzernen DEC und Oracle, 1980 die »digitalen Gräben«. Der Glaube an einen technologisch vorgezeichneten Weg aus der Nord-Süd-Divergenz sei ein modernistisches Missverständnis, das die politisch-ökonomischen Gründe des globalen Ungleichgewichts außer Acht lasse.[152]

Das von Rada skizzierte Missverhältnis zwischen Nord und Süd bezog sich denn auch sowohl auf die Verteilung der wissenschaftlichen und technologischen Kapazitäten (nur 3% der globalen Ausgaben für die akademische Forschung wurden von den Staaten des Südens bestritten) als auch auf die Industriekapazitäten und die IT-Infrastrukturen. Nach einer Schätzung der Diebold-Gruppe lag der Anteil der USA, Japans und Westeuropas am weltweiten Bestand der Datenverarbeitungsgeräte 1978 bei 83%. Auch die »Lücke« im Bereich der Fernmelde- und Netzwerktechnik war erheblich. Trotz der Anstrengungen zur Industrialisierung der »Dritten Welt« nach dem Plan von Lima (1975) waren die »Segnungen der neuen Technologien« im globalen Süden daher, wie Rada konstatierte, »nur auf dem Papier vorhanden«. Hinzu komme, dass mit der Auslagerung der Chipproduktion in die »Dritte Welt«[153] ein neues Regime globaler Arbeitsteilung entstanden sei, das die bestehenden Abhängigkeiten zwischen Nord und Süd nur noch verstärke. Kurzum: Die Monopole des Nordens im Bereich der Mikroelektronik und Netzwerktechnik zeitigten eine neuerliche Spaltung – einen »digital divide« – »zwischen Armen und Reichen«.[154]

In der langen und wechselvollen Kontroverse um eine »Neue Weltinformations- und Kommunikationsordnung« spiegelten sich die Asymmetrien der internationalen Ordnung nach 1945 eindrücklich wider. Zum einen war die Debatte um den »elektronischen Kolonialismus« Ausdruck eines sich zuspit-

---

152 Vgl. Juan F. Rada: The Impact of Microelectronics, Genf 1980; ders.: Aussichten.
153 In der Speicher- und Mikrochip-Produktion avancierte Asien, und hier Indien – vor allem aber die Tigerstaaten, Taiwan, Südkorea und Singapur – sowie Japan, in den 1980er und 1990er Jahren zu einem wichtigen Handelszentrum. Zur Bedeutung der Mikroelektronik in den Tigerstaaten vgl. Cortada: Digital Flood, S. 375-442; Ashoka Mody: Institutions and Dynamic Comparative Advantage. The Electronics Industry in South Korea and Taiwan, in: Cambridge Journal of Economics 14,3 (1990), S. 291-314; Jason Dedrick/Kenneth L. Kraemer: Asia's Computer Challenge. Threat or Opportunity for the United States and the World?, New York 1998; Kai-Sun Kwong et al. (Hrsg.): Industrial Development in Singapore, Taiwan and South Korea, Singapur 2001; Min-Hua Chiang: Post-Industrial Development in East Asia. Taiwan and South Korea in Comparison, Singapur 2018; John West: Asian Century ... on a Knife-edge, Singapur 2018, S. 17-55; Veerayooth Kanchoochat: Tigers at Critical Junctures, in: dies./Yusuke Takagi/Tetsushi Sonobe (Hrsg.): Developmental State Building. The Politics of Emerging Economies, Singapur 2019, S. 47-68.
154 Rada: Aussichten, S. 253-255. Zu Theorie und Geschichte des »digital divide« vgl. überdies: J.M. Spectar: Bridging the Global Digital Divide: Frameworks for Access and the World Wireless Web, in: North Carolina Journal of International Law and Commercial Regulation 26,1 (2000), S. 57-103. Zur Geschichte analoger und digitaler Kommunikationsexperimente in Indien vgl. überdies in extenso: Homberg: Sender und Empfänger, S. 277-290.

zenden Nord-Süd-Gegensatzes, der erkennbar im Zeichen postkolonialer Auseinandersetzungen und der neu gewonnenen Autonomie der Staaten in Asien, Lateinamerika und Afrika stand. Zum anderen reflektierte die Auseinandersetzung um die neue Ordnung die ideologischen Gräben des Kalten Krieges, in dem die Konkurrenz um den Äther die Wahrnehmung der Medien diktierte. So rangen beide Lager um die Gunst der »Dritten Welt«. Dabei standen sich die Advokaten eines globalen »Kulturtransfers« und die Hüter nationaler »kultureller Identität« unversöhnlich gegenüber. Der Süden war hier von Beginn an mehr als nur Publikum der Medienkonkurrenz und Spielball technokratischer Pläne und (macht-)politischer Interessen; vielmehr verfolgten die verschiedenen Staaten auch hier rasch eigene politische Agenden.[155] Die Debatte um eine »Weltinformationsordnung« bezeugte die Dynamiken der Auseinandersetzung um die Rolle kultureller Hegemonie und Autonomie im Zeitalter der Globalisierung. Dabei war diese Auseinandersetzung keineswegs nur ein Diskursphänomen. Sie prägte vielmehr zugleich in entscheidender Weise die Praxis entwicklungspolitischer Konzepte und Vorhaben.

Um – analog zur Analyse der diskursiven Dynamiken – auch die vielgestaltige Praxis entwicklungspolitischer Experimente im Bereich der Computer- und Nachrichtentechnik nachzuzeichnen, soll im Folgenden ein kurzer, chronologischer Abriss solcher Experimente in Indien gegeben werden, der nochmals den Bogen von der Gründung der Republik bis in die späten 1970er Jahre spannen wird. In Indien kreiste die Diskussion ab 1947 dabei um den Einsatz der Medien als Vehikel der Nationsbildung und Demokratisierung des Landes. Neben der Stärkung der Presse und der Bildung von Nachrichtenagenturen kam der Implementierung des Radios und des (Bildungs-)Fernsehens eine zentrale Bedeutung zu. An Dynamik gewann die Debatte im Zuge internationaler Programme zur Entwicklungskommunikation, die auch und gerade von den Vereinten Nationen vorangetrieben wurden und zu deren Kernziel die Beseitigung der technologischen Ungleichgewichte avancierte.

Zur Mitte der 1950er Jahre hatte die UNESCO ein erstes Vorhaben zur Verbreitung des Radios in der Bombay-Pune-Region angestoßen und in 150 Siedlungen Diskussionsgruppen – so genannte »Radio Farm Forums« – eingerichtet, um im Anschluss an das gemeinsame Hören der Übertragung über die Sorgen und Nöte der Menschen und die Perspektiven zur Entwicklung des Landes zu sprechen. Von ersten positiven Rückmeldungen bestärkt, baute die Pariser Behörde die Förderung im Zuge der ersten Entwicklungsdekade aus. Bis Juni 1963 entstanden 10.000 solcher »Community Forums«. Das ursprüngliche Ziel einer Anbindung aller über 550.000 indischen Kommunen blieb indes in weiter Ferne.[156]

155 Vgl. Robin Mansell: ICTs, Discourse and Knowledge Societies: Implications for Policy and Practice, in: Frau-Meigs et al. (Hrsg.): NWICO, S. 125-139, hier: S. 125 f.
156 Vgl. Jagdish Chandra Mathur/Paul Neurath: An Indian Experiment in Farm Radio Forums, Paris 1959, S. 101-105; UNESCO: Radio Broadcasting Serves Rural Development, Paris 1965, S. 8-10; Wilbur Schramm: Mass Media and National Develop-

AUTONOMIE

Ausgangs der 1950er Jahre hatte die UNESCO neben diesen Radio-Förderprogrammen auch einzelne Experimente im Bereich des Satelliten-Fernsehens begonnen. Dazu engagierten sich überdies sowohl die USA als auch Großbritannien und die Bundesrepublik im Rahmen bilateraler Abkommen. Der Dokumentarregisseur Carsten Diercks begleitete als Experte der Bundesrepublik den Aufbau des ersten Fernsehstudios in Delhi.[157] Ab 1965 startete hier das erste tägliche Fernsehprogramm.[158]

Über Funk und Fernsehen wurden in der Folge erstmals urbane und ländliche Regionen verbunden, doch konnte von einer TV-Explosion, wie sie eingangs der 1970er Jahre in der *Times of India* beschrieben wurde,[159] noch kaum die Rede sein. Das Fernsehen blieb vielmehr lange ein Privileg der urbanen Mittel- und Oberschichten. Zugleich bewies sich einmal mehr die Stärke des staatlichen Informationsmonopols; nur ganz allmählich etablierte sich in Indien eine Konkurrenz kommerzieller Anbieter. Abseits der Megacities brachten so kleinere Kinomobile Bildungs- und Unterhaltungsprogramme an ein gemischtes Publikum aus Bauern, Handwerkern, landlosen Arbeitern, Jugendlichen und Kindern. Ab 1960 lancierten All India Radio und die Ford Foundation ein gemeinsames Vorhaben, das Fernsehen in der Region Delhi in die Klassenräume zu bringen.[160] Der »Schulfunk« diente hier vor allem der Unter-

ment, Stanford/Paris 1964, S. 153 f. Zur Persistenz des Entwicklungsdiskurses vgl. Shanti Kumar: Gandhi Meets Primetime. Globalization and Nationalism in Indian Television, Urbana/Chicago 2006, S. 93-118.

157 Zu den ersten Plänen vgl. Mass Communications. Technical Needs Commission, 307 A20/02, UNESCO Archives. Zum Wirken von Carsten Diercks vgl. NDR-Archiv. Biographie Carsten Diercks, S. 1-2. Zur Förderung der neuen Medien vgl. zudem Günther Diehl: Die indischen Jahre. Erfahrungen eines deutschen Botschafters, Frankfurt a. M. 1991, S. 280-282, sowie allg. Britta Ohm: Ist dies eine Invasion? Transnationale Sender und nationales Fernsehen in Indien, Hamburg 2001.

158 Vgl. Singhal/Rogers: India's Information Revolution, S. 62; TV-Studio, 1965, Ministry of Information and Broadcasting, 6/21/65-TV: Federation of Republic of Germany Supply of Equipment as a Gift for TV Studio in New Delhi, Vol. I-II; Agreement, Cooperation in the Field of Information Media, 14.12.1966, Ministry of Finance, 19/15/65-IA: Donation of a Complete Set of Television Studio to the Gov. of India by the Gov. of the FRG, NAI; Indien. Errichtung eines Fernsehsatellitensystems, 1968-1970, B 196/14823, BAK.

159 Television. The Impending Explosion, in: Times of India, 23.7.1972, S. A1; vgl. überdies allg. B. D. Dhawan: Development of Television in India. Retrospect and Prospect. Paper presented at the Round Table Discussion on Indian Television, New Delhi, 12.4.1973, S. 1, LTC Files, Land Tenure Center Library, University of Wisconsin, USA.

160 Vgl. Singhal/Rogers: India's Information Revolution, S. 60-65; Narenda Kumar/Jai Chandiram: Educational Television in India, Neu Delhi 1967, S. 9-13. Am 15. September 1959 begann der All India Radio Experimental Television Service; bereits im Januar 1960 besuchte eine erste Expertengruppe der Ford Foundation die Studios in New Delhi. Zur Rolle der Ford Foundation im Rahmen der Fernsehexperimente vgl. überdies allg. Paul Neurath: The Delhi School Television Project, 1962, Report No. 8315, FA793C, Box 353; TV goes to School in Delhi, 8.5.1962, Report No. 1820, FA739A, Box 70; School Television in Delhi, 1968, Report No. 4532, FA739A,

stützung der Elementarbildung in den Schulen. So versprachen die neuen Technologien, auf dem Land – fernab der elitären Zirkel an den IITs – die Masse der Kinder in Hindi- und Urdu-Fassung zu unterrichten.

Als Bildungswerkzeug war das Fernsehen zur Lösung drängender Probleme – allen voran der »Hungerkrise« und der Bevölkerungsexplosion, aber auch vielschichtiger sozialer Probleme – vorgesehen. Ab 1967 testete die indische Regierung so in den Vororten Delhis ein TV-Programm *Krishi Darshan* (The Farmer's Program), das die Modernisierung der Landwirtschaft, insbesondere in ländlichen Regionen, vorantreiben sollte.[161] Noch zu Beginn der 1970er Jahre war die Mehrzahl der Kommunen nicht an das Netz der neuen Medien angeschlossen.

Mit dem »Satellite Instructional Television Experiment« (SITE) startete 1975 der Versuch, diese gravierenden regionalen Unterschiede auszugleichen und das Fernsehprogramm der Metropolen in die ländlichen Distrikte zu bringen. Die indische Regierung und die NASA hatten dazu ab der Mitte der 1960er Jahre erste Vereinbarungen geschlossen.[162] Dabei hatten Technologiepolitiker wie Homi J. Bhabha und Vikram Sarabhai die Förderung der Weltraum- und Satellitentechnik unter dem Eindruck des indisch-chinesischen Grenzkriegs 1962 und der chinesischen Atombombentests 1964/65 zu einer Frage der nationalen Sicherheit deklariert; ausgangs der 1960er Jahre begann so auch die Indian Space Research Organization (ISRO) ihre Arbeit.[163] Während die NASA den Fernsehsatelliten stellte und Experten nach Indien sandte, kam die digitale Hardware der Bodenstationen und der TV-Sets vom heimischen Elektronikkonzern ECIL.[164] So war die Kooperation aus indischer Perspektive auch ein Förderprogramm für die lokale Industrie.

Für die USA besaß die Förderung der Kommunikationsnetze in Indien – in der Konkurrenz des Kalten Krieges – eine elementare geostrategische Bedeutung.[165] Kommunikationssatelliten wie Telstar waren globale »Botschafter« und, wie Arthur C. Clarke betonte, Werkzeuge in der Auseinandersetzung

Box 203; Some Suggestions for Moving Forward with Programming for Satellite TV, 1970, Report No. 3728, FA739B, Box 168, RAC.
161 Vgl. Romesh Chander/Kiran Karnik: Planning for Satellite Broadcasting, Paris 1976, S. 8; Coomi Kapadia: Radio and Television in India, Master's Thesis, Boston Univ. 1970, S. 40-43; Bella Mody: Contextual Analysis of the Adoption of a Communications Technology, in: Telematics and Informatics 4,2 (1987), S. 151-158.
162 Vgl. Memorandum of Understanding, DAE, India, and NASA, 1965; 1969, Folder India – SITE (1/2), Record No. 14641, NASA History Office (NASA HQ), Historical Collection, Washington D. C.
163 Vgl. Vikram Sarabhai (Atomic Energy Commission): Television for Development, New Delhi 1969; Atomic Energy Commission (Hrsg.): Atomic Energy, S. 27-40; vgl. dazu kritisch Parthasarathi: Technology, S. 140-142.
164 Vgl. Annual Report, Department of Electronics, 1975-76, New Delhi 1976, S. 13 f.
165 Vgl. Hugh R. Slotten: Satellite Communications, Globalization and the Cold War, in: Technology and Culture 43,2 (2002), S. 315-350; International Activity Files Relating to the History of the Indian SITE Program, 1967-1977, RG 255, Entry No. UD-13W 59, Box 1-2, NARA.

Abb. 11 (links): Das Publikum des Satellite Instructional Television Experiments (ca. 1975). Quelle: ISRO Archives.

Abb. 12 (unten): Ahmedabad TV Studio (1975). Quelle: NASA HQ Archives.

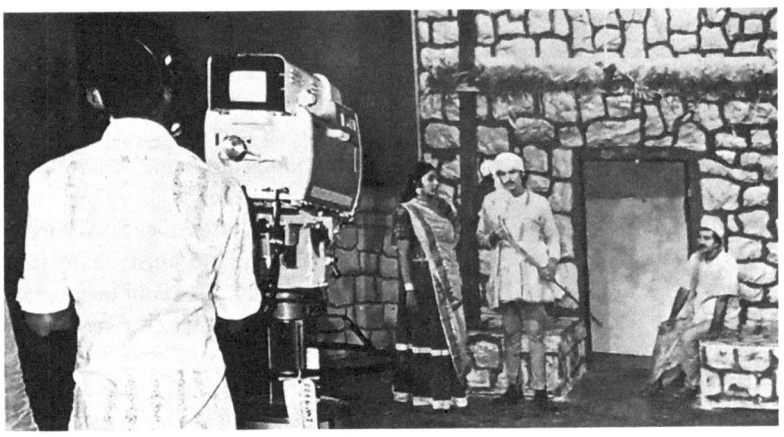

between the Western World and the USSR for the uncommitted millions of Asia [...] It may well determine whether Russian or English is the main language of the future. The TV satellite is mightier than the ICBM [intercontinental ballistic missile].[166]

Doch schien, da auch die UdSSR in den 1960er Jahren um eine Kooperation zu Indien warb, Eile geboten. 1975 gelang Moskau der Launch eines indischen Wettersatelliten. Angesichts dieser Konkurrenz war der Modellversuch, wie Arnold W. Frutkin, leitender Angestellter und späterer Direktor des Büros für Internationale Angelegenheiten der NASA, bemerkte, ein ideales Vehikel der Eindämmungspolitik. Freilich wohnte dem Ansatz, ein landesweites Satelliten-

---

166 Arthur C. Clarke: The Next Ten Years in Space, 1959-1969, Staff Report of the Select Committee on Astronautics and Space Exploration, United States Congress, Washington D.C. 1959, S. 32; India – Space, Record No. 14638; India-U.S. Relations, Record No. 14639, NASA HQ.

netz über Indien zu spannen, darüber hinaus aber auch eine entwicklungspolitische Agenda inne: »the great social problems confronting the government of India, including population control and agricultural productivity, can be attacked only through education and communication directed to education.«[167]

Im Modernisierungsdiskurs dieser Jahre klang die Asymmetrie der Entwicklungskooperation an. Für Wernher von Braun, den vormaligen Direktor des Planungsbüros der NASA und Technischen Leiter von Fairchild Industries, schien die Verbreitung der neuen Kommunikationstechnologien das Vehikel einer neuerlichen Zivilisierungsmission. In neokolonialem Duktus propagierte Braun, das Fernsehen bringe »Erleuchtung« in die »dunklen Winkel« der Erde.[168] Sachlicher, aber kaum weniger euphorisch konstatierte die UN derweil: »SITE can be considered as a pace-setter and fore-runner of satellite television systems [...] for development. It is an example of technological and psychological emancipation of the developing world.«[169] In den Augen vieler Kommentatoren versprühte der Ansatz »to decentralize communication [...] a new atmosphere of hope [...] that even now action is infectious.«[170]

Während seines knapp zwölfmonatigen Bestehens erreichte SITE rund 2,8 Millionen Menschen in über 2.330 Dörfern; die lokalen Fernsehanstalten produzierten circa 1.350 Stunden, teils in fünf Sprachen, ein Viertel davon sowohl in Hindi als auch in Englisch. Das Gros der TV-Apparate stand in Schulen, wo allmorgendlich ein 22 ½-minütiges Bildungsprogramm ausge-

167 Arnold W. Frutkin: Direct/Community Broadcast Projects Using Space Satellites, in: Journal of Space Law 3,1 (1975), S. 17-24, hier: S. 18. Die Experimente seien »one of those widely-sought but rarely-grasped opportunities to use modern technology in a developing country so as to leapfrog historical development stages.« Arnold W. Frutkin: The India-U.S. Satellite Broadcasting Experiment, 1970, Folder India – SITE (1/2), Record No. 14641, NASA HQ.
168 Wernher von Braun: Lighting Up Earth's Dark Corners With – TV From The Sky, in: Popular Science 206,3 (1975), S. 70-73, 144 f.
169 Practical Applications of Space Technology. SITE Winter School, India, 1976, PO 352 (14), S-0442-0414-02, UNA; United Nations, General Assembly, Doc. No. A/AC.105/177: Committee on the Peaceful Uses of Outer Space. Report on the SITE Winter School, 2.12.1976, S. 13, UN Library, New York City; Satellite Instructional Television Experiment. SITE Winter School, 16.1.-28.1.1976, Ahmedabad 1977, S. 3.
170 Yash Pal et al.: Some Experiences in Preparing for a Satellite Television Experiment for Rural India, in: Proceedings of the Royal Society of London – Mathematical and Physical Sciences 345,1643 (1975), S. 437-447, hier: S. 445 f. Vgl. The Magic Box?, in: Times of India, 21.9.1975, S. 8. Diese Einschätzungen bezeugen die Persistenz modernisierungstheoretischer Ideen. Schon 1958 hatte der Soziologe und Propaganda-Forscher Daniel Lerner eine statistische Korrelation zwischen der Mediendichte, d. h. der Zahl der Radiogeräte, Kinositze oder auch Zeitungsexemplare pro tausend Einwohner, und Variablen wie Bildung und Einkommen postuliert; dabei sah Lerner die Medien zugleich als Transmissionsriemen westlicher Vorstellungen: »the pull of the west is mainly exerted through the mass media«. Vgl. Daniel Lerner: The Passing of Traditional Society. Modernizing the Middle East, New York 1958, S. 200.

strahlt wurde. In vier Intervallen produzierte der staatseigene Sender Doordarshan in seinen Studios in Delhi, Cuttack und Hyderabad darüber hinaus tagtäglich ein buntes Programm, das vor allem aus Unterhaltungssendungen bestand. Jeden Abend saßen zu Beginn rund 300 Personen vor den Geräten, davon durchschnittlich 30% Kinder, 50% männliche und 20% weibliche Erwachsene, die meisten davon aus der Landbevölkerung.[171] In den Metropolen war der Andrang sogar so groß, dass ein NASA-Verantwortlicher am 3. August 1975 bereits notierte: »Hyderabad, 5000 viewers – required police crowd control.«[172]

In der Praxis ergaben sich indes zahlreiche Probleme: So waren zu Beginn des Versuchs lediglich 70% der Geräte einsatzbereit, da der Monsun den Expertenteams die Wege zu den Zielregionen verschlossen hatte. Immer wieder brach zudem die Stromversorgung zusammen. Hinzu kamen Beschädigungen am Material wie zum Beispiel den Receivern. Auch gestaltete sich die inhaltliche Konzeption des Programms schwierig: Gegen das erklärte Ziel der Entwicklungsplaner konzipierte das Doordarshan-Team – angesichts des immensen Produktionsdrucks – Fernsehen weniger als Bildungs- denn primär als Unterhaltungsmedium. Als die Oberschicht, die ersatzweise den Gang in die urbanen Kinos antreten konnte, schon bald wieder den Darbietungen fernblieb, verlor sich überdies der zugedachte integrative Charakter der TV-Experimente. Nur unzureichend adressierten die Planer sodann die Landbevölkerung, deren lokal gewachsene, sprachliche und kulturelle Netzwerke die Planspiele durchkreuzten. So konterkarierte beispielsweise das Vertrauen in lokale Würdenträger die avisierte demokratisierende Wirkung der Mission. Und schließlich zeigte sich, dass die Regierung des Notstandsregimes die politische Berichterstattung mehr und mehr zu zensieren begann. All dies lehrte, so die Kritiker, zu bedenken, »that efforts to transform the individual without changing his environment may ultimately boomerang if a wise communication strategy is not evolved. No village is a tabula rasa.«[173]

Die harsche Kritik, die kurz nach dem Ende des Experiments einsetzte und auch die Planer und Modernisierungstheoretiker um den US-amerikanischen Soziologen Wilbur Schramm erreichte, bezeugte nur, wie rasch die Träume einer politischen und kulturellen Erneuerung des Landes in den Himmel

---

171 Vgl. Binod C. Agrawal: Television Comes to Village. An Evaluation of SITE, Bangalore 1978, S. 1-8; Belly Mody: Lessons from the Indian Satellite Experiment, in: Educational Broadcasting International 11,3 (1978), S. 117-120, hier: S. 118f. Ashok Parthasarathi: Selection of Village Clusters for SITE, 18.8.1973, Prime Minister's Office, 17/1433/73-PMS: SITE – Selection of Village Clusters for Satellite Instructional Television Experiment, NAI.

172 Howard L. Galloway: Satellite Instructional Television Experiment (SITE). Reports from the NASA Resident Representative in India, Maryland 1976, S. 2. In der Folge blieben es stets mehr als 100 Personen pro Station.

173 K. E. Eapen: Social Impacts of Television on Indian Villages. Two Case Studies, in: Godwin C. Chu et al. (Hrsg.): Institutional Exploration in Communication Technology, Honolulu 1978, S. 89-108, hier: S. 108.

geschossen waren.[174] Schramm, der ab 1965 Leiter des Indian Institute of Mass Communications in Neu Delhi war, über die Vorzüge kleiner und großer Technologien im Bereich der Bildung – von Radios, Folien und Dia-Filmen bis hin zu Fernsehen und computergestützter Lehre – in Entwicklungsländern publizierte[175] und den SITE-Feldversuch begleitete, kritisierte die relativ geringe soziale und kulturelle Wirkung des Versuchs ebenso radikal wie seine indische Kollegen.[176] Die Planungskommission ging gar so weit, den Modellversuch, der »in an era of optimism about the power of the mass media«[177] begonnen worden war, als »failure [...] as total as it could possibly be« zu bezeichnen.[178] Doch bewiesen abseits dieser Fundamentalkritik einzelne regionale Vorhaben, wie die Implementierung eines partizipatorisch angelegten, lokal produzierten Fernsehprogramms in der Provinz Kheda, in der Folge die Relevanz des Ansatzes und die Chancen eines Empowerments.[179]

174 Noch 1973 hatten Journalisten, Ökonomen und Ingenieure im Rahmen eines Seminars von All India Radio das Fernsehen als Heilsbringer der politischen und sozialen Modernisierung des Landes beschworen: »Television must be used in the development process as an instrument of social change and national cohesion unhesitatingly upholding progressive values and involving the community in a free dialogue. Indian TV has to shun the elitist approach and consumer value system and evolve a true national model.« Mehra Masani: Broadcasting and the People, Neu Delhi 1976, S. 82; vgl. B.S.S. Rao: Television for Rural Revelopment, Neu Delhi 1992, S. 61-93.
175 Den Technikoptimismus der 1960er Jahre bezeugen: Wilbur Schramm/Lyle Nelson: Communication Satellites for Education and Development. The Case of India, Prepared for Agency for International Development, Washington D.C. 1968, S. 15-18; Wilbur Schramm et al. (Hrsg.): The New Media. Memo to Educational Planners, Paris 1967. Zum Einsatz kleiner und großer Technologien in den 1970er Jahren vgl. überdies Wilbur Schramm: Big Media, Little Media, Stanford Univ. 1973; ders.: Big Media, Little Media. Tools and Technologies for Instruction, Beverly Hills/London 1977, S. 15 f. Zu Schramms Ansatz vgl. auch: Small is Beautiful, in: Times of India, 11.6.1978, S. 10.
176 In seinen vertraulichen Korrespondenzen kritisierte Schramm den Feldversuch in Grund und Boden. Vgl. Wilbur Schramm: A Month in India, 3.12.1976, Report No. 13203, FA739A, Box 684, RAC. Zur Kritik vgl. überdies K.E. Eapen: The Cultural Component of SITE, in: Journal of Communication 29,4 (1979), S. 106-113, hier: S. 112.
177 Mody: Lessons, S. 118 f. Arthur C. Clarke, der zum Beraterstab des SITE-Teams gehörte, nannte das Vorhaben »the greatest communications experiment in history«. Vgl. Yash Pal: A Visitor to the Village, in: Bulletin of the Atomic Scientists 33,1 (1977), S. 55; Television Industry. Special Feature, in: Times of India, 29.9.1977, S. 10-12.
178 So Romesh Chander: The SITE Experience, Paris 1983, S. 50, 55-58. Zur Einordnung der Krise des Entwicklungsparadigmas vgl. allg. Colin Sparks: Globalization, Development and Mass Media, London 2007, S. 38-42.
179 Vgl. dazu Binod C. Agrawal (Hrsg.): Communication Research for Development. The ISRO Experience, Ahmedabad 1986; B.S. Bhatia/K.S. Karnik (Hrsg.): The Kheda Communications Project, Ahmedabad 1989, S. 2-5; Thomas: Political Economy, S. 67. Das Vorhaben überdauerte von 1975 bis 1990 – und gewann im Jahr 1985 den IPDC-UNESCO »Prize for Rural Communication«. Zum Jubiläum des

AUTONOMIE

Dazu gingen Teams von Drehbuchautoren und Filmemachern, die am Campus der ISRO und des »Space Applications Centre« in Ahmedabad sowie im »Film and Television Institute of India« in Pune die Anlage und das Drehen von Fernsehproduktionen erlernten, an der Seite von Entwicklungsexperten, Soziologen und Psychologen in die Provinz, um die Bewohner als Laienschauspieler zu rekrutieren und diese die drängendsten sozialen, politischen und ökonomischen Probleme ihrer Gemeinden aus ihrer Perspektive und im Mantel der Fiktion in kurzen Reenactments vor der Kamera nachstellen zu lassen. Einzelne Bewohner drehten auch kurze Lehrvideos, die Fragen der Kultivierung des Landes und des Einsatzes von Technologien, der Gesundheitsversorgung oder der Praxis der Bildung ansprachen.[180] Zu den Programmen von Kheda TV gehörten so sowohl unterhaltende Kinderserien (Nandu Indu) als auch solche, die in erzieherischer Weise die Diskriminierungen des Kastensystems (Have Na Saheva Paap) und die prekäre Rolle der Frauen (Dahimano Vato; Nari Tu Narayani) in den lokalen Gemeinden – und so ganz allgemein die sozialen Hierarchien und Verletzungen von Menschen- und Bürgerrechten in ländlichen Regionen – in den Fokus der Kritik rückten. Wie Zuschauereinsendungen und Presseartikel zeigen, setzten diese Serien, die ein überaus positives Echo auslösten, auch überregional eine breite Debatte über die Prämissen und Ziele des Wegs der Entwicklung der indischen Nation in Gang.[181]

Wie in Kheda, so waren die Fernsehexperimente in ganz Indien Ausdruck des symbolischen Ringens der Entwicklungsländer um eine »Stimme« im globalen Diskurs. Zugleich aber waren sie auch Sinnbild des Versuchs, den Anspruch der Autonomie im Bereich neuer Technologien ins Werk zu setzen. Eingangs der 1980er Jahre kam Indien diesem Ziel noch näher. Ein indischer Satellit, der INSAT-1A, ging dank Unterstützung der NASA 1982 in Betrieb. Ein Jahr später etablierte sich dann das System einer direkten Satellitenübertragung von Funk und (Farb-)Fernsehen in ganz Indien.[182]

Der Rückstand, den Indien und andere Schwellenländer im Bereich von Forschung und Technologie gegenüber den Industrienationen besaßen, blieb indes auch in der Folge Gegenstand hitziger Auseinandersetzungen. Sowohl im

    Fernseh-Experiments vgl. überdies allg. URL: https://www.isro.gov.in/space-applications-centre-celebrates-ruby-year-of-site [abgerufen am 15. 8. 2022].
180 E. V. Chitnis: Participatory Software, in: Seminar. The Monthly Symposium, Nr. 232 (1978), S. 22-28.
181 Vgl. ebd., S. 25-27; S. R. Joshi/M. Joshi/K. M. Parmar: The Cast – The People. An Experience in Participatory Programming, Ahmedabad 1989, S. 117-147; Dinaz Kalwachwala/Hansa Joshi: Nari Tu Narayani. A Retrospective Look, Ahmedabad 1990, S. 21-33.
182 Vgl. Singhal/Rogers: India's Information Revolution, S. 65 f., und Becker: Massenmedien, S. 88-92. Vgl. INSAT. Brainchild of Indian Scientists, in: Times of India, 10. 4. 1982, S. 15; TV Networking through INSAT, in: Times of India, 20. 10. 1983, S. 8, sowie allg. Annual Report, Department of Electronics, 1983-84, Neu Delhi 1984, S. 37 f.

Bereich der Nachrichten- als auch der Computertechnik erwies sich der »digital divide« hier als erheblich. Dieser spiegelte sich sowohl in der Dominanz einzelner Hersteller im Bereich der Computer-Hardware wider[183] als auch in der Tatsache, dass rund 95 % des in Computer-Datenbanken gespeicherten Wissens in den Händen von circa 10 % der Weltbevölkerung lagen.[184] Die Computerkonzerne des globalen Südens – wie ECIL in Indien – waren dieser Konkurrenz kaum gewachsen. Hier blieb die Akquise spezieller Bauteile, die Ausstattung der Produktionsanlagen, aber auch die Qualifizierung technischen Personals lange ein Kernproblem. Zudem gelang auch der Ausbau nationaler Rechenzentren nur ausgesprochen schleppend.[185]

Vor diesem Hintergrund sahen Parlamente, Medien und akademische Experten bereits ab der Mitte der 1960er Jahre die Aktivitäten multinationaler Konzerne zunehmend kritisch. Insbesondere die Herstellung und der Vertrieb von Miniatur- und Großrechnern von Herstellern wie IBM, Siemens, ICL oder Honeywell-Bull rückten so alsbald in Indien in den Fokus der Kritik – zumal sich viele Konzerne den Vertrieb ihrer in den USA und Europa ausrangierten Technik und die Installations- und Wartungskosten in Indien vergolden ließen.[186] Über Indien hinaus gelangten im Zuge der Debatte um die »Sullivan Principles« ab 1977 Fragen der »Corporate Social Responsibility« und Forderungen nach einem Verhaltenskodex multinationaler Konzerne auf die Agenda verschiedener politischer Akteure.[187] Im Rahmen zivilgesellschaftlicher Kampagnen drangen so auch in Indien Interessengruppen auf eine Regulierung der globalen Ökonomie und ersannen Maßnahmen zur Implementierung, Überwachung und Evaluation unternehmerischen Handelns im globalen Süden. In diesem Klima der neuerlichen Kritik an der ökonomischen, politischen und kulturellen Hegemonie der Industrienationen stieß Gandhis Credo der Autarkie (»self-reliance«) auf offene Türen. Die Stärkung der einheimischen High-Tech-Industrie wurde so zum zentralen Versprechen der langen 1970er Jahre in Indien.

---

183 Allein IBM kontrollierte zur Mitte der 1970er Jahre über 50 % des globalen Marktes im Bereich der Computer-Hardware und exportierte 52,5 % seiner Waren ins Ausland. Bis 1978 zeichnete der Konzern für rund 70 % aller Computer-Installationen verantwortlich und erlöste über die Mietgebühren der Rechner die Hälfte seiner Gewinne. Vgl. Armand Mattelart/Hector Schmucler: Communication and Information Technologies. Freedom of Choice for Latin America?, Norwood, NJ 1985, S. 137-140; Smith: Geopolitics, S. 133.
184 Vgl. Bernasconi: Informatics, S. 118 f.
185 Vgl. Harry D. Huskey: Computer Needs & Computer Problems in Developing Countries, Honolulu 1973, S. 10-13.
186 Vgl. Parthasarathi: Technology, S. 80-85; Ashoke Kumar Bose: Multinational Corporations and the Nations, Kalkutta 1983.
187 Vgl. allg. Radu Mares: The UN Guiding Principles on Business and Human Rights, Leiden/Boston 2012.

5.4 »Buy Indian!«
Nationale Champions und globale Konkurrenzen

Zur Nagelprobe des Autonomieanspruchs avancierte in den 1970er Jahren die Auseinandersetzung um die Rolle multinationaler Konzerne in Indien. Das Electronics Committee unter Homi J. Bhabha hatte bereits zur Mitte der 1960er Jahre die Abhängigkeit der heimischen Industrie von ausländischen Importen im Bereich der Computertechnik – sowohl in puncto Know-How als auch materieller Ressourcen und Hardware – als größtes Manko des Landes in der wachsenden globalen Konkurrenz ausgewiesen: »The major part of the industry has developed under foreign collaboration arrangements, and this is the source of its greatest weakness.«[188] Das Ziel, »to pioneer and develop so that dependence on foreign assistance will have been completely eliminated within ten years«, erwies sich indes als Illusion. Im Gegenteil: Indien war an der Schwelle zu den 1970er Jahren abhängiger denn je von ausländischen – und vor allem US-amerikanischen – Importen. Da nahm es kaum wunder, dass die Kritik der Nehru-Ära ihre Klimax in den Jahren von Indira Gandhi und Morarji Desai erreichte. Gandhi hatte an den IITs die Devise der Dekade ausgegeben: »Innovate, don't imitate«.[189] Nun setzte ihre Regierung alles daran, der Innovation einen Rahmen zu geben und die übermächtige globale Konkurrenz zurückzudrängen, die – wie der Doyen der indischen Planungsdekaden, Berater der Regierung und Sekretär des Departments of Electronics, M. G. K. Menon, geschrieben hatte – Indien als »convenient dumping ground« obsoleter Technologien sah.[190] Die Parole der Advokaten dieses Nationalisierungskurses lautete – zumal angesichts der sich abzeichnenden Spannungen des Kalten Krieges – einmal mehr: »technologische Unabhängigkeit«.[191]

Zum Feindbild der Advokaten des Autonomiekurses avancierte der Computerkonzern IBM. Das »IBM-Empire« umspannte in den 1970er Jahren den Globus und verwirklichte so, was Firmengründer Thomas J. Watson bereits zur Mitte der 1920er Jahre erträumte: »everywhere [...] there will be IBM

---

188 Electronics in India. Report of the Electronics Committee, S. 66.
189 Indira Tells Scientists: Innovate, don't imitate, in: Indian Express, 8. 9. 1972, BIII, B-1-2, Nr. 19, UATUB. Zur Kritik dieser Jahre vgl. allg. The Innovator. A Useful Rare Bird, in: Times of India, 4. 5. 1967, S. 8.
190 IIT Madras, 8th Convocation, 31. 7. 1971, Address by M. G. K. Menon, BIII, B-3-2, Nr. 176, UATUB.
191 Vgl. Sharma: Outsourcer, S. 45-47; S. 72 f. Zur Geschichte des Narrativs von der »technologischen Unabhängigkeit« in den 1970er und beginnenden 1980er Jahren vgl. allg. Nayar: India's Quest for Technological Independence, Vol. I, S. 410-507; Rahman: Philosophy of Science, S. 87-97, und Appendix: GoI: »Technology Policy Statement« (1983), S. 133-143; Claes Brundenius/Bo Göransson: The Quest for Technological Self-Reliance. The Case of Telecommunications in India, Lund 1985; Surendra J. Patel: Technological Self-Reliance in India, Neu Delhi 1993.

machines in use. The sun never sets on IBM.«[192] Der Siegeszug des Konzerns lag auch darin begründet, dass Watson der globalen Konkurrenz in Marketing und Vertrieb rasch voraus war.[193] Um näher an den Kunden zu sein, gründete IBM ausgangs der 1940er Jahre ein globales Netzwerk an Niederlassungen zur Regelung von Produktion, Vertrieb und Services. Die Konzerntochter IBM World Trade Corporation (IBM WTC), die alle Geschäfte außerhalb der USA und Kanada übernahm, steigerte sich in den ersten 25 Jahren ihres Bestehens von rund 6,7 Millionen US-Dollar Gewinn nach Steuern (und circa 20 % des Jahresüberschusses des Konzerns) auf über 1,8 Milliarden US-Dollar und so mehr als 50 % der Gewinne. 1974/75 zählte WTC rund 132.000 Angestellte rund um den Globus.[194]

Dabei erzeugte der »IBM-Way« mit der Attitüde eines »corporate colonialism«[195] bereits in den 1960er Jahren erheblichen Widerstand. Das lag zum einen daran, dass, wie James Cortada bemerkt, IBM binnen weniger Jahre die heimische Konkurrenz trotz aller Versuche der Regierungen, dies zu verhindern, aus dem Weg räumte – »IBM steamrolled across Western Europe. The larger the enterprise, the quicker IBM penetrated it.« – und hier gerade die Dependancen in Asien und Lateinamerika zusehends den Eindruck gewannen, eine »backwater operation micromanaged by North Americans« zu sein.[196] Zum anderen erwiesen sich auch die zentralisierte Konzernstruktur und die Vorstellung einer »US-centric corporate culture« bei der Anpassung des Konzerns an die lokalen Gegebenheiten im Prozess der Globalisierung als Hemmnis.[197]

IBMs Expansionskurs in Asien konzentrierte sich im Bereich der Computertechnik zu Beginn vor allem auf die Konkurrenz zu Japan. Ab den 1950er Jahren war IBM hier vertreten, in den 1960er Jahren kamen Indonesien, Taiwan, Südkorea und Singapur hinzu. In Indien öffnete die World Trade Corporation 1951 in Kalkutta ihre Tore, wo das ISI zu den ersten Kunden einer Tabelliermaschine (URM) zählte. Ab 1953 produzierte IBM Lochkarten in Bombay. Schon ausgangs der 1950er Jahre reiften am Rande eines Gesprächs zwischen

192 V. Gauri Shankar: Taming the Giants. Transnational Corporations, Neu Delhi 1980, S. 123. Vgl. Nancy Foy: The Sun Never Sets on IBM, New York 1975, S. 23.
193 So erinnerte er sich später: »Technology turned out to be less important than sales and distribution methods. Starting with UNIVAC, we consistently outsold people who had better technology because we knew how to put the story before the customers, how to install the machines successfully, and how to hang on to the customers once we had them.« Thomas J. Watson Jr./Peter Petre: Father, Son & Co.: My Life at IBM and Beyond, New York 1990, S. 242.
194 Zur Geschichte der IBM WTC vgl. James W. Cortada: IBM. The Rise and Fall and Reinvention of a Global Icon, Cambridge, Mass./London 2019, S. 283-324, hier: S. 322, sowie anekdotisch: Gordon R. Williamson: Memoirs of My Years with IBM, 1951-1986, [Bloomington, Ind. 2008], S. 369-396, hier: insbes. S. 389-395.
195 Cortada: IBM, S. 235-243, hier: S. 238.
196 Ebd., S. 292, 320.
197 Ebd., S. 318-320, hier: S. 320. Zur Dynamik der globalen Expansion vgl. IBM WTC Annual Reports, IBM Corporate Archives, Somers, NY.

Nehru und Arthur K. Watson, dem Sohn Thomas J. Watsons und Leiter der World Trade Corporation,[198] Pläne, eine Fabrik zur Rechnerproduktion in Indien zu errichten.[199]

Für IBM lohnte die Produktion von Lochkarten und Rechnern auch deshalb, weil ein Import, angesichts der rigiden Devisenregulierung in Indien, schwierig war. Neben dem Vertrieb von Rechnern richtete der Konzern auch Trainings- und Ausbildungszentren in der Nähe seiner Kunden ein, um diese (z. B. die Esso Standard Eastern Limited) im Gebrauch und in der Programmierung der Maschinen zu schulen. Zugleich gründete der Siegeszug des Konzerns auf einem Modell aggressiver Werbung, das Politik und Manager, Verwaltungsangestellte und Forscher gleichermaßen als Kunden adressierte.[200] In der Ära der Systemlösungen, in der Hardware und IT-Dienstleistungen noch eng verbunden waren und so Rechner inklusive aller Programme und Services erworben wurden, nutzte IBM sein Quasi-Monopol überdies in Indien dazu, Maschinen zu vertreiben, die an der Grenze zur Obsoleszenz waren. Dinesh Sharma hat dieses Modell eindrücklich beschrieben:

> The operation ran something like this: old or discarded machines were brought in from the US and other markets; they were stripped to the base; all parts were tested; whatever was unusable was thrown away; whatever was reasonably good and repairable was repaired; and the machine was rebuild from almost the component level.[201]

Diese Maschinen, die das Label »refurbished« oder auch »reassembled« trugen, konnte IBM, das seine Rechner in aller Regel vermietete, von einem Teil der Welt, vor allem aus den Industrienationen, in den anderen, besonders aber die Entwicklungs- und Schwellenländer des globalen Südens bringen.

In Indien hatte IBM lange kaum Konkurrenz. Weder ausländische Bewerber, wie die britische International Computers and Tabulators Limited (ICT – ab 1968: International Computers Limited/ICL), andere (west-)europäische oder gar sowjetische Firmen noch der 1967 gegründete indische Hersteller ECIL spielten eine vergleichbare Rolle. Derweil stattete IBM die Regierung, die staatliche Eisenbahn und alle großen Stahlwerke in Bhilai, Rourkela und

---

198 Arthurs älterer Bruder Thomas J. Watson Jr. hatte von seinem Vater ab 1952 als Präsident und ab 1956 als CEO die Führung über den Mutterkonzern – IBM Inc. – übernommen. Vgl. Cortada: IBM, S. 185-195.
199 To Them August Is Particularly Significant, in: IBM Report, July/August 1972, New Delhi – IBM World Trade Corporation, S. 7; Card Plant Is Back at Bombay, in: IBM Report, September 1971, S. 11. Vgl. dazu auch Sharma: Outsourcer, S. 55 f.
200 Vgl. IBM Language, in: Economic and Political Weekly 12,15 (1977), S. 584 f.
201 Sharma: Revolution, S. 80 f. Vgl. dazu IBM, [Internal], Note, Chairman – Electronics Commission, 16. 6. 1977, S. 1-5, Prime Minister's Office, 17/855/77-PMS: Computer Industry, NAI. Diese Praxis, die gerade unter Automationsgegnern Misstrauen erzeugte, war keineswegs unüblich. Auch Honeywell operierte in Indien in den 1960er Jahren in dieser Weise. Vgl. Foothold for Honeywell, in: Economic and Political Weekly 2,45 (1967), S. 2005 f.

Durgapur, Banken und Versicherungen – kurzum: alle kritischen Infrastrukturen und Gemeinschaftseinrichtungen des Landes – mit eigenen Rechnern aus.

Erste Kritik an der Praxis des Konzerns wurde laut, als der Comptroller and Auditor General (CAG) Indiens im Zuge der Bilanzierung der Indian Railways im April 1968 entdeckte, dass der Betrieb erhebliche Mehrausgaben für die Akquise und Wartung seiner IBM-Rechner einzusetzen hatte. Im Zuge der Evaluierung zeigte sich, dass IBM die Preise für Maschinen und Services stets in US-Dollar abrechnete, auch wenn die Zahlung in Rupien erfolgte und die Produkte bisweilen sogar in Indien gefertigt worden waren. Mit der Abwertung der Rupien um 57,5 % durch Gandhi im Juni 1966 waren die Preise für diese Produkte erheblich nach oben gegangen und erhöhten die Verbindlichkeiten der IBM-Kunden. Gleichzeitig hatte IBM ab 1967 unter dem Vorwand der Abwertung die Preise lokal hergestellter Produkte um besagten Prozentsatz angehoben, obschon diese von den Preisanpassungen ausgenommen sein sollten. Zwar erstattete IBM einen Teil des Geldes, das es bis 1968 eingenommen hatte, provozierte aber mit der Aussage, dass dies lediglich als Zeichen des guten Willens zu werten sei, da die Investitionen des Konzerns in Indien bis dato kaum rentabel gewesen seien.[202]

Dass Kunden bisweilen Tabelliermaschinen und andere Rechenwerkzeuge von IBM erwarben, ohne eine Analyse des realen Bedarfs anzustellen, erzürnte die indischen Kontrollbehörden nur noch mehr. Als IBM im Dezember 1968 eine Lizenz zum Vertrieb der System/360er-Serie in Indien beantragte, stellte das Elektronikkomitee unter Vorsitz Vikram Sarabhais, das von der zuständigen Abteilung im Handels- und Industrieministerium in dieser Frage hinzugezogen worden war, erstmals Bedingungen. Zum einen sollten die Computer, »[which] would have outlived their technological and commercial usefulness«, zum Zeitpunkt der Vermarktung zu einem reduzierten Preis in Indien dargeboten werden, und zum anderen sollte der Erwerb der Hardware von dem vertraglichen Zwang zur Inanspruchnahme der Serviceleistungen des Konzerns geschieden werden. Vielmehr sollte IBM – idealiter durch ein »Joint Venture« – eine indisch-amerikanische Kooperation im Bereich der Softwareentwicklung anbahnen.[203]

Neben der Kritik des indischen Finanzausschusses – des Public Accounts Committee – drohte IBM im Zuge der Automationsdebatte auch durch das vom Arbeitsministerium eingesetzte Committee on Automation weiteres Ungemach. Dieses hatte die Regulierung des Computereinsatzes »on a selective

---

202 Vgl. Lok Sabha, Public Accounts Committee (1975-76). 221st Report: Computerisation in Government Departments, Lok Sabha Secretariat, Neu Delhi 1976, S. 5-8; 18-20.

203 Vgl. Electronics Committee. Note on IBM Proposal, 27.12.1968, S. 1-3, D-2004-01356-2, TIFR Archives. Zu den Unterzeichnern der Note zählten A. S. Rao, der Managing Director von ECIL, R. Narasimhan, eine der zentralen Figuren im Bereich der Computer Sciences am TIFR, und A. Parthasarathi, der Sekretär des Electronics Committee.

basis and [...] [in accordance with] the social good of the country« zum Prinzip erhoben und Kritik an der Obsoleszenz vieler Systeme geäußert.[204] Die Geschäftspraxis der großen multinationalen Konzerne, allen voran IBM und ICL, rückte hier in den Fokus.[205]

An der IBM World Trade Corporation, die unter Watson Jr. zum »Global Icon« in der Computerindustrie avancierte und in den späten 1960er Jahren in den meisten Ländern zwischen 60% und 80% Marktanteil verbuchte,[206] war auch in Indien kein Vorbeikommen. Britische Computerkonzerne waren zwar lange vor IBM in Indien gewesen, doch lediglich ICL konnte sich über die 1960er Jahre hinaus einen kleinen Teil des Marktes sichern.[207]

Der britische Konzern war im »Scramble for India« einen anderen Weg als die amerikanische Konkurrenz gegangen. ICL hatte neben einer hundertprozentigen Tochter – der »ICL (India) Private Limited« –, die in einer Handvoll Niederlassungen quer durch das Land über 60 Mitarbeiter zu Vertriebs- und Marketingzwecken einsetzte, bereits 1963 einen weiteren Ableger in Indien gegründet, an dem der Mutterkonzern nur mehr 60% der Anteile hielt: die »International Computers Indian Manufacturing Company Limited« (ICIM). In Pune produzierte die Firma Peripheriegeräte und Lochkarten, aber auch Prozessoren und Kopierer. Zudem etablierte ICL enge Verbindungen zur größten Firma im Verteidigungssektor, der Bharat Electronics Limited (BEL), Bangalore, mit der es 1968 ein »Joint Venture« einging.[208] BEL vermarktete als staatlicher Subkontraktor Komponenten der ICL-Computer in Indien; auch in der Telekommunikations- und Konsumelektronikindustrie war der Konzern aktiv. Doch verlor die Kooperation unter der Ägide des Verteidigungsministeriums spätestens eingangs der 1970er Jahre wieder an Gewicht, als sich die Gewichte im Ringen um den Kurs der indischen Computerpolitik im neu

204 Report of the Committee on Automation, S. 34; zur Kritik vgl. auch Parthasarathi: Technology, S. 80-85.
205 Vgl. ›IBM or ICL‹ Is Not the Issue, in: Economic and Political Weekly 5,42 (1970), S. 1721; Empire Building in Electronics, in: Economic and Political Weekly 6,19 (1971), S. 953; Inconclusive Tussle, in: Economic and Political Weekly 10,27 (1975), S. 984. Der Appell ging hier in Richtung einer eigenständigen IT-Industrie in Indien.
206 So Cortada: IBM, S. 194-197. Vgl. dazu auch Jeffrey R. Yost: The IBM Century. Creating the IT Revolution, Piscataway, NJ 2011, S. 6-8; Martin Campbell-Kelly/ Daniel D. Garcia-Swartz: From Mainframes to Smartphones. A History of the International Computer Industry, Cambridge, Mass./London 2015, S. 42-54, hier: S. 52f.
207 Die 1907 gegründete British Tabulating Machine Company (BTM) vermarktete Hollerithmaschinen im gesamten britischen Empire; um sich der wachsenden Konkurrenz der IBM zu erwehren, schlossen sich BTM und der Hersteller Powers-Samas ausgangs der 1950er Jahre zur ICT/ICL zusammen. Vgl. Campbell-Kelly: ICL, S. 351-355. Zur Geschichte des Konzerns vgl. zudem Hamish Carmichael (Hrsg.): An ICL Anthology, Vol. I-II, Surbiton 1996; 1998.
208 Vgl. Anderson: Nucleus, S. 411-417; Grieco: Dependency, S. 103-125; Parthasarathi: Technology, S. 64-85; Lok Sabha, Committee on Public Undertakings (1972-73). 25th Report: Bharat Electronics Limited, Lok Sabha Secretariat, Neu Delhi 1973.

eingesetzten »Department of Electronics« zugunsten der Förderung des ECIL-Konzerns verschoben.

Die Auseinandersetzungen um die Rolle globaler Konzerne in Indien vollzogen sich über viele Jahre. Zu Beginn setzte sich IBM durch. Die Weisung der indischen Regierung, der Konzern möge einen Teil des Kapitalbesitzes an den lokalen Aktivitäten des Konzerns in Indien an indische Eigner überschreiben, wurde aus New York kategorisch unter Verweis auf die Bedeutung zentralisierter Strukturen zur Koordination und Kontrolle der in hohem Maße interdependenten, internationalen Aktivitäten abgewiesen. Auch der Vorschlag, die lokale Exportproduktion von Halbleiter- und Peripherietechnik auszubauen, blieb erfolglos.[209] Das Public Accounts Committee bemerkte noch 1973 bitter: »IBM had been imposing its own terms and conditions on the Government and other users.«[210]

Einen Meilenstein in der Auseinandersetzung markierte die Neuregelung des 1947 beschlossenen Gesetzes zur Kontrolle von Devisen (Foreign Exchange Regulation Act, FERA) im Jahr 1973. Darin wurde – vor dem Hintergrund der politischen Emanzipation der Entwicklungsländer in der »Bewegung bündnisfreier Staaten« und der G77 – eine neue Politik der Kapitalbeteiligung beschlossen. Unter dem Eindruck der Ölkrise und des Kalküls, die (Kapital-)Ressourcen des Landes zusammenzuhalten, schrieb FERA vor, dass ausländische Investoren maximal einen Kapitalanteil von 40% an indischen Firmen übernehmen dürften. Gemeinsam mit dem ausgangs der 1960er Jahre verabschiedeten Gesetz gegen Monopole und restriktive Handelsbeschränkungen (Monopolies and Restrictive Trade Practices Act, MRTPA) riss die Regierungsbürokratie die Kontrolle der industriellen Entwicklung des Landes an sich. Das »MRTPA-FERA-Regime« reduzierte die Spielräume multinationaler Konzerne und war so dazu vorgesehen, die heimische Industrie zu stärken. Realiter aber stärkte es vor allem die Rolle staatlicher Planungen, verhinderte Investitionen in den privaten Sektor und erwies sich, wie Dietmar Rothermund argumentiert, grosso modo als »Prokrustesbett für die indische Industrie«.[211] Im Bereich der Computerindustrie lagen die Dinge allerdings etwas komplizierter.

---

209 Vgl. Jack Baranson: Technology Transfer Through the International Firm, in: American Economic Review 60,2 (1970), S. 435-440, hier: S. 439; Grieco: Dependency, S. 25-30.

210 Lok Sabha, Public Accounts Committee (1975-76). 221st Report: Computerisation in Government Departments, Lok Sabha Secretariat, Neu Delhi 1976, S. V [Introduction].

211 Rothermund: Indien, S. 101. Zur Rolle multinationaler Konzerne vgl. S. P. Verma: Political Dimensions of Multinational Corporations in India, Neu Delhi 1983. Zur Agenda der »Indisierung« der Computerpolitik vgl. dagegen apologetisch: K. Ramachandran: Encouraging Progress in Indian Electronics, in: Socialist India, 22.12.1973, S. 27f. In der Handels- und Industriepolitik zeigen sich derweil gravierende Unterschiede innerhalb Asiens. Als Indien zur Mitte der 1970er Jahre den auswärtigen Handel zu restringieren begann, schwenkte Japans Kurs bereits in Richtung Liberalisierung. Dieser Kurswechsel kam hier alsbald auch der Förderung der Computer-

Hier erwies sich der Versuch, die globalen Spieler wie IBM zurückzudrängen, durchaus als Katalysator der Gründung zahlreicher IT-Startups.

Die Politik der Autonomie war ein Beweis gestiegenen Selbstbewusstseins. Mit dem Gesetz wagte die indische Regierung die »Machtprobe«. So wurden Firmen, deren Kapital 200 Millionen Rupien überstieg, in der Folge Lizenzen verweigert, und auch die Auseinandersetzung um den Kapitalanteil multinationaler Konzerne im Land spitzte sich weiter zu. Sowohl IBM als auch ICIM, die indische Tochter der ICL, versuchten daher im Rahmen der ihnen gewährten Übergangsregelungen bis zur Parlamentswahl 1977 nochmals nachdrücklich die Chance zu nutzen, um über Ausnahmen zu verhandeln. Doch hatte der Finanzausschuss des Parlaments da bereits ein deutliches Signal gesetzt; schonungslos prangerte er die Praxis von IBM an:

> There is more than enough evidence that the multinationals in the field of computers and data processing equipment, such as IBM with its near-monopoly position in India, have defrauded the country of enormous revenues by resorting to various unfair practices like transfer pricing under the garb of inter-company billing system, misuse of import entitlements, exaggerated claims of drawback, under-payment of excise duty, exaggerated claims of depreciation, development rebate, head, office expenses etc. All these practices have enabled them to reap high profits at the cost of the exchequer as well as the technological development of the country. [...] The Committee cannot appreciate the rationale behind the decision to allow IBM and ICL an import entitlement to the tune of 85 per cent of the value of their export earnings. [...] Such package deals as have made it possible for IBM to dump in India what was largely junk, that is, machinery and gadgets which had hardly any market elsewhere in the world and yet to earn excessively high profits without making any substantial or significant contribution towards India's attainment of self-reliance in critical areas of computers, must no longer be tolerated in this country.[212]

Von Steuertricks über eine unangemessene Preispolitik bis zur Praxis des »Wiederverkaufs« bereits (ab)genutzter Technik als Neuware reichte die Anklage. IBM blieb nichts als die Zuversicht, dass nach einer Abwahl Gandhis in der Janata-Koalition unter dem neuen Premier Morarji Desai ein Umdenken einsetzen werde. Doch als im Juli 1977 der ehemalige Gewerkschaftsführer

industrie zugute. Vgl. Chalmers Johnson: MITI and the Japanese Miracle. The Growth of Industrial Policy, 1925-1975, Stanford 1982, S. 301-303.

212 Lok Sabha, Public Accounts Committee (1975-76). 221st Report: Computerisation in Government Departments, Lok Sabha Secretariat, Neu Delhi 1976, S. 255, 243 f. und 403 f. In der Lok Sabha kritisierte ein Kongressabgeordneter: »The Fire Stone, the Good Year, IBM and Burmah-Shell are looting the wealth of our country.« Die Anti-IBM-Stimmung mündete letztlich in der Anklage, IBM sei ein Kriegstreiber des Vietnam-Kriegs gewesen. Vgl. Lok Sabha Debates, Vol. 14, No. 40, 9.5.1972, Neu Delhi 1972, Sp. 521-523, hier: Sp. 521.

»BUY INDIAN!«

George Fernandes, der zuvor bereits die Proteste gegen IBM und die »Multis« in der Automationsdebatte angestoßen hatte, unter Desai den Posten des Arbeitsministers antrat, setzte sich der harte Kurs fort. Die nationalistische Herausforderung der Konzerne lautete: »Indianize or Quit India«.[213]

Die populistische Zuspitzung der Auseinandersetzung erklärte sich auch daraus, dass die Verhandler in Neu Delhi im Zuge der Hinwendung des Landes zur UdSSR eingangs der 1970er Jahre neue Handlungsoptionen zu erkennen glaubten. Noch bevor die Kritik an der IBM-Praxis »to ›dump‹ obsolete equipment into the country«[214] ihre Klimax erreichte, hatten mehrere RGW-Länder begonnen, ihre (Handels-)Beziehungen zu Indien auszubauen. Für die UdSSR, aber auch »Satellitenstaaten« wie die Volksrepublik Bulgarien kam dabei dem Handel von Computertechnik und Unterhaltungselektronik in den 1960er und 1970er Jahren eine herausgehobene Bedeutung zu.[215] Nur ein Jahr nach dem indisch-sowjetischen »Freundschaftsvertrag« hatte deshalb auch das Elektronikministerium eine Delegation in die UdSSR entsandt, um die Chancen einer Kooperation im Handel und in der Produktion von Elektronik, und allen voran im Bereich der Computertechnik, zu eruieren. Das Ergebnis war die Gründung einer autonomen Regierungsbehörde – der »Electronic Trade and Technology Development Corporation« – zur Förderung des Elektronikhandels im Jahr 1973. Vorauseilend bekundete das Ministerium seinen Willen, den Handel auch politisch zu unterstützen: »The DoE will see that products which <u>can</u> be imported from Eastern European sources <u>are</u> imported, even if

---

213 Amanda Ciafone: Counter-Cola. A Multinational History of the Global Corporation, Oakland 2019, S. 151; vgl. dazu auch Guha: India, S. 522-525; Sumit Ganguly/Rahul Mukherji: India since 1980, New York 2011, S. 71-77. Zur Abwicklung der Dependancen multinationaler Konzerne in Indien vgl. Finance Bill, in: Lok Sabha, Debates, Vol. 4, No. 30, 15.7.1977, Sp. 257; Absorption of Surplus Staff of IBM by Computer Maintenance Corporation, in: Lok Sabha Debates, 14.12.1977, Vol. 9, No. 21, Sp. 64-65; Reasons for Winding up of Coca Cola and IBM Concerns, in: Lok Sabha Debates, Vol. 10, No. 8, 1.3.1978, Sp. 103f. und Sp. 125-127; Repercussions of Winding of Coca Cola and IBM Concerns on Economic Activity, in: Lok Sabha Debates, Vol. 11, No. 12, 8.3.1978, Sp. 140; Winding up of Business Activities by IBM in India, in: Rajya Sabha, 15.12.1977, Sp. 101f.
214 Manufacture of Computers by Multinational Corporations, Rajya Sabha Starred Question, No. 92, Juni 1977, Note for Supplementaries, IBM, Prime Minister's Office, 17/855/77-PMS: Computer Industry, NAI.
215 Die Wurzeln der Handelskooperationen zwischen Indien und der VR Bulgarien reichen bereits bis in die 1950er Jahre zurück. Ab Mai 1967 regelte ein Technologieabkommen den Austausch beider Länder im Bereich der Elektronik. Neben Traktoren kamen nun auch Maschinen aus dem Feld der Telekommunikations- und Computertechnik nach Indien, derweil Messen in Neu Delhi und Madras bereits zu Showcases sozialistischer Technik avancierten. Über den Verband der Elektronikindustrie »Elektroimpex« und das staatseigene Handelsunternehmen »Kintex« schloss Bulgarien erste Abkommen, um Computer, aber auch Fernseh- und Radiogeräte – in der Konkurrenz zu westlichen Herstellern wie »Telefunken-India« oder »Siemens-India« – abzusetzen. Vgl. Petrov: Rose, S. 670f.

the public sector corporation wishing to make the imports <u>initially</u> indicates a Western source of supply.«²¹⁶ So wuchs der Computerhandel zwischen Indien und dem Ostblock in der Folge – unbesehen der weiter erdrückenden Konkurrenz von Herstellern aus England oder Japan – dank der Förderpolitik, aber auch des geschickten Marketings der RGW-Bewerber durchaus stark an, was der Regierung in Neu Delhi einen wachsenden Verhandlungsspielraum versprach.²¹⁷

Freilich war der neue Regierungskurs weder eine alleinige Reaktion auf die Erfahrungen mit der IBM, noch beschränkte sich seine Wirkung auf das Feld der Computerindustrie. Vielmehr war er Ausdruck des konzertierten Versuchs, die multinationalen Konzerne in die Schranken zu weisen. In der Stärke dieser Konzerne sah Fernandes ein »Entwicklungshemmnis«: So hatte er eingangs der 1970er Jahre am Rande eines Besuchs in einer kleinen Siedlung geklagt, dass es ihm zwar unmöglich gewesen sei, trinkbares Wasser zu erhalten, wohl aber eine gekühlte Coke. »Something is wrong. [...] Thirty years of freedom and planning and we have Coke that has reached the villages, but we do not have drinking water.« Im September 1977 spitzte er die Beobachtung zu: »people need drinking water, not Coca-Cola«.²¹⁸

Im Dezember desselben Jahres berichtete H. M. Patel, Finanzminister und ehemaliger Gouverneur der Reserve Bank of India, dem Parlament, dass sich 13 Konzerne, darunter IBM, Coca-Cola und die Columbia Graphophone Company, entschlossen hätten, angesichts des neuen Devisenkontrollgesetzes bis 1978 das Land zu verlassen.²¹⁹ IBM hatte da bereits begonnen, seinen Rückzug aus dem Land zu planen.²²⁰

---

216 Setting Up of an Electronics Trade and Technology Development Corporation, Note by Ashok Parthasarathi, 12. 2. 1974, S. 1-3, Prime Minister's Office, 17/1533/74-PMS: ETTDC – Electronics Trade & Technology Development Corporation, NAI. Hervorhebung im Original. In der Folge schlug das Elektronikministerium die Akquise sowjetischer Computer (ES R-1030) anstelle weiterer IBM-Rechner, wie an der Roorkee University, auch gegen die Widerstände der Nutzer vor. Vgl. Computer for Roorkee University, 11. 4. 1974, S. 3, Prime Minister's Office, 17/855/74-PMS: Computer Industry, NAI.

217 Vgl. Petrov: Rose, S. 675-687. So kamen in den kommenden Dekaden sowohl PCs und Supercomputer als auch Industrieroboter und CAD-Produktionstechnik nach Indien. Vgl. dazu allg. Petrov: Balkan Cyberia.

218 Backwash: Coke Returns from India Exile. An Interview with George Fernandes, in: Multinational Monitor 16,7/8 1995, S. 32-34, hier: S. 32; The Coca-Cola Viewpoint, in: Illustrated Weekly of India, 25. 9. 1977, S. 26-27. Zu Fernandes' Feldzug gegen IBM und Coca-Cola vgl. Ciafone: Counter-Cola, S. 151-183; Latha Varadarajan: Constructivism, Identity and Neoliberal (In)security, in: Review of International Studies 30,3 (2004), S. 319-341, hier: S. 335 f.

219 Vgl. Winding up of Business in India by Foreign Companies, in: Rajya Sabha Debates, 20. 12. 1977, Sp. 105-107.

220 Vgl. Cortada: Digital Flood, S. 507. India-Status Report [1977], RG5 Business Planning/CMC/Meeting Material/1977-6/21, Box 37, Folder 6, IBM Corporate Archives, Somers, NY. Zur Auseinandersetzung zwischen der IBM WTC und der

»BUY INDIAN!«

Noch auf der Spitze der Eskalation bemühte sich der Finanzminister in der Lok Sabha am 23. Dezember 1977, dem Eindruck vorzubeugen, IBM aus dem Land getrieben zu haben – »IBM were not directed to wind up their activities in the country. The decision to wind up was taken by IBM on their own in pursuance of their global corporate policy.«[221] –, und konstatierte apodiktisch: »There will be no vacuum created by the closure of IBM's activities in the country.«[222] Doch riss – trotz aller Chancen, die der Rückzug IBMs für die Entwicklung einer eigenständigen Computerindustrie und vor allem den Bereich der Programmierung in Indien bedeutete – die Absenz von Know-How und Maschinen des »Global Players« eine massive Lücke.

Als IBM im Juni 1978 das Land verließ, übernahm die 1975 gegründete und 1977 in eine Public Limited Company umgewandelte, staatliche Computer Maintenance Corporation (CMC) den Service der IBM-Installationen an 800 Standorten[223] im Land. Auch viele der ehemaligen Angestellten, die in den Produktionsstätten und Datenzentren in Madras, Bombay, Delhi und Kalkutta arbeiteten, wechselten zu CMC. In der Folge verlagerte der Konzern seine Schwerpunkte von der Produktion und Wartung der Hardware zu anwendungsbasierten Programmen und computerisierten Systemen, die im Verkehrswesen und an der indischen Börse zum Einsatz kamen. In den 1980er

---

Regierung in Neu Delhi vgl. überdies: H.G. Figueroa, IBM WTC, VP Americas/Far East, New York, an PM M. Desai, Neu Delhi, 27.4.1977; IBM under FERA, n.d. [1977]; R.A. Pfeiffer, IBM WTC, VP/CEO Americas/Far East, New York, an PM M. Desai, Neu Delhi, 14.11.1977; PM M. Desai, Neu Delhi, an R.A. Pfeiffer, IBM WTC, New York, 1.12.1977, Prime Minister's Office, 17/855/77-PMS: Computer Industry, NAI.

221 Winding Up of Operations by IBM, in: Lok Sabha Debates, Vol. 19, No. 27, 23.12.1977, Sp. 100f. Dagegen hatte M.G.K. Menon, der Sekretär der 1970 zur Entwicklung des Elektroniksektors gegründeten und im Rang eines Ministeriums dem Staatsminister unterstellten Behörde des »Department of Electronics« unmissverständlich den Kurs an IBM und ICL vorgegeben: »Either they will have to change the company's equity structure to make the foreign equity Essentially below 40 per cent or they will have to [...] wind up their ›soft‹ activities and restrict themselves only to export plus high technology programmes.« Zur Diskussion der Aktivitäten von IBM und ICL in Indien vgl. Lok Sabha, Public Accounts Committee (1975-76). 221st Report: Computerisation in Government Departments, Lok Sabha Secretariat, Neu Delhi 1976, S. 175-255, hier: S. 255. Zur CMC vgl. Subramanian: India and the Computer, S. 208-221.

222 Winding Up of Operations by IBM, in: Lok Sabha Debates, Vol. 19, No. 27, 23.12.1977, Sp. 100f.

223 Vgl. Sen: Digital India, S.70. IBM war nach eigenen Angaben 1977 in über 1.000 Unternehmens- und Regierungseinrichtungen an circa 100 »Standorten« im Land vertreten. Hinzu kamen weitere 300 Kunden an den IBM-Computerzentren des Landes und über 10.000 über die Jahre ausgebildeten EDV-Spezialisten in Indien. Vgl. H.G. Figueroa, IBM WTC, VP Americas/Far East, New York, an PM M. Desai, Neu Delhi, 27.4.1977, Prime Minister's Office, 17/855/77-PMS: Computer Industry, NAI.

und 1990er Jahren übernahm CMC auch in Übersee das Feld der Softwareentwicklung.[224]

Von den 803 Angestellten der IBM verließen 1976/77 rund 300 das Land. Einige Angestellte gründeten eigene Firmen wie die International Data Machines, die allerdings eher kurzlebig waren. Zudem bildete IBM India das Personal der CMC in der Nutzung und Wartung der verbleibenden IBM-Systeme aus und etablierte ein Verbindungsbüro in Neu Delhi über 1978 hinaus.[225] Für die rund 140 Kunden, die einen digitalen IBM-Computer in Indien erworben hatten, und die noch größere Zahl an Kunden, die analoge und elektrische Tabellier- und Rechenmaschinen besaßen bzw. die Dienste der IBM im Bereich der Dateneingabe und -verarbeitung nutzten, erwies sich der Rückzug des amerikanischen Konzerns als hoch problematisch.

Während »Big Blue« der Eskalation nie ausgewichen war, gingen viele Konzerne allerdings auch andere Wege. So erklärte sich ICL nach knapp drei Jahren zäher Verhandlungen bereit, seine beiden Firmentöchter in Indien zu verschmelzen und die eigenen Anteile an der Gesellschaft, die unter dem Titel »ICIM« firmieren würde, auf die gesetzlich vorgeschriebenen 40% zu reduzieren. So unterlagen sowohl Vertriebs- und Marketingentscheidungen als auch Produktionsaktivitäten der Kontrolle indischer Anteilseigner. Für ICL, das – anders als IBM – kaum eigene Zweigniederlassungen in Indien hatte, sondern vor allem über ein Netz lokaler Handelspartner, sogenannter Distributoren, arbeitete und dessen Konzernstruktur viel weniger zentralistisch war als die der IBM, bedeutete die Anpassung an die indischen Vorgaben kein Abrücken von der üblichen Praxis.[226] Während ICL nur in 20% der Fälle das Modell eigener Ausgründungen nutzte (zum Vergleich – auch die amerikanische Burroughs Corporation ging nur in 30% der Fälle diesen Weg), war IBM in 127 Ländern nahezu exklusiv durch zentral kontrollierte Zweigstellen vertreten. So boten die Eskalation der Auseinandersetzung zwischen IBM und der indischen Regierung und der Rückzug IBMs aus Indien der internationalen Konkurrenz eine reale Chance, die indischen Märkte zu erobern.

Der Computerhersteller Burroughs erkannte noch einen anderen Vorteil in der zugespitzten Lage: Indien hatte die Manpower, den Konzern in der globalen Konkurrenz zu IBM über den Umweg der »Softwarekonvertierung« nach

---

224 Vgl. Sen: Digital Politics, S. 70f. Vgl. IBM May Quit India, in: Times of India, 3.10.1977, S. 1; IBM to Sell Rented Gear to Customers, in: Times of India, 16.11.1977, S. 1; New Delhi Official Say IBM Told It Is Leaving India, in: New York Times, 1.10.1977, S. 29; IBM Withdraws from India, in: Time, 28.11.1977, S. 92. Auch andere Firmen reklamierten die »Nachfolge« des US-Konzerns. Vgl. IBM Exits from India, in: Advertising Age, 10.7.1978, S. 91-92.

225 Vgl. Grieco: Dependency, S. 35-37; Subramanian: India and the Computer, S. 161-176; Cortada: IBM, S. 314-318.

226 Vgl. Grieco: Dependency, S. 30, 87-98; Anant R. Negandhi/Aspy P. Palia: Changing Multinational Corporation-Nation State Relationship. The Case of IBM in India, in: Asia Pacific Journal of Management 6,1 (1988), S. 15-38.

vorne zu bringen.[227] Im Bereich der Hardwareentwicklung war IBM – auch angesichts seiner bestehenden Marktdominanz – ausgangs der 1960er Jahre kaum zu schlagen. Wer von einem IBM-Rechner auf die Rechner der Konkurrenz wechseln wollte, musste auch die daran gebundene Programmumgebung anpassen und also eigens umprogrammieren lassen, um seine Anwendungen weiter nutzen zu können. Hier sah Burroughs seine Chance: Die Anwerbung kostengünstiger Programmierer aus Indien schien die ideale Lösung, um globale Computer-Services anzubieten – ein Modell, das durch den Rückzug IBMs in Indien noch lukrativer geworden war.

Schon im Zuge der Debatte um das Devisenkontrollgesetz hatte sich Burroughs 1973 um eine Kooperation zur Tata-Gruppe bemüht; der 1968 gegründete IT-Dienstleister Tata Consultancy Services, der zuvor vor allem Inhouse-Dienste leistete, sollte, so der Plan, die indischen und bald auch globalen Kunden des Computerherstellers beraten und exklusiver Vertriebspartner von Burroughs in Indien werden. Zwischen 1973 und 1975 folgten die ersten – durch Burroughs vermittelten – Einsätze bei Kunden in den USA; die Verhandlungen über eine Lizenz zum Bau von Burroughs-Rechnern zogen sich dagegen bis 1977 hin. Letztlich schreckte TCS vor dem Einstieg in die Hardware-Konkurrenz aber zurück. Für das Modell einer globalen Computer-Service-Industrie, die Burroughs zu etablieren suchte, gingen der amerikanische Konzern und die Tata-Gruppe 1977 ein »Joint Venture« ein, das sich unter dem Namen Tata Burroughs Limited neben dem Modell der herstellerunabhängigen Dienste von TCS etablierte.[228]

Im Prozess der Globalisierung der IT-Dienste wurde dieses Modell immer wichtiger. Die indischen Firmen übernahmen die Rekrutierung der Programmierer, die ausländischen Kunden gaben die Anwendung vor. Für in aller Regel wenige Monate reisten die Mitarbeiter dann zu den Kunden. Tata Burroughs und TCS avancierten zu den zentralen Spielern auf diesem Markt des »Bodyshoppings«. Bis 1980 hatten beide Konzerne hier einen Marktanteil von 63 %.[229] Der Siegeszug dieses Modells in den 1970er und 1980er Jahren war

227 Neben der Anpassung der Programme an die Rechnersysteme verschiedener Hersteller übernahmen Firmen wie »Data Conversion Inc« (später: PCS – »Patni Computer Systems«) unter der Führung von Narendra K. Patni auch die Konversion des »Datenmaterials« über verschiedene Speichermedien hinweg. Zu diesem Modell vgl. Sharma: Outsourcer, S. 131-136; Beena George/Rudy Hirschheim: The Offshore Outsourcing Landscape. Historical Development and Challenges for the IS Discipline, in: Suzanne Rivard/Benoit A. Aubert (Hrsg.): Information Technology Outsourcing, Armonk, NY 2008, S. 305-322, hier: S. 310.
228 Vgl. Grieco: Dependency, S. 84-87; S. Ramadorai: The TCS Story ... and beyond, Neu Delhi 2011, S. 40, 45 f. und 78 f.; Campbell-Kelly/Garcia-Swartz: Mainframes, S. 200-202; Sharma: Outsourcer, S. 141-151; Rafiq Dossani: Entrepreneurship. The True Story behind Indian IT, in: Henry S. Rowen/Marguerite G. Hancock/William F. Miller (Hrsg.): Making IT. The Rise of Asia in High Tech, Stanford 2007, S. 221-266, hier: S. 229-231; S. 257, Fn. 40.
229 Vgl. Heeks: India's Software Industry, S. 88.

Ausdruck eines neuen Regimes globaler Arbeitsteilung, dem die Digitalisierung den Weg ebnete. In den Augen vieler Zeitgenossen vergrößerte dieses Regime das Empire der Computerkonzerne und produzierte neue »High-Tech-Coolies«.[230] Doch versprach der Trend zur Auslandsverlagerung der indischen Computerindustrie zugleich die Chance, sich dank niedriger Lohnkosten in der wachsenden globalen Konkurrenz zu etablieren. So prägten die »Offshore«-Träume die Computerpolitik der kommenden Dekaden.[231]

Das Ende des »IBM-Empire« in Indien wirkte in der Folge als ein Katalysator einheimischer Firmengründungen. Neben dem staatlichen Konzern ECIL, der seinen Marktanteil in der Rolle als nationaler »Champion« zwischen 1973 und 1977 von 8,5% auf 40-50% steigerte und knapp 100 Computer installierte, traten private Bewerber wie Hindustan Computers Electronics Limited (HCL), DCM Dataproducts und die Operations Research Group hinzu. Bis 1980 arbeiteten rund 80% der Angestellten in der Computerindustrie in Unternehmen, die in rein indischer Hand waren. Dabei steigerte ECIL, dessen Computerabteilung eingangs der Dekade nur wenige Dutzend Mitarbeiter zählte, die Zahl seiner Mitarbeiter auf circa 1.000 Personen. Derweil erreichten Burroughs und Tata zusammen rund 600 Angestellte und alle übrigen Bewerber nochmals knapp 2.000 – sodass rund 3.500 Personen in der indischen Computerindustrie beschäftigt waren.[232]

230 Vgl. Juan F. Rada: Microelectronics, Information Technology and Its Effects on Developing Countries, in: Jan Berting/Stephen C. Mills/Helmut Winterberger (Hrsg.): The Socio-Economic Impact of Microelectronics, Oxford 1980, S. 101-146. Zur Digitalisierung und Globalisierung der Arbeitswelten vgl. allg. Homberg: Mensch | Mikrochip.
231 Vgl. dazu Kap. 6.3-6.5. Zur Geschichte der Computer-Services vgl. überdies: Yost: Making IT Work, S. 177-198; Reliving the Legacy of Tata Consultancy Services, in: Sands of Time. Tata Central Archives Newsletter 15,3 (2019), S. 1-8; Tata Consultancy Services. A Synergy of People and Information Technology, in: Tata Review 28,1 (1993), S. 7-8, Tata Corporate Archives (TCA), Pune, Indien; Tata Burroughs Limited, Burroughs Corporation Records, Box 4, Folder 18; Box 1, Folder 12, CBI Archives, Minnesota, MN.
232 Zum Wandel des Computermarkts zwischen 1960 und 1980 vgl. Grieco: Dependency, S. 16-52; zu den Zahlen: S. 35f. und 40. Vgl. zudem Subramanian: Technology Policy, S. 22-28: Cortada: Digital Flood, S. 507. Den Wandel bezeugte auch das Interview des Computer-Pioniers und Herausgebers des IT-Fachmagazins *Data Quest* Pradeep Gupta: »Impact of IBM Leaving India«. URL: https://itihaasa.com/describe/sartefact/001_001_0197 [abgerufen am 15.8.2022]. Zu ECIL vgl. überdies Lok Sabha, Committee on Public Undertakings (1980-81/1981-82). 19th/32nd Report: Electronics Corporation of India Limited, Lok Sabha Secretariat, Neu Delhi 1982/83. Zur Rolle IBMs im globalen Süden vgl. kritisch Mattelart/Schmucler: Communication, S. 136-142; Smith: Geopolitics, S. 111-147; Becker: Informationstechnologie, S. 105-107. Die Stärkung der heimischen Computerindustrie war auch das erklärte Ziel der Elektronikkommission. Bezüglich IBM und ICL konstatierte die Behörde: »the two (foreign) companies should modify their activities to fit into this overall concept of indigenous self-reliance«. The Role of the Foreign Computer Companies, IBM and ICL, in our Computer Industry and Market, 27.8.1971, Prime

In den ausgehenden 1970er und beginnenden 1980er Jahren wehte ein Unternehmergeist, der sich sowohl in der Gründung kleiner »Garagen-Start-ups« – wie »Microcomp« in Neu Delhi 1975 oder »Future Software« 1985 in Madras – als auch in der verstärkten Hinwendung großer Konzerne zum Feld der Computertechnik, wie sie in der Gründung der IT-Sparte des Ölkonzerns »Wipro« zum Ausdruck kam, zeigte.[233] Im Bereich der Hardware lag der Fokus auf der Entwicklung von Minicomputern und -prozessoren, wie sie HCL ab 1977 produzierte. Der Minicomputer 8C, den das Unternehmen im Sommer 1977 – rund 15 Monate nach dem Launch des Apple I und knapp viereinhalb Monate nach dem Apple II – ankündigte, wurde aggressiv beworben und sollte die Bedenken der Kunden gegenüber der neuen Technik zu zerstreuen.

Unter der Devise »Exploding the Common Computer Myths« suchte HCL in einer groß angelegten Werbekampagne die Vorstellung zu widerlegen, eine Firma sei zu klein, die Kosten zu hoch oder der Gebrauch zu kompliziert, um in Computertechnik zu investieren: »For the first time in India, HCL introduces a computer that even your typist can operate.«[234] Mit den Minicomputern, die eingangs der 1980er Jahre in Nachrichtenagenturen wie der United News of India und in Büros in Industrie, Banken und Versicherungen zum Einsatz kamen, ebnete HCL der wachsenden Branche den Weg zu den Endkunden. Die Förderung der Minicomputer-Technologie setzte zudem die Vorgaben ins Werk, die der Technologieausschuss der Elektronikkommission im Anschluss an den »Science and Technology Plan« des Jahres 1973 als Ziel einer eigenen Computerindustrie erlassen hatte. Die Entwicklung digitaler Elektronik und insbesondere der Einsatz von Mini- und Mikrocomputern waren hier als »first priority« ausgewiesen worden.[235]

Freilich sind diese Pioniergeschichten im Zusammenhang der Industriepolitik dieser Jahre zu erzählen. Schon im Rahmen der Tagung zur Entwicklung der Elektronikindustrie 1970 in Bombay war über Mittel und Wege einer einheimischen Produktion von Klein- und Minicomputern gesprochen worden. Im Juni 1972 hatte die indische Regierung ein »Minicomputer Panel« eingesetzt, das in seinen Abschlussberichten im September 1973 die Losung der Autonomie ausgab:

Minister's Office, 17/855/71-PMS: Computer Industry, NAI. Vgl. I. B. M. Discussion, 25.7.1977, Prime Minister's Office, 17/855/77-PMS: Computer Industry, NAI.

[233] Vgl. Sharma: Outsourcer, S. 111-115. Aus »Microcomp« ging ein Jahr später in einem »Joint Venture« mit der »Uttar Pradesh Electronics Corporation Limited« die Firma HCL hervor. Zur Geschichte der Konzerne »HCL« und »Western India Vegetable Products Limited« (»Wipro«) wie auch »Future Software« vgl. ebd., S. 121-127, 148-155.

[234] Vgl. Subramanian: Technology Policy, S. 27.

[235] A New Indian Programme, S. 565-567; Technology Development Plan for Computers, in: Electronics. Information & Planning 3,11 (1976), S. 902-908, hier: S. 905f. Zur Evaluierung des Programms vgl. Prime Minister's Office, 17/947/78-PMS: D/O Electronics. Misc. Correspondence; 17/830/79-PMS: Review of Performance. D/O Electronics, NAI. Zur Evolution des Hardware-Sektors vgl. Vikas/Ravichandran: Computerisation, S. 310, 314-317.

Manufacture of minicomputers can be carried out based wholly on Indian know-how; [...] no import of know-how of foreign collaboration is necessary and need be permitted [...]. The minicomputer industry can be established and maintained as a wholly indigenous industry.[236]

Anstelle eines Modells des »Re-Engineering« ausländischer Hardwarekomponenten und Peripheriegeräte, das durch hohe Importzölle und eine rigide Lizenzpolitik zusehends unattraktiv wurde,[237] sah das Panel den Bau eigener Computer vor.

Die Prognose der Expertengruppe aber erwies sich als viel zu ehrgeizig. Die Ausgaben für die Akquise von Hardware verschlangen, als sich IBM und ICL zusehends aus Indien zurückzogen, einen wachsenden Anteil an Devisen. Um dies auszugleichen, errichtete die indische Regierung Sonder- und Freihandelszonen wie die »Kandla Free Trade Zone« im Jahr 1965 und die »Santacruz Electronics Export Processing Zone« (SEEPZ) nahe Bombay im Jahr 1973. Ausländischen Investoren gewährte sie in der SEEPZ reduzierte Gewerbe- und Kapitalertragssteuern, eine bevorzugte Behandlung bei der bürokratischen Bearbeitung von Lizenzanträgen sowie zollreduzierte und zum Teil sogar unverzollte Importe von Zwischenerzeugnissen. Im Gegenzug garantierten die Investoren, das Gros ihrer Waren ins Ausland zu exportieren und in zunehmendem Maß die Komponenten der lokalen Computer- und Elektronikindustrie in die Produktion ihrer Waren einzubeziehen. Die SEEPZ steigerte so zugleich die Exporte einheimischer Hardwareerzeugnisse und IT-Services.[238]

Die Hardwareproduktion blieb – anders als das boomende Feld der IT-Services und der Programmierung von Anwendungen und Systemlösungen –

236 India. Technical Panel on Minicomputers. Report of the Panel on Minicomputers, in: Electronics. Information & Planning 1,5 (1974), S. 478-517, hier: S. 478f. Vgl. Hans-Peter Brunner: India's Computer Industry. Policy, Industry Structure and Technological Change. The Last Road to Survival? 2 Bde., Diss. Univ. of Maryland, College Park 1990.
237 Nach intensiven Parlamentsdebatten 1972/73 bestätigte eine präsidentielle Order 1975 den Kurs der »Lizenzherrschaft«. Die Regierung überwachte und genehmigte nun alle Anschaffungen von Maschinen und Minicomputern unter 62.000 US-Dollar, unterband Importe und zielte damit gegen den Einfluss von IBM und anderen ausländischen Herstellern – gemäß der Direktive des Jahres 1972: »All users should first attempt to meet their in-house requirements through computers available in the Indian market.« Annual Report, Department of Electronics, 1971-72, Neu Delhi 1972, S. 13-20, hier: S. 19 f. Vgl. überdies: Annual Report, Department of Electronics, 1975-76, Neu Delhi 1976, S. 22-25, 45-60; Annual Report, Department of Electronics, 1976-77, Neu Delhi 1977, S. 93-110.
238 Zur Rolle der Sonderhandelszonen vgl. eingehend Megan Maruschke: Zones of Reterritorialization. India's Free Trade Zones in Comparative Perspective, 1947 to the 1980s, in: Journal of Global History 12,3 (2017), S. 410-432; Grieco: Dependency, S. 81-83; N. Vittal: Free Trade Zones and Export Strategy, in: Foreign Trade Review 12,3 (1977), S. 406-413. Der Bereich der »Software-Exporte« und der IT-Dienstleistungen löste sich so zugleich aus dem rigiden Zwangskorsett der »Lizenzherrschaft«.

zwischen 1973 und 1980 hinter den Erwartungen zurück. Dies lag zum einen an der ungebrochenen Konkurrenz ausländischer Firmen auf den globalen Märkten, zum anderen aber auch daran, dass das Kalkül, ECIL als »nationalen Champion« zu entwickeln, lange die Förderung anderer Bewerber in Indien blockierte.[239] Als ECIL, das vor allem Großrechnersysteme produzierte, von denen bis 1977 kaum eine Handvoll in die private Industrie ging, durch kleinere aus- und einzelne inländische Firmen Konkurrenz bekam, strichen der Sekretär des Departments of Electronics, M. G. K. Menon, und der Vorsitzende der Atomenergiekommission, Homi Sethna, 1977 unisono die Sonderrolle des Konzerns heraus.[240] Noch zum Jahreswechsel 1978 verhinderte die Regierung sowohl ausländische Importe als auch eine lokale Produktion von Klein- und Minirechnern in Indien.[241]

Hinzu kam, dass die Bürokratie den Prozess der Importe verzögerte. Einer Studie nach zu urteilen, dauerte es ausgangs der 1970er Jahre zwischen 6 und 64 Monaten, um einen Rechner zu importieren. Bisweilen nahm die Evaluierung des Antrags bereits bis zu fünf Jahre in Anspruch. »The present procedure«, resümierte so der Report, »was highly cumbersome and totally militated against expeditious procurement so vital in a highly sophisticated area of high technological obsolescence.«[242] Die politische Ökonomie der »Lizenzherrschaft« erwies sich hier als Hemmnis der Computerisierung. Die *Economic Times* prangerte so am 12. Januar 1978 die »Verzögerung des Wachstums« an und brandmarkte die Computerpolitik als Ergebnis von Fehlentscheidun-

239 Vgl. Subramanian: India and the Computer, S. 15-25. Zur Rolle des Konzerns als »National Champion« vgl. allg. ebd., S. 177-207; Grieco: Dependency, S. 126-138; S. R. Vijayekar/Y. S. Mayya: Towards Indigenous Computer. Role of ECIL, in: Shyamasundar/Pai (Hrsg): Homi Bhabha, S. 50-63.

240 Vgl. M. G. K. Menon: A Decade of Progress, in: Proceedings of the 12th Annucal Convention of the Computer Society of India (CSI-77: »Man and the Computer", Jan. 9-12, 1977, Poona), Bombay 1977, S. 6-14, hier S. 9 f.; ICL May be Allowed to Make Computers, in: Economic Times, 28.1.1978, S. 1; Grieco: Dependency, S. 73-79; 98-101.

241 Dabei waren die Dezentralisierung der (Mini-)Computer-Produktion und der Ausbau der IT-Services bereits 1975 als Lösung zur Überwindung der »Technological Gaps« besprochen worden. Vgl. M. G. K. Menon: Perspective Report on Electronics in India, Neu Delhi 1975, S. 208-253, hier: S. 225-230, 235 f., sowie allg. zu den Perspektiven: P. V. S. Rao: Advances in Computer Utilization, in: IETE Journal of Research 24,3/4 (1978), S. 166-172; Sivasubramanian Srikantan: Minicomputers and Microprocessors, in: IETE Journal of Research 24,3/4 (1978), S. 113-115. Zu den Plänen einer Mikrochip- und Halbleiterproduktion in den 1960er und 1970er Jahren und zum Boom dieser Produktion in Indien um die Jahrtausendwende vgl. überdies Sharma: Revolution, S. 358-384, hier: insbes. S. 358-367.

242 Report of the Review Committee on Electronics, Neu Delhi 1979, S. 61-72, hier: S. 68. Die Studie analysierte dazu die Importvorgänge in Industrie, Forschungseinrichtungen und Regierungsbehörden. Die IT-Firma TCS benötigte bereits 1968 rund ein Jahr, um eine Lizenz zum Import eines Rechners zu erhalten. Die Akquise dauerte geschlagene drei Jahre. Vgl. F. C. Kohli: The IT Revolution in India. Selected Speeches and Writings, Neu Delhi 2006, S. XVII.

gen und Inkompetenz der Elektronikkommission, die durch die Importe ausländischer Technologie Devisen verschwende und durch ihre rigide Politik zugunsten von ECIL zugleich inländische Bewerber verschrecke. Aus der Perspektive der Kritiker schien die Kommission das ausgegebene Ziel, die einheimische Computerindustrie zu stärken, im Ergebnis geradezu zu sabotieren.[243]

Mit der »Minicomputer-Policy« im März 1978 korrigierte die Regierung ihren Kurs und vergab erstmals Lizenzen zur Produktion kleiner Computer, Taschenrechner und Registriermaschinen an die einheimische Industrie.[244] Die Auswirkungen der arg verspäteten Kurskorrektur aber blieben ernüchternd. Von rund 80 Unternehmen, die eine Lizenz erhalten hatten, hatte nur ein halbes Dutzend bis zu Beginn der 1980er Jahre die Produktion von Minicomputern begonnen. En gros war der Rückstand gegenüber der Weltspitze sogar weiter gewachsen.[245] Dies diskreditierte das Dogma des Autonomiekurses. Zwar wurde die Idee der »self-reliance« im Bereich der Computertechnologie in diesen Jahren keineswegs »truly and completely buried«,[246] doch suchte Indiens Regierung eingangs der 1980er Jahre wieder stärker nach Wegen der internationalen Kooperation. Ab 1986/87 bereitete auch IBM seine Rückkehr nach Indien vor.

243 Policy on Small Computers Soon, in: Economic Times, 18.2.1978, S. 1. »It is in such a situation where interest and competent Indians are frustrated that foreign companies and multinationals gain control of a growth industry.«
244 Premierminister Morarji Desai bemühte sich bei der Vorstellung des Konzepts in den Kammern des Parlaments der Kritik zu begegnen, dass Indien in der Förderung der Computertechnologien durch eigenes Versagen Jahre verloren habe. Technologisch seien Prozessoren und Peripheriegeräte, so Desai, im Jahr 1973, als die Reports des »Minicomputer Panels« erschienen, »in a state of flux« gewesen, und so habe die Konsolidierung der Forschung im Bereich der Programmierung und Hardwareproduktion der Vergabe von Lizenzen zur Produktion von Minicomputern vorausgehen müssen. Vgl. Computer Production, in: Rajya Sabha Debates, 9.3.1978, Sp. 129-132; News Item: Computer Production Held Up, in: Lok Sabha Debates, Vol. 11, No. 17, 15.3.1978, Sp. 186-190. M. G. K. Menon verteidigte den Kurs lapidar: »In a country like India, the approach to computerization has to be very selective and that is why everything is officially controlled.« Vgl. Computers: Cautious Growth, in: India Today, 1.-15.12.1976, S. 33-35.
245 Vgl. Sharma: Outsourcer, S. 83 f. und Grieco: Dependency, S. 98-102. Dies lag auch an den Hürden, die die Regierung der Konkurrenz von ECIL in den Weg stellte. So musste diese immer wieder ihre nur kurzzeitig erteilten Lizenzen erneuern und zudem eine massive Reglementierung der Umsätze und Produktionsmargen hinnehmen. Die Folgen dieser Politik waren noch lange spürbar. So ging der Blick vieler Computerhersteller auch in den Jahren der Liberalisierung, trotz des Launchs erster PCs von HCL oder Wipro, durchaus neidvoll »gen Osten«. Im Jahr 1985 bangten über 100 Computer-Firmen in Indien um eine Lizenz, während die Tigerstaaten bereits Millionen Computerkits zu exportieren begannen. Vgl. exempl. Where Computers Dare, in: Times of India, 16.11.1986, S. A1; Bid to Provide New Thrusts to Exports, in: Times of India, 31.3.1988, S. 1.
246 Vgl. Rajaraman: History of Computing, S. 40 f.

Mit der Liberalisierung der Computerpolitik unter Rajiv Gandhi konsolidierte sich die kriselnde IT-Industrie in den 1980er und 1990er Jahren.[247] Dies lag weniger am Bereich der Hardware-Produktion, in dem einzelne Firmen ab 1985 begannen, aus importierten, vorwiegend amerikanischen Bau- und Chipsätzen PCs zu basteln. Vielmehr nutzte die boomende Branche der IT-Services im Bereich der System- und Anwendungsprogrammierung die Chancen, die aus der »Software-Krise« 1968 in Europa und den USA erwachsen waren. Als staatliche Anreizsysteme – wie die Reduzierung der Zölle und die Einrichtung von Freihandelszonen – den globalen Handel zusehends erleichterten, ging Indiens IT-Industrie neue Wege und eroberte neue Märkte.

5.5 Know-How: der Boom der Programmierer

Angesichts der erdrückenden globalen Konkurrenz in der Computerindustrie lag der Vorzug der IT-Services gerade aus indischer Perspektive darin, dass hier über Know-How und Manpower ein Feld der Dienstleistungen zu erobern war, in dem die nach wie vor gravierenden Entwicklungsunterschiede im Bereich der Hardware-Produktion nur eine nachrangige Rolle spielten. Nachdem vor allem der Siegeszug der IBM massive Ängste vor der Amerikanisierung bzw. der Kolonisierung des Globus durch die Technik aus den USA schürte, schien die Ausbildung von Programmierern ein vielversprechender Ausweg aus der diagnostizierten »Abhängigkeit«.

Ein zentraler Anstoß zur Förderung der IT-Dienstleistungen war die »Software-Krise« gewesen, die im Jahr 1968 die boomende Computerbranche in Europa und in den USA erschütterte. Diese Krise war das Ergebnis der veränderten Entwicklungsbedingungen und -kosten in der Computerindustrie. Auf einer Tagung der NATO im Oktober 1968 in Garmisch-Partenkirchen diskutierte eine internationale Expertenrunde die sich abzeichnenden Veränderungen in der Computerindustrie und hier vor allem das Problem der wachsenden Schwierigkeit, eine zusehends komplexe, den steigenden Kapazitäten der Rechner angemessene Programmumgebung zu kreieren.[248] Der niederländische Informatiker Edsger W. Dijkstra pointierte dieses Problem in seiner Dankesrede »The Humble Programmer« zur Verleihung des A.M. Turing-Award 1972:

---

247 Zu den Phasen der indischen IT-Politik vgl. allg. Richard Heeks: Facing In, Facing Out. Information Technology Production Policy in India from the 1960s to the 1990s, in: Richard Coopey (Hrsg.): Information Technology Policy. An International History, Oxford/New York 2004, S. 276-303.
248 Vgl. Peter Naur/Brian Randell (Hrsg.): Software Engineering. Report on a Conference Sponsored by the NATO Science Committee, Garmisch, 7th to 11th October 1968, [Brüssel 1969], neu hrsg. v. R. McClure, Arizona 2001.

> Instead of finding ourselves in the state of eternal bliss of all programming problems solved, we found ourselves up to our necks in the software crisis! How come? [...] The major cause is ... that the machines have become several orders of magnitude more powerful! To put it quite bluntly: as long as there were no machines, programming was no problem at all; when we had a few weak computers, programming became a mild problem, and now we have gigantic computers, programming had become an equally gigantic problem.[249]

Erwies sich in der Ära der Großrechner der Bereich der Hardware noch als vorrangiger Kostentreiber, so überstiegen zur Mitte der 1960er Jahre die Kosten für die Softwareentwicklung erstmals jene, die für die Produktion der Hardware eines Rechners zu veranschlagen waren. Hatten Hardwarehersteller bis dato ihre Services im »Paket« verkauft und üblicherweise die zugehörigen Programme als Quellcodes an ihre Kunden weitergereicht, so begründete das so genannte »Unbundling« (»Entbündeln«) von Hard- und Softwareproduktion in der Folge das Businessmodell unabhängiger Softwarehersteller und IT-Dienstleister.

Im boomenden Bereich der System- und Anwendungsprogrammierung und der – hardwareunabhängigen – »Softwaretechnik«[250] und -beratung avancierten indische Firmen, die ab 1973 sukzessive aus der Nische der globalen Märkte traten, zu Global Playern.[251] Ein Branchenvertreter brachte die Vorzüge indischer Programmierer in der globalen Konkurrenz auf den Punkt:

> One way to reduce programming costs is to have all computer programming and systems analysis done in countries where technical labor is comparatively cheaper since this is a labor-intensive industry. A programmer in America earning Rupees 90,000 per year can be replaced by an Indian programmer working in India for Rupees 9,000 per year.[252]

---

249 Edsger W. Dijkstra: The Humble Programmer, in: Communications of the ACM 15,10 (1972), S. 859-866, hier: S. 860f.
250 Zur Geschichte des Konzepts vgl. allg. Peter Naur/Brian Randell/J.N. Buxton (Hrsg.): Software Engineering. Concepts and Techniques, New York 1976; Gregory W. Jones: Software Engineering, New York 1990. Ab 1968 trieben bereits General Electrics und AT&T die Entwicklung des Konzepts des »Software Engineering« voran. Der Fordismus inspirierte die Idee eines Systems des »Computer Aided Software Engineering« (CASE) in Form einer »Fabrik«.
251 Bis dato wurde das Training der Programmierer in Indien vor allem durch die Tatsache erschwert, dass das Gros der global eingesetzten Rechner IBM-Maschinen waren, im ganzen Land aber bspw. noch 1970 kein einziges Modell der IBM/360er-Reihe vorhanden war. Der Zugang zur Hardware war so der Flaschenhals der Programmierausbildung. Vgl. dazu exempl. Export of Computer Software, in: Economic and Political Weekly 5,41 (1970), S. 1679-1681, hier: S. 1680.
252 A.K. Bahn (Universal Design Systems [India] Private Limited): Software Manufacture: Its Feasibility and Possible Problems, in: Electronics Commission (Hrsg.): Electronics, S. 399-401, hier: S. 400.

So setzte auch die Regierung große Hoffnungen in die IT-Services: »Software development and data preparation offers the possibility of providing significant employment particularly for mathematically trained scientists and engineers.«[253]

Die Ausbildung von Programmierern konnte mit dem Tempo der boomenden Branche allerdings kaum mithalten. In der rasanten Zunahme an Stellengesuchen der 1970er und 1980er Jahre spiegelte sich der eklatante Mangel an Spezialisten wider. Im Bereich »Software-Exporte« waren ausgangs der 1970er Jahre gerade einmal 250 Personen beschäftigt; auch die Zahl der Programmierer wuchs nur langsam. 1983 zählte das Magazin *New Scientist* lediglich 1.000 »software specialists«, und noch zur Mitte der 1980er Jahre arbeiteten nach verschiedenen Schätzungen circa 5.000 bis 7.000 Personen als Programmierer und Softwareingenieure.[254]

Die Zahl derer, die in der Computerindustrie tätig waren, war indes schwer zu bestimmen, da ein Teil der Programmierer als Kontraktoren in Hardwarekonzernen arbeitete und ein noch größerer Teil zwar in anderer Position beschäftigt, aber durch Weiterbildungen und Schulungen in die Rolle von IT-Administratoren gewachsen war. Zog man alle hinzu, die im Bereich der Nutzung und Wartung von IT-Services sowie im Bereich kleinerer Datenbankprogrammierungen im Einsatz waren, steigerte sich die Zahl der »Softwarespezialisten« bis zum Ende der 1980er Jahre auf rund 40.000 und bis 1995 auf über 150.000 Personen. Dies aber waren eher Nutzer als Entwickler. Nur rund 8 % aller Angestellten in der Elektronikindustrie arbeiteten in diesen Jahren im Bereich »Software«. Als »Computerspezialisten« galten derweil dem indischen Branchenblatt *Dataquest* rund 80.000 Personen.[255]

Ausgangs der 1990er Jahre setzte der Boom ein: Zur Jahrtausendwende waren rund 300.000 Menschen in der IT-Branche angestellt; ab 2000 wuchs ihre Zahl kurzzeitig sogar nahezu exponentiell.[256] Davon aber war drei Jahrzehnte zuvor noch nichts zu spüren.

---

253 Annual Report, Department of Electronics, 1972-73, Neu Delhi 1973, S. 18.
254 Vgl. India Takes a Hard Line on Computer Software, in: New Scientist, 21. 4. 1983, S. 137; Heeks: India's Software Industry, S. 93; NASSCOM-McKinsey Report. Strategies to Achieve Indian IT Industry's Aspiration, Neu Delhi 2002.
255 Vgl. Heeks: India's Software Industry, S. 92-98; Salim Lakha: Growth of Computer Software Industry in India, in: Economic and Political Weekly 25,1 (1990), S. 49-51 und 53-56, hier: S. 50. Zur Einordnung der Zahlen vgl. Sumit Roy: Globalisation, ICT and Developing Nations. Challenges in the Information Age, Neu Delhi 2005, S. 180.
256 In den 2010er Jahren verlangsamte sich das Wachstum wieder. Der Anteil der Computerspezialisten an der Gesamtbevölkerung blieb indes verschwindend gering. Im Jahr 2020 waren knapp 4.2 Millionen Menschen (= 0.3 % der Bevölkerung) in der IT-Branche beschäftigt, ein Drittel davon war weiblich – die meisten im Bereich der IT-Services. Vgl. NASSCOM (Hrsg.): Technology Sector 2020. Techade: The New Decade – Strategic Review, Noida 2020, S. 3 f.

Tabelle 2: Wachstum der EDV-/IT-Branche (1971-1991)

Berufsgruppe Einteilung nach National Classification of Occupations (NCO) 1968.	Jahr								
	1971			1981			1991		
	Stadt	Land	Insges.	Stadt	Land	Insges.	Stadt	Land	Insges.
Mathematiker, Statistiker und verwandte Berufe (z. B. Aktuare, Systemanalytiker und Programmierer)	8.262	3.398	11.660	14.241	3.030	17.271	25.624	8.915	34.539
Operatoren von Buchhaltungs- und Rechenmaschinen sowie von Maschinen zur automatischen Datenverarbeitung	5.354	4.484	9.838	13.400	3.591	16.991	58.349	11.590	69.939
Stenographen und Stenotypisten, Fernschreiber-Operatoren sowie Lochkarten- und Lochbandstanzer	176.340	30.031	206.371	281.250	38.985	320.235	331.916	62.294	394.210
Summe ∑	189.956	37.913	227.869	308.891	45.606	354.497	415.889	82.799	498.688
Gesamtzahl aller Arbeiter/innen (Main Workers)	28.454.612	26.269.717	54.724.329	36.700.347	28.520.543	62.220.890	56.249.627	44.382.776	100.632.403
Gesamtzahl Bevölkerung			548.159.652			683.329.097			846.421.039

Angesichts dieses Mangels war es umso schmerzlicher, dass ein erheblicher Teil der in Indien ausgebildeten Spezialisten das Land verließ, um eine Karriere im Ausland zu beginnen. Das Gros zog es in die Vereinigten Staaten. Von 500 binnen eines Jahres ausgebildeten Programmierern gingen 1983 allein rund 200 in die USA.[257] Freilich wies das Phänomen des »Brain Drain« deutlich über die Gruppe der Computerspezialisten hinaus und hatte zudem eine lange Vorgeschichte.

Bereits ab der Mitte der 1960er Jahre, als die US-Regierung mit der Verabschiedung des »US Immigration Acts« 1965 die bis dato streng begrenzte Zuwanderung aus Asien neu regelte,[258] setzte eine globale Migrationsbewegung aus den Entwicklungsländern ein. Über die Auswirkungen des »Brain Drain« wurde so auch in Indien 1966/67 hitzig diskutiert.[259] Die steigende Zahl der Abwanderer alarmierte Vikram Sarabhai, der das Versprechen höherer Löhne und das Renommee einer Anstellung im Ausland als Ursache des Verlusts ausmachte.[260] An der Sogwirkung des Talentschwunds änderte dies allerdings nichts.

In den 1970er Jahren stieg die Zahl der Auswanderer erheblich. Im Bereich der Ingenieursstudiengänge waren die Verluste von rund 7,3 % der Absolventen per anno besonders hoch. Wenngleich der Anteil derer, die im Ausland verblieben, niedriger war und sich die Zahlen noch als überschaubar erwiesen, wog die Abwanderung im Bereich der Hochschulabsolventen doch umso schwerer, als hier die Ausbildungskosten vergleichsweise hoch waren. Dies galt auch und vor allem für die Absolventen der IITs. Zwischen 1973 und 1977 zog es so etwa über 40 % aller Ingenieure (B.Tech) des IIT Bombay ins Ausland, vier fünftel davon in die USA und nach Kanada. Bei den Masterstudierenden lag der Anteil der Abwanderer – über alle Disziplinen hinweg – zwischen 1973

257 Vgl. India Takes a Hard Line on Computer Software, in: New Scientist, 21.4.1983, S. 137.
258 Vgl. Sheldon Friedman: The Effect of the US Immigration Act of 1965 on the Flow of Skilled Migrants from Less-Developed Countries, in: World Development 1,8 (1973), S. 39-45, und allg. David M. Reimers: An Unintended Reform, in: John J. Bukowczyk (Hrsg.): Immigrant Identity and the Politics of Citizenship, Champaign, Il. 2016, S. 248-267.
259 Vgl. G. Beijer: The Brain Drain from the Developing Countries and the Need for the Immigration of Intellectuals and Professionals, in: International Migration 5/3-4 (1967), S. 228-234; Ashok Parthasarathi: The Sources of Technological Growth, in: Economic and Political Weekly 2,47 (1967), S. 2090-2092; ders.: Brain Drain from Developing Countries, in: Nature, 12.3.1971, S. 87-90; Correspondence – Indian Brain Drain, in: Nature, 23.4.1971, S. 538; Justus M. van der Kroef: Asia's Brain Drain, in: Journal of Higher Education 39,5 (1968), S. 241-253.
260 Vgl. V. Sarabhai: Brain Drain, 16.8.1966, Ministry of Science and Technology, 85/68/CF-66, Vol. I: Brain Drain, NAI. 1968 besuchten rund 7.800 Inderinnen und Inder Hochschulen und Forschungseinrichtungen in den USA. Die Frauenquote lag bei unter 10 %. Vgl. M. G. R. Ram, Embassy of India, Washington D. C., an V. Sarabhai, Ministry of Education and Culture, 1.8.1968, Ministry of Science and Technology, 85/68/CF-69, Vol. III: Brain Drain, NAI.

und 1987 bei durchschnittlich knapp 15 %. Hier wiesen die Alumni der Computer Sciences die höchste Quote (28 %) aus.[261]

Die Zahlen bezeugen die reichen Früchte der Technologienation. Doch zog Indien in den ins Ausland abwandernden Absolventen keineswegs kritiklose Fürsprecher seines Kurses in der Technologiepolitik heran. In einem – von der in San Francisco ansässigen »Asia Foundation« gesponserten – Essaywettbewerb problematisierte die Jury des Journals *The Asian Student* den Konnex von Massenarmut, demographischem Wandel und der Bevölkerungsexplosion in Asien (1965) ebenso wie die Auswirkungen einer sich rasch beschleunigenden Urbanisierung und des Anstiegs von Migration und Verkehr (1970).[262] Nachhaltiges Wachstum, so das Credo, bedinge weniger nationale Alleingänge als vielmehr globales Übereinkommen. So prägte der Blick auf die Verlierer der blinden »Wachstumsgläubigkeit«[263] rasch die Auseinandersetzung. Computer schienen derweil kaum der Schlüssel zur Lösung der Probleme zu sein. Im Gegenteil überwog, wie eine Umfrage unter indischen Hochschülern in den USA 1963 zeigte, bei vielen die Skepsis gegenüber der neuen Technik, die als »status symbol« und »substitute for creative thinking and clear decisions« sowie als »Job-Killer« gesehen wurde.[264] Im gelobten Land der IT-Ingenieure ernteten der Technizismus der Planer und der Computer-Kurs der heimischen Regierung so en gros wenigstens zu Beginn durchaus Widerspruch.

Innerhalb der Branche wurde kaum weniger kontrovers gesprochen. Ein Forum des Austauschs war hier die im März 1965 in Hyderabad gegründete »Computer Society of India« (CSI). Eine kleine Gruppe um Computerpionier Rangaswamy Narasimhan hatte am Rande eines Kongresses der »International Federation for Information Processing« (IFIP) den Plan zur Gründung einer nationalen Repräsentanz ersonnen, aus der in der Folge die mitgliederstärkste »Berufsvereinigung« der Computerbranche in Indien hervorging.[265] Zugleich war die Gründung einmal mehr ein Ergebnis indo-amerikanischer Kooperation.

261 Zu den Zahlen vgl. S. P. Sukhatme: The Real Brain Drain, Hyderabad 1994, S. 8-23, hier: S. 10 f. und S. 15-18; ders.: The Real Brain Drain, in: Current Science 63,9/10 (1992), S. 544-546; ders./I. Mahadevan: Brain Drain and the IIT Graduate, in: Economic and Political Weekly 23,25 (1988), S. 1285-1293. Zur Arbeitsmigration vgl. allg. Kap. 7.
262 Vgl. Population Growth in Asia. Problems and Possible Solutions, in: The Asian Student, Vol. XIII, Special Edition, Essay Number, Spring Semester 1965, S. 1-2, und Asian Concerns and Decisions in Environmental Control, in: The Asian Student, Vol. XVIII, Special Edition, Essay Number, Spring Semester 1970, S. 1-2.
263 Zu dieser Kritik vgl. exempl. Hugh S. D. Cole/Christopher Freeman/Marie Jahoda/K. L. R. Pavitt (Hrsg.): Die Zukunft aus dem Computer? Eine Antwort auf die Grenzen des Wachstums, Neuwied/Berlin 1973.
264 Attia Ibrahim Sweillam: Electronic Computers and Developing Countries. A Study of the Attitudes of Foreign Students in the United States, Master's Thesis, Univ. of Southern California 1964, S. 90-92.
265 Im Jahr 2020 zählte die CSI über 100.000 Mitglieder. Vgl. Message by the President, CSI, 1.4.2020. URL: https://web.archive.org/web/20200625163811/http://www.csi-india.org/downloads/news/President%20Message%20April%202020.pdf [abgerufen am 15.8.2022].

Harry D. Huskey, der als Computer-Ingenieur an der UC Berkeley ab 1963 im Rahmen des Kanpur-Programms in Indien weilte, hatte nur wenige Monate nach Installation des IBM-1620-Rechners am IIT die Gründung einer »All India Computer Users Group« vorgeschlagen, um den Austausch voranzutreiben und die Expertise der Nutzer im Land zusammenzubringen. Von Beginn an war dabei die Verbindung zu IBM als Hersteller ausgesprochen eng, da das Gros der Teilnehmer die Rechner des amerikanischen Konzerns nutzte. Ein erstes organisatorisches Treffen, zu dem 16 Teilnehmer aus sieben Computerzentren erschienen, fand im Juni 1964 sogar im IBM-Ausbildungszentrum in Faridabad statt. Irving Rabinowitz aus Princeton, der wie Huskey zum Team in Kanpur gehörte, erklärte hier die Rolle einer solchen Vereinigung, deren Vorsitz in der Folge Suresh R. Thakore, der Direktor des Computerzentrums im Physical Research Laboratory in Ahmedabad, übernahm. Zum Sekretär wählte die Gruppe ein Mitglied des indischen Teams des Computerzentrums am IIT Kanpur. Im Rahmen der ersten beiden Tagungen im Oktober und Dezember am TIFR und am IIT Kanpur beschloss die Nutzergruppe, ihre Reichweite auszubauen und sich – über den noch kleinen Kreis der Nutzer hinaus – zu einem generellen landesweiten Forum des Austauschs im Feld des »high speed computation« zu erweitern. Unter Narasimhans Vorsitz etablierte sich die Vereinigung ab 1965 als einzige nationale Vertretung im Rahmen der IFIP.[266]

Mit der Gründung des Verbands holte Indien nach, was in den USA, Großbritannien und Japan bereits existierte: eine nationale Interessenvereinigung im Bereich der Computer Sciences. Die amerikanische »IEEE Computer Society« und die »Association for Computing Machinery« waren 1946/47, die »British Computer Society« 1957 und die »Information Processing Society of Japan« 1960 entstanden. In globaler Perspektive waren die 1960er und 1970er Jahre die Gründungsdekaden vieler »Computer-Gesellschaften«. Hier zählte Indien zu den Pionieren. Noch bevor sich Ende der 1960er Jahre in Europa, in Spanien, Frankreich oder auch in der Bundesrepublik, Vereinigungen – wie die deutsche »Gesellschaft für Informatik« – bzw. im globalen Süden zum Beispiel in Brasilien die »Sociedade Brasileira de Computação« 1978 zusammenschlossen, zählte der indische Verband bereits Hunderte Mitglieder. Im Oktober 1978, als die CSI ein neues Hauptquartier in Madras bezog und sich als »Harvard of India« rühmte, waren es knapp 1.250 zahlende Mitglieder, davon 170 Studierende. Überdies waren rund 300 Organisationen Teil des Verbands. Im März 1980 erreichte das Journal *CSI-Communications* über 10.000 Leser.[267]

---

266 Computer Society of India. 25 Years of Fruitful Growth, in: B.M. Gupta et al. (Hrsg.): Handbook of Libraries, Archives and Information Centres in India, Bd. 10: Professional Organisations and Associations, Neu Delhi 1992, S. 36-56, hier: S. 36-38. Nachdr. aus: CSI Communications November 1990, S. 51-72.

267 Vgl. President's Desk, in: CSI Communications Oktober 1978, S. 1; S. 5. Der Mitgliedsbeitrag war vergleichsweise gering. Für Studierende lag er bei 10 Rupien. Reguläre Mitglieder zahlten 40 und Organisationen 500 Rupien. Advertisment, CSI Communications März 1980, S. 1.

In der zur Mitte der 1970er Jahre neu ausgearbeiteten Verbandssatzung wurden die Förderung von Theorie und Praxis im Bereich der Computer Sciences, der Systemtechnik und der allgemeinen Datenverarbeitung sowie aller benachbarter Disziplinen ebenso als Ziele ausgegeben wie die Belebung des Austauschs innerhalb der Fachcommunity und zwischen Spezialisten und Laien. Dabei verstand der Verband sich zugleich als Vehikel der »Professionalisierung« der Branche.[268] »A professional society«, so der Präsident, »provides knowledge, assists its members to keep abreast of the state of the art and creates and maintains professional competence.«[269]

Die Suche nach einer »professionellen Identität« war rund um den Globus ein Kennzeichen der Branche in den 1960er Jahren. Dies lag zum einen daran, dass die Arbeit an und mit dem Computer – angesichts des eklatanten Mangels an Fachleuten – in der Praxis lange ein Feld der Autodidakten, Bastler und Quereinsteiger geblieben war.[270] In seinem Buch *Office Automation in Social Perspective* konstatierte der deutsch-britische Soziologe Hans A. Rhee 1968, wie prekär der Anspruch einer »professionellen Identität« war:

> In one inquiry, it was found that a successful team of computer specialists included an ex-farmer, a former tabulating machine operator, an ex-key punch operator, a girl who had done secretarial work, a musician and a graduate in mathematics. The last was considered the least competent.[271]

Dass die neue Elite der Programmierer, die bisweilen ganz ohne Ausbildung in Führungspositionen kam, in die klassische Hierarchie des Managements einrückte, verstärkte da nur die Vorbehalte.[272]

---

268 Im ersten Artikel der Satzung hieß es: »The Society [...] shall endeavour to [...] encourage and assist the professionals, engaged in these fields to maintain the integrity and competence of the profession and foster a sense of partnership amongst the professionals.« Computer Society of India. Constitution and Bylaws, in: CSI Newsletter, Oktober/November 1974, o. S. Eine erste Satzung wurde 1970 ausgearbeitet; vgl. dazu Constitution of the Society, in: CSI Newsletter, Dezember 1970, S. 1.
269 The Information Society, in: CSI Newsletter, Oktober/November 1974, S. 7.
270 Zu den USA vgl. Ensmenger: Boys, S. 51-82; Stuart S. Shapiro: Computer Software as Technology. An Examination of Technological Development, Diss. Carnegie Mellon Univ. 1992. Zu Europa vgl. überdies Gerald Alberts/Ruth Oldenziel (Hrsg.): Hacking Europe. From Computer Cultures to Demoscenes, London 2014, sowie zur Bundesrepublik Deutschland insbes. Homberg: Professionalisierung, S. 105-115.
271 Hans A. Rhee: Office Automation in Social Perspective. The Progress and Social Implications of Electronic Data Processing, Oxford 1968, S. 118.
272 Vgl. dazu allg. Karl Bednarik: Die Programmierer. Eliten der Automation, Wien/München 1965, S. 15; Thomas L. Whisler: Veränderung der Unternehmensstruktur durch Computer, in: Günter Friedrichs (Hrsg.): Computer und Angestellte, Bd. 1, Frankfurt a. M. 1970, S. 293-320; Dietrich P. Brandt: Die Auswirkungen der Automation auf die Unternehmungsleitung, in: Mensch und Arbeit 19,1 (1967), S. 19-24; Guido Fischer: Die wachsende Zahl der »Spezialisten« verändert Personalorganisation und Führungsformen, in: Personal 22,1 (1970), S. 2-5.

Vor allem in den USA wurde ab den 1960er Jahren zusehends um die Rolle der Programmierer gerungen. Die Existenz eines akademischen Netzwerks sowie betrieblicher Ausbildungs- und Lizenzierungsprogramme, Interessenverbände und Publikationsorgane, Qualitätsstandards und Ethikkodizes verhinderte indes auch hier kaum die wachsende Kritik, die dagegen anschrieb, im Programmierer den Repräsentanten eines neuen »Berufsstandes« – ähnlich der Medizin oder Juristerei – zu sehen.[273] Auch Rhee betonte die Grenzen dieses Anspruchs:

> The computer élite are beginning to erect collective defenses against the lay world. They are beginning to develop a sense of professional identity and values. [...] But the process of establishing professional attitudes and controls, and a professional conscience and solidarity, has not yet advanced very far.[274]

In gleicher Weise proklamierte die »Computer Society of India« die Ausbildung von Standards und Normen. Der monatliche Newsletter sammelte die neueste Literatur zu Computertheorie und Hardwareentwicklung, künstlicher Intelligenz und Managementtheorien, druckte Praxisbeispiele im Programmieren inklusive Quellcode und Lochkartenmustern ab und organisierte ab Mitte der 1970er Jahre auch Kurse im Bereich Programmieren und allgemeiner Datenverarbeitung. Ausgangs der Dekade diskutierte das Forum die Anwendungen und Probleme des Programmierens in indischen Sprachen. Auch die Idee eines »Code of Ethics« wurde in den 1970er Jahren kontrovers diskutiert: Am Rande eines Kongresses schlug ein Mitglied einen sogenannten »Babbage-Eid« vor, den ein EDV-Arbeiter leisten solle, um die moralische Integrität wie auch die Einhaltung von Qualitätsstandards zu sichern – von den Programmierern bis zu den »peripheral men« der Lochkartenstanzer und Operateure an den Konsolen.[275]

Dass hier stets von Männern die Rede war, bildete keine Ausnahme. In der elitären Computer Society, die vor allem (studierte) Fachexperten ansprach, waren Frauen lange kaum vertreten. Dies lag schon allein daran, dass in Indien die Zahl weiblicher Studierender im Allgemeinen und der Ingenieure und Computerspezialisten im Besonderen extrem gering war.[276] Während sich in den USA und Europa mit der Akademisierung des Berufes und der Ausbildung elitärer Berufsorganisationen die »Profession« des Programmierers

---

273 Vgl. Ensmenger: Boys, S. 163-194, hier: S. 168f. Zur Kritik, die auch in Indien wahrgenommen wurde, vgl. exempl. George F. Palmer: Programming. The Profession, that isn't, in: Datamation 21,4 (1975), S. 171-173.
274 Rhee: Office Automation, S. 118f.
275 Vgl. V.M. Sundaram: The Babbage Oath, in: CSI Newsletter, Juni 1974, S. 6-9.
276 Insgesamt waren in Indien noch 1975 weniger als 1% aller graduierten Ingenieure, darunter auch Elektroingenieure und Computer Scientists, weiblich; die Quote stieg bis Ende der 1980er Jahre auf circa 8%. Vgl. Parikh/Sukhatme: Women Engineers, S. 193f.

allerdings sukzessive zu einer männlichen Domäne entwickelte und von der Schar der bis dato vorrangig weiblichen EDV-Arbeiterinnen dividierte,[277] arbeiteten in Indien auch in der Datenverarbeitung lange Männer und Frauen gemeinsam. Zwar inszenierten gerade britische Computerkonzerne wie ICL in ihren Werbungen in Indien vorrangig Frauen an Lochkartenmaschinen und Computern und setzten diese als Werbegesichter ein, um im Rahmen von Messen und Ausstellungen die Maschinen zu präsentieren, doch erwies sich dieser Teil der Branche letztlich viel weniger als eine weibliche Domäne als in Europa.[278] Dies bedeutete indes durchaus nicht, dass Frauen keine Rolle spielten.[279]

277 Zu dieser Entwicklung in den USA und Europa vgl. Thomas Haigh: Masculinity and the Machine Man, in: Misa (Hrsg.): Gender Codes, S. 51-72; Nathan L. Ensmenger: Making Programming Masculine, in: Misa (Hrsg.): Gender Codes, S. 115-142; Abbate: Recoding Gender; Hicks: Programmed Inequality; Homberg: Professionalisierung, S. 107f. Hier erinnerte das gegenderte Bild des Computer-Spezialisten durchaus an das bereits lange zuvor geprägte Bild des männlichen Ingenieurs. Zur Geschichte des Genderings der Ingenieursbranche vgl. zudem Ruth Oldenziel/Annie Canel/Karin Zachmann: Introduction, in: dies. (Hrsg.): Crossing Boundaries, Building Bridges. Comparing the History of Women Engineers 1870s-1990s, Amsterdam 2000, S. 1-11; Ruth Oldenziel: Making Technology Masculine. Men, Women and Modern Machines in America, 1870-1945, Amsterdam 1999.
278 Vgl. dazu Hicks: Programmed Inequality, S. 114-122; ICT at the Indian Industries Fair, in: ICT Data Processing Journal 4,12 (1962), S. 21. Die Werbung britischer Computerkonzerne inszenierte hier einen imperialen Blick, der Frauen als »exotische« Trophäen zeigte. Im Vermögen, neue Märkte zu erobern und die Ökonomien, Bürokratien und das Leben der Männer und Frauen im Ausand zu verbessern, setzten Konzerne wie ICL den britischen Anspruch einer »Kulturmacht« ins Werk. Vgl. exempl. ICL Advertisements; Hot Stuff in Goso, in: ICL Marketing, 6. 2. 1970, S. 1, GB 133 NAHC/ICL/C106-107, Working Papers and Reports, International Computers Ltd. (ICL) Collection, National Archives for the History of Computing, University of Manchester.
279 Ausgangs der 1960er Jahre wurden dem Job der Operateurin von Lochkartenmaschinen – nach dem der Lehrerin und noch vor dem der Krankenschwester, der Bibliothekarin, der Stenotypistin oder der Telefon-Operateurin – die besten Karriereraussichten im Bildungs- und Dienstleistungssektor zugeschrieben. Vgl. P. Ramachandran: The Bombay Study, in: ders./S. N. Ranade (Hrsg.): Women and Employment, Bombay 1970, S. 1-34, hier: S. 34; Vidyut Khandwala: Established and New Professions. Untapped Capacities, in: YWCA of India (Hrsg.): The Educated Woman in Indian Society Today, Bombay 1971, S. 148-156, hier: S. 153; Rama J. Joshi: Contemporary Change in the Socio-Economic Role of Women in India, in: Kamla Bhasin (Hrsg.): The Position of Women in India, September 1972, Bombay 1973, S. 50-59, hier: S. 53; Inge Kaul: Zur Partizipation der Frau am gesellschaftlichen Produktionsprozess in Indien, in: Manfred Turlach (Hrsg.): Gesellschaft und Politik in Süd- und Südostasien, Bonn 1972, S. 137-162, hier: S. 153; Promilla Kapur: The Changing Status of the Working Woman in India, Delhi 1974, S. 82-85. Gleichwohl nahm sich die Zahl der Frauen in der EDV-Branche, gemessen an der Euphorie, relativ bescheiden aus – ganz zu schweigen von der Zahl weiblicher Programmierer. Die überwiegende Mehrzahl der Frauen arbeitete so – wie das Gros der Bevölkerung – im Agrarsektor. In den »professional, technical and related« Jobs im Industrie- und Dienstleistungsgewerbe des organisierten Sektors waren 1965 dage-

Abb. 13-14: Lochkartenstanzer bei der Arbeit (oben); Maschinen-
operatoren an einem ICL Computer im TCS-Rechenzentrum.
Tata Consultancy Services (ca. 1973) (unten).
Quelle: Tata Corporate Archives.

Im Service-Büro von Powers-Samas in Neu Delhi arbeitete so zum Beispiel 1955 gleich eine ganze Reihe an Frauen, und auch in der Ausbildung des Herstellers in Bombay prägten sie das Bild.[280] Allerdings wurden Jobs als Lochkartenstanzer bisweilen – wie im Fall der Tata Iron and Steel Company – eben auch exklusiv Männern vorbehalten; hier war eine Trainingsklasse an Freiwilligen durchweg männlich besetzt.[281] In vielen Fällen waren die Gruppen überdies – anders als in Europa – gemischt; so arbeiteten bei Air India eingangs der 1960er Jahre in nahezu gleichen Teilen männliche und weibliche Stanzer. Auch in der Tata-Gruppe war dies in den 1970er Jahren üblich.[282]

»Frauenarbeit« boomte derweil vor allem im Sektor der IT-Services, in dem sich die »Zweiklassengesellschaft« der Computerindustrie besonders deutlich zeigte. Hier waren Frauen vorrangig im Vertrieb, wie zum Beispiel in der Sonderhandelszone in Santa Cruz, tätig; überdies kamen sie – wie auch in Hongkong, Indonesien oder Malaysia – in prekären Anstellungsverhältnissen einer zusehends taylorisierten Hardwareproduktion zum Einsatz. In den 1990er Jahren übernahmen sie die ausgelagerten IT-Dienstleistungen in »Call-Centern«.[283] Dennoch gab es nur wenige Frauen, die – zuhause wie im Arbeitsalltag – Zugang zu Computern hatten.

> gen weniger als 10 % aller Frauen angestellt; diese Jobs waren in aller Regel Männerdomänen. Weniger als 500 von 3.700 Operatoren von Lochkarten- und Rechenmaschinen waren 1965 weiblich; 1968 arbeiteten 562 Frauen als Operatoren von Lochkarten- und Büromaschinen. Vgl. dazu Government of India: Occupational Pattern in India (Private Sector: 1965), Neu Delhi 1968, S. 10-12, 28-33, 50, 146-147; Occupational Pattern in India (Private Sector: 1967), Vol. 1, Neu Delhi 1970, S. 45, 75; Government of India [Labour Bureau]: Women in Industry, New Delhi 1975, S. 166-184, hier: S. 183, 194-200, und Tab. 3. Anders als in den USA oder in Europa blieb so z. B. auch im Bankwesen der Anteil der EDV-Spezialistinnen bis zum Beginn der 1990er Jahre in Indien ausgesprochen gering. Vgl. Gothoskar: Computerization, S. 163 f.
>
> 280 Vgl. Powers-Samas in the Sudan and India, in: The Powers Magazine, März 1954, S. 11; Powers-Samas Service Bureau in Delhi, in: The Powers Magazine, Juli 1955, S. 4-6. Der Versuch, das so geprägte Bild eines Jobs in der EDV nach Indien zu exportieren, scheiterte indes an der eigensinnigen Praxis lokaler Konzerne, die – anders als ihre britischen Pendants in Indien – auch weiter Männer im Bereich der EDV einsetzten. Zur Dynamik dieses Genderings vgl. hier allg. Mar Hicks: Sexism is a Bug, not a Feature, in: Mullaney/Peters/Hicks/Philip (Hrsg.): Computer, S. 135-158, hier: S. 148.
> 281 Die zwanzig Freiwilligen der Tata-Gruppe bekamen über zwei Monate hinweg eine Einweisung in den Betrieb der Maschinen durch Techniker von ICT (India). Vgl. ICT in India, in: ICT House Magazine 3,9 (1961), S. 28 f.
> 282 Vgl. ebd. sowie Tata Consultancy Services, in: Tata Review 9,2 (1974), S. 5-6; S. 24-26, TCA. Zur Praxis der Ausbildung von Lochkartenstanzern, EDV-Spezialisten und Programmierern vgl. zudem ganz allg. Computer Training Hitch, in: Times of India, 4.8.1971, S. 5; Computer at BEL to Aid Business Management, in: Times of India, 14.2.1976, S. 13; Women Scientists not Faring Well in Career, in: Times of India, 6.7.1978, S. 3.
> 283 Asha Purna Kachru: Frauenarbeit und Informationstechnik in der sog. Dritten Welt, in: Cyranek/dies./Kaiser (Hrsg.): Informatik, S. 227-232; dies.: Autonome

Tabelle 3: Männer und Frauen in der EDV-/IT-Branche (1971-1991)

Berufsgruppe Einteilung nach National Classification of Occupations (NCO) 1968	Jahr					
	1971		1981		1991	
	Männer	Frauen	Männer	Frauen	Männer	Frauen
Mathematiker, Statistiker und verwandte Berufe (z.B. Aktuare, Systemanalytiker und Programmierer)	10.884	776	15.813	1.458	30.754	3.785
Operatoren von Buchhaltungs- und Rechenmaschinen sowie von Maschinen zur automatischen Datenverarbeitung	9.288	550	15.477	1.514	58.974	10.965
Stenographen und Stenotypisten, Fernschreiber-Operatoren sowie Lochkarten- und Lochbandstanzer	165.999	40.372	230.836	89.399	261.125	133.085
Summe ∑ [EDV/IT]	186.171	41.698	262.126	92.371	350.853	147.835
Gesamtzahl aller Arbeiter/innen (Main Workers)	48.485.052	6.239.277	65.220.890	9.273.145	87.012.895	13.619.508

Tabelle 4: Männer und Frauen in der EDV-/IT-Branche (2001)

Berufsgruppe Index (NCO) [2001]	Jahr	
	2001* *Main Workers	
	Männer	Frauen
Mathematiker, Statistiker und verwandte Berufe (»Professionals«)	3.803	742
Computer-Fachleute (»Computer Professionals«)	172.067	35.022
Computer-Systementwickler und -analysten	3.477	808
Programmierer	145.752	31.227
weitere Spezialisten	22.838	2.987
DV-Fachleute und Computer-Assistenten (»Computer Associate Professionals«)	73.612	25.010
Computer-Assistenten und Berater im Bereich Computer Services	5.979	2.458

Maschinenbediener (Operatoren von Computern und Peripheriegeräten)	67.591	22.552
Spezialisten zur Steuerung industrieller Roboter	42	0
Sekretäre, Büro- und DV-Angestellte (»Secretaries and Key Board Operating Clerks«)	*448.559*	*153.563*
Stenographen und Typisten	188.741	93.906
Textverarbeiter und verwandte DV-Jobs	8.280	2.796
Datentypisten | Dateneingabe-Operatoren	87.720	26.066
Operatoren (in der DV) von Rechenmaschinen	47.663	9.509
Sekretäre	116.155	21.286
Summe ∑ [EDV/IT]	*698.041*	*214.337*
Gesamtzahl aller Arbeiter bzw. Arbeiterinnen (Main Workers) über Zensusgruppen hinweg	*120.545.394*	*24.963.806*
Gesamtzahl Bevölkerung	*532.223.090*	*496.514.346*

Tabelle 5: Wohnsitz der Arbeitnehmer/innen in der EDV-/IT-Branche (2001)

Berufsgruppe Index (NCO) [2001]	Jahr		
	2001* *Main Workers		
	Stadt	Land	Insges.
Mathematiker, Statistiker und verwandte Berufe (»Professionals«)	*3.567*	*978*	*4.545*
Computer-Fachleute (»Computer Professionals«)			
Computer-Systementwickler und -analysten	4.090	195	4.285
Programmierer	165.261	11.718	176.979
weitere Spezialisten	23.338	2.487	25.825
DV-Fachleute und Computer-Assistenten (»Computer Associate Professionals«)			
Computer-Assistenten und Berater im Bereich Computer Services	7.110	1.327	8.437
Maschinenbediener (Operatoren von Computern und Peripheriegeräten)	81.048	9.095	90.143
Spezialisten zur Steuerung industrieller Roboter	37	5	42
Summe ∑ [Computer- und DV-Fachleute]	*284.451*	*25.805*	*310.256*

Sekretäre, Büro- und DV-Angestellte (»Secretaries and Key Board Operating Clerks«)

Stenographen und Typisten	230.538	52.109	282.647
Textverarbeiter und verwandte DV-Jobs	8.120	2.956	11.076
Datentypisten/Dateneingabe-Operatoren	99.705	14.081	113.786
Operatoren (in der DV) von Rechenmaschinen	46.198	10.974	57.172
Sekretäre	69.087	68.354	137.441
Summe ∑ [EDV-Anwender]	*453.648*	*148.474*	*602.122*
Summe ∑ [EDV/IT]	*738.099*	*174.279*	*912.378*

Die »Profession« der Programmierer war so in Indien noch stärker als andernorts gegendert; daran änderten auch die Versuche, den Computer in den 1980er Jahren in die Schulen zu bringen, nichts. Vielmehr dauerte es bis an die Schwelle des 21. Jahrhunderts, bis Programme zur Förderung von Ingenieurinnen und Programmiererinnen langsam Mädchen und Frauen aus den akademisch gebildeten Mittel- und Oberschichten erreichten. In den letzten Jahren wurde der Rechner daher bereits als Vehikel weiblichen »Empowerments« beschrieben. Allerdings blieben gerade im ländlichen Raum überkommene Geschlechter-, Klassen- und Kastenhierarchien vielerorts weiter bestehen.[284]

Auch der Ethik-Kodex der »Computer Society« adressierte – wenngleich dies nie *expressis verbis* zur Sprache kam – vor allem Männer. So vollzogen sich die Beratungen über die Ausgestaltung des Kodex im Verbandsorgan ausnahmslos unter Männern. War der Verband hier alles andere als inklusiv, so gingen die Meinungen über die Frage, wie restriktiv die Zugangsberechtigungen und wie streng die Qualitätsstandards im Feld der Computer Sciences und der Programmierung zu überwachen seien, auseinander. Während die einen sich an der Rekrutierungspraxis etablierter Verbände ein Vorbild nahmen und zentrale Examen und Approbationen verlangten, sahen die anderen in einer universalen Verbreitung der Computerkenntnisse den vorrangigen Zweck des Verbands.[285] So versandete die Debatte eingangs der 1980er Jahre rasch wieder, obwohl einzelne Fälle – wie der »Software-Diebstahl« durch ein CSI-Mitglied

---

Informatikpolitik Indiens – ein Modell für die sog. Dritte Welt?, in: Cyranek/dies./Kaiser (Hrsg.): Informatik, S. 95-105, hier: S. 103 f. Die Sonderhandelszonen waren zugleich Zonen des Lohndumpings und eingeschränkter Arbeitnehmerrechte. Zur SEEPZ vgl. Sunanda Sen/Byasdeb Dasgupta: Unfreedom and Waged Work. Labour in India's Manufacturing Industry, Neu Delhi 2009, S. 97-122, hier: S. 103 f.; K. N. Ghorude: Labour in Export Processing Zones. The Case of the SEEPZ, Mumbai, in: Indian Journal of Labour Economics 47,4 (2004), S. 1093-1100, hier: S. 1096-1099; Maruschke: Zones, S. 428-432; vgl. überdies: Patel: Working.

284 Vgl. dazu: Sarkar: Digital Divide, sowie allg. Abbate: Code Switch. »Instead of equalizing disparities, IT-enabled globalization has created and further heightened divisions of class, caste, gender, religion.« Sarkar: Skills, S. 308.

285 Vgl. C. O. E. (Code of Ethics) For CSI, in: CSI Communications, März 1979, S. 15; Letters. Computer Ethics, in: CSI Communications, März 1980, S. 2: »no barriers

1980 – kurzzeitig die Gemüter erhitzten. Erst am 8. Mai 1993 verabschiedete der Verband im Rahmen voranschreitender Diskussionen um einen internationalen Verhaltens- und Ethik-Kodex in der IFIP ein eigenes Regelwerk.[286]

In anderen Fragen erwies sich der Diskurs als produktiver. So steigerte sich die »Computer Society« zu einem zentralen Forum der Auseinandersetzung um die indische Technologiepolitik. Die Jahreskongresse der CSI bilden hier den Wandel der Diskussion ab. Sie kreisten um die Wege der Computer-Ausbildung (1968) und die Frage der Automation (1970), um die Bedeutung der Computertechnik in den Plänen zur nationalen Entwicklung (1973/1975) sowie um die soziale Dimension der Technik (1976-1978), aber auch um deren spezielle Rolle als Medium der Kommunikation (1984), als Vehikel der Produktivitätssteigerung in der Industrie (1983) und in Agrarbetrieben (1985) sowie als Katalysator der Globalisierung (1993).

Überdies bezeugen die Artikel und Leserbriefe des CSI-Journals, wie kontrovers von Beginn an über die Rolle der Computerspezialisten und deren soziale Verantwortung gesprochen wurde. Neben Beiträgen, welche die Computer Sciences im Geiste der Modernisierungstheorie apologetisch als Versprechen des Wachstums und der »Unabhängigkeit« priesen und die »Computer People« – und allen voran die Programmierer – ganz ungebrochen als Agenten des sozialen Wandels sahen,[287] standen zur Mitte der 1970er Jahre zusehends auch Berichte über Ignoranz und Unwissen in der eigenen Zunft, über Hochstapler und vaterlandslose Abwanderer ins Ausland sowie über zunehmenden Dünkel und das Missverhältnis von Theoretikern und Praktikern. Dabei entzündete sich insbesondere an der Geringschätzung der Praxis immer wieder Kritik.[288]

In der Praxis erwies sich vor allem das Fehlen einer standardisierten Ausbildung als Manko. Eine Erhebung der CSI am Rande des Jahrestreffens in Hyderabad ergab noch 1976/77, dass es kaum universitäre oder anderweitige

like computer professionals should be introduced.« Vgl. dazu auch: Letters. Computer Ethics, in: CSI Communications, April 1980, S. 1.
286 Vgl. President's Desk, in: CSI Communication, November 1980, S. 1; Quo Vadis-CSI, in: CSI Communications, November 1981, S. 7; Code of Ethics for IT Professionals, in: CSI Communications, Juni 1993, S. 35 f. Vgl. allg. dazu D. Micah Hester/Paul J. Ford: Computers and Ethics in the Cyberage, Upper Saddle River, NJ 2001, S. 477 ff.
287 Computers will Accelerate Growth, in: CSI Newsletter, April 1973, S. 4; Communicate or …, in: CSI Newsletter, Juni 1973, S. 1; F. C. Kohli: Social Change and Computers, in: CSI Newsletter, Februar 1976, S. 9-12; M. G. K. Menon: Inaugural Address, CSI-Congress, in: CSI Newsletter, Februar 1976, S. 13-20.
288 Ignorance and Power, in: CSI Newsletter, April 1976, S. 1; Computers. A Curse or a Blessing?/Editor's Mail, in: CSI Newsletter, September 1976, S. 9-11; Where are the Angry Young Men?, in: CSI Newsletter, November 1976, S. 15 f.; Towards a Compleat Professional, in: CSI Newsletter, Februar 1977, S. 1; Computer Profession in India – Quo Vadis?, in: CSI Newsletter, Mai 1977, S. 1 f.; What (or Who) is a (Computer) Professional?, in: CSI Newsletter, April 1978, S. 9 f. Lyrisch verarbeitete das Magazin die Rolle des Programmierers 1975: The Programmer, in: CSI Newsletter, Dezember 1975, S. 20.

Ausbildungsprogramme gab: 14 von 15 »computer professionals« wurden von den Herstellern ausgebildet; »learning-on-the-job« war die übliche Praxis.[289] Über den Kreis der CSI-Mitglieder hinaus war auch ein Quereinstieg gänzlich ohne Vorbildung möglich. In der Jahresversammlung 1978 erklärte der Präsident der CSI, P.P. Gupta, die Förderung der Ausbildung daher zu einem zentralen Ziel des Verbands. In der Folge arbeitete der Verband Vorschläge zur Ausgestaltung universitärer Curricula und Ausbildungsprogramme aus.[290] Mit einem nationalen Examen zur Feststellung der Programmierkompetenz (NSTPC) leistete die CSI in den 1980er Jahren zudem einen Beitrag zur Standardisierung der Ausbildung.[291] Hier arbeitete die »Computer Society« eng mit den Industrie- und Branchenverbänden zusammen, die – wie die 1988 gegründete »National Association of Software and Services Companies« (NASSCOM) als Teilverband der »Software«-Branche – die Ziele der Computerindustrie vertraten.[292]

Der viel beschworene »Siegeszug« der IT-Branche verlief, wie die Geschichte des Fachverbands bewies, so auch in Indien keineswegs geradlinig. Vielmehr zeigte die Entwicklung zahlreiche Um- und Abwege, die auf das »brüchige« professionelle Selbstverständnis ihrer Protagonisten zurückwirkten. Ab den 1970er Jahren prägten so zwar zusehends eine akademisch-theoretische Ausbildung, ein elitäres Spezialwissen und Fachvokabular sowie Normen und Kodizes die Praxis; zugleich aber trat, vor dem Hintergrund einer wachsenden Spezialisierung und Standardisierung des Wissens, das Wissen der Praktiker alsbald auch in Konkurrenz zum akademischen Wissen der Theoretiker.[293]

289 Vgl. J.G. Krishnayya: Computer Society of India Policy Group. Questionnaire Analysis, Hyderabad 1976; Mohan Kaul/Nitin R. Patel: Problems of Technology Transfer to Third Generation Computers in India, in: Joseph/Kohli (Hrsg.): SEARCC, S. 53-60, hier: S. 58.
290 Vgl. P.P. Gupta: Presidential Address, 78 – Annual Convention, CSI Newsletter April 1978, S. 11-13; V.K. Joglekar: Suggestions on a Computer Science Curriculum, in: CSI Communications, Juli 1979, S. 23-26; Vaidyeswaran Rajaraman: A Computer Science Education in India, in: CSI Communications, Februar 1980, S. 11-13; D.M. Dhamdhere: Software Development in a University Environment, in: CSI Communications, Februar 1980, S. 15-20.
291 NSTPC: Why are the Results so Poor?, in: CSI Communications, Oktober 1983, S. 4f.; National Standard Test in Programming Competence, in: CSI Communications, Oktober 1987, S. 9.
292 Kiran Karnik: Coalition of Competitors. The Story of Nasscom and the IT Industry, Noida 2012, S. 11-18.
293 Zur »gebrochenen« Professionalisierung der IT-Branche – am Beispiel der BRD – vgl. Homberg: Professionalisierung. Klassischerweise zählen die Autonomie der Berufsausübung, ein exklusiver Berufszugang und eine Monopolisierung von Zuständigkeiten und Märkten zu den Kriterien des Professionsanspruchs, wie ihn Ärzte, Juristen und Theologen beschreiben. Vgl. dazu allg. Günther Schulz: Die Angestellten seit dem 19. Jahrhundert, München 2000, S. 87.

Letztlich spiegelte sich die ganze Zerrissenheit, die die Auseinandersetzung um den Kurs in der Technologiepolitik der 1970er Jahre kennzeichnete, in den Debatten der »Computer Society« exemplarisch wider. In der Kontroverse um den Computer als »Job-Killer« gaben sich viele Mitglieder der CSI als Fürsprecher der neuen Technik und suchten die Automationsängste zu zerstreuen.[294] Gleichzeitig bildete die Society aber auch ein Forum kritischer Positionen, die in der Computerisierung den Ausdruck einer Monopolisierung des Marktes zugunsten des »big business« und einer Schwächung der Arbeiter sahen: »Should the firms be allowed to computerise at such rapid pace? [...] It is for the government to step in and stop this insane race.«[295] Ein Mitglied des Verbands sorgte sich unter der Überschrift »Will Computer Replace Man?« gar um die Rolle des Menschen in der Ära künstlicher Intelligenz und verglich die Wirkung des Computers, gänzlich desillusioniert, bereits mit der destruktiven Kraft des Dynamits.[296]

Wie hier, so richtete sich die Maschinenkritik in vielen Artikeln gegen die (un)beabsichtigten sozialen und ökonomischen Konsequenzen technologischer Innovationen. Zwar barg der Computer in Entwicklungsländern wie Indien enorme Chancen.[297] Für viele Spezialisten war er aber vor allem ein modernes Faszinosum, das sowohl emanzipatorische als auch repressive Züge annehmen konnte: »Never has there been an instrument of such capacity

---

294 Automation Committee, in: Journal of the Computer Society of India 1970, S. 65-77. So hieß es im Magazin: »Many people dislike the word automation. It means to them tyrannical machines reducing Man to the status of mere pusher of buttons or watcher of dials and abolishing the need for human thought and judgement. We can sympathize with these fears, but we are sure they are unjustified. We are not destined to became a race of babysitters for computers.« Vgl. J. Jagtiani/P. G. Patankar: Role of Computers in Automation, in: CSI Newsletter, Oktober 1971, S. 12-14; Memorandum Submitted by the Bombay Chapter of the Computer Society of India on the Recommendations of the Committee on Automation, in: CSI Newsletter, Mai 1973, S. 5-7.
295 Automation With-Out Tears?, in: CSI Newsletter, Juni 1973, S. 4-6. Der Pressespiegel des Newsletters zitierte sogar einige Leserbriefe aus der überregionalen Presse, die sich ebenso entschieden wie grundsätzlich gegen den Prozess der Computerisierung richteten: »Let us throw out the telephones and have more messenger boys. Let us throw out the teleprinters and have more postal runners. Let us throw out the calculators and have more of the vizards [sic!] at figures, the South Indians. Let us throw out the typewriters and have more writers. [...] Let us throw out the tractor and even the bullocks and start using the good old plough with human labour at the yoke. [...] Time? [...] Let us slow down things a little bit. [...] With the very large labour force that we have in our country, we can ill afford to have labour saving devices like the computer.«
296 Vgl. S. S. Thakur: Will Computer Replace Man?, in: CSI Newsletter, September 1977, S. 4-7.
297 Vgl. N. S. Ramaswamy. Presidential Address – Annual Convention, in: CSI Newsletter, April 1973, S. 7-13; S. K. Arora: The Social Impact of Computers in India, in: CSI Newsletter, Februar 1975, S. 2; Vaidyeswaran Rajaraman: Computers and Developing Countries, in: CSI Newsletter, Juni 1973, S. 7-9, hier: S. 7.

for the useful good and at the same time of such potential for mischief and even evil.«[298]

Indiens Kurs in der Technologiepolitik war und blieb ein Gegenstand kontroverser Aushandlung. An der Frage, welche Technologien einem Land wie Indien »angemessen« und ein Schlüssel zur oder doch eher ein Hemmnis der avisierten Autonomie waren, erhitzten sich die Gemüter. Dabei galten im »War over Self-Reliance«[299] lange vor allem »large-scale technologies« als Waffen; kleine Technologien, wie Akkus zum Einsatz in Radios und Taschenlampen, wurden derweil an den Rand geschoben. Indes bestimmte das Ziel der »Unabhängigkeit« in sehr verschiedenen Bereichen die Technologiepolitik des Landes. Neben dem Feld der Elektronik waren dies vor allem die Gebiete der Energie- und Raketentechnik, aber auch diverse Anwendungsgebiete der Maschinentechnik, zum Beispiel zur Verarbeitung von Ressourcen in Industrie und Agrarwesen. Der Anspruch der Autarkie war hier gerade vor dem Hintergrund der globalen Debatte um die »Grenzen des Wachstums« zu verstehen. Die Hochphase der »Appropriate Technology«-Bewegung und ihr Credo »Small is Beautiful« setzten dem Gigantismus der Planungsdekaden gleichwohl kein Ende. Obschon eingangs der 1980er Jahre so beispielsweise die Idee des »barefoot microchip« in sprachlicher Anlehnung an den »Barfuß-Doktor« an Zuspruch gewann,[300] die vorsah, die Technologie der Kleincomputer in die abgeschlagenen, vorwiegend ländlichen Gebiete zu bringen, die bis dato keinen Zugang zu den viel gepriesenen Hochtechnologien hatten, blieb die indische Republik auch in der Folge, als Premier Rajiv Gandhi neue Wege in der Technologiepolitik beschritt und neue Märkte eroberte, ein Land der Gegensätze.

---

298 Computers, As I See Them, in: CSI Newsletter, Oktober 1977, S. 8-10.
299 Vgl. Anderson: Nucleus, S. 443-477, sowie allg. in vergleichender Perspektive: Sigrid Schmalzer: Self-Reliant Science. The Impact of the Cold War on Science in Socialist China, in: Naomi Oreskes/John Krige (Hrsg.): Science and Technology in the Global Cold War, Cambridge, Mass. 2014, S. 75-105.
300 Vgl. dazu Becker: Informationstechnologie, S. 82-86; Jean Lipman-Blumen: Exquisite Decisions in a Global Village, in: Kenneth A. Dahlberg (Hrsg.): New Directions for Agriculture and Agricultural Research, Totowa, NJ 1986, S. 42-64, hier: S. 51-53; George G. van der Meulen: Microcomputer Applications in Urban and Regional Planning in the Developing Countries, in: Manas Chatterji (Hrsg.): Technology Transfer in the Developing Countries, New York 1990, S. 225-235, hier: S. 226-228.

6. Neue Wege, neue Märkte

6.1 Indiens »New Computer Policy«

Ausgangs der 1970er Jahre war die »Welt im Umbruch«.[1] Politisch drohte nach Jahren der Entspannung und der »friedlichen Koexistenz« der Ost-West-Gegensatz zu eskalieren und der Kalte Krieg in einen heißen umzuschlagen. Während die USA unter Ronald Reagan den Kurs der Vereinbarung verlassen und die UdSSR in der »Evil-Empire«-Rede vom 8. März 1983 als Reich des Bösen beschrieben hatten, hatte letztere ausgangs der 1970er Jahre mit dem Einmarsch in Afghanistan eindrücklich unter Beweis gestellt, dass sie den USA in ihren imperialen Interessen in nichts nachstand. Da auch die Zahl der Raketensprengköpfe in den 1970er Jahren weiter gestiegen war, mehrten sich die Ängste vor einem Atomkrieg, der zu einem realistischen Szenario zu werden schien. Auch in anderer Hinsicht war die Dekadenschwelle zu den 1980er Jahren von Krisendiagnosen geprägt; politische Umstürze und ökonomische und kulturelle Paradigmenwechsel waren die Folge. So brachte die Zeitenwende eingangs der 1980er Jahre den Siegeszug des Neoliberalismus und der Ökologiebewegung, das Erstarken eines religiösen Fundamentalismus in der Iranischen Revolution und der »Befreiungstheologie« in Lateinamerika, bei schleichendem Niedergang der katholischen Kirche in Europa, aber auch den Durchbruch globaler Solidaritätsbewegungen mit den Ländern des globalen Südens und die Neuordnung eines Regimes globaler Moralpolitik. Die Globalisierung, die zeitgenössisch als »Interdependenz« und viel später als »shock of the global«[2] beschrieben wurde, war indes zugleich Ergebnis (medien-)technologischen Wandels: Die Live-Übertragung von Geschichte und Geschehen in Funk und (Satelliten-)Fernsehen zeitigte ein neues Gegenwartsverständnis.

Technologisch waren die 1980er Jahre in globaler Perspektive sowohl das Jahrzehnt der Individualisierung der Computernutzung als auch der globalen Vernetzung der Computertechnik. So rückte einerseits der Personal Computer in die privaten Haushalte vor und avancierte – als Konsumgut, allen voran in den USA und Europa – vielerorts zum Alltagsgegenstand.[3] Andererseits etablierte sich das »Usenet« 1980 als erstes ziviles, offenes Computernetzwerk. In Erinnerung an das in den 1960er Jahren eingerichtete abgeschirmte, militärische Netzwerk der US-Regierung verstand es sich als »poor man's Arpanet«.[4]

---

1 Frank Bösch: Zeitenwende 1979. Als die Welt von heute begann, München 2019, S. 9.
2 Ferguson et al. (Hrsg.): Shock.
3 Vgl. dazu: Gleb Albert: Der vergessene »Brotkasten«. Neue Forschungen zur Sozial- und Kulturgeschichte des Heimcomputers, in: Archiv für Sozialgeschichte 59 (2019), S. 495-530; Danyel: Zeitgeschichte, S. 188-198.
4 Bryan Pfaffenberger: »A Standing Wave in the Web of our Communications.« Usenet and the Socio-Technical Construction of Cyberspace Values, in: Christopher Lueg/ Danyel Fischer (Hrsg.): From Usenet to CoWebs: Interacting with Social Information

Bis zum Ende des Jahrzehnts transportierte das »Usenet« täglich knapp 6 Megabyte an Daten und verschickte mehr als 2.700 Artikel in seinen Newsgroups. So verband das Netzwerk mehr als eine halbe Million Leser in 17 Ländern und reichte bereits bis nach Indien.[5]

Abseits der zivilen Nutzung der Rechentechnik waren die 1980er Jahre allerdings auch die Dekade computergestützter Militärprogramme, Überwachung und Kontrolle. Intelligente Führungs- und Informationssysteme sowie autonome Wehrsysteme schienen die Theorien von Cyborgs als Menschmaschinen wahr werden zu lassen. Die Evolution von digitalen Computern, die Ursprünge von Kybernetik und Operations Research sowie die Forschung im Bereich der kognitiven Psychologie und Künstlichen Intelligenz waren in diesem Zusammenhang die technologischen Wegweiser einer »abgeschlossenen Welt« des Kalten Krieges, dessen Denksystem gleichsam binär war und sich aus dem Freund-Feind-Schema ergab.[6] Nur wenige Tage nach der »Evil-Empire«-Rede kündigte Reagan in einer als »Star-Wars«-Rede in die Geschichte eingegangenen Ansprache an die Nation am 23. März 1983 eine strategische Verteidigungsinitiative (SDI) an, hinter der sich ursprünglich Pläne eines neuen computerisierten Laser- und Raketensystems zur Abwehr eines sowjetischen Atomschlags aus dem All verbargen.[7] Dass der Computer die Erde keineswegs vor dem drohenden Schreckensszenario bewahren als vielmehr gerade an den Rand eines nuklearen Kriegs bringen könnte, hatte sich im Juni 1980 bewiesen, als ein Fehler in der Kommandozentrale der amerikanischen Air Force einen Atomalarm aus- und die Alarmroutinen – inklusive eines Geschwaders Hunderter Jets – in Gang setzte. Die Irrwege einer solchen Inszenierung des Krieges aus dem Computer und die Abgründe der »War Games« als einer Politik der digitalen Simulation avancierten ab 1983 zu einem Motiv der Populärkultur in Filmen und Computerspielen.[8]

Spaces, London 2003, S. 20-44, hier: S. 24-25; Paul Ferdinand Siegert: Die Geschichte der E-Mail: Erfolg und Krise eines Massenmediums, Bielefeld 2008, S. 280f.

5   Vgl. Eugene Spafford: The USENET, in: Tracy Laquey (Hrsg.): The User's Directory of Computer Networks, Bedford, Mass. 1990, S. 386-391, hier: S. 386f.

6   Vgl. Edwards: Closed World, S. 12-15; S. 277-301.

7   So erwies sich die SDI als Fortsetzung bisheriger Anstrengungen um ein computergestütztes Verteidigungssystem. Das »Semi-Automatic Ground Environment« (SAGE) des nordamerikanischen Weltraumverteidigungskommandos NORAD war nach ersten Tests in den 1950er Jahren ab 1963 in Einsatz gegangen. Es war in der Lage, die Langstreckenbomber der UdSSR zu ermitteln und auszuschalten. Die Bedrohung durch Bomber war indes bereits der durch Interkontinentalraketen gewichen. So blieben computergestützte Überwachungs- und Verteidigungssysteme auch in den 1970er Jahren ein Gegenstand intensiver Forschungen. Vgl. dazu Edwards: Closed World, S. 75-111.

8   Zum popkulturellen Computer-Diskurs vgl. Stephanie Ricker Schulte: Cached. Decoding the Internet in Global Popular Culture, New York/London 2013, S. 1-54; William M. Knoblauch: Strategic Digital Defense: Video Games and Reagan's »Star Wars« Program. 1980-1987, in: Matthew Wilhelm Kapell/Andrew B. R. Elliot (Hrsg.):

In den Planspielen an der Peripherie des Kalten Krieges gelegen, war der Indische Ozean zu einem der zentralen Schauplätze in der geopolitischen Auseinandersetzung zwischen den USA und der UdSSR in den 1980er Jahren geworden. Indiens Nähe zu Moskau erregte in Delhi die Sorge vor einer amerikanischen Intervention in der indisch-pakistanischen Auseinandersetzung. Gleichzeitig schien Indien nach den Atombombentests in den 1970er Jahren und den Raketenstarts im Rahmen seines Satellitenprogramms 1983 in den Augen Washingtons durchaus in der Lage, in der Region eigene Mittel- und womöglich gar Interkontinentalraketen einzusetzen. Der Versuch, die Rivalität, die sich im Ausbau militärischer Basen der Supermächte im Indischen Ozean zeigte, zu beenden und eine Friedenszone zu errichten, erwies sich indes als diplomatisches Dilemma. Einerseits lag es im originären Interesse der USA, das sich ab der Mitte der 1980er Jahre unter Premier Rajiv Gandhi zusehends gen Westen orientierende Indien durch die Liberalisierung seiner Zoll- und Importpolitik aus der Dependenz der UdSSR zu lösen; andererseits bedeutete gerade diese Strategie, dem Land zugleich Zugang zu »Dual Use«-Hochtechnologien wie Computern und Elektronik zu ermöglichen, die sowohl im zivilen als auch im militärischen Bereich anzuwenden waren. Im Jahr 1987 garantierten die USA Indien Lizenzen zu Importen im High-Tech-Bereich über 1,143 Milliarden US-Dollar. Ein indo-amerikanisches Komitee schlug sogar eine Ausdehnung der Kooperation vor.[9] Für Indien waren der Ausbau der Forschung im indischen Ozean und hier vor allem das Vordringen bis zur Antarktis, das nach Beschluss des neu gegründeten »Departments of Oceanic Development« durch die Unterzeichnung des Antarktisvertrags 1983 begonnen worden war, ein ökonomisches und symbolpolitisches Vorhaben zugleich.[10] Im

Playing with the Past. Digital Games and the Simulation of History, New York 2013, S. 279-296, hier: S. 284-285.
9 Vgl. Selig S. Harrison: India, the United States and Superpower Rivalry in the Indian Ocean, in: ders./K. Subrahmanyam (Hrsg.): Superpower Rivalry in the Indian Ocean. Indian and American Perspectives, Oxford 1989, S. 246-286, hier: S. 261-278. Vgl. auch: Appendix: Conclusion and Recommendations of the Indo-American Task Force on the Indian Ocean, in: Harrison/Subrahmanyam (Hrsg.): Superpower, S. 287-292, hier: S. 292. Das Prestige der Ozean-Forschung zeigte sich auch darin, dass hier von Beginn an Computer zum Einsatz kamen. Das 1963 gegründete »International Meteorological Centre« in Bombay hatte noch im Jahr seiner Gründung aus den Mitteln des UNDP einen IBM-Rechner erworben. Vgl. R. Suryanarayana/Forrest R. Miller: Electronic Computer Aids Research on Indien Ocean Expedition, in: Bulletin of the American Meteorological Society 45,10 (1964), S. 644-647; C. R. V. Raman: Data Processing at the International Meteorological Centre, Bombay, in: World Meteorological Organization (Hrsg.): Data Processing in Meteorology, Genf 1966, S. 119-123, sowie allg. Sunil S. Amrith: Unruly Waters. How Mountain Rivers and Monsoons Have Shaped South Asia's History, New York 2018, S. 229-268, hier: insbes. S. 237.
10 Vgl. C. Raja Mohan: Emerging Economic Issues in the Indian Ocean. An Indian Perspective, in: Harrison/Subrahmanyam (Hrsg.): Superpower, S. 168-222, hier: S. 200-203. Indien reklamierte hier den Ozean als »common heritage of mankind« im

Rahmen seiner Missionen versuchte Indien sowohl auf der Erde als auch darüber hinaus – nur ein Jahr später schickte das Land an Bord der sowjetischen Soyuz T-11 den ersten Astronauten ins All – die Grenzen des Machbaren zu verschieben.

Die Ausweitung der Anstrengungen war auch ein Ergebnis der Politik Rajiv Gandhis, der nach der Ermordung seiner Mutter den Posten an der Spitze der Kongresspartei und – nach einem Erdrutschsieg bei den Wahlen 1984 – auch den des Premiers übernommen hatte. Unter Gandhi, der sich von einer Phalanx an Technokraten beraten ließ, kam es zu einer Konzentration in den Forschungsaktivitäten. Bereits 1985 hatte er zu Protokoll gegeben, dass seine Regierung keine Produktivitätsprobleme und keine »rubbish science« mehr akzeptieren werde.[11] In der Akademie erzeugte Gandhis Ankündigung, vor allem in Forschungen der Biotechnologien und Mikroelektronik zu investieren, Skepsis. Ein Vertreter des Forschungsrats klagte: »The Minister wants us to leapfrog to the twenty-first century. But we cannot get there without twentieth century technology.« Gandhi und seine Berater brandmarkten den Bereich der Forschung und Entwicklung derweil als »castrated«. Die Forschungslabore des Landes schienen ihnen so beinahe als »condemned institutions«.[12]

Hinter der Rhetorik eines radikalen Bruchs mit der Technologiepolitik seiner Vorgänger stand bei Gandhi die Überzeugung, dass Indiens Strategie der »Autonomie« einer Hinwendung zur Kooperation, einem politischen Internationalismus und einer ökonomischen Liberalisierung weichen müsse. Freilich hatte bereits Indira Gandhi eingangs der 1980er Jahre eine indisch-amerikanische Initiative zur Kooperation im Bereich Forschung und Technologie gestartet, in deren Zuge bilaterale Förderprogramme zum Ausbau der Forschung im Agrarwesen, in der Gesundheitsversorgung oder auch im Katastrophenschutz und hier vor allem in der Monsun-Vorhersage begonnen wurden. Gandhi und Reagan unterzeichneten alsdann im Juni 1985 am Rande des ersten Staatsbesuchs des neuen indischen Premiers in Washington D.C. ein gemeinsames »Technology Cooperation Agreement«. Im Oktober 1987 vereinbarten beide Seiten eine Ausweitung der Kooperation bis 1990.[13]

In seiner Ansprache an die »National Academy of Sciences« erinnerte Gandhi an die bestimmende Rolle neuer Technologien »as a means of developing India« in den vergangenen 37 Jahren. Die Hungerprobleme der »Dritten Welt« – unter denen Afrika und weite Teile Lateinamerikas litten – habe Indien in den Jahren der »Green Revolution« dank der Unterstützung der USA lin-

---

Namen der Länder der »Dritten Welt«. Dem Anspruch, sich am Antarktis-Bündnis zu beteiligen, schlug indes Skepsis aus solchen Ländern des globalen Südens entgegen, die ihrerseits Zugang beanspruchten.

11 Vgl. K. S. Jayaraman: Indian Technology. Quest for Self-Reliance Runs into Trouble, in: Nature, 14.11.1985, S. 93.
12 Ebd.
13 Vgl. Science and Technology Report and Outlook – 1985-1988, Washington D.C. 1988, S. 20f. Vgl. überdies allg. Sukumar: Midnight's Machines, S. 103.

dern können und werde sie schon bald, gab er sich überzeugt, gänzlich hinter sich lassen können, doch gebe es bereits neue Hindernisse: »our people have an appetite and a need for newer technology, information technology.«[14] Der Presse gegenüber betonte er im Anschluss die Chancen, die in IT-Services und dem Bereich der Computer-Programmierung lägen: »The Indian mind somehow adapts well to producing software!« Die Ausbildung in den USA sei daher kaum als »Brain Drain« zu bezeichnen, vielmehr als Inspiration, die in den als »mission areas« beschriebenen Zielbereichen der Forschung dringend geboten sei.[15] Vor dem Kongress wiederholte er:

> Our task is to bring India to the threshold of the 21st Century. As a developing economy, much of the technology we need will be technology that we will generate ourselves, that will be appropriate to our situation. But at the same time there is immense scope for the application of modern technology to solve many of our problems.[16]

Um Indien an die Schwelle zum 21. Jahrhundert zu bringen, hatte Gandhi gerade zu Beginn seiner Regierung überdies auch an der Schaukelpolitik seiner Vorgänger festgehalten.[17] Drei Wochen vor seiner Rede in den USA war er zu einem Staatsbesuch nach Moskau gereist, wo er vom neu gewählten Generalsekretär des Zentralkomitees der KPdSU, Michail S. Gorbatschow, empfangen wurde. In einer Fernsehansprache an das russische Volk sprach Gandhi am 22. Mai 1985 über die gewachsene Verbindung der beiden Staaten, die symbolische Bedeutung der »Bündnisfreiheit« und die Meilensteine der technischen Kooperation – den Bau der Stahlwerke in Bhilai und Bokaro, die Ausbildungsprogramme von Ingenieuren und Technikern sowie den Flug des indischen Kosmonauten an Bord der sowjetischen Mission. In einer gemeinsamen Erklärung wurde in der Folge der Ausbau der Kooperation im Bereich von Forschung und Technologie vereinbart.[18]

---

14 Rajiv Gandhi: Address at National Academy of Sciences, in: Prime Minister Rajiv Gandhi Visits USA, June 11-15, 1985, Neu Delhi 1985, S. 16-18, hier: S. 16. In ähnlicher Weise, erklärte Gandhi am Rande seines Besuchs der Presse, sei der Einsatz moderner Technologien der Schlüssel zur ökonomischen Modernisierung Indiens: »Our biggest problem was agriculture, feeding ourselves. And with the best technology, which means the best seeds, the best fertilizers, the best implements, we were able to overcome that and today we are more than self-sufficient.« Vgl. Interview with NBC's Meet the Press, in: ebd., S. 99.

15 Ders.: Address at National Academy of Sciences, in: Prime Minister Rajiv Gandhi Visits USA, S. 17 f.

16 Ders.: Address to the U.S. Congress, in: Prime Minister Rajiv Gandhi Visits USA, S. 20-27, hier: S. 23 f.

17 Vgl. dazu M. Rasgotra (Hrsg.): Rajiv Gandhi's India. A Golden Jubilee Retrospective, Bd. 3: Foreign Policy, New Delhi 1998, Kap. III: Dealing with Superpowers, S. 109-135, hier: insbes. S. 120-123, 130-135.

18 Vgl. Rajiv Gandhi: Address to the Soviet People on TV, in: Prime Minister Rajiv Gandhi Visits USSR, May 21-26, 1985, Neu Delhi 1985, S. 16-18, hier: S. 17.

Das verbindende Band zwischen den USA und der UdSSR war ihre technologische Stärke. Gandhi, der sich zeitlebens um den Ausbau der technologischen Kapazitäten des Landes bemühte, gab der Förderung der Elektronik- und Computertechnologie durch bilaterale Kooperationen entscheidenden Anschub. Indien müsse, so erklärte er im Februar 1985, um autonom zu werden, endlich Teil der »Computer Revolution« werden.[19]

Wie seine Amtsvorgänger sah Gandhi einen engen Nexus von Technologie und Entwicklung.[20] Doch erkannte er anders als Nehru und die Technokraten der 1950er Jahre die Notwendigkeit, die Förderung von Hochtechnologien und den Einsatz kleiner Technologien zur Linderung der Sorgen und Nöte der Massen zu versöhnen. So mahnte er an, die Technologien an die Voraussetzungen des sich nur langsam und ausgesprochen ungleichzeitig entwickelnden Landes anzupassen: »To remove poverty we have to look at technology, [...] not make the villager run a super computer, but improving his plough, improving the seeds, improving the fertilizer – that is all technology.«[21] Ein vorrangiges Ziel des Premiers war es, die neuen Technologien dem »average Indian« zuteil werden zu lassen[22] und so »not just electronics for the elite, but electronics to help everyone in our country« zu entwickeln.[23] Indes wies Gandhi dem Bereich der Mikrocomputer und -prozessoren wie auch dem Feld der Programmierung, das – wie er 1985 optimistisch schätzte – perspektivisch auch ländliche Regionen erreichen werde und hier von heimarbeitenden Frauen über-

---

19 »We missed one bus with the Industrial Revolution, a sudden boost in muscle power, and we were not able to catch up for 300 years. Maybe we didn't jump on the second bus on time – [...] the electronic revolution [...] – and now we have to run behind that bus, catch up to it, and jump on it. I think we are capable of doing this.« Ders.: Electronics for Progress, 21.2.1985, in: Rajiv Gandhi. Selected Speeches and Writings, Vol. 1, S. 93-95.

20 Vgl. exempl. ders.: Let us Strengthen India, Independence Day Speech, 15.8.1985, in: Rajiv Gandhi. Selected Speeches and Writings, Vol. 1, S. 43-48, hier: S. 45; Strong Nexus Between Development and Science, 22.5.1989, in: Rajiv Gandhi. Selected Speeches and Writings, Vol. 5, Neu Delhi 1991, S. 136-138, hier: S. 137.

21 Ders.: A Year of Achievements, 27.2.1986, in: Rajiv Gandhi. Selected Speeches and Writings, Vol. 2, Neu Delhi 1989, S. 3-23, hier: S. 17. »We do not have to put a computer in the village, that is not development.« Industry Must be Competitive, 10.1.1987, in: Rajiv Gandhi. Selected Speeches and Writings, Vol. 3, Neu Delhi 1989, S. 231-236, hier: S. 235.

22 Ders.: Science Must Serve our People, 6.10.1986, in: Rajiv Gandhi. Selected Speeches and Writings, Vol. 2, S. 157-158, hier: S. 157. Letztlich kamen Computer auch in ländlichen Regionen zusehends zum Einsatz. Vgl. Cooperative Movement. An Instrument of Economic Growth, 20.1.1989, in: Rajiv Gandhi. Selected Speeches and Writings, Vol. 5, S. 71-75, hier: S. 72; Transforming the Rural Scene, 25.3.1989, in: Rajiv Gandhi. Selected Speeches and Writings, Vol. 5, S. 105-107. Zu Gandhis Anspruch der Autonomie vgl. Technological Development and Elimination of Poverty, 11.4.1988, in: Rajiv Gandhi. Selected Speeches and Writings, Vol. 4, Neu Delhi 1989, S. 229-232, hier: S. 230f.

23 Ders.: Trade Fair. A Key Point in Our Economic Calendar, 14.11.1986, in: Rajiv Gandhi. Selected Speeches and Writings, Vol. 2, S. 127-128, hier: S. 128.

nommen werden könne, eine zentrale Rolle zu im Prozess, soziale, ökonomische und räumliche Grenzen zu überwinden.[24] Auch deshalb rücke die Computerausbildung in der Schule rasch in den Fokus seines Regierungsprogramms.[25] Rajivs glänzende Rhetorik konnte gleichwohl kaum darüber hinwegtäuschen, dass die Praxis hinter den hehren Zielen und euphorischen Ankündigungen lange zurückblieb. Auch unter seiner Regierung blieben der Zugang zu und die Ausbildung an Computern ein Privileg der urbanen Mittel- und Oberschichten. Dass Gandhis Herz vor allem für die Spitzentechnologien – digitale Computer- und Netzwerktechnik, Genetik- und Zell-Forschung oder auch Laser- und Solartechnik – schlug, wurde in einer Rede des Premiers im Technologiezentrum und Thinktank »C-DOT« im Oktober 1987 allzu deutlich:

> I have held that poverty by definition is the lack of use of technology by the average person. And as long as we prevent the average person from using better technology, we are either inadvertently or deliberately continuing his level of poverty and not allowing him to get out or break free from that burden of poverty. [...] The danger, of course, is in getting carried away with the more esoteric and the glamorous areas which do not necessarily benefit the average person. So, we must see that our concentration is in the right place, and then push ahead with the most advanced technologies. [...] Appropriate technology is only appropriate for those who are exporting it to us and those who are trying to get rid of old, redundant units which they cannot use anymore anywhere else; it is appropriate for them and not appropriate normally for us.[26]

So nahm es kaum wunder, dass die Innovationen im Bereich der Anwendungs- und Konsumelektronik nur langsam in den Alltag breiterer Bevölkerungsschichten vorrückten. Im »Presidential Palace« dagegen waren sie alsbald allgegenwärtig.

Rajiv Gandhi war schon als Kind technikbegeistert gewesen; kurz nach seinem Studium in Cambridge, das er ohne Abschluss verließ, hatte er eine private und kommerzielle Pilotenlizenz erworben und im Dezember 1967 in der staatlichen Indian Airlines eine Karriere als Flieger begonnen. Bis zu seinem Einstieg in die Politik 1980 arbeitete er als Pilot, in seinen letzten Dienstmonaten war er Ausbilder geworden. Schon zu Jugendzeiten hatte er an Maschinen gebastelt; sein erstes Radio hatte er aus einem in Japan hergestellten Yaesu-Transmitter gebaut, und als Premier als einer der ersten Menschen in Indien ausgangs der 1980er Jahre einen Sony-Walkman und einen CD-Spieler

---

24 Ders.: Coming Generation is the Pride of the Nation, 23.3.1985, in: Rajiv Gandhi. Selected Speeches and Writings, Vol. 1, S. 201-202, hier: S. 202.
25 Vgl. Science and Technology. Symposium (chaired by Sam Pitroda), in: V. Ramachandran (Hrsg.): Rajiv Gandhi's India. A Golden Jubilee Retrospective, Bd. 2: Economics, Neu Delhi 1998, S. 87-132, hier: S. 87.
26 C-DOT Reinforces National Confidence, 1.10.1987, in: Rajiv Gandhi. Selected Speeches and Writings, Vol. 3, S. 258-262, hier: S. 258 f.

besessen. Als Premier machte er sich rasch einen Namen als »man of computers«.[27] Gandhi, der ein Kurzwellen-Radio und zwei Toshiba-Laptops besaß, um Notizen zu erstellen, Termine zu organisieren und seine Reden durchzugehen, wusste sein Image durchaus zu inszenieren. Politisch scharte er dazu eine Gruppe an hochgebildeten, technik- und vor allem computerbegeisterten Freunden aus Industrie und Forschung um sich, die in den Medien schnell den Spitznamen »Computer Boys« bekamen.[28]

Rajiv setzte durch eine Reihe von Direktiven den Ton einer neuen Computerpolitik. Den Übergang aber hatte bereits Indira Gandhi vollzogen. Eingangs der 1980er Jahre waren erste Gesetze zur Förderung der Elektronikproduktion und der IT-Services erlassen worden.[29] Im August 1983 kündigte der stellvertretende Elektronikminister S. Rao ihres Kabinetts in der Lok Sabha mit der »New Electronics Policy« die Abkehr von der bis dato geltenden Importpolitik, der Beschränkung des Warenverkehrs und des restriktiven Regimes einer Lizensierung industrieller Produkte an.[30] Der Ansatz der rigiden Lizenzpolitik, der alle – in Indien wie im Ausland produzierten – Güter berührte, hatte sich gerade im Bereich der (Konsum-)Elektronik als Hemmschuh der Entwicklung des Landes erwiesen. Auch in ganz elementaren Feldern des Lebens war das Land durch die rigiden Beschränkungen und den überbordenden Amtsschimmel heillos in Rückstand geraten. So war die Elektrizitätsversorgung nur wenig stabil und reichte kaum in die ländlichen Regionen vor. Über 95 % der Telefonanschlüsse waren in den Metropolregionen, und die Warteliste, um

---

27 Vgl. Nicholas Nugent: Rajiv Gandhi. Son of a Dynasty, London 1990, S. 40-43; S. 67-70; K. V. Singh: Political Profiles of Modern India, Neu Delhi 2005, S. 354-379, hier: S. 355.
28 Vgl. dazu Sharma: Outsourcer, S. 78-83. Zu dieser Gruppe zählten unter anderem Arun Nehru, ein Cousin Gandhis und Vorsitzender des Konzerns Jenson and Nicholson, Arun Singh, leitender Angestellter bei einem britischen multinationalen Konzern, Satish Sharma, der wie Gandhi bei Indian Airlines war, der Computerpionier Prabhakar Shankar Deodhar, der Mitte der 1980er Jahre zum Vorsitzenden der Electronics Trade & Technology-Corporation avancierte, Narasimhiah Seshagiri, Generaldirektor des Nationalen Informatikzentrums (NIC) und Entscheidungsträger im Elektronikministerium (DoE), der Telekommunikationspionier Sam G. Pitroda, der das Center for the Development of Telematics (C-DOT) gründete, der Parlamentsabgeordnete und Industrielle Ashok Ganguly oder auch M. S. Sanjeevi Rao, Kongressmitglied und -sprecher in Fragen der Industrie- und Technologiepolitik in der Lok Sabha.
29 Dazu zählten die »Policy on Electronic Components« (1981), die »Software Export Promotion Policy« (1982) und die »Industrial and Licensing Policy for Colour Television Receiver Sets« (1983). Vgl. Scherf: Eigenständigkeit, S. 73-90; Ashok Parthasarathi/K. J. Joseph: Innovation under Software Orientation, in: Anthony P. D'Costa/E. Sridharan (Hrsg.): India in the Global Software Industry, Basingstoke 2004, S. 83-111, hier: S. 88 f.
30 Statement Re Measures to Further Accelerate the Rapid Development of Electronics, in: Lok Sabha Debates, Vol. 40, No. 18, 18.8.1983, Sp. 298-302. Vgl. dazu auch: T. N. Ninan: Electronics. Fast Forward, in: India Today, 15.9.1983, S. 106-109, hier: S. 107.

einen solchen Anschluss zu erhalten, zählte am Ende der Ära der »Lizenzherrschaft« – die sich als ein kompliziertes Gewebe aus staatlichen Erlaubnissen, bürokratischen Genehmigungen und wachsender Korruption erwies[31] – bereits über eine halbe Million Einträge. Während die Lizenzierung und Kontrolle privater Konzerne zusehends die unternehmerische Eigeninitiative erstickten, hemmten die hohen Zölle die gelenkte Volkswirtschaft, die ab der Mitte der 1970er Jahre immer stärker stagnierte und so gleich mehrmals am Rande des Staatsbankrotts stand.

Im Zuge des Kurswechsels erleichterte die Regierung die Bezugsmöglichkeiten in- und ausländischer Elektronikprodukte und stärkte zugleich den Ausbau einer nationalen Computerindustrie durch die Lockerung der bestehenden Investitions- und Produktions- sowie Lizenzierungs- und Importregulierungen. Rajiv setzte diesen Kurs der Deregulierung und der ökonomischen Liberalisierung ab 1985 fort.[32]

Für Rajiv Gandhi, der in diesen Tagen bereits die Computerisierung der Kongresspartei als ihr Generalsekretär vorangetrieben hatte und sich anschickte, mit seinem Freund Narasimhiah Seshagiri, dem Generaldirektor des Nationalen Informatikzentrums, die Computer-Politik ab 1985 zu bestimmen, kamen die Modelle nationaler Champions und staatlicher Kontrollen über die Computerproduktion, wie sie die ersten Gesetzesentwürfe noch vorsahen, kaum mehr in Frage. Vielmehr setzte er – nach längerem Werben – im Elektronikministerium einen liberaleren politischen Rahmen zur Förderung von Elektronik und Computertechnologien durch.

Die neue Computerpolitik war zugleich Rajiv Gandhis erster und Indira Gandhis letzter politischer Triumph. Von Indiras Kabinett beschlossen,[33] oblag es Rajiv, das Gesetz zu verkünden und durchzusetzen. Am 31. Oktober 1984 wurde die Premierministerin von ihren Leibwächtern ermordet; der noch am selben Tag als Premier vereidigte Rajiv proklamierte die Richtlinie wenige Wochen später – symbolisch an Indira Gandhis Geburtstag.

Der Übergang von Indira zu Rajiv aber war weniger hektisch, als es den Anschein hatte. Schon ab 1983 hatte Rajiv an der Durchsetzung einer neuen

---

31 Vgl. Wolfgang-Peter Zingel: Indien auf dem Weg zur postindustriellen Gesellschaft: Infrastruktur, Dienstleistungen und Deregulierung, in: Werner Draguhn (Hrsg.): Indien. Politik, Wirtschaft, Gesellschaft, Hamburg 2004, S. 319-338; Garry Pursell/Nalin Kishor/Kanupriya Gupta: Manufacturing Protection in India Since Independence, in: Raghbendra Jha (Hrsg.): The Indian Economy Sixty Years After Independence, London 2008, S. 116-136, hier: S. 128f. Die Geschichte der »Lizenzherrschaft« – der »license raj« – reichte bis in die Nehru-Jahre zurück. Zwischen 1960 und 1977 wurde diese durch verschiedene Gesetze, eine monströse Bürokratie und eine Vielzahl an Regularien ausgebaut; der »Monopolies and Restrictive Trade Practices Act« stellte 1970 das Wachstum privater Unternehmen unter Regierungsvorbehalt, was sowohl den Bereich des Handels als auch der Produktion sukzessive verkomplizierte.
32 Zu diesem Paradigmenwechsel vgl. Heeks: Facing In, S. 280f. und 294-300.
33 Vgl. T.N. Ninan: Electronics. Fast Forward, in: India Today, 15.9.1983, S. 106-109; T.N. Ninan: Computers. Opening the Doors, in: India Today, 15.12.1984, S. 132.

Computerpolitik im Rahmen seines übergeordneten Ziels gearbeitet, die indische Ökonomie von einer »mixed economy« zu einer »Marktwirtschaft« umzubauen. Die Computergesetze der 1980er Jahre waren hier ein elementarer Baustein. Der »New Computer Policy« im November 1984 folgten die »Integrated Policy Measures in Electronics« im März 1985 sowie die »Policy on Computer Software Export, Software Development and Training« im Dezember 1986.[34] Sie wiesen dem Kurs der ökonomischen Liberalisierung des Landes den Weg.

Die wesentlichen Ergebnisse der Gesetzestriade lagen in der Lizenz-, der Steuer- und der Außenhandelspolitik. Im Bereich der Vergabe von Produktionslizenzen wurden viele Regulierungen deutlich zurückgenommen und der Prozess erheblich verkürzt; grundsätzlich war es nun allen Computerunternehmen, auch solchen, die eine ausländische Beteiligung von bis zu 40% hatten, möglich, eine Lizenz zur Produktion von Computern und Mikroelektronik zu erhalten,[35] ohne dass weiter zwischen verschiedenen Unternehmensklassen (öffentlicher vs. privater Sektor; Klein- vs. Großindustrie) unterschieden wurde. Zudem gab es keine Kapazitätsbeschränkungen mehr. Eine zentrale Behörde – das »Inter-Ministerial Standing Committee« (IMSC) in der Computerabteilung des Elektronikministeriums – vergab die Lizenzen; regionale Abordnungen regelten die Einzelfälle.[36] Eine zweite gravierende Veränderung lag im Bereich der Steuerpolitik. Hier wurden die Unternehmen durch die Senkung der bis dato extrem hohen Importzölle (customs duty) und der inländischen Verbrauchssteuern (excise duty) massiv entlastet, um sie in der internationalen Konkurrenz zu stärken und zugleich niedrigere Preise an die Endverbraucher weiterzugeben. Nachdem Elektroprodukte zuvor als Luxusgüter galten und im Falle des Imports die Zölle bei zum Teil über 150% des Warenwerts lagen, senkte die neue Richtlinie diese Zölle durch verschiedene Ausnahmeregelungen erheblich. In einigen Bereichen, wie bei Supercomputern, gingen sie sogar bis Null herunter. Der Protektionismus blieb indes in ausgewählten Bereichen bestehen. So lag der Regelzoll bei kleineren Computersystemen mit einem Wert von bis zu einer Million Rupien bei 142%. Allerdings gab es hier die Möglichkeit, eine Freigabe des Elektronikministeriums und so erheblich reduzierte Zölle (von rund 75% und alsdann einheitlich 60% ad

---

34 Compendium of Electronics Policy and Procedures, in: Electronics. Information & Planning 15,1 (1987), S. 3-55. Zu den einzelnen Gesetzen vgl. Appendix I-VII, in: ebd., S. 40-55, New Computer Policy, in: CSI Communications, Januar 1985, S. 1-3; S. 7, sowie Annual Report, Department of Electronics, 1984-85, Neu Delhi 1985, S. 34-37.

35 Die Produktionslizenzen galten für Geräte mit einer Rechnerkapazität von bis zu 32 kb, größere Rechner (Supermini- und Großrechner) blieben vorübergehend noch dem staatlichen Sektor vorbehalten. Auch die Produktion von Prozessoren bis zu 32 kb war zugelassen, ausgenommen davon der Speicher.

36 Indes verkomplizierte sich dieser Prozess in der Folge. Sowohl das Handelsministerium als auch der Indian Administrative Service rangen hier um Zuständigkeiten. Vgl. Subramanian: India and the Computer, S. 70-73.

valorem) bei Vorlage eines Nachweises zu erhalten, dass die Komponenten »not manufactured in India« seien. Für Peripheriegeräte und andere Bauteile lagen die Zölle zwischen 30% und 55%. Zudem wurde die inländische Verbrauchssteuer, um den Binnenhandel anzukurbeln, in vielen Fällen erlassen; im Fall von Computersystemen lag sie bei lediglich 10%.[37] Im Bereich der Außenhandelspolitik setzten die neuen Regelungen Anreize, um Kooperationen ins Ausland zu stärken und die Importe an den Kapazitäten der heimischen Industrie auszurichten.[38] Mit der Produktion von Hardware verband sich überdies ab 1987 eine »Exportverpflichtung« zwischen 10% und 30% der hergestellten Erzeugnisse. Freie Importe von Computern zur Softwareentwicklung waren dagegen bereits ab 1970 an Softwareexporte gekoppelt; die Höhe variierte, lag zu Beginn bei 200% des importierten Hardwarewertes, sank zwischenzeitlich und stieg dann, als viele Konzerne die Richtlinie als Vorwand zu Hardwareimporten auszunutzen begannen, wieder. Die Computergesetze gaben der Industrie hier durch eine Reduktion der Zölle und eine Lockerung der aneinander gekoppelten Bestimmungen zu Im- und Exporten weiteren Spielraum.

Der Kurswechsel zeigte Wirkung. Sowohl in der Computer- als auch in der Konsumelektronik-Produktion erhöhte sich das (Rupien-)Volumen zwischen 1983 und 1987 um 200% bzw. 500%. Die Liberalisierung des Warenverkehrs brachte vielen einheimischen Anbietern neue Perspektiven. Zugleich aber erwies sich – gerade in der Hardwareproduktion – auch die Dependenz von ausländischen Herstellern umso klarer. Über 70% des Produktionswertes von Kleincomputern wurden importiert; der inländische Anteil an der Wertschöpfung lag, obgleich Importe von »Baukästen« zur Montage von Fertigerzeugnissen massiven Einschränkungen unterlagen, bei nur rund 30%. Dagegen erwies sich einmal mehr, dass Indiens Chancen vor allem im Bereich des Programmierens lagen. So steigerten sich die »Software«-Exporte ab 1983 um bis zu 40% per anno.[39]

---

37 Compendium of Electronics Policy and Procedures, in: Electronics. Information & Planning 15,1 (1987), S. 3-8, 32-38; Subramanian: India and the Computer, S. 60-82, hier: insbes. S. 67-77.

38 So wurden Importe in der Regel nur unter ganz bestimmten Bedingungen zugestanden; dazu zählten der Nachweis eines Mangels an Produktionskapazitäten und/oder Know-How im Inland, ein Kostenvorteil durch den Import wie auch die Perspektive, die Technologie durch den Importeur perspektivisch zu absorbieren und weiterzuentwickeln. Ausländische Mehrheitsbeteiligungen mussten überdies den Nachweis erbringen, dass die indische Seite keine ausreichenden Forschungs- und Entwicklungskapazitäten besaß. Im Fall größerer Systeme benötigte der Importeur eine Sondergenehmigung des Elektronikministeriums. Hier war aus einer Liste an Modellen zu wählen.

39 Vgl. Suray Mal Agarwal: Electronics in India. Past Strategies and Future Possibilities, in: World Development 13,3 (1985), S. 273-295, hier: S. 275; Scherf: Eigenständigkeit, S. 73-75, 120-127, 135-147; Kachru: Informatikpolitik, S. 100; Where Computers Dare, in: Times of India, 16.11.1986, S. A1. Ein »Wirtschaftswunder« schien vielen

Die beiden größten Softwarehäuser – Tata Consultancy Services und das aus der ehemaligen Tata Burroughs Limited hervorgegangene Tata Unisys Limited – zeichneten für etwa 70% der Exporte verantwortlich; bei TCS machten sie ein Drittel des Jahresumsatzes aus, bei Tata Unisys gar 95%. Insgesamt teilten sich die 12 größten Softwarehäuser 1987 rund 90% des Marktes; über 250 Firmen waren nach verschiedenen Schätzungen im Bereich der EDV-Beratung und der IT-Services tätig.[40] So verbuchte die indische Computerindustrie – auch und vor allem dank des boomenden Softwaresektors – ab 1985 hohe Umsatzsteigerungen. Auch die Hardware-Sparte – und hier vor allem das Segment der Heim- und Micro- bzw. Personal Computer – wuchs kontinuierlich, wenngleich sich in diesem Fall Wachstumsprognosen von bis zu 30% per anno als zu optimistisch erwiesen. Die Halbleiterindustrie, die ab der Mitte der 1970er Jahre als Schlüssel zur High-Tech-Autonomie des Landes galt und mit der »Policy on Electronic Components« in den Fokus der neuen Computerpolitik rückte,[41] verzeichnete im Bereich der Chip- und Speicherproduktion 1987 erste zarte Gewinne. Im Zuge verstärkter Kooperationen mit Chipherstellern im Ausland (wie zwischen BEL und der amerikanischen RCA) wuchs auch die Produktion und Verarbeitung von Mikroprozessoren und integrierten Schaltkreisen.[42]

Um dem sich abzeichnenden Mangel an Computerspezialisten zu begegnen, war bereits ab 1987 von der Gründung von eigenständigen IT-Ausbildungsinstituten nach dem Vorbild der IITs die Rede gewesen, auch wenn es letztlich noch eine Dekade dauern sollte, bis das erste »Indian Institute of Information Technology and Management« seine Tore öffnete.[43] Auch im Hinblick auf den

Beobachtern in Indien gleichwohl, angesichts der Muster sozialistischer Planungs- und Entwicklungsdirektiven sowie eines bürokratischen Modells der Regierung, unwahrscheinlich. Vgl. dazu Eddie J. Girdner: Economic Liberalization in India. The New Electronics Policy, in: Asian Survey 27,11 (1987), S. 1188-1204, hier: S. 1188 f.

40 Vgl. Dewang Mehta/V. M. Jaikumar: Indian Software. Hoping for Growth, in: Computers Today – Special Report, 4,8 (1988), S. 26-45, hier: S. 26 und 30-32. Eine Nutzer-Befragung zeigte, dass 96% der großen Unternehmen eigene Software entwickelten, nur 1% importierte diese und 3% bezog sie von lokalen Häusern. Kleinere Firmen nutzten indes vor allem Softwarepakete zur Büroautomation. Vgl. Software Buying Strategies for 1987. Changing Priorities, in: Dataquest 5,4 (1987), S. 78-83.

41 Vgl. dazu Menon: Perspective Report, S. 470 f. »Integrated circuit manufacture calls for considerable investments. [...] Memory design and memory manufacture has now become a speciality and the trend in the US is for firms to specialize in these areas. Systems like single chip calculators and microprocessors are also specialities. The rapid growth of [these] memories and its importance to the production of future generation of computers suggest that some immediate steps should be taken to establish the technology/production.«

42 Vgl. V. M. Jaikumar/I. Hutnik: The State of Manufacturing – Made in India, in: Computers Today 4,1 (1988), S. 36-53; Aiming for a $ 8 Billion Industry, in: Dataquest 6,12 (1988), S. 105-110. Vgl. Scherf: Eigenständigkeit, S. 95-109, 122-127.

43 Das Vorbild des IIITM in Gwalior, Madhya Pradesh, im Jahr 1997 inspirierte bis 2010 drei weitere, staatliche Gründungen. Im Jahr 2020 gab es bereits 25 IIITs, davon 20 als Public-Private-Partnerships. Zur Gründung des ersten IIIT vgl. Training Cen-

Bereich dualer Ausbildungen und Qualifizierungen stellte die voranschreitende Computerisierung der Arbeitswelten die wachsende Branche vor Probleme: knapp zwei Drittel der Belegschaften in größeren Konzernen nahmen ausgangs der 1980er Jahre Funktionen wahr, die elektronische Kenntnisse verlangten.[44]

Während Heimcomputer und PCs allmählich in die privaten Haushalte einzogen, prägte die Computertechnik ab Mitte der 1980er Jahre zusehends auch die Arbeitswelten.[45] Dabei überstieg die rasch voranschreitende Computerisierung, wie im Bereich der Banken und Verwaltungen, die heimischen Produktionskapazitäten an Tabellier- und Buchungsmaschinen ebenso wie die der Kleincomputer. Auch in der Werkzeugmaschinenindustrie, wo die neue Technik nun zusehends zum Einsatz kam, stammte das Gros (88 %) der NC- und CNC-Maschinen aus dem Ausland. Das 1983 gegründete Central Machine Tool Institute in Bangalore bahnte hier verschiedene Kooperationsabkommen an, die heimische Konzerne wie den Branchenprimus Hindustan Machine Tools und Maschinenfabriken aus Europa, Japan und den USA zusammenbrachten. Im Jahr 1987 wiesen CAD/CAM-Produkte rund 10% des Gesamtumsatzes der indischen Computerindustrie aus, die langsam auch ihre Erzeugnisse zu exportieren begann.[46] Die Computerisierung der Arbeitswelten war in vollem Gange.

Noch einmal verliehen die Gewerkschaften ihrer Kritik an der Computerisierung Ausdruck. 1983 kündigte die der rechtskonservativ-nationalistischen Bharatiya Janata Partei nahestehende Arbeitnehmervertretung Bharatiya Mazdoor Sangh an, den »Tag der Arbeit« am 1. März 1984 symbolisch zum Anti-Computerisierungs-Tag zu deklarieren.[47] Der ehemalige Arbeits- und Industrieminister der Janata-Partei, George Fernandes, war ein Sprachrohr der Kritik.

    tres, in: Lok Sabha Debates, Vol. 6, No. 1, 30.11.1998, Sp. 170; zu den Plänen vgl. Computer Training Institutes in Kerala, in: Lok Sabha Debates, Vol. 31, No. 72, 26.8.1987, Sp. 43 f.; Institutes of Information Technology, in: Lok Sabha Debates, Vol. 36, No. 11, 9.3.1988, Sp. 197-199.
44 Vgl. Scherf: Eigenständigkeit, S. 86-90.
45 Zwischen 1985 und 1988 verdreifachte sich die Produktion der Heimcomputer und PCs in Indien; die Zahl von rund 45.000 Computern pro Jahr war indes noch immer vergleichsweise gering. Vgl. Andreas Scherf: Zum Entwicklungsstand und den Perspektiven der Mikroelektronik in Indien, in: Christian Uhlig (Hrsg.): Die Bedeutung der Mikroelektronik im Entwicklungsprozess der Dritten Welt, Bochum 1988, S. 51-81; ders.: Eigenständigkeit, S. 148-170.
46 Vgl. Scherf: Eigenständigkeit, S. 163-167; Mehta/Jaikumar: Software, S. 27; Partho Ganguly: The Indian CAD/CAM-Market. Coming of Age, in: Computers and Communications (C&C) 2,8 (Aug.) (1988), S. 57-63, hier: S. 57. Im Bereich der vor allem aus den USA importierten Workstations brachte das IIT Bombay ein eigenes Modell (»Symphony«) auf den Markt, das sich eingangs der 1990er Jahre etablierte in der Konkurrenz zu den US-amerikanischen Bewerbern wie Sun Microsystems, DEC oder auch HP.
47 Vgl. Manufacturers' Association for Information Technology (Hrsg.): A Report on the Evolution of IT Industry in India, Neu Delhi 1991, S. 15; Nilekani: Imagining India, S. 103-127, hier: insbes. S. 107.

Es kam zu landesweiten Streiks und auch in beiden Kammern des Parlaments zu Auseinandersetzungen um den neuen Kurs. Doch anders als in den 1960er Jahren verebbte die Kritik alsdann ebenso rasch, wie sie aufgekommen war. Ab 1985 gab es über die Reihen der Kongresspartei hinaus einen breiten Konsens über den Kurs der Computerpolitik. Im Gegensatz zu Europa und den USA war das »Orwell-Jahr«[48] in Indien ein Jahr des Aufbruchs.

6.2 Computer und Neue Medien in Indien

Der Durchbruch der Computertechnik und Konsumelektronik in Indien brachte den urbanen Mittel- und Oberschichten die »Welt« ins Wohnzimmer. Mit der Verbreitung des (Farb-)Fernsehens verschmolzen lokale und globale Kulturen in einer Weise, wie sie Marshall McLuhan Jahrzehnte zuvor nur hatte erträumen können. Die »Glokalisierung«[49] war ein Kennzeichen des »globalen Dorfs«. Eingangs der 1980er Jahre war auch Indien Teil dieses »Dorfs« geworden, von dem McLuhan gesprochen hatte, nachdem »Telstar« ins Weltall gebracht worden war. Die neuen Medien des Satellitenzeitalters zeitigten eine Synchronisierung der Welterlebens und produzierten so eine neue, transnationale Klasse von Inderinnen und Indern.[50]

In den 1970er Jahren war die staatliche Politik gegenüber der neuen Technologie noch durchaus ambivalent gewesen: Die Frage, ob Fernsehapparate »a common media for mass communication«, »a nessesary luxury to denote progress« oder »a technological must« einer audio-visuellen Infrastruktur der Nation waren, entzweite die Entscheidungsträger und mündete letztlich in einem »tussel [sic!] between those who are all for television [...] and those who are against it«. Die Entscheidung über den Ausbau der Produktion von Fernsehern im Land glich einem Politikum von Shakespeare'scher Dimension: »to be or not to be«.[51] Zwischen 1973 und 1978 war die Zahl der Geräte zwar von 70.000 auf rund 410.000 und zudem die Zahl der Hersteller, auch dank des Anstiegs

---

48 Zur Geschichte der Computerkritik – und des Diskurses um Privatsphäre, Überwachung und den »gläsernen Bürger« in Europa und den USA – vgl. Bösch: Euphorie; Berlinghoff: Totalerfassung; Nicolas Pethes: EDV im Orwellstaat. Der Diskurs über Lauschangriff, Datenschutz und Rasterfahndung um 1984, in: Schneider/Bartz/Otto (Hrsg.): Medienkultur, S. 57-75. Freilich gab es auch in Indien durchaus Kritik am rasch voranschreitenden Einsatz der Computertechnik. Für manche Zeitgenossen gingen so insbesondere Gandhis Pläne zur Registrierung und »Überwachung« der Abgeordneten der Kongresspartei im Jahr 1985 zu weit; hier schien der Wunsch nach absoluter Transparenz gar die Demokratie in Frage zu stellen. Vgl. PM's ›computer eye‹ on MPs, in: Times of India, 3.9.1985, S. 1; Computer Watch, in: Times of India, 4.9.1985, S. 8; Computerized Data Check (Caricature), in: Times of India, 5.9.1985, S. 1.
49 Vgl. dazu: Robertson: Glokalisierung.
50 Vgl. Kumar: Gandhi, S. 155-186; Radhakrishnan: Appropriately Indian, S. 53-87.
51 Prem Kumar: Television Industry in India. Market, Structure, Conduct and Performance, Neu Delhi 1988, S. 108 f. Zur Medienrevolution im Bereich der indischen

der Konkurrenz im privaten Sektor, von 12 auf 72 gestiegen, das Wachstum aber blieb wegen des politischen Schlingerkurses ungleich verteilt; die zwanzig größten Firmen, darunter BEL, hatten über 95% und die vier größten noch immer über 48% Marktanteil.[52] So gab es nur eine sehr ausgewählte Förderung der Fernsehhersteller.

Eine Arbeitsgruppe zur Förderung des (Farb-)Fernsehens in Indien regte im Mai 1981 eine verstärkte einheimische Produktion von TV-Apparaten bis zum Beginn der »Asian Games« im November/Dezember 1982 an. Neu Delhi war der Gastgeber der Asienspiele, die traditionell ein riesiges Medienereignis und als solches ein Katalysator (medien-)technischer Innovationen waren.[53] Die Elektronikgesetze der 1980er Jahre – allen voran die von Indira Gandhi erlassene »Policy on Electronic Components« und die »Industrial and Licensing Policy for Colour Television Receiver Sets« – sind auch vor diesem Hintergrund zu lesen. Sie erleichterten kleinen, einheimischen Herstellern die Produktion von Konsumelektronik, erlaubten aber zugleich Importe aus dem Ausland. Insbesondere im Bereich der Fernsehtechnik war dies, angesichts des knappen Zeitfensters bis zu den Asienspielen, auch unabdingbar. So annoncierte Weston Electronics als Branchenprimus im November 1982 den ersten Farb-Fernseher, der – als Bausatz importierter Komponenten – in Indien gefertigt, vertrieben und beworben wurde. Die Kooperation zu ausländischen Herstellern wurde von den Herstellern jedoch – anders als zuvor – kaum mehr heruntergespielt als vielmehr aggressiv beworben. Während Weston Electronics die Kooperation mit Hitachi in Japan vermarktete, nutzte ein anderer Hersteller die Kooperation mit dem Fernsehlabor des IIT Madras, um sein »Euro-Color-TV« zu bewerben: »crafted with the help of 270 computerised quality control tests, using state-of-the-art technology from IIT of W. Germany.«[54] Ab 1984 stärkte das »Electronics Trade and Technology Development«-Departments durch steuerliche Erlasse die Position kleinerer Hersteller. Die Fernsehgesetze gaben der Abkehr vom Protektionismus Ausdruck und wiesen einer selektiven und vorsichtigen Liberalisierung den Weg.[55]

Presse vgl. überdies: Robin Jeffrey: India's Newspaper Revolution. Capitalism, Politics and the Indian Language Press, 1977-1999, London 2000.
52 Vgl. Kumar: Television Industry, S. 75-77.
53 Zur Geschichte der Asian Games als Medienereignis vgl. Stefan Huebner: Pan-Asian Sports and the Emergence of Modern Asia 1913-1974, Singapur 2018, S. 1-7, 120-121, 170-171, 234-237, 256-260.
54 Beltek (Advertisement), in: India Today, 15.9.1985, S.124. In gleicher Weise wie Beltek betonte der Hersteller Solidaire TV eine Kooperation zu westdeutschen und anderen internationalen Händlern und Elektronikproduzenten.
55 So stieg die Zahl der Schwarz-Weiß-Geräte von 2,15 Millionen im Jahr 1985 auf 4,4 Millionen zum Jahreswechsel 1987/88 und die Zahl der Farbgeräte im gleichen Zeitraum von 900.000 auf rund 1,3 Millionen. Vgl. S. Guhathakurta: Electronics Policy and Television Manufacturing Industry. Lessons from India's Liberalization Efforts, in: Economic Development and Cultural Change 42,4 (1994), S. 845-868, hier: S. 865. Vgl. Kumar: Gandhi, S. 70-78.

Das Fernsehen, das als Vehikel der Nationsbildung vorgesehen war, avancierte ab der Mitte der 1980er Jahre derweil zu einem Medium der voranschreitenden Globalisierung. Zwischen den 1960er und 1980er Jahren hatten Funk und Fernsehen erkennbar im Zeichen der Dominanz staatlicher Sender gestanden, die zudem nur ein kleines, elitäres Publikum der gebildeten urbanen Mittel- und Oberschichten erreichten. Als diese indes ausgangs der 1980er Jahre zusehends ihre Reichweite vergrößerten und – auch angesichts der sich abzeichnenden Konkurrenz privater Sender – die global zirkulierenden Bilder, Ideen, Ideologien und Waren so in eine wachsende Zahl privater Haushalte transportierten, verloren die »nationalistischen« Eliten des Landes ihr lange gehegtes Privileg, den Kurs der indischen Nation zu imaginieren. Dagegen inszenierte das Fernsehen neue »glokale Identitäten« und brachte »Fernsehgemeinschaften« hervor, die durch die Ausweitung des Programmangebots und die Verbreitung von Satelliten- und Kabelsendern in den 1990er Jahren rasch immer diverser wurden.[56]

Die Asian Games waren in diesem Zusammenhang mehr als nur der Startschuss eines neuen Kurses in der Fernsehentwicklung in Indien gewesen. Sie dienten zugleich dazu, die indischen Kapazitäten im Bereich der Computer- und Netzwerktechnik zu präsentieren. Ab der Mitte der 1970er Jahre hatte es in Indien erste Versuche gegeben, ein computerbasiertes Kommunikationsnetzwerk zu installieren. Das 1975 in Neu Delhi gegründete »National Informatics Centre« (NIC) hatte dazu ein eigenes satellitenbasiertes Computerdatennetz – das NICNET – gespannt, das 440 lokale Distrikte, die 30 Hauptstädte der Unionsterritorien und vier regionale Rechenzentren in Neu Delhi, Pune, Bubhneshwar und Hyderabad mit der Zentrale verband. Das NIC wurde vom DoE und der Elektronikkommission gemeinsam betrieben, ab 1987 unterstand es der Planungskommission. Ausgangs der 1980er Jahre zählte es rund 3.200 Angestellte, davon knapp 3.000 Computerspezialisten, Ingenieure und Techniker, und bildete so eine der größten Computerorganisationen im Land.

Anlässlich der Asian Games, zu denen 5.000 Teilnehmer aus 21 Sportarten nach Neu Delhi kamen, um sich in 215 Wettkämpfen zu messen, engagierte das NIC 120 Ingenieure, um ein System zur Echtzeit-Überwachung, -Auswertung und -Verkündung der Resultate der Spiele zu programmieren. Das »Computerized Asiad Information System« verband die 17 Austragungsorte in Neu Delhi und das Schwimmstadion in Bombay mit dem Kontrollzentrum im Jawaharlal Nehru-Stadion über ein Online-System. Dieses diente der synchronen Verkündung der Endergebnisse und der Medaillenstände in den Stadien sowie der Weitergabe der Resultate an die internationale Presse, als Datenbank zur Sammlung der bisherigen Ergebnisse, zur Akkreditierung von Teilnehmern,

---

56 Kumar: Gandhi, S. 187-201; Veena Naregal: Cable Communications in Mumbai, in: Contemporary South Asia 9,3 (2000), S. 289-314. Zur Bedeutung der Medien im Prozess der Nationsbildung vgl. allg. Anderson: Imagined Communities, S. 32-37.

Offiziellen und Pressevertretern wie auch zur Koordinierung der Besucher und Gäste.⁵⁷

Die Hardware des Informationssystems bestand aus einem importierten Server der Firma HP; die Netzknoten kamen von der lokalen Firma DCM Data Products. Die Einrichtung des Netzwerks inklusive Regelung der Netzwerkprotokolle übernahmen einheimische Firmen. Dass es dem NIC unter der Leitung von Narasimhiah Seshagiri binnen sechs Monaten gelang, ein Computernetzwerk zu errichten, war eine Frage des politischen Prestiges. Seshagiri und Rajiv Gandhi verband das Vorhaben der Computerisierung. Nach den Asian Games blieben sie eng verbunden. Das Know-How, das Firmen wie DCM oder CMC in Indien während der Asienspiele gewannen, machte sie zudem in der Folge zu gesuchten Ansprechpartnern bei der Entwicklung von Veranstaltungsmanagement-Systemen, wie sie bei Events wie den Mediterranean Games 1987 in Syrien zum Einsatz kamen. Überdies diente das indische System als Anschauungsbeispiel im Zuge der Planungen der Olympischen Spiele in Seoul 1988.⁵⁸

Trotz des Prestiges, das mit der Förderung der Computertechnik verbunden war, erntete Gandhis Kurs allerdings auch Kritik. Diese richtete sich zum einen gegen die Zunahme der Importe von sogenannten »Toolkits« – also Baukästen, die zur Montage von PCs aus ausländischen Komponenten führten; eine solche »Schraubenzieher-Technologie« wies auf die Dependenz Indiens vom Ausland hin. Zum anderen erzürnte die Abwerbung von Programmierern, das sogenannte »Bodyshopping« amerikanischer Firmen in Indien, die Kritiker der neuen Computerpolitik.⁵⁹ Seshagiri erinnerte sich, dass Gandhi und seine Entourage sich massiver Kritik erwehren mussten, die kostspielige Computertechnologie zu subventionieren: »The point was made that the ›computer boys‹ – as all of us were called – gave a bad name to the [Congress] party.« Der Plan, das Computernetzwerk NICNET auszubauen, dessen Kosten nach Schätzungen binnen drei Jahren bei 240 Millionen Rupien lägen, wurde deshalb im Verborgenen vorangetrieben. Ohne den Indischen Ministerrat, das

---

57 Vgl. dazu Everett M. Rogers/Thierry Bardini/Arvind Singhal: Microcomputers in Development. Implications for Agricultural Extension, Education and Training. A Report to the Food and Agricultural Organization, Rome, Los Angeles 1992, S. 62; Rahul Sharma/V. M. Jaikumar: NIC. Sowing Seeds for Better Planning Administration, in: Computers Today 5,51 (1989), S. 24-29; Documentation and Information Science, in: STAR. NASA Scientific and Technological Aerospace Records 26,11 (1988), S. 1706-1708; Utpal K. Banerjee: Information Management in Government, Neu Delhi 1984, S. 18-22; V. K. Misra: Demands and Options of Computer Networking in India, in: IETE Journal of Research 24,3/4 (1978), S. 182-191, hier: S. 186-190.
58 Vgl. Subramanian: India and the Computer, S. 236-243; Sukumar: Midnight's Machines, S. 119-121; Sharma: Outsourcer, S. 82 f.
59 Zur Kritik am Siegeszug der »screwdriver technology« und dem Phänomen des »bodyshopping« vgl. Jayaraman: Indian Technology, S. 93; K. C. Khanna: Wages Of Uneven Growth. Feverish Flush, Not A Healthy Glow, in: Times of India, 17. 9. 1985, S. 8. Vgl. allg. Sukumar: Midnight's Machines, S. 120-130.

Union Cabinet, um seinen Segen zu bitten, begann Seshagiri nach Rücksprache mit dem Finanzminister Vishwanath Pratap Singh und mit der ausdrücklichen Unterstützung des Premierministers den Ausbau des Netzwerks, um im Anschluss eine nachträgliche Genehmigung zu erwirken.[60]

Im Jahr 1987 wurde das NICNET als »hierarchic distributed computer communication network for decision support in the Indian government« angekündigt.[61] Das NICNET verband die Zentrale in Neu Delhi mit vier regionalen Knotenpunkten in Delhi, Pune, Bhubaneshwar und Hyderabad, die wiederum ein dichtes Netz aus PCs und Kleincomputern auf der Landes- und Provinzebene verbanden. An den Knotenpunkten waren S-1000-Computer des japanischen Herstellers NEC installiert; von hier aus wurden Daten in die knapp 440 Distrikte übertragen. Die Übertragung erfolgte per Satellit; an der »Master Earth Station« in Neu Delhi wurde die Kommunikation von einem Hostcomputer über den amerikanischen Kommunikationssatelliten INTELSAT V und später über den indischen INSAT 1D an diverse über das Land verteilte Fernbedienungs-Terminals übertragen. Das System sah zugleich vor, diese Terminals auch über Telefonleitungen, Telex oder leitungsvermittelte Datendienste zu verbinden. 1993 waren bereits die über 500 größten Städte des Landes und weitere 100 wichtige Orte an das Netz angeschlossen. Sogar eine mobile Einwahl in das digitale Netz war vorgesehen.[62]

Der Zugang zum Datennetz blieb indes reglementiert; das »von oben« geplante Netzwerk verband als Werkzeug der e-governance ausgangs der 1980er Jahre lediglich die einzelnen Regierungsstellen in Neu Delhi, die Planungskommission und diverse regionale Verwaltungsbehörden. Die Hierarchie des Netzwerks bedingte, dass die Daten in der Regel von der Ebene der Kommunen und Distrikte bis zur Ebene der Zentralregierung nach oben »weitergereicht« wurden. Auch das 1987 eingerichtete »District Information System«,[63] das als verteiltes Datenbanksystem der Planung, Überwachung und Auswertung von Entwicklungsvorhaben in den einzelnen Verwaltungssitzen diente

---

60 Vgl. Science and Technology. Symposium (chaired by Sam Pitroda), in: V. Ramachandran (Hrsg.): Rajiv Gandhi's India. A Golden Jubilee Retrospective, Bd. 2: Economics, Neu Delhi 1998, S. 87-132, hier: S. 117-120.

61 Narasimhiah Seshagiri: NICNET – A Hierarchic Distributed Computer Communication Network for Decision Support in the Indian Government, in: Proceedings of the International Conference on Computer-Communication for Developing Countries (CCDC-87), Neu Delhi 1987, S. 367-379, hier: S. 367.

62 Vgl. Narasimhiah Seshagiri: Road Map of Evolution of NICNET towards Globalisation of Computer-Communication, in: IETE Technical Review 10,2 (1993), S. 139-151; ders.: Evolution of NICNET as an Incrementally Intelligent Network, in: Proceedings of the International Conference on Globalization of Computer & Communication. Perspectives for Developing Economies, infocom '93, Bombay, November 25-27 1993, Neu Delhi 1994, S. 167-190.

63 Vgl. Ashwani Sapra et al.: Decentralised Planning (DISNIC), in: Utpal K. Banerjee (Hrsg.): Information Technology for Common Man, Neu Delhi 1992, S. 123-133; Rogers/Bardini/Singhal: Microcomputers, S. 69-72.

und diese horizontal vernetzte, war zugleich als Datenbasis zentralisierter Planungen und Entscheidungsprozesse in Neu Delhi vorgesehen. Das Datenbanknetz der Regierung speicherte Einträge aus 27 Kernsektoren der sozialen und ökonomischen Entwicklung des Landes, darunter die Bereiche Landwirtschaft, ländliche Entwicklung und Verwaltung, Arbeitsmarktpolitik und Hochschulbildung, Bauen und Arbeiten, Finanzen und Handel, Bezirks- und Stadtplanung oder Industriepolitik, aber auch zivile Versorgung, und hier vor allem Gesundheit, Energie und Verkehr. Zentral gespeichert, war es möglich, die Daten dezentral in die Datenbank einzuspeisen, sie dezentral zu durchsuchen und die Ergebnisse der Suche an allen Ecken des Landes abzurufen. Freilich waren in diesem Plan eines Regierungsnetzes die Endnutzer das Nadelöhr.[64]

Die Reichweite des NICNET war davon abhängig, wie stark sich die Nutzer in den einzelnen Verwaltungsstellen beteiligten. Hier hatte Gandhi trotz seines Erdrutschsieges bei der Wahl 1984 und über 440 Parlamentssitzen seiner Kongresspartei außerhalb von Neu Delhi einen schweren Stand. Zwar brachte Gandhi bis 1987 PCs in die Regierungsbüros aller knapp 440 Distrikte, um den Prozess der Computerisierung zu forcieren,[65] doch sahen die Entscheidungsträger in den Bundesstaaten den wachsenden Anspruch des Premierministers zur Kontrolle und Zentralisierung der Staatsangelegenheiten voller Misstrauen. Für sie war das NICNET ein Versuch, in die Kompetenz der regionalen Verwaltungen hineinzuregieren. Die Anweisungen der Bürokraten aus der Hauptstadt erreichten daher nur geringe Wirkung. So weigerten sich viele Stellen, sensible Daten zu teilen, und lehnten es ab, eine Vereinbarung über einen geregelten »Informationsaustausch« mit der Zentralregierung zu unterzeichnen. Hinzu kamen massive Vorbehalte gegenüber der neuen Technik. Erst als die Regierung erklärte, die Kosten für Hardware und die Einrichtung und Unterhaltung des Netzwerks zu übernehmen, einigte man sich, Daten zu übermitteln. Das Netzwerk aber krankte auch in der Folge an einem Mangel an Kooperation der Behörden, die es brauchte, um verlässliche landesweite Daten zu akquirieren.[66]

Im Gegensatz zu Ansatz und Planung des NICNET gab es indes auch Versuche, ein Datenbanksystem im ländlichen Raum »von unten« – vom Grassroots-Level der Gemeinden und Distrikte aus – zu etablieren. Hier begann alles in der Provinz Karwar. Im Jahr 1983 hatte Sanjoy Das Gupta, stellvertreter Sekretär des Ministers in Karnataka und Entwicklungskommissar im Karwar-Distrikt, sich entschlossen, einen Mikrocomputer zu erwerben; die Ressourcen,

---

64 Vgl. Seshagiri: NICNET, S. 368f., sowie ders.: Evolution, S. 168.
65 Vgl. S. S. Gill: The Information Revolution and India. A Critique, Neu Delhi 2004, S. 212-223.
66 Vgl. Sharma/Jaikumar: NIC. »India's government departments generally lack computer culture, and computer phobia is still widespread. A multiplicity of languages and administrative cultures in India present problems in standardizing data for NICNET.« Rogers/Bardini/Singhal: Microcomputers, S. 72-74, hier: S. 73.

die er dazu benötigte, hatte er aus Mitteln genommen, die zur Akquise eines Jeeps vorgesehen waren. Das Gupta war »frustrated by the necessity of making arbitrary decisions for his district, based on unorganized information«.[67] Ein knappes Jahr brauchte er, um seine Angestellten im Bereich Administration und Buchhaltung in der Theorie der Programmierung und Datenverarbeitung zu schulen und die erwartbaren Widerstände zu überwinden. Dabei besaßen weder Das Gupta noch die Angestellten einen »Computerhintergrund«. Der Einsatz von Textverarbeitungsprogrammen wie Wordstar oder Systemen zur Buchungskontrolle war Neuland. Im September 1984 kam der 8-Bit, 64-Kilobyte-Rechner in Karwar an.

Das Gupta und seine Angestellten nutzten den Rechner, um Kataster- und Grundbuchregister, Kreditrberichte und Darlehensnachweise zu computerisieren. Dazu speicherten sie Daten zu den verwendeten Mitteln und den über 25.000 Begünstigten der ländlichen Entwicklungsprogramme (IRDP/NREP) aus den über 1.300 Dörfern des Distrikts und werteten diese zur Planung und Entwicklung Karwars aus: eine »Big Data«-Analyse im Diskettenformat.[68] Während sich Das Gupta zu einem passionierten Programmierer entwickelte und später der erste Sekretär im IT-Ministerium Karatakas wurde,[69] diente das »Karwar-Experiment« als Vorbild weiterer Anstrengungen zur Installation von Mikrocomputern im ländlichen Raum, die ab 1987 als »Computerized Rural Information Systems Project« (CRISP) einen Namen gewannen.

Im März 1985 hatte die Computer Society of India in Neu Delhi eine landesweite, von der UNESCO unterstützte Tagung zur Rolle des Computers in der Entwicklung ländlicher Regionen veranstaltet, zu der Teilnehmer aus über 30 Unionsstaaten erschienen waren.[70] In seiner Ansprache hob der Präsident der CSI, O.P. Mehra, den digitalen Graben zwischen Land und Metropole hervor: »So far, computers were the priviledge of a select few. [...] The microrevolution has brought the computers within the reach of many [...] and particularly the rural society where 70% of India live.«[71] Seshagiri war erschienen,

---

67 Rogers/Bardini/Singhal: Microcomputers, S. 63. Vgl. N. K. Singh: High-Tech Goes Rural, in: India Today, 31.5.1988, S. 148, sowie allg. Singhal/Rogers: India's Information Revolution, S. 193-202; Sukumar: Midnight's Machines, S. 116-120.
68 Vgl. Sanjoy Das Gupta: District Level Computerization. The Karwar-Experiment, in: Jaideep Singh/R. K. Tiwari (Hrsg.): Managing Poverty Alleviation. Insights from the Field, Neu Delhi 1988, S. 177-184, hier: S. 178 f.
69 In dieser Funktion war Das Gupta in den 1990er Jahren in die Pläne zum Ausbau der digitalen Kommunikationsnetzwerke und zur Förderung des High-Tech-Hubs in Bangalore involviert; dabei etablierte er enge Verbindungen zwischen Indien und den USA. Vgl. TiE to Set Up New Chapter in Bangalore, in: Times of India, 26.8.1999, S. 15; B'lore TV Viewers Could Become Netizens, in: Times of India, 3.6.1999, S. 13.
70 Computer for the Advancement of Rural Society, in: CSI Communications, März 1985, S. 1.
71 O. P. Mehra: Welcome, in: Utpal K. Banerjee/Ravi Sharma (Hrsg.): Computer Applications for Rural Development, Neu Delhi 1987, S. 10-11, hier: S. 10. Zu den Modellen einer Förderung ländlicher Regionen in den 1980er Jahren vgl. allg.

um im Rahmen seines Vortrags die Vorzüge des NICNET auch und gerade im ländlichen Raum zu bewerben. Dass das Gros der dezentral eingespeisten Datenmengen in Delhi zusammenkomme – er bemühte sich, die Bedenken gegenüber etwaigen Allmachtsansprüchen der Zentralregierung zu zerstreuen –, werde auch den Menschen in den ländlichen Bezirken zugutekommen. So verbessere der Computer die Wettervorhersage und den Katastrophenschutz, während die Produktion von Agrarerzeugnissen in gleicher Weise durch den Ausbau des nationalen Datennetzwerks gewinne wie das Banken- und Gesundheitswesen oder auch die regionalen Planungsbehörden.[72]

So verschmolzen in Indien in den 1980er Jahren in Diskurs und Praxis grüne, weiße und digitale »Revolutionen«. Während in den USA über die Digitalisierung der »Hilfe« und die Idee eines »Electronic Peace Corps« beraten wurde, das als digitale Garde aus E-Mail-Tutoren und on-demand-Programmierern den Einsatz lokaler Experten im Bereich der Entwicklungspolitik ergänzen sollte,[73] erprobten die Planer in Indien die Anwendung eigener Computer im Bereich Ackerbau, Viehzucht und vor allem Melktechnik.[74] In diesem Zusammenhang wurden in Neu Delhi auch die Chancen und Risiken des Einsatzes der Regierungsnetzwerke in ländlichen Regionen ebenso wie die Lehren des Karwar-Feldversuchs intensiv diskutiert.[75]

Als Rajiv Gandhi 1987 die ersten PCs und Mikrocomputer in die Distrikte brachte, schien Das Guptas Versuch ein geeigneter Anlass, auch im ländlichen Raum endlich ein überregionales Computernetzwerk zu errichten, das sich dazu eignete, die Ein- und Ausgaben der Kommunen zu überwachen und zu-

---

National Workshop on Taking Technology to Villages, October 2-5, 1980, IIT Delhi, Neu Delhi 1980, IITD Library, New Delhi. Zur Geschichte des »digital divide« im globalen Süden vgl. zudem Shirin Madon/S. Krishna (Hrsg.): The Digital Challenge, Abingdon, Oxon [2003] 2018; Homberg: Elektronischer Kolonialismus.

72 Vgl. Narasimhiah Seshagiri: Keynote. Information Analysis at Village Level, in: Banerjee/Sharma (Hrsg.): Computer Applications, S. 17-24, hier: S. 23.

73 Vgl. dazu David H. Rothman: Electronic Peace Corps, in: Computerworld, 30.1.1984, S. 44-45; ders.: A Computer Hackers' Peace Corps? Solve the Third World's Problems on Your Home PC, in: Washington Post, 5.2.1984, S. D5; ders.: On-Line Diplomacy, in: National Review, 27.3.1987, S. 43-44; H. Skip Weitzen/William Genda: Infopreneurs. Turning Data into Dollars, New York 1993, S. 193.

74 Vgl. Rogers/Bardini/Singhal: Microcomputers, S. 27-34, 108-116; H. N. Mahabala: Impact of Microcomputers in Less Developed Countries, in: CSI Communications, Januar 1985, S. 21; Organising a Milk Grid Using A Computer, in: CSI Newsletter, März 1977, S. 12. Zur »grünen« und »weißen Revolution« in Indien vgl. allg. Unger: Entwicklungspfade, S. 74-151; Scholten: India's White Revolution; Andrea S. Wiley: Growing a Nation, in: Mathilde Cohen/Yoriko Otomo (Hrsg.): Making Milk. The Past, Present and Future of Our Primary Food, London 2019, S. 41-60.

75 Vgl. dazu Buta Singh: Inauguration, in: Banerjee/Sharma (Hrsg.): Computer Applications, S. 12-16, hier: S. 14-15; Panel Reports. Computer Applications for Rural Uplift in Developing Countries, in: ebd., S. 107-118; Neerja Rajkumar: Computerization of Land Records & Crop-Based Data in Karnataka, in: ebd., S. 232-237; Sudhir Kumar: Computerization of Rural Cooperative Banking in Karnataka, in: ebd., S. 238-258.

Abb. 15: Computer for the Advancement of Rural Society. Quelle: CSI Communications (1985).

gleich die Anspruchsberechtigten und -begünstigten staatlicher Subventionen und Förderprogramme zu lokalisieren. Die avisierten Nutzer des Systems waren die Beamten der einzelnen Büros der »District Rural Development Agency« – einer über das Land verteilten Behörde, die ab 1980, angewiesen durch das Ministerium für ländliche Entwicklung, die Ressourcen an die einzelnen Unionsstaaten und ihre Distrikte verteilte und zugleich spezielle Programme zur Linderung der Armut, zur Förderung ländlicher Regionen und zur Vernetzung von Metropolregionen und Peripherie ins Werk setzte. Allerdings war CRISP als dezentralisiertes System kein »Netzwerk« im eigentlichen Sinne. Der Fluss an Daten ging stets nur in eine Richtung: von den Kommunen über die Regierungssitze der Unionsstaaten bis hin zum Ministerium in Neu Delhi. Wechselseitiger Austausch war so kaum möglich. So versandete das Vorhaben rasch wieder.[76]

Die Regierung in Neu Delhi nutzte das NICNET derweil voller Enthusiasmus, um verschiedene Projekte zu lancieren. Zum einen entwickelte sie ein zentrales Passkontrollsystem, in dessen Zuge das Regionalbüro in Neu Delhi ein erstes vollständig computerisiertes Antragsprozedere durchsetzte. Zum anderen verband das NICNET die Fallarchive der obersten Gerichte der Unionsstaaten und des Supreme Courts des Landes; auch diente es eingangs der 1990er Jahre als Datenbank des landesweiten Zensus. Während Behörden wie das Agrarministerium Datensätze in das der Regierung allgemein zugängliche System einspeisten, etablierten staatliche Firmen zum Beispiel im Bereich der Stahlindustrie (Steel Authority of India) oder im Energiesektor (National Thermal Power Corporation) wie auch Kooperative, etwa im Bereich der Düngemittelindustrie (Indian Farmers Fertilizer Cooperative), geschlossene Nutzergruppen innerhalb des Netzes.[77]

---

76 Vgl. Shirin Madon: Introducing Administrative Reform Through the Application of Computer-Based Information Systems, in: Public Administration and Development 13,1 (1993), S. 37-48; dies.: Information Systems for Development Planning, in: Journal of Computing and Information Technology 1,4 (1993), S. 255-263; Rogers/Bardini/Singhal: Microcomputers, S. 61-73. Zu den Planungen eines landesweiten computerbasierten Systems zum Einsatz in ländlichen Regionen vgl. überdies: Sudan Randeep: CORDIS: A Computer Based Rural Development Information System for DRDAs, in: Journal of Rural Development 9,2 (1990), S. 359-392.

77 Vgl. Bhupesh Mangla: India Expands Electronic Research Network, in: Science 263,5153 (1994), S. 1557-1558; Government of India: Planning Commission. Annual

Darüber hinaus war das NICNET dazu vorgesehen, das landesweite Bildungs- und Forschungsnetz auszubauen und dem »Brain Drain« der Computerspezialisten in die USA entgegenzuwirken. Zu diesem Zweck hatte das NIC ein »Educational Research Network« nach dem Modell des amerikanischen ARPANET, das Forscher und Dozenten an Hochschulen und Forschungseinrichtungen im ganzen Land verband, und ein »Information Library Network« als digitale Schnittstelle zu den Archiven und Bibliotheken des Landes aus der Taufe gehoben. Über das NICNET konnten Ärzte zudem das digitale Repositorium einer medizinischen Fachdatenbank konsultieren, die die US National Library of Medicine pflegte; so erhielten die rund 85 abonnierenden Institutionen ebenso wie niedergelassene Ärzte Zugang zu über 500 Journalen im »Medicinal Literature and Analysis System«. Und auch das Nationale Dokumentationszentrum INSDOC arbeitete eingangs der 1990er Jahre an einem elektronischen Katalog, aus dem eine virtuelle Bibliothek und ein Kopierbestellservice hervorgingen. »All that you can do sitting at a computer in the United States, you can also do in India«, resümierte Seshagiri 1993.[78]

Das positive Image Seshagiris bekam indes Kratzer, als sich zeigte, dass das Regierungsprogramm die Technik kaum näher an die Menschen brachte. Vielmehr band es sie enger an die Regierung. Um Zugang zum Netz zu erhalten, mussten die Bürger zu Beginn sogar in die Regierungsbehörden kommen.[79] Die abschreckende Wirkung, sich hier anzustellen, um Bahn- und Flugpläne, Hotelführer, aber auch Universitätsverzeichnisse und Jobdatenbanken durchzulesen, war groß und das Interesse an den Angeboten eher gering. Was sich an Touristen, Hochschüler und kleinere kommerzielle Einrichtungen richtete, blieb letztlich der Kontrolle der Regierung vorbehalten, die sich als Türhüter an der Schwelle zum digitalen Zeitalter gerierte. Arun Sukumar hat den elitären Gestus der Planer und die Wirkung der Evolution des landesweiten Regierungs-Datennetzes in diesem Zusammenhang pointiert beschrieben: »It was a data-sharing network of the government, by the government, and for the government.«[80]

Report 1993-94, Neu Delhi 1994, S. 93-110; Rajnish Karki/Ahmad Cameron: Designing Policy Initiatives in Emerging Economic Environment. Case of Indian Computer Hardware Industry, in: Economic and Political Weekly 30,34 (1995), S. M94-M97, hier: S. M95f., und Seshagiri: National Informatics Centre.

78 Mangla: India, S. 1557. Zur Geschichte des Dokumentationszentrums vgl. überdies: S. Parthasarathy: INSDOC (Indian National Scientific Documentation Centre) and its Regional Activities, in: JASIST 13,3 (1962), S. 334-337; Rakesh Kumar Bhatt: History and Development of Libraries in India, Neu Delhi 1995, S. 260-265. Zur Computerisierung des Bibliothekswesens vgl. zudem G. Devarajan/A.V. Rahelamma (Hrsg.): Library Computerisation in India, Neu Delhi 1990.

79 Vgl. Public to Have Access to Govt. Computer, in: Times of India, 22.11.1992, S. 5.

80 Sukumar: Midnight's Machines, S. 125. So deutete Sukumar das berühmte Diktum Abraham Lincolns aus der Gettysburg-Address des Jahres 1863 um, der vom »government of the people, by the people, for the people« sprach.

Was den Zugang der breiten Bevölkerung zur neuen Technik erschwerte, waren zum einen mangelnde Computerkenntnisse. So erklärte sich der verzögerte Durchbruch der Netzwerktechnik in Indien bis zu einem gewissen Grad aus der unzureichenden »Computer Literacy« in der Bevölkerung. Hier war der digitale Graben zwischen den Ärzten, Juristen und Bankangestellten in Neu Delhi, Bombay oder Madras und den Angestellten, Arbeitern und Landwirten in der Provinz erheblich, wenngleich genaue Zahlen zur Größe der Nutzergruppen nur schwer zu bestimmen sind. Wie klein die digitale Community war, zeigte sich aber schon allein in der Zahl ausgewiesener Spezialisten: Als Indiens Bevölkerung im Jahr 1985 über 750 Millionen Menschen zählte, versammelte der größte Computerverband des Landes rund 8.600 Personen – das waren 0,00115 %.[81] Zum anderen erschwerte der Mangel adäquater Hardware den Zugang. Die Versuche der Zentralregierung, ihre Bürger in der neuen, kostenintensiven Technik zu schulen, scheiterten bis 1987 am Fehlen privater Endgeräte. So gab es höchstens 50.000 Heimcomputer im Land, schätzte die *Times of India*, während global bereits mehr als 50 Millionen Familien diese Geräte ihr Eigen nannten. Die Ausbildungsprogramme in den Schulen seien wirkungslos, solange es an PCs mangele – und auch die Lage im Bereich der Programmanwendungen sei »disheartening and deteriorating«.[82]

---

81 Neben diesem elitären Personenkreis standen rund 750 Institutionen auf der Mitgliederliste der CSI. Vgl. Computer Society of India, in: Banerjee/Sharma (Hrsg.): Computer Applications, S. VII. Zur Verbreitung der »IT-Skills« in den 1980er Jahren vgl. überdies allg. Dedrick/Kraemer: Information Technology, S. 482.

82 Computer Literacy Plan Fails to Take Off, in: Times of India, 13.7.1987, S. 15. Andere Quellen sprachen gar von 30.000 Heimcomputern. Vgl. Parthasarathi Swami: Home Computers. Key Success, in: India Today, 15.5.1987, S. 114-115. Allein der Versuch, Computer in die über 700.000 Schulen des Landes zu bringen, erwies sich so als astronomische Investition. Vgl. H.N. Mahabala: Computers in Schools, in: CSI Communications, Mai 1985, S. 1. Indes startete zur Mitte der 1980er Jahre ein landesweites Programm zur Förderung der Computerausbildung in der Schule (Computer Literacy and Studies in School – CLASS), das rasch über Indien hinaus Modellcharakter reklamierte. Vgl. dazu R.P. Gupta: School Level Computer Education, in: Banerjee (Hrsg.): Computer Education, S. 73-86; Binod C. Agrawal: Pedagogy of Computer Literacy. An Indian Experience, Neu Delhi 1996; B. Nag: Informatics Education in India: The CLASS Project For Secondary Students, in: Technological Horizons in Education 15,5 (1987/88), S. 67-70; Keval J. Kumar: Media Education and Computer Literacy in India. The Need for an Integrated ›Compunication Education‹, in: International Communication Gazette 40,3 (1987), S. 183-202. Das CLASS-Programm war zugleich ein Ergebnis zwischenstaatlicher Kooperation gewesen. Im Dezember 1983 hatte die Queen am Rande eines Staatsbesuchs in Indien versprochen, das Bildungswesen des Landes zu stärken und dazu besonders die Computer-Ausbildung zu unterstützen. Im Rahmen der indo-britischen Kooperation gelangten so in der Folge 900 BBC-Microcomputer Systems, wie sie in England zur Förderung der »Computer Literacy« bereits in den Schulen zum Einsatz kamen, nach Indien. Dabei erlaubte ein neuer Chip die Anzeige von Hindi-Skripten über die Displays. Ein spezielles, durch britische Experten angeleitetes Training der Lehrer an den rund 250 teilnehmenden Schulen ergänzte das Programm. Vgl. David Hawkridge/

An dieser Lage änderte auch Gandhis Vision eines »People's PC« wenig. Der kleine, preisgünstige Computer war ab 1988 in ganz Indien massiv beworben worden. Nach seinem Release mehrten sich allerdings rasch die Probleme. Manche Kunden warteten mehr als drei Monate, bis sie Geräte erhielten; immer wieder kam es zu Vertriebsengpässen. Eine Kündigung des Vertrags war zudem nur schwer möglich. Der Service durch lizenzierte Zwischenhändler war so unzureichend, wie das angekündigte Netzwerk löchrig blieb; als günstigere, ausländische Konkurrenzanbieter den Markt eroberten, resümierte ein enttäuschter Kunde 1990 in der *Business India*: »The euphoria raised by the peoples' PC has certainly died a slow death.«[83] Umso dringlicher schien es daher, den Ausbau der Hardware voranzutreiben, um eine Netzwerkkultur zu etablieren.

Neben den Bildungs- und Forschungsnetzwerken, die gegenüber dem Datenvolumen der Regierungsnetze eher klein blieben, etablierte sich mit dem INDONET im März 1986 ein erstes öffentliches, kommerzielles Netzwerk, das dem Anspruch Ausdruck verlieh, eine »network culture« im Land zu

---

John Jaworski/Harry McMahon: Computers in Third-World Schools. Examples, Experience and Issues, Basingstoke/London 1990, S. 125-144, hier: S. 128-135.

83 Vgl. Sekhar Seshan: ET&T. Introducing the »People's PC«, in: Business India, 30.10.-12.11.1989, S. 78-82; Death of An Ecstasy (Letters to the Editor), in: Business India, 05.-18.2.1990, S. 8; The Battle for the People's PC, in: Asiaweek, 27.4.1990, S. 60f. Wie schwierig es war, die Hardwarelücke zu überwinden, bewies die Vielzahl in der Folge gescheiterter Experimente im Vertrieb von Klein- und Handheld-Computern, die ausgangs der 1990er Jahre von der in Indien propagierten Idee des »Simputer« bis zur US-amerikanischen Initiative »One Laptop per Child« (OLPC) reichten. Der von sieben indischen Forschern und Ingenieuren entwickelte, GNU/Linux-basierte Simputer (Simple, Inexpensive, Multilingual Computer) war das Gegenmodell aller Supercomputer-Planungen. Die *New York Times* lobte im Jahr 2001 euphorisch, es sei »the most significant innovation in computer technology« – um die digitalen Gräben zwischen Nord und Süd zu überwinden: »This is computing as it would have looked if [Mahatma] Gandhi had invented it, then used Steve Jobs for his ad campaign. India has already largely succeeded in localizing cinema, satellite communications, cable television and radio. The Simputer is meant to do the same for the Internet.« Bruce Sterling: The Year in Ideas. A to Z. Simputer, in: The New York Times Magazine, 9.12.2001, S. SM98 und S. SM100. Zur OLPC-Kampagne vgl. ganz ähnlich Michael Crowley: The Laptop that will Save the World, in: The New York Times Magazine, 11.12.2005, S. 78f. Zu den Experimenten vgl. überdies Rothermund: Indien, S. 150-152; Sheshabalaya: Rising Elephant, S. 224-226; T.T. Sreekumar: ICTs and Development in India: Perspectives on the Rural Network Society, London 2011, S. 134-143, 161-168; Morgan G. Ames: The Charisma Machine, Cambridge, Mass. 2019; Richard Heeks: ICT4D 2.0: The Next Phase of Applying ICT for International Development, in: Computer 41,6 (2008), S. 26-33; ders.: ICT4D 3.0? The Emerging »Digital-for-Development« Paradigm, in: Electronic Journal of Information Systems in Developing Countries 86,3 (2020), S. 1-15. URN: https://doi.org/10.1002/isd 2.12124 [abgerufen am 15.8.2022]; Michael Homberg: Technologie, die verbindet? Informationstechnik und Menschenrechte im digitalen Zeitalter, in: zeitgeschichte | online, 7.12.2018. URL: https://zeitgeschichte-online.de/themen/technologie-die-verbindet [abgerufen am 15.8.2022].

bilden. Der Computerkonzern CMC hatte das Netz zu Beginn als Firmennetzwerk eingerichtet; ab 1988 kamen durch online-Dienste weitere Firmen hinzu, und bis 1990 zählte das INDONET bereits über 100 kommerzielle Nutzer, darunter Kleidungskonzerne, Hotelgruppen und Banken. Das Netz beinhaltete einen E-Mail- und einen Dateiaustausch-Service, den Zugang zu Datenbanken und auf die Anliegen der Kunden zugeschnittene Anwendungen.[84] Zugleich waren die Kapazitäten des Netzwerks auch hier eng begrenzt; noch 1990 war es lediglich an den rund 230 über Radio- und Telefonmodems sowie über gemietete Leitungen des normalen Telephonnetzes angeschlossenen Terminals möglich, die drei Serversysteme in Madras, Bombay und Kalkutta über die IBM-Netzwerkarchitektur (SNA) anzusteuern. So blieb die digitale Kommunikation vor allem großen Unternehmen vorbehalten. Obschon ein knappes Dutzend an Netzwerken wie dem INDONET in Betrieb war, subsumierte daher ein Bericht der Weltbank noch Mitte der 1990er Jahre: »The setup for data communications in India is rudimentary. [...] The services suffer from overloading, poor performance, and high cost.«[85]

Der Flaschenhals der digitalen Netze blieb der Zugang zu den Leitungen des Telefonnetzes, die unter dem Monopol des Departments of Telecommunication (DoT) standen. Während das DoT die technischen Voraussetzungen zur Etablierung eines Netzwerks in privaten Haushalten und Büros kontrollierte und zugleich die Bandbreite regulierte, war das NIC zu einer Konkurrenz – und Behörde eigener Stärke – herangewachsen. Die Vergabe von E-Mail-Lizenzen und die Umwandlung von Sprachsignalen in elektronische Daten erzeugten im DoT die Sorge, dass Seshagiris Apparat die Zuständigkeiten des eigenen Hauses ins Visier nehmen könne. Als noch persönliche Zwistigkeiten hinzukamen, war das Tischtuch endgültig zerschnitten. So verweigerten beide Behörden die Kooperation, als das Zeitalter des kommerziellen Internets herannahte.

Die persönlichen Dissonanzen und politischen Dynamiken in der Auseinandersetzung um die digitalen Gräben erwiesen sich, wie die Debatte um die Netzwerktechnik zeigte, als eines der Grundprobleme im Prozess der Neuausrichtung der Technologiepolitik in Indien. So zeigte sich die lokale Verwaltung wahlweise unwillens oder außerstande, Daten in das System einzuspeisen, während sich die Regierungen der Unionsstaaten weigerten, diese Daten mit der Zentralregierung in Delhi zu teilen und die Bürokratie in Delhi in Kompetenzstreitigkeiten erlahmte. Das NICNET verlor die Perspektive, über seinen Status quo als Kommunikationsnetzwerk der Regierung hinaus zu wachsen, als das DoT am 15. August 1995 – symbolträchtig am Tag der

---

84 Vgl. P. Raghavendra Rau/H. Raghav Rao: Indonet. A Public Service Data Network in India, INSEAD Working Paper, Fontainebleau 1993, S. 1-3; Kausik Bose: Information Networks in India. Problems and Prospects, Neu Delhi 1994, S. 240-243; Sen: Digital Politics, S. 71-75.
85 Nagy Hanna: Exploiting Information Technology for Development. A Case Study of India, Washington D.C. 1994, S. 25 f.

»Unabhängigkeit« – einen kommerziellen »Gateway Internet Service« für die gesamte indische Bevölkerung ankündigte. Zu Beginn war der exklusive Zugang zu diesem nur langsam ausgebauten Netz zwar noch nur ein Privileg der metropolitanen Oberschichten, doch lag das riesige Wachstumspotential bereits klar auf der Hand. Indien aber blieb – auch angesichts der politischen Querelen um den Kurs – eine verzögerte digitale Nation. Im Jahr 2000 hatten lediglich rund 700.000 Menschen einen Internetanschluss – ein Jahr später waren es rund eine Million.[86] Der eigentliche Boom kam dann in den ersten Jahren des neuen Jahrtausends. Hier erwies sich vor allem die Verbreitung mobiler Technik als Wegbereiter digitaler Konnektivität; so waren es im Jahr 2020, nach vorsichtigen Schätzungen, bereits über 650 Millionen Nutzer.[87]

6.3 Supercomputer

Zwar lag der Traum vom digitalen Indien noch in weiter Ferne, doch begann unter Rajiv Gandhi in den 1980er Jahren allmählich die Verwandlung des Computers vom Gegenstand der Experten in Industrie, Verwaltung und Politik zum Konsumartikel der Bürger. Die Dekade markierte so eine Ära des

---

[86] Vgl. Sandhya C. Rao: The Skills Route to Cyberspace. India's Internet Experience, in: dies./Bruce C. Klopfenstein (Hrsg.): Cyberpath to Development in Asia. Issues and Challenges, London 2002, S. 85-107, hier: S. 90f. Wenngleich die Erkenntnisse aus den Netzwerkexperimenten des NICNET durchaus ergiebig gewesen wären, verhinderte die Konkurrenz eine Kooperation bei der Digitalisierung der Netze. Das Telekommunikationsunternehmen Videsh Sanchar Nigam Limited (VSNL) der Tata Gruppe monopolisierte in der Folge die Kompetenz als »Global Player« unter dem Dach des Departments of Telecommunications. Das NICNET blieb ein Werkzeug der e-governance. Vgl. D.C. Misra: Sixty Years of Development of E-Governance in India (1947-2007): Are There Lessons for Developing Countries?, in: ICEGOV '07: Proceedings of the 1st International Conference on Theory and Practice of Electronic Governance, New York 2007, S. 337-340, hier: S. 338, sowie allg. J.P. Singh: E-Governance as a Means of Development in India, in: Steven Livingston/Gregor Walter-Drop (Hrsg.): Bits and Atoms, New York 2014, S. 47-60.
[87] Vgl. Sandhya Keelery: Internet Usage in India – Statistics & Facts, 7.7.2020. URL: https://www.statista.com/topics/2157/internet-usage-in-india [abgerufen am 15.8.2022]. = »Statista«-Dossier, Hamburg 2020, S. 1-5. Zum digitalen Leben im globalen Süden vgl. überdies allg. Arora: Billion Users, S. 24-37; Shashi Tharoor: The Elephant, the Tiger & the Cellphone. Reflections on India in the 21st Century, New Delhi 2007; Stefanie Felsberger/Ramesh Subramanian (Hrsg.): Mobile Technology and Social Transformations. Access to Knowledge in Global Contexts, Abingdon, Oxon/New York 2021. Nach China stellte Indien damit den größten Anteil der rund 4,5 Milliarden Nutzer weltweit; die Quote der Nutzer an der Bevölkerung war mit circa 50% indes relativ gering. In Nordeuropa besaßen 2020 über 95% und in Nordamerika rund 88% der Bevölkerung Zugang zum Netz. Vgl. Jessica Clement: Internet Penetration Rate Worldwide 2020 by Region, 3.2.2020. URL: https://www.statista.com/statistics/269329/penetration-rate-of-the-internet-by-region [abgerufen am 15.8.2022]. = »Statista«-Dossier, Hamburg 2020, S. 6-8.

Nebeneinanders von Spitzen- und Alltagstechnologien. Für Gandhi und die »Computer Boys« aber blieben vor allem digitale Rechner – als Symbol von Autonomie und Stärke – ein goldenes Kalb. Neben der Förderung der Mikrotechnologie in ländlichen Regionen und Experimenten wie dem »People's PC« lag Gandhi so besonders der Versuch, einen Supercomputer zu bauen, am Herzen. Als der Kalte Krieg eingangs der 1980er Jahre eine neuerliche Hochphase erlebte, erschien es ihm – angesichts der drohenden Eskalation der Konkurrenz der Supermächte und der von ihnen verantworteten Engpässe und Embargos im Bereich der Hochtechnologie – umso dringlicher, die Anstrengungen eines eigenen Supercomputer-Programms zu verstärken.

Der Supercomputer war als »Antithese zur fortschreitenden Miniaturisierung von Schaltkreisen«[88] zugleich ein Symbol der wachsenden Rüstungskonkurrenz im Kalten Krieg. Der digitale Computer war ein Kind des Krieges; bevor in den 1950er Jahren mit dem Ferranti Mark I in England und dem UNIVAC I sowie den IBM-Systemen 701 in den USA die Ära kommerzieller Digitalrechner begann,[89] standen alle produzierten Digitalrechner im Dienste militärischer Anwendung. Für die Rechentechnik war der Krieg ein wichtiger Katalysator: Der deutsche Zuse Z3, der britische Colossus- und der amerikanische Atanasoff-Berry-Computer verliehen als digitale Relais- und Röhrencomputer dem Ziel Ausdruck, den Ausnahmezustand des Krieges souverän beherrschbar und kalkulierbar zu machen. Nach dem Krieg waren universale Turingmaschinen wie der Whirlwind-Computer oder der ENIAC dazu vorgesehen, die Risiken bevorstehender Kriege zu berechnen und den Einsatz der Kriegsmittel zu simulieren.[90] So lagen die Anwendungen vor allem im Bereich der Kryptoanalyse, ballistischer Berechnungen zur Konstruktion von (Interkontinental-)Raketen sowie der Simulation thermonuklearer Explosionen. Im zivilen Sektor kamen aerodynamische Berechnungen und meteorologische Forschungen sowie zusehends auch Anwendungen im Bereich der ökonomischen und ökologischen Ressourcenoptimierung hinzu.

Im »Zeitalter der Bombe« waren indes vor allem die atomaren Tests eine Frage von existentieller Relevanz. In der Konkurrenz der Mächte erkannte die UdSSR Mitte der 1950er Jahre, dass der Rückstand in der schieren Rechenleistung gegenüber den USA eine riesige Hypothek bedeutete. Am Rande der ersten IFIP-Tagung 1955 in der Bundesrepublik Deutschland berichteten Vertreter Moskaus daher demonstrativ von den Plänen eines eigenen Super-

---

88 Sebastian Vehlken/Christoph Engemann: Supercomputing, in: Friedrich Balke/Bernhard Siegert/Joseph Vogl (Hrsg.): Takt und Frequenz [Jb. Archiv für Mediengeschichte], München 2011, S. 143-160, hier: S. 152.
89 Vgl. Herbert Bruderer: Meilensteine der Rechentechnik, Bd. 2, Berlin/Boston ²2018, S. 94-97.
90 Vgl. Vehlken/Engemann: Supercomputing, S. 152-155; Friedrich A. Kittler: Gramophone, Film, Typewriter, Stanford 1999, S. 243-263, hier: insbes. S. 260; Thomas Haigh/Mark Priestley/Crispin Rope: ENIAC in Action. Making and Remaking the Modern Computer, Cambridge, Mass. 2018.

computer-Programms. Weder die Großrechnerserie BESM (»Schnellarbeitende Elektronen-Rechenmaschine«) noch die Anlagen der STRELA- und URAL-Baureihe waren der amerikanischen Konkurrenz, wie ein Memorandum des Moskauer Instituts für Präzisionsmechanik und Computertechnologie konstatierte, gewachsen:

> The gap between the United States and the Soviet Union in the area of digital computers and control devices continues to grow. We are falling behind in the number of machines, as well as in their technical parameters. We are also falling behind in production technology and applications of computing devices, particularly, for military purposes.[91]

Wenngleich in Washington – zumal nach dem »Sputnik-Schock« 1957 – die Sorge vor geheimen sowjetiischen Rüstungsplänen dominierte,[92] setzte sich eingangs der 1960er Jahre auch hier der Eindruck durch, im Bereich der Computertechnik einen womöglich entscheidenden Vorsprung errungen zu haben. Vor dem Hintergrund der Berlin-Krise und der Eskalation der Mächtekonkurrenz in Kuba 1962/63 rückte die Bedeutung der Superrechner noch stärker in den Fokus. Die UdSSR hatte kurz zuvor ein neues Modell der Rechnerserie MINSK angekündigt; im März 1963 erschien alsdann ein Computer, der zum Design von Raketenantrieben vorgesehen war. Auch in der NATO markierte das Jahr eine Klimax in der Förderung der Computertechnik: während de Gaulle in Frankreich Bull und CAE in die Dienste eines Supercomputer-Programms stellte, bauten Ferranti & ICT in Großbritannien die Computerserie ATLAS und TITAN. In den USA gab es indes bereits eine Reihe an Hochleistungsrechnern. Dazu gehörten ab 1950 UNIVAC-Modelle wie der ATLAS I aus der Schmiede der Engineering Research Associates und Remington Rands sowie ab 1957 auch die Rechner der Control Data Corporation (CDC). Im Sommer 1963 gelang es CDC, mit der Entwicklung eines eigenen Hochleistungsrechners dann einen Meilenstein zu setzen: Mit einer Rechenleistung von bis zu 3 MegaFLOPS, also 3 Millionen Fließkommaoperationen pro Sekunde, war das neue Aushängeschild des Computerkonzerns dreimal schneller als der bisherige Rekordhalter, der IBM 7030, und lag um Längen vor der ausländischen Konkurrenz.

In der Rüstungskonkurrenz war die überlegene Simulationstechnik der Supercomputer ein unschätzbarer Vorzug. So verfügte der CDC-Rechner erst-

---

91 Vgl. Dimitri Panov: High-Speed Computer Machines. State and Development Trends, Moskau 1955. Zit. n. Slava Gerovitch: From Newspeak to Cyberspeak. A History of Soviet Cybernetics, Cambridge, Mass./London 2002, S. 157. Vgl. dazu auch allg: Tsenia Tatarchenko: Cold War Origins of the International Federation for Information Processing, in: IEEE Annals of the History of Computing 32,2 (2010), S. 46-57.

92 Aus der Sorge resultierten die Gründung der (Militär-)Forschungseinrichtung ARPA 1958 und der Ausbau des Budgets des National Science Foundation. Vgl. Alfred Neal et al.: Beyond Sputnik, Ann Arbor 2008, S. 3-16, 85-195.

mals über ausreichende Kapazitäten, eine Kernexplosion wenigstens in basaler Weise zu simulieren. Das Gros der 100 produzierten Rechner wurde daher an die Labors der Rüstungsentwicklung überstellt, darunter auch das Los Alamos National Laboratory.[93] Exporte – auch an Verbündete – blockierte die US-Regierung unter Verweis auf die »nationale Sicherheit«.

Der durch den CDC-Rechner zementierte Vorsprung im Feld der Computertechnologien war es, der die USA in der Folge zu diplomatischen Zugeständnissen bewog und in der Krise des Jahres 1963 sogar einen Kurs der »Vereinbarung« in der Frage atomarer Rüstung zu ermöglichen schien. Als John F. Kennedy am 7. Oktober 1963 unter dem Eindruck der Kuba-Krise das Moskauer Atomteststopp-Abkommen unterzeichnete, das alle oberirdischen Nukleartests in der Atmosphäre, im All und unter Wasser untersagte, unterlag dies der geheimen Agenda, mit dem Ende realer Experimente den eigenen Vorsprung in der Folge durch die virtuelle Berechnung neuer Bomben- und Raketentechnik auszubauen.[94] Noch knapp drei Dekaden später, als die Verhandlungen über ein uneingeschränktes Nuklearversuchsverbot, den »Comprehensive Nuclear-Test-Ban Treaty«, begannen, diente die digitale Technologie als Rückversicherung.[95]

Schon in den 1950er Jahren beim Computerhersteller Engineering Research Associates (ERA) und dann ab 1957 als Teamleiter bei CDC war der Elektroingenieur Seymour Cray der Spiritus Rector hinter den amerikanischen Supercomputing-Anstrengungen gewesen. In der Konkurrenz zu IBM war das kleine CDC-Team der klassische David gegen den Goliath aus Somers, NY.[96] Als sich CDC in der Folge allerdings in Prozessen gegen IBM verzettelte und ein neuer Rechner wegen technischer Probleme in die Kritik geriet, gründete Cray 1972

---

93 Vgl. David Warren Kirsch: The Silent Arms Race. The Role of the Supercomputer During the Cold War, 1947-1963, Diss. Univ. of Arkansas 2012, S. 236-245; Boris Nikolaevich Malinovsky: Pioneers of Soviet Computing. Hrsg. v. Anne Fitzpatrick und übers. v. Emmanuel Aronie, E-Book, 2010, S. 65-75, 87-90. URL: https://web.archive.org/web/20201112011256/https://www.sigcis.org/files/sigcismc2010_001.pdf [abgerufen am 15.8.2022] sowie Vehlken/Engemann: Supercomputing, S. 147, 153 f.
94 Vgl. Charles J. Murray: The Supermen, New York 1997, S. 93.
95 Vgl. Hugh Gesterson: The Virtual Nuclear Weapons Laboratory in the New World Order, in: American Ethnologist 28,2 (2001), S. 417-437. Zwar trat der Vertrag in der Folge nie in Kraft, das amerikanische Zugeständnis aber war eingangs der 1990er Jahre vom Glauben an ein Modell computerbasierter Simulation getragen.
96 Die Control Data Corporation gehörte zu der Gruppe der sieben amerikanischen Hardware-Hersteller, die unter dem Kürzel BUNCH (Burroughs, Univac, NCR, CDC, Honeywell) in Konkurrenz zu IBM im Bereich der Großrechnerproduktion standen. Als die *Business Week* 1963 den »small-team effort« bei der Planung des Superrechners CDC-6600 hervorhob, bemerkte IBM-Chairman Thomas J. Watson Jr. in einem internen Memo voller Zorn: »Contrasting this modest effort with our own vast development activities, I fail to understand why we have lost our industry leadership position by letting someone else offer the world's most powerful computer.« Vgl. Computers Get Faster Than Ever, in: Business Week, 31.8.1963, S. 28-30; Watson/Petre: Father, Son & Co, S. 383; Murray: Supermen, S. 87-95.

eine eigene Firma. 1975 kündigte er mit der Cray I ein Modell an, das über 80 und in der Folge sogar über 133 MegaFLOPS erreichte. Ein Jahr später ging das erste Exemplar der Cray I an das Los Alamos Laboratory, 1977 folgte mit dem »National Center for Atmospheric Research« der erste kommerzielle Kunde in den USA und 1978 mit dem »European Centre for Medium-Range Weather Forecasts« als auch der erste Kunde in Europa.[97] Hier kam der Rechner sowohl im militärischen auch im zivilen Bereich, etwa zu numerischen Klimaberechnungen wie Atmosphären- und Ozean-Modellen, zum Einsatz.[98] Cray avancierte so in den 1980er Jahren zum zentralen Spieler im Supercomputing-Business.

Als die amerikanischen Supercomputer-Pioniere Sidney Karin und Norris Parker Smith 1987 in ihrem Buch *The Supercomputer* Era vom Anbruch einer neuen Zeitrechnung sprachen, lagen bereits Jahrzehnte des Hochleistungsrechnens hinter ihnen. In globaler Perspektive aber waren die 1980er Jahre die erste goldene Dekade des Supercomputing. 1987 wurde das *Journal of Supercomputing* gegründet; in Japan, Europa und den USA legte man nationale Förderprogramme auf, während sich Experten der Branche in internationalen Tagungen wie der »ISC« ab 1986 in Deutschland oder der »SC« ab 1988 in den USA zu organisieren begannen. Es gab einen »Anschaffungsboom an Spitzenrechnern«,[99] und gleichzeitig etablierte sich 1993 mit der »HPC-Top 500« der schnellsten Computer eine Forbes-Liste der Rechenvermögen.[100]

Die 1990er Jahre markieren dann eine sowohl technisch als auch politisch bedingte Zäsur in der Entwicklung von Supercomputern. Technisch ging der Trend zu Parallelrechnern und Rechenclustern. Daniel Hillis, Doktorand am MIT, hatte 1983 die Firma »Thinking Machines« gegründet, die im Bereich der

---

97 Vgl. Murray: Supermen, S. 127-146; Gary A. Taubes: The Rise and Fall of Thinking Machines, in: Inc. Technology 1,3 (1995), S. 61; Jeffrey S. Cook/Neha Gupta: History of Supercomputing and Supercomputer Centers, in: Jeffrey S. Cook/Richard S. Segall/Qingyu Zhang (Hrsg.): Research and Applications in Global Supercomputing, Hershey 2015, S. 33-55.

98 Vgl. dazu auch Gabriele Gramelsberger: Computerexperimente. Zum Wandel der Wissenschaft im Zeitalter des Computers, Bielefeld 2010, S. 29-37, 96-102.

99 David Gugerli: Digitalkolumne. Supercomputer – an der Grenze der Berechenbarkeit, in: Merkur 73,846 (2019), S. 53-50, hier: S. 54. Die Möglichkeiten der Big-Data-Analyse und der anwendungsbezogenen Programmierung der Superrechner leisteten einer neuen Plan- und Machbarkeitseuphorie Vorschub. Die Decodierung der DNA durch Supercomputer markierte hier 2003 einen Meilenstein im Bereich der Humangenetik. Zugleich aber erzeugten die neuen Möglichkeiten der Technik auch zusehends radikale Verunsicherung. Vgl. David Gugerli/Magaly Tornay: Das Zeitalter der Konfigurationen, 1980 bis 2010, in: Historische Anthropologie 26,2 (2018), S. 224-244, hier: S. 229-232.

100 Vgl. Sidney Karin/Norris Parker Smith: The Supercomputer Era, New York 1987, sowie allg. Christopher Lazou: Supercomputers and Their Use, überarb. Aufl., Oxford 1988; Bernd Reuse: Schwerpunkte der Informatikforschung in Deutschland in den 1980er Jahren, in: ders./Roland Vollmar (Hrsg.): Informatikforschung in Deutschland, Heidelberg/New York 2008, S. 27-60, hier: S. 55; Dieter Schneider: Die Entwicklung der Supercomputer, München 2012.

Forschung zur Robotik und Künstlichen Intelligenz sowie des parallelen Rechnens rasch das Interesse der amerikanischen Regierung erregte. Zu Hillis Glück unterstützte Physik-Nobelpreisträger Richard Feynman am »Caltech« in Los Angeles das Vorhaben, eine »Connection Machine« – eine parallel rechnende Maschine – zu bauen, und konstruierte die Router. Als die CM-1 1985 erschien, nutzte die Regierung den Rechner zur Forschung im Bereich der Bild- und Spracherkennung. In der kommerziellen Nutzung der neuen Technik aber waren andere Hersteller, allen voran IBM, bereits an Hillis vorbeigezogen.[101] Cray, der bis in die 1980er Jahre hinein ein Modell der Skalar- und Vektorrechner propagierte und sich gegen Massenparallelrechner und ihre Multiprozessor-Architektur sperrte, verlor dagegen ausgangs des Jahrzehnts seine Vorrangstellung, wenngleich er in der Folge ein zentraler Spieler blieb. 1993 kündigte auch sein Konzern einen eigenen Massenparallelcomputer, den Cray T3D, an.

Ökonomisch hatten das Ende des Kalten Krieges und der Rückgang militärischer Forschungsgelder die Branche da bereits in eine – wenigstens kurzzeitige – Krise gerissen. Ausgangs der 1990er Jahre, als sich die Konkurrenz globalisierte, und die Sorge vor dem Dual Use der Technik im zivilen und militärischen Sektor die Zahl der Flops zur neuerlichen Grundlage von Exportrestriktionen machte, aber schrieb die Jagd nach PETA- und EXAFLOP-Rechnern die Dynamik des Wettrüstens aus den Dekaden des Kalten Krieges schon wieder weiter. Zu Beginn des 21. Jahrhunderts durchbrachen die Rechner in immer kürzeren Intervallen neue Leistungsgrenzen.

Für Rajiv Gandhi, der das Ziel hatte, Indien ins 21. Jahrhundert zu führen, war der Erwerb eines Superrechners mehr als nur eine Frage des Prestiges. In den Jahren 1982/83 schien es an der Zeit, die Anstrengungen im Bereich des Supercomputing zu verstärken. Das Indian Institute of Science in Bangalore ging in das Jahr seines 75. Jubiläums und ersuchte zu diesem Anlass Gandhi, ein Zentrum zur Förderung der Spitzentechnologien im Bereich der Computer Sciences zu errichten, das sich dem Bau eines Hochleistungsrechners und der Forschung in diesem Bereich annehmen werde. Obschon Gandhi den Plan unterstützte, zeigte sich rasch, dass sich die Einrichtung eines solchen Zentrums schwierig gestalten würde. Der schnellste Rechner, den das Computerzentrum vorzuweisen hatte, war ein amerikanischer DEC-Time-Sharing-Rechner, der – obschon eine solide Rechenanlage aus den späten 1970er Jahren – kaum annähernd an die Rechenleistung eines Cray-Rechners heranreichen konnte. Auch mangelte es an der räumlichen und personellen Ausstattung.

> The only professor in the centre was the chairman. There was no research activity in the centre. It was primarily a service centre catering to the computing needs of the faculty and students of all the departments of the institute. [...] Most professors were reluctant to be chairman of the centre as administering [it] was time consuming and [...] a »thankless job«,[102]

101 Vgl. Taubes: The Rise and Fall of Thinking Machines.
102 Vaidyeswaran Rajaraman: My Reminiscences of SERC Formation, Bangalore 2015, S. 2.

erinnerte sich der spätere Direktor des Supercomputer-Zentrums. Vor der Akquise eines Rechners stand daher die Rekrutierung des geeigneten Personals. Ab 1983 gab es in Bangalore Kurse im Programmieren und einen Bachelorstudiengang im Bereich der Computer Sciences; auch Operatoren wurden angeworben, um das Team des Rechenzentrums zu verstärken. Und schließlich wurde bis 1985 die Energieversorgung des Zentrums erneuert, die dem Stromverbrauch eines Hochleistungsrechners kaum gewachsen war. Nachdem im Juli 1984 die Pläne zum Ausbau des Zentrums in ein Supercomputer-Ausbildungs- und Forschungszentrum konkreter wurden, reiste eine Expertengruppe des Instituts im Dezember 1985 nach Japan – zu NEC in Tokio – und in die USA zu CDC und Cray in Minneapolis. Während der Bau des Zentrums bereits voranschritt, gab es bei der Akquise eines Rechners (ursprünglich war ein Cray X-MP 1205 vorgesehen) – angesichts der hohen Kosten und der noch höheren Obsoleszenz der Computer sowie der komplizierten Verhandlungen zwischen der indischen und der amerikanischen Regierung über die Chance eines solchen High-Tech-Exports – noch im Dezember 1987 keine Fortschritte, als ein Besuch von Instituts- und Regierungsvertretern in den USA die Gewichte nach längeren Überlegungen endlich zugunsten einer Kooperation zu verschieben schien. Doch zog sich die Evaluierung des Antrags auch danach über Monate hin, und so scheiterte auch der Erwerb dieser Maschine, einer Cray Y-MP 132, letztlich an den Regularien der amerikanischen Behörden.[103]

Zwar hatte sich das Computerzentrum bereits 1987 in »Supercomputer Education and Research Centre« (SERC) umbenannt, ein Superrechner aber konnte erst eingangs der 1990er Jahre erworben werden. Der sequentiell arbeitende CDC-Vektorrechner Cyber 992 war nach den Bestimmungen der US-Behörden kein Supercomputer und reichte auch kaum an die Spitzenleistungen der Konkurrenz heran, doch erwies sich Indiens Zögern rückblickend als ökonomisch sinnvoll. Als die US-Regierung einlenkte, die in die Jahre gekommene Cray-Technik nach Indien zu exportieren, waren bereits günstigere und zugleich schnellere, parallel rechnende Maschinen auf dem Markt.[104] Bis 1993 importierte das SERC so eine Vielzahl kleinerer Rechner, sogenannter Mini-Supercomputer von IBM und Silicon Graphics, aus den USA und setzte zugleich Rechner aus dem ausgangs der 1980er Jahre begonnenen nationalen Supercomputer-Programm ein, die inzwischen bereits 28 Mal schneller waren als der ursprünglich avisierte Cray-Computer. Überdies war das Zentrum Teil eines globalen Netzwerks von Rechenclustern geworden.[105]

Die Geschichte des Supercomputer-Zentrums in Bangalore repräsentierte in vielerlei Weisen die Geschichte der High-Tech- und Supercomputer-Politik in den 1980er Jahren. Viele Forschungseinrichtungen teilten das Schicksal des

---

103 Vgl. ebd., S. 3-18.
104 Vgl. Super-Computer for I.I.Sc., in: Times of India, 7.12.1984, S. 9; The Way the Supercomputer Went, in: Times of India, 7.10.1987, S. 1; India's Supercomputer, in: Times of India, 6.4.1993, S. 12.
105 Vgl. Delays Saved Millions for Science Institute, in: Times of India, 17.8.1993, S. 11.

SERC. Schon 1985 hatte Rajiv Gandhi am Rande seines Staatsbesuchs bei Reagan in Washington den Wunsch nach einem Supercomputer angesprochen und versucht, die Bedenken der Amerikaner zu zerstreuen, dass die Rechner vor allem zu militärischen Zwecken vorgesehen seien. Trotz aller Beteuerungen reagierte die US-Regierung zurückhaltend. Neu Delhis Kurs vermochte, wie man im Weißen Haus dachte, die amerikanischen Ziele in der Region aufs Spiel zu setzen. Zwar nahm Indien, auch wegen seiner Schaukelpolitik zwischen den Blöcken, weiterhin eine zentrale Rolle in der US-amerikanischen Südasienpolitik der 1980er Jahre ein; zur Eindämmung der Ambitionen der UdSSR im Nahen Osten aber war Pakistan mindestens genauso wichtig. Eine Instrumentalisierung der Supercomputer durch Indien im Verteidigungssektor – etwa als »Waffe« in der Auseinandersetzung mit Pakistan – drohte die Balance in der Region zu zerstören. Zudem gefährdete das Leistungsvermögen der Rechner in der Kryptoanalyse und der Berechnung thermonuklearer Explosionen die Sicherheitsinteressen der USA und die Ziele der Abrüstungsbestimmungen, wie sie im Atomwaffensperrvertrag 1970 niedergeschrieben waren. So blieb die Regulierung der Exporte nach Indien im Bereich der Hochtechnologien bis zur Mitte der 1990er Jahre bestehen.[106]

Zudem war die Auswahl an Hochleistungsrechnern gering; die UdSSR kam angesichts des beträchtlichen technologischen Rückstands kaum in Frage, und die zarten Verbindungen nach Japan beendete, wie die *Times of India* schrieb, 1986/87 ein amerikanisches Machtwort, das die Exporte der sensiblen Technik diplomatisch zu verhindern suchte.[107] Aus indischer Perspektive wirkte die amerikanische Ablehnung auch deshalb so ernüchternd, weil das Land unter Gandhi ab 1985 sukzessive einen Kurs der diplomatischen Annäherung an die USA begonnen hatte. Der Ausbau der technologischen Kooperation zur Verbreiterung der Militärallianz in Asien war von den USA bereits 1985 durch ein indo-amerikanisches Abkommen vorangetrieben worden, das die Freigabe von General Motors-Antrieben zum Bau von Kampfjets im Rahmen von Indiens »Light Combat Aircraft«-Programm vorsah. Nachdem die US-Handelsausgaben im Bereich militärischer Ausrüstung noch zwischen 1980 und 1983 nur 2 % der Ausgaben der UdSSR in Indien betragen hatten, verstärkten die Vereinigten Staaten in der zweiten Hälfte der 1980er Jahre ihr Engagement; dazu gehörte auch eine vorsichtige Neubewertung des Kurses in der Computerpolitik. In diesem Kontext besuchten 1988 sowohl US-Verteidigungsminister Frank Carlucci als auch der Chef des Generalstabs des Heeres, Carl E. Vuono, das Land.

106 Vgl. Enter! The Super-Computer, in: Times of India, 27.2.1983, S. M6; P.M. Gives Word on Computer, in: Times of India, 21.10.1986, S. 9; Supercomputer Talks Stuck on Safeguards, in: Times of India, 9.12.1986, S. 9; India to Get U.S. Supercomputer, in: Times of India, 4.3.1987, S. 1; Super Doublespeak on Computers, in: Times of India, 28.3.1987, S. 16; Curious Supercomputer Tale, in: Times of India, 3.4.1987, S. 8.
107 Japanese Eye Indian Computer Market, in: Times of India, 14.12.1986, S. 15; Moscow offers Supercomputer, in: Times of India, 23.4.1988, S. 9.

Im Oktober 1988 war Indien das erste Land außerhalb der amerikanischen Militärallianz, das einen Cray-Rechner erhielt.[108]

Die Regulierung ging indes so weit, dass ein Team von Technikern der Firma Cray sämtliche Eingaben in den Rechner, der im Monsun-Forschungszentrum in Neu Delhi stand, kontrollierte und die Nutzung überwachte. So wurde den Forschern der Zugang zum Rechner untersagt, als diese ihn zu Berechnungen im Bereich der Raketen- und Flugzeugtechnik einzusetzen gedachten.[109] Eine solche Praxis hatte sich das SERC verbeten; die Perspektive war auch in Gandhis Augen inakzeptabel. Zwar kam im Jahr 1990 ein Rechner der IBM hinzu, der Workstations zu CAD/CAM-Anwendungen im Bereich des Flugzeugprogramms verband,[110] quantitativ wie qualitativ aber blieb die Kooperation hinter den Erwartungen zurück.

Aus der Frustration über die amerikanischen Handelsrestriktionen setzte Gandhi auf die Entwicklung eines eigenen Supercomputer-Programms. Zwar reklamierte die Entwicklung eines Hochleistungscomputers einen radikalen Gegensatz zu den »Jugaad«-Innovationen, die Indiens Weg in die »digitale Moderne« prägten, doch waren auch hier kreative Lösungen gefragt; einmal mehr war der Computer als »Swadeshi-Maschine« zu einem Symbol der »Unabhängigkeit« geworden. In diesem Fall endete die Suche nach einem eigen(ständig)en Weg allerdings nicht mehr in der Sackgasse der Abschottung und »Indisierung« der Computerindustrie wie noch in den 1970er Jahren. Vielmehr ersannen Gandhi und seine »Computer Boys« einen neuen Kurs im Zeichen von Liberalisierung, Privatisierung und Globalisierung.

Nach den Auseinandersetzungen um die missglückten Cray-Importe hatte das »Science Advisory Council« dem Premierminister die Förderung eigener Einrichtungen zum Bau von Supercomputern vorgeschlagen. In den Jahren 1986/87 begannen vor diesem Hintergrund verschiedene Projekte zum Bau eines Hochleistungsrechners. In den National Aerospace Laboratories in Bangalore suchten der Leiter des Computerzentrums, Roddam Narasimha, und der Automobilingenieur und passionierte Programmierer U. N. Sinha nach einem Werkzeug zu komplexen Berechnungen im Bereich der Fluiddynamik. Ein kleines Team konstruierte – in zwei Knoten zu vier Prozessoren, basierend auf der Rechenleistung von Intel-Mikrochips – dazu einen parallel rechnenden Supercomputer namens Flosolver, der zwar hinter dem Leistungsvermögen der amerikanischen Konkurrenz zurückblieb, rasch aber über die Institutsgrenzen hinauswirkte und die Ambition im Bereich des Supercomputing bewies. Für Narasimha hatte Indiens Ringen um technologische »Unabhängigkeit« auch in

108 Vgl. Jayanta Kumar Ray: India's Foreign Relations, 1947-2007, Neu Delhi 2011, S. 685-688.
109 Supercomputer to be Installed, in: Times of India, 30. 11. 1988, S. 3; Supercomputer to be Inaugurated, in: Times of India, 17. 12. 1988, S. 19; Supercomputer Off-Limits for Indians, in: Times of India, 26. 5. 1992, S. 7.
110 Ray: India's Foreign Relations, S. 687; India-US Defense Relations Thaw, in: International Defense Review 23,8 (1990), S. 831.

diesem Fall eine elementare politische Dimension: »India became a colony not just because of Robert Clive and Warren Hastings«, berichtete er in einem Interview mit der *Times of India*, »but because of Isaac Newton and James Watt.«[111]

Um das Risiko zu verteilen, hatte die Regierung eine Vielzahl an Vorhaben angestoßen. Auch am Bhabha Atomic Research Centre in Bombay und in der Advanced Numerical Reseach & Analysis Group, einer Arbeitsgruppe in der Forschungsbehörde (DRDO) des Verteidigungsministeriums in Neu Delhi, wurde ab 1988 an parallelen Rechnern und der Entwicklung von »Softwareumgebungen« geforscht; als sich um 1990 abzeichnete, dass Hersteller wie Cray und ihre Vektorrechner in der Krise steckten, witterten die Forscher ihre Chance, in die Spitzengruppe vordringen zu können. 1993 gelang es dem Team in Bombay, den schnellsten und günstigsten Rechner des Landes zu bauen, der inzwischen ein Fünftel der Rechenleistung der Cray Y-MP besaß. In der Folge stieg auch ECIL in die Produktion ein.[112]

Ein weiterer Baustein des Supercomputer-Programms war die Gründung verschiedener Institutionen im Bereich der Hochtechnologien. Dazu zählten der Thinktank C-DOT (»Centre for the Development of Telematics«) (1984) in Bangalore, das »National Centre for Software Technology« (1985) in Bombay und Neu Delhi und – als das rasch wichtigste Puzzlestück in den Supercomputing-Plänen – das 1988 in Pune gegründete »Centre for Development of Advanced Computing«, kurz: C-DAC.[113]

Ab 1987 wurde so an verschiedenen Orten an der Entwicklung der Hard-, Soft- und Firmware paralleler Rechner gearbeitet.[114] Die Forschungen im

111 Supercomputers, made in India, in: Times of India, 1.8.1993, S. 13. Sam G. Pitroda, Vorstand und Sprecher des Thinktanks C-DOT, polemisierte in gleichem Geiste gegen die Vorstellung, »that the white man knows how to solve our problems«. India Can Make Supercomputer, in: Times of India, 12.10.1987, S. 17. C-DOT proklamierte dazu einmal mehr die Vision nationaler »Einheit« und »Unabhängigkeit«. Vgl. A Report to the Nation by C-DOT, 1.10.1987, S. 1; S. 7. URL: https://www.sampitroda.com/telecom [abgerufen am 15.8.2022]. Zum Rechner der National Aerospace Laboratories vgl. U. N. Sinha/M. D. Deshpande/V. R. Sarasamma: Flosolver. A Parallel Computer for Fluid Dynamics, in: Current Science 57,23 (1988), S. 1277-1285.

112 The Fastest Kid on the Block, in: Times of India, 22.8.1993, S. A6; BARC Develops Supercomputer, in: Times of India, 31.10.1992, S. 1; ECIL to Produce Hi-Speed Computers, in: Times of India, 22.4.1993, S. 3.

113 Zur Gründung des C-DAC vgl. Vaidyeswaran Rajaraman: History of Computing, S. 36-38; ders.: History of the Establishment of the Centre for Development of Advanced Computing, in: CSI Communications, September 2014, S. 11-19, hier: S. 11-13. Zu den Rahmenbedingungen der Förderpolitik vgl. zudem Peter B. Evans: Indian Informatics in the 1980s. The Changing Character of State Involvement, in: World Development 20,1 (1992), S. 1-18, hier: S. 10-12; Dedrick/Kraemer: Information Technology, S. 478, 490, und Sen: Digital Politics, S. 35-52.

114 Vgl. Ashok Kumar Singh: Science and Technology for Civil Service Examinations, Neu Delhi 2008, S. 210-217; Vaidyeswaran Rajaraman: Super Computers, Hyderabad 1999, S. 8-11; S. 74-80; David K. Kahaner: Parallel Computing in India, in: IEEE

Bereich des Hochleistungsrechnens schlossen dazu vielerorts an die Vorarbeiten des Thinktanks C-DOT und hier besonders der Arbeitsgruppe um den Telekommunikationsingenieur Sam G. Pitroda an. Dieser hatte in den ersten drei Jahren des C-DOT an der Digitalisierung der Telefonnetze und der Konzeption und Einrichtung eines digitalen Vermittlungssystems (DSS) gearbeitet; ab 1987 begann er einen Parallelrechner (CHIPPS, C-DOT High-Performance Parallel Processing System) zu bauen. Am C-DAC nutzte man all diese Erkenntnisse, um einen Rechner zu konstruieren, der unter Einsatz eines vergleichsweise kleinen Budgets von rund 12 Millionen US-Dollar bis 1990 eine Leistung von 100 MegaFLOPS erreichte.[115]

Im Sommer 1990 kündigte das Forschungszentrum den Vertrieb des ersten Rechners – des PARAM 8000 (parallel machine, in Sanskrit auch »Gott« bzw. »das Höchste«) – an. Der Computer, der ein Jahr später erschien, durchbrach in der Theorie sogar die Schallmauer von einem GigaFlop, in der Praxis vieler Anwendungen lag die Leistung allerdings zwischen 100 und 200 MegaFLOPS. So blieb die Konkurrenz aus den USA zwar schneller. Wegen ihres günstigen Preises von nur 350.000 US-Dollar im Vergleich zu rund 10 Millionen US-Dollar, die eine übliche Cray-Maschine kostete, waren die ersten PARAM-Rechner aber rasch kommerziell sehr erfolgreich.[116] Das Geheimnis der niedrigen Produktionskosten lag darin, dass der Direktor des Instituts, Vijay P. Bhatkar, einen besonders günstigen, im Jahr 1985 von der britischen Firma INMOS produzierten Computerchip namens »Transputer« (Transistor und Computer) nutzte, der ideal zur parallelen Architektur des Rechners passte; so gingen in der Folge mehr als ein Dutzend Exemplare der Maschinen an Hochschulen,

---

Parallel & Distributed Technology. Systems & Applications 4,3 (1996), S. 7-11, hier: S. 10f.

115 Vgl. To Make or Not to Make. India's Supercomputer Dilemma, in: Dataquest 6,1 (1988), S. 38. Im Rahmen seiner kommerziellen Ausrichtung suchte das C-DAC zugleich Grundlagenforschung und Anwendung, High-Tech- und Konsumelektronik zusammenzubringen. So setzte sich das Zentrum zusehends ein, die Sprachbarrieren zwischen den einzelnen Bevölkerungsgruppen in Indien durch ein intelligentes System der Übersetzung und Untertitelung von Fernsehprogrammen abzubauen und einen elektronischen Thesaurus sowie eine phonetische Spracherkennung und -umwandlung bei der Eingabe von Daten über die Tastatur – z. B. als Applikation im Bereich der Textverarbeitung – zu etablieren. Vgl. Breaking the Language Barrier, in: Times of India, 3.1.1993, S. 6-7; Indian Language Word Processor, in: Times of India, 12.12.1992, S. 11.

116 India Can Make Supercomputer, in: Times of India, 12.10.1987, S. 17; Supercomputer Prototype. India Joins Select Band, in: Times of India, 18.8.1990, S. 13; India Develops Supercomputer, in: Times of India, 22.3.1993, S. 9; Indigenous Supercomputer Project Reaches Crescendo, in: Times of India, 23.4.1998, S. 9; India Ready to Take the Big Byte, in: Times of India, 24.7.1997, S. 1. Zur Entwicklung der Rechner vgl. Annual Report, Department of Electronics, 1989-1990, Neu Delhi 1990, S. 25-27. Zum Supercomputer-Programm vgl. überdies allg. Sam Pitroda/M. V. Pitke: Homi Bhabha's Role in Fostering Electronics Development. C-DOT and C-DAC, in: Shyamasundar/Pai (Hrsg.): Homi Bhabha, S. 128-150, hier: S. 139-148.

Forschungs- und Regierungseinrichtungen in Russland, Kanada, Großbritannien und Deutschland. Freilich gehörte das Rennen gegen die Obsoleszenz zur Geschichte der Supercomputer dazu. Die Technik veraltete so rasch, dass ausgangs der 1990er Jahre bereits IBM-PCs die Leistung der ersten PARAM-Modelle erreichten.[117] Aber dieses Schicksal war kein exklusiv indisches.

Der Durchbruch des Supercomputer-Programms war zugleich ein Ergebnis der ökonomischen Liberalisierung und des Wandels in der Technologiepolitik unter Gandhi. Doch blieb das Verhältnis zu Technologien auch ausgangs der 1980er und eingangs der 1990er Jahre ein gebrochenes. Die Euphorie, die in der Politik um die Superrechner losbrach, kontrastierte die Skepsis, die sich in vielen anderen Feldern, in denen Technologien und sogar (Super-)Computer zur Anwendung kamen, zeigte. So beteiligte sich Indien beispielsweise weder aktiv an den globalen Forschungsprogrammen im Bereich der Humangenetik, die ab 1990 die Sequenzierung des menschlichen Genoms und die Decodierung der DNA vorantrieben, noch war die Regierung in diesem Zusammenhang bereit, genetische Daten aus der Bevölkerung an die Forscher weiterzugeben. Hier spielten technikkritische Vorbehalte gegenüber dem Versuch, den menschlichen Körper auszulesen, ebenso eine Rolle wie ökonomische Erwägungen, nachdem das Land 1990 in eine neuerliche ökonomische Krise geglitten war, und politische Bedenken, als durch den Zusammenbruch der UdSSR ein bewährter Partner in der Technologiepolitik wegbrach und die zarten Bande zwischen Indien und den USA an den Spannungen um die Unterstützung der US-Operationen im ersten Irakkrieg bereits wieder zu zerreißen drohten.[118]

Das Ende des Kalten Krieges bedeutete, wie sich rasch zeigte, keineswegs das Ende globaler High-Tech-Embargos und Handelskontrollen. Waren es vor 1990 Bestimmungen des CoCom-Embargos gewesen, die Indiens Halbleiter- und Mikrochip-Produktion ausbremsten, so setzten nach 1990 neue Handelsregime und bilaterale Abkommen den indischen Exporten im Bereich der Raum- und Raketentechnik enge Grenzen. Kritik entzündete sich zudem an den Folgen einer Globalisierung der Märkte, die sich im Bereich der Computerindustrie vor allem in der Auslagerung von Businessprozessen und der Zunahme gering bezahlter Jobs bzw. prekär angestellter Mitabeiter zeigte.[119] Hier erwiesen sich Bodyshopping und Outsourcing als zweischneidige Phänomene, zumal die globale Arbeitsteilung die Dependenz eher zu verstärken schien, als ein Vehikel der Autonomie und Emanzipation zu werden. Von besonderer Symbolik war die Ausweitung des globalen (Elektro-)Müllhandels, zu dessen

117 Vgl. Cray Deal a Casualty of Atomic Weapon Fears, in: Washington Post, 19.3.1993, S. C1; Pune Scientists Develop New Computer, in: Times of India, 7.1.1993, S.7. Vgl. überdies auch Sandy Gordon: India's Rise to Power in the Twentieth Century and Beyond, Basingstoke/London 1995, S. 36-39; Rothermund: Indien, S. 142-145.
118 Zur Kritik an Bio-Tech-Programmen in Indien vgl. Sukumar: Midnight's Machines, S. 100-116, 135 f.
119 Ebd., S. 130-145.

Zentrum Indien avancierte und der die Kehrseiten der High-Tech-Politik und die Folgen des globalen Handels exemplarisch zu bezeugen schien.[120] Indiens Kurswechsel unter Rajiv Gandhi, der das – in den 1970er Jahren auch und gerade in sozialistischen Kreisen als alternativlos propagierte – Ziel einer nationalen Autonomie im Rahmen einer globalen kapitalistischen Ordnung zugunsten einer stärkeren Teilhabe des Landes am Prozess der ökonomischen Globalisierung ab der Mitte der 1980er Jahre sukzessive verabschiedete, ebnete der Digitalisierung Indiens zwar den Weg, produzierte zugleich aber auch neue Verlierer und soziale Gräben. Die Phase der Euphorie währte so – einmal mehr – nur kurz. Als der Eiserne Vorhang Geschichte war, waren die Mauern des globalen Kapitalismus bereits hochgezogen.

6.4 »Electronic City«: der akademisch-militärisch-industrielle Komplex in Indien

In der Hochphase der Computer-Euphorie verschmolzen in Indien in den 1980er Jahren – wie Jahrzehnte zuvor im Silicon Valley[121] – akademische, militärische und industrielle Interessen zu einem Komplex. Dabei avancierte die »High-Tech-Kapitale«[122] Bangalore im Zuge der ökonomischen Liberalisierung zu einem Kristallisationspunkt des Wandels. Dies lag in besonderer Weise

120 Zu den Folgen der Elektronikproduktion in Indien und den Auswirkungen des globalen Elektromüllhandels vgl. aus ethnographischer Perspektive: Stefan Laser: Hightech am Ende. Über das globale Recycling von Elektroschrott und die Entstehung neuer Werte, Wiesbaden 2020, S. 51-158, hier: insbes. auch S. 117-121. Zur Perspektive der Entwicklungsländer vgl. zudem allg. Oladele Osibanjo/I. C. Nnorom: The Challenge of Electronic Waste (E-waste) Management in Developing Countries, in: Waste Management & Research 25,6 (2007), S. 489-501. Bereits ab den 1990er Jahren rückte das Thema des »Computerschrotts« langsam in den Fokus kritischer Betrachtungen: Günter Fleischer (Hrsg.): Computerschrott-Recycling. Stand und Entwicklungsmöglichkeiten, Berlin 1992; Microelectronics and Computer Technology Corporation (Hrsg.): Environmental Consciousness. A Strategic Competitiveness Issue for the Electronics and Computer Industry, Austin, TX 1993; Steven Anzovin: The Green PC, New York 1993. Zum globalen Müllhandel und der Geschichte des »Müll-Imperialismus« im 20. Jahrhundert vgl. allg. die Arbeiten der Forschergruppe »Hazardous Travels« am Rachel Carson Center (LMU München) um Simone M. Müller.
121 Zum Konnex von Forschung, Industrie und Militär in den USA im Kalten Krieg vgl. Stuart W. Leslie: The Cold War and American Science. The Military-Industrial-Academic Complex at MIT and Stanford, New York 1993; Rolf Sternberg: Technologiepolitik und High-Tech Regionen. Ein internationaler Vergleich, Münster ²1998; Margaret O'Mara: Cities of Knowledge, Princeton, NJ 2005, S. 97-141; Christophe Lécuyer: Making Silicon Valley. Innovation and the Growth of High-Tech, 1930-1970, Cambridge, Mass. 2006, S. 91-167.
122 Christoph Dittrich: Bangalore. Globalisierung und Überlebenssicherung in Indiens Hightech-Kapitale, Saarbrücken 2004; Janaki Nair: The Promise of the Metropolis: Bangalore's Twentieth Century, Neu Delhi ²2008.

auch an einem Thinktank namens C-DOT, der ab der Mitte der 1980er Jahre im Prozess der Digitalisierung des Landes den Ton angab.

Auf direkte Weisung des Prime Minister's Office gegründet, avancierte C-DOT zu einem der zentralen Orte der »New Computer Policy«. Als eigenständige Einrichtung versammelte der Thinktank Experten aus dem »Telecom Research Centre« und des »Tata Institute of Fundamental Research«.[123] In erster Instanz hatte das Team aus IT-Ingenieuren und Technikern aus Neu Delhi über 36 Monate eine Summe von 360 Millionen Rupien erhalten, um das nationale Telefonsystem zu modernisieren.[124] Das löchrige Telefonnetz war unter den Kritikern der Kongresspartei zum Sinnbild der abgehobenen High-Tech-Visionen Rajiv Gandhis und dessen Kurs einer »Technologie der oberen Kasten« geworden. In den Augen vieler gingen die groß angelegten Programme im Bereich der Computerisierung an den Massen vorbei; der schleppende Ausbau des Telefonnetzes provozierte umso massivere Polemik am Kurs der Regierung.

Der Zustand des Telefonsystems war bis in die 1980er Jahre hinein geradezu erschütternd und ein Armutszeugnis angesichts der hohen Ansprüche der Regierung von Indira und Rajiv Gandhi. Ausgangs der 1970er Jahre, am Ende der Lizenzherrschaft, warteten Hunderttausende Menschen auf einen Telefonanschluss und weniger als 3 % der 600.000 Dörfer in Indien hatten Zugang zu einem Telefon. Das Gros der rund 2,5 Millionen Apparate stand in den urbanen Zentren, rund 7 % der Bevölkerung besaßen über 55 % der Anschlüsse. Zudem gab es 1980 nur rund 12.000 öffentliche Fernsprecher für über 700 Millionen Menschen.[125] Der »digital divide« der kolonialen Ära, in der das Telefon ein Werkzeug der Kontrolle geworden war, war – wie die rechtlichen und bürokratischen Strukturen – nach 1947 unter der Ägide staatlicher Planer erhalten geblieben.[126]

---

123 Das C-DOT gründete auf der Expertise zweier Behörden. Das TRC hatte in den 1970er Jahren ein elektronisches Vermittlungssystem (SPC-1) entwickelt; das TIFR hatte bereits zuvor die Produktion von Funk- und Antennenumschalter zur Ausstattung militärischer Radarsysteme nach dem indo-chinesischen Grenzkrieg übernommen. Vgl. Badanaval V. Sreekantan: Sixty Years of the Tata Institute of Fundamental Research 1945-2005, in: Current Science 90,7 (2006), S. 1012-1025, hier: S. 1021 f., sowie Sharma: Outsourcer, S. 40, 95-103.
124 Vgl. G. B. Meemamsi: The C-DOT Story, Neu Delhi 1993, S. 20-37, hier: insbes. S. 33.
125 Vgl. Stephen D. McDowell: Globalization, Liberalization and Policy Change. A Political Economy of India's Communications Sector, New York 1997; Bella Mody: Liberalization of Telecommunications in India in the Mid-1990s, in: Eli M. Noam (Hrsg.): Telecommunications in Western Asia and the Middle East, New York 1997, S. 3-19; Sam Pitroda: Development, Democracy and the Village Telephone, in: Harvard Business Review 71,6 (1993), S. 66-79, hier: S. 68.
126 Vgl. dazu Headrick: Tentacles, S. 379-384; Michael Mann: The Deep Digital Divide: The Telephone in British India 1883-1933, in: Historical Social Research 35,1 (2010), S. 188-208.

Während sich die Zahl der Anschlüsse pro 100 Einwohner in den vier Jahrzehnten nach 1947 kaum verdoppelte, war die Bürokratie stetig gewachsen. Die Telefon-Services wurden vom »Department of Post and Telecom« (P & T) unter dem Dach des »Ministry of Communications« gemanagt, das um 1980 eine der höchsten Arbeiter-pro-Anschluss-Quoten der Welt verantwortete. Rund 10 % dieser Arbeiter waren Verwaltungsangestellte und Ingenieure, die sich um die administrative und technische Wartung des Netzes kümmerten; das Gros allerdings waren die rund 500.000 organisierten Arbeiter, von denen das P&T Zehntausende in gering qualifizierten Jobs – als Operateure, Mechaniker oder Büroassistenzen – einsetzte; die Hälfte dieser Jobs bekleideten Analphabeten, viele gehörten zu sozial marginalisierten Gruppen, religiösen Minderheiten und niederen Kasten. Dass sie zu den am schlechtesten bezahlten Angestellten im gesamten öffentlichen Sektor zählten, öffnete der Korruption Tür und Tor. Bestechungsgelder, um Anschlüsse zu erhalten, und »Trinkgelder« für Fernmeldetechniker und -installateure waren so an der Tagesordnung.[127]

Die geringe Wertschätzung, die die Arbeiter im P&T genossen, war bis zu einem gewissen Grad auch ein Spiegel konsequenter Vernachlässigung des Telekommunikationssektors und ein Ergebnis des vergleichsweise geringen Budgets gewesen, das die Behörde in den 1970er und beginnenden 1980er Jahren erhielt; um 1980 waren es 2,5 % des Staatshaushalts.[128] Schuld daran war nicht zuletzt eine Wahrnehmung der Telefonie als Luxus, die einer Opposition gegenüber Technologien entsprang, deren Wurzeln bis in die Auseinandersetzung zwischen Mohandas K. Gandhi und Nehru in den Gründungsdekaden der Republik zurückreichten. Wie Gyan Prakash überzeugend zeigen konnte, waren sowohl Nehru als auch Gandhi von einem Kurs in die Moderne überzeugt, der quer zu bestehenden Konzepten in »West« und »Ost« lag. Für beide zeigte sich deutlich: »India could be modern without being Western.«[129] Nehru verantwortete dazu ein Modell der Entwicklung, das im Rahmen eines staatlich gelenkten Kapitalismus und einer importsubstituierenden Industrialisierung des Landes die sozialen Fehlleistungen der westlichen Industrialisierung durch eine Form des Fabianismus und der sozialistischen Planung von Forschung und Technologie auszugleichen versuchte. Gandhis Entwicklungsideologie der »Self Reliance« hingegen war von einer Austeritätsethik bestimmt, die sich an romantischen Vorstellungen von Handwerk und einem Leben in sozialen Gemeinwesen orientierte, zu deren Funktionieren andere

---

127 Vgl. Paula U. Chakravartty: Telecom, National Development and the Indian State. A Postcolonial Critique, in: Media, Culture & Society 26,2 (2004), S. 227-249, hier: S. 233-235.
128 Vgl. ebd., S. 233. Bis zur Mitte der 1990er Jahre steigerte sich der Anteil am Fünf-Jahres-Plan von circa 2,5 % (1980-1985) über rund 7,5 % (1990-1992) auf etwa 11,5 % (1992-1997). Vgl. dies.: The Democratic Politics of Telecommunications Reform in India, 1947-1997, Diss. Univ. of Wisconsin-Madison 1999, S. 273 f.
129 Prakash: Another Reason, S. 230 f.

Felder – Gesundheit, Bildung, Verkehr – wichtiger seien als die Technologie kostspieliger Maschinen, die den Graben zwischen Reich und Arm zu vergrößern schienen.[130]

In der Hochphase des »technologischen Nationalismus« unter Nehru und Indira Gandhi in den 1960er und 1970er Jahren blieben die Belange der breiten Bevölkerung – Alphabetisierung, Hygiene und Grundversorgung – hinter den Prestigevorhaben der Fabriken, Elektrizitätswerke und bald auch der Raketen- und Computertechnik zurück. Als unter Rajiv Gandhi die Frage der Technologien neuerlich in den Fokus rückte und sich – bei aller Euphorie um die Supercomputer – in der Presse zugleich die Kritik am Mangel angemessener Lösungen im Bereich kleiner, angewandter Technologien Bahn brach, schien ein Ausbau der Telefonnetze dringend geboten.[131]

Je stärker der Sinn der Computerisierung unter dem Brennglas der Presse zur Disposition stand, umso mehr bemühte sich die Regierung, einen Plan, Technologien zu den Menschen zu bringen, zu demonstrieren. Hier schien die Modernisierung der Telekommunikationsnetze ideal geeignet, den Anspruch digitaler High-Tech-Förderung und das Ziel des Technikeinsatzes zu »Entwicklungszwecken« zu versöhnen.[132] Dabei erwies es sich als gelungener Schachzug, dass die »Computer Boys« um Rajiv Gandhi dazu übergingen, die Technik in das Raster des »appropriate technology«-Diskurses einzufügen.

Die Anpassung der Technik an die Kapazitäten eines Landes wie Indien war auch das erklärte Ziel des Forschungszentrums C-DOT. Der Spiritus Rector des Zentrums war der IT-Ingenieur und Firmengründer Satyanarayan Gangaram Pitroda, der eingangs der 1980er Jahre zu einem Medienstar und einem Symbol der »Telekommunikationsrevolution« geworden war. Als Pitroda 1980 von den Plänen Indira Gandhis, den Telekommunikationssektor neu zu organisieren, hörte, schrieb er an die Premierministerin, um seine Unterstützung bei der Digitalisierung der Netze zu bekunden. Obwohl der damals 38 Jahre alte Unternehmer bis dato keine Kontakte in die Regierungsspitze hatte, erregte sein Schreiben Interesse. In Indien war er zwar ein unbeschriebenes Blatt, in den USA aber hatte »Sam« Pitroda bereits eine beeindruckende Karriere vorzuweisen.

130 »I am not against machinery as such, but I am opposed to machinery that may be designed to displace the masses without giving them any adequate or satisfactory substitute.« Vgl. Anthony J. Parel: The Doctrine of Swaraj in Gandhi's Philosophy, in: Upendra Baxi/Bhikhu Parekh (Hrsg.): Crisis and Change in Contemporary India, London 1995, S. 56-81, hier: S. 75 f. Vgl. dazu allg. auch Prakash: Another Reason, S. 201-226, hier: S. 203.
131 Vgl. Ashis Nandy: Science, Hegemony and Violence. A Requiem for Modernity, Neu Delhi 1996; Chakravartty: Telecom, S. 233-240.
132 Auch die Verbreitung von Konsumelektronik wie Fernsehapparaten nahm ab Mitte der 1980er Jahre massiv zu. Vgl. Arvind Singhal/Everett M. Rogers: India's Communication Revolution. From Bullock Carts to Cyber Marts, Neu Delhi 2001; Sam Pitroda: Telecom Revolution and Beyond, in: Shyamasundar/Pai (Hrsg.): Homi Bhabha, S. 119-127.

»ELECTRONIC CITY«

You said it
by Laxman

Gandhis »New Computer Policy«.
R. K. Laxman Cartoons, Times of India
(1985-1987).

Abb. 16 (links): Times of India, 12. 4. 1985, S. 1: »Seems to be an awfully backward area! I told them we were preparing to enter the 21st century. They say they are also looking forward to enter the 18th century.«

Abb. 17 (rechts): Times of India, 16. 11. 1986, S. 1.

Abb. 18: Times of India, 21. 7. 1987,
S. 1.

Abb. 19: Times of India, 10. 5. 1987, S. 1.
Quelle: The Times of India © Bennett,
Coleman & Co. Ltd. All rights reserved.

Im Anschluss an Indiens »New Computer Policy« unter Premierminister Gandhi (1984-1987) eroberten PCs die Lebens- und Arbeitswelten und prägen Industrie, Handel und Verwaltung in Indien. Die voranschreitende Computerisierung weckte dabei Euphorie und Ängste zugleich. Die Karikaturen R. K. Laxmans in der *Times of India* zeichnen den Einzug der Computer als überwältigendes Erlebnis. In der Bildsprache zeigt sich der eklatante Bruch zwischen der Moderne der Computer und der Rückständigkeit, die der sich vielerorts rapide verwandelnden Nation in diesen Jahren zugeschrieben wurde. Zugleich wurde Gandhis Computerbegeisterung – als Karikatur eines naiven Maschinenglaubens – zum beliebten Gegenstand der Kritik.[133]

133 Zur Person R. K. Laxmans und seinen Karikaturen vgl. R. K. Laxman: Brushing Up the Years. A Cartoonist's History of India, 1947 to the Present, Neu Delhi 2008, so-

Sam Pitroda war die Verkörperung des amerikanischen Traums. In Titilagarh, einem kleinen sechs- bis siebentausend Einwohner zählenden Dorf, im Herzen des Bundesstaats Orissa, südwestlich von Kalkutta, aufgewachsen, wo Kerosinlampen mangels elektrischen Stroms schienen und es weder Telefonverbindungen noch fließendes Wasser gab, hatte sich Pitroda aus ärmsten Verhältnissen hochgearbeitet; nach der Schule war er zum Studium der Elektrotechnik an die Baroda University gegangen und hatte sich im Anschluss um einen Studienplatz am Illinois Institute of Technology in Chicago beworben. In den USA war er, wie er sich 1993 erinnerte, Teil einer »new technological caste« geworden, »that superseded the one I was born to«.[134] Nach dem Studium arbeitete er, der ein Telefon erstmals im Alter von 22 Jahren gesehen hatte, einige Jahre für den amerikanischen Telefonkonzern GTE, sammelte Dutzende Patente und gründete dann Mitte der 1970er Jahre seine eigene Firma, Wescom Switching Inc. Eingangs der 1980er Jahre, als er Gandhi schrieb, hatte er die Firma, die digitale (Telefon-)Schaltungen produzierte, gerade für über 40 Millionen US-Dollar verkauft; als »Non-Resident-Indian« war der Entrepreneur in Chicago zum US-Bürger und »self-made telecommunications millionaire« geworden.[135]

Nach mehreren Gesprächen mit Indira und Rajiv Gandhi, in dem er einen engen Verbündeten hatte, übernahm Pitroda die Planung eines Forschungsprogramms zur Digitalisierung des Telefonsystems, zwischen Chicago und Neu Delhi pendelnd. Die Kulturunterschiede zwischen den beiden Welten skizzierte er in einem Artikel in der *Harvard Business Review* so:

> Every few weeks I left Chicago for New Delhi and a set of standards and values that were feudal, hierarchical, and complex beyond belief. From my now thoroughly American point of view, India was in desperate need of modernization. And my frustrating efforts to install some of the modernizing mechanisms only underscored how badly the country needed technology to organize, simplify, economize, and create the infrastructure to meet basic human needs.[136]

Trotz zahlreicher bürokratischer Probleme und politischer Widerstände gelang es Rajiv Gandhi, Programme wie die Computerisierung der Indian Railways oder der Grundbücher in den Provinzen des Landes zu lancieren. Im neu gegründeten C-DOT setzte er Pitroda als »Principal Adviser« und den Telekommunikationsingenieur G. B. Meemamsi, den Pitroda bereits von einer Tagung

    wie allg. Ritu Gairola Khanduri: Picturing India. Nation, Development and the Common Man, in: Visual Anthropology 25,4 (2012), S. 303-323.
134 Vgl. Pitroda: Development, S. 66-68, hier: S. 67.
135 Vgl. Mayank Chhaya: Sam Pitroda. A Biography, Neu Delhi 1992, S. 37-61. Die Jagd nach Patenten war Teil des Business. Zu den ersten Patenten, die sich Pitroda im Oktober 1975 sicherte, gehörte ein »elektronisches Tagebuch«. Als Toshiba Jahre später ein solches zu vermarkten begann, verklagte er die Firma und gewann 80.000 US-Dollar.
136 Pitroda: Development, S. 72.

in Japan aus den 1970er Jahren kannte, als geschäftsführenden Direktor ein. Im C-DOT, das zu Beginn rund 250 Angestellte zählte, und binnen lediglich zwei Jahren bereits ein Team aus 425 Personen war (das Durchschnittsalter lag bei 25 Jahren), scharte Pitroda sogleich eine kleine Gruppe aus Expatriates und Locals um sich; an der Seite von Meemamsi, der dazu 15 Teammitglieder aus seiner Arbeitsgruppe am »Telecom Research Centre« an Bord holte, und dem Direktor des TIFR, Madhukar Pitke, der zehn Forscher nach Bangalore überstellte, nutzte Pitroda die Freiheit, das C-DOT nach seinen Vorstellungen zu organisieren. Er versprühte ein amerikanisches Managementethos, etablierte eine »egalitäre« Arbeitskultur und gab so der Modernisierung der IT-Services in Indien rasch ein Gesicht;[137] dabei inszenierte er medienwirksam den Bruch zu überkommenen Traditionen hierarchischer Organisation und bürokratischer Prozesse in Indien:

> It has all the makings of a Silicon Valley Success Story. Young, blue-jeaned computer programmers pulling all-nighters, walls papered with PERT diagrams, weekend retreats, employee counselling programs and performance linked awards. But it is not Silicon Valley, it is India; it is not Apple Computer, it is C-DOT, the government funded Center for Development of Telematics.[138]

Zugleich wusste Pitroda um die Wirkung seines Handelns. Als er 1987 zum Berater des Premiers in Fragen der Ausrichtung der Technologiepolitik und zum Koordinator der Schwerpunktprogramme – der sogenannten »National Technology Missions« – wurde, gab er ostentativ seinen US-Pass zurück und bezog lediglich ein symbolisches Salär von einer Rupie pro Jahr. Pitrodas Symbolpolitik nahm ein Kommentator ausgangs der 1980er Jahre spitzzüngig als Ausdruck eines neuen Geistes in der Forschung und eines Kulturwandels in der Technologiepolitik in den Blick:

> Son of a carpenter, he is now a millionaire. But his is not the genteel mobility of the older types of scientists. [...] It is the spectacular leap-frogging of a self-confessed entrepreneur, committed to Schumpeterian breakthroughs into the system. He is the rarest of Indian breeds, the scientist as entrepreneur. [...] In the earlier mythology of science, the scientist was a paper-producing creature. [...] A Pitroda is not interested in papers. He wears his patents like epaulettes. [...] He is a nationalist [...] playing out the American dream in India as a super-urban American who carries his new Indian passport like a flag. There is a technological machismo here and none of the namby-pamby debates on pilot plans or the dithering caution of the CSIR.[139]

137 Vgl. Telecommunications. High Hopes Again, in: Business India, 4.-17.6.1984, S. 60-73; The Hi-Tech Gift of Sam Pitroda, in: Business World, 14.-27.9.1987, S. 30-41, hier: S. 35-40.
138 Pyramid Research Report on Indian Telecom Industry [1987]. Zit. n. Meemamsi: C-DOT Story, S. 35.
139 Shiv Visvanathan: Symbolic Politics, in: Seminar. The Monthly Symposium, Nr. 354 (1989), S. 49-52, hier: S. 50 f.

Im Gegensatz zu den anonymen bürokratischen Planungsstäben und -behörden der Nehru-Jahre verkörperte der »verlorene Sohn« aus Odissa den unternehmerischen »Spirit« und die transnationale »Openness« der »Computer Boys« um Gandhi. Hier lag es im ureigenen Interesse der Regierung, die auf der Hand liegende Spannung zwischen High-End-Anwendungen in der Industrie – etwa in Form spezieller Datennetzwerke in »Software-Parks« – und basalen Zwecken wie der Telefonie in ländlichen Regionen herunterzuspielen. So sollte der Service-Markt, den das P&T kontrollierte, zu Beginn in staatlicher Hand verbleiben; avanciertere Programme, wie zum Beispiel im Bereich mobiler Satellitenkommunikation, hätten derweil so lange zu warten, bis die Grundversorgung des Landes stehe.

Im Jahr der Gründung des C-DOT hatte die Internationale Fernmeldeunion (ITU) im »Maitland Commission Report« die Relevanz von Telekommunikation im Prozess der Entwicklung eines Landes hervorgehoben. Pitroda, der in verschiedenen Interviews immer wieder seine unverhohlene Sympathie für die Förderung von Spitzentechnologien wie in Form des Supercomputer-Programms bekundete,[140] erkannte hier die Chance, rhetorisch einen neuen Weg abseits der dichotomen Gegenüberstellung von »High-« und »Low-Tech« zu beschreiben. So deutete er die Semantik der »appropriate technology« – im Anschluss an die Appelle der ITU und der Weltbank zur Förderung der Telekommunikation in Entwicklungsländern sowie zur Internationalisierung, Privatisierung und Kommerzialisierung der IT-Services[141] – radikal um. Einem Land wie Indien angemessen seien mehr als nur »immunizations, basic literacy, disease- and drought-resistant cereals and oilseeds, simple pumps, deep-drop toilets, two-phase electrification« und all die »twopenny solutions that bring the poor to the doorway of the modern world but not actually across the threshold«. In derselben Weise, in der High-Tech ein wichtiges Werkzeug geworden sei, um die Grundbedürfnisse der Menschen zu stillen, seien vielmehr auch die modernen elektronischen Kommunikationssysteme »an indispensable aid in meeting basic needs« geworden und als solche »thoroughly appropriate technologies even in those regions of the world that still lack adequate water, food, and power«. In Umdeutung der Gandhi'schen Technikkritik folgerte er, IT sei gerade kein Luxusgut, sondern vielmehr »a great social leveler, […] second only to death«.[142] In diesem Sinne etablierte er denn auch als Berater des Premiers im Rahmen der »National Technology Missions« ab 1987 die Telekommunikation als eines von sechs Kerngebieten elementarer Technologie-

---

140 Vgl. exempl. Sam Pitroda: PARAM. Why an Idea is Not Enough, in: IEEE India Horizons, Special Issue: Super Computers. Made in India, April-Juni 1992, S. 21.
141 ITU. The Missing Link. Report of the Independent Commission For World-Wide Telecommunications Development, Genf 1984; vgl. allg. Björn Wellenius: Telecommunications in Developing Countries, in: Telecommunications Policy 1,4 (1977), S. 289-297; ders. et al.: Telecom. World Bank Experience and Strategy, Washington D.C. 1993.
142 Pitroda: Development, S. 66-67.

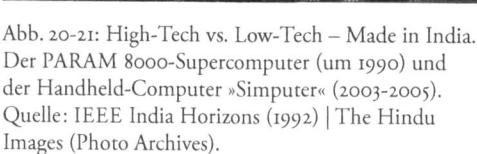

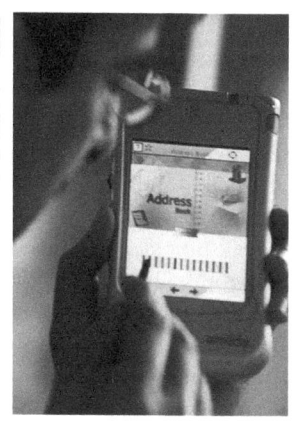

Abb. 20-21: High-Tech vs. Low-Tech – Made in India. Der PARAM 8000-Supercomputer (um 1990) und der Handheld-Computer »Simputer« (2003-2005). Quelle: IEEE India Horizons (1992) | The Hindu Images (Photo Archives).

politik neben der Bildung und der Immunisierung der Bevölkerung, der Förderung von Trinkwasser, der Kultivierung von Ölsamen und der Produktion von Milcherzeugnissen.

Das Team des C-DOT verstand sich angesichts dieser Überzeugungen als Teil einer Mission, die an Indiens »Unabhängigkeit« arbeitete.[143] Für Pitroda war die Entwicklung eines digitalen Schaltungs- und Vermittlungssystems im Bereich der Telekommunikation daher nichts weniger als »an exercise in national self-assurance«:

> India, like most of the Third World, was using its priceless foreign exchange to buy the West's abandoned technology and install obsolete equipment that doomed the poor to move like telecom snails where Europeans, Americans, and Japanese were beginning to move like information greyhounds. The technological disparity was getting bigger not smaller. India and countries like her were falling farther and farther behind not just in the ability to chat with relatives or call the doctor but, much more critically, in the capacity to coordinate development activities, pursue scientific study, conduct business, operate markets, and participate more fully in the international community. Worse still, […] no large country entirely lacking an indigenous electronics industry could hope to compete economically in the coming century. To survive, India had to bring telecommunications to its towns and villages; to thrive, it had to do it with Indian talent and Indian technology.[144]

In den drei Jahren seines Bestehens gelang es dem Team des C-DOT, das ursprünglich einmal »National Centre for Electronic Switch R&D« hatte heißen

[143] Vgl. Pitroda/Pitke: Homi Bhabha's Role, S. 128-150.
[144] Pitroda: Development, S. 68, 73.

sollen, trotz verschiedener Rückschläge sein Kernziel zu erreichen: Bis 1987 waren verschiedene digitale Schaltungssysteme operabel, die in der Folge in Indien und vielen anderen Entwicklungsländern zum Einsatz kamen. Die Technik an die Bedingungen Indiens anzupassen, hieß auch, die Größe der digitalen Switches zu Beginn an die geringe Zahl der Geräte im Land anzugleichen, um die hohen Kosten einer Unterauslastung zu vermeiden. Um die Geräte zugleich besonders hitzebeständig zu machen, was angesichts der hohen, humiden Temperaturen in Indien und der mangelnden Kühlung der Elektronik überaus wichtig war, nutzte das Team Niedrigenergie-Prozessoren und speziell beschichtete Halbleiterschaltkreise. Die Hardware dazu kam aus Bangalore, die Programme, die Dokumentation, die Vermarktung und die Ausbildung übernahm ein Ableger in Neu Delhi.[145] Daneben organisierte das Team – gemeinsam mit dem ab 1985 vom »Postal Department« getrennten »Department of Telecommunications« – den Ausbau des Netzes an Fernsprechern und Telefonzählern sowie die Einrichtung eines E-Mail-Verkehrs. Um 1987 war C-DOT in aller Munde.

Die Politik C-DOTs blieb allerdings keineswegs ohne Kritik. Zum einen hatte das viel gescholtene »Department of Telecommunications« eigene Pläne. Im Jahr 1987 lancierte es ein von der Weltbank unterstütztes Pilotprojekt zur Etablierung eines Mobilnetzes in Bombay, in dessen Rahmen der schwedische Telekommunikationskonzern Ericsson Mobilgeräte – wie Autotelefone – nach Indien bringen sollte. Nachdem sich Pitroda als Leiter des Programms »Telekommunikation« gegen die in seinen Augen »unnütze« Technik aussprach, wurde das Vorhaben beerdigt; später war in der Presse allerdings die Frage zu lesen, ob Pitrodas Ablehnung womöglich das Ergebnis eigener Firmeninteressen gewesen sei, da dieser bereits eingangs der 1980er Jahre Mobiltelephone in Ländern wie Brasilien zu vermarkten begonnen hatte. Auch Gerüchte um Korruption und Lobbyismus machten die Runde. Erschwerend kam hinzu, dass Rajiv Gandhi im Zuge eines Korruptionsskandals (»Bofors Skandal«) um Schmiergeldzahlungen an einen schwedischen Rüstungskonzern ab 1987 schwer angeschlagen war und die Kongresspartei die Wahlen gegen die neu gegründete Janata Dal Partei unter dem ehemaligen Finanz- und Verteidigungsminister Rajiv Gandhis, V.P. Singh, klar verlor. So gab Pitroda eingangs der 1990er Jahre seinen Posten ab.[146]

Zum anderen erzeugte die Kritik im C-DOT an der Arbeitsweise der Ministerien und Behörden im Telekommunikationssektor, deren Prozesse es aus der Perspektive der Ingenieure und IT-Manager des Clusters in Bangalore

---

145   Vgl. ebd., S. 73-75; Chhaya: Sam Pitroda, S. 133-153. Zur Geschichte C-DOTs vgl. überdies allg. Chhaya: Sam Pitroda, S. 118-132, 211-228; Greenspan: India, S. 112-115; Evans: Indian Informatics, S. 10f.
146   Cellular Phones Plan Revived, in: Times of India, 9.3.1988, S. 17; Ministering C-DOT, in: Times of India, 6.4.1990, S. 10; In the World of Bacuneer Babus, in: Times of India, 16.8.1992, S. 13. Vgl. Chakravartty: Democratic Politics, S. 127-130.

und Neu Delhi dringend zu optimieren galt,[147] Ressentiments gegen die als Sündenbock und Grund der Fehlleistungen ausgemachten Angestellten niederer Kasten. Die Regierung unter Singh, die sich in der Folge daran machte, die Vorgaben der Mandal-Kommission zur Eingliederung benachteiligter sozialer Gruppen umzusetzen, sah sich alsbald einer Hindu-nationalistischen Opposition der Bharatiya Janata Party (BJP) gegenüber. Diese Polarisierung der politischen Auseinandersetzung in der Kasten-Frage war eine Konsequenz der Telekommunikationspolitik. Für die Kritiker der Gandhi-Regierung war zudem der Versuch, die Technologie näher an die Menschen zu bringen, durch das Fehlen partizipativer Elemente in der Ausgestaltung der Technologiemissionen diskreditiert.[148] Trotz gegenteiliger Rhetorik blieb die Modernisierung der IT in Indien letztlich ein elitäres Vorhaben.

In den 1990er Jahren wurde der Telekommunikationssektor im Zuge der ökonomischen Liberalisierung durch zwei Gesetzespakete (»National Telecommunications Policy«) 1994 und 1998 weiter reformiert; die Privatisierung einzelner Services im Bereich mobiler Telefonie begann 1991/92, ab 1995 gab es erste landesweite private Netzanbieter. Über die Vorzüge eines Staatsmonopols im Bereich der Netze und die Alternative eines (de-)regulierten Wettbewerbs privater Serviceprovider gab es indes, zumal die Frage des Netzzugangs auch die digitalen Datennetze des Internets einschloss, zusehends hitzige Kontroversen. Letztlich aber kam das Telekommunikationsmonopol des Staates an sein Ende und der Kurs der Liberalisierung, den das Zentrum der Telematik in Bangalore während der Regierung Rajiv Gandhis vorangetrieben hatte, an sein Ziel.[149]

Für die High-Tech-Metropole Bangalore war das C-DOT ein zentraler Fixpunkt; doch war der Thinktank – unbesehen seiner großen Wirkung im Bereich des Telekommunikationswesens – nur ein kleiner Teil des akademisch-militärisch-industriellen Komplexes. Als Bangalore Ende der 1980er Jahre zur »Electronics Capital of India« avancierte, hatte es sich als sechstgrößte indische Metropole zu einem »pulsierenden Wirtschaftsstandort, bedeutenden Militär-

---

147   So arbeitete der Beraterstab des Premierministers daran, die Zahl der Arbeiter in diesem Sektor zu verringern oder wenigstens gleich zu halten, während er die Zahl der Anschlüsse steigerte. Vgl. Pitroda, Development, S. 76-78.
148   Vgl. exempl. Rajni Kothari: The Problem: The Technology Missions, in: Seminar. The Monthly Symposium, Nr. 354 (1989), S. 12-17; ders.: Interpreting Indian Politics. A Personal Statement, in: Baxi/Parekh (Hrsg.): Crisis and Change, S. 150-168; C. Mohanty: Autonomy of the Indian State Since Independence, in: The Indian Journal of Political Science 68,4 (2007), S. 719-726, hier: S. 723-725. Zur Einordnung dieser Jahre in die Kontexte der Technologiepolitik nach 1947 vgl. überdies allg. Anderson: Nucleus, S. 547-570; J. P. Sing: Leapfrogging Development? The Political Economy of Telecommunications Restructuring, New York 1999, S. 139-163; Dilip Subramanian: Telecommunications Industry in India. State, Business and Labour in a Global Economy, Abingdon, Oxon 2018.
149   Vgl. Sing: Leapfrogging Development, S. 165-200.

stützpunkt und führenden Zentrum der indischen Hochtechnologie, Rüstung und Forschung« entwickelt.[150]

Bereits kurz nach der Gründung der Republik hatte Nehru Bangalore zur »Stadt der Zukunft« deklariert, wegen ihrer strategisch günstigen Lage abseits der Grenzen zu Pakistan und China, des angenehmen Klimas und des Ambientes einer »Garden City« sowie vor allem wegen des aus der kolonialen Ära stammenden technologisch-industriellen Potentials. In Hunderten Industriebetrieben, darunter vor allem Textilbranche, aber auch Maschinen- und Werkzeugbau, waren in den 1940er Jahren mehr als 35.000 Menschen beschäftigt; auch im Bereich der Dienstleistungen war Bangalore zu einem Handelszentrum auf dem südlichen Dekkan-Plateau geworden. Parallel zur Industrialisierung war der Bildungs- und Forschungssektor gewachsen: Die Gründung der Mysore University und des Indian Institute of Science unter Unterstützung des Industriepioniers J. Tata sowie verschiedener Ingenieurscolleges verlieh Bangalore bis 1917 einen guten Namen. Der Ausbau der kolonialen Administration, der Garnisonen und Ausbildungszentren der Armee, an deren Stelle nach 1947 Military Colleges entstanden, sowie des (Militär-)Flugzentrums der Hindustan Aeronautics machte zudem aus Bangalore einen wichtigen regionalen Stützpunkt.[151]

In der Geschichte der High-Tech-Metropole nach 1947, die sich in vier Phasen gliederte, spiegelte sich hernach die Geschichte der Computer- und Technologienation Indien wider. In der ersten Phase, in den 1950er und 1960er Jahren, dominierte ein Kurs staatlicher Förderung, Regulierung und Kontrolle. In diesen Jahren begann sowohl die Verstaatlichung der Elektro- und Maschinenkonzerne BEL und Hindustan Machine Tools als auch der Indian Telephone Industries und des Flugzeugbauers Hindustan Aeronautics. Hinzu kam die Förderung des Forschungslabors »National Aerospace Laboratories«. In der zweiten Phase, in den späten 1960er und beginnenden 1970er Jahren, verzeichnete Bangalore alsdann ein rapides Wachstum der Regierungsbürokratie und staatlicher Betriebe; die Gründung der Weltraumagentur ISRO war Ausdruck dieses Kurses. In der dritten Phase kam es ab Mitte der 1980er Jahre dank der Liberalisierungspolitik Gandhis zu einem Gründerboom privater Firmen und in der vierten Phase, ab den 1990er Jahren, zu einer zunehmenden Globalisierung der ökonomischen Beziehungen von lokalen und multinationalen Konzernen, insbesondere im Bereich der IT-Services.[152]

Eine zentrale Rolle in Bangalore spielte der Ausbau der Elektronikindustrie. Nach der Einrichtung der Sonderhandelszone in Santa Cruz durch die Zentral-

---

150 Dittrich: Bangalore. Globalisierung und Überlebenssicherung, S. 260.
151 Vgl. Dittrich: Bangalore. Globalisierung und Überlebenssicherung, S. 243-260.
152 Vgl. James Heitzman: Corporate Strategy and Planning in the Science City. Bangalore as Silicon Valley, in: Economic and Political Weekly 34,5 (1999), S. PE2-PE11, hier: S. PE3. Zur Geschichte Bangalores als High-Tech-Metropole vgl. Balaji Parthasarathy: Globalization and Agglomeration in Newly Industrializing Countries, Diss. UC Berkeley 2000.

regierung in Neu Delhi im Jahr 1973 sinnierten die Regierungen der einzelnen Unionsstaaten über zusätzliche Wege zur Förderung des privaten Sektors und der lokalen Industrien. Einen Modellversuch in dieser Richtung stellte die im selben Jahr gegründete »Kerala State Electronics Development Corporation« in Trivandrum dar.[153] Mit der Gründung der »Karnataka State Electronics Development Corporation« (KEONICS) gründete auch die Unionsregierung in Bangalore 1976 – im Einklang mit den Planungsdirektiven der Zentralregierung zur Förderung der einheimischen Industrie – einen Konzern der öffentlichen Hand, der sich neben der eigenen Produktion von Elektronik zugleich der Ansiedlung privater Unternehmen kleiner, mittlerer und größerer Dimension im Bereich der IT verschrieb. KEONICS kreierte ein High-Tech-Hub, baute Ausbildungszentren und bahnte Kooperationen und »Joint Ventures« zwischen lokalen und internationalen Unternehmen an.[154]

Im Jahr 1978 erwarb der Konzern unter seinem ersten Vorsitzenden Ram Krishna Baliga über 100 Hektar Land, um rund 18 Kilometer südlich von Bangalore einen Technologiepark – die »Electronic City« – anzulegen, in dem sich die Synergien nach dem Vorbild des Silicon Valley aus der räumlichen Verdichtung materieller und personeller Ressourcen ergeben und durch günstige Handelsregularien noch verstärken sollten. Eingangs der 1980er Jahre siedelten sich hier die ersten Unternehmen an.[155]

Der Staatsinterventionismus der »mixed economy« hatte indes zur Folge, dass nach der »New Industrial Policy« 1983 und dem sukzessiven Rückzug des Staates als Unternehmer sowie der gleichzeitigen Förderung privater Investoren viele Staatsbetriebe zu »Sick Industries« geworden und die regionalen Unterschiede durch die Agglomerationsvorteile einzelner Zentren wie Bangalore, Neu Delhi oder Bombay umso stärker gewachsen waren.[156] In der boomenden »Electronics City« war von der Krise wenig zu spüren. Hier verkörperte der neue Vorsitzende von KEONICS, Sivasubramanian Srikantan, der als Computerpionier der ersten Stunde an der Entwicklung der ersten analogen und

153 Heitzman: Strategy, S. PE4-PE7. Vgl. überdies: Note on KELTRON and its Associate and Subsidiary Companies, 1977, Prime Minister's Office, 17/1613/77-PMS: Certain Projects of the Kerala State Electronics Development, NAI.
154 Vgl. Sivasubramanian Srikantan: Growth of Electronics Industry in Karnataka, in: Electronics Today 19,9 (1986), S. 33-35; Keonics and the State Electronics, in: Cliknews. Consortium of Electronic Industries of Karnataka September 1989, S. 1-5; Role of Keonics in Development of Electronic Industries in Karnataka, Broschüre [1989/90]. URL: https://web.archive.org/web/20180818141555/http://srikantan.com/pdf/role-of-KEONICS-in-dev-of-elctronic-industries-in-karnataka.pdf [abgerufen am 15.8.2022]. Zur Planung der »Electronic City« vgl. überdies James Heitzman: Becoming Silicon Valley. Bangalore as a Milieu of Innovation, in: Seminar. The Monthly Symposium, Nr. 503 (2001), S. 40-48.
155 Vgl. Bangalore has plenty of Water but is no longer Garden City, in: Times of India, 10.2.1975, S. 6; Electronic City, in: Times of India, 22.12.1978, S. 18; ITI ›Electronic City‹ Unit in 2 Months, in: Times of India, 24.6.1982, S. 5.
156 Dittrich: Bangalore. Globalisierung und Überlebenssicherung, S. 233-235.

digitalen Rechner in Indien beteiligt und in der Folge in leitender Position im Staatskonzern ECIL tätig gewesen war, ab 1983 den Ansporn, einen neuen »Unternehmergeist« im Land zu kultivieren.[157] Dieser verwirklichte sich ab der Mitte der 1980er Jahre in der Gründung bzw. der Expansion von IT-Firmen wie »Namtech« im Bereich der Mikrochip-Produktion und »Informatics« im Bereich der Netzwerk- und Datenbankprogrammierung sowie auch und vor allem in der Ansiedlung von IT-Service-Firmen wie »Wipro« und »Infosys«.

Nach der Zahlungsbilanzkrise 1990 und der Verabschiedung der Gesetze zur Liberalisierung des Handels, der Deregulierung des Binnenmarktes und der Stärkung der Privatisierung wurde die »Electronic City« zum ersten »Software Technology Park« (STPI) des Landes. Angesichts des rasanten Wachstums stieß sie jedoch rasch an ihre Kapazitätsgrenzen, was die Euphorie in Bangalore bis 1995 kurzzeitig einer wachsenden Ernüchterung weichen ließ. Mit der Verabschiedung einer unternehmerfreundlichen IT-Policy im Jahr 1997 revitalisierte sich der IT-Sektor aber ausgangs der 1990er Jahre wieder.[158]

Von den rund 90 Unternehmen, die eingangs der 1990er Jahre in der »Electronic City« ihren Sitz hatten, machten staatseigene Betriebe – allen voran der Telekommunikationssektor – rund ein Drittel der Investitionen aus.[159] Speziell in der Hardware-Produktion zeigte sich die Nähe zwischen Industrie, Militär und Akademie.[160] Anders als das Vorbild des Silicon Valley, war das High-Tech-Hub in Bangalore allerdings weniger ein Eldorado kleiner Startups, in dem Hochrisiko-Investitionen oder direkte Kundenakquise zur Praxis gehörten; vielmehr war es ein »Hotspot« IT-basierter Dienstleistungen und der »Software-Exporte«. In den 1990er Jahren entwickelte sich Bangalore sukzessive zu einer globalen »Hauptstadt« des Technologieaustauschs und der Auslagerung von IT-Services sowie zusehends – im Rahmen des sogenannten Business Process Outsourcings (BPO) – auch ganzer Geschäfts- und Produktions-

---

157 Zu diesem Ansatz vgl. bereits Sivasubramanian Srikantan: Management of Innovation. Role of Entrepreneurship, Instrument Society of India, All India Seminar, Hyderabad, 4.12.1977, S. 1-15. URL: https://web.archive.org/web/20180818144913/http://srikantan.com/pdf/instrument-society-of-india-hyd-4th-dec-1977.pdf [abgerufen am 15.8.2022].

158 Vgl. Third ›Electronic City‹ Planned, in: Times of India, 8.3.1988, S. 19; Bangalore Industries Hit by High Power Rates, in: Times of India, 10.10.1990, S. 17; Y.P. Rajesh: Bangalore Going Bust. The Silicon Rush Is Over. India's Paradise City is Cracking under all the Microchips on its Shoulders, in: Outlook, 22.11.1995, S. 50-55.

159 Vgl. Heitzman: Becoming Silicon Valley, S. 45; ders.: Corporate Strategy, S. PE7-PE8. Zur Geschichte Bangalores als »High-Tech-City« vgl. überdies allg. ders.: Network City: Planning the Information Society in Bangalore, Neu Delhi 2004, S. 47-62; S. 165-217; Christoph Dittrich: Bangalore. Globalisation and Fragmentation in India's Hightech-Capital, in: Asien. The German Journal on Contemporary Asia 103 (2007), S. 45-58.

160 Hier war vor allem BEL als Kontraktor des Verteidigungsministeriums hervorzuheben. Der Konzern beschäftigte 1987 rund drei Viertel seiner knapp 20.000 Angestellten in Bangalore. Vgl. Singhal/Rogers: India's Information Revolution, S. 163f.

prozesse multinationaler Konzerne. Hier bildete der Kurs der Liberalisierung die Grundlage der »Transition to Offshore«.[161]

In der Phase des »Take-off« der Computerservices in Bangalore kam den Engagements dieser Global Players eine entscheidende Rolle zu. Ab der Mitte der 1980er Jahre kamen diverse Konzerne zurück nach Indien. Den Beginn machte Texas Instruments, das sich 1985 in der »Electronic City« ansiedelte. Diesem Beispiel folgten weitere Unternehmen aus der Computer- und (Mobil-)Funk-Sparte wie HP, Motorola oder DEC.[162] In den 1990er Jahre kehrte auch IBM zurück nach Indien. Im Rahmen eines »Joint Venture« mit den Tata Industries eröffnete 1992 eine erste Dependance in Bangalore und ab 1996/97 eine weitere in Neu Delhi.[163]

Der Technologiepark nutzte steuerliche Sonderkonditionen und Anreizsysteme, wie die Einrichtung eines leistungsstarken DFÜ-Netzes, um exportorientierte Unternehmen im Gravitationszentrum Bangalores anzusiedeln; insbesondere die hier ansässigen über sechzig »Software-Schmieden« waren hier ein wichtiger Faktor. Sie erreichten 1991/92 mit einer Summe von über 60 Millionen US-Dollar ein Drittel des landesweiten Exportvolumens in diesem Bereich.[164] Bis 1996/97 wuchsen die Exporte um 500% und erreichten bei 470 Millionen US-Dollar einen Anteil von knapp 50% der gesamtindischen Exporterlöse. Im Jahr 2000 zählte die Metropolregion mehr als 700 exportorientierte Unternehmen.[165]

Als Pioniere und Werbeträger des Booms kamen nordamerikanische und europäische Investoren nach Bangalore; ihre Ziele waren derweil sehr verschieden. Einzelne Firmen – wie Microsoft, Compaq, Oracle, Novell oder Philips – nutzten den Standort, um arbeitsintensive Teilprozesse auszugliedern und von hier aus den wachsenden indischen Binnenmarkt, der in den 1990er Jahre noch

161 Vgl. Sharma: Outsourcer, S. 157-185; zur Geschichte der STPIs vgl. überdies ders.: Revolution, S. 320-337.
162 Vgl. Dittrich: Bangalore. Globalisierung und Überlebenssicherung, S. 260-275; Bangalore Goes High-Tech, Becoming the Answer in India to Silicon Valley, in: Wall Street Journal, 24.9.1986, S. 2; Indians, Foreigners Build Silicon Valley in Bangalore, in: Washington Post, 1.8.1993, S. A21.
163 Vgl. Ken W. Sayers: A Summary History of IBM's International Operations, 1911-2006, 20.10.2006, S. 242, IBM Corporate Archives, Somers, NY. Vgl. dazu auch Cortada: Digital Flood, S. 525.
164 Vgl. Vikas Deshmukh: Bangalore: India's Hi-Tech Birthplace, in: Economic Reform Today 3,3 (1993), S. 19-33; Cortada: Digital Flood, S. 525; Diganta Das/Tong Lam: High-Tech Utopianism. Chinese and Indian Science Parks in the Neo-liberal Turn, in: British Society for the History of Science 1 (2016), S. 221-238, hier: S. 222-233. Zum Wachstum der Branche vgl. N. R. Narayana Murthy: The Indian Software Industry. Past, Present and Future, in: Shyamasundar/Pai (Hrsg.): Homi Bhabha, S. 151-174, hier: S. 159-166; Richard Heeks: The Uneven Profile of Indian Software Exports, Development Informatics – Working Paper Series, No. 3, Manchester 1998; Feuerstein: Indien, S. 47-62; Asma Lateef: Linking up with the Global Economy. A Case Study of the Bangalore Software Industry, Genf 1997.
165 Vgl. Dittrich: Bangalore. Globalisierung und Überlebenssicherung, S. 260-267.

brach lag, zu erobern. Andere Konzerne, darunter General Electric, Citibank, Bosch oder Siemens, gründeten Zweigniederlassungen und Spin-Offs zur Entwicklung und Wartung von Programmanwendungen im eigenen Unternehmensnetzwerk. Auch Unternehmen aus Japan und den Tigerstaaten wie Südkorea – wie Hitachi, LG, Sanyo oder Samsung – kamen in der Folge nach Bangalore, um computergestützte Services zu akquirieren.

Ausgangs der 1990er Jahre war Bangalore zu einem Zentrum der IT-Industrie des Landes geworden. So war ein weiterer Technologiepark – der »International Tech Park« – zur Mitte des Jahrzehnts aus überwiegend privatem Kapital aus Singapur vor den Toren Bangalores entstanden; die 1998 erstmals abgehaltene Computermesse »IT.com« avancierte im Jahr 2000 mit über 300.000 Besuchern zur größten IT-Messe Asiens, und kurz vor der Jahrtausendwende wurden durch die Gründung eines Indian Institute of Information Technology die Ausbildungskapazitäten in der Region verstärkt.[166]

Im Hochglanzimage der Millionenmetropole – der Wolkenkratzer, Eigentumswohnungen und Shopping Malls – spiegelte sich der rasante Anstieg der Mittel- und Oberschichten wider. Dabei war das Versprechen des Wachstums Auslöser politischer und ökonomischer Planspiele – einer »speculation [...] driven by the dreamscape of media imaginaries«.[167] Zugleich aber war Bangalore auch eine Region der Brüche und Gegensätze geworden, in der angesichts steigender Grundstückspreise, Mieten und Lebenshaltungskosten die Frage der Überlebenssicherung eine zentrale Rolle spielte. Ausgangs der 1990er Jahre stieg so zum einen die Zahl der Marginalsiedlungen und Slums massiv an, nachdem die ärmeren Schichten aus dem Zentrum vertrieben worden waren. Nach Angaben des Bangalore Urban Poverty Alleviation Programme gab es 1997 rund 700 bis 1.000 Marginalsiedlungen, in denen zwischen 1,5 und 1,7 Millionen Menschen, rund ein Viertel der städtischen Bevölkerung, lebten. Zum anderen brachte das Städtewachstum die Metropolregion sowohl in der Frage der Wasser- und Stromversorgung als auch der Müllentsorgung oder des Verkehrs an ihre Grenzen. Hier zergliederte sich die urbane Bevölkerung, abseits der Illusion sozialer Mobilität, in neuerlich abgeschlossene Sphären. Für die Bauarbeiter und Reinigungsangestellten, Taxidriver und Servicemitarbeiter in der Gastronomie blieben die Versprechen des indischen »Silicon Valley« in weiter Ferne. Die kosmopolitane »IT-Kaste« rekrutierte sich dagegen nahezu vollständig aus Oberschichts-Hindus bzw. Mitgliedern höherer Kasten und blieb unter sich.[168] Für Frauen bedeutete das Prestige eines Jobs in der IT indes die Chance, sich von überkommenen Rollenvorstellungen und -erwartungen

166 Vgl. ebd., S. 265. Vgl. überdies Suparna M. Kar: Locating Bengaluru as India's Silicon Valley, in: Artha Journal of Social Sciences 15,2 (2016), S. 49-68, hier: S. 59-62.
167 Laura Bear/Ritu Birla/Stine Simonsen Puri: Speculation. Futures and Capitalism in India, in: Comparative Studies of South Asia, Africa and the Middle East 35,3 (2015), S. 387-391, hier: S. 390.
168 Vgl. Michael Baas: The IT Caste: Love and Arranged Marriages in the IT Industry of Bangalore, in: South Asia. Journal of South Asian Studies 32,2 (2009), S. 285-307.

zu emanzipieren; gleichwohl zeigte sich auch hier im unmittelbaren Vergleich der Lebens- und Arbeitswelten des amerikanischen und des indischen Silicon Valley, dass die Frage nach Familie und Karriere in Indien klassische Rollenkonzepte revitalisierte.[169] Den Wandel der Arbeitswelten dokumentierte auch eine Serie von Filmen, die sich in Begleitung soziographischer Forschungsvorhaben zwischen 2003 und 2005 der vielgestaltigen »Coding Culture« in Bangalores Software-Industrie widmeten. Die Filme porträtierten einerseits IT-Service-Firmen, deren Schwerpunkte im BPO-Sektor lagen und die vor allem Leistungen im Bereich der Kundenbetreuung, routinisierten Programmentwicklung und Fehlerbereinigung anboten. Hier zeitigten die starke Kundenzentrierung und der wachsende Leistungsdruck, der sich in der Messung geschriebener Programmzeilen oder geleisteter Gespräche im Callcenter widerspiegelte, neue Hierarchien und Kontrollen, die die Filmemacher als Wiederkehr des Taylorismus beschrieben, und im Fall der Frauen zudem auch neue Vereinbarkeitsproblematiken. Andererseits dokumentierten die Filmproduktionen aber auch eine zunehmende Amerikanisierung der Unternehmenskultur am Beispiel einer Zweigniederlassung des Konzerns Sun Microsystems, in der neue, agile Formen der Arbeitsorganisation, Modelle des Teamworks sowie Workshops zum Ausbau interkultureller Kompetenz zum Arbeitsalltag gehörten. Nochmals anders erschienen die Arbeitswirklichkeiten derweil in Bangalores Startups, die, in vielen Fällen von Indern im Ausland, allen voran in den USA, gegründet, die Kultur des Silicon Valley nach Indien zu bringen begannen und deren Mitarbeiter sich zusehends als »global citizens« verstanden. Hier mischte sich der wachsende Nationalstolz der Kreativarbeiter mit dem Anspruch, »to think and act and work globally«.[170] Die »globale« Identität der IT-Spezialisten erwies sich so als »hybride« Konstruktion zwischen den Welten, zumal der Siegeszug der Manager, Unternehmer und Programmierer in der High-Tech-Metropole zugleich neue Hierarchien einer globalen Wissensökonomie hervorbrachte.[171]

---

169 Vgl. Smitha Radhakrishnan: Examining the ›Global‹ Indian Middle Class. Gender and Culture in the Silicon Valley/Bangalore Circuit, in: Journal of Intercultural Studies 29,1 (2008), S. 7-20.
170 Vgl. Coding Culture. Bangalore's Software Industry. No. I. The ›M‹-Way: Time + People = Money. No. II. Fun@Sun. No. III. July Boys. Filmed, edited and directed by Gautam Sonti. Interviewer and Principal Researcher: Carol Upadhya. Produced by National Institute of Advanced Studies (NIAS), Bangalore, Documentary Educational Resources 2006. Vgl. dazu auch: URL: https://codingculture.wordpress.com [abgerufen am 15.8.2022].
171 Vgl. Rebecca Bowers: »It's Hard to Have any Mission for the Future Because They Don't Pay.« Aspirations and Realities in India's Silicon Valley, in: Tim Bunnell/Daniel P. S. Goh (Hrsg.): Urban Asias. Essays on Futurity, Past and Present, Berlin 2018, S. 183-193; Dittrich: Bangalore. Globalisierung und Überlebenssicherung, S. 276-310; Das/Lam: High-Tech Utopianism, S. 230 f.

6.5 High-Tech-Coolies: Outsourcing, Bodyshopping und das Regime globaler Arbeitsteilung

Die Suche nach dem nächsten »Silicon Valley« war ab der Mitte der 1970er Jahre zu einem wirkmächtigen Topos der internationalen Technologiepolitik geworden. In (West-)Europa, aber auch in Brasilien (»Campinas Silicon Valley«), Taiwan (»Silicon Island«), China (»Shenzhen, the Silicon Valley of Hardware«) oder Israel (»Silicon Wadi«) hatte es ausgangs der 1980er und eingangs der 1990er Jahre zahlreiche mehr oder weniger gelungene Versuche gegeben, das amerikanische Modell zu kopieren.[172]

Der globale Traum von der High-Tech-Innovationskultur der amerikanischen Westküste war auch in Indien ungebrochen. Hier waren Orte wie Bangalore, Hyderabad (»Cyberabad«) oder Mysore im Süden des Landes ausgangs der 1990er Jahre zu regionalen Zentren herangewachsen, im Vergleich zum Silicon Valley aber zeigten sich auch hier substantielle Unterschiede. Zum einen mangelte es an einer vergleichbaren Dichte an Risikokapitalgebern, »trendführenden« Kunden – so genannten »Lead Users« – und eines logistischen Netzwerks aus Zwischenhändlern und Zulieferern, die es den Startups ermöglichten zu wachsen. Zum anderen war die Breite der IT-bezogenen Aktivitäten deutlich geringer als im Silicon Valley. In Indien konzentrierte sich die Branche vor allem auf die Nische der »Softwareexporte«. Hier erarbeitete sich das Land rasch eine herausragende Rolle. Im Bereich der IT-Services zählten indische Firmen wie TCS, Infosys oder Wipro zu den Weltmarktführern. Rund 58 % der »Softwareexporte« gingen 1997/98 in die USA, zudem mehr als 20 % nach Europa. Mit über 50 % Wachstumsrate war das Feld der »Softwareexporte« im Jahr 2000 der am schnellsten wachsende Sektor in Indien.[173]

Ein Katalysator des IT-Booms war die Politik ökonomischer Liberalisierung. Zur Förderung der Elektronikindustrie hatten die Regierungen unter V. P. Singh und dann P. V. Narasimha Rao ab 1990 ein »Reformpaket« beschlossen, das –

---

172 Vgl. Karlheinz Schmidt: Der Traum vom deutschen Silicon Valley, Landsberg am Lech 1985; Rob Koepf: Clusters of Creativity. Enduring Lessons on Innovation and Entrepreneurship from Silicon Valley and Europe's Silicon Fen, Chichester 2002; Dean Lee Hansen: Acquiring High-Technology Capability. The Case of the Brazilian Informatics Industry, Diss. Univ. of Washington 1990, S. 227-230; Catherine de Fontenay/Erran Carmel: Israel's Silicon Wadi, in: Timothy Bresnahan/Alfonso Gambardella (Hrsg.): Building High-Tech Clusters. Silicon Valley and Beyond, Cambridge 2004, S. 40-77; Suma Athreye: Agglomeration and Growth. A Study of the Cambridge High-Tech Cluster, in: Bresnahan/Gambardella (Hrsg.): Building, S. 121-159; AnnaLee Saxenian: Taiwan's Hsinchu Region. Imitator and Partner for Silicon Valley, in: Bresnahan/Gambardella (Hrsg.): Building, S. 190-228; Boy Lüthje et al. (Hrsg.): From Silicon Valley to Shenzhen, Global Production and Work in the IT Industry, Lanham 2013.

173 Vgl. Ashish Arora/Alfonso Gambardella/Salvatore Torrisi: In the Footsteps of the Silicon Valley. Indian and Irish Software in the International Division of Labor, in: Bresnahan/Gambardella (Hrsg.): Building, S. 78-120, hier: S. 80, 85. Vgl. dazu auch exempl. Steve Hamm: Bangalore Tiger, New York 2007.

im Anschluss an Rajiv Gandhis »Software Policy« – Anreize setzte, um Indiens weltwirtschaftliche Integration voranzutreiben. Dazu gehörten die Reduktion von Zollschranken und eine Erhöhung des Auslandskapitalanteils (Foreign Equity) an Konzernen, der in der Folge bis zu 51 % ausmachen konnte, ein Anreizsystem zur Förderung ausländischer Direktinvestitionen sowie eine Freigabe der Märkte durch das Ende der Lizenzpolitik. Anders als noch zu Zeiten der »Lizenzherrschaft« war es Bewerbern, auch aus dem Ausland, nun möglich, relativ unbürokratisch an Produktionslizenzen zu gelangen und zudem im Bereich der Elektronikindustrie auch die Orte der Niederlassung, ohne konkrete Vorgaben der Regierung, zu wählen. Die Rücknahme der Beschränkungen der Handelsbeschränkungen des MRTP-Regimes ebnete dem Wachstum der IT-Industrie den Weg.[174]

Zu den zentralen Orten des »IT-Service-Booms« in Indien avancierten die Technologieparks der High-Tech-Metropolen. 1992 gab es sieben Parks im ganzen Land, drei Jahre später waren es zehn und um die Jahrtausendwende zwanzig, inklusive der Provinzen Goa und Westbengalen.[175] Das globale Interesse an Hardware- und Programmaktualisierungen im Zuge des Millennium-Bugs stärkte die Industrie weiter. Im Jahr 2000 waren bereits knapp 4.000 Firmen in den Parks angesiedelt.[176] Indische Firmen, allen voran in Bangalore, kontrollierten so um die Jahrtausendwende rund zwei Drittel des globalen Markts des IT-Outsourcings und erreichten bis 2007 einen Anteil von 45 % im BPO-Sektor.[177] Eingangs des 21. Jahrhunderts war das Land zu einer der wichtigsten Nationen im Bereich des IT-Outsourcings geworden.

Indiens Weg zur »Outsourcing-Nation« aber begann Jahrzehnte zuvor. Im Zuge der Fragmentierung globaler Produktions- und Handelsprozesse hatte sich ab den 1970er Jahren ein Regime internationaler Arbeitsteilung herausgebildet, in dem die Verteilung industrieller Produktionsprozesse aus den Industrie- in die Entwicklungsländer immer wichtiger wurde. Der Konzentra-

---

174 Vgl. Boost to Electronics Industry, in: Lok Sabha Debates, Vol. 3, No. 26, 14. 8. 1991, Sp. 298-301; Supply of High Range Computers, in: Lok Sabha Debates, Vol. 10, No. 11, 5. 3. 1997, Sp. 80-82.
175 Vgl. Technology Parks, in: Lok Sabha Debates, Vol. 9, No. 18, 18. 3. 1992, Sp. 190-191; Software Parks, in: Lok Sabha Debates, Vol. 43, No. 8, 9. 8. 1995, Sp. 27-28; Electronic Software Parks, in: Lok Sabha Debates, Vol. 17, No. 3, 25. 7. 2001, Sp. 37-42.
176 Vgl. Software Technology Parks, in: Lok Sabha Debates, Vol 7, No. 33, 10. 5. 2000, Sp. 147.
177 Vgl. R. C. Mascarenhas: India's Silicon Plateau. Development of Information and Communication Technology in Bangalore, Neu Delhi 2010, S. 134-140, hier: S. 137; Philip Cooke: Introduction. Regional Asymmetries, Knowledge Categories and Innovation Intermediation, in: ders./Andrea Piccaluga (Hrsg.): Regional Development in the Knowledge Economy, London/New York 2006, S. 1-21, hier: S. 11-13; Cortada: Digital Flood, S. 535 f. Zwischen 1997 und 2007 lag der Anteil indischer Firmen am globalen Business des IT-Outsourcings, nach verschiedenen Angaben, zwischen 62 % und 65 %. Im Bereich des Business Process Outsourcings (BPO) stieg er von knapp 40 % auf circa 45 %.

tion des Kapitals in den Industriezentren des globalen Nordens stand die Dezentralisierung der Lohnarbeit, sowohl ungelernter als auch gering qualifizierter Arbeiter, vorwiegend zur Verrichtung wenig komplexer Routinetätigkeiten im globalen Süden gegenüber.[178] Im Bereich der Elektronikindustrie stach Indien aus der Konkurrenz der Tigerstaaten Hongkong, Singapur, Südkorea, Taiwan, aber auch Thailand, Malaysia und den Philippinen als regionalen Zentren zur Auslagerung von standardisierten Montage- und Produktionsprozessen, etwa in der Halbleiter- und Mikrochip-Produktion, heraus.[179] Indiens Vorteile in dieser »Global Divison of Labor« waren die schiere Manpower und die geringen Produktionskosten. Aber auch hoch ausgebildetes Personal, das es gerade im Bereich der »Software-Industrie« benötigte, hatte Indien zu bieten. Die anerkannte Qualität der Ausbildung von IT-Ingenieuren und Programmierern an den Hochschulen des Landes und die günstigen (gesetzlichen) Rahmenbedingungen, die ausländische Investoren in Indien ab der Mitte der 1980er Jahre erwarteten, also die Vorzüge der Sonderhandelszonen wie der SEEPZ in Santa Cruz und die vergleichsweise gute »Infrastruktur« der Technologieparks inklusive ihrer ausgebauten Netzwerktechnik, die aus den Experimenten des NICNET und des INDONET Kapital schlug, erwiesen sich als günstig, um ausländische Konzerne anzulocken.[180] Indien wusste seine Chance wahrzunehmen. Bereits im Jahr 1987 berichtete *India Today* daher euphorisch: »India has become the new Mecca for the world's computer software companies.«[181]

Begonnen hatte der Siegeszug der IT-Services im Dezember 1963 in Bombay. Am Rande einer Vorstandssitzung der Tata Industries hatte der Vorsitzende J. R. D. Tata den Elektroingenieur P. M. Agerwala sowie einige Experten des Hauses in Fragen der Datenverarbeitung eingeladen, um über die Einrichtung einer »Computer Study Group« zu beraten. Im gleichen Jahr hatte die Tata Iron and Steel Company eine erste, kleine Division eingerichtet, die ein Lochkartensystem zur Datenverarbeitung nutzte. Bis 1965 etablierte sich eine Querschnittsabteilung »Datenverarbeitung« innerhalb der Konzerngruppe. Noch während der Vorstand der Konzerngruppe die Einrichtung eines Rechen-

---

178   Vgl. Folker Fröbel/Jürgen Heinrichs/Otto Kreye: The New International Division of Labour. Structural Unemployment in Industrialised Countries and Industrialisation in Developing Countries, Cambridge 1980, S. 23-45, 322-337.
179   Vgl. dazu Cortada: Digital Flood, S. 546-570; Mody: Institutions; Dedrick/Kraemer: Asia's Computer Challenge; Kai-Sun Kwong et al. (Hrsg.): Industrial Development; Chiang: Post-Industrial Development; West: Asian Century; Kanchoochat: Tigers; Mitsuhiro Kagami/Masatsugu Tsuji (Hrsg.): The IT-Revolution and Developing Countries. Late-Comer Advantage?, Tokio 2001.
180   Vgl. Salim Lakha: The New International Division of Labour and the Indian Computer Software Industry, in: Modern Asian Studies 28,2 (1994), S. 381-408, hier: S. 387-393; Nagesh Kumar: Indian Software Industry Development. International and National Perspective, in: Economic and Political Weekly 36,45 (2001), S. 4278-4290; Sheshabalaya, Rising Elephant, S. 77-133, hier: S. 98-108.
181   Palakunnathu G. Mathai/Anita Pratap: Software. Big Rush, in: India Today, 15. 7. 1987, S. 95.

zentrums beschloss, sprach er bereits über die Möglichkeit, die eigene Expertise in der Wartung und Programmierung der Rechner perspektivisch zu kapitalisieren.[182] Ein Jahr später wurde alsdann das Rechenzentrum im achten Stock des Nirmal Buildings, eines Wolkenkratzers in Bombay, bezogen. Im September 1967 ging es, sechs Tage pro Woche unter der Direktion Agerwalas, in Betrieb. Die ersten IBM-Rechner und Tabelliermaschinen und Drucker waren zu Beginn primär dazu vorgesehen, die Prozesse im Haus – im Bereich der Lohnbuchhaltung und der logistischen Planung wie in der Warendisposition, aber auch im Bereich des Managements und der Prozessplanung – zu erleichtern. Rund ein Dutzend Programmierer und über 30 Operatoren an den Konsolen waren hier im Einsatz, knapp 20 davon kamen aus der DV-Division der Tata Iron and Steel Company. Von Beginn an hatte der Konzern die Vermarktung der Rechenzeiten im Blick.[183]

Im Sommer 1967 wurden überdies die Pläne konkreter, Ingenieurs- und Beratungsdienstleistungen in eigene Unternehmenssparten auszugründen, um aus dem Computerzentrum weiteres Kapital zu schlagen. Nachdem die Tata-Gruppe bereits ab 1963 im Bereich der Ingenieurberatung aktiv war, engagierte sie sich ab Januar 1968 mit den Tata Consultancy Services (TCS) auch in der IT-Beratung. Im Juli übernahm TCS die Führung über das Rechenzentrum. Bereits im Mai computerisierte die Firma die Logistik des Baumwollhandels in den Bombay Dyening-Mühlen; ein Jahr später bekam sie den Zuschlag, das Rechnungswesen des lokalen Telefonsystems und die Erstellung des Telefonverzeichnisses in Bombay zu optimieren. Rasch zählten überdies Banken und Versicherungen wie die Central Bank of India, Zeitungskonzerne wie die *Times of India*, Industrie- und Düngemittelkonzerne wie die Indian Oil Corporation oder die Fertilizer Corporation of India, Fluglinien wie Air India oder auch kommunale Verkehrs- und Energieträger zu den Kunden.

Bereits im November 1968 warb Agerwala bei J. R. D. Tata um den Ausbau der Sparte. Dabei bemerkte er eindrücklich, dass durchaus noch »Überzeugungsarbeit« in der Industrie zu leisten sei. Während Kunden beispielsweise – mangels Expertise – rasch einwilligten, über 1.000 Rupien pro Stunde an Rechenzeiten zu bezahlen, zögerten sie im Falle von Beratungsdiensten die in ihren

---

182 Vgl. Reliving the Legacy of Tata Consultancy Services. 50 Years of Celebrations, in: Sands of Time. Tata Central Archives Newsletter 15,3 (2019), S. 1 f. Die Schulung der Konzernangestellten übernahm IBM. Vgl. IBM Customer Personnel Training, IBM WTC, Bombay, an TISCO, Bombay, 27. 5. 1963, Box 28, TS/CO/T31/OPT/1, TCA.

183 Vgl. The Computer Cometh, in: Tata Sphere 2,1 (1968), S. 1; P. M. Agerwala: Tata Consultancy Services, 25.1.1968, Box 19, TS/CO/T16/MIS/1; Tata Consultancy Services, 22.3.1968, Box 17, TS/CO/T16/OPT; Tata Industries. Tata Computer Centre, 26.8.1968, inkl. Appdx. Costs Analysis TCC/IBM Service Bureaus, Box 18, TS/CO/T16/FIN/1; Brief Review of Computer Operations, 29.7.1969, Box 18, TS/CO/T16/FIN/2; M.P. Mistri: Tata Computer Centre, 29.4.1966; Tata Iron and Steel Company, List of Staff, DP-Unit, 10.5.1966, Box 28, TS/CO/T31/MIS/1; Tata Computer Centre Progress Report, No. 3, 7.7.1967, Box 28, TS/CO/T31/OPT/1, TCA.

Augen hohen Honorare von 200 Rupien pro Mann pro Tag zu zahlen und erwogen sogar bisweilen, eigene in-house-Beratungen zu gründen: »after all, he [the client, M. H.] can get a programmer at Rs. 1.000 per month!« Die Ersparnis, die in der Anpassung der Computersysteme liege, und die ausgesuchte Expertise der TCS-Programmierer, die durch kurzzeitige Leiharbeiter kaum zu ersetzen sei, gelte es daher noch stärker zu bewerben. En gros schien TCS indes bereits nach weniger als sechs Monaten »a very lucrative business«. »Our experience [...] has been such as to give cause for sober optimism. [...] Our objective should, therefore, be to explore this avenue to the maximum extent.«[184] Agerwalas Worte – und die positiven Zahlen – drangen rasch bis zur Konzernspitze durch. So investierte der Konzern weiter in den Ausbau des Rechenzentrums und den wachsenden Zweig der Computerdienstleistungen. Nach der Akquise eines ICL-Rechners 1968 verstärkten in den 1970er Jahren Großrechner der dritten Generation von Burroughs, CDC und IBM das Rechenzentrum. Um 1973 hatte TCS über 100 Berater, die meisten aus den Eliteuniversitäten des Landes und des Auslands, rekrutiert.[185]

Zugleich entdeckte die Firma die Chance, ihre Kunden im Ausland in der Nutzung neuer Rechner auszubilden. Mit dem Ausbau von IT-Services und »Software-Exporten« entsandte TCS seine Experten so zusehends auch als kurzzeitige Berater ins Ausland. Das »Bodyshopping« der IT-Spezialisten aus Indien erwies sich derweil aus der Perspektive der vorwiegend amerikanischen und europäischen Auftraggeber als ausgesprochen lukrativ. TCS schloss Beraterverträge in den USA und (West-)Europa, vor allem in Großbritannien, den Niederlanden und der Schweiz, aber auch in Venezuela, Australien oder Neuseeland. Hier nutzte die Firma die Kooperation der Tata-Gruppe mit dem amerikanischen Computerhersteller Burroughs, der diese als exklusive Handelspartner im In- und Ausland vermarktete. In dieser Funktion hatte TCS schon 1974/75 einen ersten großen Auftrag zur Computerisierung des Detroiter Polizei-Departments an Land gezogen.[186] Im Ausland übernahm die Firma auch die Einrichtung und Wartung der Maschinen. Einzelne Burroughs-Rechner wartete TCS sogar in Jugoslawien und in Moskau. Andere Jobs, wie im Iran, wo TCS die Finanz- und Lohnbuchhaltungssysteme eines Energiekonzerns begleitete, die Computerisierung des landesweiten Telefonverzeich-

---

184 Tatas and Consultancy Services. P. M. Agerwala an J. R. D. Tata, 22.11.1968, S. 1, S. 7-8 und S. 10, Box 18, TS/CO/T16/FIN/1, TCA.

185 Minutes of the TCS Committee Meeting Held in Mr. Agerwala's Chamber on 7th May 1970, Box 18, TS/CO/T16/FIN/2; Brief Review of Computer Operations, 29.7.1969, Box 18, TS/CO/T16/FIN/2; F.C. Kohli: The Managing Director, 22.10.1969, Box 18, TS/CO/T16/FIN/2; Tata Consultancy Services, in: Tata Review 9,2 (1974), S. 5-6, 24-26; F.C Kohli, Director in Charge, TCS, an A. Balasubramanian, Secretary, DoE, 17.1.1978, inkl. Note on Computer Facilities, Box 18, TS/CO/T16/OPT/12, TCA.

186 Zur Verbindung von Tata Burroughs und TCS vgl. die Pläne von W.D. Dwyer, Director, Burroughs Corporation, und J.R.D. Tata, 29.11.1973; Tata Burroughs Marketing Venture, 7.6.1973, Box 27, TS/CO/T31/FP/2, TCA.

nisses vorantrieb und einen Thinktank im Bereich militärischer Sicherheitssysteme bei der Automation von Managementprozessen beriet, waren aber auch ohne Vermittlung des US-Konzerns zustande gekommen.[187]

Neben »Software-Exporten« sann TCS ab den 1970er Jahren, als der »War over Self-Reliance« die Akquise ausländischer Rechner erschwerte, zugleich nach Wegen, Computer-Hardware ins Land zu bekommen. Als exklusiver Vermarkter der Burroughs-Hardware in Indien begann die Firma die Maschinen bei Burroughs-Kunden zu programmieren und etablierte sich so gegen die Konkurrenz der IBM als zentraler Serviceanbieter in Indien. Im Bereich der »Offshore«-Services übernahm der Konzern nach ersten Engagements in den USA und England ab den ausgehenden 1970er Jahren gleichsam das Feld.[188]

In den 1970er und 1980er Jahren weitete der Konzern unter Direktor F.C. Kohli sein globales Engagements, in dessen Zuge Firmen wie Hoechst, American Express oder Esso, aber auch Energie- und Versorgungsunternehmen aus aller Welt, wie die Elektrizitäts- und Wasserbehörde Dubais, zu den Kunden zählten.[189] Der Tata-Konzern selbst war freilich bereits ein Global Player gewesen, als TCS sein Business begann. So existierte etwa ein Büro in New York, noch bevor Indien in den 1970er Jahren IT-Services in die USA zu exportieren begann. Auch waren, einmal mehr, Absolventen amerikanischer Hochschulen und allen voran des MIT – wie Lalit S. Kanodia, Nitil Patel und Ashok Malhotra – an der Planung des Rechenzentrums beteiligt.[190] Die Träume von der Automatisierung des Militärs und der Computerisierung des Zahlungsverkehrs, der Satellitenkommunikation und der Prozesskontrolle, die die Computerspezialisten aus den USA nach Indien trugen, brachen sich zwar lange Jahre an den rigiden Planungs- und Steuerungsdirektiven der »Kontrollwirtschaft« und »Lizenzherrschaft« – gegen den Anspruch der Autarkie aber setzte sich das Modell ökonomischer Globalisierung sukzessive durch.[191]

187 Vgl. TCS Trains European Computer Professionals, in: Tata Review 12,4 (1977), S. 7-8, 24; TCS Scales New Heights Abroad, in: Tata Review 13,1 (1978), S. 21-28; Report on TCS Operations (January-December 1976), Box 18, TS/CO/T16/FIN/3, TCA.
188 Vgl. Reliving the Legacy, S. 3f. Vgl. des Weiteren: F.C. Kohli: Export of Computer Software [1975]; D.N. Maluste, TCS, an Secretary, Ministry of Finance, 13.9.1976, Box 19, TS/CO/T16/MIS/4, TCA.
189 Vgl. Summary of Assignments Abroad [1983], Box 20, TS/CO/T16/MIS/9, TCA.
190 Vgl. Audrey Moody: Staying the Course, in: Tata Review 40,2 (2005), S. 64; N.R. Moody an M.H. Moody, 14.11.1978, Box 28A, TS/CO/T16/MIS/5, TCA. Zu den USA-Beziehungen des Konzerns vgl. überdies: Bassett: Technological Indian, S. 250-265. Abseits der Geschäftsbeziehungen engagierte sich TCS in Indien auch in der Verbreitung von »computer literacy«. Vgl. TTS. A Partner in Computer Literacy Initiatives, in: Telco Flashes 19,3 (1990), S. 6-7.
191 TCS protestierte noch ausgangs der 1970er Jahre gegen die Praxis der Lizenzierung. Vgl. M.H. Moody: Import of Computer Systems [c. 1978], Box 28, TS/CO/T31/MIS/2, TCA. Zu den Vorstellungen von Kanodia, Patel und Malhotra vgl. die Essays in: Tata Computer Center. EDP and the Management Revolution, sowie daraus exempl. L.S. Kanodia: Frontier of Electronic Data Processing, Box 28, TS/

TCS war ein Vorreiter der Globalisierung der IT-Services. Aber auch das »Joint Venture« Tata Burroughs verzeichnete hohe Zuwachsraten. Im Jahr 1985 hatte der Konzern 60 Mitarbeiter und in den vergangenen sieben Jahren seines Bestehens durch Exporte im Bereich der »Software Services« über 30 Millionen US-Dollar eingenommen.[192] Im Zuge der »Software Policy« baute der Konzern seine Services weiter aus. Neben TCS waren vor allem die in den 1980er Jahren gegründeten Firmen »Wipro« und »Infosys« zu Global Playern im Bereich der IT-Services geworden.

Die Regierung in Neu Delhi stärkte diesen Kurs. Im Oktober 1987 sponserte sie mit der »Software India Conference« eine erste Messe zur Vorstellung indischer IT-Services in den USA, zu der rund 170 Teilnehmer nach Palo Alto kamen, darunter Vertreter von Xerox, HP und IBM. Nach der überwältigenden Resonanz im Silicon Valley lancierte sie weitere Messen in Seattle, Dallas, Chicago, Washington und Boston. Auch hier erschienen neben den zwanzig indischen stets wenigstens 65 amerikanische Firmen. Ein Jahr später arrangierte die indische Regierung alsdann eine Tagung in San José im Herzen des Silicon Valley. Die Verbindung zwischen Indien und den USA war da bereits so eng, dass es, wie die *Times of India* titelte, kaum eine Firma gab, die keine Beziehungen zu Indien hatte.[193]

Die Wachstumsraten in der IT-Industrie lagen in Indien – sowohl im Bereich der Hardware als auch im Bereich der angewandten Programmierung und IT-Services – ab der Mitte der 1980er Jahre bei über 30 % per anno. Noch um 1990 machte hier das »Bodyshopping« rund 80 % aller Erträge aus »Softwareexporten« aus.[194] Dabei kam die Ausbildung von Ingenieuren, Technikern und IT-Experten dem Wachstum der Branche kaum hinterher. Ausgangs der

CO/T31/MIS/1, TCA. Direktor F.C. Kohli zitierte zur Mitte der 1970er Jahre zwar den Topos von der »self-reliance«, votierte unter diesem Deckmantel indes gegen ein Modell der Autarkie und warb vielmehr darum, die Nische der »software consultancy« zu erobern, um »a mutually beneficial relationship and close cooperation« zwischen Indien und den USA zu etablieren. Vgl. F.C. Kohli/C. Iyer: Software Development for Self-Reliance, in: M. Joseph/F.C. Kohli (Hrsg.): SEARCC, S. 615-620.

192 Vgl. Minoo H. Mody: Issue of Shares to Public by Tata Burroughs Ltd., Press Conference, 24.7.1985, Box 28A, TS/CO/T31/MIS/5; vgl. dazu auch Statement of the Chairman Minoo H. Mody, 10th Annual General Meeting, 20.5.1988, Box 28A, TS/CO/T31/MIS/8, TCA.

193 Vgl. Sharma: Revolution, S. 320-343; Robert E. Kennedy/Ajay Sharma: The Services Shift. Seizing the Ultimate Offshore Opportunity, Upper Saddle River 2009, S. 148-150; S.S. Oberoi: Software India – 1987, in: Electronics. Information & Planning 15,3 (1988), S. 414-418; Parley on Software in India, in: India Abroad, 13.11.1987, S. 29; Tata Tieup With US Software Co, in: Business Standard, 12.4.1988, S. 1; Offshore Software Development, in: India Currents, 30.11.1988, S. 18; Grand Mansion with Imported Bricks, in: Times of India, 17.8.1989, S. 16; Lydia Arossa: Software and Computer Services, in: OECD Observer, 1.4.1988, S. 13.

194 Vgl. S.S. Oberoi: Indian Software Scenario, in: Electronics. Information & Planning 18,8 (1991), S. 603-607.

1980er Jahre zählten vorsichtige Erhebungen zwar bereits knapp 2,5 Millionen Menschen zum »technischen Personal« in Indien, und auch die Zahl von 225 Millionen High-School-Absolventen war riesig; an »computer professionals« aber registrierte das DoE lediglich 80.000 Personen; im Bereich der »Software« waren es weitere 40.000. Über 350 Institutionen im Land boten allerdings inzwischen Computerkurse an; zwischen 1983 und 1988 hatte sich die Zahl der (Hoch-)Schulabsolventen im Bereich Computer Sciences so bereits von 1.000 auf 10.000 pro Jahr gesteigert.[195] So zählte Indien zu den größten Produzenten (und Exporteuren) von Computerspezialisten und hier besonders von Programmierern.

Indes gab es auch Grenzen und Hemmnisse des Wachstums. In der internationalen Konkurrenz markierten gerade das Fehlen von Risikokapital, der technologische Rückstand im Bereich der Produktion, die mangelnde Ausstattung der Arbeitsumgebung und der Brain-Drain an Spezialisten massive Hürden, die sich – mehr noch als im Bereich der »Software« – im Bereich der »Hardware«-Produktion, zum Beispiel in der Produktion von Speicherchips und Disketten, Peripheriegeräten und Computern, auswirkten. Im Vergleich der Produktionsvolumina von Computer-Hardware rangierte Indien abgeschlagen hinter den OECD-Ländern, aber auch hinter China, den Tigerstaaten, Brasilien oder Israel bei einem Marktanteil von weniger als 0,5 %. Die Umsatzerlöse der zehn größten »IT-Firmen« weltweit lagen im Jahr 2000 bei über 63 Milliarden US-Dollar, die der »Software«-Konzerne bei knapp 6 Milliarden US-Dollar; die Erlöse der zehn größten indischen IT-Firmen dagegen erreichten lediglich 278 Millionen US-Dollar.[196] So blieben die IT-Services bis an die Schwelle des 21. Jahrhunderts eine Nische des globalen Computermarkts.

Dabei wandelten sich über die Dekaden hinweg die Schwerpunkte der Branche. Zu Beginn der 1980er Jahre – in der Hochphase des »Bodyshoppings« –, als indische Firmen ihre Ingenieure temporär zu ihren Kunden in Amerika und Europa schickten, übernahmen diese vor allem arbeitsintensive »Projekte« wie die Codierung von Software in Industrie- und Verwaltung. Auch begannen multinationale Konzerne in diesen Jahren eigene Entwicklungszentren in Indien einzurichten. In den beginnenden 1990er Jahren schlug alsdann die Stunde der »Software-Fabriken«. Die Verbesserung der Telekom-

---

195 Vgl. Lakha: The New International Division of Labour, S. 394-399; ders.: Growth, S. 50 f.
196 Vgl. Anthony P. D'Costa: The Indian Software Industry in the Global Division of Labour, in: ders./E. Sridharan (Hrsg.): India in the Global Software Industry. Innovation, Firm Strategies and Development, Basingstoke/New York 2004, S. 1-26, hier: S. 3, 5 f. Vgl. dazu auch: Dedrick/Kraemer: Asia's Computer Challenge, S. 301-319; Hiromi Okhi: International Division of Labor in East Asia's IT Industry, in: Mitsuhiro Kagami/Masatsugu Tsuji (Hrsg.): The IT-Revolution and Developing Countries. Late-Comer Advantage?, Tokio 2001, S. 63-91; Ashish Arora et al.: The Indian Software Services Industry, in: Research Policy 30,8 (2001), S. 1267-1287.

munikationsverbindungen und die Regulierung internationaler Qualitätsstandards im Bereich der »Software« – wie in Form des CMM (Capability Maturity Model) – wie auch der Ausbau globaler Vertriebssysteme waren zentrale Voraussetzungen des IT-Outsourcings nach Indien; sie ermöglichten es den indischen Unternehmen, nach Amerika und Europa zu expandieren und die Kunden über ihr Netzwerk an Dependancen zu bedienen. Um die Jahrtausendwende gingen viele multinationale Unternehmen dazu über, Teile ihrer Dienstleistungs- und Entwicklungssparten, die so genannten Back-Office Operations, nach Indien zu verlagern, während sich immer mehr ausländische Beratungs-Firmen in Indien ansiedelten.

Bis in die erste Dekade des 21. Jahrhunderts prägten drei Bereiche die indische IT-Industrie: die Entwicklung kundenspezifischer Software(-Dienstleistungen), die Auslagerung von Geschäfts- und Produktionsprozessen (BPO) und der Ausbau von Forschungs- und Entwicklungs- sowie Ingenieurdienstleistungen.[197] Trotz des stetigen Wachstums und des steigenden BIP-Anteils der IT-Industrie – 1997/98 lag der Anteil bei 1,2 %, 2010 waren es knapp 6,5 %[198] – verteilten sich die viel besungenen »Profite« der Branche allerdings ausgesprochen ungleich. Der kleinen Zahl an mobilen, hochbezahlten Experten stand eine große Masse an IT-Arbeitern gegenüber, die in Indien in den »Software«-Fabriken, ausgelagerten Büros und Callcentern im Einsatz waren. Hier zeigten sich die Ambivalenzen der Globalisierung der Services besonders deutlich.

Der Siegeszug der IT-Services war Ausdruck eines globalen Trends zur Tertiarisierung, der in der Unternehmenspraxis als »Servitization« beschrieben wurde.[199] Mit der »Service Society« verbanden sich von Beginn an große Utopien. Als der Soziologe Jean Fourastié den Wandel von der »Industriegesellschaft« zur »Dienstleistungsgesellschaft« ausgangs der 1940er Jahre als »große Hoffnung des 20. Jahrhunderts« deklarierte, waren seine Thesen von einem starken Technik- und Fortschrittsglauben geprägt.[200] Die Tertiarisierung, so Fourastié, werde den Rationalisierungsregimen der Stechuhr und Fließbandbeschleunigung, der Ära von Fordismus und Taylorismus ein Ende setzen. So

197 Dinesh C. Sharma: Indiens IT-Industrie. URL: https://www.bpb.de/themen/asien/indien/189895/indiens-it-industrie/ [abgerufen am 15.8.2022]. Vgl. dazu auch Greenspan: India, S. 92-107.
198 Vgl. Sharma: Indiens IT-Industrie.
199 So Nirupam Bajpai/Navi Radjou: Raising Global Competitiveness of Tamil Nadu's IT Industry, in: Economic and Political Weekly 35,6 (2000), S. 449-465, hier: S. 450 f.
200 Vgl. Jean Fourastié: Die große Hoffnung des zwanzigsten Jahrhunderts, Köln 1954, S. 25-36, 232-240. Zur Einordnung der Thesen vgl. Rüdiger Hohls: Über die Werkbank zur tertiären Zivilisation, in: ders./Iris Schröder/Hannes Siegrist (Hrsg.): Europa und die Europäer. Quellen und Essays zur modernen europäischen Geschichte, Stuttgart 2005, S. 97-106; Walther Müller-Jentsch: Sozialstruktureller Wandel und wirtschaftliche Globalisierung, in: ders. (Hrsg.): Strukturwandel der industriellen Beziehungen, Wiesbaden 2017, S. 79-93.

versprach der Wandel in seinen Augen nichts weniger als Wohlstand, soziale Sicherheit, Bildung und Kultur, eine Humanisierung der Arbeitswelten und Reduzierung der Arbeitslosigkeit, kurzum: eine Wiederentdeckung menschlicher Faktoren und eine Hebung des Lebensstandards. Die nüchterne Realität, die neuere soziologische Studien zur Prekarisierung der Dienstleistungsarbeit, insbesondere im globalen Süden, der glänzenden Prophezeiung entgegengehalten haben, beschrieb dagegen eine »Welt« der körperlichen und seelischen Belastungen gering qualifizierter, niedrig bezahlter und »informell« beschäftigter Akkordarbeiter.[201]

In der IT-Industrie brachten die Dezentralisierung von Produktions- und Logistikketten, die Anstellung von (Sub-)Kontraktoren und vor allem die Auslagerung der Hardware-Produktion in die Sweatshops des globalen Südens in den 1990er Jahren die Kehrseiten der Globalisierung der Produktions- und Dienstleistungsprozesse in Niedriglohnländern zum Vorschein.[202] Im Bereich der Dienstleistungen galt es indes, zwischen IT-Services – allen voran der »Software-Arbeit« – und Formen des Business Process Outsourcings, zu deren Emblem die Callcenter des globalen Südens geworden waren, zu unterscheiden. Während die Akteure der IT-Services, die Programmierer, Systemanalysten und -designer, in aller Regel graduierte Ingenieure und Computerspezialisten waren, die – anders als ihre lediglich *virtuell* vernetzten Pendants in den Callcentern in Delhi, Mumbai oder Chennai – um den Globus reisten und zum Teil hochbezahlte Jobs übernahmen, zog der BPO-Sektor vor allem gering ausgebildete Arbeiter an. Die Abgründe der Arbeitsbedingungen in den sozial und kulturell von ihrer Umgebung abgekoppelten Umschlagplätzen der digitalen Ökonomie und die »psychic and physical costs« einer Anstellung in diesem Bereich sind in den letzten Jahren zusehends in den Fokus soziologischer und anthropologischer Forschungen gerückt.[203] Deren Erkenntnisse zeigen, dass die These vom »Ende der Maloche«[204] in der Welt der Dienstleistungsökonomie,

---

201 Vgl. Philipp Staab: Macht und Herrschaft in der Servicewelt, Hamburg 2014; Friederike Bahl: Lebensmodelle in der Dienstleistungsgesellschaft, Hamburg 2014; aus globalhistorischer Perspektive: Nicole Mayer-Ahuja: Die Globalität unsicherer Arbeit als konzeptionelle Provokation. Zum Zusammenhang zwischen Informalität im Globalen Süden und Prekarität im Globalen Norden, in: Geschichte und Gesellschaft 43,2 (2017), S. 264-296, hier: S. 267-273.
202 Vgl. dazu in international vergleichender Perspektive: Lüthje: From Silicon Valley to Shenzhen, S. 69-128; S. 151-155; ders./Wilhelm Schumm/Martina Sproll: Contract Manufacturing. Transnationale Produktion und Industriearbeit in der IT-Branche, Frankfurt a. M./New York 2002.
203 Vgl. Amandeep Singh Sandhu: Globalization of Services and the Making of a New Global Labor Force in India's Silicon Valley, Diss. UC Santa Barbara 2008, S. 170-228, hier: S. 173f. Vgl. Patel: Working, S. 65-82; Nadeem: Dear Ringers, S. 1-13; Aneesh: Virtual Migration, S. 67-99.
204 Zu dieser These vgl. exempl. Wolfgang Hindrichs: Der lange Abschied vom Malocher. Sozialer Umbruch in der Stahlindustrie und die Rolle der Betriebsräte von 1960 bis in die neunziger Jahre, Essen 2000.

zumal in globaler Perspektive, kaum überzeugen kann. Vorstellungen, die das Ende des Normalarbeitsverhältnisses im Zeichen des Abschieds vom Fordismus als Erosion unternehmerischer Kontroll- und Ausbeutungstechniken deuten, unterliegen vielmehr einem linearen Entproletarisierungsparadigma, das dic realen Veränderungsprozesse und deren Folgen nur unzureichend abbilden kann.[205] Der Fall der indischen IT-Industrie demonstrierte eindrücklich, dass die körperliche Belastung der Arbeitnehmer einer stärker psychischen Beanspruchung im Zuge des erhöhten Arbeitsdrucks wich; auch kam es zu einer zunehmenden Flexibilisierung und Prekarisierung der Arbeitsverhältnisse sowie einer sich steigernden, geradezu existentiellen Konkurrenz im Niedriglohnsektor.

Im Bereich der IT-Services zeigte sich der Wandel der globalisierten und digitalisierten Arbeitswelten in den 1990er Jahren in der Tendenz zur Arbeitsteilung, Standardisierung und Hierarchisierung der »Wissensarbeit« vor allem in den sogenannten »Software-Fabriken«. Hier waren gleichsam Anzeichen einer Neo-Taylorisierung zu erkennen.[206] Überdies bewiesen Erhebungen in den 1980er und 1990er Jahren, dass das Gros der komplexen Forschungs- und Entwicklungsarbeiten im Bereich der IT-Services nach wie vor in den Industrienationen ausgeführt, in den Entwicklungsländern dagegen vor allem weniger anspruchsvolle Programmierarbeiten, Coding und Tests vorgenommen wurden.[207] Neben dieser Fragmentierung der Branche im Regime internationaler

205 Vgl. Homberg: Mensch | Mikrochip, S. 278-280; Süß/Süß: Zeitgeschichte der Arbeit, S. 348-360; Dietmar Süß: Stempeln, Stechen, Zeit erfassen. Überlegungen zu einer Ideen- und Sozialgeschichte der ›Flexibilisierung‹ 1970-1990, in: Archiv für Sozialgeschichte 52 (2012), S. 139-162; Sennett: Mensch, S. 147-157, 166-185. Zur Flexibilisierung des Arbeitsmarkts vgl. allg. Alexandra Krause/Christoph Köhler (Hrsg.): Arbeit als Ware. Zur Theorie flexibler Arbeitsmärkte, Bielefeld 2012; Tobias Kämpf: Die neue Unsicherheit. Folgen der Globalisierung für hochqualifizierte Arbeitnehmer, Frankfurt a. M./New York 2008, sowie programmatisch zu den Verbindungslinien von Global- und Globalisierungsgeschichten: Marcel van der Linden: Workers of the World, Frankfurt a. M./New York 2017, S. 412-417.
206 Vgl. Nicole Mayer-Ahuja: IT-Arbeitsverhältnisse unter Bedingungen globaler Wirtschaftsintegration. Eindrücke von Veränderungen des indischen Gesellschafts- und Produktionsmodells, in: SOFI-Mitteilungen 34 (2006), S. 43-51, hier: S. 45-48. Zur Geschichte der »Software-Fabriken« vgl. überdies allg. Harvey Bratman/Terry Court: The Software Factory, in: Computer Magazine 8,5 (1975), S. 28-35; Jürgen Friedrich: CASE-Tools und Software-Factories – Software-Entwicklung als »Fabrikarbeit«?, in: Gudrun Trautwein-Kalms (Hrsg.): Kontrastprogramm Mensch – Maschine. Arbeiten in der High-Tech-Welt, Köln 1992, S. 44-74; Jones: Software Engineering.
207 Vgl. Rada: Impact, S. 95; Richard Heeks: New Technology and the International Division of Labour. A Case Study of the Indian Software Industry, in: Science, Technology and Development 9,1/2 (1991), S. 97-106, hier: S. 98; V.N. Balasubramanyam/Ahalya Balasubramanyam: International Trade in Services. The Case of India's Computer Software, in: The World Economy 20,6 (1997), S. 829-843, 832-837; G. Harindranath/Jonathan Liebenau: The Impact of Globalisation on India's IT Industry, in: Information Technology for Development 6,2 (1995), S. 73-84, hier: insbes. S. 75-80.

Arbeitsteilung zwischen Nord und Süd erwiesen sich auch die kurzzeitigen Engagements, wie sie in der Ära des »Bodyshoppings« üblich waren, als hoch problematisch. Hier war bereits um die Jahrtausendwende von der Anwerbung günstiger »Cyber-Coolies« zu lesen.[208] In den Augen postkolonialer Kritiker zeigte sich gerade in der Verbreitung der vermeintlich emanzipatorischen IuK-Techniken und dem Ausbau elektronischer Netzwerke vom Zentrum in die Peripherie die Persistenz kolonialer Ausbeutungsregime: »The threat to independence in the late twentieth century from the new electronics could be greater than was colonialism itself.«[209] Die Zentralisierung des Kapitals und der Kontrolle der Netzwerk- und Datenbanktechnik bei gleichzeitiger Dezentralisierung der Arbeitsprozesse erschien hier als Kennzeichen neuer, digitaler Gräben im Prozess der Globalisierung.[210] In Indien war dies sehr klar zu beobachten: Der Traum von der Karriere im Ausland blieb noch an der Schwelle zu den 1990er Jahren, als die virtuelle Migration im Bereich der IT-Services bereits zu einem Massenphänomen geworden war, einer kleinen, wenngleich wachsenden Elite an Spezialisten vorbehalten.

---

208 Greenspan: India, S. 24-27. Vgl. dazu auch: Peter B. Evans: Embedded Autonomy. States and Industrial Transformation, Princeton 1995, S. 181-206, hier: insbes. S. 190-196; S. 203-205.
209 Smith: Geopolitics, S. 175 f. Vgl. dazu auch allg. Edward W. Said: Culture and Imperialism, New York 1993, S. 282-301, hier: S. 290 ff.
210 Abhijit Gopal/Robert Willis/Yasmin Gopal: From the Colonial Enterprise to Enterprise Systems. Parallels between Colonization and Globalization, in: Anshuman Prasad (Hrsg.): Postcolonial Theory and Organizational Analysis. A Critical Engagement, Basingstoke/New York 2003, S. 233-254, hier: S. 247-250.

7. Zwischen den Welten

7.1 Globale Arbeitsmigration in der IT-Industrie

»The world is flat!« Mit diesem Credo stürmte der US-amerikanische Publizist, Pulitzer-Preis-Gewinner und *New York Times*-Korrespondent Thomas L. Friedman, im Jahr 2005 die Bestsellerlisten. Sein gleichnamiges Buch avancierte binnen kürzester Zeit zu einem der wichtigsten Werke der neueren Globalisierungsdebatte und Friedman zugleich zu einem der beredsamsten Vertreter der Argumentation, dass die Globalisierung eine Einebnung von Unterschieden zwischen Weltregionen zeitige und soziale Ungleichheiten, allen voran durch die Emergenz neuer, global vernetzter Arbeitsmärkte, nivelliere.[1] In der Folge repräsentierte Friedman die diskursive Speerspitze einer Gruppe von »Hyper-Globalists«, die davon ausgingen,

> that we live in a borderless world in which the ›national‹ is no longer relevant. In such a world, globalization is the new economic (as well as political and cultural) order. It is a world where nation-states are no longer significant actors or meaningful economic units and in which consumer tastes and cultures are homogenized and satisfied through the provision of standardized global products created by global corporations with no allegiance to place or community. Thus, the ›global‹ is claimed to be the natural order, an inevitable state of affairs, in which time-space has been compressed, the »end of geography« has arrived and everywhere is becoming the same.[2]

In den Augen der »Hyper-Globalists« sind Digitalisierung und Globalisierung eng verbunden. Die digitale Vernetzung politischer und ökonomischer Prozesse habe die Welt, so Friedmans provokante These, zu einer Scheibe werden lassen, auf der alsbald alle zu den gleichen Bedingungen spielen können. Zu den zentralen Akteuren der kapitalistischen Nivellierung zählten ab den 1990er Jahren vor allem solche Unternehmen, die durch die Ausgründung von Niederlassungen in anderen Ländern bzw. die vertragliche Bindung von Arbeitskraft, zum Beispiel in Sub- und Partnerunternehmen, ihre »Wertschöpfung transnationalisierten«.[3] Die Advokaten einer neoliberalen Deutung des Markts vertreten so die Annahme, dass durch die Vernetzung der Arbeitsmärkte in verschiedenen Weltregionen die Unterschiede zwischen denselben verschwänden. Für sie stellte die ökonomische Inklusion von immer mehr

---

1 Vgl. Friedman: World.
2 Peter Dicken: Global Shift. Mapping the Changing Contours of the World Economy, London et al. ⁷2015, S. 4.
3 Vgl. dazu kritisch: Nicole Mayer-Ahuja: Arbeit und transnationale Wertschöpfung, in: Heinz Bude/Philipp Staab (Hrsg.): Kapitalismus und Ungleichheit, Frankfurt a. M./New York 2016, S. 175-194, hier: S. 175.

Menschen als Erwerbstätige und Konsumenten konsequenterweise den Schlüssel zur Reduktion sozialer Ungleichheit dar: »Transition to a fully liberated market economy, we are told, is the best guarantee for sustained economic growth which will also benefit the working man.«[4] Derweil sahen Globalisierungskritiker in der vermeintlichen Homogenisierung in erster Instanz ein Vehikel zur »Globalisierung der Unsicherheit« und der voranschreitenden Prekarisierung von Erwerbsexistenzen.[5]

Die neuere Forschung hat dagegen die modernisierungstheoretische Schlagseite der Rede von der »Globalisierung« beschrieben und überzeugend die »Grenzen der Homogenisierung« herausgestellt.[6] Jene viel beschworene »Globalisierung«[7] sei – so die These der Kritiker – weder ein Kind des 20. Jahrhunderts, noch durchdringe sie den gesamten Globus und vollziehe sich auch keineswegs linear. Zugleich blieben die Unterschiede zwischen transnationalen Akteuren, angesichts der Persistenz nationalstaatlicher Regelungen, weiter bestehen: So entwickelten sich sowohl einzelne Firmenstrategien als auch die

---

4   So Jan Bremans Resümee der Position des World Development Reports 1995 (»Workers in an Integrating World«): Jan Breman: Labour, Get Lost. A Late-Capitalist Manifesto, in: Economic and Political Weekly 30,37 (1995), S. 2294-2300, hier: S. 2294. Vgl. dazu auch ders.: Industrial Labour in Post-Colonial India I/II: Industrializing the Economy and Formalizing Labour, in: International Review of Social History 44,2 (1999), S. 249-300, und 44/3 (1999), S. 451-483.

5   Vgl. dazu: Elmar Altvater/Birgit Mahnkopf (Hrsg.): Globalisierung der Unsicherheit. Arbeit im Schatten, schmutziges Geld und informelle Politik, Münster 2002.

6   Mayer-Ahuja: Arbeit und transnationale Wertschöpfung, S. 175 f. Vgl. auch dies.: Grenzen der Homogenisierung; Feuerstein: Indien. Vgl. überdies allg. Peter Nolan/Gary Slater: Visions of the Future, the Legacy of the Past. Demystifying the Weightless Economy [Labor in the Information Age], in: Labor History 51,1 (2010), S. 7-27.

7   Neuere historische Forschungen tragen der Erkenntnis Rechnung, dass wir es bei »der« Globalisierung mit einem Begriff der Gegenwartsdiagnostik zu tun haben, der eine spezifische Semantik transportiert, die in ideengeschichtlicher Perspektive zu historisieren wäre. Vgl. dazu Jan Eckel: »Alles hängt mit allem zusammen.« Zur Historisierung des Globalisierungsdiskurses der 1990er und 2000er Jahre, in: Historische Zeitschrift 307,1 (2018), S. 42-78; Quinn Slobodian: Globalisten. Das Ende der Imperien und die Geburt des Neoliberalismus, Berlin 2019, S. 7-42; Olaf Bach: Ein Ende der Geschichte? Entstehung, Strukturveränderungen und die Temporalität der Globalisierungssemantik seit dem Zweiten Weltkrieg, in: Vierteljahrshefte für Zeitgeschichte 68,1 (2020), S. 128-154. Der Terminus soll daher auch hier in analytischer Perspektive keineswegs teleologisch (im Sinne einer unausweichlich voranschreitenden Entwicklungsgeschichte) verstanden werden, sondern vielmehr als offener Prozess, der durchaus auch reversibel war und sein kann. Zugleich kann der Eigendynamik regionaler Entwicklungen Ausdruck verliehen werden, wenn von im Plural verstandenen »Globalisierungen« gesprochen wird. Vgl. Jürgen Osterhammel: Globalizations, in: Jerry H. Bentley (Hrsg.): The Oxford Handbook of World History, Oxford 2011, S. 89-104; Angelika Epple: Calling for a Practice Turn in Global History: Practices as Drivers of Globalization/s, in: History and Theory 57,3 (2018), S. 390-407; Jan de Vries: Playing with Scales: The Global and the Micro, the Macro and the Nano*, in: Past & Present 242 (2019), S. 23-36; Valeska Huber/Jürgen Osterhammel (Hrsg.): Global Publics: Their Power and their Limits, 1870-1990, Oxford 2020.

Logik der Produktion von Gütern und Dienstleistungen und letztlich sogar die Organisation der Arbeitsmärkte in der Folge extrem ungleich(zeitig).

Über die Dynamiken des »digitalen Kapitalismus« und die »digitalen Quellen sozialer Ungleichheit«[8] – wie beispielsweise die Aneignung öffentlicher Güter durch private Konzerne, die Erzeugung von sogenannten Risikokaskaden, die einseitige Transparenz einer Kontrolle und Überwachung der Arbeitnehmer oder auch deren Evaluation durch repressive Lohn- und Rentenregime – wurde in den vergangenen Jahren viel geschrieben. Für die digitalisierte Dienstleistungsökonomie war, bis die Auslagerung der Prozesse in »Cloud-Systeme« die Services in den 2010er Jahren neuerlich (und noch unabsehbar) veränderte, indes vor allem die eingangs physische und später virtuelle Auslagerung der IT-Dienste in den globalen Süden, allen voran nach Indien, eine wichtige Voraussetzung.

Die Globalisierung und die Digitalisierung der Arbeitswelten gingen in Indien Hand in Hand. Dies zeigte sich auch daran, dass der IT-Sektor ausgangs der 1990er Jahre zu einer zentralen Säule der indischen Ökonomie avancierte. Wie ihre indischen Pendants, wuchsen in den zwei Dekaden nach der Liberalisierung allerdings auch die multinationalen IT-Konzerne in Indien erheblich. Im Fall IBMs trug dieses Wachstum dazu bei, dass der Konzern durch den Ausbau von Stellen, en gros außerhalb der USA, insbesondere in Indien, mit genau 434.245 Angestellten im Jahr 2012 eine Rekordzahl an Mitarbeitern verzeichnete.[9] Dabei steigerte sich die Zahl der IBM-Angestellten in Indien – eine Dekade nach der Formierung des ersten »Joint Venture« zu Tata 1992 – von rund 6.000 im Jahr 2002 auf über 112.000 im Jahr 2012; weitere 5 Jahre später kamen, auch dank der hoch kompetitiven Gehälter von rund 17.000 US-Dollar pro Jahr, bereits 130.000 Angestellte aus Indien – ein Drittel der gesamten Belegschaft, mehr als aus den USA und allen anderen Ländern.[10]

Zu den Kerngebieten der IT-Services in Indien zählten in den ersten Jahren vor allem das »Debugging« – also die kleinteilige Diagnose und Bereinigung von Fehlern in Programmen – sowie die Auslagerung von basalen Businessvorgängen. Einen Schub brachte hier der sogenannte »Millennium Bug«. Das auch als »Y2K«- bzw. »Jahr-2000-Problem« bekannte Phänomen bezeichnete, etwas verkürzt, ein Computerproblem, das durch die Behandlung von Jahreszahlen als zweistellige Angabe in Computersystemen zustande gekommen war. Ab den 1950er Jahren (als die Rechner groß, die Speicherkapazitäten jedoch

---

8 Staab: Digitaler Kapitalismus, S. 226-286; Simon Head: The New Ruthless Economy. Work and Power in the Digital Age, New York 2003. Vgl. dazu überdies: Frey: Technology Trap, S. 342-366; Gray/Suri: Ghost Work, S. 38-63.
9 Vgl. Yost: Making IT Work, S. 250-260, hier: S. 250.
10 Vgl. Patrick Thibodeau: In a symbolic shift, IBM's India workforce likely exceeds U.S., in: Computerworld, 29.11.2012. URL: https://www.computerworld.com/article/2493565/in-a-symbolic-shift--ibm-s-india-workforce-likely-exceeds-u-s-.html [abgerufen am 15.8.2022]; IBM Makes a Big Bet on India, in: New York Times, 1.10.2017, S. BU1.

begrenzt und die zu programmierenden Zeilen sehr kostspielig waren) waren diese zweistelligen Angaben in vielen Programmiersprachen – darunter auch dem in den 1960er und 1970er Jahren stark verbreiteten COBOL – gängige Praxis gewesen. Nun aber, so die Sorge vieler Regierungen, Behörden und Firmen, drohte es, sobald die Anzeige der Systemuhren das Jahr 2000 erreichte, zu Problemen bei der Sortierung der Datensätze, zu Fehlinterpretationen und in der Folge zu Systemabstürzen zu kommen, zumal es bis dato gängige Praxis war, inexistente oder ungültige Dateninhalte mit der Ziffernkombination »00« abzukürzen. Angesichts der nur schwer kalkulierbaren Folgen dieses Computerproblems brach in den ausgehenden 1990er Jahren eine regelrechte Hysterie aus: von Verkehrschaos über Börsencrashs bis zur Fehlauslösung nuklearer Systeme reichten die apokalyptischen Szenarien.

In dieser Situation nutzte Indien die Chance, sich einen Platz in diesem Milliardenpoker zu sichern. Der Prozess der in aller Regel manuellen Fehlerkorrektur war arbeitsintensiv, indische Programmierer aber mit der Wartung von Systemen im Allgemeinen und der Programmiersprache im Besonderen ab den 1960er Jahren vertraut und das Business-Modell, angesichts der globalen Verbreitung des Problems, zugleich rasch skalierbar. Verschiedene Firmen nahmen sich ab 1996/97 des Problems an. TCS gründete eine eigene »Y2K Factory« in Chennai, in der mehr als 800 Programmierer über 200 Millionen Zeilen Code pro Tag schrieben; es nutzte eigene und kommerziell erhältliche Tools zur Diagnose, Auswertung und Umwandlung von Codes, um Kunden in Europa, Nordamerika, Australien und Asien zu bedienen. In der TCS-Fabrik nutzten die Programmierer zwei IBM-Rechner und Satellitenlinks nach New York und London, um in Kontakt zu den Kunden zu treten; als die Angebote die Kapazitäten überstiegen, engagierte TCS sogar noch sieben weitere, kleinere Firmen, um den Ansturm zu bewältigen. Über 2,3 Milliarden US-Dollar an Gewinn erzielte die gesamte Branche bis zur Jahrtausendwende durch die Exporte von Y2K-IT-Lösungen nach Europa und in die USA.[11]

Obwohl die Globalisierung der IT-Services, der Dotcom-Hype und besonders der Boom der Software-Dienstleistungen im Zuge des »Millennium Bugs« die Entwicklung der IT-Industrie in Indien massiv anschoben, bedeutete dies kaum, dass die Lücke der indischen Firmen und ihrer Angestellten zur Konkurrenz im globalen Norden in diesem Bereich geschlossen worden und es – im Sinne Friedmans – zu einer Homogenisierung der Chancen, der Arbeitswirklichkeiten und der Löhne gekommen wäre. Im Feld der IT-Services gehörten indische Firmen zwar ab den 2000er Jahren beharrlich zur Top Ten, im Bereich der lukrativen, komplexen Engagements aber dominieren weiter

11 Vgl. A. S. Panneerselvan: Zero Is A Number, in: Outlook, 3.11.1997, S. 55; Millennium Bug, a Bane for the West and a Boon for Indian Software, in: Times of India, 2.2.1997, S. 5; The Time Machine. TCS Opens a ›Y2K‹ Factory, 23.10.1997. URL: https://m.rediff.com/computer/oct/23tcs.htm [abgerufen am 15.8.2022]. Vgl. dazu auch allg. Sharma: Outsourcer, S. 178-180; Yost: Making IT Work, S. 257; Cortada: Digital Flood, S. 535-540.

US-amerikanische Konzerne. Der Gewinn von TCS machte 2015 rund ein Drittel des Gewinns von IBM Global Services aus, bis 2020 näherte er sich knapp 50 %. Auch die Löhne der meisten Angestellten lagen hier deutlich unter denen in den USA. Job Hopping und das Risiko der Abwanderung der besten Mitarbeiter ins Ausland blieben so an der Tagesordnung. »Flach« war der Globus durch die Digitalisierung daher kaum geworden.[12]

Freilich war die Elitenwanderung, wie sie die globale Computerindustrie ab den 1950er Jahren auszeichnete, weder ein singuläres noch ein historisch neues Phänomen; sie hatte es schon lange vor der Industrialisierung und Globalisierung gegeben.[13] An den Fragen der Förderung und Kontrolle der Dynamik der Arbeitsmigration in der IT-Industrie sowie der Regulierung der Wanderung von Experten, Akademikern und Arbeitern entzündete sich allerdings ab der Mitte der 1960er Jahre eine zusehends hitzige Diskussion, die in der Folge weite Teile des Globus umspannte. Sowohl in Europa als auch in Asien und Lateinamerika diskutierte man die Folgen des sogenannten »Brain Drain«.

In vielen Entwicklungsländern, wie in Indien, setzte im Verlauf dieser Jahre eine Migrationsbewegung ein, die die USA nach der Verabschiedung des »US Immigration Acts« 1965 rasch zu einem bevorzugten Ziel der Zuwanderung werden ließ. Der Graben »zwischen den Welten« in puncto Lebensstandard und Einkommensniveau, aber auch sozialer Mobilität, politischer Transparenz, akademischer Freiheit und technologischer Ausstattung war zu kolossal, um die Abwanderung der »besten Kräfte« zu verhindern, konstatierte ein indischer Ökonom 1967 zentrale Push- und Pull-Faktoren der Migration.[14]

---

12 Vgl. Yost: Making IT Work, S. 258-260. Zu den Zahlen vgl. Arne Holst: Annual Revenue of TCS Worldwide from FY 2013 to FY 2020, 22.6.2020. URL: https://www.statista.com/statistics/759883/india-tcs-annual-revenue [abgerufen am 15.8.2022]; Thomas Alsop: IBMs Global Revenue from Technology and Businesses Services from 2008 to 2019, 18.5.2020. URL: https://www.statista.com/statistics/531112/worldwide-ibm-global-revenue-by-service [abgerufen am 15.8.2022] = »Statista«-Dossier, Hamburg 2020. Vgl. dazu auch en détail: TCS Annual Report, Mumbai 2020, S. 43; IBM Annual Report, New York 2019, S. 34-37.

13 Vgl. dazu allg. Reith: Einleitung. Aus der Fülle neuerer Forschungen zu den Faktoren und Rahmenbedingungen globaler Migrationsströme sei hier nur verwiesen auf die Studien von Jochen Oltmer: Migration. Geschichte und Zukunft der Gegenwart, Darmstadt 2017; Albert Kraler et al. (Hrsg.): Migrationen. Globale Entwicklungen seit 1850, Wien 2007, und Sylvia Hahn: Historische Migrationsforschung, Frankfurt a. M./New York 2012.

14 Vgl. V. M. Dandekar: India, in: Walter Adams (Hrsg.): The Brain Drain [Papers, Intern. Conference, Lausanne, 1967], New York/London 1968, S. 203-232, hier: S. 215. Eine Erhebung unter indischen Ingenieuren zeigte, dass diese vor allem aus ökonomischen Gründen – und wegen besserer Jobs – das Land verließen. Zu den Pull-Faktoren zählten die im Ausland überlegene Arbeits- und Forschungsumgebung und die Chance, sich im Job zu entwickeln, wie auch die höheren Löhne und die Möglichkeit, Ersparnisse anzulegen. Kehrten sie zurück, waren in erster Linie »domestic or social reasons« – wie der Wunsch, wieder näher bei Familie und Freunden

In Indien zählten vor allem hochgebildete Fachleute zu den Migranten. Die Zahl der IT-Spezialisten nahm hier ausgangs der 1980er Jahre rapide zu. Der »US Immigration Act« des Jahres 1990 erleichterte derweil die Einreise hochqualifizierter Migranten.[15] Um die Jahrtausendwende galten die Vereinigten Staaten so in Asien als das »Mecca for IT people«.[16] Rund 80 % der über 835.000 Einwanderer aus Indien in den USA besaßen einen Hochschulabschluss; weniger als 5 % verfügten über eine geringe oder keine Schulbildung. Ein ähnliches Bild ergab sich auch bei den 375.000 Migranten, die aus Indien in die OECD-Länder gekommen waren. In einem Vergleich von über zwanzig Arbeitskräfte exportierenden Ländern lag Indien so an der Spitze. Zwar überwiesen die Auslandsinder (*Non-Resident Indians*, kurz: NRIs) rund 10 Milliarden US-Dollar in ihre Heimat, gleichwohl erwies sich ihr Fehlen als herber Verlust.[17]

So lancierte der indische Staat, als sich abzeichnete, dass die Verluste an Fachleuten weiter zunahmen, in den 1990er Jahren konzertierte Programme zur Rückgewinnung der verlorenen Spezialisten. Diese Programme des »Brain Gain« zeitigten eine Welle der Rückwanderung nach Indien, in deren Zuge die Rückkehrer das erworbene technische und ökonomische Know-How sowie ihre sozialen und ökonomischen Netzwerke als mobile Ressource zurück nach Indien brachten. Die transnationale Arbeitsmigration wird daher in neueren Analysen neben der aktiven Industriepolitik und dem Ausbau der Bildungseinrichtungen weniger als ein Hemmnis denn als ein wichtiger Faktor des Booms in der IT-Industrie Indiens ab den 1990er Jahren beschrieben.[18]

Für die hochausgebildeten IT-Spezialisten Indiens begann Mitte der 1960er Jahre eine richtungweisende Phase der globalen Diaspora.[19] Während eine

zu leben – ausschlaggebend. John R. Niland: The Asian Engineering Brain Drain, Lexington, Mass. 1970, S. 18, 28, 58-63 und S. 67-73, hier: S. 73.

15 Im Zuge des Migrationsgesetzes erhöhte sich die Zahl der Arbeitsvisa von rund 50.000 auf über 140.000 pro Jahr. Vor 1990 lag die Quote der Migranten, die in das Land wegen ihrer »Job Skills« einreisten, bei 10 %. Nach 1990 verdoppelte sich diese. Vgl. Rafael G. Alarcón: The Migrants of the Information Age. Foreign-Born Engineers and Scientists and Regional Development in Silicon Valley, Diss. UC Berkeley 1998, S. 53-55; Bill Ong Hing: Making and Remaking Asian America through Immigration Policy (1850-1990), Stanford 1993.
16 Xiang: Global Body Shopping, S. 103.
17 Vgl. Richard W. Adams: International Migration, Remittances and the Brain Drain. A Study of 24 Labor-Exporting Countries. World Bank – Policy Research Working Paper, Washington, D. C. 2003, S. 22-27.
18 Vgl. dazu Uwe Hunger: Vom »Brain Drain« zum »Brain Gain«. Migration, Netzwerkbildung und sozio-ökonomische Entwicklung. Das Beispiel der indischen »Software-Migranten«, in: Imis-Beiträge, Osnabrück 2000, S. 7-22; D'Costa: Indian Software Industry in the Global Division of Labour.
19 Nach Schätzungen der Division »Overseas Indian Affairs« im »Ministry of External Affairs« lebten im Mai 2020 über 30 Millionen Inder im Ausland. Dazu zählten sowohl ins Ausland migrierte Staatsbürger (circa 13,5 Mio. »Non-Resident Indians«) als auch Personen indischer Abstammung (circa 18,5 Mio. »Persons of Indian Origin«).

wachsende Zahl an IT-Spezialisten auswanderte, um aus globalen unternehmerischen Netzwerken Kapital zu schlagen, verblieb das Gros der Arbeiter in lokalen, in aller Regel prekären Arbeitsverhältnissen. Hier dominierten in vielen Fällen die Subsistenzmodelle des »informellen« Sektors. Gleichwohl erreichte die Sogwirkung der globalisierten Märkte auch die Arbeiter abseits der kapitalistischen Zentren. Transnational operierende Unternehmen etablierten neue Produktionsregime in der Provinz. So sehr die Globalisierung in diesem Zusammenhang neue, globale Wanderungsprozesse anschob und die Ausbildung einer sozial, politisch und kulturell hybriden Diaspora im Ausland zeitigte, so stark wirkte sie doch zugleich auch auf die Arbeitswirklichkeiten der Arbeiter in Indien zurück.[20]

Bezüglich ihrer geographischen Ursprünge war die Gruppe der Migranten diverser als viele Migrationsbewegungen in Indien zuvor, in deren Zuge vor allem Mediziner, Juristen oder Industrielle ins Ausland gingen. Während in den 1970er Jahren das Gros dieser Migranten aus den Oberschichten-Familien der Metropolen Delhi, Bombay oder Kalkutta stammte, kam ab den 1990er Jahren ein wachsender Teil der Computerspezialisten aus ländlichen Regionen. Hier erwiesen sich lokale Ausbildungszentren und regionale, private Colleges, deren Förderung sich mit einem Anteil von zu bis zu 80 % aus den – im Zuge der Grünen Revolution angestiegenen – Agrarüberschüssen der Distrikte speiste, als Sprungbrett des Nachwuchses. In einzelnen Regionen arbeiteten ausgangs der 1990er Jahre indes noch immer knapp 90 % der Bevölkerung im Agrarsektor. Da sich die überwältigende Mehrzahl dieser Familien auch hier keine private Ausbildung leisten konnte, war die Gruppe der IT-Spezialisten gleichwohl kaum repräsentativer für die indische Gesellschaft, als es die metropolitanen Klassen gewesen waren. Eine Erhebung im Jahr 2000 konstatierte, dass 81,8 % der »Software-Spezialisten« aus den oberen und nur 9 % aus sozio-ökonomisch

---

URL: https://web.archive.org/web/20200510162043/https://mea.gov.in/images/attach/NRIs-and-PIOs_1.pdf [abgerufen am 15.8.2022]. Nach Berechnungen der UN lag die Zahl der ins Ausland gezogenen Inder im Jahr 2013 bei 14 Millionen und im Jahr 2017 bei 17 Millionen Menschen. Indien, dessen Bürger in über 230 Nationen lebten, stellte so im globalen Vergleich die größte Diaspora. Vgl. Verena Schulze Palstring: Das Potenzial der Migration aus Indien, Berlin 2015, S. 80-83; UN (Hrsg.): International Migration Report, Highlights, New York 2017, S. 9-13.

20 Zur Debatte um die Globalisierung der Arbeitswelten vgl. Rina Agarwala: Reshaping the Social Contract. Emerging Relations between the State and »Informal Labor« in India, in: Eckert (Hrsg.): Global Histories, S. 327-367; Ravi Ahuja: Das Ähnliche speist den Unterschied. Die globale Wohlfahrtsdebatte und die Erzeugung »informeller Arbeit« im Indien des 20. Jahrhunderts, in: Hans-Jürgen Burchardt/Stefan Peters/Nico Weinmann (Hrsg.): Arbeit in globaler Perspektive. Facetten informeller Beschäftigung, Frankfurt a.M. 2013, S. 123-148. Die Bindung an die Heimatregionen war in Indien ausgesprochen stark. Zensuserhebungen zeigen, dass nur rund 3,5 % der indischen Bevölkerung ihre Distrikte verließen, in denen sie geboren wurden. Vgl. Rothermund: Employment, S. 228. Zur Kultur der Diaspora vgl. allg. David Carment/Ariane Sadjed (Hrsg.): Diaspora as Cultures of Cooperation. Global and Local Perspectives, Cham 2017, S. 199-222; Bala: Diaspora.

benachteiligten Klassen bzw. marginalisierten Kasten (»backward castes«) kamen, die ihrerseits über 50 % der Bevölkerung ausmachten.[21] So erwies sich die neue, transnationale Klasse der IT-Spezialisten als sozial und ökonomisch relativ homogen. Die globale Mobilität, die vielen von ihnen in diesen Jahren zum Lebensmodell geworden war, verhinderte weder orthodoxe Heiratsarrangements noch soziale, religiöse oder kulturelle Exklusionsmechanismen.[22] So lebten auch die Migranten in vielen Fällen ein Leben »zwischen den Welten«.

In der Debatte um die Dynamiken der globalen Migration stellte sich – angesichts dieser Existenz »zwischen den Welten« – zusehends die Frage nach der Rolle der Nation im Prozess der Globalisierung. Im politischen Diskurs erzürnte die Nationalisten die Vernetzung der Lebens- und Arbeitswelten, die wahlweise als Verlust an Humankapital (in arbeitsexportierenden Ländern wie Indien) oder als Bedrohung der heimischen Arbeitsmärkte und der Integrität des Territoriums (in Zielländern der Migration wie z. B. in den USA) gelesen wurde. In den USA warnten Konservative wie Patrick Buchanan im Jahr 2000: »One of the great social crises of this country is unrestricted immigration and an invasion from the South.«[23] Und in der Bundesrepublik startete noch im selben Jahr eine Kampagne gegen die scheinbar überbordende Migration indischer IT-Spezialisten (»Kinder statt Inder«). In Indien verwahrte man sich derweil von konservativer Seite unter umgekehrten Vorzeichen gegen das Paradigma eines grenzüberschreitenden Austauschs, der hier als Kehrseite des Freihandels gesehen wurde. So schaltete die Hindu-nationalistische BJP 1996/97 eine landesweite Pressekampagne, in der sie eine Forcierung der High-Tech-Importe (»computer chips, not potato chips« bzw. »laptops, not lipsticks«) und zugleich eine Regulierung des »Brain Drain« reklamierte.[24] Im ökonomischen Diskurs dominierte dagegen der Wunsch nach einem Ausbau der Vernetzung der ökonomischen Beziehungen. Dabei wurde – allen voran in der boomenden IT-Nation Indien – neben der physischen auch die virtuelle Migration, die durch die voranschreitende Digitalisierung möglich wurde, euphorisch begrüßt; das Ziel einer global vernetzten Ökonomie verband hier Manager und Unternehmer in New Delhi, Berlin und im Silicon Valley. An der Frage der Globalisierung schieden sich so – vor der Folie divergierender politischer und ökonomischer Motive – noch um die Jahrtausendwende die Geister.

21 M. Vijayabaskar/Sandra Rothboeck/V. Gayathri: Labour in the New Economy: Case of the Indian Software Industry, in: The Indian Journal of Labour Economics 44,1 (2001), S. 39-54, hier: S. 40 ff.
22 Vgl. Xiang: Global Body Shopping, S. 30-33, 48-52; Subramanian: Making Merit; Baas: IT Caste.
23 Aneesh: Virtual Migration, S. 153-163, hier: S. 153.
24 Vgl. Rob Jenkins: The NDA and the Politics of Economic Reform, in: Katharine Adeney/Lawrence Saez (Hrsg.): Coalition Politics and Hindu Nationalism, New York 2005, S. 173-192; Marika Vicziany: Globalization and Hindutva. India's Experience with Global Economy and Political Integration, in: Gloria Davies/Chris Nyland (Hrsg.): Globalization in the Asian Region. Impacts and Consequences, Cheltenham 2004, S. 92-116, hier: S. 100.

Im Leben der High-Tech-Migranten verlangte der Wechsel »zwischen den Welten« nach einer beständigen sozialen und kulturellen Übersetzungsleistung. Dass das Wissen der Migranten mobil war, sich unterwegs veränderte und zwischen Ursprungs- und Zielland anreicherte, zeigen vor allem die Fälle der Grenzgänger, die über die Jahre zwischen Indien und dem Ausland hin und her reisten.[25] Als Agenten der Globalisierung verkörpern sie ein gigantisches Wissen über den Prozess der zunehmend globalen Vernetzung der Lebens- und Arbeitswelten ab den 1970er Jahren. Ihre Spuren lassen sich in London, Berlin oder auch im Silicon Valley klar beobachten. Zugleich aber prägte gerade ihr (Vor-)Bild auch die Wahrnehmung des Auslands durch ihre Landsleute. Kehrten sie nach Indien zurück, erschienen die Migranten zudem als kulturelle Übersetzer und wirkten so in ihre Regionen zurück. Im Silicon Valley, das zur Mitte der 1990er Jahre an der Schwelle zur New Economy stand und die zentrale Rolle neuer, digitaler webbasierter Dienste entdeckte, wurden aus den Programmierern der vergangenen Jahre zusehends Manager und Unternehmer. Dieser »entrepreneurial spirit« wiederum inspirierte zugleich die Gründung neuer Firmen in Indien.[26] So erwies sich die Geschichte der High-Tech-Migranten gleich in mehrerer Weise als eine Geschichte komplexer Verbindungen und Vernetzungen »zwischen den Welten«.

7.2 Fallbeispiel I: Silicon Valley

Die global reisenden IT-Spezialisten sind als die »Nomaden« und die »Argonauten« des digitalen Zeitalters beschrieben worden.[27] Eine zentrale Station ihrer Reise war von Beginn an das Silicon Valley. Hier waren Programmierer aus Indien Legion.

Im Silicon Valley waren allein zwischen 1975 und 1990 rund 150.000 Jobs in der High-Tech-Branche entstanden. Im gleichen Zeitraum hatte sich die Zahl der im Ausland geborenen Einwohner in der Region nahezu verdoppelt; ausgangs der 1980er Jahre waren es rund 350.000 Menschen. So stammte ein Viertel aller Werktätigen am Ende dieses Zeitraums aus dem Ausland. Im Hochtechnologiebereich waren es sogar 30 % (knapp zwei Drittel davon aus Asien). Auch wenn die Migration indischer Spezialisten ins Silicon Valley vergleichsweise neueren Datums ist,[28] war der Anteil indischer Startups an den Neugrün-

---

25 Vgl. Lässig/Steinberg: Knowledge, S. 323; Umut Erel: Migrating Cultural Capital, in: Sociology 44,4 (2010), S. 642-660.
26 Vgl. dazu Biradavolu: Indian Entrepreneurs. Zum Silicon Valley vgl. zudem en détail: Lécuyer: Making Silicon Valley, S. 253-303.
27 Saxenian: Argonauts; Alarcón: Migrants. Zur Rolle der »Kontraktarbeiter« allg. vgl. Stephen R. Barly/Gideon Kunda: Gurus, Hired Guns, and Warm Bodies. Itinerant Experts in a Knowledge Economy, Princeton 2006.
28 So waren 87 % aller Inder, die 1990 im Silicon Valley arbeiteten, nach 1970 in die USA gekommen, knapp 60 % sogar nach 1980. AnnaLee Saxenian: Silicon Valley's New

dungen in der Branche bereits in diesen Dekaden in beachtlicher Weise gestiegen: von 3 % bzw. 47 Firmen zu Beginn der 1980er Jahre, auf knapp 10 % respektive 385 Firmen bis zur Mitte der 1990er Jahre das Gros der Firmen (70 %) davon im Bereich IT-Services. Über die letzten zwei Dekaden des 20. Jahrhunderts lag der Anteil an Firmen, die in der Hand von indischen oder chinesischen CEOs waren, bei knapp 25 %. Optimistischere Schätzungen gingen davon aus, dass im Zuge des Dotcom-Hypes um das Jahr 2000 kurzzeitig sogar bis zu 40 % aller Neugründungen »indisch« waren. Zur Jahrtausendwende lebten rund 130.000 Inder in der Bay Area, von denen geschätzte 80.000 im Silicon Valley arbeiteten.[29]

So verlockend die Chance erschien, einen Job im Silicon Valley zu erlangen, so steinig war der Weg dahin. Die Einreise und der Verbleib in den USA hingen in aller Regel zunächst einmal vom Erwerb des adäquaten Visa-Status ab – das hieß, des Arbeitsvisums H-1B und sodann, nach Möglichkeit, nach einigen Jahren der »Green Card« als einer permanenten Arbeits- und Niederlassungserlaubnis, die eine zentrale Voraussetzung zur Einwanderung darstellte. Viele Migranten gerieten durch diesen rechtlichen Schwebezustand zugleich in einen sozialen und ökonomischen Limbus, der ihre Eingewöhnung in der neuen »Heimat«[30] erschwerte.

Die Geschichte indischer Migranten in der Computerindustrie war da-bereits ein Motiv der Popkultur geworden. Der Film *For Here or to Go* brachte ihr Leben »zwischen den Welten« 2015 in die Kinos. Den Film hatte mit Rishi S. Bhilawadikar ein Mediendesigner und IT-Ingenieur der SAP Labs produziert, der die Sorgen der Arbeitsmigranten in der Bay Area aus erster Hand kannte.

Immigrant Entrepreneurs, San Francisco 1999, S. 9-13. Vgl. zudem Rafiq Dossani: Chinese and Indian Engineers and their Networks in Silicon Valley, Stanford 2002, S. 8, sowie allg. Inderpal Grewal: Transnational America. Feminisms, Diasporas, Neoliberalisms, Durham/London 2005.

29 Vgl. Saxenian: Silicon Valley, S. 22-26; Biradavolu: Entrepreneurs, S. 65-97; Chakravorty et al.: Other One Percent, S. 50-69, 236; Sabeen Sanhu: Asian Indian Professionals. The Culture of Success, El Paso 2012; Singhal/Rogers: India's Information Revolution, S. 147; dies.: India's Communication Revolution, S. 28 f. Insgesamt lebten in den USA im Jahr 2000 knapp 1,7 Millionen Inder (inkl. Personen indischen Ursprungs). Vgl. dazu allg. Pierre Gottschlich: Die indische Diaspora in den Vereinigten Staaten von Amerika, in: Internationales Asienforum 36,1/2 (2005), S. 159-180. Schon lange vor dem Siegeszug der »High-Tech-Migranten« waren zahlreiche, besser gebildete Inder in die USA ausgewandert; ab den 1990er Jahren verstärkte sich allerdings zusehends die Wanderungsbewegung der hochgebildeten, technischen Elite. So hatten nahezu alle der jährlich knapp 120.000 Inder, die eingangs der 2010er Jahre in die USA einreisten, bereits einen Bachelorabschluss erworben; in vielen Fällen kamen im Zielland weitere Abschlüsse hinzu. Rund 60.000 der H-1B-Visa-Anwärter arbeiteten in »computer-related occupations«. Auch bei akademischen und industriellen Austauschvisa waren Computerspezialisten und andere MINT-Experten in der überwiegenden Mehrzahl.

30 Zur Suche nach »Heimat« in der Ära der Globalisierung vgl. allg. Edoardo Costadura et al. (Hrsg.): Heimat global, Bielefeld 2019; Dana Bönisch et al. (Hrsg.): Heimat Revisited, Berlin/Boston 2020.

FALLBEISPIEL I: SILICON VALLEY

Das Schicksal des Protagonisten, eines Programmierers, der – von den bürokratischen Mühlen der Einwanderungsbehörden zerrieben – letztlich trotz glänzender Job-Aussichten nach Indien zurückkehren musste, reklamierte so durchaus repräsentativen Charakter. Dass die Story in diesem Fall ein Happy End hatte und der Programmierer nach seiner Rückkehr in Indien zum Tech-Millionär avancierte, war gewiss eine kitschige Pointe. Doch schob der Film, der seine Kritik an den Einwanderungsgesetzen kaum verbarg, in der Folge eine breite gesellschaftliche Debatte um die Lebens- und Arbeitsbedingungen ausländischer High-Tech-Arbeiter im Silicon Valley an.[31]

Aus indischer Perspektive wäre die Geschichte der globalen Arbeitsmigration in ganz anderer Weise zu erzählen. Einerseits waren Gründer aus Indien, wie die »National Foundation for American Policy« konstatierte, 2015 unter allen Zuwanderergruppen am zahlreichsten im exklusiven Kreis der »Billion Dollar Startups« vertreten, und die in der Metropolregion des Valley lebenden Inder zählten nach Angaben des »Migration Policy Institute« zu den am besten ausgebildeten und vermögendsten Schichten des Landes.[32] Die Mehrzahl der Einwanderer, die in der Computerbranche arbeiteten, hatte ihre amerikanische Konkurrenz in puncto Ausbildung, Jobs und Löhnen hinter sich gelassen.[33] Andererseits erlebten sie durchaus Formen der Diskriminierung. Auch gab es in der Gruppe der Einwanderer erhebliche soziale und ökonomische Unterschiede. Von den rund 3 Millionen Einwohnern im Silicon Valley des Jahres 2017 kam knapp ein Drittel aus Asien. Über 70 % der IT-Angestellten waren im Ausland geboren – und viele partizipierten nur marginal an den Gewinnen der neuen Innovations- und Wachstumsbranchen.[34] Die in den 1990er Jahren

---

31 Vgl. »For Here or To Go?« Sparks U.S. Immigration Policy Dialogue, in India West, 22.5.2015, S. C7; »For Here or To Go?« Wins Jury Award at Seattle South Asian Film Fest, in: India West, 6.11.2015, S. C28; »For Here or To Go?« A Filmmaker's Attempt to Humanize H-1B Workers, in: India West, 31.3.2017, S. C1, C4; A Silicon Valley Worker Turns Film Producer to Put Face on Visa Lottery, in: San Francisco Chronicle, 8.2.2017, S. E1.

32 Vgl. Stuart Anderson: Immigrants and Billion Dollar Startups, Arlington 2016, S. 1 f. URL: https://nfap.com/wp-content/uploads/2016/03/Immigrants-and-Billion-Dollar-Startups.NFAP-Policy-Brief.March-2016.pdf [abgerufen am 15.8.2022]. Vgl. Indians lead the startup race!, in: India Abroad, 8.4.2016, S. A17. Im Jahr 2018 standen Indiens CEOs in der Spitzengruppe der »Milliarden-Dollar-Startups« an dritter Stelle, hinter israelischen und kanadischen Gründern. Vgl. Stuart Anderson: Immigrants and Billion Dollar Startups, Arlington 2018, S. 3. URL: https://nfap.com/wp-content/uploads/2019/01/2018-BILLION-DOLLAR-STARTUPS.NFAP-Policy-Brief.2018-1.pdf [abgerufen am 15.8.2022]. Vgl. überdies Jie Zong/Jeanne Batalova: Indian Immigrants in the United States, 31.8.2017. URL: https://www.migrationpolicy.org/article/indian-immigrants-united-states-2015 [abgerufen am 15.8.2022].

33 Vgl. David M. Hart/Zoltan J. Acs: High-Tech Immigrant Entrepreneurship in the United States, in: Economic Development Quarterly 25,2 (2011), S. 116-129; Jennifer Hunt: Are Immigrants the Most Skilled US Computer and Engineering Workers?, in: Journal of Labor Economics 33,3 (2015), S. S39-S77.

34 Silicon Valley Index 2018, San José, CA 2018, S. 6-9, 15.

zunehmenden Klagen über die Ausbeutung ausländischer Arbeiter im Silicon Valley bezeugen daher zugleich die dunkle Seite der Globalisierung abseits der Heldenverehrung einzelner Pioniere und Firmen. Für viele Migranten bedeutete der Weg in die digitale Ökonomie weniger den Zug in die »Freiheit« als vielmehr den Weg in eine neue »Abhängigkeit«.[35]

Was den amerikanischen Traum nährte, war das Versprechen einer »Meritokratie« – einer Ordnung des Verdiensts, deren Sinnbild die »Self-Made-Millionäre« das Silicon Valley zu sein schienen. Freilich gaben auch hier vor allem die Beziehungen zu Risikokapitalanlegern sowie lokale und regionale Netzwerke in der Metropolregion den Ausschlag. Nachdem bereits 1980 die »Asian American Manufacturers Association« (AAMA) aus der Initiative mehrerer chinesischer Ingenieure hervorgegangen war, organisierten sich Indiens Unternehmer ab 1987 in der »Silicon Valley Indian Professionals Association« (SIPA). Eine kleine Gruppe an IT-Spezialisten um den Intel-Ingenieur Prakash Chandra hatte den Branchenverband gegründet, der Seminare und Tagungen im Silicon Valley veranstaltete und sich um eine engere Verbindung zwischen Ökonomie und Politik in den USA wie auch in Indien bemühte. Ausgangs der 1990er Jahre zählte SIPA rund 1.000 Mitglieder.[36] Ab 1992 organisierte sich eine Vielzahl arrivierter Gründer zudem in einem eigenen Verband: »The Indus Entrepreneurs«. Dieser war dazu vorgesehen, eine Brücke zwischen dem Silicon Valley und Indien zu bilden. Als globales Wissensnetzwerk, in dem die Gründer in den USA zu den Mentoren der Nachwuchsunternehmer in Indien wurden, spielte der Verband eine wichtige Rolle in der Förderung der wachsenden IT-Industrie in Indien.[37]

In den ersten zehn Jahren seines Bestehens expandierte der Verein rasch. Bis 2003 gab es 40 Ortsverbände, davon knapp 25 in den USA und 13 in Indien. Die Zahl der Mitglieder lag bei über 10.000.[38] In einem Interview erläuterte

35 Vgl. allg. Ramon C. Sevilla: Employment Practices and Industrial Restructuring. A Case Study of the Semiconductor Industry in Silicon Valley, 1955-1991, Diss. UC Los Angeles 1992; Ted Smith et al. (Hrsg.): Challenging the Chip. Labor Rights and Environmental Justice in the Global Electronics Industry, Philadelphia 2006. Zur Problematik des Visa-Systems vgl. überdies: Payal Banerjee: Indian IT Workers in the United States. The H-1B Visa, Flexible Production and the Racialization of Labor, in: Critical Sociology 32,2/3 (2006), S. 425-445.
36 Vgl. Saxenian: Silicon Valley, S. 42-51; Singhal/Rogers: India's Information Revolution, S. 172; Sharma: Outsourcer, S. 173 f. Zur Bedeutung der Netzwerke vgl. auch allg. Greenspan: India, S. 55-76, hier: insbes. S. 61-68.
37 Für die High-Tech-Migranten waren zudem publizistische Organe – wie das Magazin *Silicon India* – zu Foren des Wissensaustauschs geworden. Diese leisteten einen wichtigen Beitrag zur Anwerbung neuer Fachleute und zur Ausbildung einer Gründerkultur in Indien. Den »Brain Drain« ersetzte so sukzessive ein Prozess der »Brain Circulation«. Vgl. AnnaLee Saxenian: From Brain Drain to Brain Circulation. Transnational. Communities and Regional Upgrading in India and China, in: Studies in Comparative International Development 40,2 (2005), S. 35-61, hier: S. 58.
38 Vgl. The Indus Enrepreneurs (Hrsg.): Essentials of Entrepreneurship, New Jersey 2003, S. IX-X; Biradavolu: Entrepreneurs, S. 156-162.

ein Mitglied den Anspruch des Verbands, »zwischen den Welten« zu vermitteln:

> We are strictly against divisions of caste, region, religion or language. That is why we chose the name Indus Entrepreneurs, not Indian entrepreneurs, to be inclusive of all the peoples of South Asia [...]. What binds us is our interest in wealth creation through entrepreneurship. [...] Education is the leveler – we are all highly educated, so we don't have old divisions of caste and creed amongst us. [...] We are a modern organization with a scientific outlook. The idea is to take the best of the two cultures we are familiar with – Silicon Valley's entrerpreneurial culture and India's traditional culture. [...] Established entrepreneurs can teach and mentor budding entrepreneurs – that is the traditional Indian relationship between a teacher and his student. Then you blend that idea with Silicon Valley's economic culture of entrepreneurship. That was the idea behind TiE.[39]

Indem das Netzwerk die Figur des Entrepreneurs zum Agenten des kulturellen Wandels erhob, zitierte es den neuen »Geist« des globalen Kapitalismus.[40] Indische IT-Ingenieure und Gründer im Silicon Valley wie Vinod Koshla (SUN), Vinod Dham (Intel) oder Suhas Patil (Cirrus Logic) hatten eine katalytische Rolle bei der Anbahnung neuer (Geschäfts-)Beziehungen zwischen den USA und Indien eingenommen. Einzelne, wie der Computer-Ingenieur Anil und die Juristin Sucheta Kapuria, erhoben den wechselseitigen Austausch von Know-How und Produkten zwischen den USA und Indien, wie im Bereich des Baus von Mikroprozessoren, gar zum Businessmodell. Die Firma der Kapurias, Silicon Valley Technology, hatte ab 1985 neben der Produktion von Hardware und dem Vertrieb von IT-Services begonnen, Kooperationen zwischen Firmen im Silicon Valley und solchen in Bombay, Bangalore und Neu Delhi anzubahnen. Gegenüber der Zeitung *India West* sprachen die Gründer 1987 stolz von einer »Technologiebrücke« zwischen Indien und den USA.[41] Nach dem Ende des Kalten Krieges suchten sie zudem die russischen Märkte

---

39 Anonymes Interview. Silicon Valley Entrepreneur. Zit. n. Biradavolu: Entrepreneurs, S. 158.
40 Vgl. Boltanski/Chiapello: Geist, S. 377-448. Der »Gründergeist« der Startup-Kultur zwang den Einzelnen, zumal in Zeiten globaler Konkurrenz, zusehends in die Rolle des Unternehmers. Im Anschluss an Boltanski und Chiapello erschien der Unternehmer so als Leitfigur des neoliberalen »Geistes des Kapitalismus«. Als Wissensarbeiter verkörperte er das Mantra der kreativen Selbstoptimierung: »Stay hungry, stay foolish.« Denn: »Künstler und Unternehmer ist man immer nur à venir – stets im Modus des Werdens, nie des Seins.« So Ulrich Bröckling: Das Diktat des Komparativs. Zur Anthropologie des »unternehmerischen Selbst«, in: ders./Eva Horn (Hrsg.): Anthropologie der Arbeit, Tübingen 2002, S. 157-173, hier: S. 172 f. Vgl. überdies allg. Ulrich Bröckling: Das unternehmerische Selbst. Soziologie einer Subjektivierungsform, Frankfurt a. M. 2007.
41 SVT: Building Trechnology Bridges Between U. S. and India, in: India West, 11. 12. 1987, S. 39; vgl. dazu auch: Doing Business in India Makes Sense, ›Software India‹ Attendees Told, in: India West, 2. 12. 1988, S. 37.

zu erobern. Als Michail Gorbatschow im Sommer 1990 – kurz nach seiner Wahl zum Staatspräsidenten der UdSSR – das Silicon Valley besuchte, schlossen sie den Deal, über ihre in Neu Delhi ansässige Produktionsstätte Platinen (und dazu gehörige Programmlösungen) an russische Elektronikkonzerne zu exportieren, die im Gegenzug Speicherchips nach Indien schickten.[42] Bei Fachtagungen und Messen – wie der »Software India Conference« 1987 in Palo Alto – präsentierte sich die Firma als Verbindungsglied »zwischen den Welten«.

In dieser Lage bemühte sich auch der Verband der Gründer, das Image einer nationalen Interessenvertretung abzulegen: »[As] an open and inclusive organization [...] TiE endeavors to cultivate and nurture the ecosystems of entrepreneurship and freemarket economies everywhere, as it sees this to be the single most powerful instrument of prosperity.«[43] Freilich blieb der Anspruch des Verbands, unbesehen anderslautender Erklärungen, auch und gerade vor dem Hintergrund des Ringens um die viel beschworene nationale »Unabhängigkeit« ein politischer: Die Verfolgung nationaler Ziele und Belange durch die im Silicon Valley organisierte, transnationale Gruppe der High-Tech-Migranten war von Beginn an ein wichtiger Zweck der Netzwerkbildung gewesen.[44] In diesem Zusammenhang reklamierte der Verband auch das Prärogativ, Kultur, Politik und Ökonomie zu verbinden.[45]

Nach Jahren wechselvoller Beziehungen waren die Verbindungen zwischen Indien und den USA – auch unter dem Eindruck wachsender ökonomischer Vernetzung – in den 1990er Jahren zusehends enger geworden. Symbolisch bezeugte dies eine gemeinsame Erklärung, die Bill Clinton und Indiens Premier Atal B. Vajpayee am 21. März 2000 anlässlich eines Besuchs des US-Präsidenten in Neu Delhi publizierten:

> We are two of the world's largest democracies. We are nations forged from many traditions and faiths, proving year after year that diversity is our strength. [...] There have been times in the past when our relationship drifted without a steady course. [...] Globalization is erasing boundaries and building networks between nations and peoples, economies and cultures. The world is increasingly coming together around the democratic ideals India and the United States have long championed and lived by. *Together, we represent a fifth of the world's people, more than a quarter of the world's economy. We have built creative, entrepreneurial societies. We are leaders in the informa-*

---

42 Vgl. Entrepreneurs Seek Gold Amidst Russian Rubles, in: India West, 29.6.1990, S. 41; Protectionism Differing Views, in: India Abroad, 7.9.1990, S. 18; Tour to Study India's Potential, in: India Abroad, 14.12.1990, S. 12.
43 Indus Enrepreneurs (Hrsg.): Essentials, S. X.
44 Vgl. Leslie Sklair: Sociology of the Global System, Baltimore 1995, S. 133-135; ders.: The Transnational Capitalist Class, Oxford 2001.
45 Vgl. Tycoons Teach Secrets of Success, in: India West, 1.4.1994, S. 1; South Asians' Role Seen as Indispensable: The Indus Entrepreneurs' Conference, in: India Abroad, 19.5.1995, S. 39; TiE seeks to Refurbish Image, Broaden Base, in: India Abroad, 17.1.2003, S. B1.

tion age. [...] In many ways, the character of the 21st century world will depend on the success of our cooperation.⁴⁶

Im amerikanisch-indischen Dialog spielte die Frage nach der Förderung des »Unternehmergeists« in Indien – zumal im »digitalen Zeitalter« – eine bedeutende Rolle. Bezeichnenderweise zählte eine Vielzahl an TiE-Mitgliedern zur präsidentiellen Reisedelegation. Das Silicon Valley bildete ein Zentrum ihres Netzwerks.

Zu den wichtigsten Knotenpunkten in diesem Netzwerk amerikanisch-indischer Beziehungen avancierten gleichzeitig die Alumni der IITs, deren Spuren zur Jahrtausendwende im Silicon Valley unübersehbar waren.⁴⁷ In einem Interview erklärte John K. Galbraith 2001, dass der Siegeszug der IIT-Absolventen in den USA zwar lange kaum vorherzusehen gewesen sei. Rückblickend aber schien es ihm, wie er augenzwinkernd bemerkte, ganz deutlich: »What came to be called Silicon Valley was largely an overseas colony of Indians.«⁴⁸ Rund anderthalb Dekaden zuvor kommentierte bereits ein indischer Akademiker im britischen Magazin *Nature* den indischen »Brain Drain« im Zuge der globalen Arbeitsmigration pointiert, die IITs seien »India's most generous gift to the United States«.⁴⁹

Bis zum Jahr 2003 hatten die IITs 125.000 Alumni hervorgebracht; ein Drittel der Absolventen, so eine Erhebung unter 677 zwischen Mitte der 1960er Jahre und der Jahrtausendwende graduierten Alumni, hatte das Land verlassen. Rund 35.000, schätzten andere, waren über die Jahre in die USA gegangen. Jedes Jahr reisten allein 2.000 Absolventen in den »Westen« – die überwiegende Zahl davon in die Vereinigten Staaten.⁵⁰ Ketzerisch schrieben die ehemaligen Direktoren der IITs noch 1993: »IIT graduates are the only high-tech products in which India is internationally competitive.«⁵¹ Im Bereich der Computer Sciences war die Quote zum Teil sogar noch höher. Hier gingen bis zu 75 % der Absolventen eines Jahrgangs – wie am IIT Kanpur 1983 – in die USA;⁵² so wuchs das Netzwerk der IITs weiter.

---

46 Joint Statement on United States-India Relations. A Vision for the 21st Century, 21.3.2000, in: Weekly Compilation of Presidential Documents, Washington 2000, Vol. 36, No. 12, S. 594-596, hier: S. 594f. Hervorhebung durch den Verfasser.
47 Vgl. dazu allg. Deb: IITians, S. 157-165, 310-317.
48 It Was India's Good Fortune To Be A British Colony. The Man Who Once Called India a Functioning Anarchy, John Kenneth Galbraith, in Conversation With Arun Venugopal, in: Outlook, 20.8.2001, S. 46.
49 Excellence in the Midst of Poverty. – Universities. The Most Chaotic Education Anywhere, in: Nature, 12.4.1984, S. 591-594, hier: S. 593.
50 Vgl. Deb: IITians, S. 57-64; Sunil Bhatia: American Karma. Race, Culture, and Identity in the Indian Diaspora, New York 2007, S. 16-19; Alok Aggarwal: India Emerging as the Preferred Career Destination for IITians, Evalueserve Survey, 14.4.2008, S. 1-11, hier: S. 2-5.
51 Indiresan/Nigam: IIT – Excellence in Peril, S. 362.
52 Vgl. Bassett: Aligning India, S. 807. Zur Migration allg. vgl. überdies: Sukhatme: Real Brain Drain. Nach Sukhatmes Studien gingen wenigstens 20-30 % der Absolventen in den 1980er und 1990er Jahren in die USA.

Indem Indiens Elite-Universitäten die »Grenzen« des Nationalstaats transzendierten, erwiesen sie sich als Umschlagplätze eines Kosmopolitanismus, zu deren Symbol die High-Tech-Migranten wurden: »A cosmopolitan lives in and across borders.«[53] Zugleich bildete die Ausbildung von Indern an Hochschulen im Ausland eine wichtige Voraussetzung der globalen Arbeitsmigration. So verblieb der größte Teil (80%) derer, die in den USA ein (Promotions-)Studium absolvierten, in Nordamerika.[54] Auch deshalb nahm es kaum wunder, dass die Verbindungen zwischen Indien und den USA zu Beginn des 21. Jahrhunderts besonders eng waren.

Anlässlich des 50. Jubiläums der Gründung des ersten IIT in Kharagpur kamen Tausende Alumni im Silicon Valley zusammen. Bill Gates würdigte die Geschichte der IITs am Rande des Goldenen Jubliläums in Cupertino 2003:

> There is no other educational institution that has accomplished so much in its first 50 years [...] and developed a brand image consistent with the achievements. [...] I am anxious to see the IIT tradition transcend to a whole new level [as] the computer industry has benefited from it.

In ebenso euphorischer Sprache lobte der amerikanische Botschafter in Indien, R. D. Blackwill, den »merit-based approach« der IITs und schloss in Richtung der Alumni: »The US has profited enormously from your presence in this country.«[55] Die vom Überschwang des Lobs begleiteten Festivitäten bewiesen, wie sehr die kleine, elitäre Gruppe der IIT-Alumni, zu der unter anderem auch der Milliardär und IT-Unternehmer Vinod Khosla gehörte, in den exklusiven Zirkeln der Gründer, Manager und (Risiko-)Kapitalgeber im Silicon Valley angekommen war.[56]

Abseits dieser exklusiven Zirkel sah sich eine Vielzahl der Migranten im Silicon Valley allerdings auch von Beginn an zahlreichen Grenzen und Hindernissen gegenüber, um in den USA zu reüssieren. Zwar galten Asiaten und allen voran Inder – angesichts hoher Bildungsabschlüsse, bruchloser Erwerbs-

---

53 Chris Rumford: Introduction. Theorizing Borders, in: European Journal of Social Theory 9,2 (2006), S. 155-169, hier: S. 163.
54 Vgl. Bassett: Technological Indian, S. 293. Zur Rolle indischer Gründer im Silicon Valley vgl. ebd., S. 296-302.
55 IIT is an Incredible Institution: Bill Gates, in: India Abroad, 31.1.2003, S. B2; vgl. $ 6M Pledged at IIT Celebrations, in: India West, 24.1.2003, S. A1.
56 Dabei zeigen Studien, dass eine Unternehmer- und Gründerkultur unter den indischen Migranten lange wenig verbreitet und »Entrepreneurship« nur bei einem geringen Prozentsatz (3%) der Alumni die bevorzugte Option war. Viel eher zielte das Gros der Absolventen bis in die 1990er Jahre auf eine reguläre Anstellung als Manager oder IT-Ingenieur im Silicon Valley. Vgl. S. P. Sukhatme/I. Mahadevan: Pilot Study on Magnitude and Nature of the Brain Drain of Graduates of the Indian Institute of Technology Bombay, Bombay 1987; M. S. Ananth/K. G. Babu/R. Natarajan: Data Base for Brain Drain. Institution-Based Study, Indian Institute of Technology Madras, Madras 1989; Saxenian/Motoyama/Quan: Local and Global Networks, S. 37-50; Biradavolu: Entrepreneurs, S. 84-97.

biographien und vieler beeindruckender Karrieren – als Vorzeigemigranten und »model minorities«.[57] Doch mehrte sich in den 1990er Jahren die Klage, dass auch sie als Migranten im Silicon Valley an »unsichtbaren« Barrieren scheiterten und kaum in vergleichbarer Zahl in Führungspositionen gelangten. Diese sogenannte »gläserne Decke« gab es, wie soziologische Untersuchungen dieser Jahre zeigen, auch in der IT-Industrie.[58] Diese Diskriminierung, die sowohl die Einstellungspraxis als auch die Karrierewege und die Löhne der Zuwanderer prägte, verstärkte sich überdies noch im Fall weiblicher Migranten.[59] Nur zögerlich entwickelten Konzerne in diesen Jahren erste Konzepte des »Diversity Managements«.[60]

So ging – zumal in der »Erfolgsstory« der *indischen* Migranten, die nur 1 % der Bevölkerung ausmachten und doch eine zentrale Rolle in den Vereinigten Staaten spielten – in aller Regel unter, dass diese, obschon sie zu über 60 % in besser bezahlten Jobs als hochausgebildete Experten arbeiteten, nur zu rund 15 % in Positionen des höheren Managements im High-Tech-Sektor kamen.[61] Dies verdeckte, wie Kritiker schrieben, dass auch sie en gros noch immer von den entscheidenden Positionen ausgeschlossen seien.[62] Im Ökosystem des Silicon Valley motivierte dieser Umstand viele Migranten aus Indien dazu, ihr Angestelltendasein nach einigen Jahren zu beenden und eine Karriere als Gründer zu wagen, wie einer der Gründer des Netzwerks »The Indus Enrepreneurs« in der Rückschau bemerkte: »The early immigrants were very focused on

---

57 Vgl. Paul Wong et al.: Asian Americans as a Model Minority: Self-Perceptions and Perceptions by Other Racial Groups, in: Sociological Perspectives 41,1 (1998), S. 95-118; Roli Varma/Everett M. Rodgers: Indian Cyber Workers in US, in: Economic and Political Weekly 39,52 (2004), S. 5645-5652, hier: S. 5648.

58 Vgl. Marilyn Fernandez: Asian Indian Americans in the Bay Area and the Glass Ceiling, in: Sociological Perspectives 41,1 (1998), S. 119-149; Varma/Rodgers: Indian, S. 5648-5650; Alarcón: Migrants, S. 43-45, 195-197. So klagte ein männlicher »Software-Ingenieur« aus Indien in der Bay Area ausgangs der 1990er Jahre: »When you are brought into a company, you work extremely hard [...]. But, within five years of entering a company, an Asian may move up a notch or two [...] – your white colleagues would move up five notches.« Fernandez: Asian, S. 119-120.

59 Vgl. Linus Yamane: Asian Americans, Glass Ceilings, and PhDs, in: Harvard Journal of Asian American Policy Review 22 (2011/12), S. 29-63, hier: S. 36-38.

60 Vgl. dazu exempl. Diversity @ Apple Computer Inc. Handbuch, November 1992, Apple Computer, Inc. Records, 1977-1998, M1007, Series 2, Box 5, Folder 2; Diversity @ Apple, Suppl. to Five-Star-News, 10/1994; »So, I hear, you work for Apple ...« Five-Star-News, 11/1995, Apple Computer, Inc. Ephemera Collection, M0825, Series 7, Box 11, Folder 1-3, Silicon Valley Archives Collections, Stanford University Archives.

61 Vgl. Saxenian: Silicon Valley, S. 17; Chakravorty et al.: Other One Percent, S. 185-190, S. 233-267.

62 Vgl. dazu allg. Roli Varma: High-Tech Coolies. Asian Immigrants in US Science and Engineering Workforce, in: Science as Culture 11,3 (2002), S. 337-361; ders.: Asian Americans. Achievements Mask Challenges, in: Asian Journal of Social Science 32,2 (2004), S. 290-307. Zur Rede von der »glass ceiling« vgl. auch allg. Timothy P. Fong: The Contemporary Asian American Experience. Beyond the Model Minority, New Jersey ³2008, S. 116-152.

success, but eventually most of us started to hit the glass ceiling. The immigrants from the Indus region were seen as techies, engineers, programmers and doctors.«[63] Und weiter: »Despite our modest success, we were not regarded as entrepreneurial material or considered capable enough for general management positions of some responsibility.«[64]

Ein Werkzeug, um die »gläserne Decke« – »the silicon ceiling« – zu durchbrechen, war die Organisation der Zuwanderergruppen in Vereinen und Verbänden. Aus Prakash Chandras Perspektive bedeutete der Zusammenschluss der »Silicon Valley Professionals« die Chance, überkommene Karrierewege zu verlassen: »many Indians didn't see a career path beyond what they were doing.«[65] Ein Gründer sekundierte: »Why do you think there are so many Indian entrepreneurs in Silicon Valley? Because they know that sooner or later they will be held back.«[66] Die Förderung des Unternehmergeistes war so auch ein Ergebnis der Diskriminierung der Zuwanderer in den USA. Gelang einem Zuwanderer die Gründung, prägte dessen »Solidarität« zu seinen Landsleuten allerdings in vielen Fällen in gleicher Weise die Einstellungspolitik und Arbeitspraxis der Firma.[67] So blieben »race and ethnicity« auch in der Folge elementare Faktoren der Netzwerkbildung.

Die »schöne, neue Arbeitswelt« des Silicon Valley rückte bereits ab der Mitte der 1980er Jahre in den Fokus der Kritik. Dies lag zum einen daran, dass hinter dem neoliberalen Paradigma der Flexibilisierung und dem Credo der Eigeninitiative der Angestellten, das sich auch in einer Organisationsstruktur neuer, angepasster Hierarchien abbildete, eine Neuordnung der Arbeitsbeziehungen

---

63 Kanwal Rekhi: Out-Of-The-Box Thinking, in: Gurmeet Naroola (Hrsg.): The Entrepreneurial Connection. East Meets West in the Silicon Valley, Santa Clara, CA 2001, S. 81-96, hier: S. 83.
64 Kanwal Rekhi: Overseas Indians. The Road Uphill, in: Business India, 14.4.-27.4.2003, S. 182. Vgl. dazu auch ders.: Rise of Indians in Silicon Valley & Rise of India, 25.9.2009. URL: https://www.inventuscap.com/post/rise-of-indians-in-silicon-valley-rise-of-india-by-kanwal-rekhi [abgerufen am 15.8.2022]. Kritisch diskutierten derweil mehrere Gründer 2001 in einer Podiumsdiskussion die Existenz der »glass ceiling«. Vgl. The Indus Connection, UC Berkeley Entrepreneurs Forum, 29.11.2001, Video/C8531, Media Resources Center, UC Berkeley Library.
65 Prakash Chandra: Indians Bring Together Homeland, New Home, in: San Jose Mercury News, 29.10.1990, S. 3D; Julie Winokur: A Network for Sharing Success, in: San Jose Mercury News, 21.3.1994, S. 1D; vgl. dazu allg. Saxenian: Silicon Valley, S. 42-48.
66 Patrick J. McDonnell/Julie Pitta: Brain Gain or Threat to US Jobs?, in: Los Angeles Times, 15.7.1996, S. A1. Zur Geschichte des »ethnic entrepreneurship« vgl. en détail Edward J.-W. Park: Asian Americans in the Silicon Valley. Race and Ethnicity in the Postindustrial Economy, Diss. UC Berkeley 1992, S. 134-173; Sharmila Rudrappa: Cyber-Coolies and Techno-Braceros. Race and Commodification of Indian Information Technology Guest Workers in the United States, in: University of San Francisco Law Review 44,2 (2009), S. 353-372. Zur Region vgl. überdies allg. Martin Kenney (Hrsg.): Understanding Silicon Valley, Stanford 2000.
67 Vgl. Park: Asian Americans, S. 172 f.

verbarg, die klassische Arbeitnehmerrechte in puncto Arbeits- und Gesundheitsschutz einschränkte oder gar aussetzte.[68] Die Ausweitung der Arbeitszeiten und der Abbau des Kündigungsschutzes sind in diesem Zusammenhang ebenso zu nennen wie die Neo-Taylorisierung der Produktionsprozesse, die sowohl im Bereich der Hardwareproduktion als auch zusehends – im Zuge der Verbreitung des Modells der »Software-Fabriken« – im Bereich der Programmierung und der IT-Services zu beobachten war.[69] Hier etablierte sich, gegenüber der Praxis des Hire-and-Fire, eine Kultur des Job Hopping.

In der Krise der 1980er Jahre, als die »japanische Herausforderung« das Silicon Valley erreichte, wurden Arbeits- und Produktionskonzepte nach dem Modell »schlanker Produktion« – und dem Vorbild des »Toyota-Produktionssystems« – erprobt; darüber hinaus kam es zu einer Modernisierung der Arbeitsstrukturen, einer Forcierung von Teamarbeit, der Stärkung der Aus- und Weiterbildung und der Förderung ganzheitlicher Berufsbilder – insbesondere im halbleitertechnischen Geräte- und Anlagenbau, dem »Maschinenbau des Informationszeitalters«.[70]

Derweil bezeugen Produktionsmodelle wie der zur Mitte der 1990er Jahre am Vorbild des IT-Sektors ausgerichtete »Wintelismus« paradigmatisch den Umbau der Arbeits- und Produktionsstrukturen im Silicon Valley. Hinter dem Neologismus des Wintelismus, der sich aus den Markennamen der Branchenführer im PC- und Mikrochip-Bereich »Windows« und »Intel« ergab und eine Alternative zum Toyotismus etablieren sollte, verbarg sich ein der New Economy gehorchendes Modell, das den Ausbau interorganisationaler Beziehungen und eine vertikal desintegrierte, individualisierte und kapitalmarktorientierte Produktion vorsah.[71] Die Kehrseite des Modells war indes eine Ökonomie der Ausbeutung, in der insbesondere die vielen kleinen Unternehmen des Montagesektors und das Gros der nachgelagerten Lieferanten und Dienstleister als lokale Flexibilitätsreserve der Produktion fungierten.[72] Darüber hinaus brachte

---

68 Zur Kritik vgl. Werner Rügemer: Neue Technik, alte Gesellschaft. Silicon Valley. Zentrum der neuen Technologien in den USA, Köln 1985; Everett M. Rogers/Judith K. Larsen: Silicon Valley Fever. Growth of High-Technology Culture, New York 1985.
69 Zur These der »Flexibilisierung« vgl. allg. Krause/Köhler (Hrsg.): Arbeit; Süß: Stempeln; Sennett: Mensch. Zum Silicon Valley vgl. zudem: Martin Carnoy/Manuel Castells/Chris Benner: Labour Markets and Employment Practices in the Age of Flexibility. A Case Study of Silicon Valley, in: International Labour Review 136,1 (1997), S. 27-48.
70 Boy Lüthje: Silicon Valley: Vernetzte Produktion, Industriearbeit und soziale Bewegungen im Detroit der »New Economy«, in: PROKLA. Zeitschrift für kritische Sozialwissenschaft 31,1 (2001), S. 79-102, hier: S. 85.
71 Das Toyota-Produktionssystem (»Toyota seisan hōshiki«) inspirierte ab den 1970er Jahren den europäischen und US-amerikanischen Diskurs um Produktions- und Managementtechniken. Es zielte auf eine Optimierung und Steigerung der Produktion ab, die unter anderem durch eine neue Strukturierung (»Just-In-Time«-Prinzip), Standardisierung und verbesserte Kontrolle (»Jidoka«-Prinzip) der Prozesse gewährleistet werden sollte.
72 Vgl. Sevilla: Employment Practices; Alarcón: Migrants; Park: Asian Americans.

die Verbreitung neuer global verteilter Produktionsmodelle wie »Contract Manufacturing« oder »Electronics Manufacturing« Services ab der Mitte der 1990er Jahre die Auslagerung ganzer Produktionsketten zur Montage von PCs, Servern, Workstations oder Netzwerkgeräten an spezialisierte Anbieter, die sowohl die Kernelemente des Montageprozesses, die Bestückung von Leiterplatten und die Geräte-Assemblierung als auch die wesentlichen Elemente von produktionsnahem Engineering, Logistik und Reparaturdienstleistungen übernahmen.[73] Das Wachstum neuer Branchensegmente, vor allem im Bereich der IT-Services, wie auch die Konsolidierung und Konzentration klassischer Zweige industrieller Produktion bei gleichzeitiger Dezentralisierung der Kapital- und Unternehmensstrukturen bildeten die Grundlage für die neue Ökonomie der »vernetzten Massenproduktion«.[74]

Die Grundlage des Produktionsregimes war die Feminisierung und Ethnisierung der Arbeitsprozesse.[75] Der Einsatz weiblicher Arbeiter und ethnischer Minderheiten dominierte vor allem den Bereich der Hardwareproduktion. Dabei waren die Niedriglohnarbeiter – wie im Fall der ins Ausland »ausgelagerten« Produktionsprozesse – vorwiegend Migranten. Zwischen 1980 und 1988, konstatierte ein Gewerkschaftsaktivist, steigerte sich der Anteil der Zuwanderer an den ungelernten Produktionsarbeitern von rund 50 % auf über 70 %. Dagegen stellten Migranten ausgangs der Dekade nur 23 % der leitenden Angestellten und noch weniger Vorarbeiter.[76] Zugleich blieben gerade Frauen von Führungspositionen in aller Regel ausgeschlossen. Dieser Trend verstärkte sich

73 Vgl. Tim J. Sturgeon: Turn-Key Production Networks: Industry Organization, Economic Development and the Globalization of Electronics Contract Manufacturing, Diss. UC Berkeley 1999; Lüthje/Schumm/Sproll: Contract Manufacturing.
74 Boy Lüthje: Standort Silicon Valley. Ökonomie und Politik der vernetzten Massenproduktion, Frankfurt a. M./New York 2001, hier: insbes. S. 216-223. Die *San Jose Mercury News* schrieben so zur Mitte der 1990er Jahre: »Silicon Valley is not just chips and computers anymore.« Vgl. Hopping Off the Silicon Roller Coaster, in: San Jose Mercury News, 21. 4. 1996, S. 1A; Valley No. 1 Exporter Trade, in: San Jose Mercury News, 30. 9. 1997, S. 1A.
75 Vgl. Karen J. Hossfeld: Divisions of Labor, Divisions of Lives. Immigrant Women Workers in Silicon Valley, Diss. UC Santa Cruz 1988; Jeffrey Henderson: The Globalisation of High Technology Production, London 1989; Park: Asian Americans; Johanna Shih: Ethnic and Gender Inequality in Silicon Valley, Diss. UC Los Angeles 2001.
76 Vgl. Michael Eisenscher: Gewerkschaftliche Organisierung in der Computerindustrie. Die Erfahrung des UE Electronics Organizing Committee im Silicon Valley, in: Boy Lüthje/Christoph Scherrer (Hrsg.): Jenseits des Sozialpakts. Neue Unternehmensstrategien, Gewerkschaften und Arbeitskämpfe in den USA, Münster 1993, S. 180-205, hier: S. 188. Nach anderen Zahlen waren Zuwanderer im Jahr 1985 zu über 50 % im Bereich der Produktion und Dienstleistungen beschäftigt, aber nur zu 17 % »professionals and engineers« bzw. zu 12 % »managers and officials«. Vgl. Michael Eisenscher: Silicon Valley High Tech Industry. Ready for Organizing. A Discussion Paper for Unions, Juli 1985, S. 8, Susan Schacher Plant Closures Collection, Larc.Ms.0393, Carton 1, Folder 24: High Tech Industry, Labor Archives and Research Center (LARC SFO), San Francisco State University.

in den 1990er Jahren. Während Zugewanderte aus Asien 1997 inzwischen wenigstens rund 30 % der ausgebildeten Arbeiterinnen und Arbeiter im Silicon Valley ausmachten, lag die Quote bei den hier lebenden Latinos bei 18 %. Beide Gruppen stellten indes *zusammen* lediglich 25 % der leitenden Angestellten und Ingenieure, dafür aber rund 75 % der ungelernten Kräfte. Schwarze spielten überdies in den Arbeits- und Produktionsregimen der High-Tech-Firmen nahezu keine Rolle. Obschon sie in großer Zahl in Pendlerdistanz zu Palo Alto lebten, machten sie nie mehr als 7,5 % der Beschäftigten aus; in leitenden Funktionen lag ihr Anteil unter 3 %.[77] Michael Eisenscher, einer der Gründer und Aktivisten der kurzlebigen Arbeitervertretungen im Silicon Valley, konstatierte so bereits 1985:

> The electronics industry in the Valley has perfected the recruitment of ethnic minorities and immigrants and their assignment into highly segregated workplaces. [...] It is an industry which from its very infancy began to operate globally, transporting its labor intensive work to Asian Rim where it could obtain the cheapest labor. Industry ›Human Resources‹ managers have learned to capitalize on cultural traditions and inter-cultural/ethnic conflicts.[78]

In gleicher Weise waren Frauen in Spitzenpositionen unterrepräsentiert; zwar machten sie in vielen High-Tech-Firmen bis zu 75 % der Produktionsarbeiter und Angestellten aus, doch lag ihre Quote bei den Technikern und Managern weitaus niedriger. Noch 1997 besetzten Frauen rund 80 % der Verwaltungsstellen, aber weniger als 30 % der Leitungspositionen.[79] Der »American Dream« blieb auch im Silicon Valley nur Wenigen vorbehalten.[80]

Über die »Zweiklassen-Gesellschaft« der Computerindustrie – der Masse der Arbeiter in der Hardwareproduktion und der Angestellten in der EDV einerseits und der kleinen Gruppe der Programmierer, IT-Ingenieure und Manager andererseits – war bereits eingangs der 1980er Jahre eine rege Debatte entbrannt.[81] Im Silicon Valley arbeiteten Zehntausende Zuwanderer, die aus dem

---

77 Vgl. David Bacon: Silicon Valley. Gewerkschaften und Immigrant/innen in der Hightechindustrie, in: Boy Lüthje/Christoph Scherrer (Hrsg.): Zwischen Rassismus und Solidarität. Diskriminierung, Einwanderung und Gewerkschaften in den USA, Münster 1997, S. 161-177, hier: S. 163.
78 Eisenscher: Silicon Valley High Tech Industry, S. 7.
79 Vgl. Eisenscher: Silicon Valley High Tech Industry, S. 5-7; Bacon: Silicon Valley, S. 163.
80 Vgl. David Naguib Pellow/Lisa Sun-Hee Park: The Silicon Valley of Dreams. Environmental Injustice, Immigrant Workers, and the High-Tech Global Economy, New York/London 2002, S. 85-168; Dennis Hayes: Behind the Silicon Curtain. The Seductions of Work in a Lonely Era, Montreal/New York 1990.
81 Vgl. exempl. Robert Howard: Second Class in Silicon Valley, in: Working Papers 8,5 (1981), S. 20-31; Jorge Reina Schement/Leah A. Lievrouw/Herbert S. Dordick: The Information Society in California, in: Telecommunication Policy 7,1 (1983), S. 64-72; Anthony Weston: Technological Unemployment and the Lifestyle Ques-

Boom der Elektronikindustrie kaum Kapital schlugen. So lag es nahe, dass die Organisationsversuche einer Arbeitnehmervertretung zu Beginn auch und vor allem auf die Mobilisierung politisierter Migranten bauen konnten.

Nachdem die Elektronikindustrie im Zuge der politischen Auseinandersetzungen der 1950er Jahren und eines rigiden Kurses der Konzerne gegen Organisationsversuche von Tech-Arbeitern bis 1970 nahezu »gewerkschaftsfrei« war, hatte sich zur Mitte des Jahrzehnts unter dem Eindruck mehrerer gescheiterter Organisationsversuche von Arbeitnehmern, unter anderem 1973 bei einer kleinen Elektronik-Firma in Mountain View, innerhalb der »United Electrical, Radio & Machine Workers of America« (UE) ein Komitee gebildet, das eine gewerkschaftliche Vertretung der Interessen der Arbeiter und Angestellten in der boomenden Elektronikindustrie des Silicon Valley organisierte, Flugblätter druckte und zu Streiks mobilisierte. Das zu Beginn der 1980er Jahre auf circa 500 eingetragene Mitglieder angewachsene »Electronics Organizing Committee« unter dem Vorsitz des ehemaligen Silicon Valley-Ingenieurs David Bacon, der zuvor als Techniker bei National Semiconductor unter Vertrag gestanden hatte, thematisierte die Arbeitsbedingungen in den »Sweatshops« im Silicon Valley, die geringen Löhne der Arbeiter in der Produktion, die bisweilen unter 5 US-Dollar lagen, sowie das Fehlen einer Krankenversicherung, zugleich aber auch Verletzungen der Sicherheitsstandards, die Gesundheitsrisiken am Arbeitsplatz und die Umweltschäden, die aus dem Einsatz toxischer Stoffe bei der Produktion von Mikrochips resultierten. Darüber hinaus startete das Komitee eine Kampagne gegen Diskriminierung und Rassismus, in deren Zuge es auch die Frage ungleicher Löhne, ungerechter Kündigungen und mangelnder Chancen von Migranten in der Elektronikindustrie anprangerte.[82]

In der New Economy des Silicon Valley waren keine Arbeitnehmervertretungen vorgesehen: Rob Noyce, der als »Bürgermeister des Silicon Valley« gerühmte Gründer von Fairchild Semiconductor (1957) und Intel (1968), pointierte diese Haltung: »Remaining non-union is an essential for survival for

---

tion. A Practical Approach, in: Journal of Social Philosophy 16,2 (1985), S. 19-30; Marcia Lynn Douglas: The Myth of Meritocracy. Race, Gender, and Class in Silicon Valley, Diss. UC San Diego 1992.

82 Vgl. Eisenscher: Gewerkschaftliche Organisierung, S. 184-190; Bacon: Silicon Valley, S. 164-172; Sevilla: Employment Practices, S. 309-230. Zur Geschichte des Electronics Organizing Committee vgl. überdies: Michael Eisenscher: Outline History of the Electronics Organizing Committee in Silicon Valley, Manuscript, Mai 1985, Susan Schacher Plant Closures Collection, Larc.Ms.0393, Carton 1, Folder 24: High Tech Industry, LARC SFO; Michael Eisenscher: Proposal for National Strategy Retreat of High Tech Organizers [1983], Data Center Records, Larc.Ms.0061, Carton 4, Folder 29: Bay Area Labor »Electronics« 1981-1983, LARC SFO; Mark Cooper: Class War @ Silicon Valley. Disposable Workers in the New Economy, in: The Nation, 27.5.1996, S. 11-16, Data Center Records, Larc.Ms.0061, Carton 3, Folder 39: Bay Area Labor »Working Conditions« 1978-1996, LARC SFO. Das Gros der im Niedriglohnsektor Arbeitenden waren Schwarze und Latinos sowie Philippinos, Thailänder, Vietnamesen und Chinesen.

most of our companies. If we had the work rules that unionized companies have, we'd all go out of business. […] We have to retain flexibility in operating our companies.«[83] So gingen die Betriebe entschieden gegen die Unionisten vor. Nahezu alle Aktiven wurden entlassen; um die Mitte der 1980er Jahre ging das *Electronics Organizing Committee* unter dem Druck der Konzerne in die Knie. In der Folge scheiterten wiederholte Organisationsversuche, obschon es – wie 1993 bei der Halbleiter-Firma Versatronex, rasch aber auch bei Apple und IBM, deren Kontraktor Versatronex war[84] – zu massiven Streiks kam, als Arbeiter in Sunnyvale gegen die Arbeitsbedingungen und das Lohndumping der Firma zu demonstrieren begannen.

Gegen die 1993 gegründete Unternehmerorganisation »Joint Venture Silicon Valley«, die den Diskurs prägte und lokale Programme zur Technologie-Förderung bewarb, gründeten sich eingangs der 1990er Jahre zwar neue Arbeitnehmervertretungen unter dem Dach des Gewerkschaftsdachverbands AFL-CIO und starteten Aktionen unter dem Namen »Campaigns for Justice«, die auch und gerade die Arbeitsbedingungen in der Elektronikproduktion und in den angelagerten Dienstleistungsbetrieben des Silicon Valley in den Fokus rückten, doch blieben deren Auswirkungen letztlich gering.[85] Auch in den ersten Jahrzehnten des 21. Jahrhunderts gab es lange keine nennenswerten Ansätze zur eine branchenweiten Arbeitnehmervertretung.[86]

83 Rogers/Larsen: Silicon Valley, S. 190 f.
84 Zur Geschichte der Streiks vgl. David Bacon: Land of the Open Shop. The Long Struggle to Organize Silicon Valley, in: New Labor Forum 20,1 (2011), S. 72-80; Glenna Matthews: Silicon Valley, Women and the American Dream. Gender, Class and Opportunity in the 20th Century, Stanford 2003, S. 147-182, hier: S. 170; Alan Hyde: Employee Organization in Silicon Valley. Networks, Ethnic Organization and New Unions, in: University of Pennsylvania Journal of Labor and Employment Law 4,3 (2002), S. 493-527. Bei Apple nutzten die Angestellten die Firmennetzwerke, um ihre Kritik zu bündeln und eine Arbeitnehmervertretung per Computer zu organisieren.
85 Ausdruck dieses Engagements war die »Justice for Janitors«-Bewegung, die 1990 in Los Angeles begann und ab 1995 auch im Silicon Valley Tausende Arbeiterinnen auf die Straße brachte. Vgl. Preston Rudy: »Justice for Janitors«, not »Compensation for Custodians«. The Political Context and Organizing in San Jose and Sacramento, in: Ruth Milkman/Kim Voss (Hrsg.): Rebuilding Labor. Organizing and Organizers in the New Union Movement, Ithaca, NY 2004, S. 133-149, hier: S. 135-142. Vgl. überdies allg. Organizing Los Angeles Workers, 1980-Present, Justice for Janitors. URL: https://calisphere.org/collections/27116/ [abgerufen am 15.8.2022].
86 Allerdings mehren sich im Jahr 2020 die Organisationsversuche der High-Tech-Arbeiter im Silicon Valley wieder. So versammelte die in der Bay Area gegründete »Tech Workers Coalition« Aktivisten in Amerika und rund um den Globus, unter anderem auch in Berlin, London oder Bangalore. Überdies organisierten sich einzelne Konzernvertretungen wie die »Alphabet Workers Union« oder auch die »Amazon Labor Union«. Zu den Arbeitswirklichkeiten des Silicon Valley vgl. dokumentarisch: Ben Tarnoff/Moira Weigel (Hrsg.): Voices from the Valley. Tech Workers Talk about What They Do – And How They Do It, New York 2020, sowie Mary Beth Meehan/Fred Turner: Seeing Silicon Valley. Life inside a Fraying America, Chicago/London 2021.

Die vielen namenlosen Gesichter einer solchen Migrationsgeschichte, die das Ende der Illusionen im gelobten Land Amerika und dem Silicon Valley als dem »Tal der Träume« bedeutete, stehen den wenigen »Erfolgsgeschichten« gegenüber. Inderinnen[87] und Inder waren hier – unbesehen aller berechtigten Klagen über strukturelle Diskriminierung und die Existenz einer »gläsernen Decke« – in aller Regel sozial besser eingebunden, hatten bessere Jobs und verdienten mehr als andere Einwanderergruppen.[88] Vor allem als Programmierer erwarben sich viele rasch einen Namen.[89] Zwar gab es in den USA – vor allem nach den Anschlägen von »9/11« – eine Welle an Xenophobie, der sich Inder und hier auch und gerade die Sikhs im Silicon Valley gegenüber sahen. Doch war diese ausgangs der 2000er Jahre wieder abgeklungen. Die Spuren der Migranten aus Indien prägen das Silicon Valley und dessen Alltagskultur – von der Architektur der Gemeinden, in der Hindu-Tempel und Shopping Malls nebeneinander stehen, über die Konsumpraxis bis zur Festival- und Populärkultur.[90] In der globalen Arbeitsmigration zeigte sich, wie sehr die amerikanischen Investitionen im Indien der 1950er bis 1970er Jahre zurückwirkten. Die »Entanglements« – die Austauschbeziehungen und Interdependenzen zwischen Indien und den USA – bewiesen sich hier in der andauernden Zirkulation von Ideen, Waren und Menschen »zwischen den Welten«.

87 Eine Ausnahme von der Regel der männlich dominierten Branche der IT-Spezialisten war Vani Kola, die als Gründerin und CEO von RightWorks Software im März 2000 durch die Ausgabe von 50% ihrer Firmenanteile 657 Millionen US-Dollar erlöste und, noch dazu als Mutter zweier Kinder, zu den wenigen Frauen im Zirkel der Multimillionäre gehörte. Vgl. Red-Eye Mom Makes Good Deal with Goal, in: San Jose Mercury News, 9. 3. 2000, S. 1C.
88 Vgl. Glenna Matthews: New Immigrants to Silicon Valley, 1970-2000, in: Clark Davis/David Igler (Hrsg.): The Human Tradition in California, Wilmington 2002, S. 225-239, hier: S. 235-237.
89 Der Siegeszug der Programmierer lag – abseits der langen Geschichte der Förderung der Computer Sciences durch die Industrienationen und des Ausbaus dieser Förderprogramme im Rahmen der Technologiepolitik Indiens – auch darin begründet, dass Indiens Programmierer, die stets stark in Mathematik und Logik waren, ihre Kenntnisse nach dem Ende der IBM-Ära und mangels eigener Hardwarelösungen an den Systemen verschiedener Hersteller auszuprobieren – und über diesen Weg programmieren zu lernen – begannen. Vgl. Parthasarathy: Globalization; Rafael G. Alarcón: Migrants of the Information Age: Indian and Mexican Engineers and Regional Development in Silicon Valley, CCIS Working Paper, San Diego 2000, S. 1-7.
90 Vgl. Christian Ghasarian: The Asian Indian Community in Northern California. Cultural Continuities and Reformulations in New Social Contexts, in: Multicultural Review 4,4 (1995), S. 20-27, 50 f., Purnima Mankekar: India Shopping. Indian Grocery Stores and Transnational Configurations of Belonging, in: Ethnos 67,1 (2002), S. 75-98; Willow Lung-Amam: Malls of Meaning. Building Asian America in Silicon Valley Suburbia, in: Journal of American Ethnic History 2 (Winter) 34 (2015), S. 18-53; ders.: Trespassers? Asian Americans and the Battle for Suburbia, Oakland 2017. Zu den Spuren im Silicon Valley vgl. überdies die Fotoausstellung an der UC Berkeley aus dem Jahr 2001: Rick Rocamora: Silicon Raj. Making a Difference to America's Future, Berkeley 2001.

7.3 Indien und die Wurzeln der Computerkultur

Lange bevor die breite Masse der Programmierer aus Indien das Silicon Valley erreichte, war das Land bereits ein populärer Imaginationsraum amerikanischer Computerspezialisten gewesen. Zu den Gründungselementen der »Computerkultur« der Westküste gehörte eine Form der spirituellen »Welterfahrung« und Sinnsuche, die IT-Pioniere wie Steve Jobs in den 1970er Jahren nach Indien verschlug. Indien war in den Augen seiner amerikanischen Besucher angesichts seiner langen Geschichte, die bis zur bronzezeitlichen Indus-Kultur zurückreichte, ein Land ehrwürdiger Traditionen und mystischer Religionen.

Die enge Verbindung von »Gegenkultur« und »Computerkultur« war in den 1960er und 1970er Jahren zu einem Kennzeichen des Silicon Valley geworden.[91] Als Jobs Ende 1973 Pläne schmiedete, eine Reise nach Indien zu unternehmen, hatte er bereits ein Interesse an östlicher Spiritualität, am Hinduismus und am Zen-Buddhismus entwickelt; dabei attestierte er Indien eine »power of intuition and experiential wisdom« – des »Jugaad« –, der er die westliche »craziness […] as well as its capacity for rational thoughts« gegenüberstellte.[92] Die Legende des IT-Pioniers, der »barefoot and threadbare« in Indien ankam, um, wie so viele Rucksacktouristen aus Europa und den USA zuvor, die in diesen Jahren den Hippie-Trail gingen, den ›Pfad der Erleuchtung‹ zu beschreiten und im Ashram des kurz zuvor verstorbenen Gurus Neem Karoli Baba zu meditieren, war ein Symbol der Indien-Begeisterung und des 68er-Geists in der Bay Area.[93]

Jobs' Reise war bis zu einem gewissen Grad daher auch der Ausdruck des Zeitgeists. Unternehmer und Akademiker, aber auch Künstler und Publizisten reisten in diesen Jahren nach Indien. Publikationen wie Shakti Gawains Ratgeber *Creative Visualization* wurden Bestseller.[94] Das Esalen Institute, das 1962 von Absolventen der Stanford University in Big Sur gegründet und eingangs der 1970er Jahre rasch zu einem Zentrum esoterischer Bewegungen geworden war, propagierte eine Religion des *New Age*, zu der – neben anderen, überwiegend theosophischen – auch »fernöstliche« Inspirationsquellen gehörten. So unter-

---

91 Vgl. dazu allg. Turner: Counterculture. Zur Verbindung von Kunst, Kultur und Computer Sciences vgl. überdies ders.: Das Aufkommen der Gegenkultur, in: Claudia Mareis (Hrsg.): Designing Thinking. Angewandte Imagination und Kreativität um 1960, Paderborn 2016, S. 235-267, hier: S. 250-253.
92 Walter Isaacson: Steve Jobs. The Exclusive Biography, London 2011, S. 39-50, hier: S. 45.
93 Vgl. Jeffrey S. Young/William L. Simon: iCon Steve Jobs, Hoboken, NJ 2005, S. 23-27. Zum »Hippie Trail« vgl. zudem allg. Isabel Richter: Alternativer Tourismus in den 1960er und 1970er Jahren, in: Alexander Gallus/Axel Schildt/Detlef Siegfried (Hrsg.): Deutsche Zeitgeschichte – transnational, Göttingen 2015, S. 155-178.
94 Vgl. Turner: Counterculture, S. 48 f., 75 und 187; Sam Binkley: The Seers of Menlo Park. The Discourse of Heroic Consumption in the Whole Earth Catalog, in: Journal of Consumer Culture 3,3 (2003), S. 283-313, hier: S. 292; Leslie Berlin: The Man Behind the Microchip. Robert Noyce and the Invention of the Silicon Valley, New York 2005, S. 218. Zur Geschichte der Computer-Gegenkultur vgl. kürzlich auch: Philipp Sarasin: 1977. Eine kurze Geschichte der Gegenwart, Berlin 2021, S. 269-277.

richtete man hier westernisierte Varianten von Yoga, Tantra und Meditation, lehrte Texte wie Yoganandas berühmte *Autobiographie eines Yogi* und organisierte Reisen zu Gurus nach Indien: »So there was India on Big Sur shores.«[95]

Die Rezeption der *New Age*-Bewegung war indes stark eklektizistisch. Die Verbindung zwischen dem Silicon Valley und Indien ergab sich so um 1968 vor allem aus der Verbreitung einer Spiritualität, die als Mix aus »romantic naturalism« und »futuristic technophilia« beschrieben werden kann.[96] Theodore Roszak, eine der wichtigen Stimmen im Diskurs der Gegenkultur, konstatierte bereits 1985 pointiert, dass sich in der High-Tech-Bibel des Silicon Valley, dem *Whole Earth Catalogue* Stew Brandts, die holistische Vorstellung der Bewegung abzeichne, Natur, Technik und Kultur – »from the stone axe and American Indian medicine to modern electronics« – zu verbinden.[97] Dabei zählte die wechselseitige Anverwandlung von Mensch und Technik zu den zentralen Glaubensgrundsätzen des *New Age*. Während die »Propheten der neuen Technologien« allerdings ein Zeitalter anbrechen sahen, in dem sich aus der »Logik von Computern und DNA«[98] die Dynamik sozialer Veränderungen extrapolieren lasse, predigten die Skeptiker ein »Diktat« der künstlichen Intelligenz in der Ära der Supercomputer.[99] Was sie verband, war der Glaube an eine »human-technology symbiosis«.[100] Die Überzeugung, die Grenzen der menschlichen Existenz »transzendieren« zu können, schürte den Glauben an einen *deus ex machina*.[101]

95 Catherine L. Albanese: Sacred and (Secular) Self-Fashioning. Esalen and the American Transformation of Yoga, in: Jeffrey J. Kripal/Glenn Shuck (Hrsg.): On the Edge of the Future. Esalen and the Evolution of American Culture, Bloomington 2005, S. 45-79, hier: S. 73.
96 Binkley: Seers, S. 295.
97 Theodore Roszak: From Satori to Silicon Valley, San Francisco 1986, S. 18; vgl. auch allg. ders.: The Making of a Counter Culture. Reflections on the Technocratic Society and Its Youthful Opposition, Garden City, NY 1969. Die neuen »Informationstechnologien« seien demnach in der Lage, Menschen näher an die »heiligen« Geheimnisse des Lebens heranzubringen, die vor ihren Augen verborgen lägen.
98 Vgl. Castells: Informationszeitalter, Bd. 1: Der Aufstieg der Netzwerkgesellschaft, S. 3-5.
99 So z. B. der indische Philosoph und Theosoph Jiddu Krishnamurti, der in den 1970er und 1980er Jahren zu einer Ikone des New Age – auch in den USA – avancierte. Vgl. Jiddu Krishnamurti: Intelligence, Computers and the Mechanical Mind. Seminars Rishi Valley, 1980, in: ders.: The Way of Intelligence, London 1985, S. 186-242.
100 Dorien Zandbergen: Silicon Valley New Age. The Co-Constitution of the Digital and the Sacred, in: Stef Aupers/Dick Houtman (Hrsg.): Religions of Modernity. Relocating the Sacred to the Self and the Digital, Amsterdam 2010, S. 161-186, hier: S. 179-183. Die Rede von der »Programmierung« des Menschen durch exogene Faktoren etablierte sich hier als Metapher, um die »Unfreiheit« des Individuums auszudrücken, die es zu überwinden gelte. Vgl. John C. Lilly: Programming and Metaprogramming. The Human Biocomputer, New York 1968. Zur Geschichte der Idee der Mensch-Maschine-Symbiose vgl. überdies: J. R. C. Licklider: Man-Computer Symbiosis, in: IRE Transactions on Human Factors in Electronics 1,1 (1960), S. 4-11, sowie allg. Heßler: Menschen – Maschinen – MenschMaschinen.
101 Vgl. David F. Noble: The Religion of Technology. The Divinity of Man and the Spirit of Invention, London/New York 1999, S. 201-208.

Im Silicon Valley war der Glaube an den »computer as a vehicle for a spiritual experience«[102] zuhause. Hier predigten die Computerspezialisten, die von ›kybernetischen Systemen‹ träumten und von ›beseelten Maschinen‹ schrieben, eine »neue Art des Verstehens« zwischen Mystik und Wissenschaft.[103] Hier verband sich deren Vorstellung eines spirituellen *New Age* mit der technizistischen Überzeugung, dieses durch »cutting edge«-Technologien zu erreichen: ein »New Edge«.[104] Der Lyriker Richard Brautigan, der während des »Summer of Love« in San Francisco lebte und zu einer Ikone der Hippies wurde, um als »artist-in-residence« am Caltech, Los Angeles, die Computer Sciences kennenzulernen, setzte dieser Liaison von Technizismus und Gegenkultur im *New Edge* bereits 1967 ein Denkmal:

> I like to think (and
> the sooner the better)
> of a cybernetic meadow
> where mammals and computers
> live together in mutually
> programming harmony
> like pure water
> touching clear sky.
>
> I like to think
> (right now, please!)
> of a cybernetic forest
> filled with pines and electronics
> where deer stroll/peacefully past computers
> as if they were flowers
> with spinning blossoms.
>
> I like to think
> (it has to be!)
> of a cybernetic ecology
> where we are free of our labors and joined back to nature,
> returned to our mammal brothers and sisters,
> and all watched over
> by machines of loving grace.[105]

102 Zandbergen: Silicon Valley New Age, S. 174.
103 Zum New Age vgl. allg. Hans-Dieter Mutschler: Physik, Religion, New Age, Würzburg 1990, S. 163-182.
104 Vgl. Dorien Zandbergen: Fulfilling the Sacred Potential of Technology. New Edge Technophilia, Consumerism and Spirituality in Silicon Valley, in: Dick Houtman/Birgit Meyer (Hrsg.): Things. Religion and the Question of Materiality, New York 2012, S. 356-378.
105 Richard Brautigan: All Watched Over by Machines of Loving Grace, San Francisco 1967. Wiederabdruck in San Francisco Express Times, 24.12.1968, S. 8f.

Für die Avantgardisten der Gegenkultur in San Francisco, die »New Communalists«, war die Verbindung von Mensch und Maschine per se kein Schreckensszenario. In ihrer Abkehr vom »Mainstream« und von der Politisierung des Sozialen in der Ära des Kalten Krieges, der Ideologie einer technokratischen »Cold War Rationality« und eines mechanistischen Blicks auf die Welt setzten sie das individuelle Erleben gegen die Hierarchien und die »Entfremdung« der anonymen »Massengesellschaft« und propagierten im Zuge ihres Rückzugs in die Kommunen ein egalitäres, liberales Modell des Zusammenlebens, das den Menschen harmonisch in seine »Umwelt« einbette: die »eine Welt« (»One World«) als »Weltgemeinschaft«.

Indes hatten sich die Aussteiger den Glauben an die Technologie als »Werkzeug zur Verbesserung der Welt« und zur »Transzendenz« wie auch die kybernetische Rhetorik des militärisch-industriell-akademischen Komplexes in ihrer spirituellen, psychedelischen Sinnsuche durchaus erhalten. So hatten sie weder der amerikanischen Mehrheitsgesellschaft den Rücken gekehrt, noch waren sie prinzipiell weniger »technokratisch« oder lehnten gar, wie andere Gruppen der *New Left* in den 1960er Jahren, den Computer als Symbol eines »menschenfeindlichen« Systems rundheraus ab. Vielmehr avancierte in diesen Kreisen der Maschinenglaube zu einer wichtigen Voraussetzung erster Experimente im Bereich der Computer- und Netzwerktechnik.[106]

In der Gegenkultur der Westküste verschmolzen kybernetische Vorstellungen mit einer Begeisterung für die Mystik des Fernen Ostens, wie sie sich in den USA am deutlichsten im »Zen-Boom« zeigte.[107] So war das Werk des englischen Religionsphilosophen Alan Watts, *The Way of Zen* (1957), das in den Vereinigten Staaten rasch zum Bestseller avancierte, deutlich von Wieners Frühwerk *Cybernetics, or Control and Communication in the Animal and the Machine* (1948) inspiriert; auch Brautigans Nähe zur Zen-Philosophie klang in Gedichten wie *Machines of Loving Grace* an. Der Hype verstärkte sich in der Folge sogar noch. In den 1970er Jahren schossen allein an der Westküste Hunderte spirituelle Zentren aus dem Boden. Steve Jobs besuchte in seinen Jahren bei Atari, kurz nach der Reise nach Indien, das Los Altos Zen Center und studierte bei Zenmeister Kōbun Chino Otogowa, den er später als Lehrer (Rōshi) in seine Firma NeXT holte.[108] Über die Managementliteratur der New Economy avancierte der Rekurs auf die Grundsätze östlicher Weisheiten so letztlich zur ideologischen Basis des neuen Geists des globalen Kapitalismus.[109]

Die Feier der Flexibilität, des Flusses und des Chaos, des Virtuellen und der kreativen Zerstörung wie auch der »Zukunftsbesessenheit« und der »Ge-

---

106 Vgl. Fred Turner: Where the Counterculture Met the New Economy. The WELL and the Origins of Virtual Community, in: Technology and Culture 46,3 (2005), S. 485-512, hier: S. 493 ff. sowie Schmitt: Internet, S. 90-101; Erickson et al. (Hrsg.): Reason.
107 Vgl. R. John Williams: The Buddha in the Machine: Art, Technology, and the Meeting of East and West, New Haven 2014, S. 174-198.
108 Young/Simon: iCon Steve Jobs, S. 31-37.
109 Vgl. Boltanski/Chiapello: Geist, S. 91-147.

schichtsvergessenheit« ab den 1990er Jahren erschien so als Ausdruck eines Mystizismus, der geradewegs der Zen-Philosophie hätte entsprungen sein können. Die Autoren eines Ratgebers zur »Corporate Mystic« schrieben dazu:

> Corporations are full of mystics. Over the past 25 years we have been in many boardrooms and many cathedrals, and we have discovered that the very best kind of mystics – those who practice what they preach – can be found in the business world. We are now convinced that the qualities of these remarkable people, and the principles they live by, will be the guiding force for 21st-century enterprise.[110]

In diesem Kosmos rückten um die Jahrtausendwende zusehends auch Ratgeber in den Fokus der Manager der neuen Ökonomie, die die Tradition der Indus-Kultur und deren Literatur als »reservoir of literary and spiritual knowledge« beschrieben.[111] Hier war von einer Kultur des »Jugaad« und vom »Yagna-Spirit« nachhaltiger, unternehmerischer Sozialverantwortung wie auch von einer Firmenkultur zwischen Handel und Philanthropie, einer neuen Businessethik und den »Gurus« neuer Managementstrategien zu lesen, deren Wurzeln bis in die Maurya-Dynastie (»Chanakya«) zurückreichen.[112] So wirkte Indien eingangs

---

[110] Gay Hendricks/Kate Ludeman: How to Be a Corporate Mystic, in: Yoga Journal 137 (1997), S. 76-77; vgl. dies.: The Corporate Mystic. A Guidebook for Visionaries with Their Feet on the Ground, New York 1997. Zum neuen »Geist« des Kapitalismus vgl. D. Patrick Miller: The Spirit of 9 to 5, in: Yoga Journal 137 (1997), S. 73-79, hier: S. 73 f.

[111] So z. B. Mehak Nain: Indian Literature. A Gateway to Modern Management Principles and Practices, in: International Journal of Business and Emerging Markets 6,1 Spec. Iss. (2014), S. 83-96, hier: S. 83; Radhakrishnan Pillai: Corporate Chanakya, Mumbai 2010; Peter Cappelli et al.: Leadership Lessons from India, in: Harvard Business Review 88,3 (2010), S. 90-97.

[112] Vgl. G. R. Chandrashekhar: Editorial. Special Issue: Wisdom from Indian Philosophy and Literature, in: International Journal of Business and Emerging Markets 6,1 Spec. Iss. (2014), S. 1 f.; Avinash Shivdas/J. Chandrasekhar: Sustainability through Frugal Innovations. An Application of Indian Spiritual Wisdom, in: Prabandhan. Indian Journal of Management 9,5 (2016), S. 7-23; Greenspan: India, S. 39-54; Radjou/Prabhu/Ahuja: Jugaad Innovation. Dabei wirkte auch der Einsatz indischer IT-Pioniere und Gründer in der High-Tech-Branche, wie Abhay K. Bhushan, nach, der im Jahr 2003 zudem zum Gründungsvorsitzenden des »Pan-IIT«-Netzwerks in den USA wurde. Bhushan war bereits 1978 als leitender Manager der Xerox Corporation in Rochester, New York, im Rahmen eines Sabbaticals nach Indien gereist, um, wie in Allahabad, Graswurzelinitiativen in den ländlichen Regionen des Subkontinents zu stärken. In den ausgehenden 1980er und beginnenden 1990er Jahren regte er dann – unter dem Eindruck der (Umwelt-)Katastrophen dieser Jahre, allen voran des Bhopal-Unglücks – ein »Environmental Leadership Program« des Konzerns an, das ökologische Fragen in den Fokus des Managements rückte. Vgl. exempl. Mr. Abhay K. Bhushan. URL: https://iitk.ac.in/dora/profile/Abhay-K-Bhushan [abgerufen am 15. 8. 2022]; Xerox's Ecology Tutor, in: Hinduism Today, Mai 1991. URL: https://web.archive.org/web/20210506130734/https://www.hinduismtoday.com/modules/smartsection/item.php?itemid=820 [abgerufen am 15. 8. 2022];

des 21. Jahrhunderts als diskursiver Imaginations- und Resonanzraum noch in anderer Weise in die Praxis der global vernetzten Konzerne der New Economy zurück.

7.4 Fallbeispiel II: Berlin

Rund um den Globus waren Programmierer aus Indien zur Jahrtausendwende gesuchte Spezialisten. Im Silicon Valley aber sahen sich viele von ihnen zusehends wachsender Konkurrenz gegenüber. Dabei erreichten Kürzungs- und Kündigungswellen im Zuge ökonomischer Dellen oder Krisen der Branche die High-Tech-Migranten in aller Regel als erste. Rund 10.000 Zuwanderer waren so, nach Angaben der »Federation of Indo-American Associations«, bis Sommer 2001 wegen des Jobverlusts und des daraus resultierenden Endes ihrer temporären H-1B-Visa gezwungen gewesen, zurück nach Indien zu gehen. Eine größere Gruppe sorgte sich angesichts steigender Arbeitslosenzahlen um mögliche Umstrukturierungen und Anpassungen der Businessmodelle in der digitalen New Economy sowie – nach den Anschlägen des 11. September und der Zunahme xenophober Ausschreitungen in den Vereinigten Staaten – um das rapide erkaltende soziale Klima in ihrer neuen »Heimat«. In dieser Lage ging ein Teil der Arbeitsmigranten auf die Suche nach Alternativen in Europa und hier insbesondere in der Bundesrepublik Deutschland, die in diesen Tagen ein »Green Card«-Programm zur Anwerbung von Spezialisten ankündigte. Wenngleich sowohl die politischen und ökonomischen Rahmenbedingungen als auch die Jobchancen in Berlin, München und Hamburg vielen verlockend erschienen, so hatte Deutschland als »Zuwandererland« doch keinen guten Leumund. Unter einer erheblichen Zahl an Migranten herrschte die Meinung vor, dass Amerika in dieser Frage das bessere Land sei, wie auch der Inhaber eines H-1B-Visums der *San Jose Mercury News* berichtete: »I do not know anybody who would prefer to go to another place after living here.« Der Direktor eines Einwanderernetzwerks in der Region des Silicon Valley schlug, zumal angesichts der Persistenz struktureller Rassismen und Diskriminierungen, von der zahlreiche Computerspezialisten aus Deutschland berichteten, in dieselbe Kerbe: »The American dream is strong – have you ever heard of a German dream?«[113]

Um die Skepsis ausländischer Bewerber am »IT-Standort« Deutschland zu überwinden, benötigte es also kreativer Ideen. Die Lücke an qualifizierter Einwanderung, allen voran im Bereich der IT-Branche, war riesig. Allein in Berlin mangelte es etwa nach Schätzungen der Industrie- und Handelskammer an

---

Abhay K. Bhushan/James C. MacKenzie: Environmental Leadership Plus Total Quality Management Equals Continuous Improvement, in: Environmental Quality Management 1,3 (1992), S. 207-224, hier: S. 208 f.

113 Cordula Tutt: Can There be a German Dream?, in: San Jose Mercury News, 20.8.2001, S. 1E, 7E. Vgl. dazu allg. Grewal: Transnational America, S. 3 f.

wenigstens 3.500 Fachkräften für die Informationstechnologie. In der Bundesrepublik gab es Vakanzen von Zehntausenden Stellen.

Im Mai 2000 entschied sich das Berliner Internet-Startup »datango.de« daher für eine ungewöhnliche Form der Werbung. »Sind Sie Inder?«, lautete die provozierende Frage, mit der die Firma rund einhundert Plakate in Berlin-Mitte und anderen Bezirken bekleben ließ, um Programmierer aus Indien anzuwerben. Zudem druckte sie ihre Suchanzeige auf Dutzende schwarze T-Shirts, die die bis dato 35 Mitarbeiter der Datango GmbH an Hochschulen sowie am Rande der Fachmesse »Internet-World« in Berlin unter den rund 45.000 Besuchern und über 550 Ausstellern zirkulieren ließen. Bilder der Kampagne gingen über die Nachrichtenagentur AP um die Welt; auch die *Times of India* druckte in der Folge ein Foto der T-Shirts im Zusammenhang eines Berichts um die deutschen Bemühungen, Spezialisten anzuwerben, ab. Aus rund 130 Bewerbungen, die in der Folge eingingen, wurden im Juli 2000, als eine Delegation zu Bewerbungsgesprächen nach Indien reiste, sodann drei Aspiranten ausgewählt, die zum September ihre Jobs als Programmierer in Berlin antreten sollten. Die Firma zelebrierte den Coup in einer Pressemitteilung mit den Worten: die »erste[n] ›Computer-Inder‹ der New Economy« seien da.[114] Der erste, der so angeworben wurde, stammte aus Chennai und wurde in Berlin »mit Blumen und Blitzlichtern« begrüßt – »wie die Gastarbeiter vor 40 Jahren«, schrieb die *Berliner Zeitung*.[115] Nur wenig später kam ein Programmierer aus Dawangere, einer kleinen Siedlung in der Nähe Bangalores, der zuvor Ausbilder an einer »Computer Training School« gewesen war. In Berlin angekommen, diktierte dieser, ein Jahr später, dem *Time Magazine* und dem *Spiegel*, das Wetter in Deutschland sei zwar »unangenehm kalt«, die Menschen aber »warm and friendly«. Dass er aus einer Vielzahl an Bewerbern gezogen worden sei, sei sein großes Glück: »I never expected that to happen.«[116]

In den USA war der deutsche Impuls, nach Jahren der Zurückhaltung eine aktive, liberalere Einwanderungspolitik zu erproben und Programme zur An-

---

114 Vgl. Auf der Suche nach Indern, in: Berliner Morgenpost, 9.5.2000, S. 9; Experten bezweifeln Sinn von Green Card, in: Computerwoche, 9.11.2001, S. 70-71; Nicole Wildberger: The German Dilemma [Guest Column], in: Times of India, 11.6.2000, S. 14; If You're IT Indian, then Germany Badly Needs You, in: Times of India, 8.6.2000, S. 12; Pressemitteilung Datango, 1.8.2000. URL: https://web.archive.org/web/20010627041607/http://www.datango.de/press/articles.cfm?article_who=1&articleID=227 [abgerufen am 15.8.2022]. Vgl. dazu Pamela Plath: Electric Human Resource. Neue Wege im Personalmarketing, Hamburg 2001 [zugl. Diplomarbeit FH W Berlin 2001], S. 96-97.

115 Blumen und Blitzlichter für »ersten echten Computer-Inder«, in: Berliner Zeitung, 16./17.9.2000, S. 24; Inder werden preisgekrönt, in: Die Welt, 10.5.2000, S. 1. Vgl. Pressesammlung »Greencard-Debatte in der BRD«. P-6661-6799. Archiv des Dokumentationszentrums und Museums über die Migration in Deutschland (DOMiD) Köln.

116 Charles P. Wallace: Germany's New Recruits, in: Time Europe, 25.6.2001, S. 38f.; Green Card. Tipps fürs Nachtleben, in: Der Spiegel, 6.11.2000, S. 70.

werbung von Spezialisten zu lancieren, derweil kritisch zur Kenntnis genommen worden. Die neue Konkurrenz, kommentierte das Branchenmagazin *EE (Electronic Engineering) Times*, setzte die Industrielobbyisten in den Vereinigten Staaten unter Druck. Ob der Abwerbung der »besten Kräfte« hätten diese bereits in Washington ihre Unbill kundgetan: »Get the Indians here before Germany grabs them.«[117] Dabei drohte den USA durch den deutschen Vorstoß kaum ernste Konkurrenz.

Trotz einzelner positiver Beispiele lasen sich die Zahlen der deutschen Bemühungen um Zuwanderer insgesamt eher ernüchternd. In der Bundesrepublik kam der Versuch, Spezialisten anzuwerben, nur sehr schleppend in Gang. Rund ein Jahr, nachdem die deutsche Regierung unter Kanzler Schröder im Sommer 2000 erste Programme zur Anwerbung von wenigstens 10.000 Spezialisten begonnen hatte, waren 8.277 Ausländer aus »Nicht-EU-Staaten« nach Deutschland gekommen, um eine »Green Card« zu erhalten. Der Branchenverband »Bitkom« hatte dagegen von bis zu 150.000 unbesetzten IT-Stellen und einer Lücke von wenigstens 70.000 »ausländischen Spitzenkräften« gesprochen. Bis 2003 werde es, so die Prognose, sogar an bis zu 300.000 Spezialisten mangeln. Doch lag die Zahl der ausgestellten Arbeitsgenehmigungen noch 2003 bei unter 15.000. Die ursprünglich anvisierte Quote von 20.000 Experten und die optimistischen Prognosen aus Politik und Industrie wurden so deutlich verfehlt.[118]

Nur ein Jahr nach Beginn des Programms stellten Inder bereits die bei Weitem größte Gruppe der »Green Card«-Inhaber (1.723 Personen) – vor Russen, Belarussen, Ukrainern und Angehörigen der baltischen Staaten (zusammen knapp 1.200). Waren die großen Konzerne zu Beginn die Treiber der Initiative gewesen, gingen am Ende rund 60 % aller Anwärter in klein- und mittelständische Betriebe, die weniger als 100 Angestellte zählten. Hier erwies sich die Eingewöhnung als schwierig. Rasch mehrte sich die Kritik. Obschon sich das »Green Card«-Programm an einen exklusiven Kreis richtete – elementare Voraussetzung war ein Hochschulabschluss, Ausnahmen waren nur ab einer Einkommensuntergrenze von 100.000 Mark möglich –, gab es Klagen über den Ausbildungsstand der Zuwanderer, die sogar (Änderungs-)Kündigungen nach sich zogen.[119] Viele Einwanderer monierten dagegen eingeschränkte

---

117 K. C. Krishnadas: U. S. Finds Itself Competing for Indian Engineers, in: EE Times, 29.6.2000. URL: https://www.eetimes.com/u-s-finds-itself-competing-for-indian-engineers [abgerufen am 15.8.2022].
118 Vgl. Holger Kolb: Die deutsche »Green Card«. Focus Migration. BpB-Kurzdossier 3 (2005), S. 1-3.
119 Vgl. Selbst aus den Vereinigten Staaten melden sich Green-Card-Bewerber, in: Frankfurter Allgemeine Sonntagszeitung, 22.7.2001, S. 39; Green Card erfüllt Erwartungen nicht, in: FAZ.NET, 25.7.2001. URL: https://www.faz.net/aktuell/wirtschaft/it-fachkraefte-green-card-erfuellt-erwartungen-nicht-132053.html [abgerufen am 15.8.2022]; Arbeitskräfte verzweifelt gesucht, in: Berliner Zeitung, 19./20.2.2000, S. 35f.

Rechte, eine mangelnde Willkommenskultur und die Probleme der Akkulturation in Deutschland.[120]

Der komplizierte Beginn des »Green Card«-Programms erklärte sich auch daraus, dass die Bundesrepublik sich um die Jahrtausendwende – anders als die USA – zu ihrer Rolle als »Einwanderungsland« noch in schmerzlichen Auseinandersetzungen hatte durchringen müssen. So war die Frage des Zuzugs ausländischer »Fachkräfte« unter der neu gewählten rot-grünen Regierung von Bundeskanzler Gerhard Schröder zu einem Kern der ausländerpolitischen Debatte um die Verabschiedung eines Zuwanderungsgesetzes, die Neuordnung der Einbürgerungspolitik und die Reform des Staatangehörigkeitsrechts geworden. Über die Frage der Zuwanderung wurde in der ersten Amtsperiode des Kabinetts Schröder zwischen 1998 und 2002 intensiv gestritten.

Die Umarmung einer »arbeitsmarktorientierten Zuwanderung« bedeutete in der Bundesrepublik durchaus eine Abkehr von der bisherigen zuwanderungspolitischen Praxis. In einem Bericht der im September 2000 von Innenminister Otto Schily eingesetzten, 21-köpfigen unabhängigen Kommission »Zuwanderung« unter Vorsitz der Christdemokratin Rita Süssmuth war im Juli 2001 gar von einem »Paradigmenwechsel« die Rede. Die Kommission deklarierte die »Mobilität hoch qualifizierter Arbeitskräfte« als Schlüssel zur »internationale[n] Verbreitung von Wissen und Technologie« in einer »globalisierten Wirtschaft«. Der »Wettbewerb um die besten Köpfe« sei in der Bundesrepublik, zumal vor dem Hintergrund des voranschreitenden demographischen Wandels, abseits der »kulturelle[n] Bereicherung« auch ökonomisch dringend geboten.[121] In dieser Position spiegelte sich erkennbar ein diskursiver Wandel wider. Die bis dato in der Zuwanderungsdebatte vorherrschenden Diskursmuster und -narrative zur Begründung einer prinzipiell ablehnenden Haltung gegenüber Migration – wie die Sorge um Sicherheit, Ordnung und die soziokulturelle »Homogenität« des Landes – waren hier sukzessive einer Modernisierungserzählung gewichen, in der Migration eine zentrale Rolle einnahm.[122]

In der Debatte um die deutsche Zuwanderungspolitik erschien der Liberalisierungskurs auch deshalb als so kontrovers, da zur Mitte der 1970er Jahre eine sehr rigide Zuwanderungspolitik beschlossen worden war. Hatte nach dem Krieg noch die »einheimische« Zuwanderung der Heimkehrer, Vertriebenen

---

120 Es muss nicht unbedingt Deutschland sein, in: Berliner Zeitung, 1.8.2000, S. 20, P-6752, Pressesammlung, DOMiD-Archiv. Vgl. Heike Pethe: Internationale Migration hoch qualifizierter Arbeitskräfte. Die Greencard-Regelung in Deutschland, Wiesbaden 2006, S. 287-322; Urmila Goel: »Kinder statt Inder«. Normen, Grenzen und das Indernet, in: Christine Riegel/Thomas Geisen (Hrsg.): Jugend, Zugehörigkeit und Migration, Wiesbaden ²2010, S. 165-183.

121 Zuwanderung gestalten, Integration fördern. Bericht der Unabhängigen Kommission Zuwanderung, Berlin 2001, S. 23-26, 63, 199. Zur Debatte um Asylpolitik und Einwanderung vgl. Edgar Wolfrum: Der Aufsteiger, Stuttgart 2020.

122 Vgl. dazu Matthias Hell: Einwanderungsland Deutschland? Die Zuwanderungsdiskussion 1998-2002, Wiesbaden 2005, S. 94-115.

und Flüchtlinge, wie auch derer, die aus Ostdeutschland übersiedelten, dominiert, so waren ab der Mitte der 1950er Jahre zusehends ausländische Zuwanderer in die Bundesrepublik gekommen. Im Zuge des »Wirtschaftswunders« und des in der Folge einsetzenden Arbeitskräftemangels – im September 1955 lag die Arbeitslosenquote nur mehr bei 1,8 % – hatte die Bonner Regierung alsdann eine Serie von Anwerbeabkommen mit süd(ost)europäischen Staaten geschlossen, die bis 1973 mehr als 2,5 Millionen Ausländer als »Gastarbeiter« nach Westdeutschland brachte. Da sich die Anwerbung vorrangig an ökonomische Gesichtspunkte band, geriet das »Gastarbeiter«-System in die Kritik, als in der Folge die Rezession 1966/67 und die Ölkrise 1973 ein Abschwächen des Wachstums ankündigten. Am 23. November 1973 setzte die Regierung der Anwerbung ausländischer Arbeiter ein Ende. Das Ende der Anwerbeabkommen vollzog sich indes im europäischen Rahmen und bei vielen west-, nord- und mitteleuropäischen Staaten zudem weitgehend parallel. Dass in der Bundesrepublik viele »Gastarbeiter« – anders als es das »Rotationsprinzip« vorgesehen hatte – auch in der Folge im Land blieben und der Familiennachzug, den Migrationskritiker zusehends als »Steuerungsverlust« der Regierung beklagten, auch weiter möglich war, verhinderte allerdings kaum, dass sich ab 1973 im politischen Diskurs letztlich ein Konsens herausbildete, die Bundesrepublik als »Nichteinwanderungsland« zu verstehen.[123]

Die Rede davon, dass die Bundesrepublik gerade *kein* Einwanderungsland sei, zog sich – unter verschiedenen Vorzeichen und aus sehr unterschiedlichen Motiven – von den 1970er Jahren bis in die 1990er Jahre durch den politischen Diskurs. So hatte bereits Willy Brandt, dessen sozialliberale Koalition um eine stärker an sozialen denn an ökonomischen Kriterien orientierte Ausländerpolitik warb, in seiner Regierungserklärung vom 18. Januar 1973 bezüglich der Frage ausländischer Zuwanderer davon gesprochen, »dass wir uns sehr sorgsam überlegen [müssen], wo die Aufnahmefähigkeit unserer Gesellschaft erschöpft ist und wo soziale Vernunft und Verantwortung Halt gebieten«.[124] In der

123 Vgl. ebd., S. 77-82; Oltmer: Migration, S. 180-198; ders.: Migration vom 19. bis zum 21. Jahrhundert, Berlin/Boston ³2016, S. 114-121. Zur Vorgeschichte des »Gastarbeiter«-Systems vgl. Jan-Philipp Sternberg: Auswanderungsland, Zuwanderungsland. Die Doppelrolle der Migrationspolitik in der frühen Bundesrepublik, in: Jochen Oltmer et al. (Hrsg.): Das »Gastarbeiter«-System, München 2012, S. 25-38; Marcel Berlinghoff: Das Ende der »Gastarbeit«. Die Anwerbestopps in Westeuropa 1970-1974, Paderborn 2013; Klaus Bade: Europa in Bewegung. Migration vom späten 18. Jh. bis zur Gegenwart, München 2002, S. 306-359, 439-453.
124 Willy Brandt: Regierungserklärung vom 18.1.1973, in: Ingo von Münch (Hrsg.): Regierungserklärungen 1949-1973, Berlin/New York 1973, S. 260-292, hier: S. 285. Vgl. Leitlinien zur Beschäftigung ausländischer Arbeitnehmer. Abgedr. in: Wilhelm Weidenborner: Aktionsprogramm zur Ausländerbeschäftigung, in: Bundesarbeitsblatt 7/8 (1973), S. 350-354, hier: S. 351: »Kein legal beschäftigter Ausländer soll gezwungen werden, in sein Heimatland zurückzukehren (kein Zwangsrotationsprinzip). Die Bundesrepublik Deutschland betrachtet sich aber auch nicht als Einwanderungsland.«

FALLBEISPIEL II: BERLIN

Bonner Republik setzte die Formel von der Bundesrepublik als »Nichteinwanderungsland« auch unter den Regierungen Schmidts und Kohls den Ton.[125] Eingangs der 1990er Jahre prägte dann die Asyldebatte das Image der wiedervereinigten Bundesrepublik.[126] Selbst, als nach dem Ende des Kalten Krieges, wie die FAZ schrieb, die »Welt im Rutschen« war und der »Emigrant« die »zentrale Figur des Jahrhunderts« zu werden schien, blieb diese Formel bestehen, obschon die Ausnahmen vom »Anwerbestopp« bereits Legion waren.[127]

So war das Image der Bundesrepublik vom »Zero-Immigration-Country«[128] zwar irrig, doch hatte es sich über die Grenzen Europas hinaus erhalten. Umso mehr sorgte die Erklärung des Bundeskanzlers Schröder im Februar 2000 bei der CeBIT für Furore, als dieser erklärte, er sei »bereit, jene Card [an Arbeitsmigranten] zu geben, die in Amerika ›Green‹ heißt, bei uns würde sie ›Red-Green‹ heißen«.[129] Dazu zitierte die deutsche »Green Card« die politische Symbolik des US-amerikanischen Vorbilds, obgleich sie diesem, wie eine Beobachterin bissig kommentierte, als temporäre Aufenthalts- und Arbeitserlaubnis in der Sache kaum vergleichbar war:

Da das schöne deutsche Wort Anwerbestoppausnahmeverordnung zwar die rechtliche Grundlage für die geplante Anwerbung geliefert hatte, aber nicht so griffig klingt, wurde der ersten größeren Anwerbaktion nach dem Anwerbestopp von 1973 noch schnell ein Name gegeben, der besser in moderne Zeiten passt:

---

125 Vgl. Bund-Länder-Kommission zur Fortentwicklung einer umfassenden Konzeption der Ausländerbeschäftigung. Vorschläge, Bonn 1977, S. 3; Ausländerpolitische Grundpositionen der Bundesregierung, in: Politik. Informationen aus Bonn 1,1 (1982), S. 7. Vgl. dazu überdies allg. Hans-Gerd Pracht/Bundesministerium des Innern (Hrsg.): Ausländer- und Asylpolitik in der Bundesrepublik Deutschland, Bonn 1998, S. 10.

126 Die politische Auseinandersetzung, die eine Welle xenophober und rassistischer Anschläge und Ausschreitungen gegen Asylbewerber und Ausländer in Rostock, Hoyerswerda, Solingen und Mölln und andernorts begleitete, strahlte so rasch über die Bundesrepublik hinaus. Vgl. dazu Philipp Gassert: Bewegte Gesellschaft, Stuttgart 2018, S. 227-280.

127 Vgl. Welt im Rutschen, in: FAZ, 5.12.1991, S. 33; Manfred Kanther: Deutschland ist kein Einwanderungsland, in: FAZ, 13.11.1996, S. 11; Union uneins über Einwanderungspolitik, in: FAZ, 25.5.1998, S. 2. Noch im Wahlprogramm der CSU 1998 wurde der Vorstellung vom »Einwanderungsland« und einer »multikulturellen Gesellschaft« so eine »klare Absage« erteilt. Vgl. Christlich Soziale Union (Hrsg.): Offensiv ins neue Jahrhundert. Mit Bayern gewinnt Deutschland. Entschließung des CSU-Parteiausschusses vom 22.5.1998, Ingolstadt 1998, S. 15.

128 So Xiang: Global Body Shopping, S. 108 f.

129 Rede von Bundeskanzler Gerhard Schröder zur Eröffnung der CeBIT 2000 am 23. Februar 2000 in Hannover, in: Bulletin, Nr. 13, 2.3.2000, S. 77-79, hier: S. 78 f. Im Sommer 2000 startete die Regierung dann eine groß angelegte Werbekampagne: »Deutschland schreibt sich mit .de.« Green Card für IT-Spezialisten. Flyer, BPA, Berlin 2000.

Die »Green Card« soll die Tore für die Laptop-Gastarbeiter öffnen. [...] Doch wie immer in der deutschen Migrationspolitik ist es erstens anders gekommen als man zweitens denkt. Denn die Diskussion um die Green Card ist eine grundsätzliche: Es geht um die Zukunft der Zuwanderung in eine überalternde Gesellschaft, deren Bevölkerung schon jetzt die älteste der Welt ist. Es wird deutlich, dass wir in Zukunft nicht nur Einwanderung haben, sondern Einwanderung brauchen. Über Nacht entbrannte in dem Land, das so lange kein Einwanderungsland sein wollte, eine ausgewachsene Debatte um die Zukunft der Zuwanderung. Ihr Inderlein kommet, sangen plötzlich auch diejenigen, die bisher die Belastungsgrenze überschritten sahen.[130]

Die Anwerbung der High-Tech-Migranten aus Indien erschien so als die logische Konsequenz der Globalisierung der Arbeitswelten und des deutschen Wegs in die »Informationsgesellschaft«. In diesem Zusammenhang erwies sich die Verbindung von Politik und Ökonomie in der Bundesrepublik, wie sie exemplarisch in der IT-»Initiative D21« – einem »Public-Private-Partnership« unter Vorsitz Erwin Staudts, des IBM-Vorstandsvorsitzenden – zum Ausdruck kam, als besonders wirkmächtig. Freilich ging es aus der Perspektive der Industrie in erster Instanz um ein Programm zur Förderung der Arbeitsmigration. Der Branchenverband »Bitkom« unter Führung des Siemens-Managers Volker Jung unterlegte seine Forderung nach 75.000 Spezialisten denn sogar argumentativ durch einen Verweis auf die deutsche »Gastarbeiter«-Geschichte: »Was in den 60er Jahren Türken und Italiener für die Industriegesellschaft waren, sind heute [...] IT-Spezialisten für die Informationsgesellschaft.«[131] Aus der Diskussion um die kurzzeitige Anwerbung von Spezialisten aber war bereits ein Politikum um eine grundlegende gesetzliche Regelung der Zuwanderung und eine Neuordnung des Staatsangehörigkeitsrechts geworden.

Im Juni 2000 wurde die »Verordnung über Aufenthaltserlaubnisse für hochqualifizierte ausländische Fachkräfte der Informations- und Kommunikationstechnologie« vom Bundesinnenministerium erlassen, nach der es bis zu 20.000 IT-Spezialisten zugestanden werden sollte, in Deutschland über einen Zeitraum von maximal fünf Jahren als High-Tech-Gastarbeiter zu arbeiten. Zum 1. August 2000 kam der erste Green-Card-Inhaber nach Deutschland.

Während der Deutsche Industrie- und Handelstag ebenso wie die »Wirtschaftsweisen« in einem Gutachten zur Zuwanderung im Jahr 2000 die Vorzüge der »Green Card« herausstellten, regte sich in der Opposition – auch angesichts einer allgemeinen Arbeitslosenquote von über 9,5 % – rasch erheblicher Widerstand gegen den Kurs der Bundesregierung in der Zuwanderungspolitik.

---

130 Marieluise Beck: Ihr Inderlein kommet, in: Blätter für Internationale Politik 46,1 (2001), S. 7-9, hier: S. 7. Zur Debatte im politischen und akademischen Diskurs – wie auch in den Massenmedien – vgl. allg. Edda Currle/Tanja Wunderlich (Hrsg.): Deutschland – ein Einwanderungsland? Rückblick, Bilanz und neue Fragen, Stuttgart 2001.
131 75000 Fachkräfte fehlen, in: Süddeutsche Zeitung, 23.2.2000, S. 28.

Schon 1998 hatte die Hessen-CDU unter dem Vorsitz Roland Kochs eine Unterschriftenaktion gegen die »doppelte Staatsbürgerschaft« angeregt, an der sich rund 5 Millionen Menschen beteiligten und die der Partei, so das einhellige Credo der Beobachter, den Wahlsieg bei der Landtagswahl in Hessen sicherte. Nach dem Vorbild dieser Kampagne gegen den »Doppelpass« startete der ehemalige »Zukunftsminister« unter Kohl, Jürgen Rüttgers, ein Jahr später in Nordrhein-Westfalen eine Postkartenaktion unter dem Motto: »Mehr Ausbildung statt mehr Einwanderung.« In einem Presseinterview konstatierte er, eine Zuwanderung der Eliten aus der ›Dritten Welt‹ zu propagieren, nur weil es Deutschland an Fachleuten mangele, sei »schlichtweg unmoralisch«. Vielmehr sei vor der Folie mangelnder »Integration« der Moslems in der Bundesrepublik Skepsis geboten, ob »noch Hindus hinzukommen« müssen. Freilich war dies angesichts der ausgesprochen geringen Bewerberzahl eine Phantomdebatte. Doch postulierte er apodiktisch, anstelle der »Inder […] müssen unsere Kinder an die Computer«.[132]

Die »Kinder statt Inder«-Kampagne blieb, gemessen an den Rücksendungen der Postkartenaktion, nahezu wirkungslos, das Medienecho aber war enorm. Eine besondere Pointe war, dass schon bald Gerüchte die Runde machten, die CDU-Fraktion nutze zur Auswertung ihrer Aktion eine SQL-Datenbank, deren erste Quellcodes der indisch-amerikanische IT-Ingenieur und -Unternehmer Umang Gupta in den 1980er Jahren geschrieben hatte. Um die Anwendung einer Datenbank zu vermeiden, zählte die NRW-CDU die Rückmeldungen am Ende sogar händisch aus.[133] In der liberalen Presse überwog angesichts dieser Posse die Kritik an der »restriktiven Migrationspolitik« des ehemaligen »Zukunftsministers« und dem Abschottungskurs der Union.[134] Wie verbreitet die Ängste vor der Globalisierung, aber auch unterschwellige

132 Vgl. Streit um Rüttgers Äußerung. CDU-Politiker: Kinder statt Inder an die Computer, in: Westdeutsche Allgemeine Zeitung, 8.3.2000, S. 1-2; Rüttgers verteidigt umstrittene »Kinder statt Inder«-Äußerung, in: General-Anzeiger, 10.3.2000, S. 5; Rüttgers' Wahlkampf. Mit Postkarten gegen Green Cards, in: Spiegel Online, 30.3.2000. URL: https://www.spiegel.de/politik/deutschland/ruettgers-wahlkampf-mit-postkarten-gegen-green-cards-a-71130.html [abgerufen am 15.8.2022]; »Kinder statt Inder.« Rüttgers verteidigt verbalen Ausrutscher, in: Spiegel Online, 9.3.2000. URL: https://www.spiegel.de/politik/deutschland/kinder-statt-inder-ruettgers-verteidigt-verbalen-ausrutscher-a-68369.html [abgerufen am 15.8.2022].
133 Der Bildungs-Inder, in: taz, 8.4.2000, S. 7.
134 Rüttgers Inderwahn, in: Berliner Zeitung, 1./2.4.2000, S. 4. Zur Kritik vgl. Pressesammlung. DOMiD-Archiv. Die Veranstalter eines Seminars der »Deutsch-Indischen Gesellschaft« zum Thema »Bildung in Indien« parodierten den Populismus in Form einer Themencollage aus der *Zeit* bissig: »Dumme Ochsen statt heiliger Kühe/Schwarze Konten statt roter Linsen/Jodeln statt Yoga/Ruhr statt Lepra/Bücher verbrennen statt Witwen/Manta statt Mantra/Richtig statt Wiedergeburt.« Vgl. Urmila Goel: Indische Wurzeln – Deutsche Heimat. Bildung in Indien. Zwischen Software und Analphabetismus, Bad Boll 2000, S. 35 f.; und dies.: Inder, Kinder, Chip-Erfinder. Die Green-Card-Diskussion aus der Sicht eines Inder-Kindes, in: Meine Welt 17,1 (2000), S. 11-16, hier: S. 11 f.

Ressentiments waren, ließ sich daran erkennen, dass sogar die Arbeitgeberpresse, die der Zuwanderung grosso modo positiv gegenüber stand, das Klischee vom »Ansturm« der Spezialisten bemühte und – wie in der Juni-Ausgabe des Monatsmagazins *Der Arbeitgeber* im Jahr 2000 – die Bedrohung durch das Fremde in das Bild der die Grenze überrennenden »Zuwandererhorden« packte.[135] Die *Times of India* nahm die Kampagne zum Anlass, um über den schwelenden Rassismus in der Bundesrepublik zu berichten.[136] Rüttgers' Sentenz, die xenophobe Vorbehalte gegenüber den High-Tech-Migranten bediente, ebnete derweil der von seinem Parteikollegen Friedrich Merz im Oktober desselben Jahres losgetretenen Kontroverse um eine »deutsche Leitkultur« den Weg. Unbesehen aller Misstöne, erwies sich die »Green Card«-Initiative der Bundesregierung so letztlich als Katalysator der langen Debatte um die Bundesrepublik Deutschland als »Einwanderungsland«.[137]

Im März 2002 verabschiedete der Bundestag ein Zuwanderungsgesetz, das nach mehreren Überarbeitungen in neuer Form zum 1. Januar 2005 in Kraft trat; in der kommenden Dekade, bis Januar 2015, stieg der Anteil der Ausländer in Deutschland von rund 7,3 Millionen auf circa 8,2 Millionen Menschen an (rund 10% der Bevölkerung).[138] Auch die Zahl indischer Zuwanderer steigerte sich massiv. Waren es im Jahr 2000 noch rund 6.500 Personen per anno, so erhöhte sich die Zahl bis 2012 auf über 18.000. Bei einer hohen Fluktuation lag der Saldo 2013 bei 7.000. Rund 70% der Migranten waren männlich. Allein im Rahmen der »Green Card«-Initiative kamen 3.825 IT-Fachleute, nahezu alles Männer, aus Indien nach Deutschland (knapp 30% aller »Green Card«-Inhaber). Im Jahr 2005 lebten so mehr als 40.000 Auslandsinder (NRIs) in der Bundesrepublik. Doch, auch wenn die deutsch-indische Diaspora wuchs, blieb die Migration aus Indien, auch angesichts rigider arbeitsrechtlicher und eingeschränkter sozialstaatlicher Regelungen, ein randständiges

135 Vgl. Arbeitsmarkt. Deutsche Facharbeiter gefragt, in: Der Arbeitgeber 52,6 (2000), S. 8. Zur Einordnung der Karikatur vgl. Janine Cremer: Zuwanderung bzw. Zuwanderungspolitik im Spiegel der Arbeitgeber- und der Gewerkschaftspresse, in: Christoph Butterwegge et al. (Hrsg.): Themen der Rechten – Themen der Mitte. Zuwanderung, demografischer Wandel, Nationalbewusstsein, Wiesbaden 2002, S. 43-66, hier: S. 60-63. Zur Position der Arbeitnehmervertretungen vgl. überdies: Ralf Greifenstein: Die Green Card, Bonn 2001.
136 Germany's Green Card Scheme a Personal Triumph for Chancellor, in: Times of India, 17.7.2000, S. 14.
137 Deutschland einig Zuwanderungsland, in: FAZ, 9.7.2001, S. 1; Deutschland reift zum Einwanderungsland, in: FAZ.NET, 3.7.2001. URL: https://www.faz.net/aktuell/politik/dossier-deutschland-reift-zum-einwanderungsland-117110.html [abgerufen am 15.8.2022]. Zur Einordnung dieser populistischen Forderung nach einer repressiven Zuwanderungs- und einer pro-natalistischen Bevölkerungspolitik vgl. zudem allg. Wolfrum: Aufsteiger, S. 245-248.
138 Vgl. Hell: Einwanderungsland, S. 175-182; Klaus Stüwe: Das Zuwanderungsgesetz von 2005 und die neue Migrationspolitik der Bundesrepublik Deutschland, in: ders./Eveline Hermannseder (Hrsg.): Migration und Integration als transnationale Herausforderung, Wiesbaden 2016, S. 25-48.

Phänomen: 2013 lag der Anteil der Zuzüge aus Indien nach Deutschland bei 1,7 % aller Zugezogenen. Noch klarer zeigten sich die Dimensionen im internationalen Vergleich. Hier war die Quote der Zuwanderer in der von der Bundesregierung und der Zuwanderungskommission konstatierten globalen Konkurrenz um die »besten Köpfe« – gerade im Vergleich zu den ab 1990 rapide ansteigenden Zahlen der Zuwanderer in den USA – verschwindend gering.[139]

Das »Green Card«-Programm, das vorgesehen war, die Periode bis zum Beginn des Zuwanderungsgesetzes zu überbrücken, und so zum Jahreswechsel 2005 endete, hatte kaum den ersehnten Zustrom an Experten gebracht, wobei der kurzzeitige Zusammenbruch der New Economy und des Neuen Marktes sowie das Platzen der »Dotcom-Blase« die Bewertung des Programms in diesen Jahren erschwerten. Allerdings wies es Programmen wie der europaweiten »Blue Card« zur Anwerbung von »Hochqualifizierten« ab 2012 den Weg, die in der Bundesrepublik eine wachsende Zahl an Bewerbern anzogen. Inder stellten auch hier weiter die größte Gruppe der Zuwanderer.[140] Dabei gehörten sie zugleich zur Elite der Spitzenverdiener.[141] Im März 2020 kam die über Jahrzehnte schwelende Migrationsdebatte, in der lange nur sehr zögerlich die Perspektive der Einwanderung und so der Einbürgerung zur Sprache gekommen war, durch die Verabschiedung eines neuen »Fachkräfte-Einwanderungsgesetzes« an ihr Ende.[142]

---

139 Vgl. Bundesministerium des Innern (Hrsg.): Migrationsbericht des Bundesamtes für Migration und Flüchtlinge 2005, Berlin 2005, S. 77-82; Schulze Palstring: Potenzial, S. 124-171, hier: insbes. S. 125 f.; Pierre Gottschlich: The Indian Diaspora in Germany, in: Ajaya Kumar Sahoo/Laxmi Narayan Kadekar (Hrsg.): Global Indian Diaspora. History, Culture and Identity, Jaipur 2000, S. 189-203. Zur Einordnung der deutschen Zahlen vgl. zudem exempl.: Informatiker gehen am liebsten nach Amerika, in: FAZ, 4.4.2000, S. 3, sowie allg. Vivian Hermann/Uwe Hunger: Die Einwanderungspolitik für Hochqualifizierte in den USA und ihre Bedeutung für die deutsche Einwanderungsdiskussion, in: Imis-Beiträge [= Themenh., hrsg. von Uwe Hunger/Holger Kolb: Die deutsche ›Green Card‹. Migration von Hochqualifizierten in theoretischer und empirischer Perspektive] 22 (2003), S. 81-98. Zu den (arbeits-)rechtlichen Hemmnissen, die in der Konkurrenz um die »besten Köpfe« den Ausschlag gaben, zählten in der BRD vor allem die zu Beginn vereinbarte, generelle Beschränkung der Arbeits- und Aufenthaltserlaubnis der Migranten sowie der – im Vergleich zu den USA – bürokratische »Hürdenlauf in Marathonlänge«. Vgl. Martina Harms: Internationale Rekrutierung von Hochschulabsolventen. Rahmenbedingungen, Motive, Hemmnisse, Wege, Wiesbaden 2002, S. 87 f.

140 Immer mehr kommen per Blue Card nach Deutschland, in: FAZ.NET, 9.1.2018. URL: https://www.faz.net/aktuell/wirtschaft/mehr-wirtschaft/blue-card-immer-mehr-fachkraefte-kommen-nach-deutschland-15381629.html [abgerufen am 15.8.2022].

141 Vgl. Der Preis der ausländischen Fachkräfte. Inder in Deutschland verdienen 1300 Euro mehr als Deutsche, in: Welt am Sonntag, 30.10.2021, S. 21. Online erschienen unter der URL: https://www.welt.de/wirtschaft/article234740110/Inder-verdienen-in-Deutschland-mehr-als-Deutsche.html [abgerufen am 15.8.2022].

142 Vgl. Endlich kommt das Einwanderungsgesetz, in: FAZ, 22.7.2018, S. 19; Arbeit für Migranten, in: FAZ, 11.3.2020, S. 16; Arbeitsmigration. Die Verwaltung des Mangels, in: Süddeutsche Zeitung, 29.2./1.3.2020, S. R2-3.

Abb. 22: »Natürlich sieht es komisch aus, aber er hat die Green Card …« Quelle: www.theinder.net – Forum | Rubrik: Humor (2003).

Abb. 23: »Ohne meine Familie kann ich nicht am Computer arbeiten!« Quelle: Der Arbeitgeber (2000).

Wie kontrovers die Frage der Einwanderung in der Bundesrepublik war, zeigte sich auch in der Bildpolitik dieser Jahre. Im Zuge der »Green Card«-Initiative der Bundesregierung hatte sich die populäre Presse vor allem der Zuwanderung der High-Tech-Migranten verschrieben. Dabei war das Indienbild von zahlreichen Orientalismen und Exotismen überlagert;[143] so präsentierten Karikaturen das aus dem Rahmen gestürzte Bild eines Inders als Fakir und Yogi bzw. als eines »gewaltlosen« Gandhi in der Moderne einer westlichen Büroumgebung. Zugleich brach sich das Bild der Programmierer als Spezialisten der New Economy an dem in der Bildsprache vieler Zeitungen vorherrschenden Topos eines politisch und kulturell rückständigen Landes, das in den stereotypen Darstellungen der Zuwanderer und ihrer Kultur der »Turbanträger« und »Schlangenbeschwörer«, der »Witwenverbrennung«, des »Analphabetismus« und des »Kastensystems« zum Ausdruck kam.[144] In dieser Spannung war Indien das Land der »Computer und Kühe« geblieben, als das es bereits in den 1970er Jahren in der Presse beschrieben worden war.[145]

143 So erschien Indien in der deutschen Presse zugleich als ein »geheimnisvolles« Land der Mystik – der »Räucherstäbchen« und der »Hobby-Philosophen« – und als Wiege vormoderner Traditionen, wie auch als die Heimstätte exotischer Moden, Speisen und Gerüche. Vgl. Marie-Luise Gries: »Fern von heiligen Kühen«. Inder in Deutschland, in: Ausländer in Deutschland 16,3 (2000), S. 10 f. Auch das Webportal »The Inder.net« nahm sich der »Greencard-Debatte« in den Jahren 2003 bis 2005 sehr intensiv an.
144 Goel: Kinder, S. 12 f. Zur Bildpolitik vgl. überdies allg. Amrute: Encoding Race, S. 29-53; dies.: Press One for POTUS, Two for the German Chancellor. Humor, Race, and Rematerialization in the Indian Tech Diaspora, in: HAU. Journal of Ethnographic Theory 7,1 (2017), S. 327-352. Aus der Fülle an Darstellungen vgl. exempl.: Trinkt Lassi! Liebt Euren Computer! Habt guten Sex! Schiebt eine ruhige Kugel und zehn weitere Dinge, die wir von den Indern lernen können, in: Die Zeit, Zeit-Magazin Nr. 15, 5. 4. 2001, S. 1, 6-8.
145 Klaus Natorp: Computer und Kühe. Mit Eppler in Indien, in: FAZ, 1. 12. 1973, S. BuZ3. Zum Diskurs in der Bundesrepublik zwischen 1947 und 1973 vgl. Franke: Hoffnungsträger.

FALLBEISPIEL II: BERLIN

Das deutsche Indienbild war vom Zuzug erster Pioniere der »Unabhängigkeits- und Freiheitskämpfer« ausgangs des 19. und eingangs des 20. Jahrhunderts nach Deutschland geprägt, schon bald aber überlagerte der Zuzug der Bildungsmigranten der 1950er und 1960er Jahre, der Medizin- und Ingenieursstudenten wie auch der Krankenschwestern der 1970er Jahre und der Asylbewerber der 1980er und 1990er Jahre die Wahrnehmung des Subkontinents. Noch zur Jahrtausendwende aber, als das Image des »Computer-Inders« bereits die Wahrnehmung des Landes bestimmte, herrschte das Bild des Entwicklungslandes weiter vor.[146]

In Deutschland lebten Inder über Generationen hinweg. Der Zuzug der Computerspezialisten ab dem Jahr 2000 beschrieb so nur einen kleinen Teil der »Community« in der Bundesrepublik, auch wenn die Zahl der Zuwanderer gegenüber Ländern wie den USA oder England, in denen Inder zu einer erheblich größeren südasiatischen Diaspora gehörten, ausgesprochen gering blieb. Doch stellte sich hier gerade deshalb, wie neuere soziologische und anthropologische Untersuchungen nahelegen, die komplizierte Frage nach der eigenen Identität, die die »zwischen den Welten« wandernden High-Tech-Migranten besonders bewegte, noch umso dringlicher.

In den 1990er Jahren rückte die »Identitätsfrage« weiter in den Fokus. So wurde, vor allem von Hindu-Nationalisten, die Existenz einer »pan-indischen Identität« propagiert, die eine politische, religiöse und kulturelle Homogenisierung der Nation zu legitimieren suchte und über die Figur des Ausschlusses argumentierte. Die Ideologie einer »global Indianness« verkannte indes, dass gerade in den diasporischen Communities in New York, London und zusehends auch in Berlin eine Vielzahl hybrider »Identitäten« existierte. So sah sich in New York ein Teil der Community als »indisch«, ein anderer als »indoamerikanisch« bzw. als Teil der indischen Diaspora oder einer pan-ethnischen asiatischen Community und wieder ein anderer als »amerikanisch«.

Zwar erwies sich die Emergenz einer »pan-indischen Identität, wie konstruiert sie auch immer sein mag, [...] im Zuge einer zunehmenden Globalisierung« zusehends als vorstellbar, doch vermochte diese Form der »imagined communities« auch zu Beginn des 21. Jahrhunderts kaum die realen Netzwerke zu ersetzen. In London, der Metropole des einstigen Imperiums, organisierte sich die Community südasiatischer Migranten so primär über sehr lokale soziale Netzwerke, Familienclans, über religiöse Riten und nach regionalen Zugehörigkeiten, die in vielen Fällen über die politischen oder kulturellen Grenzziehungen der Nation hinwegreichten, zugleich aber auch gerade in der »Fremde« eine klare Konturierung der eigenen Kultur und Geschichte im Sinne einer

---

146 Zur Geschichte der »indischen Diaspora« in Deutschland und ihren Netzwerken vgl. Carsten Butsch: The »Indian Diaspora« in Germany. Emerging Networks and New Homes, in: Diaspora Studies 10,2 (2017), S. 1-22; Urmila Goel: Von Freiheitskämpfern zu Computer-Indern. Südasiaten in Deutschland, in: Südasien 22,1 (2002), S. 70-73.

»transkontinentalen Traditions(er)findung« erlaubten.[147] Wie diese Konstruktion des Nationalverständnisses aussah, variierte allerdings stark – abhängig davon, welche Gründe die Migration hatte und ob es sich um bereits eingewanderte Bürger, um deren Kinder oder Enkelkinder oder um vorübergehend im Ausland lebende Migranten handelte.[148]

In vielen Fällen wiesen die hochmobilen High-Tech-Migranten eine hybride, *trans-indische* Identität, die ihrer Existenz »zwischen den Welten« entsprach, auf.[149] Diese ergab sich zu einem Teil auch aus den Technologien der Netzwerkbildung. So waren die neuen, digitalen Medien zu einem Vehikel des virtuellen Community Buildings geworden. In der Ära des Internets ebneten Websites, Mailinglisten, Chats und Blogs, die *von* Indern *für* Inder im Ausland betrieben wurden, einer virtuellen Globalisierung der Communities den Weg. Als Foren des Austauschs über Nationsgrenzen hinweg richteten sie sich in vielen Fällen an alle, die ihre »indische Identität« erkunden und kultivieren, wie auch an solche, die das Land und seine Kultur kennenzulernen vorhatten. Dabei eigneten sie sich als Räume, in denen sowohl der Versuch einer monolithischen Konstruktion nationaler oder ethnischer Zugehörigkeit als auch deren Überwindung in Form hybrider, transnationaler Identitätskonzepte zu beobachten war.[150]

In Deutschland avancierte das im Sommer 2000 gegründete Webportal »Indernet« zu einem zentralen Forum des Wissensaustauschs der Inder. Vor dem Hintergrund der Kontroverse um die »Green Card«-Initiative und der Querelen um die Medienkampagne gegen die Zuwanderung der »IT-Inder« gegründet, richtete es sich sowohl an neu zugereiste Migranten als auch und vor allem an die Inder, die in der zweiten oder dritten Generation in der Bundesrepublik lebten.[151] Das Webportal startete dreisprachig (Deutsch, Englisch und Hindi), wobei die deutsche Sprache rasch zur dominanten Sprache

147 Michael Mann: Mobilität und Migration von Menschen in und aus Südasien 1840-1990, in: Kraler et al. (Hrsg.): Migrationen, S. 199-221, hier: S. 215; vgl. auch Radhakrishnan: ›Global‹ Indian Middle Class, S. 8-10; William Safran/Ajaya Sahoo/Brij V. Lal: Indian Diaspora in Transnational Contexts – Introduction, in: dies. (Hrsg.): Transnational Migrations. The Indian Diaspora, Neu Delhi 2009, S. XII-XXXV.
148 Vgl. Carsten Butsch: Leben in zwei Kulturen. Transnationale Identitäten indischer Migranten in Deutschland, in: Mitteilungen der Österreichischen Geographischen Gesellschaft 158 (2016), S. 13-36; ders.: Indian Diaspora; Gottschlich: Indian Diaspora.
149 Vgl. Radhakrishnan: Appropriately Indian; Amrute: Encoding; Safran/Sahoo/Lal (Hrsg.): Migrations.
150 Vgl. dazu Johannes G. De Kruijf/Ajaya Kumar Sahoo (Hrsg.): Indian Transnationalism Online. New Perspectives on Diaspora, Abingdon, Oxon/New York 2016; Gauri Bhattacharya: The Indian Diaspora in Transnational Context. Social Relations and Cultural Identities of Immigrants to New York City, in: Safran/Sahoo/Lal (Hrsg.): Migrations, S. 76-96, hier: S. 86-88; Remus Gabriel Anghel et al. (Hrsg.): The Making of World Society. Perspectives from Transnational Research, Bielefeld 2008.
151 Vgl. Urmila Goel: Das Projekt Indernet. Die Entwicklung eines Community-Portals, in: kommunikation@gesellschaft 19 (2018), S. 1-16; dies.: Das Indernet. Eine rassismuskritische Internet-Ethnografie, Bielefeld 2020.

wurde. Hier zeigte sich, dass das »Indernet« in erster Instanz ein Forum war, das Inder in zweiter und dritter Generation zusammenbrachte, die – angesichts der Kontroversen um eine deutsche »Leitkultur« und die Rolle Deutschlands als »Einwandererland« – vor der Frage standen, wie eine deutsch-indische Kultur aussehen und die Probleme multipler Zugehörigkeiten zu lösen sein könnten. Hier erwies sich der digitale Raum als »abgekoppelt« von den Netzwerken Indiens. Vielmehr ging es, wie Artikel, Foren- und Gästebucheinträge zeigen, um einen Indien-Diskurs, der sich zusehends an ein Publikum in der Bundesrepublik richtete. Die High-Tech-Migranten waren zu Beginn nur in wenigen Fällen Teil dieses Diskurses, wohl aber dessen Gegenstand und Auslöser gewesen. In den ersten Jahren war das »Indernet« daher vor allem

> a transnational space in the sense of catering for the multiple natio-ethno-cultural belongingness of its users and giving them the possibility to jointly imagine their belongingness to India in German-speaking Europe. On the Indernet they could talk about India and develop their own image of India in reaction to dominant images of India in German-speaking Europe and the images of their parents. [...] The Indernet was very localised not only by the language and the contents discussed there, but also in terms of its users and editors. There was no significant interaction online with people from India or Indians outside of German-speaking Europe. Nonetheless the Indernet opened the possibility of being in Germanspeaking Europe and imagining oneself part of a global Indian diaspora. [...] Besides this imaginative transnationalism, there was also interaction, which crossed natio-ethno-cultural as well as national borders, on the Indernet. In this virtual space not only young people with parents from different parts of India came together, but to some extent there was also pan-South Asian interaction [...] The Indernet transnationally connected those who felt themselves somehow connected to India and German – a very localised transnationalism.[152]

Nach einer Hochphase zwischen 2000 und 2007 verlor das »Indernet« – als »Spielplatz« der wachsenden deutsch-indischen Community – an Zuspruch. Als Medienportal über Indien und Inder in Bundesrepublik, zu Blogs und einer Facebook-Präsenz verlinkt, adressierte es in der Folge ein breiteres Publikum und versuchte über Blogs und andere Kanäle die Nutzer einzubinden. Globale Wissensnetzwerke aber waren da bereits hinzugekommen. Zudem

---

152 Urmila Goel: From the German Periphery. On Ethnographic Explorations on Indian Transnationalism Online, in: De Kruijf/Sahoo (Hrsg.): Indian, S. 63-80, hier: S. 68 f. Vgl. obendrein dies.: The Indernet. A German Network in a Transnational Space, in: Remus Gabriel Anghel/Eva Gerharz/Gilberto Rescher/Monika Salzbrunn (Hrsg.): The Making of World Society. Perspectives from Transnational Research, Bielefeld 2008, S. 291-309, hier: S. 303-307. Die digitalen Angebote des »Indernets« wurden am Rande eines Seminars der »Deutsch-Indischen Gesellschaft« zur Vernetzung deutsch-indischer Jugendlicher im Jahr 2000 beworben und in der Folge rasch populär.

rückte eine neue Generation an Migranten nach. So war in einzelnen Regionen, allen voran in der »Gründermetropole« und »Startup-City« Berlin, die Zahl der Inder stark gewachsen.

Das Leben der High-Tech-Arbeiter der Berliner IT-Startups nach der Jahrtausendwende »zwischen den Welten« hatte sie darüber nachdenken lassen, was es bedeutete, »zuhause« und im »Ausland« zu sein, wo die Grenzen zwischen einer Arbeit, in der sie als Programmierer zu den gesuchten, bisweilen aber ungeliebten »Cyber-Coolies« ihrer Firma gehörten, und einer Freizeit, die sie gegen eine zusehends neoliberal organisierte New Economy verteidigten, lagen, oder auch, welcher »Lebensstil« zu wählen sei. In dieser Weise problematisierten sie zugleich ihre eigene Identität, die sich aus intersektionaler Perspektive sowohl in puncto *race*, als auch in puncto *class* und *gender* in vielen Fällen als eine marginalisierte und diskriminierte erwies. Die Geschichte der »Indian technoelites [...] striving to make a life on the terrain of fluid capitalism«[153] – die sich, wenn auch zu den Besserverdienern gehörig, dem existentiellen Druck einer hohen Belastung bei gleichzeitig prekärer Anstellung, einer sozialen und kulturellen Ausgrenzung im Büroalltag, zu der, wie im deutschen Fall, auch Sprachbarrieren beitrugen, und einer Vielzahl an Alltagsrassismen gegenüber sahen – bezeugte so exemplarisch die Probleme der High-Tech-Migranten in der globalen Wissensökonomie, in der sich einmal mehr die Verschränkung der Globalisierung und Digitalisierung der Lebens- und Arbeitswelten bewies.

7.5 Eine, zwei oder drei Welten? Die »Rückkehr« nach Indien

Viele Jahre nachdem der Ruf des »Go West!« erklungen und die Abwanderung ausgebildeter Spezialisten lange eine schmerzliche Tatsache geworden war, suchte die Regierung in Neu Delhi nach Mitteln und Wegen, um ihre im Ausland lebenden Bürger (NRIs) zurückzugewinnen. Ihr Appell »Come Home!« war zugleich der Versuch, die »digitale Dividende« aus den Investitionen in die Ausbildung der IT-Spezialisten einzustreichen.[154] Dabei wirkte das Vorbild von IT-Ingenieuren wie Sam Pitroda, der als Direktor des Thinktanks C-DOT eingangs der 1980er Jahre nach Indien zurückgekehrt und rasch zum Spiritus Rector eines Programms zur Digitalisierung der Kommunikationsnetze in Indien geworden war, noch in den 2000er Jahren nach. Bereits 1993 hatte Pitroda versucht, die Absolventen der IITs dazu zu bewegen, in Indien zu bleiben bzw. dahin zurückzukehren, um ihr breites Ingenieurswissen zum Nutzen der »Entwicklung« des Landes, insbesondere seiner ruralen Provinzen,

---

153 Amrute: Encoding, S. 25 f. Für eine Soziographie der Lebens- und Arbeitswelten vgl. ebd., S. 54-108, 137-202; Mayer-Ahuja: Grenzen der Homogenisierung. Zur Kritik vgl. überdies exempl. Green Card. »Wie Menschen zweiter Klasse«, in: Spiegel Online, 16.7.2003. URL: https://www.spiegel.de/politik/deutschland/green-card-wie-menschen-zweiter-klasse-a-257250.html [abgerufen am 15.8.2022].
154 Vgl. Greenspan: India, S. 108-123.

einzusetzen. Auch wenn Pitroda selbst, nach einigen Auseinandersetzungen, wieder in die USA zurückkehrte, hallte sein Appell nach. Quer durch die populären Medien – in Zeitungsinterviews, Magazin-Reportagen, Fernseh-Dokumentationen, aber auch Bollywood-Filmen wie *Swades* (2004/05) – wurde die Frage nach dem, was den NRIs »Heimat« bedeutete, beschrieben und zur Basis einer neuerlichen Auseinandersetzung um die Entwicklungsprobleme des Landes und die Rolle der Übersee-Inder in diesem Prozess. Für viele Protagonisten dieser Geschichten schien die Spannung zwischen der gewachsenen Distanz zu einem Land des Analphabetismus und des Kastensystems und der Suche nach »Heimat« in der Fremde kennzeichnend. Im Fall der IT-Ingenieure zeigte sich zudem, dass der Versuch, neue Verbindungen zu etablieren und so zum Beispiel auch unternehmerisch in Indien zu wirken, im Zeichen massiver Missverständnisse und wechselseitiger Reibungsverluste stand; so blieben viele Rückkehrversuche eher Episode.[155]

Über den Weg der Entwicklung des Landes gingen die Vorstellungen auch zu Beginn des 21. Jahrhunderts stark auseinander. So bestanden kapitalistische, sozialistische und Gandhistische Vorstellungen von der »Entwicklung« des Landes bis in die jüngste Gegenwart, wie anthropologische Feldstudien bezeugen, nebeneinander fort.[156] Den aus den USA zurückkehrenden Managern und Unternehmern der New Economy erschien diese Vielzahl verschiedener Ansätze lange als ein Innovationshemmnis. In den letzten Jahren inspirierten indes Ansätze des »Jugaad«, die Grassroots-Bewegung der Entrepreneure, und ihre Kultur kreativer Lösungen als Form »subalterner« Innovation auch über Indien hinaus viel besprochene Konzepte und Theorien im Bereich des Managements. Diskursiv näherten sich die »Welten« so bereits an, auch wenn das Bild von Indien als Land der »Dritten Welt« gegenüber der »Ersten Welt« der USA oder Europas in den Imaginativen weiter prägend blieb.[157]

So sah sich die Regierung um der Jahrtausendwende gezwungen, Anreize zu setzen, um die physische Rückwanderung der Spezialisten anzuregen. Ein eigens eingesetztes High-Level-Committee entwickelte dazu im Jahr 2001 ein Kalkül, die Diaspora zu adressieren. Allerdings war der Abschlussbericht, den das Komitee noch im selben Jahr publizierte, aus drei Gründen Gegenstand stürmischer Kritik: Erstens richtete sich die »Diaspora-Strategie« lediglich hoch ausgebildete Migranten und ließ so weite Teile der Diaspora außen vor; zweitens wurde die »indische« Kultur als Kultur des Hinduismus gelesen, was die kulturelle Vielfalt, wie Kritiker bemerkten, ignorierte; und drittens prägte die Einlassungen eine neo-koloniale Rhetorik:

> The Indian Diaspora spans the globe and stretches across all the oceans and continents. It is so widespread that the sun never sets on the Indian Diaspora. [...] There are about 10.000 or more overseas Indians in 48 countries.

---

155 Zur Rückkehr einzelner NRIs aus den USA nach Indien vgl. Bassett, S. 293-295.
156 Vgl. Irani: Chasing Innovation, S. 1-22.
157 Ebd., S. 172-202.

[...] They speak different languages and are engaged in different vocations. Their industry, enterprise, economic strength, educational standards and professional skills are widely acknowledged. What gives them their common identity is their Indian origin, their consciousness of their cultural heritage and their deep attachment to India.[158]

Zugleich bezeugte die Vorrede des Reports das Revival eines Nationalismus in einer sich »globalisierenden Welt«. Symbolisch wurde die globale Diaspora ab 2003 auch durch einen Feiertag – den Tag zu Ehren der NRIs (Pravasi Bharatiya Divas) – und landesweite Festivitäten besiegelt, die stets am 9. Januar, dem Tag, an dem Gandhi einst aus Südafrika nach Indien zurückkehrte, begangen werden. Mit dieser »invention of tradition« setzte das »Ministry of Indian Overseas Affairs« der »imagined community« der Auslandsinder ein Denkmal.[159]

Zu den konkreten Bestimmungen der Konstruktion der Diaspora gehörte ab 2005 die Regelung eines Overseas Citizenship, einer Auslandsstaatsbürgerschaft, die Personen indischer Abstammung im Ausland, also solcher, die – anders als die NRIs – keinen indischen, sondern nur mehr einen ausländischen Pass besaßen, Rechte verlieh, die einem doppelten Pass sehr nahe kamen, allen voran die Möglichkeit, ohne Visum (und auch nahezu ohne andere Einschränkungen) nach Indien zu reisen, im Land zu arbeiten und zu investieren. Andere Vergünstigungen reichten von der Gleichstellung bei der Adoption von Kindern bis hin zu Rabatten beim Besuch von Museen, Gedenkstätten und Nationalparks.[160] Die Regelung richtete sich indes vor allem an die nach 1947 ausgereisten Eliten, die »dollar diaspora«.[161]

Wie bei den Personen indischer Abstammung (*Person of Indian Origin*, kurz: POIs) versuchte die Regierung in Neu Delhi auch bei den im Ausland lebenden Indern (NRIs), kulturelles gegen ökonomisches Kapital einzusetzen. So berichtete Bishma K. Agnihotri, einer der höchsten Diplomaten des Landes, 2003 über die Motive, einen Feiertag zu Ehren der NRIs zu »erfinden«:

158 Laxmi Mall Singhvi: Report of the High-Level Committee on the Indian Diaspora, New Delhi 2001, S. V. Vgl. dazu auch Carsten Butsch: Transnational Networks and Practices of Overseas Indians in Germany, in: Internationales Asienforum 47,3/4 (2016), S. 203-225, hier: S. 203-205.
159 Vgl. Eric Hobsbawm/Terence Ranger (Hrsg.): The Invention of Tradition. Past and Present Publications, Cambridge 1983; Anderson: Imagined Communities.
160 Vgl. Constantino Xavier: Experimenting with Diasporic Incorporation. The Overseas Citizenship of India, in: Nationalism and Ethnic Politics 17,1 (2011), S. 34-53. Zu den Bestimmungen der Niederlassungserlaubnis als »Overseas Citizens of India« (OCI) vgl. überdies allg. Butsch: Transnational Networks; Elena Barabantseva/Claire Sutherland (Hrsg.): Diaspora and Citizenship, London/New York 2012; Chakravorty et al.: The Other One Percent, S. 275-277.
161 Amit Kumar Mishra: Diaspora, Development and the Indian State, in: The Round Table 106,6 (2016), S. 701-721, hier: S. 717. Zur Politik der Rückgewinnung der NRIs unter Premierminister Narendra Modi vgl. auch Sanjaya Baru: India's Power Elite. Class, Caste and Cultural Revolution, Gurgaon 2021, S. 204-228.

The NRIs have great love for India, they feel pain and the ecstasy on the events back home. This event will ensure that they go back to India charged that India means business. They have a stake in India and the NRIs matter to India as much as India matters to them. So the government's task is to ensure than the mann (mind) is with India and when the mann is there, the dhan (money, investments) will follow.[162]

Für viele Auslandsinder war das philanthropische Motiv, dem Land etwas zurückzugeben, dem sie ihre Ausbildung und ihre Karriere im Ausland verdankten, ein wichtiger Grund, sich zur Diaspora zu bekennen. Zugleich wirkte auch das kulturelle Kapital »nationaler« Zugehörigkeit, das vielen in der Fremde abging,[163] als Anreiz in dieser Richtung, zumal die Regierung in proaktiver Weise das Image kreierte, das Land in den kommenden Jahren zu einer »Superpower« werden zu lassen. Freilich war der Handel beiderseitig. Die ökonomischen Ansprüche, die die Regierung an die Auslandsinder herantrug, beantworteten diese durch zusehends akzentuierte politische Forderungen, etwa nach einem eigenen Pass, der sie den Bürgern der Republik vollständig gleichstellte.[164]

Das Werben um die NRIs lohnte sich: Nach Berechnungen der Weltbank war das Volumen der Rücküberweisungen von Indern aus dem Ausland von 430 Millionen US-Dollar im Jahr 1975 über rund 2,5 Milliarden US-Dollar 1990 bis 2010 auf über 53 Milliarden US-Dollar Remissen gestiegen.[165] Freilich suchten die Premierminister sowohl der BJP als auch der Kongresspartei in der

162 Bhishma K. Agnihotri: Dawn of a Global Indian Network. Ambassador's Interview with Sify.com's E. Jayakrishnan 2003). URL: https://hvk.org/2003/0103/182.html [abgerufen am 15. 8. 2022].
163 An das kulturelle Kapital einer politischen Repräsentanz Indiens im Ausland erinnerte bereits Premierminister Atal B. Vajpayee in seiner Rede zum ersten Feiertag 2003: »The Indian community abroad often reflects the diversity, which is the hallmark of our society here. We are proud of this diversity – whether it is linguistic, religious or regional […] But it is also necessary to strengthen the broader Indian identity in the country of your residence. When you are united as Indians, your voice carries greater weight: both for highlighting issues of your concern in your host country and for promoting Indian cause.« PM Inaugurates Pravasi Bharatiya Divas Celebrations 2003. URL: https://archive.pib.gov.in/archive/releases98/lyr2003/rjan2003/09012003/r090120035.html [abgerufen am 15. 8. 2022].
164 Vgl. Xavier: Experimenting, S. 39-43; Mishra: Diaspora, S. 703-705; Paramiit S. Sahai: India's Engagement with Diaspora. Government Communication, Platforms and Structures, in: Diaspora Studies 6,1 (2013), S. 50-60.
165 Zum Jahreswechsel 2020 erreichten die Remissen einen neuen Höchststand von 83 Milliarden US-Dollar. Vgl. Worldbank. Migration and Remittances Data. Annual Remittances Data (Apr. 2020). URL: https://www.knomad.org/sites/default/files/2020-04/Remittance%20inflows%20April%202020.xlsx [abgerufen am 15. 8. 2022]. URL: https://www.migrationdataportal.org/themes/remittances [abgerufen am 15. 8. 2022]. Allerdings lagen nach Angaben der Reserve Bank of India in 58 % der Fälle die Rücküberweisungen bei einer Summe von weniger als 800 US-Dollar und bei 15 % sogar unter 80 US-Dollar (circa 5.000 Rs) pro Jahr. In mehr als

Folge herauszustellen, dass es bei den »Investitionen« der verlorenen Söhne und Töchter in Indien um mehr als nur um pekuniäre Zuwendungen gehen müsse: »We do not want only your investments. We also want your ideas. We do not want your riches, we want the richness of your experiences«, erklärte Premier Atal B. Vajpayee 2003.[166] Premier Manmohan Singh sekundierte im gleichen Geiste 2007: »I would like you to reach out and invest in a new India. Invest not just financially, but intellectually, socially, culturally and, above all, emotionally.«[167] Das Werben aber zeigte vor allem, wie wichtig die NRIs geworden waren.

In Indien gewannen die Interessen der Auslandsinder so sukzessive an Hochschulen, in der Politik und in der Industrie an Gewicht; so leitete der Silicon Valley-Unternehmer K. B. Chandrasekhar im Jahr 1999 ein »Committee on Venture Capital« der Regulierungsbehörde des »Securities and Exchange Board« in Indien, das die Ausweitung des Risikokapitalmarkts anregte und ein Klima zur Förderung von Unternehmern zu etablieren suchte. Andere NRIs engagierten sich in der politischen Debatte um die Förderung der »Softwareparks« und Deregulierung des Telekommunikationssektors wie auch in der Auseinandersetzung um die Wege zur Digitalisierung der politischen und ökonomischen Prozesse zu Beginn des 21. Jahrhunderts.[168]

Im Bereich der Hochschulen besetzten Personen indischen Ursprungs und Rückkehrer aus dem Ausland bzw. NRIs Lehrstühle, wie an den IITs im Bereich der Medizin und der Theoretischen Physik oder der Computer Sciences, wo sie wichtige Beiträge zum parallelen Rechnen wie auch zur Daten-Fluss- und Multiprozessorarchitektur leisteten.[169] In einigen Fällen, wie dem des »Advanced Network Laboratory & IBM Research Centre« am IIT Delhi, resultierte aus der Kooperation mit Expatriates die Gründung ganzer Forschungseinrichtungen. So war das IBM-Forschungslabor 1998 als eines von acht »globally integrated labs« gegründet und rasch zu einer Instanz im Bereich der Forschung zu Webservices und Mobilanwendungen geworden. Der Direktor des Labors war Guruduth Banavar, ein IT-Ingenieur, dessen Biographie die

    60 % aller Fälle dienten die Remissen der Unterstützung der Familien. Vgl. RBI Monthly Bulletin April 2010, Mumbai 2010, S. 782 f.; Mishra: Diaspora, S. 713-717.
166 PM Inaugurates Pravasi Bharatiya Divas Celebrations 2003.
167 PM's Address at Pravasi Bharatiya Divas 2007. URL: https://archivepmo.nic.in/drmanmohansingh/speech-details.php?nodeid=436 [abgerufen am 15.8.2022].
168 Vgl. AnnaLee Saxenian: The Silicon Valley Connection. Transnational Networks and Regional Development in Taiwan, China and India, in: Science, Technology and Society 7,1 (2002), S. 117-149, hier: S. 136-140.
169 Vgl. Singhvi: Report, S. 469-480. Schon zuvor hatte ein von der UN unterstütztes Programm zur Förderung der Forschungskooperation (»Transfer of Knowhow Through Expatriate Nationals«) in Indien zwischen 1980 und 2000 den Besuch von rund 650 Forschern aus dem Ausland an über 250 Institutionen in Indien ermöglicht; die Einbindung der Forscher aus dem Ausland war hier ein wesentlicher Teil der akademischen Kultur geworden. Vgl. M.K.D. Rao: Tapping the Potential of Expatriates & Professionals, in: India Quarterly 60,3 (2004), S. 62-81, hier: S. 63 f.

»verflochtenen« Beziehungen zwischen Indien und dem Ausland und die Dynamik der globalen Arbeitsmigration in der Computerindustrie exemplarisch widerspiegelte: In Indien geboren, war Banavar zum Studium in die USA gegangen, hatte seinen Doktortitel in Computer Sciences an der University of Utah erworben und im Anschluss im IBM-Watson-Center in New York gearbeitet, bevor er nach Indien zurückkehrte, um die Entwicklung des IBM-Labors in Delhi in leitender Funktion voranzubringen. Im Jahr 2005 verantwortete er als Technischer Direktor von IBM India/South Asia die Gründung einer weiteren Forschungsabteilung in Bangalore.[170]

In der Politik bildeten sich ab der Mitte der 1990er Jahre gleichsam politische Interessenvertretungen der Auslandsinder. So gab es in der Region »Punjab« eine NGO, die sich um die Verbindungen zwischen den NRIs und ihrer »Heimatregion« kümmerte. Als *NRI Sabha*, als parlamentarische Vertretung deklariert, stand der Vertretung der Kommissar der Landesregierung vor. Schirmherr war der amtierende »Chief Minister« der Region, während der gewählte Präsident des so genannten »Parlaments« ein nicht-gebietsansässiger Inder war.[171]

Nicht nur besetzten die NRIs allerdings Schlüsselpositionen in politischen Gremien und Verbänden, an Hochschulen und in Konzernen, auch stützten sie die Industrie in breiter Basis. So ging die globale Wissenszirkulation über den engen Zirkel exponierter Gründer von Firmen, Forschungslaboren oder Agenturen hinaus, die über ihre Netzwerke Businesskontakte in die USA und andere Regionen anbahnten, in denen sich Indien als »Offshore-Standort« etablierte und den Nachwuchs der Programmierer anlernten.[172] Die globalen Netzwerke verbanden zusehends auch die kleinen Angestellten und Arbeiter. Die Vernetzung der Arbeitswelten – sowohl im Modell globaler Arbeitsteilung, in dem die Kommunikation zwischen den verschiedenen Regionen primär durch die digitale Technik in Bewegung kam, als auch im Modell globaler

---

170 Vgl. Turing Lecture 2017. Cognitive Computing (Dr. Guruduth Banavar). URL: https://www.bcs.org/articles-opinion-and-research/turing-lecture-2017-cognitive-computing/ [abgerufen am 15.8.2022]; Tech-Guru, in: New Indian Express, 8.11.2014. URL: https://www.newindianexpress.com/lifestyle/tech/2014/nov/08/Tech-Guru-680237.html [abgerufen am 15.8.2022]. Zum »IBM Research Lab« vgl. überdies allg. Doris Rajakumari John: The Offshoring Industry in India. Moving up the Value Chain?, in: Suseela Yesudian (Hrsg.): Innovation in India: The Future of Offshoring, Basingstoke 2012, S. 49-73, hier: S. 64-65.
171 Vgl. Margaret Walton-Roberts: Globalization, National Autonomy and Non-Resident Indians, in: Contemporary South Asia 13,1 (2004), S. 53-69, hier: S. 62.
172 Vgl. Shivali Tukdeo: The Not-So-Hidden Power of Mobility and Education. Indian Diaspora, Knowledge Industries and the Development Imperatives, in: Diaspora Studies 7,1 (2014), S. 56-69; Amba Pande: The Role of Indian Diaspora in the Development of the Indian IT Industry, in: Diaspora Studies 7,2 (2014), S. 121-129, hier: S. 125f.; Manashi Ray: Transcending National Borders to Embrace the Beyond. A Study of Transnational Asian Indian Entrepreneurs in the United States and India, Diss. Michigan State University 2010, S. 171-228.

IT-Services aus der Hand eines Anbieters, der seine digitalen Dienste durch mobile Experten on-site vermittelte – erwies sich so als Symbol einer vom Geographen David Harvey als Merkmal der Globalisierung auserkorenen radikalen »time-space-compression«.[173]

Im Bereich der IT-Industrie zeigte sich die Zirkulation von Menschen und Know-How besonders eindrücklich.[174] Das Feld des elektronischen Business Process Outsourcings war bis 2003 zu »India's new sunshine sector« geworden.[175] In einigen Firmen in Bangalore lag der Anteil der Rückkehrer aus dem Ausland bei 10-25 % der Arbeitskräfte.[176] Aber auch die Delegation von NRIs und POIs als leitende Angestellte nach Indien war in multinationalen Konzernen wie IBM, Siemens oder McKinsey übliche Praxis. Bisweilen kehrten diese nur kurzzeitig zurück. In anderen Fällen aber schloss sich der Kreis und diese wurden in Indien wieder ansässig.

Für die Entscheidung, gänzlich nach Indien zurückzukehren, war eingangs der 2000er Jahre, wie qualitative Erhebungen zeigen, ein Mix aus verschiedenen Gründen ausschlaggebend. Obwohl die Mehrzahl (rund 73 %) der Migranten – nach einer Umfrage unter aus den USA zurückkehrenden NRIs – ursprünglich als »Besucher« in die Vereinigten Staaten gekommen war und eine rasche Rückkehr, in der Regel zum Ende der eigenen Ausbildung oder des Jobs, vorgesehen hatte, revidierten viele ihre Meinung über die Jahre und blieben in der Folge länger im Ausland – durchschnittlich knapp eine Dekade. Zu den wichtigsten Push- und Pull-Faktoren einer Rückkehr zählten derweil die sich ab der Jahrtausendwende rapide verbessernden Jobaussichten in Indien und die Visa- und Einwanderungsprobleme im Ausland, aber auch soziale und kulturelle Faktoren wie der Wunsch, in der Nähe der Familie zu leben. Knapp 30 % der

---

173 David Harvey: Between Space and Time. Reflections on the Geographical Imagination, in: Annals of the Association of American Geographers 80,3 (1990), S. 418-434, hier: S. 425-428. Vgl. ders.: Spaces of Global Capitalism. Towards a Theory of Uneven Geographical Development, London/New York 2006, S. 100 f. Durch diese Mobilisierung von Kapital, Mensch und Wissen aber verschwanden, wie schon Harvey überzeugend argumentierte, keineswegs die globalen Ungleichheiten aus dem System des Kapitalismus. Vielmehr etablierten sich – gerade im System des Outsourcings und Bodyshoppings – neue Asymmetrien, allen voran zwischen dem globalen Norden und Süden.

174 Vgl. Gi-Wook Shin/Rennie J. Moon: From Brain Drain to Brain Circulation and Linkage, Stanford 2018; Saxenian: From Brain Drain to Brain Circulation; Nicole Mayer-Ahuja: (Im)mobilising Transnational Labour? Patterns of Spatial Mobility in Indo-German Software Companies, in: Work Organisation, Labour & Globalisation 6,2 (2012), S. 24-44; Neil Gregory/Stanley Nollen/Stoyan Tenev (Hrsg.): New Industries from New Places. The Emergence of the Software and Hardware Industries in China and India, Stanford 2009; Uwe Hunger: Indian IT Entrepreneurs in the US and India. An Illustration of the »Brain Gain Hypothesis«, in: Journal of Comparative Policy Analysis. Research and Practice 6,2 (2004), S. 99-109, hier: S. 105-108.

175 Greenspan: India, S. 94-95

176 Vgl. Sharma: Outsourcer, S. 205 f.

Rückkehrer gaben an, das Leben und die Kultur in Indien zu vermissen und ihre Kinder »with a strong sense of ›Indian-ness‹« erziehen zu wollen. Ein Teilnehmer an der Befragung gab zu Protokoll: »It was very much heart driven, not brain driven. So, it was easy.« Für Rückkehrer wie ihn waren die Kampagnen der Regierung daher besonders attraktiv.[177]

Für viele Inder im Ausland, die sich in globalen Netzwerken – wahlweise in Form eines »pan-indischen« oder eines nach religiösen, sprachlichen oder Kastenzugehörigkeiten ausgerichteten Zusammenschlusses – organisierten, blieb die Perspektive der Rückkehr nach Indien auch in der Ära globaler Migration zu Beginn des 21. Jahrhunderts ein wichtiger Fluchtpunkt.[178] Aus der Diaspora war ein neues Indien »außerhalb« Indiens entstanden, in dem die NRIs ihre Identität – »zwischen den Welten« – sukzessive neu auszuhandeln begannen. Den IT-Spezialisten, den »Argonauten« des digitalen Zeitalters, die einen wichtigen, zumal wachsenden Teil dieser Diaspora ausmachten, hatte die Ausbildung in Computer Sciences den Weg ins Ausland, das als Versprechen von »Freiheit« und »Unabhängigkeit« galt, geebnet; die Perspektiven in Indien aber waren – auch dank ihres Engagements – inzwischen andere geworden. Der Traum von der »digitalen Unabhängigkeit« war dem Ideal »digitaler Vernetzung« gewichen. Im Land der »next billion users«[179] ergaben sich so knapp sieben Jahrzehnte nachdem das digitale Zeitalter in Indien begonnen hatte, einmal mehr ganz neue Spielräume und Chancen.

---

177 Meghna Sabharwal/Roli Varma: Return Migration to India: Decision-Making Among Academic Engineers and Scientists, in: International Migration 54,4 (2016), S. 177-190, hier: S. 181-183. Dabei kam Indien die zusehends rigide Einwanderungs- und Visa-Politik der USA zupass, die in den 2000er Jahren viele Auslandsinder zur Rückkehr zwang. Vgl. Gaurav Khanna/Nicolas Morales: The IT Boom and Other Unintended Consequences of Chasing the American Dream, Center for Global Development, Washington D.C. Working Paper 460 (2017), S. 1-60, hier: S. 1-3. Indes blieb die Zahl der Rückkehrer insgesamt überschaubar. Nach Schätzungen verblieben so bspw. rund 90 % aller Migranten, die über kurzzeitige Visa ins Land gekommen waren, als »permanent residents« oder gar als »citizens« in den USA. Vgl. Chakravorty et al.: The Other One Percent, S. 50, 60 f.
178 Vgl. Ray: Transcending National Borders, S. 229-270; Elfriede Hermann/Antonie Fuhse: Introduction. Dilemmas of Belonging in Indian Diasporas, in: dies. (Hrsg.): India Beyond India. Dilemmas of Belonging, Göttingen 2018, S. 11-25.
179 Vgl. Arora: Users.

8. Schluss

Im Sommer 1947 packte die Architekten der werdenden Republik eine schier grenzenlose Modernisierungseuphorie. Diese kam in der Gründung von Schulen und Hochschulen, dem Ausbau der Verkehrs- und Versorgungssysteme und der Förderung neuer, zusehends digitaler Technologien zum Ausdruck. Die von Premier Jawaharlal Nehru gebauten »Tempel des Wissens« und Wunderwerke der »Big Science« waren zugleich mehr als medienwirksam inszenierte Prestigevorhaben einer veränderten Forschungs- und Technologiepolitik. Sie erwiesen sich, so die Ausgangsüberlegung dieses Buches, als wichtige Beiträge zur Nationsbildung am Ende der kolonialen Ära.

Als Indiens Premierminister Rajiv Gandhi – anlässlich der Feier des Unabhängigkeitstages – im Sommer 1985 vor den Toren des Roten Forts in Neu Delhi an die Wurzeln der Suche seiner Nation nach »Freiheit« und »Unabhängigkeit« erinnerte und die Bedeutung von »indigenous industry, indigenous computers, and power from indigenous atomic energy sources« hervorhob, waren Indiens Spinnräder lange den Computern gewichen. Digitale Technologien hatten von Beginn an eine wichtige Rolle im Prozess der Nationsbildung gespielt, wie die Jagd nach dem ersten digitalen Rechner des Landes im Jahr 1953 bewies. Besitz und Einsatz digitaler Technik versprachen etwas, das in Indien, zumal eingedenk der kolonialen Vergangenheit, ungleich wichtiger war als in Europa oder den USA: Unabhängigkeit. Der Computer war ein symbolischer Gradmesser dieser Unabhängigkeitsbestrebungen und wies der Technologiepolitik der Republik von Anfang an den Weg.

Zugleich verwandelte die Technik – abseits aller Symbol- und Prestigepolitik – das Land auch ökonomisch, sozial und kulturell. So lassen sich die verschlungenen indischen »Entwicklungspfade« ins digitale Zeitalter als eine Geschichte der komplexen »Nord-Süd-Ost-West-Beziehungen« nach 1945 lesen. Diese standen sowohl im Zeichen der ideologischen Blockkonkurrenz des Kalten Krieges als eben auch der Dekolonisierung und des sich ausgangs der 1960er Jahre intensivierenden »Nord-Süd-Konflikts«.

Die Analyse des indischen Wegs zur Technologienation versprach daher Erkenntnisse über die Dynamiken und Interdependenzen von Politik, Forschung und Ökonomie im Prozess der Nationsbildung und über die Akteure, Diskurse und Rahmenbedingungen der Förderung von Computertechnologien im globalen Süden. Hier zeigte der Fall der Computerpolitik, wie vor der Folie des Kalten Krieges und der Dekolonisation Prozesse der (inter-)nationalen Planung und der lokalen Aneignung und Konversion von Technologien miteinander verschmolzen. Die Untersuchung steht somit in doppelter Weise für einen Perspektivwechsel der Forschung: Zum einen dezentriert sie die vorrangig »westlichen« Meistererzählungen der Computergeschichte um eine Perspektive, die dezidiert den globalen Süden in den Blick rückt und dazu die Vorgeschichte des digitalen Zeitalters als eine Geschichte globaler Entanglements

SCHLUSS

zwischen »Nord« und »Süd« erzählt. Zum anderen ermöglicht sie als eine »Wissensgeschichte« der Politik einen anderen Blick auf die Rolle Indiens in der globalen Expertenzirkulation und der Diplomatie des Kalten Krieges.

Mit Indien stand ein Land im Zentrum der Untersuchung, dessen Geschichte in den klassischen, euro- und US-zentrierten Narrativen der »Digitalisierung« bislang keine prominente Rolle eingenommen hat; wenn überhaupt, so wurde die politisch-akademische Kultur des Landes nach 1947 bisher überwiegend in Auseinandersetzung mit den diversen Vorstellungen und Herangehensweisen des globalen Nordens gelesen. Doch zeigen sich im Fall Indiens, wie sich am Beispiel der Computer-Politik bilanzieren lässt, durchaus bemerkenswerte Eigendynamiken. Diese lassen sich – vor dem Hintergrund der Frage nach der Rolle der Computertechnik im Prozess der Nationsbildung und der Kontroverse um die »digitale Unabhängigkeit« des Landes – anhand von vier Themenkomplexen umreißen. Davon beschreiben die ersten beiden die Rolle des Computers im Prozess der Nationsbildung und deren Grenzen; die letzten beiden dagegen die globalen Entanglements, die Indiens Weg in die »digitale Moderne« prägten. Am Schluss werden die so skizzierten historischen Linien in Form eines kurzen Ausblicks bis in die Gegenwart gezogen.

Digitale Regierungen:
Computer, Planung und (post-)koloniale Nationsbildung

Zwischen Computern, Planung und (post-)kolonialer Nationsbildung gab es einen engen Konnex. In der Forschung sind die Träume einer »Wissensgesellschaft« unter Premierminister Jawaharlal Nehru in den vergangenen Jahren zusehends in den Blick geraten. Nehru hatte 1947 mit dem »scientific temper« eine »wissenschaftliche« Geisteshaltung beschworen, die sich eher an empirischen Beobachtungen und Methoden denn an traditionalen Glaubenssätzen oder religiösen Dogmen ausrichtete; dabei erschien ihm die »scientific revolution« als Schlüssel zur sozialen und ökonomischen »Entwicklung« des Landes. Dass im Gründungsdiskurs dieser »Wissensgesellschaft« indes Computer von Beginn an eine zentrale Rolle spielten, kam bislang überraschend wenig zur Sprache. Dabei war das Paradigma der Planung, das Indien nach 1947 auszeichnete, zugleich Ausdruck einer technokratischen Entwicklungsideologie und Teil der »Staatsräson«.

Der Diskurs der Planung transportierte derweil erkennbar ein koloniales Erbe. So orientierte sich die technokratische Konzeption des Staates *nach* 1947 an der Vorlage der kolonialen Disziplinierung der Bevölkerung. Nachdem die britische Kolonialregierung in ihren Provinzen Daten vor allem zur Kontrolle der Bevölkerung und zur Regulierung von Handel und Verwaltung erhoben hatte, betonte Nehru – als Vorsitzender des Nationalen Planungskomitees des Kongresses – deren *nationale* Bedeutung als Grundlage der Regierung des Landes. Datenverarbeitung und Planung waren so von Beginn an eng verbunden. Der »technologische Imperativ« zählte zur Gründungsakte des postkolonialen

Indiens. Dabei avancierten die Datenakquise[1] und mit ihr die Förderung der Computertechnik zu einer zentralen Voraussetzung des Regierens in der Ära der Planer, Modernisierungstheoretiker und Technokraten und, so der Befund, zur Basis einer neuen »Informationsordnung«.[2] Der Wunsch nach einer Technik, die die Regierungsmaschine in Indien in Gang setzte, erwies sich von Beginn an als Ausdruck des politischen Unabhängigkeitsbestrebens.

Freilich blieben die wechselnden Vorstellungen über den Einsatz dieser Technik stets Kinder ihrer Epoche. War der Computer so zunächst vor allem ein Werkzeug allgemeiner Modernisierungsbestrebungen gewesen, das im Dienste der Planungsvorhaben der »schweren Moderne« des Maschinenzeitalters stand, wiesen die Ausbildungsprogramme der Computer Sciences in den ausgehenden 1950er und beginnenden 1960er Jahren und die Förderung einer Computerbranche, allen voran der IT-Services, in den 1970er Jahren dem Einsatz digitaler Computer und elektronischer Datennetze im Bereich des e-governments den Weg.

Der Technologiepolitik und der Akquise von Computern lag in Indien – anders als in den USA – keine vorrangig militärstrategische Agenda zugrunde. Doch war der Computer auch keine rein zivil geprägte Technik, wie er es beispielsweise lange Jahre in der Bundesrepublik gewesen war. In Indien wirkte der Grenzkrieg zu China als Katalysator der Forschung im Bereich der Computer Sciences. In der Folge kam es zum Ausbau computerisierter Raketen- und Radarsysteme sowie erster digitaler Kommunikationsnetzwerke. Dabei

---

1 Zu dieser Perspektive vgl. kürzlich Payal Arora: Politics of Algorithms, Indian Citizenship, and the Colonial Legacy, in: Aswin Punathambekar/Sriram Mohan (Hrsg.): Global Digital Cultures: Perspectives from South Asia, Ann Arbor 2019, S. 37-52; Sen: Indian State. Zur Kritik des Modells einer »data democracy« und seiner Kehrseite der Überwachung des Bürgers vgl. zudem Shanti Kumar: Digital Television in Digital India, in: Punathambekar/Mohan (Hrsg.): Global Digital Cultures, S. 53-75, hier: S. 65-70.

2 Hier bewies sich einmal mehr das koloniale Erbe der Regierungspläne. So war die Ordnung, die den Zugang zu und den Einsatz von Computer- und Nachrichtentechnik regelte, sowohl staatlich geplant als auch kontrolliert. Die Vorstellung eines Regierungsprivilegs in diesem Bereich erwies sich derweil lange als Ausdruck eines durchaus paternalistischen Verhältnisses des Staates zu seinen Bürgern, das zudem überkommene Kasten- und Klassenhierarchien reproduzierte. Ein Ergebnis des staatlichen Kontrollanspruchs war, dass der IT- und Telekommunikationssektor (wie viele kapitalintensive Sektoren der Ökonomie) – und ganz besonders die Telefon- und Computerdatennetze – bis in die Ära der Liberalisierung in öffentlicher Hand verblieben; auch die Produktion der Anschluss- und Endgeräte lag in der Kompetenz der Staatsbetriebe. Schon der »Indian Telegraph Act« von 1885, der in ergänzter, korrigierter Fassung noch 2020 galt, setzte hier ein staatliches Privileg durch: »Within [India], the Central Government shall have exclusive privilege of establishing, maintaining and working telegraphs.« Vgl. Indian Telegraph Act, 1885. URL: https://dot.gov.in/act-rules-content/2430; https://dot.gov.in/sites/default/files/Indian%20Telegraph%20Act%201885.pdf [beide abgerufen am 15.8.2022]. Zur Geschichte dieser Regulierung vgl. zudem den »Information Technology Act« von 2000. URL: https://www.meity.gov.in/writereaddata/files/itbill2000.pdf [abgerufen am 15.8.2022].

gab es enge personelle, finanzielle und organisationale Verbindungen zwischen der Elektronikindustrie, der Atomenergiebehörde und dem Verteidigungsministerium. In den 1970er Jahren setzte sich – im Anschluss an die Gründung des »Departments of Electronics« – dagegen die Überzeugung durch, den Computer vorrangig im zivilen Sektor einzusetzen, um Indiens Weg in die »digitale Gesellschaft« vorzubereiten. Doch blieb auch in der Folge, wie die Episode um das Supercomputer-Programm der ausgehenden 1980er und beginnenden 1990er Jahre zeigte, der Dual Use der Technik von zentraler Bedeutung.

Zudem lag die Kontrolle der Technologiepolitik in den Händen eines kleinen, elitären Zirkels politischer Planer und akademischer Experten, deren Überlegungen lange an den Sorgen der Menschen vorbeigingen. Das Ringen um den Einsatz des Computers war so zugleich der Ausdruck eines zusehends spannungsreichen Komplexes von Staat, Bürgern und Maschinen. Hier lagen Computereuphorie und -kritik nahe beieinander. Während die Anti-Automationsbewegung ausgangs der 1960er Jahre gegen den Computer als »Job-Killer« in Industrie, Verwaltung und Bankenwesen protestierte und um die Autonomie von den Maschinen rang, glaubten die Planer in den Regierungsbehörden auch in den 1970er Jahren ungebrochen an das Versprechen einer Autonomie durch Maschinen und erhoben den Computer als »Swadeshi«-Maschine zum Symbol dieses Anspruchs.

Wie radikal die Vorstellungen über Einsatz und Nutzen der Technik auseinanderwiesen, zeigte sich überdies exemplarisch an der Bewegung »angepasster« Technologien, die in Indien ihren Ausgang nahm. Sprachgewaltig richtete sich die Bewegung gegen den Gigantismus der Planungseuphoriker und propagierte – neben der Förderung von Biogas-Dünger, Solarpumpen und Bambushäusern – die Implementierung kleiner, lokaler und nutzerorientierter Technologien im Bereich der (Konsum-)Elektronik. Im Feld der Computertechnik setzte ihr Credo »Small is Beautiful« dem Gigantismus allerdings kein Ende – trotz allen Bemühens um Kleincomputer und einen »barefoot microchip«, die in den ausgehenden 1970er und 1980er Jahren dazu auserkoren wurden, Hochtechnologien in die abgeschlagenen, vorwiegend ländlichen Gebiete zu bringen. Vielmehr schob die Regierung abseits der dezentralen Förderung kleiner Betriebe und lokaler Technologien die Bildung von Monopolen im Bereich der Computertechnik an. Zudem blieben viele der hehren Pläne letztlich vage Absichtsbekundungen und Ausdruck von Wunschdenken. Symbolisch bezeugte die Lücke zwischen Theorie und Praxis die Akquise des Digitalrechners am IIT Madras 1973 aus Mitteln des Food Aid-Programms. Diese war zudem Zeichen einer Priorisierung der »Big Science«. Sowohl im Rahmen des (Atom-)Energieprogramms und der Rüstungspolitik, deren erklärtes Ziel der Bau der »Bombe« war, als auch im Bereich der Astronautik blieb, zumal als das Land in den 1970er Jahren unter der Regie der Indian Space Research Organization eigene Kommunikations- und Wettersatelliten ins All brachte, die Dominanz der High-Tech-Förderung spürbar.

SCHLUSS

Wege in die digitale Gesellschaft?
Die Grenzen der Nationsbildung und die digitalen Gräben in Indien

Dieses Buch belegte die unverkennbar engen Grenzziehungen der »digitalen Gesellschaft«[3] – ihre *Ausschlüsse* und *Gräben*, *Ungleichheiten* und *Ungleichzeitigkeiten* – in Indien. Das digitale Indien war ein Land der Gegensätze. Schon die Ausbildung des Computer-Nachwuchses an den Indian Institutes of Technology, die als Wiege der Nationsbildung in der Ära der Globalisierung gelten, erwies sich in der Rückschau – anders als von Nehru und ihren Gründervätern vorgesehen – weniger als Motor des sozialen Wandels denn als ein Vehikel der Elitenreproduktion. Der Zugang zu den Hochschulen blieb, so der Befund, das Privileg einer kleinen, sozial und kulturell homogenen Gruppe. Indiens Wissensökonomie, die sich – allen voran an den IITs – hinter einer meritokratischen Rhetorik des Verdienstes verbarg, legitimierte sich so vorrangig über soziales und ökonomisches Kapital sowie über das Kastensystem, wobei auch Frauen lange ausgeschlossen blieben. Zugleich taten sich neue, digitale Gräben zwischen den »Eliten« der Computerinstitute und dem Gros der Bevölkerung auf, deren Alltag, insbesondere in den ländlichen Regionen, kaum von den Experimenten im Bereich der »Big Science« abhing als vielmehr von einer Kultur der kleinen Innovationen, vom »Jugaad« und der Idee des »Thinking Small«.[4]

Länger als im globalen Norden waren Computer eine Domäne akademischer Experten in Rechenzentren, Hochschulen und Forschungseinrichtungen geblieben.[5] Trotz des Einzugs der Technik in Büros und Fabriken ausgangs der

3 Gugerli/Zetti: Computergeschichte, S. 193; dies.: Digitale Gesellschaft, in: Historisches Lexikon der Schweiz (HLS), Version vom 21.10.2018. URL: https://hls-dhs-dss.ch/de/articles/055503/2018-10-21 [abgerufen am 15.8.2022].
4 Wie gering die Relevanz des Computers hier war, zeigte sich bereits an der Alltagsverbreitung des (Spezial-)Vokabulars. So wiesen einschlägige Englisch-Hindi-Lexika bis 1990 keinen Eintrag zum Lemma »Computer« aus. Vgl. A Practical Hindi-English Dictionary, hrsg. von Mahendra Caturvedi/B. N. Tiwari, Delhi 1970; Hindi Sabdasagara. Navina Samskarana, hrsg. von Syamasundara Dasa, Kashi 1965-1975; Learners' Hindi-English dictionary = Siksarthi Hindi-Angrejhi Sabdakosa, hrsg. von Hardev Bahri, Delhi 1989; dagegen war in britischen Lexika bereits eingangs der 1970er Jahre das Lemma »Computer« vorhanden. Vgl. exempl. The Concise Oxford Dictionary of Current English, hrsg. von H.W. Fowler/F.G. Fowler, Oxford [4]1972, S. 248 f. Ein erster Vermerk in Hindi-Englisch-Lexika erschien derweil eingangs der 1990er Jahre. Vgl. The Oxford Hindi-English Dictionary, hrsg. von R.S. Gregor, Oxford/Delhi 1993, S. 253. Vgl. dazu auch allg. Souvik Mukherjee: Computer/Laptop/Mobile, in: Rukmini Bhaya Nair/Peter Ronald deSouza (Hrsg.): Keywords for India. A Conceptual Lexicon for the 21st Century, London 2020, S. 129-130. An dieser geringen Reichweite der Technik bis in die ausgehenden 1990er Jahre in Indien änderten auch die durchaus produktiven Versuche, den Computer in die Schulen (CLASS) – allen voran in der Provinz (CRISP) – zu bringen, lange wenig.
5 So brachte die Computerisierung der Lebens- und Arbeitswelten eigene Zeitregime und -ökonomien in Nord und Süd hervor. Zu Theorie und Praxis der Chronopolitik im 20. Jh. vgl. Alexander C.T. Geppert/Till Kössler: Zeit-Geschichte als Aufgabe, in:

SCHLUSS

1960er Jahre, als der Computer die Arbeitsprozesse in Industrie, Bankwesen und Regierungsstellen vor allem der Metropolen wie Delhi, Bombay oder Madras zu prägen begann, verzögerte sich ihr Durchbruch als »Massenkonsumgut« im Zeitalter von Mikroelektronik und Personal Computern erheblich. Die krachend gescheiterte Vision eines »People's PC« passte da 1988 ins Bild. So besaßen noch an der Schwelle der 1990er Jahre weniger als 1% aller indischen Haushalte einen PC; ein ähnliches Bild ergab sich bei der Unterhaltungselektronik.[6] Auch die Quote der Internetnutzer blieb bis zur Jahrtausendwende verschwindend gering. Dabei waren die Unterschiede zwischen ruralen und urbanen Regionen erheblich.[7] Zu Beginn des 21. Jahrhunderts mangelte es so vielerorts an elementarer Computerkompetenz.[8] Der Computer

dies. (Hrsg.): Obsession der Gegenwart: Zeit im 20. Jahrhundert, Göttingen 2005, S. 7-36, sowie Fernando Esposito: Zeitenwandel – Einleitung, in: ders. (Hrsg.): Zeitenwandel. Transformationen geschichtlicher Zeitlichkeit nach dem Boom, Göttingen 2017, S. 7-62, hier: S. 18-24; S. 30-55.

6 Rund 1% aller Haushalte hatten einen Videorekorder, immerhin 15% ein Fernsehgerät, knapp 25% ein Radio und weniger als 5% ein Telefon. Vgl. Singhal/Rogers: India's Information Revolution, S. 30f.

7 Zwar stieg die Quote der Computernutzer ab Mitte der 1980er Jahre rapide an (um 20,3% pro Jahr), doch kam auch noch 1993 lediglich ein PC auf circa 4.000 Einwohner; in Taiwan lag die Quote da bereits bei 1:35. Der indische Markt, um den einheimische wie ausländische Konzerne warben, war demnach lange sehr klein. Vgl. Dedrick/Kraemer: Information Technology, S. 488. Im Vergleich zu den Tigerstaaten war Indien ein Nachzügler. In Singapur waren bis 2005 in knapp 75% aller Haushalte PCs installiert; zudem besaßen um 2000 rund 50% einen Zugang zum Netz. Vgl. Cortada: Digital Flood, S. 432. In Südkorea hatten derweil 1997 bereits circa 27% und 2002 rund 60% aller Haushalte einen PC; bis 2005 gingen 63,3% aller Koreaner online. Ebd., S. 403f. und 407. Vgl. dazu auch Jonathan Clemens: The Making of a Cyborg Society. South Korea's Information Revolution 1997-2007, Master's Thesis, Univ. of Hawaii 2008, S. 43-55, sowie allg. zur Geschichte des Ausbaus digitaler Netze in Asien: Chon: Asia. Zur Zahl der globalen PC- und Online-Nutzer vgl. überdies allg. Stöber: Neue Medien, S. 123-129; S. 292-297. Die Zahl der Internetnutzer kletterte in Indien von 25.000 im Jahr 1997 über eine Million zur Jahrtausendwende auf knapp 6.7 Millionen im Jahr 2005. Peter Wolcott/Seymour E. Goodman: Global Diffusion of the Internet. I: India, in: Communications of the Association for Information Systems 11 (2003), S. 560-646, hier: S. 607-612. Vgl. UN (Hrsg.): The Digital Divide Report. ICT Diffusion Index 2005, New York 2006, S. 25f. sowie allg. Siriginidi S. Rao: Bridging Digital Divide: Efforts in India, in: Telematics and Informatics 22,4 (2005), S. 361-375.

8 IT-Wissen war soziales Kapital. In einer Erhebung des Jahres 2007 zeigte sich eine überwältigende Mehrzahl der Eltern von Grundschülern in den ruralen Provinzen des Karnataka-Distrikts im Südwesten des Landes überzeugt, der Computer werde ihren Kindern den Weg »out of poverty« weisen. Vgl. Joyojeet Pal: The Machine to Aspire to. The Computer in Rural South India, in: First Monday 17,2 (2012). URL: https://doi.org/10.5210/fm.v17i2.3373 [abgerufen am 15.8.2022]. So hoch die Erwartungen an die Technik waren, so gering war gleichwohl das Wissen darüber: rund 20% der Teilnehmer der Studie gaben an, noch nie einen Computer gesehen zu haben; nur eine von 173 Personen hatte schon einmal einen Rechner benutzt. Vgl. Joyojeet Pal/Meera Lakshmanan/Kentaro Toyama: »My child will be respected.« Parental Per-

480

SCHLUSS

war universales Heilsversprechen und Sehnsuchtsmaschine der Massen und blieb doch ein Distinktionsmerkmal der Elite, der urbanen Mittel- und Oberschichten.

Noch eklatanter erscheinen die Zahlen aus einer »Nord-Süd-Perspektive«. Denn zu den Ambivalenzen und Ungleichzeitigkeiten des digitalen Wandels gehörte, dass der Zugang zu und die Nutzung von globalen Daten- und Kommunikationsnetzen ausgesprochen ungleich waren. Im Jahr 2005 gab es in Indien 17 Millionen PCs bei 1,15 Milliarden Einwohnern (rund 1,5 % der Bevölkerung). In Deutschland lag die Quote derweil bei 54,5 %, in Großbritannien bei 60 % und in den USA bei über 75 % der Bevölkerung.[9] Die Zahl der registrierten Internetnutzer bezeugte den digitalen Graben zwischen dem globalen Süden und dem globalen Norden noch klarer: Rund 85 % aller Internetnutzer kamen um das Jahr 2000 aus Industrienationen, wo zudem über 90 % aller Hosts standen; weniger als 1 % der Nutzer kamen aus Indien.[10] Dieser *digital divide* – im vermeintlichen »Zeitalter der Interdependenz« und des »global village« – blieb ein Symbol digitaler Grenzziehungen zwischen Nord und Süd. So legen die Ergebnisse dieses Buches nahe, im Anschluss an Shmuel N. Eisenstadts Thesen von durchaus vielgestaltigen digitalen »Modernen« zu sprechen, die zwar *ab origine* eng verbunden waren und sich als »connected histories« lesen lassen, sich zugleich aber auch, im lokalen wie im globalen Maßstab, durch eine Vielzahl digitaler Gräben, divergierender Nutzungspraktiken und abweichender (spatio-)temporaler Dynamiken auszeichnen.[11]

spectives on Computers and Education in Rural India, in: Information Systems Frontiers 11,2 (2009), S. 129-144, hier: S. 138. Zu den Gegensätzen im Bildungssystem vgl. zudem allg. kritisch: Roy Chowdhury/Keane, Democracy, S. 122-133. Vor diesem Hintergrund erwies sich die Durchsetzung »smarter« Mobilgeräte und -telefone in den 2010er Jahren als ein Meilenstein der Digitalisierung.

9 Vgl. Venkata Praveen Tanguturi/Fotios C. Harmantzis: ICT Infrastructure in Two Asian Giants. A Comparative Analysis of China and India, in: Sean S. Costigan/Jake Perry (Hrsg.): Cyberspaces and Global Affairs, London/New York 2016, S. 145-154, hier: S. 150; V. Sridhar/K. S. Sridhar: E-Commerce Infrastructure and Economic Impacts in Developing Countries. Case of India, in: Felix B. Tan (Hrsg.): Global Information Technologies. Concepts, Methodologies, Tools and Applications, Vol. I, Hershey 2008, S. 1499-1519, hier: S. 1503-1505.

10 Vgl. Rao: Bridging Digital Divide, S. 362. Der »Weltgipfel zur Informationsgesellschaft« der Vereinten Nationen 2005 erklärte so die Überwindung des globalen »digital divide« zu einem Kardinalproblem des 21. Jahrhunderts. Vgl. Stauffacher/Kleinwächter (Hrsg.): World.

11 Zu den vielstimmigen Forschungskontroversen um die Moderne(n) vgl. überdies: Shilin Randeria: Geteilte Geschichte und verwobene Moderne, in: Jörn Rüsen et al. (Hrsg.): Zukunftsentwürfe. Ideen für eine Kultur der Veränderung, Frankfurt a. M./New York 1999, S. 87-96; Dilip Parameshwar Gaonkar: On Alternative Modernities, in: ders. (Hrsg.): Alternative Modernities, Durham/London 2001, S. 1-23; Dipesh Chakrabarty: Introduction, in: Habitations of Modernity. Essays in the Wake of Subaltern Studies, London 2002, S. XIX-XXIV, hier: S. XX; Friedrich Jaeger/Wolfgang Knöbl/Ute Schneider: Einleitung, in: dies. (Hrsg.): Handbuch Moderneforschung, Stuttgart 2015, S. 1-16; Prem Poddar: Force Fields of the Modern: The

SCHLUSS

In Indien rissen digitale Gräben zwischen Arm und Reich, zwischen urbanen und ruralen Regionen, aber auch zwischen den Geschlechtern auf. Dies spiegelte sich schon in den Geschlechterverhältnissen der Computerbranche und ihrer – vielerorts maskulin geprägten – Programmiererkultur wider. In der Spitze der Programmierer und IT-Berater wie auch in der elitären »Computer Society« des Landes, die vor allem (studierte) Fachexperten ansprach, waren Frauen lange kaum vertreten. Die Akademisierung der Branche schloss Frauen zusehends aus, auch weil die Zahl weiblicher Studierender im Allgemeinen und der Ingenieure und Computerspezialisten im Besonderen in Indien bis in die 1990er Jahre hinein verschwindend gering blieb. Zudem erwies sich der Bereich der Datenverarbeitung überraschenderweise viel weniger als eine weibliche Domäne als in den USA oder Europa. Vielmehr waren dort vielerorts Männer und Frauen gemeinsam im Einsatz. Zum Teil wurden Jobs als Lochkartenstanzer auch – wie im Fall der Tata Iron and Steel Company – exklusiv Männern vorbehalten. Hier widersetzte sich Indien lange der Praxis ausländischer Konzerne. Dagegen boomte »Frauenarbeit« vor allem im Sektor der IT-Services, im Vertrieb, zum Beispiel in der Sonderhandelszone in Santa Cruz, aber auch in den prekären Anstellungsverhältnissen einer neo-taylorisierten Hardwareproduktion. In den 1990er Jahren kamen Frauen zudem im Rahmen der ausgelagerten IT-Dienstleistungen in »Call-Centern« zum Einsatz – wo sich die »Zweiklassengesellschaft« der Computerindustrie besonders deutlich zeigte. Hier verstärkte der digitale Wandel der Lebens- und Arbeitswelten vielerorts bestehende Ungleichheiten.

Indien, der Kalte Krieg und der Computer

Der Wandel zur Technologienation war, wie die Analyse der Akteure, Diskurse und Programme der »digitalen Entwicklung« in Indien bezeugte, ein Ergebnis globaler Austauschbeziehungen.[12] Wie die Studie zeigte, ebnete die Schaukelpolitik »zwischen den Blöcken« der Computerisierung des Landes in der Ära des globalen Kalten Krieges den Weg. Schon die Jagd nach dem ersten digitalen Computer bewies, dass die Pioniere dieser Jahre sowohl Kontakte in die

---

Symbolic Contestation of Power, in: Nathalie Gontier/Andy Lock/Chris Sinha (Hrsg.): The Oxford Handbook of Human Symbolic Evolution [Online], 15.8.2022. DOI: 10.1093/oxfordhb/9780198813781.001.0001 [abgerufen am 15.8.2022]. Zu Indien, der Kultur der »Copycats« und einer Produkte- und Markenpiraterie als Wesenszug der digitalen »Moderne« im globalen Süden vgl. zudem Lars Eckstein/Anja Schwarz (Hrsg.): Postcolonial Piracy. Media Distribution and Cultural Production in the Global South, London/New York 2014; Punathambekar/Mohan (Hrsg.): Global Digital Cultures.

12 »India's transnational entanglements« grundierten, wie sich zeigte, das Ringen des Nationalstaats um »Unabhängigkeit« nach 1947. Denn: »India's post-independence history was characterized by the simultaneity of national and transnational processes, some of which fueled each other while others produced tensions.« Vgl. Andreas Hilger/Corinna R. Unger: Introduction. India in the World since 1947, in: dies. (Hrsg.): India, S. 9-13, hier: S. 10.

SCHLUSS

USA als auch in die UdSSR anzubahnen verstanden, um Hardwareressourcen zu akquirieren. Auch das Anwerben von Manpower, allen voran Programmierer und Systemtechniker, über die Blockgrenzen hinweg gehörte zur Geopolitik der Expertise. Hier waren Improvisationskünste unabdingbar, zumal die globale Konkurrenz im Ringen um Experten, Waren und Know-How rasch anwuchs. Allerdings zeigte die Geschichte des Traums von einem Computer *made in India* auch, dass die politisch-ideologische Positionierung eine Kooperation erschweren und Pläne zerschlagen konnte. Bisweilen, wie im Fall des Physikers Homi J. Bhabha, gaben auch persönliche Netzwerke zur nationalen Industrie wie zur internationalen »scientific community« – vor allem in die USA – den Ausschlag gegenüber der Konkurrenz.

Ein wichtiger Impulsgeber des digitalen Indiens waren die globalen, entwicklungspolitischen Programme im Bereich der technischen Bildung, die sich ab den ausgehenden 1950er Jahren auch und zunehmend der Förderung der Computerausbildung verschrieben. Hier nutzte das »bündnisfreie« Indien – wie in vielen anderen Feldern dieser Jahre auch[13] – die Strategie des »dritten Wegs« zwischen den Blöcken, um sich Spielräume zu sichern. Allerdings prägte der Kalte Krieg in gleicher Weise die Interessen der Geberländer, die in der Förderung des Forschungs- und Bildungssystems ein Werkzeug zur Durchsetzung von ökonomischen und geopolitischen Zielsetzungen sahen.

An dieser Stelle wurde deutlich, dass die Auseinandersetzungen um den Kurs Indiens in eine »digitale Moderne« keineswegs reibungslos waren. An den Hochschulen und Forschungseinrichtungen kam es zu einer Vielzahl an Begegnungen zwischen Politikern, Industriellen und Experten, in denen sich grundsätzliche Divergenzen über den Kurs der »Entwicklung« der Nation widerspiegelten. Diese begannen bei der Akquise der Ressourcen, der Auswahl des Personals und der Auseinandersetzung um Bildungskonzepte und Forschungsschwerpunkte. An ihrem Ende ging es um die Frage, ob der sozialistische Weg der Autarkiepolitik, den die Regierung in Delhi nach 1947 und vor allem in den 1970er Jahre propagierte, zu gehen oder viel eher der Pfad einer ökonomischen Liberalisierung einzuschlagen sei. Hier erwies sich die Debatte um den Einsatz des Computers als Brennglas entwicklungspolitischer Diskurse.

In der Praxis zeigte sich die Divergenz entwicklungspolitischer Vorstellungen, Konzepte und Praktiken besonders eindrücklich in der Geschichte der Gründung der Indian Institutes of Technology. So avancierten die IITs in Kharagpur, Bombay, Kanpur, Madras und Delhi unter der Förderung ihrer nationalen »Schirmherren« sowie unter dem Dach der UNESCO zwischen 1950 und 1977 zu *Showpieces* der Entwicklungspolitik. Hierbei zeigte der Vergleich der Vorhaben, dass die Gründung der Hochschulen, sowohl was die Wege der Planung und die Modi der Kooperation als auch was die Motive, Ziele und praktischen Probleme anging, eine Miniatur des Kalten Krieges war. Lange dominierten die USA im Bereich der Computerausbildung am IIT Kanpur. Als sich Indien

---

13 Vgl. Logan: Technological History.

SCHLUSS

indes eingangs der 1970er Jahre zusehends der UdSSR zuwandte, zogen sich die USA sukzessive zurück und andere Institute, wie das bundesdeutsche IIT Madras, übernahmen die Führung. Zugleich ergaben sich vielerorts erhebliche Auseinandersetzungen zwischen einheimischen und ausländischen Experten – zum Beispiel über die Frage des Anwendungsbezugs der Forschung, die Förderung der lokalen Industrien, die Ausgestaltung des Curriculums, die Akquise von Maschinen oder die Besetzung der Dozenturen an den IITs.

Indiens Weg zur Technologienation war, wie die Geschichte der Gründung der IITs exemplarisch erzählte, global »verflochten«. Nachdem über Jahrzehnte Computerexperten nach Indien gekommen waren, kehrte sich die Wanderungsbewegung ab den 1970er Jahren langsam um. Nun reisten Indiens Computerspezialisten in alle Welt; für den globalen Norden begannen sich die Investitionen in die Ausbildungsprogramme an Forschungseinrichtungen und Hochschulen zusehends auszuzahlen. So produzierten die Ausbildungsprogramme der Computer Sciences eine neue, akademische Elite der Programmierer, wiesen einer technologiebegeisterten, globalisierten Mittelklasse den Weg und lösten eine Welle globaler Arbeitsmigration aus, die über die Blockgrenzen hinwegschwappte und auch in der Folge, nach dem Fall des Eisernen Vorhangs, in den 1990er Jahren weiter anschwoll. Als wachsende, transnationale technische Elite positionierten sich die Computerspezialisten derweil quer zu den Richtungs- und (Betriebs-)Systemkonkurrenzen des Kalten Krieges. Ihre Allianzen galten eher technischen Herstellern wie IBM denn politischen Führern: eine Elite, »aligned technically rather than politically«.[14] Zudem gaben hier, wie die Studie zeigte, auch persönliche Karrierepläne, akademische Ziele und ökonomische Anreize den Ausschlag.

Der Austausch über den Kurs in der Technologiepolitik in Indien war gleichsam das Ergebnis einer Zirkulation von Wissen, die über die Grenzen Indiens hinausreichte. Dazu gehörten sowohl die Auseinandersetzung über abstrakte, theoretische Modelle der Planung als auch der Einbezug populären Wissens, wie er in den Programmen zur Förderung ruraler Regionen zum Ausdruck kam. Neben vereinzelten Ansätzen eines Engagements »von unten« – wie im Versuch, 1983 ein Netzwerk- und Datenbanksystem in der Provinz Karwar von der Graswurzelebene der Gemeinden und Distrikte aus zu errichten, oder in den Modellvorhaben eines partizipatorisch angelegten, lokal produzierten Fernsehprogramms in der Kheda-Provinz ab 1975 – erwiesen sich die Konzepte im Bereich der Computertechnologien allerdings als ein Paradebeispiel der Planung »von oben«. Hier wurden Wissensbestände hervorgebracht, die als »funktional aggregiertes Wissen« zum Einsatz der Technik im Dienste der Produktionssteigerung, Industrialisierung und Rationalisierung den Kurs vorgaben. Dabei gerieten Menschen wie Dinge und Ideen physisch in Bewegung.[15]

14 Bassett: Aligning India, S. 785 f.
15 So kam der Vermittlung von Wissen zwischen Theorie und Praxis sowie dem Austausch zwischen verschiedenen Akteuren (Politikern, Unternehmern und Aktivisten)

SCHLUSS

Ist die Welt »flach«?
Die digitale Ökonomie und das System globaler Arbeitsteilung

Zugleich bezeugte die Genese und Evolution einer einheimischen Computerindustrie in Indien die Dynamik der Nationsbildung im Prozess der Globalisierung und die Persistenz globaler »Abhängigkeiten« zwischen Nord und Süd. Die Vorstellung der »IT-Nation« prägte hier ganz entscheidend das nationale Selbstverständnis – auch und gerade in der Selbst(er)findungsphase der Republik. Nachdem es die Investitionen des globalen Nordens gewesen waren, die ab den 1950er Jahren Indiens Weg ins digitale Zeitalter geebnet hatten, wurden Indiens Programmierer ab den ausgehenden 1970er Jahren zum Sinnbild einer neuen, digitalen Dienstleistungsökonomie, die bis in den globalen Norden zurückwirkte und ein neues Regime globaler Arbeitsteilung – wie auch neue globale Ungleichheiten – zeitigte.

Dabei zeigte sich, dass bereits in der Ausbildung von Computerspezialisten koloniale Hierarchien eingeschrieben waren. An den IITs sprachen ausländische Experten, wie in Kharagpur, in den 1950er Jahren über den Hang des lokalen Nachwuchses zum Auswendiglernen und das Fehlen eines Ingenieursgeistes; in Madras erhoben sich deutsche Experten über den angeblichen Mangel sekundärer Tugenden. Auch in der Folge erschwerte noch lange ein (kolonialer) Dünkel die Ausbildung von Programmierern. So scheiterte im Jahr 1978 an dem – nach britischem Vorbild gegründeten – »Administrative Staff College of India« in Hyderabad der Versuch, einen Spitzenrechner des britischen Computerkonzerns ICL, wie er in der Verwaltung des Vereinigten Königreichs zum Einsatz kam, aus den Mitteln des britischen Entwicklungsprogramms zu erhalten, an der paternalistischen, (post-)kolonialen Überzeugung der britischen Verhandlungspartner, in einem Entwicklungsland wie Indien keinen gleichberechtigten Partner vor Augen zu haben, der eine ebenso avancierte Technik wie das ehemalige Mutterland bedienen könne. Das Angebot, die horrenden Kosten einer Akquise des Rechners dadurch zu reduzieren, dass die Angestellten und Studierenden des Colleges in Hyderabad ihre Expertise im Programmieren in die Dienste der britischen Regierung und der Verwaltung stellten und Programme schrieben, um den Rechner abzubezahlen, wurde aus diesem Geiste ebenso abschlägig beschieden, obwohl es der britischen Industrie dieser Jahre durchaus an Computerspezialisten mangelte. Nur wenig später wies genau dieses Modell der Ausgliederung von IT-Services den Weg. Die Episode zeigte die ganze Ambivalenz des Imports der Technik von ausländischen Mächten, die in In-

und den IT-Experten eine ebenso zentrale Bedeutung zu wie Formen der »kulturellen Übersetzung« im globalen Bezugsrahmen. Vgl. Unger: Entwicklungspfade, S. 278-288. Vgl. dazu auch Lässig/Steinberg: Knowledge; Dahlmann/Reith (Hrsg.): Elitenwanderung; Simone Lässig: Übersetzungen in der Geschichte – Geschichte als Übersetzung? Überlegungen zu einem analytischen Konzept und Forschungsgegenstand für die Geschichtswissenschaft, in: Geschichte und Gesellschaft 38,2 (2012), S. 189-216, hier: S. 197-200.

dien – vor dem Hintergrund von Dekolonisation und Kaltem Krieg – zugleich ein Symbol der Begierde und postkolonialer Bürde und Belastungen war, und spiegelte die Persistenz von »Machtrelationen« wider.

Für Indien, das die Führung der »Dritten Welt« in der Auseinandersetzung um die ökonomische, technologische und kulturelle Autonomie der Länder des Südens in den 1970er Jahren an sich gezogen hatte, war der Zugang zu den Ressourcen des digitalen Zeitalters, wie die Machtprobe gegen die globale Dominanz der Konzerne im Bereich der Computertechnologie bewies, mehr als eine Frage des Ansehens. Hinter der Anklage eines »elektronischen Kolonialismus« stand die Forderung nach einer neuen »Weltinformations- und Kommunikationsordnung«. Zugleich proklamierte die Regierung Indira Gandhis einen Kurs der »Indisierung« der Industrie, in deren Zuge der Computerkonzern »ECIL« zum »nationalen Champion« avancierte. Der Rückzug US-amerikanischer »Multis« wie IBM brachte das Land in der Folge, wie sich zeigte, an die Grenzen seiner Kapazitäten, bis es die ökonomische Liberalisierung aus der Krise zurückholte. Indes ergaben sich im Bereich der Computerindustrie auch Chancen aus den Autonomiebestrebungen. So verlor Indien zwar im Bereich der Hardwareproduktion – ohne die Importe aus dem Ausland – weiter an Boden; im Bereich der IT-Services aber sicherte es sich eine Nische. Der Boom der Programmierer, die Ausbildung einer Unternehmerkultur und der Beginn indischer Startups waren Resultate dieser Politik in den 1970er und 1980er Jahren.

Dennoch lassen sich alle diese Beobachtungen kaum in die Meistererzählung einer linearen Geschichte der Liberalisierung pressen. Vielmehr zeigte sich, dass das Verhältnis der Republik zu ausländischen Kapitalinvestitionen schon zuvor, sogar noch in der Hochphase der Autonomiepolitik in den 1970er Jahren, durchaus gebrochen war und es – gerade im Bereich der Computer-Förderung – bereits bemerkenswerte Ausnahmen vom Grundsatz einer Regulierung ausländischen Kapitals gab. So beschreiben die 1970er Jahre, anders als bisher in der Forschung geschehen, auch keineswegs lediglich die Ära der Devisenregulierungsgesetze (FERA) und anderer protektionistischer Verordnungen gegen Monopole und restriktive Handelsbeschränkungen (MRTPA), sondern eben auch die Jahre der Gründung von Sonderhandelszonen wie in Santa Cruz in der Nähe von Mumbai, in denen die Lockerung von Handelsbeschränkungen, allen voran im Bereich der Programmierungs- und IT-Beratungsdienste, begann. Die Zulassung von (Software-)Exporten und die Erleichterung von (Hardware-)Importen bereiteten der Kooperation zwischen aus- und inländischen IT-Firmen den Boden, wie der Fall des Zusammenschlusses von Tata Industries und Burroughs ab 1973 exemplarisch bewies. Die Verabschiedung der Computergesetze eingangs der 1980er Jahre und die Gründung der Technologieparks ausgangs des Jahrzehnts wiesen sodann dem Liberalisierungsprogramm den Weg.

Die Ausbildung der IT-Service-Industrien war ein Ergebnis der Digitalisierung und Globalisierung der Arbeitswelten am Ende des 20. Jahrhunderts. In

SCHLUSS

Konkurrenz zu amerikanischen, britischen und auch deutschen Hardwareherstellern eroberten hier Indiens IT-Firmen ab den 1970er Jahren das boomende Feld der »Softwareentwicklung«. Die Migration von IT-Spezialisten – allen voran ins Silicon Valley – und die Ausgliederung der Dienstleistungs- und Entwicklungssparten bzw. »Backroom Operations« europäischer und US-amerikanischer Konzerne in Indien prägten in der Folge das Image der Technologienation. Bis 1997 rissen Indiens Firmen circa 62 % des globalen IT-Outsourcings an sich.

Für Globalisierungstheoretiker wie Thomas L. Friedman versprach die Globalisierung und Digitalisierung der Lebens- und Arbeitswelten vor allem eine Homogenisierung der Chancen. »Flach« – wie Friedman es provokativ nannte – war der Globus durch die Digitalisierung allerdings, wie der Fall Indiens zeigte, kaum geworden. Im Bereich der IT-Services gehörten diverse indische Firmen zwar ab den 2000er Jahren stets zur Top Ten; die lukrativen, komplexen Engagements übernahmen aber auch weiterhin US-amerikanische Konzerne. Auch die Löhne der Angestellten in Indien lagen in der Regel deutlich unter denen in den USA. Job Hopping und das Risiko des »Brain Drain« ins Ausland blieben so an der Tagesordnung. Die »globale indische Diaspora« war daher zwar wesentlich durch die Dynamik der Arbeitsmigration in der Computerindustrie bestimmt; das neue Regime der globalen Arbeitsteilung aber zementierte, so der Befund, nur die Gegensätze zwischen den »Welten«. Der Siegeszug der IT-Services in Indien muss deshalb gerade im Lichte der Trends zur Flexibilisierung und Prekarisierung der Arbeitsverhältnisse in der IT-Branche gesehen werden, zumal den wenigen Pioniergeschichten im Silicon Valley die unzähligen, namenlosen Gesichter der digitalen Massen in den Fabriken des globalen Südens gegenüber standen.[16] Diese Wissensarbeiter in der Ära des Outsourcings und Bodyshoppings wurden schon eingangs der 1990er Jahre als neue »Cyber-Coolies« betrachtet. Aus ihrer Perspektive produzierte die neue Ära der »IT-Services« letztlich vor allem eines: eine neue »digitale Abhängigkeit«.

Vor diesem Hintergrund erwiesen sich Annahmen als unterkomplex, die Indiens verzögerten Weg in die »digitale Moderne« vor allem als Ergebnis »hausgemachter Probleme« einer resistenten Politik deuten und einer sich verweigernden Bürokratie wie auch einer ausgeprägten Technikskepsis im Land anlasten. Hier grenzte sich die Untersuchung, auch eingedenk der »geteilten

---

16 Hinzu kam, dass auch die Karrieren besser verdienender Computerexperten vielerorts eine »gläserne Decke« erreichten und sich die Inder im Ausland, wie der Vergleich zwischen den Lebens- und Arbeitswirklichkeiten im Silicon Valley und in Berlin zeigte, einer in den 1990er und 2000er Jahren gewachsenen Xenophobie gegenübersahen. Zur Persistenz globaler Ungleichheiten und Hierarchien zwischen Zentrum und Peripherie in der Ära der »Global Cities« vgl. allg. Saskia Sassen: Global Cities, Princeton, NJ ²2001, S. 117-125, 359-363; dies.: Ausgrenzungen, Frankfurt a. M. ²2017, S. 40-43; Amrute: Encoding, S. 195-200; Pellow/Sun-Hee Park: Silicon Valley, S. 85-111, 169-192.

Geschichte« dieses Weges, der Indien, die USA, die UdSSR und Europa verband, von der Forschung ab, die Indiens Technologiepolitik bislang vorrangig als Ausdruck des »mismanagement« einer »overtly ineffective, often ignorant [...] public administration«[17] verstand bzw. als Versuch einer Kaste abgehobener Technokraten »to play umpire between Indians and technology«, die die Kultur des »Jugaad« nur deshalb predigte, »to persuade its citizenry that Big is Bad«.[18] Zugleich schien es – angesichts der hitzigen Dispute zwischen Advokaten und Gegnern der High-Tech-Förderung – auch übertrieben, von einer systematischen Verschleierung der Rückschläge zu sprechen oder den Lobgesang einzelner Meilensteine im Technologiesektor durch die Regierung propagandistischer Motivlagen zu verdächtigen, zumal die Allianzen zwischen Modernisierungsskeptikern und -apologeten hoch volatil waren, wie schon der Dissens über die Folgen der Automation und den Einsatz der Technik in der »Computer Society of India« in den 1960er und 1970er Jahren bezeugte. So gab es vielmehr eine rege Auseinandersetzung um den Kurs der Technologiepolitik.[19]

Freilich gestaltete sich der Aushandlungsprozess dieses Kurses in Indien angesichts der Vielzahl regionaler, religiöser, kultureller und soziopolitischer »Identitäten« durchaus komplizierter als andernorts, und so waren auch die Ungleichzeitigkeiten als ein Ergebnis dieser besonderen Erschwernisse des Modernisierungsversuchs und in Anerkennung des Ballasts der Kolonialgeschichte zu lesen. Zugleich aber zeigten sich die digitalen Gräben des Landes als Ausdruck einer neuen globalen Ökonomie der Arbeitsteilung, in der, wie oben gesehen, koloniale Hierarchien und Resistenzen von Beginn an eingeschrieben waren. So lassen sich die Wege und Umwege Indiens in die »digitale Moderne« auch keineswegs als lineare »Fortschrittserzählung« verklären. Hier grenzte sich die Studie von hagiographischen Ansätzen ab, deren Ziel es

---

17 Cortada: Digital Flood, S. 493.
18 Sukumar: Midnight's Machines, S. 203 f.
19 Indes unterschied sich Indien hier kaum von anderen Nationen, die das Rennen um Technologien – im Kontext des Kalten Krieges und des sich zuspitzenden Nord-Süd-Gegensatzes – zum bevorzugten Feld des Handelns erhoben. Allerdings schien es vielversprechend, Indiens Rolle im Vergleich zu den Tigerstaaten wie auch im Verhältnis zu China noch stärker, als es in dieser Studie möglich war, in den Blick zu nehmen. Die Frage danach, welche Rolle der Computer in anderen Regionen des globalen Südens spielte, muss weiterer Forschung vorbehalten bleiben. Die Auswirkungen des »Netzwerkkapitalismus« und der Auslagerung digitaler »Geisterarbeit« in den globalen Süden umreißen spannende Felder weiterer Untersuchungen. Auch die Veränderung der politischen Praxis in einer durch digitale Medien evozierten »Echtzeit«-Demokratie oder der Einsatz digitaler Technologien in repressiven Regimen sowie die Frage, wie sich Ansätze einer neuen Entwicklungspolitik – z. B. unter dem Dach »C4D 3.0« – gestalteten, blieben hier zu untersuchen. Vgl. Boltanski/Chiapello: Geist; Staab: Digitaler Kapitalismus; Gray/Suri: Ghost, S. XIII-XXX; Nassehi: Muster, S. 321-325; Heeks: ICT4D 3.0; Jeanette Hofmann et al. (Hrsg.): Politik in der digitalen Gesellschaft. Zentrale Problemfelder und Forschungsperspektiven, Bielefeld 2020.

SCHLUSS

war, die Geschichte einer »IT-Revolution« zu schreiben – »to highlight pioneers in each segment«.[20] Vielmehr ging es darum, die Ungleichzeitigkeiten und Ambivalenzen des Prozesses, die digitalen Brüche, Ungleichheiten und Widerstände, in Indien zu analysieren. Denn – und so wäre ein erheblicher Teil der bisherigen Forschung zur Geschichte der Computerisierung zu korrigieren – heroische Pionier- bzw. Innovationsgeschichten erlauben eben keine Rückschlüsse auf die Durchsetzung und alltägliche Nutzung der Technologien. In der Praxis überdauerten diverse Technologien in vielen Fällen die vermeintlichen technologischen Disruptionen. Analoge und digitale Technologien bildeten noch zu Beginn des 21. Jahrhunderts, wie der Chefredakteur des Technologiemagazins CIO eindrücklich schrieb, ein Hybrid:

> India is probably the only country in the world where you can send e-mail to a person who doesn't have access to the Internet, a computer, phone, or heck, even electricity. And, how? For Rs. 10 and an A4 sheet, postmen will receive, print and hand deliver e-mail anywhere in India (or vice versa), typically within a day. How do you provide ›last mile connectivity‹ in a nation where only six percent of the people can access the Net and fewer still can read? India Posts' admirable reply would be: ›With our feet, and privacy be damned.‹ It's Jugaad.[21]

Der »shock of the old« gehörte ebenso zu Indiens Moderne wie ihre »obsession with novelty«.[22]

Digitale (Un-)Abhängigkeit?

Die Geschichte dieses Buches war die Geschichte der Suche nach »digitaler Unabhängigkeit« in Indien. Was sich hinter dieser Rede von der »Unabhängigkeit« verbarg, welche Motive ihr zugrunde lagen und welche Folgen ihr zugesprochen wurden, war historisch wandelbar und Gegenstand kontroverser politischer Aneignungs- und Aushandlungsprozesse sowie Bedeutungszuschreibungen. Unabhängig zu sein, konnte, wie gezeigt wurde, sowohl die Ausbildung eigener *Manpower* und Experten bedeuten, als auch die Ansammlung von *Know-How* bzw. Expertise und die Produktion *materieller Ressourcen* der Hardware. Noch grundsätzlicher zeigte sich aber, dass die Rede von »digitaler

---

20 Sharma: Outsourcer, S. 5 f. Vgl. ders.: Revolution; Deb: IITians.
21 Vijay Ramachandran: The Solution is Jugaad, in: CIO Magazine 4,8 (2009), S. 1-2. Vgl. Now, Postmen to Deliver E-Post, in: Times of India, 6. 4. 2004; E-Post May Emerge as Hi-Tech Replacement for Telegram, in: Times of India, 24. 7. 2013. URL: https://timesofindia.indiatimes.com/city/patna/Now-postmen-to-deliver-e-post/articleshow/602289.cms; https://timesofindia.indiatimes.com/city/hubballi/e-post-may-emerge-as-hi-tech-replacement-for-telegram/articleshow/21297830.cms [beide abgerufen am 15. 8. 2022].
22 Edgerton: Shock. Zur »Gier nach dem Neuen« vgl. zudem Hugh Pearman: Two Wheels Good, in: Sunday Times, 31. 12. 2006, S. 10.

SCHLUSS

Unabhängigkeit« und »Souveränität«[23] diametral verschiedene Assoziationen weckte: einerseits die »Freiheit« *zur* Kooperation, in welcher der digitale Wandel als Chance erschien, sich zu vernetzen und so zugleich ökonomisch unabhängig zu machen – abseits von Tee, Baumwolle, Spinnrädern –, und andererseits die »Freiheit« *von* den Zwängen der Konkurrenz – als Rückzug in die Autarkie einer Nation in der Ära der Globalisierung.

Vor dem Hintergrund dieser Deutungskonkurrenz wurde die Idee der »Unabhängigkeit« sowohl im nationalen als auch im regionalen und lokalen Bezugsrahmen politisch, ökonomisch und sozial ausgelegt und von verschiedenen Akteuren – Politikern und Journalisten, Unternehmern, Arbeitnehmervertretern und akademischen Experten – vermessen. Zur Geschichte dieser Vermessung des Terminus der »Unabhängigkeit« gehörte zudem, dass es keinen Masterplan gab, vielmehr zeichnete sich der Weg ins digitale Indien durch Kontingenz und die vielgestaltigen Dynamiken, Brechungen und Zäsuren des Deutungs- und Aushandlungsprozesses aus. Die Auseinandersetzung um die »digitale Unabhängigkeit« war Teil der *Selbstfindung der Nation*. In ihr spiegelte sich die Polemik um den Kurs der Nation exemplarisch wider.

In den 1950er Jahren, in der Ära von Dekolonisation und Nationsbildung, stand der Anspruch, über die Ausbildung von Computerexperten und den Bau digitaler Computer von ausländischer Expertise und Ressourcen »unabhängig«

23 Die Rede von »digitaler Souveränität« avancierte in den letzten Jahren zum politischen Slogan. »The notion of ›sovereignty‹ in relation to such terms as ›digital‹, ›data‹ and ›technology‹ has increasingly been used by diverse actors to promote different perspectives. […] However, sovereignty as a category […] should also be questioned: the reason being that it is rooted in the Western history of colonialism and imperialism and is still deeply encoded in the structures and discourses of international law. Therefore, […] it should be important to question the colonial histories or power dynamics that are being maintained or reproduced when resorting to the notion of sovereignty.« »The concept of technological sovereignty seems in general to relate to ideas of independence, control, and autonomy in two broad ways: (1) The capacity for collectivities (states, communities, social movements, etc.) to innovate and/or engage in technological development (for instance by stimulating national innovation for economic forms of nationalism in the case of state or developing free software or autonomous infrastructures for civil society organizations). (2) The security and/or privacy of individuals or collectives, and in relation to the ownership and control over data related to oneself, citizens, or a state.« Stephane Couture/Sophie Toupin: What does the Notion of ›Sovereignty‹ Mean When Referring to the Digital?, in: New Media & Society 21,10 (2019), S. 2305-2322, hier: S. 2317-2320; vgl. dazu auch Luciano Floridi: The Fight for Digital Sovereignty: What It Is, and Why It Matters, Especially for the EU, in: Philosophy & Technology 33,3 (2020), S. 369-378; Julia Pohle/Thorsten Thiel: Digitale Souveränität. Von der Karriere eines einenden und doch problematischen Konzepts, in: Chris Piallat (Hrsg.): Der Wert der Digitalisierung. Gemeinwohl in der digitalen Welt, Bielefeld 2021, S. 319-340. Das »High-Level Panel on Digital Cooperation« der UN setzte derweil der Vereinnahmung der Rhetorik einer »digital independence« durch Nationalismus und Populismus zum Jahreswechsel 2020 das Credo eines »Age of Digital Interdependence« gegenüber. Vgl. Santaniello/Amoretti: Electronic Regimes.

SCHLUSS

zu werden, keineswegs im Widerspruch zum Ideal eines Internationalismus akademischer Netzwerke, die über die Grenzen der Blöcke hinweg kooperierten; die pragmatische Nutzung der Entwicklungsressourcen aus »Ost« und »West« diente hier dem Paradigma der »Hilfe zur Selbsthilfe«, das als Gegenstück der Unabhängigkeitsbestrebungen gelesen werden kann. In den 1970er Jahren avancierte die Doktrin der »Unabhängigkeit« – wie die Geschichte der Nationalisierungsgesetze und die Episode des Rückzugs von IBM zeigten – indes zum Synonym einer »Autarkie« im High-Tech-Bereich, wie sie auch in anderen Feldern (zum Beispiel durch den Bau der Atombombe) vorangetrieben wurde. Eingangs der 1980er Jahre wandelte sich das Verständnis der »Unabhängigkeit« im Zuge des Liberalisierungskurses erneut. Hier wich die Rede von der »Unabhängigkeit« (»Independence«) – als die Computer-Träume des Landes in der Figur des Programmierers Form gewannen und die IT-Services neue, eigene Märkte zu erobern begannen – zusehends der Rede von der globalen »Interdependenz« (»Interdependence«).[24] In den 2000er Jahren löste das Paradigma der »digitalen Vernetzung« schließlich die Autarkievorstellung von »digitaler Unabhängigkeit« ab.

In den letzten Jahren hat die Forderung nach »digitaler Unabhängigkeit« in Indien gleichwohl wieder Nachdruck erhalten. So zählte der Plan eines »digitalen Indien« zu den zentralen Vorhaben der Hindu-nationalistischen BJP-Regierung unter Premierminister Narendra Modi. Die im Juli 2015 gestartete »Digital India«-Kampagne[25] setzte sich zum Ziel, die Digitalisierung des Landes in drei Schlüsselbereichen voranzutreiben: im Ausbau digitaler Netzwerke, in der Förderung von e-governance und in Form des digitalen Empowerments der Bevölkerung, insbesondere in den ländlichen Regionen. Im September 2015 erläuterte Modi diese Pläne am Rande eines Besuchs im Silicon Valley:

> The status that now matters is not whether you are awake or asleep, but whether you are online or offline. [...] From computing to communication, entertainment to education, from printing documents to printing products, and, now to internet of things, it's been a long journey in a short time. [...]

24 Vgl. Rajiv Gandhi: India and China Share Common Concerns, 21.12.1988, in: Rajiv Gandhi. Selected Speeches and Writings, Vol. 4, S. 409-421, hier: S. 420; Science for Sustained Productivity, 7.1.1989, in: Rajiv Gandhi. Selected Speeches and Writings, Vol. 5, S. 127-138, hier: S. 133; NAM Acquires Momentum, in: Rajiv Gandhi. Selected Speeches and Writings, Vol. 5, S. 300-303, hier: S. 303; V.P. Singh: Pledge to Keep the Flag Flying, 15.8.1990, in: V.P. Singh. Selected Speeches and Writings, 1989-90, Delhi 1993, S. 51-67; Indo-Japanese Relations, 29.4.1990, in: V.P. Singh. Selected Speeches, S. 235-239, hier: S. 237; P.V. Narasimha Rao: Towards Hopeful Future, 15.8.1992, in: P.V.N. Rao. Selected Speeches, July 1992-June 1993, Neu Delhi 1993, S. 20-43.
25 Vgl. URL: https://www.digitalindia.gov.in [abgerufen am 15.8.2022]. Zur Geschichte des Programms vgl. Pradip N. Thomas: The Politics of Digital India, Neu Delhi 2019; Sandeep Mertia: Digital India, in: Nair/deSouza (Hrsg.): Keywords, S. 136-138; Suman Gupta: Digital India and the Poor. Policy, Technology and Society, Abingdon, Oxon 2020.

SCHLUSS

In this digital age, we have an opportunity to transform lives of people in ways that was hard to imagine just a couple of decades ago. […] When you think of the exponential speed and scale of expansion of social media or a service, you have to believe that it is equally possible to rapidly transform the lives of those who have long stood on the margins of hope. So, friends, out of this conviction was born the vision of Digital India. […] We are using technology to impart scale and speed to development. Information, education, skills, healthcare, livelihood, financial inclusion, small and village enterprises, opportunities for women, conservation of natural resources, distributed clean energy – entirely new possibilities have emerged to change the development model. But for all this, we must bridge the digital divide and promote digital literacy in the same way that we seek to ensure general literacy. We must ensure that technology is accessible, affordable, and adds value. […] We want our 1.25 billion citizens to be digitally connected.[26]

In seiner Vision erschienen digitale Technologien als universales Heilsversprechen eines Technikdeterminismus, der Indiens Weg in die digitale »Moderne« zugleich zum zentralen Entwicklungsversprechen der Nation erhob. Die Rede von der »digital independence« avancierte so zu einem viel beschworenen Topos. Computerpioniere wie N. R. Narayana Murthy oder T. V. Mohandas Pai, die als Gründerväter und CEOs von IT-Konzernen zu Säulenheiligen der Gründerszene in Indien geworden waren, schrieben in der konservativen Presse von einer Dominanz US-amerikanischer Firmen und zeichneten das Bild Indiens als einer »digital colony« des globalen Nordens.[27] Der aggressive Nationalismus, der ihr protektionistisches Programm des »Make in India« – hinter

26 PM's Speech at Digital India Dinner in San Jose, California, 26.9.2015. URL: https://www.pmindia.gov.in/en/news_updates/text-of-speech-by-prime-minister-at-the-digital-india-dinner-26-september-2015-san-jose-california/ [abgerufen am 15.8.2022]. Zu Modis Einsatz der digitalen Medien als Sprachrohr seiner Politik vgl. überdies Joyojeet Pal: The Making of a Technocrat. Social Media and Narendra Modi, in: Punathambekar/Mohan (Hrsg.): Global Digital Cultures, S. 163-183; Srirupa Roy: Target Politics. Digital and Data Technologies and Election Campaigns – A View from India, in: Ravi Vasudevan (Hrsg.): Media and the Constitution of the Political. South Asia and Beyond, Neu Delhi 2022, S. 285-310.
27 Independence Day: Digital Independence in India, 14.8.2018, Online-Newsletter Digital India. URL: https://web.archive.org/web/20200625200810/http://www.digiindia.co.in/digital-india/independence-daydigital-independence-in-india/ [abgerufen am 15.8.2022]. Zur Debatte vgl. überdies India's Tech Icon Narayana Murthy Says India May Become A ›Digital Colony‹ If Startups Have To Rely On Foreign Funds, in: Business Insider India, 29.1.2020. URL: https://www.businessinsider.in/business/news/narayana-murthy-exhorts-pension-funds-banks-to-invest-in-indian-startups/articleshow/73706480.cms [abgerufen am 15.8.2022]; I Support My Government Having Access To My Data: Mohandas Pai, in: The Hindu | Business Line, 11.2.2020. URL: https://www.thehindubusinessline.com/info-tech/i-support-my-government-having-access-to-my-data-mohandas-pai/article62225379.ece [abgerufen am 15.8.2022]; India Now A Digital Colony. Is Facebook The New East India Company?, in: National Herald, 21.8.2020. URL: http://www.nationalheraldindia.com/

der Rede von der »digitalen Unabhängigkeit« – motivierte, reichte indes bis lange vor die Gründerdekaden der Republik zurück. Hier hatten Hindu-Nationale wie der Vorsitzende des Indischen Nationalkongresses, Gründer der Banaras Hindu University und Herausgeber der *Hindustan Times*, Madan Mohan Malaviya, bereits 1918 das Imaginativ einer Nation aus der Verbindung von Glauben, Kultur und Technik beschrieben. Für Malaviya war der Glaube an die Technologien der Modernisierung ein zentraler Faktor der Nationsbildung. So proklamierte er (gegenüber dem Gros der Technokraten) eine Modernisierung der Nation aus dem Geiste des Hindu-Nationalismus und warb, zumal im Bereich der Alltagstechnologien, um eine Kultur des Swadeshi zum Bau von Maschinen und zur Akquise von Know-How in Indien.[28] Hier begann die Spur der gegenwärtig bemerkenswerten Renaissance einer Verbindung von Glauben und Technologien, wie sie Indiens Debatte um die »digitale Unabhängigkeit« an der Schwelle zur dritten Dekade des 21. Jahrhunderts auszeichnete. Doch auch diese Spur blieb lediglich eine unter vielen.

Im Sommer 2020 standen national(istisch)e und kosmopolitische Ausdeutungen des Konzepts »digitaler Unabhängigkeit« einander gegenüber. *Alphabets* CEO, Sundar Pichai, erinnerte sich im Rahmen der Anhörung der Vorstandsvorsitzenden der »Big Five« der amerikanischen Tech-Giganten (Google, Amazon, Facebook, Microsoft, Apple) zur Monopolisierung des IT-Marktes vor dem Justizausschuss des US-Repräsentantenhauses so an die Geschichte seines Wegs in die IT-Branche:

> Expanding access to opportunity through technology is deeply personal to me. I didn't have much access to a computer growing up in India. So, you can imagine my amazement when I arrived in the U.S. for graduate school and saw an entire lab of computers I could use whenever I wanted.
> Accessing the internet for the first time in that computer lab set me on a path to bring technology to as many people as possible. It's what inspired me to join Google [...]. And it's what led me to help create Google's first browser, Chrome ... not because I thought the world needed another browser, but because a better browser could open up the web to more people. I couldn't have imagined then that [...] so many people would experience the web through Chrome, for free.[29]

opinion/india-now-a-digital-colony-is-facebook-the-new-east-india-company [abgerufen am 15.8.2022].

28 Vgl. Madan Mohan Malaviya's Speeches and Writings, Madras 1918, S. 23 f. sowie Note by the Hon'ble Pandit M.M. Malaviya, in: Indian Industrial Commission 1916-1918. Report, Kalkutta 1918, S. 292-355, hier: S. 328 f. und 347. Vgl. dazu auch allg. Sukumar: Midnight's Machines, S. XIII-XXIX. Zur Geschichte und Gegenwart des ethnoreligiösen Nationalismus in Indien vgl. Michael Collins: Religion, Politik, Nation. Demokratie und Nationalismus in Indien seit der Unabhängigkeit 1947, in: Aus Politik und Zeitgeschichte 72,30-31 (2022), S. 29-37.

29 Written Testimony of Sundar Pichai, CEO, Alphabet Inc. Before the House Committee of Judiciary, Subcommittee on Antitrust, Commercial and Administrative

SCHLUSS

Indem Pichai, der Modis Vision des »digitalen Indien« via Twitter Nachdruck verlieh,[30] hier zwischen den Zeilen das Narrativ der »digitalen Unabhängigkeit« rezitierte und in ein biographisches Narrativ des »Empowerments« übersetzte, verwahrte er sich gegen die Anklage einer exklusiven Kontrolle der Technik durch Politik und Konzerne. Zugleich rekapitulierte er in seiner Anekdote die Geschichte des beschwerlichen Wegs Indiens ins digitale Zeitalter. Der »digital divide« zwischen dem globalen Norden und dem Süden erschien hier als Kehrseite des rapiden Wandels.[31] Pichais Weg dagegen bezeugte, dass die Suche nach der »digitalen Unabhängigkeit« – in der Ära der Globalisierung[32] – kaum in einem Rückzug in die Autonomie als vielmehr im Appell zur »digitalen Vernetzung« enden müsse. So eroberte Indien zusehends Handlungs- und Spielräume in der globalen Ökonomie; die Frage nach dem Platz des Landes in der sich rapide wandelnden globalen Ordnung aber blieb auch eingangs des 21. Jahrhunderts Gegenstand kontroverser Aushandlungen.

Wohin Indiens Reise in den kommenden Jahren gehen mag, wird abzuwarten bleiben. Denn Indiens Programmierer prägen zwar eingangs des 21. Jahrhunderts das Bild des Computerspezialisten und nehmen inzwischen auch im globalen Vergleich eine herausgehobene Expertenposition ein, doch sind zugleich die Grenzen der Vision des digitalen Indien zu beobachten. Diese liegen zum einen in den skizzierten digitalen Gräben, zum anderen aber auch in den Voraussetzungen des Landes begründet, einen quantitativ wie qualitativ ausreichend starken Nachwuchs zu produzieren. Obwohl die über 1.500 Colleges des Landes mehr als eine halbe Million Bachelor- und über 30.000 Master-

---

Law. Hearing on Online Platforms and Market Power, 29.7.2020. URL: https://web.archive.org/web/20200827232715/http://docs.house.gov/meetings/JU/JU05/20200729/110883/HHRG-116-JU05-Wstate-PichaiS-20200729.pdf [abgerufen am 15.8.2022]. Vgl. kritisch: Margaret O'Mara: Are these the last Days of the Tech-Emperors?, in: New York Times, 2.8.2020, S. SR2.

30 Vgl. Google CEO Sundar Pichai Thanks PM Modi, Optimistic About Vision For Digital India, 13.7.2020. URL: https://timesofindia.indiatimes.com/gadgets-news/google-ceo-sundar-pichai-thanks-pm-modi-optimistic-about-vision-for-digital-india/articleshow/76937695.cms [abgerufen am 15.8.2022].

31 Das Wohlstandsversprechen erreichte in Indien auch eingangs des 21. Jahrhunderts lediglich einen Bruchteil der Bevölkerung. So blieb die Wirkung der Emanzipation, von der Pichai sprach und die sich in wachsendem Konsum ausdrückte, wenigen vorbehalten, obschon die einzelnen Regierungen in den zurückliegenden Jahrzehnten massive Anstrengungen im Bereich der Sozialpolitik unternahmen, um den rapiden Wandel des Landes angesichts der Persistenz von Armut, Hunger sowie Arbeits- und Wohnungsmangel sozialer zu gestalten und Ungleichheiten abzubauen.

32 Vgl. Esther Ruiz Ben (Hrsg): Internationale Arbeitsräume. Unsicherheiten und Herausforderungen, Freiburg 2010; Andreas Boes/Michael Schwemmle (Hrsg.) Bangalore statt Böblingen?, Hamburg 2005; Andreas Boes/Tobias Kämpf: Global verteilte Kopfarbeit, Berlin 2011; Andreas Boes et al. (Hrsg.): Qualifizieren für eine global vernetzte Ökonomie, Wiesbaden 2013; Sabine Pfeiffer/Anne Suphan: Digitalisierung, Arbeit und Beschäftigung. Altbekannte Zusammenhänge, überholte Kategorien, neuartige Effekte?, in: Soziale Welt, Sonderband 23 (2020), S. 326-348.

SCHLUSS

studierende sowie wenigstens 1.000 Doktoranden der verschiedenen Ingenieursstudiengänge pro Jahr hervorbringen,[33] haben sich in den vergangenen Jahren die disziplinären Schwerpunkte des Nachwuchses in Indien, wie auch der Fall der IITs zeigt, erkennbar verschoben. Viele Absolventen schlagen zusehends alternative Karrierewege als Banker, Einzelhandelsmanager oder Unternehmensberater in der Industrie ein.

Bis heute leiden Indiens Hochschulen daran, dass sie in der Ausbildung noch immer qualitativ hinter der Konkurrenz in den USA und Europa liegen. Im *Times Higher Education World University Ranking* war im Jahr 2020 so keine Hochschule aus Indien unter den Top-300 vertreten, allerdings drei aus China unter den Top-100. Auch Singapur, Taiwan und Südkorea sind in diesem Ranking inzwischen lange an Indien vorbeigezogen.[34] Dabei schlug auch die mangelnde Sprachkompetenz vieler Absolventen zu Buche. So zeigte eine Studie des Jahres 2012 unter den rund 55.000 Absolventen der über 250 Ingenieur-Colleges des Landes, dass mehr als 25 % der Alumni keine oder lediglich rudimentäre, für ein Ingenieursstudium unzureichende Englischkenntnisse besaßen; weniger als 48 % erreichten ein gehobenes Niveau.[35]

Vor der Folie dieser Ambivalenzen muss sich Indien in seinem Ringen um »digitale Unabhängigkeit« zusehends wachsender Rivalen erwehren. In globaler Perspektive zeichnen sich so bereits neue Allianzen und Konkurrenzen ab. So haben zahlreiche Schwellenländer in den letzten Jahren – gerade im Bereich der IT-Services – die lukrativen Märkte des Outsourcings übernommen. Zudem wird die Konkurrenz zu den Industrienationen das Rennen um Innovation weiter prägen.[36] Dazu werden Menschen, Dinge und Know-How auch in

---

33 Vgl. National Knowledge Commission (Hrsg.): Report of the Working Group on Engineering Education, Neu Delhi 2008, S. 4-5.
34 Times Higher Education World University Ranking 2020. URL: https://www.timeshighereducation.com/world-university-rankings/2020/world-ranking [abgerufen am 15.8.2022]. Neben der Bildungs- und Innovationspolitik hatte auch die Gründung neuer High-Tech Hubs dazu beigetragen, dass die Tigerstaaten zu Beginn des 21. Jahrhunderts zu »digital capitals« in Asien geworden waren.
35 Vgl. Only 57 % Engineers Can Write Grammatically Correct English Sentences: Aspiring Minds' Report, in: Economic Times Online, 24.7.2012. URL: https://economictimes.indiatimes.com/industry/services/education/only-57-engineers-can-write-grammatically-correct-english-sentences-aspiring-minds-report/articleshow/15118930.cms [abgerufen am 15.8.2022].
36 In dieser Konkurrenz werden vor allem der Weg der VR China und ihr Modell »digitaler Souveränität« zusehends in den Blick rücken müssen. So haben sich durch das Vorrücken Chinas im Feld des Digitalen die Gewichte zwischen den USA, Europa und Asien – wie im Bereich des Supercomputings, der Forschung zur Künstlichen Intelligenz oder auch der Netzwerktechnik (5G) – in den vergangenen Jahren bereits erkennbar verschoben. Zu Chinas Kurs vgl. Kristin Shi-Kupfer: Digit@l China: Überwachungsdiktatur und technologische Avantgarde, München 2023. Zu Indiens Ambitionen vgl. derweil kürzlich Modis »Independence Day Speech« vom 15.8.2022: India's Techade Bringing Digital Revolution to Grassroots Level, in: Economic Times Online, 15.8.2022. URL: https://economictimes.indiatimes.com/tech/tech-

der Folge um den Globus zirkulieren. Die lange Geschichte dieser Reisen und Begegnungen zwischen »Ost« und »West« und »Nord« und »Süd« war der Gegenstand dieses Buches. Im Jahr 2022, zum 75. Jubiläum der indischen Unabhängigkeit, war sie keineswegs abgeschlossen. Indiens Weg ins digitale Zeitalter hatte vielmehr gerade eine neue Etappe genommen.

nology/indias-techade-is-here-pm-modi-in-his-independence-day-speech/articleshow/93567146.cms [abgerufen am 15. 8. 2022]. Zur Einordnung der Konkurrenzfelder und ihrer Deutungen vgl. überdies allg. kontrovers Chris Ogden: China and India. Asia's Emergent Great Powers, Cambridge 2017; Alyssa Ayres: Our Time Has Come. How India is Making its Place in the World, New York 2018; Christian Wagner: Großmachtambitionen, Mittelmachtressourcen. Indiens Rolle in der Region und in der Welt, in: Aus Politik und Zeitgeschichte 72,30-31 (2022), S. 46-53.

Danksagung

Dieses Buch ist das Ergebnis einer langen Reise. Neben vielen einsamen Stunden an den Schreibtischen dieser Welt, die über die Jahre mein schreibendes Zuhause gewesen sind, und in den Bibliotheken und Archiven rund um den Globus, in denen manche stillen Einsichten gewonnen und Teile des Manuskripts entstanden sind, waren es vor allem die unzähligen bereichernden Gespräche und der konstruktive, inspirierende Austausch mit einer langen Reihe von Kolleginnen und Kollegen, die das Buch – unterwegs – zu dem haben werden lassen, was es nun geworden ist. Die vorliegende Arbeit ist die leicht überarbeitete Fassung meiner Habilitationsschrift, die im Mai 2021 an der Philosophischen Fakultät der Universität Potsdam eingereicht und im Januar 2022 angenommen wurde.

Besonders danken möchte ich Frank Bösch, der die Arbeiten am Buch ab 2017 aus der »Ferne« und dann – nach meinem Wechsel ans Leibniz-Zentrum für Zeithistorische Forschung in Potsdam – aus der Nähe ganz intensiv begleitet hat und dessen neugierigen Anregungen, klugen Einsichten und weiten Kenntnissen dieses Buch viel verdankt. Zudem bin ich Dominik Geppert und Michael Mann zu großem Dank verpflichtet, die das Manuskript gelesen, kritisch begutachtet und durch ihre konstruktiven Kommentare, Verbesserungsvorschläge und Einladungen zum gemeinsamen Austausch und Weiterdenken erst zu einem Buch haben werden lassen.

Danken möchte ich weiterhin allen Kolleginnen und Kollegen am ZZF Potsdam, die meine Forschungen in den letzten Jahren in vielfältiger Weise unterstützt und durch ihre Anregungen dazu beigetragen haben, dass ich das Thema immer wieder neu und aus unterschiedlichen Perspektiven durchdenken konnte, darunter vor allem Jürgen Danyel und Annette Vowinckel, sowie Tim Blankenburg, Rüdiger Graf, Christopher Neumaier, Martin Schmitt und Winfried Süß. Gleiches gilt für die zahlreichen Wegbegleiter, die mir zu verschiedenen Zeiten und an verschiedenen Orten bei Vorträgen in Kolloquien und am Rande von Tagungen – unter anderem in Aachen, Berlin, Göttingen/Neu Delhi, Heidelberg, Jena, Köln, Luzern, München, Potsdam, Siegen und Zürich, aber auch im Rahmen des »West Coast Germanists' Workshop« in Davis, CA, im Jahr 2018 und ein Jahr später in Form eines Seminars der »Weatherhead Initiative on Global History« in Harvard – und in vielen persönlichen Gesprächen wichtige Anregungen gegeben haben. Namentlich erwähnen möchte ich hier Volker Barth (†), David Gugerli, Martina Heßler, Dick van Lente, Benjamin Möckel, Matthias Röhr, Daniel Speich Chassé, Hans-Peter Ullmann, Corinna Unger, Ricky Wichum, Roland Wittje, Jeffrey Yost und Daniela Zetti.

Verschiedene Institutionen haben dieses Buch durch ihre großzügige finanzielle Unterstützung möglich gemacht. An erster Stelle ist hier die Alexander von Humboldt-Stiftung zu nennen, die nicht nur die Drucklegung des Buches unterstützt, sondern auch das Forschungsvorhaben ab 2017 durch längere

Forschungsstipendien gefördert hat, die mich zunächst an die Stanford University und die University of California, Berkeley, und dann an die Harvard University geführt haben. Die Jahre in den USA sind mir, allen voran dank meiner akademischen Gastgeber Hans-Ulrich Gumbrecht, Stefan-Ludwig Hoffmann und Sven Beckert, aber auch vieler weiterer Kolleginnen und Kollegen, darunter Thomas S. Mullaney, James J. Sheehan, Fred L. Turner, Isabel Richter, Sugata Bose und Charles S. Maier, die mich als Reisenden an allen Stationen herzlich empfangen und in ein intellektuell besonders anregendes Klima aufgenommen haben, in dankbarer Erinnerung geblieben. Ebenso gilt dies für die Zeiten, die ich – unterstützt durch die Max-Weber-Stiftung – in England und in Indien zu Archivrecherchen und Vortragsreisen verbringen durfte. Hier danke ich besonders Christina von Hodenberg und Indra Sengupta am DHI London sowie Veena Naregal vom Institute of Economic Growth in Neu Delhi und dem Kreis der Kolleginnen und Kollegen am M. S. Merian – R. Tagore International Centre of Advanced Studies »Metamorphoses of the Political« (ICAS:MP), allen voran Srirupa Roy, Ravi Sundaram und Ravi Vasudevan. Jenseits der Geschichtswissenschaft hat mich über die Jahre auch der interdisziplinäre Austausch bereichert, allen voran zu den Medien- und Kulturwissenschaften, aber auch zur Soziologie und zur Ökonomie, wie kürzlich im DFG-Schwerpunktprogramm 2267 zur »Digitalisierung der Arbeitswelten«.

Sodann gilt ein herzlicher Dank den Mitarbeiterinnen und Mitarbeitern von Archiven und Bibliotheken, die mir – in den USA, in Europa und in Indien – Quellenzugang gewährt und stets mit Rat und Tat zur Seite gestanden haben. Ihre Namen sind so zahlreich, dass ihre Nennung diese Zeilen sprengen würde. Zudem danke ich den Zeitzeuginnen und Zeitzeugen, die mir ihr Vertrauen geschenkt, ihre Geschichten erzählt und bereitwillig Kontakte vermittelten haben. Die vielen, langen Hintergrundgespräche haben dazu beigetragen, dass ich Indiens Weg ins digitale Zeitalter besser verstehen konnte. Schließlich danke den Herausgebern der Reihe und dem Wallstein Verlag, allen voran Ina Lorenz, für die produktive und unkomplizierte Zusammenarbeit bei der Publikation.

Der wichtigste Dank aber geht an meine Familie – an meine Eltern Christel und Willi und meinen Bruder Alexander Homberg, die mein Vorhaben mit großem Zutrauen gestützt haben und die, auch dank moderner Kommunikationstechnik, stets ganz nah bei meinen Reisen dabei waren. Ganz besonders danke ich meiner Frau Manuela für ihre grenzenlose Liebe und ihre Unterstützung über die vergangenen Jahre. Sie hat mich an viele Stationen unserer Reise begleitet, ist mir gedanklich um den Globus gefolgt; sie hat alle Umwege, die die Ortskenntnis erweitern, ebenso geduldig wie neugierig mit mir erkundet und auch alle Sackgassen mit mir inspiziert, und vor allem hat sie immer wieder mit ungebrochener Begeisterung neue Wege vorgeschlagen, die ich ohne sie kaum gesehen hätte. Ihr ist dieses Buch gewidmet. Auf zu neuen Abenteuern!

Berlin, im August 2022
Michael Homberg

Anhang

Tabellen- und Abbildungsverzeichnis

Tabellen

Tabelle 1: Entwicklungskonkurrenz: Internationale Förderung der IITs (1950-1980). Quelle: Report of the Review Committee on Foreign Technical Assistance Received by the Indian Institutes of Technology, New Delhi 1980, S. 4-5; S. 20f.
Tabelle 2: Wachstum der EDV-/IT-Branche (1971-1991).
Tabelle 3: Männer und Frauen in der EDV-/IT-Branche (1971-1991)
Tabelle 4: Männer und Frauen in der EDV-/IT-Branche (2001)
Tabelle 5: Wohnsitz der Arbeitnehmer/innen in der EDV-/IT-Branche (2001)
Eigene Berechnungen. Quellen Tab. 2-5: Census of India 1971. Series I. India. Part II-B (V). General Economic Tables, New Delhi 1977, Table B-VI Part A(II). Occupational Classification of Persons at Work According to Main Activity Other Than Cultivation Classified by Sex and Educational Levels, Urban & Rural Areas, S. 3-13; S. 380-398; Census of India 1981. Series I. India. Part III-B(VI). General Economic Tables, New Delhi 1987, Table B-21, S. 3-23; S. 624-635; Census of India 1991. Series I. India. Part III-B-B Series. Economic Tables, Vol. 10, New Delhi 1997, Table B-22(F), S. 63-89; Census of India 2001, Table B-25. URL: https://web.archive.org/web/20211115200619/https://www.censusindia.gov.in/Tables_Published/B-Series/B-Series_Link/DDW-B25-0000.pdf [abgerufen am 15.8.2022]; Census of India 2001. General Population Tables. India, States and Union Territories. Part I, New Delhi 2001, Table A-2. Decadal Variation in Population since 1901, S. 133.

Abbildungen

Abb. 1: Sowjetisch-amerikanische Computer-Kooperation am Indian Statistical Institute in Kalkutta (1957). Quelle: Samvadadhvam. House Magazine of the Indian Statistical Institute 1,3 (1957), S. 48.
Abb. 2: Samarendra Kumar Mitra demonstriert Premierminister Jawaharlal Nehru Indiens ersten elektronischen Analogrechner in Kalkutta (ca. 1953). Quelle: ISI Archives.
Abb. 3: Feierliche Zeremonie: Jawaharlal Nehru an der Seite von Homi J. Bhabha und D.Y. Phadke bei der »Taufe« des TIFRAC in Bombay am 15.1.1962. Quelle: TIFR Archives.
Abb. 4: Die »Produktion« technischer Eliten. Karikatur des Curriculums des IIT Bombay und seiner Absolventen. Jährliches Studierendenmagazin *Pragati* (1983). URL: https://archive.library.iitb.ac.in/items/show/1674 [abgerufen am 15.8.2022]. Quelle: IIT Bombay Digital Archive. Vgl. Manchanda: Monastery, S. 213f.
Abb. 5: Installation eines IBM 1620-Computers am IIT Kanpur im Jahr 1963 (1967). Quelle: Norman C. Dahl: Revolution on the Ganges, in: Tech Engineering News 49,4 (1967), S. 13-18, hier: S. 18.
Abb. 6: Norman C. Dahl in einer Vorlesung am IIT Kanpur (1967). Quelle: Norman C. Dahl: Revolution on the Ganges, in: Tech Engineering News 49,4 (1967), S. 17.
Abb. 7: Der westdeutsche Entwicklungsminister Walter Scheel am Hobel, IIT Madras (1963). Quelle: IIT Madras Heritage Centre. Digital Archives.
Abb. 8: Der westdeutsche Entwicklungsminister Erhard Eppler bei der Einweihung des Computerzentrums, IIT Madras (1973). Quelle: IIT Madras Heritage Centre. Digital Archives.
Abb. 9: Computer-Zentrum, IIT Madras (um 1973). Quelle: IIT Madras Heritage Centre. Digital Archives.

Abb. 10: Computer-Ausbildung von Mädchen und Jungen, Central School, am Campus, IIT Madras (nach 1975). Quelle: IIT Madras Heritage Centre. Digital Archives.
Abb. 11: Das Publikum des Satellite Instructional Television Experiments (ca. 1975). Quelle: ISRO Archives.
Abb. 12: Ahmedabad TV Studio (1975). Quelle: Social Evaluation of SITE, in: Space. Research – Technology – Applications 2,3 (1976), S. 13-17, hier: S. 17. NASA HQ Archives.
Abb. 13-14: Lochkartenstanzer bei der Arbeit | Maschinenoperatoren an einem ICL Computer im TCS-Rechenzentrum. Tata Consultancy Services (1973). Quelle: Tata Corporate Archives.
Abb. 15: Computer for the Advancement of Rural Society (1985). Quelle: CSI Communications März 1985, S. 1.
Abb. 16-19: Gandhis »New Computer Policy«. R. K. Laxman Cartoons, Times of India (1985-1987). Quelle: The Times of India © Bennett, Coleman & Co. Ltd. All rights reserved. All Images are produced by ProQuest LLC as part of ProQuest® Historical Newspapers. They are published with permission of ProQuest LLC. Further reproduction is prohibited without permission.
Abb. 20-21: High-Tech vs. Low-Tech – Made in India. Supercomputer (um 1990); Simputer (2003-2005). Quelle: IEEE India Horizons (April-Juni 1992), S. 1 | The Hindu Images (Photo Archives).
Abb. 22: »Natürlich sieht es komisch aus, aber er hat die Green Card …« (2003). Quelle: www.theinder.net – Forum | Rubrik: Humor (2003). Zur Archivversion der Websites vgl. URL: https://web.archive.org/web/20030506011716/http://www.indien-netzwerk.de:80/navigation/humor/grafiken/kl-greencard.jpg; https://web.archive.org/web/20060706165458/http://www.indien-netzwerk.de:80/navigation/humor/grafiken/greencard.jpg [abgerufen am 15. 8. 2022].
Abb. 23: »Ohne meine Familie kann ich nicht am Computer arbeiten!« (2000). Quelle: Arbeitsmarkt. Deutsche Facharbeiter gefragt, in: Der Arbeitgeber 52,6 (2000), S. 8.

Trotz intensiver Recherchen ließen sich nicht für alle Abbildungen die Rechteinhaber ausfindig machen. Berechtigte Ansprüche bitten wir an den Verlag zu richten.

Abkürzungsverzeichnis

AEC	Atomic Energy Commission
AFL-CIO	American Federation of Labor and Congress of Industrial Organizations
ARPANET	Advanced Research Projects Agency Network
BARC	Bhabha Atomic Research Centre
BEL	Bharat Electronics Limited
BIP	Bruttoinlandsprodukt
BJP	Bharatiya Janata Party
BMWi	Bundesministerium für Wirtschaft (und Finanzen)
BMwF	Bundesministerium für wissenschaftliche Forschung
BMZ	Bundesministerium für wirtschaftliche Zusammenarbeit
BPO	Business Process Outsourcing
BTM	British Tabulating Machine Company
CAD	Computer-Aided Design
CAG	Comptroller and Auditor General of India
CAM	Computer-Aided Manufacturing
C-DAC	Centre for Development of Advanced Computing

ABKÜRZUNGSVERZEICHNIS

CDC	Controll Data Corporation
C-DOT	Centre for Development of Telematics
CLASS	Computer Literacy and Studies in School
CMC	Computer Maintenance Corporation
CRISP	Computerized Rural Information Systems Project
CSI	Computer Society of India
CSIR	Council of Scientific and Industrial Research
DAAD	Deutscher Akademischer Austauschdienst
DAE	Department of Atomic Energy
DAG	Development Assistance Group
DCM DP	DCM Data Products
DEC	Digital Equipment Corporation
DED	Deutscher Entwicklungsdienst
DSE	Deutsche Stiftung für Entwicklungsländer (ab 1973: Deutsche Stiftung für internationale Entwicklung)
DoE	Department of Electronics
DoT	Department of Telecommunications
EC	Electronics Commission
ECIL	Electronics Corporation of India Limited
ENIAC	Electronic Numerical Integrator and Computer
ERA	Engineering Research Associates
ERNET	Education and Research Network
ET&T	Electronics Trade and Technology Development Corporation
FERA	Foreign Exchange Regulation Act
GAWI	Deutsche Fördergesellschaft für Entwicklungsländer (»Garantie- und Abwicklungsgesellschaft«)
GE	General Electric
GTZ	Gesellschaft für Technische Zusammenarbeit
HCL	Hindustan Computers Limited
HP	Hewlett Packard
IBI	Intergovernmental Bureau of Informatics
IBIDI	International Institute for Development of Informatics
IBM	International Business Machines Corporation
ICIM	International Computers Indian Manufacturing Company Limited
ICL	International Computers Limited
ICT	International Computers and Tabulators Limited
IEEE	International Institute of Electrical and Electronics Engineers
IGO	Intergovernmental Organization
IIMs	Indian Institutes of Management
IISc	Indian Institutes of Science
IITs	Indian Institutes of Technology
ILO	International Labour Organization
IMSC	Inter-Ministerial Standing Committee

INC	Indian National Congress (»Congress Party«)
INDONET	Public Service Data Network in India
IRDP	Integrated Rural Development Program
ISI	Indian Statistical Institute
ISIJU	Indian Statistical Institute/Jadavpur University Automatic Calculator
ISRO	Indian Space Research Organisation
ITU	Internationale Fernmeldeunion/International Telecommunication Union
IuK	Informations- und Kommunikationstechnologien
JEE	Joint Entrance Examinations (IITs)
KEONICS	Karnataka State Electronics Development Corporation
KIAP	Kanpur Indo-American Program
LAN	Local Area Network
MIT	Massachusetts Institute of Technology
MRTP	Monopolies and Restrictive Trade Practices
NASA	National Aeronautics and Space Administration
NASSCOM	National Association of Software and Services Companies
NCERT	National Council of Educational Research and Training
NCP	New Computer Policy
NCSDCT	National Centre for Software Development and Computing Techniques
NCST	National Committee on Science and Technology
NGO	Non-Governmental Organization
NIC	National Informatics Centre
NICNET	National Informatics Centre Network
NREP	National Rural Employment Programme
NSS	National Sample Survey
NSTPC	National Standard Test in Programming Competence
OECD	Organisation for Economic Co-operation and Development
OLDAP	Online Data Processor
PAC	Public Accounts Committee
PCS	Patni Computer Systems
PRL	Physical Research Laboratory
R&D	Research & Development
RCCs	Regional Computer Centres
SEEPZ	Santa Cruz Electronics Export Processing Zone
SIPA	Silicon Valley Indian Professionals' Association
SITE	Satellite Instructional Television Experiment
SNA	Systems Network Architecture
SPIN	Strategies and Policies for Informatics (UN/IBI Conference 1978)
STPI	Software Technology Parks of India
TBL	Tata Burroughs Limited

TCM	U.S. Technical Cooperation Mission
TCS	Tata Consultancy Services
TI	Texas Instruments
TiE	The Indus Entrepreneurs
TIFR	Tata Institute of Fundamental Research
TIFRAC	TIFR Automatic Calculator
UN	United Nations Organization
UNCTAD	United Nations Conference on Trade and Development
UNDP	United Nations Development Programme
UNESCO	United Nations Educational, Scientific and Cultural Organization
UNIVAC	Universal Automatic Computer
UNTAA	United Nations Technical Assistance Administration
UPTRON	Uttar Pradesh Electronics Corporation Limited
USAID	United States Agency for International Development
VSNL	Videsh Sanchar Nigam Limited
Y2K	Year 2000 (Millennium Bug)

Historische Wechselkurse 1947-2020

Wechselkurse 1947-2020

Jahr	Indische Rupien (INR) per US-Dollar (USD)	Indische Rupien (INR) per Deutsche Mark (DM)/Euro (€)
1947	3,318 (1)	
1948	3,318 (1)	
1949	4,775 (1)	
1950	4,762 (1)	
1951	4,805 (1)	
1952	4,768 (1)	1,137 (2)
1953	4,768 (1)	1,135 (2)
1954	4,808 (1)	1,145 (2)
1955	4,778 (1)	1,138 (2)
1956	4,805 (1)	1,144 (2)
1957	4,770 (1)	1,136 (2)
1958	4,780 (1)	1,138 (2)
1959	4,783 (1)	1,139 (2)
1960	4,773 (1)	1,144 (2)
1961	4,765 (1)	1,192 (2)
1962	4,775 (1)	1,195 (2)

503

1963	4,785 (1)	1,201 (2)
1964	4,795 (1)	1,208 (2)
1965	4,775 (1)	1,201 (2)
1966	7,576 (1)	1,609 (2)
1967	7,547 (1)	1,903 (2)
1968	7,628 (1)	1,903 (2)
1969	7,559 (1)	1,936 (2)
1970	7,567 (3a)	2,067 (3a)
1971	7,524 (3a)	2,145 (3a)
1972	7,556 (3a)	2,370 (3a)
1973	7,674 (3a)	2,896 (3a)
1974	8,038 (3a)	3,111 (3a)
1975	8,406 (3a)	3,417 (3a)
1976	9,002 (3a)	3,575 (3a)
1977	8,763 (3a)	3,777 (3a)
1978	8,213 (3a)	4,098 (3a)
1979	8,147 (3a)	4,448 (3a)
1980	7,880 (3a)	4,343 (3a)
1981	8,693 (3a)	3,851 (3a)
1982	9,492 (3b)	3,913 (3b)
1983	10,138 (3b)	3,976 (3b)
1984	11,368 (3b)	3,998 (3b)
1985	12,364 (3b)	4,228 (3b)
1986	12,605 (3b)	5,841 (3b)
1987	12,955 (3b)	7,221 (3b)
1988	13,915 (3b)	7,930 (3b)
1989	16,224 (3b)	8,644 (3b)
1990	17,499 (3b)	10,869 (3b)
1991	22,689 (3b)	13,699 (3b)
1992	25,921 (3b)	16,635 (3b)
1993	31,446 (3b)	19,029 (3b)
1994	31,374 (3b)	19,373 (3b)
1995	32,423 (3b)	22,659 (3b)
1996	35,429 (3b)	23,567 (3b)
1997	36,320 (3b)	20,986 (3b)
1998	41,268 (3b)	23,507 (3b)

HISTORISCHE WECHSELKURSE 1947-2020

1999	43,049 (3b)	45,995 (3b)
2000	44,940 (3b)	41,494 (3b)
2001	47,186 (3b)	42,287 (3b)
2002	48,599 (3b)	45,887 (3b)
2003	46,582 (3b)	52,660 (3b)
2004	45,317 (3b)	56,326 (3b)
2005	44,100 (3b)	54,899 (3b)
2006	45,307 (3b)	56,928 (3b)
2007	41,349 (3b)	56,602 (3b)
2008	43,505 (3b)	63,740 (3b)
2009	48,405 (3b)	67,393 (3b)
2010	45,726 (3b)	60,668 (3b)
2011	46,672 (3b)	64,879 (3b)
2012	53,438 (3b)	68,673 (3b)
2013	58,598 (3b)	77,897 (3b)
2014	61,030 (3b)	81,116 (3b)
2015	64,152 (3b)	71,244 (3b)
2016	67,195 (3b)	74,375 (3b)
2017	65,122 (3b)	73,510 (3b)
2018	68,390 (3b)	80,714 (3b)
2019	70,420 (3b)	78,847 (3b)
2020	74,100 (3b)	84,568 (3b)

Quellen: (1) International Monetary Fund – IMF International Financial Statistics. Selling Rates – End-of-Year Rates; (2) Deutsche Bundesbank – Devisenkursstatistik. Selling Rates – End-of-Year Rates | since 1960: Calculations based on Mid- & End-of-Month-Rates; (3) Reserve Bank of India – »Handbook of Statistics on the Indian Economy« (3a) 2001 | (3b) 2020/21. – Calendar-Year – Annual Average.

Quellen- und Literaturverzeichnis

Archivquellen

Indien
National Archives of India (NAI), New Delhi.
Nehru Memorial Museum & Library (NMML), New Delhi.
Prasanta Chandra Mahalanobis Memorial Museum and Archives (PCMMMA), Kolkata.
Tata Corporate Archives (TCA), Pune.
Tata Institute of Fundamental Research Archives (TIFR), Mumbai.
Indian Institute of Technology Delhi, IITD Library, New Delhi.
Indian Institute of Technology Bombay, IITB Archives, Mumbai.
Indian Institute of Technology Madras, IITM Heritage Centre (MHC), Chennai.

USA
National Archives and Records Administration (NARA), College Park, MD.
Library of Congress (LoC), Manuscripts Division, Washington D.C.
NASA History Office (NASA HQ), Historical Collection, Washington D.C.
United Nations Archives (UNA), New York City, NY.
AP Corporate Archives, New York City, NY.
Ford Foundation Records, Rockefeller Archive Center (RAC), Sleepy Hollow, NY.
IBM Corporate Archives, Somers, NY.
Charles Babbage Institute (CBI) Archives, Minnesota, MN.
Computer History Museum, Mountain View, CA.
Hoover Institution Archives, Stanford, CA.
San Francisco State University, Labor Archives and Research Center (LARC SFO), CA.
Stanford University Archives, Silicon Valley Archives Collections, Stanford, CA.
California Institute of Technology (Caltech) Archives, Los Angeles, CA.
Yale University Archives, New Haven, CT.
Carnegie Mellon University (CMU) Archives, Pittsburgh, PA.
University of Illinois Archives, Urbana-Champaign, IL.
Harvard University Archives, Cambridge, MA.
Massachusetts Institute of Technology (MIT), Institute Archives and Special Collections, Cambridge, MA.
John F. Kennedy Presidential Library and Museum (JFKLM), Boston, MA.

Bundesrepublik Deutschland
Bundesarchiv Berlin (BAB).
Bundesarchiv Koblenz (BAK).
Politisches Archiv des Auswärtigen Amts (PA AA), Berlin.
Hochschul- bzw. Universitätsarchive:
 RWTH Aachen, TU Stuttgart (UAST), TU Braunschweig (UABS) und TU Berlin (UATUB).
Deutsche Stiftung für internationale Entwicklung (DSE) Archiv, Bonn/Berlin.
Historisches Archiv des Deutschen Technikmuseums, Berlin.
Siemens Corporate Archives, München/Berlin.
Archiv des Dokumentationszentrums und Museums über die Migration in Deutschland (DOMiD), Köln.

England

The National Archives (TNA), Kew/London.
Royal Society Archives, London.
Imperial College Archives, London.
Reuters Corporate Archives (RCA), London.
National Archives for the History of Computing, University of Manchester, Library Manuscripts & Special Collections, International Computers Ltd. (ICL) Collection, Manchester.
University of Warwick (UoW), Modern Records Centre, Coventry.

Frankreich

OECD Library & Archives, Paris.
UNESCO Archives, Paris.

Digitale Archive

Adam Matthew Digital Archives. URL: https://www.amdigital.co.uk.
African Activists Digital Archives, Michigan State University. URL: https://africanactivist.msu.edu.
Anti-Apartheid-Movement (AAM) Digital Archives. URL: https://www.aamarchives.org.
CIA Digital Archives. URL: https://www.cia.gov/library/readingroom/home.
International Labour Office Library & Archives, ILO Digital Collections. URL: https://www.ilo.org/inform/online-information-resources/ilo-collections.
International Telecommunication Union Library & Archives, ITU Digital Collections. URL: https://www.itu.int/en/history/Pages/DigitalCollections.aspx.
Itihaasa Research and Digital. | »History of Indian IT« Collections. URL: https://itihaasa.com/History.
South Asian American Digital Archive. URL: https://www.saada.org.
Wilson Center Digital Archives. URL: https://digitalarchive.wilsoncenter.org.

Zeitungsquellen

Indien

Business India, Business Standard, Business World, Cliknews, Commerce, CSI Communications/CSI Newsletter, Dataquest, Economic Times, German News Weekly, India Today, Hindustan Standard, New Age, New Scientist, Now, Outlook, People's Democracy, The Illustrated Weekly of India, The (New) Indian Express, The Hindu, The Times of India.

USA

Advertising Age, Business Week, Computerworld, EE Times, Fortune, India Abroad, India Currents, India West, National Review, San Francisco Chronicle, San Jose Mercury News, The Daily Californian, The Los Angeles Times, The Nation, The New York Times, The Wall Street Journal, The Washington Post, Time Magazine.

Bundesrepublik Deutschland

Berliner Morgenpost, Berliner Zeitung, Computerwoche, Der Spiegel, Die Welt, Die Zeit, Frankfurter Allgemeine Zeitung, General-Anzeiger, Süddeutsche Zeitung, taz, Time Europe, Westdeutsche Allgemeine Zeitung.

England

The Times, The Daily Telegraph, The Illustrated London News.

Parlamentsprotokolle

Lok Sabha Debates | Rajya Sabha Debates.
U. K. House of Commons Parliamentary Papers.
U. S. Congressional Records – Proceedings and Debates.
Verhandlungen des Deutschen Bundestags: Stenographische Protokolle & Drucksachen.

Gedruckte Quellen und Forschungsliteratur

Abbate, Janet: Code Switch. Alternative Visions of Computer Expertise as Empowerment from the 1960s to the 2010s, in: Technology and Culture 59,4 Suppl. (2018), S. S134-S159.
Abbate, Janet: Coding is not Empowerment, in: Thomas S. Mullaney/Benjamin Peters/Mar Hicks/Kavita Philip (Hrsg.): Your Computer Is On Fire, Cambridge, Mass./London 2021, S. 253-271.
Abbate, Janet: Inventing the Internet, Cambridge, Mass. 1999.
Abbate, Janet: Recording Gender. Women's Changing Participating on Computing, Cambridge 2012.
Abdel-Malek, Anouar et al. (Hrsg.): Science and Technology in the Transformation of the World, Tokio 1982.
Abernethy, David B.: The Dynamics of Global Dominance. European Overseas Empires 1415-1980, New Haven 2000.
Abraham, Itty: From Bandung to NAM: Non-Alignment and Indian Foreign Policy, 1947-65, in: Commonwealth & Comparative Politics 46,2 (2008), S. 195-219.
Abraham, Itty: From the Commission to the Mission Model. Technology Czars and the Indian Middle Class, in: The Journal of Asian Studies 76,3 (2017), S. 675-696.
Abraham, Itty: How India Became Territorial. Foreign Policy, Diaspora, Geopolitics, Stanford 2015.
Adams, Richard W.: International Migration, Remittances and the Brain Drain. A Study of 24 Labor-Exporting Countries. World Bank – Policy Research Working Paper, Washington, D. C. 2003.
Adams, W. P. (Hrsg.): Länderbericht USA, Bd. II: Außenpolitik, Gesellschaft, Kultur – Religion – Erziehung, Bonn 1992.
Adas, Michael: Dominance by Design. Technological Imperatives and America's Civilizing Mission, Cambridge, Mass. 2006.
Adas, Michael: Machines as the Measure of Men: Science, Technology, and Ideologies of Western Dominance, Ithaca, NY/London 2015.
Adiseshiah, Malcolm S.: Let my Country Awake. The Human Role in Development. Thoughts on the Next Ten Years, Paris 1970.
Agar, Jon: The Government Machine. A Revolutionary History of the Computer, Cambridge, Mass. 2003.
Agarwal, Manmohan: Aid in India's Economic Development Cooperation, in: Sachin Chaturvedi/Anthea Mulakala (Hrsg.): India's Approach to Development Cooperation, London/New York 2016, S. 15-28.
Agarwal, P. R.: Development of Engineering Research in India and the Institution, in: The Journal of the Institution of Engineers (India) 28,2 (1947), S. 1-30.
Agarwal, Suray Mal: Electronics in India. Past Strategies and Future Possibilities, in: World Development 13,3 (1985), S. 273-295.
Agarwala, Rina: Reshaping the Social Contract. Emerging Relations between the State and »Informal Labor« in India, in: Andreas Eckert (Hrsg.): Global Histories of Work, Berlin/Boston 2016, S. 327-367.
Aggarwal, Alok: India Emerging as the Preferred Career Destination for IITians, Evalueserve Survey, E-Paper, 14. 4. 2008, S. 1-11.

Aggarwal, S. K.: Press at the Crossroads in India, Neu Delhi 1988.
Agnihotri, Bishma K.: Dawn of a Global Indian Network. Ambassador's Interview with Sify.com's E. Jayakrishnan (2003). URL: https://hvk.org/2003/0103/182.html [abgerufen am 15. 8. 2022].
Agrawal, Binod C. (Hrsg.): Communication Research for Development. The ISRO Experience, Ahmedabad 1986.
Agrawal, Binod C.: Pedagogy of Computer Literacy. An Indian Experience, Neu Delhi 1996.
Agrawal, Binod C.: Television Comes to Village. An Evaluation of SITE, Bangalore 1978.
Ahuja, Ravi: Das Ähnliche speist den Unterschied. Die globale Wohlfahrtsdebatte und die Erzeugung »informeller Arbeit« im Indien des 20. Jahrhunderts, in: Hans-Jürgen Burchardt/Stefan Peters/Nico Weinmann (Hrsg.): Arbeit in globaler Perspektive. Facetten informeller Beschäftigung, Frankfurt a. M. 2013, S. 123-148.
Aiyar, M. S. (Hrsg.): Rajiv Gandhi's India. A Golden Jubilee Retrospective, 4 Bde., Neu Delhi 1998.
Akita, Shigeru: The Aid-India Consortium, the World Bank and the International Order of Asia, 1958-1968, in: Asian Review of World Histories 2,2 (2014), S. 217-248.
Alarcón, Rafael G.: The Migrants of the Information Age. Foreign-Born Engineers and Scientists and Regional Development in Silicon Valley, Diss. UC Berkeley 1998.
Alarcón, Rafael G.: Migrants of the Information Age: Indian and Mexican Engineers and Regional Development in Silicon Valley, CCIS Working Paper, San Diego 2000.
Albanese, Catherine L.: Sacred and (Secular) Self-Fashioning. Esalen and the American Transformation of Yoga, in: Jeffrey J. Kripal/Glenn Shuck (Hrsg.): On the Edge of the Future. Esalen and the Evolution of American Culture, Bloomington 2005, S. 45-79.
Albert, Gleb: Der vergessene »Brotkasten«. Neue Forschungen zur Sozial- und Kulturgeschichte des Heimcomputers, in: Archiv für Sozialgeschichte 59 (2019), S. 495-530.
Alberts, Gerald/Ruth Oldenziel (Hrsg.): Hacking Europe. From Computer Cultures to Demoscenes, London 2014.
Alden, Chris/Sally Morphet/Marco Antonia Vieira (Hrsg.): The South in World Politics, New York 2010.
Alexander, K.: Police Reforms in India. An Analytical Study, Neu Delhi 2006.
Alexander, Yonah: International Technical Assistance Experts. A Case Study of the U. N. Experience, New York 1966.
Alkemeyer, Thomas/Nikolaus Buschmann/Thomas Etzemüller: Einleitung, in: dies. (Hrsg.): Gegenwartsdiagnosen. Kulturelle Formen gesellschaftlicher Selbstproblematisierung in der Moderne, Bielefeld 2019, S. 9-20.
Allen, Michael Thad/Gabrielle Hecht: Authority, Political Machines and Technology's History, in: dies. (Hrsg.): Technologies of Power, Cambridge, Mass./London 2001, S. 1-23.
Allen, Robert L.: United Nations Technical Assistance. Soviet and East European Participation, in: International Organisation 11,4 (1957), S. 615-634.
Alsop, Thomas: IBMs Global Revenue from Technology and Businesses Services from 2008 to 2019, 18. 5. 2020. URL: https://www.statista.com/statistics/531112/worldwide-ibm-global-revenue-by-service [abgerufen am 15. 8. 2022]. = »Statista«-Dossier, Hamburg 2020.
Altbach, Philip G.: The Dilemma of Change in Indian Higher Education, in: ders./Suma Chitnis (Hrsg.): Higher Education Reform in India, Neu Delhi 1993, S. 13-40.
Altvater, Elmar/Birgit Mahnkopf (Hrsg.): Globalisierung der Unsicherheit. Arbeit im Schatten, schmutziges Geld und informelle Politik, Münster 2002.
Ambirajan, S.: Science and Technology Education in South India, in: Roy MacLeod/Deepak Kumar (Hrsg.): Technology and the Raj. Western Technology and Technical Transfers to India, 1700-1947, Neu Delhi 1995, S. 112-133.
Ames, Morgan G.: The Charisma Machine. The Life, Death, and Legacy of One Laptop Per Child, Cambridge, Mass. 2019.
Amrith, Sunil S.: Unruly Waters. How Mountain Rivers and Monsoons Have Shaped South Asia's History, New York 2018.
Amrute, Sareeta: Encoding Race, Encoding Class. Indian IT Workers in Berlin, Durham/London 2016.

Amrute, Sareeta: Press One for POTUS, Two for the German Chancellor. Humor, Race, and Rematerialization in the Indian Tech Diaspora, in: HAU. Journal of Ethnographic Theory 7,1 (2017), S. 327-352.

Anand, Nikhil/Akhil Gupta/Hannah Appel (Hrsg.): The Promise of Infrastructure, Durham/London 2018.

Ananth, M. S./K. G. Babu/R. Natarajan: Data Base for Brain Drain. Institution-Based Study, Indian Institute of Technology Madras, Madras 1989.

Anderson, Benedict: Imagined Communities. Reflections on the Origin and Spread of Nationalism, London/New York [1983] 2006.

Anderson, Benedict: The Spectre of Comparisons. Nationalism, Southeast Asia, and the World, London/New York 1998.

Andersen, Casper: Internationalism and Engineering in UNESCO during the Ende Game of Empire, 1943-1968, in: Technology and Culture 58,3 (2017), S. 650-677.

Anderson, Robert S.: Building Scientific Institutions, Montreal 1975.

Anderson, Robert S.: Nucleus and Nation. Scientists, International Networks, and Power in India, Chicago/London 2010.

Anderson, Robert S.: Patrick Blackett in India. Military Consultant and Scientific Intervenor, 1947-72. Part One/Two, in: Notes and Records of the Royal Society of London 53,2/3 (1999), S. 253-273, 345-360.

Anderson, Stuart: Immigrants and Billion Dollar Startups, Arlington 2016. URL: https://nfap.com/wp-content/uploads/2016/03/Immigrants-and-Billion-Dollar-Startups.NFAP-Policy-Brief.March-2016.pdf [abgerufen am 15.8.2022].

Anderson, Stuart: Immigrants and Billion Dollar Startups, Arlington 2018. URL: https://nfap.com/wp-content/uploads/2019/01/2018-BILLION-DOLLAR-STARTUPS.NFAP-Policy-Brief.2018-1.pdf [abgerufen am 15.8.2022].

Anderson, Warwick: Introduction. Postcolonial Technoscience, in: Social Studies of Science 32,5/6 (2002), S. 643-658.

Andrew, Christopher/Vasili Mitrokhin: The World Was Going Our Way. The KGB and the Battle for the Third World, New York 2005.

Aneesh, A.: Virtual Migration: The Programming of Globalization, Durham/London 2006.

Anghel, Remus Gabriel et al. (Hrsg.): The Making of World Society. Perspectives from Transnational Research, Bielefeld 2008.

Anzovin, Steven: The Green PC. Making Choices that Make a Difference, New York 1993.

Appadorai, A.: The Bandung Conference, Neu Delhi 1955.

Arnold, David: Europe, Technology and Colonialism in the 20th Century, in: History and Technology 21,1 (2005), S. 85-106.

Arnold, David: Everyday Technology. Machines and the Making of India's Modernity, Chicago 2013.

Arnold, David: Nehruvian Science and Postcolonial India, in: Isis 104,2 (2013), S. 360-370.

Arnold, David: Review of Gyan Prakashs Another Reason. Science and the Imagination of Modern India, in: The Journal of Imperial and Commonwealth History 28,2 (2000), S. 163.

Arnold, David: Science, Technology and Medicine in Colonial India, Cambridge 2000.

Arnold, David: Südasien, Frankfurt a. M. 2012.

Arnold, J. P.: Aid for Developing Countries. A Comparative Study, London 1962.

Arora, Ashish et al.: The Indian Software Services Industry, in: Research Policy 30,8 (2001), S. 1267-1287.

Arora, Ashish/Alfonso Gambardella/Salvatore Torrisi: In the Footsteps of the Silicon Valley. Indian and Irish Software in the International Division of Labor, in: Timothy Bresnahan/Alfonso Gambardella (Hrsg.): Building High-Tech Clusters. Silicon Valley and Beyond, Cambridge 2004, S. 78-120.

Arora, Kim: Privacy and Data Protection in India and Germany. A Comparative Analysis, WZB Discussion Paper, SP III 2020-501, Berlin 2020.

Arora, Payal: Politics of Algorithms, Indian Citizenship, and the Colonial Legacy, in: Aswin

Punathambekar/Sriram Mohan (Hrsg.): Global Digital Cultures: Perspectives from South Asia, Ann Arbor 2019, S. 37-52.
Arora, Payal: The Next Billion Users. Digital Life Beyond the West, Cambridge, Mass. 2020.
Arossa, Lydia: Software and Computer Services, in: OECD Observer, 1.4.1988, S. 13.
Athreye, Suma: Agglomeration and Growth. A Study of the Cambridge High-Tech Cluster, in: Timothy Bresnahan/Alfonso Gambardella (Hrsg.): Building High-Tech Clusters. Silicon Valley and Beyond, Cambridge 2004, S. 121-159.
Atomic Energy Commission (Hrsg.): Atomic Energy and Space Research. A Profile for the Decade, Neu Delhi 1970.
Auerbach, Isaac L.: Personal Recollections on the Origin of IFIP, in: Heinz Zemanek (Hrsg.): A Quarter Century of IFIP. The IFIP Silver Summary, Amsterdam 1986, S. 41-70.
Ayres, Alyssa: Our Time Has Come. How India is Making its Place in the World, New York 2018.
Baas, Michael: The IT Caste: Love and Arranged Marriages in the IT Industry of Bangalore, in: South Asia. Journal of South Asian Studies 32,2 (2009), S. 285-307.
Bach, Olaf: Ein Ende der Geschichte? Entstehung, Strukturveränderungen und die Temporalität der Globalisierungssemantik seit dem Zweiten Weltkrieg, in: Vierteljahrshefte für Zeitgeschichte 68,1 (2020), S. 128-154.
Bacon, David: Land of the Open Shop. The Long Struggle to Organize Silicon Valley, in: New Labor Forum 20,1 (2011), S. 72-80.
Bacon, David: Silicon Valley. Gewerkschaften und Immigrant/innen in der Hightechindustrie, in: Boy Lüthje/ Christoph Scherrer (Hrsg.): Zwischen Rassismus und Solidarität. Diskriminierung, Einwanderung und Gewerkschaften in den USA, Münster 1997, S. 161-177.
Bade, Klaus: Europa in Bewegung. Migration vom späten 18. Jahrhundert bis zur Gegenwart, München 2002.
Bahl, Friederike: Lebensmodelle in der Dienstleistungsgesellschaft, Hamburg 2014.
Bahn, A. K. (Universal Design Systems [India] Private Limited): Software Manufacture: Its Feasibility and Possible Problems, in: Electronics Commission (Hrsg.): Electronics. Proceedings of National Conference on Electronics organised by the Electronics Committee, March 24-28 1970, Bombay 1971, S. 399-401.
Bajpai, Nirupam/Navi Radjou: Raising Global Competitiveness of Tamil Nadu's IT Industry, in: Economic and Political Weekly 35,6 (2000), S. 449-465.
Bajpai, Anandita: Speaking the Nation. The Oratorical Making of Secular, Neoliberal India, Neu Delhi 2018.
Bala, Poonam: Diaspora, Culture and Identity. Asian Indians in America, Neu Delhi 2015.
Balasubramanyam, V. N./Ahalya Balasubramanyam: International Trade in Services. The Case of India's Computer Software, in: The World Economy 20,6 (1997), S. 829-843.
Banerjee, Parthasarathi: Induction of Computers in India, Kalkutta 1983.
Banerjee, Payal: Indian IT Workers in the United States. The H-1B Visa, Flexible Production and the Racialization of Labor, in: Critical Sociology 32,2/3 (2006), S. 425-445.
Banerjee, Utpal K.: Computer Education in Indian Institutes of Technology, in: ders. (Hrsg.): Computer Education in India. Past, Present and Future, Neu Delhi 1996, S. 111-136.
Banerjee, Utpal K.: Information Management in Government, Neu Delhi 1984.
Barabantseva, Elena/Claire Sutherland (Hrsg.): Diaspora and Citizenship, London/New York 2012.
Baranson, Jack: Technology Transfer Through the International Firm, in: American Economic Review 60,2 (1970), S. 435-440.
Barly, Stephen R./Gideon Kunda: Gurus, Hired Guns, and Warm Bodies. Itinerant Experts in a Knowledge Economy, Princeton 2006.
Barth, Boris/Stefanie Gänger/Niels P. Petersson (Hrsg.): Globalgeschichten. Bestandsaufnahme und Perspektiven, Frankfurt a.M./New York 2014.
Barth, Volker: Wa(h)re Fakten. Wissensproduktionen globaler Nachrichtenagenturen 1835-1939, Göttingen 2020.
Baru, Sanjaya: India's Power Elite. Class, Caste and Cultural Revolution, Gurgaon 2021.
Basalla, George: The Spread of Western Science, in: Science 156,3775 (1967), S. 611-622.

Bassett, Ross: Aligning India in the Cold War Era. Indian Technical Elites, the Indian Institute of Technology at Kanpur and Computing in India and the United States, in: Technology and Culture 50,4 (2009), S. 783-810.
Bassett, Ross: MIT-Trained Swadeshis. MIT and Indian Nationalism, 1880-1947, in: Osiris 24,1 (2009), S. 212-230.
Bassett, Ross: The Technological Indian, Cambridge, MA, 2016.
Bauman, Zygmunt: Flüchtige Moderne, Frankfurt a. M. 2003.
Bayly, Christopher A.: Empire and Information. Intelligence Gathering and Social Communication in India 1780-1870, Cambridge 1996.
Bayly, Christopher A.: Origins of Nationality in South Asia. Patriotism and Ethical Government in the Making of Modern India, Oxford 1998.
Bear, Laura/Ritu Birla/Stine Simonsen Puri: Speculation. Futures and Capitalism in India, in: Comparative Studies of South Asia, Africa and the Middle East 35,3 (2015), S. 387-391.
Beck, Marieluise: Ihr Inderlein kommet, in: Blätter für Internationale Politik 46,1 (2001), S. 7-9.
Beck, Steven R.: Computer Bargaining in México and Brazil 1970-1990, Diss. LSE London 2012.
Beck, Ulrich: Was ist Globalisierung? Irrtümer des Globalismus. Antworten auf Globalisierung, Frankfurt a. M. 1997.
Becker, Jörg: Informationstechnologie in der Dritten Welt. Eine kritische Analyse theoretischer und empirischer Studien, Frankfurt a. M. 1984.
Becker, Jörg: Massenmedien im Nord-Süd-Konflikt, Frankfurt a. M. 1985.
Becker, Jörg/Susanne Bickel: Datenbanken und Macht. Konfliktfelder und Handlungsräume, Opladen 1992.
Beckert, Sven: King Cotton. Eine Globalgeschichte des Kapitalismus, München 2015.
Beckert, Sven/Dominic Sachsenmeier (Hrsg.): Global History, Globally, London 2018.
Bednarik, Karl: Die Programmierer. Eliten der Automation, Wien/München 1965.
Behrman, Daniel: Conversations on an Indian Campus, in: UNESCO Courier 18,5 (1965), S. 34-36.
Beijer, G.: The Brain Drain from the Developing Countries and the Need for the Immigration of Intellectuals and Professionals, in: International Migration 5/3-4 (1967), S. 228-234.
Bell, Daniel: The Coming of Post-Industrial Society. A Venture in Social Forecasting, New York 1973.
Benatar, Alexander: Kalter Krieg auf dem indischen Subkontinent. Die deutsch-deutsche Diplomatie im Bangladeschkrieg 1971, Berlin 2020.
Benchenna, Abdel: L'Unesco. Des Origines de la Coopération Internationale en Informatique au Contexte Conflictuel de la Création du Programme Intergouvernemental d'Informatique, in: Communication 25,1 (2006), S. 221-239.
Benchenna, Abdel: Réduire la Fracture Numérique Nord/Sud, une Croyance Récurrente des Organisations Internationales, in: Terminal 95/96 (2006), S. 33-45.
Bennett, John M.: IFIP — Some Australian Reflections, in: Heinz Zemanek (Hrsg.): A Quarter Century of IFIP. The IFIP Silver Summary, Amsterdam 1986, S. 275-282.
Bennett, John M./Robert E. Kalman (Hrsg.): Computers in Developing Nations. A One-Day International Seminar, Melbourne, Australia, 13. October 1980, Amsterdam 1980.
Berardi, Franco: The Soul at Work. From Alienation to Autonomy, Cambridge, Mass. 2009.
Berger, Mark T.: The Battle for Asia. From Decolonization to Globalization, London/New York 2004.
Bergien, Rüdiger: »Big Data« als Vision. Computereinführung und Organisationswandel in BKA und Staatssicherheit (1967-1989), in: Zeithistorische Forschungen 14,2 (2017), S. 258-285.
Bergien, Rüdiger: Programmieren mit dem Klassenfeind. Die Stasi, Siemens und der Transfer von EDV-Wissen im Kalten Krieg, in: Vierteljahrshefte für Zeitgeschichte 67,1 (2019), S. 1-30.
Berlin, Leslie: The Man Behind the Microchip. Robert Noyce and the Invention of the Silicon Valley, New York 2005.
Berlinghoff, Marcel: »Totalerfassung« im »Computerstaat« — Computer und Privatheit in den 1970er und 1980er Jahren, in: Ulrike Ackermann (Hrsg.): Im Sog des Internets. Öffentlichkeit und Privatheit im digitalen Zeitalter, Frankfurt a. M. 2013, S. 93-110.

Berlinghoff, Marcel: Das Ende der »Gastarbeit«. Die Anwerbestopps in Westeuropa 1970-1974, Paderborn 2013.
Bernasconi, Fermín A.: Automation and the Information Society: Informatics for Development, in: World Futures 19,3/4 (1984), S. 305-315.
Bernasconi, Fermín A.: Automation and the Information Society, in: Agora. Informatics in a Changing World, Juli/Dez. (1982), S. 64-69.
Bernasconi, Fermín A.: Emerging Information Societies in an Interdependent World. Paper presented at the Annual Meeting of the International Institute of Communications, London, 9.-13. 9. 1979, S. 3-5.
Bernasconi, Fermín A.: Informatics Integral to a New International Economic and Information Order, in: Online (Hrsg.): Data Regulation. European and Third World Realities, London 1978, S. 113-122.
Berth, Christiane: ITU, the Development Debate and Technical Cooperation in the Global South 1950-1992, in: Gabriele Balbi/Andreas Fickers (Hrsg.): History of the International Telecommunication Union (ITU). Transnational Techno-Diplomacy from the Telegraph to the Internet, Berlin/Boston 2020, S. 77-106.
Bhabha, Homi J.: Presidential Address. National Institute of Science [1963]. Zit. n. R.K. Shyamasundar/M. A. Pai: Homi Bhabha, Big Science and the IT Revolution in India, in: dies. (Hrsg.): Homi Bhabha and the Computer Revolution, Oxford 2011, S. XIX-XXXIII.
Bhabha, Homi J.: Science and the Problems of Development, in: Science 151,3710 (1966), S. 548.
Bhabha, Homi J.: Thinking Ahead with ... Homi Bhabha. Indian Development Strategy. Interview, in: International Science and Technology 22 (Oktober 1963), S. 93-98.
Bhabha, Homi K.: Die Verortung der Kultur, Tübingen 2000.
Bhabha, Homi K.: Über kulturelle Hybridität. Tradition und Übersetzung, Wien/Berlin 2012.
Bhalla, A. S.: Technologies Appropriate For A Basic Needs Strategy, in: ders. (Hrsg.): Towards Global Action For Appropriate Technology, Oxford 1979, S. 23-61.
Bharatiya Labour Research Centre (Hrsg.): Computer. The Job Eliminator, Pune [1983].
Bhatia, B. S./K. S. Karnik (Hrsg.): The Kheda Communications Project, Ahmedabad 1989.
Bhatia, Sunil: American Karma. Race, Culture, and Identity in the Indian Diaspora, New York 2007.
Bhatt, Rakesh Kumar: History and Development of Libraries in India, Neu Delhi 1995.
Bhattacharya, Gauri: The Indian Diaspora in Transnational Context. Social Relations and Cultural Identities of Immigrants to New York City, in: William Safran/Ajaya Sahoo/Brij V. Lal (Hrsg.): Transnational Migrations. The Indian Diaspora, Neu Delhi 2009, S. 76-96.
Bhattacharya, K. R.: Technology is a Social Product. Lessons from India, in: Instant Research on Peace and Violence 6,3 (1976), S. 130-138.
Bhattacharya, Neeladri: The Great Agrarian Conquest. The Colonial Reshaping of a Rural World, Neu Delhi 2018.
Bhattacharya, Sabyasachi: Bande Mataram, the Biography of a Song, Neu Delhi 2013.
Bhattacharya, Sanjoy/Benjamin Zachariah: A Great Destiny. The British Colonial State and the Advertisement of Post-War Reconstruction in India 1942-45, in: South Asia Research 19,1 (1999), S. 71-100.
Bhushan, Abhay K./James C. MacKenzie: Environmental Leadership Plus Total Quality Management Equals Continuous Improvement, in: Environmental Quality Management 1,3 (1992), S. 207-224.
Bhushan, Abhay K./Robert H. Stotz: Procedures and Standards for Inter-Computer Communications, in: AFIPS Conference Proceedings, Vol. 32 (1968), Spring Joint Computer Conference, Atlantic City, NJ, New York 1968, S. 95-105.
Bieber, Hans-Joachim: The First Stages of India's Nuclear Policy, in: Andreas Hilger/Corinna R. Unger (Hrsg.): India in the World since 1947. National and Transnational Perspectives, Frankfurt a. M. 2012, S. 183-204.
Bienen, Henry: Tanzania. Party Transformation and Economic Development, Princeton 1967.
Bijker, Wiebke E./John Law: General Introduction, in: dies. (Hrsg.): Shaping Technology/Building Societies. Studies in Sociotechnical Change, Cambridge, Mass. 1992, S. 1-14.

Binkley, Sam: The Seers of Menlo Park. The Discourse of Heroic Consumption in the Whole Earth Catalog, in: Journal of Consumer Culture 3,3 (2003), S. 283-313.
Biradavolu, Monica R.: Indian Entrepreneurs in Silicon Valley. The Making of a Transnational Techno-Capitalist Class, Amherst/New York 2008.
Blackett, P. M. S.: An Opportunity for British Universities, in: The Scientist, 23. 11. 1961, S. 473-475.
Blackett, P. M. S.: Science and Technology in an Unequal World, 1967, in: Proceedings of the Indian Division of the Institution of Electronic and Radio Engineers 5,1 (1968), S. 1-12.
Blackmer, Donald L. M.: The MIT Center for International Studies. The Founding Years, 1951-1969, Cambridge, Mass. 2002.
Blackton, Charles S.: The Colombo-Plan, in: Far Eastern Survey 20,3 (1951), S. 27-31.
Bloch, Ernst: Das Prinzip Hoffnung, Bd. 1, Frankfurt a. M. ⁵1978.
Blount, B. K.: Science as a Factor in International Relations, in: International Affairs 33,1 (1957), S. 71-78.
Boes, Andreas et al. (Hrsg.): Qualifizieren für eine global vernetzte Ökonomie, Wiesbaden 2013.
Boes, Andreas/Michael Schwemmle (Hrsg.): Bangalore statt Böblingen? Offshoring und Internationalisierung im IT-Sektor, Hamburg 2005.
Boes, Andreas/Tobias Kämpf: Global verteilte Kopfarbeit. Offshoring und der Wandel der Arbeitsbeziehungen, Berlin 2011.
Bohnet, Michael: Geschichte der deutschen Entwicklungspolitik, München ²2019.
Bohrmann, Hans et al.: Informationsfreiheit. Free Flow of Information, München 1979.
Boltanski, Luc/Ève Chiapello: Der neue Geist des Kapitalismus [1999], Köln 2018.
Bonfanti, Corrado: Information Technology in Italy. The Origins and the Early Years (1954-1965), in: Arthur Tatnall (Hrsg.): Reflections on the History of Computing. Preserving Memories and Sharing Stories, Heidelberg 2012, S. 320-347.
Bönisch, Dana et al. (Hrsg.): Heimat Revisited. Kulturwissenschaftliche Perspektiven auf einen umstrittenen Begriff, Berlin/Boston 2020.
Borstelmann, Thomas: The Cold War and the Color Line. American Foreign Policy in the Era of Globalization, Cambridge 2002.
Bory, Paolo/Gianluigi Negro/Gabriele Balbi (Hrsg.): Computer Network Histories. Hidden Streams from the Internet Past, Zürich 2019.
Bösch, Frank (Hrsg.): Wege in die digitale Gesellschaft. Computernutzung in der Bundesrepublik 1955-1990, Göttingen 2018.
Bösch, Frank: Euphorie und Ängste. Westliche Vorstellungen einer computerisierten Welt, 1945-1990, in: Lucian Hölscher (Hrsg.): Die Zukunft des 20. Jahrhunderts, Frankfurt a. M./New York 2017, S. 221-252.
Bösch, Frank: Zeitenwende 1979. Als die Welt von heute begann, München 2019.
Bösch, Frank/Norman Domeier: Cultural History of Politics. Concepts and Debates, in: European Review of History 15,6 (2008), S. 577-586.
Bose, Ashish/Vir Narain: Population, in: J. N. Mongia (Hrsg.): India's Economic Development Strategies, 1951-2000 A. D., Neu Delhi 1985, S. 1-24.
Bose, Ashoke Kumar: Multinational Corporations and the Nations, Kalkutta 1983.
Bose, Kausik: Information Networks in India. Problems and Prospects, Neu Delhi 1994.
Bose, S. K.: Technological Institutes. A New Dimension in Education in India, in: Impact of Science on Society 15,3 (1965), S. 187-194.
Bose, S. K.: The Early Years. IIT Bombay, Pune 1988.
Bose, Sugata: His Majesty's Opponent, Cambridge, Mass. 2012.
Bose, Sugata: Nation as Mother, in: ders./Ayesha Jalal (Hrsg.): Nationalism, Democracy and Development. State and Politics in India, Neu Delhi 1996, S. 76-103.
Bose, Sugata: Post-Colonial Histories of South Asia: Some Reflections, in: Journal of Contemporary History 38,1 (2003), S. 133-146.
Bowers, Rebecca: »It's Hard to Have any Mission for the Future Because They Don't Pay.« Aspirations and Realities in India's Silicon Valley, in: Tim Bunnell/Daniel P. S. Goh (Hrsg.): Urban Asias. Essays on Futurity, Past and Present, Berlin 2018, S. 183-193.

Bowker, Geoffrey C./Susan Leigh Star: Sorting Things Out. Classification and Its Consequences, Cambridge, Mass./London 1999.
Bowles, Chester: Ambassador's Report, New York 1954.
Bowles, Chester: Let Us Keep the Cold War Out of India, in: ders.: A View from India. Selected Speeches and Writings, New Haven 1969, S. 187-195.
Boyd-Barrett, Oliver: Media Imperialism. Towards an International Framework for an Analysis of Media Systems, in: James Curran et al. (Hrsg.): Mass Communication and Society, London 1977, S. 116-135.
Boyle, Godfrey/Peter Harper: Radical Technology, New York 1976.
Brand, Stewart: Space Colonies, New York 1977.
Brandt, Dietrich P.: Die Auswirkungen der Automation auf die Unternehmungsleitung, in: Mensch und Arbeit 19,1 (1967), S. 19-24.
Brandt, Willy: Regierungserklärung vom 18.1.1973, in: Ingo von Münch (Hrsg.): Regierungserklärungen 1949-1973, Berlin/New York 1973, S. 260-292.
Braun, Gerald: Nord-Süd-Konflikt und Entwicklungspolitik. Eine Einführung, Opladen 1985.
Braun, Wernher von: Lighting Up Earth's Dark Corners With – TV From The Sky, in: Popular Science 206,3 (1975), S. 70-73, 144 f.
Brautigan, Richard: All Watched Over by Machines of Loving Grace, San Francisco 1967.
Braveboy-Wagner, Jacqueline Anne: Institutions of the Global South, New York 2009.
Bray, Francesca: Only Connect. Comparative, National, and Global History as Frameworks for the History of Science and Technology in Asia, in: East Asian Science, Technology and Society 6,2 (2012), S. 233-241.
Breckenridge, Keith: The Biometric State. The Global Politics of Identification and Surveillance in South Africa, 1850 to the Present, Cambridge 2014.
Breman, Jan: Industrial Labour in Post-Colonial India I/II: Industrializing the Economy and Formalizing Labour, in: International Review of Social History 44,2 (1999), S. 249-300, und 44/3 (1999), S. 451-483.
Breman, Jan: Labour, Get Lost. A Late-Capitalist Manifesto, in: Economic and Political Weekly 30,37 (1995), S. 2294-2300.
Brendebach, Jonas: Towards a New International Communication Order? UNESCO, Development and »National Communication Policies« in the 1960s and 1970s, in: ders./Martin Herzer/Heidi Tworek (Hrsg.): International Organizations and the Media in Nineteenth and Twentieth Centuries. Exorbitant Expectations, London/New York 2018, S. 158-181.
Breunig, Christian: Kommunikationspolitik der Unesco. Dokumentation und Analyse der Jahre 1946-1987, Konstanz 1987.
Bröckling, Ulrich: Das Diktat des Komparativs. Zur Anthropologie des »unternehmerischen Selbst«, in: ders./Eva Horn (Hrsg.): Anthropologie der Arbeit, Tübingen 2002, S. 157-173.
Bröckling, Ulrich: Das unternehmerische Selbst. Soziologie einer Subjektivierungsform, Frankfurt a. M. 2007.
Bröckling, Ulrich/Susanne Krasmann/Thomas Lemke (Hrsg.): Gouvernementalität der Gegenwart, Frankfurt a. M. 2000.
Brown, Shannon R.: China's Program of Technology Acquisition, in: Richard Baum (Hrsg.): China's Four Modernizations. The New Technological Revolution, Boulder 1980, S. 153-177.
Brückweh, Kerstin: Menschen zählen. Wissensproduktion durch britische Volkszählungen und Umfragen vom 19. Jahrhundert bis ins digitale Zeitalter, Berlin/Boston 2015.
Bruderer, Herbert: Meilensteine der Rechentechnik, 2 Bde., Berlin/Boston ²2018.
Brundenius, Claes/Bo Göransson: The Quest for Technological Self-Reliance. The Case of Telecommunications in India, Lund 1985.
Brunner, Hans-Peter: India's Computer Industry. Policy, Industry Structure and Technological Change. The Last Road to Survival? 2 Bde., Diss. Univ. of Maryland, College Park 1990.
Brunnstein, Klaus: IFIP Development 1960-2010, in: ders./Heinz Zemanek (Hrsg.): 50 Years of IFIP. Developments and Visisons, Wien 2011, S. 1-7.
Buckingham, Richard A.: TC3. The First Ten Years, in: Heinz Zemanek (Hrsg.): A Quarter Century of IFIP. The IFIP Silver Summary, Amsterdam 1986, S. 363-372.

Bundesministerium des Innern (Hrsg.): Migrationsbericht des Bundesamtes für Migration und Flüchtlinge 2005, Berlin 2005.
Bunge, Mario: Towards a Technoethics, in Philosophical Exchange 6,1 (1975), S. 69-79.
Burke, Peter: What is the History of Knowledge?, Cambridge 2017.
Büschel, Hubertus: Hilfe zur Selbsthilfe. Deutsche Entwicklungsarbeit in Afrika 1960-1975, Frankfurt a. M./New York 2014.
Büschel, Hubertus: In Afrika helfen. Akteure westdeutscher »Entwicklungshilfe« und ostdeutscher »Solidarität« 1955-1975, in: Archiv für Sozialgeschichte 48 (2008), S. 333-365.
Büschel, Hubertus: Internationale Geschichte als Globalgeschichte – Prämissen, Potenziale und Probleme, in: Zeithistorische Forschungen 8,3 (2011), S. 439-445.
Büschel, Hubertus/Daniel Speich Chassé: Einleitung, in: dies. (Hrsg.): Entwicklungswelten. Globalgeschichte der Entwicklungszusammenarbeit, Frankfurt a. M. 2009, S. 7-29.
Bussell, Claudia (Hrsg.): Computer Education for Development, Guanabara 1972.
Butsch, Carsten: Leben in zwei Kulturen. Transnationale Identitäten indischer Migranten in Deutschland, in: Mitteilungen der Österreichischen Geographischen Gesellschaft 158 (2016), S. 13-36.
Butsch, Carsten: The »Indian Diaspora« in Germany. Emerging Networks and New Homes, in: Diaspora Studies 10,2 (2017), S. 1-22.
Butsch, Carsten: Transnational Networks and Practices of Overseas Indians in Germany, in: Internationales Asienforum 47,3/4 (2016), S. 203-225.
Butt, Danny: New International Information Order (NIIO) Revisited. Global Algorithmic Governance and Neocolonialism, in: Fibreculture Journal. FCJ-198, Nr. 27. URL: http://twentyseven.fibreculturejournal.org [abgerufen am 15.8.2022].
Byres, Terence J. (Hrsg.): The State, Development Planning and Liberalisation in India, Neue Ausgabe, Neu Delhi 1997.
Cable, Vincent/Jeremy Clarke: British Electronics and Competition with Newly Industrialising Countries, London 1981.
Cable, Vincent: British Interests and Third World Development, London 1980.
Cain, Frank: Computers and the Cold War, in: Journal of Contemporary History 40,1 (2005), S. 131-147.
Camic, Charles/Neil Gross/Michel Lamont: Introduction. The Study of Social Knowledge Making, in: dies. (Hrsg.): Social Knowledge in the Making, Chicago 2011, S. 1-40.
Campbell-Kelly, Martin: ICL. A Business and Technical History, Oxford 1990.
Campbell-Kelly, Martin: Information Technology and Organizational Change in the British Census, 1801-1911, in: Information Systems Research 7,1 (1996), S. 22-36.
Campbell-Kelly, Martin/William Aspray/Nathan L. Ensmenger/Jeffrey R. Yost: Computer: A History of the Information Machine, New York ³2014.
Campbell-Kelly, Martin/Daniel D. Garcia-Swartz: From Mainframes to Smartphones. A History of the International Computer Industry, Cambridge, Mass./London 2015.
Cappelli, Peter et al.: Leadership Lessons from India, in: Harvard Business Review 88,3 (2010), S. 90-97.
Carlsson, Ulla: From NWICO to Global Governance of the Information Society, in: Oscar Hemer/Thomas Tufte (Hrsg.): Media and Glocal Change. Rethinking Communication for Development, Buenos Aires 2005, S. 193-214.
Carment, David/Ariane Sadjed (Hrsg.): Diaspora as Cultures of Cooperation. Global and Local Perspectives, Cham 2017.
Carmichael, Hamish (Hrsg.): An ICL Anthology, Vol. I: Anecdotes and Recollections from the People of ICL, Surbiton 1996.
Carmichael, Hamish (Hrsg.): Another ICL Anthology, Vol. II: More Anecdotes and Recollections from the People of ICL, Surbiton 1998.
Carnoy, Martin/Manuel Castells/Chris Benner: Labour Markets and Employment Practices in the Age of Flexibility. A Case Study of Silicon Valley, in: International Labour Review 136,1 (1997), S. 27-48.

Castells, Manuel: Das Informationszeitalter. Wirtschaft, Gesellschaft, Kultur, Bd. 1: Der Aufstieg der Netzwerkgesellschaft, Wiesbaden [2003] ²2017.
Ceruzzi, Paul E.: Computing. A Concise History, Cambridge, Mass. 2012.
Ceruzzi, Paul E.: History of Modern Computing, Cambridge, Mass. ²2003.
Chagla, M. C.: Convocation Address IIT Madras, 3.4.1965, Appendix IA, in: IIT Madras Annual Report 1964-65, Madras 1965, S. 23-29.
Chakrabarti, Pratik: Science in India in the Twentieth Century, in: Jyoti Bhusan Das Gupta (Hrsg.): Science, Technology, Imperialism and War, Neu Delhi 2007, S. 121-173.
Chakrabarti, Pratik: Western Science in Modern India. Metropolitan Methods, Colonial Practices, Neu Delhi 2004.
Chakrabarty, Dipesh: Foreword, in: The Bernard Cohn Omnibus, Neu Delhi 2004, S. IX-XIX.
Chakrabarty, Dipesh: Introduction, in: Habitations of Modernity. Essays in the Wake of Subaltern Studies, London 2002, S. XIX-XXIV.
Chakrabarty, Dipesh: Provincializing Europe. Postal Thought and Historical Difference, Princeton 2000.
Chakrabarty, Dipesh: The Legacies of Bandung: Decolonization and the Politics of Culture, in: Christopher J. Lee (Hrsg.): Making a World after Empire: The Bandung Moment and Its Political Afterlives, Athens 2010, S. 45-68.
Chakravartty, Paula U.: Telecom, National Development and the Indian State. A Postcolonial Critique, in: Media, Culture & Society 26,2 (2004), S. 227-249.
Chakravartty, Paula U.: The Democratic Politics of Telecommunications Reform in India, 1947-1997, Diss. Univ. of Wisconsin-Madison 1999.
Chakravarty, Rupak: IT at Milk Collection Centers in Cooperative Dairies, in: Subhash Bhatnagar/Robert Schware (Hrsg.): ICTs in Rural Development, Washington D.C. 2000, S. 37-47.
Chakravorty, Sanjoy et al.: The Other One Percent. Indians in America, Oxford 2017.
Chanana, Charanjit: Computers in Asia, Neu Delhi 1973.
Chander, Romesh: The SITE Experience, Paris 1983.
Chander, Romesh/Kiran Karnik: Planning for Satellite Broadcasting. The Indian Instructional Television Experiment, Paris 1976.
Chandra, Bipan: The Rise and Growth of Economic Nationalism in India, Neu Delhi 2010.
Chandrashekhar, G. R.: Editorial. Special Issue: Wisdom from Indian Philosophy and Literature, in: International Journal of Business and Emerging Markets 6,1 Spec. Iss. (2014), S. 1f.
Charrier, Philip Joseph: Britain, India and the Genesis of the Colombo Plan, 1945-1951, Diss. Univ. of Cambridge 1995.
Chatterjee, Partha: Development Planning and the Indian State, in: Byres, Terence J. (Hrsg.): The State, Development Planning and Liberalisation in India, Neue Ausgabe, Neu Delhi 1997, S. 82-103.
Chatterjee, Partha: The Nation and its Fragments. Colonial and Postcolonial Histories, Princeton 1993.
Chattopadhay, K. P./P. K. Bose/Sri A. Chatterji: Undergraduate Students in Calcutta. How They Live and Work, Kalkutta 1955.
Chaturvedi, V./M. C.: Higher Technical Education. Patterns, Trends and Implications for Developing Countries, University Grants Commission, Neu Delhi 1977.
Chaudhry, Praveen K. (Hrsg.): The United States and India. A History Through Archives, The Later Years, Bd. 1, Neu Delhi 2011.
Chaudhuri, B. D. Nag: Inaugural Address, in: Electronics Commission (Hrsg.): Electronics. Proceedings of National Conference on Electronics organised by the Electronics Committee, March 24-28 1970, Bombay 1971, S. 7-13.
Chaudhuri, B. D. Nag: Technology and Society. An Indian View, Simla 1979.
Chaudhuri, Dipak B. R.: Empire Building in Electronics, in: Economic and Political Weekly 6,19 (1971), S. 953.
Chen, Kuan-Hsing: Asia as Method. Toward Deimperialization, Durham 2010.
Chhaya, Mayank: Sam Pitroda. A Biography, Neu Delhi 1992.

Chiang, Min-Hua: Post-Industrial Development in East Asia. Taiwan and South Korea in Comparison, Singapur 2018.
Chitnis, E. V.: Participatory Software, in: Seminar. The Monthly Symposium, Nr. 232 (1978), S. 22-28.
Chon, Kilnam: An Asia Internet History: First Decade (1980-1990), Seoul 2013.
Chopra, Rohit: Neoliberalism as Doxa: Bourdieu's Theory of the State and the Contemporary Indian Discourse on Globalization and Liberalization, in: Cultural Studies 17,3/4 (2003), S. 419-444.
Choudhury, Deep Kanta Lahiri: 1857 and the Communication Crisis, in: Sabyasachi Bhattacharya (Hrsg.): Rethinking 1857, Neu Delhi 2007, S. 261-282.
Choudhury, Deep Kanta Lahiri: Telegraphic Imperialism. Crisis and Panic in the Indian Empire, c. 1830-1920, Basingstoke 2010.
Chowdhury, Indira: Growing the Tree of Science. Homi J. Bhabha and the Tata Institute of Fundamental Research, Oxford 2016.
Chowdhury, Sunandan Roy: Politics, Policy and Higher Education in India, Singapur 2017.
Christlich Soziale Union (Hrsg.): Offensiv ins neue Jahrhundert. Mit Bayern gewinnt Deutschland. Entschließung des CSU-Parteiausschusses vom 22. 5. 1998, Ingolstadt 1998.
Ciafone, Amanda: Counter-Cola. A Multinational History of the Global Corporation, Oakland 2019.
Claeys, Gregory: Imperial Sceptics. British Critics of Empire, 1850-1920, New York 2010.
Clarke, Arthur C.: Beyond Babel. The Century of the Communication Satellite, in: UNESCO (Hrsg.): Broadcasting from Space, Paris 1970, S. 52.
Clarke, Arthur C.: The Next Ten Years in Space, 1959-1969, Staff Report of the Select Committee on Astronautics and Space Exploration, United States Congress, Washington D. C. 1959.
Clemens, Jonathan: The Making of a Cyborg Society. South Korea's Information Revolution 1997-2007, Master's Thesis, Univ. of Hawaii 2008.
Clement, Jessica: Internet Penetration Rate Worldwide 2020 by Region, 3. 2. 2020. URL: https:// www.statista.com/statistics/269329/penetration-rate-of-the-internet-by-region [abgerufen am 15. 8. 2022]. = »Statista«-Dossier, Hamburg 2020.
Cohn, Bernard S.: Colonialism and Its Forms of Knowledge. Princeton, NJ 1996.
Cohn, Bernard S.: The Command of Language and the Languages of Command, in: Ranajit Guha (Hrsg.): Subaltern Studies IV, Neu Delhi 1985, S. 288-290.
Cole, Hugh S. D./Christopher Freeman/Marie Jahoda/K. L. R. Pavitt (Hrsg.): Die Zukunft aus dem Computer? Eine Antwort auf die Grenzen des Wachstums, Neuwied/(West) Berlin 1973.
Collins, Michael: Religion, Politik, Nation. Demokratie und Nationalismus in Indien seit der Unabhängigkeit 1947, in: Aus Politik und Zeitgeschichte 72,30-31 (2022), S. 29-37.
Conrad, Sebastian: Globalgeschichte. Eine Einführung, München 2013.
Conrad, Sebastian/Andreas Eckert: Globalgeschichte, Globalisierung, Multiple Modernen. Zur Geschichtsschreibung der modernen Welt, in: dies./Ulrike Freitag (Hrsg.): Globalgeschichte. Theorien, Ansätze, Themen, Frankfurt a. M. 2007, S. 7-52.
Conrad, Sebastian/Shalini Randeria: Einleitung. Geteilte Geschichten – Europa in einer postkolonialen Welt, in: dies. (Hrsg.): Jenseits des Eurozentrismus. Postkoloniale Perspektiven in den Geschichts- und Kulturwissenschaften, Frankfurt a. M. 2002, S. 9-48.
Cook, Jeffrey S./Neha Gupta: History of Supercomputing and Supercomputer Centers, in: ders./Richard S. Segall/Qingyu Zhang (Hrsg.): Research and Applications in Global Supercomputing, Hershey 2015, S. 33-55.
Cooke, Philip: Introduction. Regional Asymmetries, Knowledge Categories and Innovation Intermediation, in: ders./Andrea Piccaluga (Hrsg.): Regional Development in the Knowledge Economy, London/New York 2006, S. 1-21.
Cooper, Frederick: Colonialism in Question. Theory, Knowledge, History, Berkeley 2005.
Cooper, Frederick: Writing the History of Development, in: Journal of Modern European History 8,1 (2010), S. 5-23.
Cooper, Frederick/Ann Laura Stoler: Between Metropole and Colony. Rethinking a Research Agenda, in: dies. (Hrsg.): Tensions of Empire. Colonial Cultures in a Bourgeois World, Berkeley 1997, S. 1-56.

Cooper, Frederick/Randall M. Packard (Hrsg.): International Development and the Social Sciences. Essays on the History and Politics of Knowledge, Berkeley 1997.

Cortada, James W.: Before the Computer. IBM, NCR, Burroughs, and Remington Rand and the Industry they Created 1865-1956, Princeton, NJ 1993.

Cortada, James W.: The Digital Flood. The Diffusion of Information Technology Across the U.S., Europe and Asia, New York 2012.

Cortada, James W.: IBM. The Rise and Fall and Reinvention of a Global Icon, Cambridge, Mass./London 2019.

Costadura, Edoardo et al. (Hrsg.): Heimat global. Modelle, Praxen und Medien der Heimatkonstruktion, Bielefeld 2019.

Coupland, Reginald: The Cripps Mission, Oxford 1942.

Couture, Stephane/Sophie Toupin: What does the Notion of ›Sovereignty‹ Mean When Referring to the Digital?, in: New Media & Society 21,10 (2019), S. 2305-2322.

Cremer, Janine: Zuwanderung bzw. Zuwanderungspolitik im Spiegel der Arbeitgeber- und der Gewerkschaftspresse, in: Christoph Butterwegge et al. (Hrsg.): Themen der Rechten – Themen der Mitte. Zuwanderung, demografischer Wandel, Nationalbewusstsein, Wiesbaden 2002, S. 43-66.

Cullather, Nick: Development and Technopolitics, in: Frank Costigliola/Michael J. Hogan (Hrsg.): Explaining the History of American Foreign Relations, New York ³2016, S. 102-118.

Cullather, Nick: Miracles of Modernization. The Green Revolution and the Apotheosis of Technology, in: Diplomatic History 28,2 (2004), S. 227-254.

Currle, Edda/Tanja Wunderlich (Hrsg.): Deutschland – ein Einwanderungsland? Rückblick, Bilanz und neue Fragen, Stuttgart 2001.

Cyranek, Günther/Heidrun Kaiser: Institutionen und Projekte zur Ausbildung und zum Transfer von Informationstechnologie in Entwicklungsländer, in: Günther Cyranek/Asha Purna Kachru/Heidrun Kaiser (Hrsg.): Informatik und »Dritte Welt«. Berichte und Analysen, Berlin 1988, S. 195-220.

Czempiel, Ernst-Otto: Kluge Macht. Außenpolitik für das 21. Jahrhundert, München 1999.

d'Arcy, Jean: An Ascending Progression, in: Desmond Fisher/L. S. Harms (Hrsg.): The Right to Communicate. A New Human Right, Dublin 1983, S. XXI–XXVI.

d'Arcy, Jean: Direct Broadcast Satellites and the Right to Communicate, in: European Broadcasting Union Review 118 (1969), S. 14-18. Nachdr. in: L. S. Harms/Jim Richstad/Kathleen A. Kie (Hrsg.): Right to Communicate. Collected Papers, Honolulu 1977, S. 1-9.

d'Arcy, Jean: The Right to Communicate, Paris 1978.

D'Costa, Anthony P.: The Indian Software Industry in the Global Division of Labour, in: ders./ E. Sridharan (Hrsg.): India in the Global Software Industry. Innovation, Firm Strategies and Development, Basingstoke/New York 2004, S. 1-26.

da Costa Marques, Ivan: History of Computing in Latin America, in: IEEE Annals of the History of Computing 37,4 (2015), S. 10-12.

Daechsel, Markus: The Politics of Self-Expression. The Urdu Middle-Class Milieu in Mid-Twentieth Century India and Pakistan, London/New York 2006.

Dahl, Norman C.: Revolution on the Ganges, in: Tech Engineering News 49,4 (1967) S. 13-18.

Dahl, Norman C.: The Kanpur Indo-American Program, in: Technology Review 67,8 (1965), S. 22-24.

Dahlmann, Dittmar/Reinhold Reith (Hrsg.): Elitenwanderung und Wissenstransfer im 19. und 20. Jahrhundert, Essen 2008.

Dandekar, V. M.: India, in: Walter Adams (Hrsg.): The Brain Drain [Papers Presented at an International Conference, Lausanne, Aug. 1967], New York/London 1968, S. 203-232.

Danyel, Jürgen: Zeitgeschichte der Informationsgesellschaft, in: Zeithistorische Forschungen 9,2 (2012), S. 186-211.

Danyel, Jürgen/Annette Schuhmann: Wege in die digitale Moderne. Computerisierung als gesellschaftlicher Wandel, in: Frank Bösch (Hrsg.): Geteilte Geschichte. Ost- und Westdeutschland 1970-2000, Göttingen 2015, S. 283-320.

Das, Diganta/Tong Lam: High-Tech Utopianism. Chinese and Indian Science Parks in the Neoliberal Turn, in: British Society for the History of Science 1 (2016), S. 221-238.
Day, Anthony/Maya H.T. Liem (Hrsg.): Cultures at War. The Cold War and Cultural Expression in Southeast Asia, Ithaca, NY 2010.
Dayal, Ishwar/Baldev R. Sharma: Strike of Supervisory Staff in the State Bank of India, Bombay 1971.
Dayal, Ishwar/Suresh Srivastva/Theodore M. Alfred: Anatomy of a Strike, Bombay 1972.
De Kruijf, Johannes G./Ajaya Kumar Sahoo (Hrsg.): Indian Transnationalism Online. New Perspectives on Diaspora, Abingdon, Oxon/New York 2016.
De Vries, Jan: Playing with Scales: The Global and the Micro, the Macro and the Nano*, in: Past & Present 242 (2019), S. 23-36.
De, A. K.: Building an Institute for Excellence in Sciences and Technology, in: J.T. Panikar (Hrsg.): International Cooperation in Higher Education in Science and Technology. Perspectives for the 90s, Neu Delhi 1985, S. 88-101.
Deb, Sandipan: The IITians, Neu Delhi 2004.
Dedijer, Stevan: Underdeveloped Science in Underdeveloped Countries, in: Minerva 2,1 (1963), S. 61-81.
Dedrick, Jason/Kenneth L. Kraemer: Asia's Computer Challenge. Threat or Opportunity for the United States and the World?, New York 1998.
Dedrick, Jason/Kenneth L. Kraemer: Information Technology in India. The Quest for Self-Reliance, in: Asian Survey 33,5 (1993), S. 463-492.
Deobhakta, P. N.: The Present Status of Entertainment Electronics and Components Industry, in: Electronics Commission (Hrsg.): Electronics. Proceedings of National Conference on Electronics organised by the Electronics Committee, March 24-28 1970, Bombay 1971, S. 31-36.
Deshmukh, Vikas: Bangalore: India's Hi-Tech Birthplace, in: Economic Reform Today 3,3 (1993), S. 19-33.
Deuerlein, Martin: Das Zeitalter der Interdependenz. Globales Denken und Internationale Politik in den langen 1970er Jahren, Göttingen 2020.
Devarajan, G./A.V. Rahelamma (Hrsg.): Library Computerisation in India, Neu Delhi 1990.
Dhal, D./B. K. Pattnaik: Appropriate Technology Movement in India. An Emphatic Drift, in: Sociology of Science and Technology 3,4 (2012), S. 73-115.
Dholakia, Jitendra: Computers and Growth without Jobs, in: Commerce 154,3954 (1987), S. 16-21.
Dholakia, Jitendra: Unemployment and Employment Policy in India, Neu Delhi 1977.
Dicken, Peter: Global Shift. Mapping the Changing Contours of the World Economy, London et al. ^{7}2015.
Diehl, Günther: Die indischen Jahre. Erfahrungen eines deutschen Botschafters, Frankfurt a. M. 1991.
Dierks, Nicholas B.: Casts of Mind. Colonialism and the Making of Modern India, Princeton 2001.
Dijkstra, Edsger W.: The Humble Programmer, in: Communications of the ACM 15,10 (1972), S. 859-866.
Dikötter, Frank: Things Modern. Material Culture and Everyday Life in China, London 2007.
Dingwerth, Klaus/Philipp Pattberg: Was ist Global Governance?, in: Leviathan 34,3 (2006), S. 377-399.
Dinkel, Jürgen: Dekolonisierung und Weltnachrichtenordnung. Der Nachrichtenpool bündnisfreier Staaten (1976-1992), in: Frank Bösch/Peter Hoeres (Hrsg.): Außenpolitik im Medienzeitalter. Vom späten 19. Jahrhundert bis zur Gegenwart, Göttingen 2013, S. 211-231.
Dinkel, Jürgen: Die Bewegung Bündnisfreier Staaten. Genese, Organisation und Politik, Berlin 2015.
Dinkel, Jürgen/Steffen Fiebrig/Frank Reichherzer: Zur Historisierung globaler Beziehungen in der zweiten Hälfte des 20. Jahrhunderts. Eine Einleitung, in: dies. (Hrsg.): Nord | Süd. Perspektiven auf eine globale Konstellation, Berlin/Boston 2020, S. 1-20.

Dittrich, Christoph: Bangalore. Globalisation and Fragmentation in India's Hightech-Capital, in: Asien. The German Journal on Contemporary Asia 103 (2007), S. 45-58.
Dittrich, Christoph: Bangalore. Globalisierung und Überlebenssicherung in Indiens Hightech-Kapitale, Saarbrücken 2004.
Djagalov, Rossen/Christine Evans: Moskau, 1960: Wie man sich eine sowjetische Freundschaft mit der Dritten Welt vorstellte, in: Andreas Hilger (Hrsg.): Die Sowjetunion und die Dritte Welt. UdSSR, Staatssozialismus und Antikolonialismus im Kalten Krieg 1945-1991, München 2009, S. 83-105.
Doering-Manteuffel, Anselm: Die deutsche Geschichte in den Zeitbögen des 20. Jahrhunderts, in: Vierteljahrshefte für Zeitgeschichte 62,3 (2014), S. 321-348.
Doering-Manteuffel, Anselm/Lutz Raphael: Der Epochenbruch in den 1970er-Jahren. Thesen zur Phänomenologie und den Wirkungen des Strukturwandels »nach dem Boom«, in: Knud Andresen/Ursula Bitzegeio/Jürgen Mittag (Hrsg.): Nach dem Strukturbruch? Kontinuität und Wandel von Arbeitsbeziehungen und Arbeitswelt(en) seit den 1970er-Jahren, Bonn 2011, S. 25-40.
Doering-Manteuffel, Anselm/Lutz Raphael: Nach dem Boom. Perspektiven auf die Zeitgeschichte seit 1970, Göttingen ³2012.
Doering-Manteuffel, Anselm/Lutz Raphael/Thomas Schlemmer (Hrsg.): Vorgeschichte der Gegenwart. Dimensionen des Strukturbruchs nach dem Boom, Göttingen 2016.
Dossani, Rafiq: Chinese and Indian Engineers and their Networks in Silicon Valley, Stanford 2002.
Dossani, Rafiq: Entrepreneurship. The True Story behind Indian IT, in: Henry S. Rowen/Marguerite G. Hancock/William F. Miller (Hrsg.): Making IT. The Rise of Asia in High Tech, Stanford 2007, S. 221-266.
Douglas, Marcia Lynn: The Myth of Meritocracy. Race, Gender, and Class in Silicon Valley, Diss. UC San Diego 1992.
Draper, Hal: Berkeley. The New Student Revolt, New York 1965.
Drucker, Peter F.: Landmarks of Tomorrow, New York 1957.
Drucker, Peter F.: Technology, Management, and Society. Essays, New York 1958.
Drucker, Peter F.: The Age of Discontinuity. Guidelines to Our Changing Society, New York 1968.
Drucker, Peter F.: The New Society. The Anatomy of Industrial Order, New York 1950.
Drucker, Peter F.: The Rise of the Knowledge Society, in: The Wilson Quarterly 17,2 (1993), S. 52-73.
Duara, Prasenjit/Elizabeth J. Perry: Beyond Regimes: China and India Compared, Cambridge, Mass. 2018.
Dülffer, Jost/Wilfried Loth: Einleitung, in: dies. (Hrsg.): Dimensionen internationaler Geschichte, München 2012, S. 1-8.
Dumke, Horst: Das entwicklungspolitische Konzept der Bundesrepublik Deutschland, in: Hans Besters et al. (Hrsg.): Kooperative Entwicklungshilfe. Deutsche und amerikanische Bemühungen beim Aufbau der Entwicklungsländer, Bochumer Symposion 16./19. Januar 1968, Bielefeld 1969, S. 59-72.
Eapen, K. E.: Social Impacts of Television on Indian Villages. Two Case Studies, in: Godwin C. Chu et al. (Hrsg.): Institutional Exploration in Communication Technology, Honolulu 1978, S. 89-108.
Eapen, K. E.: The Cultural Component of SITE, in: Journal of Communication 29,4 (1979), S. 106-113.
Easterling, Keller: Extrastatecraft. The Power of Infrastructure Space, London, New York 2014.
Easterly, William: The Tyranny of Experts. Economists, Dictators, and the Forgotten Rights of the Poor, New York 2015.
Eckel, Jan: »Alles hängt mit allem zusammen.« Zur Historisierung des Globalisierungsdiskurses der 1990er und 2000er Jahre, in: Historische Zeitschrift 307,1 (2018), S. 42-78.
Eckstein, Lars/Anja Schwarz (Hrsg.): Postcolonial Piracy. Media Distribution and Cultural Production in the Global South, London/New York 2014.
Edgerton, David: Creole Technologies and Global Histories. Rethinking How Things Travel in Time and Space, in: Journal of History of Science and Technology 1,1 (2007), S. 75-112.

Edgerton, David: The Shock of The Old. Technology and Global History since 1900, London 2008.
Edwards, Paul N.: The Closed World. Computers and the Politics of Discourse in Cold War America, Cambridge, Mass. 1996.
Edwards, Paul N./Gabrielle Hecht: History and the Technopolitics of Identity. The Case of Apartheid South Africa, in: Journal of Southern African Studies 36,3 (2010), S. 619-640.
Edwards, Paul N./Gabrielle Hecht: The Technopolitics of Cold War. Toward a Transregional Perspective, in: Michael Adas (Hrsg.): Essays on 20th Century History, Philadelphia 2010, S. 271-314.
Eisenscher, Michael: Gewerkschaftliche Organisierung in der Computerindustrie. Die Erfahrung des UE Electronics Organizing Committee im Silicon Valley, in: Boy Lüthje/Christoph Scherrer (Hrsg.): Jenseits des Sozialpakts. Neue Unternehmensstrategien, Gewerkschaften und Arbeitskämpfe in den USA, Münster 1993, S. 180-205.
Eisenstadt, Shmuel N.: Multiple Modernities, in: Daedalus 129,1 (2000), S. 1-29.
Ekbladh, David: The Great American Mission. Modernization and the Construction of an American World Order, Princeton 2010.
Engerman, David C./Corinna R. Unger (Hrsg.): Towards a Global History of Modernization, in: Diplomatic History 33,3 (2009), S. 375-385.
Engerman, David C. et al. (Hrsg.): Staging Growth. Modernization, Development, and the Global Cold War, Cambridge, Mass. 2003.
Engerman, David C.: Die USA und die Ökonomie des Kalten Krieges, in: Bernd Greiner/Christian Müller/Claudia Weber (Hrsg.): Ökonomie im Kalten Krieg, Hamburg 2010, S. 194-212.
Engerman, David C.: Learning from the East. Soviet Experts and India in the Era of Competitive Coexistence, in: Comparative Studies of South Asia, Africa and the Middle East 33,2 (2013), S. 227-238.
Engerman, David C.: The Political Power of Economic Ideas? Foreign Economic Advisors and Indian Planning in the 1950s and 1960s, in: Andreas Hilger/Corinna R. Unger (Hrsg.): India in the World since 1947. National and Transnational Perspectives, Frankfurt a. M. 2012, S. 120-135.
Engerman, David C.: The Price of Aid. The Economic Cold War in India, Cambridge, Mass. 2018.
Engerman, David C.: West Meets East. The Center for International Studies and Indian Economic Context, in: ders. et al. (Hrsg.): Staging Growth. Modernization, Development, and the Global Cold War, Cambridge, Mass. 2003, S. 199-223.
Ensmenger, Nathan L.: Environmental History of Computing, in: Technology and Culture 59,4 Suppl. (2018), S. S7-S33.
Ensmenger, Nathan L.: Making Programming Masculine, in: Thomas Misa (Hrsg.): Gender Codes. Why Women are Leaving Computing, Hoboken 2010, S. 115-142.
Ensmenger, Nathan L.: Power to the People. Toward a Social History of Computing, in: IEEE Annals of the History of Computing 26,1 (2004), S. 96; S. 94-95.
Ensmenger, Nathan L.: The Computer Boys Take Over. Computers, Programmers and the Politics of Technical Expertise, Cambridge, Mass. 2010.
Ensmenger, Nathan L.: The Digital Construction of Technology. Rethinking the History of Computers in Society, in: Technology and Culture 53,4 (2012), S. 753-776.
Epple, Angelika: Calling for a Practice Turn in Global History: Practices as Drivers of Globalization/s, in: History and Theory 57,3 (2018), S. 390-407.
Epple, Angelika: Die Größe zählt! Aber wie? Globalgeschichte zwischen großen Synthesen, Skeptizismus und neuem Empirismus, in: Neue Politische Literatur 59,3 (2014), S. 409-436.
Epple, Angelika: Lokalität und die Dimension des Globalen. Eine Frage der Relationen, in: Historische Anthropologie 21,1 (2013), S. 4-25.
Erdogan, Julia: Computerkids, Freaks, Hacker. Deutsche Hackerkulturen in internationaler Perspektive, in: Aline Maldener/ Clemens Zimmermann (Hrsg.): Let's historize it! Jugendmedien im 19. und 20. Jahrhundert, Köln 2018, S. 61-94.
Erel, Umut: Migrating Cultural Capital. Bourdieu in Migration Studies, in: Sociology 44,4 (2010), S. 642-660.

Erickson, Paul et al. (Hrsg.): How Reason Almost Lost Its Mind, Chicago, 2013.
Ernst, Dieter: Automation, Employment and Third World. Case of Electronics Industry, in: Economic and Political Weekly 21,28 (1986), S. 1213-1223.
Esposito, Fernando: Zeitenwandel – Einleitung, in: ders. (Hrsg.): Zeitenwandel. Transformationen geschichtlicher Zeitlichkeit nach dem Boom, Göttingen 2017, S. 7-62.
Evans, Peter B.: Embedded Autonomy. States and Industrial Transformation, Princeton 1995.
Evans, Peter B.: Indian Informatics in the 1980s. The Changing Character of State Involvement, in: World Development 20,1 (1992), S. 1-18.
Faust, Julian: Spannungsfelder der Internationalisierung. Deutsche Unternehmen und Außenwirtschaftspolitik in Indien von 1947 bis zum Ende der 1970er Jahre, Baden-Baden 2021.
Fay, Peter W.: Report from Kanpur, in: Engineering and Science 29,9 (1966), S. 11-17.
Felsberger, Stefanie/Ramesh Subramanian (Hrsg.): Mobile Technology and Social Transformations. Access to Knowledge in Global Contexts, Abingdon, Oxon/New York 2021.
Ferguson, James: The Anti-Politics Machine. Development, Depoliticization, and Bureaucratic Power, Cambridge 1990.
Ferguson, Niall et al. (Hrsg.): The Shock of the Global. The 1970s in Perspective, Cambridge, Mass. 2010.
Ferguson, Niall: Civilization. The West and the Rest, London 2011.
Ferguson, Niall: Empire. The Rise and Demise of the British World Order and the Lessons for Global Power, London 2002.
Fernandez, Marilyn: Asian Indian Americans in the Bay Area and the Glass Ceiling, in: Sociological Perspectives 41,1 (1998), S. 119-149.
Fernandez, Marilyn: The New Frontier. Merit vs. Caste in the Indian IT Sector, Neu Delhi 2018.
Feuerstein, Patrick: Viele Wege führen nach Indien. Reorganisation von Arbeit im Zuge der Internationalisierung der IT-Industrie, Göttingen 2012.
Fischer, Frank: Technocracy and the Politics of Expertise, London 1990.
Fischer, Guido: Die wachsende Zahl der »Spezialisten« verändert Personalorganisation und Führungsformen, in: Personal 22,1 (1970), S. 2-5.
Fischer-Tiné, Harald: Kolonialismus zwischen Modernisierung und Traditionalisierung. Die britische Herrschaft in Indien, in: Aus Politik und Zeitgeschichte 72,30-31 (2022), S. 4-10.
Fischer-Tiné, Harald: Pidgin-Knowledge. Wissen und Kolonialismus, Zürich 2013.
Fisher, Ronald A.: Convocation Address, ISI 1st Convocation, 12.2.1962, in: Indian Statistical Institute. 30th Annual Report, April 1961 – March 1962, Kalkutta 1962, S. 83-85.
Fishman, Robert (Hrsg.): The American Planning Tradition. Culture and Policy, Baltimore 2000.
Fleischer, Günter (Hrsg.): Computerschrott-Recycling. Stand und Entwicklungsmöglichkeiten, Berlin 1992.
Fleischhack, Julia: Eine Welt im Datenrausch. Computer und Datenmengen als gesellschaftliche Herausforderung (1965-1975), Zürich 2016.
Floridi, Luciano: The Fight for Digital Sovereignty: What It Is, and Why It Matters, Especially for the EU, in: Philosophy & Technology 33,3 (2020), S. 369-378.
Fong, Timothy P.: The Contemporary Asian American Experience. Beyond the Model Minority, New Jersey [3]2008.
Fontenay, Catherine de/Erran Carmel: Israel's Silicon Wadi, in: Timothy Bresnahan/Alfonso Gambardella (Hrsg.): Building High-Tech Clusters. Silicon Valley and Beyond, Cambridge 2004, S. 40-77.
Foucault, Michel: Die Gouvernementalität, in: ders.: Analytik der Macht, Frankfurt a. M. 2005, S. 148-174.
Foucault, Michel: Geschichte der Gouvernementalität, Frankfurt a. M. 2004.
Fourastié, Jean: Die große Hoffnung des zwanzigsten Jahrhunderts, Köln 1954.
Foy, Nancy: The Sun Never Sets on IBM, New York 1975.
Francis, Sabil: The IITs in India. Symbols of an Emerging Nation, in: Südasien-Chronik 1 (2011), S. 293-326.
Franczak, Michael: Human Rights and Basic Needs. Jimmy Carter's North-South-Dialogue, in: Cold War History 18,4 (2018), S. 447-464.

Franke, Martina: Hoffnungsträger und Sorgenkind Südasien. Westdeutsche Betrachtungen und Begegnungen 1947-1973, Heidelberg 2017.
Fraunholz, Uwe/Sylvia Wölfel: Hochmoderne Ingenieure zwischen Altruismus und Eigensinn, in: dies. (Hrsg.): Ingenieure in der technokratischen Hochmoderne, Münster 2012, S. 17-28.
Fraunholz, Uwe/Thomas Hänseroth/Anke Woschech: Hochmoderne Visionen und Utopien. Zur Transzendenz technisierter Fortschrittserwartungen, in: Uwe Fraunholz/Anke Woschech (Hrsg.): Technology Fiction: Technische Visionen und Utopien in der Hochmoderne, Bielefeld 2012, S. 11-24.
Freeman, Christopher: Die Computerrevolution in den langen Zyklen der ökonomischen Entwicklung, München 1985.
Freeman, Christopher: Research Comparisons, in: Science 158,3800 (1967), S. 463-468.
Freeman, Christopher: Technology Policy and Economic Performance, London 1987.
Freeman, Christopher/Alison Young: The R&D-Effort in Western Europe, North America and the Soviet Union, Paris 1965.
Frey, Carl Benedikt: Technology Trap. Capital, Labor, and Power in the Age of Automation, Princeton 2019.
Frey, Marc: Dekolonisierung in Südostasien. Die Vereinigten Staaten und die Auflösung der europäischen Kolonialreiche 1930-1961, München 2006.
Frey, Marc: Die Vereinigten Staaten und die Dritte Welt im Kalten Krieg, in: Bernd Greiner/Christian Müller/Dierk Walter (Hrsg.): Heiße Kriege im Kalten Krieg, Hamburg 2006, S. 35-60.
Frey, Marc: Drei Wege zur Unabhängigkeit. Die Dekolonisierung in Indochina, Indonesien und Malaya nach 1945, in: Vierteljahrshefte für Zeitgeschichte 50,3 (2002), S. 399-433.
Frey, Marc: Entwicklungspolitik, in: Jost Dülffer/Wilfried Loth (Hrsg.): Dimensionen internationaler Geschichte, München 2012, S. 293-312.
Frey, Marc: The Transformation of Southeast Asia, Armonk, NY/London 2003.
Frey, Marc/Sönke Kunkel: Writing the History of Development: A Review of the Recent Literature, in: Contemporary European History 20,2 (2011), S. 215-232.
Frey, Marc/Sönke Kunkel/Corinna R. Unger: Introduction, in: dies. (Hrsg.): International Organizations and Development, 1945-1990, Basingstoke 2014, S. 1-22.
Frey, Marc/Sönke Kunkel/Corinna Unger (Hrsg.): International Organizations and Development, 1945-1990, Basingstoke 2014.
Friedewald, Michael: Computer Power to the People! Die Versprechungen der Computer-Revolution, 1968-1973, in: kommunikation@gesellschaft 8 (2007), S. 1-18.
Friedman, Jeremy: Shadow Cold War, Chapel Hill 2015.
Friedman, Sheldon: The Effect of the US Immigration Act of 1965 on the Flow of Skilled Migrants from Less-Developed Countries, in: World Development 1,8 (1973), S. 39-45.
Friedman, Thomas L.: The World is Flat. A Brief History of the 21st Century, New York 2005.
Friedrich, Jürgen: CASE-Tools und Software-Factories – Software-Entwicklung als »Fabrikarbeit«?, in: Gudrun Trautwein-Kalms (Hrsg.): Kontrastprogramm Mensch – Maschine. Arbeiten in der High-Tech-Welt, Köln 1992, S. 44-74.
Fröbel, Folker/Jürgen Heinrichs/Otto Kreye: The New International Division of Labour. Structural Unemployment in Industrialised Countries and Industrialisation in Developing Countries, Cambridge 1980.
Frutkin, Arnold W.: Direct/Community Broadcast Projects Using Space Satellites, in: Journal of Space Law 3,1 (1975), S. 17-24.
Fuller, R. Buckminster: Planetary Planning (Part I), in: The American Scholar 40,1 (1970/71), S. 29-63; Part II. The Historical Philosophic Background, in: The American Scholar 40,2 (1971), S. 285-304.
Fuller, R. Buckminster: Wind Power, in: Energybook I, Philadelphia 1975, S. 10.
Fumetti, Wolfgang von: Die Rolle der Informationstechnologie in der deutschen Entwicklungspolitik, in: gtz 2 (1982), S. 24-27. Nachdr. in: epd-Entwicklungspolitik 3/4 (1983), S. D-F.
Füssel, Marian: Wissen. Konzepte – Praktiken – Prozesse, Frankfurt a. M./New York 2021.
Gaddis, John Lewis: We Now Know. Rethinking the Cold War, New York 1997.

Gajduk, Il'ja V.: New York, 1960. Die Sowjetunion und die dekolonisierte Welt auf der Fünfzehnten Sitzung der UN-Vollversammlung, in: Andreas Hilger (Hrsg.): Die Sowjetunion und die Dritte Welt. UdSSR, Staatssozialismus und Antikolonialismus im Kalten Krieg 1945-1991, München 2009, S. 107-120.

Galbraith, John K.: An Ambassador's Journal, Boston 1969.

Galbraith, John K.: Innovation, in: The New Yorker, 5.1.1963, S. 28.

Galbraith, John K.: The Age of Uncertainty, Boston 1977.

Gallicchio, Marc S.: The Cold War Begins in Asia, New York 1988.

Galloway, Howard L.: Satellite Instructional Television Experiment (SITE). Reports from the NASA Resident Representative in India, Maryland 1976.

Galton, Francis: Identification Offices in India and Egypt, in: The Nineteenth Century 48 (1900), S. 118-126.

Gandhi, Indira: Address to the Plenary Session of the United Nations Conference on Human Environment at Stockholm, 14.6.1972, in: dies.: Speeches and Writings, New York 1975, S. 191-199.

Gandhi, Indira: Implementing Economic Programme, Inaugural Speech, Chief Ministers' Conference, Neu Delhi, 18.1.1977, in: Ministry of Information & Broadcasting (Hrsg.): Selected Speeches and Writings of Indira Gandhi, Vol. III, Neu Delhi 1984, S. 396-401.

Gandhi, Indira: Job Opportunities, Statement, Lok Sabha, 11.11.1970, in: Ministry of Information and Broadcasting (Hrsg.): The Years of Endeavour. Selected Speeches of Indira Gandhi, August 1969-August 1972, Neu Delhi 1975, S. 353f.

Gandhi, Indira: Partners in Development. Address to the First Indian Agriculture Congress, Neu Delhi, 10.4.1976, in: Ministry of Information & Broadcasting (Hrsg.): Selected Speeches and Writings of Indira Gandhi, Vol. III, Neu Delhi 1984, S. 374-376.

Gandhi, Indira: Productivity for Progress. Inaugural Address, National Convention on Productivity, Neu Delhi, 10.11.1976, in: Ministry of Information & Broadcasting (Hrsg.): Selected Speeches and Writings of Indira Gandhi, Vol. III, Neu Delhi 1984, S. 392-395.

Gandhi, Indira: Science for the Common Man. Speech, Diamond Jubilee Celebrations, Indian Science Congress, Chandigarh, 3.1.1973, in: Ministry of Information & Broadcasting (Hrsg.): Selected Speeches and Writings of Indira Gandhi, Vol. III, Neu Delhi 1984, S. 403-406.

Gandhi, Indira: Scientific Endeavor in India, in: Science 217,4564 (1982), S. 1008f.

Gandhi, Indira: Self-Reliance in Information, in: Communicator 11, 2-3 (1976), S. 15f.

Gandhi, Indira: The Nation's Health. Inaugural Speech, Association of Physicians of India, Neu Delhi, 22.1.1976, in: Ministry of Information & Broadcasting (Hrsg.): Selected Speeches and Writings of Indira Gandhi, Vol. III, Neu Delhi 1984, S. 564-567.

Gandhi, Mohandas Karamchand: Hind Swaraj and other Writings. Hrsg. v. Anthony J. Parel, Cambridge 1997.

Gandhi, Rajiv: A Year of Achievements, 27.2.1986, in: Rajiv Gandhi. Selected Speeches and Writings, Vol. 2, Neu Delhi 1989, S. 3-23.

Gandhi, Rajiv: Address at National Academy of Sciences, in: Prime Minister Rajiv Gandhi Visits USA, June 11-15, 1985, Neu Delhi 1985, S. 16-18.

Gandhi, Rajiv: Address to the Soviet People on TV, in: Prime Minister Rajiv Gandhi Visits USSR, May 21-26, 1985, Neu Delhi 1985, S. 16-18.

Gandhi, Rajiv: Address to the U.S. Congress, in: Prime Minister Rajiv Gandhi Visits USA, June 11-15, 1985, Neu Delhi 1985, S. 20-27.

Gandhi, Rajiv: C-DOT Reinforces National Confidence, 1.10.1987, in: Rajiv Gandhi. Selected Speeches and Writings, Vol. 3, Neu Delhi 1989, S. 258-262.

Gandhi, Rajiv: Coming Generation is the Pride of the Nation, 23.3.1985, in: Rajiv Gandhi. Selected Speeches and Writings, Vol. 1, Neu Delhi 1987, S. 201-202.

Gandhi, Rajiv: Cooperative Movement. An Instrument of Economic Growth, 20.1.1989, in: Rajiv Gandhi. Selected Speeches and Writings, Vol. 5, Neu Delhi 1991, S. 71-75.

Gandhi, Rajiv: Electronics for Progress, 21.2.1985, in: Rajiv Gandhi. Selected Speeches and Writings, Vol. 1, Neu Delhi 1987, S. 93-95.

Gandhi, Rajiv: India and China Share Common Concerns, 21.12.1988, in: Rajiv Gandhi. Selected Speeches and Writings, Vol. 4, Neu Delhi 1989, S. 409-421.
Gandhi, Rajiv: Industry Must be Competitive, 10.1.1987, in: Rajiv Gandhi. Selected Speeches and Writings, Vol. 3, Neu Delhi 1989, S. 231-236.
Gandhi, Rajiv: Interview with NBS's Meet the Press, in: Prime Minister Rajiv Gandhi Visits USA, June 11-15, 1985, Neu Delhi 1985, S. 99.
Gandhi, Rajiv: Let us Strengthen India, Independence Day Speech, 15.8.1985, in: Rajiv Gandhi. Selected Speeches and Writings, Vol. 1, Neu Delhi 1987, S. 43-48.
Gandhi, Rajiv: NAM Acquires Momentum, in: Rajiv Gandhi. Selected Speeches and Writings, Vol. 5, Neu Delhi 1991, S. 300-303.
Gandhi, Rajiv: Science for Sustained Productivity, 7.1.1989, in: Rajiv Gandhi. Selected Speeches and Writings, Vol. 5, Neu Delhi 1991, S. 127-138.
Gandhi, Rajiv: Science Must Serve our People, 6.10.1986, in: Rajiv Gandhi. Selected Speeches and Writings, Vol. 2, Neu Delhi 1989, S. 157-158.
Gandhi, Rajiv: Strong Nexus Between Development and Science, 22.5.1989, in: Rajiv Gandhi. Selected Speeches and Writings, Vol. 5, Neu Delhi 1991, S. 136-138.
Gandhi, Rajiv: Technological Development and Elimination of Poverty, 11.4.1988, in: Rajiv Gandhi. Selected Speeches and Writings, Vol. 4, Neu Delhi 1989, S. 229-232.
Gandhi, Rajiv: Trade Fair. A Key Point in Our Economic Calendar, 14.11.1986, in: Rajiv Gandhi. Selected Speeches and Writings, Vol. 2, Neu Delhi 1989, S. 127-128.
Gandhi, Rajiv: Transforming the Rural Scene, 25.3.1989, in: Rajiv Gandhi. Selected Speeches and Writings, Vol. 5, Neu Delhi 1991, S. 105-107.
Ganguly, Partho: The Indian CAD/CAM-Market. Coming of Age, in: Computers and Communications (C & C) 2,8 (Aug.) (1988), S. 57-63.
Ganguly, Sumit/Rahul Mukherji: India since 1980, New York 2011.
Gaonkar, Dilip Parameshwar: On Alternative Modernities, in: ders. (Hrsg.): Alternative Modernities, Durham/London 2001, S. 1-23.
Garavini, Giuliano: After Empires. European Integration, Decolonization and the Challenge of the Global South 1957-1985, Oxford 2012.
Gassert, Philipp: Bewegte Gesellschaft. Deutsche Protestgeschichte seit 1945, Stuttgart 2018.
George, Beena/Rudy Hirschheim: The Offshore Outsourcing Landscape. Historical Development and Challenges for the IS Discipline, in: Suzanne Rivard/Benoit A. Aubert (Hrsg.): Information Technology Outsourcing, Armonk, NY 2008, S. 305-322.
Geppert, Alexander C.T./Till Kössler: Zeit-Geschichte als Aufgabe, in: dies. (Hrsg.): Obsession der Gegenwart. Zeit im 20. Jahrhundert, Göttingen 2005, S. 7-36.
Gerbner, George: UNESCO in the U.S. Press, in: ders./Hawid Mowlana/Kaarle Nordenstreng (Hrsg.): The Global Media Debate. Its Rise, Fall and Renewal, Norwood, NJ 1993, S. 111-121.
Gerits, Frank: Bandung as the Call for a Better Development Project: US, British, French and Gold Coast Perceptions of the Afro-Asian Conference (1955), in: Cold War History 16,3 (2016), S. 255-272.
Gerovitch, Slava: »Mathematical Machines« of the Cold War. Soviet Computing, American Cybernetics and Ideological Disputes in the Early 1950s, in: Social Studies of Science 31,2 (2001), S. 253-287.
Gerovitch, Slava: From Newspeak to Cyberspeak. A History of Soviet Cybernetics, Cambridge, Mass./London 2002.
Gerstenberger, Debora: Challenging Martial Masculinity. The Intrusion of Digital Computers into the Argentinian Armed Forces in the 1960s, in: History of Technology 34 (2019), S. 165-186.
Gesterson, Hugh: The Virtual Nuclear Weapons Laboratory in the New World Order, in: American Ethnologist 28,2 (2001), S. 417-437.
Getachew, Adom: Worldmaking after Empire. The Rise and Fall of Self-Determination, Princeton 2019.
Geyer, Martin: Die neue Wirklichkeit von Sicherheit und Risiken, in: Ariane Leendertz/Wencke Meteling (Hrsg.): Die neue Wirklichkeit. Semantische Neuvermessungen und Politik seit den 1970er Jahren, Frankfurt a.M./New York 2016, S. 281-315.

Ghasarian, Christian: The Asian Indian Community in Northern California. Cultural Continuities and Reformulations in New Social Contexts, in: Multicultural Review 4,4 (1995), S. 20-27, 50f.

Ghorude, K. N.: Labour in Export Processing Zones. The Case of the SEEPZ, Mumbai, in: Indian Journal of Labour Economics 47,4 (2004), S. 1093-1100.

Ghosal, A.: Applied Cybernetics and Planning, Neu Delhi 1980.

Ghosh, Arunabh: Making It Count. Statistics and Statecraft in the Early People's Republic of China, Princeton, NJ/Oxford 2020.

Gibson, Mary Ellis: Introduction, in: dies. (Hrsg.): Science Fiction in Colonial India, 1835-1905. Five Tales of Speculation, Resistance and Rebellion, London 2019, S. 1-28.

Gill, S. S.: The Information Revolution and India. A Critique, Neu Delhi 2004.

Gilmartin, David: Scientific Empire and Imperial Science. Colonialism and Irrigation Technology in the Indus Basin, in: Journal of Asian Studies 53,4 (1994), S. 1127-1149.

Girdner, Eddie J.: Economic Liberalization in India. The New Electronics Policy, in: Asian Survey 27,11 (1987), S. 1188-1204.

Glatzer, Dieter: Was ist elektronischer Imperialismus, in: Theorie und Praxis. Beilage der Neuen Deutschen Presse 8 (1976), S. 1-8.

Go, Julian: Modeling States and Sovereignty: Postcolonial Constitutions in Asia and Africa, in: Christopher J. Lee (Hrsg.): Making a World after Empire: The Bandung Moment and Its Political Afterlives, Athens 2010, S. 107-139.

Goel, Urmila: »Kinder statt Inder«. Normen, Grenzen und das Indernet, in: Christine Riegel/Thomas Geisen (Hrsg.): Jugend, Zugehörigkeit und Migration, Wiesbaden ²2010, S. 165-183.

Goel, Urmila: Das Indernet. Eine rassismuskritische Internet-Ethnografie, Bielefeld 2020.

Goel, Urmila: Das Projekt Indernet. Die Entwicklung eines Community-Portals, in: kommunikation@gesellschaft 19 (2018), S. 1-16.

Goel, Urmila: From the German Periphery. On Ethnographic Explorations on Indian Transnationalism Online, in: Johannes G. De Kruijf/Ajaya Kumar Sahoo (Hrsg.): Indian Transnationalism Online. New Perspectives on Diaspora, Abingdon, Oxon/New York 2016, S. 63-80.

Goel, Urmila: Inder, Kinder, Chip-Erfinder. Die Green-Card-Diskussion aus der Sicht eines Inder-Kindes, in: Meine Welt 17,1 (2000), S. 11-16.

Goel, Urmila: Indische Wurzeln – Deutsche Heimat. Bildung in Indien. Zwischen Software und Analphabetismus, Bad Boll 2000.

Goel, Urmila: The Indernet. A German Network in a Transnational Space, in: Remus Gabriel Anghel/Eva Gerharz/Gilberto Rescher/Monika Salzbrunn (Hrsg.): The Making of World Society. Perspectives from Transnational Research, Bielefeld 2008, S. 291-309.

Goel, Urmila: Von Freiheitskämpfern zu Computer-Indern. Südasiaten in Deutschland, in: Südasien 22,1 (2002), S. 70-73.

Goldstine, Herman H.: The Computer from Pascal to von Neumann, Princeton [1972] 1993.

Goos, Kerstin et al.: The Co-Evolution of Surveillance Technologies and Surveillance Practices, in: David Wright/Reinhard Kreissl (Hrsg.): Surveillance in Europe, Abingdon, Oxon 2015, S. 51-100.

Gopal, Abhijit/Robert Willis/Yasmin Gopal: From the Colonial Enterprise to Enterprise Systems. Parallels between Colonization and Globalization, in: Anshuman Prasad (Hrsg.): Postcolonial Theory and Organizational Analysis. A Critical Engagement, Basingstoke/New York 2003, S. 233-254.

Gopal, Priyamvada: Insurgent Empire. Anticolonial Resistance and British Dissent, London 2019.

Gopalakrishnan, P./K. S. Narayanan: Computers in India, Bombay 1975.

Gopinath, Ravindran: Identity Registration in India During and After the Raj, in: Keith Breckenridge/Simon Szreter (Hrsg): Registration and Recognition. Documenting the Person in World History, Oxford 2012, S. 299-322.

Gordon, Sandy: India's Rise to Power in the Twentieth Century and Beyond, Basingstoke/London 1995.

GEDRUCKTE QUELLEN UND FORSCHUNGSLITERATUR

Gosalia, Sushila: Economic Growth with Adaptive Technology in Less Developed Countries, München 1977.
Goscha, Christopher E./Christian F. Ostermann (Hrsg.): Connecting Histories. Decolonization and the Cold War in Southeast Asia, 1945-1962, Stanford 2009.
Goswami, Manu: Producing India. From Colonial Economy to National Space, Chicago 2004.
Gothoskar, Sujata: Computerization and Women's Employment in India's Banking Sector, in: Swasti Mitter/Sheila Rowbotham (Hrsg.): Women Encounter Technology. Changing Patterns of Employment in the Third World, London/New York 1995, S. 150-176.
Gottschlich, Pierre: Die indische Diaspora in den Vereinigten Staaten von Amerika, in: Internationales Asienforum 36,1/2 (2005), S. 159-180.
Gottschlich, Pierre: The Indian Diaspora in Germany, in: Ajaya Kumar Sahoo/Laxmi Narayan Kadekar (Hrsg.): Global Indian Diaspora. History, Culture and Identity, Jaipur 2000, S. 189-203.
Government of India [Labour Bureau]: Women in Industry, Neu Delhi 1975.
Government of India [Ministry of Labour, Employment and Rehabilitation (DGET)]: Occupational Pattern in India (Private Sector: 1965), Neu Delhi 1968.
Government of India [Ministry of Labour, Employment and Rehabilitation (DGET)]: Occupational Pattern in India (Private Sector: 1967), Vol. 1-2, Neu Delhi 1970.
Government of India: Basic Statistics Relating to the Indian Economy, 1950-51-1972-73, Neu Delhi 1976.
Government of India: Facilities for Technical Education in India, Neu Delhi 1962.
Government of India: Planning Commission. Annual Report 1993-94, Neu Delhi 1994.
Government of India: Planning Commission. The 1st Five-Year-Plan, Neu Delhi 1952.
Government of India: Second Five Year Plan. Approach to the Second Five Year Plan, Neu Delhi 1957.
Grady, Henry Francis: The Memoirs of Ambassador Henry F. Grady. From the Great War to the Cold War, Columbia/London 2009.
Gramelsberger, Gabriele: Computerexperimente. Zum Wandel der Wissenschaft im Zeitalter des Computers, Bielefeld 2010.
Gray, Mary L./Siddharth Suri: Ghost Work, Boston/New York 2019.
Greenspan, Anna: India and the IT Revolution. Networks of Global Culture, Basingstoke 2004.
Gregory, Neil/Stanley Nollen/Stoyan Tenev (Hrsg.): New Industries from New Places. The Emergence of the Software and Hardware Industries in China and India, Stanford 2009.
Greifenstein, Ralf: Die Green Card. Ambitionen, Fakten und Zukunftsaussichten des deutschen Modellversuchs, Bonn 2001.
Grewal, Inderpal: Transnational America. Feminisms, Diasporas, Neoliberalisms, Durham/London 2005.
Grieco, Joseph M.: Between Dependency and Autonomy: India's Experience with the International Computer Industry, Berkeley/London 1984.
Gries, Marie-Luise: »Fern von heiligen Kühen«. Inder in Deutschland, in: Ausländer in Deutschland 16,3 (2000), S. 10 f.
Groover, B. L.: The Post Office During the Revolt of 1857-58: Summary, in: Proceedings of the Indian History Congress 34,2 (1973), S. 151-153.
Gugerli, David: Der Programmierer, in: Alban Frei/Hannes Mangold (Hrsg.): Das Personal der Postmoderne. Inventur einer Epoche, Bielefeld 2015, S. 17-32.
Gugerli, David: Digitalkolumne. Supercomputer – an der Grenze der Berechenbarkeit, in: Merkur 73,846 (2019), S. 53-50.
Gugerli, David: Wie die Welt in den Computer kam. Zur Entstehung digitaler Wirklichkeit, Frankfurt a. M. 2018.
Gugerli, David/Patrick Kupper/Daniel Speich Chassé: Rechne mit deinen Beständen. Dispositive des Wissens in der Informationsgesellschaft, in: Gérard Berthoud et al. (Hrsg.): Informationsgesellschaft. Geschichten und Wirklichkeit, Fribourg 2005, S. 79-108.
Gugerli, David/Hannes Mangold: Betriebssysteme und Computerfahndung. Zur Genese einer digitalen Überwachungskultur, in: Geschichte und Gesellschaft 42,1 (2016), S. 144-174.

Gugerli, David/Magaly Tornay: Das Zeitalter der Konfigurationen, 1980 bis 2010, in: Historische Anthropologie 26,2 (2018), S. 224-244.
Gugerli, David/Daniela Zetti: Computergeschichte als Irritationsquelle, in: Martina Heßler/Heike Weber (Hrsg.): Provokationen der Technikgeschichte, Paderborn 2019, S. 193-228.
Gugerli, David/Daniela Zetti: Digitale Gesellschaft, in: Historisches Lexikon der Schweiz (HLS), Version vom 21.10.2018. URL: https://hls-dhs-dss.ch/de/articles/055503/2018-10-21 [abgerufen am 15.8.2022].
Guha, Ramachandra: India after Gandhi. The History of the World's Largest Democracy, London 2017.
Guhathakurta, S.: Electronics Policy and Television Manufacturing Industry. Lessons from India's Liberalization Efforts, in: Economic Development and Cultural Change 42,4 (1994), S. 845-868.
Güll, Reinhard: Die Hollerithmaschinen, in: Statistisches Monatsheft, Baden-Württemberg 2,6 (2004), S. 51-54.
Gumbrecht, Hans Ulrich: Eigensinn der elektronischen Welt. Was die Tradition des Denkens der Gegenwart schuldet, in: Zeitschrift für Ästhetik und Allgemeine Kunstwissenschaft 59,2 (2014), S. 253-259.
Guo, Yugui: Asia's Educational Edge. Current Achievements in Japan, Korea, Taiwan, China and India, Lanham, MD 2005.
Gupta, Akhil: Postcolonial Developments. Agriculture in the Making of Modern India, Durham 1998.
Gupta, Amit Das: Development by Consortia. International Donors and the Development of India, Pakistan, Indonesia and Turkey in the 1960s, in: Zeitschrift für Globalgeschichte und vergleichende Gesellschaftsforschung 19,4 (2009), S. 96-111.
Gupta, Amit Das: Handel, Hilfe, Hallstein-Doktrin. Die deutsche Südasienpolitik unter Adenauer und Erhard 1949-1966, Husum 2004.
Gupta, Amit Das: Ulbricht am Nil. Die deutsch-deutsche Rivalität in der Dritten Welt, in: Udo Wengst/Hermann Wentker (Hrsg.): Das doppelte Deutschland. 40 Jahre Systemkonkurrenz, Berlin 2008, S. 235-258.
Gupta, Amit Das/Lorenz M. Lüthi (Hrsg.): The Sino-Indian War, Neu Delhi 2017.
Gupta, Bhabani Sen: The Fulcrum of Asia. Relations among China, India, Pakistan and the USSR, Delhi [1970] 1988.
Gupta, Priya S.: From Statesmen to Technocrats to Financiers: Development Agents in the Third World, in: Luis Eslava/Michael Fakhri/Vasuki Nesiah (Hrsg.): Bandung, Global History, and International Law, Cambridge 2017, S. 481-497.
Gupta, R. P.: School Level Computer Education, in: Utpal K. Banerjee (Hrsg.): Computer Education in India. Past, Present and Future, Delhi 1996, S. 73-86.
Gupta, Sanjoy Das: District Level Computerization. The Karwar-Experiment, in: Jaideep Singh/R. K. Tiwari (Hrsg.): Managing Poverty Alleviation. Insights from the Field, Neu Delhi 1988, S. 177-184.
Gupta, Suman: Digital India and the Poor. Policy, Technology and Society, Abingdon, Oxon 2020.
Habermas, Jürgen: Die neue Unübersichtlichkeit, Frankfurt a. M. 1985.
Habib, S. Irfan/Dhruv Raina (Hrsg.): Social History of Science in Colonial India, Neu Delhi 2007.
Haggerty, Kevin D.: Tear Down the Walls. On Demolishing the Panopticon, in: David Lyon (Hrsg.): Theorizing Surveillance. The Panopticon and Beyond, London 2011, S. 23-45.
Hahn, Sylvia: Historische Migrationsforschung, Frankfurt a. M./New York 2012.
Haigh, Thomas (Hrsg.): Exploring the Early Digital, Cham 2019.
Haigh, Thomas: Inventing Information Systems. The Systems Men and the Computer, 1950-1968, in: Business History Review 75,1 (2001), S. 15-61.
Haigh, Thomas: Masculinity and the Machine Man, in: Thomas Misa (Hrsg.): Gender Codes. Why Women are Leaving Computing, Hoboken 2010, S. 51-72.
Haigh, Thomas: We Have Never Been Digital, in: Communications of the ACM 57,9 (2014), S. 24-28.

Haigh, Thomas/Mark Priestley/Crispin Rope: ENIAC in Action. Making and Remaking the Modern Computer, Cambridge, Mass. 2018.
Haksar, P. N.: Inaugural Address, in: Alternative Technology. Proceedings of the Seminar Held in September 1975 under the Joint Auspices of the IIAS, Simla and CSIR, Neu Delhi 1979, S. 28-32.
Hall, Stuart: The West and the Rest. Discourse and Power, in: ders./Bram Gieben: Formations of Modernity, Cambridge 1992, S. 275-330.
Hamelink, Cees J.: Cultural Autonomy in Global Communications, New York/London 1983.
Hamelink, Cees J.: The Corporate Village, Rom 1977.
Hamm, Steve: Bangalore Tiger. How Indian Tech Upstart Wipro Is Rewriting the Rules of Global Competition, New York 2007.
Hanna, Nagy: Exploiting Information Technology for Development. A Case Study of India, Washington D. C. 1994.
Hansen, Dean Lee: Acquiring High-Technology Capability. The Case of the Brazilian Informatics Industry, Diss. Univ. of Washington 1990.
Haque, Mohammad I.: Computerisation in Personnel Functions in Banking Industry in India, Diss. Aligarh Univ. 1994.
Harder, Anton: Promoting Development with Struggle. Sino-Indian Relations in the 1950s, in: Manu Bhagavan (Hrsg.): India and the Cold War, Chapel Hill 2019, S. 153-177.
Harindranath, G./Jonathan Liebenau: The Impact of Globalisation on India's IT Industry, in: Information Technology for Development 6,2 (1995), S. 73-84.
Harms, Martina: Internationale Rekrutierung von Hochschulabsolventen. Rahmenbedingungen, Motive, Hemmnisse, Wege, Wiesbaden 2002.
Harper, Peter: In Search of Allies for the Soft Technologies, in: Impact of Science on Society 23,4 (1973), Special Issue: Appropriate Technology, S. 287-305.
Harrison, Mark: Science and the British Empire, in: Isis 96,1 (2005), S. 56-63.
Harrison, Selig S.: India, the United States and Superpower Rivalry in the Indian Ocean, in: ders./K. Subrahmanyam (Hrsg.): Superpower Rivalry in the Indian Ocean. Indian and American Perspectives, Oxford 1989, S. 246-286.
Hart, David M./Zoltan J. Acs: High-Tech Immigrant Entrepreneurship in the United States, in: Economic Development Quarterly 25,2 (2011), S. 116-129.
Hartmann, Heinrich: Zukunftswissen. Prognosen in Wirtschaft, Politik und Gesellschaft, Frankfurt a. M. 2010.
Harvey, David: Between Space and Time. Reflections on the Geographical Imagination, in: Annals of the Association of American Geographers 80,3 (1990), S. 418-434.
Harvey, David: Spaces of Global Capitalism. Towards a Theory of Uneven Geographical Development, London/New York 2006.
Hasenöhrl, Ute: Globalgeschichten der Technik, in: Martina Heßler/Heike Weber (Hrsg.): Provokationen der Technikgeschichte, Paderborn 2019, S. 151-192.
Havemann, Hans A.: Besuchsbericht, Indian Institute of Technology – Madras 1967, Bd. 1: Inhaltsübersicht und Zusammenfassung; Bd. 2: Ausarbeitung, Aachen 1968.
Havemann, Hans A.: Besuchsbericht, Indian Institute of Technology – Madras 1968. Gesichtspunkte für die Entwicklung des Instituts, Aachen 1968.
Havemann, Hans A.: Die Entwicklungsuniversität als Instrument internationaler Zusammenarbeit in Wissenschaft und Technik, Baden-Baden 1973.
Havemann, Hans A.: Strukturanalyse des Indian Institute of Technology Madras unter besonderer Berücksichtigung der Auftragsforschung, Bonn 1969.
Hawkridge, David/John Jaworski/Harry McMahon: Computers in Third-World Schools. Examples, Experience and Issues, Basingstoke/London 1990.
Hayes, Dennis: Behind the Silicon Curtain. The Seductions of Work in a Lonely Era, Montreal/New York 1990.
Head, Simon: The New Ruthless Economy. Work and Power in the Digital Age, New York 2003.

Headrick, Daniel R.: A Double-Edged Sword. Communications and Imperial Control in British India, in: Historical Social Research 35,1 (2010), S. 51-65.

Headrick, Daniel R.: Power over Peoples. Technology, Environments, and Western Imperialism to the Present, Princeton 2010.

Headrick, Daniel R.: The Invisible Weapon. Telecommunications and International Politics, 1851-1945, New York/Oxford 1991.

Headrick, Daniel R.: The Tentacles of Progress. Technology Transfer in the Age of Imperialism, New York 1988.

Headrick, Daniel R.: The Tools of Empire. Technology and European Imperialism in the Nineteenth Century, New York 1981.

Heeks, Richard: Facing In, Facing Out. Information Technology Production Policy in India from the 1960s to the 1990s, in: Richard Coopey (Hrsg.): Information Technology Policy. An International History, Oxford/New York 2004, S. 276-303.

Heeks, Richard: ICT4D 2.0: The Next Phase of Applying ICT for International Development, in: Computer 41,6 (2008), S. 26-33.

Heeks, Richard: ICT4D 3.0? Part 1 – The Components of an Emerging »Digital-for-Development« Paradigm, in: Electronic Journal of Information Systems in Developing Countries 86,3 (2020), S. 1-15. URN: https://doi.org/10.1002/isd2.12124 [abgerufen am 15.8.2022].

Heeks, Richard: India's Software Industry. State Policy Liberalisation and Industrial Development, Neu Dehli 1996.

Heeks, Richard: New Technology and the International Division of Labour. A Case Study of the Indian Software Industry, in: Science, Technology and Development 9,1/2 (1991), S. 97-106.

Heeks, Richard: The Uneven Profile of Indian Software Exports, Development Informatics – Working Paper Series, No. 3, Manchester 1998.

Heide, Lars: Punched-Card Systems and the Early Information Explosion, 1880-1945, Baltimore 2009.

Hein, Bastian: Die Westdeutschen und die Dritte Welt. Entwicklungspolitik und Entwicklungsdienste 1959-1974, Berlin 2006.

Heitzman, James: Becoming Silicon Valley. Bangalore as a Milieu of Innovation, in: Seminar. The Monthly Symposium, Nr. 503 (2001), S. 40-48.

Heitzman, James: Corporate Strategy and Planning in the Science City. Bangalore as Silicon Valley, in: Economic and Political Weekly 34,5 (1999), S. PE2-PE11.

Heitzman, James: Network City: Planning the Information Society in Bangalore, Neu Dehli 2004.

Held, David/Anthony McGrew: Introduction, in: dies. (Hrsg.): Governing Globalization. Power, Authority and Global Governance, Cambridge 2006, S. 1-21.

Hell, Matthias: Einwanderungsland Deutschland? Die Zuwanderungsdiskussion 1998-2002, Wiesbaden 2005.

Henderson, Jeffrey: The Globalisation of High Technology Production, London 1989.

Hendricks, Gay/Kate Ludeman: How to Be a Corporate Mystic, in: Yoga Journal 137 (1997), S. 76-77.

Hendricks, Gay/Kate Ludeman: The Corporate Mystic. A Guidebook for Visionaries with Their Feet on the Ground, New York 1997.

Henry, Edward R.: Classification and Use of Finger Prints, London 1900.

Henry, Odile/Mathieu Ferry: When Cracking the JEE is not Enough. Processes of Elimination and Differentiation, from Entry to Placement, in the Indian Institutes of Technology (IITs), in: South Asia Multidisciplinary Academic Journal [Online] 15 | 2017, 22.3.2017. DOI: https://doi.org/10.4000/samaj.4291 [abgerufen am 15.8.2022].

Herbert, Ulrich: Europe in High Modernity, in: Journal of Modern European History 5,1 (2007), S. 5-21.

Hermann, Elfriede/Antonie Fuhse: Introduction. Dilemmas of Belonging in Indian Diasporas, in: dies. (Hrsg.): India Beyond India. Dilemmas of Belonging, Göttingen 2018, S. 11-25.

Hermann, Vivian/Uwe Hunger: Die Einwanderungspolitik für Hochqualifizierte in den USA und ihre Bedeutung für die deutsche Einwanderungsdiskussion, in: Imis-Beiträge [= Themenh.:

Die deutsche ›Green Card‹. Migration von Hochqualifizierten in theoretischer und empirischer Perspektive] 22 (2003), S. 81-98.
Herschel, William: The Origin of Finger-Printing, Oxford 1916.
Heßler, Martina (Hrsg.): Die Ersetzung des Menschen? Die Debatte um das Mensch-Maschinen-Verhältnis im Automatisierungsdiskurs, in: Technikgeschichte 82,2 (2015), S. 109-136.
Heßler, Martina: Menschen – Maschinen – MenschMaschinen in Zeit und Raum. Perspektiven einer Historischen Technikanthropologie, in: dies./Heike Weber (Hrsg.): Provokationen der Technikgeschichte, Paderborn 2019, S. 35-68.
Heßler, Martina/Holger Bonin: Historische Perspektiven auf die Arbeitsgesellschaft in Zeiten des digitalen Wandels, in: Roman Herzog Institut (Hrsg.): Aufbruch oder Abbruch? Trends und Perspektiven der Arbeitsgesellschaft, München 2019, S. 19-27.
Heßler, Martina/Nora Thorade: Die Vierteilung der Vergangenheit. Eine Kritik des Begriffs Industrie 4.0, in: Technikgeschichte 86,2 (2019), S. 153-170.
Heßler, Martina/Heike Weber: Provokationen der Technikgeschichte. Eine Einleitung, in: dies. (Hrsg.): Provokationen, S. 1-34.
Hester, D. Micah/Paul J. Ford: Computers and Ethics in the Cyberage, Upper Saddle River, NJ 2001.
Hicks, Mar: Programmed Inequality. How Britain Discarded Women Technologists and Lost Its Edge in Computing, Cambridge, Mass./London 2017.
Hicks, Mar: Sexism is a Bug, not a Feature, in: dies./Thomas S. Mullaney/Benjamin Peters/Kavita Philip (Hrsg.): Your Computer Is On Fire, Cambridge, Mass./London 2021, S. 135-158.
Higgins, Benjamin Howard: Nationalism and Colonialism. Radio Address – Canadian Institute on Public Affairs Annual Conference, 17.8.1955, MIT Center for International Studies, Cambridge, Mass. 1955.
Hilger, Andreas (Hrsg.): Die Sowjetunion und die Dritte Welt, München 2009.
Hilger, Andreas: Building a Socialist Elite? Khrushchev's Soviet Union and Elite Formation in India, in: Jost Dülffer/Marc Frey (Hrsg.): Elites and Decolonization in the Twentieth Century, Basingstoke 2011, S. 262-285.
Hilger, Andreas: Revolutionsideologie, Systemkonkurrenz oder Entwicklungspolitik? Sowjetisch-indische Wirtschaftsbeziehungen in Chruschtschows Kaltem Krieg, in: Archiv für Sozialgeschichte 48 (2008), S. 389-410.
Hilger, Andreas: Sowjetisch-indische Beziehungen 1941-1966. Imperiale Agenda und nationale Identität in der Ära von Dekolonisierung und Kaltem Krieg, Köln 2018.
Hilger, Andreas/Corinna R. Unger (Hrsg.): India in the World since 1947. National and Transnational Perspectives, Frankfurt a. M. 2012.
Hilger, Andreas/Corinna R. Unger: Introduction. India in the World since 1947, in: dies. (Hrsg.): India, S. 9-13.
Hill, A. V.: A Report to the Government of India on Scientific Research in India, London 1945.
Hindrichs, Wolfgang: Der lange Abschied vom Malocher. Sozialer Umbruch in der Stahlindustrie und die Rolle der Betriebsräte von 1960 bis in die neunziger Jahre, Essen 2000.
Hing, Bill Ong: Making and Remaking Asian America through Immigration Policy (1850-1990), Stanford 1993.
Hobsbawm, Eric: Industry and Empire. From 1750 to the Present, London 1999.
Hobsbawm, Eric/Terence Ranger (Hrsg.): The Invention of Tradition. Past and Present Publications, Cambridge 1983.
Hoda, M. (Hrsg.): E. F. Future is Manageable, Neu Delhi 1978.
Hodge, Joseph M.: British Colonial Expertise. Post-Colonial Careering and the Early History of International Development, in: Journal of Modern European History 8,1 (2010), S. 24-45.
Hofmann, Jeanette et al. (Hrsg.): Politik in der digitalen Gesellschaft. Zentrale Problemfelder und Forschungsperspektiven, Bielefeld 2020.
Hohls, Rüdiger: Über die Werkbank zur tertiären Zivilisation, in: ders./Iris Schröder/Hannes Siegrist (Hrsg.): Europa und die Europäer. Quellen und Essays zur modernen europäischen Geschichte, Stuttgart 2005, S. 97-106.
Holst, Arne: Annual Revenue of TCS Worldwide from FY 2013 to FY 2020, 22.6.2020. URL:

https://www.statista.com/statistics/759883/india-tcs-annual-revenue [abgerufen am 15.8.2022]. = »Statista«-Dossier, Hamburg 2020.

Homberg, Michael: »Eliten-Bildung«. Die Rolle westdeutscher Experten am Indian Institute of Technology Madras, in: Archiv für Sozialgeschichte 61 (2021), S. 399-424.

Homberg, Michael: »Gebrochene Professionalisierung«. Die Beschäftigten in der bundesdeutschen EDV-Branche, in: Frank Bösch (Hrsg.): Wege in die digitale Gesellschaft. Computernutzung in der Bundesrepublik 1955-1990, Göttingen 2018, S. 103-125.

Homberg, Michael: Die Mass Media Declaration (1978), Mai 2018. URL: https://www.geschichte-menschenrechte.de/schluesseltexte/die-mass-media-declaration-1978 [abgerufen am 15.8.2022].

Homberg, Michael: Elektronischer Kolonialismus. Perspektiven einer Nord-Süd-Geschichte des digitalen Zeitalters, in: Ricky Wichum/Daniela Zetti (Hrsg.): Zur Geschichte des digitalen Zeitalters, Wiesbaden 2022, S. 77-103.

Homberg, Michael: Mensch | Mikrochip. Die Globalisierung der Arbeitswelten in der Computerindustrie 1960 bis 2000 – Fragen, Perspektiven, Thesen, in: Vierteljahrshefte für Zeitgeschichte 66,2 (2018), S. 267-293.

Homberg, Michael: Technologie, die verbindet? Informationstechnik und Menschenrechte im digitalen Zeitalter, in: zeitgeschichte | online, 7.12.2018. URL: https://zeitgeschichte-online.de/themen/technologie-die-verbindet [abgerufen am 15.8.2022].

Homberg, Michael: Von Sendern und Empfängern. Der Nord-Süd-Dialog und die Debatte um eine Neue Weltinformations- und Kommunikationsordnung, in: Jürgen Dinkel/Steffen Fiebrig/Frank Reichherzer (Hrsg.): Nord | Süd. Perspektiven auf eine globale Konstellation, Berlin/Boston 2020, S. 263-298.

Homberg, Michael: Who is Leading Innovation? German Computer Policies, the ›American Challenge‹ and the Technological Race of the 1960s and 1970s, in: Media in Action 1,1 (2017), S. 93-114.

Homberg, Michael/Benjamin Möckel (Hrsg.): Human Rights and Technological Change. Conflicts and Convergences after 1945, Göttingen 2022.

Hongler, Patricia: Den Süden erzählen. Berichte aus dem kolonialen Archiv der OECD 1948-1975, Zürich 2019.

Hoogvelt, Ankie: Globalisation and the Postcolonial World. The New Political Economy of Development, Basingstoke 1997.

Hore, Peter: Patrick Blackett. Sailor, Scientist, Socialist, London 2003.

Hossain, Rokeya Sakhawat: Sultana's Dream and Padmarag. Hrsg. v. Barnita Bagchi, Neu Delhi 2005.

Hossfeld, Karen J.: Divisions of Labor, Divisions of Lives. Immigrant Women Workers in Silicon Valley, Diss. UC Santa Cruz 1988.

Howard, Robert: Second Class in Silicon Valley, in: Working Papers 8,5 (1981), S. 20-31.

Howson, Michael: Technical Assistance, a United Nations Experiment in Pooling World Skill and Knowledge, in: The UNESCO Courier 5,10 (1952), S. 4f.

Hu, Tung-Hui: A Prehistory of the Cloud, Cambridge, Mass. 2015.

Huber, Valeska: Global Histories of Social Planning, in: Journal of Contemporary History 52.1 (2017), S. 3-15.

Huber, Valeska/Jürgen Osterhammel (Hrsg.): Global Publics: Their Power and their Limits, 1870-1990, Oxford 2020.

Huebner, Stefan: Pan-Asian Sports and the Emergence of Modern Asia 1913-1974, Singapur 2018.

Hunger, Uwe: Indian IT Entrepreneurs in the US and India. An Illustration of the »Brain Gain Hypothesis«, in: Journal of Comparative Policy Analysis. Research and Practice 6,2 (2004), S. 99-109.

Hunger, Uwe: Vom »Brain Drain« zum »Brain Gain«. Migration, Netzwerkbildung und sozioökonomische Entwicklung. Das Beispiel der indischen »Software-Migranten«, in: Imis-Beiträge, Osnabrück 2000, S. 7-22.

Hunt, Jennifer: Are Immigrants the Most Skilled US Computer and Engineering Workers?, in: Journal of Labor Economics 33,3 (2015), S. S39-S77.

Huskey, Harry D.: Computer Needs & Computer Problems in Developing Countries, Honolulu 1973.
Huskey, Harry D.: His Story, Charleston, S.C. 2004.
Huws, Ursula: The Making of a Cybertariat. Virtual Work in a Real World, New York/London 2003.
Hyde, Alan: Employee Organization in Silicon Valley. Networks, Ethnic Organization and New Unions, in: University of Pennsylvania Journal of Labor and Employment Law 4,3 (2002), S. 493-527.
IFIP (Hrsg.): Word Conference on Computer Education 1970, Vol. I-II, Amsterdam 1970.
IIT Bombay: Annual Report 1960-61, Bombay 1961.
IIT Bombay: Annual Report 1961-62, Bombay 1962.
IIT Bombay: Annual Report 1973-74, Bombay 1974.
IIT Bombay: Annual Report 2017-18, Mumbai 2018.
IIT Kanpur: Annual Report 1963-64, Kanpur 1964.
IIT Kanpur: Annual Report 1964-65, Kanpur 1965.
IIT Madras: Annual Report 1959-60, Madras 1960.
IIT Madras: Annual Report 1964-65, Madras 1965.
IIT Madras: Annual Report 1972-73, Madras 1973.
IIT Madras: Annual Report 1974-75, Madras 1975.
IIT Madras: Annual Report 1982-83, Madras 1983.
IIT Madras: Information Bulletin. Academic Session 1973-74, Madras 1973.
IIT Madras: Information Bulletin. Academic Session 1974-75, Madras 1974.
ILO (Hrsg.): Labor & Automation, Bulletin No. 5: Automation and Non-Manual Workers, Genf 1967.
ILO (Hrsg.): World Labour Report, Vol. I-II, Genf 1984/85.
Indian Institute of Mass Communication (Neu Delhi) (Hrsg.): News Agencies Pool of Non-Aligned Countries. A Perspective, Neu Delhi 1983.
Indiresan, P.V./N.C. Nigam: The Indian Institutes of Technology. Excellence in Peril, in: Suma Chitnis/Philip G. Altbach (Hrsg.): Higher Education Reform in India. Experience and Perspectives, Neu Delhi 1993, S. 334-364.
Irani, Lilly et al.: Postcolonial Computing. A Lens on Design and Development, in: CHI '10: Proceedings of the SIGCHI Conference on Human Factors in Computing Systems, New York 2010, S. 1311-1320. URL: https://doi.org/10.1145/1753326.1753522 [abgerufen am 15.8.2022].
Irani, Lilly: Chasing Innovation. Making Entrepreneurial Citizens in Modern India, Princeton 2019.
Iriye, Akira: The Global Community. The Role of International Organizations in the Making of the Contemporary World, Berkeley 2002.
Iriye, Akira: Transnational History, in: Contemporary European History 13,2 (2004), S. 211-222.
Iriye, Akira/Petra Goedde: International History. A Cultural Approach, London/New York 2022.
Isaac, J.R.: A Chair Proposed in My Name. Autobiographical Sketch, Bombay 2002. URL: https://web.archive.org/web/20080225110918/http://www.alumni.iitb.ac.in:80/profiles/profIsaac.htm [abgerufen am 15.8.2022].
Isaacson, Walter: Steve Jobs. The Exclusive Biography, London 2011.
Isaacson, Walter: The Innovators. How a Group of Hackers, Geniuses, and Geeks Created the Digital Revolution, New York 2015.
Ivačić, Pero: The Non-Aligned Countries and their News, in: UNESCO Courier 30,4 (1977), S. 18-20
Jaeger, Friedrich/Wolfgang Knöbl/Ute Schneider: Einleitung, in: dies. (Hrsg.): Handbuch Moderneforschung, Stuttgart 2015, S. 1-16.
Jaikumar, V.M./I. Hutnik: The State of Manufacturing – Made in India, in: Computers Today 4,1 (1988), S. 36-53.
Jain, P.D.: Appropriate Informatics for Developing Countries, in: F.G. Forster (Hrsg.): Infor-

matics and Industrial Development. Proceedings of the International Conference on Policies for Information Processing for Developing Countries, Dublin 1982, S. 130-133.

James, Leslie/Elisabeth Leake (Hrsg.): Decolonization and the Cold War. Negotiating Independence, London 2015.

Jansen, Jan C./Jürgen Osterhammel: Dekolonisation, München 2013.

Janus, Noreene: Werbung, Massenmedien und die Formierung einer Dritte-Welt-Kultur, in: Reiner Steinweg/Jörg Becker (Hrsg.): Medienmacht im Nord-Süd-Konflikt, Frankfurt a. M. 1984, S. 166-185.

Javoronkow, Vadim A.: Engineers in the New India, in: UNESCO Courier 18,5 (1965), S. 14-17; S. 33.

Jayaraman, K. S.: Indian Technology. Quest for Self-Reliance Runs into Trouble, in: Nature, 14. 11. 1985, S. 93.

Jeffrey, Robin: India's Newspaper Revolution. Capitalism, Politics and the Indian Language Press, 1977-1999, London 2000.

Jenkins, Rob: The NDA and the Politics of Economic Reform, in: Katharine Adeney/Lawrence Saez (Hrsg.): Coalition Politics and Hindu Nationalism, New York 2005, S. 173-192.

Jerosch, Rainer: Voraussetzungen, historischer Ablauf, Ergebnisse und Kritik der Entwicklung der TH Madras aus der Sicht eines deutschen Projektmitarbeiters, in: Deutsche Gesellschaft für Technische Zusammenarbeit (GTZ) GmbH (Hrsg.): Technische Hochschule Madras, Eschborn 1978, S. 13-112.

Jetzlsperger, Christian: Die Emanzipation der Entwicklungspolitik von der Hallstein-Doktrin, in: Historisches Jahrbuch 121 (2001), S. 320-366.

Jiuchun, Zhang/Zhang Baichun: Founding of the Chinese Academy of Sciences' Institute of Computing Technology, in: IEEE Annals of the History of Computing 29,1 (2007), S. 16-33.

John, Doris Rajakumari: The Offshoring Industry in India. Moving up the Value Chain?, in: Suseela Yesudian (Hrsg.): Innovation in India: The Future of Offshoring, Basingstoke 2012, S. 49-73.

Johnson, Chalmers: MITI and the Japanese Miracle. The Growth of Industrial Policy, 1925-1975, Stanford 1982.

Johnston, Sean F.: Alvin Weinberg and the Promotion of the Technological Fix, in: Technology and Culture 59,3 (2018), S. 620-651.

Jones, Gregory W.: Software Engineering, New York 1990.

Joseph, M./F. C. Kohli (Hrsg.): SEARCC 76. Proceedings of the IFIP Regional Conference, Singapore, 6.-9. 9. 1976, Amsterdam 1977.

Joshi, Rama J.: Contemporary Change in the Socio-Economic Role of Women in India – Its Impact on Family Life, in: Kamla Bhasin (Hrsg.): The Position of Women in India. Proceedings of a Seminar Held in Srinagar, September 1972, Bombay 1973, S. 50-59.

Joshi, S. R./M. Joshi/K. M. Parmar: The Cast – The People. An Experience in Participatory Programming, Ahmedabad 1989.

Judge, Edward H./John W. Langdon (Hrsg.): The Cold War through Documents. A Global History, Lanham ³2018.

Kachru, Asha Purna: Autonome Informatikpolitik Indiens – Ein Modell für die sog. Dritte Welt?, in: Günther Cyranek/dies./Heidrun Kaiser (Hrsg.): Informatik und »Dritte Welt«. Berichte und Analysen, Berlin 1988, S. 95-105.

Kachru, Asha Purna: Frauenarbeit und Informationstechnik in der sog. Dritten Welt, in: Günther Cyranek/dies./Heidrun Kaiser (Hrsg.): Informatik und »Dritte Welt«. Berichte und Analysen, Berlin 1988, S. 227-232.

Kahaner, David K.: Parallel Computing in India, in: IEEE Parallel & Distributed Technology. Systems & Applications 4,3 (1996), S. 7-11.

Kaiser, Joseph H.: Vorwort, Exposé einer pragmatischen Theorie der Planung, in: ders. (Hrsg.): Planung I: Recht und Politik der Planung in Wirtschaft und Gesellschaft, Baden-Baden 1965, S. 7-9.

Kaiser, Walter: Die Weiterentwicklung der Telekommunikation seit 1950, in: Hans-Jürgen

Teuteberg/Cornelius Neutsch (Hrsg.): Vom Flügeltelegraphen zum Internet, Stuttgart 1998, S. 205-226.

Kaldor, Nicholas: Advanced Technology in a Strategy of Development, in: ILO (Hrsg.): Automation in Developing Countries. Roundtable Discussion on the Manpower Problems associated with the Introduction of Automation and Advanced Technology in Developing Countries, Genf 1972, S. 3-16.

Kalter, Christoph: A Shared Space of Imagination, Communication, and Action, in: Samantha Christiansen/Zachary A. Scarlett (Hrsg.): The Third World in the Global 1960s, New York/Oxford 2012, S. 23-38.

Kalter, Christoph: Die Entdeckung der Dritten Welt. Dekolonisierung und neue radikale Linke in Frankreich, Frankfurt a. M./New York 2011.

Kalwachwala, Dinaz/Hansa Joshi: Nari Tu Narayani. A Retrospective Look, Ahmedabad 1990.

Kamath, Kota G.: Problems and Scope for Development of Small-Scale Industries in Electronics, in: Electronics Commission (Hrsg.): Electronics. Proceedings of National Conference on Electronics organised by the Electronics Committee, March 24-28 1970, Bombay 1971, S. 269-274.

Kamola, Isaac A.: Making the World Global: U. S. Universities and the Production of the Global Imaginery, Durham 2019.

Kämpf, Tobias: Die neue Unsicherheit. Folgen der Globalisierung für hochqualifizierte Arbeitnehmer, Frankfurt a. M./New York 2008.

Kanchoochat, Veerayooth: Tigers at Critical Junctures: How South Korea, Taiwan and Singapore Survived Growth-Led Conflicts, in: dies./Yusuke Takagi/Tetsushi Sonobe (Hrsg.): Developmental State Building. The Politics of Emerging Economies, Singapur 2019, S. 47-68.

Kandler, Philipp: Neue Trends in der »neuen Menschenrechtsgeschichte«, in: Geschichte und Gesellschaft 45,2 (2019), S. 297-319.

Kapadia, Coomi: Radio and Television in India, Master's Thesis, Boston Univ. 1970.

Kapila, Shruti: The Enchantment of Science in India, in: Isis 101,1 (2010), S. 120-132.

Kapur, Promilla: The Changing Status of the Working Woman in India, Delhi 1974.

Kar, Suparna M.: Locating Bengaluru as India's Silicon Valley, in: Artha Journal of Social Sciences 15,2 (2016), S. 49-68.

Karin, Sidney/Norris Parker Smith: The Supercomputer Era, New York 1987.

Karki, Rajnish/Ahmad Cameron: Designing Policy Initiatives in Emerging Economic Environment. Case of Indian Computer Hardware Industry, in: Economic and Political Weekly 30,34 (1995), S. M94-M97.

Karnik, Kiran: Coalition of Competitors. The Story of Nasscom and the IT Industry, Noida 2012.

Kasper, Thomas: Wie der Sozialstaat digital wurde. Die Computerisierung der Rentenversicherung im geteilten Deutschland, Göttingen 2020.

Kaul, Inge: Zur Partizipation der Frau am gesellschaftlichen Produktionsprozess in Indien, in: Manfred Turlach (Hrsg.): Gesellschaft und Politik in Süd- und Südostasien, Bonn 1972, S. 137-162.

Kaul, Mohan/Nitin R. Patel: Problems of Technology Transfer to Third Generation Computers in India, in: M. Joseph/F. C. Kohli (Hrsg.): SEARCC 76, IFIP Regional Conference – Singapore, Amsterdam 1977, S. 53-60.

Kaviraj, Sudipta: An Outline of a Revisionist Theory of Modernity, in: Archives of European Sociology 46,3 (2005), S. 497-526.

Kaviraj, Sudipta: Politics in India, Neu Delhi 1997.

Kaviraj, Sudipta: The Modern State in India, in: Martin Doornbos/ders. (Hrsg.): Dynamics of State Formation. India and Europe Compared, Neu Delhi 1997, S. 225-250.

Keay, John: India. A History, New York 2000.

Keelery, Sandhya: Internet Usage in India – Statistics & Facts, 7. 7. 2020. URL: https://www.statista.com/topics/2157/internet-usage-in-india [abgerufen am 15.8.2022]. = »Statista«-Dossier, Hamburg 2020.

Kennedy, John F.: Discussion with John Fischer, in: ders.: Strategy of Peace, New York 1960, S. 205-228.

Kennedy, Robert E./Ajay Sharma: The Services Shift. Seizing the Ultimate Offshore Opportunity, Upper Saddle River 2009, S. 148-150.

Kenney, Martin (Hrsg.): Understanding Silicon Valley, Stanford 2000.

Kenniston, Kenneth: Young Radicals. Notes on Committed Youth, New York 1968.

Kerckhoff, Gebhard: Die Bildungshilfe der Bundesrepublik Deutschland, in: Hans Besters et al. (Hrsg.): Kooperative Entwicklungshilfe. Deutsche und amerikanische Bemühungen beim Aufbau der Entwicklungsländer, Bochumer Symposion 16./19.1.1968, Bielefeld 1969, S. 75-85.

Kershaw, Ian: Vier Begriffe für ein Jahrhundert. Was nützt uns eine »Neue Politikgeschichte«?, in: Norbert Frei (Hrsg.): Was heißt und zu welchem Ende studiert man Geschichte des 20. Jahrhunderts?, Göttingen 2006, S. 148-152.

Kevenhörster, Paul: Politik im elektronischen Zeitalter. Politische Wirkungen der Informationstechnik, Baden-Baden 1984.

Khan, Yasmin: The Great Partition. The Making of India and Pakistan, New Haven 2017.

Khanduri, Ritu Gairola: Picturing India. Nation, Development and the Common Man, in: Visual Anthropology 25,4 (2012), S. 303-323.

Khandwala, Vidyut: Established and New Professions. Untapped Capacities, in: YWCA of India (Hrsg.): The Educated Woman in Indian Society Today. A Study Carried Out by the YWCA of India, Bombay 1971, S. 148-156.

Khanna, Gaurav/Nicolas Morales: The IT Boom and Other Unintended Consequences of Chasing the American Dream, Center for Global Development, Washington D. C. Working Paper 460 (2017), S. 1-60.

Khilnani, Sunil: The Idea of India, New York 1999.

King, A. D.: Elite Education and the Economy. IIT Entrance: 1965-70, in: Economic and Political Weekly 5,35 (1970), S. 1463-1472.

King, A. D.: The IIT Graduate 1970: Aspirations, Expectations and Ambitions, in: Economic and Political Weekly 5,36 (1970), S. 1497-1510.

Kirloskar, Shantanu L.: Cactus and Roses. An Autobiography, Pune 2003.

Kirsch, David Warren: The Silent Arms Race. The Role of the Supercomputer During the Cold War, 1947-1963, Diss. Univ. of Arkansas 2012.

Kita, Chigusa/Hyungsub Choi: History of Computing in East Asia, in: IEEE Annals of the History of Computing 38,2 (2016), S. 8-10.

Kittler, Friedrich A.: Gramophone, Film, Typewriter, Stanford 1999.

Kleiman, Jordan B.: The Appropriate Technology Movement in American Political Culture, Diss. Univ. of Rochester, New York 2000.

Klein, Hans: Wege und Ziele der deutschen Entwicklungszusammenarbeit, in: Bulletin des Presse- und Informationsamtes der Bundesregierung, Nr. 88, 16.9.1987, S. 758 f.

Kleinöder, Nina/Stefan Müller/Karsten Uhl (Hrsg.): »Humanisierung der Arbeit«. Aufbrüche und Konflikte in der rationalisierten Arbeitswelt des 20. Jahrhunderts, Bielefeld 2020.

Klingensmith, Daniel: One Valley and a Thousand. Dams, Nationalism and Development, Neu Delhi 2007.

Kloß, Sinah Theres: The Global South as Subversive Practice. Challenges and Potentials of a Heuristic Concept, in: The Global South 11,2 (2017), S. 1-17.

Knaut, Annette: Politische Imaginative. Vom Narrativ der Öffentlichkeit zu transnationalen Diskursräumen, in: Frank Gadinger et al. (Hrsg.): Politische Narrative: Konzepte – Analysen – Forschungspraxis, Wiesbaden 2014, S. 93-117.

Knoblauch, William M.: Strategic Digital Defense: Video Games and Reagan's »Star Wars« Program. 1980-1987, in: Matthew Wilhelm Kapell/Andrew B. R. Elliot (Hrsg.): Playing with the Past. Digital Games and the Simulation of History, New York 2013, S. 279-296.

Koepp, Rob: Clusters of Creativity. Enduring Lessons on Innovation and Entrepreneurship from Silicon Valley and Europe's Silicon Fen, Chichester 2002.

Kohli, F. C.: Evolution of Information Technology in India. A Personal Experience, in: R. K. Shyamasundar/M. A. Pai (Hrsg.): Homi Bhabha and the Computer Revolution, Oxford 2011, S. 185-193.

Kohli, F. C.: SEARCC. Its Present and Future, in: ders. (Hrsg.): The IT Revolution in India. Selected Speeches and Writings, Delhi 2005, S. 99-111.
Kohli, F. C.: The Future Role of the Government in the IT Industry, in: ders.: The IT Revolution in India. Selected Speeches and Writings, Neu Delhi 2005, S. 179-182.
Kohli, F. C.: The IT Revolution in India. Selected Speeches and Writings, Neu Delhi 2006.
Kohli, F. C./C. Iyer: Software Development for Self-Reliance, in: M. Joseph/F. C. Kohli (Hrsg.): SEARCC 76, IFIP Regional Conference – Singapore, Amsterdam 1977, S. 615-620.
Kolb, Holger: Dei deutsche »Green Card«. Focus Migration. BpB-Kurzdossier 3 (2005), S. 1-3.
Kothari, Rajni: Interpreting Indian Politics. A Personal Statement, in: Upendra Baxi/Bhikhu Parekh (Hrsg.): Crisis and Change in Contemporary India, London 1995, S. 150-168.
Kothari, Rajni: The Problem: The Technology Missions, in: Seminar. The Monthly Symposium, Nr. 354 (1989), S. 12-17.
Kraler, Albert et al. (Hrsg.): Migrationen. Globale Entwicklungen seit 1850, Wien 2007.
Krause, Alexandra/Christoph Köhler (Hrsg.): Arbeit als Ware. Zur Theorie flexibler Arbeitsmärkte, Bielefeld 2012.
Kreis, Georg: Die römischen Verträge von 1957. Ein ambivalenter Anfang der europäischen Entwicklungspolitik, in: Arnd Bauerkämper/Hartmut Kaelble (Hrsg.): Gesellschaft in der europäischen Integration seit den 1950er Jahren, Stuttgart 2012, S. 93-105.
Krieger, Wolfgang: Zur Geschichte von Technologiepolitik und Forschungsförderung in der Bundesrepublik Deutschland. Eine Problemskizze, in: Vierteljahrshefte für Zeitgeschichte 35,2 (1987), S. 247-271.
Krige, John/Kai-Henrik Barth (Hrsg.): Global Power Knowledge. Science and Technology in International Affairs, Chicago 2006.
Krige, John/Helke Rausch (Hrsg.): American Foundations and the Coproduction of World Order in the Twentieth Century, Göttingen 2012.
Kripalani, Coonoor: Building Nationhood through Broadcast Media in Postcolonial India, in: Education About Asia 22,1 (2017), S. 40-44.
Krishnajee, A.: Impact of Automation on Human Resource Management. A Study of Public Sector Banks, Diss. JNU Univ. Neu Delhi 2002.
Krishnamurti, Jiddu: Intelligence, Computers and the Mechanical Mind. Seminars Rishi Valley, 1980, in: ders.: The Way of Intelligence, London 1985, S. 186-242.
Krishnamurty, J.: The Occupational Structure, in: Dharma Kumar/Meghnad Desai (Hrsg.): Cambridge Economic History of India, Bd. 2: c. 1757-c.1970, Cambridge [1983] 2008, S. 533-550.
Krishnayya, J. G.: An Outlook for India's Future (2000 A. D.). Communications, Dep. of Science and Technology, Sep. 1976, in: National Committee on Science and Technology (Hrsg.): Interim Reports on Futurology, Neu Delhi 1978, S. 55-70.
Krishnayya, J. G.: Computer Society of India Policy Group. Questionnaire Analysis, Hyderabad 1976.
Krotz, Ulrich/Klaus Kiran/Federico Romero (Hrsg.): Europe's Cold War Relations. The EC Towards a Global Role, London 2020.
Kuchenbuch, David: »Eine Welt«. Globales Interdependenzbewusstsein und die Moralisierung des Alltags in den 1970er und 1980er Jahren, in: Geschichte und Gesellschaft 38,1 (2012), S. 158-184.
Kuchenbuch, David: Welt-Bildner. Arno Peters, Richard Buckminster Fuller und die Medien des Globalismus, 1940-2000, Wien/Köln/Weimar 2021.
Kudaisya, Gyanesh: A Republic in the Making. India in the 1950s, Neu Delhi 2017.
Kudaisya, Medha: Mighty Adventure. Institutionalising the Idea of Planning in India, 1947-1960, in: Modern Asian Studies 43,4 (2009), S. 939-978.
Kudaisya, Medha: The Promise of Partnership. Indian Business, the State, and the Bombay Plan of 1944, in: Business History Review 88,1 (2014), S. 97-131.
Kulkarni, Raja: International Experience in Automation Computer Problems, National Federation of Petroleum Workers, Bombay 1968.
Kulke, Hermann/Dietmar Rothermund: Geschichte Indiens, München ³2018.

Kumar, Deepak: Reconstructing India. Disunity in the Science and Technology for Development Discourse, 1900-1947, in: Osiris 15 Spec. Iss. (2000), S. 241-257.
Kumar, Deepak: Science and the Raj. A Study of British India, Neu Delhi ²2006.
Kumar, Keval J.: Media Education and Computer Literacy in India. The Need for an Integrated ›Compunication Education‹, in: International Communication Gazette 40,3 (1987), S. 183-202.
Kumar, Nagesh: Indian Software Industry Development. International and National Perspective, in: Economic and Political Weekly 36,45 (2001), S. 4278-4290.
Kumar, Narenda/Jai Chandiram: Educational Television in India, Neu Delhi 1967.
Kumar, Prakash: A Big Machine Not Working Properly. Elite Narratives of India's Community Projects, 1952-58, in: Technology and Culture 60,4 (2019), S. 1027-1058.
Kumar, Prem: Television Industry in India. Market, Structure, Conduct and Performance, Neu Delhi 1988.
Kumar, Shanti: Digital Television in Digital India, in: Aswin Punathambekar/Sriram Mohan (Hrsg.): Global Digital Cultures: Perspectives from South Asia, Ann Arbor 2019, S. 53-75.
Kumar, Shanti: Gandhi Meets Primetime. Globalization and Nationalism in Indian Television, Urbana/Chicago 2006.
Kumar, Sudhir: Computerization of Rural Cooperative Banking in Karnataka, in: Utpal K. Banerjee/Ravi Sharma (Hrsg.): Computer Applications for Rural Development, Neu Delhi 1987, S. 238-258.
Kunkel, Sönke: Zwischen Globalisierung, internationalen Organisationen und »global governance«. Eine kurze Geschichte des Nord-Süd-Konflikts in den 1960er und 1970er Jahren, in: Vierteljahrshefte für Zeitgeschichte 60,4 (2012), S. 555-577.
Kupper, Patrick: »Weltuntergangs-Vision aus dem Computer«. Zur Geschichte der Studie »Die Grenzen des Wachstums« von 1972, in: Frank Uekötter (Hrsg.): Wird Kassandra heiser? Die Geschichte falscher Ökoalarme, Stuttgart 2004, S. 98-111.
Kurien, Christopher T./Eric R. Prabhakar/Sarvepalli Gopal (Hrsg.): Economy, Society and Development. Essays and Reflections in Honour of Malcolm S. Adiseshiah, Neu Delhi 1991.
Kwong, Kai-Sun et al. (Hrsg.): Industrial Development in Singapore, Taiwan and South Korea, Singapur 2001.
Lakha, Salim: Growth of Computer Software Industry in India, in: Economic and Political Weekly 25,1 (1990), S. 49-51; S. 53-56.
Lakha, Salim: The New International Division of Labour and the Indian Computer Software Industry, in: Modern Asian Studies 28,2 (1994), S. 381-408.
Lala, Russi M.: Beyond the Last Blue Mountain. A Life of J. R.D. Tata, Neu Delhi 1992.
Lancaster, Carol: Foreign Aid. Diplomacy, Development, Domestic Politics, Chicago 2007.
Lange, Oskar: The Computer and the Market, in: C. H. Feinstein (Hrsg.): Socialism, Capitalism and Economic Growth, Cambridge 1967, S. 158-161.
Lanier, Günther: Die Entwicklungspolitik Indiens von 1947 bis 1967. Die Zeit der Illusionen, Frankfurt a. M. 1991.
Lässig, Simone: Übersetzungen in der Geschichte – Geschichte als Übersetzung? Überlegungen zu einem analytischen Konzept und Forschungsgegenstand für die Geschichtswissenschaft, in: Geschichte und Gesellschaft 38,2 (2012), S. 189-216.
Lässig, Simone/Swen Steinberg: Knowledge on the Move. New Approaches Toward a History of Migrant Knowledge, in: Geschichte und Gesellschaft 43,3 (2017), S. 313-346.
Laszlo, Ervin (Hrsg.): Goals for Mankind. A Report to the Club of Rome on the New Horizons of Global Community, New York 1977.
Lateef, Asma: Linking up with the Global Economy. A Case Study of the Bangalore Software Industry, Genf 1997.
Latham, Michael E.: The Right Kind of Revolution. Modernization, Development, and U.S. Foreign Policy from the Cold War to the Present, Ithaca, NY 2011.
Latifi, Danial: India & U.S. Aid, Bombay 1960.

Latour, Bruno: Science in Action. How to Follow Scientists and Engineers Through Society, Cambridge, Mass. 1987.
Latour, Bruno: We Have Never Been Modern, Cambridge, Mass. 1993.
Laxman, R. K.: Brushing Up the Years. A Cartoonist's History of India, 1947 to the Present, Neu Delhi 2008.
Lazou, Christopher: Supercomputers and Their Use, Revised Edition, Oxford 1988.
Lécuyer, Christophe: Making Silicon Valley. Innovation and the Growth of High-Tech, 1930-1970, Cambridge, Mass. 2006.
Lee, Christopher J.: Introduction, in: ders. (Hrsg.): Making a World after Empire: The Bandung Moment and Its Political Afterlives, Athens 2010, S. 1-42.
Leendertz, Ariane: Das Komplexitätssyndrom. Gesellschaftliche Komplexität als intellektuelle und politische Herausforderung in den 1970er Jahren, MPIfG Discussion Paper 15/7, Köln 2015.
Leendertz, Ariane: Zeitbögen, Neoliberalismus und das Ende des Westens, oder: Wie kann man die deutsche Geschichte des 20. Jahrhunderts schreiben?, in: Vierteljahrshefte für Zeitgeschichte 65,2 (2017), S. 191-217.
Leffler, Melvyn P./Odd Arne Westad (Hrsg.): The Cambridge History of the Cold War, 3 Bde., Cambridge 2010.
Legum, Colin/John Cornwell: A Free and Balanced Flow, Lexington 1978.
Leonard, Richard: Computers in South Africa. A Survey of US Companies, New York 1978.
Leone, Massimo: From Fingers to Faces: Visual Semiotics and Digital Forensics, in: International Journal for the Semiotics of Law, 8. 9. 2020. URL: https://doi.org/10.1007/s11196-020-09766-x [abgerufen am 15. 8. 2022].
Lerner, Daniel: The Passing of Traditional Society. Modernizing the Middle East, New York 1958.
Leslie, Stuart W.: The Cold War and American Science. The Military-Industrial-Academic Complex at MIT and Stanford, New York 1993.
Leslie, Stuart W./Robert Kargon: Exporting MIT. Science, Technology, and Nation-Building in India and Iran, in: Osiris 21,1 (2006), S. 110-130.
Levy, Steven: Hackers. Heroes of the Computer Revolution, New York [1984] 2001.
Licklider, J. R. C.: Man-Computer Symbiosis, in: IRE Transactions on Human Factors in Electronics 1,1 (1960), S. 4-11.
Lie, Tryvge: In the Cause of Peace. Seven Years with the United Nations, New York 1954.
Lilly, John C.: Programming and Metaprogramming. The Human Biocomputer, New York 1968.
Lindner, Rudolf/Bertram Wohak/Holger Zeltwanger: Planen, Entscheiden, Herrschen. Vom Rechnen zur elektronischen Datenverarbeitung, Reinbek bei Hamburg 1984.
Lingajammanni, A.: An Enquiry into the Impact of Foreign Countries on the System of Education in India since 1947, Mysore 1979.
Lipman-Blumen, Jean: Exquisite Decisions in a Global Village, in: Kenneth A. Dahlberg (Hrsg.): New Directions for Agriculture and Agricultural Research, Totowa, NJ 1986, S. 42-64.
Logan, William A. T.: A Technological History of Cold-War India, 1947-1969. Autarky and Foreign Aid, Cham 2022.
Lok Sabha, Committee on Public Undertakings (1972-73). 25th Report: Bharat Electronics Limited, Lok Sabha Secretariat, Neu Delhi 1973.
Lok Sabha, Committee on Public Undertakings (1980-81/1981-82). 19th/32nd Report: Electronics Corporation of India Limited, Lok Sabha Secretariat, Neu Delhi 1982/1983.
Lok Sabha, Estimates Committee. 66th Report: Department of Electronics, Lok Sabha Secretariat, Neu Delhi 1974.
Lok Sabha, Public Accounts Committee (1974-75). 165th Report: Action taken by Government […] relating to Installation of Computers on Railways, Lok Sabha Secretariat, Neu Delhi 1975.
Lok Sabha, Public Accounts Committee (1975-76). 221st Report: Computerisation in Government Departments, Lok Sabha Secretariat, Neu Delhi 1976.
Lok Sabha, Public Accounts Committee (1977-78): 26th Report. Computerisation in Government Departments, Lok Sabha Secretariat, Neu Delhi 1977.

Loomba, Satish: Explanatory Note, in: Report of the Committee on Automation, Neu Delhi 1972, S. 78-80.
Lorenzini, Sara: Global Development. A Cold War History, Princeton 2019.
Louro, Michele L.: Comrades Against Imperialism. Nehru, India, and Interwar Internationalism, Cambridge 2018.
Lubar, Steven: Do Not Fold, Spindle or Mutilate. A Cultural History of the Punch Card, in: Journal of American Culture 15,4 (1992), S. 43-55.
Lung-Amam, Willow: Malls of Meaning. Building Asian America in Silicon Valley Suburbia, in: Journal of American Ethnic History 2 (Winter) 34 (2015), S. 18-53.
Lung-Amam, Willow: Trespassers? Asian Americans and the Battle for Suburbia, Oakland 2017.
Lüthi, Lorenz M.: Cold Wars. Asia, the Middle East, Europe, Cambridge 2020.
Lüthje, Boy et al. (Hrsg.): From Silicon Valley to Shenzhen, Global Production and Work in the IT Industry, Lanham 2013.
Lüthje, Boy: Silicon Valley: Vernetzte Produktion, Industriearbeit und soziale Bewegungen im Detroit der »New Economy«, in: PROKLA. Zeitschrift für kritische Sozialwissenschaft 31,1 (2001), S. 79-102.
Lüthje, Boy: Standort Silicon Valley. Ökonomie und Politik der vernetzten Massenproduktion, Frankfurt a. M./New York 2001.
Lüthje, Boy/Wilhelm Schumm/Martina Sproll: Contract Manufacturing. Transnationale Produktion und Industriearbeit in der IT-Branche, Frankfurt a. M./New York 2002.
Lyth, Peter/Helmuth Trischler (Hrsg.): Prometheus Wired. Globalisation, History and Technology, Aarhus 2004.
Macekura, Stephen J.: Of Limits and Growth. The Rise of Global Sustainable Development in the Twentieth Century, New York 2015.
Macekura, Stephen J.: Whither Growth? International Development, Social Indicators, and the Politics of Measurement 1920s-1970s, in: Journal of Global History 14,2 (2019), S. 261-279.
Macekura, Stephen J./Erez Manela: Introduction, in: dies. (Hrsg.): The Development Century. A Global History, Cambridge, Mass. 2018, S. 1-20.
Madon, Shirin: Information Systems for Development Planning, in: Journal of Computing and Information Technology 1,4 (1993), S. 255-263.
Madon, Shirin: Introducing Administrative Reform Through the Application of Computer-Based Information Systems, in: Public Administration and Development 13,1 (1993), S. 37-48.
Madon, Shirin/S. Krishna (Hrsg.): The Digital Challenge, Abingdon, Oxon [2003] 2018.
Mahajan, Sucheta: Independence & Partition. The Erosion of Colonial Power in India, Neu Delhi 2000.
Mahalanobis, Prasanta Chandra: On Large-Scale Sample Surveys, in: Royal Society of London Philosophical Transactions, Series B, Vol. 231, Cambridge 1944, S. 329-451.
Mahalanobis, Prasanta Chandra: Organisation of Statistics in the Post-War Period (Read at Symposium, September 27-28, 1943), in: Proceedings of the National Academy of Sciences, India 10,1 (1944), S. 69-78.
Mahalanobis, Prasanta Chandra: Science and National Planning, in: Sankhyā. The Indian Journal of Statistics 20,1/2 (1958), S. 69-106.
Mahalanobis, Prasanta Chandra: Statistics as a Key Technology, in: The American Statistician 19,2 (1965), S. 43-46.
Mahalanobis, Prasanta Chandra: Why Statistics?, in: Sankhyā. The Indian Journal of Statistics 10,3 (1950), S. 195-228.
Mahanty, J.: Science in the Universities since 1947, in: B. R. Nanda (Hrsg.): Science and Technology in India, Neu Delhi 1977, S. 112-124.
Mahoney, Eileen Marie: Negotiating New Information Technology and National Development. The Role of the Intergovernmental Bureau of Informatics, Diss. Univ. of Philadelphia 1986/87.
Mahoney, Eileen: The Intergovernmental Bureau For Informatics: An International Organization within the Changing World of Political Economy, in: Vincent Mosco/Janet Wasko (Hrsg.): The Political Economy of Information, Wisconsin 1988, S. 297-315.

Mailland, Julien/Kevin Driscoll: Minitel. Welcome to the Internet, Cambridge, Mass. 2017.
Majumder, Dutta: Thoughts on Emergence of IT Activities in India, in: Utpal K. Banerjee (Hrsg.): Computer Education in India. Past, Present and Future, Neu Delhi 1996, S. 3-8.
Malaviya, Madan Mohan: Madan Mohan Malaviya's Speeches and Writings, Madras 1918.
Malaviya, Madan Mohan: Note by the Hon'ble Pandit M. M. Malaviya, in: Indian Industrial Commission 1916-1918. Report, Kalkutta 1918, S. 292-355.
Malinovsky, Boris Nikolaevich: Pioneers of Soviet Computing. Hrsg. v. Anne Fitzpatrick und übers. v. Emmanuel Aronie, E-Book, 2010. URL: https://web.archive.org/web/20201112011256/https://www.sigcis.org/files/sigcismc2010_001.pdf [abgerufen am 15.8.2022].
Malugin, Oleg V.: The Fruit of Eleven Year Cooperation, in: The Journal of the Institution of Engineers (India) 16,4 (1966), S. 32-37.
Manchanda, Rohit: Monastery, Sanctuary, Laboratory. 50 Years of IIT Bombay, Mumbai 2008.
Mangla, Bhupesh: India Expands Electronic Research Network, in: Science 263,5153 (1994), S. 1557-1558.
Manjapra, Kris: Age of Entanglement. German and Indian Intellectuals Across Empire, Cambridge, Mass./London 2014.
Mankekar, D. R.: One-Way Free Flow, Neu Delhi 1978.
Mankekar, D. R.: Whose Freedom. Whose Order, Neu Delhi 1981.
Mankekar, Purnima: India Shopping. Indian Grocery Stores and Transnational Configurations of Belonging, in: Ethnos 67,1 (2002), S. 75-98.
Mann, Michael: Geschichte Indiens. Vom 18. bis zum 21. Jahrhundert, Paderborn 2005.
Mann, Michael: Mobilität und Migration von Menschen in und aus Südasien 1840-1990, in: Albert Kraler et al. (Hrsg.): Migrationen. Globale Entwicklungen seit 1850, Wien 2007, S. 199-221.
Mann, Michael: South Asia's Modern History, London/New York 2015.
Mann, Michael: Telekommunikation in Britisch-Indien (ca. 1850-1930). Ein globalgeschichtliches Paradigma, in: Comparativ. Zeitschrift für Globalgeschichte und vergleichende Gesellschaftsforschung 19,6 (2009), S. 86-112.
Mann, Michael: The Deep Digital Divide: The Telephone in British India 1883-1933, in: Historical Social Research 35,1 (2010), S. 188-208.
Mann, Michael: Wiring the Nation. Telecommunication, Newspaper-Reportage, and Nation Building in British India, 1850-1930, Neu Delhi 2017.
Mansell, Robin: ICTs, Discourse and Knowledge Societies: Implications for Policy and Practice, in: Divina Frau-Meigs et al. (Hrsg.): From NWICO to WSIS. 30 Years of Communication Geopolitics. Actors and Flows, Structures and Divides, Chicago 2012, S. 125-139.
Manufacturers' Association for Information Technology (Hrsg.): A Report on the Evolution of IT Industry in India, Neu Delhi 1991.
Mares, Radu: The UN Guiding Principles on Business and Human Rights, Leiden/Boston 2012.
Mark, Chi-Kwan: The Everyday Cold War. Britain and China, 1950-1972, London 2017.
Marketing and Economic Research Bureau (Hrsg.): Economic Impact of Computers in India. A Survey, Neu Delhi 1971.
Maruschke, Megan: Zones of Reterritorialization. India's Free Trade Zones in Comparative Perspective, 1947 to the 1980s, in: Journal of Global History 12,3 (2017), S. 410-432.
Masani, Mehra: Broadcasting and the People, Neu Delhi 1976.
Mascarenhas, R. C.: India's Silicon Plateau. Development of Information and Communication Technology in Bangalore, Neu Delhi 2010.
Mason, Mike: Global Shift: Asia, Africa, and Latin America, 1945-2007, Montreal/Kingston 2013.
Massey, Doreen/Ash Amin/Nigel Thrift: Decentering the Nation. A Radical Approach to Regional Inequality, London 2003.
Mateos, Gisela/Edna Suárez-Díaz: Development Interventions. Science, Technology and Technical Assistance, in: History and Technology 36,3/4 (2020), S. 293-309.
Mathur, Jagdish Chandra/Paul Neurath: An Indian Experiment in Farm Radio Forums, Paris 1959.
Mattelart, Armand: Kleine Geschichte der Informationsgesellschaft, Berlin 2003.

Mattelart, Armand: Multinational Corporations and the Control of Culture. The Ideological Apparatuses of Imperialism, Brighton/Atlantic Highlands, NJ 1979.

Mattelart, Armand/Hector Schmucler: Communication and Information Technologies. Freedom of Choice for Latin America?, Norwood, NJ 1985.

Matthews, Glenna: New Immigrants to Silicon Valley, 1970-2000, in: Clark Davis/David Igler (Hrsg.): The Human Tradition in California, Wilmington 2002, S. 225-239.

Matthews, Glenna: Silicon Valley, Women and the American Dream. Gender, Class and Opportunity in the 20th Century, Stanford 2003.

Maul, Daniel: Die ILO und die Globalisierung der Menschenrechte, in: Stefan-Ludwig Hoffmann (Hrsg.): Moralpolitik: Geschichte der Menschenrechte im 20. Jahrhundert, Göttingen 2010, S. 285-311.

Maul, Daniel: Menschenrechte, Sozialpolitik und Dekolonisation. Die Internationale Arbeitsorganisation (IAO) 1940-1970, Essen 2007.

Maul, Daniel: The ILO, Asia and the Beginnings of Technical Assistance, 1945-60, in: Jill Jensen/Nelson Lichtenstein (Hrsg.): The ILO from Geneva to the Pacific Rim. West Meets East, Basingstoke 2015, S. 110-134.

Maul, Daniel: The International Labour Organization. 100 Years of Global Social Policy, Berlin 2019.

Maurel, Chloé: Histoire L'Unesco. Les Trente Premières Années 1945-1974, Paris 2010.

Mayer-Ahuja, Nicole: (Im)mobilising Transnational Labour? Patterns of Spatial Mobility in Indo-German Software Companies, in: Work Organisation, Labour & Globalisation 6,2 (2012), S. 24-44.

Mayer-Ahuja, Nicole: Arbeit und transnationale Wertschöpfung, in: Heinz Bude/Philipp Staab (Hrsg.): Kapitalismus und Ungleichheit. Die neuen Verwerfungen, Frankfurt a. M./New York 2016, S. 175-194.

Mayer-Ahuja, Nicole: Die Globalität unsicherer Arbeit als konzeptionelle Provokation. Zum Zusammenhang zwischen Informalität im Globalen Süden und Prekarität im Globalen Norden, in: Geschichte und Gesellschaft 43,2 (2017), S. 264-296.

Mayer-Ahuja, Nicole: Grenzen der Homogenisierung. IT-Arbeit zwischen ortsgebundener Regulierung und transnationaler Unternehmensstrategie, Frankfurt a. M./New York 2011 (engl. Übers.»Everywhere is Becoming the Same?« Regulating IT-Work between India and Germany, Neu Delhi 2014).

Mayer-Ahuja, Nicole: IT-Arbeitsverhältnisse unter Bedingungen globaler Wirtschaftsintegration. Eindrücke von Veränderungen des indischen Gesellschafts- und Produktionsmodells, in: SOFI-Mitteilungen 34 (2006), S. 43-51.

McDowell, Stephen D.: Globalization, Liberalization and Policy Change. A Political Economy of India's Communications Sector, New York 1997.

McGarr, Paul M.: Quiet Americans in India. The CIA and the Politics of Intelligence in Cold War South Asia, in: Diplomatic History 38,5 (2014), S. 1046-1082.

McGarr, Paul M.: The Cold War in South Asia. Britain, the United States and the Indian Subcontinent 1945-1965, Cambridge 2013.

McLuhan, Marshall: Die Gutenberg Galaxis. Das Ende des Buchzeitalters, Bonn [1962] 1995.

McLuhan, Marshall: Die magischen Kanäle. Understanding Media, Düsseldorf [1964] 1992.

McMahon, Robert J.: Cold War on the Periphery. The United States, India and Pakistan, New York 1994.

McMahon, Robert J.: Die Macht der Schwachen, in: Bernd Greiner/Christian Müller/Claudia Weber (Hrsg.): Ökonomie im Kalten Krieg, Hamburg 2010, S. 30-44.

McMahon, Robert J.: On the Periphery of a Global Conflict. India and the Cold War, 1947-1991, in: Andreas Hilger/Corinna R. Unger (Hrsg.): India in the World since 1947. National and Transnational Perspectives, Frankfurt a. M. 2012, S. 276-299.

McPhail, Thomas L.: Electronic Colonialism, Beverly Hills 1981/1987.

McWilliam, Michael: The Development Business. A History of the Commonwealth Development Corporation, New York 2001.

Meadows, Dennis et al. (Hrsg.): Die Grenzen des Wachstums. Bericht des Club of Rome zur Lage der Menschheit. Übersetzung von Hans-Dieter Heck, Stuttgart 1972.
Meadows, Dennis L.: The Limits to Growth, New York 1972.
Medina, Eden: Cybernetic Revolutionaries. Technology and Politics in Allende's Chile, Cambridge, Mass. 2011.
Medina, Eden: Forensic Identification in the Aftermath of Human Rights Crimes in Chile. A Decentered Computer History, in: Technology and Culture 59,4 Suppl. (2018), S. S100-S133.
Meehan, Mary Beth/Fred Turner: Seeing Silicon Valley. Life inside a Fraying America, Chicago/London 2021.
Meemamsi, G. B.: The C-DOT Story, Neu Delhi 1993.
Mehos, Donna C./Suzanne M. Moon: The Uses of Portability. Circulating Experts in the Technopolitics of Cold War and Decolonization, in: Gabrielle Hecht (Hrsg.): Entangled Geographies. Empire and Technopolitics in the Global Cold War, Cambridge, Mass. 2011, S. 43-74.
Mehra, O. P.: Welcome, in: Utpal K. Banerjee/Ravi Sharma (Hrsg.): Computer Applications for Rural Development, Neu Delhi 1987, S. 10-11.
Mehrotra, S. P./P. P. Shah: The Fourth IIT, Neu Delhi 2015.
Mehta, Ashok: Science for a Transitional Society, in: Ward Morehouse (Hrsg.): Science and the Human Condition in India and Pakistan, New York 1968, S. 3-11.
Mehta, Dewang/V. M. Jaikumar: Indian Software. Hoping for Growth, in: Computers Today – Special Report, 4,8 (1988), S. 26-45.
Menon, M. G. K.: A Decade of Progress, in: Proceedings of the 12th Annual Convention of the Computer Society of India (CSI-77: »Man and the Computer«, Jan. 9-12, 1977, Poona), Bombay 1977, S. 6-14.
Menon, M. G. K.: Homi Bhabha and Self-Reliance, in: R. K. Shyamasundar/M. A. Pai (Hrsg.): Homi Bhabha and the Computer Revolution, Oxford 2011, S. 107-117.
Menon, M. G. K.: Perspective Report on Electronics in India, Neu Delhi 1975.
Menon, Nikhil: A Short History of Data, in: The Hindu, 21.3.2019, S. 8.
Menon, Nikhil: Fancy Calculating Machine: Computers and Planning in Independent India, in: Modern Asian Studies 52,2 (2018), S. 421-457.
Menon, Nikhil: Help the Plan – Help Yourself: Making Indians Plan-Conscious, in: ders./Gyan Prakash/Michael Laffan (Hrsg.): The Postcolonial Moment in South and Southeast Asia, London 2018, S. 221-242.
Menon, Nikhil: Gandhi's Spinning Wheel. The Charkha and Its Regenerative Effects, in: Journal of the History of Ideas 81,4 (2020), S. 643-662.
Menon, Nikhil: Planning Democracy. Modern India's Quest for Development, Cambridge 2022.
Mensch, Gerhard: Das technologische Patt. Innovationen überwinden die Depression, Frankfurt a. M. 1975.
Menzel, Ulrich: Jenseits des Westfälischen Staatensystems. Global Governance als Antwort auf Globalisierung, in: ders.: Jenseits des Staates oder Renaissance des Staates? Zwei kleine politische Schriften, Braunschweig 1999, S. 1-27.
Mergel, Thomas: Überlegungen zu einer Kulturgeschichte der Politik, in: Geschichte und Gesellschaft 28,4 (2002), S. 574-606.
Merrill, Dennis: Bread and the Ballot: The United States and India's Economic Development, 1947-1963, Chapel Hill 1990.
Mertia, Sandeep: Did Mahalanobis Dream of Androids?, in: ders. (Hrsg.): Lives of Data. Essays on Computational Cultures from India, Amsterdam 2020, S. 26-33.
Mertia, Sandeep: Digital India, in: Rukmini Bhaya Nair/Peter Ronald deSouza (Hrsg.): Keywords for India. A Conceptual Lexicon for the 21st Century, London 2020, S. 136-138.
Mesarović, Mihajlo D./Eduard C. Pestel: Mankind at the Turning Point. The Second Report to the Club of Rome, New York 1974.
Mesarović, Mihajlo D./Yasuhiko Takahara: General Systems Theory. Mathematical Foundations, New York 1975.
Metze-Mangold, Verena: Die alternativen Nachrichtenagenturen. Nachrichtenpool der block-

freien Staaten und Inter Press Service, in: Reiner Steinweg/Jörg Becker (Hrsg.): Medienmacht im Nord-Süd-Konflikt, Frankfurt a. M. 1984, S. 202-228.

Metzler, Gabriele: »Geborgenheit im gesicherten Fortschritt.« Das Jahrzehnt von Planbarkeit und Machbarkeit, in: Matthias Frese et al. (Hrsg.): Demokratisierung und gesellschaftlicher Aufstieg. Die sechziger Jahre als Wendezeit in der Bundesrepublik, Paderborn 2003, S. 777-797.

Microelectronics and Computer Technology Corporation (Hrsg.): Environmental Consciousness. A Strategic Competitiveness Issue for the Electronics and Computer Industry, Austin, TX 1993.

Mignolo, Walter: Geopolitics of Sensing and Knowing. On (De)Coloniality, Border Thinking, and Epistemic Disobedience, in: Confero 1,1 (2013), S. 129-150.

Miller, Alice Lyman/Richard Wich: Becoming Asia. Change and Continuity in Asian International Relations since World War II, Stanford 2011.

Miller, D. Patrick: The Spirit of 9 to 5, in: Yoga Journal 137 (1997), S. 73-79.

Misa, Thomas (Hrsg.): Gender Codes. Why Women are Leaving Computing, Hoboken 2010.

Mishra, Amit Kumar: Diaspora, Development and the Indian State, in: The Round Table 106,6 (2016), S. 701-721.

Miskovic, Natasa et al. (Hrsg.): The Non-Aligned Movement and the Cold War. Delhi – Bandung – Belgrade, London/New York 2014.

Misra, D.C.: Sixty Years of Development of E-Governance in India (1947-2007): Are There Lessons for Developing Countries?, in: ICEGOV '07: Proceedings of the 1st International Conference on Theory and Practice of Electronic Governance, New York 2007, S. 337-340.

Misra, V.K.: Demands and Options of Computer Networking in India, in: IETE Journal of Research 24,3/4 (1978), S. 182-191.

Mitra, Samarendra Kumar: Electrical Analog Computing Machine for Solving Linear Equations and Related Problems, in: Review of Scientific Instruments 26,5 (1955), S. 453-457.

Mitra, Subrata K.: Power, Protest, Participation. Local Elites and Development in India, London 1992.

Möckel, Benjamin: »Entwicklungshilfe« als Beruf. Wandlungsprozesse der Arbeit im »Humanitären Feld« in den 1960er und 1970er Jahren, in: Bernhard Dietz/Jörg Neuheiser (Hrsg.): »Wertewandel« in der Wirtschaft und Arbeitswelt. Arbeit, Leistung und Führung in den 1970er und 1980er Jahren in der BRD, Berlin/Boston 2017, S. 263-282.

Möckel, Benjamin: Endtimes of Human Rights?, in: Neue Politische Literatur 65,3 (2020), S. 473-502.

Modi, Yuvnesh/Rahul Kumar/Alok Kothari (Hrsg.): The Game Changers, Noida 2012.

Mody, Ashoka: Institutions and Dynamic Comparative Advantage. The Electronics Industry in South Korea and Taiwan, in: Cambridge Journal of Economics 14,3 (1990), S. 291-314.

Mody, Bella: Contextual Analysis of the Adoption of a Communications Technology. The Case of Satellites in India, in: Telematics and Informatics 4,2 (1987), S. 151-158.

Mody, Bella: Liberalization of Telecommunications in India in the Mid-1990s, in: Eli M. Noam (Hrsg.): Telecommunications in Western Asia and the Middle East, New York 1997, S 3-19.

Mody, Belly: Lessons from the Indian Satellite Experiment, in: Educational Broadcasting International 11,3 (1978), S. 117-120.

Mohan, C. Raja: Emerging Economic Issues in the Indian Ocean. An Indian Perspective, in: Selig S. Harrison/K. Subrahmanyam (Hrsg.): Superpower Rivalry in the Indian Ocean. Indian and American Perspectives, Oxford 1989, S. 168-222.

Mohanty, C.: Autonomy of the Indian State Since Independence, in: The Indian Journal of Political Science 68,4 (2007), S. 719-726.

Morgan, Roger P.: The New Communications Technology and its Social Implications. Report of a Symposium of the International Broadcast Institute at Ditchley Park 1970, Oxfordshire 1971, S. 30-33, 44-47.

Morgan, Theodore: The Underdeveloped Area Expert: South Asia Model, in: Economic Development and Cultural Change 2,1 (1953), S. 27-31.

Morris-Suzuki, Tessa: Beyond Computopia. Information, Automation and Democracy in Japan, London/New York 1988.

Morris, Morris D.: The Growth of Large-Scale Industry to 1947, in: Dharma Kumar/Meghnad

Desai (Hrsg.): Cambridge Economic History of India, Bd. 2: c. 1757-c.1970, Cambridge [1983] 2008, S. 551-676.
Morse, David A.: A World Employment Programme, in: UNESCO Courier 22,7 (1969), S. 8-12.
Mosse, David: Cultivating Development. An Ethnography of Aid Policy and Practice, London 2005.
Mukherjee, Mohi: The First Computer in India, in: Utpal K. Banerjee (Hrsg.): Computer Education in India. Past, Present and Future, Neu Delhi 1996, S. 13-16.
Mukherjee, Sadhan: India's Economic Relations with USA and USSR. A Comparative Study, Neu Delhi 1978.
Mukherjee, Souvik: Computer/Laptop/Mobile, in: Rukmini Bhaya Nair/Peter Ronald deSouza (Hrsg.): Keywords for India. A Conceptual Lexicon for the 21st Century, London 2020, S. 129-130.
Mukhopadhyay, Aparajita: Imperial Technology and ›Native‹ Agency, London 2018.
Mullaney, Thomas S.: The Chinese Typewriter. A History, Cambridge, Mass. 2017.
Müller-Jentsch, Walther: Sozialstruktureller Wandel und wirtschaftliche Globalisierung, in: ders. (Hrsg.): Strukturwandel der industriellen Beziehungen. ›Industrial Citizenship‹ zwischen Markt und Regulierung, Wiesbaden 2017, S. 79-93.
Müller, Klaus-Dieter: Die sowjetische Entwicklungspolitik gegenüber der Dritten Welt unter besonderer Berücksichtigung Indiens, Wiesbaden 1988.
Müller, Moritz: Von Job-Killern, Roboterkollegen und feuchten Augen. Die Mikroelektronik und die IG Metall als emotional community, in: Martina Heßler (Hrsg.): Technikemotionen, Paderborn 2020, S. 108-127.
Mumford, Lewis: Authoritarian and Democratic Technics, in: Technology and Culture 5,1 (1964), S. 1-8.
Murray, Charles J.: The Supermen, New York 1997.
Murthy, N. R. Narayana: The Indian Software Industry. Past, Present and Future, in: R. K. Shyamasundar/M. A. Pai (Hrsg.): Homi Bhabha and the Computer Revolution, Oxford 2011, S. 151-174.
Musa, Mohammed: News Agencies, Transnationalization and the New Order, in: Media, Culture & Society 12,3 (1990), S. 325-342.
Muschik, Eva-Maria: Managing the World. The United Nations, Decolonization, and the Strange Triumph of State Sovereignty in the 1950s and 1960s, in: Journal of Global History 13,1 (2018), S. 121-144.
Mutschler, Hans-Dieter: Physik, Religion, New Age, Würzburg 1990.
Nadeem, Shehzad: Dead Ringers: How Outsourcing Is Changing the Way Indians Understand Themselves, Princeton 2011.
Nadler, Morton: No Regrets. Autobiographical Sketches [2008]. URL: https://web.archive.org/web/20141224015752/http://filebox.vt.edu/users/tampsa/pdf.files/ [abgerufen am 15.8.2022].
Naesselund, Gunnar: International Problems of Television via Satellite. In: UNESCO Courier 26,2 (1973), S. 21-23.
Nag, B.: Informatics Education in India: The CLASS Project For Secondary Students, in: Technological Horizons in Education 15,5 (1987/88), S. 67-70.
Naik, Pramod: Meghnad Saha. His Life in Science and Politics, Cham 2017.
Nain, Mehak: Indian Literature. A Gateway to Modern Management Principles and Practices, in: International Journal of Business and Emerging Markets 6,1 Spec. Iss. (2014), S. 83-96.
Naipaul, V. S.: India. A Wounded Civilization, New York 1977.
Nair, Janaki: The Promise of the Metropolis: Bangalore's Twentieth Century, Neu Delhi ²2008.
Nandy, Ashis: Science, Hegemony and Violence. A Requiem for Modernity, Neu Delhi 1996.
Nappi, Carla: The Global and Beyond. Adventures in Local Historiographies of Science, in: Isis 104,1 (2013), S. 102-110.
Narasimhan, Rangaswamy: IFIP and the Developing Countries, in: Heinz Zemanek (Hrsg.): A Quarter Century of IFIP. The IFIP Silver Summary, Amsterdam 1986, S. 245-251.
Narasimhan, Rangaswamy: Meaningful National Goals in Computer Development, Production and Use, in: Electronics Commission (Hrsg.): Electronics. Proceedings of National Conference

on Electronics organised by the Electronics Committee, March 24-28 1970, Bombay 1971, S. 371-378.
Narasimhan, Rangaswamy: Men, Machines, and Ideas. An Autobiographical Essay, in: Current Science 76,3 (1999), S. 447-454.
Narasimhan, Rangaswamy: On the System and Engineering Design of the General Purpose Electronic Digital Computer at T.I.F.R., in: Proceedings of the Indian Academy of Science – Section A, 52,2 (1960), S. 47-57.
Narasimhan, Rangaswamy: Relevance of Computers to India, in: IEE IERE Proceedings India 9,3 (1971), S. 84-92.
Narayana, V.K.: Space Communication for Developing Countries. India as an Example, in: UNESCO (Hrsg.): Communication in the Space Age, Paris 1968, S. 123-128.
Naregal, Veena: Cable Communications in Mumbai. Integrating Corporate Interests with Local and Media Networks, in: Contemporary South Asia 9,3 (2000), S. 289-314.
Naregal, Veena: Historicizing Development Discourse & Higher Education Policy in India, in: Vinod B. Annigeri et al. (Hrsg.): Issues in Indian Public Policies, Singapur 2018, S. 153-166.
NARMIC (Hrsg.): Automating Apartheid, Philadelphia 1982.
Narsimham, M.: Report of the Committee on Financial System, Neu Delhi 1992.
NASSCOM (Hrsg.): Technology Sector 2020. Techade: The New Decade – Strategic Review, Noida 2020.
Nassehi, Armin: Muster. Theorie der digitalen Gesellschaft, München 2019.
National Institute for Training in Industrial Engineering (Hrsg.): Computer Utilisation in Manufacturing Industry in India, Bombay 1972.
National Knowledge Commission (Hrsg.): Report of the Working Group on Engineering Education, Neu Delhi 2008.
Natorp, Klaus: Epplers Indienreise, in: Indo-Asia 16,1 (1974), S. 11-14.
Naur, Peter/Brian Randell (Hrsg.): Software Engineering. Report on a Conference Sponsored by the NATO Science Committee, Garmisch, 7th to 11th October 1968, [Brüssel 1969] neu hrsg. v. R. McClure, Arizona 2001.
Naur, Peter/Brian Randell/J.N. Buxton (Hrsg.): Software Engineering. Concepts and Techniques, New York 1976.
Nayar, Baldev R.: India's Quest for Technological Independence, Vol. I-II, Neu Delhi 1983.
Neal, Alfred et al.: Beyond Sputnik, Ann Arbor 2008.
Neal, Marian: United Nations Technical Assistance Programs in Haiti, in: International Conciliation 468 (1951), S. 81-118.
Negandhi, Anant R./Aspy P. Palia: Changing Multinational Corporation-Nation State Relationship. The Case of IBM in India, in: Asia Pacific Journal of Management 6,1 (1988), S. 15-38.
Nehru, Jawaharlal: A Central Statistical Organization, Note to all Ministries, 20.8.1948, in: Selected Works of Jawaharlal Nehru, 2nd Series, Bd. 7, Neu Delhi 1988, S. 476 f.
Nehru, Jawaharlal: Concept of Good Administration, Neu Delhi, 6.4.1957, in: Selected Works of Jawaharlal Nehru, 2nd Series, Bd. 37, Neu Delhi 2006, S. 299-305.
Nehru, Jawaharlal: Creativity and not Imitation ensures National Advancement, Inaugural Address, 12th Annual Meeting, Aeronautical Society of India, Neu Delhi, 24.3.1960, in: Baldev Singh (Hrsg.): Jawaharlal Nehru on Science and Society. A Collection of Writings and Speeches, Neu Delhi 1988, S. 221 f.
Nehru, Jawaharlal: Electronics in National Development and Defence, Speech, Foundation Laying Ceremony, Central Electronics Engineering Research Institute, Pilani, 21.9.1953, abgedr. in: The National Herald, 22.9.1953, in: Baldev Singh (Hrsg.): Jawaharlal Nehru on Science and Society. A Collection of Writings and Speeches, Neu Delhi 1988, S. 108 f.
Nehru, Jawaharlal: Engineers and New India. Convocation Address, 1st Annual Convocation, IIT Kharagpur, 21.4.1956, in: Selected Works of Jawaharlal Nehru, 2nd Series, Bd. 32, Neu Delhi 2003, S. 32-38.
Nehru, Jawaharlal: Glimpses of World History, Bombay 1965.
Nehru, Jawaharlal: Increase Production in the Battle Against Poverty, Message in National Her-

ald, 28.1.1948, in: Selected Works of Jawaharlal Nehru, 2nd Series, Bd. 5, Neu Delhi 1987, S. 357.
Nehru, Jawaharlal: Letter to Chief Ministers, 4.4.1957, in: Selected Works of Jawaharlal Nehru, 2nd Series, Bd. 37, Neu Delhi 2006, S. 270.
Nehru, Jawaharlal: Letter to Krishna Kripalani, 29.9.1939, in: Selected Works of Jawaharlal Nehru, 1st Series, Bd. 10, Neu Delhi 1972, S. 539-543.
Nehru, Jawaharlal: Laying the Foundations [1952], in: Jawaharlal Nehru's Speeches, Vol. II: 1949-1953, Neu Delhi 1954, S. 92-96.
Nehru, Jawaharlal: Letter to Aldous Huxley, Allahabad, 1.9.1933, Science & Gandhi, in: Baldev Singh (Hrsg.): Jawaharlal Nehru on Science and Society. A Collection of Writings and Speeches, Neu Delhi 1988, S. 15-18.
Nehru, Jawaharlal: Letters to Chief Ministers 1947-1964, Bd. 1, Oxford/Neu Delhi 1985.
Nehru, Jawaharlal: Letters to Chief Ministers 1947-1964, Bd. 5, Oxford/Neu Delhi 1989.
Nehru, Jawaharlal: Meeting between Nehru and John Sherman Cooper, 5.5.1955, in: Selected Works of Jawaharlal Nehru, 2nd Series, Bd. 28, Neu Delhi 2001, S. 283 f.
Nehru, Jawaharlal: Nation's Declaration of Faith in Science. The Scientific Policy Resolution. Statement in Lok Sabha, 13.3.1958, in: Baldev Singh (Hrsg.): Jawaharlal Nehru on Science and Society. A Collection of Writings and Speeches, Neu Delhi 1988, S. 157 f.
Nehru, Jawaharlal: Need for the Temper of Science. Speech, 10.2.1951, printed in Hindustan Times, 11.2.1951, in: Selected Works of Jawaharlal Nehru, 2nd Series, Bd. 15 II, Neu Delhi 1993, S. 85-86.
Nehru, Jawaharlal: Relevance of Salt Research to Life of the People, Address Opening Ceremony, Central Salt Research Institute, Bhavnagar, 10.4.1954, in: Baldev Singh (Hrsg.): Jawaharlal Nehru on Science and Society. A Collection of Writings and Speeches, Neu Delhi 1988, S. 119-120.
Nehru, Jawaharlal: Science and Planning, Allahabad, 26.12.1937, Message on the Occasion of the Silver Jubilee of the Indian Science Congress, The Hindustan Times, 8.1.1938, in: Selected Works of Jawaharlal Nehru, 1st Series, Bd. 8, Neu Delhi 1976, S. 806-808.
Nehru, Jawaharlal: Science and Technology in Defence Production, Neu Delhi, 6.9.1958, in: Selected Works of Jawaharlal Nehru, 2nd Series, Bd. 44, Neu Delhi 2012, S. 649-653.
Nehru, Jawaharlal: The Cultivation of a Scientific Outlook, Conference Address, Scottish Church College, Calcutta, 3.1.1939, in: Baldev Singh (Hrsg.): Jawaharlal Nehru on Science and Society. A Collection of Writings and Speeches, Neu Delhi 1988, S. 25-28.
Nehru, Jawaharlal: The Discovery of India, Kalkutta ¹1946.
Nehru, Jawaharlal: The Human Aspect and Statistics in Planning, Inauguration Speech, 27th Conference of the Indian Statistical Institute, Neu Delhi, 5.12.1951, in: Selected Works of Jawaharlal Nehru, 2nd Series, Bd. 17, Neu Delhi 1995, S. 287-292.
Nehru, Jawaharlal: The Policy of Friendly Coexistence, 23.4.1955, in: Selected Works of Jawaharlal Nehru, 2nd Series, Bd. 28, Neu Delhi 2001, S. 114-124.
Nehru, Jawaharlal: The Progress of Science, Allahabad, 5.3.1938, in: Baldev Singh (Hrsg.): Jawaharlal Nehru on Science and Society. A Collection of Writings and Speeches, Neu Delhi 1988, S. 22-25.
Nehru, Jawaharlal: The Task of Engineers, Message, Souvenir Volume of the Engineering College, Banaras Hindu University, 31.1.1942, in: Baldev Singh (Hrsg.): Jawaharlal Nehru on Science and Society. A Collection of Writings and Speeches, Neu Delhi 1988, S. 28.
Nehru, Jawaharlal: Towards a Socialist Structure of Society, Neu Delhi, 7.1.1956, in: Selected Works of Jawaharlal Nehru, 2nd Series, Bd. 31, Neu Delhi 2002, S. 71-78.
Nehru, Jawaharlal: Towards Socialist Democracy [1962], in: Jawaharlal Nehru's Speeches, Vol. IV: 1957-1963, Neu Delhi 1964, S. 150-152.
Nehru, Jawaharlal: Working with Faith, Address, Annual Meeting, Central Board of Irrigation, Neu Delhi, 5.12.1948, in: Selected Works of Jawaharlal Nehru, 1st Series, Bd. 8, Neu Delhi 1976, S. 18-24.
Nehru, Jawaharlal: World Peace and Cooperation. Speech in Closed Sessions. Asian-African

Conference, Bandung, 22.4.1955, in: Selected Works of Jawaharlal Nehru, 2nd Series, Bd. 28, Neu Delhi 2001, S. 106-113.
Nelkin, Dorothy: The University and Military Research. Moral Politics at MIT, Ithaca 1972.
Nielsen, Svein Erik: Use of Computer Technology in Developing Countries, in: Economic and Political Weekly 12,48 (1977), S. M110-M114.
Niland, John R.: The Asian Engineering Brain Drain, Lexington, Mass. 1970.
Nilekani, Nandan/Viral Shah: Rebooting India, Neu Delhi 2015.
Nilekani, Nandan: Imagining India, Neu Delhi 2009.
Noble, David F.: The Religion of Technology. The Divinity of Man and the Spirit of Invention, London/New York 1999.
Nofre, David: Managing the Technological Edge. The UNESCO International Computation Centre and the Limits to the Transfer of Computer Technology, in: Annals of Science 71,3 (2014), S. 410-431.
Nolan, Peter/Gary Slater: Visions of the Future, the Legacy of the Past. Demystifying the Weightless Economy [Labor in the Information Age], in: Labor History 51,1 (2010), S. 7-27.
Nordenstreng, Kaarle/Tapio Varis: Television Traffic – a One-Way Street?, Paris 1974.
Norman, Dorothy: Indira Gandhi. Letters to an American Friend, 1950-1984, San Diego 1985.
Nugent, Nicholas: Rajiv Gandhi. Son of a Dynasty, London 1990.
Nuscheler, Franz: »Recht auf Entwicklung«, in: Sabine von Schorlemer (Hrsg.): Praxishandbuch UNO, Berlin 2003, S. 305-317.
Nuscheler, Franz: Entwicklungspolitik, Bonn 2005.
Nye, Joseph: Soft Power. The Means to Success in World Politics, New York 2004.
Nye, Joseph: Macht im 21. Jahrhundert. Politische Strategien für ein neues Zeitalter, Berlin 2011.
Nyerere, Julius: McDougall Memorial Lecture – F.A.O., 18.11.1963, in: ders.: Freedom and Unity, Dar es Salaam 1966, S. 231-251.
o.V.: ›IBM or ICL‹ Is Not the Issue, in: Economic and Political Weekly 5,42 (1970), S. 1721.
o.V.: »Deutschland schreibt sich mit.de.« Green Card für IT-Spezialisten. Flyer, BPA, Berlin 2000.
o.V.: »Overseas Indians«. URL: https://web.archive.org/web/20200510162043/https://mea.gov.in/images/attach/NRIs-and-PIOs_1.pdf [abgerufen am 15.8.2022].
o.V.: A Computer ›Talks‹ to Telstar. A Prelude to World Data Network, in: Computer Design 1,1 (1962), S. 7.
o.V.: A New Indian Programme – Science and Technology for Development. An Approach to the Science and Technology Plan, in: Minerva 11,4 (1973), S. 537-570.
o.V.: A Practical Hindi-English Dictionary, hrsg. von Mahendra Caturvedi und B.N. Tiwari, Delhi 1970.
o.V.: Abkommen zwischen der Regierung der BRD und der Regierung von Indien über die Errichtung einer Technischen Lehranstalt in Indien, 7.8.1958, in: Deutsche Gesellschaft für Technische Zusammenarbeit (GTZ) GmbH (Hrsg.): Technische Hochschule Madras, Eschborn 1978, S. 199-211.
o.V.: Action Programme For Economic Co-Operation, Algiers, 5.-9.9.1973, Documents of the 4th Conference of Heads of State or Government of the Non-Aligned Countries, Algier 1973, S. 85-100.
o.V.: Advisors and Counterparts. Relationships between Foreign Technical Assistance Experts and Host Country Colleagues, US AID, Washington D.C. 1972.
o.V.: Agreement between the Government of India and the Government of the Union of Soviet Socialist Republics on Delivery as a Gift to India From the Sociat Union of Equipment for the IIT Bombay and on Rendering of Assistance by the Soviet Union to India in the Training of Engineers, INTSer15, 12.12.1958, in: India. Bilateral Treaties and Agreements 1958-1960, Neu Delhi 1994, S. 102-111.
o.V.: An Interview of Secretary of State, William P. Rogers, by Howard K. Smith and Ted Koppel, ABC Network Broadcast, 7.30pm, January 5, 1972, Press Releases, Department of State, No. 2, 5.1.1972, Washington 1972.

GEDRUCKTE QUELLEN UND FORSCHUNGSLITERATUR

o. V.: Annual Report, Department of Electronics, 1971-72, Neu Delhi 1972.
o. V.: Annual Report, Department of Electronics, 1972-73, Neu Delhi 1973.
o. V.: Annual Report, Department of Electronics, 1975-76, Neu Delhi 1976.
o. V.: Annual Report, Department of Electronics, 1976-77, Neu Delhi 1977.
o. V.: Annual Report, Department of Electronics, 1983-84, Neu Delhi 1984.
o. V.: Annual Report, Department of Electronics, 1984-85, Neu Delhi 1985.
o. V.: Annual Report, Department of Electronics, 1989-1990, Neu Delhi 1990.
o. V.: Appendix: Conclusion and Recommendations of the Indo-American Task Force on the Indian Ocean, in: Selig S. Harrison/K. Subrahmanyam (Hrsg.): Superpower Rivalry in the Indian Ocean. Indian and American Perspectives, S. 287-292.
o. V.: Arbeitsmarkt. Deutsche Facharbeiter gefragt, in: Der Arbeitgeber 52,6 (2000), S. 8.
o. V.: Asian Concerns and Decisions in Environmental Control, in: The Asian Student, Vol. XVIII, Special Edition, Essay Number, Spring Semester 1970, S. 1-2.
o. V.: Asian Relations. Being Report of the Proceedings and Documentation of the First Asian Relations Conference Neu Delhi, March-April 1947, Neu Delhi 1948.
o. V.: Ausbildungskonzepte für den Bereich IT und »Dritte Welt«. Dokumentation eines Round-Table-Gesprächs an der TU Berlin, in: Günther Cyranek/Asha Purna Kachru/Heidrun Kaiser (Hrsg.): Informatik und »Dritte Welt«. Berichte und Analysen, Berlin 1988, S. 257-283.
o. V.: Ausländerpolitische Grundpositionen der Bundesregierung, in: Politik. Informationen aus Bonn 1,1 (1982), S. 7.
o. V.: Automation Committee, in: Journal of the Computer Society of India 1970, S. 65-77.
o. V.: Automation. LICs Case X-Rayed, Kalkutta 1966.
o. V.: Backwash: Coke Returns from India Exile. An Interview with George Fernandes, in: Multinational Monitor 16,7/8 1995, S. 32-34.
o. V.: Bandung 1955, Colombo o. J.
o. V.: Book Review Economic Impact of Computers in India, in: Development Digest 9,3 (1971), S. 63 f.
o. V.: Buckminster Fuller, in: Whole Earth Catalogue. Access to Tools, Herbst 1968, S. 3.
o. V.: Bund-Länder-Kommission zur Fortentwicklung einer umfassenden Konzeption der Ausländerbeschäftigung. Vorschläge, Bonn 1977.
o. V.: Card Plant Is Back at Bombay, in: IBM Report, September 1971, Neu Delhi – IBM World Trade Corporation, S. 11.
o. V.: Census of India, 1901. – India. Administrative Volume with Appendices, Kalkutta 1903.
o. V.: Census of India, 1941. – Vol I. India, Part I: Tables, Delhi 1943.
o. V.: Circular Telegram From the Department of State to Certain Diplomatic Missions, 17.3.1961, in: Foreign Relations of the United States (FRUS) 1961-1963, Vol. IX, Washington 1995, Dok. 98, S. 214-217. URL: https://history.state.gov/historicaldocuments/frus1961-63v09/d98 [abgerufen am 15.8.2022].
o. V.: City Clerk: The Common Man and the Plan, in: The Economic Weekly 8,3-5 (1956), S. 75 f.
o. V.: Compendium of Electronics Policy and Procedures, in: Electronics. Information & Planning 15,1 (1987), S. 3-55.
o. V.: Computer Communication via Telstar, in: Computers and Automation 11,11 (1962), S. 43.
o. V.: Computer Society of India, in: Utpal K. Banerjee/Ravi Sharma (Hrsg.): Computer Applications for Rural Development, Neu Delhi 1987, S. VII-VIII.
o. V.: Computer Society of India. 25 Years of Fruitful Growth, in: B. M. Gupta et al. (Hrsg.): Handbook of Libraries, Archives and Information Centres in India, Bd. 10: Professional Organisations and Associations, Neu Delhi 1992, S. 36-56. Nachdr. aus: CSI Communications November 1990, S. 51-72.
o. V.: Computerizing Apartheid. ICL in South Africa, London 1978.
o. V.: Computers without Plan, in: Economic and Political Weekly 8,47 (1973), S. M119-M122.
o. V.: Correspondence – Indian Brain Drain, in: Nature, 23.4.1971, S. 538.
o. V.: Der Bundespräsident besucht Asien, 15.11.1962, in: Bulletin des Presse- und Informationsamtes der Bundesregierung, Nr. 212, S. 1803.

QUELLEN- UND LITERATURVERZEICHNIS

o. V.: Der Bundespräsident in Indien, 28. 11. 1962, in: Bulletin des Presse- und Informationsamtes der Bundesregierung, Nr. 219, S. 1861.

o. V.: Deutscher Freundschaftsbesuch in Indien. Interview, 14. 12. 1955, in: Bulletin des Presse- und Informationsamtes der Bundesregierung, Nr. 234, S. 2001.

o. V.: Development of Higher Technical Institutions in India (Interim Report of the Sarker Committee), Simla 1946.

o. V.: Documentation and Information Science, in: STAR. NASA Scientific and Technological Aerospace Records 26,11 (1988), S. 1706-1708.

o. V.: Documents of the 4th Conference of Heads of Government of Non-Aligned Countries. Algier 1973.

o. V.: Documents of the World Administrative Radio Conference for Space Telecommunications (Doc. I), Genf 1971.

o. V.: Documents of the World Broadcasting Satellite Administrative Radio Conference, Genf 1977.

o. V.: Dr. Anant Pandya. Commemoration Volume, [s. l.] 1955.

o. V.: Education and Research in Under-Developed Territories, in: Nature, 13. 1. 1962, S. 101-103.

o. V.: Electronic Computer Laboratory, in: Samvadadhvam 1,2 (1956), S. 32.

o. V.: Electronics in India. Report of the Electronics Committee, Bombay 1966.

o. V.: Eleventh Meeting of Commonwealth Prime Ministers, 12. 5. 1960, in: Jawaharlal Nehru: Selected Works, 2nd Series, Bd. 60, Neu Delhi 2015, S. 572-578.

o. V.: Empire Building in Electronics, in: Economic and Political Weekly 6,19 (1971), S. 953.

o. V.: Engineers for an Expanding Economy. The Indian Institute of Technology, in: United Nations (Hrsg.): Assignment to Everywhere. The United Nations Programme of Technical Assistance, Genf 1954, S. 16-20.

o. V.: Errichtung einer technischen Lehranstalt in Indien, 9. 8. 1958, in: Bulletin des Presse- und Informationsamtes der Bundesregierung, Nr. 144, S. 1498.

o. V.: Excellence in the Midst of Poverty. – Universities. The Most Chaotic Education Anywhere, in: Nature, 12. 4. 1984, S. 591-594.

o. V.: Expert Assistance to Member Governments, in: Yearbook of the United Nations 1946-47, New York 1947, S. 540.

o. V.: Export of Computer Software, in: Economic and Political Weekly 5,41 (1970), S. 1679-1681.

o. V.: Final Communiqué of the Asian-African Conference of Bandung, 24. 4. 1955, Art. D(1)(A), in: The Ministry of Foreign Affairs. Republic of Indonesia (Hrsg.): Asia-Africa Speak from Bandung, Djakarta 1955, S. 161-169.

o. V.: Final Report of the Curriculum Committee, IIT Bombay, Part I: General, Bombay 1972.

o. V.: Foothold for Honeywell, in: Economic and Political Weekly 2,45 (1967), S. 2005 f.

o. V.: Freedom of Information. Geneva Conference Seeks Common Ground. UN Bulletin, 15. 4. 1948, New York 1948, S. 338 f.

o. V.: Gleichartigkeit der grundsätzlichen Ziele. Kommuniqué, 17. 7. 1956, in: Bulletin des Presse- und Informationsamtes der Bundesregierung, Nr. 130, S. 1284.

o. V.: Hindi Sabdasagara. Navina Samskarana, hrsg. von Syamasundara Dasa, Kashi 1965-1975.

o. V.: Hot Stuff in Goso, in: ICL Marketing, 6. 2. 1970, S. 1.

o. V.: ICT at the Indian Industries Fair, in: ICT Data Processing Journal 4,12 (1962), S. 21.

o. V.: ICT in India, in: ICT House Magazine 3,9 (1961), S. 28 f.

o. V.: IBM Annual Report, New York 2019.

o. V.: IBM Language, in: Economic and Political Weekly 12,15 (1977), S. 584-585.

o. V.: IFIP at a Glance, in: Heinz Zemanek (Hrsg.): A Quarter Century of IFIP. The IFIP Silver Summary, Amsterdam 1986, S. S3.

o. V.: IIT Kharagpur: A Decennial Report, 1950-60. Issued on the Occasion of the 6th Convocation, Kharagpur 1961.

o. V.: IIT Kharagpur: Annual Report, 1963-1964, Kharagpur 1965.

o. V.: Inconclusive Tussle, in: Economic and Political Weekly 10,27 (1975), S. 984.

o. V.: India-US Defense Relations Thaw, in: International Defense Review 23,8 (1990), S. 831.

o. V.: India. Technical Panel on Minicomputers. Report of the Panel on Minicomputers, in: Electronics. Information & Planning 1,5 (1974), S. 478-517.

GEDRUCKTE QUELLEN UND FORSCHUNGSLITERATUR

o. V.: Indian Industrialists Delegation Abroad, in: Current Science 14,9 (1945), S. 218f.

o. V.: Indian Scientists on Their Visit to the UK and the USA, in: Science and Culture 10,9 (1945), S. 377.

o. V.: Indian Statistical Institute. 22nd Annual Report 1953-54, in: Sankhyā. The Indian Journal of Statistics 14,4 (1955), S. 393-456.

o. V.: Indian Statistical Institute: History and Activities 1931-1957, Kalkutta 1958.

o. V.: Indian Statistical Institute: History and Activities 1931-1959, Kalkutta 1959.

o. V.: Indian Telegraph Act, 1885. URL: https://dot.gov.in/sites/default/files/Indian%20Telegraph%20Act%201885.pdf [abgerufen am 15.8.2022].

o. V.: Indien. Westdeutschland im Urteil der indischen Bevölkerung, in: EMNID-Informationen 14,21 (1962), S. 10f.

o. V.: Informatics, Development and Peace – A Strategy bearing Hope, in: Agora. Informatics in a Changing World, Okt./Dez. (1981), S. 33; S. 38.

o. V.: Information in the Non-Aligned Countries, Vol. 1: Final Resolutions, Speeches and Messages, Working Papers, Tunis 1976.

o. V.: Information Technology Act, 2000. URL: https://www.meity.gov.in/writereaddata/files/itbill2000.pdf [abgerufen am 15.8.2022].

o. V.: Intermediate Technology. A New Approach to Development Problems, in: OECD Observer 75 (1975), S. 26-28.

o. V.: International Co-Operation with a View to the Use of Computers and Computation Techniques for Development, 20.12.1968, Res. 2458 (XXIII), in: United Nations General Assembly Official Records (GAOR). Resolutions Adopted by the General Assembly during its 23rd Session, New York 1969, S. 34-35, UN Digital Library UNA(01)/R3.

o. V.: International Commission for the Study of Communication Problems (ICSIP) Interim-Report, Paris 1978.

o. V.: International Development Strategy for the Second United Nations Development Decade, 24.10.1970, Doc. A/RES/2626 (XXV), in: United Nations General Assembly Official Records. Resolutions adopted by the General Assembly on its 25th Session, New York 1971, S. 39-49.

o. V.: ITU. The Missing Link. Report of the Independent Commission For World-Wide Telecommunications Development, Genf 1984.

o. V.: Joint Statement on United States-India Relations. A Vision for the 21st Century, 21.3.2000, in: Weekly Compilation of Presidential Documents, Washington 2000, Vol. 36, No. 12, S. 594-596.

o. V.: Kanpur Indo-American Program (KIAP). Final Report, 1962-1972, Newton, Mass. 1972.

o. V.: Learners' Hindi-English dictionary = Siksarthi Hindi-Angrejhi Sabdakosa, hrsg. von Hardev Bahri, Delhi 1989.

o. V.: Maharashtra State Gazetteers, Greater Bombay District, Vol. III, Bombay 1986.

o. V.: Message by the President, CSI, 1.4.2020. URL: https://web.archive.org/web/20200625163811/http://www.csi-india.org/downloads/news/President%20Message%20April%202020.pdf [abgerufen am 15.8.2022].

o. V.: Ministerial Meeting of the Coordinating Bureau of Non-Aligned Countries, Neu Delhi, April 7-11, 1977, in: 35 Years of Non-Aligned Movement, Documents 1961-1996, Vol. 1, Neu Delhi 1997, S. 271-291.

o. V.: Mr. Abhay K. Bhushan. URL: https://iitk.ac.in/dora/profile/Abhay-K-Bhushan [abgerufen am 15.8.2022].

o. V.: NAMEDIA. Media Conference of the Non-Aligned. Final Report and Documents, Neu Delhi 1983.

o. V.: NASSCOM-McKinsey Report. Strategies to Achieve Indian IT Industry's Aspiration, Neu Delhi 2002.

o. V.: National Committee on Science and Technology: An Approach to the Science and Technology Plan, Neu Delhi 1973.

o. V.: National Security Council, Document NSC-68, 7.4.1950, in: US Department of State. Foreign Relations of the United States, 1950, Vol. 1, Washington, D.C. 1977, S. 234-292.

o. V.: National Workshop on Taking Technology to Villages, October 2-5, 1980, IIT Delhi, Neu Delhi 1980.

o. V.: On Campus, in: Carnegie Alumnus 47,5 (1962), S. 22.
o. V.: Panel Reports. Computer Applications for Rural Uplift in Developing Countries, in: Utpal K. Banerjee/Ravi Sharma (Hrsg.): Computer Applications for Rural Development, Neu Delhi 1987, S. 107-118.
o. V.: PM Inaugurates Pravasi Bharatiya Divas Celebrations 2003. URL: https://archive.pib.gov.in/archive/releases98/lyr2003/rjan2003/09012003/r090120035.html [abgerufen am 15. 8. 2022].
o. V.: PM's Address at Pravasi Bharatiya Divas 2007. URL: https://archivepmo.nic.in/drmanmohansingh/speech-details.php?nodeid=436 [abgerufen am 15. 8. 2022].
o. V.: PM's Speech at Digital India Dinner in San Jose, California, 26. 9. 2015. URL: https://www.pmindia.gov.in/en/news_updates/text-of-speech-by-prime-minister-at-the-digital-india-dinner-26-september-2015-san-jose-california/ [abgerufen am 15. 8. 2022].
o. V.: Population Growth in Asia. Problems and Possible Solutions, in: The Asian Student, Vol XIII, Special Edition, Essay Number, Spring Semester 1965, S. 1-2.
o. V.: Powers-Samas in the Sudan and India, in: The Powers Magazine, März 1954, S. 11.
o. V.: Powers-Samas Service Bureau in Delhi, in: The Powers Magazine, Juli 1955, S. 4-6.
o. V.: Pressemitteilung Datango, 1. 8. 2000. URL: https://web.archive.org/web/20010627041607/http://www.datango.de/press/articles.cfm?article_who=1&articleID=227 [abgerufen am 15. 8. 2022].
o. V.: Problems of Industrial Development in India, in: Science and Culture 2,11 (1937), S. 528 f.
o. V.: Proceedings of the UNCTAD, Neu Delhi, 1. 2.-29. 3. 1968, Vol. I, New York 1968.
o. V.: Proceedings of the UNCTAD, Santiago de Chile, 13. 4.-21. 5. 1972, Vol. I, New York 1973.
o. V.: Proceedings of the United Nations Conference on Trade and Development, Second Session, Neu Delhi, February 1 – March 29, 1968, Volume I: Report and Annexes, New York 1968.
o. V.: Prologue: Science and Culture, in: Science and Culture 1,1 (1935), S. 3.
o. V.: RBI (Reserve Bank of India) Monthly Bulletin April 2010, Mumbai 2010.
o. V.: Rede von Bundeskanzler Gerhard Schröder zur Eröffnung der CeBIT 2000 am 23. Februar 2000 in Hannover, in: Bulletin des Presse- und Informationsamtes der Bundesregierung, Nr. 13, 2. 3. 2000, S. 77-79.
o. V.: Reliving the Legacy of Tata Consultancy Services, in: Sands of Time. Tata Central Archives Newsletter 15,3 (2019), S. 1-8.
o. V.: Report of the Committee on Automation, Neu Delhi 1972.
o. V.: Report of the Review Committee on Electronics, Neu Delhi 1979.
o. V.: Report of the Review Committee on Foreign Technical Assistance Received by the Indian Institutes of Technology, Neu Delhi 1980.
o. V.: Report of the Reviewing Committee on the Indian Institute of Technology Kharagpur [1959], Neu Delhi 1961.
o. V.: Report of the Technical Education Committee of the Central Advisory Board of Education, Neu Delhi 1943. Repr. together with the Decisions of the Board thereon, Pamphlet, No. 23, Lahore, 1946.
o. V.: Report of the Work Study Team on Automation (Office Automation) in Maharashtra State, Maharashtra 1970.
o. V.: Resolution 198(III): Economic Development of Under-developed Countries, in: Official Records of the General Assembly, Third Session, Part I, Paris 1949, S. 37.
o. V.: Resolution des Zentralkomitees der KPdSU, 3. 11. 1960, in: Appolon B. Davidson/Sergey V.: Mazov (Hrsg.): Rossiya i Afrika. Dokumenty i Materialy, XVIII v. – 1960, Bd. 2: 1918-1960, Moskau 1999, S. 324-327
o. V.: Resonanz der staatlichen Entwicklungshilfen bei der indischen Bevölkerung, in: EMNID-Informationen 12,14 (1960), S. 10 f.
o. V.: Role of Keonics in Developmt of Electronic Industries in Karnataka, Broschüre [1989/90]. URL: https://web.archive.org/web/20180818141555/http://srikantan.com/pdf/role-of-KEONICS-in-dev-of-elctronic-industries-in-karnataka.pdf [abgerufen am 15. 8. 2022].
o. V.: Satellite Instructional Television Experiment. SITE Winter School, 16. 1.-28. 1. 1976, Ahmedabad 1977.
o. V.: Science and Technology Report and Outlook – 1985-1988, Washington D. C. 1988.

o. V.: Science and Technology. Symposium (chaired by Sam Pitroda), in: V.: Ramachandran (Hrsg.): Rajiv Gandhi's India. A Golden Jubilee Retrospective, Bd. 2: Economics, Neu Delhi 1998, S. 87-132.
o. V.: Scientific Research in India, in: Nature, 5.5.1945, S. 532-535.
o. V.: Silicon Valley Index 2018, San José, CA 2018.
o. V.: Soviet Electronic Computer – URAL, in: Samvadadhvam 2,4, (1958), S. 22 f.
o. V.: Soviet-American Cooperation at the Institute, in: Samvadadhvam 1,3 (1957), S. 48.
o. V.: Strengthening the Technological Capacity of Developing Countries. Res. 87(IV) Adopted at the 145th Plenary Meeting, 30.5.1976, in: Proceedings of the United Nations Conference on Trade and Development, Fourth Session, Nairobi, 5-31 May 1976, New York 1977, Vol. I, S. 17-21.
o. V.: Tata Institute of Fundamental Research: Inauguration of New Buildings, Bombay, 15.1.1962, Bombay 1962.
o. V.: TCS Annual Report, Mumbai 2020.
o. V.: Technical Assistance for Economic Development. A Human Approach, Paris 1950.
o. V.: Technical Assistance for International Development: Program of the United Nations and the Specialized Agencies, in: International Conciliation 457 (1950), S. 11-13.
o. V.: Technical Co-Operation under the Colombo Plan. Report by the Colombo Plan Council for Technical Co-Operation in South and South-East Asia for the year 1 July 1962 to 30 June 1963, Colombo 1963.
o. V.: Technical Co-Operation under the Colombo Plan. Report by the Colombo Plan Council for Technical Co-Operation in South and South-East Asia for the year 1 July 1964 to 30 June 1965, Colombo 1965.
o. V.: Technical Co-Operation under the Colombo Plan. Report by the Colombo Plan Council for Technical Co-Operation in South and South-East Asia for the year 1 July 1966 to 30 June 1967, Colombo 1967.
o. V.: Technology Development Plan for Computers, in: Electronics. Information & Planning 3,11 (1976), S. 902-908.
o. V.: The Center for International Studies. A Description, Cambridge, Mass. 1955.
o. V.: The Colombo Plan for Co-Operative Economic Development in South and South-East Asia, Karachi 1950.
o. V.: The Colombo Plan. Report of the Council for Technical Co-Operation in South and South-East Asia for 1952, Colombo 1953.
o. V.: The Colombo Plan. Vision into Reality. 1951-1976, Colombo 1977.
o. V.: The Concise Oxford Dictionary of Current English, hrsg. von H. W. Fowler und F. G. Fowler, Oxford [4]1972.
o. V.: The Electronics Game. From a Special Correspondent, in: Economic and Political Weekly 5,23 (1970), S. 900-902.
o. V.: The Impact of Science on Society, Editorial, in: Impact of Science on Society 1,1 (1950), S. 1 f.
o. V.: The National Sample Survey General Report, No. 1. The First Round, October 1950-March 1951, in: Sankhyā. The Indian Journal of Statistics 13,1/2 (1953), S. 51-87.
o. V.: The New Information Age. Emerging Legal and Policy Issues, Washington D. C. 1982.
o. V.: The OECD Development Centre, in: The OECD Observer 6 (1963), S. 12.
o. V.: The Oxford Hindi-English Dictionary, hrsg. von R. S. Gregor, Oxford/Delhi 1993.
o. V.: The Telstar-Computer Data Honeymoon, in: Computers and Automation 11,12 (1962), S. 47.
o. V.: Times Higher Education World University Ranking 2020. URL: https://www.timeshighereducation.com/world-university-rankings/2020/world-ranking [abgerufen am 15.8.2022].
o. V.: To Them August Is Particularly Significant, in: IBM Report, July/August 1972, Neu Delhi – IBM World Trade Corporation, S. 7.
o. V.: Turing Lecture 2017. Cognitive Computing (Dr. Guruduth Banavar). URL: https://www.bcs.org/articles-opinion-and-research/turing-lecture-2017-cognitive-computing [abgerufen am 15.8.2022].

QUELLEN- UND LITERATURVERZEICHNIS

o. V.: UN General Assembly Resolution 1778, 7. 12. 1962, in: United Nations (Hrsg.): Resolutions Adopted on the Reports of the Third Committee, New York 1963, S. 31-32.

o. V.: United Nations General Assembly Resolution 198(III): Economic Development of Underdeveloped Countries, in: Official Records of the General Assembly, Third Session, Part I, Paris 1949, S. 37.

o. V.: United Nations General Assembly Resolution 200(III): Technical Assistance for Economic Development, in: Official Records of the General Assembly, Third Session, Part I, Paris 1949, S. 38-40.

o. V.: United Nations Research Laboratories, E/1065, Resolution 160 (VII), 10. 8. 1948, in: United Nations (Hrsg.): Resolutions adopted by the Economic and Social Council, 7th Session, Genf 1948, S. 50 f.

o. V.: United Nations Research Laboratories, E/1849, Resolution 318 (XI), 14. 8. 1950, in: United Nations (Hrsg.): Resolutions adopted by the Economic and Social Council, 11th Session, Genf 1950, S. 50 f.

o. V.: United States Treaties and Other International Agreements, Washington 1964.

o. V.: Universal Declaration of Human Rights, 10. 12. 1948, Doc. A/RES/217(III) A. UNGAOR, in: United Nations (Hrsg.) Resolutions adopted by the General Assembly during its 3rd Session, New York 1948, S. 71-78.

o. V.: Unsere akademische Partnerschaft mit der südindischen Technischen Hochschule Madras, in: Alma Mater 5 (1967), S. 77-85.

o. V.: Worldbank. Migration and Remittances Data. Annual Remittances Data (Apr. 2020). URL: https://www.knomad.org/sites/default/files/2020-04/Remittance%20inflows%20April%20 2020.xlsx [abgerufen am 15. 8. 2022]. URL: https://www.migrationdataportal.org/themes/remittances [abgerufen am 15. 8. 2022].

o. V.: Written Testimony of Sundar Pichai, CEO, Alphabet Inc. before the House Committee of Judiciary, Subcommittee on Antitrust, Commercial and Administrative Law. Hearing on Online Platforms and Market Power, 29. 7. 2020. URL: https://web.archive.org/web/20200827232715/http://docs.house.gov/meetings/JU/JU05/20200729/110883/HHRG-116-JU05-Wstate-PichaiS-20200729.pdf [abgerufen am 15. 8. 2022].

o. V.: Xerox's Ecology Tutor, in: Hinduism Today, Mai 1991. URL: https://web.archive.org/web/20210506130734/https://www.hinduismtoday.com/modules/smartsection/item.php?itemid=820 [abgerufen am 15. 8. 2022].

o. V.: Zuwanderung gestalten, Integration fördern, Bericht der Unabhängigen Kommission Zuwanderung, Berlin 2001.

O'Malley, Alanna: Everything the Light Touches. The Expanding Frontiers of International History, in: H-Soz-Kult, 2. 12. 2021. URL: www.hsozkult.de/literaturereview/id/forschungsberichte-4565 [15. 1. 2022].

O'Mara, Margaret: Cities of Knowledge. Cold War Science and the Search for the Next Silicon Valley, Princeton, NJ 2005.

O'Mara, Margaret: The Code: Silicon Valley and the Remaking of America, New York 2020.

Oakley, Gilbert: Project Telstar. The Amazing History of the World's First Communication Satellite, New York 1963.

Oberoi, S. S.: Indian Software Scenario, in: Electronics. Information & Planning 18,8 (1991), S. 603-607.

Oberoi, S. S.: Software India – 1987, in: Electronics. Information & Planning 15,3 (1988), S. 414-418.

Ochigame, Rodrigo: Informatics of the Oppressed, in: Logic Magazine, Summer 2020, S. 53-74.

OECD (Hrsg.): Applications of Computer/Telecommunications Systems, Paris 1975.

OECD (Hrsg.): Computers and Telecommunications, Paris 1973.

OECD (Hrsg.): Electronic Computers. Gaps in Technology, Paris 1969.

OECD (Hrsg.): General Report. Gaps in Technology, Paris 1968.

OECD (Hrsg.): The Overall Level and Structure of R&D-Efforts in OECD Member Countries, Paris 1967.

Ogden, Chris: China and India. Asia's Emergent Great Powers, Cambridge 2017.

Ohm, Britta: Ist dies eine Invasion? Transnationale Sender und nationales Fernsehen in Indien, Hamburg 2001.
Okhi, Hiromi: International Division of Labor in East Asia's IT Industry, in: Mitsuhiro Kagami/Masatsugu Tsuji (Hrsg.): The IT-Revolution and Developing Countries. Late-Comer Advantage?, Tokio 2001, S. 63-91.
Oldenziel, Ruth: Making Technology Masculine. Men, Women and Modern Machines in America, 1870-1945, Amsterdam 1999.
Oldenziel, Ruth/Annie Canel/Karin Zachmann: Introduction, in: dies. (Hrsg.): Crossing Boundaries, Building Bridges. Comparing the History of Women Engineers 1870s-1990s, Amsterdam 2000, S. 1-11.
Oltmer, Jochen: Migration vom 19. bis zum 21. Jahrhundert, Berlin/Boston ³2016.
Oltmer, Jochen: Migration. Geschichte und Zukunft der Gegenwart, Darmstadt 2017.
Osibanjo, Oladele/I. C. Nnorom: The Challenge of Electronic Waste (E-waste) Management in Developing Countries, in: Waste Management & Research 25,6 (2007), S. 489-501.
Osterhammel, Jürgen: Globalizations, in: Jerry H. Bentley (Hrsg.): The Oxford Handbook of World History, Oxford 2011, S. 89-104.
Osterhammel, Jürgen: Weltgeschichte und Gegenwartsdiagnose. Verleihung des Gerda Henkel Preises 2012. Gerda Henkel Vorlesung, Münster 2013.
Otto, Peter: Voraussetzungen der Automatisierung von Hand- und Kopfarbeit, in: Philipp Sonntag (Hrsg.): Die Zukunft der Informationsgesellschaft, Frankfurt a. M. 1983, S. 142-165.
Otto, Peter/Philipp Sonntag: Wege in die Informationsgesellschaft, München 1985.
Overseas Development Institute (Hrsg.): Aid to Education. An Anglo-American Appraisal, London 1965.
Overseas Development Institute (Hrsg.): Educational Assistance, London 1963.
Owen, David: The United Nations Expanded Programme of Technical Assistance. A Multilateral Approach, in: Annals of the American Academy of Political and Social Science 323 (1959), S. 25-32.
Owen, David: The United Nations Program of Technical Assistance, in: Annals of the American Academy of Political and Social Science 270 (1950), S. 109-117.
Pal, Joyojeet: The Machine to Aspire to. The Computer in Rural South India, in: First Monday 17,2 (2012). URL: https://doi.org/10.5210/fm.v17i2.3733 [abgerufen am 15.8.2022].
Pal, Joyojeet: The Making of a Technocrat. Social Media and Narendra Modi, in: Aswin Punathambekar/Sriram Mohan (Hrsg.): Global Digital Cultures: Perspectives from South Asia, Ann Arbor 2019, S. 163-183.
Pal, Joyojeet/Meera Lakshmanan/Kentaro Toyama: »My child will be respected.« Parental Perspectives on Computers and Education in Rural India, in: Information Systems Frontiers 11,2 (2009), S. 129-144.
Pal, Yash et al.: Some Experiences in Preparing for a Satellite Television Experiment for Rural India, in: Proceedings of the Royal Society of London – Mathematical and Physical Sciences 345,1643 (1975), S. 437-447.
Pal, Yash: A Visitor to the Village, in: Bulletin of the Atomic Scientists 33,1 (1977), S. 55.
Palit, D. K.: Major General A. A. Rudra, Delhi 1997.
Palmer, George F.: Programming. The Profession, that isn't, in: Datamation 21,4 (1975), S. 171-173.
Palmer, Michael: NWICO. Reuters' Gerald Long versus UNESCO's Seán MacBride, in: Divina Frau-Meigs et al. (Hrsg.): From NWICO to WSIS. 30 Years of Communication Geopolitics. Actors and Flows, Structures and Divides, Chicago 2012, S. 43-55.
Pande, Amba: The Role of Indian Diaspora in the Development of the Indian IT Industry, in: Diaspora Studies 7,2 (2014), S. 121-129.
Pandya, Anant H.: Education for the Engineering Industry, in: Proceedings of the Indian Science Congress, Baroda 1942, S. 347-374.
Panikar, J. T./S. Banerjee: Development of IITs – A Perspective, in: J. T. Panikar (Hrsg.): International Cooperation in Higher Education in Science and Technology. Perspectives For the 90s, Neu Delhi 1985, S. 146-152.

Panov, Dimitri: High-Speed Computer Machines. State and Development Trends, Moskau 1955.
Pant, Ranjan/Suvarna Rajguru: IIT. India's Intellectual Treasures, Silver Spring 2003.
Parameswaran, M. P.: Approach to Science and Technology Plan: A Critique, in: Social Scientist 2,5 (1973), S. 68-82.
Parel, Anthony J.: The Doctrine of Swaraj in Gandhi's Philosophy, in: Upendra Baxi/Bhikhu Parekh (Hrsg.): Crisis and Change in Contemporary India, London 1995, S. 56-81.
Parikh, P. P./S. P. Sukhatme: Women Engineers in India, in: Economic and Political Weekly 39,2 (2004), S. 193-201.
Park, Edward J.-W.: Asian Americans in the Silicon Valley. Race and Ethnicity in the Postindustrial Economy, Diss. UC Berkeley 1992.
Parthasarathi, Ashok: Brain Drain from Developing Countries, in: Nature, 12.3.1971, S. 87-90.
Parthasarathi, Ashok: Electronics in Developing Countries, UNCTAD-Study, Genf 1978.
Parthasarathi, Ashok: Technology at the Core. Science and Technology with Indira Gandhi, Neu Delhi 2007.
Parthasarathi, Ashok: The Sources of Technological Growth, in: Economic and Political Weekly 2,47 (1967), S. 2090-2092.
Parthasarathi, Ashok/K. J. Joseph: Innovation under Software Orientation, in: Anthony P. D'Costa/E. Sridharan (Hrsg.): India in the Global Software Industry, Basingstoke 2004, S. 83-111.
Parthasarathy, Balaji: Globalization and Agglomeration in Newly Industrializing Countries. The State and the Information Technology Industry in Bangalore, India, Diss. UC Berkeley 2000.
Parthasarathy, S.: INSDOC (Indian National Scientific Documentation Centre) and its Regional Activities, in: JASIST (Journal of the Association for Information Science and Technology) 13,3 (1962), S. 334-337.
Passman, Sidney: The Way It Was. UNESCO and Informatics. A Memoir, in: UNESCO (Hrsg.): Sixty Years of Science at UNESCO 1945-2005, Paris 2006, S. 131-133.
Patel, Reena: Working the Night Shift. Women in India's Call Center Industry, Stanford 2010.
Patnaik, Prabhat: Jawaharlal Nehru and the Formation of the Post-Colonial State, in: Contemporary Perspectives 1,1 (2007), S. 17-32.
Pavlic, Breda/Cees Hamelink: The New International Economic Order. Links between Economics and Communications, Paris 1985.
Pearce, Kimber C.: Narrative Reason and Cold War Economic Diplomacy in W.W. Rostow's »Stages of Economic Growth«, in: Rhetoric and Public Affairs 2,3 (1999), S. 395-414.
Pearman, Hugh: Two Wheels Good, in: Sunday Times, 31.12.2006, S. 10.
Péjout, Nicolas: »Big Brother« in South Africa?, IFAS Working Paper Series Nr. 8 (2006), S. 39-56.
Pellow, David Naguib/Lisa Sun-Hee Park: The Silicon Valley of Dreams. Environmental Injustice, Immigrant Workers, and the High-Tech Global Economy, New York/London 2002.
Peters, Benjamin: How Not to Network a Nation. The Uneasy History of the Soviet Internet, Cambridge, Mass. 2016.
Pethe, Heike: Internationale Migration hoch qualifizierter Arbeitskräfte. Die Greencard-Regelung in Deutschland, Wiesbaden 2006.
Pethes, Nicolas: EDV im Orwellstaat. Der Diskurs über Lauschangriff, Datenschutz und Rasterfahndung um 1984, in: Irmela Schneider/Christina Bartz/Isabell Otto (Hrsg.): Medienkultur der 70er Jahre. Diskursgeschichte der Medien nach 1945, Bd. 3, Wiesbaden 2004, S. 57-75.
Petrov, Victor: Balkan Cyberia. Cold War Computing, Bulgarian Modernization, and the Information Age behind the Iron Curtain, Cambridge, Mass. 2023.
Petrov, Victor: Socialist Cyborgs, in: Logic Magazine, Herbst 2021, S. 121-134.
Petrov, Victor: The Rose and the Lotus: Bulgarian Electronic Entanglements in India, 1967-89, in: Journal of Contemporary History 54,3 (2019), S. 666-687.
Pfaffenberger, Bryan: »A Standing Wave in the Web of our Communications.« Usenet and the Socio-Technical Construction of Cyberspace Values, in: Christopher Lueg/Danyel Fischer (Hrsg.): From Usenet to CoWebs: Interacting with Social Information Spaces, London 2003, S. 20-44.
Pfeiffer, Sabine/Anne Suphan: Digitalisierung, Arbeit und Beschäftigung. Altbekannte Zusam-

menhänge, überholte Kategorien, neuartige Effekte?, in: Soziale Welt, Sonderband 23 (2020), S. 326-348.
Phalkey, Jahnavi: How May We Study Science and the State in Postcolonial India?, in: Bernard Lightman/Larry Stewart/Gordon McOuat (Hrsg.): The Circulation of Knowledge Between Britain, India and China. The Early-Modern World to the Twentieth Century, Leiden 2013, S. 263-284.
Phalkey, Jahnavi: The Atomic State. Big Science in Twentieth-Century India, Ranikhet 2013.
Phalkey, Jahnavi/Zuoyue Wang: Planning for Science and Technology in China and India, in: British Journal for the History of Science (BJHS) Themes (= Spec. Iss. Science of Giants. China and India in the Twentieth Century) 1 (2016), S. 83-113.
Pham, Quynh N./Robbie Shilliam (Hrsg.): Meanings of Bandung. Postcolonial Orders and Decolonial Visions, London 2016.
Philip, Kavita: The Internet Will be Decolonized, in: Thomas S. Mullaney/Benjamin Peters/Mar Hicks/dies. (Hrsg.): Your Computer Is On Fire, Cambridge, Mass./London 2021, S. 91-115.
Philip, Kavita/Lilly Irani/Paul Dourish: Postcolonial Computing. A Tactical Survey, in: Science, Technology & Human Values 37,1 (2012), S. 3-29.
Philipps, C. H. (Hrsg.): The Evolution of India and Pakistan 1858-1947, Selected Documents, London 1962.
Pillai, Radhakrishnan: Corporate Chanakya, Mumbai 2010.
Pipe, G. Russell/A. A. M. Veenhuis (Hrsg.): National Planning for Informatics in Developing Countries, Amsterdam 1976.
Pitroda, Sam: Development, Democracy and the Village Telephone, in: Harvard Business Review 71,6 (1993), S. 66-79.
Pitroda, Sam: PARAM. Why an Idea is Not Enough, in: IEEE India Horizons, Special Issue: Super Computers. Made in India, April-Juni 1992, S. 21.
Pitroda, Sam: Telecom Revolution and Beyond, in: R. K. Shyamasundar/M. A. Pai (Hrsg.): Homi Bhabha and the Computer Revolution, Oxford 2011, S. 119-127.
Pitroda, Sam/M. V. Pitke: Homi Bhabha's Role in Fostering Electronics Development. C-DOT and C-DAC, in: R. K. Shyamasundar/M. A. Pai (Hrsg.): Homi Bhabha and the Computer Revolution, Oxford 2011, S. 128-150.
Plath, Pamela: Electric Human Resource. Neue Wege im Personalmarketing, Hamburg 2001 [zugl. Diplomarbeit FHW Berlin 2001].
Poddar, Prem: Force Fields of the Modern: The Symbolic Contestation of Power, in: Nathalie Gontier/Andy Lock/Chris Sinha (Hrsg.): The Oxford Handbook of Human Symbolic Evolution [Online], 15.10.2021. DOI: 10.1093/oxfordhb/9780198813781.001.0001 [abgerufen am 15.8.2022].
Pohle, Julia: »Going Digital«. A Historical Perspective on Early International Cooperation in Informatics, in: Divina Frau-Meigs et al. (Hrsg.): From NWICO to WSIS. 30 Years of Communication Geopolitics. Actors and Flows, Structures and Divides, Chicago 2012, S. 109-121.
Pohle, Julia: Information for All? The Emergence of UNESCO's Policy Discourse on the Information Society (1990-2003), Diss. Univ. Brüssel 2016.
Pohle, Julia/Thorsten Thiel: Digitale Souveränität. Von der Karriere eines einenden und doch problematischen Konzepts, in: Chris Piallat (Hrsg.): Der Wert der Digitalisierung. Gemeinwohl in der digitalen Welt, Bielefeld 2021, S. 319-340.
Pollock, Sheldon/Benjamin Elman: What China and India Once Were. The Pasts That May Shape the Global Future, New York 2018.
Pomeranz, Kenneth: The Great Divergence, Princeton 2000.
Pool, Ithiel de Sola/Philip J. Stone/Alexander Szalai: Communications, Computers and Automation for Development, New York 1971.
Porter, Louis H.: Cold War Internationalisms. The USSR in UNESCO 1945-1967, Diss. Univ. of North Carolina, Chapel Hill 2018, S. 478-485.
Porter, Tony/Michael Webb: The Role of the OECD in the Orchestration of Global Knowledge Networks, in: Rianne Mahon/Stephen McBride (Hrsg.): OECD and Transnational Governance, Vancouver 2008, S. 43-59.

Pracht, Hans-Gerd (Hrsg.): Ausländer- und Asylpolitik in der Bundesrepublik Deutschland, Bonn 1998.
Prakash, Gyan: Another Reason. Science and the Imagination of Modern India, Princeton 1999.
Prakash, Gyan: Emergency Chronicles. Indira Gandhi and Democracy's Turning Point, Princeton/Oxford 2019.
Prakash, Gyan: Review of David Arnolds Science, Technology and Medicine, in: Victorian Studies 45,1 (2002), S. 149-151.
Prasad, Kamta/Pramod Verma: Impact of Computers on Employment, Neu Delhi 1977.
Prashad, Vijay: The Darker Nations. A People's History of the Third World, New York 2008.
Prashad, Vijay: The Poorer Nations. A Possible History of the Global South, London/New York 2012.
Pratt, Mary Louise: Arts of the Contact Zone, in: Profession (MLA) 91 (1991), S. 33-40.
Preston, C. E.: The Post-War Education and Training of Educational Personnel – a Plan for India, in: The Journal of the Institution of Engineers (India) 25,1 (1944), S. 3-38.
Preuß, Sabine (Hrsg.): »Ohne Toleranz funktioniert nichts.« Indisch-deutsche Technische Zusammenarbeit. Berufsbildung, Hochschule, ländliche Entwicklung (1958-2010). Reportagen, Interviews, Porträts, Frankfurt a. M. 2013.
Price, Don K.: The Scientific Estate, Cambridge, Mass. 1965.
Prieto Nanez, Fabian: Postcolonial Histories of Computing, in: IEEE Annals of the History of Computing 38,2 (2016), S. 2-4.
Pugliese, Joseph: Biometrics. Bodies, Technologies, Biopolitics, New York/London 2010.
Pulparampil, John: Science and Society. A Perspective on the Frontiers of Science Policy, Neu Delhi 1978.
Pursell, Carroll: The Rise and Fall of the Appropriate Technology Movement in the United States, 1965-1985, in: Technology and Culture 34,3 (1993), S. 629-637.
Pursell, Garry/Nalin Kishor/Kanupriya Gupta: Manufacturing Protection in India Since Independence, in: Raghbendra Jha (Hrsg.): The Indian Economy Sixty Years After Independence, London 2008, S. 116-136.
Puthran, N. R.: Tata Institute of Fundamental Research 1945-1970, Bombay 1977.
Rada, Juan F.: Aussichten für die Dritte Welt, in: Günter Friedrichs/Adam Schaff (Hrsg.): Auf Gedeih und Verderb. Mikroelektronik und Gesellschaft. Bericht an den Club of Rome, Wien/München/Zürich 1982, S. 225-255.
Rada, Juan F.: Microelectronics, Information Technology and Its Effects on Developing Countries, in: Jan Berting/Stephen C. Mills/Helmut Winterberger (Hrsg.): The Socio-Economic Impact of Microelectronics, Oxford 1980, S. 101-146.
Rada, Juan F.: The Impact of Microelectronics, Genf 1980.
Radhakrishnan, Smitha: Appropriately Indian. Gender and Culture in a New Transnational Class, Durham/London 2011.
Radhakrishnan, Smitha: Examining the ›Global‹ Indian Middle Class. Gender and Culture in the Silicon Valley/Bangalore Circuit, in: Journal of Intercultural Studies 29,1 (2008), S. 7-20.
Radjou, Navi/Jaideep Prabhu/Simone Ahuja: Jugaad Innovation. A Frugal and Flexible Approach to Innovation for the 21st Century, Noida 2012.
Raghavan, Pallavi: Animosity at Bay. An Alternative History of the India-Pakistan Relationship, 1947-1952, London 2020.
Raghavan, Srinath: India in the Early Nuclear Age, in: Michael D. Gordin/G. John Ikenberry (Hrsg.): The Age of Hieroshima, Princeton/Oxford 2020, S. 129-143.
Raghavan, Srinath: Between Regional and Global Interests: The Indo-Soviet Treaty of 1971, in: Andreas Hilger/Corinna R. Unger (Hrsg.): India in the World since 1947. National and Transnational Perspectives, Frankfurt a. M. 2012, S. 326-345.
Raghunath, Preeti: Community Radio Policies in South Asia. A Deliberative Policy Ecology Approach, Singapur 2020.
Rahman, Abdur: Philosophy of Science and its Application to the Science and Technology Development in India, Neu Delhi 1988.

Rajagopalan, C./Jaspal Singh: The Indian Institutes of Technology: Do They Contribute to Social Mobility?, in: Economic and Political Weekly 3,14 (1968), S. 565-570.
Rajaraman, Vaidyeswaran: History of Computing in India, 1955-2010, Bangalore 2012.
Rajaraman, Vaidyeswaran: My Reminiscences of SERC Formation, Bangalore 2015.
Rajaraman, Vaidyeswaran: Super Computers, Hyderabad 1999.
Rajkumar, Neerja: Computerization of Land Records & Crop-Based Data in Karnataka, in: Utpal K. Banerjee/Ravi Sharma (Hrsg.): Computer Applications for Rural Development, Neu Delhi 1987, S. 232-237.
Ramachandran, K.: Encouraging Progress in Indian Electronics, in: Socialist India, 22.12.1973, S. 27f.
Ramachandran, P.: The Bombay Study, in: ders./S.N. Ranade (Hrsg.): Women and Employment. Reports of Pilot Studies Conducted in Delhi and Bombay by the Delhi School of Social Work, Delhi, and Tata Institute of Social Sciences, Bombay, on Behalf of the Ministry of Education, Bombay 1970, S. 1-34.
Ramachandran, Vijay: The Solution is Jugaad, in: CIO Magazine 4,8 (2009), S. 1-2.
Ramadorai, S.: The TCS Story ... and beyond, Neu Delhi 2011.
Raman, C.R.V.: Data Processing at the International Meteorological Centre, Bombay, in: World Meteorological Organization (Hrsg.): Data Processing in Meteorology. Proceedings of the WMO/IUGG Symposium on Meteorological Data Processing in Brussels 1965, Genf 1966, S. 119-123.
Ramesh, Jairam: Indira Gandhi. A Life in Nature, London 2017.
Ramnath, Aparajith: The Birth of an Indian Profession. Engineers, Industry and the State 1900-1947, Oxford 2017.
Randeep, Sudan: CORDIS: A Computer Based Rural Development Information System for DRDAs, in: Journal of Rural Development 9,2 (1990), S. 359-392.
Randeria, Shilin: Geteilte Geschichte und verwobene Moderne, in: Jörn Rüsen et al. (Hrsg.): Zukunftsentwürfe. Ideen für eine Kultur der Veränderung, Frankfurt a.M./New York 1999, S. 87-96.
Rankin, Joy Lisi: A People's History of Computing in the United States, Cambridge, Mass. 2018.
Rao, A.S./Ashok Parthasarathi: Electronics in India, in: IEE IERE Proceedings India 8,1 (1970), S. 2-9.
Rao, A.S.: Preface, in: Electronics Commission (Hrsg.): Electronics. Proceedings of National Conference on Electronics organised by the Electronics Committee, March 24-28 1970, Bombay 1971, S. V.
Rao, B.S.S.: Television for Rural Revelopment, Neu Delhi 1992.
Rao, M.K.D.: Tapping the Potential of Expatriates & Professionals, in: India Quarterly 60,3 (2004), S. 62-81.
Rao, P.V. Narasimha: Towards Hopeful Future, 15.8.1992, in: P.V.N. Rao. Selected Speeches, July 1992-June 1993, Neu Delhi 1993, S. 20-43.
Rao, P.V.S.: Advances in Computer Utilization, in: IETE Journal of Research 24,3/4 (1978), S. 166-172.
Rao, P.V.S.: Homi Bhabha and Information Technology in India. TIFRAC – India's First Computer, in: R.K. Shyamasundar/M.A. Pai (Hrsg.): Homi Bhabha and the Computer Revolution, Oxford 2011, S. 3-16.
Rao, P.V.S.: TIFRAC, India's First Computer – A Retrospective, in: Resonance 13,5 (2008), S. 420-429
Rao, Sandhya C.: The Skills Route to Cyberspace. India's Internet Experience, in: Bruce C. Klopfenstein/dies. (Hrsg.): Cyberpath to Development in Asia. Issues and Challenges, London 2002, S. 85-107.
Rao, Siriginidi S.: Bridging Digital Divide: Efforts in India, in: Telematics and Informatics 22,4 (2005), S. 361-375.
Raphael, Lutz: Arbeit im Kapitalismus, in: Arbeit, Bewegung, Geschichte 19,1 (2020), S. 7-25.
Raphael, Lutz: Ordnungsmuster der »Hochmoderne«?, in: ders./Ute Schneider (Hrsg.): Dimensionen der Moderne, Frankfurt a.M. 2008, S. 73-91.

Rasgotra, M. (Hrsg.): Rajiv Gandhi's India. A Golden Jubilee Retrospective, Bd. 3: Foreign Policy, Neu Delhi 1998.
Rastogi, P. N.: Cybernetic Analysis of Indian Societal System, Neu Delhi 1978. Rau, P. Raghavendra/H. Raghav Rao: Indonet. A Public Service Data Network in India, INSEAD Working Paper, Fontainebleau 1993.
Ray, Amit S.: The Enigma of the ›Indian Model‹ of Development, in: United Nations (Hrsg.): Rethinking Development Strategies after the Financial Crisis, Vol. I-II, New York/Genf 2016, S. 31-40.
Ray, Jayanta Kumar: India's Foreign Relations, 1947-2007, Neu Delhi 2011.
Ray, Manashi: Transcending National Borders to Embrace the Beyond. A Study of Transnational Asian Indian Entrepreneurs in the United States and India, Diss. Michigan State University 2010.
Razeq, Safoora: Decolonization of Indian Education System. Maulana Azad and the Nationalist Approach, Kalkutta 2017.
Redding, Saunders: An American in India. A Personal Report on the Indian Dilemma and the Nature of Her Conflicts, New York 1954.
Rehlinghaus, Franziska/Ulf Teichmann (Hrsg.): Vergangene Zukünfte von Arbeit, Bonn 2020.
Reichherzer, Frank/Emmanuel Droit/Jan Hansen (Hrsg.): Den Kalten Krieg vermessen. Über Reichweite und Alternativen einer binären Ordnungsvorstellung, Berlin 2018.
Reimers, David M.: An Unintended Reform. The 1965 Immigration Act and Third World Immigration to the United States, in: John J. Bukowczyk (Hrsg.): Immigrant Identity and the Politics of Citizenship, Champaign, Il. 2016, S. 248-267.
Reinecke, Christiane/Thomas Mergel (Hrsg.): Das Soziale ordnen, Frankfurt a. M./New York 2012.
Reinhard, Wolfgang: Die Unterwerfung der Welt, 1415-2015, München 2016.
Reith, Reinhold: Einleitung. Elitenwanderung und Wissenstransfer, in: Dittmar Dahlmann/ders. (Hrsg.): Elitenwanderung und Wissenstransfer im 19. und 20. Jahrhundert, Essen 2008, S. 7-14.
Reitmayer, Morten/Thomas Schlemmer (Hrsg.): Die Anfänge der Gegenwart. Umbrüche in Westeuropa nach dem Boom, München 2013.
Rekhi, Kanwal: Out-Of-The-Box Thinking, in: Gurmeet Naroola (Hrsg.): The Entrepreneurial Connection. East Meets West in the Silicon Valley, Santa Clara, CA 2001, S. 81-96.
Reuse, Bernd: Schwerpunkte der Informatikforschung in Deutschland in den 1980er Jahren, in: ders./Roland Vollmar (Hrsg.): Informatikforschung in Deutschland, Heidelberg/New York 2008, S. 27-60.
Rhee, Hans A.: Office Automation in Social Perspective. The Progress and Social Implications of Electronic Data Processing, Oxford 1968.
Rich, Alexander: Cooperative Education in Developing Countries. Two Programs, in: Bulletin of the Atomic Scientists 23,9 (1967), S. 43-45.
Richter, Isabel: Alternativer Tourismus in den 1960er und 1970er Jahren, in: Alexander Gallus/Axel Schildt/Detlef Siegfried (Hrsg.): Deutsche Zeitgeschichte – transnational, Göttingen 2015, S. 155-178.
Riello, Giorgio/Tirthankar Roy: How India Clothed the World. The World of South Asian Textiles, Leiden 2009.
Righter, Rosemary: Utopia Lost. The United Nations and World Order, New York 1995.
Righter, Rosemary: Whose News? Politics, the Press and the Third World, New York 1978.
Roberts, Brian R./Keith Foulcher: Introduction, in: dies. (Hrsg.): Indonesian Notebook. A Sourcebook on Richard Wright and the Bandung Conference, Durham 2016, S. 1-31.
Roberts, Lissa: Situating Science in Global History. Local Exchanges and Networks of Circulation, in: Itinerario 33,1 (2009), S. 9-30.
Robertson, Roland: Glokalisierung. Homogenität und Heterogenität in Raum und Zeit, in: Ulrich Beck (Hrsg.): Perspektiven der Weltgesellschaft, Frankfurt a. M. 1998, S. 192-220.
Rocamora, Rick: Silicon Raj. Making a Difference to America's Future, Berkeley 2001.
Roche, Edward M.: Communications. Missing Element in the New World Information Order, in: Journal of International Affairs 35,2 (1981/82), S. 272-277.

Rödder, Andreas: 21.0. Eine kurze Geschichte der Gegenwart, München 2017.
Rogers, Everett M./Judith K. Larsen: Silicon Valley Fever. Growth of High-Technology Culture, New York 1985.
Rogers, Everett M./Thierry Bardini/Arvind Singhal: Microcomputers in Development. Implications for Agricultural Extension, Education and Training. A Report to the Food and Agricultural Organization, Rome, Los Angeles 1992.
Roosevelt, Eleanor: India and the Awakening East, London 1954.
Rosner, Lisa (Hrsg.): The Technological Fix, New York 2004.
Rospocher, Massimo/Gabriele Balbi: Networks, in: Gabriele Balbi et al. (Hrsg.): Digital Roots. Historicizing Media and Communication Concepts of the Digital Age, Berlin/Boston 2021, S. 19-40.
Roszak, Theodore: From Satori to Silicon Valley, San Francisco 1986.
Roszak, Theodore: The Making of a Counter Culture. Reflections on the Technocratic Society and Its Youthful Opposition, Garden City, NY 1969.
Roth, Paul: Cuius regio, eius informatio. Moskaus Modell für die Weltinformationsordnung, Köln 1984.
Rothermund, Dietmar: Employment and Unemployment in a Global Economy, in: Andreas Hilger/Corinna R. Unger (Hrsg.): India in the World since 1947. National and Transnational Perspectives, Frankfurt a. M. 2012, S. 222-235.
Rothermund, Dietmar: Indien. Aufstieg einer asiatischen Weltmacht, München 2008.
Rothermund, Dietmar: The Industrialization of India, Baden-Baden 2019.
Rothermund, Dietmar/Hermann Kulke: Geschichte Indiens, München ³2018.
Roy Chowdhury, Debasish/John Keane: To Kill a Democracy. India's Passage to Despotism, Oxford 2021.
Roy, J.: Early Computers, in: Utpal K. Banerjee (Hrsg.): Computer Education in India. Past, Present and Future, Neu Delhi 1996, S. 11-12.
Roy, Jogabrata: Computers and the Future of I. S. I., in: Samvadahvam 8,1-4 (1968), S. 101-104.
Roy, Srirupa: Beyond Belief. India and the Politics of Postcolonial Nationalism, Durham/London 2007.
Roy, Srirupa: Target Politics. Digital and Data Technologies and Election Campaigns – A View from India, in: Ravi Vasudevan (Hrsg.): Media and the Constitution of the Political. South Asia and Beyond, Neu Delhi 2022, S. 285-310.
Roy, Sumit: Globalisation, ICT and Developing Nations. Challenges in the Information Age, Neu Delhi 2005.
Rubinstein, Alvin Z.: Soviets in International Organizations, Princeton 1964.
Ruchatz, Jens: Kanalisierung des freien Informationsflusses. Semantiken transnationaler Kommunikation, in: Irmela Schneider/Christina Bartz/Isabell Otto (Hrsg.): Medienkultur der 70er Jahre. Diskursgeschichte der Medien nach 1945, Bd. 3, Wiesbaden 2004, S. 99-124.
Rudra, Ashok: Prasanta Chandra Mahalanobis. A Biography, Oxford 1997.
Rudrappa, Sharmila: Cyber-Coolies and Techno-Braceros. Race and Commodification of Indian Information Technology Guest Workers in the United States, in: University of San Francisco Law Review 44,2 (2009), S. 353-372.
Rudy, Preston: »Justice for Janitors«, not »Compensation for Custodians«. The Political Context and Organizing in San Jose and Sacramento, in: Ruth Milkman/Kim Voss (Hrsg.): Rebuilding Labor. Organizing and Organizers in the New Union Movement, Ithaca, NY 2004, S. 133-149.
Rügemer, Werner: Neue Technik, alte Gesellschaft. Silicon Valley. Zentrum der neuen Technologien in den USA, Köln 1985.
Ruiz Ben, Esther (Hrsg): Internationale Arbeitsräume. Unsicherheiten und Herausforderungen, Freiburg 2010.
Rumford, Chris: Introduction. Theorizing Borders, in: European Journal of Social Theory 9,2 (2006), S. 155-169.
Russell, Andrew L./Lee Vinsel: After Innovation, Turn to Maintenance, in: Technology and Culture 59,1 (2018), S. 1-25.
Rutland, Peter: The Myth of the Plan. Lessons from Soviet Planning Experience, London 1985.

Rybczynski, Witold: Paper Heroes. A Review of Appropriate Technology, Garden City 1980.
Sabharwal, Meghna/Roli Varma: Return Migration to India: Decision-Making Among Academic Engineers and Scientists, in: International Migration 54,4 (2016), S. 177-190.
Sackley, Nicole: Foundation in the Field. The Ford Foundation Neu Delhi Office and the Construction of Development Knowledge, 1951-1970, in: Ulrich Herbert/Jörn Leonhard (Hrsg.): American Foundations and the Coproduction of World Order in the Twentieth Century, Göttingen 2012, S. 232-260.
Safran, William/Ajaya Sahoo/Brij V. Lal: Indian Diaspora in Transnational Contexts – Introduction, in: dies. (Hrsg.): Transnational Migrations. The Indian Diaspora, Neu Delhi 2009, S. XII-XXXV.
Sahai, Paramiit S.: India's Engagement with Diaspora. Government Communication, Platforms and Structures, in: Diaspora Studies 6,1 (2013), S. 50-60.
Sahoo, Subhasis/Binay K. Pattnaik: Understanding People's Science Movement in India, in: Sociology of Science and Technology 3,4 (2012), S. 8-72.
Said, Edward W.: Culture and Imperialism, New York 1993.
Sampath, S.: Electronics in India, in: Altech. Journal of the A.C. College of Technology Madras 1967, S. 55.
Sampath, S.: Erlebnisbericht, Wie ein indischer Projektmitarbeiter die Entwicklung des Aufbaus der Technischen Hochschule Madras beurteilt und die erreichten Ergebnisse bewertet, in: Deutsche Gesellschaft für Technische Zusammenarbeit (GTZ) GmbH (Hrsg.): Technische Hochschule Madras, Eschborn 1978, S. 113-187.
Sanchez-Sibony, Oscar: The Cold War in the Margins of Capital, in: James Mark/Artemy N. Kalinovsky/Steffi Marung (Hrsg.): Alternative Globalizations, Bloomington 2020, S. 59-78.
Sandhu, Amandeep Singh: Globalization of Services and the Making of a New Global Labor Force in India's Silicon Valley, Diss. UC Santa Barbara 2008.
Sanhu, Sabeen: Asian Indian Professionals. The Culture of Success, El Paso 2012.
Santaniello, Mauro/Francesco Amoretti: Electronic Regimes: Democracy and Geopolitical Strategies in Digital Networks, in: Policy & Internet 5,4 (2013), S. 370-386.
Sapra, Ashwani et al.: Decentralised Planning (DISNIC), in: Utpal K. Banerjee (Hrsg.): Information Technology for Common Man, Neu Delhi 1992, S. 123-133.
Sarabhai, Vikram: Science Policy and National Development, hrsg. von Kamla Chowdhry, Neu Delhi 1974.
Sarabhai, Vikram: Television for Development, Neu Delhi 1969.
Sarasin, Philipp: 1977. Eine kurze Geschichte der Gegenwart, Berlin 2021.
Sarasin, Philipp: Was ist Wissensgeschichte?, in: Internationales Archiv für Sozialgeschichte der deutschen Literatur 36 (2011), S. 159-172.
Sarkar, Sreela: Beyond the »Digital Divide«. The »Computer Girls« of Seelampur, in: Feminist Media Studies 16,6 (2016), S. 968-983.
Sarkar, Sreela: Skills Will Not Set You Free, in: Thomas S. Mullaney/Benjamin Peters/Mar Hicks/ Kavita Philip (Hrsg.): Your Computer Is On Fire, Cambridge, Mass./London 2021, S. 297-312.
Sassen, Saskia: Ausgrenzungen. Brutalität und Komplexität in der globalen Wirtschaft, Frankfurt a. M. ²2017.
Sassen, Saskia: Global Cities. New York, London, Tokyo, überarbe. Ausg., Princeton, NJ ²2001.
Saxenian, AnnaLee: From Brain Drain to Brain Circulation. Transnational. Communities and Regional Upgrading in India and China, in: Studies in Comparative International Development 40,2 (2005), S. 35-61.
Saxenian, AnnaLee: Silicon Valley's New Immigrant Entrepreneurs, San Francisco 1999.
Saxenian, AnnaLee: Taiwan's Hsinchu Region. Imitator and Partner for Silicon Valley, in: Timothy Bresnahan/Alfonso Gambardella (Hrsg.): Building High-Tech Clusters. Silicon Valley and Beyond, Cambridge 2004, S. 190-228.
Saxenian, AnnaLee: The New Argonauts. Regional Advantage in a Global Economy, Cambridge, Mass. 1994.
Saxenian, AnnaLee: The Silicon Valley Connection. Transnational Networks and Regional Development in Taiwan, China and India, in: Science, Technology and Society 7,1 (2002), S. 117-149.

GEDRUCKTE QUELLEN UND FORSCHUNGSLITERATUR

Saxenian, AnnaLee/Yasuyuki Motoyama/Xiaohong Quan: Local and Global Networks of Immigrant Professionals in Silicon Valley, San Francisco 2002.

Sayward, Amy L.: The United Nations in International History, London 2017.

Schäfer, Dagmar/Marcus Popplow: Einleitung. Technik und Globalgeschichte. Globalisierung, Kulturvergleich und transnationaler Techniktransfer als Herausforderung für die Technikgeschichte, in: Technikgeschichte 80,1 (2013), S. 3-12.

Scharpenack, Fried: Strukturwandel der Wirtschaft im Gefolge der Computer, Tübingen 1966.

Schement, Jorge Reina/Leah A. Lievrouw/Herbert S. Dordick: The Information Society in California, in: Telecommunication Policy 7,1 (1983), S. 64-72.

Scherf, Andreas: Technologische Eigenständigkeit und wirtschaftliche Entwicklung. Das Beispiel der indischen Elektronikindustrie, Frankfurt a. M. 1989.

Scherf, Andreas: Zum Entwicklungsstand und den Perspektiven der Mikroelektronik in Indien, in: Christian Uhlig (Hrsg.): Die Bedeutung der Mikroelektronik im Entwicklungsprozess der Dritten Welt, Bochum 1988, S. 51-81.

Schiller, Herbert I.: Communication and Cultural Domination, New York 1976.

Schiller, Herbert I.: Genesis of the Free Flow of Information Principles, in: Instant Research on Peace and Violence 5,2 (1975), S. 75-86.

Schmelzer, Matthias: A Club of the Rich to help the Poor? The OECD, »Development« and the Hegemony of Donor Countries, in: Marc Frey/Sönke Kunkel/Corinna Unger (Hrsg.): International Organizations and Development, 1945-1990, Basingstoke 2014, S. 171-195.

Schmelzer, Matthias: The Hegemony of Growth: The OECD and the Making of the Economic Growth Paradigm, Cambridge 2016.

Schmidt-Gernig, Alexander: Das kybernetische Zeitalter, in: Stefan Fisch/Wilfried Rudloff (Hrsg.): Experten und Politik. Wissenschaftliche Politikberatung in geschichtlicher Perspektive, Berlin 2004, S. 349-368.

Schmidt, Heide-Irene: Pushed to the Front. The Foreign Assistance Policy of the Federal Republic of Germany 1958-1971, in: Contemporary European History 12,4 (2003), S. 473-507.

Schmidt, Karlheinz: Der Traum vom deutschen Silicon Valley, Landsberg am Lech 1985.

Schmalzer, Sigrid: Self-Reliant Science. The Impact of the Cold War on Science in Socialist China, in: Naomi Oreskes/John Krige (Hrsg.): Science and Technology in the Global Cold War, Cambridge, Mass. 2014, S. 75-105.

Schmitt, Martin et al.: Digitalgeschichte Deutschlands. Ein Forschungsbericht, in: Technikgeschichte 83,1 (2016), S. 33-70.

Schmitt, Martin: Die Digitalisierung der Kreditwirtschaft. Computereinsatz in den Sparkassen der Bundesrepublik und der DDR, 1957-1991, Göttingen 2021.

Schmitt, Martin: Internet im Kalten Krieg. Eine Vorgeschichte des globalen Kommunikationsnetzes, Bielefeld 2016.

Schneider, Dieter: Die Entwicklung der Supercomputer, München 2012.

Scholten, Bruce A.: India's White Revolution. Operation Flood, Food Aid and Development, London 2010.

Schramm, Wilbur et al. (Hrsg.): The New Media. Memo to Educational Planners, Paris 1967.

Schramm, Wilbur: Big Media, Little Media, Stanford Univ. 1973.

Schramm, Wilbur: Big Media, Little Media. Tools and Technologies for Instruction, Beverly Hills/London 1977.

Schramm, Wilbur: Mass Media and National Development, Stanford/Paris 1964.

Schramm, Wilbur/Lyle Nelson: Communication Satellites for Education and Development. The Case of India, Prepared for Agency for International Development, Washington D. C. 1968.

Schröder, Iris/Sabine Höhler: Für eine Geschichte der Räume und Orte im globalen Zeitalter, in: dies. (Hrsg.): Welt-Räume. Geschichte, Geographie und Globalisierung seit 1900, Frankfurt a. M./New York 2005, S. 303-313.

Schulte, Stephanie Ricker: Cached. Decoding the Internet in Global Popular Culture, New York/London 2013.

Schulz, Günther: Die Angestellten seit dem 19. Jahrhundert, München 2000.

Schulze, Brigitte: The Cinematic ›Discovery of India‹. Mehboob's Re-Invention of the Nation in Mother India, in: Social Scientist 30,9/10 (2002), S. 72-87.
Schulze Palstring, Verena: Das Potenzial der Migration aus Indien, Berlin 2015.
Schumacher, E. F.: Reflections on the Problem of Bringing Industry to Rural Areas, Neu Delhi 1962.
Schumacher, E. F.: Roots of Economic Growth, Varanasi 1962.
Schumacher, E. F.: Small is Beautiful. Economics As If People Mattered [1973], Vancouver 1999.
Schumacher, E. F.: Technology in Human Perspective, in: Nebraska Journal of Economics and Business 17,1 (1978), S. 7-21.
Schwarte-Amedick, Margret: Von Papierlosen Büros und menschenleeren Fabriken, in: Claus Pias (Hrsg.): Zukünfte des Computers, Zürich 2005, S. 67-86.
Schwartzberg, Joseph E. (Hrsg.): A Historical Atlas of South Asia, New York [1978] 1992.
Scott, James C.: Seeing like a State, New Haven 1998.
Seaborg, Glenn T.: Science, Technology, and Development. A New World Outlook, in: Science [N. S.] 181,4094 (1973), S. 13-19.
Sebaly, Kim Patrick: The Assistance of Four Nations in the Establishment of the Indian Institutes of Technology, Diss. Univ. of Michigan 1972.
Seefried, Elke: Zukünfte. Aufstieg und Krise der Zukunftsforschung, Berlin/Boston 2015.
Segal, Howard P.: Technological Utopianism in American Culture, New York 2005.
Sekar, Hemavathi: Computerisation of Indian Banking Industry, in: Indian Economic Journal 45,1 (1997), S. 146-151.
Selcer, Perrin: UNESCO, Weltbürgerschaft und Kalter Krieg, in: Bernd Greiner/Tim B. Müller/ Claudia Weber (Hrsg.): Macht und Geist im Kalten Krieg, Hamburg 2011, S. 476-497.
Sen, Amartya K.: Choice of Techniques, Oxford 1960.
Sen, Amartya K.: The Choice of Agricultural Techniques in Underdeveloped Countries, in: Economic Development and Cultural Change 7,3, Teil 1 (1959), S. 279-285.
Sen, Arup Kumar: Mode of Labour Control in Colonial India, in: Economic and Political Weekly 37,38 (2002), S. 3956-3966.
Sen, Biswarup: Digital Politics and Culture in Contemporary India, New York/London 2016.
Sen, Biswarup: Information and the Indian State. A Genealogy, in: South Asia Multidisciplinary Academic Journal [Online] 23 | 2020, 20.3.2020. DOI: https://doi.org/10.4000/samaj.6377 [abgerufen am 15.8.2022].
Sen, Sunanda/Byasdeb Dasgupta: Unfreedom and Waged Work. Labour in India's Manufacturing Industry, Neu Delhi 2009.
Sen, Tansen: India, China, and the World: A Connected History, Lanham 2017.
Sengoopta, Chandak: Imprint of the Raj. How Fingerprinting was Born in Colonial India, London 2003.
Sengupta, Debjani: Explorers of Subversive Knowledge, in: Vodhisattva Chattopadhay/Aakriti Mandhwani/Anwesha Maity (Hrsg.): Indian Genre Fiction. Pasts and Future Histories, London/New York 2018, S. 73-85.
Sengupta, Debjani: Sadhanbabu's Friends. Science Fiction in Bengal from 1882 to 1974, in: Ericka Hoagland/Reema Sarwal (Hrsg.): Science Fiction, Imperialism and the Third World. Essays on Postcolonial Literature and Film, Jefferson 2010, S. 115-126.
Sennett, Richard: Der flexible Mensch. Die Kultur des neuen Kapitalismus, Berlin 1998.
Servan-Schreiber, Jean-Jacques: Die amerikanische Herausforderung, Hamburg 1968.
Seshagiri, Narasimhiah: Evolution of NICNET as an Incrementally Intelligent Network, in: Proceedings of the International Conference on Globalization of Computer & Communication. Perspectives for Developing Economies, infocom '93, Bombay, November 25-27 1993, Neu Delhi 1994, S. 167-190.
Seshagiri, Narasimhiah: Keynote. Information Analysis at Village Level, in: Utpal K. Banerjee/ Ravi Sharma (Hrsg.): Computer Applications for Rural Development, Neu Delhi 1987, S. 17-24.
Seshagiri, Narasimhiah: NICNET – A Hierarchic Distributed Computer Communication Network for Decision Support in the Indian Government, in: Proceedings of the International

Conference on Computer-Communication for Developing Countries (CCDC-87), Neu Delhi 1987, S. 367-379.
Seshagiri, Narasimhiah: Road Map of Evolution of NICNET towards Globalisation of Computer-Communication, in: IETE Technical Review 10,2 (1993), S. 139-151.
Seshagiri, Narasimhiah: National Informatics Centre, in: R. K. Shyamasundar/M. A. Pai (Hrsg.): Homi Bhabha and the Computer Revolution, Oxford 2011, S. 64-92.
Sevilla, Ramon C.: Employment Practices and Industrial Restructuring. A Case Study of the Semiconductor Industry in Silicon Valley, 1955-1991, Diss. UC Los Angeles 1992.
Shah, K. T.: Appendix III – Note for the Guidance of Sub-Committee's of the National Planning Committee, in: Report of the National Planning Committee, Neu Delhi 1938, S. 65.
Shankar, V. Gauri: Taming the Giants. Transnational Corporations, Neu Delhi 1980.
Shapiro, Stuart S.: Computer Software as Technology. An Examination of Technological Development, Diss. Carnegie Mellon Univ. 1992.
Dinesh C. Sharma: Indian Innovation, Not Jugaad. 100 Ideas that Transformed India, Neu Delhi 2022.
Sharma, Dinesh C.: Indiens IT-Industrie. URL: https://www.bpb.de/themen/asien/indien/189895/indiens-it-industrie/ [abgerufen am 15. 8. 2022].
Sharma, Dinesh C.: The Long Revolution. The Birth and Growth of India's IT Industry, Noida 2009.
Sharma, Dinesh C.: The Outsourcer. The Story of India's IT Revolution, Cambridge, Mass. 2015.
Sharma, Shaloo: History and Development of Higher Education in India, 5 Bde., Neu Delhi 2002.
Sharp, Walter R.: The Institutional Framework for Technical Assistance, in: International Organization 7,3 (1953), S. 342-379.
Sheshabalaya, Ashutosh: Rising Elephant. The Growing Clash with India Over White-Collar Jobs and Its Meaning for America and the World, Monroe, ME 2005.
Sheth, G. L.: Foreign Financial Participation and Technical Collaboration in Electronics, in: Electronics Commission (Hrsg.): Electronics. Proceedings of National Conference on Electronics organised by the Electronics Committee, March 24-28 1970, Bombay 1971, S. 123-129.
Shi-Kupfer, Kristin: Digit@l China: Überwachungsdiktatur und technologische Avantgarde, München 2023.
Shih, Johanna: Ethnic and Gender Inequality in Silicon Valley, Diss. UC Los Angeles 2001.
Shils, Edward: Indian Students: Rather Sadhus than Philistines, in: Philip G. Altbach (Hrsg.): Turmoil and Transition. Higher Education and Student Politics in India, Bombay 1968, S. 74-92.
Shin, Gi-Wook/Rennie J. Moon: From Brain Drain to Brain Circulation and Linkage, Stanford 2018.
Shipway, Martin: Decolonization and Its Impact. A Comparative Approach to the End of the Colonial Empires, Malden, Mass. 2008.
Shivdas, Avinash/J. Chandrasekhar: Sustainability through Frugal Innovations. An Application of Indian Spiritual Wisdom, in: Prabandhan. Indian Journal of Management 9,5 (2016), S. 7-23.
Shukla, D. P.: CIA over Asia, Kanpur 1962.
Shukla, Vidya Charan: Need for News Flow Code. – Conference of Non-Aligned Countries in Press Agencies Pool, in: Communicator 11,2-3 (1976), S. 23-27.
Sieberg, Herward: Colonial Development. Die Grundlegung moderner Entwicklungspolitik durch Großbritannien, Stuttgart 1985.
Siebold, Thomas: Zur Geschichte und Struktur der Weltnachrichtenordnung, in: Reiner Steinweg/Jörg Becker (Hrsg.): Medienmacht im Nord-Süd-Konflikt, Frankfurt a. M. 1984, S. 45-92.
Siegert, Paul Ferdinand: Die Geschichte der E-Mail: Erfolg und Krise eines Massenmediums, Bielefeld 2008.
Siles, Ignacio: A Transnational History of the Internet in Central America, 1985-2000. Networks, Integration, and Development, Cham 2020.
Simon, Josep/Néstor Herran (Hrsg.): Beyond Borders: Fresh Perspectives in History of Science, Newcastle 2008.

Sing, J. P.: Leapfrogging Development? The Political Economy of Telecommunications Restructuring, New York 1999.
Sing, Rajinder: M. N. Saha and Albert Einstein. An Interaction, in: Science as Culture 84,9/10 (2018), S. 293-301.
Singer, Hans: Technologies for Basic Needs, Neu Delhi 1982.
Singh, Ashok Kumar: Science and Technology for Civil Service Examinations, Neu Delhi 2008.
Singh, Buta: Inauguration, in: Utpal K. Banerjee/Ravi Sharma (Hrsg.): Computer Applications for Rural Development, Neu Delhi 1987, S. 12-16.
Singh, J. P.: E-Governance as a Means of Development in India, in: Steven Livingston/Gregor Walter-Drop (Hrsg.): Bits and Atoms. Information and Communication Technology in Areas of Limited Statehood, New York 2014, S. 47-60.
Singh, K. V.: Political Profiles of Modern India, Neu Delhi 2005.
Singh, V. P.: Indo-Japanese Relations, 29. 4. 1990, in: V. P. Singh. Selected Speeches and Writings, 1989-90, Delhi 1993, S. 235-239.
Singh, V. P.: Pledge to Keep the Flag Flying, 15. 8. 1990, in: V. P. Singh. Selected Speeches and Writings, 1989-90, Delhi 1993, S. 51-67.
Singhal, Arvind/Everett M. Rogers: India's Communication Revolution. From Bullock Carts to Cyber Marts, Neu Delhi 2001.
Singhal, Arvind/Everett M. Rogers: India's Information Revolution, Neu Delhi 1989.
Singhvi, Laxmi Mall: Report of the High-Level Committee on the Indian Diaspora, Neu Delhi 2001.
Sinha, Jagdish: Science and the Indian National Congress, in: Deepak Kumar (Hrsg.): Science and Empire. Essays in Indian Context, 1700-1947, Neu Delhi 1991, S. 161-181.
Sinha, U. N./M. D. Deshpande/V. R. Sarasamma: Flosolver. A Parallel Computer for Fluid Dynamics, in: Current Science 57,23 (1988), S. 1277-1285.
Sklair, Leslie: Sociology of the Global System, Baltimore 1995.
Sklair, Leslie: The Transnational Capitalist Class, Oxford 2001.
Slaček Brlek, Sašo: The Creation of the Non-Aligned News Agencies Pool, in: Prispevki za Novejšo Zgodovino/Contributions to Contemporary History 62,1 (2022), S. 37-63.
Slob, Gert: Computerizing Apartheid, Amsterdam 1990.
Slobodian, Quinn: Globalisten. Das Ende der Imperien und die Geburt des Neoliberalismus, Berlin 2019.
Slotten, Hugh R.: Satellite Communications, Globalization and the Cold War, in: Technology and Culture 43,2 (2002), S. 315-350.
Smith, Anthony: The Geopolitics of Information, London/Boston 1980.
Smith, Ted et al. (Hrsg.): Challenging the Chip. Labor Rights and Environmental Justice in the Global Electronics Industry, Philadelphia 2006.
Sohn, Karl-Heinz: Entwicklungspolitik: Theorie und Praxis der deutschen Entwicklungshilfe, München 1972.
Sonderegger, Arno: Aspekte einer Globalgeschichte der Neuzeit, in: Margarete Grandner/ders. (Hrsg.): Nord-Süd-Ost-West-Beziehungen. Eine Einführung in die Globalgeschichte, Wien 2015, S. 6-37.
Spafford, Eugene: The USENET, in: Tracy Laquey (Hrsg.): The User's Directory of Computer Networks, Bedford, Mass. 1990, S. 386-391.
Spanger, Hans-Joachim/Lothar Brock: Die beiden deutschen Staaten in der Dritten Welt, Opladen 1987.
Sparks, Colin: Globalization, Development and Mass Media, London 2007.
Spectar, J. M.: Bridging the Global Digital Divide: Frameworks for Access and the World Wireless Web, in: North Carolina Journal of International Law and Commercial Regulation 26,1 (2000), S. 57-103.
Speich Chassé, Daniel: Der Blick vom Lake Success. Das Entwicklungsdenken der frühen UNO als »lokales Wissen«, in: Hubertus Büschel/ders. (Hrsg.): Entwicklungswelten. Globalgeschichte der Entwicklungszusammenarbeit, Frankfurt a. M. 2009, S. 143-174.

Speich Chassé, Daniel: Die »Dritte Welt« als Theorieeffekt. Ökonomisches Wissen und globale Differenz, in: Geschichte und Gesellschaft 41,4 (2015), S. 580-612.
Speich Chassé, Daniel: Technical Internationalism and the Economic Development at the Founding Moment of the UN System, in: Marc Frey/Sönke Kunkel/Corinna Unger (Hrsg.): International Organizations and Development, 1945-1990, Basingstoke 2014, S. 23-45.
Speich Chassé, Daniel: Technokratie und Geschichtlichkeit, ETH Zürich. Working Papers 2008.
Springhall, John: Decolonization since 1945. The Collapse of European Overseas Empires, Basingstoke 2001.
Sreberny-Mohammadi, Annabelle: The Many Cultural Faces of Imperialism, in: Peter Golding/Phil Harris (Hrsg.): Beyond Cultural Imperialism. Globalization, Communication and the New International Order, London 1997, S. 49-68.
Sreekantan, Badanaval V. et al. (Hrsg.): Homi Jehangir Bhabha. Collected Scientific Papers, Bombay 1985.
Sreekantan, Badanaval V.: Sixty Years of the Tata Institute of Fundamental Research 1945-2005, in: Current Science 90,7 (2006), S. 1012-1025.
Sreekumar, T.T.: ICTs and Development in India: Perspectives on the Rural Network Society, London 2011.
Sridhar, V./K. S. Sridhar: E-Commerce Infrastructure and Economic Impacts in Developing Countries. Case of India, in: Felix B. Tan (Hrsg.): Global Information Technologies. Concepts, Methodologies, Tools and Applications, Vol. I, Hershey 2008, S. 1499-1519.
Srikantan, Sivasubramanian: Growth of Electronics Industry in Karnataka, in: Electronics Today 19,9 (1986), S. 33-35.
Srikantan, Sivasubramanian: Management of Innovation. Role of Entrepreneurship, Instrument Society of India, All India Seminar, Hyderabad, 4.12.1977, S. 1-15. URL: https://web.archive.org/web/20180818141555/http://srikantan.com/pdf/role-of-KEONICS-in-dev-of-elctronic-industries-in-karnataka.pdf [abgerufen am 15.8.2022].
Srikantan, Sivasubramanian: Minicomputers and Microprocessors, in: IETE Journal of Research 24,3/4 (1978), S. 113-115.
Staab, Philipp: Digitaler Kapitalismus, Berlin 2019.
Staab, Philipp: Macht und Herrschaft in der Servicewelt, Hamburg 2014.
Stalder, Felix: Kultur der Digitalität, Frankfurt a. M. 2016.
Stauffacher, Daniel/Wolfgang Kleinwächter (Hrsg.): The World Summit on the Information Society. Moving from the Past into the Future, New York 2005.
Stehr, Nico: The Fragility of Modern Societies. Knowledge and Risk in the Information Age, London 2001.
Steinbicker, Jochen: Zur Theorie der Informationsgesellschaft, Wiesbaden ²2011.
Steinbuch, Karl: Falsch programmiert, Stuttgart 1968.
Steinbuch, Karl: Informatik. Automatische Informationsverarbeitung, in: SEG-Nachrichten 4 (1957), S. 171-176.
Sternberg, Jan-Philipp: Auswanderungsland, Zuwanderungsland. Die Doppelrolle der Migrationspolitik in der frühen Bundesrepublik, in: Jochen Oltmer et al. (Hrsg.): Das »Gastarbeiter«-System. Arbeitsmigration und ihre Folgen in der Bundesrepublik Deutschland und Westeuropa, München 2012, S. 25-38.
Sternberg, Rolf: Technologiepolitik und High-Tech Regionen. Ein internationaler Vergleich, Münster ²1998.
Stiglitz, Joseph: Die Chancen der Globalisierung, München 2006.
Stöber, Rudolf: Neue Medien. Geschichte. Von Gutenberg bis Apple und Google – Medieninnovation und Evolution, Bremen 2013.
Stöver, Bernd: Der Kalte Krieg. Geschichte eines radikalen Zeitalters 1947-1991, München 2007.
Stuchtey, Benedikt: Die europäische Expansion und ihre Feinde. Kolonialismuskritik vom 18. bis ins das 20. Jahrhundert, München 2010.
Stuchtey, Benedikt: Zeitgeschichte und vergleichende Imperiengeschichte, in: Vierteljahrshefte für Zeitgeschichte 65,3 (2017), S. 301-337.

Sturgeon, Tim J.: Turn-Key Production Networks: Industry Organization, Economic Development and the Globalization of Electronics Contract Manufacturing, Diss. UC Berkeley 1999.
Stüwe, Klaus: Das Zuwanderungsgesetz von 2005 und die neue Migrationspolitik der Bundesrepublik Deutschland, in: ders./Eveline Hermannseder (Hrsg.): Migration und Integration als transnationale Herausforderung, Wiesbaden 2016, S. 25-48.
Subbarao, E. C.: An Eye for Excellence. Fifty Innovative Years of IIT Kanpur, Neu Delhi 2008.
Subramanian, Ajantha: Making Merit. The IITs and the Social Life of Caste, in: Comparative Studies in Society and History 57,2 (2015), S. 291-322.
Subramanian, Ajantha: The Caste of Merit. Engineering Education in India, Cambridge, Mass. 2019.
Subramanian, Ajantha: The Meritocrats, in: Surinder S. Jodhka/Jules Naudet (Hrsg.): Mapping the Elite. Power, Privilege, and Inequality, Oxford 2019, S. 37-69.
Subramanian, C. R.: India and the Computer. A Study of Planned Development, Oxford 1992.
Subramanian, Dilip: Telecommunications Industry in India. State, Business and Labour in a Global Economy, Abingdon, Oxon 2018.
Subramanian, Ramesh: Technology Policy and National Identity. The Microcomputer Comes to India, in: IEEE Annals of the History of Computing 36,3 (2014), S. 19-29.
Sukhatme, S. P.: The Growth of an Institute for Higher Technological Education. URL: https://web.archive.org/web/20080201085803/http://www.iitmumbai.org/misc/press/iitb_sukhatme.htm [abgerufen am 15.8.2022].
Sukhatme, S. P.: The Real Brain Drain, in: Current Science 63,9/10 (1992), S. 544-546.
Sukhatme, S. P.: The Real Brain Drain, Hyderabad 1994.
Sukhatme, S. P.:/I. Mahadevan: Brain Drain and the IIT Graduate, in: Economic and Political Weekly 23,25 (1988), S. 1285-1293.
Sukhatme, S. P./I. Mahadevan: Pilot Study on Magnitude and Nature of the Brain Drain of Graduates of the Indian Institute of Technology Bombay, Bombay 1987.
Sukumar, Arun Mohan: Midnight's Machines. A Political History of Technology in India, Neu Delhi 2019.
Sundaram, Ravi: Analogue and Digital, in: BioScope. South Asian Screen Studies 12,1-2 (2021), S. 14-17.
Suryanarayana, R./Forrest R. Miller: Electronic Computer Aids Research on Indien Ocean Expedition, in: Bulletin of the American Meteorological Society 45,10 (1964), S. 644-647.
Süß, Dietmar: Stempeln, Stechen, Zeit erfassen. Überlegungen zu einer Ideen- und Sozialgeschichte der ›Flexibilisierung‹ 1970-1990, in: Archiv für Sozialgeschichte 52 (2012), S. 139-162.
Süß, Winfried/Dietmar Süß: Zeitgeschichte der Arbeit. Beobachtungen und Perspektiven, in: Knud Andresen/Ursula Bitzegeio/Jürgen Mittag (Hrsg.): Nach dem Strukturbruch? Kontinuität und Wandel von Arbeitsbeziehungen und Arbeitswelt(en) seit den 1970er-Jahren, Bonn 2011, S. 345-365.
Sussman, Leonard: Power, the Press and the Technology of Freedom. The Coming Age of ISDN, New York 1989.
Sweillam, Attia Ibrahim: Electronic Computers and Developing Countries. A Study of the Attitudes of Foreign Students in the United States, Master's Thesis, Univ. of Southern California 1964.
Szonyi, Michael/Hong Liu: Introduction. New Approaches to the Study of the Cold War in Asia, in: dies./Zheng Yangwen (Hrsg.): The Cold War in Asia. The Battle for Hearts and Minds, Leiden 2010, S. 1-11.
Taffet, Jeffrey F.: Foreign Aid as Foreign Policy. The Alliance for Progress in Latin America, New York 2007.
Talbot, Ian/Gurharpal Singh: The Partition of India, Cambridge 2009.
Tandon, J. K.: Indo-German Economic Relations, Neu Delhi 1978.
Tanguturi, Venkata Praveen/Fotios C. Harmantzis: ICT Infrastructure in Two Asian Giants. A Comparative Analysis of China and India, in: Sean S. Costigan/Jake Perry (Hrsg.): Cyberspaces and Global Affairs, London/New York 2016, S. 145-154.
Tarling, Nicholas: Imperialism in Southeast Asia: A Fleeting Passing Phase, London 2001.

Tarnoff, Ben/Moira Weigel (Hrsg.): Voices from the Valley. Tech Workers Talk about What They Do – And How They Do It, New York 2020.
Tata, Naval H.: Foreword, in: The Employers' Federation of India (Hrsg.): Automation. Blessing or Curse?, Bombay 1968, o. S.
Tata, Naval H./Babubhai M. Chinai/B. D. Somani: Explanatory Note. Our Approach, in: Report of the Committee on Automation, Neu Delhi 1972, S. 83-85.
Tatarchenko, Tsenia: Cold War Origins of the International Federation for Information Processing, in: IEEE Annals of the History of Computing 32,2 (2010), S. 46-57.
Taubes, Gary A.: The Rise and Fall of Thinking Machines, in: Inc. Technology 1,3 (1995), S. 61.
Taylor, Charles: A Secular Age, Cambridge, Mass. 2007.
Taylor, Ian/Karen Smith: Global Institutions. The United Nations Conference on Trade and Development, New York 2007.
Tetzlaff, Stefan: ›A New Passage to India?‹. Westdeutsche Außenwirtschaftspolitik und Wirtschaftsbeziehungen mit Indien, ca. 1950-72, in: Christian Kleinschmidt/Dieter Ziegler (Hrsg.): Dekolonisierungsgewinner. Deutsche Außenpolitik und Außenwirtschaftsbeziehungen im Zeitalter des Kalten Krieges, Berlin/Boston 2018, S. 191-209.
Thacker, M. S.: Letter to S. Dutt, 16./17.12.1960, in: Jawaharlal Nehru: Selected Works, 2nd Series, Bd. 65, Neu Delhi 2016, S. 752 f.
Thakur, Vineet: An Asian Drama: The Asian Relations Conference, 1947, in: The International History Review 41,3 (2019), S. 673-695.
Thakur, Vineet: Postscripts on Independence. Foreign Policy Ideas, Identity and Institutions in India and South Africa, Oxford 2018.
Thakurdas, Purushottamdas (Hrsg.): A Brief Memorandum Outlining a Plan of Economic Development for India, 2 Bde., London 1945.
Tharoor, Shashi: The Elephant, the Tiger & the Cellphone. Reflections on India in the 21st Century, Neu Delhi 2007.
The Indus Enrepreneurs (Hrsg.): Essentials of Entrepreneurship, New Jersey 2003.
Thomas, Martin et al. (Hrsg.): Crises of Empire, London ²2015.
Thomas, Pradip N.: Digital India. Understanding Information, Communication and Social Change, Neu Delhi 2012.
Thomas, Pradip N.: Empire and Post-Empire Telecommunications in India. A History, Oxford 2019.
Thomas, Pradip N.: Political Economy of Communications, Neu Delhi 2010.
Thomas, Pradip N.: The Politics of Digital India. Between Local Compulsions and Transnational Pressures, Neu Delhi 2019.
Thompson, Clive: Coders. Who They Are, What They Think and How They Are Changing Our World, London 2020.
Thompson, William F.: At the Edge of History, New York/Evanston 1971.
Tinbergen, Jan et al. (Hrsg.): Reshaping the International Order. A Report to the Club of Rome, New York 1976.
Tinn, Honghong: Working with Computers, Constructing a Developing Country. Introducing, Using, Building and Tinkering with Computers in Cold War Taiwan, 1959-1984, Diss. Cornell University 2012.
Tobias, George/Robert S. Queener: India's Manpower Strategy Revisited 1947-1967, Bombay 1968.
Toupin, Sophie: Hacking Apartheid. Revolutionary Communication and the South African National Liberation Movement, in: Paolo Bory/Gianluigi Negro/Gabriele Balbi (Hrsg.): Computer Network Histories. Hidden Streams from the Internet Past, Zürich 2019, S. 49-64.
Trager, Frank N./Helen G. Trager: Exporting and Training Experts, in: Review of Politics 24, 1 (1962), S. 88-108.
Trecker, Max: Red Money for the Global South. East-South Economic Relations in the Cold War, Abingdon, Oxon/New York 2020.
Tripathi, Vibha: Iron Technology and its Legacy in India, Neu Delhi 2008.
Troche, Alexander: Ulbricht und die Dritte Welt. Ost-Berlins »Kampf« gegen die Bonner »Alleinvertretungsanmaßung«, Erlangen 1996.

Trogemann, Georg/Alexander Y. Nitussov/Wolfgang Ernst: Computing in Russia. The History of Computer Devices and Information Technology Revealed, Braunschweig/Wiesbaden 2001.
Truman, Harry S.: Inaugural Address, in: Department of State Bulletin, Bd. 20, Nr. 500, 30.1.1949, S. 123-126.
Tukdeo, Shivali: The Not-So-Hidden Power of Mobility and Education. Indian Diaspora, Knowledge Industries and the Development Imperatives, in: Diaspora Studies 7,1 (2014), S. 56-69.
Turner, Fred: Das Aufkommen der Gegenkultur, in: Claudia Mareis (Hrsg.): Designing Thinking. Angewandte Imagination und Kreativität um 1960, Paderborn 2016, S. 235-267.
Turner, Fred: From Counterculture to Cyberculture. Stewart Brand, the Whole Earth Network, and the Rise of Digital Utopianism, Chicago/London 2006.
Turner, Fred: R. Buckminster Fuller. A Technocrat for the Counterculture, in: Hsiao-Yun Chu/Roberto G. Trujillo (Hrsg.): New Views on R. Buckminster Fuller, Stanford 2009, S. 146-159.
Turner, Fred: Where the Counterculture Met the New Economy. The WELL and the Origins of Virtual Community, in: Technology and Culture 46,3 (2005), S. 485-512.
Tyabji, Nasir: Forging Capitalism in Nehru's India. Neocolonialism and the State, 1940-1970, Oxford 2015.
UNESCO (Hrsg.): ... to Reach the Village ... Unesco and Rural Newspapers in Africa, Paris 1974.
UNESCO (Hrsg.): Constitution of the United Nations Educational, Scientific and Cultural Organization, Paris 1945.
UNESCO (Hrsg.): Consultation on Computer Assisted Instruction, Paris 1970.
UNESCO (Hrsg.): Historical Background of the Mass Media Declaration, Paris 1980.
UNESCO (Hrsg.): In the Minds of Men. Unesco 1946-1971, Paris 1972.
UNESCO (Hrsg.): Indian Institute of Technology Bombay, Final Report, Paris 1968.
UNESCO (Hrsg.): Informatics. A Vital Factor in Development. Unesco's Activities in the Field of Informatics and its Applications, Paris 1980.
UNESCO (Hrsg.): Many Voices, One World, Paris 1980.
UNESCO (Hrsg.): Radio Broadcasting Serves Rural Development, Paris 1965.
UNESCO (Hrsg.): Technical Assistance. The Role of Unesco, Paris 1956.
Unger, Corinna R.: Entwicklungspfade in Indien. Eine internationale Geschichte 1947-1980, Göttingen 2015.
Unger, Corinna R.: Export und Entwicklung: Westliche Wirtschaftsinteressen in Indien im Kontext der Dekolonisation und des Kalten Krieges, in: Jahrbuch für Wirtschaftsgeschichte 1 (2012), S. 69-86.
Unger, Corinna R.: Histories of Development and Modernization: Findings, Reflections, Future Research, in: H-Soz-Kult, 9.12.2010. URL: https://www.hsozkult.de/hsk/forum/2010-12-001 [abgerufen am 15.8.2022].
Unger, Corinna R.: International Development. A Postwar History, London 2018.
Unger, Corinna R.: Rourkela, ein ›Stahlwerk im Dschungel‹. Industrialisierung, Modernisierung und Entwicklungshilfe im Kontext von Dekolonisation und Kaltem Krieg (1950-1970), in: Archiv für Sozialgeschichte 48 (2008), S. 367-388.
Unger, Corinna R.: The United States, Decolonization and the Education of Third World Elites, in: Jost Dülffer/Marc Frey (Hrsg.): Elites and Decolonization in the Twentieth Century, Basingstoke 2011, S. 241-260.
Unger, Corinna R./Iris Borowy/Corinne A. Pernet: The History of Development. A Critical Overview, in: dies. (Hrsg.): The Routledge Handbook on the History of Development, Abingdon, Oxon/New York 2022, S. 3-17.
United Nations (Hrsg.): Everyman's United Nations. A Complete Handbook of the Activities and Evolution of the United Nations During Its First Twenty Years 1945-1965, New York 1968.
United Nations (Hrsg.): International Migration Report, Highlights, New York 2017.
United Nations (Hrsg.): Microelectronics-Based Automation Technologies and Development, New York 1985.
United Nations (Hrsg.): Technological Self-Reliance of the Developing Countries. Towards Operational Strategies, UNIDO, Wien 1981.

United Nations (Hrsg.): The Application of Computer Technology for Development. Report of the Secretary-General, UN ECOSOC, E/4800, New York, 20.5.1970, S. 45f. URL: http://files.eric.ed.gov/fulltext/ED046461.pdf [abgerufen am 15.8.2022].

United Nations (Hrsg.): The Application of Computer Technology for Development. 2nd Report of the Secretary-General, New York 1973.

United Nations (Hrsg.): The Digital Divide Report. ICT Diffusion Index 2005, New York 2006.

United Nations (Hrsg.): Towards Accelerated Development. Proposals for the Second United Nations Development Decade (»Tinbergen-Report«), New York 1970.

United Nations (Hrsg.): 15 Years and 150,000 Skills. An Anniversary Review of the United Nations Expanded Programme of Technical Assistance, New York 1965.

United Nations (Hrsg.): World Against Want. An Account of the U.N. Technical Assistance Programme for Economic Development, New York 1953.

United Nations Secretary-General's High-Level Panel on Digital Cooperation (Hrsg.): The Age of Digital Interdependence, Juni 2019. URL: https://digitalcooperation.org; https://www.un.org/en/pdfs/DigitalCooperation-report-for%20web.pdf [abgerufen am 15.8.2022].

University Grants Commission (Hrsg.): Report on Standards of University Education, Neu Delhi 1965.

Upadhya, Carol: Reengineering India: Work, Capital and Class in an Offshore Economy, Neu Delhi 2017.

Usdin, Steven T.: Engineering Communism. How Two Americans Spied for Stalin and Founded The Soviet Silicon Valley, New Haven 2005.

Vaidya, Murarji J./Bagaram Tulpule/N.S. Ramaswamy: Automation in India, Bombay 1968.

Vaidyanathan, A.: The Indian Economy since Independence (1947-70), in: Dharma Kumar/Meghnad Desai (Hrsg.): Cambridge Economic History of India, Bd. 2: c. 1757-c.1970, Cambridge [1983] 2008, S. 945-994.

Vajpeyi, Ananya: Righteous Republic. The Political Foundations of Modern India, Cambridge, Mass. 2012.

van der Kroef, Justus M.: Asia's Brain Drain, in: Journal of Higher Education 39,5 (1968), S. 241-253.

van der Linden, Marcel: The Promise and Challenges of Global Labor History, in: Andreas Eckert (Hrsg.): Global Histories of Work, Berlin/Boston 2016, S. 25-48.

van der Linden, Marcel: Workers of the World. Eine Globalgeschichte der Arbeit, Frankfurt a. M./New York 2017.

van der Meulen, George G.: Microcomputer Applications in Urban and Regional Planning in the Developing Countries, in: Manas Chatterji (Hrsg.): Technology Transfer in the Developing Countries, New York 1990, S. 225-235.

van der Vleuten, Erik: Toward a Transnational History of Technology. Meaning, Promises, Pitfalls, in: Technology and Culture 49,4 (2008), S. 974-994.

van Laak, Dirk: Alles im Fluss. Die Lebensadern unserer Gesellschaft, Frankfurt a. M. 2018.

van Laak, Dirk: Infra-Strukturgeschichte, in: Geschichte und Gesellschaft 27,3 (2001), S. 367-393.

van Laak, Dirk: Planung. Geschichte und Gegenwart des Vorgriffs auf die Zukunft, in: Geschichte und Gesellschaft 34,3 (2008), S. 305-326.

van Lente, Dick (Hrsg.): Prophets of Computing. Visions of Society Transformed by Computing, New York 2022.

Varadarajan, Latha: Constructivism, Identity and Neoliberal (In)security, in: Review of International Studies 30,3 (2004), S. 319-341.

Varma, Roli: Asian Americans. Achievements Mask Challenges, in: Asian Journal of Social Science 32,2 (2004), S. 290-307.

Varma, Roli: High-Tech Coolies. Asian Immigrants in US Science and Engineering Workforce, in: Science as Culture 11,3 (2002), S. 337-361.

Varma, Roli: People's Science Movements and Science Wars?, in: Economic and Political Weekly 36,52 (2001), S. 4796-4802.

Varma, Roli/Everett M. Rodgers: Indian Cyber Workers in US, in: Economic and Political Weekly 39,52 (2004), S. 5645-5652.

Vasudevan, Hari: Neu Delhi, 1971: Der indisch-sowjetische Vertrag und seine Bedeutung. Die Perspektive der bilateralen Wirtschaftsbeziehungen, in: Andreas Hilger (Hrsg.): Die Sowjetunion und die Dritte Welt. UdSSR, Staatssozialismus und Antikolonialismus im Kalten Krieg 1945-1991, München 2009, S. 181-200.
Vehlken, Sebastian/Christoph Engemann: Supercomputing, in: Friedrich Balke/Bernhard Siegert/Joseph Vogl (Hrsg.): Takt und Frequenz [Jb. Archiv für Mediengeschichte], München 2011, S. 143-160.
Venkataraman, Ganesan: Bhabha & His Magnificent Obsessions, Hyderabad 1994.
Verma, S. P.: Political Dimensions of Multinational Corporations in India, Neu Delhi 1983.
Vicziany, Marika: Globalization and Hindutva. India's Experience with Global Economy and Political Integration, in: Gloria Davies/Chris Nyland (Hrsg.): Globalization in the Asian Region. Impacts and Consequences, Cheltenham 2004, S. 92-116.
Vijayabaskar, M./Sandra Rothboeck/V. Gayathri: Labour in the New Economy: Case of the Indian Software Industry, in: The Indian Journal of Labour Economics 44,1 (2001), S. 39-54.
Vijayekar, S. R./Y. S. Mayya: Towards Indigenous Computer. Role of ECIL, in: R. K. Shyamasundar/M. A. Pai (Hrsg.): Homi Bhabha and the Computer Revolution, Oxford 2011, S. 50-63.
Vikas, Om/L. Ravichandran: Computerisation in India. A Statistical Review, in: Electronics. Information & Planning 6,3 (1978), S. 309-357.
Vilanilam, J. V.: Mass Communication in India. A Sociological Perspective, Neu Delhi 2005.
Vir, Dharam et al.: Sixty Years in the Service of the Nation. An Illustrated History of IIT Kharagpur, Kharagpur 2011.
Visvanathan, Shiv: Organising for Science, Neu Delhi 1985.
Visvanathan, Shiv: Symbolic Politics, in: Seminar. The Monthly Symposium, Nr. 354 (1989), S. 49-52.
Vittal, N.: Free Trade Zones and Export Strategy, in: Foreign Trade Review 12,3 (1977), S. 406-413.
Voigt, Johannes H.: Die Indienpolitik der DDR. Von den Anfängen bis zur Anerkennung 1952-1972, Köln 2008.
Voigt, Sebastian (Hrsg.): Since the Boom. Continuity and Change in the Western Industrialized World After 1970, Toronto 2021.
von der Straeten, Jonas/Ute Hasenöhrl: Connecting the Empire: New Research Perspectives on Infrastructures and the Environment in the (Post-)Colonial World, in: NTM. Zeitschrift für Geschichte der Wissenschaften, Technik und Medizin 24,4 (2016), S. 355-391.
Vu, Tuong/Wasana Wongsurawat (Hrsg.): Dynamics of the Cold War in Asia. Ideology, Identity and Culture, New York 2009.
Vyasulu, Vinod: Technological Choice in the Indian Environment: Reflections on a Seminar Held by the Indian Institute of Management, Bangalore, October 10-12, 1977, in: Social Scientist 6,4 (1977), S. 65-72.
Wagner, Christian: Großmachtambitionen, Mittelmachtressourcen. Indiens Rolle in der Region und in der Welt, in: Aus Politik und Zeitgeschichte 72,30-31 (2022), S. 46-53.
Wallerstein, Immanuel: What Cold War in Asia? An Interpretative Essay, in: Michael Szonyi/Hong Liu/Zheng Yangwen (Hrsg.): Cold War in Asia. The Battle for Hearts and Minds, Leiden 2010, S. 15-24.
Walton-Roberts, Margaret: Globalization, National Autonomy and Non-Resident Indians, in: Contemporary South Asia 13,1 (2004), S. 53-69.
Ward, Barbara/René Dubois: Only One Earth, London 1972.
Ward, Barbara: Spaceship Earth, New York 1966.
Watanabe, Shoichi: The 1950 Commonwealth Foreign Ministers' Meeting and the International Aid Programme for Asia, in: Shigeru Akita/Gerold Krozewski/ders. (Hrsg.): The Transformation of the International Order of Asia. Decolonization, the Cold War and the Colombo-Plan, London 2015, S. 15-33.
Watson, Thomas J. Jr./Peter Petre: Father, Son & Co.: My Life at IBM and Beyond, New York 1990.
Weidenborner, Wilhelm: Aktionsprogramm zur Ausländerbeschäftigung, in: Bundesarbeitsblatt 7/8 (1973), S. 350-354.

Weiß, Norman: Neue Weltinformationsordnung reloaded? Eine globale Informationsordnung als Herausforderung für das Völkerrecht, in: Isabella Löhr/Andrea Rehling (Hrsg.): Global Commons im 20. Jahrhundert. Entwürfe für eine globale Welt, München 2014, S. 167-198.
Weitzen, H. Skip/William Genda: Infopreneurs. Turning Data into Dollars, New York 1993.
Wellenius, Björn et al.: Telecom. World Bank Experience and Strategy, Washington D.C. 1993.
Wellenius, Björn: Telecommunications in Developing Countries, in: Telecommunications Policy 1,4 (1977), S. 289-297.
Wenzlhuemer, Roland: Connecting the Nineteenth-Century World. The Telegraph and Globalization, New York 2013.
Werner, Hanna: Politics of Dams. Developmental Perspectives and Social Critique in Modern India, Neu Delhi 2015.
Werner, Michael/Bénédicte Zimmermann: Vergleich, Transfer, Verflechtung. Der Ansatz der »Histoire croisée« und die Herausforderung des Transnationalen, in: Geschichte und Gesellschaft 28,4 (2002), S. 607-636.
West, John: Asian Century ... on a Knife-edge, Singapur 2018.
Westad, Odd Arne: Introduction: Reviewing the Cold War, in: ders. (Hrsg.): Reviewing the Cold War: Approaches, Interpretations, Theory, London 2000, S. 1-23.
Westad, Odd Arne: The Cold War. A World History, New York 2017.
Westad, Odd Arne: The Global Cold War. Third World Interventions and the Making of Our Times, Cambridge 2007.
Weston, Anthony: Technological Unemployment and the Lifestyle Question. A Practical Approach, in: Journal of Social Philosophy 16,2 (1985), S. 19-30.
Whisler, Thomas L.: Veränderung der Unternehmensstruktur durch Computer, in: Günter Friedrichs (Hrsg.): Computer und Angestellte, Bd. 1, Frankfurt a.M. 1970, S. 293-320.
Wichum, Ricky/Daniela Zetti (Hrsg.): Zur Geschichte des digitalen Zeitalters, Wiesbaden 2022.
Wiley, Andrea S.: Growing a Nation, in: Mathilde Cohen/Yoriko Otomo (Hrsg.): Making Milk. The Past, Present and Future of Our Primary Food, London 2019, S. 41-60.
Williams, R. John: The Buddha in the Machine: Art, Technology, and the Meeting of East and West, New Haven 2014.
Williamson, Gordon R.: Memoirs of My Years with IBM, 1951-1986, [Bloomington, Ind. 2008].
Willoughby, Kelvin W.: Technology Choice. A Critique of the Appropriate Technology Movement, London 1990.
Wimmer, Andreas/Nina Glick Schiller: Methodological Nationalism and Beyond. Nation-State Building, Migration and the Social Sciences, in: Global Networks 2,4 (2002), S. 301-334.
Winkler, Heinrich August: Geschichte des Westens: Vom Kalten Krieg zum Mauerfall, München ³2016.
Wittje, Roland: Engineering Education in Cold War Diplomacy. India, Germany, and the Establishment of IIT Madras, in: Berichte zur Wissenschaftsgeschichte 43,4 (2020), S. 560-580.
Wittje, Roland: The Establishment of IIT Madras. German Cold War Development Assistance and Engineering Education in India, in: Technikgeschichte 87,4 (2020), S. 335-358.
Wofsey, Marvin M./Paul M. Dickie: Computers in Less Developed Countries, in: Development Digest 9,3 (1971), S. 57-62.
Wolcott, Peter/Seymour E. Goodman: Global Diffusion of the Internet. I: India: Is the Elephant Learning to Dance?, in: Communications of the Association for Information Systems 11 (2003), S. 560-646.
Wolfrum, Edgar: Der Aufsteiger. Eine Geschichte Deutschlands von 1990 bis heute, Stuttgart 2020.
Wolfrum, Edgar/Cord Arendes: Globale Geschichte des 20. Jahrhunderts, Stuttgart 2007.
Wong, Paul et al.: Asian Americans as a Model Minority: Self-Perceptions and Perceptions by Other Racial Groups, in: Sociological Perspectives 41,1 (1998), S. 95-118.
Xavier, Constantino: Experimenting with Diasporic Incorporation. The Overseas Citizenship of India, in: Nationalism and Ethnic Politics 17,1 (2011), S. 34-53.
Xiang, Biao: Global Body Shopping, Princeton 2007.
Yamane, Linus: Asian Americans, Glass Ceilings, and PhDs, in: Harvard Journal of Asian American Policy Review 22 (2011/12), S. 29-63.

Yang, Anand A.: The Limited Raj. Agrarian Relations in Colonial India 1793-1920, Berkeley 1989.
Yates, JoAnne/Craig N. Murphy: Engineering Rules. Global Standard Setting since 1880, Baltimore 2019.
Yokoi, Katsuhiko: The Colombo Plan and Industrialization in India. Technical Cooperation for the Indian Institutes of Technology, in: Shigeru Akita/Gerold Krozewski/Shoichi Watanabe (Hrsg.): The Transformation of the International Order of Asia. Decolonization, the Cold War and the Colombo-Plan, London 2015, S. 50-71.
Yoshimi, Shunya: Information, in: Theory, Culture and Society 23,2-3 (2006), S. 271-288.
Yost, Jeffrey R.: Making IT Work. A History of the Computer Services Industry, Cambridge, Mass./London 2017.
Yost, Jeffrey R.: The IBM Century. Creating the IT Revolution, Piscataway, NJ 2011.
Young, Jeffrey S./William L. Simon: iCon Steve Jobs, Hoboken, NJ 2005.
Zachariah, Benjamin: Developing India. An Intellectual and Social History, c. 1930-1950, Neu Delhi 2005.
Zakaria, Fareed: Der Aufstieg der Anderen. Das Postamerikanische Zeitalter, München 2008.
Zandbergen, Dorien: Fulfilling the Sacred Potential of Technology. New Edge Technophilia, Consumerism and Spirituality in Silicon Valley, in: Dick Houtman/Birgit Meyer (Hrsg.): Things. Religion and the Question of Materiality, New York 2012, S. 356-378.
Zandbergen, Dorien: Silicon Valley New Age. The Co-Constitution of the Digital and the Sacred, in: Stef Aupers/Dick Houtman (Hrsg.): Religions of Modernity. Relocating the Sacred to the Self and the Digital, Amsterdam 2010, S. 161-186.
Zemon Davis, Natalie: Decentering History. Local Stories and Cultural Crossings in a Global World, in: History and Theory 50,2 (2011), S. 188-202.
Zingel, Wolfgang-Peter: Indien auf dem Weg zur postindustriellen Gesellschaft: Infrastruktur, Dienstleistungen und Deregulierung, in: Werner Draguhn (Hrsg.): Indien. Politik, Wirtschaft, Gesellschaft, Hamburg 2004, S. 319-338.
Zong, Jie/Jeanne Batalova: Indian Immigrants in the United States, 31.8.2017. URL: https://www.migrationpolicy.org/article/indian-immigrants-united-states-2015 [abgerufen am 15.8.2022].

Personenverzeichnis

Acton, Forman S. 210
Adenauer, Konrad 234, 237, 240
Adiseshiah, Malcolm 141f., 165, 195
Agerwala, P. M. 412-414
Agnihotri, Bhishma K. 468
Aiken, Howard H. 82
Allardice, E. C. 94
Ameling, Walter 254
Anirudhan, K. 269
Auerbach, Isaac 149
Azad, Maulana Abul Kalam 176

Baba, Neem Karoli 447
Bacon, David 444
Baliga, Ram Krishna 405
Banavar, Guruduth 470f.
Barr, Joel 115
Bechtel, Stephen 167
Bell, Daniel 23, 77
Bennett, John M. 150
Berge, Claude 154
Bernal, J. D. 70
Bernasconi, Fermín A. 160-162
Bertillon, Alphonse 51
Bhabha, Homi Jehangir 31, 73, 86, 88, 90-106, 110, 151, 289, 311, 318, 390, 483
Bhagat, Bali Ram 144
Bhagwati, Jagdish 139
Bhatkar, Vijay P. 391
Bhatnagar, Shanti Swarup 89, 91f., 96
Bhilawadikar, Rishi S. 432
Bhushan, Abhay K. 212, 451
Birla, G. D. 31, 61, 88f., 216
Bitzer, Donald L. 183f.
Blackett, Patrick Maynard Stuart 70, 132, 167, 223f., 297
Blackwill, R. D. 438
Blount, B. K. 168
Blücher, Franz 234, 240
Bodet, Jaime Torres 153
Bohr, Niels 93
Bose, Brigadier S. K. 182, 186, 198f., 207
Bose, Soumyendra Mohan 80
Bose, Subhas Chandra 56
Bowles, Chester 127f., 207
Brand, Stewart 281, 283
Brandt, Willy 456
Braun, Wernher von 313
Brautigan, Richard 449f.

Breschnew, Leonid 196
Bright, Charles T. 50
Brown, Gordon S. 205f., 215
Buchanan, Patrick 430
Bulganin, Nikolai 190
Bunge, Mario 283
Bush, Vannevar 182

Carlucci, Frank 388
Carlyle, Thomas 47
Carson, Rachel 292
Chagla, M. C. 12, 247
Chanana, Charanjit 11, 267
Chandra, Prakash 434, 440
Chandrasekhar, K. B. 470
Chandrasekhar, Subrahmanyan 90, 105
Chaturvedi, Mahesh 224
Chaturvedi, Vipula 224
Chettiar, T. S. Avinashilingam 175
Choksi, Rustum D. 90
Chruschtschow, Nikita 122, 189-191, 196
Clarke, Arthur C. 291f., 311, 315
Clinton, Bill 436
Clive, Robert 390
Cohen, Andrew 225
Cooray, E. J. 131
Cray, Seymour 384-386

Dahl, Norman C. 209-211
Dalal, Ardeshir 172f.
Dandekar, Vinayak Mahadev 273
d'Arcy, Jean 305
Das, M. M. 176
De, A. K. 200
Dearden, John 271f.
Deodhar, Prabhakar Shankar 362
Desai, Morarji 123, 275, 287, 318, 324f., 334
Desai, Padma 139
Dham, Vinod 435
Diercks, Carsten 289, 310
Dijkstra, Edsger W. 335
Ditkin, Vitalii 87
Dogra, R. N. 224f.
Dreyfus, Philippe 156
Drucker, Peter F. 23, 77
Duensing, Heinrich 234
Duke of Edinburgh, Prinz Philip 222
Dutta, Hemlal 47

Eckert, J. Presper 81, 153
Eckhaus, Richard S. 132
Einstein, Albert 56, 262
Eisenhower, Dwight D. 82, 121f.
Eisenscher, Michael 443
Enlai, Zhou 134, 166
Ensminger, Douglas 205
Eppler, Erhard 11, 232, 246, 248, 250, 258
Erhard, Ludwig 242
Evans, Luther 195

Fay, Peter W. 207f.
Felsenstein, Lee 281
Fermi, Enrico 93
Fernandes, George 325f., 367
Fett, Gilbert H. 183
Feynman, Richard 386
Fisher, Ronald A. 79
Ford, Henry 283
Fourastié, Jean 418
Fox, John G. 207, 216
Freeman, Christopher 145, 297
Fried, John H. E. 137
Friedman, Thomas L. 33, 423, 426, 487
Frutkin, Arnold W. 312
Fuller, Richard Buckminster 283f., 286f., 292

Galbraith, John Kenneth 106, 208, 437
Galton, Francis 50f.
Gandhi, Indira 114, 123, 144, 167, 264f., 276, 282f., 286-288, 291, 295, 303, 317f., 321, 324, 358, 362f., 369, 394, 396, 398, 486
Gandhi, Mohandas Karamchand
 (»Mahatma«) 13, 48, 54f., 68, 71f., 175, 276, 284, 379, 395, 400, 462, 467f.
Gandhi, Rajiv 13, 45, 261, 335, 353, 357-363, 368, 371, 373, 375, 379, 381f., 386, 388f., 392-394, 396-398, 400, 402-404, 411, 475
Ganguly, Ashok 362
Garwin, Richard L. 105
Gates, Bill 438
Gawain, Shakti 447
Genscher, Hans-Dietrich 258
Ghizzetti, Aldo 154
Ghosh, Jnan Chandra 176
Glazer, Joe 277
Goldstine, Herman H. 153f.
Gorbatschow, Michail S. 359, 436
Grady, Henry F. 166f.
Gupta, Akhil 57
Gupta, Bhupesh 175
Gupta, I. 276
Gupta, P. P. 351

Gupta, Sanjoy Das 373-375
Gupta, Umang 459

Haksar, P. N. 289
Halfman, Robert L. 209
Hallstein, Walter 240
Hamelink, Cees 307
Hansen, Alvin H. 145
Harrison, C. E. 222
Harvey, David 472
Hastings, Warren 390
Haupt, Josef D. 254
Havemann, Hans A. 233, 235
Hayek, Friedrich August von 81
Heald, Henry T. 205
Henderson, Loy 121
Henry, Edward 51
Herschel, William 50f.
Heuss, Theodor 237
Higgins, Ben 137
Hill, Archibald V. 90, 104, 171
Hillis, Daniel 385f.
Hirachand, Walchand 88
Hossain, Rokeya Sakhawat 47f.
Huskey, Harry 101, 210, 252, 341
Hussein, Saddam 306
Huxley, Julian 105

Iau, Robert 149f.
Isaac, J. R. 202
Ivačić, Pero 303

Jackson, Willis 220
James, Frederick E. 268
Jobs, Steve 281, 379, 447, 450
Jung, Volker 458

Kabir, Humayun 175, 192, 197
Kahn, Herman 292
Kanodia, Lalit S. 415
Kapuria, Anil 435
Kapuria, Sucheta 435
Karin, Sidney 385
Katju, Kailash Nath 176
Keenleyside Hugh 137
Kekkonen, Urho 301f.
Kelkar, P. K. 182, 194, 203f.
Kennedy, John F. 122, 128, 206, 215, 262, 384
Kerckhoff, Gebhard 246
Kesavan, H. K. 212
Khosla, A. N. 71
Khosla, Vinod 435
King, A. D. 225

Kirloskar, Shantanu L. 109, 217
Klein, Hans 261
Koch, Roland 459
Kohl, Helmut 261, 457, 459
Kohli, Faqir Chand 149, 263, 415 f.
Kola, Vani 446
Kosambi, Damodar Dharmanand 105
Kraus, Robert A. 182
Krishnamurti, Jiddu 448
Kristensen, Thorkil 138
Kundu, Samarendra 289
Kunte, M. M. 47

Lange, Oskar 81
Laxman, R. K. 397
Lerner, Daniel 157, 313
Lewis, W. Arthur 139
Little, Arthur D. 161
Long, Gerald 305
Loomba, Satish 274
Lord Alec Douglas-Home (Alexander Frederick Douglas-Home, Baron Home of the Hirsel) 121, 221, 230
Lord Bruce (Victor Alexander Bruce, 9th Earl of Elgin, 13th Earl of Kincardine) 51
Lord Kilmuir (David Patrick Maxwell Fyfe, 1st Earl of Kilmuir) 230
Lorenz, Johannes 234
Lübke, Heinrich 237-239
Lyse, Inge, 185, 188

M'Bow, Amadou-Mahtar 160, 164
MacBride, Sean 305
MacDonald, Malcolm 122
Mackey, Sean 182, 185, 187 f.
Macmillan, Harold 122, 130
Mahabala, H. N. 258
Mahalanobis, Prasanta Chandra 31, 53, 56, 79-87, 96 f., 102, 104, 106 f., 116 f., 151
Maheu, René 300
Malanowski, Jerzy 187
Malaviya, Madan Mohan 493
Malenbaum, Wilfred 132
Malhotra, Ashok 415
Mankekar, D. R. 303
Marshall, George C. 120
Martinovsky, V. S. 192
Marx, Karl 204
Mauchly, John 81 f., 153
Mayer, Ernst Wilhelm 236
McCarthy, Joseph Raymond 115
McClelland, David 157
McLuhan, Marshall 291 f., 300, 306, 368

McPhail, Thomas 306 f.
McRobie, George 285
Meadows, Dennis 296
Meemamsi, G. B. 399
Mehra, O. P. 374
Mehta, Ashok 267
Menon, K. P. S. 120
Menon, M. G. K. 98, 106, 114, 198, 262-264, 277, 318, 327, 333 f.
Menshikov, Mikhail A. 85
Merz, Friedrich 460
Mesarović, Mihajlo 292
Metropolis, Nicholas 102
Millikan, Max F. 132, 206, 214
Mitra, Samarendra Kumar 80, 85, 89, 102 f.
Mobutu Sese Seko, 276
Modi, Narendra 468, 491 f., 494
Montgomery, Robert 49
Morse, David A. 147
Morse, Samuel 209
Mubarak, Husni 306
Mugabe, Robert 306
Mukherjee, Mohi 84
Mumford, Lewis 282
Murthy, N. R. Narayana 492
Myrdal, Gunnar 116

Nadler, Morton 115 f.
Nag Chaudhuri, B. D. 114, 289
Naipaul, V. S. 291
Narasimha, Roddam 389
Narasimhan, Rangaswamy 99 f., 106, 112 f., 149 f., 269, 340 f.
Narayan, Jayaprakash 284
Natorp, Klaus 11, 232
Nehru, Arun 362
Nehru, Jawaharlal 13, 31, 44, 53-56, 58, 60 f., 63 f., 67-77, 80 f., 84, 91, 94, 96 f., 99, 101, 103 f., 109 f., 114, 119-121, 132-134, 144, 166-168, 176, 189, 196 f., 216, 223, 231, 234, 276, 280, 283 f., 296 f., 318, 320, 360, 363, 370, 395 f., 400, 404, 475 f., 479
Neumann, John von 81, 86, 93, 105, 153
Newton, Isaac 390
Nitze, Paul 120
Nixon, Richard 122
Norman, Dorothy 282
Noyce, Robert N. 444
Nyerere, Julius 143 f., 166, 300

Otogowa, Kōbun Chino 450
Owen, David 136

Pai, T. V. Mohandas 492
Pandya, A. H. 64
Pant, K. C. 289
Pant, Pitambar 82, 158
Parthasarathi, Ashok 321
Passman, Sydney 162
Patel, H. M. 326
Patel, Nitil 415
Patil, Suhas 435
Patni, Narendra K. 329
Pauli, Wolfgang 93
Phadke, D. Y. 100, 103 f.
Pichai, Sundar 493 f
Piore, E. R. 105
Pitke, Madhukar 399
Pitroda, Satyanarayan Gangaram (»Sam«) 362, 390 f., 396, 398-402, 466, 466 f.
Podnik, Národní 115
Porter, Julia 285
Powell, Cecil 264
Prebisch, Raúl 144
Pye, Lucian W. 157

Queen Elizabeth II. von Großbritannien 378
Queen Victoria von Großbritannien 49

Rabinowitz, Irving 210, 341
Rada, Juan F. 148 f., 307 f.
Radhakrishnan, Sarvepalli 196
Rahman, M. Habibur 230
Rajagopalachari, C. 247
Rajaraman, V. 212
Rakshit, Hrishikesh 183
Ramachandran, A. 253 f., 256 f.
Ramaswamy, N. S. 270
Rao, A. S. 112, 114, 321
Rao, M. S. Sanjeevi 362
Rao, P. V. Narasimha 410
Rao, P. V. S. 100, 106
Rao, S. 362
Rao, V. R. 273
Reagan, Ronald 355 f., 358, 388
Rhee, Hans A. 342 f.
Riesenhuber, Heinz 261
Risley, H. H. 52
Robbins, Lionel 81
Rogers, William P. 215
Roosevelt, Eleanor 121
Rosenberg, Ethel und Julius (Spionagering) 115.
Rostow, Walt W. 128, 138
Roszak, Theodore 448
Roy, Amaresh 84

Roy, Bidhan Chandra 176
Rucker, August 234 f.
Russell, Bertrand 70
Rüttgers, Jürgen 459 f.

Sadron, Charles 151
Saha, Meghnad 56, 69, 75, 80, 89, 91, 97
Saklatvala, Sohrab 90
Sampath, Srinivasa 251, 258
Sarabhai, Vikram A. 86, 112, 287, 311, 321, 339
Sarant, Alfred 115
Sargent, John 171
Sarkar, Nalini R. 173
Schdanow, Andrei A. 119
Scheel, Walter 242, 248 f.
Schiller, Herbert I. 306 f.
Schily, Otto 455
Schmidt, Helmut 457
Scholze, Oskar 235
Schramm, Wilbur 157, 299, 314 f.
Schröder, Gerhard 454 f., 457
Schumacher, Ernst Friedrich 284-286
Sen, Amartya 285
Sen Gupta, S. R. 173, 182, 184
Sengupto, B. 249, 252 f.
Servan-Schreiber, Jean-Jacques 146, 228, 298
Seshagiri, Narasimhiah 362 f., 371 f., 374, 377, 380
Sethna, Homi N. 250, 289, 333
Shapley, Harlow 152
Sharma, Satish 362
Shastri, Lal Bahadur 110, 167
Singh, Arun 362
Singh, K. R. 277
Singh, Manmohan 470
Singh, Vishwanath Pratap (V. P.) 372, 402 f., 410
Sinha, U. N. 389
Sir John Cockcroft 100
Sir Robert Lockhart 96
Sir William Jones 65
Sircar, Mahendra Lal 65
Smith, Norris Parker 385
Srikantan, Sivasubramanian 405
Stalin, Josef 85
Staudt, Erwin 458
Steinbuch, Karl 25, 156
Stiefel, Eduard L. 154
Sukhatme, Suhas P. 194, 437
Süssmuth, Rita 455

Tarapov, Ivan E. 199
Tata, J. (= Jamshedji Nararwanji Tata) 404

Tata, J. N. 216
Tata, J. R. D. (= Jehangir R. D. Tata) 31, 61, 88-92, 412 f.
Tata, Naval H. 273 f.
Tata, Sir Dorabji (Trust) 88
Taylor, John W. 155
Thacker, Maneklal S. 182, 222
Thakore, Suresh R. 341
Thedieck, Reiner 234
Thompson, William Irwin 281 f.
Tischner, Horst 182
Truman, Harry S. 119, 127, 166
Tulpule, Bagaram 270

Umesao, Tadao 25

Vaidya, Murarji J. 270
Vajpayee, Atal Bihari 436, 469 f.
Velander, Frans Edvard „Edy" Hubert 155
Vinci, Leonardo da 283
Visvesvaraya, Mokshagundam 56
Vuono, Carl E. 389

W. Ball, George 138
Wadia, Darashaw Nosherwan 151
Wagner, Hans 245
Walch, Otto 187
Ward, Barbara 284
Watson Jr., Thomas J. 319, 322, 384
Watson, Arthur K. 320
Watson, Thomas J. 318, 320
Watt, James 131, 390
Watts, Alan 450
Weizsäcker, Carl Friedrich von 25
Wiener, Norbert 25, 86, 102, 450
Wilkes, Maurice V. 86, 100
Wilson, Harold 225
Wilson, Larry 121
Wozniak, Steve 281

Yogananda 448

Zedong, Mao 119